MANUAL DE DIREITO EMPRESARIAL

JusClass

O presente livro possui Material de Apoio para acesso gratuito na plataforma JusClass.

Para acessar o material, siga as instruções a seguir:

1. Entre no site da Editora Juspodivm https://www.editorajuspodivm.com.br/, com seu login e senha;
2. Dentro de "Minha Conta", selecione a opção "Materiais Exclusivos" e clique no ícone de identificação do JusClass;
3. Em caso de dúvidas, esclarecimentos ou sugestões, acesse nossa Central de Atendimento https://www.editorajuspodivm.com.br/central-de-relacionamento

Caso tenha adquirido o seu exemplar em uma de nossas livrarias parceiras:

1. Acesse o QRCode abaixo;
2. Preencha o formulário com os dados solicitados;
3. Localize seu Código de Verificação - PIN, logo abaixo do QR Code;
4. Aguarde o e-mail com as informações de acesso;
5. Aproveite seu material!

PIN: JUS3750

Fabio Guimarães Bensoussan

Fernando Netto Boiteux

MANUAL DE DIREITO EMPRESARIAL

4ª Edição

revista
atualizada
ampliada

2024

EDITORA *Jus*PODIVM

www.editorajuspodivm.com.br

EDITORA
*Jus*PODIVM
www.editorajuspodivm.com.br

Rua Canuto Saraiva, 131 – Mooca – CEP: 03113-010 – São Paulo – São Paulo
Tel: (11) 3582.5757
• Contato: https://www.editorajuspodivm.com.br/central-de-relacionamento

Diagramação: Equipe *Jus*PODIVM

Capa: Ana Caquetti

B474m Bensoussan, Fabio
Manual de Direito Empresarial / Fabio Bensoussan e Fernando Netto Boiteux – 4.ed., rev., atual. e ampl. - São Paulo: Editora JusPodivm, 2024.

880 p.

ISBN: 978-85-442-5415-8

1. Direito Empresarial. I. Bensoussan, Fabio. II. Boiteux, Fernando Netto. III. Título.

CDD 342.2

BIBLIOTECÁRIA RESPONSÁVEL

Ana Carolina Ribeiro Mois – CRB7 – RJ 007348/0

Para Christianne, minha esposa,
e meus filhos Rafaela e Jorge Felipe.
Fabio Guimarães Bensoussan

Em memória da minha esposa Elza Boiteux.
Fernando Netto Boiteux

NOTA À QUARTA EDIÇÃO

Esta 4ª edição traz algumas correções e revisões de texto, no intuito de torná-lo mais claro.

Aborda as últimas modificações legislativas, em especial a Lei nº 14.711/23, conhecida como Marco Legal das Garantias, além da Lei nº 14.451/22, que modificou os quóruns de deliberação dos sócios da sociedade limitada.

Como nas edições anteriores, revisamos o texto, buscando suprimir algumas lacunas e esclarecer determinados assuntos, dentro dos limites de um manual. As notas de rodapé apresentam ao leitor indicações para uma pesquisa mais aprofundada sobre os diversos temas aqui tratados. Além disso, trouxemos novas questões de concursos e jurisprudência recente, em especial do Superior Tribunal de Justiça.

Boa leitura!

Os autores

APRESENTAÇÃO

É com grande satisfação que apresentamos nosso *Manual de Direito Empresarial*.

A obra cobre todo o programa da disciplina de Direito Empresarial; não apenas das faculdades de Direito, como também dos principais concursos públicos do País. Além disso, pensamos também no profissional do Direito, que diariamente se depara com questões de Direito Empresarial nem sempre tratadas nas obras em geral.

Nesse sentido, procuramos, em todos os capítulos, apresentar as mais recentes decisões jurisprudenciais, com especial atenção ao Superior Tribunal de Justiça. Também dedicamos especial atenção às normas do Código de Processo Civil de 2015, naquilo que afeta a matéria empresarial. Buscamos apresentar novos questionamentos e diferentes pontos de vista a respeito de diversos temas pouco explorados, procurando, nas notas de rodapé, apresentar ao leitor uma bibliografia que lhe permita uma pesquisa mais aprofundada.

Boa leitura!

Os autores

SUMÁRIO

Capítulo 1
INTRODUÇÃO AO DIREITO EMPRESARIAL

Capítulo 2
DIREITO SOCIETÁRIO

Capítulo 3
TÍTULOS DE CRÉDITO

Capítulo 4
PROPRIEDADE INDUSTRIAL

Capítulo 5
CONTRATOS EMPRESARIAIS

Capítulo 6
RECUPERAÇÃO DE EMPRESAS E FALÊNCIA

CAPÍTULO 1

INTRODUÇÃO AO DIREITO EMPRESARIAL

I. EVOLUÇÃO HISTÓRICA DO DIREITO EMPRESARIAL

1. INTRODUÇÃO

Iniciamos nosso Manual de Direito Empresarial com algumas palavras sobre a origem e a evolução histórica desse ramo do direito. O estudo da história do direito não obedece a uma necessidade de conhecer melhor o passado; destina-se a ampliar a consciência do presente[1], até porque muitos institutos atuais permanecerão incompreensíveis sem a memória de sua origem histórica.

Ao longo dos próximos capítulos, teremos oportunidade de demonstrar essa afirmação, ao tratarmos, por exemplo, dos diversos tipos de sociedades empresárias e dos títulos de crédito.

É certo que o comércio é praticado desde a Antiguidade. A partir do momento em que as sociedades ultrapassaram a etapa de produzir para sua mera subsistência e passaram a obter excedentes, surge a prática das trocas de produtos e, com ela, a necessidade de se regular estas mesmas trocas. O comércio nasce pelo escambo, pela troca de bens que interessam ao outro.

2. EGITO E MESOPOTÂMIA

Os primeiros textos jurídicos escritos foram encontrados no Egito e na Mesopotâmia, cerca de 3.000 anos antes da nossa era, com a diferença de que o Egito não nos transmitiu códigos nem livros jurídicos, ao contrário dos mesopotâmios.

Os hebreus, situados entre o Egito e a Mesopotâmia não atingiram o mesmo grau de desenvolvimento dos seus vizinhos, mas nos legaram os preceitos morais e jurídicos da Bíblia.

O Código de Hamurabi, por exemplo, de cerca de 1600 anos antes de Cristo, continha normas sobre o contrato de sociedade e os juros, entre outras, prevendo o pagamento de juros sobre o capital empregado, além da partilha dos lucros, de maneira semelhante à das futuras sociedades em comandita[2].

Nessa parte, ele se revelará mais avançado que o direito romano, que não previa empréstimos para a atividade produtiva.

3. GRÉCIA E ROMA

A atividade empreendedora na Grécia e na Roma antigas não está bem documentada, mas Menezes Cordeiro assinala a existência de um corpo separado de regras comerciais na Grécia antiga, um tanto assemelhadas às regras do atual direito comercial, que visavam o tráfego marítimo e terrestre e dispunham de tribunais especializados para a sua aplicação, ao contrário do que ocorreria em Roma[3].

A lei ateniense, por seu turno, dividiu o ano em duas estações: uma navegável, entre março e agosto, e outra não navegável. Nesta última eram apresentados e decididos os

1. GALGANO, Francesco. *Historia del derecho mercantil*. Tradução de Joaquín Bisbal. 2ª ed., Barcelona: Laia, 1987, p. 5.
2. BOUZON, Emanuel. *O Código de Hammurabi*. 10ª ed., Petrópolis: Vozes, 2003, p. 24-25.
3. CORDEIRO, António Menezes. *Manual de direito comercial*. Vol. 1, Coimbra: Almedina, 2001, p. 25-26.

litígios originados na primeira. É também na Grécia que surgem alguns contratos que, mais tarde, serão trazidos para o direito comercial, como o contrato de câmbio marítimo.

As contribuições gregas são notáveis: a *Lex Rhodia*, primeira lei comercial de que se tem notícia, uma compilação de costumes do comércio marítimo inspirada nas normas adotadas pelos fenícios e posteriormente por Roma, estando ainda vigente durante a Idade Média. Referia-se ao corpo do direito marítimo consuetudinário do Mediterrâneo. As despesas e o tempo exigidos pelo comércio marítimo exigiam algum arranjo formal, por ser evidente o perigo para investidores e credores, de que o comandante do navio desaparecesse.

Apesar da grande pujança do comércio interno e externo em Roma, sobretudo na época imperial, não houve necessidade de se criar um conjunto de normas específicas para regular essa atividade econômica[4]. O sistema do direito privado comum era apto para tanto, graças à flexibilidade trazida pelas normas de origem pretoriana (*jus honorarium*) ao tradicional *jus civile*, bem como à aplicação de princípios e regras do direito internacional (*jus gentium*) no que tange ao comércio.

À medida em que o estado romano se expandia, conquistando cada vez mais territórios, tornando-se cada vez mais rico e poderoso, sua agricultura declinava. A península itálica ficou cada vez mais dependente dos alimentos vindos de suas províncias.

A expansão territorial não a tornou uma potência comercial. Roma consumia o que as províncias produziam; os romanos desprezavam a atividade comercial em si. Havia leis que proibiam determinadas pessoas de se dedicarem a esta atividade (os senadores estavam impedidos de praticar o comércio marítimo, por exemplo, de maneira que seu envolvimento em atividades lucrativas não se encontra documentado[5]). As atividades da cidade eram dominadas pelos não romanos – nas províncias, eles eram os produtores, e em Roma, os comerciantes que garantiam o acesso a esses bens. Eram os estrangeiros – os gentios – quem efetivamente exercia a atividade comercial.

Havia três categorias de romanos livres: os cidadãos, os latinos e os *peregrini.* Os primeiros gozavam de todos os direitos de cidadão – o *ius civile.* Este era o direito aplicado apenas aos cidadãos. Incluía o chamado *conubium,* o direito de casar-se com um romano e constituir uma família, e o *commercium,* direito de receber e transmitir uma propriedade de acordo com o *ius civile.* Os latinos, originalmente aqueles habitantes do Lácio, eram todos aqueles com direitos limitados de cidadania, às vezes incluindo o *conubium* e o *commercium* mas, normalmente, apenas este último. Por fim, os *peregrini,* os estrangeiros.

---

4. ASCARELLI, Tullio. *Iniciación al estudio del derecho mercantil.* Tradução de Evelio Verdera y Tuells. Barcelona: Bosch, 1964, p. 31. GALGANO, Francesco. *Historia del derecho mercantil.* Tradução de Joaquín Bisbal. 2ª ed., Barcelona: Laia, 1987, p. 32.

5. HUDSON, Michael. Empreendedores: da ascensão do Oriente Próximo à queda do Império Romano. In: LANDES, David; MOKYR, Joel; BAUMOL, William J. *A origem das corporações*: da ascensão do Oriente Médio à queda do império romano. Tradução de Donaldson Garschagen. Rio de Janeiro: Elsevier, 2010.

Estavam à margem do *ius civile*. Mas havia o chamado *ius gentium,* o direito que era aplicado aos estrangeiros dentro dos limites territoriais romanos.

O *ius gentium* acabou sendo aplicado aos comerciantes, predominantemente estrangeiros. Era aplicado pelo pretor. Logo, já em Roma, havia um sistema jurídico próprio aplicado ao comerciante, à parte do *ius civile,* que regulava as relações jurídica entre os cidadãos romanos.

Um exemplo da incompatibilidade do direito romano com a prática comercial é a ideia do crédito ligado à pessoa do credor – o direito creditório não podia ser transferido diretamente da pessoa que o constituía em seu favor para um terceiro, uma vez que a obrigação importava em uma relação jurídica entre pessoas determinadas[6]. Logo, o direito romano jamais cogitou em algo semelhante aos títulos de crédito, construção originariamente medieval.

4. A QUEDA DO IMPÉRIO ROMANO E A IDADE MÉDIA

Com a queda do Império Romano do Ocidente, como sistema centralizado de governo e como sistema administrativo, no século V, por consequência das denominadas "invasões bárbaras" em toda a Europa Ocidental, houve o declínio da vida urbana e a concentração da população nas áreas rurais; a atividade comercial praticamente cessou e a produção agrícola se destinava, essencialmente, à subsistência.

Essas invasões provocaram o deslocamento maciço de populações. Ademais, a partir do século VIII, os árabes passaram a dominar toda a bacia do Mediterrâneo, reduzindo em muito o comércio internacional dos povos europeus, ainda que ele não tenha desaparecido.

Nessa economia fechada característica da denominada Alta Idade Média (séculos V a X) continuou a existir um comércio local, para atender às necessidades básicas da população, pois o sal, por exemplo, só se encontra em certas regiões. No entanto, esse comércio não representava uma atividade profissional[7].

O comércio começa a se desenvolver na Itália, a partir do século XI (o período entre os séculos XI a XV é denominado Baixa Idade Média), quando a reconquista do Mediterrâneo aos árabes permitiu o restabelecimento do comércio europeu com os territórios asiáticos e africanos. O direito romano, abolido entre os séculos V a X, foi retomado após a criação das universidades, mas havia perdido a flexibilidade da sua aplicação pelos pretores e sua interpretação tornou-se difícil. Por essa e outras razões ele já não tinha condições de reger a vida comercial.

6. SOUZA, H. Inglez, citado por AMARAL, José Romeu Garcia do. *Regime jurídico das debêntures.* São Paulo: Almedina, 2014, p.14.
7. PIRENNE, Henri. *História econômica e social da Idade Média.* 4ª ed. Tradução de Lycurgo Gomes da Motta. São Paulo: Mestre Jou, 1968, p. 15, afirma: "improvisa-se, por assim dizer, o mercador, de acordo com as circunstâncias".

Os comerciantes criaram e aperfeiçoaram, por via consuetudinária, normas próprias para reger sua profissão e seus interesses: em parte elas retomam o direito romano, mas também buscam corresponder às novas necessidades da vida econômica e social[8]. Esse conjunto de regras compôs o *jus mercatorum*, que assim é não só porque regulava a atividade dos mercadores, mas também, por ser direito criado por eles, nascido dos estatutos das corporações mercantis, do costume mercantil e da jurisprudência do tribunal dos comerciantes, criado e aplicado diretamente por eles, sem mediação da sociedade política[9].

As feiras de Champagne, a partir de meados do século XII, se distinguem dos mercados locais, destinados a prover a alimentação cotidiana, por serem centros de reunião de mercadores profissionais, razão pela qual nelas multiplicam-se os cambistas e os banqueiros.

O surgimento do capitalismo, como sistema econômico e modo de vida social, se revela exteriormente na busca do lucro e na concentração da riqueza para a produção e o comércio, ao invés do seu uso com o objetivo de prestígio ou luxo, como ocorria na Grécia e Roma antigas. A sociedade de classes, ou capitalista, significa que as pessoas têm status igual, isto é, igual capacidade e posição jurídica na esfera civil, distinguindo-se entre si, unicamente, pela posição econômica[10].

5. EVOLUÇÃO HISTÓRICA – DO DIREITO COMERCIAL AO DIREITO EMPRESARIAL

5.1. Primeira fase (subjetiva) – o direito do comerciante

O Direito Comercial surge propriamente na Baixa Idade Média. É nesse momento de aumento da segurança com o fim das invasões que se observa o renascimento urbano e, com ele, o surgimento de feiras medievais. Novas técnicas agrícolas permitem um aumento de produção, que agora gerava excedentes passíveis de trocas. A classe dos comerciantes coexiste com a nobreza feudal e com uma massa de trabalhadores manuais que deixa, paulatinamente, sua condição servil para a de artesãos livres.

Esses fatores serão fundamentais para que os comerciantes medievais superem sua atividade originária de meros intermediários, na qual eles percorriam os diversos feudos, comprando produtos excedentes em um para revendê-los em outro. Eles deixam de apenas adquirir produtos excedentes a baixo custo para revendê-los por preços mais altos onde houvesse demanda, tornando-se verdadeiros promotores da produção de artesãos locais.

Com o crescimento dessa atividade, os comerciantes passam a dividir as cidades com os artesãos e progressivamente deixam de acompanhar pessoalmente as mercadorias por

8. CORDEIRO, António Menezes. *Manual de direito comercial*. Vol. 1, Coimbra: Almedina, 2001, p. 29-30.
9. GALGANO, Francesco. *Historia del derecho mercantil*. Tradução de Joaquín Bisbal. 2ª ed., Barcelona: Laia, 1987, p. 11.
10. Designa-se *estado* em direito (*status*) a situação jurídica de uma pessoa em determinada coletividade, situação essa caracterizada por direitos e poderes, de um lado, deveres e responsabilidades, de outro.

eles negociadas: começam a se utilizar de empregados ou auxiliares – e logo surgiriam técnicas de representação e comissão.

O comércio se torna, então, uma atividade poderosa, que não encontrava tratamento jurídico adequado ao seu desenvolvimento. O direito romano era essencialmente formalista e regulava atos isolados, ao passo que a atividade comercial se desenvolvia de tal forma que em um mesmo dia se realizavam múltiplas operações entre pessoas provenientes de diversos lugares.

Duas outras questões consistiam em óbices ao desenvolvimento da atividade mercantil: em primeiro lugar, é importante lembrar que o poder político ainda se encontrava pulverizado nos diversos feudos e burgos. Consequentemente, havia também uma pluralidade de normas, muitas vezes incompatíveis entre si, criando empecilhos ao comércio.

Havia ainda um outro obstáculo à atividade mercantil: o domínio do Direito Canônico, em uma sociedade que ainda desconhecia qualquer poder político unificado além da Igreja Católica de Roma. O Direito Canônico não admitia o lucro e a usura. Essa proibição será contornada, posteriormente, com a criação de diversos tipos societários, como veremos no capítulo próprio.

Identifica-se aqui o surgimento de um regime jurídico específico para a disciplina das relações mercantis. A ausência de um marco jurídico adequado para resolver os conflitos decorrentes da atividade comercial levou os comerciantes medievais a se organizarem em associações de acordo com o trabalho por eles desenvolvido. Surge um direito novo, ágil, aplicável aos comerciantes no exercício de sua profissão, que se conhece por *jus mercatorum*; um direito de produção autônoma, feito por e para os comerciantes.

A expressão *jus mercatorum* é explicada por Francesco Galgano como, mais do que um ramo especial do direito, uma forma especial de criar direito: justifica-se pelo fato de ter sido criado pela classe mercantil, mas, também, porque regulava a atividade do comerciante.

Os comerciantes e artesãos se agrupavam nas chamadas Corporações de Ofício ou guildas, que, à falta de uma centralização política, passaram a formular normas e consolidar costumes observados nas práticas comerciais, que aplicavam aos seus próprios membros, por meio dos tribunais consulares. O ingresso em uma corporação era feito através de um juramento (*matricula,* precedente remoto do que viria a ser o registro de empresas) em que o comerciante se comprometia a observar os estatutos, obedecer aos cônsules e adotar uma postura ordeira. A matrícula lhes conferia a proteção da corporação – como hoje o registro garante direitos ao empresário, que se torna um empresário regular[11].

11. Sobre a organização comercial medieval: "Durante grande parte da Idade Média, as associações denominadas guildas eram a forma mais importante de organização comercial. A palavra (que deriva do verbo saxônico *gildan,* pagar) designava uma entidade que tipicamente gozava do monopólio comercial dentro das muralhas de uma cidade em troca de doações substanciais de dinheiro ao soberano. Seus membros estabeleciam os padrões de qualidade, treinavam os associados, nomeavam os notários e os corretores, administravam obras de caridade, construíram magníficos edifícios que

Em um mundo ainda politicamente pulverizado, antes da formação dos Estados Nacionais, a conquista de uma jurisdição própria, conhecedora do direito dos negócios, era um dos objetivos dos comerciantes. Estes tribunais, originariamente temporários, tornam-se permanentes, e através de suas decisões, exercem papel decisivo na fixação e consolidação desse então novo ramo do direito, cosmopolita.

Temos aqui a chamada **primeira fase do direito comercial, ou fase subjetiva.** O direito comercial é um direito "especial", diverso do chamado direito comum e aplicado aos membros das corporações – ao comerciante. Um **direito de classe**. Na lição de Fábio Ulhôa Coelho, o direito comercial é resultante da autonomia corporativa, e se aplica somente aos comerciantes associados à corporação[12]. Um direito **essencialmente costumeiro ou consuetudinário.** Era ditado essencialmente pelas necessidades da prática e da eficácia comercial nos mercados de bens e de dinheiro, nas feiras de comércio, corporações, operações bancárias e instrumentos de seguro e de crédito.

Esses estatutos – o direito comercial nascente – eram aplicados apenas aos membros das respectivas corporações, situação que começou a mudar com a própria evolução do comércio. Surgia a necessidade de aplicação dos estatutos e dos tribunais consulares além da sua jurisdição original, alcançando pessoas que não se dedicavam ao comércio profissionalmente, mas que haviam ingressado em uma relação jurídica com um comerciante.

São inúmeros os exemplos de consolidação de costumes mercantis, como o *Consulato del Mare,* do século X, o *Constitutum usus,* de Pisa (1161), o *Ordinamenta et consuetudo maris,* de Trani (1063), entre outros.

O *jus mercatorum* é um direito imposto por uma classe, sem mediação direta da sociedade política – o não comerciante ou o estrangeiro que não se submetesse à competência dos tribunais consulares perdia toda e qualquer possibilidade de comerciar com a corporação no futuro, perdendo, portanto, acesso a mercados.

Por volta do século XVI, as cidades italianas perdem a primazia econômica e política diante dos processos de formação dos Estados Nacionais europeus. A centralização política acarreta a unificação das normas jurídicas sobre as atividades econômicas. Assim, o monarca passa a submeter todos os súditos à Lei Nacional – e entre os súditos incluem-se os comerciantes. Além disso, com a queda de Constantinopla para os turcos, fecha-se o caminho terrestre para o Oriente, e os novos Estados Nacionais atlânticos iniciam a busca por novas rotas marítimas, que irão culminar com o início da expansão colonialista. Surge a ideia de mercados nacionais.

---

duraram até os dias de hoje e impunham punições. Em Londres, quem cumprisse um aprendizado de sete anos em uma das guildas reconhecidas podia tornar-se oficial daquela profissão, e em certos casos até mesmo cidadão de pleno direito, o que acarretava a isenção de recrutamento militar MICKLETHWAIT, John e WOOLDRIDGE, Adrian. *Companhia.* Breve história de uma ideia revolucionária. Rio de Janeiro: Objetiva, 2003, p. 41.

12. COELHO, Fábio Ulhôa. *Curso de Direito Comercial. Vol. 1:* Direito de empresa. São Paulo: Saraiva, 2015, p. 29.

As corporações de ofício perdem poder político. Os estatutos das corporações necessitavam da aprovação real para se tornarem válidos – o Estado já não mais aceita uma organização privada com competência jurisdicional concorrente. Nesse momento, observa-se **a transferência da preponderância do poder para os Estados nacionais.** Muitos autores deixam de identificar esta etapa da evolução histórica, passando da "fase subjetiva" diretamente para a fase objetiva dos atos de comércio, o que nos parece equivocado por ignorar uma questão tão relevante como a fonte de produção deste ramo do direito.

Esta mudança é importante: **a fonte do direito comercial, na sua origem de cunho privado, passa agora a ser essencialmente pública**. As grandes companhias coloniais surgem como iniciativas estatais para a obtenção de recursos privados para o financiamento da expansão marítima, e estão na origem das sociedades anônimas. O direito comercial tem seu centro de produção deslocado das cidades italianas para, principalmente, França e Inglaterra.

A classe burguesa se alia ao rei contra os senhores feudais. Nesse momento, **o *jus mercatorum* é estatizado e nacionalizado.** Em troca dessa aliança, o rei outorga a liberdade de comércio a todos aqueles que se registram na corporação e se submetem às disposições por ele estabelecidas por meio das Ordenações.

Assim, entre os séculos XVI e XVIII, observa-se um direito comercial ainda subjetivista, mas agora um **direito essencialmente estatal**. Na Espanha, surgem as Ordenações de Sevilha (1510) e de Bilbao (1737), leis impostas pelo rei com conteúdo basicamente formado pelas normas antes estabelecidas pelas corporações.

5.2. Segunda fase (objetiva) – o direito do ato de comércio

A Revolução Francesa extinguiu as corporações de ofício (Lei Chapelier) sob o fundamento de que representavam o sistema de castas contrário à igualdade de todos os cidadãos, tornando difícil a identificação da figura do comerciante para a definição do âmbito de incidência do direito comercial. Estava superada a fase subjetiva. Mas é no início do século XIX, com o Código Civil francês de 1804 (Código Napoleão) e o Código do Comércio de 1807, que surge a chamada **segunda fase do direito comercial, a fase objetiva.** A existência dos dois Códigos levou à perda de unidade do direito privado e à necessidade de se estabelecer, de forma clara, critérios para delimitar a abrangência do Direito Civil e do Direito Comercial:

> Orientado pelo princípio da igualdade de todos perante a lei, proclamado pela Revolução Francesa, o Direito Comercial não podia mais oferecer uma tutela a sujeitos diferenciados, privilegiados, mas sim ser liberado em atenção a um critério objetivo, sem levar em conta as qualidades dos sujeitos envolvidos nas relações de comércio. Passa-se a um período objetivo (ou, como querem alguns, período subjetivo moderno), em que o então Direito dos comerciantes substitui-se pelo Direito dos atos de comércio[13].

13. FÉRES, Marcelo Andrade. "Empresa e empresário: do Código Civil italiano ao novo Código Civil brasileiro". In: VIANA, Frederico Rodrigues (Coord.). Direito de empresa no novo Código Civil. Rio de Janeiro: Forense, 2004, p. 40.

Surge, então, a **teoria dos atos do comércio.** O direito comercial permanecia direito estatal, mas passava a ser aplicado a uma determinada categoria de atos que apresentavam uma característica comum: a intermediação para a troca; o direito civil regeria todos os demais.

Isso justificava a exclusão, por exemplo, da atividade agrícola, que era basicamente uma atividade de produção. A exclusão dos negócios imobiliários, por sua vez, era justificada pela noção de que os atos de comércio promoviam a circulação física de mercadorias (coisas móveis)[14].

Essa opção do legislador permitiu que se submetessem os atos de comércio a uma legislação mais adaptável às exigências do comércio, bem como a uma jurisdição mais ágil e especializada, os tribunais do comércio.

Mas não se pode esquecer que o direito comercial se desenvolveu mais a partir de considerações históricas do que lógicas: aquilo que se considera atividade econômica varia através dos tempos[15]. Duzentos anos atrás, fazia sentido assegurar para os negócios imobiliários ou rurais a proteção da estabilidade do direito civil; hoje, o campo de aplicação do direito comercial vem se ampliando progressivamente. Portanto, criticar a antiga redação do Código Comercial francês, ou do nosso, com os olhos na realidade atual, em nada auxilia a compreensão do desenvolvimento desse ramo do direito.

Nos termos do Código do Comércio de 1807, "são comerciantes os que exercem atos de comércio e deles fazem profissão habitual". Mas há também um aspecto subjetivo, na referência à habitualidade. É a habitualidade que leva à questão dos negócios realizados entre comerciantes e não comerciantes e à problemática da definição da jurisdição – qual o tribunal competente para resolver estes conflitos?

Em outras palavras, se os códigos civil e comercial tinham seus respectivos âmbitos de incidência em função do sujeito, o conflito era inevitável: como tratar aqueles atos praticados entre comerciantes e não comerciantes? Na França estes atos eram submetidos ao tribunal civil, solução diversa da adotada por países como a Alemanha, que aplicava o direito comercial aos atos de comércio ainda que praticados entre comerciantes e não comerciantes.

A Revolução Industrial e o surgimento de uma economia de massa tornaram essa questão ainda mais sensível. O comerciante que, no final da Idade Média, era um ambulante, e que depois, ao se estabelecer na cidade, tornou-se promotor do processo produtivo, era agora parte desse mesmo processo. A produção se torna uniforme e em série, chegando ao mercado uma grande quantidade de bens e serviços. As relações entre comerciantes e não

14. BERTOLDI, Marcelo M. *Curso Avançado de Direito Comercial*. São Paulo: Editora Revista dos Tribunais, 2008. p. 29.

15. GALGANO, Francesco. *Trattato di diritto commerciale e di diritto pubblico dell'economia*. vol. I, Padova: Cedam, 1977, p. 124-125.

comerciantes alcançam uma importância até então desconhecida, as transações ocorrem também em escala e requerem maior agilidade.

Neste momento, assistimos à preponderância do liberalismo econômico. Surgido na Inglaterra no século XVIII, espalhando-se por outros países como França, Holanda e Alemanha, tem como referência teórica Adam Smith, autor de *A riqueza das Nações*. As forças econômicas encontram por si o equilíbrio necessário (as chamadas "mão invisível" e "leis naturais" do mercado), de modo que os agentes privados gozam de ampla liberdade de atuação.

Assim, na França, ao lado das sociedades anônimas que, desde o Código de Comércio, necessitavam de autorização governamental, surgem as comanditas por ações, onde os sócios administradores eram responsáveis ilimitada e subsidiariamente pelas obrigações sociais – mas os não administradores gozavam de limitação da responsabilidade. Isso permitiu sua total liberdade de constituição e funcionamento, exigindo-se apenas o registro. Em 1867 foi estabelecida a plena liberdade para as sociedades comerciais, incluindo as grandes sociedades anônimas.

A querela sobre a unificação do direito privado se iniciou no final do século XIX, com a defesa feita por Vivante da oportunidade de reunir o direito comercial e o civil em um só Código. Posteriormente o autor mudou de opinião reconhecendo a diversidade de cada um desses ramos do direito[16]. Seguiu-se, àquela defesa da unificação, o Código Suíço das Obrigações de 1911, que não foi imitado pelos Códigos imediatamente posteriores, com a exceção do Código Civil de 1942, na Itália.

A Itália, com o Código Civil de 1942, se destacará do contexto europeu, ao unificar o direito das obrigações, perdendo o direito comercial sua autonomia legislativa.

Posteriormente, o Código Civil holandês de 1991, a última codificação europeia do século XX, também procedeu à unificação do direito privado.

No entanto, mesmo nos países em que se propôs a unificação legislativa do direito privado, ninguém duvida que, a par de regras e princípios comuns a todo o direito privado, há normas e institutos próprios de um direito regulador da atividade comercial.

5.3. Terceira fase – A teoria da empresa

O Código Civil italiano de 1942 é considerado o grande marco na adoção legislativa da chamada teoria da empresa, pois a noção de empresário contida no seu artigo 2.082 abrange tanto a atividade econômica organizada para a produção quanto aquela voltada para a troca de bens e serviços. Passam a ser considerados empresários tanto o produtor quanto o intermediário. Mas esse Código não oferece um conceito de empresa, o mesmo ocorrendo com nosso atual Código Civil.

---

16. VIVANTE, Cesare. Os comerciantes. Tradução de Haroldo Malheiros Duclerc Verçosa. *Revista de Direito Mercantil, Industrial, Econômico e Financeiro*. Nova série, nº 102, abr./jun. 1996, p. 134.

Assim, a evolução do direito comercial atinge sua **terceira fase**, chamada por alguns de fase **subjetiva moderna: o direito comercial como direito da empresa**. Sua base é a adoção da teoria da empresa. Ao adotar a teoria da empresa, o direito comercial não mais se limita a regular alguns atos, mas alcança toda uma forma de exercício da atividade econômica, a forma empresarial. Qualquer atividade econômica assim exercida estará submetida à disciplina do direito comercial (empresarial).

Mas, **o que é empresa?**

Vivante via na empresa um organismo econômico que, sob o seu próprio risco, recolhe e põe em atuação sistematicamente os elementos necessários para obter um produto destinado à troca. A combinação dos fatores – natural, capital e trabalho – que associados produzem resultados impossíveis de serem alcançados individualmente, e o risco, que o empresário assume ao produzir uma nova riqueza são requisitos indispensáveis a toda empresa.

Para Alberto Asquini, um dos expoentes da teoria da empresa, trata-se de um fenômeno econômico. Desenvolveu a chamada Teoria Poliédrica da empresa, identificando quatro perfis distintos:

a) Perfil subjetivo – diz respeito à pessoa que exerce a atividade, pessoa física ou jurídica, o **empresário**; de acordo com o Código italiano, quem exercita profissionalmente atividade econômica organizada com o fim da produção e da troca de bens ou serviços.

b) Perfil objetivo – a empresa é um conjunto de bens afetados ao exercício de uma atividade econômica. Adquire contornos de **estabelecimento;**

c) Perfil funcional – a empresa é uma atividade econômica organizada, os atos que compõem a vida empresarial; **atividade (empresa) econômica organizada;**

d) Perfil corporativo ou institucional – a empresa reúne o **empresário e seus auxiliares** – incluindo os empregados.

Aqui, cabe uma consideração: como bem destaca Fábio Ulhôa Coelho, o Código Civil italiano de 1942 reúne as normas de direito privado englobando os direitos civil, comercial e trabalhista. No Brasil, Waldírio Bulgarelli afasta o quarto aspecto, que associa ao fascismo italiano, e conceitua empresa como "atividade econômica organizada de produção e circulação de bens e serviços para o mercado, exercida pelo empresário, em caráter profissional, através de um complexo de bens"[17]. Daí se dizer que, no Brasil, são reconhecidos apenas os três primeiros perfis.

Os perfis de Asquini apresentam para nós três conceitos: atividade, empresário e estabelecimento empresarial. Por outro lado, é comum falarmos que *o empresário X abriu uma nova empresa; a empresa X acaba de ser vendida* etc. Há impropriedades terminológicas

17. BULGARELLI, Waldírio. *Tratado de Direito Empresarial*. São Paulo: Atlas, 1995, p. 100.

que devem ser afastadas pelo profissional do direito. São noções complementares, claro, mas inconfundíveis:

Empresa é uma atividade econômica organizada. Não "abrimos" uma empresa; exercemos a atividade empresarial – exercemos a empresa.

Quem a exerce? O empresário. Ele pode ser uma pessoa física, em se tratando de empresário individual, mas, em geral, será uma sociedade empresária, seja ela limitada, sociedade anônima ou qualquer outra, prevista no Código Civil.

Vejamos alguns exemplos da maneira pela qual a teoria da empresa vem sendo reconhecida no nosso direito:

A **Lei 6.404/76** (Lei das Sociedades Anônimas) considera a S.A. empresária, independentemente de seu objeto (observe-se que o Decreto 434 de 1891, que tratava deste tipo societário, já dispunha de forma semelhante). Logo, já está levando em consideração a forma como a atividade econômica é desempenhada por estas pessoas jurídicas de direito privado.

A **Consolidação das Leis do Trabalho,** em seu art. 2º, afirma: Considera-se empregador a empresa, individual ou coletiva, que, assumindo os riscos da atividade econômica, admite, assalaria e dirige a prestação pessoal de serviço. Ou seja, a empresa surge enquanto atividade econômica e enquanto entidade responsável pelos riscos dessa atividade econômica[18].

A **Lei 8.245/91** – Lei das Locações – ampliou o alcance da ação renovatória, instrumento de proteção do ponto comercial, para a indústria e sociedades civis, privilegiando a forma de organização dos fatores de produção, abandonando a separação entre atividades mercantis e civis.

O **Código de Defesa do Consumidor** também adotou a teoria da empresa. Em seu art. 3º, define o fornecedor como "toda pessoa física ou jurídica, pública ou privada, nacional ou estrangeira, bem como os entes despersonalizados que desenvolvem atividade de produção, montagem, criação, construção, transformação, importação, exportação, distribuição ou comercialização de produtos ou prestação de serviços". Ele elegeu como definidor de fornecedor a atividade econômica – a produção, a importação, a distribuição. Não há qualquer norma que limite sua aplicação aos chamados atos de comércio, ou que afaste sua incidência das então sociedades civis.

O **Código Civil de 2002** trouxe novos contornos, ao adotar a teoria da empresa. Promoveu formalmente a **unificação do direito privado brasileiro**, com exceção das normas sobre o comércio marítimo (art. 2.045).

Abandonou, definitivamente, o critério dos atos de comércio e a definição de comerciante, ainda que não tenha definido a empresa. Temos, a partir de então, que o empresário

---

18. ALMEIDA, José Gabriel Assis de. A noção jurídica de empresa. In: Revista de Informação Legislativa, ano 36, nº 143. Brasília: Senado, jul/set 1999.

é aquele que exerce profissionalmente atividade econômica organizada para a produção ou a circulação de bens ou de serviços, nos termos do art. 966 do Código Civil.

5.4. A evolução do direito empresarial no Brasil

As expedições marítimas tiveram a característica de grandes empreendimentos comerciais da monarquia portuguesa. A colonização do Brasil foi marcada pela índole comercial; por essa razão, a economia colonial brasileira assumiu, entre os séculos XVI e XIX, duas características: o mercantilismo e o sistema colonial (anti-industrialismo). As expedições marítimas tiveram a característica de grandes empreendimentos comerciais da monarquia portuguesa.

Pelo alvará de 1785 Portugal mandou extinguir todas as manufaturas têxteis do Brasil, com exceção apenas dos panos grossos com que se vestiam os escravos ou se usavam para sacaria, "temendo por motivos políticos o desenvolvimento da indústria colonial, e alarmada também com a concorrência que iria fazer ao comércio do Reino"[19].

Todavia, nos fins de 1807, Portugal foi invadido pelas tropas de Napoleão Bonaparte e, diante disso, a Família Real deslocou-se para o Brasil, em 1808, sob o patrocínio do governo inglês.

Já no Brasil, esforçando-se para garantir a própria sobrevivência e a do Império, Portugal toma uma série de providências, que se iniciam com a Abertura dos Portos do Brasil ao comércio estrangeiro, que se deu, ainda, em 1808 (principalmente por pressão da Inglaterra, que desejava o mercado interno brasileiro), encerrando a fase de exclusividade no comércio de Portugal com o Brasil.

Parte considerável da doutrina a considera o "nascimento" do direito comercial brasileiro, mas é importante observar que as Ordenações Filipinas continuaram a ser aplicadas, juntamente com a Lei da Boa Razão, de 1769, até a elaboração do Código Comercial de 1850, por pressão dos empresários, que buscavam uma legislação brasileira para reger suas atividades. Isso explica, ainda, a precedência do Código Comercial em relação ao Código Civil, que só veio a ser promulgado em 1916.

Segue-se à Abertura dos Portos a tentativa de reverter o processo anti-industrial, estimulando-se a criação de manufaturas no Brasil que se destinavam, principalmente, a atender aos interesses da Corte que aqui se instalara.

Também em 1808 foi criada uma Junta de Comércio, para reunir os comerciantes e foi fundado o primeiro Banco do Brasil.

A abolição do tráfico negreiro pela Lei Eusébio de Queiroz, no mesmo ano da promulgação do Código Comercial (1850), permitiu a aplicação na indústria dos grandes

19. PRADO JÚNIOR, Caio. *História econômica do Brasil*. 18ª ed., São Paulo: Brasiliense, 1976, p. 107-108.

capitais empregados no tráfico de escravos. Até então as grandes fortunas vinham do tráfico negreiro e o Brasil resistia à pressão inglesa para a sua extinção[20].

Em 1850, quando foi promulgado o Código Comercial, nosso país não dispunha de um Código Civil, que só veio a ser editado mais de 60 anos depois. Faltava à legislação civil uma ordenação clara e de fácil compreensão. Compreende-se, portanto, que o Código Comercial, tenha se estendido mais do que o necessário sobre alguns temas, por exemplo: a parte geral sobre obrigações e contratos, o mandato, a troca, a locação, a hipoteca, a fiança, o penhor etc., sendo certo que ele modernizou as regras sobre sociedades mercantis, contratos e obrigações, bem como as normas do comércio marítimo.

Mas o seu artigo 121 estabelecia que, salvo modificações e restrições nele estabelecidas, "as regras e disposições do direito civil para os contratos em geral são aplicáveis aos contratos comerciais", deixando clara a tendência à unificação das obrigações[21].

Assim, não nos parece correto afirmar que o Código Comercial de 1850 trouxe a teoria dos atos de comércio para o direito brasileiro.

No regime do Código Comercial, nem toda atividade empresarial (produção e distribuição organizada de bens, ou prestação de serviços no mercado, com intuito lucrativo) era considerada em lei como mercantil.

A atividade empresarial mercantil – então denominada *mercancia* (art. 4º) – era interpretada à luz do disposto no revogado artigo 19 do Regulamento nº 737, de 1850, que regulava o processo nos Tribunais do Comércio[22]. Isto porque existia, na época, uma dualidade de jurisdição, sendo as causas comerciais decididas pelos Tribunais do Comércio e as demais pelo Juízo cível.

O legislador *processual*, em vista da necessidade de especificar os atos sujeitos à jurisdição especial, editou o Regulamento nº 737, que enumerava os chamados "atos de comércio", seguindo a matriz do direito francês. Mas a utilidade dessa distinção foi efêmera, pois, vinte e cinco anos após, a Lei nº 2.662 de 9 de outubro de 1875 suprimiu os Tribunais do Comércio, transferindo o julgamento das causas comerciais para os juízes de Direito continuando, no entanto, o Regulamento 737 em vigor até 1930, como estatuto processual.

A crítica à enumeração dos atos de comércio – que não está presente no próprio Código – foi rigorosa, pois a noção de mercancia é mais abrangente que a noção de atos de comércio. Carvalho de Mendonça criticou a inclusão da expressão "atos de comércio" no

---

20. PINTO, Virgílio Noya. Balanço das Transformações Econômicas do Século XIX. In: MOTA, Carlos Guilherme (Coord.). *Brasil em perspectiva*. 7ª ed., São Paulo: DIFEL, 1976, p. 137.

21. LEÃES, Luiz Gastão Paes de Barros. A disciplina do direito de empresa no novo Código Civil brasileiro. *Revista de Direito Mercantil, Industrial, Econômico e Financeiro*. Nova série, nº 128/7, out./dez./2002, p. 7-8.

22. Brasil. Regulamento 737/1850. Art. 19. Disponível em: https://www.planalto.gov.br/ccivil_03/decreto/historicos/dim/dim0737.htm. Acesso em 08/07/2023.

art. 19 do Regulamento nº 737 chamando o seu emprego de "incorreto" por ser por demais restrito[23]. Em sentido semelhante seguiram Waldemar Ferreira[24] e Fábio Comparato[25].

Podemos afirmar, portanto, que, ainda no regime do Código Comercial, nossa melhor doutrina já havia afastado a teoria dos atos de comércio, entendendo ser o exercício deste uma atividade. Esse entendimento tem como consequência necessária o reconhecimento de que o Código Civil de 2002 não implantou a teoria da empresa em nosso direito, como afirma parte da doutrina: declarou um fato. Assim é que, como veremos no próximo tópico, o ordenamento brasileiro, mesmo antes de 2002, fazia diversas referências à teoria da empresa.

O ano de 1870 representa o marco histórico do industrialismo no Brasil. As iniciativas industriais pioneiras do Visconde de Mauá dirigiram esses capitais para "fazê-los convergir a um centro donde pudessem ir alimentar as forças produtivas do país"[26].

A construção de vias férreas serviu para facilitar o escoamento da produção agrícola e a aplicação dos lucros da exploração cafeeira, em São Paulo, em projetos industriais e na fundação de bancos.

O sistema de autorização para a criação de sociedades anônimas foi extinto pela Lei nº 3.150/1882, que permaneceu durante mais de meio século como o seu estatuto básico.

O governo, no final do Império e nos primeiros anos da República garantia, por muitas vezes, os investimentos privados dos particulares em negócios importantes como usinas de açúcar, estradas de ferro etc. Estas pessoas vendiam as concessões com frequência, ou apelavam ao público para obter o restante dos capitais necessários. Muitas empresas eram criadas por gente inescrupulosa, quebravam, e as ações passavam a não valer nada. A quebra generalizada, cujo marco é 1889, foi denominada "*encilhamento*" por alusão às apostas nas corridas de cavalos.

Até 1849, a criação das sociedades anônimas era um privilégio, igual ao que existiu na Europa até 1807, com a promulgação do Código Comercial francês. A partir daí, com o Decreto nº 575, passou a ser dependente apenas de concessão ou autorização, o que significa que a lei geral passou a reconhecer as sociedades anônimas.

---

23. MENDONÇA, J. X. Carvalho de. *Tratado de direito comercial brasileiro*. Vol. 1, 7ª ed., atual. por Roberto Carvalho de Mendonça. Rio de Janeiro: Freitas Bastos, 1963, item 312, p. 451-452. A crítica do autor é incisiva (ob. cit., item 301, p. 442): "O Regul. 737, de 1850, também não se ocupou, especial e diretamente, de *atos de comércio*; nem este assunto se conciliaria com o seu objeto que, conforme a sua ementa, era *determinar* a ordem do Juízo no processo comercial" (grifos no original).
24. FERREIRA, Waldemar. *Tratado de direito comercial*. Vol. 1. São Paulo: Saraiva, 1960, item 97, p. 246.
25. COMPARATO, Fábio Konder. A cessão de controle acionário é negócio mercantil? *Novos ensaios e pareceres de direito empresarial*. Rio de Janeiro: Forense, 1981, p. 245 e segs.
26. PINTO, Virgílio Noya. Balanço das transformações econômicas do século XIX. In: MOTA, Carlos Guilherme (coord.). *Brasil em perspectiva*. 7ª ed., São Paulo: DIFEL, 1976, p. 138.

No regime da nossa Lei de Sociedades por Ações anterior (Decreto-lei nº 2.627/40) havia um único modelo e uma única regulamentação para as companhias abertas e fechadas. Esse modelo revelou-se insuficiente perante a variedade da unidade econômica que adota a forma de sociedade anônima. Por exemplo, a autonomia estatutária é inadequada na companhia aberta, onde existe a necessidade de tutela dos investidores do mercado de capitais. Por outro lado, existe incompatibilidade entre a interferência do poder público e a companhia fechada de estrutura familiar, onde prevalece a autonomia privada.

As **sociedades por quotas de responsabilidade limitada**, que se tornaram as mais difundidas entre nós, foram criadas em 1919. Seu sucesso se explica pelas características essenciais desse tipo societário: de um lado, a limitação de responsabilidade dos sócios; de outro, o caráter contratual da sociedade e a sua estrutura mais simples e flexível, se comparada à sociedade anônima.

A partir do Código Civil de 2002 ela passou a ser denominada sociedade limitada, apenas, e sua regulamentação se tornou mais detalhada, ainda que suas características básicas tenham sido mantidas.

O sistema do direito comercial no Brasil, hoje, organiza-se em torno da atividade empresária. Ela constitui o fato social nuclear e o conceito fundamental desse ramo jurídico. A produção, em sentido amplo, envolve a criação de valores e não somente de bens. Nesse sentido, a atividade de distribuição – o comércio (no sentido tradicional) – é também produção (de bens imateriais, ou prestação de serviços). O Código do consumidor (Lei nº 8.078/90, art. 3º), usa o conceito de "fornecedor" com amplitude semelhante, abrangendo o fornecimento de bens e serviços.

II. FONTES DO DIREITO EMPRESARIAL

A palavra **fonte**, no dizer de Oliveira Ascensão, representa antes de mais nada uma imagem, e de tal vastidão que se adapta a várias realidades jurídicas. Pode-se falar de fontes do Direito em diversos sentidos[27]. **No sentido técnico-jurídico ou dogmático**, o mais relevante para nós, **fontes são os modos de formação e revelação das regras jurídicas**, para utilizar uma expressão corrente.

A principal fonte é a lei. Nos termos do art. 22, I, da Constituição, compete privativamente à União legislar sobre direito comercial (empresarial). O Código Comercial de 1850 foi, até o advento do Código Civil de 2002, a principal fonte do direito empresarial. No entanto, ele ainda é uma fonte, sendo necessário lembrar que apenas a "Parte Primeira", referente ao "comércio em geral" foi revogada pelo Código Civil. A Parte Segunda, que trata do comércio marítimo, ainda é regulada pelo Código Comercial de 1850.

27. ASCENSÃO, José de Oliveira. O Direito, introdução e teoria geral – *uma perspectiva luso-brasileira.* 6ª ed., rev. Coimbra: Almedina, 1991, p. 39-41.

Além do Código Civil de 2002, são fontes legais do direito empresarial diplomas específicos, como a Lei 11.101/05 (Lei de Falências e Recuperação de Empresas), a Lei 6.404/76 (que regula as sociedades por ações), a Lei 9.279/96 (Lei de Propriedade Industrial), entre muitas outras, que serão abordadas ao longo deste manual.

Uma questão que se avizinha diz respeito a um Novo Código Comercial. Há atualmente, dois projetos em tramitação: o Projeto de Lei na Câmara dos Deputados 1.572/2011 e o Projeto de Lei do Senado 487/2013. A conveniência de um novo código é bastante controversa. Fabio Ulhoa Coelho, autor do primeiro projeto, defende a necessidade de resgate do direito empresarial[28]. Para além das críticas pontuais a dispositivos apresentados nos referidos projetos, há quem critique a própria ideia de codificação, a qual corresponderia a todas as normas de um determinado ramo do direito em determinado momento histórico.

Os usos e costumes também são fonte do direito, de reconhecida importância na formação do direito comercial. Mas, indo além da sua importância histórica, devemos distinguir os casos em que os usos e costumes são utilizados na omissão da lei daqueles em que a própria lei determina a sua aplicação.

Nos casos de omissão da lei, revela-se uma lacuna que será suprida pelo juiz por aplicação do artigo 4º da Lei de Introdução às normas do direito brasileiro (Decreto-lei nº 4.657/42); nos casos em que a própria lei determina a sua aplicação os usos integram a própria lei. O Código Civil remete em diversas passagens à integração das normas legais por meio dos usos, especialmente em matéria de contratos (arts. 111,112, 429, 445, 529, 628, 658, 695, 699, 700, 701, 724 e 753).

De outro lado, os contratos comerciais, muitas vezes, antes de serem regulados pelo legislador são formados pelos usos.

Usos são práticas sociais reiteradas: sua existência decorre da mera observação de fato. Mas a doutrina majoritária reconhece neles a convicção da obrigatoriedade, para que interessem ao direito[29].

A prova da existência dos usos e costumes das praças nacionais pode ser feita através de certidões das Juntas Comerciais, se lá estiverem registrados, dado que a elas incumbe o "assentamento dos usos e práticas mercantis" (Lei nº 8.934/94, art. 8º, VI). Ainda que não estejam registrados, os usos e costumes podem ser provados por qualquer meio admitido em direito, mas o CPC estabelece que cabe à parte que alegar direito consuetudinário o ônus de provar seu teor e vigência (CPC, arts. 369 e 376)[30].

---

28. COELHO, Fabio Ulhoa. *O futuro do direito comercial.* São Paulo: Saraiva, 2011.

29. ASCENSÃO, José de Oliveira. O Direito, introdução e teoria geral – *uma perspectiva luso-brasileira.* 6ª ed., rev. Coimbra: Almedina, 1991, p. 231.

30. STJ, REsp 877.074/RJ, Terceira Turma, rel. Min. Nancy Andrighi, v.u. 12/05/2009, ementa (transcrição parcial): " – Há desvio de perspectiva na afirmação de que só a prova documental derivada do assentamento demonstra um uso ou costume comercial. O que ocorre é a atribuição de um valor especial

III. PRINCÍPIOS DO DIREITO EMPRESARIAL

1. INTRODUÇÃO

O estudo do desenvolvimento histórico do direito empresarial, analisado no item anterior, mostra como esse ramo do direito, por mais que tenha alterado seu centro de gravidade da pessoa do comerciante para a atividade comercial, num primeiro momento, e daí para a empresa, manteve características fundamentais que o distinguem do direito civil.

Trata-se de um direito **cosmopolita,** o que é um atributo da própria atividade do comércio ao longo da história; **que assumidamente busca o lucro,** dado o caráter oneroso e especulativo da atividade, e **informal**, sendo certo que o dinamismo da atividade empresarial sempre exigiu a flexibilização da forma – afinal, foi esse dinamismo que deixou clara a inadequação do direito civil – o direito comum – e a necessidade de elaboração de um direito próprio do comerciante.

O direito empresarial, como direito da empresa, disciplina o exercício da atividade econômica organizada, razão pela qual, em primeiro lugar, devemos levar em consideração o tratamento constitucional da ordem econômica. A matéria está tratada no art. 170, da Constituição de 1988:

> Art. 170. A ordem econômica, fundada na valorização do trabalho humano e na livre iniciativa, tem por fim assegurar a todos existência digna, conforme os ditames da justiça social, observados os seguintes princípios:
>
> I – soberania nacional;
>
> II – propriedade privada;
>
> III – função social da propriedade;
>
> IV – livre concorrência;
>
> V – defesa do consumidor;
>
> VI – defesa do meio ambiente, inclusive mediante tratamento diferenciado conforme o impacto ambiental dos produtos e serviços e de seus processos de elaboração e prestação; *(Redação da EC 42/2003);*
>
> VII – redução das desigualdades regionais e sociais;
>
> VIII – busca do pleno emprego;
>
> IX – tratamento favorecido para as empresas de pequeno porte constituídas sob as leis brasileiras e que tenham sua sede e administração no País. *(Redação da EC 06/1995).*

– de prova plena – àquela assim constituída; mas disso não se extrai, como pretende a recorrente, que o assentamento é o único meio de se provar um costume.

– Não é possível excluir, de plano, a possibilidade de que a existência de um costume mercantil seja demonstrada por via testemunhal".

> Parágrafo único. É assegurado a todos o livre exercício de qualquer atividade econômica, independentemente de autorização de órgãos públicos, salvo nos casos previstos em lei.

Além dos **princípios fundamentais – livre iniciativa e valor social da iniciativa humana** – enumerados no *caput*, o art. 170 das Constituição relaciona em seus nove incisos os princípios constitucionais da ordem econômica, afirmando que esta tem por fim assegurar a existência digna, conforme os ditames da justiça social, observados por todos os "Poderes", sob pena de inconstitucionalidade do ato praticado ao arrepio de qualquer deles. Portanto, serão inadmissíveis perante a ordem constitucional as decisões do Poder Judiciário que afrontarem estes princípios, assim como as leis e qualquer outro ato estatal que estabelecer metas e comandos normativos que, de qualquer maneira, oponham-se ou violem tais princípios.[31]

A leitura do *caput* e de seus incisos leva à percepção de que o constituinte adotou princípios liberalizantes e outros intervencionistas: os primeiros, limitando a intervenção do Estado, como os incisos II e IV; os segundos, determinando a atuação do Poder Público para conformar a realidade econômica e social, como os incisos III e VI, além dos objetivos estabelecidos no *caput* – dignidade humana – e no art. 3º (erradicação da pobreza, combate às desigualdades regionais) da Constituição.

Aliás, em relação aos incisos V a VIII, autores como José Afonso da Silva utilizam a expressão "princípios de integração", porque dirigidos a resolver os problemas da marginalização regional ou social[32].

Não se trata, propriamente, de uma incoerência, por parte do constituinte, ou de uma postura inviabilizadora do texto constitucional. É clara a opção pela liberdade econômica, apenas não de forma absoluta.

É interessante o posicionamento de autores como Cass Sunstein, segundo o qual o "livre mercado" é, na realidade, fruto de conformação da ordem jurídica. Em outras palavras, ele não se constrói espontaneamente, mas por meio de opções políticas – de Estado. Mercados são resultado de intervenção do Estado no domínio econômico.[33]

Rachel Sztajn explicita essa discussão:

> Mercado implica ordem e liberdade. Equívoco é pensar que mercados, organizações ou instituições sociais para alguns, estruturas ou superestruturas para outros, surgem espontânea ou naturalmente nas sociedades, que são simples construções voluntaristas dos agentes econômicos. Ao criticar essa posição, Natalino Irti explica que, ausente o sistema normativo, os mercados não prosperam, pois mercado é a norma que o disciplina e constitui. No mesmo sentido de Irti manifesta-se Cass Sunstein quando afirma que é preciso entender mercados

31. TAVARES, André Ramos. Direito constitucional econômico. São Paulo: Método, 2003, p. 134.
32. SILVA, José Afonso da. Curso de direito constitucional positivo. São Paulo: Malheiros, 2001, p. 774.
33. SUNSTEIN, R. Free Markets and social justice. Oxford University Press, 1997. p. 5, apud SZTAIN, Rachel. Teoria Jurídica da Empresa: atividade empresária e mercados. São Paulo: Atlas, 2004, p. 41.

> como construção jurídica que se avalia segundo sua aptidão para promover interesses humanos, e não como fruto da natureza ou de uma ordem natural, ou mesmo como forma de promover a interação voluntária[34].

É exatamente isso que temos no direito brasileiro: a consagração da liberdade de iniciativa e da propriedade privada, moldadas pela intervenção do Estado.

É comum ouvirmos críticas à Constituição de 1988 como um todo, e à Constituição Econômica em particular, por uma alegada incoerência e indecisão do constituinte, que teria criado um texto híbrido, a um só tempo capitalista e anticapitalista.

A Constituição de 1988 celebra um sistema econômico capitalista, no qual os fatores de produção são detidos pelos agentes privados, que deles dispõem e podem deles valer-se para a obtenção de lucro. Não será a circunstância de o Estado poder intervir (seja mediante atos de gestão seja mediante atos normativos) que desnatura a essência da Constituição Econômica brasileira de 1988. A leitura dos arts. 1º e 170 torna a constatação clara. Porém, isso não significa que a leitura do modelo de economia capitalista celebrado pela Carta de 1988 implique uma compreensão de um capitalismo liberal "puro", conformado segundo uma escola liberal clássica (Adam Smith, David Ricardo) ou neoclássica (Alfred Marshall) – e muito menos neoliberal (Hayek, Friedman, Stigler).[35]

Eros Grau, por seu turno, faz um apanhado da doutrina sobre o assunto, demonstrando que os princípios em questão devem ser entendidos e aplicados não de forma isolada, mas em conjunto com os demais princípios constitucionais:

> A ordem econômica na Constituição de 1988 consagra um regime de mercado organizado, entendido como tal aquele afetado pelos preceitos da ordem pública clássica (Geraldo Vidigal); opta pelo tipo liberal do processo econômico, que só admite a intervenção do Estado para coibir abusos e preservar a livre concorrência de quaisquer interferências, quer do próprio Estado, quer do embate econômico que pode levar à formação de monopólios e ao abuso do poder econômico visando aumento arbitrário dos lucros – mas sua posição corresponde ao do neo-liberalismo ou social-liberalismo, como a defesa da livre iniciativa (Miguel Reale); (note-se que a ausência do vocábulo 'controle' no texto do art. 174 da Constituição assume relevância na sustentação dessa posição; a ordem econômica na Constituição de 1988 contempla a economia de mercado, distanciada porém do modelo liberal puro e ajustada à ideologia neo-liberal (Washington Peluso Albino de Souza); a Constituição repudia o dirigismo, porém acolhe o intervencionismo econômico, que não se faz contra o mercado, mas a seu favor (Tércio Sampaio Ferraz Júnior); a Constituição é capitalista, mas a liberdade apenas é admitida enquanto exercida no interesse da justiça social e confere prioridade aos valores do trabalho humano sobre todos os demais valores da economia de mercado (José Afonso da Silva) [36].

34. SZTAJN, Rachel, Teoria Jurídica da empresa. São Paulo: Atlas, 2004, p. 40-41.
35. MOREIRA, Egon Bockmann. Os princípios constitucionais da atividade econômica. Revista da Faculdade de Direito da UFPR, v. 4, 2006, p. 106.
36. GRAU, Eros Roberto. A ordem econômica na Constituição de 1988. São Paulo: Malheiros, 1998, p. 212.

A **legitimidade constitucional da atuação regulatória do Estado no domínio econômico** foi destacada pelo STF (RE 597.165 AgR/DF).

A discussão envolvia a análise da possibilidade, ou não, de vedação, pelo Poder Público, da edificação e instalação de postos de abastecimento, lavagem e lubrificação nos estacionamentos de supermercados e hipermercados, além de teatros, cinemas, shoppings centers, escolas e hospitais públicos, instituída pela Lei Complementar do Distrito Federal 294/2000, art. 2º, § 3º.

Nessa ocasião, destacou-se que a Constituição, ao delinear o regime jurídico dos direitos individuais e das liberdades públicas, permite a incidência de limitações de ordem jurídica que protejam a integridade do interesse social e assegurem a coexistência harmoniosa das liberdades, uma vez que nenhum direito ou garantia individual pode ser exercido em detrimento da ordem pública ou com desrespeito aos direitos e garantias de terceiros.

Significa dizer, também, que não existe direito (ou princípio jurídico) absoluto. O direito é um sistema de normas harmonicamente articuladas. Como afirma Luís Roberto Barroso, há de se aplicar a técnica de ponderação de valores, através da qual o intérprete procura lidar com valores constitucionais em aparente rota de colisão, devendo, no caso concreto, fazer concessões recíprocas, de modo a alcançar um resultado socialmente desejável[37].

Neste sentido, é bastante sintomático que a consagração da **valorização do trabalho humano** se dê conjuntamente com a da **livre iniciativa**, tanto no *caput* do art. 170 quanto no inciso IV do art. 1º da Constituição. Não se trata de mero acaso. A liberdade dos agentes econômicos para atuarem no mercado deverá ser exercitada de forma que valorize o trabalho humano.

Aqui, cabe a colocação de Diogo de Figueiredo Moreira Neto, para quem:

> O princípio da liberdade de iniciativa tempera-se pelo da iniciativa suplementar do Estado; o princípio da liberdade de empresa corrige-se com o da definição da função social da empresa; o princípio da liberdade de lucro, bem como da liberdade de competição, modera-se com o da repressão do abuso de poder econômico; o princípio da liberdade de contratação limita-se pela aplicação dos princípios de valorização do trabalho e da harmonia e da solidariedade entre as categorias sociais de produção; e, finalmente, o princípio da propriedade privada restringe-se com o princípio da função social da propriedade[38].

O STF, em diversas oportunidades, reconheceu essa limitação da livre iniciativa, dentro do próprio sistema constitucional. Um exemplo foi o caso da meia-entrada assegurada aos estudantes em casas de diversão, esporte, cultura e lazer (STF, Tribunal Pleno, ADI 1.950)[39].

37. BARROSO, Luís Roberto. Temas de direito constitucional. Rio de Janeiro: Renovar, 2006, p. 65.
38. MOREIRA NETO, Diogo de Figueiredo. Ordem econômica e desenvolvimento na Constituição de 1988. Rio de Janeiro: APEC, 1989, p. 28.
39. No mesmo sentido: STF, Tribunal Pleno, ADI 3.512, Min. Eros Grau, DJ de 23/6/2006.

Portanto, e considerando que não há hierarquia entre normas e princípios constitucionais, caberá ao intérprete a ponderação dos interesses em jogo. Impossível deixar de destacar que, com isso, estamos admitindo que não há questão de fácil resolução ou mesmo de uma solução imune a críticas.

Dessa forma, passaremos a analisar de forma individualizada os princípios que instruem a ordem econômica.

2. PRINCÍPIO DA LIVRE INICIATIVA

A origem do princípio pode ser encontrada no édito de Turgot, de 1776 e, posteriormente, no Decreto d'Allarde, de março de 1791, determinando que, a partir de 1º de abril daquele ano, seria livre a qualquer pessoa a realização de qualquer negócio ou exercício de qualquer profissão, arte ou ofício que lhe aprouvesse (desde que pagos impostos e taxas pertinentes e observados os regulamentos aplicáveis). A posterior Lei de Chapelier proibiu todas as espécies de corporações de ofício, sepultando, assim, o que havia restado da ordem feudal na França[40].

André de Laubadère chama a atenção para o fato de a liberdade de iniciativa não constar como direito assegurado pela Declaração dos Direitos de 1789, afirmando, ainda, que se considera que esse silêncio representaria um reconhecimento implícito. Tratar-se-ia, para o legislador daquela época, de um aspecto da liberdade geral do cidadão.

No Brasil, o marco histórico da positivação do princípio da livre iniciativa deu-se com D. João VI, que, pelo Alvará de 1º de abril de 1808, concedeu às colônias portuguesas a liberdade de indústria[41].

A livre iniciativa não mais se resume a um direito individual de caráter absoluto. Há de se atentar à sua função social da empresa. Logo, abandona-se a ideia de um princípio dirigido ao Estado, que deve se abster em relação ao particular. É possível que a intervenção do Estado seja necessária justamente para evitar sua violação por parte de outro particular, que pode atuar mediante abuso de seu poder econômico.

Natalino Irti, neste mesmo sentido, afirma que liberdade de iniciativa não se resume à liberdade de promover, ou não, atividade econômica, mas significa também liberdade de acesso, de entrar e sair de um determinado ramo de atividade, de competir com outros. Liga, portanto, livre iniciativa à livre concorrência[42].

---

40. GRAU, Eros Roberto. A ordem econômica na Constituição de 1988. São Paulo: Malheiros, 2003, p. 183.
41. GOMES, Carlos Jacques Vieira. O princípio constitucional da livre concorrência: corolário da livre iniciativa ou princípio autônomo da ordem econômica? Disponível em: http://www12.senado.gov.br/publicacoes/estudos-legislativos/tipos-de-estudos/outras-publicacoes/volume-iv-constituicao-de-1988-o-brasil-20-anos-depois.-estado-e-economia-em-vinte-anos-de-mudancas/principios-gerais-da-ordem-economica-o-principio-constitucional-da-livre-concorrencia-corolario-da-livre-iniciativa-ou-principio-autonomo-da-ordem-economica. Acesso em 21/9/2014.
42. Apud SZTAJN, Rachel. Teoria jurídica da empresa. São Paulo: Atlas, 2004, p. 32.

Quando estudamos, no direito empresarial, as classificações das sociedades empresárias, analisamos as sociedades dependentes de autorização – forte controle e fiscalização pelo Poder Público. São exemplos as instituições financeiras, seguradoras, indústrias de cigarros e de bebidas etc. Esta necessidade de autorização implicaria em inobservância do princípio da livre iniciativa? Parece-nos que não.

Paradigmático para a compreensão do princípio da livre iniciativa na ordem constitucional econômica brasileira é o chamado Caso American Virginia, fabricante de cigarros e, como tal, sujeita ao DL 1.593/1977 (STF, AC 1.657-MC). No caso, a empresa recorreu ao Judiciário contra a aplicação da penalidade de suspensão de suas atividades, em razão do cancelamento do seu registro especial, requisito fundamental para a manutenção da atividade econômica por ela exercida, nos termos do art. 1º, *caput*, deste mesmo Decreto-lei. A causa do cancelamento foi fiscal:

> Art. 2º. O registro especial poderá ser cancelado, a qualquer tempo, pela autoridade concedente, se, após a sua concessão, ocorrer um dos seguintes fatos: (Redação dada pela Medida Provisória nº 2158-35, de 2001)
>
> (...)
>
> II – não-cumprimento de obrigação tributária principal ou acessória, relativa a tributo ou contribuição administrado pela Secretaria da Receita Federal; (Redação dada pela Lei nº 9.822, de 1999).

É importante observar que a Súmula 70 do STF proíbe a interdição de estabelecimento como meio coercitivo para a cobrança de tributos, e ela foi utilizada pela defesa da empresa. No entanto, prevaleceu entendimento pela não aplicação da Súmula, neste caso.

Livre iniciativa não se confunde com livre concorrência. Por mais que livre iniciativa e livre concorrência possuam evidentes relações entre si, não se confundem: se esta pressupõe aquela, a livre iniciativa, por si só, não assegura a livre concorrência "O que ocorre é que o princípio da livre iniciativa, inserido no *caput* do art. 170 da CF, nada mais é do que uma cláusula geral cujo conteúdo é preenchido pelos incisos do mesmo artigo. Esses princípios claramente definem a liberdade de iniciativa não como uma liberdade anárquica, porém social, e que pode, consequentemente, ser limitada"[43].

O STF não pode deixar de destacar o fato de que uma entidade que congrega diversas empresas idôneas – no caso, a ETCO – se associou à União na presente ação, para defender o que chamou de "interesses comuns a ambas e à própria sociedade".

Reconheceu, aqui, a necessidade de garantir que a concorrência se desenvolva dentro da lei, e não de sua "esperteza negocial" – isto é, de sua capacidade de desviar consumidores de seus concorrentes. A indústria deve submeter-se às exigências normativas oponíveis a todos os participantes do setor, entre as quais a regularidade fiscal constitui requisito

43. SALOMÃO FILHO, Calixto. Regulação da atividade econômica (princípios e fundamentos jurídicos). São Paulo: Malheiros, 2001, p. 93-94.

necessário, menos à concessão do que à preservação do registro especial, sem o qual a produção de cigarros é vedada e ilícita.

Outro exemplo foi a criação do **passe livre às pessoas portadoras de deficiências.**

A Lei 8.899/94 concedeu passe livre às pessoas portadoras de deficiências no sistema de transporte coletivo interestadual. Em 2002, sob a alegação de afronta aos princípios da ordem econômica, da isonomia, da livre iniciativa e do direito da propriedade, a ABRATI – Associação Brasileira das Empresas de Transporte Intermunicipal, Interestadual e Internacional de Passageiros – ajuizou a ADI 2.649-6.

O STF julgou-a improcedente, vencido o Ministro Marco Aurélio, que entendeu tratar-se de matéria atinente à Assistência Social e, como tal, "há de dar-se a atuação direta do Estado que, para tanto, dispõe, como versado no artigo 204 da Constituição Federal, do Orçamento da Seguridade Social. Não está prevista, porque seria mesmo inviável, como é inviável até mesmo a comprovação da deficiência e da carência que respaldam o passe livre, a utilização desse mesmo orçamento". Diz o voto vencido "que não cabe ao Estado cumprimentar com chapéu alheio". Mas nem mesmo a divergência por ele instaurada no julgamento se baseou em pretensa violação ao princípio da livre iniciativa.

Na ADI 3.512, discutiu-se eventual violação do princípio pela Assembleia Legislativa do Espírito Santo, que aprovou a Lei 7.735/04, garantindo a meia-entrada para os doadores regulares de sangue. A ADI foi proposta pelo Governador do Estado. Novamente, restou vencido o Ministro Marco Aurélio – inclusive, com a mesma alegação do "chapéu alheio".

A intervenção estatal na economia, mediante regulação e regulamentação de setores econômicos, sempre terá como baliza os princípios e fundamentos da ordem econômica. No RE 422.941-2, o STF, ao examinar ato estatal que fixou o preço dos produtos sucroalcooleiros em valores inferiores ao levantamento de custos (no caso, realizado pela Fundação Getúlio Vagas), entendeu que:

> A intervenção estatal na economia, mediante regulamentação e regulação de setores econômicos, faz-se com respeito aos princípios e fundamentos da Ordem Econômica. CF, art. 170. O princípio da livre iniciativa é fundamento da República e da Ordem econômica: CF, art. 1º, IV; art. 170. Fixação de preços em valores abaixo da realidade e em desconformidade com a legislação aplicável ao setor: empecilho ao livre exercício da atividade econômica, com desrespeito ao princípio da livre iniciativa[44].

No caso, a União celebrou contrato com a referida instituição privada para a realização dos levantamentos que funcionariam como embasamento para a fixação dos preços, e acabou fazendo-o em valores inferiores aos apurados. E acabou reconhecendo o direito do recorrente à indenização pelos prejuízos sofridos.

Por fim, cumpre destacar que, ao decidir pela inconstitucionalidade do art. 13, da Lei 8.620/93 (que previa que os sócios das empresas limitadas responderiam solidariamente,

44. STF, T2, RE 422.941/DF, Min. Carlos Velloso, DJ de 24/3/2006.

com seus próprios bens, pelos débitos da pessoa jurídica junto à Seguridade Social), o STF entendeu que o atacado dispositivo era inibidor da livre iniciativa[45].

2.1. A Declaração de Direitos de Liberdade Econômica

A Lei nº 13.874, de 2019, traz a Declaração de Direitos de Liberdade Econômica, estabelecendo garantias de livre mercado, análise de impacto regulatório e outras providências. Analisaremos, aqui, seu impacto em relação ao princípio da livre iniciativa.

A lei é baseada, expressamente, em três princípios: a presunção de liberdade no exercício de atividades econômicas, a presunção de boa-fé do particular, a intervenção subsidiária, mínima e excepcional do Estado sobre o exercício de atividades econômicas e, por fim, o reconhecimento da vulnerabilidade do particular perante o Estado (art. 2º).

A restrição à intervenção estatal é detalhada no art. 4º: a Administração, exceto nas hipóteses de estrito cumprimento a previsão explícita em lei, tem o dever de evitar o abuso do poder regulatório de maneira a, indevidamente: I – criar reserva de mercado ao favorecer, na regulação, grupo econômico, ou profissional, em prejuízo dos demais concorrentes; II – redigir enunciados que impeçam a entrada de novos competidores nacionais ou estrangeiros no mercado; III – exigir especificação técnica que não seja necessária para atingir o fim desejado; IV – redigir enunciados que impeçam ou retardem a inovação e a adoção de novas tecnologias, processos ou modelos de negócios, ressalvadas as situações consideradas em regulamento como de alto risco; V – aumentar os custos de transação sem demonstração de benefícios; VI – criar demanda artificial ou compulsória de produto, serviço, ou atividade profissional, inclusive de uso de cartórios, registros ou cadastros; VII – introduzir limites à livre formação de sociedades empresariais ou de atividades econômicas; VIII – restringir o uso e o exercício da publicidade e propaganda sobre um setor econômico, ressalvadas as hipóteses expressamente vedadas em lei federal; e IX – exigir, sob o pretexto de inscrição tributária, requerimentos de outra natureza de maneira a mitigar os efeitos do inciso I do *caput* do art. 3º da lei.

O art. 3º traz a Declaração de Direitos de Liberdade Econômica: são direitos de toda pessoa, natural ou jurídica, essenciais para o desenvolvimento e o crescimento econômicos do País, observando o parágrafo único, do art. 170 da Constituição:

> I – desenvolver, para sustento próprio ou de sua família, atividade econômica de baixo risco, para a qual se valha exclusivamente de propriedade privada própria ou de terceiros consensuais, sem a necessidade de atos públicos de liberação da atividade econômica[46];
>
> II – desenvolver atividade econômica em qualquer horário ou dia da semana, inclusive feriados, sem que para isso esteja sujeita a cobranças ou encargos adicionais, observadas:

45. Neste sentido, o RE 562.276, Rel. Min. Ellen Grace, DJe de 10/2/2011.
46. O § 2º trata da classificação de uma atividade como de "baixo risco" e de sua regulamentação.

a) as normas de proteção ao meio ambiente, incluídas as de combate à poluição sonora e à perturbação de sossego público;

b) as restrições advindas de contrato, de regulamento condominial o de outro negócio jurídico, bem como as decorrentes das normas de direito real, incluídas as de direito de vizinhança; e

c) a legislação trabalhista.

III – definir livremente, em mercados não regulados, os preços de produtos e de serviços com consequência de alterações da oferta e da demanda;

IV – receber tratamento isonômico de órgãos e de entidades da administração pública quanto ao exercício de atos de liberação da atividade econômica, hipótese em que o ato de liberação estará vinculado aos mesmos critérios de interpretação adotados em decisões administrativas análogas anteriores, observado o disposto em regulamento;

V – gozar de presunção de boa-fé nos atos praticados no exercício da atividade econômica, para os quais as dúvidas de interpretação do direito civil, empresarial, econômico e urbanístico serão resolvidas de forma a preservar a autonomia de sua vontade, exceto se houver expressa disposição legal em contrário;

VI – desenvolver, executar, operar ou comercializar novas modalidades de produtos e de serviços quando as normas infralegais se tornarem desatualizadas por força de desenvolvimento tecnológico consolidado internacionalmente, nos termos estabelecidos em regulamento, que disciplinará os requisitos para aferição da situação concreta, os procedimentos, o momento e as condições dos efeitos;

VII – (vetado);

VIII – ter a garantia de que os negócios jurídicos empresariais serão objeto de livre estipulação das partes pactuantes, de forma a aplicar todas as regras de direito empresarial apenas de maneira subsidiária ao avençado, exceto normas de ordem pública;

IX – ter a garantia de que, nas solicitações de atos públicos de liberação da atividade econômica que se sujeitam ao disposto nesta Medida Provisória, apresentados todos os elementos necessários à instrução do processo, o particular receberá imediatamente um prazo expresso que estipulará o tempo máximo para a devida análise de seu pedido e que, transcorrido o prazo fixado, na hipótese de silêncio da autoridade competente, importará em aprovação tácita para todos os efeitos, ressalvadas as hipóteses expressamente vedadas na lei; e

X – arquivar qualquer documento por meio de microfilme ou por meio digital, conforme técnica e requisitos estabelecidos em regulamento, hipótese em que se equiparará a documento físico para todos os efeitos legais e para a comprovação de qualquer ato de direito público;

XI – não ser exigida medida ou prestação compensatória ou mitigatória abusiva, em sede de estudos de impacto ou outras liberações de atividade econômica no direito urbanístico, entendida como aquela que: requeira medida que já era planejada para execução antes da solicitação pelo particular, sem que a atividade econômica altere a demanda para execução da referida medida; utilize-se do particular para realizar execuções que compensem impactos que existiriam independentemente do empreendimento ou da atividade econômica solicitada; requeira a execução ou prestação de qualquer tipo para áreas ou situação além

> daquelas diretamente impactadas pela atividade econômica; ou mostre-se sem razoabilidade ou desproporcional, inclusive utilizada como meio de coação ou intimidação; e
>
> XII – não ser exigida pela administração pública direta ou indireta certidão sem previsão expressa em lei.

Alguns incisos, como o VI, buscam facilitar o ambiente para as chamadas *startups* – negócios recém-constituídos, com baixo custo de manutenção e elevado grau de incerteza de sucesso, que buscam atingir um crescimento rápido, apoiando-se na oferta de produtos ou serviços inovadores dentro do mercado em que estão inseridas e com alto potencial de escalabilidade, geralmente utilizando-se da internet ou de outras tecnologias inovadoras[47].

3. PRINCÍPIO DA LIVRE CONCORRÊNCIA

Já tratamos, acima, da livre iniciativa, e vimos que não se confunde com livre concorrência. É evidente que **somente haverá livre concorrência se houver livre iniciativa, mas esta, por si só, não garante aquela**. Esta questão foi há muito percebida – por vezes, faz-se necessária a intervenção do Estado exatamente para assegurar a livre concorrência. Nos Estados Unidos, o *Sherman Act* (1890) é o grande marco legal do tema – ao qual remetemos o leitor ao capítulo específico acerca do direito da concorrência.

Por ora, basta-nos reiterar a lição de João Bosco Leopoldino da Fonseca:

> Afirmando uma opção pelo regime de economia de mercado e assumindo essa postura ideológica, a Constituição adota como princípio a mola básica que rege aquele tipo de organização da economia. Garante-lhe a liberdade de concorrência como forma de alcançar o equilíbrio, não mais aquele atomístico do liberalismo tradicional, mas um equilíbrio entre os grandes grupos e um direito de estar no mercado também para as pequenas empresas[48].

Daí se percebe, por exemplo, que a própria opção do constituinte de proteger e estimular as empresas de pequeno porte (também elevada a princípio, como veremos adiante) também tem como corolário a defesa da livre concorrência. É prova de que a **postura esperada do Estado não mais se resume a um não fazer típico do liberalismo clássico, mas inclui atitudes.**

Quando falamos, acima, do princípio da livre iniciativa, abordamos o caso American Virginia. No mesmo acórdão, o STF entendeu cabível a atuação do Poder Público – no caso, com o cancelamento do registro especial – uma vez que a pretensão da empresa, ao deixar sistematicamente de recolher o IPI, com a consequente redução do preço de venda de suas mercadorias, ofende a livre concorrência[49].

---

47. REIS, Edgar Vidigal de Andrade. *Startups:* análise de estruturas societárias e de investimentos no Brasil. São Paulo: Almedina, 2018, p.13.
48. FONSECA, João Bosco Leopoldino da. Direito Econômico. Rio de Janeiro: Forense, 2007, 128-129.
49. STF, Tribunal Pleno, AC 1.657-MC, Min. Cezar Peluso, DJ de 31/8/2007.

Pode o Poder Público, igualmente, regular o horário de funcionamento para o comércio, com vistas ao interesse do consumidor e procurando evitar a dominação de determinado ramo por oligopólio:

> Farmácia. Fixação de horário de funcionamento. Assunto de interesse local. A fixação de horário de funcionamento para o comércio dentro da área municipal pode ser feita por lei local, visando o interesse do consumidor e evitando a dominação do mercado por oligopólio. (STF, Tribunal Pleno, RE 189.170, Min. Maurício Corrêa, *DJ* de 8/8/2003)[50].

O STF também consagrou o entendimento de que as concessionárias de serviços de telefonia, conquanto tenham o dever de publicar e distribuir listas e catálogos telefônicos, não têm o direito à exclusividade:

> Serviços de Telecomunicações. Exploração. Edição de Listas ou Catálogos Telefônicos e Livre Concorrência. Se, por um lado, a publicação e distribuição de listas ou catálogos telefônicos constituía um ônus das concessionárias de serviço de telefonia – que podem cumpri-lo com ou sem a veiculação de publicidade – não se pode dizer que estas tinham exclusividade para fazê-lo. O art. 2º da Lei 6.874/1980 ('A edição ou divulgação das listas referidas no § 2º do art. 1º desta Lei, sob qualquer forma ou denominação, e a comercialização da publicidade nelas inserta são de competência exclusiva da empresa exploradora do respectivo serviço de telecomunicações, que deverá contratá-las com terceiros, sendo obrigatória, em tal caso, a realização de licitação') era inconstitucional – tendo em vista a Carta de 1969 – na medida em que institui reserva de mercado para a comercialização das listas telefônicas em favor das empresas concessionárias. RE desprovido.(STF, T1, RE 158.676, Min. Sepúlveda Pertence, *DJ* de 5/10/2007)

No entanto, se por um lado a intervenção do Estado é necessária para assegurar o princípio da livre concorrência, isso não é visto como uma carta branca para todo e qualquer tipo de atuação. É o caso, por exemplo, da possibilidade, ou não, de o Poder Público impedir a instalação de um determinado estabelecimento comercial por se situar próximo a outro, que porventura atue no mesmo ramo.

Nesses casos, há entendimento sumulado do STF – ofende o princípio da livre concorrência lei municipal que impede a instalação de estabelecimentos comerciais do mesmo ramo em determinada área. (**Súmula Vinculante 49**).

Não se deve confundir, todavia, esta situação com aquela prevista no art. 1.147, do Código Civil, que trata da chamada cláusula de não restabelecimento. Trata-se de norma que, se hoje se encontra imune a maiores polêmicas, foi objeto de intensas discussões. Diz respeito à possibilidade de vedação de concorrência nas alienações de estabelecimento.

É conhecido o caso, que data de 1914, envolvendo a Companhia Nacional de Tecidos Juta. Seu acionista majoritário, o Conde Álvares Penteado, alienou sua participação

50. No mesmo sentido: STF, T1, AI 729.307-ED, Min. Cármen Lúcia, DJe de 4/12/2009; STF, T1, RE 321.796-AgR, Min. Sydney Sanches, DJ de 29/11/2002; STF, Tribunal Pleno, RE 237.965-AgR, Min. Moreira Alves, DJ de 31/3/2000.

societária a terceiros, que passaram a explorar a empresa. No entanto, logo após, o alienante constituiu nova sociedade empresária, a Companhia Paulista de Aniagem, atuando no mesmo ramo, tornando-se, pois, concorrente direto da Companhia de Tecidos Juta.

Sentindo-se prejudicada, a Companhia de Tecidos Juta, representada por José Xavier Carvalho de Mendonça, ajuizou ação contra o Conde, defendido por Rui Barbosa, na qual pleiteava a devolução dos valores pagos a título de aviamento.

O STF, naquela época, entendeu que:

> A freguesia de uma fábrica não pode ser objeto do contrato, em vista do disposto no artigo 17, do Decreto 434, de 4 de julho de 1891. A renúncia ao direito ao exercício de determinado ramo de comércio ou indústria, não se presume. Ela deve ser expressa, ou pelo menos, resultar de modo inequívoco dos termos do contrato para que na solução dos conflitos não prevaleça contra o princípio soberano da livre concorrência. (STF, Pleno, AC 2.183, Min. Oliveira Ribeiro, Julgamento em 12/8/1914)

Em outras palavras, entendeu que a cláusula de não concorrência deveria ser explícita. Mas esse entendimento foi alterado ao longo dos anos – passou-se a considerar que o alienante tem obrigação implícita de não concorrer com o adquirente do estabelecimento comercial, baseando-se no princípio da boa-fé objetiva e no reconhecimento da existência de obrigações pós-contratuais.

Assim, o Código Civil de 2002, em seu art. 1.147, apenas positivou entendimento já consolidado, estabelecendo um limite temporal para a não concorrência, salvo se expressamente acordado entre as partes o oposto em cláusula do contrato de trespasse na qual pode o adquirente anuir com o restabelecimento do alienante a qualquer tempo. Coibiu-se, assim, a concorrência desleal.

Uma última observação no que se refere à livre concorrência – ainda que aparentemente desnecessária: sua defesa tem fundamento na existência de mercado, espaço onde os agentes econômicos atuam.

4. PRINCÍPIOS DA PROPRIEDADE PRIVADA E DA FUNÇÃO SOCIAL DA PROPRIEDADE

Para melhor compreensão do tema, trataremos em conjunto os princípios da propriedade privada e da função social da propriedade.

A **propriedade individual** se manifesta no mundo jurídico como um direito fundamental, um meio de defesa do indivíduo – razão pela qual o direito de propriedade individual tem caráter absoluto. Essa é a tradição do nosso direito, e a Constituição Imperial de 1824 já garantia a propriedade "em toda sua plenitude" (art. 179, XXII). A primeira Constituição da República, de 1891, dispunha que "o direito de propriedade mantém-se em toda a sua plenitude". Cabe assinalar que, sendo a sociedade, à época, predominantemente agrária, não se fazia referência à atividade empresária.

As constituições subsequentes se mantiveram na mesma linha.

Portanto, entendemos que o direito de propriedade foi assegurado nas nossas constituições antes mesmo do Código Civil de 1916, razão pela qual não se pode afirmar que a constitucionalização do direito civil, em relação ao direito de propriedade, se iniciou com a Constituição de 1988, como deixa claro Otavio Luiz Rodrigues Júnior[51].

O artigo 5º, inciso XXII, da Constituição, consagra a **garantia do direito de propriedade**, e no inciso seguinte, XXIII, dispõe que: "a propriedade atenderá a sua função social". Mas sua inclusão no art. 170 também não deve ser vista como simples repetição, desprovida de sentido. Implica em assegurar aos seus agentes a possibilidade da apropriação privada dos bens e meios de produção.

Ao mesmo tempo, **veda ao Estado sua atuação na propriedade privada, que passa a ser limitada aos casos expressamente previstos na Constituição** – a instituição e cobrança de tributos, a privação de bens por meio do devido processo legal, assegurada a ampla defesa e o contraditório aos litigantes, a expropriação, sem indenização, dos bens envolvidos no cultivo de plantas psicotrópicas e tráfico de drogas, como espécie de pena (art. 243) e a desapropriação, mediante prévia e justa indenização, e a requisição ou a ocupação temporárias (art. 5º, XXIV, 182, § 4º, III, 184 e 5º, XXV)[52].

É evidente, no entanto, que se uma restrição ao direito de construir decorrente de limitação administrativa aniquila a propriedade privada, será reconhecido ao proprietário o direito à indenização. No entanto, o direito de edificar não é absoluto – como, insistimos, nenhum direito é absoluto – mas condicionado à função social da propriedade. Na hipótese de as restrições administrativas preexistirem à aquisição do terreno, ou seja, serem do conhecimento do adquirente, não serão passíveis de indenização. Neste sentido já se pronunciou o STF[53].

Note-se, portanto, uma crescente constitucionalização do direito privado. O Estado liberal clássico aceitava uma dicotomia entre direito público e direito privado quase que absoluta; o primeiro com seu texto fundamental na Constituição, o segundo, no Código Civil, que constituiriam ordens estanques e independentes. No entanto:

> O fenômeno conhecido como constitucionalização do direito privado pode ser descrito de várias formas. Sob o ponto de vista da cronologia histórica, a época do liberalismo clássico (e com essa expressão pretendemos abranger todas as concepções que derivam das ideologias do constitucionalismo liberal, do liberalismo político e econômico, dos direitos humanos de primeira

51. RODRIGUES JÚNIOR, Otavio Luiz. Propriedade e função social: exame crítico de um caso de "constitucionalização do direito civil. In: OTERO, Paulo; QUADROS, Fausto de; SOUZA, Marcelo Rebelo de (coord.). *Estudos em homenagem ao Prof. Doutor Jorge Miranda.* Vol. 3, Coimbra: Coimbra Editora, 2012, p. 61-89.

52. BARROSO, Luís Roberto. A ordem econômica constitucional e os limites à atuação estatal no controle de preços. Revista Eletrônica de Direito Administrativo Econômico, nº 14, maio/jun/jul 2008, Salvador. Disponível em: http://www.direitodoestado.com/revista/REDAE-14-MAIO-2008-LUIS%20ROBERTO%20BARROSO.pdf. Acesso em 15/9/2014.

53. STF, RE 140.436, Rel. Min. Carlos Velloso, DJ de 6/8/1999.

dimensão) coincide substancialmente com a época das grandes codificações do direito privado do século XIX. Sob o ponto de vista ideológico, nesse período concebiam-se as constituições liberais como verdadeiros códigos do direito público (ou seja, diplomas jurídicos que buscavam disciplinar a organização do Estado, a estrutura dos poderes, a competência de seus órgãos, bem como algumas relações entre o Estado e seus súditos), ao passo que os códigos privados eram encarados como verdadeiras constituições do direito privado (isto é, estatutos que disciplinavam as relações jurídicas entre os cidadãos, com exclusão de qualquer intervenção estatal, especialmente na área econômica, regida que era pela autonomia da vontade e pela concepção individualista de propriedade privada)[54].

5. FUNÇÃO SOCIAL DA EMPRESA: DA CONSTITUIÇÃO À LEI ANTICORRUPÇÃO

A Constituição Federal de 1988 passou a ser vista com maior atenção no que se refere à função social, somente a partir da edição do Código Civil de 2002, que consagrou a função social da propriedade e do contrato (arts. 421 e 2.035, parágrafo único).

A função social da propriedade, do contrato e da empresa apresenta aspectos diversos de uma mesma questão: a função social da empresa decorre da função social da propriedade. A liberdade contratual será exercida nos limites da função social do contrato (Código Civil, art. 421), que se estende ao contrato de sociedade[55] e condiciona o exercício da atividade empresarial.

De outro lado, a liberdade de iniciativa em matéria econômica também é princípio constitucional (Constituição, art. 170, *caput* e parágrafo único).

Haveria, portanto, contradição entre esses princípios constitucionais? Ou um deles deveria prevalecer sobre o outro, de maneira que a atividade econômica possa ser exercida livremente? Não há contradição entre eles. Eles são complementares e devem ser interpretados de forma harmônica, de maneira que a atividade econômica é livre enquanto for exercida com respeito à sua função social.

Outro aspecto a ser considerado decorre da Lei das Sociedades por Ações de 1976. Essa lei passou a identificar, no seu artigo 116, o denominado acionista controlador, a pessoa ou grupo de pessoas que: (a) é titular de direitos de sócio que lhe assegurem, de modo permanente, a maioria dos votos nas deliberações da assembleia-geral e o poder de eleger a maioria dos administradores da companhia; e (b) usa efetivamente seu poder para dirigir as atividades sociais e orientar o funcionamento dos órgãos da companhia.

---

54. FACHINI NETO, Eugênio. A constitucionalização do direito privado. Revista do Instituto do Direito Brasileiro. Lisboa: Universidade de Lisboa. Ano I (2012), nº 1, p. 213.

55. CARVALHOSA, Modesto. *Comentários ao Código Civil*: parte especial: do direito de empresa. Vol. 13 (coord. Antonio Junqueira de Azevedo). São Paulo: Saraiva, 2003, p. 330. **Em sentido semelhante:** Centro de Estudos Judiciários do Conselho da Justiça Federal. I Jornada de Direito Civil. Enunciado 53: "Art. 966: Deve-se levar em consideração o princípio da função social na interpretação das normas relativas à empresa, a despeito da falta de referência expressa".

Esse acionista, além de dirigir a sociedade para a realização de seu fim lucrativo, passou a ter também responsabilidades mais amplas para com os demais acionistas, os trabalhadores e a sociedade em geral, pois ele (art. 116, parágrafo único):

> "(...) deve usar o poder com o fim de fazer a companhia realizar o seu objeto e cumprir sua função social, e tem deveres e responsabilidades para com os demais acionistas da empresa, os que nela trabalham e para com a comunidade em que atua, cujos direitos e interesses deve lealmente respeitar e atender".

A primeira parte desse artigo de lei determina que a companhia deve realizar o seu objeto, ou seja, deve buscar o lucro. A segunda determina que ela cumpra sua função social. A terceira indica alguns aspectos que revelam quais interesses devem ser atendidos para que a sociedade cumpra essa função social: ela deve atender aos interesses dos demais acionistas, os dos trabalhadores e os da comunidade em que atua.

Nossa legislação ordinária tem, portanto, uma norma que dá maior concretude à função social das empresas, especificamente das sociedades anônimas, seja qual for o seu porte. Mas esses deveres também têm sido considerados aplicáveis às demais sociedades.

Outro ângulo da função social da empresa é revelado pela Lei Anticorrupção das Pessoas Jurídicas, também conhecida como Lei da Empresa Limpa (Lei nº 12.846/13).

Os interesses lesados pela corrupção são amplos: ela afeta os direitos humanos, na medida em que desagrega o sistema político; afeta a economia, na medida em que desvia recursos públicos da sua verdadeira finalidade; desvia as empresas corruptoras de sua função social e afeta a concorrência, na medida em que as empresas corruptoras obtêm vantagens indevidas do setor público; portanto, essas questões passaram a ser examinadas por vários ramos do direito, como o empresarial.

Os esforços mais notórios na repressão da corrupção no Brasil são relativamente recentes, e o maior exemplo deles se revela na denominada Operação Lava-Jato, a qual já puniu empresários e políticos do mais alto escalão e permanece atuante.

A Lei Anticorrupção das Pessoas Jurídicas tem por objetivo proteger tanto a Administração Pública brasileira quanto a estrangeira. Entendemos que ela complementa as normas anteriores sobre a função social da propriedade, na medida em que regulamenta as relações das empresas com o Poder Público. Ela não se destina apenas a punir, mas também a assegurar a integridade (compliance) nas relações entre eles.

A expressão usual "programa de compliance", cujo significado seria de "conformidade" veio a ser traduzida como "Programa de Integridade" pelo Decreto nº 8.420/2015, art. 41, *caput*, que:

> "[...] consiste, no âmbito de uma pessoa jurídica, no conjunto de mecanismos e procedimentos internos de integridade, auditoria e incentivo à denúncia de irregularidades e na aplicação efetiva de códigos de ética e de conduta, políticas e diretrizes com objetivo de detectar e sanar desvios, fraudes, irregularidades e atos ilícitos praticados contra a administração pública, nacional ou estrangeira".

Os benefícios trazidos pela Lei anticorrupção podem ser resumidos no comprometimento da alta administração das empresas com sua atuação ética; no mapeamento das áreas de risco; na elaboração de registros contábeis compatíveis com a realidade; na criação de controles internos e de canais para a denúncia de irregularidades; e, no controle das atividades de terceiros vinculados à atividade das empresas (*due diligence*).

Na parte do direito societário veremos as alterações no regime da responsabilidade das sociedades e dos seus administradores quando for apurada a prática de atos de corrupção.

6. FUNÇÃO SOCIAL DA EMPRESA: A LEI DA RECUPERAÇÃO DE EMPRESAS E DA FALÊNCIA

Trata-se de uma **decorrência do princípio da livre iniciativa**. Cabe, aqui, lembrar a distinção entre empresa (atividade), empresário (aquele que a exerce) e estabelecimento (complexo de bens), de forma que a preservação da empresa não significa a do empresário. Da atividade todos se beneficiam – a comunidade como um todo e o Estado.

Desta forma, e como veremos na parte dedicada ao direito falimentar, o princípio da preservação da empresa **norteou a concepção da Lei 11.101/05, com a substituição da concordata pela recuperação judicial**. A empresa recebe um tratamento diverso daquele conferido ao seu titular.

O próprio princípio consagrado no inciso VIII – busca do pleno emprego – pressupõe a preservação da empresa.

Essa argumentação foi utilizada pelo STF, no julgamento da ADI 3.934-2/DF, que reconheceu a constitucionalidade dos artigos 60, parágrafo único, 83, I e IV, c, e 141, II, da Lei 11.101/05[56]. A ADI foi proposta por defender justamente que os mencionados dispositivos da Lei de Falências e Recuperação Judicial, ao estabelecer que o arrematante das empresas em recuperação não responde pelas obrigações do devedor, em especial aquelas derivadas da legislação do trabalho.

O relator consignou em seu voto que a Constituição, em momento algum, "abriga regra expressa sobre o eventual direito de cobrança de créditos trabalhistas em face daquele que adquire ativo da empresa em processo de recuperação judicial ou cuja falência tenha sido decretada". E completou que o fato de o adquirente da empresa não responder por estas dívidas trabalhistas não implica em prejuízo aos trabalhadores, uma vez que o valor por ele pago ficará à disposição do juízo da falência.

A Lei 11.101/05 tem como objetivo permitir que as empresas em dificuldades, saldem o seu passivo por meio da realização do respectivo patrimônio, sendo reunidos todos os credores. Logo, seu escopo, além de contribuir para que a empresa pudesse superar a crise econômica ou financeira, é o de preservar, o máximo possível, os vínculos trabalhistas e a cadeia de fornecedores, razão pela qual os artigos 60, parágrafo único,

56. STF, Tribunal Pleno, ADI 3.934/DF, Min. Ricardo Lewandowski, DJe de 6/11/2009.

e 141, II, representam opção do legislador que deu concretude a determinados valores constitucionais – a livre iniciativa e a função social da propriedade – em detrimento de outros, por julgá-los mais adequados ao tratamento da matéria.

Por outro lado, e como bem observa André Luiz Santa Cruz Ramos, o princípio não pode ser desvirtuado – muitas vezes, impedir a falência pode contrariar o mercado e exigir "pacotes de socorro" por parte de governos, a partir de um hipotético "direito de não falir", em especial nos casos de empresários de grande porte ("grandes demais para quebrar" – *too big to fail*).[57]

Outro exemplo de aplicação do referido princípio está no artigo 974, do Código Civil, que permite ao incapaz prosseguir na exploração da empresa após a interdição civil ou a sucessão hereditária. O antigo inciso IV, do art. 1.033, que buscava evitar a dissolução da sociedade permitindo a subsistência, por 180 dias, da sociedade com um único sócio, foi revogado pela Lei nº 14.195/21.

No entanto, insistimos: nenhum direito é absoluto. O princípio da preservação da empresa não pode ser estudado sem se levar em consideração a chamada função social da empresa. A consagração deste princípio, por sua vez, decorre do reconhecimento da função social da propriedade (art. 5º, XXIII e 182, § 2º, da Constituição) e da função social do contrato (arts. 421 e 1.228, § 1º, do Código Civil).

Na lição de Gladston Mamede:

> Valoriza-se a empresa como célula econômica da sociedade organizada em Estado, sendo um vetor para o desenvolvimento nacional, a erradicação da pobreza e da marginalização, a redução das desigualdades sociais e regionais, permitindo a promoção do bem de todos (artigo 3º da Constituição da República). A empresa é também um vetor eficaz para a dignidade da pessoa humana (artigo 1º, I a III da Constituição) bastando observar os benefícios materiais e imateriais que resultam de suas atividades.[58]

Assim, se o art. 170 da Constituição delimita a livre iniciativa, também estabelece os parâmetros para a definição da função social da empresa – a função social da atividade economicamente organizada de produção de bens e serviços.

IV. O EMPRESÁRIO

1. INTRODUÇÃO

Quando estudamos a teoria da empresa, vimos que empresário é quem exerce a atividade empresarial.

57. RAMOS, André Luiz Santa Cruz. Direito empresarial esquematizado. São Paulo: Método, 2014, p. 28.
58. MAMEDE, Gladston. Direito empresarial brasileiro: empresa e atuação empresarial. São Paulo: Atlas, 2015, p. 49.

O empresário, por seu turno, pode exercer a atividade individualmente – empresário individual; a própria pessoa física exercendo a atividade em seu nome, respondendo com seus bens pelas obrigações que assume.

Pode ocorrer, ainda, que a atividade empresarial seja exercida por uma sociedade empresária, espécie de pessoa jurídica de direito privado, constituída com finalidade de exploração de atividade econômica e distribuição de resultados (lucros) entre seus membros. O Direito Societário estuda esses empresários, e será tratado na Parte II deste Manual.

Podem exercer a atividade empresarial aqueles que estiverem em **pleno gozo da capacidade civil e não forem legalmente impedidos** (Código Civil, art. 972, *caput*).

Empresário é igual a chefe de empresa, ou organizador dos fatores de produção. No regime do Código Civil: "Considera-se empresário quem exerce profissionalmente atividade econômica organizada para a produção ou circulação de bens ou serviços" (art. 966). Ao mesmo tempo: "Não se considera empresário quem exerce profissão intelectual, de natureza científica, literária ou artística, ainda com o concurso de auxiliares ou colaboradores, salvo se o exercício da profissão constituir elemento de empresa" (Código Civil, art. 966, parágrafo único).

Importa, aqui, tecer algumas observações a respeito do alcance do parágrafo único.

Primeiramente, a lei exclui do conceito de empresário aquele que exerce atividade intelectual – os profissionais liberais. São médicos, advogados, dentistas etc. Por uma questão de opção legislativa, não são considerados empresários, "salvo se o exercício da profissão constituir elemento de empresa". Imaginemos que esse profissional confira à sua organização um formato empresarial. Neste sentido, o Enunciado 193, da III Jornada de Direito Civil, assim redigido: "Art. 966: O exercício das atividades de natureza exclusivamente intelectual está excluído do conceito de empresa". Na mesma linha, o Enunciado 194 ("Art. 966: Os profissionais liberais não são considerados empresários, salvo se a organização dos fatores de produção for mais importante que a atividade pessoal desenvolvida").

Como interpretar a expressão "elemento de empresa", para fins de aplicação do art. 966? O Enunciado 195 assim prescreve: "Art. 966: A expressão 'elemento de empresa' demanda interpretação econômica, devendo ser analisada sob a égide da absorção da atividade intelectual, de natureza científica, literária ou artística, com um dos fatores da organização empresarial".

Neste sentido, considera-se empresário, por exemplo, "(i) o contabilista em sua atividade de consultoria, cujos contornos exigem auditoria, *marketing* etc., (ii) o médico que agrega à prática da medicina um spa, onde ao seu paciente oferece repouso e refeições, (iii) o veterinário que, além do seu ofício, hospeda animais na viagem de seus donos, (iv) o engenheiro calculista que mantém um empreendimento de construção civil, (v) um técnico em informática que agrega à sua atividade intelectual a exploração comercial de *softwares* e assim por diante"[59].

Assim, a atividade de hospital constitui empresa, uma vez que há, aqui, organização de fatores de produção – capital, trabalho de diversos profissionais, utilização de imóveis e equipamentos etc.

A Lei 8.906/94 (Estatuto da Advocacia e da OAB) é expressa ao estabelecer que a sociedade de advogados é uma "sociedade civil de prestação de serviço de advocacia", que, após a vigência do Código Civil de 2002, é considerada sociedade civil não empresária.

O artigo 967 do Código coloca-se em contradição com o artigo 966. O primeiro considera empresário quem exerce a atividade empresária; o segundo exige o registro prévio para o exercício dessa atividade. Deve prevalecer a interpretação tradicional em nosso direito e decorrente da norma geral, no sentido de que o **registro não atribui a qualidade de empresário, tratando-se, verdadeiramente, de condição de regularidade da atividade empresária, isto é, em regra tem natureza declaratória, e não constitutiva, com as exceções que veremos adiante**[60]**.**

O Código Civil não distingue entre o empresário pessoa física nacional e estrangeira: ambas estão sujeitas às mesmas obrigações, ressalvado o disposto em lei especial.

2. O EMPRESÁRIO INDIVIDUAL

O empresário individual aqui examinado é aquele que exerce a empresa em nome próprio. Ele não se caracteriza como pessoa jurídica[61] e o seu registro no Cadastro Nacional de Pessoas Jurídicas – CNPJ se destina, exclusivamente, a fins de controle fiscal.

A constituição da denominada **firma individual não permite a separação patrimonial**. Em relação ao empresário individual permanece o dogma da **unicidade do patrimônio**: a cada pessoa corresponde um único patrimônio, de maneira que ele responde com a totalidade do seu patrimônio pelas obrigações assumidas.

O legislador só concede a limitação de responsabilidade patrimonial às sociedades.

O **empresário individual** também **não conta com o benefício de ordem previsto no artigo 1.024 do Código Civil,** segundo o qual os bens vinculados à exploração de

---

59. GONÇALVES NETO, Alfredo de Assis. *Direito de Empresa.* Comentários aos artigos 966 a 1.195 do Código Civil. 6ª ed., rev., atual. e ampl. São Paulo: Revista dos Tribunais, 2016, p. 78-79.

60. FRANÇA, Erasmo Valladão Azevedo e Novaes. *A sociedade em comum.* São Paulo: Malheiros, 2013, p. 116-117, destaca, com razão, que a falta do registro não revela irregularidade da sociedade, mas da *atividade*.

61. STJ, Recurso Especial nº 1.260.322/AL, Segunda Turma, relator Min. Herman Benjamin, v.u. 01/09/2011, DJe 12/09/2011: "Empresários individuais [...], como sabemos, são destituídos de personalidade distinta em relação à pessoa natural, ou seja, não são pessoas jurídicas nos termos do art. 44 do CÓDIGO CIVIL".

sua atividade econômica respondem em primeiro lugar pelas obrigações destas, pois esse dispositivo legal só se refere às sociedades[62].

Como não poderia deixar de ser, o dogma da unicidade do patrimônio tem conduzido à criação de sociedades dominadas por um único sócio, sendo o outro ou outros verdadeiros testas-de-ferro ou "homens de palha", assim denominados porque emprestam seus nomes para a constituição de sociedades que tem como única finalidade a possibilidade da limitação da responsabilidade patrimonial.

Essa realidade conduz o empresário apaixonado pela própria liberdade, ou de recursos modestos, à impossibilidade de se valer da limitação de responsabilidade. Hoje, a pretensão de limitar a responsabilidade ao patrimônio empregado na atividade empresarial foi atendida – ao menos parcialmente – pela possibilidade da constituição de uma sociedade limitada unipessoal.

O Código Civil inovou o regime anterior ao dispor que: "O empresário casado pode, sem necessidade de outorga conjugal, qualquer que seja o regime de bens, alienar os imóveis que integrem o patrimônio da empresa ou gravá-los de ônus real" (art. 978).

A I Jornada de Direito Comercial, Enunciado 6, afirma a necessidade de *prévio registro da autorização conjugal no Cartório de Imóveis*, devidamente averbado no Registro Público de Empresas Mercantis: "O empresário individual regularmente inscrito é o destinatário da norma do art. 978 do Código Civil, que permite alienar ou gravar de ônus real o imóvel incorporado à empresa, desde que exista, se for o caso, prévio registro de autorização conjugal no Cartório de Imóveis, devendo tais requisitos constar do instrumento de alienação ou de instituição do ônus real, com a consequente averbação do ato à margem de sua inscrição no Registro Público de Empresas Mercantis". Este não nos parece o melhor entendimento, pois o artigo 978 do Código não exige essa autorização.

3. INCAPACIDADE E IMPEDIMENTOS PARA A ATIVIDADE EMPRESARIAL

O Código Civil dispõe que todos aqueles que estiverem no **pleno gozo da capacidade civil** e **não forem legalmente impedidos** podem exercer a atividade empresarial (art. 972). Veremos a seguir as causas de incapacidade e os impedimentos, bem como as razões pelas quais, em alguns casos, os incapazes para a vida civil podem prosseguir no exercício da atividade empresarial.

62. TEPEDINO, Gustavo; BARBOSA, Heloísa Helena; MORAES, Maria Celina Bodin de. *Código Civil Interpretado conforme a Constituição da República*. Vol. 3, 2ª ed., Rio de Janeiro: Renovar, 2014, p. 9-10. **Em sentido contrário:** I Jornada de Direito Comercial, Enunciado 5: "Quanto às obrigações decorrentes de sua atividade, o empresário individual tipificado no art. 966 do Código Civil responderá primeiramente com os bens vinculados à exploração de sua atividade econômica, nos termos do art. 1.024 do Código Civil".

3.1. Incapacidade

Ainda que todo homem seja capaz de direitos e obrigações (a denominada capacidade de direito), nem todos têm capacidade de exercê-los (capacidade de fato). A incapacidade pode ser, ainda, absoluta ou relativa.

A maioridade, no regime do Código Civil, se dá aos 18 anos completos, quando a pessoa fica habilitada à prática de todos os atos da vida civil (art. 5º, *caput*), desde que não esteja configurado nenhum outro motivo de incapacidade.

São **absolutamente incapazes** de exercer pessoalmente os atos da vida civil os menores de dezesseis anos (Código Civil, art. 3º, na redação dada pela Lei nº 13.146/15).

As normas que disciplinam a incapacidade para o exercício da atividade empresarial (cuja violação é sancionada com a não aquisição da sua titularidade) **são estabelecidas para a proteção dos próprios incapazes**[63], de maneira que os absolutamente incapazes não podem *iniciar* o exercício da atividade empresarial.

Eles são representados na vida civil pelos pais, pelo tutor ou curador, mas estes não podem iniciar o exercício da a empresa em nome do incapaz porque a representação para os atos da vida civil se destina à prática de atos isolados, não à prática da atividade empresária, que envolve mais do que atos de simples administração[64]. A exceção será examinada no título seguinte.

São **relativamente capazes** (a incapacidade é relativa a certos atos ou à maneira de os exercer, nos termos do art. 4º, do Código Civil, na redação dada pela Lei nº 13.146/15):

> I – os maiores de dezesseis e menores de dezoito anos;
>
> II – os ébrios habituais e os viciados em tóxico;
>
> III – aqueles que, por causa transitória ou permanente, não puderem exprimir sua vontade;
>
> IV – os pródigos.
>
> Parágrafo único. A capacidade dos indígenas será regulada por legislação especial.

Os fatos que determinam a cessação da incapacidade dos menores de idade são (Código Civil, art. 5º, I a V):

a) a emancipação, após os 16 anos completos, por concessão dos pais ou sentença do juiz (inciso I), que equivale à plena capacidade;

b) o casamento (inciso II);

63. ASCARELLI, Tullio. *Iniciación al estudio del derecho mercantil*. Tradução de Evelio Verdera y Tuells. Barcelona: Bosch, 1964, p. 143.

64. GONÇALVES NETO, Alfredo de Assis. *Direito de empresa:* Comentários aos artigos 966 a 1.195 do Código Civil. 6ª ed., rev., atual. e ampl. São Paulo: Ed. Revista dos Tribunais, 2016, p. 97-100.

c) o exercício de emprego público efetivo (inciso III);

d) a colação de grau em curso superior (inciso IV);

e) o estabelecimento do menor com dezesseis anos completos com economia própria, ou seja, com valores auferidos no exercício de atividade profissional (inciso V).

A emancipação decorrerá, dentre outros casos, do estabelecimento civil ou empresarial (comercial, na redação do Código) com economia própria, aos 16 anos (art. 5º, parágrafo único, V), donde se deduz a necessidade da comprovação simultânea dos dois requisitos: o de idade mínima e o do estabelecimento com economia própria, cuja prova poderá ser feita por qualquer meio idôneo, inclusive a justificação judicial.

A economia própria poderá ter sido obtida até mesmo com o exercício irregular da atividade empresária[65], desde que o menor tenha completado 16 anos; antes disso, ele é absolutamente incapaz e os atos por ele praticados serão nulos (Código Civil, art. 166, I), de maneira que ele não se torna titular da atividade empresarial. Vale lembrar que o menor, entre dezesseis e dezoito anos, não poderá requerer recuperação judicial, por não cumprir o requisito do exercício da empresa por pelo menos dois anos.

3.2. Exercício da empresa pelo incapaz

Ainda que o incapaz não possa iniciar o exercício da atividade empresária, nem por meio dos seus representantes legais, o Código Civil permite que ele continue a exercer a empresa por ele exercida enquanto capaz, ou, ainda, a exercida anteriormente por seus pais ou pelo autor da herança de quem é sucessor, sendo representado ou assistido, conforme o grau de incapacidade, e desde que autorizado pelo juiz (art. 974, *caput*)[66].

As razões que levaram o legislador a permitir o exercício da empresa pelo incapaz são variadas, mas o prejuízo maior que certamente decorreria da liquidação da empresa figura entre as mais relevantes. Assim, a autorização judicial é dada em função da conveniência do prosseguimento da atividade[67].

Naquilo que reputamos uma ficção legal, *a empresa se considera exercida pelo próprio incapaz*, não pelo seu representante ou assistente, de maneira que é dele a responsabilidade patrimonial pelo cumprimento das obrigações assumidas, inclusive na hipótese dos pedidos

65. REQUIÃO, Rubens. *Curso de direito comercial*. Vol. 1., 34ª ed., rev. e atual. por Rubens Edmundo Requião. São Paulo: Saraiva, 2015, p. 144, nota 16.

66. III Jornada de Direito Civil, Enunciado 203: "O exercício da empresa por empresário incapaz, representado ou assistido, somente é possível nos casos de incapacidade superveniente ou incapacidade do sucessor na sucessão por morte".

67. ASCARELLI, Tullio. *Iniciación al estudio del derecho mercantil*. Tradução de Evelio Verdera y Tuells. Barcelona: Bosch, 1964, p. 143 e 257. TEPEDINO, Gustavo; BARBOSA, Heloísa Helena; MORAES, Maria Celina Bodin de. *Código Civil Interpretado conforme a Constituição da República*. Vol. 3, 2ª ed., Rio de Janeiro: Renovar, 2014, p. 29.

de falência. Igualmente, ele deverá propor a recuperação judicial, quando preenchidos os requisitos legais (Lei nº 11.101/05)[68].

Para continuar a empresa, o incapaz deverá requerer *autorização judicial*, revogável a qualquer tempo. O juiz deverá examinar as circunstâncias e os riscos da empresa, bem como a conveniência de continuá-la (art. 974, § 1º).

Entendemos que o juiz poderá nomear terceiro que seja considerado a pessoa mais apta; isto porque **os poderes necessários para gerir empresa** diferem daqueles conferidos aos representantes legais do incapaz: eles **vão além dos poderes normais de administração**[69] **e se destinam ao exercício de uma atividade, não à prática de atos isolados.** Note-se que a capacidade civil se refere aos atos individualmente considerados, e os representantes legais do incapaz só podem praticar atos que excedam os poderes de administração ordinária com ordem judicial expressa, concedida para cada caso (Código Civil, arts. 1.753 e 1.774). A capacidade empresarial envolve a prática frequente de atos que excedem a administração ordinária, como a compra e venda e a contratação de empréstimos bancários.

Ao mesmo tempo, nosso Código Civil buscou minimizar os riscos decorrentes do exercício dessa atividade determinando a criação de um *patrimônio separado*, nos seguintes termos: "Não ficam sujeitos ao resultado da empresa os bens que o incapaz já possuía, ao tempo da sucessão ou da interdição, desde que estranhos ao acervo daquela, devendo tais fatos constar do alvará que conceder a autorização" (Código Civil, art. 974, § 2º), podendo o alvará, "inclusive arrolar os bens não sujeitos à ação dos credores"[70].

A proteção do patrimônio que o incapaz possuía anteriormente visa garantir-lhe condições de sobrevivência no caso de insucesso da atividade empresária.

O artigo 974, § 3º, do Código Civil (incluído pela Lei nº 12.399/11) está mal situado, pois se refere ao sócio incapaz, não ao empresário individual incapaz. Estabelece que a necessidade de registro de contratos e alterações contratuais de sociedade que envolva sócio incapaz, desde que, cumulativamente, I – o sócio incapaz não exerça a administração da sociedade; II – o capital social esteja totalmente integralizado e III – o sócio relativamente incapaz esteja assistido e o absolutamente incapaz representado por seus representantes legais.

Em qualquer dos casos, o artigo 975 do Código Civil prevê que se o representante legal do incapaz for pessoa que, por disposição de lei, não puder exercer atividade de empresário, nomeará, com a aprovação do juiz, um ou mais gerentes". A lei deixou de

68. TEPEDINO, Gustavo; BARBOSA, Heloísa Helena; MORAES, Maria Celina Bodin de. *Código Civil Interpretado conforme a Constituição da República*. Vol. 3, 2ª ed., Rio de Janeiro: Renovar, 2014, p. 33.
69. NERY JÚNIOR, Nelson; NERY, Rosa Maria de Andrade. *Código Civil comentado*. 8ª ed., rev., ampl. e atual. São Paulo: Ed. Revista dos Tribunais, 2011, nota 4 ao artigo 974, p. 857.
70. TEPEDINO, Gustavo; BARBOSA, Heloísa Helena; MORAES, Maria Celina Bodin de. *Código Civil Interpretado conforme a Constituição da República*. Vol. 3, 2ª ed., Rio de Janeiro: Renovar, 2014, p. 30.

prever a possibilidade de os representantes legais do incapaz não se considerarem aptos para o exercício da atividade empresária, de maneira que, por mais essa razão, deve-se admitir a possibilidade de nomeação pelo juiz de outra pessoa considerada mais apta para representar ou assistir o incapaz nessa atividade.

De outro lado, previu a lei a possibilidade de o juiz nomear gerentes em todos os casos em que entender conveniente (Código Civil, art. 975, § 1º), mas: "A aprovação do juiz não exime o representante ou assistente do menor ou do interdito da responsabilidade pelos atos dos gerentes nomeados (art. 975, § 2º).

Essa responsabilidade dos representantes legais só pode decorrer da prática de atos ilícitos, pois, **pelos atos lícitos, ainda que gerem prejuízo, quem responde é o titular da empresa, que é o incapaz.** Portanto, **o representante legal do incapaz passa a ter a responsabilidade de fiscalizar os atos praticados pelos gerentes, ainda que eles tenham sido nomeados pelo juiz sem o concurso da sua vontade.**

3.3. Impedimentos

O impedimento ao exercício da atividade empresária é **estabelecido em lei para a proteção de terceiros**; portanto, os atos praticados pelo proibido de exercer a empresa são válidos e o exercício da empresa em violação ao impedimento importa a aquisição da qualidade de empresário pelo proibido de exercer essa atividade. **Ele se torna empresário de atividade irregular, ficando sujeito às sanções que esse estado comporta.** Dispõe o artigo 973 do Código Civil: "A pessoa legalmente impedida de exercer atividade própria de empresário, se a exercer, responderá pelas obrigações contraídas".

A enumeração abaixo é meramente exemplificativa, dada a impossibilidade de enumerar todos os casos de impedimento previstos nas diversas leis em vigor.

a) Agentes políticos:

Agentes políticos são os componentes do Governo nos seus principais escalões[71].

Os **deputados** e **senadores** não poderão, desde a posse, "ser proprietários, controladores ou diretores de empresa que goze de favor decorrente de contrato com pessoa jurídica de direito público, ou nela exercer função remunerada" (Constituição, art. 54, II, "a"). Portanto, seu impedimento não é absoluto, está circunscrito a essas hipóteses.

Os **magistrados** estão impedidos de:

71. MEIRELLES, Hely Lopes. *Direito administrativo brasileiro.* 36ª ed., atual. por Eurico de Andrade Azevedo, Délcio Ballestero Aleixo e José Emmanuel Burle Filho, até a Emenda Constitucional nº 64, de 4.2.2010. São Paulo: Malheiros, 2010, p. 77: "Agentes políticos: são os componentes do Governo nos seus principais escalões, investidos em cargos, funções, mandatos ou comissões, por nomeação, eleição, designação ou delegação para o exercício de atribuições constitucionais". Essa enumeração não é exaustiva (Ob. Cit., p. 79), e nem todos os agentes políticos estão impedidos de exercer atividade empresária (NEGRÃO, Ricardo. *Manual de direito comercial e de empresa.* Vol. 1. São Paulo: Saraiva, 2012, p. 74-75).

a) exercer o comércio ou participar de sociedade comercial, inclusive de economia mista, exceto como acionista ou quotista;

b) exercer cargo de direção ou técnico de sociedade civil, associação ou fundação, de qualquer natureza ou finalidade, salvo de associação de classe, e sem remuneração (Lei Orgânica da Magistratura – Lei Complementar nº 35/79, art. 36, I e II).

Como quem exerce a empresa é a sociedade empresária, trata esse dispositivo de simples explicação da regra geral. Caracteriza exceção à regra, na verdade, apenas o exercício de cargo de direção em associação de classe. O exercício de cargo técnico em sociedade, associação ou fundação não guarda relação com o exercício da atividade empresária, ainda que se suponha ser a limitação indicada pelo interesse público.

As mesmas restrições acima se aplicam aos **membros do Ministério Público** (Constituição, art. 128, § 5º, II, *c*), salvo se forem acionistas ou quotistas (Lei nº 8.625/93, art. 44, III).

b) Servidores públicos:

É a conveniência do serviço público que determina a incompatibilidade do exercício do comércio em nome individual pelos **funcionários públicos** em geral, bem como do exercício da gerência de qualquer pessoa jurídica (Lei nº 8.112/90, art. 117, X). Normas semelhantes estão inseridas, como regra geral, em todas as legislações sobre funcionários públicos, inclusive municipais.

Ao **presidente e aos conselheiros do Conselho Administrativo de Defesa Econômica – CADE**, órgão de defesa da concorrência[72], é vedado "participar, na forma de controlador, diretor, administrador, gerente, preposto ou mandatário, de sociedade civil, comercial ou empresas de qualquer espécie" (Lei nº 12.259/11, art. 8º, III). No regime do Código Civil, a vedação é aplicável a quaisquer sociedades, empresárias ou não.

A Lei nº 12.259/11 não veda, explicitamente, como também não o fazia a lei anterior, a participação como sócio, sem poderes de administração, em sociedades nas quais a sua responsabilidade seja ilimitada, como é o caso das sociedades em nome coletivo, mas entendemos que a vedação do artigo 117, X, da Lei nº 8.112/90, se aplica, igualmente, ao membro do CADE.

c) Militares:

A atividade empresarial também está vedada aos **militares** (Lei nº 6.880/80 – Estatuto dos Militares, art. 29; Decreto-Lei nº 1.001/69 – Código Penal Militar, art. 204). A vedação não se aplica aos sócios de sociedades anônimas ou de responsabilidade limitada, sem poderes de administração.

---

72. BENSOUSSAN, Fabio Guimarães; GOUVÊA, Marcus de Freitas. *Manual de direito econômico.* Salvador: Juspodivm, 2017, p. 739 – 786, analisam o Sistema Brasileiro de Defesa da Concorrência, em especial o CADE.

d) Falidos:

Da falência não decorre a perda da capacidade civil do falido, mas ele fica **inabilitado para exercer qualquer atividade empresária desde a decretação da falência até a sentença que extingue suas obrigações**. Trata-se, portanto, de impedimento. Findo esse período, ele poderá requerer ao juiz da falência que proceda à respectiva anotação em seu registro (Lei nº 11.101/05, art. 102).

No plano penal, o falido condenado por crime falimentar fica inabilitado para o exercício de atividade empresarial, estando impedido de exercer cargo ou função em conselho de administração, diretoria ou gerência das sociedades empresárias e impossibilitado de gerir empresa por mandato ou por gestão de negócio. Mas esses efeitos não são automáticos: devem ser motivadamente declarados na sentença, e perdurarão até 5 (cinco) anos após a extinção da punibilidade, podendo cessar antes pela reabilitação penal (Lei nº 11.101/05, art. 181, § 1º).

Transitada em julgado a sentença penal condenatória, será notificado o Registro Público de Empresas para que tome as medidas necessárias para impedir novo registro em nome dos inabilitados (Lei nº 11.101/05, art. 181, §2º).

e) Insolventes civis:

A insolvência civil assemelha-se ao processo de falência, na medida em que, ao invés das execuções individuais, produz a execução por concurso universal dos seus credores (Código de Processo Civil de 1973, art. 751, III).

Nos termos do artigo 1.052 do novo Código de Processo Civil (Lei nº 13.105/15), "as execuções contra devedor insolvente, em curso ou que venham a ser propostas, permanecem reguladas pelo Livro II, Título IV, da Lei nº 5.869, de 11 de janeiro de 1973" (Código de Processo Civil de 1973).

Declarada a insolvência civil o devedor perde o direito de administrar os seus bens e de dispor deles, até a liquidação total da massa (Código de Processo Civil de 1973, art. 752).

Por esta razão, ele não pode exercer atividade empresária em nome individual.

f) Outros impedimentos:

A condenação criminal *não* impede o exercício da atividade empresarial, *salvo se* a sentença penal condenatória fixar a interdição desse exercício[73].

Os médicos estão impedidos de exercer a atividade farmacêutica, "nas localidades em que clinicarem" (Decreto nº 20.377/31, art. 5º, § 2º).

Os impedimentos ao exercício da administração de sociedades não se aplicam aos sócios ou acionistas sem poderes de administração.

73. NEGRÃO, Ricardo. *Manual de direito comercial e de empresa*. Vol. 1. São Paulo: Saraiva, 2012, p. 77.

4. O MICROEMPREENDEDOR INDIVIDUAL (MEI)

A Lei Complementar 123 previu a figura do Microempreendedor Individual (MEI), na busca de estimular a formalização de pequenos empreendimentos.

De acordo com o art. 18-A, § 1º, considera-se MEI quem tenha auferido renda bruta, no ano-calendário anterior, de até R$ 81 mil, que seja optante pelo Simples Nacional e que seja empresário individual nos termos do art. 966 do Código Civil ou que exerça as atividades de que trata o § 4º-A do mesmo artigo (comercialização e processamento de produtos de natureza extrativista); as atividades de que trata o § 4º-B estabelecidas pelo CGSN (Conselho Gestor do Simples Nacional) – ou ainda as atividades de industrialização, comercialização e prestação de serviços no âmbito rural.

O MEI é, na verdade, **uma pessoa física, que atua com um CNPJ**. Nos termos do art. 18-E, § 3º, é considerado modalidade de microempresa, a ele se aplicando todos os benefícios previstos na lei complementar a esta.

V. REGISTRO EMPRESARIAL

1. INTRODUÇÃO

Examinaremos conjuntamente os dispositivos do Código Civil e da legislação especial sobre o Registro das Empresas Mercantis (Lei nº 8.934/94), legislação especial que continua em vigor quando compatível (Código Civil, art. 2.037). Também analisaremos as modificações que o tema sofreu a partir da Lei de Liberdade Econômica (Lei nº 13.874/19).

Nos termos do art. 45 do Código Civil: a existência legal de toda pessoa jurídica de direito privado começa com a inscrição do ato constitutivo no respectivo registro.

Nas sociedades, o registro observa a natureza da atividade. Assim:

a) Todas as **atividades consideradas empresárias estão sujeitas ao Registro Público das Empresas Mercantis** e

b) as **atividades não empresárias, exercidas pelas sociedades simples**, estão sujeitas ao **Registro Civil das Pessoas Jurídicas**, exercido pelos Cartórios de Títulos e Documentos (Código Civil, art. 1.150).

Trata-se, portanto, de uma **obrigação imposta ao empresário**, que deverá, previamente ao início de suas atividades, se inscrever na Junta Comercial (Código Civil art. 967).

O empresário que instituir sucursal, filial ou agência, em lugar sujeito à jurisdição de outro Registro Público de Empresas Mercantis, neste deverá também inscrevê-la; em qualquer caso, a constituição do estabelecimento secundário deverá ser averbada no Registro da respectiva sede (art. 969, *caput* e parágrafo único).

Aquele que exercer a atividade empresarial sem o devido registro será considerado empresário irregular.

Não pode ser o registro entendido como uma autorização estatal ao exercício da atividade econômica. Neste sentido o art. 170, parágrafo único, da Constituição, segundo o qual o livre exercício de qualquer atividade econômica independe de autorização de órgãos públicos, salvo nos casos previstos em lei.

Questão há muito superada pela doutrina e pela jurisprudência diz respeito à natureza constitutiva ou declaratória do registro em relação à qualificação de empresário – em outras palavras: o registro torna alguém empresário (primeira hipótese) ou, apenas, reconhece esta natureza (segundo caso)?

É consenso que o **registro apenas declara que alguém é empresário**.

Mas a situação daquele que explora a atividade rural deve ser analisada com cautela, da mesma forma como, desde a Lei nº 14.193/21, a "associação que desenvolva atividade futebolística em caráter habitual e profissional". Neste sentido, o parágrafo único do art. 971 do Código Civil.

A lei permite-lhes a opção – se se registrar no Registro Público de Empresas Mercantis e Atividades afins, ficará equiparado, para todos os efeitos, ao empresário sujeito a registro. **O registro do empresário ou sociedade rural, bem como da associação que desenvolva atividade futebolística em caráter habitual e profissional na Junta Comercial é facultativo e de natureza constitutiva, sujeitando-os ao regime jurídico empresarial.** Neste sentido, os arts. 971 e 984, do Código Civil. É inaplicável esse regime ao empresário ou sociedade rural ou associação futebolística que não exercerem tal opção.

As **cooperativas** são consideradas pela lei **sociedades simples** (Código Civil, art. 982, parágrafo único; Lei nº 5.764/71, art. 4º), ainda que sejam registradas nas Juntas Comerciais (Lei nº 8.934/94, art. 32, inciso II), representando exceção ao disposto no artigo 1.150 do Código Civil. Essa peculiaridade do registro se justifica pela maior publicidade dada ao Registro das Empresas Mercantis.

As **sociedades de advogados** continuarão a ter seus atos registrados na Ordem dos Advogados do Brasil – OAB (Lei nº 8.906/94, art. 15, § 1º).

Conforme estudaremos adiante, a **sociedade em conta de participação**, uma das duas espécies de sociedade não personificada previstas no Código Civil, independe de qualquer formalidade e pode provar-se por todos os meios de direito (art. 992). Logo, não há que se falar em registro dessa sociedade.

2. CARACTERÍSTICAS

A organização do registro empresarial é, em princípio, estatal, pois este é realizado pelas Juntas Comerciais, órgão estatal. Há exceções, nas quais o registro, público, é realizado por ente privado – as sociedades por ações são obrigadas a manter os livros de indicados no art. 100, § 1º, da Lei 6.404/76.

É de competência federal porque as normas sobre registros públicos, que abrangem o Registro das Empresas Mercantis, são de competência federal (Constituição, art. 22, inciso XXV).

Mas a **organização das Juntas Comerciais** pode ser regulada, **concorrentemente, pela União, os Estados e o Distrito Federal** (art. 24, inciso III), devendo-se atentar para o disposto nos parágrafos desse artigo, que dispõem que:

a) no âmbito da legislação concorrente, a União limitar-se-á a estabelecer normas gerais;

b) a competência da União para legislar sobre normas gerais não exclui a competência suplementar dos Estados;

c) inexistindo lei federal sobre normas gerais, os Estados exercerão a competência legislativa plena, para atender suas peculiaridades;

d) a superveniência de lei federal sobre normas gerais suspende a eficácia da lei estadual, no que lhe for contrário.

É **público**, pois entre as suas finalidades encontra-se a de garantir a segurança e a publicidade dos atos empresariais sujeitos a registro (Lei nº 8.934/94, art. 1º, I).

O registro garante, por si, a **segurança** das informações arquivadas na Junta Comercial, em decorrência do sistema de controle e conferência dos atos levados a registro. Também atribui **presunção relativa de autenticidade aos atos nelas registrados**. A presunção é relativa porque o registro é retificável (Código Civil, art. 1.153, parágrafo único), "sendo o oficial público dele encarregado mero receptor de declarações de terceiros, por ele examinadas à luz de critérios predominantemente formais".

Visa o registro, também, a dar **publicidade** aos atos registrados, especialmente porque ele permite que terceiros possam obter certidão dos mesmos mediante pagamento do preço devido (Decreto nº 1.800/96, art. 80).

O ato sujeito a registro não pode, antes do cumprimento das respectivas formalidades, ressalvadas disposições especiais da lei, **ser oposto a terceiro, salvo prova de que este o conhecia** (Código Civil, art. 1.154, *caput*). Trata-se de condição de eficácia perante terceiros. Uma das formalidades que pode ser exigida para que se opere a presunção de conhecimento de terceiros é a publicação.

Cumpridas as formalidades legais para o registro, o terceiro não pode alegar ignorância dele (Código Civil, art. 1.154, parágrafo único). Essa presunção legal não se encontrava expressa na legislação anterior.

O registro das empresas **é geral,** pois diz respeito a toda a atividade empresarial. Ainda assim, a Junta Comercial só tem competência para avaliar os **requisitos formais** dos documentos levados a registro, e não pode exigir nenhum outro documento além dos previstos expressamente na legislação (Decreto nº 1.800/96, art. 34, parágrafo único, e 57, *caput*)[74].

---

74. CARVALHOSA, Modesto. *Comentários ao Código Civil: parte especial: do direito de empresa.* Vol. 13 (coord. Antonio Junqueira de Azevedo), São Paulo: Saraiva, 2003, p. 664. A competência das Juntas Comerciais para apreciar exclusivamente a regularidade formal dos atos decorre do art. 57 do Decreto

3. ORGANIZAÇÃO ADMINISTRATIVA

Os serviços do Registro Público de Empresas Mercantis e Atividades Afins – RPEM serão exercidos, em todo o território nacional, de maneira uniforme, harmônica e interdependente, pelos órgãos que compõem o **Sistema Nacional de Registro de Empresas Mercantis – SINREM** (Lei nº 8.934/94, art. 3º).

O Sistema Nacional de Registro de Empresas Mercantis – SINREM é composto pelos seguintes órgãos (Lei nº 8.934/94, art. 3º):

a) **Departamento Nacional de Registro Empresarial e Integração – DREI**, da Secretaria de Governo Digital da Secretaria Especial de Desburocratização, Gestão e Governo Digital do Ministério da Economia, sucessor do Departamento Nacional do Registro do Comércio – DNRC (Lei nº 8.934/94, art. 4º; Decreto nº 1.800/96, art. 4º, alterado pelo Decreto nº 11.250/2022).

b) **Juntas Comerciais.**

Órgão central do sistema é o **Departamento Nacional de Registro Empresarial e Integração – DREI**, com funções supervisora, orientadora, coordenadora e normativa, no plano técnico; e supletiva, no plano administrativo (Lei nº 8.934/94, art. 3º, I). O DREI não dispõe de instrumentos de intervenção nas Juntas Comerciais que não adotem suas diretrizes ou não acatem suas recomendações de correção. A lei estabelece, apenas, que o órgão central represente às autoridades competentes – o Governador do Estado ou do Distrito Federal, o Ministério Público estadual etc.

Compete ao DREI (Lei nº 8.934/94, art. 4º; Decreto nº 1.800/96, art. 4º, na redação dada pelo Decreto nº 11.250/2022):

> I - supervisionar e coordenar, no plano técnico, os órgãos incumbidos da execução dos serviços de Registro Público de Empresas Mercantis e Atividades Afins;
>
> II - estabelecer e consolidar, com exclusividade, as normas e diretrizes gerais do Registro Público de Empresas Mercantis e Atividades Afins;
>
> III - solucionar dúvidas ocorrentes na interpretação das leis, regulamentos e demais normas relacionadas com serviços do Registro Público de Empresas Mercantis e Atividades Afins, baixando instruções para esse fim;
>
> IV - prestar orientação às Juntas Comerciais, com vistas à solução de consultas e à observância das normas legais e regulamentares do Registro Público de Empresas Mercantis e Atividades Afins;
>
> V - exercer ampla fiscalização jurídica sobre os órgãos incumbidos do Registro Público de Empresas Mercantis e Atividades Afins, representando para os devidos fins às autoridades administrativas contra abusos e infrações das respectivas normas e requerendo o que for necessário ao seu cumprimento;

nº 1.800/96, que regulamenta a Lei nº 8.934/94, e é pacífica em doutrina (veja-se, por exemplo: WALD, Arnoldo. *Comentários ao novo Código Civil*, v. XIV: livro II, do direito de empresa. Coordenador: Sálvio de Figueiredo Teixeira. 2ª ed., rev. e atual. Rio de Janeiro: Forense, 2010, p. 699.

VI - estabelecer normas procedimentais de arquivamento de atos de empresários individuais e de sociedades empresárias de qualquer natureza; (Redação dada pelo Decreto nº 10.173, de 2019)

VII - promover ou providenciar, supletivamente, no plano administrativo, medidas tendentes a suprir ou corrigir ausências, falhas ou deficiências dos serviços de Registro Público de Empresas Mercantis e Atividades Afins;

VIII - prestar apoio técnico e financeiro às Juntas Comerciais para a melhoria dos serviços de Registro Público de Empresas Mercantis e Atividades Afins;

IX - organizar e manter atualizado o Cadastro Nacional de Empresas - CNE, mediante colaboração mútua com as Juntas Comerciais; (Redação dada pelo Decreto nº 10.173, de 2019)

X - instruir, examinar e encaminhar os pedidos de autorização para nacionalização ou instalação de filial, de agência, de sucursal ou de estabelecimento no País por sociedade estrangeira, ressalvada a competência de outros órgãos federais; (Redação dada pelo Decreto nº 11.250, de 2022)

XI - promover e elaborar estudos e publicações e realizar reuniões sobre temas pertinentes ao Registro Público de Empresas Mercantis e Atividades Afins; (Redação dada pelo Decreto nº 11.250, de 2022)

XII - apoiar a articulação e a supervisão dos órgãos e das entidades envolvidos na integração para o registro e a legalização de empresas; (Incluído pelo Decreto nº 11.250, de 2022)

XIII - quanto à integração para o registro e a legalização de empresas: (Incluído pelo Decreto nº 11.250, de 2022)

a) propor planos de ação e diretrizes e implementar as medidas deles decorrentes, em articulação com outros órgãos e entidades públicas, inclusive estaduais, distritais e municipais; e (Incluída pelo Decreto nº 11.250, de 2022)

b) propor e implementar projetos, ações, convênios e programas de cooperação, em articulação com órgãos e com entidades públicas e privadas, nacionais e estrangeiras, no âmbito de sua área de competência; (Incluída pelo Decreto nº 11.250, de 2022)

XIV - quanto ao Registro Público de Empresas Mercantis e Atividades Afins, propor os planos de ação, as diretrizes e as normas e implementar as medidas necessárias; (Incluído pelo Decreto nº 11.250, de 2022)

XV - coordenar as ações dos órgãos incumbidos da execução dos serviços do Registro Público de Empresas Mercantis e Atividades Afins; (Incluído pelo Decreto nº 11.250, de 2022)

XVI - especificar, desenvolver, homologar, implementar, manter e operar os sistemas de informação relativos à integração para o registro e para a legalização de empresas, em articulação com outros órgãos e observadas as competências destes; e (Incluído pelo Decreto nº 11.250, de 2022)

XVII - propor, implementar e monitorar medidas relacionadas com a desburocratização do registro público de empresas e destinadas à melhoria do ambiente de negócios no País. (Incluído pelo Decreto nº 11.250, de 2022)

§ 1º Para fins do disposto neste artigo, o Departamento Nacional de Registro Empresarial e Integração da Secretaria de Governo Digital da Secretaria Especial de Desburocratização, Gestão e Governo Digital do Ministério da Economia, observadas suas finalidades, poderá constituir comissões integradas por servidores dos órgãos que compõem o SINREM. (Incluído pelo Decreto nº 10.173, de 2019)

> § 2º O cadastro nacional a que se refere o inciso IX do caput incluirá as informações originárias do cadastro estadual de empresas, vedados a exigência de preenchimento de formulário pelo empresário, o fornecimento de novos dados ou informações ou a cobrança de preço pela inclusão das informações no cadastro nacional. (Incluído pelo Decreto nº 10.173, de 2019)

Havia a previsão de recurso ao Ministro de Estado da Indústria, do Comércio e do Turismo, mas a Lei nº 13.874/19 alterou o inciso III, do art. 44, da Lei nº 8.934/94. O recurso, agora, é ao DREI. A rigor, desde 2019, a competência já havia sido delegada pelo Ministro da Economia ao DREI.

A **sociedade estrangeira** deverá solicitar autorização do Governo Federal para instalação e funcionamento, em requerimento dirigido ao DREI, a quem compete examiná-la, ressalvados os casos em que a legislação específica atribui competência a outros órgãos do Poder Executivo (art. 1º, *caput* e §1º, da Instrução Normativa DREI nº 77, de 18/03/2020).

O inciso X suprimiu a competência do DREI para *decidir* sobre a instalação e funcionamento de sociedade estrangeira. A competência permanece exclusiva do Governo Federal, mas o decreto não especifica qual seu órgão competente para decidir, de forma que entendemos tratar-se de competência do Presidente da República, ressalvados os casos em que a legislação específica atribua competência a outros órgãos do Executivo.

Outro aspecto que merece atenção é o fato de o art. 35, § 1º, do Decreto nº 1.800/96, incluído pela Lei nº 14.195/2021, dispor que "o registro dos atos constitutivos e de suas alterações e extinções ocorrerá independentemente de autorização governamental prévia [...]". Mas essa norma não implica na autorização para que ela possa exercer sua atividade sem autorização do Poder Executivo, pois o objetivo do registro é distinto daquele necessário para o exercício da atividade social, ou seja, o funcionamento da sociedade. Assim, nos termos do art. 1.134, *caput*, do Código Civil, o simples registro na Junta Comercial não autoriza o funcionamento das sociedades sujeitas a autorização sem que esta seja obtida.

Órgãos estaduais são as **Juntas Comerciais** (Lei nº 8.934/94, art. 5º e segs.). Elas são subordinadas administrativamente ao governo estadual e tecnicamente ao Departamento Nacional de Registro Empresarial e Integração – DREI (Lei nº 8.934/94, art. 6º). O art. 8º da Lei nº 8.934/94 elenca uma série de competências, dentre as quais destacamos a expedição de carteiras de exercício profissional de pessoas legalmente inscritas no Registro Público de Empresas Mercantis e Atividades Afins (inciso V) e o assentamento do uso e práticas mercantis (inciso VI).

As Juntas possuem necessariamente os seguintes órgãos (Lei nº 8.934/94, art. 9º):

a) a Presidência, como órgão diretivo e representativo;

b) o Plenário, como órgão deliberativo superior;

c) as Turmas, como órgãos deliberativos inferiores;

d) a Secretaria-Geral, como órgão administrativo;

e) a Procuradoria, como órgão de fiscalização e de consulta jurídica.

Órgãos locais são as **Delegacias das Juntas Comerciais** (Lei nº 8.934/94, art. 9º, § 2º), mas as Juntas Comerciais poderão desconcentrar, exclusivamente, através de unidades próprias ou mediante convênios com órgãos da administração direta, autarquias e fundações públicas ou entidades privadas sem fins lucrativos (Instrução Normativa DREI nº 81, de 10/06/2020, art. 2º, §1º):

I – receber, protocolar e devolver documentos;

II – proferir decisões singulares, desde que previamente designado pelo presidente;

III – autenticar instrumentos de escrituração do empresário individual, da sociedade empresária, da cooperativa e dos agentes auxiliares do comércio, conforme instrução normativa própria;

IV – expedir certidões dos documentos arquivados e informar sobre a existência de nomes empresariais idênticos; e

V – expedir Carteira de Exercício Profissional.

Leis especiais podem impor outras obrigações às Juntas Comerciais. Entre elas a de informar ao COAF sobre possível lavagem de dinheiro (Lei nº 9.613/98, arts. 10 e 11).

4. OBJETO DO REGISTRO DAS SOCIEDADES EMPRESÁRIAS

O Registro das Empresas Mercantis compreende a matrícula dos titulares de ofícios públicos empresariais, o arquivamento dos documentos relativos às sociedades e a autenticação dos instrumentos de escrituração das empresas, a saber (Lei nº 8.934/94, art. 32):

I – a **matrícula** e seu cancelamento: dos leiloeiros, tradutores públicos e intérpretes comerciais, trapicheiros e administradores de armazéns-gerais;

II – O **arquivamento**:

a) dos documentos relativos à constituição, alteração, dissolução e extinção de firmas mercantis individuais, sociedades mercantis e cooperativas;

b) dos atos relativos a consórcio e grupo de sociedade de que trata a Lei 6.404, de 15 de dezembro de 1976;

c) dos atos concernentes a empresas mercantis estrangeiras autorizadas a funcionar no Brasil;

d) das declarações de microempresa;

e) de atos ou documentos que, por determinação legal, sejam atribuídos ao Registro Público de Empresas Mercantis e Atividades Afins ou daqueles que possam interessar ao empresário e às empresas mercantis;

III – a **autenticação** dos instrumentos de escrituração das empresas mercantis registradas e dos agentes auxiliares do comércio, na forma de lei própria.

4.1. Matrícula

Remanescem, no direito brasileiro, alguns casos em que determinados **ofícios públicos são exercidos sob a forma empresarial**. Representam uma categoria especial de empresários chamados, no artigo 35 do antigo Código Comercial e na legislação sobre o registro público das empresas mercantis, auxiliares independentes. Na realidade, **eles exercem funções públicas empresariais, não são nomeados pelos comerciantes e, sim, pelos órgãos estatais e têm autonomia**. São eles (Lei nº 8.934/94, art. 1º, inciso III e art. 32, inciso I): leiloeiros; tradutores públicos e intérpretes comerciais; trapicheiros e administradores de armazéns-gerais.

Todos eles submetem-se a um registro especial – a matrícula – e são, em princípio, sujeitos à fiscalização pelas Juntas Comerciais (Lei nº 8.934/94, art. 1º, inciso III).

4.1.1. Registro dos corretores

O corretor serve de intermediário entre pessoas que desejam contratar, aproximando-as[75]. Ele só pode intermediar negócios alheios, sendo empresário de atividade limitada, que não pode dedicar-se a outro ramo de negócios[76]. Sua atividade caracteriza comissão (Código Civil, art. 693).

Os corretores, hoje, dividem-se entre os de mercadorias e de títulos, que são, obrigatoriamente, sociedades corretoras (Lei nº 4.728/65, art. 8º). Estão sujeitos à falência, que é fraudulenta por definição legal, se violam a proibição de comerciar.

A Lei nº 8.934/94 extinguiu a matrícula dos **corretores de mercadorias**, razão pela qual eles não mais devem ser considerados ofícios públicos empresariais.

O **corretor de seguros** era considerado agente auxiliar do comércio, sujeito a matrícula (Código Comercial, art. 49). Hoje, seja pessoa física ou jurídica, ele é apenas "o intermediário legalmente autorizado a angariar e a promover contratos de seguros, admitidos pela legislação vigente, entre as sociedades de seguros e as pessoas físicas ou jurídicas, de direito público ou privado" (Lei nº 4.594/64, art. 1º).

Sua atividade é regulamentada pela **Superintendência de Seguros Privados – SUSEP** (Circular nº 127, de 13 de abril de 2000), que determina a **inscrição da sociedade corretora de seguros no Registro Público das Empresas Mercantis** (art. 6º, inciso III). No entanto, ela não exerce ofício público empresarial, não está sujeita a matrícula nem a sua atividade caracteriza-se como comissão mercantil, pois ela não age em nome próprio, e sim, no de seus clientes.

---

75. MENDONÇA, J. X. Carvalho de. *Tratado de direito comercial brasileiro*. 7ª ed., atual. Rio de Janeiro: Freitas Bastos, 1963, vol. 1, liv. 1, itens 342 e 343, p. 479-480.

76. FERREIRA, Waldemar. *Tratado de direito comercial*. Vol. 2. São Paulo: Saraiva, 1960, p. 245-246.

O corretor de seguros pessoa física, por sua vez, não é mais considerado empresário, pois nem mesmo está obrigado a se inscrever no registro empresarial, agindo como mero intermediário entre a sociedade seguradora e o cliente. É prestador de serviços.

4.2. Arquivamento

O arquivamento diz respeito especialmente, como visto acima, aos documentos relativos à constituição, alteração, dissolução e extinção de firmas mercantis individuais, sociedades mercantis e cooperativas.

a) Regras gerais

O instrumento particular ou a certidão apresentada à Junta Comercial não poderá conter emendas, rasuras e entrelinhas, admitida a ressalva expressa no próprio instrumento ou certidão, com a assinatura das partes ou do tabelião, conforme o caso (Decreto nº 1.800/96, art. 35).

Os documentos que **instruirão obrigatoriamente os pedidos de arquivamento** são os seguintes (Lei nº 8.934/94, art. 37):

I – o instrumento original de constituição, modificação ou extinção de empresas mercantis, assinado pelo titular, pelos administradores, sócios ou seus procuradores;

II – declaração do titular ou administrador, firmada sob as penas da lei, de não estar impedido de exercer o comércio ou a administração de sociedade mercantil, em virtude de condenação criminal;

III – a ficha cadastral padronizada, que deverá seguir o modelo aprovado pelo DREI, a qual incluirá, no mínimo, as informações sobre os seus titulares e administradores, bem como sobre a forma de representação da empresa mercantil;

IV – os comprovantes de pagamento dos preços dos serviços correspondentes;

V – a prova de identidade dos titulares e dos administradores da empresa mercantil.

Nenhum outro documento, além dos referidos acima, será exigido das firmas individuais e sociedades referidas nas alíneas *a*, *b* e *d* do inciso II do artigo 32 (Lei nº 8.934/94, art. 37, parágrafo único).

Além do Registro Civil, serão **arquivados e averbados, no Registro Público de Empresas Mercantis, os pactos e declarações antenupciais do empresário, o título de doação, herança, ou legado, de bens clausulados de incomunicabilidade ou inalienabilidade** (Código Civil, art. 979).

O ato constitutivo de sociedade empresarial só poderá ser arquivado se visado por advogado, com a indicação do nome e número de inscrição na respectiva Seccional da Ordem dos Advogados do Brasil (Lei nº 8.906/94, art. 1º, § 2º; Decreto nº 1.800/96, art. 36). Neste sentido já se manifestou o STF (ADI 1.194/DF)[77]. No entanto, a exigência de visto não se aplica às microempresas e empresas de pequeno porte (Lei Complementar nº 123/06, art. 9º, § 2º).

Os atos levados a arquivamento nas Juntas Comerciais são dispensados de reconhecimento de firma, exceto quando se tratar de documentos oriundos do exterior, se, neste caso, tal formalidade não tiver sido cumprida no consulado brasileiro (art. 39 do Decreto nº 1.800/96, na redação dada pelo Decreto nº 11.250, de 2022).

Uma alteração importante advinda da Lei nº 13.874/19 é a revogação do inciso VIII do art. 35, da Lei 8.934/94, que determinava que as Juntas Comerciais não podiam arquivar "os contratos ou estatutos de sociedades mercantis, ainda não aprovados pelo Governo, nos casos em que for necessária essa aprovação, bem como as posteriores alterações, antes de igualmente aprovadas". O parágrafo único do art. 35 foi modificado, de modo que vige a regra segundo a qual "o registro dos atos constitutivos e de suas alterações e extinção ocorrerá independentemente de autorização governamental prévia, e os órgãos públicos deverão ser informados pela REDESIM a respeito dos registros sore os quais manifestarem interesse".

Isso não significa que a autorização pelo órgão regulador tenha sido dispensada para o exercício da atividade empresária, mas tão somente que ela não é mais condição para o registro empresarial. Interpretação diversa conduziria à interpretação de que as instituições financeiras e outras sociedades dependentes de autorização governamental poderiam iniciar sua atividade a partir do simples registro, tornando ineficaz a necessidade de autorização governamental para o seu funcionamento, e não nos parece que essa tenha sido a intenção do legislador.

O STJ já decidiu, em recurso repetitivo, pela impossibilidade de imposição de restrições infralegais "que obstaculizem o exercício da livre iniciativa e desenvolvimento pleno de suas atividades econômicas". Esse é o caso, em especial, das sociedades ou sócios que se encontrem em débito com o fisco, que são impedidas de registrar contratos sociais ou alterações contratuais. Assim:

> ADMINISTRATIVO E FISCAL. RECURSO ESPECIAL REPRESENTATIVO DE CONTROVÉRSIA. ART. 543-C, DO CPC. MANDADO DE SEGURANÇA. CNPJ. ALTERAÇÃO DO CADASTRO. LEI Nº 5.614/70. IMPOSIÇÃO DE EXIGÊNCIAS DA RECEITA FEDERAL DO BRASIL, REGULARIZAÇÃO DAS PENDÊNCIAS FISCAIS DO NOVO SÓCIO. CONDIÇÕES DA IN SRF 200/02. LIMITES À LIVRE INICIATIVA (EXERCÍCIO DA ATIVIDADE ECONÔMICA).
>
> 1. A inscrição e modificação dos dados no Cadastro Nacional de Pessoas Jurídicas – CNPJ devem ser garantidas a todas as empresas legalmente constituídas, mediante o arquivamento de seus estatutos e suas alterações na Junta Comercial

---

77. "3. A obrigatoriedade do visto de advogado para o registro de atos e contratos constitutivos de pessoas jurídicas (artigo 1º, § 2º, da Lei nº 8.906/1994) não ofende os princípios constitucionais da isonomia e da liberdade associativa".

> Estadual, sem a imposição de restrições infralegais, que obstaculizem o exercício da livre iniciativa e desenvolvimento pleno de suas atividades econômicas.
>
> 2. A Lei nº 5.614/70, que versa sobre o cadastro federal de contribuintes, outorgou ao Ministro da Fazenda o dever de regular o instrumento de registro, para dotar o sistema de normas procedimentais para viabilizar a inscrição e atualização dos dados, sem permitir que imposições limitadoras da livre iniciativa restassem veiculadas sob o jugo da mencionada lei.
>
> 3. As turmas da Primeira Seção desta Corte já assentaram que é ilegítima a criação de empecilhos, mediante norma infralegal, para a inscrição e alteração dos dados cadastrais no CNPJ. Precedentes: REsp. 760.320/RS, DJU 01.02.07; REsp. 662.972/RS, DJU 05.10.06; REsp. 411.949/PR, DJU 14.08.06; REsp. 529.311/RS, DJU 13.10.03 e; RMS 8.880/CE, DJU 08.02.00. 4. Conforme cediço, "o sócio de empresa que está inadimplente não pode servir de empecilho para a inscrição de nova empresa pelo só motivo de nele figurar o remisso como integrante" (RMS 8.880/CE, 2ª Turma, Rel. Min. ELIANA CALMON, DJU 08.02.2000). 5. Recurso especial desprovido. Acórdão submetido ao regime do art. 543-C do CPC e da Resolução STJ 08/2008.
>
> (STJ – REsp: 1.103.009/RS, Relator: Ministro LUIZ FUX, PRIMEIRA SEÇÃO. Julgamento: 09/12/2009, DJE 01/02/2010)

b) Proibições de arquivamento

Do exame conjunto do Código Civil e dos artigos 53 e 54 do Decreto nº 1.800/96, conclui-se que não podem ser arquivados:

a) os documentos que não obedecerem às prescrições legais ou regulamentares ou que contiverem matéria contrária à lei, à ordem pública ou aos bons costumes, bem como os que colidirem com o respectivo estatuto ou contrato não modificado anteriormente;

b) os documentos de constituição ou de alteração de empresas em que figure como titular ou administrador pessoa que esteja condenada pela prática de crime cuja pena vede o acesso à atividade empresária;

c) os atos constitutivos e os de transformação de sociedades, se deles não constarem os seguintes requisitos, além de outros exigidos em lei:

c1) o tipo de sociedade empresária adotado;

c2) a declaração do objeto social, entendendo-se declarado o objeto da empresa quando indicado o seu gênero e espécie; (art. 53, §2º, do Decreto nº 1.800/96, na redação dada pelo Decreto nº 11.250, de 2022);

c3) o capital da sociedade, a forma e o prazo de sua integralização, a quota de cada sócio, bem como a responsabilidade dos sócios;

c4) o nome por extenso e a qualificação dos sócios, dos procuradores, dos representantes e dos administradores, incluídos:

1. para a pessoa física, a nacionalidade, o estado civil, a profissão, o domicílio e a residência e o número de inscrição no Cadastro de Pessoas Físicas - CPF; e

2. para a pessoa jurídica, o nome empresarial, o endereço completo e, se sediada no País, o número de inscrição no Cadastro Nacional da Pessoa Jurídica – CNPJ.

c5) o nome empresarial, o município da sede, com endereço completo, e foro, bem como os endereços completos das filiais declaradas;

c6) o prazo de duração da sociedade e a data de encerramento de seu exercício social, quando não coincidente com o ano civil;

d) os documentos de constituição de empresários individuais e os de constituição ou alteração de sociedades empresárias, para ingresso de administrador, se deles não constar, ou não for juntada a declaração, sob as penas da lei, datada e assinada pelo titular, administrador, exceto de sociedade anônima, ou por procurador de qualquer desses, com poderes específicos, de que não está condenado por nenhum crime cuja pena vede o acesso à atividade empresarial[78];

e) os atos de empresas com nome idêntico a outro já existente ou que inclua ou reproduza em sua composição siglas ou denominações:

(i) de órgãos ou entidades da administração pública direta ou indireta;

(ii) de organismos internacionais; e

(iii) consagradas em lei e em atos regulamentares emanados do Poder Público.

f) a alteração contratual produzida e assinada por sócios titulares de maioria do capital social, quando houver, em ato anterior, cláusula restritiva;

g) contrato social, ou sua alteração, em que haja, por instrumento particular, incorporação de imóveis à sociedade, quando dele não constar a descrição e identificação do imóvel, sua área, dados relativos à sua titulação e seu número de matrícula no Registro Imobiliário; a outorga uxória ou marital, quando necessária;

h) o distrato social sem a declaração da importância repartida entre os sócios, a referência à pessoa ou às pessoas que assumirem o ativo e passivo da sociedade empresária, supervenientes ou não à liquidação, a guarda dos livros e os motivos da dissolução, se não for por mútuo consenso.

No regime anterior ao Código Civil, admitia-se o arquivamento de deliberação majoritária para diversas questões (Decreto nº 1.800/96, art. 54); hoje, faz-se necessário o exame das diversas regras de *quorum* previstas no Código Civil (especialmente arts. 1.061, 1.063 e 1.076).

---

78. Código Civil, art. 1.011, § 1º: "Não podem ser administradores, além das pessoas impedidas por lei especial, os condenados a pena que vede, ainda que temporariamente, o acesso a cargos públicos; ou por crime falimentar, de prevaricação, peita ou suborno, concussão, peculato; ou contra a economia popular, contra o sistema financeiro nacional, contra as normas de defesa da concorrência, contra as relações de consumo, a fé pública ou a propriedade, enquanto perdurarem os efeitos da condenação". O termo "peita" significa corrupção passiva.

c) Prazos

Os documentos sujeitos a arquivamento deverão ser apresentados à Junta Comercial no prazo de 30 dias de sua assinatura; nesse caso os efeitos do arquivamento retroagirão a essa data[79]. O arquivamento requerido após esse prazo só produzirá efeitos a partir da data em que for concedido (Código Civil, art. 1.151, §§ 1º e 2º; Lei nº 8.934/94, art. 36).

Apresenta exceção o registro das atas de assembleia ou de reunião dos sócios das sociedades limitadas, cujo registro deve ser providenciado no prazo de 20 dias (Código Civil, art. 1.075, § 2º).

Também faz exceção à regra o registro da deliberação que reduzir o capital social, que só poderá ser levada a registro depois de decorrido o prazo de 90 dias para impugnação dos credores (Código Civil, art. 1.084, § 3º). Assim, o prazo de 20 dias para registro da ata de reunião dos sócios só começará a correr a partir dos 90 dias da publicação da ata[80].

d) Legitimação para requerer o registro e responsabilidades

O registro "será requerido pela pessoa obrigada em lei", donde se deduz que essa pessoa é o empresário ou o representante legal da sociedade; os demais legitimados são meros interessados no registro (Código Civil, art. 1.151, *caput;* Decreto nº 1.800/96, art. 46).

O Código Civil inovou ao dispor que as **pessoas obrigadas a requerer o registro responderão por perdas e danos, em caso de omissão ou demora** (art. 1.151, § 3º). Esses danos podem ser causados aos demais sócios, à sociedade ou a terceiros[81], e cada um deles estará legitimado a propor a ação para haver reparação. Por exemplo: o dano pode ser causado ao sócio que se retira da sociedade e se vê prejudicado, posteriormente, pela ausência do registro.

Quando o **administrador for designado em instrumento separado** do contrato social, ele mesmo tem a **obrigação de levar o instrumento a registro, devendo fazê-lo nos dez dias seguintes à sua investidura** (Código Civil, art. 1.062, § 2º).

A renúncia do administrador torna-se eficaz em relação à sociedade desde o momento em que esta toma conhecimento da comunicação escrita do renunciante; e, em relação a terceiros após a averbação e publicação do ato (Código Civil, art. 1.063, § 3º). Portanto, a averbação representa um ônus daquele que deseja se exonerar da responsabilidade do cargo.

79. Os efeitos retroativos do registro se operam para qualquer finalidade, inclusive para efeito da participação em licitações públicas: STJ, Recurso Especial nº 104.185/PR, Primeira Turma, relator Min. Humberto Gomes de Barros, votação unânime em 05/05/97.

80. WALD, Arnoldo. *Comentários ao novo Código Civil,* v. XIV: livro II, do direito de empresa. Coordenador: Sálvio de Figueiredo Teixeira. 2ª ed., rev. e atual. Rio de Janeiro: Forense, 2010, p. 498.

81. SZTAJN, Raquel. In: FONSECA, Priscila M. P. Corrêa da; SZTAJN, Raquel. *Código Civil comentado*, vol. XI: direito de empresa. Coordenador Álvaro Villaça Azevedo. São Paulo: Atlas, 2008, p. 807.

e) Sociedade entre cônjuges

Considerando o disposto no artigo 977 do Código Civil, que faculta aos cônjuges contratar sociedade, entre si ou com terceiros, desde que não tenham casado no regime da comunhão universal de bens, ou no da separação obrigatória, a JUCESP exige que os cônjuges, ao constituírem sociedade, indiquem o respectivo regime de bens no preâmbulo do documento (Enunciado 25).

f) Sede social e filiais

Tendo a empresa vários estabelecimentos, um deles será a *sede* ou *matriz* e as demais agências, filiais ou sucursais. Os estabelecimentos diversos da matriz podem ser da mesma espécie ou não; no primeiro caso, temos a organização em cadeia ou rede, cuja força de atração da clientela não é apenas local, mas ligada ao prestígio da própria organização.

A **sede da empresa** é o estabelecimento onde se situa a sua **administração**, onde se encontram os seus representantes legais. É o **domicílio central da empresa, que nem sempre coincide com o local da sua sede estatutária**. Assim, por exemplo, a recuperação judicial ou a falência da empresa serão decretadas onde ela tiver o seu principal estabelecimento (Lei nº 11.101/2005, art. 3º), e não onde se localizar a sede social[82].

Nos casos em que estiver excluída a aplicação da regra especial da Lei da Recuperação Judicial e da Falência deve-se observar a regra do artigo 75, § 1º, do Código Civil, que se destina a beneficiar terceiros que negociam com a empresa: "Tendo a pessoa jurídica diversos estabelecimentos em lugares diferentes, cada um deles será considerado domicílio para os atos nele praticados".

Nos casos de transferência de sede de empresário individual, sociedade empresária ou cooperativa com sede em outra unidade federativa, havendo identidade ou semelhança entre nomes empresariais, a Junta Comercial não procederá ao arquivamento do ato, salvo se o interessado arquivar na Junta da unidade federativa de destino, concomitantemente, ato de modificação de seu nome empresarial (art. 26 da IN DREI 81/2020, alterada pela IN DREI 112, de 20 de janeiro de 2022).

g) Indeferimento, suspensão e cancelamento do registro

Verificada a existência de **vício insanável**, o requerimento de registro será indeferido; quando o vício for **sanável**, o processo será colocado em exigência (Código Civil, art. 1.153, parágrafo único; Lei nº 8.934/94, art. 40, § 1º), que implica na suspensão do procedimento de registro até que ela seja cumprida.

As exigências deverão ser cumpridas no prazo de 30 dias contados da data da ciência do interessado ou da publicação do despacho (Lei nº 8.934/94, art. 40, § 2º).

---

82. Essa regra já constava do art. 7º do Decreto-lei nº 7.661/45, e foi reafirmada pela jurisprudência (DE LUCCA, Newton. *In:* DE LUCCA, Newton; SIMÃO FILHO, Adalberto. *Comentários à nova lei de recuperação de empresas e de falências*. São Paulo: Quartier Latin, 2005, p. 96-99.

Quando for devidamente comprovada a falsificação da assinatura constante de ato arquivado, o Presidente da Junta Comercial deverá intimar os interessados e, garantidos a ampla defesa e o contraditório aos envolvidos, **desarquivará o ato viciado**, comunicando o fato à Polícia Civil, ao Ministério Público e às autoridades fazendárias, para que sejam tomadas as medidas cabíveis (Decreto nº 1.800/96, art. 40, § 1º).

A **suspensão dos efeitos do registro** será determinada pelo Presidente da Junta Comercial quando houver indícios substanciais de falsificação, até que se dê a comprovação da veracidade da assinatura (Decreto nº 1.800/96, art. 40, § 2º).

Quando o cancelamento decorrer de **sentença judicial dissolutória da sociedade**, é suficiente o **arquivamento do inteiro teor da sentença transitada em julgado** (Decreto nº 1.800/96, art. 47, § 1º).

h) Arquivamento – microempresas e empresas de pequeno porte

Vale observar que, nos termos do art. 9º, § 1º, II, da Lei Complementar 123/2006, o arquivamento dos atos constitutivos das ME/EPP são **dispensados da prova de quitação, regularidade ou inexistência de débito referente a tributo ou contribuição de qualquer natureza.**

i) Documentos sujeitos à publicação

O Código Civil é mais detalhado que a lei especial antecedente (Lei 8.934/94, art. 31) e suas normas abrangem também os cartórios do Registro Civil das Pessoas Jurídicas, não apenas as Juntas Comerciais (art. 1.152).

O anúncio da **convocação das assembleias de sócios das sociedades limitadas com mais de dez sócios deve ser publicado no jornal oficial e em órgão de grande circulação, por três vezes, ao menos**, devendo mediar, entre a data da primeira inserção e a da realização da assembleia, o prazo mínimo de oito dias, para a primeira convocação, e de cinco dias, para as posteriores (art. 1.152, § 3º), mas dispensam-se essas formalidades quando todos os sócios comparecerem ou se declararem, por escrito, cientes do local, data, hora e ordem do dia.

Se a sociedade tiver **até dez sócios** eles **podem decidir, por escrito, sem convocação, sobre a matéria que seria objeto da assembleia; neste caso, requer-se a unanimidade** (Código Civil, art. 1.072, §§ 1º e 3º).

Cabe à Junta Comercial verificar os requisitos acima antes de proceder ao arquivamento da ata (art. 1.152, *caput*).

A deliberação que determinar a **redução do capital social** também deverá ser publicada (art. 1.084), dado que o prazo de 90 dias para oposição dos credores quirografários se conta a partir dessa publicação (art. 1.084, § 1º). Somente após o decurso desse prazo a ata poderá ser registrada.

Como as **microempresas e empresas de pequeno porte são dispensadas da publicação de qualquer ato societário** (Lei Complementar nº 123/2006, art. 71), a V Jornada de Direito Civil afirmou no Enunciado 489 que o prazo acima referido se conta da data do arquivamento do documento.

As **sociedades limitadas sujeitas a autorização para funcionar**, sejam elas nacionais ou estrangeiras, devem publicar os seus atos constitutivos no órgão oficial da União, no prazo de 30 dias contados da publicação do decreto de autorização (Código Civil, art. 1.131 e 1.136, § 3º). O exemplar da publicação servirá de prova para o registro da sociedade.

A partir do registro a sociedade terá o prazo de 30 dias para publicar, também no órgão oficial da União, o termo de inscrição (art. 1.131, parágrafo único).

As publicações das **sociedades estrangeiras** serão feitas nos órgãos oficiais da União e do estado onde tiverem sucursais, filiais ou agências (Código Civil, art. 1.152, § 2º).

As operações de **incorporação, fusão e cisão das sociedades limitadas** devem ser necessariamente publicadas, pois o direito dos credores de requererem judicialmente a sua anulação se conta dessa publicação (Código Civil, art. 1.122, *caput;* Lei nº 6.404/76, art. 232).

A ata da assembleia que determinar a **liquidação da sociedade limitada** também deve ser publicada, pois o direito do sócio dissidente da deliberação de promover a ação que couber conta-se da sua publicação (Código Civil, art. 1.109, parágrafo único).

O administrador interessado em se exonerar da responsabilidade, após a renúncia, tem o ônus de averbar e publicar o ato (Código Civil, art. 1.063, § 3º).

Nos termos do Enunciado 228, da II Jornada de Direito Civil, as sociedades limitadas estão dispensadas da publicação das demonstrações financeiras a que se refere o § 3º do art. 1.078 do Código Civil. "Naquelas de até dez sócios, a deliberação de que trata o art. 1.078 pode dar-se na forma dos §§ 2º e 3º do art. 1.072, e a qualquer tempo, desde que haja previsão contratual nesse sentido".

O DREI facultou a publicação das demonstrações financeiras das sociedades limitadas de "grande porte" (aquelas com ativo total superior a R$ 240 milhões, ou receita bruta anual superior a R$ 300 milhões), cabendo aos sócios a decisão de publicar ou não tais demonstrações (Ofício Circular SEI 4.742/22/ME, de 25/11/2022).

k) Sociedade simples

As sociedades simples poderão optar pela forma das sociedades empresárias (sociedade em nome coletivo, sociedade em comandita simples e sociedade limitada), com exceção das sociedades por ações (Código Civil, art. 983, *caput*) e serão registradas no Registro Civil das Pessoas Jurídicas O Enunciado 477 da V Jornada de Direito Civil afirma que, se elas adotarem a forma anônima ou de comandita por ações, serão consideradas empresárias, mas não se pode esquecer que o simples registro não atribui a qualidade de empresário.

A sociedade cooperativa representa exceção à regra, por ser sociedade simples registrada na Junta Comercial por força de lei.

l) Sociedade estrangeira

O registro da sociedade estrangeira que quiser operar no Brasil, ainda que por estabelecimentos subordinados (filiais, sucursais ou agências), está sujeito a autorização prévia do Poder Executivo Federal (Código Civil, arts. 1.134 e 1.136; Decreto nº 1.800/96, arts. 55 e 56)[83].

As sociedades estrangeiras autorizadas a funcionar serão registradas em **livro especial** (Código Civil, art. 1.136). O requerimento de inscrição será instruído com exemplar da publicação do decreto de autorização, bem como o comprovante do depósito em dinheiro, em estabelecimento bancário oficial, do capital ali mencionado (art. 1.136, § 1º).

Arquivados esses documentos, a inscrição será feita por termo em livro especial para as sociedades estrangeiras, com número de ordem contínuo para todas as sociedades inscritas, e no termo constarão (art. 1.136, § 2º):

I – nome, objeto, duração e sede da sociedade no estrangeiro;

II – lugar da sucursal, filial ou agência, no País;

III – data e número do decreto de autorização;

IV – capital destinado às operações no País;

V – individuação do seu representante permanente.

Importante observar que a sociedade estrangeira pode constituir sociedade brasileira, respeitadas as eventuais limitações de sócios estrangeiros, encontradas na Constituição.

m) Atos ou fatos ligados à atividade empresarial

Serão arquivados no Registro das Empresas Mercantis os documentos que a legislação determinar ou aqueles que "possam interessar ao empresário ou à empresa empresária" (Decreto nº 1.800/96, art. 32, II, "m").

O Código Civil ampliou a abrangência do registro público empresarial, de maneira a garantir de maneira mais efetiva os direitos de terceiros. São exemplos dos atos sujeitos a registro os pactos e declarações antenupciais do empresário casado, o título de doação, herança, ou legado, de bens clausulados de incomunicabilidade ou inalienabilidade (art. 979), bem como a sentença que declarar a separação do empresário e o ato de reconciliação.

Esses atos não poderão ser opostos a terceiros se não arquivados e averbados no Registro Público de Empresas Mercantis (art. 980).

As regras acima não se aplicam ao sócio das sociedades limitadas, seja ele administrador ou não, porque, nas sociedades limitadas, quem exerce a empresa é a sociedade, não os sócios, nem os administradores.

---

83. A Instrução Normativa DREI nº 77, de 18 de março de 2020, "Dispõe sobre os pedidos de autorização para funcionamento de filial, agência, sucursal ou estabelecimento no País, por sociedade empresária estrangeira".

n) Assentamento dos usos e práticas empresariais

O assentamento dos usos e práticas empresariais locais existe desde a Idade Média, e já era consagrado pelo antigo Código Comercial.

O Código Civil mantém os usos e costumes como fonte do direito ao admitir que: "os negócios jurídicos devem ser interpretados conforme a boa-fé e os usos do lugar de sua celebração" (art. 113). A interpretação do negócio jurídico deve, ainda, corresponder aos usos, costumes e práticas do mercado relativas ao tipo de negócio (art. 113, §1º, II).

A prova da existência dos usos e costumes das praças nacionais pode ser feita por meio de certidões das Juntas Comerciais, se lá estiverem registrados (Lei nº 8.934/94, art. 8º, inciso VI; Decreto nº 1.800/96, art. 7º, inciso VI). Mas eles também podem ser provados por todos os meios legais, bem como os moralmente legítimos (CPC/2015, art. 369)[84].

Os usos ou práticas mercantis devem ser devidamente coligidos e assentados em livro próprio, pela Junta Comercial, de ofício, por provocação da Procuradoria ou de entidade de classe interessada. Verificada, pela Procuradoria, a inexistência de disposição legal contrária ao uso ou prática mercantil a ser assentada, o Presidente da Junta Comercial solicitará o pronunciamento escrito das entidades diretamente interessadas, que deverão manifestar-se dentro do prazo de noventa dias, e fará publicar convite a todos os interessados para que se manifestem no mesmo prazo.

Executadas as diligências previstas acima, a Junta Comercial decidirá se é verdadeiro e registrável o uso ou prática mercantil (Decreto nº 1.800/96, art. 87, §§ 1º a 4º).

O assentamento nas Juntas Comerciais é levado a efeito mediante **deliberação do Plenário (Decreto nº 1.800/96, art. 21, inciso III), após o que se seguirão a anotação e a publicação** no órgão oficial da União, do Estado ou do Distrito Federal, conforme a sede da Junta Comercial (Decreto nº 1.800/96, art. 87, § 4º).

As Juntas Comerciais processarão quinquenalmente a **revisão e publicação dos usos e costumes registrados** (Decreto nº 1.800/96, art. 88).

o) Medidas para a simplificação do registro

Em 2007, o Governo Federal estabeleceu diretrizes e procedimentos para a simplificação e integração do processo de registro e legalização de empresários e de pessoas jurídicas, e criou a Rede Nacional para a Simplificação do Registro e da Legalização de Empresas e Negócios – REDESIM (Lei nº 11.598/2007). Essa rede visa a integração do processo de registro e de legalização de empresários e de pessoas jurídicas, de modo a evitar a duplicidade de exigências para os registros empresariais.

Está prevista, ainda, a criação das Centrais de Atendimento Empresarial – FÁCIL, unidades de atendimento presencial da REDESIM, que serão instaladas preferencialmente

---

84. STJ. Recurso Especial nº 877.074/RJ, Terceira Turma, relatora Min. Nancy Andrighi, votação unânime em 12/05/2009.

nas capitais e funcionarão como centros integrados para a orientação, registro e a legalização de empresários e pessoas jurídicas (Lei nº 11.598/2007, art. 12).

Poderão fazer parte das centrais FÁCIL, na qualidade de parceiros, as entidades representativas do setor empresarial, em especial das microempresas e empresas de pequeno porte, e outras entidades da sociedade civil que tenham como foco principal de atuação o apoio e a orientação empresarial. Diversos municípios já contam com as centrais FÁCIL, que vem prestando relevantes serviços aos interessados.

4.3. Autenticação

Estão sujeitos a **autenticação** os **livros obrigatórios** e, se for o caso, as fichas, antes de ser postos em uso, sendo que a autenticação não se fará sem que esteja registrada a pessoa jurídica (Código Civil, art. 1.181; Decreto nº 1.800/96, art. 32, inciso III).

Nos casos em que se admite a escrituração resumida do livro Diário, os livros auxiliares estão sujeitos a autenticação (Código Civil, art. 1.184, § 1º).

Eliseu Martins destaca que "o processo de autenticação é um falso controle", pois, mesmo que seja possível autenticar livros encadernados e com páginas numeradas, "a autenticação das tais fichas é absolutamente impossível na prática"[85].

Ainda que o Código Civil se preocupe em disciplinar a escrituração empresarial manual, referindo-se às "entrelinhas" e aos "borrões" (art. 1.183), grande parte da documentação contábil e fiscal será gerada por meio eletrônico. A Instrução Normativa DREI nº 82, de 19/02/2021[86] disciplina a autenticação dos instrumentos de escrituração, entendida como a "verificação das formalidades extrínsecas dos dados contidos nos termos de abertura e encerramento" (art. 7º).

Segundo o art. 2º da revogada IN DREI nº 11, de 5/12/2013, **são instrumentos de escrituração dos empresários e das sociedades empresárias**:

I – livros, em papel;

II – conjunto de fichas avulsas (art. 1.180 do Código Civil);

III – conjunto de fichas ou folhas contínuas (art. 1.180 do Código Civil);

IV – livros em microfichas geradas através de microfilmagem de saída direta do computador – COM, para fatos ocorridos até 31.12.2014; e

V – livros digitais.

85. MARTINS, Eliseu (colaborador). In: FONSECA, Priscila M. P. Corrêa da; SZTAJN, Raquel. Código Civil comentado, vol. XI: direito de empresa. Coordenador Álvaro Villaça Azevedo. São Paulo: Atlas, 2008, p. 880.

86. A Instrução Normativa DREI nº 82, de 19/02/2021, "institui os procedimentos de autenticação dos livros contábeis ou não de empresários individuais, das sociedades, bem como dos livros dos agentes auxiliares do comércio".

A IN DREI nº 11 foi revogada pela IN DREI nº 82, que não elencou esses instrumentos de escrituração. Seu art. 2º faz referência a "qualquer instrumento de escrituração que o interessado julgue conveniente adotar, segundo a natureza e o volume de seus negócios, inclusive, livros não obrigatórios".

5. REGISTROS COMPLEMENTARES

5.1. Cadastro Nacional das Pessoas Jurídicas – CNPJ

O registro no Cadastro Nacional das Pessoas Jurídicas – CNPJ (Instrução Normativa da Receita Federal do Brasil nº 1.863/2018, art. 3º), ao qual estão sujeitas todas as entidades domiciliadas no Brasil, inclusive as pessoas jurídicas equiparadas pela legislação do Imposto sobre a Renda[87], **não é condição de existência legal das sociedades, mas de sua regularidade fiscal**.

5.2. Conselhos Profissionais

O arquivamento de atos das sociedades nos conselhos profissionais, tais como o Conselho Regional de Engenharia, Arquitetura e Agronomia – CREA, ou o Conselho Regional de Contabilidade – CRC, tem natureza diversa daquela do registro das empresas, pois representa mera **condição de regularidade do exercício profissional**, nos casos em que ele depende do concurso de conhecimentos técnicos especializados.

O controle exercido pelos órgãos de classe se destina a atender a duas finalidades diversas: fiscalizar o exercício de profissão regulamentada e atender ao interesse de terceiros que irão contratar com a sociedade[88]. Se a empresa não exercer atividade própria das que o órgão fiscaliza, o registro não pode ser exigido[89]. Por essas razões, o registro na Junta Comercial *não* dependerá de aprovação prévia desses órgãos (Decreto nº 1.800/96, art. 37), por ser essa uma condição de regularidade do exercício profissional, que cabe somente a eles verificar.

87. Outras entidades que não exercem atividade empresária também estão sujeitas ao registro no CNPJ, mas o exame desses casos excederia o âmbito deste livro.

88. STJ, Agravo Regimental no Recurso Especial nº 327.543/MG, Primeira Turma, relator Min. Francisco Falcão, votação unânime em 18/10/2001, entre outros.

89. STJ, Recurso Especial nº 36.441/SP, Segunda Turma, relator Min. Ari Pargendler, votação unânime em 15/05/97.

VI. NOME EMPRESARIAL

1. INTRODUÇÃO

Todo empresário ou sociedade empresária tem um nome, que a identifica nas relações jurídicas. O Código Civil considera "nome empresarial a firma ou a denominação adotada para o exercício de empresa" (art. 1.155). O nome empresarial pode ser de três espécies: firma individual, firma social e denominação social (Código Civil, art. 1.155, *caput*).

O empresário individual [...], a sociedade empresária e a cooperativa podem optar por utilizar o número de inscrição no Cadastro Nacional da Pessoa Jurídica (CNPJ) como nome empresarial, seguido da partícula identificadora do tipo societário ou jurídico, quando exigida por lei. (Incluído pela Instrução Normativa DREI nº 55, de 2 de junho de 2021, art. 18-A)

Para efeito de proteção legal, *equipara-se ao nome empresarial* a denominação das sociedades simples, associações e fundações (art. 1.155, parágrafo único), ainda que elas não exerçam atividade empresarial.

A firma social representa direito da personalidade, em especial por decorrência do disposto no artigo 52 do Código Civil que determina a aplicação "às pessoas jurídicas, no que couber, a proteção dos direitos da personalidade". É **direito personalíssimo**, e afirma Pontes de Miranda, com razão, que a denominação das sociedades anônimas também se enquadra entre os direitos da personalidade[90]. Seguem no mesmo sentido obras recentes[91].

Na vigência do Código anterior, certa corrente jurisprudencial negava ao direito ao nome empresarial a qualidade de direito personalíssimo e afirmava estar a proteção dele sujeita a prazo prescricional, contado a partir do momento em que a outra parte toma ciência do ato, que seria o do arquivamento do contrato social da outra empresa na Junta Comercial, mas esse entendimento revela-se incompatível com o Código Civil de 2002.

---

90. MIRANDA, F. C. Pontes de. *Tratado de direito privado*. Vol. 7. 4ª ed., reimp. São Paulo: Ed. Revista dos Tribunais, 1983, p. 122: "o nome das pessoas jurídicas, inclusive das sociedades por ações, é meio de identificação pessoal; portanto, o direito ao nome é direito da personalidade [...]".

91. FONSECA, Priscila M. P. Corrêa da In: FONSECA, Priscila M. P. Corrêa da; SZTAJN, Raquel. Código Civil comentado, vol. XI: direito de empresa (coord. Álvaro Villaça Azevedo). São Paulo: Atlas, 2008, p. 818, conclui que a denominação social integra o nome empresarial, configurando, igualmente, direito da personalidade da pessoa jurídica. CARVALHOSA, Modesto. *Comentários ao Código Civil: parte especial: do direito de empresa.* Vol. 13 (coord. Antonio Junqueira de Azevedo). São Paulo: Saraiva, 2003, p. 730-731, reconhece ser o nome atributo da personalidade das pessoas jurídicas, mas admite alguns casos em que ele possa ser cedido em conjunto com a própria sociedade.

O nome está intimamente ligado à empresa e não pode ser objeto de negócio jurídico, desvinculado dela[92]. O Código Civil veda expressamente a alienação do nome empresarial (art. 1.164, *caput*), demonstrando não se tratar de um direito patrimonial.

Em que pese as considerações acima, o Enunciado 72 da I Jornada de Direito Civil propôs a revogação do artigo 1.164 do Código Civil.

Nomes não registráveis. Não podem ser registrados os nomes que sejam atentatórios à moral e aos bons costumes (art. 35, I, da Lei nº 8.934/94; art. 53, I, do Decreto nº 1.800/96), nem os que incluam ou reproduzam em sua composição siglas ou denominações de órgãos públicos, da Administração direta ou indireta, bem como de organismos internacionais e aquelas consagradas em lei e atos regulamentares emanados do Poder Público (art. 53, VI, do Decreto nº 1.800/96, na redação dada pelo Decreto nº 11.250/2022).

2. FIRMA INDIVIDUAL OU SOCIAL

Firma (individual ou social) é o nome sob o qual o **empresário individual,** a empresa individual de responsabilidade limitada ou as **sociedades empresárias, exceto a anônima**, exercem a atividade empresarial e assinam-se nos atos a ela referentes (Código Civil, art. 1.156). Há, portanto, firmas individuais (empresários individuais) e sociais (sociedades). **Firma é assinatura.** Assim, quando se usa firma social é exatamente este nome comercial, e não o nome civil do signatário, que é assinado pelo sócio-gerente.

Na **composição da firma individual**, observado o princípio da veracidade, o empresário individual só poderá adotar como firma o seu próprio nome civil, aditando, se quiser ou quando já existir nome empresarial idêntico ou semelhante, designação mais precisa de sua pessoa ou de sua atividade. Por exemplo: José Paulo Magalhães poderá usar como nome empresarial J. P. Magalhães. (Instrução Normativa DREI nº 81/2020, art. 18, § 2º, e item 5.1 do Anexo II – Manual de Registro de Empresário Individual).

Não constituem sobrenome e não podem ser abreviados os termos que indicam uma ordem ou relação de parentesco, tais como: filho, júnior, neto, sobrinho etc. Os nomes dos sócios poderão figurar de forma completa ou abreviada, admitida a supressão de prenomes;

O aditivo "e companhia" ou "& Cia." poderá ser substituído por expressão equivalente, tal como "e filhos" ou "e irmãos", dentre outras.

O nome empresarial não poderá conter palavras ou expressões que denotem atividade não prevista no objeto (art. 22, IV, da IN DREI 81/2020).

---

92. WALD, Arnoldo. *Comentários ao novo Código Civil,* v. XIV: livro II, do direito de empresa (coord. Sálvio de Figueiredo Teixeira). 2ª ed., rev. e atual. Rio de Janeiro: Forense, 2010, p. 719-721, entende inalienável o nome empresarial, sem analisar a sua qualificação jurídica. REQUIÃO, Rubens. *Curso de direito comercial.* 1º vol., 31ª ed., rev. e atual. por Rubens Edmundo Requião. São Paulo: Saraiva, 2012, p. 294-296, afirma não constituir a denominação social direito da personalidade, entendendo que ela seria alienável; mas, ao mesmo tempo, reconhece que o Código Civil não permite a sua alienação.

O empresário pode acrescentar designação mais precisa de sua pessoa, além do gênero de atividade (Código Civil, art. 1.156 – como, por exemplo, José Paulo Magalhães – Tapeceiro. Em caso de homonímia, esse acréscimo faz-se necessário.

O Código Civil dispensa a **indicação do objeto da sociedade** na composição da firma (Código Civil, art. 1.158, § 2º), a Lei nº 14.382, de 2022, alterou o *caput* do art. 1.160 do Código Civil, tornando facultativa a designação do objeto social para as sociedades anônimas[93]. No entanto, a indicação do objeto trará duas consequências: ela deverá corresponder ao objeto social, por aplicação analógica do disposto no art. 1.158, § 2º, do Código Civil; a alteração do objeto social mencionado na firma traz como consequência necessária a alteração desta.

Só podem entrar na firma social os nomes dos sócios que respondem subsidiariamente pelas obrigações sociais (Código Civil, art. 1.157). Eles se encontrarão nas **sociedades em nome coletivo e em comandita simples**.

Ao invés de se incluírem os nomes de todos os sócios, é possível designar apenas um deles, acrescido da expressão "& Companhia", ou "& Cia.", ou outra designação semelhante (Viúva Alencar & Filhos, p. exemplo). É exatamente este nome comercial, e não o nome civil do signatário, que é assinado pelo sócio-gerente.

Em decorrência do **princípio da veracidade**, o nome do sócio que vier a falecer, for excluído ou se retirar também não pode permanecer na firma social (Código Civil, art. 1.165).

O adquirente de estabelecimento por ato *entre vivos* pode, se o contrato o permitir, usar o nome do alienante, precedido do seu próprio, com a qualificação de sucessor, compondo desta forma a firma social (Código Civil, art. 1.164, parágrafo único). Por exemplo: João Borges & Cia., Sucessor de José Alves, podendo também neste caso serem abreviados os prenomes[94].

3. DENOMINAÇÃO

A denominação "é formada por **uma ou mais palavras da língua nacional ou estrangeira, podendo nela figurar parte do nome de um ou mais sócios, facultada a indicação do objeto**" (Instrução Normativa DREI nº 81/2020, art. 18, § 3º, na redação

93. O Decreto 1.800/96, art. 62, § 1º, que regulamenta a Lei nº 8.934/94, dispõe: "Na hipótese de o nome empresarial incluir a indicação de atividades econômicas, essas deverão estar previstas no objeto social do empresário individual ou da sociedade empresária". A redação do dispositivo foi dada pelo Decreto nº 10.173, de 2019.
Rubens Requião afirma a necessidade de indicação do objeto no nome comercial, sem atentar para o fato de o Código se referir, especificamente, à "denominação", não ao "nome", cujo conceito é mais amplo (REQUIÃO, Rubens. *Curso de direito comercial*. Vol. 1, 31ª ed., rev. e atual. por Rubens Edmundo Requião. São Paulo: Saraiva, 2012, p. 175, nota 25).

94. Fica revogado parcialmente o disposto no art. 7º, parágrafo único, do Decreto nº 916/1890, que admitia esse uso também na hipótese de alienação do estabelecimento *mortis causa*.

dada pela IN DREI nº 1, de 24 de janeiro de 2024). Por exemplo: Companhia Metalúrgica de Vila Velha, Primavera S.A.

A denominação social, por conseguinte, **não é objeto de assinatura**; os representantes da sociedade lançam a sua própria assinatura pessoal, abaixo da denominação social.

4. PRINCÍPIOS APLICÁVEIS AO NOME EMPRESARIAL

Aplicam-se ao nome empresarial os princípios da **veracidade ou autenticidade** e da **novidade** (Lei nº 8.934/94, art. 34).

Pelo **princípio da veracidade, ou autenticidade,** o nome deve corresponder ao de quem efetivamente exerce a empresa, não se admitindo a utilização de firmas fictícias (Lei nº 8.934/94, art. 34). Ele não está expresso no Código Civil, mas decorre de diversas normas nele previstas (arts. 1.165, 1.156, 1.157 e 1.158), bem como a Instrução Normativa DREI nº 81/2020 (art. 18)[95]. Em razão desse princípio:

a) só podem entrar na *firma social* os nomes dos sócios que respondem subsidiariamente pelas obrigações sociais (Código Civil, art. 1.157);

b) o nome do sócio que vier a falecer, for excluído ou se retirar não pode permanecer na firma social (Código Civil, art. 1.165);

c) o nome empresarial não pode ser alienado (Código Civil, art. 1.164).

O **princípio da novidade** implica na impossibilidade de registro de nome idêntico a outro já existente (Lei nº 8.934/94, art. 35, inciso V, na redação dada pela Lei nº 14.195, de 2021, que eliminou o trecho "ou semelhante" que até então constava da norma; Decreto nº 1.800/96, art. 62), por se tratar o nome de elemento identificador da empresa.

A vedação do registro por simples semelhança entre os nomes vem sendo afastada pelas normas administrativas, e o DREI determina que a identidade entre firmas ou denominações será aferida "considerando-se os nomes empresariais por inteiro, podendo ser desconsiderados:

I – expressões relativas ao tipo jurídico adotado;

II – acentuação gráfica nas palavras;

III – eventuais caracteres especiais não numéricos, bem como caracteres isolados ou que substituam letras; e/ou

---

95. Art. 18 da IN DREI 81/2020. O nome empresarial atenderá aos princípios da veracidade e da novidade e identificará, quando assim exigir a lei, o tipo jurídico adotado.

§ 1º O nome empresarial compreende a firma e a denominação.

§ 2º A firma é composta pelo nome civil, de forma completa ou abreviada.

§ 3º A denominação é formada por uma ou mais palavras da língua nacional ou estrangeira, podendo nela figurar parte do nome de um ou mais sócios, facultada a indicação do objeto. (Redação dada pela Instrução Normativa DREI nº 1, de 24 de janeiro de 2024).

IV – utilização de pontuação antes, no meio ou ao final do nome, bem como o espaçamento ou não entre as palavras." (IN DREI nº 81/2020, arts. 22, I e 23, § 2º, respectivamente, na redação dada pela IN DREI nº 1/2024).

Em razão da competência estadual de cada uma das Juntas Comerciais, a extensão da proteção do nome empresarial a outras delas depende de requerimento, mas daí não se deduz a licitude do registro de nomes idênticos ou semelhantes em estados diferentes. O *registro do nome empresarial com abrangência nacional* dependerá de lei especial que o regulamente (art. 1.166, parágrafo único, do Código Civil).

O Superior Tribunal de Justiça tem entendido que a proteção ao nome empresarial se funda na possibilidade de confusão entre empresas que operam no mesmo ramo, negando proteção a nomes semelhantes de empresas que operam em ramos diferentes[96], com fundamento na possibilidade de confusão entre elas[97], deixando claro que está protegendo a legalidade da concorrência, não o direito da personalidade.

Na colidência entre o registro da marca e o do nome comercial entendeu o Superior Tribunal de Justiça que o titular da marca não tem o direito de incluí-la na sua denominação social, se outra sociedade já está registrada na Junta Comercial com o mesmo nome[98]. No entanto, sendo a marca notória, o seu titular pode impedir que outra empresa a inclua no seu nome comercial[99].

De outro lado, entendeu o mesmo Tribunal que a anterioridade do registro do nome na Junta Comercial não impede o registro posterior da marca, pois o registro do nome não gera direito ao registro da marca[100].

5. NOME EMPRESARIAL E TIPOS DE SOCIEDADES

A composição do nome empresarial varia conforme o tipo societário adotado.

A **sociedade limitada** pode ter firma social ou denominação, indiferentemente (Código Civil, art. 1.158). Se usar *firma*, esta será composta pelo nome de um ou mais

96. STJ, Recurso Especial nº 139.077/SP, Terceira Turma, relator Min. Waldemar Zveiter, votação unânime em 2/04/98.

97. STJ, Recurso Especial nº 195.674/SP, Quarta Turma, relator Min. Ruy Rosado de Aguiar, votação unânime em 20/05/99.

98. STJ, Recurso Especial nº 35.806/SP, Quarta Turma, relator Min. Barros Monteiro, relator p/acórdão Min. Ruy Rosado de Aguiar, decisão por maioria em 9/12/97.

99. STJ, Embargos de Declaração no Recurso Especial nº 50.609/MG, Quarta Turma, relator Min. Sálvio de Figueiredo Teixeira, votação unânime em 11/11/97, ementa: "Sendo notória a marca, porém, tem a empresa titular o direito de impor-lhe respeito, porque pode, em regra, a razão social ser utilizada em qualquer documento da sociedade, a colidir com o propósito de evitar-se o uso indiscriminado da referida marca que guarda característica diferenciada".

100. STJ, Recurso Especial nº 52.106/SP, Quarta Turma, Relator Min. Barros Monteiro, votação unânime em 17/08/99.

sócios, se pessoas físicas, sempre acompanhados da palavra "limitada", por extenso ou abreviada. A ausência desse termo terá como consequência a responsabilidade solidária e ilimitada dos administradores que assim empregarem a firma ou denominação (Código Civil, art. 1.158).

A denominação social das sociedades limitadas pode conter o nome de um ou mais sócios, **mas deve designar o objeto social** (Código Civil, art. 1.158, § 2º). Ainda que o Código não seja expresso, é de se entender que a denominação social pode incluir nome de fantasia, desde que ele esteja acompanhado da menção ao objeto social.

O art. 18, § 3º, da IN DREI 81/2020, na redação dada pela IN DREI nº 1/2024, dispensa a indicação do objeto das sociedades limitadas, o que nos parece estar em conflito com o § 2º-A do art. 1.158, segundo o qual a denominação deve designar o objeto da sociedade.

A exceção prevista no artigo 1.160 do Código Civil só se aplica às sociedades constituídas e registradas como sociedades anônimas, não contemplando o legislador exceção às sociedades limitadas que prevejam a aplicação supletiva da Lei de Sociedades por Ações.

A **sociedade anônima** opera sob denominação, integrada pelas expressões "sociedade anônima" ou "companhia", por extenso ou abreviadamente, mas vedada a utilização da primeira ao final, facultada a designação do objeto social (Código Civil, art. 1.160, *caput*, na redação dada pela Lei nº 14.382/2022).

É possível, entretanto, incluir na denominação de uma sociedade anônima o nome do fundador, acionista, ou pessoa que, de qualquer modo, haja concorrido para o êxito da empresa, sem que isto signifique que tal pessoa responderá pelas obrigações sociais (Código Civil, art. 1.160, parágrafo único; Lei nº 6.404/76, art. 3º).

O termo "grupo" é de uso exclusivo dos grupos de sociedades organizados, mediante convenção, na forma da Lei das Sociedades Anônimas. Após o arquivamento da convenção do grupo, a sociedade controladora, ou de comando, e as filiadas deverão acrescentar aos seus nomes a designação do grupo (IN DREI nº 81, de 10 de junho de 2020, Seção III, Título II, Capítulo I, Seção III, art. 19).

A **sociedade em nome coletivo** operará sob firma, que, se não individualizar todos os sócios, deverá conter o nome de pelo menos um deles, acrescido do aditivo "e companhia", por extenso ou abreviado (Código Civil, arts. 1.041 e 1.157).

A **sociedade em comandita simples** deve compor sua firma social com o nome de um dos sócios pessoalmente responsáveis acrescida da expressão "& Companhia". Nisto, ela é igual às sociedades em nome coletivo. O nome do sócio de responsabilidade limitada não pode fazer parte da firma.

A **sociedade em comandita por ações** pode adotar firma ou denominação (Código Civil, art. 1.090). Da firma deverá constar o nome de um ou mais comanditados, mas, em lugar de firma, ela pode adotar denominação designativa do objeto social, aditada da expressão "comandita por ações" (Código Civil, art. 1.161; Lei nº 6.404/76, art. 281). Essa designação não pode ser dispensada em nenhuma hipótese[101].

A **sociedade de propósito específico** – SPE pode usar firma ou denominação, conforme o tipo societário adotado. Na formação dos nomes dessas sociedades poderá agregada a sigla – SPE, desde que respeitados os seguintes requisitos:

a) se do tipo Sociedade Limitada, a sigla SPE, quando adotada, deverá vir antes da expressão Ltda., observados os demais critérios de formação do nome (Manual de Registro de Sociedade Limitada, alterado pela Instrução Normativa DREI 81/2020, Título 4.1, nota II); e

b) se do tipo Sociedade Anônima, a sigla SPE, quando adotada, deverá vir antes da expressão S/A;

A **empresa pública** só pode ter denominação, conclusão a que se chega por exclusão da possibilidade do uso de firma, que permanece no Código Civil.

A **sociedade em conta de participação** não pode usar "firma ou denominação", por não possuir personalidade jurídica (Código Civil, art. 1.162).

A formação do nome da **microempresa e da empresa de pequeno porte** passou a obedecer às mesmas regras aplicáveis às demais sociedades, pois o art. 10, V, da Lei Complementar 155/2016, revogou o art. 72, da Lei Complementar 123/2006, de maneira que essas expressões não mais devem constar das suas firmas ou denominações sociais, seja por extenso ou abreviadas (ME ou EPP, respectivamente).

De outro lado, o art. 5º, parágrafo único, III, da Lei Complementar 123, permitiu às microempresas "a possibilidade de uso do nome empresarial de seu interesse", e a noção de nome é ampla e compreende a denominação (IN DREI 81/2000, art. 18, § 1º). Por essa razão, parece-nos que elas poderão usar denominação, a qual, por sua vez, não exige a indicação do objeto social, nos termos do art. 18, § 3º, da IN DREI 81/2020, na redação dada pela IN DREI nº 1/2024. Portanto, já antes da alteração ocorrida em 2024, parecia-nos inexigível a indicação do objeto social no nome da microempresa e da empresa de pequeno porte.

A Empresa Simples de Crédito deverá conter em seu nome empresarial a expressão "Empresa Simples de Crédito", e não poderá constar dele, ou de qualquer texto de divulgação de suas atividades, a expressão "banco" ou outra expressão identificadora de instituição autorizada a funcionar pelo Banco Central do Brasil (Lei Complementar nº 167/2019, art. 2º, §1º).

As **sociedades estrangeiras autorizadas a operar no Brasil** poderão acrescentar os termos "do Brasil" ou "para o Brasil" aos seus nomes de origem.

---

101. CARVALHOSA, Modesto. *Comentários ao Código Civil*: parte especial: do direito de empresa. Vol. 13 (coord. Antonio Junqueira de Azevedo). São Paulo: Saraiva, 2003, p. 384.

Cabe lembrar da formação do nome de **duas sociedades não empresárias**, porque o Código Civil confere a mesma proteção ao nome utilizado por elas:

a) quanto às **sociedades simples**, o legislador só se refere ao uso de "denominação social" (Código Civil, art. 997, II), mas deve-se entender que essa referência abrange tanto a firma quanto a denominação; se estas adotarem a forma de sociedade limitada (art. 983 do mesmo Código) poderão usar firma ou denominação social (art. 1.054), aplicando-se ao seu nome as regras examinadas acima;

b) a **sociedade cooperativa** é sociedade simples, mas só pode usar denominação, acompanhada do vocábulo "cooperativa" (Código Civil, art. 1.159; Lei nº 5.764/71, art. 15, I).

Assim, de forma esquemática, podemos apresentar o seguinte quadro:

Tipo societário	Firma	Denominação	Observações
Sociedade limitada	X	X	Código Civil, art. 1.158.
Sociedade anônima		X	Código Civil, art. 1.160; Lei 6.404/1976, art. 3º.
Sociedade em nome coletivo	X		Código Civil, arts. 1.041 e 1.157; IN DREI 15/2013, art. 5º, II, "a"
Sociedade em comandita simples	X		Código Civil, art. 1047.
Sociedade em comandita por ações	X		Código Civil, art. 1.090.
Sociedade de propósito específico	X	X	Conforme o tipo societário adotado. IN DREI 15/2013, art. 5º, IV.
Empresa pública e sociedade de economia mista		X	Pela exclusão da possibilidade de firma.
Microempresa e empresa de pequeno porte (ME, EPP)	X	X	Conforme o tipo societário adotado.
Sociedade simples	X	X	Código Civil, arts. 997, II, 983 e 1.054.
Sociedade cooperativa		X	Código Civil, art. 1.159. Lei 5.764/71, art. 15, I.
Sociedade em conta de participação	-	-	Não possui personalidade jurídica. Código Civil, art. 1.162.

6. REGISTRO DO NOME E SEUS EFEITOS

O registro do nome empresarial tem efeito constitutivo, pois o direito ao seu uso nasce com o registro (Lei nº 8.934/94, art. 33; Decreto nº 1.800/96, art. 61).

Os nomes empresariais são objeto de registro na Junta Comercial, por ocasião da inscrição do empresário individual ou do arquivamento dos atos constitutivos da sociedade empresária, mas **a proteção que o registro lhes confere está restrita ao âmbito estadual**

(Código Civil, art. 1.166), por ser estadual a competência das Juntas Comerciais. Neste sentido, a IN DREI nº 81/2020, art. 25, *caput*.

A **proteção do nome empresarial na jurisdição de outras Juntas Comerciais**, mesmo sem haver filial no território de jurisdição destas é possível, mas **depende de requerimento instruído com certidão da Junta Comercial da unidade federativa onde se localiza a sede da empresa** interessada (art. 25, § 1º). Neste sentido, o STJ:

> NOME COMERCIAL. PROTEÇÃO NO ÂMBITO DO ESTADO EM QUE REGISTRADO. IMPOSSIBILIDADE DE ALEGAÇÃO COMO PROTEÇÃO À MARCA, ENQUANTO NÃO REGISTRADA NO INPI. REGISTRO NO INPI, SUPERVENIENTE, QUE NÃO PODE SER OBJETO DESCONSIDERAÇÃO NO RECURSO ESPECIAL. CONCORRÊNCIA DESLEAL. INADMISSIBILIDADE DE JULGAMENTO DIANTE DE PETIÇÃO INICIAL CIRCUNSCRITA À PROTEÇÃO DE NOME E DE MARCA. JULGAMENTO EXTRA-PETITA NÃO CONFIGURADO. RECURSO ESPECIAL IMPROVIDO.
>
> I – Os artigos 61 do Decreto nº 1.800/96 e 1.166 do Código Civil de 2002, revogaram o Decreto nº 75.572/75 no que tange à extensão territorial conferida à proteção do nome empresarial. Agora *"A proteção legal da denominação de sociedades empresárias, consistente na proibição de registro de nomes iguais ou análogos a outros anteriormente inscritos, restringe-se ao território do Estado em que localizada a Junta Comercial encarregada do arquivamento dos atos constitutivos da pessoa jurídica"* (EDcl nos EDcl no AgRg no REsp 653.609/RJ, Rel. Ministro JORGE SCARTEZZINI, QUARTA TURMA, DJ 27/06/2005).
>
> (...)
>
> (STJ – REsp: 971.026/RS, Relator: Ministro SIDNEI BENETI, TERCEIRA TURMA Julgamento: 15/02/2011, DJe 02/03/2011).

Entretanto, da abertura de filial em outra unidade da federação decorre, automaticamente, a extensão da proteção do nome empresarial (IN DREI nº 81/2020, art. 25, § 1º).

O registro do nome empresarial com abrangência nacional, previsto no artigo 1.166, parágrafo único, do Código Civil, dependerá de lei especial que o regulamente.

O nome da pessoa jurídica, protegido pela Constituição Federal (art. 5º, inciso XXIX), difere da marca (que indica produtos) e do título do estabelecimento (que o identifica), mas a proteção dele pode estar vinculada à marca e ao título do estabelecimento. Dada a proteção conferida ao nome empresarial, admite-se que:

a) **a proteção ao nome empresarial "impede o registro posterior de marca igual por terceiro, ainda mais quando no mesmo ambiente de mercado"**, de maneira que a precedência do registro em um estado é suficiente para que o interessado possa impedir, ou requerer o cancelamento, do registro feito por terceiro em outro estado, tanto em virtude da legislação do registro das empresas mercantis quanto da Convenção de Paris, que consagra a proteção do nome empresarial. Neste sentido:

Nome comercial. Marca. Conflito. Mesmo mercado. Especificidade. Precedentes. 1. A proteção ao nome comercial impede o registro posterior de marca igual por terceiro, ainda mais quando no mesmo ambiente de mercado, o setor agropecuário. 2. Recurso especial conhecido e provido.

(STJ – REsp: 284742/SP, Relator: Ministro CARLOS ALBERTO MENEZES DIREITO, Data de Julgamento: 20/08/2001, T3 – TERCEIRA TURMA, Data de Publicação: DJ 08/10/2001).

DIREITO COMERCIAL. MARCA E NOME COMERCIAL. **COLIDÊNCIA DE MARCA** "ETEP" (REGISTRADA NO INPI) **COM NOME COMERCIAL** (ARQUIVAMENTO DOS ATOS CONSTITUTIVOS DA SOCIEDADE NA JUNTA COMERCIAL). CLASSE DE ATIVIDADE. **PRINCÍPIO DA ESPECIFICIDADE.** INTERPRETAÇÃO LÓGICO-SISTEMÁTICA. RECURSO PROVIDO PARCIALMENTE. I – Não há confundir-se marca e nome comercial. A primeira, cujo registro é feito junto ao INPI, destina-se a identificar produtos, mercadorias e serviços. O nome comercial, por seu turno, identifica a própria empresa, sendo bastante para legitimá-lo e protegê-lo, em âmbito nacional e internacional, o arquivamento dos atos constitutivos no Registro do Comércio.

II – Sobre eventual conflito entre uma e outro, tem incidência, por raciocínio integrativo, o princípio da especificidade, corolário do nosso direito marcário. Fundamental, assim, a determinação dos ramos de atividade das empresas litigantes. Se distintos, de molde a não importar confusão, nada obsta possam conviver concomitantemente no universo mercantil.

III – No sistema jurídico nacional, tanto a marca, pelo Código de Propriedade Industrial, quanto o nome comercial, pela Convenção de Paris, ratificada pelo Brasil por meio do Decreto 75.572/75, são protegidos juridicamente, conferindo ao titular respectivo o direito de sua utilização. (...)

(STJ – REsp: 119.998 SP 1997/0011036-2, Relator: Ministro SÁLVIO DE FIGUEIREDO TEIXEIRA, QUARTA TURMA Julgamento: 09/03/1999, DJ 10.05.1999)

b) **nomes empresariais nos quais se incluem palavras de uso comum, como "real", "hora" ou "globo", também merecem proteção, devendo ser impedido o seu uso por empresas do mesmo ramo**:

CIVIL – AÇÃO ORDINÁRIA – MARCA – NOME COMERCIAL – DENOMINAÇÃO – FANTASIA – REGISTRO.

I – O emprego de nomes e expressões marcárias semelhantes – quer pela grafia, pronúncia, ou qualquer outro elemento, capazes de causar dúvida ao espírito dos possíveis adquirentes de bens exibidos para comércio – deve ser de imediato afastado.

II – A proteção legal à marca (Lei 5.772/77, art. 59), tem por escopo reprimir a concorrência desleal, evitar a possibilidade de confusão ou dúvida, o locupletamento com esforço e labor alheios. **A empresa que insere em sua denominação, ou como nome de fantasia, expressão peculiar, passa, a partir do registro respectivo, a ter legitimidade para adotar referida expressão como sinal externo distintivo e característico e impedir que**

> **outra empresa que atue no mesmo ramo comercial como tal a utilize.** Precedentes do STJ.
>
> III – Recurso conhecido e provido.
>
> (STJ – REsp: 62.770/RJ, Relator: Ministro WALDEMAR ZVEITER, TERCEIRA TURMA, Julgamento: 06/05/1997, DJ 04.08.1997).

c) havendo **colidência entre marca e parte do nome comercial**, sendo **distintas as atividades das duas empresas**, "determina-se ao proprietário do nome que se abstenha de utilizar isoladamente a expressão que constitui a marca registrada pelo outro, terceiro, de propriedade desse, sem prejuízo da utilização do seu nome comercial por inteiro". Neste sentido, o já mencionado **Resp 119.998/SP**.

O nome de fantasia só estará protegido como integrante do direito da personalidade da sociedade se fizer parte do seu nome empresarial. Se ele for usado como título do estabelecimento, ou em outras hipóteses em que o seu uso se prestar ao desvio de clientela, o uso indevido pode ser impedido tendo em vista a proibição de concorrência desleal[102].

7. NOMES NÃO REGISTRÁVEIS

Existem várias restrições ao registro de nomes empresariais (Código Civil, art. 1.163; Decreto nº 1.800/96, art. 53, inciso VI). Elas estão consolidadas no artigo 22 da Instrução Normativa DREI 81/2020, a seguir transcrito:

> Art. 22. É vedado o registro do nome empresarial:
>
> I - idêntico a outro já registrado na mesma Junta Comercial; (Redação dada pela Instrução Normativa DREI nº 55, de 2 de junho de 2021)
>
> II - que contiver palavras ou expressões que sejam atentatórias à moral e aos bons costumes;
>
> III - que incluam ou reproduzam, em sua composição, siglas ou denominações de órgãos ou entidades da administração pública direta ou indireta ou de organismos internacionais, exceto quando for razoável presumir-se que, pelos demais termos contidos no nome, não causará confusão ou dúvida;
>
> IV - com palavras ou expressões que denotem atividade não prevista no objeto; ou
>
> V - que traga designação de porte ao seu final.
>
> Parágrafo único. Além dos requisitos legais previstos no caput deste artigo, nenhum outro será objeto de análise para efeitos de registro, sendo o seu cumprimento de inteira responsabilidade do empresário."

102. STJ, Recurso Especial nº 30.636/SC, Quarta Turma, relator Min. Sálvio de Figueiredo Teixeira, votação unânime em 14/09/93.

Aplicam-se ao registro de nomes empresariais algumas hipóteses impeditivas do registro de marca (Lei nº 9.279/96, art. 124), sendo **vedado o registro de nomes que representem**:

a) a designação de brasão, armas, medalha, bandeira, emblema, distintivo e monumento oficiais, públicos, nacionais, estrangeiros ou internacionais (inciso I);

b) letra, algarismo e data, isoladamente, salvo quando revestidos de suficiente forma distintiva (inciso II);

c) expressão, figura, desenho ou qualquer outro sinal contrário à moral e aos bons costumes ou que ofenda a honra ou imagem de pessoas ou atente contra liberdade de consciência, crença, culto religioso ou ideia e sentimento dignos de respeito e veneração (inciso III);

d) designação ou sigla de entidade ou órgão público, quando não requerido o registro pela própria entidade ou órgão público (inciso IV);

e) reprodução ou imitação de elemento característico ou diferenciador de título de estabelecimento ou nome de empresa de terceiros, suscetível de causar confusão ou associação com estes sinais distintivos (inciso V);

f) sinal ou expressão empregada apenas como meio de propaganda (inciso VII);

g) denominações das cores, salvo se dispostas ou combinadas de modo peculiar e distintivo (inciso VIII);

h) indicação geográfica suscetível de causar confusão (inciso IX);

i) nome de evento esportivo, artístico, cultural, social, político, econômico ou técnico, oficial ou oficialmente reconhecido, salvo quando autorizado pela autoridade competente ou entidade promotora do evento (inciso XIII);

j) nome civil ou sua assinatura, nome de família ou patronímico e imagem de terceiros, salvo com consentimento do titular, herdeiros ou sucessores (inciso XV);

l) pseudônimo ou apelido notoriamente conhecidos, nome artístico singular ou coletivo, salvo com consentimento do titular, herdeiros ou sucessores (inciso XVI);

m) obra literária, artística ou científica, assim como os títulos que estejam protegidos pelo direito autoral e sejam suscetíveis de causar confusão ou associação, salvo com consentimento do autor ou titular (inciso XVII);

n) termo técnico usado na indústria, na ciência e na arte, que tenha relação com o produto ou serviço a distinguir (inciso XVIII);

o) reprodução ou imitação, no todo ou em parte, ainda que com acréscimo, de marca alheia registrada, para distinguir ou certificar produto ou serviço idêntico, semelhante ou afim, suscetível de causar confusão ou associação com marca alheia (inciso XIX).

8. CANCELAMENTO E EXTINÇÃO DO REGISTRO DO NOME EMPRESARIAL

O Código Civil admite o cancelamento da inscrição do nome empresarial, sem distinguir entre a firma e a denominação[103], **a requerimento de qualquer interessado, quando cessar o exercício da atividade para a qual foi adotado, ou quando ultimar-se a liquidação da sociedade que o inscreveu (art. 1.168)**.

A redação do artigo 1.168 do Código é de todo imprecisa. A expressão "qualquer interessado" oculta o necessário exame da legitimidade dele. O legislador também não previu o meio pelo qual deverá o terceiro interessado provar a inatividade da sociedade; nem estipulou prazo após a cessação da atividade para que terceiro tenha direito ao uso do nome de outra sociedade.

VII. ESTABELECIMENTO E SEU REGIME JURÍDICO

1. INTRODUÇÃO

O estabelecimento não era regulado especificamente em nosso direito, até o Código Civil de 2002. Daí a diversidade de nomes a ele atribuídos, tais como: estabelecimento comercial, fundo de comércio, negócio comercial, casa de comércio, azienda, entre outros. O Código Civil adotou a expressão **estabelecimento**, sem outros qualificativos.

A teoria jurídica do estabelecimento comercial funda-se no **sobrevalor que a clientela agrega aos bens organizados pela empresa para o exercício da atividade econômica, uma situação de fato, à qual se atribui um valor econômico**[104]. Não se refere, portanto, a todos os estabelecimentos, mas tão só àqueles aos quais se vincula uma clientela.

Existem diversas espécies de clientela: do empresário, da empresa, do estabelecimento, da marca. A criação ou manutenção da clientela depende do efetivo exercício da atividade empresarial, ou da efetiva exploração do estabelecimento, ou da marca. Nas grandes empresas industriais, com efeito, a clientela é da empresa e não da fábrica, ou estabelecimento industrial.

2. CARACTERIZAÇÃO E QUALIFICAÇÃO JURÍDICA

Estabelecimento, ou fundo de comércio, é a **organização dos bens, materiais e imateriais, para o exercício da atividade empresarial**. Ele compreende coisas, ou melhor, direitos reais e obrigações *propter rem*, além de direitos pessoais de natureza contratual.

---

103. O Decreto nº 916/1890, art. 9º, admitia apenas o cancelamento da *firma*, quando cessasse o exercício do comércio, ou fosse dissolvida e liquidada a sociedade.

104. BARRETO FILHO, Oscar. *Teoria do estabelecimento comercial*. São Paulo: Max Limonad, 1969, p. 182.

As alterações do artigo 1.142, do C. Civil pela Lei nº 14.328/2022 merecem esclarecimentos, a partir da distinção entre empresário, empresa e estabelecimento.

Quem exerce a atividade empresarial é o **empresário**, um **sujeito de direito**, podendo ser um empresário individual ou uma sociedade empresária (seja ela uma sociedade individual, como a sociedade limitada individual, ou uma sociedade com mais de um sócio).

Esse sujeito deve se registrar na Junta Comercial, para que sua atividade seja regular e, ao efetuar o registro ele deverá indicar um local onde possa ser encontrado. Este será o **endereço do empresário individual** (que não é pessoa jurídica), ou a **sede da sociedade empresária.** Nesse local ele será encontrado, por exemplo, pelas autoridades fiscais que pretenderem verificar a regularidade de suas operações ou o adequado recolhimento dos tributos devidos.

Portanto, a sede da sociedade ou o endereço do empresário serão sempre um local físico, como determina a segunda parte do §2º do artigo 1.142. Ela poderá se encontrar em um local, como um escritório, sem acesso ao público, e o estabelecimento em outro, no qual a sociedade coloca seus produtos à disposição do público, como em geral ocorre com as sociedades de médio e grande porte.

Caso a atividade empresária seja exercida por meio de uma sociedade com mais de um sócio, que realiza sua atividade por meio de um estabelecimento virtual, o Código admite que ele indique o endereço de um dos sócios da sociedade empresária, ao invés daquele da sede da sociedade. Este será o endereço para o qual os consumidores, por exemplo, irão direcionar os produtos que eventualmente serão devolvidos pelos consumidores, pois essa operação só poderá ser dirigida a um local físico.

A **empresa**, por sua vez, é o exercício da atividade empresarial, razão pela qual se afirma que a empresa se exerce.

O **estabelecimento** é **objeto de direito,** pois pertence ao empresário, sujeito de direito, e não está sujeito a registro na Junta Comercial.

O *caput* do art. 1.142 mantém a noção tradicional de estabelecimento, dispondo que: "Considera-se estabelecimento todo complexo de bens organizado, para exercício da empresa, por empresário, ou por sociedade empresária." Ele apenas especifica que a atividade empresária pode ser exercida por empresário ou por sociedade empresária, como já se deduzia do direito anterior.

Portanto, só se forma um estabelecimento quando se organizam os bens para o exercício da atividade, mas a sede social pode existir sem que exista atividade. É o que ocorre quando o empresário individual ou a sociedade já se encontram registrados na Junta Comercial, mas ainda não iniciaram ou deixaram de exercer sua atividade.

Sendo um estabelecimento tradicional, é nele que a clientela encontrará as mercadorias que pretende adquirir. Mas ele pode estar situado em um *site* na Internet, caracterizando-se como um estabelecimento virtual, ou seja, sem existência física e até mesmo sem manutenção de estoque, como veremos no item 2.2, abaixo. A clientela, nesse caso, poderá contratar e rescindir contratos por meio do próprio *site*, mas a responsabilidade pela sua operação será sempre do empresário ou da sociedade empresária.

O § 1º do artigo 1.142 dispõe que: "O estabelecimento não se confunde com o local onde se exerce a atividade empresarial, que poderá ser físico ou virtual.". A ideia de que o estabelecimento não se confunde com o local onde se exerce a atividade empresarial distingue, na realidade, a sede da sociedade, ou o endereço do empresário, do estabelecimento.

Vimos que a sede é sempre um local físico: o estabelecimento é que poderá ser físico ou virtual, pois a atividade empresarial nem sempre será exercida na sede social, podendo ser realizada por meio de um *site* na Internet, por exemplo, como veremos em detalhe ao abordarmos o estabelecimento virtual. Nesse sentido é que se pode afirmar que o estabelecimento não se confunde com o local onde se exerce a atividade empresarial, o qual seria a sede da sociedade ou o endereço do empresário.

O §3º do artigo 1.142 se refere apenas ao estabelecimento físico pois, em regra geral, o estabelecimento virtual se mantém em funcionamento durante as 24 horas do dia, não estando sujeito a restrições de horário de funcionamento, entre outras.

O estabelecimento é **criado pela vontade do titular, sem possuir personalidade jurídica**. Representa uma **universalidade de fato** (Código Civil, arts. 1.142 e 1.143), ou seja, **um conjunto de objetos de direito**[105]. A noção de passivo, por exemplo, integra o patrimônio, mas é estranha ao estabelecimento[106]. Afastamos, portanto, a ideia de que o estabelecimento possa ser considerado um "patrimônio comercial", mesmo que em sentido lato[107]. Com efeito, no direito brasileiro patrimônio é uma universalidade de direito (Código Civil, art. 91), que só pode ser criada por lei e está, necessariamente, vinculado à personalidade jurídica, que o estabelecimento não possui.

As pessoas dos empregados não podem ser consideradas como objeto de direito, como bens, mas "o trabalho do homem se traduz, economicamente, em serviços, que se identificam, no plano do direito, com as *prestações* específicas das relações obrigacionais. Ora, as obrigações têm conteúdo econômico, e são *bens* no sentido jurídico"[108].

De outro lado, os arts. 10 e 448 da Consolidação das Leis do Trabalho determinam que "a mudança na propriedade ou na estrutura jurídica da empresa não afetará os contratos de trabalho dos respectivos empregados". Por aplicação deste último entende-se que, **na venda de um estabelecimento, se não houver estipulação em contrário, as**

105. BARRETO FILHO, Oscar. *Teoria do estabelecimento comercial*. Ob. Cit., capítulo III, analisa as diversas teorias sobre a qualificação jurídica do estabelecimento.

106. DE LUCCA, Newton; DOMINGUES, Alessandra de Azevedo. Análise crítica da evolução do instituto do estabelecimento empresarial. In: FINKELSTEIN, Maria Eugênia Reis; PROENÇA, José Marcelo Martins. *Tipos societários*. 2ª ed. São Paulo: Saraiva, 2014, p. 42.

107. REQUIÃO, Rubens. *Curso de direito comercial*, Vol. 1, 31ª ed., rev. e atual. por Rubens Edmundo Requião. São Paulo: Saraiva, 2012, p. 342.

108. BARRETO FILHO, Oscar. *Teoria do estabelecimento comercial*. Ob. Cit., p. 122; MORAES FILHO, Evaristo de. *Sucessão nas obrigações e teoria da empresa*. Vol. II. Rio de Janeiro: Forense, 1960, cap. III.

relações trabalhistas do pessoal empregado no estabelecimento vendido são transferidas, de pleno direito, ao comprador. O vínculo afirmado pelo legislador é o que liga o empregado ao estabelecimento, não à empresa. O empresário, ao assumir a titularidade de um estabelecimento existente passa a exercer a empresa em nome próprio, não como sucessor do antecedente[109].

Como objeto de direitos, o estabelecimento pertence à empresa, que sobre ele detém, senão a propriedade em sentido técnico, pelo menos a titularidade. Com efeito, alguns bens componentes do estabelecimento não são próprios da empresa, mas sim tomados a outrem em locação. Mas como, nas coisas coletivas, o conjunto se entende ter existência distinta da de cada coisa que o compõe, pode-se falar em "propriedade" ou titularidade do conjunto, como relação de pertinência, distinta da que existe quanto a cada coisa em particular.

2.1. Estabelecimento rural

O Código Civil deixa a critério do produtor rural escolher se quer se registrar como empresário ou não. Caso ele se torne empresário, pelo registro como tal, o complexo de bens de que ele se vale para o exercício de sua atividade será considerado um estabelecimento empresarial; caso contrário, não.

2.2. Estabelecimento virtual

Com a difusão dos negócios por meio da Internet, vamos encontrar um novo tipo de estabelecimento, procurado pela clientela não mais em um endereço físico, mas em um endereço na Internet. A Netflix, por exemplo, opera em mais de 190 países sem que seus clientes se preocupem em saber onde estão suas instalações.

Esse tipo de organização é conhecido como estabelecimento virtual. Ele deixou de estar vinculado à manutenção de estoques para se concentrar no fluxo: fluxo do comércio eletrônico, via Amazon; de pagamentos via PayPal e de pessoas que alugam espaços pelo Airbnb, que não é proprietária de imóveis para alugar[110]. Pode estar vinculada ou não a um estabelecimento tradicional: no primeiro caso, irá representar mais um canal de vendas; no segundo, será o único vínculo entre a empresa e a clientela.

2.3. Os centros comerciais (*shopping centers*)

A expansão do grande comércio varejista pode organizar-se pela dispersão espacial – em cadeia de lojas – ou concentrar-se em locais de extensa área, por meio das lojas

---

109. ASCARELLI, Tullio. *Iniciación al estudio del derecho mercantil*. Tradução de Evelio Verdera y Tuells. Barcelona: Bosch, 1964, p. 239.

110. FRIEDMAN, Thomas L. *Obrigado pelo atraso:* um guia otimista para sobreviver em um mundo cada vez mais veloz. Tradução de Cláudio Figueiredo. Rio de Janeiro: Objetiva, 2017, p. 145-148.

de departamentos. Em ambos os casos, o fundo de comércio é formado pelo titular do estabelecimento.

Uma terceira modalidade foi criada pelos *shopping centers*. Eles têm como característica o **planejamento da atividade empresarial**. Assim, às lojas de menor porte se alinham outras de grandes dimensões, conhecidas como lojas "âncora", comumente filiais de lojas de departamentos, que são estrategicamente localizadas, de forma a estimular a circulação dos consumidores. Estes, por sua vez, passam a dispor de outros serviços, como os de lazer, como os de restaurante (praças de alimentação), cinemas, etc., e até mesmo os de consertos de roupas, por exemplo, característicos do comércio de bairro.

Este planejamento do conjunto permite a otimização dos ganhos não só de cada lojista individualmente, como também do proprietário do *shopping*, que ganha tanto um valor fixo pela locação das lojas, quanto um percentual pelo seu faturamento. O que atrai a clientela não é uma loja em particular, mas o *shopping center* como um todo.

Enquanto estabelecimento comercial, **o shopping center se distingue dos demais empreendimentos porque o fundo de comércio é formado, simultaneamente, pela atividade de planejamento realizada pelo proprietário do shopping e pela atividade dos lojistas.**

O contrato celebrado entre o lojista e o *shopping center* revela particularidades, que já levaram os juristas a questionar até mesmo se se tratava de um verdadeiro contrato de locação. Na sua composição entra a locação de prédio, mas este elemento não é único. Nele se somam **duas categorias de interesses: a do titular de cada unidade autônoma e a do proprietário do *shopping*, que lucra com a sua organização**, pois, como afirma Alfredo Buzaid: "o *shopping center* tem o seu próprio *aviamento* em razão do conjunto de elementos que o compõem, como o capital investido e o pessoal que nele trabalha"[111].

Vejamos, neste sentido, o STJ:

> RESP – COMERCIAL – LOCAÇÃO PREDIAL – SHOPPING CENTER – FUNDO DE COMÉRCIO – O fundo de comércio, instituto judicial no Direito Comercial, representa o produto da atividade do comerciante, que com o passar do tempo, atrai para o local, onde são praticados atos de mercancia, expressão econômica; com isso, o – ponto – para usar *nomem iuris* nascido informalmente nas relações do comércio, confere valor próprio ao local. **Evidente, ingressa no patrimônio do comerciante. Aliás, mostram as máximas da experiência, a locação e o valor de venda sofrem alterações conforme a respectiva expressão.** Daí, como se repete, há locais nobres e locais de menor expressão econômica. Em regra, não sofre exceção quando se passa nas locações em Shopping Center. Sem dúvida, a proximidade do estabelecimento com outro, conforme a vizinhança, repercutirá no respectivo valor.
>
> (STJ, REsp nº 189.380/SP: Relator: Ministro LUIZ VICENTE CERNICHIARO, SEXTA TURMA, Julgamento: 20/05/1999, DJ 02/08/1999).

---

111. BUZAID, Alfredo. Estudo sobre 'shopping center'. In: PINTO, Roberto W. R. *et al* (coordenadores), *Shopping centers:* questões jurídicas: doutrina e jurisprudência. São Paulo: Saraiva, 1991, p. 13.

A lei do inquilinato – mantida em vigor pelo Código Civil (art. 2.036) – considera a **relação entre o lojista e o shopping como de locação**, submetendo-a às regras da locação não residencial (Lei nº 8.245/91, art. 54) e admitindo, por consequência, a ação renovatória. De outro lado, não pode o locador recusar a renovação do contrato com fundamento no uso próprio ou para transferência de fundo de comércio existente há mais de um ano (Lei nº 8.245/91, art. 52, § 2º).

3. ELEMENTOS DO ESTABELECIMENTO

São elementos do estabelecimento **tanto bens materiais quanto imateriais**, na medida em que estes representam valores econômicos.

Entre os **bens materiais** incluem-se o **dinheiro, as mercadorias, os bens móveis e imóveis**[112] **e as instalações**. Entre os **bens imateriais incluem-se os direitos da propriedade industrial, literária e artística (marcas, patentes etc.).** Exemplo de direitos pessoais que integram o estabelecimento são as relações trabalhistas, que se consideram, em certas hipóteses, ligadas ao estabelecimento e não à empresa.

Estão compreendidos no estabelecimento os seus elementos de identificação (sinais distintivos) e a proteção do ponto, ou local de negócios[113]. Mas a sociedade empresária pode possuir outros bens que, por não fazerem parte de seu processo produtivo, não integram o estabelecimento[114]. A sociedade pode prosseguir na sua atividade sem eles.

3.1. Sinais distintivos

A expressão "sinal distintivo" designa **aquilo que individualiza um bem industrial ou comercial, um estabelecimento, um produto ou mercadoria**. Podem, ainda, determinar sua proveniência, ou apenas servir à propaganda.

O nome empresarial não se confunde com os signos distintivos: ele é nome de pessoa, e não sinal distintivo de coisas ou mercadorias[115]. Ainda assim, a Lei nº 9.279/96, art.

---

112. BARRETO FILHO, Oscar. *Teoria do estabelecimento comercial*. Ob. Cit., p. 133, e NERY JÚNIOR, Nelson; NERY, Rosa Maria de Andrade. *Código Civil comentado*. 8ª ed., rev., ampl. e atual. São Paulo: Ed. Revista dos Tribunais, 2011, nota 3 ao art. 1.142, p. 915, entre outros, admitem que os imóveis integram o estabelecimento. **Em sentido contrário:** REQUIÃO, Rubens. *Curso de direito comercial*. Vol. 1, 31ª ed., rev. e atual. por Rubens Edmundo Requião. São Paulo: Saraiva, 2012, p. 350, afirma que: "O imóvel pode ser elemento da empresa, não o é do fundo de comércio".

113. BARRETO FILHO, Oscar. *Teoria do estabelecimento comercial*. São Paulo: Max Limonad, 1969, p. 156-158.

114. NERY JÚNIOR, Nelson; NERY, Rosa Maria de Andrade. *Código Civil comentado*. 8ª ed., rev., ampl. e atual. São Paulo: Ed. Revista dos Tribunais, 2011, nota 3 ao art. 1.442, p. 915.

115. MIRANDA, F. C. Pontes de. *Tratado de direito privado*. Vol. 17, 4ª ed., reimp., São Paulo: Ed. Revista dos Tribunais, 1983, p. 3.

195, V, dispõe que comete crime de concorrência desleal quem usa, indevidamente, nome comercial alheio, gerando interpretações divergentes quanto ao seu alcance[116].

Os sinais distintivos são de várias espécies: o título do estabelecimento e a insígnia, de um lado; as marcas, de outro e, ainda, as expressões ou sinais de propaganda. Os dois primeiros referem-se ao estabelecimento, as marcas aos produtos, mercadorias ou serviços da empresa titular e, finalmente, as expressões e sinais de propaganda, indiferentemente, à empresa ou a seus produtos, mercadorias ou serviços.

A **função** dos sinais distintivos é a **individuação dos bens assinalados, no interesse da empresa e também do público consumidor**. Aquela procura defender o seu prestígio, enquanto os consumidores têm interesse em orientar a sua escolha por esses sinais distintivos, de modo a não serem iludidos em sua escolha. Eles não representam, necessariamente, criações, como as invenções industriais. Pense-se, por exemplo, em um nome de família que seja utilizado como marca.

a) Identificação do estabelecimento: título e insígnia

O estabelecimento pode ser identificado por um título e uma insígnia. A insígnia é a **sigla, emblema ou figura característica usada ao lado do título do estabelecimento**[117]. Por exemplo, Casas Pernambucanas é um título, pois não representa a razão social da empresa. O nome empresarial era somente "Arthur Lundgren Tecidos S.A.", sendo a expressão "Casas Pernambucanas" um título de estabelecimento. Hoje, o título do estabelecimento foi acrescentado à razão social e esta passou a se denominar "Arthur Lundgren Tecidos S.A. Casas Pernambucanas". Botica ao Veado D' Ouro, estabelecimento mantido em São Paulo por um século, hoje inexistente, é um título. A representação em dourado do animal referido no título é uma insígnia.

Na Lei da Propriedade Industrial, **nem o título de estabelecimento nem a insígnia são objeto de registro** (Lei nº 9.279/96, art. 124). O comerciante que os usa não tem, portanto, direito exclusivo à sua utilização. **A sua proteção faz-se por meio de ações cíveis, ou penais, fundadas na concorrência desleal**, valendo lembrar que o **fundamento da proteção da marca decorre do *uso*, não apenas do registro**.

De outro lado, entendeu o Superior Tribunal de Justiça que tanto o registro do nome comercial (abrangendo a denominação social e o nome de fantasia), quanto o da marca

---

116. Como veremos no exame da propriedade industrial, a ação de concorrência desleal por uso indevido do nome comercial ou título de estabelecimento admite duas interpretações diversas: a) a ação de concorrência desleal prevista no artigo 195, V, da Lei nº 9.279/96, não se presta para a simples proteção dos direitos da personalidade, como o direito ao nome, sendo aplicável apenas quando caracterizada a situação de concorrência; caso contrário, o interessado somente teria ação cível para a defesa do seu nome empresarial; b) o legislador, na primeira parte do inciso V, acima referido, estaria protegendo, pura e simplesmente, o nome empresarial, impedindo o seu "uso indevido", sem referência aos valores concorrenciais.

117. REQUIÃO, Rubens. *Curso de direito comercial*. Vol. 1, 31ª ed., rev. e atual. por Rubens Edmundo Requião. São Paulo: Saraiva, 2012, p. 356.

conferem ao empresário o direito de usá-los, com exclusividade, em todo o território nacional, como título de estabelecimento, de maneira que **a anterioridade do registro do nome comercial prevalece sobre o registro da marca, se esse for o único fundamento do pedido de abstenção do uso**[118]. Neste sentido, o Recurso Especial 30.636/SC, que se tornou *leading case*:

> DIREITO COMERCIAL. COLIDÊNCIA DE EXPRESSÃO ("PÉ QUENTE") UTILIZADA COMO TÍTULO DE ESTABELECIMENTO POR EMPRESAS DE MESMA ÁREA DE ATUAÇÃO (REVENDA DE LOTERIAS). REGISTRO ANTERIOR NA JUNTA COMERCIAL DE SANTA CATARINA. PREVALÊNCIA SOBRE REGISTRO DE MARCA, POSTERIOR NO INPI. NOVIDADE E ORIGINALIDADE COMO FATORES DETERMINANTES. ARTS. 59 E 64 D LEI 5772/71. RECURSO DESACOLHIDO.
>
> I – Tanto o registro realizado nas Juntas Comerciais (denominação social ou nome de fantasia), quanto ao levado a efeito junto ao INPI (marca), conferem à empresa que os tenha obtido o direito de utilizar com exclusividade, em todo território nacional, a expressão que lhes constitui como título de estabelecimento, como sinal externo capaz de distingui-la, perante a generalidade das pessoas, de outras que operam no mesmo ramo de atividade.
>
> II – Havendo conflito entre referidos registros, prevalece o mais antigo, em respeito aos critérios da originalidade e novidade.
>
> (STJ – REsp: 30.636/SC, Relator: Ministro SÁLVIO DE FIGUEIREDO TEIXEIRA, QUARTA TURMA, Julgamento: 14/09/1993, DJ 11.10.1993)

No caso dos sinais distintivos, a proteção jurídica visa a garantir o prestígio granjeado pela empresa, seus produtos, mercadorias ou serviços, em benefício da orientação do consumidor. Aqui também, por conseguinte, a proteção do interesse individual visa a um interesse maior, de toda a coletividade.

b) Proteção dos elementos de identificação do estabelecimento

A liberdade de concorrência pode ser dividida em duas partes principais: as proibições à concorrência e as situações de abuso concorrencial. As proibições à concorrência são determinadas pela lei, gerando direito subjetivo, ou estipuladas em contrato. As situações de abuso concorrencial representam o mau uso da liberdade de concorrência.

Nas **proibições de concorrer**, qualquer ato competitivo é, em si mesmo, ilícito, independentemente da prova da culpa do violador dessa proibição. Quem explora uma invenção patenteada, ou usa uma marca registrada, pratica um ato ilícito, ainda que ignore a existência do privilégio ou direito exclusivo de exploração.

O **abuso concorrencial**, por sua vez, pode ser subdividido em mais duas modalidades principais: a chamada concorrência desleal e o abuso de poder econômico nos mercados.

118. No mesmo sentido: STJ, Recurso Especial nº 67.173/PE, Terceira Turma, relator Min. Costa Leite, votação unânime em 9/04/96.

A diferença essencial entre ambos é a seguinte: a concorrência desleal atua sancionando "aquelas práticas que, por si e independentemente das dimensões do agente, constituem ato ilícito"[119]; o abuso de poder econômico supõe um desvirtuamento de todo um mercado.

No campo dos abusos da liberdade de concorrência, o que se protege é a possibilidade, para aquele que explora a empresa, ou o estabelecimento, de conseguir o lucro que pode vir de sua atividade, se puder fazê-lo em regime de livre concorrência. Assim se pode afirmar, com Ascarelli[120], que as normas sobre concorrência desleal não limitam, em absoluto, a concorrência, garantem seu efetivo funcionamento, assegurando, a cada um, o direito à lealdade dela.

A concorrência desleal e o abuso de poder econômico são sancionados tanto no plano civil, quanto no penal; para efeito desse estudo, no entanto, irá nos interessar, apenas, a concorrência desleal, nos seus aspectos civis e penais.

Para distinguir entre proteção civil e penal vamos voltar ao exemplo da Botica ao Veado D'Ouro. Se alguém colocasse o desenho do animal ao lado do título de seu estabelecimento poderia sofrer uma sanção civil, pelo desvio de clientela e outra penal, por concorrência desleal (Lei nº 9.279/96, art. 195, inciso V). Como em todos os casos de abuso, a culpa ou dolo do agente é elemento, necessariamente integrante da ilicitude, que não deriva da concorrência em si, mas da deslealdade concorrencial.

O uso indevido de uma insígnia em material publicitário irá caracterizar a publicidade enganosa prevista no art. 37, § 1º, do Código de Defesa do Consumidor.

c) Marcas

As marcas integram os elementos do estabelecimento comercial. São suscetíveis de registro como marca os sinais distintivos visualmente perceptíveis, não compreendidos nas proibições legais (Lei nº 9.279/96, art. 122).

São espécies de marca (Lei nº 9.279/96, art. 123):

I – marca de produto ou serviço: aquela usada para distinguir produto ou serviço de outro idêntico, semelhante ou afim, de origem diversa;

II – marca de certificação: aquela usada para atestar a conformidade de um produto ou serviço com determinadas normas ou especificações técnicas, notadamente quanto à qualidade, natureza, material utilizado e metodologia empregada; e

III – marca coletiva: aquela usada para identificar produtos ou serviços provindos de membros de uma determinada entidade.

119. SALOMÃO FILHO, Calixto. *Direito concorrencial: as condutas*. São Paulo: Malheiros, 2003, p. 92.
120. ASCARELLI, Tullio. *Teoría de la concurrencia e de los bienes inmateriales*. Tradução de Evelio Verdera e Luis Suárez-Llamas. Barcelona: Bosch, 1970, p. 172.

Quanto ao **objeto** distinguem-se as marcas entre marcas de produto e de serviço (Lei nº 9.279/96, art. 123, I).

Quanto aos **titulares**, as marcas se classificam em singulares e coletivas. As singulares identificam um determinado produtor ou prestador de serviço; as coletivas, produtos ou serviços vindos de uma determinada entidade (Lei nº 9.279/96, art. 123, III).

d) Privilégios de invenção

Os direitos de exploração dos privilégios de invenção, como bens imateriais, integram o estabelecimento comercial, independentemente de quem seja o titular do privilégio, de forma que, ocorrendo a transferência do estabelecimento, esses direitos irão acompanhá-lo, passando a ser exercidos pelo novo titular.

Tal como a marca, estudaremos com mais detalhes os privilégios de invenção na Parte referente à Propriedade Industrial.

3.2. A proteção judicial do ponto, na locação comercial

Quando a empresa é locatária de um imóvel, onde tem instalado estabelecimento seu, ela cria, em relação a esse imóvel, um sobrevalor econômico, correspondente à clientela vinculada ao estabelecimento. Não é justo, portanto, que o locador possa, depois de criado esse sobrevalor, dele se aproveitar pessoalmente, retomando o imóvel para uso próprio ou exigindo, para a renovação da locação, o pagamento de uma quantia adicional dos aluguéis: as "luvas". Para remediar esse abuso criou-se a chamada **ação renovatória da locação comercial**, hoje regulada pela Lei nº 8.245/91, mantidos os mesmos princípios – o Código Civil somente estabeleceu regras genéricas sobre o contrato de locação (arts. 565 a 578), mantendo expressamente em vigor a legislação especial (art. 2.036).

A **renovação do contrato de locação do imóvel** em que tem instalado o seu estabelecimento pode ser exigida pelo locatário comerciante, desde que obedecidos os seguintes requisitos – Lei nº 8.245/91, art. 51:

a) **contrato escrito, por prazo determinado**;

b) **prazo de vigência do contrato**;

c) **prazo de exercício da atividade, no mesmo ramo**;

d) **prazo para o pedido de renovação.**

O contrato deve estar vigorando por prazo não inferior a 5 (cinco) anos, já que o ponto comercial só adquire valor econômico depois de decorrido certo tempo. Para evitar a fraude admite a lei, confirmando antiga orientação jurisprudencial, que "a soma dos prazos ininterruptos dos contratos escritos seja de cinco anos".

É requisito legal que "o locatário esteja explorando seu comércio, no mesmo ramo, pelo prazo mínimo e ininterrupto de três anos", pois só o exercício ininterrupto do *mesmo tipo* de atividade, por um certo prazo, pode criar um valor à propriedade comercial.

Outros aspectos relevantes da locação comercial, são: as condições de retomada do imóvel pelo locador; as regras de ordem pública aplicáveis a esse contrato; a fixação de aluguel provisório na pendência da ação renovatória; o direito de venda do estabelecimento em conjunto, por ocasião da falência; a ação revisional de aluguel e as cláusulas nulas.

4. ESTABELECIMENTO E CONCORRÊNCIA

O princípio constitucional da livre-concorrência consiste em uma liberdade, não no direito a uma prestação determinada. Cuidando-se de liberdade fundamental, ela é exercida contra todos: os particulares e o próprio Estado.

Esse princípio compõe-se de dois elementos: liberdade de acesso ao mercado e de permanência nele. Os dois redundam na livre-concorrência, que é o oposto do monopólio (seja ele público ou privado). Quanto a ambas, o violador pode ser o Estado, por meio de leis, decretos ou portarias inconstitucionais (restringindo o acesso ou a permanência no mercado a uma ou a certas empresas apenas), ou o particular (criando obstáculos de fato ao ingresso ou permanência no mercado de algum concorrente).

A liberdade de concorrência, prevista no art. 170 da Constituição, não se confunde com a liberdade de trabalho, ofício ou profissão (art. 5º, inciso XIII), porque esta não se refere a empresas e abrange o exercício de trabalho subordinado, ou de profissão liberal.

Titular da liberdade de concorrência, no regime constitucional, é apenas a empresa privada. A empresa estatal, de qualquer modalidade, só pode ter acesso ao mercado nas condições determinadas pelo artigo 173 da Constituição Federal. Mas, quando a empresa estatal ingressa no mercado, ela submete-se às leis gerais que regulam a concorrência.

A vedação contratual da concorrência é, e, geral, admitida, desde que limitada no tempo e no espaço.

5. PLURALIDADE DE ESTABELECIMENTOS

A **sede da empresa** é o estabelecimento onde se situa a sua **administração**, onde se encontram os seus representantes legais. É o **domicílio central da empresa**. Tendo a empresa **vários estabelecimentos**, um deles será a **sede ou matriz**, e os **demais serão agências, filiais ou sucursais**.

Os estabelecimentos diversos da matriz podem ser da mesma espécie ou não; no primeiro caso, temos a organização em cadeia ou rede, cuja força de atração da clientela não é apenas local, mas ligada ao prestígio da própria organização.

A Súmula nº 451 do STJ reconhece a legitimidade da penhora da sede do estabelecimento. É certo que, nos termos da jurisprudência, essa penhora há de ser excepcional. Neste sentido:

> PROCESSUAL CIVIL E TRIBUTÁRIO. LEGITIMIDADE DA PENHORA DA SEDE DO ESTABELECIMENTO COMERCIAL DA EMPRESA, EM

> CARÁTER EXCEPCIONAL. EXCEPCIONALIDADE JUSTIFICADA PELO TRIBUNAL DE ORIGEM COM BASE NO CONJUNTO FÁTICO-PROBATÓRIO DOS AUTOS. SÚMULA 7/STJ.
>
> 1. É permitida, excepcionalmente, a penhora de imóvel onde se localiza o estabelecimento da empresa. Esse entendimento ficou assente quando do julgamento do Resp 1.114.767/RS, de relatoria do Min. Luiz Fux, sob a sistemática do art. 543-C d CPC/1973.
>
> 2. O acórdão recorrido consignou: "No caso vertente, observa-se que a excepcionalidade da situação permite a penhora dos imóveis constantes no Termo de Penhora de fl. 37/38 em razão da inexistência de outros bens passíveis de penhora, como bem salientou o MD. juiz *a quo* em sua decisão (fls. 22/31). (...) Assim sendo, a penhora dos referidos imóveis se mostra como a única solução para quitar a dívida da executada, considerando-se, inclusive, que os mesmos já se encontram penhorados em outras ações judiciais".
>
> 3. (...)
>
> 4. Recurso Especial não conhecido.
>
> (STJ – REsp 1.724.779/SP, Relator: Ministro HERMAN BENJAMIN, Data de Julgamento: 10/04/2018, T2 – SEGUNDA TURMA, Data de Publicação: DJe 25/05/2018).

Uma questão ainda polêmica na doutrina brasileira diz respeito à **personalidade jurídica das agências, filiais, sucursais ou outros estabelecimentos dependentes**. Autores como Waldírio Bulgarelli e Rubens Requião respondem de forma negativa. No entanto, para Newton de Lucca e Alessandra de Azevedo Domingues, as filiais possuem personalidade jurídica, "gozando de autonomia jurídica, o que as difere dos demais conjuntos patrimoniais[121].

A **jurisprudência também não é pacífica** sobre esse ponto. Afirmou o STJ, Medida Cautelar nº 3.293/SP, Primeira Turma, relator Min. José Delgado, votação unânime em 02/08/2001, que, apenas para efeitos tributários, as filiais têm personalidade jurídica própria:

> PROCESSUAL CIVIL. TRIBUTÁRIO. MEDIDA CAUTELAR. FILIAIS. FORO COMPETENTE.
>
> 1. As ações tributárias intentadas por filiais de empresas devem ser propostas nos respectivos Estados onde elas têm o seu domicílio fiscal ou no Distrito Federal.
>
> 2. As filiais têm personalidade jurídica própria.
>
> 3. Medida cautelar improcedente.

---

121. BULGARELLI, Waldírio. *Sociedades comerciais*: empresa e estabelecimento. 5ª ed., São Paulo: Atlas, 1993, p. 58-59; REQUIÃO, Rubens. *Curso de direito comercial*. Vol. 1, 31ª ed., rev. e atual. por Rubens Edmundo Requião. São Paulo: Saraiva, 2012, p. 343. **Em sentido contrário:** DE LUCCA, Newton; DOMINGUES, Alessandra de Azevedo. Análise crítica da evolução do instituto do estabelecimento empresarial. In: FINKELSTEIN, Maria Eugênia Reis; PROENÇA, José Marcelo Martins. *Tipos societários*. 2ª ed. São Paulo: Saraiva, 2014, p. 38.

> (STJ – MC: 3.293/SP, Relator: Ministro JOSÉ DELGADO, Data de Julgamento: 02/08/2001, T1 – PRIMEIRA TURMA, Data de Publicação: DJ 10.09.2001)

Mas, recentemente:

> TRIBUTÁRIO. EXECUÇÃO FISCAL. PENHORA DE BENS EM NOME DA FILIAL. POSSIBILIDADE. OFENSA AO ART. 535 DO CPC [atual art. 1.022] NÃO CONFIGURADA.
>
> 1. A filial é uma espécie de estabelecimento empresarial, que faz parte do acervo patrimonial de uma única pessoa jurídica, não ostenta personalidade jurídica própria, e não é pessoa distinta da sociedade empresária. Dessa forma, o patrimônio da empresa matriz responde pelos débitos da filial e vice-versa, sendo possível a penhora dos bens de uma por outra no sistema Bacen Jud (REsp 1.355.812/RS, Primeira Seção, Rel. Min. Mauro Campbell Marques, julgado em 22/5/2013).
>
> 2. (...)
>
> 3. Agravo Regimental não provido.
>
> (STJ – AgRg no REsp: 1.490.814/SC, Relator: Ministro HERMAN BENJAMIN, Data de Julgamento: 18/06/2015, T2 – SEGUNDA TURMA, Data de Publicação: DJe 05/08/2015)

O Código Civil estabelece regra destinada a beneficiar terceiros que negociam com a empresa, com a seguinte redação: "Tendo a pessoa jurídica de direito privado diversos estabelecimentos em lugares diferentes, cada um será considerado domicílio para os atos nele praticados" (Código Civil, art. 75, § 1º).

Nos termos do artigo 127 do Código Tributário Nacional, o domicílio tributário da pessoa jurídica de direito privado é o do lugar de sua sede, ou, em relação aos atos e fatos que deram origem à obrigação, o de cada estabelecimento. Daí não se deduz, no entanto, a personalidade jurídica das filiais.

O **pedido de falência** será apresentado no local onde se encontra o **principal estabelecimento do devedor** ou da filial da empresa que tenha sede fora do Brasil (Lei nº 11.101/2005, art. 3º). Este não será necessariamente o maior, mas **aquele no qual estão centralizadas as atividades da empresa**.

6. O ESTABELECIMENTO COMO OBJETO DE DIREITOS E CONTRATOS, EM GERAL

O estabelecimento comercial se presta a diversos tipos de negócios jurídicos, admitindo o artigo 1.143 do Código Civil a **transferência deste a qualquer título**, compatível com a sua natureza, observadas as formalidades previstas no próprio Código. O principal deles é a sua alienação, que ocorre, principalmente, no pequeno comércio.

A alienação do estabelecimento é negócio distinto da alienação das ações ou quotas da sociedade que dele seja titular: **o estabelecimento pode ser objeto de negócios separadamente da participação societária na pessoa jurídica que o detenha**.

O Código Civil veio a disciplinar a realização de negócios jurídicos sobre o estabelecimento prevendo, principalmente, requisitos de publicidade do negócio realizado, de forma a proteger os credores por título anterior, bem como os terceiros que vierem a contratar com o empresário (arts. 1.143 e segs.) e, ainda, as restrições examinadas a seguir.

6.1. Alienação do estabelecimento

Com frequência, sobretudo no pequeno comércio, os estabelecimentos são objeto de compra e venda, ou cessão onerosa. Essas alienações suscitam, por vezes, questões delicadas de concorrência desleal, quando o alienante se restabelece, em situação de desviar, em proveito próprio, a clientela ligada ao fundo de comércio vendido. É que o valor de um fundo de comércio em funcionamento não se mede, apenas, pela soma do valor individual dos bens que o compõe, pois todo estabelecimento agrega uma freguesia ou clientela local, que lhe empresta um **sobrevalor, chamado aviamento ou *goodwill*.**

Clientela e aviamento. Cabe distinguir a clientela do aviamento.

A **clientela** não pertence ao empresário, nem ao estabelecimento, pois os clientes podem e irão procurar o estabelecimento que melhor atenda às suas expectativas. Ela é influenciada, por exemplo, pela localização da loja, a variedade e o preço dos produtos oferecidos, bem como pela qualidade do atendimento. Por essas razões, não sendo a clientela um bem e não sendo alienável, não a consideramos um elemento do estabelecimento.

A clientela não é protegida diretamente, pois todo estabelecimento que atua em setor ou região semelhante irá pretender ampliar sua clientela, em detrimento dos seus rivais. Mas o Código Civil estabelece limites para a concorrência, como veremos no item 6.1, abaixo.

Aviamento é a capacidade de geração de lucro proporcionada pelo estabelecimento que decorre, entre outros fatores, da manutenção fidelidade da clientela pelo empresário que é titular do estabelecimento. Haroldo Verçosa distingue o aviamento objetivo do subjetivo. O primeiro decorre das condições de localização do imóvel, como ocorre com as lojas localizadas em *shopping centers*; o segundo, da atividade do empresário[122]. O aviamento subjetivo justifica a renovação compulsória da locação comercial.

Tal não significa, porém, que as empresas tenham um direito *sobre* a clientela. O aproveitamento da clientela local é objeto de concorrência, isto é, de concurso ou competição entre as empresas estabelecidas nesse local. Apenas, os concorrentes devem se comportar, entre si, segundo os padrões de honestidade comumente estabelecidos.

O Código Civil adotou regra semelhante à do artigo 2.557 do Código Civil Italiano dispondo que, não havendo autorização expressa, o alienante do estabelecimento não pode fazer concorrência ao adquirente, nos 5 anos subsequentes à transferência (art. 1.147). As demais regras que incidem sobre a alienação do estabelecimento são:

---

122. VERÇOSA, Haroldo Malheiros Duclerc. *Direito comercial:* teoria geral. Vol. 1, 4ª ed., rev., atual. e ampl. São Paulo: Ed. Revista dos Tribunais, 2014, p. 262.

a) o contrato que tenha por objeto a alienação do estabelecimento só produzirá **efeitos quanto a terceiros depois de averbado no registro das empresas mercantis e publicado na imprensa oficial** (Código Civil, art. 1.144);

b) **se ao alienante não restarem bens suficientes** para solver o seu passivo, a eficácia da alienação do estabelecimento dependerá do pagamento de todos os credores, ou do consentimento destes, de modo expresso ou tácito, em 30 dias a partir de sua notificação (art. 1.145);

c) o **adquirente do estabelecimento responde pelo pagamento dos débitos anteriores à transferência**, desde que **regularmente contabilizados**, continuando o devedor primitivo solidariamente obrigado pelo prazo de 1 ano, a partir, quanto aos créditos vencidos, da publicação, e, quanto aos outros, da data do vencimento (art. 1.146);

d) salvo disposição em contrário, a transferência do estabelecimento importa a **sub-rogação do adquirente nos contratos estipulados para exploração do estabelecimento**, salvo se tiverem caráter pessoal, podendo os terceiros rescindir o contrato em 90 dias a contar da publicação da transferência[123], se ocorrer justa causa, ressalvada, neste caso, a responsabilidade do alienante (art. 1.148);

e) a **cessão dos direitos** referentes ao estabelecimento transferido **produzirá efeitos em relação aos respectivos devedores, desde o momento da publicação da transferência**, mas o devedor ficará exonerado se de boa-fé pagar ao cedente (art. 1.149).

Além dessas regras estabelecidas no Código, a alienação de estabelecimento integrado também por imóveis estará **sujeita a registro do título translativo no Registro de Imóveis**[124].

6.2. Arrendamento e outros negócios jurídicos

Além da compra e venda os estabelecimentos mercantis podem ser objeto também de arrendamento, ou de negócios de direito real, seja de fruição (usufruto, p. ex.), seja de garantia (penhor, hipoteca, alienação fiduciária). Essas hipóteses estão abrangidas pelo artigo 1.143 do Código Civil.

123. REQUIÃO, Rubens. *Curso de direito comercial*. Vol. 1, 31ª ed., rev. e atual. por Rubens Edmundo Requião. São Paulo: Saraiva, 2012, p. 347, entende que: "No caso de arrendamento ou usufruto do estabelecimento, o prazo do impedimento do arrendador ou de quem determina o usufruto será o do contrato, na falta de ressalva que permita a concorrência".

124. NEGRÃO, Ricardo. *Manual de direito comercial e de empresa*. Vol. 1. São Paulo: Saraiva, 2012, p. 102.

A dificuldade para o arrendamento reside no fato de o arrendatário não se limitar a usar o bem coletivo objeto do contrato, mas de também consumir ou alienar coisas individuais que o compõe pagando ao arrendante certo valor. O contrato de arrendamento exige a manutenção do estabelecimento em sua integridade; se esta não mais for possível, o contrato poderá ser rescindido[125].

O Código Civil estabeleceu a **necessidade de registro e de publicação na imprensa oficial, seja do usufruto ou do arrendamento do estabelecimento**. Estabeleceu, ainda, regras sobre a concorrência, de forma a reprimir a concorrência desleal. Veremos a seguir que algumas regras sobre a alienação também se aplicam aos demais contratos, outras não:

a) o contrato que tenha por objeto o usufruto ou o arrendamento do estabelecimento só produzirá efeitos quanto a terceiros depois de averbado no registro das empresas mercantis e publicado na imprensa oficial (art. 1.144);

b) não havendo autorização expressa, no caso de usufruto ou arrendamento do estabelecimento, aquele que dá o estabelecimento em usufruto ou arrendamento não pode fazer concorrência ao adquirente durante o prazo do contrato (art. 1.147);

c) salvo disposição em contrário, a transferência do estabelecimento importa a sub-rogação do adquirente nos contratos estipulados para exploração do estabelecimento, salvo se tiverem caráter pessoal, podendo os terceiros rescindir o contrato em 90 dias a contar da publicação da transferência, se ocorrer justa causa, ressalvada, neste caso, a responsabilidade do alienante (art. 1.148);

d) a cessão dos direitos referentes ao estabelecimento transferido produzirá efeitos em relação aos respectivos devedores, desde o momento da publicação da transferência, mas o devedor ficará exonerado se de boa-fé pagar ao cedente (art. 1.149).

As normas previstas nos itens "c" e "d", acima, também se aplicam ao usufruto e ao arrendamento porque o legislador usou a expressão "transferência", não "alienação", e essas normas são compatíveis com a generalidade dos contratos.

VIII. REGIME JURÍDICO DA CONTABILIDADE EMPRESARIAL

1. INTRODUÇÃO

Desde a Lei nº 6.404/76, o legislador vem procurando estabelecer disciplina mais rígida para a escrituração da companhia, e a apuração, demonstração e publicação da sua situação patrimonial e dos seus resultados anuais. Ainda que a legislação societária não determine, especificamente, a incidência dos dispositivos da Lei de Sociedades por Ações às

125. STJ, Recurso Especial nº 81.579/SP, Quarta Turma, relator Min. Barros Monteiro, votação unânime em 7/08/2001.

demonstrações financeiras das sociedades limitadas, o Conselho Federal de Contabilidade entende dever aplicar-se a elas a Lei das sociedades por ações[126].

O Código Civil traz disposições gerais sobre a contabilidade das sociedades em geral (arts. 1.179 e segs.), mantendo o sentido da legislação anterior.

2. A OBRIGATORIEDADE DOS REGISTROS CONTÁBEIS

Em uma primeira aproximação, seria possível comparar a escrituração a uma espécie de **"memória" das atividades comerciais.** Assim, antes de representar **garantia para um grande número de pessoas que se relacionam com o empresário**, a escrituração **serve principalmente a ele, que nela pode buscar todas as informações de que necessita sobre as operações realizadas, e desta forma verificar o andamento dos seus negócios**. Ainda que não constituísse obrigação legal, a escrituração seria um instrumento necessário, indispensável mesmo, ao empresário.

A atividade empresarial não esgota seus reflexos na pessoa do próprio empresário, ainda que exercida individualmente. Envolve direitos e interesses de quantos se relacionam com ele (credores, investidores em geral, trabalhadores, autoridades fiscais etc.), razão pela qual a lei impõe, a todas os empresários, aquilo que é requisito indispensável a uma boa administração: escriturar adequadamente todas as operações realizadas (Código Civil, art. 1.179).

O Código Civil mantém a obrigação, aplicável a todas as sociedades, de seguir um sistema de contabilidade (plano de contas), com base na escrituração uniforme de seus livros, em correspondência com a documentação respectiva, e a levantar anualmente o balanço patrimonial e o de resultado econômico – demonstração da conta de lucros e perdas (arts. 1.179 e 1.189).

Fica dispensado da escrituração regular de sua atividade o pequeno empresário (Código Civil, art. 1.179, § 2º c/c art. 970), tal como definido em lei (Lei Complementar nº 123/2006)[127].

A escrituração mercantil é regulamentada por disposições legais, contidas principalmente: a) no Código Civil e no Decreto-Lei nº 486/69 (regulamentado pelo Decreto nº 64.567/69), no que se refere à sua *forma*; b) no Código Civil (art. 1.185), no Decreto-lei nº 486/69 e na Lei nº 6.404/76, no que se refere ao *conteúdo* da escrituração.

126. Brasil. Conselho Federal de Contabilidade – Resolução CFC nº 1.159 de 13/02/2009, alterada pela Resolução 2011/1329, que aprova o Comunicado Técnico CTG 2000 (CT 01), item 2: "2. As definições da Lei nº. 11.638/07 e da MP nº. 449/08 devem ser observadas por todas as empresas obrigadas a obedecer à Lei das S/A, compreendendo não só as sociedades por ações, mas também as demais empresas, inclusive as constituídas sob a forma de limitadas, independentemente da sistemática de tributação por elas adotada". Disponível em: <http://www1.cfc.org.br/sisweb/sre/detalhes_sre.aspx?Codigo=2009/001159>. Acesso em 20/02/2019.

127. A III Jornada de Direito Civil, Enunciado 235, se refere à Lei nº 9.841/99, hoje revogada pela Lei Complementar nº 123/2006.

Admite-se expressamente o uso de **sistema mecanizado, ou eletrônico** (Código Civil, arts. 1.179 e 1.180), devendo haver um livro apropriado "para o lançamento do balanço patrimonial e do de resultado econômico" (art. 1.180, parágrafo único). Mantém-se em vigor a legislação complementar que regula os registros contábeis por meio eletrônico.

O Código Civil não é explícito a respeito do local da guarda dos livros, determinando, apenas, que o empresário deve conservar a escrituração "em boa guarda" (art. 1.194). A princípio, na sede social, sendo de se admitir que fiquem sob a guarda do contabilista legalmente habilitado responsável pela escrituração (Código Civil, art. 1.182; Decreto 3.000/99, art. 252, *a contrario sensu*). Achando-se os livros em outra jurisdição, "nela se fará o exame, perante o respectivo juiz" (Código Civil, art. 1.191, § 2º).

As expressões "sistema de contabilidade" (Código Civil, art. 1.179, *caput*) e "forma contábil" (Código Civil art. 1.183, *caput*) que substituíram a anterior "forma mercantil" (adotada no Decreto-lei nº 486/69, art. 2º) como requisito intrínseco da escrituração contábil, e significam a obrigatória adoção dos princípios e normas contábeis.

A **autenticação dos documentos** de empresas de qualquer porte realizada por meio de sistemas públicos eletrônicos dispensa qualquer outra, e a comprovação da autenticação de documentos e da autoria nela referidas poderá ser realizada por meio eletrônico, na forma do regulamento (Lei nº 8.934/94, arts. 39-A e 39-B).

A necessidade de rubrica judicial nos livros, antes afastada pela doutrina e pela jurisprudência dominantes, não mais está presente na legislação falimentar.

3. LIVROS OBRIGATÓRIOS

O único livro obrigatório, no regime do Código Civil, é o "*Diário*" (Código Civil, art. 1.180), no qual serão lançados dia a dia os atos ou operações da atividade mercantil, ou que modifiquem ou possam vir a modificar a situação patrimonial do empresário.

O empresário que empregar escrituração mecanizada ou eletrônica poderá substituir o Diário e os livros facultativos ou auxiliares por fichas (Código Civil, art. 1.180, parágrafo único; Decreto-lei nº 486/69, art. 5º, § 1º).

As **microempresas e empresas de pequeno porte optantes pelo Simples Nacional** ficam obrigadas a (Lei Complementar 123/2006):

a) apresentar anualmente à Secretaria da Receita Federal do Brasil declaração única e simplificada de informações socioeconômicas e fiscais, que deverá ser disponibilizada aos órgãos de fiscalização tributária e previdenciária (art. 25);

b) emitir documento fiscal de venda ou prestação de serviço, de acordo com instruções expedidas pelo Comitê Gestor do Simples Nacional (art. 26, I);

c) manter em boa ordem e guarda os documentos que fundamentaram a apuração dos impostos e contribuições devidos e o cumprimento das obrigações acessórias a que se refere o art. 25 desta Lei Complementar enquanto não decorrido o prazo decadencial e não prescritas eventuais ações que lhes sejam pertinentes (art. 26, II).

O **microempresário individual (MEI)** fará a comprovação da receita bruta mediante apresentação do registro de vendas ou de prestação de serviços na forma estabelecida pelo Comitê Gestor do Simples Nacional, ficando dispensado da emissão do documento fiscal, ressalvadas as hipóteses de emissão obrigatória previstas pelo referido Comitê (art. 26, § 1º).

As **demais microempresas e as empresas de pequeno porte**, além das obrigações previstas nos itens "a" e "b", acima, deverão, ainda, manter o livro-caixa em que será escriturada sua movimentação financeira e bancária (art. 26, § 2º).

Portanto, as microempresas estão dispensadas de escriturar o livro-diário[128].

A **legislação previdenciária** (Decreto nº 3.048/99, art. 225, § 16, na redação dada pelo Decreto nº 3.265/99) dispensa da escrituração contábil:

a) o pequeno comerciante (inciso I);

b) a pessoa jurídica tributada com base no lucro presumido, de acordo com a legislação tributária federal, desde que mantenha a escrituração do Livro Caixa e Livro de Registro de Inventário (inciso II);

c) a pessoa jurídica que optar pela inscrição no Sistema Integrado de Pagamento de Impostos e Contribuições das Microempresas e Empresas de Pequeno Porte, desde que mantenha escrituração do Livro Caixa e Livro de Registro de Inventário (inciso III).

A **legislação tributária** criou outros registros contábeis obrigatórios, que devem ser examinados caso a caso, em razão do porte da empresa e da atividade por ela exercida, mas essa obrigatoriedade só decorrerá de lei (Código Civil, art. 1.180, *caput*).

As empresas que realizarem vendas a prazo estão obrigadas a possuir o **Livro de Registro de Duplicatas** (Lei nº 5.474/68, art. 19).

4. FORMALIDADES DOS LIVROS E DOS REGISTROS CONTÁBEIS

As formalidades dos livros de registro podem ser divididas em *extrínsecas*, ou de forma, e *intrínsecas*, ou de conteúdo (Código Civil, art. 1.185; Decreto-lei nº 486/69).

Requisito intrínseco da escrituração contábil, é a "forma contábil", que significa a adoção obrigatória de um sistema de contabilidade com base na escrituração uniforme dos livros, em correspondência com a documentação respectiva (art. 1.179, *caput*, do Código Civil), que deve obedecer à Estrutura Conceitual para Elaboração e Divulgação de Relatório Contábil-Financeiro aprovada pela Resolução CFC nº 1.374/2011, do Conselho

128. Essa interpretação decorre, ainda, da legislação previdenciária, que, há anos, dispensa determinados empresários dessa exigência. A contradição aparente entre as normas da Lei Complementar nº 123/2006 e o Código Civil também é registrada por VERÇOSA, Haroldo Malheiros Duclerc. *Direito comercial:* teoria geral. Vol. 1, 4ª ed., rev., atual. e ampl. São Paulo: Ed. Revista dos Tribunais, 2014, p. 194.

Federal de Contabilidade. É obrigatório o uso do idioma e da moeda corrente nacionais (art. 1.183, *caput*, do Código Civil).

Requisito extrínseco, aquele que diz respeito ao seu aspecto material, é a autenticação dos livros empresariais no Registro Público das Empresas Mercantis (Código Civil, art. 1.181; Lei nº 8.934/94, art. 39, II; Decreto-lei nº 486/69, arts. 5º e segs.), que somente poderá ser realizada após o registro do empresário ou da sociedade empresária (art. 1.181, parágrafo único) e poderá abranger livros não obrigatórios.

A necessidade de rubrica judicial nos livros, antes afastada pela doutrina e pela jurisprudência dominantes, não mais está presente na legislação falimentar.

5. SANÇÕES PELA FALTA OU INCORREÇÃO DA ESCRITURAÇÃO

As sanções legais pela falta ou incorreção da escrituração contábil são rigorosas. **Em caso de falência, dão causa a crimes falimentares** (Lei nº 11.101/2005, art. 178), e a condenação por crime falimentar determina a inabilitação para o exercício da atividade empresarial, entre outras sanções (art. 181). Mas esses efeitos não são automáticos, devendo ser motivadamente declarados na sentença (art. 181, § 1º).

Da irregularidade da escrituração resultam, ainda, **consequências fiscais** (Decreto nº 3.000/99), tais como:

a) o arbitramento do lucro para fins de incidência do imposto de renda (art. 530, I);

b) a inversão do ônus da prova nas obrigações de pagar imposto de renda; se a escrituração tiver obedecido às prescrições legais, cabe à autoridade fiscal o ônus da prova (arts. 923 a 925);

c) a imposição de multas.

A **falsificação de livros comerciais** equipara-se à falsificação de documento público, para efeitos penais (Código Penal, art. 297).

6. O SIGILO DOS REGISTROS CONTÁBEIS E SUAS EXCEÇÕES

A Constituição dispõe: "são invioláveis a intimidade, a vida privada, a honra e a imagem das pessoas" (art. 5º, X). Ocorre que a garantia da inviolabilidade da intimidade e da vida privada não se aplica a relações com terceiros, especialmente em se tratando de relações econômicas, razão pela qual o sigilo não representa valor absoluto.

O **princípio da privacidade ou sigilo dos registros contábeis**, ressalvados os casos previstos em lei, está previsto no art. 1.190 do Código Civil. Ele só é rompido por razões de interesse público, nos casos especificados em lei.

A princípio, a quebra de sigilo não torna a informação pública. Nos casos em que a lei a autoriza, o órgão que recebe as informações tem o direito de usá-las, mas passa a ter o dever de guardar sigilo sobre elas, não podendo repassá-las a terceiros, sem autorização legal.

A favor das **autoridades fiscais** não vige o princípio do sigilo dos registros contábeis, mas este só pode ser afastado "nos termos estritos das respectivas leis especiais" (Código Civil, art. 1.193). E dispõe o artigo 195, *caput*, do Código Tributário Nacional: "Para os efeitos da legislação tributária, não têm aplicação quaisquer disposições legais excludentes ou limitativas do direito de examinar mercadorias, livros, arquivos, documentos, papéis e efeitos comerciais ou fiscais, dos comerciantes industriais ou produtores, ou da obrigação destes de exibi-los". Essas informações passam a estar protegidas por sigilo fiscal[129].

A jurisprudência é pacífica no sentido da ausência de sigilo fiscal em relação aos documentos acima referidos, mas excepciona a apreensão de outros documentos não previstos no Código Tributário Nacional, tais como arquivos eletrônicos e documentos particulares[130].

A favor das **autoridades previdenciárias** também não vige o princípio do sigilo dos registros contábeis (Decreto nº 3.048/99, arts. 229, § 1º, na redação dada pelo Decreto nº 3.265/99, e 231).

As **Comissões Parlamentares de Inquérito – CPIs** tem "poderes de investigação próprios das autoridades judiciais", podendo determinar a quebra do sigilo bancário, fiscal e telefônico (Constituição Federal, art. 58, § 3º). Esse poder foi estendido pela jurisprudência às CPIs estaduais, ainda que seja omissa a Lei Complementar 105/01[131].

---

129. STJ, Recurso Especial nº 1.349.363/SP (recurso repetitivo), Primeira Seção, relator Min. Mauro Campbell Marques, votação unânime em 22/05/20134, ementa (transcrição parcial): "Em verdade, sob o manto do sigilo fiscal podem estar albergadas informações a respeito da situação financeira da pessoa (inclusive informações bancárias) e sob o manto do sigilo bancário podem estar albergadas informações também contidas na declaração de bens. Basta ver que as informações requisitadas pela Secretaria da Receita Federal junto às instituições financeiras deixam de estar protegidas pelo sigilo bancário (arts. 5º e 6º da LC nº 105/2001) e passam à proteção do sigilo fiscal (art. 198, do CTN). Sendo assim, o fato é que a mesma informação pode ser protegida por um ou outro sigilo, conforme o órgão ou entidade que a manuseia."

130. STJ, Recurso Especial nº 300.065/MG, Primeira Turma, votação unânime em 05/04/2001, que afasta a possibilidade de apreensão de documentos particulares, atendo-se ao limite estabelecido pela Súmula nº 439 do STF; STJ, Embargos de Declaração no Recurso Especial nº 1.208.875/SP, Segunda Turma, relator Min. Mauro Campbell Marques, decisão por maioria em 17/12/2013, ementa (transcrição parcial): 2. A fiscalização tributária promoveu a busca e apreensão de todos os arquivos eletrônicos e documentos pertencentes ao embargante sem autorização judicial, em razão da alegada existência de prerrogativa da auto executoriedade.

[...]

4. No entanto, esta Corte possui entendimento no sentido de que, para que haja a realização de busca e apreensão de documentos pelas autoridades fiscais, é imprescindível prévia autorização judicial".

131. STF, Ação Cível Originária nº 730/RJ, Pleno, relator Min. Joaquim Barbosa, decisão por maioria em 22/09/04.

As decisões das CPIs devem ser motivadas, sob pena de nulidade, como decidiu o Supremo Tribunal Federal ao afirmar que aos "poderes de investigação próprios das autoridades judiciais", previstos no art. 58, § 3º, da Constituição Federal, corresponde o dever das CPIs de motivar suas decisões[132].

O **Conselho Administrativo de Defesa Econômica – CADE** pode "requisitar informações de quaisquer pessoas, órgãos, autoridades e entidades públicas ou privadas, respeitando e mantendo o sigilo legal quando for o caso, bem como determinar as diligências que se fizerem necessárias ao exercício das suas funções" (Lei nº 12.529/2011, art. 9º, XVIII, entre outros).

7. A EXIBIÇÃO INTEGRAL DOS LIVROS E DOCUMENTOS CONTÁBEIS

A exibição integral dos livros e documentos contábeis pode ser exigida no curso de processo judicial ou fora dele, nos casos previstos em lei e examinados a seguir.

7.1. Fora do processo judicial

Fora do processo judicial e dos casos especiais determinados em lei (Código Civil, art. 1.190), a exibição integral só se admite para os **próprios sócios**, diretamente e a qualquer tempo, salvo estipulação que determine época própria (Código Civil, art. 1.021), ou por intermédio de um órgão específico (o conselho fiscal, nas sociedades anônimas).

7.2. Judicialmente

O Código Civil só admite a exibição integral dos livros **quando necessária para resolver questões relativas a sucessão, comunhão ou sociedade, administração ou gestão à conta de outrem ou falência** (art. 1.191), ressalvados os casos previstos em lei especial (art. 1.190). O artigo 420 do Código de Processo Civil só admite a exibição integral na liquidação de sociedade, na sucessão por morte de sócio; e, quando e como determinar a lei.

O processo no qual forem juntadas informações sigilosas passará a correr em segredo de justiça (Código de Processo Civil, art. 189, III)[133].

---

132. STF, Agravo Regimental no Mandado de Segurança nº 24.217/DF, Pleno, relator Min. Maurício Correa, votação unânime em 28/08/2002; STF. Mandado de Segurança nº 23.964/DF, Pleno, relator Min. Celso de Mello, votação unânime em 30/08/2001, entre outros.

133. STJ, Recurso Especial nº 1.349.363/SP (recurso repetitivo), Primeira Seção, relator Min. Mauro Campbell Marques, votação unânime em 22/05/2013, ementa (transcrição parcial): "As informações sigilosas das partes devem ser juntadas aos autos do processo que correrá em segredo de justiça, não sendo admitido o arquivamento em apartado. Precedentes: AgRg na APn 573/MS, Corte Especial, Rel. Min. Nancy Andrighi, julgado em 29.06.2010; REsp nº 1.245.744/SP, Segunda Turma, Rel. Min. Mauro Campbell Marques, julgado em 28.06.2011; REsp 819455/RS, Primeira Turma, Rel. Min. Teori Albino Zavascki, julgado em 17.02.2009".

Quando a regulamentação do direito dos sócios ao exame direto das contas se mostrar a tal ponto restritiva que impeça o exercício do direito caberá o pedido de exibição judicial, integral, dos livros, com fundamento no disposto no artigo 1.191 do Código Civil, por se tratar de questão de sociedade.

A **Lei das Sociedades por Ações regula uma hipótese especial de exibição integral dos livros contábeis, sem a intermediação do conselho fiscal, a pedido de acionistas que representem pelo menos 5% do capital social e apontem atos violadores da lei e do estatuto, ou haja fundada suspeita de graves irregularidades praticadas por qualquer dos órgãos da companhia** (art. 105). Este dispositivo aplica-se às sociedades limitadas que preveem a aplicação supletiva da Lei nº 6.404/76 (Código Civil, art. 1.053, parágrafo único).

A exibição dos livros empresariais pode ser requerida como medida preventiva (Código Civil, art. 1.191, *caput* e § 1º; Súmula nº 390 do STF).

8. EXIBIÇÃO PARCIAL

A exibição parcial de livros não está regulada expressamente no Código Civil, cujo artigo 1.191, § 1º, somente especifica os casos de exibição integral[134], ainda que este se refira às duas modalidades de exibição de livros no art. 1.193, com o uso da expressão "em parte ou por inteiro", sendo de se entender que cabe a exibição parcial nos demais casos admitidos em lei. Mas ela está prevista no artigo 421 do Código de Processo Civil.

A matéria foi objeto de **duas súmulas do Supremo Tribunal Federal**, segundo as quais: "O exame de livros comerciais, em ação judicial, fica limitado às transações entre os litigantes" (Súmula nº 260) e "Estão sujeitos à fiscalização tributária, ou previdenciária, quaisquer livros comerciais, limitado o exame aos pontos objeto de investigação" (Súmula nº 439). Esta última deve ser entendida no sentido de que o requerente da exibição deve demonstrar legítimo interesse.

As garantias inerentes ao contraditório e à ampla defesa também devem ser respeitadas na exibição de livros, de maneira que terceiros não podem ser obrigados a participar de procedimento que visa provar contra si.

9. REGRAS DE PROVA, NO PROCESSO JUDICIAL

Os *livros* do empresário, para serem admitidos como meio de prova a favor do autor deles devem preencher os requisitos exigidos por lei (CPC, art. 418, *a contrario sensu*).

Para fazer prova plena os lançamentos devem ser confirmados por outros subsídios (Código Civil, art. 226, *caput*), mas essa prova pode ser ilidida pela comprovação da falsidade ou inexatidão dos lançamentos (Código Civil, art. 226, parágrafo único).

---

134. FONSECA, Priscila M. P. Corrêa da. In: FONSECA, Priscila M. P. Corrêa da; SZTAJN, Raquel. Código Civil comentado, vol. XI: direito de empresa. Coord. Álvaro Villaça Azevedo. São Paulo: Atlas, 2008, p. 899.

A prova resultante dos livros e fichas não é bastante nos casos em que a lei exige escritura pública, ou escrito particular revestido de requisitos especiais (Código Civil, art. 226, parágrafo único; CPC, art. 406).

Os **livros empresariais também provam contra o seu autor**, mas essa prova é relativa, sendo lícito ao empresário demonstrar, por todos os meios permitidos em direito, que os lançamentos não correspondem à verdade dos fatos (CPC, art. 417).

A **escrituração é indivisível**, ou seja, "se dos fatos que resultam dos lançamentos alguns são favoráveis ao interesse de seu autor e outros lhe são contrários, ambos serão considerados em conjunto como uma unidade" (CPC, art. 419).

É cabível **ordem judicial de apresentação dos livros** (Código Civil, art. 1.191, § 1º), bem como a sua apreensão, em caso de recusa (art. 1.192, *caput*). A **recusa de apresentação dos livros** pelo empresário ou sociedade empresária torna presumida a confissão, mas a presunção é relativa, porque pode ser elidida por prova documental em contrário (Código Civil, art. 1.192, *caput* e parágrafo único).

IX. QUADROS SINÓTICOS

Tema	Informação	Fonte
1ª Fase – Subjetiva	– Baixa Idade Média.	
Fonte do direito (até o séc. XVI)	– Natureza privada. *Ius mercatorum*. – Regime jurídico específico para a disciplina das relações mercantis. Corporações de Ofício. – Direito novo, feito pelos e para os comerciantes no exercício de sua profissão – produção autônoma.	
Fonte do direito (séc. XVI/XVIII)	– Formação dos Estados Nacionais. Centralização política. Estatização do *ius mercatorum*. Direito essencialmente estatal.	
2ª Fase – Objetiva Ato de comércio	– Revolução Francesa. Fim das Corporações de Ofício. Teoria dos atos de comércio – direito comercial estatal, aplicado a uma categoria de atos (intermediação para a troca). Direito Privado dividido em direito civil e direito comercial.	
3ª Fase – subjetiva moderna – Teoria da empresa	– Unificação do direito das obrigações. O direito comercial não se limita a regular atos, mas toda uma forma de exercício da atividade econômica.	Código Civil italiano 1942. Código Civil brasileiro.
Evolução brasileira	– Ordenações Filipinas e Lei da Boa Razão (1769), aplicadas até 1850. – Código Comercial de 1850. "atividade de mercancia" (art. 4º). Não enumerava atos de comércio. O Regulamento 737 o fazia, para fins de competência dos Tribunais do Comércio, extintos em 1875. – Código Civil de 2002 – teoria da empresa – atividade empresarial.	
Empresa	– Perfis subjetivo (empresário), objetivo (estabelecimento), funcional (atividade econômica organizada, a empresa) e corporativo ou institucional (empresário e seus auxiliares).	

Fontes do direito empresarial	– **Fontes legais.** – Obs.: há projetos de novo Código Comercial.	Código Civil, Lei 11.101/05, Lei 6.404/76, – Lei 9.279/96 etc.
	– **Usos e costumes**: prática uniforme, constante, observada por certo período de tempo, exercida de boa-fé, não contrária à lei. – Assentamento nas Juntas Comerciais. Ônus da prova da parte que o alegar.	Lei 8.934/94, art. 8º, VI. CPC, art. 3º

PRINCÍPIOS DA ORDEM ECONÔMICA NA CONSTITUIÇÃO DE 1988

Tema	Informação	Fonte
Introdução	– Princípios liberalizantes e intervencionistas. – Princípios fundamentais da República: Valorização do trabalho humano e livre iniciativa. – Legitimidade constitucional da atuação regulatória do Estado no domínio econômico.	Constituição, arts. 1º, 3º e 170. STF, RE 597.165/DF
Livre iniciativa	– Origem: França – século XVIII. Édito de Turgot e Decreto d'Allarde (1791): qualquer pessoa poderia realizar qualquer negócio ou exercer qualquer profissão. Lei de Le Chapelier aboliu as corporações de ofício.	Constituição, art. 170. Lei nº 13.874/19 (Lei de Liberdade Econômica)
	– No Brasil: Alvará de 1808, que concedeu liberdade de indústria às colônias portuguesas.	
	– Não se resume a um direito individual de caráter absoluto. É possível que a intervenção do Estado seja necessária justamente para evitar sua violação por parte de outro particular, que pode atuar mediante abuso de seu poder econômico. – Não se confunde com livre concorrência: a primeira não assegura necessariamente a segunda. – A intervenção estatal na economia, mediante regulação e regulamentação de setores econômicos, sempre terá como baliza os princípios e fundamentos da ordem econômica. – Declaração dos Direitos de Liberdade Econômica.	
Livre concorrência	– *Sherman Act* (EUA, 1890): marco legal do tema. – A proteção e estímulo às empresas de pequeno porte (também elevada a princípio) também tem como corolário a defesa pela livre concorrência. (exemplo de que a postura esperada do Estado não mais se resume a um *não fazer* típico do liberalismo clássico).	STF, Pleno, RE 189.170, Min. Maurício Corrêa, *DJ* de 8/8/2003 STF, T1, RE 158.676, Min. Sepúlveda Pertence, *DJ* de 5/10/2007. Súmula 646, do STF. Código Civil, art. 1.147.

<table>
<tr><th>Tema</th><th>Informação</th><th>Fonte</th></tr>
<tr><td>Livre concorrência</td><td>– Pode o Poder Público regular o horário de funcionamento para o comércio, com vistas ao interesse do consumidor e procurando evitar a dominação de determinado ramo por oligopólio.
– O Código Civil de 2002, em seu art. 1.147, positivou entendimento já consolidado, estabelecendo um limite temporal para a não concorrência, coibindo a concorrência desleal.</td><td></td></tr>
<tr><td rowspan="2">Propriedade privada e função social da propriedade</td><td>– Ordem constitucional garante o direito de propriedade, que deverá atender à sua função social.</td><td>Constituição, art. 5º, XXII e XXIII.</td></tr>
<tr><td>– Atuação estatal na propriedade privada: limitada aos casos expressamente previstos na Constituição.</td><td>Constituição, arts. 5º, XXIV e XXV, 182, § 4º, III, 184, 243.</td></tr>
<tr><td>Função social da empresa: da Constituição à Lei Anticorrupção</td><td>– a função social da empresa – a companhia deve realizar seu objeto (lucro) e cumprir sua função social: atender aos interesses dos demais acionistas, dos trabalhadores e da comunidade em que atua.
– Outro ângulo da função social: Lei Anticorrupção das Pessoas Jurídicas – regulamenta as relações da empresa com o Poder Público.
– Punição e compliance.
– Compliance: conformidade. Programa de Integridade.</td><td>Lei 6.404/76, art. 116, parágrafo único.
Lei 12.846/13
Decreto 8.420/15, art. 41.</td></tr>
<tr><td rowspan="3">Função social da empresa: a Lei de Recuperação de Empresas e da Falência</td><td>– Decorrência do princípio da livre iniciativa.</td><td></td></tr>
<tr><td>– Prosseguimento da exploração da empresa após a interdição civil ou a sucessão hereditária.
– Evita, por até 180 dias, a dissolução da sociedade que se encontra com um único sócio.</td><td>Código Civil, art. 974.
Código Civil, art. 1.033, IV.</td></tr>
<tr><td>– Constitucionalidade dos arts. 60, parágrafo único, 83, I e IV “c” e 141, II, da Lei 11.101/05.</td><td>STF, ADI 3.934-2/DF</td></tr>
</table>

EMPRESÁRIO

<table>
<tr><th>Tema</th><th>Informação</th><th>Fonte</th></tr>
<tr><td rowspan="2">Empresário</td><td>Aquele que exerce profissionalmente atividade econômica organizada para a produção ou circulação de bens ou serviços.</td><td>Código Civil, art. 966.</td></tr>
<tr><td>– Não é empresário: quem exerce profissão intelectual, de natureza científica, literária ou artística, ainda que com o concurso de auxiliares ou colaboradores, salvo se o exercício da profissão constituir elemento de empresa.</td><td>Código Civil, art. 966, parágrafo único.</td></tr>
</table>

Tema	Informação	Fonte
Espécies	– Pessoa física (empresário individual).	Código Civil, art. 972.
	– Pessoa jurídica (sociedade empresária).	Código Civil, art. 983.
Incapacidade	– Protege o próprio incapaz. – Absoluta. – Relativa. – Cessação da incapacidade do menor de idade – a emancipação pode decorrer do estabelecimento civil ou empresarial (comercial, na redação do Código Civil) com economia própria.	Código Civil, art. 3º. Código Civil, art. 4º. Código Civil, art. 5º, parágrafo único, V.
	– Exercício da empresa: não pode iniciar a atividade empresarial.	Código Civil, art. 974.
	– Continuidade da empresa pelo incapaz: necessidade de autorização judicial.	Código Civil, art. 974, § 1º.
Processamento	– Autorização judicial: revogável a qualquer tempo. Os poderes necessários para gerir a empresa diferem daqueles conferidos ao representante legal do incapaz. – Criação de patrimônio separado. – O juiz pode nomear gerente, o que não exime o representante ou assistente do menor ou do interdito da responsabilidade pelos atos dos gerentes nomeados. – Responsabilidade dos representantes: decorre da prática de atos ilícitos.	Código Civil, art. 974, § 1º. Código Civil, art. 974, § 2º. Código Civil, art. 975 §§ 1º e 2º.
Impedimentos	– Proteção de terceiros. O impedido que exerce a empresa torna-se empresário irregular.	Código Civil, art. 973.
	– Agentes políticos: Deputados e senadores. – Magistrados. – Membros do Ministério Público.	Constituição Federal, art. 54, II, "a". Lei Complementar 35/79, art. 36, I e II, Constituição Federal, art. 128, § 5º, II, "c".
	– Servidores públicos – não podem exercer empresa individualmente. Não podem exercer a administração de pessoas jurídicas.	Lei 8.112;1990, art. 117, X.
	– Militares: semelhante ao regime dos servidores públicos.	Lei 6.880/80, art. 29. Código Penal Militar, art. 204.
	– Falidos: inabilitação desde a decretação da falência até a sentença que extingue suas obrigações. – Se condenado por crime falimentar: inabilitação motivada na sentença. Até 5 anos após a extinção da punibilidade, podendo cessar pela reabilitação penal. – Notificação do Registro Público.	Lei 11.101/2005, arts. 102 e 181, §§ 1º e 2º.

Tema	Informação	Fonte
Impedimentos	– Insolventes civis: perdem o direito de administrar e dispor de seus bens até a liquidação total da massa.	CPC/1973, art. 752 c/c art. 1.052 do CPC/2015.
	Outros: médicos não podem exercer atividades farmacêuticas nas localidades em que clinicam.	Decreto 20.377/31, art. 5º, § 2º.

REGISTRO EMPRESARIAL

Tema	Informação	Fonte
Registro	– **Atividades empresárias**: Registro Público das Empresas Mercantis.	Código Civil, art. 1.150.
	– **Atividades não empresárias**: Registro Civil das Pessoas Jurídicas.	
Obrigatoriedade	– Quem exerce a atividade empresarial sem registro é considerado **empresário irregular**.	Código Civil, art. 967.
Natureza	– **Declaratória**. – **Constitutiva** no caso do **produtor rural** e da **associação que desenvolva atividade futebolística em caráter habitual.**	Código Civil, arts. 967 e 971. Lei nº 14.193/21.
Casos específicos	– **Cooperativas**: são sociedades simples. Eventual registro na Junta Comercial não a torna empresária.	Código Civil, art. 982, parágrafo único. Lei 5.764/71, art. 4º. Lei 8.934/94, art. 32, II.
	– **Sociedades de advogados**: registro na OAB.	Lei 8.906/94, Art. 15, § 1º.
	– **Sociedade em conta de participação**: não é registrada.	Código Civil, art. 992.
Características	– **Atividade estatal** (realizada pelas Juntas Comerciais).	Exceções: Lei 6.404/76, art. 100, § 1º.
	– **Competência federal**.	Constituição, art. 22, XXV.
	– **Organização das Juntas**: competência **concorrente**.	Constituição, art. 24, III.
	– **Público**: para garantir **segurança e publicidade.**	Lei 8.934/94, art. 1º, I.
	– O ato sujeito a registro, antes do cumprimento da formalidade, não pode ser oposto a terceiro, salvo prova de que este o conhecia.	Código Civil, art. 1.154.
Organização administrativa – SINREM	– **Departamento Nacional de Registro Empresarial e Integração (DREI) – órgão federal**. Órgão central do sistema. – Competências.	Lei 8.934/94, art. 3º; Decreto 8.001/13. Lei 8.934/94, art. 4º.
	– **Juntas Comerciais**. Órgãos locais. Administrativamente subordinadas aos governos estaduais. Podem criar Delegacias.	Lei 8.934/94, art. 5º. Lei 8.934/94, art. 9º, § 2º.

Tema	Informação	Fonte
Objeto do registro	**– Matrícula.**	Lei 8.934/94, art. 32.
	– Arquivamento.	
	– Autenticação. (Código Civil, art. 1.181; Decreto nº 1.800/96, art. 32, inciso III)	
Matrícula	Estão sujeitos à matrícula os leiloeiros, tradutores públicos e intérpretes comerciais, trapicheiros e administradores de armazéns-gerais. – Registro dos corretores: a Lei 8.934/94 extinguiu a matrícula dos corretores de mercadorias. Os corretores de títulos são obrigatoriamente sociedades corretores (Lei 4.728/65, art. 8º).	Lei 8.934/94, arts. 1º, III e 32, I.
Arquivamento	**Regras gerais**: documentos que instruem obrigatoriamente o pedido de arquivamento: Ato constitutivo de sociedade empresária: visado por advogado. Arquivamento de documento pode estar sujeito ao registro prévio em outro órgão. A autorização pelo órgão regulador não é mais condição para o registro empresarial.	Lei 8.934/94, art. 37. Lei 8.906/94, art. 1º, § 2º. Código Civil, art. 1.153, *caput* e Lei 8.934/94, art. 35, VII. Revogação do inciso VIII do art. 35 da Lei 8.934/94, pela Lei 13.874/19.
	Proibições de arquivamento:	Decreto 1.800/96, arts. 53 e 54.
	Prazos: os documentos sujeitos a arquivamento devem ser apresentados à Junta em 30 dias da sua assinatura (efeitos retroagem a essa data; após, só produz efeito a partir da data do arquivamento).	Código Civil, art. 1.151, §§ 1º e 2º. Lei 8.934/94, art. 36. Exceção (20 dias): Código Civil, art. 1.075, § 2º. Exceção (90 dias): Código Civil, art. 1.084, § 3º.
	Legitimação para requerer o registro: pessoa jurídica e, em caso de omissão ou demora, o sócio ou qualquer interessado. Responsabilização	Código Civil, art. 1.151, *caput*. Decreto nº 1.800/96, art. 46. Código Civil, art. 1.151, § 3º.
	Sociedade entre cônjuges:	Código Civil, art. 977.
	Sede e filiais: a transferência da sede para outra unidade da federação requer inscrição no Registro	IN DREI 81/2020, art. 26.
	Suspensão e cancelamento: vício insanável – requerimento indeferido; vício sanável – processo em exigência (nesse caso, prazo de 30 dias para cumprimento). **Cancelamento**: mediante requerimento da parte ou terceiro interessado.	Código Civil, art. 1.153, parágrafo único; Lei 8.934/94, art. 40, §§ 1º e 2º. Decreto 1.800/96, art. 40, §§ 1º e 2º.

Tema	Informação	Fonte
Arquivamento	**Cancelamento decorrente de sentença dissolutória da sociedade**: é suficiente o arquivamento do inteiro teor da sentença transitada em julgado.	Decreto 1.800/96, art. 47, § 1º.
	Cancelamento por inatividade: ausência de arquivamento por **10 anos** – considerados inativos.	Decreto 1.800/96, art. 32, II, "h".
	Cancelamento (ME/EPP): dispensada de prova de quitação, regularidade ou inexistência de débito referente a tributo ou contribuição de qualquer natureza.	Lei Complementar 123/2006, art. 9º, § 1º, II.
	Documentos sujeitos à publicação: convocação de assembleia de sócios de limitadas. – redução do capital social. – ME/EPP: dispensa de publicação. – sociedades limitadas sujeitas a autorização. – incorporação, fusão e cisão de sociedade limitada. – liquidação de sociedade limitada. – administrador que renuncia – exoneração de responsabilidade.	Código Civil, art. 1.152, § 3º. e 1.072, §§ 1º e 3º. Código Civil, art. 1.084, § 1º. Lei Complementar 123/2006, art. 71. Código Civil, art. 1.131 e 1.136, § 3º Código Civil, art. 1.122; Lei 6.404/1976, art. 232. Código Civil, art. 1.109, parágrafo único. Código Civil, art. 1.063, § 3º.
	– Algumas Juntas Comerciais vem exigindo a publicação das demonstrações financeiras das sociedades empresárias e cooperativas de grande porte. Questão controversa, questionada no Judiciário.	Lei 11.683/2007, art. 3º.
	– **Sociedade simples**:	Código Civil, art. 983, *caput*.
	– **Sociedade estrangeira:**	Código Civil, arts. 1.134 e 1.136. Decreto 1.800/1996, arts. 55 e 56.
	– **Atos ou fatos ligados à atividade empresarial**:	Decreto 1.800/1996, art. 32, II, "m". Código Civil, art. 979 e 980.
	Assentamento de usos e práticas comerciais:	Código Civil, art. 113. Lei 8.934/1994, art. 8º, VI. Decreto 1.800/1996, art. 7º, VI, 21, III e 88. CPC, arts. 369 e 376.
	– **Medidas para simplificação do registro**: Rede Nacional para a Simplificação do Registro e da Legalização de Empresas e Negócios – REDESIM.	Lei 11.598/2007.

Tema	Informação	Fonte
Autenticação	– Livros obrigatórios e, se for o caso, as fichas. – verificação das formalidades extrínsecas dos dados contidos nos termos de abertura e encerramento.	Código Civil, art. 1.181. Decreto 1.800/1996, art. 32, III. IN DREI nº 82/2021.
	– Nos casos de escrituração resumida do Diário: os livros auxiliares estão sujeitos à autenticação.	Código Civil, art. 1.184, § 1º.
	– Livros eletrônicos.	IN DREI 5/2013.
	– Instrumentos de escrituração: qualquer instrumento de escrituração que o interessado julgue conveniente adotar, segundo a natureza e o volume de seus negócios, inclusive livros não obrigatórios.	IN DREI 82/2021, art. 2º.
Registros complementares	– **CNPJ**: regularidade fiscal. Devem se registrar empresas nacionais e pessoas jurídicas domiciliadas no exterior que possuam no Brasil "bens e direitos sujeitos a registro público". – Registro e alterações: condicionada à ausência de pendências fiscais.	IN SRF 200/2002, art. 12, § 4º.
	– **Conselhos Profissionais**: fiscalizar o exercício de profissão regulamentada e atender ao interesse de terceiros que irão contratar com a sociedade. O registro na Junta não depende da aprovação prévia destes órgãos.	Decreto 1.800/1996, art. 37.

NOME EMPRESARIAL

Tema	Informação	Fonte
Natureza jurídica	– direito personalíssimo.	Código Civil, art. 52.
	– Como consequência, é inalienável.	Código Civil, art. 1.164.
Espécies	– Firma individual.	Código Civil, art. 1.155.
	– Firma social.	Código Civil, art. 1.155.
	– Denominação.	Código Civil, art. 1.155.
	Equipara-se ao nome empresarial a denominação das sociedades simples, associações e fundações.	Código Civil, art. 1.155, parágrafo único.
Firma	É a assinatura do empresário.	
	Firma individual – empresário individual.	
	Firma social – sociedades empresárias (exceto a sociedade anônima).	

<table>
<tr><th>Tema</th><th>Informação</th><th>Fonte</th></tr>
<tr><td rowspan="3">Formação</td><td>– Dispensa a indicação do objeto da sociedade.</td><td rowspan="2">Código Civil, art. 1.158, § 2º., a contrario sensu.</td></tr>
<tr><td>– Havendo indicação: deve corresponder ao objeto social, cuja alteração irá demandar alteração da firma.</td></tr>
<tr><td>– Nomes dos sócios que respondem subsidiariamente pelas obrigações (sociedades em nome coletivo e em comandita simples).</td><td>Código Civil, art. 1.157.</td></tr>
<tr><td>Princípio da veracidade</td><td>– O nome do sócio falecido ou do que se retirar da sociedade não pode permanecer na firma social.</td><td>Código Civil, art. 1.165.</td></tr>
<tr><td rowspan="2">Denominação</td><td>– Não é a assinatura da sociedade.</td><td></td></tr>
<tr><td>– Uma ou mais palavras da língua nacional ou estrangeira, podendo nela figurar parte do nome de um ou mais sócios, facultada a indicação do objeto.</td><td>IN DREI 81/2020, art. 18, § 3º.</td></tr>
<tr><td rowspan="2">Princípios</td><td>– da veracidade ou autenticidade: o nome deve corresponder ao de quem efetivamente exerce a empresa, não se admitindo a utilização de firmas fictícias.</td><td>Lei 8.934/94, art. 34.
IN DREI 81/2020, art. 18.</td></tr>
<tr><td>– da novidade: impossibilidade de registro de nome idêntico ou semelhante a outro já existente.</td><td>Lei 8.934/94, art. 35.</td></tr>
<tr><td>Proteção ao nome</td><td colspan="2">STJ: baseada na possibilidade de confusão entre empresas que operam no mesmo ramo.</td></tr>
<tr><td colspan="3">Nomes e tipos</td></tr>
<tr><td rowspan="2">Apenas firma</td><td>– sociedade em nome coletivo.</td><td>Código Civil, art. 1.041.</td></tr>
<tr><td>– sociedade em comandita simples.</td><td>Código Civil, art. 1.157.</td></tr>
<tr><td rowspan="3">Apenas denominação</td><td>– sociedade anônima.</td><td>Código Civil, art. 1.160.</td></tr>
<tr><td>– Empresa pública.</td><td></td></tr>
<tr><td>– Sociedade cooperativa.</td><td>Código Civil, art. 1.159 e Lei 5.764/1971, art. 15, I.</td></tr>
<tr><td rowspan="4">Firma ou denominação</td><td>– Sociedade limitada.</td><td>Código Civil, art. 1.158.</td></tr>
<tr><td>– Sociedade em comandita por ações.</td><td>Código Civil, art. 1.090.</td></tr>
<tr><td>– Sociedade de Propósito Especial (SPE), de acordo com o tipo societário adotado.</td><td></td></tr>
<tr><td>– Sociedade simples.</td><td>Código Civil, art. 983 c/c 1.054.</td></tr>
<tr><td>Sociedade em conta de participação</td><td>– Não adota firma nem denominação, pois não tem personalidade jurídica.</td><td>Código Civil, art. 1.162.</td></tr>
<tr><td colspan="3">Registro do nome</td></tr>
<tr><td>Efeito constitutivo</td><td>– O direito ao seu uso nasce do registro.</td><td>Lei 8.934/1994, art. 33; Decreto 1.800/1996, art. 61.</td></tr>
</table>

Tema	Informação	Fonte
Âmbito da proteção.	– Estadual. A abrangência nacional depende de lei especial.	Código Civil, art. 1.166, *caput* e parágrafo único.
Extensão a outras Juntas Comerciais	– Depende de requerimento, mas a abertura de filial em outra unidade da federação implica na extensão da proteção.	IN 81/2020, art. 25, §1º.
Nome de fantasia	– Só é protegido como integrante do direito da personalidade da sociedade se fizer parte do nome empresarial.	
Nomes não registráveis	– Atentatórios à moral e aos bons costumes.	Lei nº 8.934/94, art. 35, inciso I; Decreto nº 1.800/96, art. 53, inciso I; IN 81/2020, art. 22.
Nomes não registráveis	– Atos de empresas com nome idêntico ou semelhante a outro já existente.	Código Civil, art. 1.163.
	– Que inclua ou reproduza siglas ou denominações de órgãos públicos ou de organismos internacionais.	Decreto 1.800/1996, art. 53, VI.
	– Aplicam-se ao nome algumas vedações ao registro de marca.	Lei 9.279/1996, art. 124, incisos I, II, III, IV, V, VII, VIII, IX, XIII, XV, XVI, XVII, XVIII e XIX.
Cancelamento e extinção	– A requerimento de qualquer interessado quando cessar o exercício da atividade ou quando da liquidação da sociedade que o inscreveu.	Código Civil, art. 1.168.

ESTABELECIMENTO

Tema	Informação	Fonte
Conceito	– Organização dos bens, materiais e imateriais, para o exercício da atividade empresarial.	Código Civil, art. 1.142.
	– Compreende direitos reais e obrigações *propter rem* e direitos pessoais de natureza contratual.	
Natureza jurídica	– Universalidade de fato – conjunto de objetos de direito.	Código Civil, arts. 1.142 e 1.143.
Estabelecimento rural	– Caso o produtor rural opte pelo registro, tornando-se empresário, o complexo de bens de que se vale para o exercício de sua atividade será considerado estabelecimento empresarial.	
Estabelecimento virtual	– Novo tipo de estabelecimento, procurado pela clientela não mais em um endereço físico, mas em um endereço na Internet.	

Tema	Informação	Fonte
Centros comerciais (shopping center)	– Planejamento da atividade empresarial – lojas âncora e lojas de menor porte.	
	– Otimização de ganhos de cada lojista e do proprietário do *shopping*.	
	– Fundo de comércio formado pela atividade de planejamento realizada pelo proprietário do *shopping* e pela atividade dos lojistas.	
	– Contrato de locação.	Lei 8.245/1991, art. 54, c/c art. 2.036 do Código Civil.
Elementos do estabelecimento – bens materiais e imateriais, na medida em que representam valores econômicos		
Sinais distintivos	– Individualiza um bem, um estabelecimento, um produto ou uma mercadoria.	
	a) Título e insígnia (sigla, emblema ou figura característica usada ao lado do estabelecimento). Não são objeto de registro.	Lei 9.279/1996, art. 124.
	b) Proteção dos elementos de identificação: proibição de concorrência e abuso concorrencial. Ambos são sancionados civil e penalmente.	
	c) Marcas: suscetíveis de registro como marcas sinais distintivos visualmente perceptíveis não compreendidos nas proibições legais.	Lei 9.279/1996, art. 123.
	d) Privilégios de invenção: bens imateriais.	
Proteção do ponto (na locação comercial)	– Ação renovatória da locação comercial.	Lei 8.245/1991, art. 51.
	– Vigência não inferior a 5 anos. O locatário deve estar explorando o mesmo ramo do comércio há pelo menos 3 anos ininterruptos.	
	– Aspectos relevantes: condições de retomada, regras de ordem pública aplicáveis ao contrato, fixação de aluguel provisório na pendência de ação renovatória, direito de venda do estabelecimento em conjunto por ocasião da falência, ação revisional.	
Estabelecimento e concorrência	Princípio da livre-concorrência.	Constituição Federal, arts. 170 e 5º, XIII.
Pluralidade de estabelecimentos	Sede: estabelecimento onde se situa sua administração e onde se encontram seus representantes legais. Excepcionalmente, será passível de penhora.	Súmula nº 451 do STJ.
	Agências, filiais ou sucursais: divergência sobre personalidade jurídica.	Código Civil, art. 75, § 1º. CTN, art. 127.
	Pedido de falência: principal estabelecimento, local onde estão centralizadas as atividades da empresa.	Lei 11.101/2005, art. 3º.

<table>
<tr><th>Tema</th><th>Informação</th><th>Fonte</th></tr>
<tr><td rowspan="2">Estabelecimento como objeto de direitos</td><td>Alienação:
a) efeitos perante terceiros depois da averbação do contrato no registro de empresas e publicado na imprensa oficial;
b) pode depender do pagamento ou consentimento de todos os credores;
c) o adquirente responde pelo pagamento dos débitos anteriores à transferência, desde que regularmente contabilizados. O antigo proprietário responde solidariamente por um ano;
d) em princípio, sub-rogação do adquirente nos contratos estipulados para exploração do estabelecimento;
e) cessão dos direitos: efeitos em relação aos devedores desde o momento da publicação das transferências.</td><td>Código Civil, arts. 1.144, 1.145, 1,146, 1,148 e 1.149.</td></tr>
<tr><td>Arrendamento e outros negócios:
Usufruto e arrendamento: necessidade de registro e publicação na imprensa oficial.
a) efeitos perante terceiros depois da averbação do contrato no registro de empresas e publicado na imprensa oficial;
b) limitação de concorrência, salvo autorização expressa;
c) em princípio, sub-rogação do adquirente nos contratos estipulados para exploração do estabelecimento;
d)) cessão dos direitos: efeitos em relação aos devedores desde o momento da publicação das transferências.</td><td>Código Civil, arts. 1.143, 1.144, 1.147, 1.148 e 1.149.</td></tr>
</table>

REGIME JURÍDICO DA CONTABILIDADE EMPRESARIAL

Tema	Informação	Fonte
Obrigatoriedade. Por quê?	– Garantia para aqueles que se relacionam com o empresário. – Para o empresário, permite a verificação do andamento de todos os seus negócios.	Código Civil, art. 1.179.
Sistema mecanizado ou eletrônico	– Admitido expressamente.	Código Civil, art. 1.179 e 1.180.

Tema	Informação	Fonte
Uniformidade	– Estrutura Conceitual para Elaboração e Divulgação de Relatório Contábil-Financeiro.	Código Civil, arts. 1.179, *caput* e 1.183, *caput*. Resolução CFC nº 1.374/2011, do Conselho Federal de Contabilidade.
Hipótese de dispensa	– Pequeno empresário.	Código Civil, art. 1.179, § 2º c/c 970. Lei Complementar 123/2006.
Livros obrigatórios	**Único livro obrigatório no regime do Código Civil**: livro **Diário**, onde são lançados dia a dia os atos ou operações da atividade mercantil, ou que modificam ou possam modificar a situação patrimonial do empresário. – Escrituração mecanizada/eletrônica: pode substituir o Diário e os livros facultativos ou auxiliares por fichas.	Código Civil, art. 1.180. Código Civil, art. 1.180, parágrafo único; Decreto-lei 486/69, art. 5º, § 1º.
	– **Microempresas e empresas de pequeno porte optantes pelo SIMPLES Nacional**:	Lei Complementar 123/2006, art. 25 e 26, I e II.
	– **Microempresário individual:**	Lei Complementar 123/2006, art. 26, § 1º.
	– **Demais microempresas e empresas de pequeno porte:**	Lei Complementar 123/2006, art. 26, § 2º.
	– Legislação previdenciária: dispensa da escrituração contábil o pequeno comerciante, a PJ tributada pelo lucro presumido e pela PJ optante pelo SIMPLES.	Decreto 3.048/99, art. 225, § 16, incisos I a III.
	– Legislação tributária: criou regimes contábeis obrigatórios em razão do porte da empresa e da atividade exercida.	Código Civil, art. 1.180, *caput*.
Formalidades	– **Requisito intrínseco**: "forma contábil".	Código Civil, art. 1.183, *caput*.
	– **Requisito extrínseco** – aspecto material – autenticação dos livros.	Código Civil, art. 1.181; Lei nº 8.934/94, art. 39, II; Decreto-lei nº 486/69, arts. 5º e segs.
Sanções	– **Falimentares:** crime falimentar.	Lei 11.101/2005, art. 178.
	– **Fiscais**.	Decreto 3.000/99, arts. 530, I; 923 a 925.
	– **Penais:** a falsificação de livros comerciais é crime de falsificação de documento público.	Código Penal, art. 297.

Tema	Informação	Fonte
Sigilo	– **Princípio da privacidade** ou do sigilo dos registros contábeis.	Código Civil, art. 1.190.
	Exceções: autoridades fiscais e previdenciárias.	Código Civil, art. 1.193, CTN, art. 195, *caput* e Decreto 3.048/99, arts. 229, § 1º e 231.
	– Comissão Parlamentar de Inquérito (CPI).	Constituição Federal, art. 58, § 3º.
	– Conselho Administrativo de Defesa Econômica (CADE).	LEI 12.529/2011, art. 9º, XVIII.
Exibição integral dos livros	**Fora do processo judicial e dos casos especiais previstos em lei**: apenas para os **próprios sócios, diretamente e a qualquer tempo**, salvo estipulação que determine época própria **ou por intermédio de órgão específico** (Conselho Fiscal, na S.A.). – **Na S.A.**: hipótese especial de exibição integral.	Código Civil, arts. 1.190, 1.021. Lei 6.404/1976, art. 105.
	Judicialmente: para questões relativas à sucessão, comunhão ou sociedade, administração ou gestão à conta de outrem ou falência. – O processo correrá em **segredo de justiça.** – A exibição pode ser requerida como medida preventiva.	Código Civil, arts. 1.190 e 1.191. CPC, art. 189, III. Código Civil, art. 1.191, *caput* e § 1º. Súmula 390 do STF.
Exibição parcial	– Súmulas 260 e 439 do STF.	
Regras de prova	– Para fazer prova plena: lançamentos devem ser confirmados por outros subsídios. A prova pode ser ilidida pela comprovação de falsidade ou inexatidão do lançamento. – Não é bastante se a lei exigir escritura pública ou escrito particular revestido de requisitos especiais.	Código Civil, art. 226, *caput* e parágrafo único. CPC, art. 406.
	– Escrituração é indivisível:	CPC, art. 419.
	Ordem judicial de apresentação e apreensão (em caso de recusa de apresentação). – Recusa: confissão presumida (presunção relativa).	Código Civil, arts. 1.191, § 1º e 1.192.

X. JURISPRUDÊNCIA SELECIONADA

1. SÚMULAS

▸ STF

↘ Súmula 70

É inadmissível a interdição de estabelecimento como meio coercitivo para cobrança de tributo.

↘ Súmula 260

O exame de livros comerciais, em ação judicial, fica limitado às transações entre os litigantes.

↘ Súmula 439

Estão sujeitos à fiscalização tributária ou previdenciária quaisquer livros comerciais, limitado o exame aos pontos objeto da investigação.

↘ Súmula 646

Ofende o princípio da livre concorrência lei municipal que impede a instalação de estabelecimentos comerciais do mesmo ramo em determinada área.

2. JURISPRUDÊNCIA

▸ STF

↘ AÇÃO DIRETA DE INCONSTITUCIONALIDADE. LEI Nº 7.844/92, DO ESTADO DE SÃO PAULO. MEIA ENTRADA ASSEGURADA AOS ESTUDANTES REGULARMENTE MATRICULADOS EM ESTABELECIMENTOS DE ENSINO. INGRESSO EM CASAS DE DIVERSÃO, ESPORTE, CULTURA E LAZER. COMPETÊNCIA CONCORRENTE ENTRE A UNIÃO, ESTADOS-MEMBROS E O DISTRITO FEDERAL PARA LEGISLAR SOBRE DIREITO ECONÔMICO. CONSTITUCIONALIDADE. LIVRE INICIATIVA E ORDEM ECONÔMICA. MERCADO. INTERVENÇÃO DO ESTADO NA ECONOMIA. ARTIGOS 1º, 3º, 170, 205, 208, 215 e 217, § 3º, DA CONSTITUIÇÃO DO BRASIL.

1. É certo que a ordem econômica na Constituição de 1.988 define opção por um sistema no qual joga um papel primordial a livre iniciativa. Essa circunstância não legitima, no entanto, a assertiva de que o Estado só intervirá na economia em situações excepcionais.

2. Mais do que simples instrumento de governo, a nossa Constituição enuncia diretrizes, programas e fins a serem realizados pelo Estado e pela sociedade. Postula um plano de ação global normativo para o Estado e para a sociedade, informado pelos preceitos veiculados pelos seus artigos 1º, 3º e 170.

3. A livre iniciativa é expressão de liberdade titulada não apenas pela empresa, mas também pelo trabalho. Por isso a Constituição, ao contemplá-la, cogita também da "iniciativa do Estado"; não a privilegia, portanto, como bem pertinente apenas à empresa.

4. Se de um lado a Constituição assegura a livre iniciativa, de outro determina ao Estado a adoção de todas as providências tendentes a garantir o efetivo exercício do direito à educação, à cultura e ao desporto [artigos 23, inciso V, 205, 208, 215 e 217 § 3º, da Constituição]. Na composição entre esses princípios e regras há de ser preservado o interesse da coletividade, interesse público primário.

5. O direito ao acesso à cultura, ao esporte e ao lazer, são meios de complementar a formação dos estudantes.

6. Ação direta de inconstitucionalidade julgada improcedente.

Decisão

O Tribunal, por maioria, julgou improcedente a ação, nos termos do voto do relator, vencidos os Senhores Ministros Marco Aurélio e Cezar Peluso. Votou o Presidente, Ministro Nelson Jobim. Ausente, justificadamente, o Senhor Ministro Carlos Velloso. Falou pelo requerido, Governador do Estado de São Paulo, o Dr. Marcos Ribeiro de Barros, Procurador do Estado. Plenário, 03.11.2005.

(ADI 1.950, Ministro EROS GRAU, DJ 02/06/2006)

➘ **RECURSO. Extraordinário. Efeito suspensivo. Inadmissibilidade. Estabelecimento industrial. Interdição pela Secretaria da Receita Federal. Fabricação de cigarros. Cancelamento do registro especial para produção. Legalidade aparente. Inadimplemento sistemático e isolado da obrigação de pagar Imposto sobre Produtos Industrializados – IPI. Comportamento ofensivo à livre concorrência. Singularidade do mercado e do caso. Liminar indeferida em ação cautelar. Inexistência de razoabilidade jurídica da pretensão. Votos vencidos. Carece de razoabilidade jurídica, para efeito de emprestar efeito suspensivo a recurso extraordinário, a pretensão de indústria de cigarros que, deixando sistemática e isoladamente de recolher o Imposto sobre Produtos Industrializados, com consequente redução do preço de venda da mercadoria e ofensa à livre concorrência, viu cancelado o registro especial e interditados os estabelecimentos.**

(AC 1.657-MC, Relator para o acórdão Ministro CEZAR PELUSO, DJ 31/08/2007)

➘ **AÇÃO DIRETA DE INCONSTITUCIONALIDADE: ASSOCIAÇÃO BRASILEIRA DAS EMPRESAS DE TRANSPORTE RODOVIÁRIO INTERMUNICIPAL, INTERESTADUAL E INTERNACIONAL DE PASSAGEIROS – ABRATI. CONSTITUCIONALIDADE DA LEI Nº 8.899, DE 29 DE JUNHO DE 1994, QUE CONCEDE PASSE LIVRE ÀS PESSOAS PORTADORAS DE DEFICIÊNCIA. ALEGAÇÃO DE AFRONTA AOS PRINCÍPIOS DA ORDEM ECONÔMICA, DA ISONOMIA, DA LIVRE INICIATIVA E DO DIREITO DE PROPRIEDADE, ALÉM DE AUSÊNCIA DE INDICAÇÃO DE FONTE DE CUSTEIO (ARTS. 1º, INC. IV, 5º, INC. XXII, E 170 DA CONSTITUIÇÃO DA REPÚBLICA): IMPROCEDÊNCIA.**

1. A Autora, associação de associação de classe, teve sua legitimidade para ajuizar ação direta de inconstitucionalidade reconhecida a partir do julgamento do Agravo Regimental na Ação Direta de Inconstitucionalidade nº 3.153, Rel. Min. Celso de Mello, DJ 9.9.2005.

2. Pertinência temática entre as finalidades da Autora e a matéria veiculada na lei questionada reconhecida.

3. Em 30.3.2007, o Brasil assinou, na sede das Organizações das Nações Unidas, a Convenção sobre os Direitos das Pessoas com Deficiência, bem como seu Protocolo Facultativo, comprometendo-se a implementar medidas para dar efetividade ao que foi ajustado.

4. A Lei nº 8.899/94 é parte das políticas públicas para inserir os portadores de necessidades especiais na sociedade e objetiva a igualdade de oportunidades e a humanização das relações sociais, em cumprimento aos fundamentos da República de cidadania e dignidade da pessoa humana, o que se concretiza pela definição de meios para que eles sejam alcançados.

5. Ação Direta de Inconstitucionalidade julgada improcedente.

(ADI 2.649-6, Relator Ministra CARMEN LÚCIA, DJe 17/10/2008)

➘ **AÇÃO DIRETA DE INCONSTITUCIONALIDADE. LEI Nº 7.737/04, DO ESTADO DO ESPÍRITO SANTO. GARANTIA DE MEIA ENTRADA AOS DOADORES REGULARES DE SANGUE. ACESSO A LOCAIS PÚBLICOS DE CULTURA ESPORTE E LAZER. COMPETÊNCIA CONCORRENTE ENTRE A UNIÃO, ESTADOS-MEMBROS E O DISTRITO FEDERAL PARA LEGISLAR SOBRE DIREITO ECONÔMICO. CONTROLE DAS DOAÇÕES DE SANGUE E COMPROVANTE DA REGULARIDADE. SECRETARIA DE ESTADO DA SAÚDE. CONSTITUCIONALIDADE. LIVRE INICIATIVA E ORDEM ECONÔMICA. MERCADO. INTERVENÇÃO DO ESTADO NA ECONOMIA. ARTIGOS 1º, 3º, 170 E 199, § 4º DA CONSTITUIÇÃO DO BRASIL.**

1. É certo que a ordem econômica na Constituição de 1.988 define opção por um sistema no qual joga um papel primordial a livre iniciativa. Essa circunstância não legitima, no entanto, a assertiva de que o Estado só intervirá na economia em situações excepcionais. Muito ao contrário.

2. Mais do que simples instrumento de governo, a nossa Constituição enuncia diretrizes, programas e fins a serem realizados pelo Estado e pela sociedade. Postula um plano de ação global normativo para o Estado e para a sociedade, informado pelos preceitos veiculados pelos seus artigos 1º, 3º e 170.

3. A livre iniciativa é expressão de liberdade titulada não apenas pela empresa, mas também pelo trabalho. Por isso a Constituição, ao contemplá-la, cogita também da "iniciativa do Estado"; não a privilegia, portanto, como bem pertinente apenas à empresa.

4. A Constituição do Brasil em seu artigo 199, § 4º, veda todo tipo de comercialização de sangue, entretanto estabelece que a lei infraconstitucional disporá sobre as condições e requisitos que facilitem a coleta de sangue.

5. O ato normativo estadual não determina recompensa financeira à doação ou estimula a comercialização de sangue.

6. Na composição entre o princípio da livre iniciativa e o direito à vida há de ser preservado o interesse da coletividade, interesse público primário.

7. Ação direta de inconstitucionalidade julgada improcedente.

(ADI 3.512, Relator Ministro EROS GRAU)

➘ CONSTITUCIONAL. ECONÔMICO. INTERVENÇÃO ESTATAL NA ECONOMIA: REGULAMENTAÇÃO E REGULAÇÃO DE SETORES ECONÔMICOS: NORMAS DE INTERVENÇÃO. LIBERDADE DE INICIATIVA. CF, art. 1º, IV; art. 170. CF, art. 37, § 6º.

I – A intervenção estatal na economia, mediante regulamentação e regulação de setores econômicos, faz-se com respeito aos princípios e fundamentos da Ordem Econômica. CF, art. 170. O princípio da livre iniciativa é fundamento da República e da Ordem econômica: CF, art. 1º, IV; art. 170.

II – Fixação de preços em valores abaixo da realidade e em desconformidade com a legislação aplicável ao setor: empecilho ao livre exercício da atividade econômica, com desrespeito ao princípio da livre iniciativa.

III – Contrato celebrado com instituição privada para o estabelecimento de levantamentos que serviriam de embasamento para a fixação dos preços, nos termos da lei. Todavia, a fixação dos preços acabou realizada em valores inferiores. Essa conduta gerou danos patrimoniais ao agente econômico, vale dizer, à recorrente: obrigação de indenizar por parte do poder público. CF, art. 37, § 6º.

IV – Prejuízos apurados na instância ordinária, inclusive mediante perícia técnica.

V – RE conhecido e provido.

(RE 422.941-2, Relator Ministro CARLOS VELLOSO, Julgamento 06/12/2005, DJ 06/12/2005)

➘ RECURSO EXTRAORDINÁRIO. FARMÁCIA. FIXAÇÃO DE HORÁRIO DE FUNCIONAMENTO. ASSUNTO DE INTERESSE LOCAL. A fixação de horário de funcionamento para o comércio dentro da área municipal pode ser feita por lei local, visando o interesse do consumidor e evitando a dominação do mercado por oligopólio. Precedentes. Recurso extraordinário não conhecido.

(RE 189.170, Relator Ministro MAURÍCIO CORRÊA, DJ 08/08/2003)

➘ SERVIÇOS DE TELECOMUNICAÇÕES. EXPLORAÇÃO. EDIÇÃO DE LISTAS OU CATÁLOGOS TELEFÔNICOS E LIVRE CONCORRÊNCIA. Se, por um lado, a publicação e distribuição de listas ou catálogos telefônicos constituía um ônus das concessionárias de serviço de telefonia – que podem cumpri-lo com ou sem a veiculação de publicidade – não se pode dizer que estas tinham exclusividade para fazê-lo. O artigo 2º da L. 6.874/80 ("A edição ou divulgação das listas referidas no § 2º do art. 1º desta Lei, sob qualquer forma ou denominação, e a comercialização da publicidade nelas inserta são de competência exclusiva da empresa exploradora do respectivo serviço de telecomunicações, que deverá contratá-las com terceiros, sendo obrigatória, em tal caso, a realização de licitação") era inconstitucional – tendo em vista a Carta de 1969 – na medida em que institui reserva de mercado para a comercialização das listas telefônicas em favor das empresas concessionárias. RE desprovido.

(RE 158.676, Relator Ministro SEPÚLVEDA PERTENCE, DJ 5/10/2007)

↘ AÇÃO DIRETA DE INCONSTITUCIONALIDADE. ARTIGOS 60, PARÁGRAFO ÚNICO, 83, I E IV, c, E 141, II, DA LEI 11.101/2005. FALÊNCIA E RECUPERAÇÃO JUDICIAL. INEXISTÊNCIA DE OFENSA AOS ARTIGOS 1º, III E IV, 6º, 7º, I, E 170, DA CONSTITUIÇÃO FEDERAL de 1988. ADI JULGADA IMPROCEDENTE.

I – Inexiste reserva constitucional de lei complementar para a execução dos créditos trabalhistas decorrente de falência ou recuperação judicial.

II – Não há, também, inconstitucionalidade quanto à ausência de sucessão de créditos trabalhistas.

III – Igualmente não existe ofensa à Constituição no tocante ao limite de conversão de créditos trabalhistas em quirografários.

IV – Diploma legal que objetiva prestigiar a função social da empresa e assegurar, tanto quanto possível, a preservação dos postos de trabalho.

V – Ação direta julgada improcedente.

(ADI 3.934-2/DF, Relator Ministro RICARDO LEWANDOWSKI, DJe 06/11/2009)

▸ STJ

↘ As empresas prestadoras de serviços médicos e hospitalares estão incluídas dentre aquelas que devem recolher, a título obrigatório, contribuição para o SESC e o SENAC. O mesmo raciocínio se aplica para as empresas prestadoras de serviço de vigilância, consoante restou consignado em sucessivos julgados das Turmas que integram a Primeira Seção. (cf. REsp nº 449.786/RS, Relator Ministro Peçanha Martins, DJU 10.03.2003) A exegese dos artigos 4º do Decreto-lei nº 8.621/46 e 3º do Decreto-lei nº 9.853/46, à luz do novo conceito de empresa e da ordem constitucional em vigor, leva à conclusão de que as prestadoras de serviços se incluem dentre os estabelecimentos comerciais sujeitos ao recolhimento da contribuição. O novo Código Civil, Lei nº 10.406, de 10 de janeiro de 2002, em harmonia com esse entendimento, criou a figura do empresário, atribuindo a esse conceito uma amplitude maior do que a noção de comerciante. No caso vertente, o que se verifica é a mera interpretação atual do mesmo conceito de "estabelecimento comercial" contemplado pelos decretos de 1946, que instituíram as contribuições para o SESC e o SENAC. Recurso especial não conhecido.

(REsp 489.267/SC, Relator Ministro FRANCIULLI NETTO, SEGUNDA TURMA, Julgamento em 15/04/2003, DJ 04/08/2003).

↘ TRIBUTÁRIO. SIMPLES FEDERAL. LEI 9.317/1996. LABORATÓRIO DE ANÁLISES CLÍNICAS. SERVIÇO PRESTADO POR MEIO DE MÉDICOS E ENFERMEIROS. EXCLUSÃO.

1. Hipótese em que se discute a possibilidade de sociedade limitada que atua como laboratório de análises clínicas ingressar no antigo Simples Federal, à luz do art. 9º, XIII, da Lei 9.317/1996.

2. O TRF garantiu o ingresso da recorrida no Simples Federal, pois entendeu que a vedação do art. 9º, XIII, da Lei 9.317/1996 refere-se apenas a autônomos e firmas individuais.

3. O dispositivo consigna que "não poderá optar pelo SIMPLES, a pessoa jurídica (...) preste serviços profissionais de (...) médico, (...) enfermeiro, (...) e de qualquer outra profissão cujo exercício dependa de habilitação profissional legalmente exigida".

4. O conceito de "pessoa jurídica" é dado pelo Código Civil, e é a ele que devemos recorrer no momento de interpretar a norma tributária (art. 109 do CTN).

5. Nos termos do art. 44 do CC, são pessoas jurídicas de direito privado as associações, as sociedades, as fundações, as organizações religiosas e os partidos políticos.

6. Discutível seria estender o alcance da norma tributária, como fez o TRF, para abranger os profissionais liberais ou mesmo **empresários individuais, que, como sabemos, são destituídos de personalidade distinta em relação à pessoa natural, ou seja, não são pessoas jurídicas nos termos do art. 44 do CC**.

7. O texto legal não prima pela melhor técnica, mas é impossível afirmar que profissionais liberais são pessoa jurídica e que sociedades limitadas não têm essa qualificação, ao interpretar o art. 9º, XIII, da Lei 9.317/1996, agredindo frontalmente o conceito jurídico correspondente (art. 44 do CC).

8. É incontroverso que a atividade-fim do recorrido, laboratório de análises clínicas, é realizada pelo serviço profissional de médicos e enfermeiros, de modo que incide a vedação de ingresso no Simples Federal prevista no art. 9º, XIII, da Lei 9.317/1996.

9. Recurso Especial provido.

(REsp 1.260.322/AL, Relator Ministro HERMAN BENJAMIN, SEGUNDA TURMA, Julgamento: 01/09/2011, DJe 12/09/2011)

↘ ADMINISTRATIVO E FISCAL. RECURSO ESPECIAL REPRESENTATIVO DE CONTROVÉRSIA. ART. 543-C, DO CPC. [atual art. 1.036] MANDADO DE SEGURANÇA. CNPJ. ALTERAÇÃO DO CADASTRO. LEI Nº 5.614/70. IMPOSIÇÃO DE EXIGÊNCIAS DA RECEITA FEDERAL DO BRASIL, REGULARIZAÇÃO DAS PENDÊNCIAS FISCAIS DO NOVO SÓCIO. CONDIÇÕES DA IN SRF 200/02. LIMITES À LIVRE INICIATIVA (EXERCÍCIO DA ATIVIDADE ECONÔMICA).

1. A inscrição e modificação dos dados no Cadastro Nacional de Pessoas Jurídicas – CNPJ devem ser garantidas a todas as empresas legalmente constituídas, mediante o arquivamento de seus estatutos e suas alterações na Junta Comercial Estadual, sem a imposição de restrições infralegais, que obstaculizem o exercício da livre iniciativa e desenvolvimento pleno de suas atividades econômicas.

2. A Lei nº 5.614/70, que versa sobre o cadastro federal de contribuintes, outorgou ao Ministro da Fazenda o dever de regular o instrumento de registro, para dotar o sistema de normas procedimentais para viabilizar a inscrição e atualização dos dados, sem permitir que imposições limitadoras da livre iniciativa restassem veiculadas sob o jugo da mencionada lei.

3. As turmas da Primeira Seção desta Corte já assentaram que é ilegítima a criação de empecilhos, mediante norma infralegal, para a inscrição e alteração dos dados cadastrais no CNPJ. Precedentes: REsp. 760.320/RS, DJU 01.02.07; REsp. 662.972/RS, DJU 05.10.06; REsp. 411.949/PR, DJU 14.08.06; REsp. 529.311/RS, DJU 13.10.03 e; RMS 8.880/CE, DJU 08.02.00. 4. Conforme cediço, "o sócio de empresa que está inadimplente não pode servir de empecilho para a inscrição de nova empresa pelo só motivo de nele figurar o remisso como integrante" (RMS 8.880/CE, 2ª Turma, Rel. Min. ELIANA CALMON, DJU 08.02.2000). 5. Recurso especial desprovido. Acórdão submetido ao regime do art. 543-C do CPC e da Resolução STJ 08/2008.

(REsp 1.103.009/RS, Relator Ministro LUIZ FUX, PRIMEIRA SEÇÃO. Julgamento: 09/12/2009, DJE 01/02/2010)

↘ COMERCIAL. Recurso especial. Ação de cobrança. Prestação de serviço de transporte rodoviário. Cargas agrícolas destinadas a embarque em porto marítimo. Cobrança originada por atraso no desembaraço das mercadorias no destino. Discussão a respeito da responsabilidade do contratante pelo pagamento das 'sobrestadias'. Requerimento de produção de prova testemunhal para demonstração de costume comercial relativo à distribuição de tal responsabilidade. Natureza dos usos e costumes mercantis. Sistema de registro dos costumes por assentamento nas Juntas Comerciais. Costume 'contra legem'. Conflito entre duas fontes subsidiárias de direito comercial (Lei civil e costume comercial) no contexto relativo à vigência do Código Comercial de 1850 e do Código Civil de 1916.

– Atualmente, a Lei nº 8.934/94 atribui competência às Juntas Comerciais para proceder ao assentamento dos usos e práticas mercantis. Impertinente, portanto, a alegação da recorrente no sentido de que nenhum regulamento portuário indica ser de responsabilidade da contratante do serviço de transporte o pagamento das eventuais 'sobrestadias', pois não cabe a tais regulamentos consolidar usos e costumes mercantis relativos ao transporte terrestre de bens.

– Há desvio de perspectiva na afirmação de que só a prova documental derivada do assentamento demonstra um uso ou costume comercial. O que ocorre é a atribuição de um valor especial – de prova plena – àquela assim constituída; mas disso não se extrai, como pretende a recorrente, que o assentamento é o único meio de se provar um costume.

– Não é possível excluir, de plano, a possibilidade de que a existência de um costume mercantil seja demonstrada por via testemunhal.

– Da simples autorização para produção de prova testemunhal não decorre, automaticamente, qualquer imputação de responsabilidade a uma das partes. Trata-se apenas de, uma vez demonstrada a existência do costume, tomá-lo como regra jurídica para a solução do litígio. Tal solução, porém, dependerá ainda da verificação da subsunção do suporte fático àquele comando, em atividade cognitiva posterior.

– A adoção de costume 'contra legem' é controvertida na doutrina, pois depende de um juízo a respeito da natureza da norma aparentemente violada como sendo ou não de ordem pública.

– Na hipótese, não se trata apenas de verificar a imperatividade ou não do dispositivo legislado, mas também analisar o suposto conflito entre duas fontes subsidiárias do Direito Comercial – quais sejam, a lei civil e o costume mercantil, levando-se em conta, ainda, que a norma civil apontada como violada – qual seja, o art. 159 do CÓDIGO CIVIL/16 – não regula, de forma próxima, qualquer relação negocial, mas apenas repete princípio jurídico imemorial que remonta ao 'neminem laedere' romano.

– Especialmente em um contexto relativo ao período em que não havia, ainda, ocorrido a unificação do direito privado pelo CÓDIGO CIVIL/02, é impossível abordar o tema de forma lacônica, como se fosse possível afirmar, peremptoriamente e sem maiores aprimoramentos, a invalidade apriorística de todo e qualquer costume comercial em face de qualquer dispositivo da Lei civil, ainda que remotamente aplicável à controvérsia.

Recurso especial parcialmente conhecido e, nessa parte, não provido.

(REsp 877.074/RJ, Relator Ministra NANCY ANDRIGHI, TERCEIRA TURMA, Julgamento: 12/05/2009, DJE 17/08/2009)

➘ COMERCIAL – NOME COMERCIAL

I – Não leva à confusão, se várias empresas que operam em outros ramos têm o mesmo nome.

II – Matéria de prova (Súmula 07/STJ).

III – Recurso não conhecido.

(REsp 139.077/SP, Relator Ministro WALDEMAR ZVEITER, TERCEIRA TURMA, Julgamento: 02/04/1998)

➘ NOME COMERCIAL. Inaplicação da Lei 4.726/65.

– Não inscrito o contrato social no Registro de Comércio, não pode a autora pretender que prevaleça a sua denominação sobre a da ré, que com anterioridade foi levada ao Registro das Pessoas Jurídicas.

– Marca. Conclusão de que inexiste similitude entre as atividades das partes, a impedir sejam incluídas na mesma classificação.

– Recurso não conhecido.

(REsp 195.674/SP, Relator Ministro RUY ROSADO DE AGUIAR, QUARTA TURMA, Julgamento: 20/05/1999)

➘ NOME COMERCIAL. Denominação social. Marca.

O titular da marca não tem o direito de incluí-la na sua denominação social, se outra sociedade já está registrada na Junta Comercial com o mesmo nome.

Recurso conhecido e provido.

(REsp 35.806/SP, Relator p/acórdão Ministro RUY ROSADO DE AGUIAR, QUARTA TURMA, Julgamento: 09/12/1997)

➘ DIREITO COMERCIAL. CÓDIGO DE PROPRIEDADE INDUSTRIAL. MARCA NOTÓRIA. REGISTRO. PRINCÍPIO DA ESPECIFICIDADE. EXCEÇÃO. MARCA "CARACU". LEI 5.772/71, ART. 67. LEI 9.279/96, ART. 125. RECURSO PROVIDO.

I – O direito marcário brasileiro vincula-se ao princípio da especificidade, segundo o qual a marca produz efeitos somente em relação a produtos ou serviços da respectiva classe de registro. Entretanto, a própria lei de regência traz exceção à regra, disciplinando que a marca notória, declarada em registro próprio, goza de proteção em todas as classes.

II – A proteção legal tem por escopo resguardar o consumidor adquirente do produto, crédulo da procedência comum dos bens, sobretudo em razão do grande potencial econômico das empresas que detêm a titularidade da marca notória.

(ED no REsp 50.609/MG, Relator Ministro SÁLVIO DE FIGUEIREDO, QUARTA TURMA, Julgamento: 11/11/1997)

➘ MARCA. REGISTRO PROMOVIDO JUNTO AO INPI. PREVALÊNCIA SOBRE A "UTILIZAÇÃO PROLONGADA", DECORRENTE DA ADOÇÃO DO NOME COMERCIAL. MARCA E NOME SUBMETIDOS A REGIMES JURÍDICOS DIVERSOS.

– Marca e nome comercial não se confundem. *"A primeira, cujo registro é feito junto ao INPI, destina-se a identificar produtos, mercadorias e serviços. O nome comercial, por seu turno, identifica a própria empresa, sendo bastante para legitimá-lo e protegê-lo, em âmbito nacional e internacional, o arquivamento dos autos constitutivos no Registro do Comércio"* (REsp 9.142-SP).

– Pelo sistema adotado pela legislação brasileira, afastou-se o prevalecimento do regime da "ocupação" ou da "utilização prolongada" como meio aquisitivo de propriedade da marca. O registro no INPI é quem confere eficácia "erga omnes", atribuindo àquele que o promoveu a propriedade e o uso exclusivo da marca. Precedentes do STJ.

Recurso especial conhecido e provido parcialmente.

(REsp 52.106/SP, Relator Ministro BARROS MONTEIRO, QUARTA TURMA, Julgamento: 17/08/1999)

➘ NOME COMERCIAL. PROTEÇÃO NO ÂMBITO DO ESTADO EM QUE REGISTRADO. IMPOSSIBILIDADE DE ALEGAÇÃO COMO PROTEÇÃO À MARCA, ENQUANTO NÃO REGISTRADA NO INPI. REGISTRO NO INPI, SUPERVENIENTE, QUE NÃO PODE SER OBJETO DESCONSIDERAÇÃO NO RECURSO ESPECIAL. CONCORRÊNCIA DESLEAL. INADMISSIBILIDADE DE JULGAMENTO DIANTE DE PETIÇÃO INICIAL CIRCUNSCRITA À PROTEÇÃO DE NOME E DE MARCA. JULGAMENTO EXTRA-PETITA NÃO CONFIGURADO. RECURSO ESPECIAL IMPROVIDO.

I – Os artigos 61 do Decreto nº 1800/96 e 1.166 do Código Civil de 2002, revogaram o Decreto nº 75.572/75 no que tange à extensão territorial conferida à proteção do nome empresarial. Agora *"A proteção legal da denominação de sociedades empresárias, consistente na proibição de registro de nomes iguais ou análogos a outros anteriormente inscritos, restringe-se ao território do Estado em que localizada a Junta Comercial encarregada do arquivamento dos atos constitutivos da pessoa jurídica"* (EDcl nos EDcl no AgRg no REsp 653.609/RJ, Rel. Ministro JORGE SCARTEZZINI, QUARTA TURMA, DJ 27/06/2005).

(...)

(REsp 971.026/RS, Relator: Ministro SIDNEI BENETI, TERCEIRA TURMA Julgamento: 15/02/2011, DJe 02/03/2011)

➘ **NOME COMERCIAL. Marca. Conflito. Mesmo mercado. Especificidade. Precedentes.**

1. A proteção ao nome comercial impede o registro posterior de marca igual por terceiro, ainda mais quando no mesmo ambiente de mercado, o setor agropecuário. 2. Recurso especial conhecido e provido.

(REsp 284742/SP, Relator: Ministro CARLOS ALBERTO MENEZES DIREITO, TERCEIRA TURMA, Julgamento: 20/08/2001, DJ 08/10/2001).

➘ **DIREITO COMERCIAL. MARCA E NOME COMERCIAL. COLIDÊNCIA DE MARCA "ETEP" (REGISTRADA NO INPI) COM NOME COMERCIAL (ARQUIVAMENTO DOS ATOS CONSTITUTIVOS DA SOCIEDADE NA JUNTA COMERCIAL). CLASSE DE ATIVIDADE. PRINCÍPIO DA ESPECIFICIDADE. INTERPRETAÇÃO LÓGICO-SISTEMÁTICA. RECURSO PROVIDO PARCIALMENTE.**

I – Não há confundir-se marca e nome comercial. A primeira, cujo registro é feito junto ao INPI, destina-se a identificar produtos, mercadorias e serviços. O nome comercial, por seu turno, identifica a própria empresa, sendo bastante para legitimá-lo e protegê-lo, em âmbito nacional e internacional, o arquivamento dos atos constitutivos no Registro do Comércio.

II – **Sobre eventual conflito entre uma e outro, tem incidência, por raciocínio integrativo, o princípio da especificidade, corolário do nosso direito marcário. Fundamental, assim, a determinação dos ramos de atividade das empresas litigantes. Se distintos, de molde a não importar confusão, nada obsta possam conviver concomitantemente no universo mercantil.**

III – No sistema jurídico nacional, tanto a marca, pelo Código de Propriedade Industrial, quanto o nome comercial, pela Convenção de Paris, ratificada pelo Brasil por meio do Decreto 75.572/75, são protegidos juridicamente, conferindo ao titular respectivo o direito de sua utilização.

(...)

(REsp 119.998 SP 1997/0011036-2, Relator: Ministro SÁLVIO DE FIGUEIREDO TEIXEIRA, QUARTA TURMA Julgamento: 09/03/1999, DJ 10.05.1999)

➘ **CIVIL – AÇÃO ORDINÁRIA – MARCA – NOME COMERCIAL – DENOMINAÇÃO – FANTASIA – REGISTRO. I – O emprego de nomes e expressões marcárias semelhantes – quer pela grafia, pronúncia, ou qualquer outro elemento, capazes de causar dúvida ao espírito dos possíveis adquirentes de bens exibidos para comércio – deve ser de imediato afastado.**

II – A proteção legal à marca (Lei 5.772/77, art. 59), tem por escopo reprimir a concorrência desleal, evitar a possibilidade de confusão ou dúvida, o locupletamento com esforço e labor alheios. **A empresa que insere em sua denominação, ou como nome de fantasia, expressão peculiar, passa, a partir do registro respectivo, a ter legitimidade para adotar referida expressão como sinal externo distintivo e característico e impedir que outra empresa que atue no mesmo ramo comercial como tal a utilize.** Precedentes do STJ.

III – Recurso conhecido e provido.

(REsp 62.770/RJ, Relator: Ministro WALDEMAR ZVEITER, TERCEIRA TURMA, Julgamento: 06/05/1997, DJ 04.08.1997).

➘ **RESP – COMERCIAL – LOCAÇÃO PREDIAL – SHOPPING CENTER – FUNDO DE COMÉRCIO – O fundo de comércio, instituto judicial no Direito Comercial, representa o produto da atividade do comerciante, que com o passar do tempo, atrai para o local, onde são praticados atos de mercancia, expressão econômica; com isso, o – ponto – para usar nomen iuris nascido informalmente nas relações do comércio, confere valor próprio ao local. Evidente, ingressa no patrimônio do comerciante. Aliás, mostram as máximas da experiência, a locação e o valor de venda sofrem alterações conforme a respectiva expressão. Daí, como se repete, há locais nobres e locais de menor expressão econômica. Em regra não sofre exceção quando se passa nas locações em Shopping Center. Sem dúvida, a proximidade do estabelecimento com outro, conforme a vizinhança, repercutirá no respectivo valor.**

(REsp nº 189.380/SP: Relator: Ministro LUIZ VICENTE CERNICHIARO, SEXTA TURMA, Julgamento: 20/05/1999, DJ 02/08/1999).

↘ DIREITO COMERCIAL. COLIDÊNCIA DE EXPRESSÃO ("PÉ QUENTE") UTILIZADA COMO TÍTULO DE ESTABELECIMENTO POR EMPRESAS DE MESMA ÁREA DE ATUAÇÃO (REVENDA DE LOTERIAS). REGISTRO ANTERIOR NA JUNTA COMERCIAL DE SANTA CATARINA. PREVALÊNCIA SOBRE REGISTRO DE MARCA, POSTERIOR NO INPI. NOVIDADE E ORIGINALIDADE COMO FATORES DETERMINANTES. ARTS. 59 E 64 D LEI 5772/71. RECURSO DESACOLHIDO.

I – Tanto o registro realizado nas Juntas Comerciais (denominação social ou nome de fantasia), quanto ao levado a efeito junto ao INPI (marca), conferem à empresa que os tenha obtido o direito de utilizar com exclusividade, em todo território nacional, a expressão que lhes constitui como título de estabelecimento, como sinal externo capaz de distingui-la, perante a generalidade das pessoas, de outras que operam no mesmo ramo de atividade.

II – Havendo conflito entre referidos registros, prevalece o mais antigo, em respeito aos critérios da originalidade e novidade.

(REsp 30.636/SC, Relator: Ministro SÁLVIO DE FIGUEIREDO TEIXEIRA, QUARTA TURMA, Julgamento: 14/09/1993, DJ 11.10.1993)

↘ PROCESSUAL CIVIL E TRIBUTÁRIO. LEGITIMIDADE DA PENHORA DA SEDE DO ESTABELECIMENTO COMERCIAL DA EMPRESA, EM CARÁTER EXCEPCIONA. EXCEPCIONALIDADE JUSTIFICADA PELO TRIBUNAL DE ORIGEM COM BASE NO CONJUNTO FÁTICO-PROBATÓRIO DOS AUTOS. SÚMULA 7/STJ.

1. É permitida, excepcionalmente, a penhora de imóvel onde se localiza o estabelecimento da empresa. Esse entendimento ficou assente quando do julgamento do Resp 1.114.767/RS, de relatoria do Min. Luiz Fux, sob a sistemática do art. 543-C d CPC/1973.

2. O acórdão recorrido consignou: "No caso vertente, observa-se que a excepcionalidade da situação permite a penhora dos imóveis constantes no Termo de Penhora de fl. 37/38 em razão da inexistência de outros bens passíveis de penhora, como bem salientou o MD. juiz a quo em sua decisão (fls. 22/31). (...) Assim sendo, a penhora dos referidos imóveis se mostra como a única solução para quitar a dívida da executada, considerando-se, inclusive, que os mesmos já se encontram penhorados em outras ações judiciais".

3. (...)

4. Recurso Especial não conhecido.

(STJ – REsp 1.724.779/SP, Relator: Ministro HERMAN BENJAMIN, Data de Julgamento: 10/04/2018, T2 – SEGUNDA TURMA, Data de Publicação: DJe 25/05/2018).

↘ TRIBUTÁRIO. EXECUÇÃO FISCAL. PENHORA DE BENS EM NOME DA FILIAL. POSSIBILIDADE. OFENSA AO ART. 535 DO CPC NÃO CONFIGURADA.

1. **A filial é uma espécie de estabelecimento empresarial, que faz parte do acervo patrimonial de uma única pessoa jurídica, não ostenta personalidade jurídica própria, e não é pessoa distinta da sociedade empresária**. Dessa forma, o patrimônio da empresa matriz responde pelos débitos da filial e vice-versa, sendo possível a penhora dos bens de uma por outra no sistema Bacen Jud (REsp 1.355.812/RS, Primeira Seção, Rel. Min. Mauro Campbell Marques, julgado em 22/5/2013).

2. Não ocorre afronta ao art. 535 do CPC quando a matéria objeto do Recurso foi enfrentada pelo Tribunal a quo, explicitando os fundamentos pelos quais não proveu a pretensão da recorrente. Não caracteriza omissão ou falta de fundamentação adotar posicionamento contrário ao interesse da parte.

3. Agravo Regimental não provido.

(AgRg no REsp: 1.490.814/SC, Relator: Ministro HERMAN BENJAMIN, SEGUNDA TURMA, Julgamento: 18/06/2015, DJe 05/08/2015)

CAPÍTULO 2

DIREITO SOCIETÁRIO

I. INTRODUÇÃO

1. A FORMAÇÃO DA SOCIEDADE

O fenômeno associativo é algo intrínseco ao ser humano, e vimos no Capítulo 1 que, desde os primórdios da civilização, os indivíduos realizavam trocas e compras para satisfazer suas necessidades básicas e, em um segundo momento alguns começaram a se dedicar à atividade de fazer circular essas mercadorias, adquirindo-as para em seguida revendê-las (os primeiros mercadores).

Inicialmente, os mercadores exerciam sua atividade de forma isolada. Com o desenvolvimento do comércio e a necessidade de assumir maiores riscos e, ao mesmo tempo, dividir responsabilidades. A comunhão de esforços revelou-se de fundamental importância para a consecução desses objetivos.

A noção tradicional de sociedade estava ligada à comunhão de esforços para a realização de um fim comum. Portanto, ela previa a presença de ao menos duas pessoas que celebravam um contrato para esse fim. A noção de pessoa jurídica também estava ligada à presença de dois sócios, e ela ainda está presente no artigo 981, *caput*, do Código Civil, segundo o qual celebram contrato de sociedade as pessoas que reciprocamente se obrigam a contribuir, com bens ou serviços, para o exercício de atividade econômica e a partilha, entre si, dos resultados.

A noção atual de sociedade se desvinculou da existência de mais de um sócio para se concentrar na ideia de uma organização formada para o exercício de uma atividade, de maneira que passaram a existir sociedades unipessoais, ao lado das sociedades pluripessoais.

Sociedades pluripessoais são todas aquelas constituídas originariamente por dois ou mais sócios, configurando um contrato plurilateral.

A ideia de *sociedade unipessoal,* hoje admitida em nosso direito, representa uma aparente contradição em termos, porque o termo sociedade é, em regra geral, compreendido à vista do contrato que lhe dá origem quando ela é formada por dois ou mais sócios. Mas essa contradição fica afastada quando enxergamos a sociedade como organização, formada no momento de sua constituição, seja quando ela já é formada por uma única manifestação de vontade do único sócio, seja quando ela se torna unipessoal porque, pela retirada do outro ou dos demais sócios ela passa a ser composta por apenas um deles.

Assim podemos afirmar ser a sociedade a organização resultante de um negócio jurídico produzido pela formação da vontade de uma ou várias pessoas (no primeiro caso, mediante um ato unilateral; no segundo, por meio de um contrato), para se interpor nas relações entre elas e terceiros, que o ordenamento chancela como modo de facilitar a prática de atos ou negócios jurídicos voltados à realização de fins econômicos.

O Código Civil destaca, de um lado, a natureza contratual da sociedade, mas, de outro, admite a sociedade limitada unipessoal, formada por ato unilateral. Examinaremos aqui a noção tradicional de sociedade, reservando o exame da sociedade limitada unipessoal para o capítulo próprio.

De um modo geral, associamos a ideia de contrato ao tradicional contrato bilateral, sinalagmático. Mas não se trata de um contrato bilateral, com equivalência e reciprocidade de prestações das partes; estas não possuem interesses antagônicos. A retirada de uma das partes não leva, necessariamente, ao término do contrato (da sociedade). O cumprimento também não.

Daí prevalecer, hoje, a concepção de Tullio Ascarelli, segundo o qual o contrato seria um contrato plurilateral. Mas o que isso significa?

A característica dos contratos em geral é a presença de duas partes. Os **contratos bilaterais**, ou sinalagmáticos, têm sempre duas partes, e neles os direitos e deveres são distintos para cada parte. Na compra e venda, por exemplo, uma parte tem direito ao recebimento do preço e a outra o dever de entrega da coisa.

Mas cada parte pode ser representada por mais de uma pessoa. Ocorrendo esta hipótese nos encontraremos na presença de um **contrato bilateral com parte plúrima**. Por exemplo, o contrato de compra e venda no qual existem vários vendedores ou vários compradores: nele só estão presentes duas partes, mas em cada parte podem encontrar-se diversas pessoas.

O **contrato plurilateral**, diferentemente, tem como principal característica a possível participação de mais de duas partes[135], possibilidade que está excluída nos demais.

A segunda característica destes contratos é sua **função instrumental**, de realização de uma determinada finalidade. Seu exemplo mais conhecido é o **contrato de sociedade**. Ele não termina quando executadas as obrigações das partes, como ocorre nos contratos sinalagmáticos, mas a execução das prestações das partes se constitui em condição para a realização da finalidade comum.

O direito, portanto, confere personalidade jurídica à sociedade, que passa a ter patrimônio próprio, que não se confunde com o dos seus sócios.

Essa limitação de responsabilidade, com o reconhecimento da autonomia patrimonial das pessoas jurídicas (art. 1.024 do Código Civil), portanto, foi fundamental para o desenvolvimento dos negócios.

2. A SOCIEDADE COMO ESPÉCIE DE PESSOA JURÍDICA

A sociedade é uma pessoa jurídica de direito privado. Não é a única espécie, contudo. O Código Civil, em seu art. 44, elenca as associações, as sociedades e as fundações. Posteriormente, aos três incisos da redação original foram acrescentadas as organizações religiosas e os partidos políticos (pela Lei 10.825/03).

Convém, em primeiro lugar, distinguir entre sociedade, associação e fundação. E, assim, temos:

- **Sociedade:** pessoa jurídica de direito privado decorrente da criação por uma pessoa ou da união de pessoas, com finalidade econômica – isto é, constituída com a **finalidade de exploração de uma atividade econômica e a repartição dos lucros**. É dela que trata o art. 981 do Código Civil.

- **Associação**: pessoa jurídica de direito privado sem finalidade lucrativa. O texto do artigo 53 do Código Civil afirma que as associações não podem desenvolver "atividade econômica", mas o fato é que essa expressão tem mais de um sentido e a melhor interpretação do texto legal indica que o legislador quis se referir à "atividade lucrativa" em particular, não à atividade econômica em sentido amplo. No

135. De outro lado, cada uma das partes do contrato de sociedade pode ser representada por mais de uma pessoa, como no caso de uma sociedade anônima em que cada ação pertença a dois ou mais condôminos (ASCARELLI, Tullio. *Problemas das sociedades anônimas e direito comparado*. São Paulo: Saraiva, 1945, p. 285 e segs.).

mesmo sentido o Enunciado 534 da VI Jornada de Direito Civil: "As associações podem desenvolver atividade econômica, desde que não haja finalidade lucrativa". Portanto, a associação não poderá distribuir lucros.

– **Fundação**: distintamente da associação e da sociedade, não resulta da união de indivíduos, mas da afetação de um determinado patrimônio a um fim, especificado pelo seu instituidor, e para cuja consecução esse acervo patrimonial se destina[136].

Interessa-nos, aqui, o estudo das sociedades, cuja relevância justificou a criação de um chamado direito societário. A sociedade será considerada empresária quando tiver por objeto o exercício de atividade própria de empresário sujeito a registro (art. 967). As demais serão consideradas simples. É o que estabelece o art. 982, cujo parágrafo único destaca que, independentemente de seu objeto, considera-se empresária a sociedade por ações e simples a cooperativa.

II. CLASSIFICAÇÕES DAS SOCIEDADES

Didaticamente, podemos classificar as sociedades por diversos critérios.

1. QUANTO À LIBERDADE DE CONSTITUIÇÃO E DE FUNCIONAMENTO

Como já vimos, o ordenamento brasileiro consagra o princípio da livre iniciativa (art. 170, da Constituição) e, **como regra, as sociedades não dependem de autorização governamental para seu funcionamento**. No entanto, há hipóteses nas quais, em razão da atividade exercida, há necessidade prévia de autorização governamental. O Código Civil trata das **sociedades dependentes de autorização** em seus arts. 1.123 a 1.125.

Uma sociedade pode depender de autorização por duas razões: em função de sua **nacionalidade** – as sociedades estrangeiras, nos termos do art. 1.134 – ou da **atividade a ser por ela exercida.**

Tratando-se de atividades de interesse público (bancos e sociedades seguradoras, fábricas de armas e explosivos, por exemplo), o simples princípio da livre-concorrência

136. LAGO JÚNIOR, Antonio. Lei 13.151/15 estabelece novo regime paras as fundações (parte 1). Disponível em: <http://www.conjur.com.br/2015-nov-23/direito-civil-atual-lei-1315115-estabelece-regime-paras-fundacoes-parte>. Acesso em 24/11/2015. O artigo 2º da Lei 13.151, de 28 de julho de 2015, alterou a redação do parágrafo único do artigo 62 do Código Civil, para o fim de ampliar o rol das finalidades antes previstas para as fundações, prevendo que: "a fundação somente poderá constituir-se para fins de: I – assistência social; II – cultura, defesa e conservação do patrimônio histórico e artístico; III – educação; IV – saúde; V – segurança alimentar e nutricional; VI – defesa, preservação e conservação do meio ambiente e promoção do desenvolvimento sustentável; VII – pesquisa científica, desenvolvimento de tecnologias alternativas, modernização de sistemas de gestão, produção e divulgação de informações e conhecimentos técnicos e científicos; VIII – promoção da ética, da cidadania, da democracia e dos direitos humanos; IX – atividades religiosas; e X – (VETADO)."

não assegura a proteção aos valores sociais envolvidos no exercício dessas atividades, como a proteção da economia popular, da segurança pública, da educação e da saúde. Daí a necessidade de um exame prévio da solidez patrimonial da empresa, da habilitação de seus dirigentes, das reais necessidades do mercado e outras considerações desse gênero.

A exigência de autorização sempre decorrerá de lei (Constituição, art. 170, parágrafo único) e a competência para a autorização será, sempre, do Poder Executivo Federal (nos termos do art. 1.123, parágrafo único). O Código Civil não enumera essas atividades, mas podemos destacar alguns exemplos, como as **instituições financeiras** (art. 10, X, da Lei 4.595/64) e **seguradoras** (Decreto-lei 73/1966, art. 24). A **IN DREI 81/2020 enumera os atos empresariais sujeitos à aprovação prévia de órgãos e entidades governamentais para registro nas Juntas Comerciais (Capítulo I, título II)**.

As sociedades sujeitas a autorização para funcionar, sejam elas nacionais ou estrangeiras, devem publicar os seus atos constitutivos no órgão oficial da União, no prazo de 30 dias contados da publicação do decreto de autorização (art. 1.131 e 1.136, § 3º, do Código Civil). O exemplar da publicação servirá de prova para o registro da sociedade e, a partir do registro a sociedade terá o prazo de 30 dias para publicar, também no órgão oficial da União, o termo de inscrição (art. 1.131, parágrafo único).

As publicações das sociedades estrangeiras serão feitas nos órgãos oficiais da União e do Estado onde tiverem sucursais, filiais ou agências (art. 1.152, § 2º).

Na falta de prazo expressamente estipulado em lei ou em ato do poder público, a autorização caduca perde a validade se a sociedade não entrar em funcionamento nos doze meses seguintes à sua publicação (art. 1.124). E nada impede que, diante de infringência de dispositivo de ordem pública ou da prática de atos contrários aos fins declarados no estatuto, o Poder Executivo promova a cassação da autorização à sociedade (art. 1.125).

Caso a empresa estrangeira seja exercida por empresário individual, entende-se que o pressuposto para que ele exerça as atividades no Brasil seja a obtenção de visto permanente, sendo de se destacar que empresário não é empregado, não se lhe aplicando as disposições relativas à autorização de trabalho a estrangeiro[137].

2. QUANTO À NACIONALIDADE

A sociedade pode ser nacional ou estrangeira. Importa, aqui, deixar claro que o critério para tal distinção não é a origem do capital ou a nacionalidade dos sócios. **Sociedade nacional é aquela organizada de conformidade com a lei brasileira e que tenha, no Brasil, a sede de sua administração** (art. 1.126). São **estrangeiras as sociedades constituídas e com sede no exterior, dependendo de autorização governamental para funcionar no país**. Mas não há necessidade de autorização para ser acionista de sociedade anônima brasileira (art. 1.134), sendo discutida na doutrina a aplicação deste dispositivo

137. GONÇALVES NETO, Alfredo de Assis. Direito de Empresa. Comentários aos artigos 996 a 1.195 do Código Civil. 6ª edição. São Paulo: Revista dos Tribunais, 2016, p. 604 e 627.

às limitadas. De acordo com o **Enunciado 486 da V Jornada de Direito Civil** – "a sociedade estrangeira pode, independentemente de autorização do Poder Executivo, ser sócia em sociedades de outros tipos além das anônimas".

Uma vez autorizada, a sociedade estrangeira deverá atender às exigências do art. 1.136 e ficará sujeita às leis e aos tribunais brasileiros quanto aos atos e operações praticados no Brasil (art. 1.137). É obrigada, ainda, a manter um representante no Brasil – cujo instrumento de nomeação deverá ser devidamente arquivado e averbado – com poderes para resolver quaisquer questões e receber citação judicial pela sociedade, conforme estabelecido pelo art. 1.138.

3. QUANTO À PERSONALIDADE JURÍDICA

As sociedades se classificam em **personificadas** e **não personificadas.** O Código Civil define o contrato de sociedade no artigo 981. Nesta definição não se encontra a aquisição da personalidade jurídica. Portanto, existem sociedades com e sem personalidade jurídica, sendo certo que estas últimas se distinguem dos simples agrupamentos sem personalidade jurídica, pois estes nem sempre têm características de sociedade.

Sociedades personificadas são aquelas que **adquirem personalidade jurídica pelo registro**. As **sociedades não personificadas**, ainda que não tenham personalidade jurídica, são sociedades propriamente ditas, previstas em lei como tais. A sociedade anônima tem personalidade jurídica, mas permanece regida por lei especial (Lei nº 6.404/76), ainda que o Código Civil disponha de algumas regras gerais aplicáveis a ela; as demais estão reguladas no próprio Código. São sociedades não personificadas a **sociedade em comum** e a **sociedade em conta de participação**.

4. EM RAZÃO DO NÚMERO DE SÓCIOS

Como vimos no item I.1, acima, as sociedades podem ser **unipessoais ou pluripessoais.** A sociedade limitada unipessoal veio resolver a questão das sociedades formadas por um segundo sócio, o qual detinha uma única quota, sem poderes de administração, apenas para compor o requisito legal de dois sócios, bem como a das sociedades cujo número de sócios não era reconstituído no prazo legal. Examinamos o princípio da preservação da empresa no capítulo 1.

A **subsidiária integral**, prevista no art. 251, da Lei 6.404/76, é conhecida como sociedade unipessoal por ser criada por um único sócio, uma sociedade anônima. Mas ela não se forma por meio de um contrato. Em nossa opinião, a rigor, a **empresa pública** de capital exclusivamente do ente público que a instituiu, como, por exemplo, a Caixa Econômica Federal, seria outro exemplo de sociedade unipessoal em sentido amplo. A Lei nº 13.874, de 2019, acrescentou os §§ 1º e 2º ao art. 1.052, do Código Civil, admitindo a **sociedade limitada unipessoal**, hipótese em que serão aplicadas "ao documento de constituição do sócio único, no que couber, as disposições sobre o contrato social".

5. EM RAZÃO DA NATUREZA JURÍDICA

Classificam-se as sociedades em **sociedades de pessoas** e **sociedades de capitais**, **conforme a *contribuição mais relevante dos sócios* seja a pessoal ou a material**, ainda que essa classificação não possua valor universal[138].

O contrato social das denominadas sociedades de pessoas é, não somente, o ato constitutivo, mas também a lei fundamental que rege o funcionamento da sociedade. As relações internas da sociedade estabelecem-se entre pessoas determinadas e o estado de sócio é personalíssimo. É o que ocorre com as sociedades em nome coletivo, por exemplo. Na **sociedade anônima, exemplo clássico de sociedade de capitais**, sucede o contrário: ela é, formalmente, mais uma reunião de ações do que uma associação de pessoas.

A despeito dessa afirmação, convém destacar que a sociedade anônima pode ser de capital aberto ou fechado. No primeiro caso, estaremos diante de um exemplo de sociedade de capital – prevalece o aporte de recursos os sócios para a constituição do capital, e há livre cessão e negociação das ações. As sociedades anônimas de capital fechado podem se comportar como sociedades de pessoas.

Neste sentido, Sergio Campinho, para quem as companhias de capital fechado, cujos valores mobiliários não se encontram admitidos à negociação no mercado de valores mobiliários, podem vir a ostentar a condição de sociedade de pessoas. Para o autor, seria o caso das "sociedades anônimas familiares, inacessíveis a estranhos, cujas ações circulam entre os poucos acionistas que as adquirem", constituídas com evidente *intuitu personae*.[139]

A **sociedade limitada**, a nosso ver, não permite uma classificação *a priori*. O Código Civil permite tanto sociedades limitadas regidas supletivamente pelas normas referentes às sociedades simples (art. 1.053, *caput*) quanto pelas normas aplicáveis às sociedades anônimas (art. 1.053, parágrafo único). Isto significa que não se pode afirmar, *a priori*, se uma sociedade limitada ou uma sociedade anônima devem ser classificadas como sociedades de pessoas ou de capitais, em que pese o esforço da doutrina.

Essa elasticidade também está presente nas *sociedades anônimas*. Elas podem ser constituídas por subscrição pública (no qual, evidentemente, o *intuitu personae* fica completamente afastado), quanto particular. O estatuto das companhias fechadas "pode impor limitações à circulação das ações nominativas, contanto que regule minuciosamente tais limitações e não impeça a negociação, nem sujeite o acionista ao arbítrio dos órgãos de administração da companhia ou da maioria dos acionistas" (Lei nº 6.404/76, art. 36).

Resta-nos considerar sociedade de pessoas apenas a sociedade limitada constituída na exclusiva ou preponderante consideração das pessoas dos sócios, *intuitu personae*, mediante

---

138. MARTINS, Fran. *Novos estudos de direito societário (sociedades anônimas e sociedades por quotas)*. São Paulo: Saraiva, 1988, p. 251; PEIXOTO, Carlos Fulgêncio da Cunha. *A sociedade por quotas de responsabilidade limitada*. 2ª ed., Rio de Janeiro: Forense, 1958, v. I, p. 48. Alguns autores modernos consideram essa classificação mais brilhante que sólida (ABRIANI, Niccolò *et al. Diritto delle società*. Manuale breve. 3ª ed. Milano: Giuffrè, 2006, item 119, p. 275.

139. CAMPINHO, Sérgio. *O direito de empresa à luz do novo Código Civil*. Rio de Janeiro: Renovar, 2008.

o uso do estrito direito de preferência entre os sócios, entre outras possibilidades reveladas à vista do caso concreto, pelo exame do contrato social, e não de forma abstrata, conforme o tipo social e a legislação supletiva a ela aplicável[140].

Alguns doutrinadores afirmam que a classificação das sociedades limitadas como sendo de pessoas ou de capitais permite a compreensão das cláusulas contratuais. A nosso ver, ocorre o contrário: **da interpretação das cláusulas contratuais é que se pode chegar a uma classificação.**

Seguindo por esse caminho, a distinção apresentada pelo artigo 135 do Código Tributário Nacional na responsabilidade dos sócios das sociedades de pessoas e de capitais só poderá ser aplicada às sociedades limitadas após o exame do contrato social delas.

6. EM RELAÇÃO À RESPONSABILIDADE DOS SÓCIOS

Distinguem-se as **sociedades nas quais todos ou alguns sócios têm responsabilidade ilimitada pelas obrigações sociais** daquelas nas quais **essa responsabilidade não se faz presente**. São pessoalmente responsáveis pelos débitos sociais os sócios das sociedades em nome coletivo, por exemplo.

Como, nas sociedades limitadas, os sócios não têm responsabilidade frente a terceiros, pois o débito referente à integralização das quotas é débito para com a própria sociedade, esse critério não será suficiente para apartar o regime das sociedades limitadas do das anônimas, quanto à responsabilidade, sendo inútil para definir uma como sociedade de pessoas e a outra como de capitais.

7. EM RELAÇÃO AO ATO DE CONSTITUIÇÃO

Conforme o critério do **ato regulador do funcionamento das sociedades**, elas são geralmente classificadas em **contratuais ou estatutárias, ainda que as sociedades unipessoais (sociedade limitada unipessoal e subsidiária integral, examinadas adiante) sejam formadas por ato unilateral, a manifestação de vontade da pessoa que a institui**. Todos os demais tipos societários regulamentados no Código Civil são considerados contratuais. Apenas as sociedades anônimas e as cooperativas (embora estas últimas não sejam consideradas empresárias) são classificadas como institucionais, por serem regidas por estatutos que, ao contrário dos contratos, representam um conjunto de normas gerais e abstratas, isto é, impessoais.

Modesto Carvalhosa destaca diversos aspectos que evidenciam a natureza institucional, e não meramente contratual, da companhia: a proteção estatal dos interesses dos acionistas

140. CALÇAS, Manoel de Queiroz Pereira. *Sociedade limitada no novo Código Civil*. São Paulo: Atlas, 2003, p. 29: "[...] mesmo que no contrato social haja previsão, na dicção do parágrafo único do artigo 1.053 do novo Código Civil, da regência supletiva das normas da sociedade anônima, a sociedade limitada, salvo disposição contratual expressa, continuará a observar o regime das sociedades de natureza contratual e personalista".

e dos credores, do interesse público, além da preocupação em instrumentalizar meios de proteção contra o abuso do poder econômico[141].

8. EM RELAÇÃO AO OBJETO SOCIAL

O objeto social, ou seja, a atividade que as sociedades empresárias pretendem exercer para alcançar sua finalidade lucrativa, é determinado no contrato ou estatuto social. Ele pode ser amplo, abrangendo inclusive a possibilidade de participação em outras sociedades, ou restrito "à realização de um ou mais negócios determinados", como prevê o parágrafo único do artigo 981 do Código Civil.

As sociedades dedicadas a negócios determinados também são conhecidas como sociedades de propósito específico.

A **sociedade de propósito específico (SPE)** não é um tipo societário, mas uma sociedade empresária que adota um dos tipos já existentes.

Em alguns casos, o legislador obriga a constituição de sociedades de propósito específico para determinados negócios:

a) Lei nº 8.987/95 – conhecida como Lei das Concessões, determina a necessidade da formação de uma SPE para prestar tais serviços públicos.

b) Lei nº 11.079/04 – Lei das Parcerias Público-Privadas, prevê a constituição de SPE para realização dessas parcerias.

c) A Lei da Recuperação Judicial e da Falência (Lei 11.101/05) menciona a "constituição de sociedade de propósito específico para adjudicar, em pagamento dos créditos, os ativos do devedor" (art. 50, XVI).

9. EM RAZÃO DO MODO DE EXERCER SUAS ATIVIDADES

As sociedades podem ser **empresárias** ou **não empresárias (simples)**. Ambas têm finalidade econômica, ou, nas palavras de Miguel Reale: "Têm ambas por fim a produção ou a circulação de bens ou serviços, sendo constituídas por pessoas que reciprocamente se obrigam a contribuir para o exercício de atividade econômica e a partilha de lucros entre si dos resultados"[142].

Já vimos que, no regime do Código Civil, considera-se empresário "quem exerce profissionalmente atividade econômica organizada para a produção ou circulação de bens ou serviços" (Código Civil, arts. 966, *caput* e 982, *caput*). Por outro lado, "não se considera empresário quem exerce profissão intelectual, de natureza científica, literária ou artística,

141. CARVALHOSA, Modesto. *Comentários à Lei de Sociedades Anônimas*. Vol. 1. São Paulo: Saraiva, 2002, p. 7.

142. REALE, Miguel. *Estudos preliminares do Código Civil*. São Paulo: Ed. Revista dos Tribunais, 2003, p. 49.

ainda com o concurso de auxiliares ou colaboradores, salvo se o exercício da profissão constituir elemento de empresa" (art. 966, *caput* e parágrafo único, respectivamente).

Veja: o **Código não define o que seja "sociedade empresária"**, limitando-se a afirmar que ela é constituída por empresários, agindo nessa qualidade. As sociedades empresárias **são aquelas que têm por objeto uma atividade empresarial, no sentido em que era reconhecida a existência de atividade comercial no antigo Código Comercial: a intermediação de bens e prestação de serviços que não seja de natureza essencialmente intelectual.** *Grosso modo*, as sociedades denominadas comerciais no regime do Código Comercial serão consideradas sociedades empresárias no regime do Código Civil e as antigas sociedades civis (tal como entendido o conceito no Código Civil de 1916) serão hoje denominadas sociedades simples.

A qualificação das sociedades empresárias, em oposição às sociedades simples, **dá-se pelo objeto, isto é, pela natureza da atividade.** Como afirma o Enunciado 54 da I Jornada de Direito Civil: "Art. 966: É caracterizador do elemento empresa a declaração da atividade-fim, assim como a prática de atos empresariais".

Elas **não se distinguem, em princípio, pela forma**, até porque a elevada carga tributária dos profissionais liberais os conduz, muitas vezes por mera conveniência, a se organizar em pequenas sociedades, mantendo todas as demais características do exercício liberal da profissão, e não faria sentido interpretar a legislação com a prevalência da forma sobre o conteúdo.

As duas exceções previstas em lei são as **sociedades anônimas e as sociedades em comandita por ações, que serão sempre consideradas sociedades empresárias** (Código Civil, art. 982; Lei nº 6.404/76, arts. 2º e 281).

Por outro lado, a **sociedade cooperativa será sempre simples (não empresária)**, também por expressa disposição legal – art. 982, parágrafo único)[143]. A lei de regência das cooperativas é a Lei 5.764/71, aplicando-se às cooperativas de crédito, ainda, a Lei 4.595/64.

É inegável que o Código Civil lhe conferiu a qualificação de sociedade de pessoas.

O Código Civil também admite **sociedade não empresária com forma empresarial** (art. 1.364); por exemplo: a **sociedade simples que adota a forma de sociedade limitada.**

Também **não se distinguem pelo registro**: as **sociedades anônimas** são sempre empresárias, qualquer que seja o seu objeto (Lei nº 6.404/76, art. 2º, § 1º), devendo ser **registradas nas Juntas Comerciais**; mas **as sociedades cooperativas são sociedades**

143. BOITEUX, Fernando Netto. Cooperativas habitacionais e direito do consumidor. In: FORGIONI, Paula A.; DEL NERO, Patrícia Aurélia; DEZEM, Renata Mota Maciel; MARQUES, Samantha Ribeiro Meyer-Pflug. *Direito empresarial, direito do espaço virtual e outros desafios do direito.* Homenagem ao Professor Newton de Lucca. São Paulo: Quartier Latin, 2018.

simples (Lei nº 5.764/71, art. 4º) e também são registradas nas Juntas Comerciais, em razão do interesse público na publicidade dos seus registros.[144]

A sociedade qualificada como empresária passa a ter, para que a sua atividade seja considerada regular, de atender a certas exigências, como a obrigação de registrar-se junto ao Registro de Empresas Mercantis. Esse registro diz respeito, apenas, à *regularidade* do exercício da atividade empresarial, não altera a natureza da atividade: uma sociedade não empresária que venha a se registrar como se empresária fosse, não passa a ter essa natureza (a distinção é relevante, em especial, para efeito da aplicação da Lei da Recuperação da Empresa e da Falência – Lei nº 11.101/05).

A sociedade que tenha por objeto o exercício de atividade própria de **empresário rural** pode optar pelo registro como sociedade simples ou empresária. Se adotar um dos tipos de sociedade empresária, e registrar-se no Registro das Empresas Mercantis, ficará equiparada para todos os fins à sociedade empresária (Código Civil, arts. 971 e 984).

A ideia de que a atividade rural não é propriamente empresarial, mas "equiparada" a ela, tal como prevê o Código Civil, não tem uma explicação lógica, nem se coaduna com o conceito amplo de empresário previsto no artigo 966 do mesmo Código: só se explica pela influência que teve sobre o legislador a tradição de nosso direito de considerar as atividades rurais como não empresárias.

A Lei nº 14.193, de 2021, acrescentou o parágrafo único ao art. 971, colocando na mesma situação daquele que exerce a atividade rural a **associação que desenvolva atividade futebolística em caráter habitual e profissional**: ela poderá se inscrever no Registro Público de Empresas Mercantis, sendo então considerada empresária para todos os efeitos. Trata-se da Sociedade Anônima do Futebol (SAF), cujo objeto social poderá compreender exclusivamente as atividades elencadas nos incisos I a VII do § 2º do art. 2º da mencionada lei.

As sociedades simples se distinguem das sociedades empresárias por **se destinarem ao exercício de atividade intelectual, como as que reúnem os profissionais liberais, por exemplo**[145]. No **Enunciado 474 da V Jornada de Direito Civil**: "Arts. 981 e 983:

---

144. Em sentido contrário seguem Fábio Ulhoa Coelho (COELHO, Fábio Ulhoa. Parecer apresentado ao Instituto de Registro de Títulos e Documentos e de Pessoas jurídicas do Brasil, ao Centro de Estudos e Distribuição de Títulos e Documentos de São Paulo e ao Registro Civil das Pessoas Jurídicas do Rio de Janeiro. São Paulo, 6 de agosto de 2003. Disponível em: http://www.irtdpjbrasil.com.br/NEWSITE/parecerfabio.htm. Acesso em 02/11/2015) e José Edwaldo Tavares Borba (BORBA, José Edwaldo Tavares. Sociedade simples e sociedade empresária. *Temas de direito comercial*. Rio de Janeiro: Renovar, 2007, p. 126).

145. REALE, Miguel. *Estudos preliminares do Código Civil*. São Paulo: Ed. Revista dos Tribunais, 2003, p. 49-50: "Exemplo típico de sociedade econômica não-empresária é a constituída entre profissionais do mesmo ramo, como, por exemplo, a dos advogados, médicos ou engenheiros, configurando-se como sociedade simples (artigos 966 e 981) cujo contrato social é inscrito no Registro Civil das Pessoas Jurídicas, salvo quando se tratar de sociedade de advogados que se inscreve apenas na OAB (artigo 16 da Lei nº 8.906/94)".

Os profissionais liberais podem organizar-se sob a forma de sociedade simples, convencionando a responsabilidade limitada dos sócios por dívidas da sociedade, a despeito da responsabilidade ilimitada por atos praticados no exercício da profissão". A sociedade de advogados, ainda que seja sociedade simples, pode ser considerada quase um novo tipo societário.

Poderíamos argumentar que algumas das sociedades acima referidas operam como se fossem sociedades empresárias, de maneira que deveriam ser assim consideradas pelo legislador, mas não se pode esquecer que **a delimitação do campo próprio do direito empresarial (comercial) funda-se em razões históricas e não lógicas**[146]: é principalmente a tradição que afasta os profissionais liberais da categoria dos empresários.

A exclusão das profissões liberais do âmbito empresarial só deveria fazer-se quando a prestação de serviços se funda numa relação de confiança pessoal entre o profissional e o cliente; não nas hipóteses em que os serviços são despersonalizados[147]. Essa distinção ainda não foi assentada no direito brasileiro, ainda que já possa ser entrevista no Código do Consumidor (Lei nº 8.078/90, art. 14, § 4º), como afirma Herman Benjamin[148].

Nas grandes sociedades prestadoras de serviços, ainda que o serviço seja sempre prestado por uma pessoa física, elas são procuradas pelos clientes pela sua reputação no mercado, independentemente da pessoa de cada um dos profissionais que as integram; nas pequenas, a pessoa do profissional é mais importante que a da sociedade.

Logicamente, com fundamento na identidade de natureza e de princípios, o direito comercial deveria ter por objeto todas as atividades empresariais, sem exceção, mas, em que pese a unificação do direito privado, tentada pelo Código Civil, ele permanece fiel às suas origens e aos princípios que lhe são próprios, e nem mesmo a sujeição da atividade de algumas dessas sociedades a determinadas obrigações tributárias afasta essa realidade.

---

146. ASCARELLI, Tullio. O desenvolvimento histórico do direito comercial e o significado da unificação do direito privado. Tradução de Fábio Konder Comparato. *Revista de Direito Mercantil, Industrial, Econômico e Financeiro*, nº 114, abr./jun. 1999, p. 242.

147. RAMOS, André Luiz Santa Cruz. *Direito empresarial esquematizado*. 5ª ed. rev., atual. e ampl. Rio de Janeiro: Forense, 2015, p. 57-58, coloca o foco sobre a forma empresarial pela qual a atividade é exercida pelas sociedades de advogados, mas o Código as distingue das demais pelo exercício da atividade intelectual.

148. BENJAMIN, Antonio Herman de Vasconcellos e. In: OLIVEIRA, Juarez de (coord.). *Comentários ao código de proteção do consumidor.* São Paulo: Saraiva, 1991, p. 79-80: "Por profissional liberal há que se entender o prestador de serviço *solitário*, que faz do seu conhecimento uma ferramenta de sobrevivência. É o médico, o engenheiro, o arquiteto, o dentista, o advogado. Trata-se, por outro lado, de categorias em franco declínio, na exata proporção em que, mais e mais, tais profissionais tendem a se agrupar em torno de empresas prestadoras de serviços: os hospitais, os grupos de saúde, as empresas de engenharia e de consultoria, as sociedades de advogados" (itálicos no original).

Mesmo adotando a forma de sociedades empresárias, as sociedades simples não se submetem ao regime delas[149].

10. EM RAZÃO DA TITULARIDADE DO CAPITAL SOCIAL

Por esse critério, as sociedades podem ser privadas, públicas ou de economia mista.

A titularidade do Estado no capital social insere-se no contexto da intervenção direta do Estado no domínio econômico. São as chamadas "empresas estatais", que englobam a empresa pública (integralidade do capital social público) e a sociedade de economia mista (o Poder Público detém a maioria das ações com direito a voto).

O Decreto-lei 200/67, ao tratar da Administração Indireta, tratou desses dois tipos (art. 5º, incisos II e III).

A Lei 13.303/16, por seu turno, dispõe sobre o estatuto jurídico da empresa pública e da sociedade de economia mista e de suas subsidiárias, no âmbito da União, dos Estados, do Distrito Federal e dos Municípios.

A empresa pública é a entidade dotada de personalidade jurídica de direito privado, com criação autorizada por lei e com patrimônio próprio, cujo capital social é integralmente detido pela União, pelos Estados, pelo Distrito Federal ou pelos Municípios (art. 3º).

A sociedade de economia mista é entidade dotada de personalidade jurídica de direito privado, com criação autorizada por lei, sob a forma de sociedade anônima, cujas ações com direito a voto pertençam em sua maioria à União, aos Estados, ao Distrito Federal, aos Municípios ou a entidade da administração indireta (art. 4º).

Os estatutos dessas empresas deverão observar regras de governança corporativa, de transparência e de estruturas, práticas de gestão de riscos e de controle interno, composição da administração e, havendo acionistas, mecanismos para sua proteção, constantes da lei (art. 6º da Lei 13.303/16).

Nada impede que, circunstancialmente, o Estado venha a assumir a gestão de uma empresa privada, passando a dirigi-la quando os interesses de ordem social assim determinarem. É o que ocorre, por exemplo, quando o Banco Central do Brasil assume a direção de instituições financeiras privadas ou públicas não federais, para normalizar o seu funcionamento ou, se isto for inviável, decretar e realizar sua liquidação extrajudicial. Isto não a torna uma sociedade de economia mista ou empresa pública, evidentemente.

Outra situação ocorre quando o Poder Público adquire ações de companhias privadas, negociadas em Bolsa. Nos EUA, em 2009, o Departamento do Tesouro adquiriu 61% das ações da General Motors. Isso representou um aporte de mais de 30 bilhões de dólares, o

---

149. WALD, Arnoldo. *Comentários ao novo Código Civil*, v. XIV: livro II, do direito de empresa. Coord. Sálvio de Figueiredo Teixeira. 2ª ed., rev. e atual. Rio de Janeiro: Forense, 2010, p. 79. **No mesmo sentido:** I Jornada de Direito Civil. Enunciado 57: "Art. 983: A opção pelo tipo empresarial não afasta a natureza simples da sociedade".

que evitou sua falência. Tratou-se de uma ação de caráter emergencial. Nos anos seguintes, o Tesouro foi se desfazendo dessa participação[150].

Uma situação como essa, transportada para o Brasil, também não transformaria uma sociedade privada em sociedade de economia mista. A Lei 13.303/16 traz a necessidade de criação autorizada por lei, que indique, ainda, de forma clara, o relevante interesse coletivo ou imperativo de segurança nacional que a justifique (art. 2º, § 1º). Dessa forma, afasta do seu âmbito situações excepcionais e circunstanciais de controle societário por parte de entes de direito público interno.

III. SOCIEDADES PERSONIFICADAS

1. SOCIEDADE SIMPLES

As sociedades simples se distinguem das sociedades empresárias por se destinarem ao exercício de atividade intelectual, como as que reúnem os profissionais liberais, por exemplo[151]. Miguel Reale se refere ao exemplo das sociedades constituídas por médicos, advogados etc., que se configuram como sociedades simples (ainda que a sociedade de advogados esteja sujeita a registro próprio, na Ordem dos Advogados do Brasil – OAB[152], podendo ser considerada quase um novo tipo societário[153]).

As **sociedades simples podem se constituir segundo dois modelos diversos** (Cód. Civil, art. 983). Podem organizar-se segundo as **regras próprias do Código Civil**, que contemplam um tipo de sociedade (arts. 997 a 1.038) **ou adotar a forma de sociedade empresária que não seja a de sociedade anônima, em comandita por ações ou cooperativa (salvo se respeitarem os requisitos da lei especial).**

A seguir, analisaremos alguns aspectos da chamada sociedade simples.

1.1. Contrato social

Como sociedades de pessoas, as sociedades simples têm natureza contratual. O art. 981 do Código adota essa noção.

---

150. BENSOUSSAN, Fabio Guimarães e GOUVÊA, Marcus de Freitas. *Manual de Direito Econômico*. Salvador: Juspodivm, 2018, p. 175.

151. REALE, Miguel. *Estudos preliminares do Código Civil*. São Paulo: Ed. Revista dos Tribunais, 2003, p. 49-50: "Exemplo típico de sociedade econômica não-empresária é a constituída entre profissionais do mesmo ramo, como, por exemplo, a dos advogados, médicos ou engenheiros, configurando-se como sociedade simples (artigos 966 e 981) cujo contrato social é inscrito no Registro Civil das Pessoas Jurídicas, salvo quando se tratar de sociedade de advogados que se inscreve apenas na OAB (artigo 16 da Lei nº 8.906/94)".

152. REALE, Miguel. Invencionices sobre o Código Civil. *O Estado de São Paulo,* 15/02/2003, p. A-1.

153. ABRIANI, Niccolò *et al. Diritto delle società.* Manuale breve. 3ª ed. Milano: Giuffrè, 2006, p. 19.

O **contrato social há de ser escrito** – além da expressa exigência no *caput* do art. 997, trata-se de pressuposto para seu arquivamento no Registro Civil das Pessoas Jurídicas.

O mesmo art. 997 traz as chamadas **cláusulas obrigatórias**:

I – nome, nacionalidade, estado civil, profissão e residência dos sócios, se pessoas naturais, e a firma ou a denominação, nacionalidade e sede dos sócios, se jurídicas;

II – denominação, objeto, sede e prazo da sociedade;

III – capital da sociedade, expresso em moeda corrente, podendo compreender qualquer espécie de bens, suscetíveis de avaliação pecuniária;

IV – a quota de cada sócio no capital social, e o modo de realizá-la;

V – as prestações a que se obriga o sócio, cuja contribuição consista em serviços;

VI – as pessoas naturais incumbidas da administração da sociedade, e seus poderes e atribuições;

VII – a participação de cada sócio nos lucros e nas perdas;

VIII – se os sócios respondem, ou não, subsidiariamente, pelas obrigações sociais.

Ela poderá ter sócios tanto pessoas físicas quanto jurídicas.

a) Nome

O Código Civil somente se refere à denominação das sociedades simples, mas a doutrina vem admitindo a utilização, por elas, de firma ou denominação. Segue no mesmo sentido o Enunciado nº 213 da III Jornada de Direito Civil: "o art. 997, inc. II, **não exclui a possibilidade de sociedade simples utilizar firma ou razão social**"[154].

Caso particular é o das **sociedades de advogados**, nas quais somente será admitida a **razão social** (art. 16, § 1º, do Estatuto da Advocacia).

b) Objeto social

O contrato deve indicar o **objeto social**. Como já vimos, a exploração de atividade rural é, em princípio, própria da sociedade simples, assim como a atividade intelectual de natureza literária, científica ou artística (art. 966, parágrafo único do Código Civil). Além disso, nos termos do art. 1.015, a definição precisa do objeto social é de fundamental importância para a delimitação da responsabilidade por ato dos administradores.

c) Capital social

A aquisição de personalidade jurídica determina a separação entre o patrimônio dos sócios e o da sociedade, em contraste com o princípio geral de que cada sujeito deve

---

154. WALD, Arnoldo, MORAES, Luiza Rangel de, WALD, Alexandre de Mendonça. *Direito civil: direito de empresa. Vol. 8.* São Paulo: Saraiva, 2015, p. 251.

responder com todo o seu patrimônio, por suas dívidas. O valor destinado pelo sócio ou sócios para o exercício da atividade empresária, transferido para a pessoa jurídica, integra o patrimônio dela naquele momento e é denominado capital social.

Sabendo-se que o patrimônio social muda a cada operação realizada pela sociedade tornou-se necessário encontrar um "ponto fixo de referência", na expressão de Ascarelli, que permitisse contemplar, ao mesmo tempo, a necessária publicidade com a contínua variação do patrimônio social. Este ponto de referência é o capital social[155], e ele torna possível aos terceiros que negociam com a sociedade acompanharem a sua gestão, sem interferência no seu quotidiano.

O **capital social** é, portanto, o **montante investido pelos sócios para a formação da sociedade, para o desempenho de seu objeto**. Não se confunde com o patrimônio social – constituído por tudo o que a sociedade possui (ativos) e também o que ela deve (passivo). Eventualmente, seu patrimônio líquido (ativos – passivo) pode ser positivo ou negativo.

O capital social tem uma função interna – uma **função de produção**, que consiste no seu emprego para custear as atividades da sociedade e a realização do seu objeto, bem como de organização, uma vez que direitos e deveres dos sócios são estabelecidos de acordo com a participação de cada um deles no capital social. Além disso, tem uma função externa à sociedade: a **função de garantia para os credores**[156].

Ele é orientado por **dois princípios**: o da **efetividade**, segundo o qual o capital social deve corresponder aos valores em dinheiro ou bens trazidos pelos sócios para a formação da sociedade, e o da **intangibilidade,** que indica que o capital deve permanecer inalterado, a menos que haja determinação legal ou deliberação social.

Há de se atentar para a adequação do montante do capital social ao objeto social. Isso é importante pois não podemos nos esquecer da **proteção conferida pelo capital social aos credores da sociedade**. Uma sociedade pode estar **subcapitalizada** se seu capital social for flagrantemente incapaz de financiar a consecução de seu objeto social. Nesse caso, será necessário proceder ao aumento do capital social. Essa harmonia entre capital, objetivo e amplitude do negócio é importante; sua inobservância levaria a uma transferência dos riscos do negócio aos credores e aos demais membros do mercado e da sociedade[157].

É dividido em quotas e deve ser expresso em moeda corrente nacional, compreendendo dinheiro ou bens suscetíveis de avaliação pecuniária.

---

155. ASCARELLI, Tullio. *Problemas das sociedades anônimas e direito comparado*. Campinas: Bookseller, 2001 [reedição atual. e corrigida], p. 466-467.
156. SICHERLE, Camillo Stefano Maria. A Subcapitalização. In: FRANÇA, Erasmo Valladão Azevedo e Novaes (coord.). Direito Societário Contemporâneo II. São Paulo: Malheiros, 2015, p. 632.
157. SICHERLE, Camillo Stefano Maria. A Subcapitalização. In: FRANÇA, Erasmo Valladão Azevedo e Novaes (coord.). Direito Societário Contemporâneo II. São Paulo: Malheiros, 2015, p. 632.

Podemos conceituar a quota como a **parcela do capital social que representa o quinhão que cada sócio possui no patrimônio da sociedade e os direitos daí decorrentes**; é a contrapartida de sua contribuição, que lhe confere os direitos de sócio.

Na lição de Jorge Lobo, trata-se da fração numérica do capital social, através da qual se define (a) a participação de cada sócio no capital social, (b) a obrigação individual e a responsabilidade solidária dos sócios na formação e integralização do capital social, (c) a distribuição dos lucros e perdas da sociedade entre os sócios e (d) os direitos, poderes, obrigações, deveres e responsabilidades dos sócios[158].

Todos os sócios têm o dever de subscrever parcela do capital (adquirindo um número determinado de cotas) e de integralizar essa parcela (realizando o pagamento do valor subscrito). São deveres inerentes à condição de sócio. Como ele fará essa integralização? Genericamente falando, aportando dinheiro ou bens que sejam suscetíveis de avaliação monetária, materiais (imóveis, móveis) ou imateriais (marcas, patentes). **Na sociedade simples não empresária, é possível, excepcionalmente, a contribuição do sócio em serviços (art. 997, V, do Código Civil)** – e, portanto, não apenas em dinheiro ou outro bem com expressão pecuniária. Nessa sociedade o sócio sofre, contudo, algumas restrições. Não poderá, por exemplo, exercer a mesma atividade fora da sociedade sem expressa autorização no contrato social – art. 1.006 do Código Civil.

No caso de o sócio integralizar suas quotas por meio de crédito de sua titularidade, responde pela solvência do devedor (art. 1.005 do Código Civil).

Assim, imaginemos que o sócio integralize suas quotas com um imóvel. Posteriormente, por decisão judicial transitada em julgado, ele vem a perder a propriedade do referido imóvel. Nesse caso, considerando-se a perda superveniente do bem, não há como falar em integralização da quota. O sócio, contudo, continua obrigado pelo valor dela. A partir da declaração da perda do bem o que se constata é a falta de parcela do capital social, que irá gerar a responsabilidade solidária dos demais sócios em relação a essa parcela não integralizada, nos termos do artigo 1.052, *caput*, segunda parte. Por essa razão, o sócio que integralizar sua quota com o bem reclamado por terceiro responde pela **evicção** – art. 1.005.

O sócio inadimplente com o dever de integralizar suas cotas é denominado **sócio remisso,** nos termos do art. 1.004. Os demais sócios podem executá-lo, excluí-lo do quadro social ou, ainda, reduzir sua participação ao montante já integralizado. No caso de exclusão do quadro social, o capital social será reduzido no valor correspondente à sua participação, a menos que os sócios remanescentes integralizem o valor que antes cabia ao sócio remisso. Neste sentido, o art. 1.031, § 1º.

---

158. LOBO, Jorge. *Sociedade Limitada.* Rio de Janeiro: Forense, 2004, p. 139-140.

d) Responsabilidade dos sócios

A **limitação da responsabilidade dos sócios há de estar expressamente estabelecida no contrato social** (inciso VIII do art. 997).

Respondem eles subsidiariamente pelas dívidas da sociedade?

O **art. 1.023 dispõe que se os bens da sociedade não lhe cobrirem as dívidas, respondem os sócios pelo saldo, na proporção em que participem das perdas sociais, salvo cláusula de responsabilidade solidária**. Essa cláusula seria aquela prevista no art. 997, VIII. O art. 1.024, por sua vez, prevê que os bens particulares dos sócios não podem ser executados por dívidas da sociedade, senão depois de executados os bens sociais (ou seja, estabelece um benefício de ordem). Trata-se de norma semelhante àquela contida no art. 350, do Código Comercial de 1850.

No entanto, e nos termos do art. 1.026 do Código Civil, **o credor particular do sócio pode, na insuficiência de outros bens do devedor, executar sua parcela dos lucros da sociedade – ou a parte que lhe couber em liquidação. Pode, ainda, requerer a liquidação da cota do devedor**, cujo valor, a ser apurado na forma do art. 1.031, será depositado em dinheiro, no juízo da execução, até noventa dias após aquela liquidação.

Desta forma, vem se entendendo que, **na omissão do contrato, valem as regras gerais dos artigos 1.023 e 1.024, de modo que a responsabilidade dos sócios será subsidiária e ilimitada**. Neste sentido, o Enunciado nº 479 da V Jornada de Direito Civil do CJF.

Por outro lado, **o contrato pode estabelecer limitação de responsabilidade**. É o que se conclui da leitura do Enunciado nº 10, da I Jornada de Direito Comercial do CJF: nas sociedades simples, os sócios podem limitar suas responsabilidades entre si, à proporção da participação no capital social, ressalvadas as disposições específicas. Insistimos que essa disposição somente poderá ser oposta entre os sócios; jamais para com terceiros que contratam com a sociedade.

O art. 998 estabelece o dever de se levar os atos constitutivos ao Registro Civil de Pessoas Jurídicas (caso ela não seja uma cooperativa ou uma sociedade de advogados, sujeitas a registro próprio) e destaca, no § 1º, alguns documentos que devem acompanhar o requerimento de arquivamento – o instrumento contratual, a procuração (quando o sócio estiver representado por procurador) e a autorização governamental, caso o objeto social assim o exija.

e) Alteração do contrato social

Na sociedade simples, destaca-se o forte aspecto contratual e pessoal – a *affectio societatis*. Em razão disso, o Código exige a **unanimidade dos sócios para a alteração das cláusulas contratuais tratadas no art. 997**, o que, de fato, pode gerar problemas de ordem prática. É o que dispõe o art. 999 do Código Civil.

O **Enunciado nº 385 do CJF** estabelece que "a unanimidade exigida para a modificação do contrato social somente alcança as matérias referidas no art. 997, prevalecendo, **nos**

demais casos de deliberação dos sócios, a maioria absoluta, se outra mais qualificada não for prevista no contrato".

1.2. Direitos e obrigações dos sócios

Formalizado o contrato social, inicia-se a vida da sociedade simples e, consequentemente, as obrigações dos sócios, salvo expressa previsão de condição suspensiva. É o que dispõe o art. 1.001 do Código Civil que também estabelece a liquidação da sociedade como o momento do encerramento das responsabilidades sociais.

Mas quais seriam essas obrigações? Há de se compreender a função do sócio nas sociedades de pessoas.

Em direito societário, estamos falando, basicamente, da **obrigação de contribuir para a formação do capital social** – subscrevendo e integralizando as cotas – e do direito de **participar dos resultados sociais**.

Nesse tipo de sociedade, o vínculo contratual é marcadamente *intuitu personae*, de forma que eventual ingresso de estranhos no quadro societário deve ser objeto da anuência dos demais. É nesse sentido que os artigos 1.002 e 1.003 do Código Civil devem ser interpretados. Retirar o sócio de uma função que lhe foi dada na constituição da sociedade, ou quando de seu ingresso nela, representaria violação do anteriormente acordado, razão pela qual deve o assunto ser objeto de acordo de todos os demais sócios e representar alteração do contrato social.

O art. 1.002 cuida de hipóteses de alteração da posição do sócio na estrutura societária. Arnoldo Wald exemplifica o alcance do dispositivo na destituição do cargo de administrador e a alteração dos poderes ou da posição dentro da gestão social[159], destacando que, no primeiro caso, a matéria já é tratada no art. 997 e, portanto, submetida à aprovação pela unanimidade dos sócios.

Por essa razão, o legislador se preocupou em conferir tratamento especial à cessão de cotas. O art. 1.003 determina que a **cessão de cotas somente terá eficácia perante a sociedade e aos sócios remanescentes quando houver alteração do contrato social e o consentimento dos demais sócios**. Por "demais sócios" entende-se "todos os sócios", isto é, a lei exige a unanimidade.

O parágrafo único do mesmo art. 1.003 trata da **responsabilidade do sócio cedente das suas cotas, o qual responderá solidariamente com o cessionário, pelas suas obrigações, perante a sociedade e terceiros, até dois anos a partir da alteração do contrato social**.

A distribuição de resultados é característica de toda sociedade. O art. 1.007 do Código Civil prevê que, salvo estipulação em contrário, o sócio participa dos lucros e das perdas,

159. WALD, Arnoldo, MORAES, Luiza Rangel de, WALD, Alexandre de Mendonça. *Direito civil: direito de empresa. Vol. 8.* São Paulo: Saraiva, 2015, p. 273.

na proporção das respectivas quotas, mas aquele, cuja contribuição consiste em serviços, somente participa dos lucros na proporção da média do valor das quotas. Devemos ter em mente que o mencionado dispositivo se aplica somente à sociedade simples pura, ou seja, não empresária.

O art. 1.008, por sua vez, **veda a chamada cláusula leonina**. É nula a estipulação contratual que exclua qualquer sócio de participar dos lucros e das perdas. Mas pode o contrato prever valor exíguo, apenas para não incorrer na literalidade da norma? Entende-se que não; que a participação nas perdas ou nos lucros absolutamente desproporcional à contribuição prestada pelo sócio para a formação da sociedade incide na mesma proibição[160].

1.3. Administração

Administrador é a pessoa que executa a vontade da sociedade, apresentando-se, em seu nome, nas relações que ela mantém com terceiros[161].

A administração da sociedade simples pura (não empresária) somente pode ser exercida por **pessoa física, sócia ou não sócia**.

O art. 1.011, § 1º, afasta da administração aqueles legalmente impedidos (como o magistrado), bem como o condenado a pena que vede o acesso a cargos públicos, ainda que temporariamente, e aquele condenado por crime falimentar, de prevaricação, peita ou suborno, concussão, peculato; ou contra a economia popular, contra o sistema financeiro nacional, contra as normas de defesa da concorrência, contra as relações de consumo, a fé pública ou a propriedade, enquanto perdurarem os efeitos da condenação.

De acordo com o Enunciado nº 218 da III Jornada de Direito Civil, não são necessárias certidões de nenhuma espécie para comprovar os requisitos do art. 1.011 no ato de registro da sociedade, bastando declaração de desimpedimento.

Poderá o administrador ser **indicado no próprio contrato social ou em instrumento separado, averbado no registro competente** nos termos do art. 1.012.

Se o contrato nada estipular, nem houver instrumento separado averbado, há de se aplicar a norma do art. 1.013: a administração da sociedade competirá separadamente a cada um dos sócios. Nesse caso, cada um poderá impugnar operação pretendido por outro, cabendo a decisão aos sócios, que deliberarão por maioria dos votos (§ 1º). O administrador que realizar operações sabendo ou devendo saber que está agindo em desacordo com a maioria responderá por perdas e danos perante a sociedade (§ 2º), pois o art. 1.014 estipula que nos atos de competência conjunta de vários administradores

---

160. GONÇALVES NETO, Alfredo de Assis. *Direito de empresa:* Comentários aos artigos 966 a 1.195 do Código Civil. São Paulo: Revista dos Tribunais, 2016, p. 235.

161. GONÇALVES NETO, Alfredo de Assis. *Direito de empresa:* Comentários aos artigos 966 a 1.195 do Código Civil. São Paulo: Revista dos Tribunais, 2016, p. 245.

será necessário o concurso de todos, salvo nos casos urgentes, que possam acarretar dano irreparável ou grave.

Os administradores têm poderes e deveres. Seus deveres não comportam enumeração taxativa, mas estão sempre vinculados à gestão da sociedade, em sentido amplo (art. 1.015)[162].

Os **poderes** se dividem em **legais** e **contratuais.** Os poderes legais destinam-se à prática de atos ordinários; os poderes contratuais destinam-se à prática de atos extraordinários[163].

A apreciação de cada caso dependerá da atividade exercida pela sociedade, ou seja, do seu objeto social. Em uma sociedade imobiliária, a venda de bens imóveis estará contida nos poderes legais de administração; nas demais, não. A venda de mercadorias de uma fábrica é ato ordinário de gestão, de maneira que o administrador dispõe de *poder legal* para tanto (art. 1.015, *caput*, primeira parte). A venda da máquina que produziu essas mercadorias é ato estranho aos negócios da sociedade, ato extraordinário; portanto, o administrador precisa de autorização (*poder contratual*) para praticá-lo.

Assim, para maior proteção dos bens da sociedade o legislador dispõe que **a oneração ou a venda de bens imóveis, não constituindo seu objeto social, depende da deliberação da maioria dos sócios**. Evidentemente, o contrato pode dispor de forma diversa, estabelecendo competências e poderes específicos para cada administrador, bem como determinar sua atuação conjunta ou separada.

A doutrina e a jurisprudência do Superior Tribunal de Justiça revelavam controvérsia em relação à aplicabilidade da doutrina da *ultra vires societatis* em nosso direito[164]. Agora, com a revogação do parágrafo único do artigo 1.015 do Código Civil, pela Lei nº 14.195, de 2021, a aplicação dessa teoria fica afastada. A justificativa desta alteração, como de outras modificações pontuais no Código Civil, foi a necessidade de incrementar a segurança jurídica para a melhoria do ambiente de negócios no País. O afastamento da teoria *ultra vires* representa uma proteção ao terceiro de boa-fé que com a sociedade contrata.

---

162. A sistematização desses deveres vem do direito anglo-saxônico, na qual eles estão englobados na doutrina das *duties of management*, dentre os quais se encontra o dever de atuar dentro do objeto social (*to act intra vires*) (ZANINI, Carlos Klein. A doutrina dos 'fiduciary duties' no direito norte-americano e a tutela das sociedades e acionistas minoritários frente aos administradores das sociedades anônimas. *Revista de Direito Mercantil, Industrial, Econômico e Financeiro*, nº 109, jan./mar. 1998, p. 137). No mesmo sentido: HENN, Harry G.; ALEXANDER, John R. *Laws of corporations*, 3ª ed., St. Paul: West, 1983, p. 611.

163. MENDONÇA, J. X. Carvalho de. *Tratado de direito comercial brasileiro*. Vol. 3, 6ª ed., atual. Rio de Janeiro: Freitas Bastos, 1963, nº 713, p. 164 e segs.; COMPARATO, Fábio Konder. *Ensaios e pareceres de direito empresarial*. Rio de Janeiro: Forense, 1978, p. 16 e segs.

164 Neste sentido, REsp 704.546/DF, QUARTA TURMA, Rel. Min. Luís Felipe Salomão, v.u. 01/06/2010, DJe 08/06/2010, e EDcl no AgRg no AREsp 161.495/RJ. Rel. Min. Ricardo Villas Bôas Cueva, v.u. 17/12/2013, DJe 12/02/2014.

Em relação à sociedade e a terceiros, os administradores **respondem solidariamente por culpa ou dolo no desempenho da gestão**. É o que estabelece o art. 1.016. Se os terceiros cobrarem diretamente da sociedade, esta poderá exercer seu direito de regresso contra o administrador. Importa destacar que, de acordo com o Enunciado 220 da III Jornada de Direito Civil, o dispositivo é aplicável a todas as sociedades limitadas, inclusive aquelas cujo contrato social preveja a aplicação supletiva das normas das sociedades anônimas.

O art. 1.017 estabelece que o administrador que, sem consentimento por escrito dos sócios, aplicar créditos ou bens sociais em proveito próprio ou de terceiros, terá de restituí-los à sociedade, ou pagar o equivalente, com todos os lucros resultantes, respondendo, ainda, por eventuais prejuízos. Não se pode ignorar que, em sociedades de cunho essencialmente pessoal e de pequeno porte, a separação entre os interesses sociais e os interesses dos sócios tende a ser menos evidente. O interesse da sociedade está relacionado, basicamente, com a continuidade da produção e a maior rentabilidade para a empresa. Essas duas metas devem balizar a atuação dos administradores, para verificar se os créditos e os bens sociais estão sendo aplicados em proveito da sociedade ou, do contrário, em proveito próprio[165].

A **destituição do administrador** é tratada pelo art. 1.019. Os administradores sócios nomeados no contrato social somente podem ser destituídos por justa causa, reconhecida em decisão judicial; os administradores nomeados em ato separado (sócios ou não) podem ter seus poderes revogados a qualquer tempo.

Uma das obrigações legais do administrador é a prestação, aos sócios, de contas justificadas de sua administração, apresentando-lhes o inventário anualmente, bem como o balanço patrimonial e o de resultado econômico. É o que estabelece o art. 1.020, complementado pelo art. 1.021 que garante o direito de fiscalização do sócio não administrador, que pode examinar os livros e documentos, e o estado da caixa e da carteira da sociedade, a qualquer tempo, salvo se o contrato estipular época própria para tal.

2. SOCIEDADE EM NOME COLETIVO

A sociedade em nome coletivo nasceu na Itália, derivada da comunidade familiar, mas sua denominação se deve a Pothier, e com esse nome passou ao Código Comercial Francês de 1807.

O princípio da responsabilidade ilimitada e solidária dos sócios, que preside a sua criação, se destinava a permitir a multiplicação dos negócios. A sociedade era presumida entre todos os membros da família do mercador. O crédito para os comerciantes reunidos em sociedade ficava ampliado e o volume de negócios também, pois, em vez de oferecer a terceiros um único patrimônio como garantia, essa sociedade oferecia o patrimônio de todos os seus sócios.

---

165. WALD, Arnoldo, MORAES, Luiza Rangel de, WALD, Alexandre de Mendonça. *Direito civil: direito de empresa. Vol. 8.* São Paulo: Saraiva, 2015, p. 351.

Todos os **sócios, que serão necessariamente pessoas físicas, responderão solidária e ilimitadamente pelas obrigações sociais** (Cód. Civil, art. 1.039). Ainda assim, "podem os sócios, no ato constitutivo, ou por unânime convenção posterior, limitar entre si a responsabilidade de cada um" (Código Civil, art. 1.039, parágrafo único), "sem qualquer repercussão perante terceiros"[166].

O **credor particular do sócio *não* pode**, nos termos do artigo 1.043, *caput*, do Código Civil, **antes de dissolver-se a sociedade, pretender a liquidação da quota do devedor, a não ser nos casos expressos no parágrafo único do mesmo artigo**:

I – quando a sociedade houver sido prorrogada tacitamente, ou

II – quando, tendo ocorrido prorrogação contratual, for acolhida judicialmente oposição do credor, levantada no prazo de 90 dias, contado da publicação do ato dilatório.

Quando, vencido o prazo de duração previsto originalmente para sua existência, a sociedade prosseguir com suas atividades, sem entrar em liquidação e sem oposição por qualquer dos sócios, ocorrerá a prorrogação tácita.

Esse dispositivo, como assinala Alfredo de Assis Gonçalves Neto, só se aplica às sociedades por prazo *determinado*, pois só nestas poderá ocorrer a prorrogação do contrato. Ao analisar a hipótese do inciso II, lembra que o Código Civil não prevê nenhuma publicação específica para alterações contratuais, e conclui que o prazo de 90 dias deve ser contado a partir da data em que o registro é divulgado pelos meios de publicação dos atos das Juntas Comerciais.

O benefício concedido exclusivamente às sociedades em nome coletivo é criticável, como assinala o autor citado, por não encontrar justificativa razoável e contrariar nossa tradição jurídica[167]. **Aos demais tipos societários aplica-se a regra do art. 1.026, *caput*, do Código Civil.**

É requisito para a sua **constituição** o mínimo de duas pessoas (Código Civil, art. 997, *caput*). Ela só adquire personalidade jurídica mediante o registro do contrato escrito no Registro de Empresas Mercantis.

A **cessão de quotas**, sem a correspondente modificação do contrato social e o consentimento dos demais sócios será ineficaz quanto a estes e à sociedade (Código Civil, art. 1.003). A responsabilidade do cedente perdura por dois anos após a averbação da modificação do contrato social.

A **administração** da sociedade compete **exclusivamente aos sócios** – Código Civil, art. 1.042 –, e todos podem ser administradores, sendo vedada a delegação de poderes. O uso da firma, nos limites do contrato, é privativo dos que tenham os necessários poderes

166. WALD, Arnoldo. *Comentários ao novo Código Civil*, v. XIV: livro II, do direito de empresa. Coord. Sálvio de Figueiredo Teixeira. 2ª ed., rev. e atual. Rio de Janeiro: Forense, 2010, p. 254.

167. GONÇALVES NETO, Alfredo de Assis. *Direito de empresa:* Comentários aos artigos 966 a 1.195 do Código Civil. 6ª ed., rev., atual. e ampl. São Paulo: Ed. Revista dos Tribunais, 2016, p. 348.

(Código Civil, art. 1.042), devendo o contrato social apontar a extensão dos poderes dos administradores[168]; caso o contrato seja omisso, todos têm direito de exercer a administração com poderes regulares de gestão[169].

Ela se **dissolve** por qualquer das causas previstas no artigo 1.033 do Código Civil e, se empresária, pela falência (Código Civil, art. 1.044). A falência da sociedade em nome coletivo implicará a falência dos sócios (Lei nº 11.101/2005, art. 81).

De acordo com o antigo Departamento Nacional do Registro do Comércio – DNRC, entre 1985 e 2001 mais de 3.500 sociedades foram constituídas no Brasil sob a forma de sociedade em nome coletivo.

3. SOCIEDADE EM COMANDITA SIMPLES

A sociedade em comandita simples praticamente desapareceu da vida empresarial, mas Arnoldo Wald assinala seu ressurgimento na França após os anos 1980, especialmente como sociedade *holding*, admitindo que ela possa voltar a ser útil entre nós[170].

Nas sociedades em nome coletivo, como visto, a responsabilidade de todos os sócios era ilimitada, como ocorria nas diversas formas de sociedade encontradas na época em toda a Europa Ocidental, desde os tempos romanos. Mesmo às sociedades anônimas inglesas não se reconhecia limitação de responsabilidade dos sócios, a não ser que houvessem sido criadas por alvará real. A França, por sua vez, criou uma forma intermediária de sociedade na qual passava a haver sócios de responsabilidade limitada: a sociedade em comandita simples, que logo se desenvolveu em outros países.

Comandita significa comenda, ou seja, em dinheiro. Tem origem no contrato de *commenda*, pelo qual se entregava a quem ia fazer uma viagem marítima certa quantia em dinheiro ou mercadorias para que ele negociasse, em nome próprio, mas em benefício de ambos, sendo essa, também, a origem remota da sociedade em conta de participação. Gradualmente, de um contrato marítimo que se extinguia com o regresso do navio e a partilha dos resultados, passou também a abranger o comércio terrestre, e de forma reiterada.

O que entregava o dinheiro só era responsável pela quantia entregue e o que negociava tinha responsabilidade ilimitada. A comandita decorre, portanto, da inserção nas sociedades em nome coletivo de sócios de responsabilidade limitada[171].

A comenda representava, por vezes, um contrato de mútuo disfarçado, um empréstimo a ser restituído com juros altos (tanto quanto os riscos assumidos). Foi a proibição da

168. WALD, Arnoldo. *Comentários ao novo Código Civil*, v. XIV: livro II, do direito de empresa. Coord. Sálvio de Figueiredo Teixeira. 2ª ed., rev. e atual. Rio de Janeiro: Forense, 2010, p. 257.

169. Pela natureza da sociedade, a administração compete a todos os sócios, já o dizia Waldemar Ferreira (FERREIRA, Waldemar. *Tratado de direito comercial*. Vol. 3. São Paulo: Saraiva, 1961, p. 352).

170. WALD, Arnoldo. *Comentários ao novo Código Civil*, v. XIV: livro II, do direito de empresa. Coord. Sálvio de Figueiredo Teixeira. 2ª ed., rev. e atual. Rio de Janeiro: Forense, 2010, p. 259-261.

171. FERREIRA, Waldemar. *Tratado de direito comercial*. Vol. 3. São Paulo: Saraiva, 1961, p. 468-469.

usura do direito canônico que levou à transformação deste contrato em um tipo societário. Mais uma vez, como afirmamos na parte introdutória deste manual, o direito empresarial surge para aplicar ao comerciante um regime próprio, distinto do direito romano e do direito canônico.

Denomina-se sociedade em comandita simples aquela na qual duas ou mais pessoas se associam para o exercício de atividade empresária[172], obrigando-se umas como sócios solidários, ilimitadamente responsáveis, e sendo outras simples portadoras de capitais, com responsabilidade limitada. Aqueles são chamados comanditados e, estes, comanditários. O contrato deve discriminar os comanditados e os comanditários (Código Civil, art. 1.045, parágrafo único).

O Código Civil regulamentou essa sociedade nos arts. 1.045 a 1.051. Suas principais características são as **duas categorias de sócios** (art. 1.045, *caput*): **a) os comanditados,** necessariamente **pessoas físicas**, além de entrar com capital tem **responsabilidade ilimitada** e solidária; b) **os comanditários**, que só entram com capital e tem **responsabilidade limitada ao valor de sua quota.**

Cabe apenas aos sócios comanditados a administração da sociedade, e são eles que emprestam seu nome para a composição da firma social. Caso conste da firma o nome de sócio comanditário, ele passará a ter responsabilidade ilimitada, como se comanditado fosse (Código Civil, art. 1.047, *caput*).

Os sócios comanditários podem ser procuradores da sociedade, mas, somente, para negócios determinados e com poderes especiais (Código Civil, art. 1.047, parágrafo único)[173].

Na falta dos sócios comanditados, os comanditários nomearão administrador provisório para praticar, durante um período máximo de 180 dias e sem assumir a condição de sócio, os atos de administração (Código Civil, art. 1.051, parágrafo único).

Os sócios comanditários adquirem responsabilidade limitada mediante o arquivamento de seu contrato social no Registro do Comércio. Se falta o registro, não se limita

172. Essa sociedade pode ser simples ou empresária. A remissão do art. 1.046 do Código Civil ao seu art. 1.044, que admite sociedades simples em nome coletivo, afasta a exigência de atividade empresária, antes prevista no Código Comercial. WALD, Arnoldo. *Comentários ao novo Código Civil,* v. XIV: livro II, do direito de empresa. Coord. Sálvio de Figueiredo Teixeira. 2ª ed., rev. e atual. Rio de Janeiro: Forense, 2010, p. 269, admite, com razão, sociedades simples em comandita simples. **Em sentido contrário:** REQUIÃO, Rubens. *Curso de direito comercial.* Vol. 1, 34ª ed., rev. e atual. por Rubens Edmundo Requião. São Paulo: Saraiva, 2015, p. 537, exige que a sociedade seja constituída para fins empresariais.

173. A intensidade de sua atuação nessa qualidade pode levá-los a serem identificados com os comanditados: WALD, Arnoldo. *Comentários ao novo Código Civil,* v. XIV: livro II, do direito de empresa. Coord. Sálvio de Figueiredo Teixeira. 2ª ed., rev. e atual. Rio de Janeiro: Forense, 2010, p. 271; REQUIÃO, Rubens. *Curso de direito comercial.* Vol. 1, 34ª ed., rev. e atual. por Rubens Edmundo Requião. São Paulo: Saraiva, 2015, p. 538.

a responsabilidade e essa sociedade se regerá pelas normas da sociedade em comum. Se termina o prazo marcado para a sua duração, a responsabilidade do sócio comanditário deixa de ter limites.

Os sócios de responsabilidade limitada (comanditários) podem tomar parte nas deliberações da sociedade e fiscalizar os negócios sociais (Código Civil, art. 1.047, *caput*), pois esses não são atos de gestão.

Essa sociedade se dissolve por qualquer das causas previstas no artigo 1.044 do Código Civil ou quando por mais de 180 dias perdurar a falta de uma das categorias de sócio (Código Civil, art. 1.051).

A morte do sócio comanditário *não* implica a liquidação da sua quota e a apuração de seus haveres aos herdeiros (Código Civil, art. 1.050) ao contrário da regra geral do artigo 1.028 do Código Civil[174].

A falência sociedade em comandita simples implica a falência dos sócios comanditados (Lei nº 11.101/2005, art. 81).

4. SOCIEDADE LIMITADA

4.1. Introdução

Na evolução dos tipos societários, a sociedade limitada veio resolver um problema: a necessidade de os sócios responderem limitadamente pelos riscos da atividade mercantil, com celeridade e sem os formalismos inerentes às sociedades anônimas, como a obrigatoriedade de obter autorização estatal para sua constituição[175].

Tipo societário mais utilizado no Brasil, a origem da sociedade limitada é controversa. Alguns a situam na Inglaterra que, apesar de só ter regulado as *private companies* (sociedades anônimas de pequeno porte, que exercem funções semelhantes às sociedades limitadas entre nós) no *Companies Act* de 1907 (*section* 37), já tinha referências anteriores a elas na jurisprudência[176]; para outros, ela foi instituída propriamente pela legislação alemã de 1892[177], o primeiro país que consagrou em lei a sociedade limitada como um novo tipo de sociedade.

---

174. WALD, Arnoldo. *Comentários ao novo Código Civil*, v. XIV: livro II, do direito de empresa. Coord. Sálvio de Figueiredo Teixeira. 2ª ed., rev. e atual. Rio de Janeiro: Forense, 2010, p. 268-269, admite, com razão, que o contrato social disponha de modo diverso.

175. GONÇALVES NETO, Alfredo de Assis. *Direito de empresa:* Comentários aos artigos 966 a 1.195 do Código Civil. 6ª ed., rev., atual. e ampl. São Paulo: Ed. Revista dos Tribunais, 2016, p. 364.

176. HALPERIN, Isaac. *Sociedades de responsabilidad limitada*. 8ª ed., atual. Buenos Aires: Depalma, 1980, p. 1.

177. Alemanha. *GmbH*, de 1892, com modificações posteriores. GmbH é a abreviação de "*Gesellschaft mit beschränkter Haftung*".

Em nossa legislação, ela surge com o Decreto 3.708/1919, revogado expressamente pelo Código Civil de 2002, que é bastante minucioso no tratamento conferido a essa sociedade.

4.2. Legislação aplicável

A primeira questão a ser analisada diz respeito à legislação aplicável. É que o Código Civil, em seu art. 1.053, *caput*, é expresso em afirmar que se aplicam **subsidiariamente à sociedade limitada as normas das sociedades simples**. Essa é, portanto, a regra. No entanto, o parágrafo único permite que o contrato social preveja a **regência supletiva da sociedade limitada pelas normas da sociedade anônima**, seguindo a linha adotada pelo Decreto 3.708/1919, art. 18.

Quanto à **opção** pela aplicação supletiva da sociedade anônima, é de se observar que ela irá alterar seu aspecto contratual, podendo conferir-lhe feições de sociedade de capitais. Insistimos: **a regência supletiva da limitada pela Lei 6.404/76 somente ocorrerá se o contrato social expressamente o determinar.**

Aqui, devemos frisar que **a aplicação da Lei 6.404/76 é supletiva, e não subsidiária**: sendo a **norma supletiva, destina-se a suprir as omissões do contrato, incidindo nas hipóteses a respeito das quais poderia o contrato dispor.**[178]

Resumindo a questão, o professor Osmar Brina Corrêa-Lima esclarece:

> *Problemas na sociedade limitada?*
>
> *1. Consulta-se,* **primeiramente, o contrato social que, obviamente, não pode dispor contrariamente ao previsto nos arts. 1.052 a 1.087 do Código Civil.**
>
> *2. Na* **omissão do contrato, consultam-se os arts. 1.052 a 1.087 do Código Civil.**

Na omissão do contrato e dos arts. 1.052 a 1.087 do Código Civil:

> *Se, no contrato,* **se optou por regência supletiva pelas normas da sociedade anônima: Consulta-se a Lei das Sociedades por Ações.**

Em outras palavras, é possível conferir à sociedade limitada um caráter eminentemente de sociedade de capital, com a adoção suplementar da Lei das Sociedades Anônimas[179].

Assim, é evidente que somente será possível aplicar as normas da sociedade anônima naquilo que for compatível com o regime contratual da limitada, de maneira que as regras

---

178. Borba, José Edwaldo Tavares. *Direito Societário.* Rio de Janeiro: Renovar, 2003, p. 102.

179. GONTIJO, Vinícius José Marques. A regulamentação das Sociedades Limitadas. *In*: RODRIGUES, Frederico Viana (coordenador). *Direito de Empresa no Novo Código Civil*. Rio de Janeiro: Forense, 2004. p. 189-205: "Com efeito, não é o instrumento de constituição da sociedade que é híbrido, mas, sim, o tipo societário institucionalmente considerado, na medida em que faculta aos sócios cotistas constituírem, validamente, uma sociedade limitada, preponderantemente, de pessoas ou de capital, conforme seus interesses. Atento à preponderância e na casuística, a sociedade limitada será classificada como sociedade de pessoas ou de capital".

sobre a **responsabilidade dos sócios** não podem ser alteradas para se equivalerem às das sociedades anônimas.

Não se admite a constituição da limitada por subscrição pública, porque o seu caráter contratual não a admite. No que se refere à emissão de títulos representativos do capital social, a resposta será sempre negativa, pois as quotas sociais não podem, por sua natureza, serem representadas por títulos.

O **direito de retirada**, nas limitadas, é regulado pelo disposto no art. 1.077 do Código Civil, ficando **vedada a aplicação da Lei 6.404/76.**

A possibilidade de emissão de títulos negociáveis estranhos ao capital social (debêntures e partes beneficiárias) permanece controversa, por falta de previsão legal. Alfredo de Assis Gonçalves Neto nega essa possibilidade[180], mas Modesto Carvalhosa e Nelson Eizirik a admitem[181]. Contudo, a Lei nº 14.195, de 2021, ao tratar da nota comercial, valor mobiliário, é expressa ao admitir sua emissão pela sociedade limitada (além da sociedade anônima e da sociedade cooperativa).

4.3. Sociedade de pessoas ou sociedade de capitais

A questão da possibilidade de aplicação supletiva da norma da sociedade anônima sempre gerou dúvidas em relação à classificação da limitada como sociedade de pessoas ou de capital.

Alguns autores afirmam que a sociedade limitada seria um tipo intermediário, com normas que a aproximam da sociedade de capital (art. 1.053, parágrafo único), sem perder o caráter *intuitu personae* próprio das sociedades de pessoas[182].

Como já afirmamos neste capítulo, **entendemos que a classificação dessa sociedade dependerá da análise do contrato social**: se este condicionar a cessão ou a alienação de cotas ao prévio consentimento dos demais sócios, estaremos diante de uma sociedade tipicamente de pessoas. Caso não haja essa possibilidade, ou se o contrato adotar supletivamente a Lei 6.404/76, ou admitir a livre cessão de cotas ou, ainda, estabelecer que, na morte de sócio, a transferência de suas cotas aos respectivos sucessores (ou seja, a admissão de novos sócios sem a *affectio societatis* própria das sociedades contratuais), estaremos diante de uma sociedade de capitais[183].

---

180. GONÇALVES NETO, Alfredo de Assis. *Direito de empresa:* Comentários aos artigos 966 a 1.195 do Código Civil. 6ª ed., rev., atual. e ampl. São Paulo: Ed. Revista dos Tribunais, 2016, p. 373-374.

181. CARVALHOSA, Modesto; EIZIRIK, Nelson. *A nova Lei das sociedades anônimas.* São Paulo: Saraiva, 2002, p. 466.

182. GONÇALVES NETO, Alfredo de Assis. *Direito de empresa:* Comentários aos artigos 966 a 1.195 do Código Civil. 6ª ed., rev., atual. e ampl. São Paulo: Ed. Revista dos Tribunais, 2016, p. 367.

183. Neste sentido: WALD, Arnoldo, MORAES, Luiza Rangel de, WALD, Alexandre de Mendonça. *Direito civil: direito de empresa. Vol. 8.* São Paulo: Saraiva, 2015, p. 403.

4.4. Contrato social

O contrato social mencionará, no que couber, as indicações do art. 997, e, se for o caso, a firma social (art. 1.054 do Código Civil). Tal como na sociedade simples, o contrato social da limitada há de ser escrito, para fins de registro na Junta Comercial.

O art. 1.052, do Código Civil, prevê que a responsabilidade dos sócios das sociedades limitadas é restrita ao valor de suas quotas. No entanto, entendemos que essa limitação deve constar de cláusula do contrato social, não sendo suficiente que conste do nome da sociedade, pois o art. 1.054 remete ao art. 997, VIII, que consagra o dever de o contrato social dispor, expressamente, sobre a responsabilidade dos sócios pelas obrigações sociais[184].

O art. 1.054, por outro lado, permite a adoção de firma ou razão social ou, ainda, a denominação. A indicação do vocábulo "Limitada" ou sua abreviatura "Ltda." é importante para a identificação do tipo societário – e, por consequência, para os terceiros que com ela venham a contratar. A ausência desta indicação afasta a limitação da responsabilidade dos administradores, que passam a responder ilimitada e solidariamente (art. 1.158, § 3º).

4.5. O capital social

Quando estudamos a sociedade simples pura tecemos diversas considerações a respeito do capital social. Cabe-nos, agora, tratar de alguns pontos específicos da sociedade limitada.

Como já vimos, o **capital social corresponde ao montante de contribuições dos sócios para a sociedade, para que ela possa cumprir seu objeto social.** Vimos também o **papel de garantia dos credores** desempenhado por ele. Deve, portanto, haver uma harmonia entre capital social, objeto social e o volume de suas atividades, o que pode levar à necessidade de alteração do capital ao longo da existência da sociedade limitada.

O Código Civil conferiu maior efetividade aos princípios da efetividade e da intangibilidade do capital social e, desta forma, maior segurança para os credores e os sócios minoritários.

O art. 1.081 dispõe que, ressalvado o disposto em lei especial, integralizadas as quotas, **pode ser o capital aumentado**, com a correspondente modificação do contrato. Para isso, são necessários **três requisitos**: a) que o capital atual esteja totalmente integralizado; b) deliberação por sócios que representem 3/4 ou 75% do valor das quotas e c) concessão aos sócios do direito de preferência na subscrição[185].

Essa **preferência deve ser exercida em até 30 dias após a deliberação** (art. 1.081, § 1º), entendendo a doutrina que esse prazo pode ser ampliado pelo contrato social. A

184. **Em sentido contrário:** BUGELLI, Sílvia. O direito societário brasileiro. In: SADDI, Jairo (org.). *Fusões e aquisições: aspectos jurídicos e econômicos*. São Paulo: IOB, 2002, p. 163.

185. GONÇALVES NETO, Alfredo de Assis. *Direito de empresa:* Comentários aos artigos 966 a 1.195 do Código Civil. 5ª ed., rev., atual. e ampl. São Paulo: Ed. Revista dos Tribunais, 2014, p. 430.

preferência pode também ser cedida (§ 2º), observando-se as mesmas regras previstas para a cessão de quotas do art. 1.057.

Por outro lado, pode se tornar **necessária ou conveniente a diminuição do capital social**, situação cuidada pelo art. 1.082.

A **redução voluntária** é possível em duas hipóteses: se, **depois da integralização do capital, houver perdas irreparáveis** ou **se o capital se mostrar excessivo em relação ao objeto social.**

Na primeira hipótese, a redução será realizada com a diminuição proporcional do valor nominal da quota. Observe-se que a redação do art. 1.083 leva em consideração a possibilidade de as quotas possuírem valores desiguais. Por outro lado, a redução do capital por perdas somente se tornará efetiva com a averbação, na Junta Comercial, da ata da assembleia que a houver aprovado.

Na segunda hipótese, os sócios são os beneficiários diretos da redução, retomando parte dos investimentos para a formação do capital social. O tratamento conferido pela lei é mais cauteloso, dada a função de garantia do capital.

Nessa hipótese, se o capital estiver integralizado, os sócios recebem parte dos valores investidos. Se ainda não tiver ocorrido a integralização, a redução pode se limitar a liberar os sócios da obrigação do pagamento da diferença. É o que estabelece o *caput* do art. 1.084. A devolução costuma se dar em dinheiro, mas nada impede que o seja por meio de um bem considerado ocioso para os fins sociais. Nesse caso, os sócios podem optar entre a alienação do bem pela sociedade, recebendo em dinheiro o reembolso, ou pela transferência direta de sua titularidade para os patrimônios pessoais.[186]

O § 1º estabelece o prazo de 90 dias a partir da publicação da ata da assembleia para o credor quirografário impugnar a referida deliberação. Aqui, vale observar que, no caso de microempresas e empresas de pequeno porte, dispensadas de publicação de seus atos (art. 71 da Lei Complementar 123/2006), os prazos do Código Civil são contados a partir da data do arquivamento do documento no registro próprio (Enunciado 489 da V Jornada de Direito Civil).

4.6 Prestações acessórias

Prestações acessórias "consistem em obrigações, assumidas, em caráter extraordinário, pelos sócios, de prestarem serviços ou conferirem bens, que não dinheiro, para a sociedade [...]."[187]. Elas se distinguem das contribuições para o capital social, por seu caráter extraordinário, e das prestações suplementares, por não se destinarem a reforçar ou restabelecer o crédito da sociedade.

186. GONÇALVES NETO, Alfredo de Assis. *Direito de empresa:* Comentários aos artigos 966 a 1.195 do Código Civil. 6ª ed., rev., atual. e ampl. São Paulo: Ed. Revista dos Tribunais, 2016, p. 468.

187. LOBO, Jorge Joaquim. Sociedades limitadas. Vol. 1. Rio de Janeiro: Forense, 2004, p. 125.

A tecnologia é um fator de produção, muitas vezes de importância superior ao próprio capital, servindo as empresas de alta tecnologia como exemplo. Por esta razão, a exigência de uma contribuição material – ou de direitos patrimoniais – para a formação do capital social não deveria impedir que alguns sócios contribuíssem para o capital, tão só, com a sua competência ou experiência técnica para o desenvolvimento da sociedade. Nossa legislação, no entanto, em razão da função atribuída ao capital social, não o permite, exigindo que os bens e direitos destinados à sua formação sejam suscetíveis de penhora, sendo expressamente vedada a contribuição com a prestação de serviços com essa finalidade.

Nosso Código Civil é omisso quanto à contribuição dos sócios com prestação de serviços com finalidade diversa da composição do capital social. À falta de expressa permissão legal, essa contribuição obrigatória dos sócios em competência técnica ou empresarial, por meio da prestação de serviços ou da conferência de bens poderá ser estipulada, nas sociedades limitadas, sob a forma de prestações acessórias, – como a de dar uma contribuição tecnológica para o desenvolvimento das operações industriais da sociedade. Essas prestações não dispensam a contribuição para o capital e serão admitidas com fundamento no artigo 1.053, *caput*, do Código Civil.

Complementando e reforçando as afirmações acima, a Instrução Normativa DREI/ME nº 88, de 23 de dezembro de 2022, dispõe: "É lícito que o sócio preste serviços à sociedade, em caráter oneroso ou não, ainda que não ostente a condição de administrador."[188]

Essa Instrução Normativa deixa claro que aos sócios que prestam serviços à sociedade não se atribui a qualidade de administradores, pois distingue uns de outros. Os administradores representam a sociedade, e os sócios que prestam serviços a ela estão sujeitos aos atos dos administradores que celebram o referido contrato com ela.

A mesma Instrução admite que essa prestação possa ter caráter oneroso ou não. Poderá não haver preço ou retribuição, porque o sócio poderá concordar em receber um ou outra por meio de sua participação no resultado da sociedade[189], mas poderá ser remunerada.

Ela aproxima, em parte, a sociedade limitada da antiga sociedade de capital e indústria (art. 319, do Cód. Comercial de 1850)[190], e da atual sociedade simples, a qual "passou a

188. BRASIL. DREI. Instrução Normativa DREI/ME nº 88, de 23 de dezembro de 2022. Altera as Instruções Normativas DREI nº 81, de 10 de junho de 2020; 77, de 18 de março de 2020; 52, de 29 de julho de 2022; e 112, de 20 de janeiro de 2022. No ponto em exame, essa Instrução altera o item 4.3.6 do Anexo IV do Manual de Registro de Sociedade Limitada, que dispõe sobre a Contribuição com prestação de serviços, e veda "a contribuição ao capital que consista em prestação de serviços (§ 2º do art. 1.055 do Código Civil)", para nele incluir a norma em exame.

189. HALPERIN, Isaac. *Sociedades de responsabilidad limitada.* 8ª ed., atual. Buenos Aires: Depalma, 1980, p. 116.

190. BRASIL. Cód. Comercial/1850. "Art. 319 – O instrumento do contrato da sociedade de capital e indústria, além das enunciações indicadas no artigo nº. 302, deve especificar as obrigações do sócio ou sócios que entrarem na associação com a sua indústria somente, e a quota de lucros que deve caber-lhes em partilha. Na falta de declaração no contrato, o sócio de indústria tem direito a uma quota nos lucros igual à que for estipulada a favor do sócio capitalista de menor entrada."

representar núcleo mínimo do direito societário"[191]. Mas, nesta última, admite-se que a contribuição do sócio para a composição do capital consista em serviços (art. 997, V, do Código Civil), o que não ocorre nas sociedades limitadas.

4.7. As quotas

Nos termos do art. 1.055, o capital é dividido em **quotas, iguais ou desiguais**, cabendo uma ou diversas a cada sócio, mas a praxe empresarial segue no sentido da emissão de quotas de mesmo valor.

O sócio, por sua vez, tem a **faculdade de subscrever (adquirir)** e o **dever de integralizar (pagar) as quotas**, de modo a contribuir efetivamente para a formação do capital social.

A integralização pode ser feita em dinheiro ou com bens, sendo vedada a contribuição em prestação de serviços (§ 2º do art. 1.055). No caso de integralização com bens, o § 1º determina que todos os sócios respondem solidariamente pela exata estimação (avaliação) de bens conferidos ao capital social pelo prazo de cinco anos da data do registro da sociedade. É uma norma que visa a conferir concretude ao princípio da efetividade do capital e, assim, estimular a correta avaliação dos bens.

Vale, ainda, a advertência do art. 1.005 – **o sócio responde pela evicção e, no caso de transferência de crédito, pela solvência do devedor**.

Quotas preferenciais

A lei não aborda expressamente a instituição de quota preferencial e a doutrina apresenta divergência.

A criação de quotas preferenciais confere ao seu titular privilégios ou prioridades. Diversos autores como Arnoldo Wald e Alfredo de Assis Gonçalves Neto **admitem sua existência**, entendendo que a desigualdade de direitos entre os sócios não viola nenhuma norma ou princípio geral, desde que os respectivos direitos e deveres estejam previstos no contrato social[192], concluindo, portanto, que a limitada pode ter o capital dividido em quotas ordinárias e preferenciais de diferentes classes, na linha dos artigos 16 a 18 da Lei 6.404/76[193].

Haroldo Verçosa e Tavares Borba admitem quotas preferenciais com prioridade no recebimento de lucros, desde que mantido o direito de voto dos titulares delas[194]. Natu-

191. TEPEDINO, Gustavo; BARBOSA, Heloísa Helena; MORAES, Maria Celina Bodin de. *Código Civil Interpretado conforme a Constituição da República*. Vol. III, 2ª ed., Rio de Janeiro: Renovar, 2014, p. 78.

192. WALD, Arnoldo, MORAES, Luiza Rangel de, WALD, Alexandre de Mendonça. *Direito civil: direito de empresa. Vol. 8*. São Paulo: Saraiva, 2015, p. 424.

193. LOBO, Jorge. *Sociedade Limitada*. Rio de Janeiro: Forense, 2004, p. 145.

194. VERÇOSA, Haroldo Malheiros Duclerc. *Direito comercial*. vol. 2. 3ª edição, rev., atual. e ampl. São Paulo: Revista dos Tribunais, 2014, p. 370. BORBA, José Edwaldo Tavares. *Direito societário*. São Paulo: Atlas, 2015, p. 132-133.

ralmente, essas quotas não poderão excluir quaisquer sócios dos lucros e das perdas, sob pena de caracterizar a denominada sociedade leonina.

A Instrução Normativa DREI nº 81, de 2020, é expressa ao admitir que o contrato social preveja a existência da quota preferencial. Nesse caso, presumir-se-á a regência supletiva da Lei nº 6.404/76 (item 5.3, II, *b* do Anexo IV). Ainda segundo a mencionada Instrução, são admitidas quotas de classes distintas, nas proporções e condições definidas no contrato social, que atribuam a seus titulares direitos econômicos e políticos diversos, podendo ser suprimido ou limitado o direito de voto pelo sócio titular da quota preferencial respectiva, observados os limites da Lei 6.404, aplicada supletivamente. Na hipótese de quotas preferenciais sem direito a voto, para efeito de cálculo de quóruns de instalação e deliberação previstos no Código Civil, consideram-se apenas aquelas com direito a voto.

Mesmo sob o regime anterior, já se admitia a presença da quota preferencial, uma vez que não havia no Código Comercial ou no Decreto 3.078/19 qualquer vedação à sua existência. O contrato social poderá instituir quotas preferenciais, atribuindo determinadas vantagens aos seus detentores (i.e., o direito a uma participação prioritária ou superior nos lucros a serem distribuídos, ou ainda uma prioridade no reembolso do capital no caso de liquidação da sociedade). **O art. 1.007 do Código Civil autoriza esse entendimento ao consagrar que, *salvo estipulação em contrário*, a regra será da participação proporcional nos lucros e nas perdas.** Evidentemente, as quotas preferenciais terão sempre direito de voto – o legislador garante a todo e qualquer cotista, por menor que seja sua participação no capital social, o direito ao voto. Além disso, outro limite, bastante evidente, está no próprio Código Civil, cujo art. 1.008 estabelece que é nula a estipulação que exclua qualquer sócio de participar dos lucros e das perdas.

Uma vez admitidas – como nos parece – as quotas preferenciais, está aberto o caminho para a aceitação das prerrogativas autorizadas às ações preferenciais do artigo 18 da Lei 6.404/76. **A doutrina vem admitindo que a quota preferencial confere ao seu titular privilégios ou prioridades de caráter patrimonial, político, ou ambos**, o que inclui não apenas o direito a dividendos diferenciados ou sobre determinados bens em caso de dissolução, mas também o direito de convocar e presidir as assembleias-gerais e de consultar os livros e documentos sociais, possibilitando ao seu detentor uma fiscalização – ainda que não absoluta – da administração da sociedade.[195]

A quota é um bem e, portanto, pode ser objeto de relações jurídicas. Assim, **pode ser dada em garantia por meio de penhor**, através de contrato escrito de acordo com os artigos 1.451 e seguintes do Código Civil, devidamente averbado na Junta Comercial para fins de oponibilidade perante terceiros; **pode ser dada em usufruto**, com a aplicação suplementar da Lei 6.404/76, devendo ser devidamente averbado (art. 40). Além disso, o instrumento que o institui deve definir a quem caberá o direito de voto, sob pena de o mesmo somente poder ser exercido mediante acordo prévio entre o usufrutuário e o nu-proprietário (art. 114).

---

195. LOBO, Jorge, *Sociedade Limitada*. Rio de Janeiro: Forense, 2004, p. 143.

Pode ser objeto de penhora. Aplica-se, aqui, o art. 1.026 (que trata da sociedade simples). Neste sentido, o **Enunciado nº 388** da IV Jornada de Direito Civil: o disposto no art. 1.026 do Código Civil não exclui a possibilidade de o credor fazer recair a execução sobre os direitos patrimoniais da quota de participação que o devedor possua no capital da sociedade.

O STJ, por seu turno, vem admitindo a penhora (REsp. 148.947/MG, Rel. Min. Carlos Alberto Menezes Direito, DJ 29.04.2002, AgRg no Ag 704.174/SP, Rel. Min. Aldir Passarinho Junior, DJ 27.03.2006).

O Código de Processo Civil, em seu art. 861, cuida da penhora de quotas das sociedades personificadas e das ações. Assim, uma vez penhorada a quota, o juiz abrirá prazo de até três meses para que a sociedade apresente balanço especial, na forma da lei, ofereça as quotas aos demais sócios, observado o direito de preferência legal ou contratual e, por fim, não havendo interesse dos sócios, proceda à liquidação das quotas, depositando em juízo o valor apurado, em dinheiro (incisos I a III). A sociedade pode adquiri-las sem redução do capital social e com a utilização de reservas, para manutenção em tesouraria (§ 1º). O juiz poderá, a requerimento do exequente ou da sociedade, nomear administrador, que deverá submeter à aprovação judicial a forma de liquidação (§ 3º). Caso não haja interesse dos demais sócios, a sociedade não as adquira e a liquidação do inciso III do *caput* seja excessivamente onerosa para a sociedade, o juiz poderá determinar o leilão judicial da quota (§ 5º).

Cessão de quotas: o Decreto 3.708/1919 não cuidava do tema. O Código Civil, em seu art. 1.057, estabelece que, à falta de previsão contratual, a cessão de quotas é permitida livremente para outro sócio; para adquirente estranho ao quadro social, é necessário que não haja a oposição de sócios que detenham mais de 1/4 do capital social. O parágrafo único é claro ao exigir que o instrumento de cessão contenha as assinaturas dos sócios anuentes para a averbação e, consequentemente, para que produza efeitos perante terceiros. A anuência dos demais sócios é, portanto, expressa.

Aqui, é evidente o direito de veto, baseado na proteção à *affectio societatis.* Mas o contrato social pode dispor de forma diversa, facilitando a cessão de quotas, conferindo à sociedade limitada uma feição mais semelhante a uma sociedade de capital.

Neste sentido decidiu o STJ (REsp 1.309.188/SP, rel. Ministro LUÍS FELIPE SALOMÃO, QUARTA TURMA, julgamento em 24/04/2014, DJe 15/08/2014):

> "A cessão de quotas sociais em uma sociedade por responsabilidade limitada deve observar regras específicas, previstas no art. 1.057 do CC, em cujo *caput* há permissão para que o contrato social franqueie também a terceiros não sócios o livre ingresso na sociedade – aproximando-se, assim, das sociedades de capitais – ou imponha condições e restrições de toda ordem à admissão do novo sócio, priorizando o elemento humano como fator de aglutinação na formação do ente social. De uma forma ou de outra, a previsão contratual em sentido diverso prevalece sobre o aludido preceito legal".

Quanto à **possibilidade de cessão de quotas para a própria sociedade**, o Decreto 3.708/1919 admitia-a expressamente, e o Código Civil é silente quanto ao tema. Diversos autores defendem a possibilidade, considerando que a Lei 6.404/76 admite expressamente a aquisição, pela companhia, de suas próprias ações. Além disso, argumentam que, na inexistência de vedação expressa, não haveria motivo para uma interpretação restritiva. Neste sentido, ainda, o Enunciado nº 391 da IV Jornada de Direito Civil: "A sociedade limitada pode adquirir suas próprias quotas, observadas as condições estabelecidas na Lei das Sociedades por Ações". A Instrução Normativa DREI nº 81, item 4.4.1, admite a aquisição das próprias quotas pela sociedade limitada quando seu contrato social contiver cláusula determinando a regência supletiva pela Lei das Sociedades por Ações, observadas as condições legais, fato que não lhe confere a condição de sócia. O item em questão faz expressa menção ao Enunciado nº 391, da IV Jornada de Direito Civil do CJF.

4.8. Administração

O Código Civil trouxe algumas modificações terminológicas. Pelo regime do Decreto 3.708/19, somente o sócio podia exercer a função de administrador, então denominado "gerente", razão pela qual se difundiu a expressão "sócio-gerente", hoje substituída pelo termo "administrador", que poderá ou não integrar o quadro social. "Gerente" é agora o preposto permanente no exercício da empresa, na sede desta, ou em sucursal, filial ou agência (art. 1.172).

A sociedade limitada poderá ser administrada por uma ou mais pessoas designadas no contrato social ou em ato separado. Ao administrador cabe o uso da firma ou denominação social (art. 1.064), ou seja, a ele cabe atuar em nome da sociedade limitada. **A atividade de administrador é intransferível (indelegável), sendo-lhe vedado fazer-se substituir no exercício de suas funções, sendo possível, no entanto, nos limites de seus poderes, constituir mandatários da sociedade, especificados no instrumento os atos e operações que poderão praticar** (art. 1.018).

Nomeação dos administradores. O contrato social pode designar **sócio administrador**. Se a designação se der em ato separado, o quórum para sua escolha é de mais da metade do capital social (maioria).

No caso do **administrador não sócio**, sua escolha se dá pela aprovação de titulares de quotas correspondentes a mais da metade do capital social (não mais de 2/3 dos sócios, na hipótese de capital social integralizado; ou pela aprovação de no mínimo 2/3 dos sócios (não mais da unanimidade), se o capital social não estiver integralizado (art. 1.061 do Código Civil, na redação dada pela Lei nº 14.451, de 2022).

Essa mudança facilita a tomada de decisões, mas, ao afastar a necessidade de unanimidade dos sócios na pendência da integralização do capital, acaba por sujeitar todos eles ao risco da vontade do novo administrador, enquanto eles respondem solidariamente por essa integralização.

Os poderes de administração não se estendem aos sócios que ingressarem posteriormente na sociedade. **Na eventualidade de ingresso de novo sócio, aplica-se o parágrafo único do art. 1.060: o contrato social deve ser alterado para, expressamente, atribuir-lhe poderes de administração.**

Nomeação da diretoria pelo Conselho de Administração. A IN DREI 1/2024 prevê a possibilidade de os membros da diretoria de uma sociedade limitada serem eleitos pelo

Conselho de Administração, quando instalado[196]. Até então, a instituição desse Conselho era prevista pelo DREI, sem referência à escolha da diretoria.

Ocorre que a designação de administrador, quando feita em ato separado do contrato social, depende da deliberação dos sócios (art. 1.071, II, do Código Civil). **Duas posições opostas** podem ser sustentadas quanto à legalidade da atribuição de poderes ao conselho de administração:

a) A atribuição de poderes seria válida, pois os sócios podem delegar seus poderes de nomeação dos administradores a outros, e apenas a atividade de administrador é indelegável (art. 1.018);

b) A atribuição de poderes a esse conselho, para eleger os diretores, constituiria delegação de poderes, que seria vedada por ser a deliberação de escolha dos administradores exclusiva dos sócios.

Destituição dos administradores. O art. 1.063 trata da **destituição do administrador**, que pode ocorrer a qualquer tempo, pelo término do prazo estipulado no contrato social ou documento de designação ou, ainda, pela renúncia. Se sócio e nomeado no próprio contrato social, o § 1º estabelece o quórum de mais da metade do capital social[197]. No entanto, o contrato social pode estipular quórum diverso.

Pessoa jurídica pode ser administradora de sociedade limitada? A opinião majoritária responde negativamente. O art. 997, VI c/c 1.054, refere-se a pessoas naturais ao tratar do administrador; além disso, o art. 1.062, § 2º, estabelece que, nos dez dias seguintes ao da investidura, o administrador deverá requerer a averbação de sua nomeação na Junta, mencionando seu nome, nacionalidade, estado civil e residência. No entanto, autores há que afirmam que o art. 1.060 não traz nenhuma vedação, ao passo que o art. 997 seria aplicável "no que couber", o que não seria o caso[198].

---

196 DREI. Manual de Registro de Sociedade Limitada, Anexo IV à Instrução Normativa DREI nº 81, de 2020, na redação dada pela IN DREI nº1/2024, item 4.5.3: "Na hipótese de previsão de conselho de administração, por aplicação supletiva da Lei nº 6.404, de 1976, a administração será dividida em Conselho de Administração e Diretoria, cabendo aos sócios a nomeação do conselho e a este a nomeação da diretoria.

Os administradores poderão ser estrangeiro ou residente no exterior, devendo, contudo, apresentar procuração outorgando poderes específicos a residente no Brasil para receber citação judicial em seu nome (art. 146, § 2º, da Lei nº 6.404, de 1976)."

197. Na nova redação dada pela Lei nº 13.792, de 2019. Pela redação original, o quórum era de 2/3 do capital social.

198. **Pela corrente majoritária**, LOBO, Jorge. *Sociedade Limitada.* Rio de Janeiro: Forense, 2004, p. 54. RAMOS, André Luiz Santa Cruz, *Direito empresarial esquematizado*. 5ª ed. rev., atual. e ampl. Rio de Janeiro: Forense, 2015, p. 268. WALD, Arnoldo, MORAES, Luiza Rangel de, WALD, Alexandre de Mendonça. *Direito civil: direito de empresa. Vol. 8.* São Paulo: Saraiva, 2015, p. 546. **Em sentido contrário:** GONÇALVES NETO, Alfredo de Assis. *Direito de empresa:* Comentários aos artigos 966 a 1.195 do Código Civil. 6ª ed., rev., atual. e ampl. São Paulo: Ed. Revista dos Tribunais, 2016, p. 398: "A sociedade limitada pode ser administrada por pessoa jurídica que seja sua sócia ou não, devendo, nesse caso, ser designada a pessoa natural que irá, em seu nome, exercer de fato a administração. E,

Entendemos que o Código Civil não a impede, pois refere-se genericamente "a uma ou mais pessoas designadas no contrato social ou em ato separado" (art. 1.060). A remissão do artigo 1.054 do Código Civil ao disposto em seu art. 997 reforça nossa convicção, pois esse somente exige a indicação das pessoas naturais incumbidas da administração da sociedade. Os trabalhos preparatórios do Código, a nosso ver, também revelam essa intenção, inclusive ao rejeitar as Emendas n°s 71 e 72, que previam a necessidade de qualificação no contrato social das pessoas a quem caberia a representação da sociedade, com parecer favorável de Miguel Reale[199].

Ocorre que parte ponderável da doutrina segue em sentido contrário, amparada nos mesmos dispositivos legais.

Raquel Sztajn entende que "a aplicação subsidiária do artigo 997 do Código Civil ao conjunto de tipos societários desenhados neste Código, indicava que apenas pessoas naturais deveriam ser apontadas para a função", mas ressalva: "Espera-se, contudo, flexibilidade na aplicação da norma, apresentando-se o costume já assentado"[200].

Modesto Carvalhosa entende que a exigência prevista nos artigos 997, IV, e 1.062, § 2º, do Código Civil, o primeiro requerendo a indicação das "pessoas naturais incumbidas da administração da sociedade"; o segundo, exigindo a qualificação da pessoa física que exercer a administração, indicam a necessidade de o sócio ser pessoa física[201].

Outros autores também negam essa possibilidade[202], e o Enunciado 66, aprovado na I Jornada de Direito Civil, afirma que: "A teor do § 2º do art. 1.062 do Código Civil, o

---

uma vez admitida sua administração por pessoa jurídica, fica aberta a possibilidade de seu exercício tanto por sociedade como por associação ou fundação, observadas as condicionantes legais". O autor cita, ainda, OSMAR BRINA CORRÊA-LIMA e MARLON TOMAZETTE como autores que admitem o exercício da administração por pessoa jurídica.

199. REALE, Miguel. Emendas ao Projeto de Código Civil. In: *O Projeto de Código Civil no Senado Federal.* Vol. II, Brasília: Senado Federal, 1998, p. 49, afirma: "[...] não há razão para que conste obrigatoriamente do contrato social a designação do representante, quando a administração da sociedade couber a pessoa jurídica: é melhor que a designação do representante seja feita livremente pela pessoa jurídica com aquela incumbência".

200. SZTAJN, Raquel. In: FONSECA, Priscila M. P. Corrêa da; SZTAJN, Raquel. *Código Civil comentado.* Vol. XI: direito de empresa. Coord. Álvaro Villaça Azevedo. São Paulo: Atlas, 2008, p. 453. Em outra obra, a autora acrescenta o argumento de que as sociedades anônimas também não permitem a nomeação de administrador pessoa jurídica, de maneira que a aplicação supletiva da Lei nº 6.404/76 conduziria ao mesmo resultado (SZTAJN, Raquel. Externalidades e custos de transação: a redistribuição de direitos no Código Civil. *Revista de Direito Mercantil, Industrial, Econômico e Financeiro.* Vol. 133, Nova série, jan./mar./04, p. 7-31, citação de p. 20-21). A nós parece o contrário: o Código Civil buscou flexibilizar a administração das sociedades limitadas, permitindo a nomeação de administrador pessoa jurídica.

201. CARVALHOSA, Modesto. *Comentários ao Código Civil*: parte especial: do direito de empresa. Vol. 13 (coord. Antonio Junqueira de Azevedo). São Paulo: Saraiva, 2003, p. 110.

202. WALD, Arnoldo. *Comentários ao novo Código Civil,* v. XIV: livro II, do direito de empresa. Coord. Sálvio de Figueiredo Teixeira. 2ª ed., rev. e atual. Rio de Janeiro: Forense, 2010, p. 370-372. CALÇAS, Manoel de Queiroz Pereira. *Sociedade limitada no novo Código Civil.* São Paulo: Atlas, 2003, p. 141. **No mesmo sentido – pela corrente majoritária e pela impossibilidade de a administração ser**

administrador só pode ser pessoa natural". A IN **DREI 81, de 2020, impede o registro de atos de sociedades limitadas que nomeiem administrador pessoa jurídica (título 3.3, II)**.

Responsabilidade do administrador: o art. 997, VI, determina que o contrato social estabeleça os poderes e atribuições do administrador. O Código, por outro lado, não traz regra específica sobre a responsabilidade dos administradores da sociedade limitada, de modo que se aplica a regra supletiva. Assim, na aplicação subsidiária das regras da sociedade simples, deverão ser observados os artigos 1.011 a 1.016. A responsabilidade solidária e ilimitada dos administradores somente se verifica em caso de culpa.

O art. 1.065 traz a obrigação do administrador de elaborar inventário, balanço patrimonial e balanço de resultado econômico ao término de cada exercício e em até quatro meses (art. 1.078) sob pena de responderem perante a sociedade pelos prejuízos resultantes desse atraso.

Aqui, cabe uma menção à **Lei 12.846/13 ("Lei Anticorrupção")**, cujo art. 3º, § 2º determina que os dirigentes e administradores da pessoa jurídica somente serão responsabilizados por atos ilícitos na medida de sua culpabilidade, **reiterando, portanto, a norma do art. 1.016 do Código Civil.**

4.9. Distribuição dos resultados

A **distribuição de resultados** é, a rigor, o objetivo de toda e qualquer sociedade. Vale destacar que, nos termos do art. 1.009, a distribuição de lucros ilícitos ou fictícios acarreta a responsabilidade solidária dos administradores que a realizarem e dos sócios que os receberem, conhecendo ou devendo conhecer-lhes a ilegitimidade. O **art. 1.059**, por seu turno, é **muito mais amplo: obriga os sócios à reposição dos lucros e quantias retiradas**, a qualquer título e ainda que autorizados pelo contrato, quando distribuídos com prejuízo do capital, **independentemente de os sócios terem conhecimento da ilegalidade**.

4.10. Conselho Fiscal

Os sócios têm o direito de fiscalizar a administração da sociedade, nos termos do já analisado art. 1.001, que se encerra com a aprovação das contas de cada exercício. O art. 1.066 abre a possibilidade de a sociedade limitada instituir conselho fiscal no seu contrato social. **Na ausência de previsão contratual, o conselho fiscal poderá ser criado, com a aprovação de no mínimo ¾ do capital social para a referida alteração.**

---

exercida por sócio pessoa jurídica, LOBO, Jorge. *Sociedade Limitada*. Rio de Janeiro: Forense, 2004, p. 54. RAMOS, André Luiz Santa Cruz, *Direito empresarial esquematizado*. 5ª ed. rev., atual. e ampl. Rio de Janeiro: Forense, 2015, p. 268. WALD, Arnoldo, MORAES, Luiza Rangel de, WALD, Alexandre de Mendonça. *Direito civil: direito de empresa. Vol. 8*. São Paulo: Saraiva, 2015, p. 546.

O conselho fiscal é órgão da sociedade, ainda que facultativo, e exerce poder dirigido à avaliação da administração do patrimônio desta, voltado à realização do direito de informação do acionista. Mas **o conselho não aprova o balanço, apenas opina** sobre ele[203], pois, seus membros dão "parecer sobre os negócios e as operações sociais do exercício em que servirem" (Código Civil, art. 1.069, III). Mas esses pareceres devem ser analisados pelos sócios (Código Civil, art. 1.066, *caput*), ainda que eles não estejam obrigados a segui-los[204].

Os membros do conselho fiscal podem ser sócios ou não. O Código prevê o número mínimo de membros do conselho fiscal, mas não seu número máximo (art. 1.066, *caput*).

Não podem fazer parte do conselho fiscal os inelegíveis para o cargo de administrador (Código Civil, art. 1.011, § 1º), os membros dos demais órgãos da sociedade ou de outra por ela controlada, os empregados de quaisquer delas ou dos respectivos administradores, o cônjuge ou os parentes deles até o terceiro grau (art. 1.066, § 1º).

Os requisitos previstos no artigo 1.067 do Código Civil conduzem à interpretação de que os membros do conselho fiscal devem ser, exclusivamente, pessoas naturais[205].

Conselhos são, por natureza, órgãos colegiados, mas **os membros do conselho fiscal têm o dever de agir "individual ou coletivamente" para realizar suas funções** (Cód. Civil, art. 1.069, *caput*). **Seus poderes são indelegáveis a outro órgão da sociedade** e não podem ser restringidos pelo contrato social ou por deliberação dos sócios.

O art. 1.066, § 2º, conferiu aos sócios minoritários que representem ao menos 1/5 do capital social o direito de eleger, separadamente, um dos membros e o respectivo suplente.

A **possibilidade de exame direto das contas pelos sócios, quando instalado o conselho fiscal, não apresenta unanimidade**. Entendemos que **esse exame não caracteriza delegação**, pois o sócio não age como órgão da sociedade, defende interesse próprio; por consequência, os sócios permanecem com o direito de exame direto das contas da sociedade; caso contrário, eles veriam excluído seu direito de fiscalizar os negócios da sociedade. Mas a doutrina apresenta divergência, como destacam Alfredo de Assis Gonçalves Neto e Arnoldo Wald[206].

---

203. BULGARELLI, Waldírio. *O conselho fiscal nas companhias brasileiras*. São Paulo: Ed. Revista dos Tribunais, 1988, p. 70.

204. CARVALHOSA, Modesto. *Comentários ao Código Civil*: parte especial: do direito de empresa. Vol. 13 (coord. Antonio Junqueira de Azevedo). São Paulo: Saraiva, 2003, p. 164.

205. TEPEDINO, Gustavo; BARBOSA, Heloísa Helena; MORAES, Maria Celina Bodin de. *Código Civil interpretado conforme a Constituição da República*. Vol. III, 2ª ed., rev. e atual. Rio de Janeiro: Renovar, 2014, p. 209.

206. GONÇALVES NETO, Alfredo de Assis. *Direito de empresa:* Comentários aos artigos 966 a 1.195 do Código Civil. 5ª ed., rev., atual. e ampl. São Paulo: Ed. Revista dos Tribunais, 2014, p. 395, sustenta que, havendo conselho fiscal não cabe fiscalização direta pelos sócios dos negócios das sociedades limitadas. WALD, Arnoldo. *Comentários ao novo Código Civil,* v. XIV: livro II, do direito de empresa. Coord. Sálvio de

Gustavo Tepedino entende, com razão, que, *caso o contrato social opte pela aplicação supletiva da Lei das Sociedades por Ações, o direito ao exame direto pelos sócios ficará afastado*[207].

Os **membros do conselho fiscal** serão remunerados (art. 1.068). Já o art. 1.069 elenca, exemplificativamente, **suas atribuições**:

I – examinar, pelo menos trimestralmente, os livros e papeis da sociedade e o estado da caixa e da carteira, devendo os administradores ou liquidantes prestar-lhes as informações necessárias;

II – lavrar no livro de atas e pareceres do conselho fiscal o resultado dos exames referidos no inciso I;

III – exarar nesse livro e apresentar à assembleia anual dos sócios parecer sobre os negócios e as operações sociais do exercício em que servirem, tomando por base o balanço patrimonial e o de resultado econômico;

IV – denunciar os erros, fraudes ou crimes que descobrirem, sugerindo providências úteis à sociedade;

V – convocar a assembleia dos sócios se a diretoria retardar por mais de trinta dias a sua convocação anual, ou sempre que ocorram motivos graves ou urgentes;

VI – praticar, durante o período da liquidação da sociedade, os atos a que se refere o artigo, tendo em vista as disposições especiais reguladoras da liquidação.

O art. 1.070 traz uma regra importante, dispondo que as **atribuições e poderes conferidos ao conselho fiscal não podem ser outorgados a outro órgão da sociedade**, e que a responsabilidade de seus membros obedece à regra que define a dos administradores. O *caput* faz expressa menção ao art. 1.016.

A Lei 6.404/76, art. 165, § 3º, estabelece que o conselheiro fiscal deve consignar sua divergência em ata e comunicar a falta aos órgãos de administração e à assembleia geral. O art. 1.069, *caput,* determina que os conselheiros têm o dever de agir "individual ou coletivamente" para realizar suas funções. Portanto, se algum deles deixa de agir quando tinha obrigação de fazê-lo, responde por omissão, e não pelo simples fato de integrar o conselho.

4.11. Assembleia-Geral e Reunião de sócios

A Assembleia-Geral é o órgão colegiado responsável pelas deliberações sociais, nos termos do art. 1.072. O Código Civil inovou o regime anterior e, nos termos do § 1º,

Figueiredo Teixeira. 2ª ed., rev. e atual. Rio de Janeiro: Forense, 2010, p. 398, afirma que "ao ser instituído o Conselho Fiscal, o direito à informação e de fiscalização fica mais restrito, pois deve ser exercido pelos delegados".

207. TEPEDINO, Gustavo; BARBOSA, Heloísa Helena; MORAES, Maria Celina Bodin de. *Código Civil interpretado conforme a Constituição da República.* Vol. III, 2ª ed., rev. e atual. Rio de Janeiro: Renovar, 2014, p. 208-209.

tornou **obrigatório o regime de assembleia para as sociedades limitadas com mais de 10 sócios.** Nas **sociedades menores**, com até 10 sócios, a assembleia pode ser substituída por **reunião de sócios.**

A diferença entre a assembleia e a reunião é, basicamente, de ordem formal: a assembleia deve ser convocada com a observância das formalidades dos arts. 1.074 e 1.075.

A assembleia será presidida e secretariada por sócios escolhidos entre os presentes (art. 1.075). Dos trabalhos e deliberações, será lavrada ata assinada pelos membros da mesa e por sócios participantes "quantos bastem à validade das deliberações, mas sem prejuízo dos que queiram assiná-la" (§ 1º). Nos vinte dias subsequentes à reunião, uma cópia da ata, autenticada, deverá ser apresentada ao Registro Público para arquivamento e averbação (§ 2º), para fins de produção de efeitos perante terceiros; caso algum sócio a solicite, uma cópia da ata lhe será entregue (§ 3º).

O art. 1.076 trata dos quóruns de deliberação, no que foi o Código Civil bastante criticado por impor um rigorismo e quóruns distintos para diversas situações, em muito se afastando do regime de 1919.

Os quóruns de deliberação:

a) **Para instalação da assembleia de sócios:**

a.1) 1ª chamada: ¾ do capital votante, 3 publicações de avisos com antecedência de 8 dias;

a.2) 2ª chamada: qualquer número de sócios, 3 publicações de avisos com antecedência de 5 dias (art. 1.074).

Note-se que o quórum para a instalação da assembleia de sócios em primeira chamada é superior àquele necessário para a deliberação, gerando certa incongruência, pois a deliberação só poderá ocorrer após a instalação.

b) **Para votação:**

b.1) **Maioria absoluta do capital social (mais da metade do capital social)**, nos casos previstos nos incisos II, III, IV, V, VI e VIII do caput do art. 1.071 (art. 1.076, II, na redação dada pela Lei 14.451/22 c/c 1.010, § 1º). O Código Civil também utiliza a expressão "mais da metade do capital social" para a designação de administradores não sócios, caso o capital social esteja integralizado (art. 1.061, na redação dada pela Lei 14.451/22) e para a destituição de sócio nomeado administrador no contrato, salvo disposição diversa (art. 1.063, § 1º, na redação dada pela Lei 13.792/19).

b.2) **2/3 do capital social**: designação de administradores não sócios, enquanto o capital social não estiver integralizado (art. 1.061, na redação dada pela Lei 14.451/22).

b.3) **Unanimidade**: transformação em outro tipo (salvo previsão contratual diversa), caso em que o dissidente poderá retirar-se da sociedade (art. 1.114).

b.4) **Maioria de votos dos presentes** (maioria simples), contados segundo o valor das quotas de cada um, **nos demais casos previstos na lei ou no contrato, se este não exigir maioria mais elevada** (art. 1.076, III). É o quórum da aprovação das contas dos administradores, designação, destituição e aprovação de contas dos liquidantes (art. 1.071, I e VII c/c 1.076, III). Segundo o art. 1.010, *caput*, "quando, por lei ou pelo contrato social, competir aos sócios decidir sobre os negócios da sociedade, as deliberações serão tomadas por maioria de votos, contados segundo o valor das quotas de cada um".

A assembleia há de ser anual, devendo ocorrer nos quatro meses seguintes ao término do exercício social (art. 1.078), com o objetivo de:

a) tomar as contas dos administradores e deliberar sobre o balanço patrimonial e o resultado econômico;

b) designar administradores, quando for o caso; e

c) tratar de qualquer outro assunto constante da ordem do dia.

É permitida a participação e o voto do sócio à distância em reunião ou em assembleia, previsão advinda da Lei nº 14.030, de 2020, já no contexto da pandemia do coronavírus e das medidas de distanciamento social. É o que dispõe o art. 1.080-A, cujo parágrafo único estabelece, ainda, que a reunião ou a assembleia poderá ser realizada de forma digital, respeitados os direitos legalmente previstos de participação e de manifestação dos sócios e os demais requisitos regulamentares.

4.12. Direito de retirada

O art. 1.077 trata do direito de retirada motivada, que representa o poder (direito potestativo) do sócio de se desligar da sociedade mediante apuração e recebimento de seus haveres do patrimônio social, nas hipóteses de modificação do contrato, fusão da sociedade, incorporação de outra, ou dela por outra. Trata-se de dispositivo equivalente ao que previa o "direito de recesso" na legislação anterior.

Esse direito é potestativo porque, recebendo a sociedade a manifestação de vontade do sócio que deseja retirar-se, extingue-se a relação jurídica que os une, produzindo-se a resolução do vínculo associativo[208]. Ele configura uma atenuação do princípio majoritário e representa, nas sociedades limitadas, uma contrapartida à inexistência de livre circulação negocial das quotas.

208. TEIXEIRA, Egberto Lacerda. *Das sociedades por quotas de responsabilidade limitada.* São Paulo: Max Limonad, 1956, nº 100, p. 216-217.

O sócio dissidente poderá exercer seu direito nos trinta dias subsequentes à reunião, aplicando-se, no silêncio do contrato social antes vigente, o disposto no art. 1.031, o qual prevê a apuração do valor da quota do sócio pelo montante efetivamente realizado, a ser liquidado, salvo disposição contratual em contrário, com base na situação patrimonial da sociedade, à data da resolução, verificada em balanço especialmente levantado.

Entendemos que o prazo de 30 dias para o exercício do direito de retirada se conta da data da deliberação, se o sócio esteve presente, ou do arquivamento, se ele esteva ausente, pois, neste último caso, é do arquivamento do ato que se presume a publicidade do conteúdo da deliberação.

O direito de retirada, na medida em que permite a decisão majoritária, facilita o governo da sociedade, evitando que se recorre à exigência de maiorias qualificadas cada vez maiores para ajustar o curso da sociedade à realidade dos negócios. Examinada a questão por esse ângulo, ainda que o exercício do recesso descapitalize temporariamente a sociedade, permite à maioria tomar decisões que podem prejudicar o sócio que se retira, mas também podem se revelar vantajosas para os demais.

Há autores que veem no direito de retirada um prejuízo para a sociedade. Assim, não se trataria de medida de preservação da empresa, uma vez que pode levar à redução do patrimônio e reduzir a competitividade da sociedade no mercado[209]. No entanto, para evitar que o pagamento dos haveres do sócio retirante torne a empresa inviável economicamente, os demais sócios podem, nos trinta dias subsequentes à notificação, optar pela dissolução da sociedade (art. 1.029, parágrafo único, do Código Civil).

O direito de retirada vem sendo ampliado pela jurisprudência, com fundamento no artigo 1.029, ***caput***, do Código Civil, no artigo 5º, XX, da Constituição ou em ambos, como veremos no capítulo sobre a dissolução de sociedades.

4.13. Exclusão de sócio

O tratamento conferido à exclusão do sócio é, necessariamente, diverso do direito de retirada, uma vez que estamos tratando de duas situações diferentes: quando falamos, acima, da retirada, falamos da situação em que o sócio diverge de determinada alteração contratual (quanto à fusão ou à incorporação) e está exercendo seu direito de romper unilateralmente com o vínculo societário.

Situação diversa envolve a exclusão do sócio. Agora estamos numa situação em que se atua contra o direito individual de ser sócio e de exercer os direitos patrimoniais e pessoais dele decorrentes. Trata-se de uma situação excepcional, razão pela qual o ordenamento jurídico é ainda mais cauteloso, no art. 1.085 do Código Civil, que não exclui a aplicação do art. 1.030, e admite a **exclusão extrajudicial de sócio**, desde que:

209. GONÇALVES NETO, Alfredo de Assis. *Direito de empresa:* Comentários aos artigos 966 a 1.195 do Código Civil. 6ª ed., rev., atual. e ampl. São Paulo: Ed. Revista dos Tribunais, 2016, p. 448.

a) haja **expressa previsão contratual** de exclusão por justa causa

b) ao sócio sejam imputados **atos graves** e

c) a decisão se dê por **maioria absoluta** (logo, a exclusão extrajudicial somente atinge **sócios minoritários**).

O contrato social deve expressamente admitir a possibilidade, sendo essa necessidade criticada por alguns autores. Argumenta-se que quando houver maioria qualificada (3/4) para alterar o contrato social, nada impede que, na omissão do contrato, a sociedade delibere a exclusão, pois "o que é possível em duas assentadas (alteração contratual para prever a possibilidade de exclusão por justa causa, seguida de reunião para deliberá-la) pode ocorrer em uma só"[210]. Outros autores afirmam que, caso o contrato não contenha essa previsão, a exclusão do sócio da limitada será judicial[211].

O contrato, por sua vez, deve tratar da chamada "justa causa" – o art. 1.085 trata de "atos de inegável gravidade". Não basta a alegação de quebra da *affectio societatis*, mas a demonstração dos motivos que ocasionaram essa quebra (REsp 1.129.222/PR, Min. NANCY ANDRIGHI, decisão em 28.06.13).

Por fim, uma observação quanto ao quórum: o art. 1.085, efetivamente, se refere a "mais da metade do capital social", isto é, à maioria absoluta. Evidentemente, para a fixação do quórum deliberativo, não se poderá computar a participação do sócio minoritário cuja exclusão se delibera, devendo a apuração da deliberação se lastrear na totalidade do capital restante, ou seja, apenas no capital social daqueles legitimados a votar.

O **impedimento do voto do acusado** decorre do disposto no art. 1.074, § 2º, do Código Civil, que proíbe o voto do sócio em matéria que lhe diga respeito, diretamente, pois, neste caso, ele terá interesse oposto ao da sociedade[212]. O voto eventualmente proferido não será considerado para efeito de quórum[213], sem que esse impedimento exclua o direito do sócio de participar da deliberação, apresentando a defesa que entender cabível[214].

Neste sentido, recente acórdão do STJ (REsp 1.459.190-SP – Rel. Ministro LUÍS FELIPE SALOMÃO, DJe 1º/02/2016)

> "Recurso especial. Direito empresarial. Sociedade limitada. Exclusão de sócio minoritário. Prazo decadencial de três anos para anulação da assembleia. Decisão da maioria dos sócios, representativa de mais de metade do capital social.

---

210. GONÇALVES NETO, Alfredo de Assis. *Direito de empresa:* Comentários aos artigos 966 a 1.195 do Código Civil. 6ª ed., rev., atual. e ampl. São Paulo: Ed. Revista dos Tribunais, 2016, p. 470.

211. RAMOS, André Luiz Santa Cruz, Direito Empresarial Esquematizado. São Paulo: Método, 2014, p. 284.

212. NUNES, A. J. Avelãs. *O direito de exclusão de sócios nas sociedades comerciais.* 1ª ed. brasileira, São Paulo: Cultural Paulista, 2001, p. 260.

213. BOITEUX, Fernando Netto. Voto minoritário e 'quorum' na assembleia geral da sociedade anônima. *Revista de Direito Mercantil, Industrial, Econômico e Financeiro*. Nova série, jul/set 1989, v. 75, p. 100-103.

214. NUNES, A. J. Avelãs. Ob. Cit., p. 270.

> Quórum de deliberação em que não pode ser computada a participação, no capital social, do sócio excluendo. 1. O prazo decadencial para exercício do direito à anulação da deliberação de exclusão de sócio minoritário de sociedade limitada é de 3 anos, nos termos do art. 48 do Código Civil. 2. Após sólida construção doutrinária e jurisprudencial que autorizava a exclusão de sócio minoritário, sempre tendo em mira o princípio da preservação da empresa e a manutenção de vínculo harmonioso entre os sócios, a matéria veio a ser regulada expressamente no novo Código Civil e, especialmente no que toca à sociedade limitada, regulamentada em seu art. 1.085. 3. Do excerto, verifica-se a imposição de requisitos formais e materiais para expulsão extrajudicial de sócio minoritário: i) deliberação da maioria dos sócios, representativa de mais da metade do capital social; ii) colocação da sociedade em risco pela prática de atos de inegável gravidade; iii) previsão expressa no contrato social; e iv) cientificação do excluendo. 4. **Em regra, o direito de sócio participar nas deliberações sociais é proporcional à sua quota no capital social. Por outro lado, o § 2º do art. 1.074 do Código Civil veda expressamente, com fundamento no princípio da moralidade e do conflito de interesses, que sócio participe de votação de matéria que lhe diga respeito diretamente, como sói a exclusão de sócio, haja vista que atinge diretamente sua esfera pessoal e patrimonial**. 5. Nessa linha, **para fins de quórum de deliberação, não pode ser computada a participação no capital social do sócio excluendo, devendo a apuração se lastrear em 100% do capital restante, isto é, daqueles legitimados a votar**. 6. Na hipótese, a exclusão foi aprovada por unanimidade, mas, apesar de reconhecer isso, o Tribunal de origem entendeu pela ilegalidade da deliberação ao fundamento de que os sócios votantes eram detentores do percentual de 79,58% do capital social, inferior aos 85% exigidos pelo contrato social. 7. Nesse contexto, todavia, excluindo-se as quotas representativas de 20,413% do capital da ora recorrida, percebe-se que houve unanimidade dos sócios votantes representativos, por causa da exclusão desta, de 100% do capital social legitimado a deliberar. 8. Portanto, presentes todos os requisitos legais, sendo o expulso sócio minoritário, havendo cláusula permissiva no contrato social com convocação de reunião dos sócios especialmente para tal finalidade, tendo havido a cientificação do excluendo e com conclave realizado com sócios titulares de mais de metade do capital social, necessário reconhecer a legitimidade da deliberação de exclusão. 9. Recurso especial provido." (STJ – REsp 1.459.190 – (2013/0381244-8) – 4ª T. – Rel. Min. Luis Felipe Salomão – DJe 01.02.2016)

A **assembleia** em questão tem de ser **convocada para esse fim, com a cientificação do sócio acusado**. É o que estabelece o parágrafo único do art. 1.085, cuja redação dada pela Lei 13.792/2019 ressalva o caso em que a sociedade possua apenas dois sócios: nesse caso não se exige a convocação da assembleia, apenas o registro da alteração contratual.

O que pode fazer o sócio minoritário excluído em sua defesa? O STJ, no acórdão cuja ementa acabamos de transcrever, entende que este sócio tem **o prazo decadencial de três anos para exercer o direito à anulação da deliberação societária** que o tenha excluído da sociedade – ainda que o contrato social preveja a regência supletiva pelas normas da Lei 6.404/76.

Vimos, portanto, a exclusão do sócio minoritário. Mas, **seria possível excluir o sócio majoritário?**

Como o Código somente previu o exercício do direito à exclusão *extrajudicial* do minoritário, o impedimento ao exercício do direito de voto jamais terá como consequência a possibilidade de exclusão do sócio majoritário pelo minoritário[215], ainda que o primeiro seja culpado. Neste caso, o recurso ao Judiciário se impõe.

Por ser possível a exclusão *judicial* de sócio "por falta grave no cumprimento de suas obrigações", "por iniciativa da maioria dos demais sócios" (Código Civil, art. 1.030, *caput*), é de se admitir a possibilidade de exclusão do sócio igualitário (na sociedade composta apenas por dois sócios, com idêntica participação no capital)[216], e do majoritário.

A exclusão judicial do sócio majoritário, se presente justa causa, também se justifica, pois, a sociedade não pode ser conduzida a um fim ilícito, ainda que pelo voto da maioria de seu capital, mediante iniciativa da maioria dos demais sócios, aplicando o quórum da maioria absoluta do capital representado pelas quotas dos demais sócios (art. 1.030, do Código Civil e Enunciado nº 216/CJF)[217], pois aquele previsto no artigo 1.085, *caput*, do Código Civil só é aplicável à exclusão extrajudicial[218].

---

215. CARVALHOSA, Modesto. *Comentários ao Código Civil*: parte especial, vol. 13, (coord. Antonio Junqueira de Azevedo). São Paulo: Saraiva, 2003, p. 318.

216. O quórum previsto no art. 1.030, *caput*, é da maioria do capital dos demais sócios, não do capital social total. Entendimento diverso conduziria à impossibilidade de ação judicial da sociedade composta por apenas dois sócios com idêntica participação no capital, no caso de um destes ter cometido falta grave. Esta é a melhor interpretação do enunciado 216 da III Jornada de Direito Civil – STJ, no que se refere ao disposto no art. 1.030: "216 – Arts. 999, 1.004 e 1.030: O quórum de deliberação previsto no art. 1.004, parágrafo único, e no art. 1.030 é de maioria absoluta do capital representado pelas quotas dos demais sócios, consoante a regra geral fixada no art. 999 para as deliberações na sociedade simples. Esse entendimento aplica-se ao art. 1.058 em caso de exclusão de sócio remisso ou redução do valor de sua quota ao montante já integralizado".

No mesmo sentido: STJ, AgRg no Ag 1.203.778/RJ, Quarta Turma, rel. Min. Luis Felipe Salomão, v.u. 09/03/2010, ementa (transcrição parcial): "Sociedade limitada composta por apenas dois sócios, cada qual detentor de 50% das quotas sociais, sendo que a um deles, com a participação de terceiros, é imputado ato lesivo à sociedade praticado com violação à lei e ao contrato social. Não se mostra razoável impor, nem compatível com a sistemática informal de regência das sociedades por cotas, exigir maioria do capital, maioria de sócios ou ainda a realização de reunião de quotistas para deliberar sobre a possibilidade de ajuizamento de ação de dissolução de sociedade/exclusão de sócio/responsabilização de sócio. Precedentes".

217. BRASIL. CJF. Enunciado 216 da III Jornada de Direito Civil: "216 – Arts. 999, 1.004 e 1.030: *O quórum de deliberação previsto no art. 1.004, parágrafo único, e no art. 1.030 é de maioria absoluta do capital representado pelas quotas dos demais sócios,* consoante a regra geral fixada no art. 999 para as deliberações na sociedade simples. Esse entendimento aplica-se ao art. 1.058 em caso de exclusão de sócio remisso ou redução do valor de sua quota ao montante já integralizado". (itálicos apostos).

218. BRASIL. STJ, REsp 1.653.421/MG, Terceira Turma, Rel. Min. Ricardo Villas Bôas Cueva, v.u. 10/10/2017, DJe 13/11/2017; REVPRO, vol. 280, p. 537, ementa: "RECURSO ESPECIAL. DIREITO SOCIETÁRIO. AÇÃO DE DISSOLUÇÃO PARCIAL DE SOCIEDADE. NEGATIVA DE PRESTAÇÃO JURISDICIONAL. NÃO OCORRÊNCIA. CERCEAMENTO DE DEFESA. INEXISTÊNCIA. SÓCIO MAJORITÁRIO. PRÁTICA DE FALTA GRAVE. EXCLUSÃO. ART. 1.030 DO CÓDIGO CIVIL DE 2002. SÓCIOS MINORITÁRIOS. INICIATIVA. POSSIBILIDADE.

5. SOCIEDADE LIMITADA UNIPESSOAL

A previsão da sociedade limitada unipessoal visou afastar a prática de se chamar um sócio apenas para compor a sociedade, sem quota significativa, em convergência com o que dispõem as legislações estrangeiras. Ao mesmo tempo, o legislador revogou a legislação que dispunha sobre a EIRELI, e não impediu a possibilidade de a pessoa natural possuir mais de uma sociedade unipessoal, nem a constituição por pessoa jurídica, bem como não previu limite mínimo para o capital integralizado, salvo quando exigido para atividades previstas em leis especiais.

A unipessoalidade admitida pelos §§ 1º e 2º do art. 1.052 do Código Civil, na redação dada pela Lei nº 13.874, de 2020 poderá decorrer de constituição originária, mas também da conversão em sociedade limitada unipessoal por meio da concentração em sociedade limitada unipessoal por meio da concentração da titularidade que compõem o capital de uma sociedade limitada na pessoa de um único sócio, caso em que a unipessoalidade será derivada[219].

5.1. Ato constitutivo

A sociedade limitada unipessoal será constituída por ato unilateral escrito, público ou particular, que atenderá às seguintes disposições do artigo 997, do Código Civil, por força do disposto no seu artigo 1.052, § 2º:

---

1. Controvérsia limitada a definir se é possível a exclusão judicial de sócio majoritário de sociedade limitada por falta grave no cumprimento de suas obrigações, mediante iniciativa da maioria dos demais sócios.

2. Nos termos do Enunciado nº 216/CJF, aprovado na III Jornada de Direito Civil, o quórum de deliberação previsto no art. 1.030 do Código Civil de 2002 é de maioria absoluta do capital representado pelas quotas dos demais sócios.

3. Na apuração da maioria absoluta do capital social para fins de exclusão judicial de sócio de sociedade limitada, consideram-se apenas as quotas dos demais sócios, excluídas aquelas pertencentes ao sócio que se pretende excluir, não incidindo a condicionante prevista no art. 1.085 do Código Civil de 2002, somente aplicável na hipótese de exclusão extrajudicial de sócio por deliberação da maioria representativa de mais da metade do capital social, mediante alteração do contrato social.

4. Recurso especial não provido."

Precedente: BRASIL. STJ, REsp 1.121.530/RN, Quarta Turma, rel. Min. João Otávio de Noronha, v.u. 13/09/2011, DJe 26/04/2012, ementa (transcrição parcial): "3. Em circunstâncias excepcionais, é possível a exclusão do sócio majoritário a pedido de minoritário, a fim de prestigiar o princípio da preservação da empresa. Teoria do fato consumado que se adota como fundamento para manter o sócio minoritário no quadro societário". Esse acórdão está amparado, inclusive, na doutrina de Arnoldo Wald. (Obs.: a certidão do acórdão errou ao afirmar que ele seria lavrado pelo Min. Marco Buzzi, que não participou do julgamento)

219. MARQUES NETO, Floriano Peixoto; Rodrigues Jr., Otavio Luiz; LEONARDO, Rodrigo Xavier (coords.). *Comentários à Lei da Liberdade Econômica:* Lei 13.874/2019. São Paulo: Thomson Reuters Brasil, 2019, p. 401.

a) nome, nacionalidade, estado civil, profissão e residência do sócio único, se pessoas naturais, e a firma ou a denominação, nacionalidade e sede, se pessoa jurídica;

b) o nome adotado pela sociedade, que poderá ser firma social ou denominação;

c) seu objeto, sede da sociedade e das filiais, se houver, e o prazo de duração;

d) o capital da sociedade, expresso em moeda corrente, podendo compreender qualquer espécie de bens, suscetíveis de avaliação pecuniária;

e) a pessoa natural incumbida da administração, seus poderes e atribuições.

O sócio único poderá ser nacional ou estrangeiro, observadas as limitações específicas referentes aos ramos de atividade que não admitem seja o controlador sócio estrangeiro. Essa sociedade poderá adotar a regência supletiva da Lei das Sociedades por Ações, tal como as demais limitadas.

5.2. Composição do nome empresarial

A sociedade limitada unipessoal poderá adotar firma ou denominação como nome empresarial, devendo em qualquer dos casos inserir ao final a palavra "limitada", por extenso ou abreviada[220].

5.3. Responsabilidade do sócio único

As normas sobre a proteção do capital dessas sociedades permanecem as mesmas aplicáveis às sociedades limitadas pluripessoais, de maneira que iremos revê-las brevemente, apenas.

Responsabilidade do sócio único. As normas sobre a proteção do capital dessas sociedades permanecem as mesmas aplicáveis às sociedades limitadas pluripessoais, de maneira que iremos revê-las brevemente, apenas.

Permanece vedada a contribuição em serviços para a composição do capital social. A integralização do capital poderá ocorrer de imediato ou em data futura, mas esse prazo deverá estar previsto no seu ato constitutivo ou de conversão da sociedade anteriormente existente, ficando o sócio único responsável por ela.

O capital social pode ser aumentado, ou reduzido, nas mesmas hipóteses aplicáveis às demais sociedades, mas "somente precisam ser publicadas as decisões do sócio único da sociedade limitada unipessoal no caso de redução de capital, quando considerado excessivo em relação ao objeto da sociedade (§ 1º do art. 1.084 do Código Civil)"[221]; o credor quirografário, por título anterior a essa data, poderá opor-se à deliberação.

220. BRASIL. IN DREI nº 81, de 20 de junho de 2020, Capítulo II, Seção I, Título 4.1.

221. BRASIL. IN DREI nº 81, de 20 de junho de 2020, Seção II, Título 2, nota II.

As deliberações do sócio deverão constar de documento escrito, para que os credores possam apreciar sua vinculação ao objeto da sociedade, e os negócios jurídicos celebrados entre o sócio único e a sociedade devem servir para a realização desse objeto.

Quando o ato que gerou a responsabilidade do sócio for ilícito a responsabilidade pela dívida é pessoal.

A desconsideração da personalidade jurídica, inclusive na modalidade inversa, pode ocorrer em caso de responsabilização pessoal do sócio único pela prática de ato ilícito.

O ato de extinção de sociedade limitada unipessoal observará as disposições sobre o distrato do contrato social[222].

6. SOCIEDADES POR AÇÕES

Existem **dois tipos de sociedades por ações**: a **comandita por ações** e a **sociedade anônima**, ou companhia.

6.1. Comandita por ações

Historicamente, a comandita por ações é posterior à criação da sociedade anônima. Esta última permitia a limitação da responsabilidade de todos os sócios, mas, inicialmente, não era de livre constituição. Prevalecia o regime de autorização, que somente na segunda metade do século XIX foi abandonado, em favor do regime de liberdade de constituição de S.A. – e a partir daí a sociedade em comandita por ações caiu em desuso.

A comandita por ações foi uma solução que permitia a divisão do capital em ações, mas sem a necessidade de autorização pelo Poder Público. Em compensação, havia sócios com e sem limitação de responsabilidade.

A sociedade em comandita por ações tem o capital dividido em ações, regendo-se pelas normas relativas à sociedade anônima, sem prejuízo das modificações previstas no Código Civil (art. 1.090). O Código Civil não é, portanto, supletivo das normas desse tipo social previstas na Lei nº 6.404/76: é "teoricamente modificativo e derrogatório" dessas normas, ainda que as modificações sejam pequenas[223]. Neste sentido, o Enunciado 74 da I Jornada de Direito Civil, segundo o qual "apesar da falta de menção expressa, como exigido pelas LCs 95/98 e 107/2001, estão revogadas as disposições de leis especiais que contiverem matéria regulada inteiramente no novo Código Civil, como, v.g., as disposições da Lei nº 6.404/76, referente à sociedade comandita por ações, e do Decreto nº 3.708/1919, sobre sociedade de responsabilidade limitada". Ela será **necessariamente**

222. BRASIL. IN DREI nº 81, de 20 de junho de 2020, Seção V, Título 11, item 2, nota.

223. CARVALHOSA, Modesto. *Comentários ao Código Civil*: parte especial: do direito de empresa. Vol. 13 (coord. Antonio Junqueira de Azevedo). São Paulo: Saraiva, 2003, p. 382.

sociedade empresária, por aplicação do disposto no artigo 982, parágrafo único, do Código Civil[224].

Os comanditários que permitirem a inclusão do seu nome na composição da firma social responderão como se comanditados fossem.

Os sócios comanditários respondem apenas pela integralização das ações que subscreveram, ao passo que os comanditados (administradores) respondem subsidiária, ilimitada e solidariamente pelas perdas sociais (Código Civil, art. 1.091, *caput* e § 1º). Modesto Carvalhosa destaca a impropriedade da expressão "obrigações sociais" presente no artigo 1.091, *caput*, esclarecendo que se trata "de responsabilidade pela integridade do patrimônio social como um todo, que deverá ser suficiente para a cobertura das obrigações assumidas"[225].

Os administradores, denominados diretores, serão nomeados no ato constitutivo da sociedade, sem limitação de tempo, e somente poderão ser destituídos por deliberação de acionistas que representem no mínimo dois terços do capital social (Código Civil, art. 1.091, § 2º).

O artigo 1.092 do Código Civil impõe limites à soberania da assembleia-geral das sociedades em comandita por ações, impedindo que ela possa, sem consentimento dos administradores, "mudar o objeto essencial da sociedade, prorrogar-lhe o prazo de duração, aumentar ou diminuir o capital social, criar debêntures ou partes beneficiárias".

6.2. Sociedade anônima

6.2.1. Introdução

A história das sociedades anônimas mostra que esse tipo societário foi inicialmente concebido para grandes empreendimentos, que exigiam grandes concentrações de capital.

Numa primeira fase, entre os séculos XVI e XVII, vigorou o **sistema de privilégios**. Surgiram as chamadas companhias licenciadas mediante cartas reais, que representaram um esforço conjunto entre governos e comerciantes para a exploração colonial. As cartas reais conferiam direitos exclusivos de comércio, e as companhias pertenciam a um só tempo aos setores público e privado. O Estado necessitava de capital; os comerciantes, além do lucro, precisavam limitar sua responsabilidade patrimonial. O exemplo mais evidente é o da Companhia das Índias Ocidentais (*Westindische Compagnie*), a qual foi outorgado o poder de efetuar pactos e alianças com outros soberanos e comerciantes, criar exércitos, nomear funcionários. Um exemplo concreto desse poder é a permuta realizada em

224. V Jornada de Direito Civil. Enunciado 477: "Art. 983: O art. 983 do Código Civil permite que a sociedade simples opte por um dos tipos empresariais dos arts. 1.039 a 1.092 do Código Civil. Adotada a forma de sociedade anônima ou de comandita por ações, porém ela será considerada empresária".

225. CARVALHOSA, Modesto. *Comentários ao Código Civil*: parte especial: do direito de empresa. Vol. 13 (coord. Antonio Junqueira de Azevedo). São Paulo: Saraiva, 2003, p. 387.

1667, através da qual a referida Companhia entregou um pequeno entreposto comercial chamado Nova Amsterdã (atual ilha de Manhattan) em troca da ilha de Run, produtora de noz-moscada[226].

Com a Revolução Francesa e a abolição do sistema das corporações de ofício, foi concedida ampla liberdade aos indivíduos, o que incluía a liberdade de comércio. No entanto, logo foi criado um regime ainda intermediário, um **sistema de autorização governamental**. A companhia poderia ser criada pelos seus fundadores, mas estes necessitavam de autorização governamental. Essa necessidade se justificava pela limitação da responsabilidade dos sócios. O Decreto 575, de 10 de janeiro de 1849, consagrou, no Brasil, o sistema de autorização.

Essa necessidade levou ao desenvolvimento, como vimos acima, das sociedades em comandita por ações, que escapavam, assim, ao regime de autorização.

Somente a partir de meados do século XIX acentuou-se o movimento pela liberação das companhias – e o consequente declínio da comandita por ações, passando a vigorar o **sistema de liberdade de criação**. No Brasil, o sistema foi adotado pela Lei 3.150/1882.

6.2.2. Aspectos gerais da sociedade anônima

a) É o exemplo clássico de **sociedade de capital**. As ações são, por natureza, livremente transferíveis. O que importa é a reunião de capitais, pouco importando a pessoa do acionista. Daí, inclusive, a característica desta sociedade por ações como sociedade "anônima". É verdade, porém, que algumas sociedades anônimas, chamadas de capital fechado, impõem limitações quanto a circulação das ações, o que pode lhe conferir uma natureza mais própria de sociedade de pessoas. Mas essa situação há de ser vista como excepcional. O art. 36 da LSA permite que a o estatuto estabeleça limitações à circulação das ações, desde que não impeça a sua negociação.

b) É **sempre uma sociedade empresária**, independentemente do objeto. Neste sentido, os arts. 2º, § 1º, da LSA e 982, parágrafo único, do Código Civil.

c) A sociedade anônima **adotará, sempre, denominação**, acompanhada das expressões "companhia" ou "sociedade anônima", expressas por extenso ou abreviadamente, mas vedada a utilização da primeira ao final. É possível, entretanto, incluir na sua denominação o nome do fundador, acionista, ou pessoa que, de qualquer modo, haja concorrido para o êxito da formação da empresa (art. 1.160, *caput* e parágrafo único, do Código Civil, na redação dada pela Lei nº 14.382/2022; art. 3º, da Lei nº 6.404/76), sem que isto signifique que tal pessoa responderá pelas obrigações sociais.

---

226. MICKLETHWAIT, John e WOOLDRIDGE, Adrian. *Companhia: Breve Histórico de uma Idéia Revolucionária.* Rio de Janeiro: Objetiva, 2003, p. 49. Recomendamos o livro para uma ampla visão histórica, política e econômica da companhia.

É facultada a designação do objeto social (LSA, art. 3º e art. 1.160, caput, do Código Civil, na redação dada pela Lei nº 14.382/2022)[227].

O termo "grupo" é de uso exclusivo dos grupos de sociedades organizados, mediante convenção, na forma da LSA[228].

d) **Capital dividido em ações.**

e) **Responsabilidade limitada dos acionistas,** respondendo cada um pela integralização do preço de emissão das ações que subscrever ou adquirir (art. 1º da LSA). Observe a diferença em relação à limitada, onde o sócio responde pela integralização total do capital social (art. 1.052 do Código). A limitação da responsabilidade, na companhia, é ainda mais intensa. Isso, somado à facilidade de circulação das ações, foi responsável pelo grande desenvolvimento deste tipo societário.

6.2.3. Companhias abertas e fechadas

A companhia é aberta ou fechada conforme os valores mobiliários de sua emissão estejam ou não admitidos à negociação no mercado de valores mobiliários. É o que estabelece o art. 4º da LSA.

Em resumo, **companhias abertas** são aquelas **registradas na Comissão de Valores Mobiliários (CVM) para negociação na Bolsa ou no mercado de balcão**, nos termos do art. 21 da Lei 6.385/76. O mero registro a torna uma companhia aberta.

Pode uma companhia aberta optar por fechar o capital? Sim. Ela terá de retirar as ações de circulação, ações essas que podem estar pulverizadas nas mãos de milhares de acionistas. O § 4º do art. 4º da LSA exige que a companhia, o acionista controlador ou a sociedade que a controle, direta ou indiretamente, faça oferta pública de aquisição (OPA) da totalidade das ações em circulação no mercado, por preço justo.

O que são ações em circulação no mercado? São todas aquelas do capital da companhia, excluídas as de propriedade do acionista controlador, de diretores, de conselheiros de administração e as em tesouraria (art. 4º-A, § 2º).

O que vem a ser "preço justo"? A própria norma indica que deve corresponder ao menos "ao valor de avaliação da companhia, apurado com base nos critérios, adotados de forma isolada ou combinada, de patrimônio líquido contábil, de patrimônio líquido

227. Rubens Requião afirma a necessidade de indicação do objeto no nome comercial, sem atentar para o fato de o Código se referir, especificamente, à "denominação", não ao "nome", cujo conceito é mais amplo (REQUIÃO, Rubens. *Curso de direito comercial*. 1º vol., 31ª ed., rev. e atual. por Rubens Edmundo Requião. São Paulo: Saraiva, 2012, p. 175, nota 25).

228. BRASIL. DREI. Instrução Normativa DREI nº 81, de 10 de junho de 2020, Seção III, Título II, Capítulo I, Seção III, art. 19: "A expressão 'grupo' é de uso exclusivo dos grupos de sociedades organizados, mediante convenção, na forma da Lei das Sociedades Anônimas.

Parágrafo único. Após o arquivamento da convenção do grupo, a sociedade controladora, ou de comando, e as filiadas deverão acrescentar aos seus nomes a designação do grupo.".

avaliado a preço de mercado, de fluxo de caixa descontado, de comparação por múltiplos, de cotação das ações no mercado de valores mobiliários, ou com base em outro critério aceito pela CVM, assegurada a revisão do valor da oferta, em conformidade com o art. 4º-A.

Terminado o prazo da oferta pública, na hipótese de remanescerem em circulação menos de 5% do total das ações, poderá a assembleia-geral deliberar pelo resgate pelo valor da oferta.

6.2.4. O Mercado de Capitais e a Comissão de Valores Mobiliários

O mercado de capitais envolve os títulos e negócios do mercado financeiro regulados pela CVM. É um sistema de distribuição de valores mobiliários que proporciona liquidez aos títulos e valores mobiliários emitidos pelas companhias abertas.

Há entidades que dependem de habilitação na CVM para funcionar, bem como títulos, valores e contratos que somente podem ser emitidos ou negociados no mercado após o atendimento das exigências impostas pela CVM. Tais negócios estão sujeitos à fiscalização da autarquia, o que significa dizer que eles estão sujeitos ao regime jurídico do mercado de capitais (ou dos valores mobiliários).

Qual a justificativa? Basicamente, a percepção histórica de que alguns negócios possuem potenciais equivalentes de promoção do desenvolvimento econômico e de risco à economia popular, merecendo o controle estatal.

Mas o que são valores mobiliários? Não há um conceito unívoco. A Lei 10.303/01 alterou o art. 2º, da Lei 6.385/76. **São valores mobiliários**, portanto:

- ações, debêntures e bônus de subscrição (I), bem como os títulos e certificados a eles referentes (II), os certificados de valores mobiliários (III) e as cédulas de debêntures (IV);
- cotas de fundos de investimento e de clubes de investimentos (V);
- notas comerciais (VI)
- contratos futuros, de opções e outros derivativos, cujos ativos subjacentes sejam valores mobiliários (VII);
- outros contratos derivativos, cujos ativos subjacentes sejam ou não valores mobiliários (VIII)
- quando ofertados publicamente, quaisquer outros títulos ou contratos de investimento coletivo (IX).

A CVM é uma **autarquia**, vinculada ao Ministério da Economia, que tem como **funções básicas: regulamentar** – expedição de atos normativos disciplinadores do mercado de capitais, **fiscalizadora,** coibindo abusos e fraudes, instaurado inquéritos e punindo administradores, acionistas e intermediários – e, por fim, **autorizante,** pois é a autarquia que autoriza a constituição das companhias abertas e a emissão e negociação de valores mobiliários. Há, ainda, uma função **consultiva,** exercida junto aos agentes do mercado e investidores, por meio de pareceres de orientação, que devem se limitar às questões concernentes às matérias de competência da própria CVM.

O **mercado de capitais** é classificado em **primário** e **secundário**.

O **mercado primário** é aquele da **subscrição de novos títulos**. Compete à companhia e à instituição financeira que a auxilia obter o registro de emissão de novos títulos na CVM e realizar sua oferta pública. Uma vez registrada a emissão, a companhia e a instituição financeira os oferecem aos interessados, que irão subscrevê-los. Assim, nessa etapa, os investidores (subscritores) adquirem os títulos diretamente da companhia.

Já no **mercado secundário** os papeis são negociados não mais diretamente entre a emissora e os subscritores, mas entre estes e os demais interessados, no ambiente da bolsa de valores ou no mercado de balcão. **Os títulos subscritos adquirem liquidez, através da realização de operações de compra e venda** e, consequentemente, um **valor de mercado**[229]**.**

As bolsas de valores são sociedades anônimas ou associações civis, com o objetivo de manter local ou sistema adequado ao encontro de seus membros e à realização entre eles de transações de compra e venda de títulos e valores mobiliários, em mercado livre e aberto, especialmente organizado e fiscalizado por seus membros e pela Comissão de Valores Mobiliários. Possuem autonomia financeira, patrimonial e administrativa.

No Brasil, existia a BM&F Bovespa S.A. que, em 2017, fundiu-se à CETIP S.A., dando origem à **B3.**

As bolsas de valores têm natureza privada, mas exercem funções de interesse público na medida em que elas exercem verdadeiro poder de polícia destinado a regulamentar e disciplinar o mercado de valores mobiliários, não apenas no recinto do pregão, mas também sobre a atividade das sociedades corretoras. Esse poder de **autorregulação** é, em geral, reconhecido como decorrente de delegação do Poder Público[230], razão pela qual suas normas não podem contrariar a legislação em vigor de superior hierarquia.

Neste contexto de autorregulação, a B3 criou segmentos em que se classificam as empresas, a partir de critérios de governança corporativa. Essa classificação das empresas permite ao investidor uma expectativa do funcionamento da emissora do título. Assim, em 2000, lançou três níveis de segmento especiais (Nível 1, Nível 2 e Novo Mercado, em ordem crescente de rigor). É o chamado **Novo Mercado**, expressão que designa tanto o segmento especial quanto o próprio sistema de segmentação. Entre suas exigências, encontram-se requisitos relacionados às características das ações emitidas (somente ordinárias ou ordinárias e preferenciais), ao percentual de ações que a companhia coloca

229. BENSOUSSAN, Fabio Guimarães; GOUVÊA, Marcus de Freitas. *Manual de Direito Econômico*. Salvador: Juspodivm, 2018, p. 538.

230. EIZIRIK, Nelson; GAAL, Ariadna B.; PARENTE, Flávia; HENRIQUES, Marcus de Freitas. *Mercado de capitais*: regime jurídico. Rio de Janeiro: Renovar, 2008, p. 195.

em circulação no mercado (*free float*), ao direito de retirada do acionista minoritário em caso de reorganização societária (*tag along*), às regras para as demonstrações financeiras, à divulgação de informações, à adesão à arbitragem etc.[231]

O **mercado de balcão**, por sua vez, compreende **toda e qualquer operação do mercado de capitais realizada fora da bolsa de valores, mas através de sociedades corretoras e instituições financeiras autorizadas pela CVM.** Quando a companhia delibera pela emissão pública de ações, contrata uma instituição ou um conjunto de instituições (*pool*) para a colocação dos papéis, e isso ocorre no mercado de balcão. Mas o balcão também pode funcionar como mercado secundário, pois lá poderão ser revendidos valores mobiliários. No Brasil, dentre as poucas entidades de balcão, destacava-se a CETIP S.A., que deu lugar à B3.

6.2.5. A constituição da sociedade anônima

O art. 80 da LSA traz **requisitos preliminares para a constituição de uma companhia:**

- **Subscrição de todo o capital por, no mínimo, duas pessoas** (com exceção, claro, da subsidiária integral). Os fundadores precisam obter subscritores para todas as ações em que se divide o capital fixado no estatuto social. Os subscritores, por sua vez, firmam os boletins de subscrição e, assim, se obrigam a participar da sociedade ainda em formação.
- **Realização, como entrada, de no mínimo 10% do preço de emissão das ações subscritas em dinheiro.** Esse percentual, nos termos do parágrafo único do mesmo art. 80, pode ser superior, nos casos em que a lei exigir, expressamente, realização inicial em percentual maior. É o caso das instituições financeiras, nos termos do art. 27, da Lei 4.595/64, que exige o percentual mínimo de 50%.
- **Depósito da parte do capital realizada em dinheiro, no Banco do Brasil ou em outro estabelecimento bancário autorizado pela CVM.** Nos termos do art. 81, os fundadores têm cinco dias, contados do recebimento, para efetivar esse depósito, em nome do subscritor e em favor da companhia em formação (a sociedade somente poderá sacar o montante após devidamente constituída e regularizada). Caso a companhia não se constitua em até seis meses contados do primeiro depósito, o banco restituirá os valores depositados diretamente aos seus subscritores.

A subscrição do capital pode ser **pública (companhias abertas) ou particular (fechadas)**. Na subscrição pública, nos termos do art. 82, depende-se do prévio registro da emissão na CVM. A subscrição somente poderá ser efetuada com a intermediação de instituição financeira.

231. BENSOUSSAN, Fabio Guimarães; GOUVÊA, Marcus de Freitas. *Manual de Direito Econômico*. Salvador: Juspodivm, 2018, p. 418.

O **contrato de intermediação** também é chamado de contrato de *underwriting*. A **instituição financeira** irá **colaborar na elaboração do prospecto** e na **captação de subscritores.**

O prospecto (art. 84) é exigível na subscrição pública, e visa a divulgar o projeto da companhia, apresentando o valor do capital a ser subscrito, a parcela a ser integralizada em bens, as espécies e classes de ações, as obrigações assumidas pelos fundadores etc.

Por outro lado, quando falamos que a instituição financeira buscará subscritores, estamos dizendo que ela irá captar os recursos no mercado para o empreendimento, podendo inclusive assumir o compromisso de subscrever para si as ações que não encontrarem subscritores[232].

Nos termos do § 1º do art. 82, o pedido de registro de emissão obedecerá às normas expedidas pela CVM e será instruído com o estudo de viabilidade econômica e financeira do empreendimento, o projeto do estatuto social e o prospecto, organizado e assinado pelos fundadores e pela instituição financeira intermediária.

O § 2º do art. 82 dá competência à CVM para avaliar o prospecto, na medida em que lhe permite condicionar o registro a modificações no estatuto ou no prospecto e denegá-lo por inviabilidade ou temeridade do empreendimento, ou inidoneidade dos fundadores. Evidentemente, esse condicionamento há de se dar com base em texto legal e, no caso da inviabilidade do empreendimento ou da inidoneidade dos fundadores, devidamente fundamentadas. O dispositivo não afasta, por óbvio, a revisão pelo Poder Judiciário.

Uma vez subscrito todo o capital social, passa-se à **constituição propriamente dita**, com a convocação, pelos fundadores, da **assembleia geral de constituição**, que deverá promover a avaliação dos bens, se for o caso (art. 8º) e deliberar sobre a constituição da companhia (art. 86). O quórum é tratado pelo art. 87 – em primeira convocação, com a presença de subscritores que representem ao menos a metade do capital social e, em segunda convocação, com qualquer número. Nessa assembleia será lido o recibo de depósito do inciso III do art. 80 e votado o projeto de estatuto. Qualquer alteração do estatuto dependerá da aprovação da unanimidade dos subscritores (art. 87, § 2º), mas a companhia somente não se constituirá se os subscritores representando mais da metade do capital a isso se opuserem (art. 87, § 3º). A ata será assinada por todos os subscritores presentes ou por quantos bastem à validade das deliberações, ficando um exemplar em poder da companhia e outro levado a registro na Junta Comercial nos trinta dias seguintes (art. 36 da Lei 8.934/94).

As **companhias de capital fechado**, por sua vez, adotam o procedimento mais simplificado da **subscrição particular**. Nos termos do art. 88, pode-se optar por duas formas de constituição: por meio de **deliberação dos subscritores em assembleia geral** (observando-se, nesse caso, o disposto nos artigos 86 e 87, devendo ser entregues à assembleia o projeto do estatuto, assinado em duplicata por todos os subscritores do capital, e as listas

232. BORBA, José Edwaldo Tavares. *Direito Societário*. São Paulo: Atlas, 2015, p. 209.

ou boletins de subscrição de todas as ações) ou por **escritura pública**, considerando-se fundadores todos os subscritores, observadas as formalidades do § 2º do art. 88.

Há algumas regras gerais, comuns tanto às companhias abertas quanto às fechadas.

A incorporação de imóvel para formação do capital social não exige escritura pública (art. 89). O subscritor pode fazer-se representar na assembleia geral ou na escritura pública por procurador com poderes especiais (art. 90).

Por outro lado, e considerando que a sociedade somente está definitivamente constituída a partir do seu registro, nos atos e publicações referentes à companhia em constituição, sua denominação deverá ser aditada da cláusula "em organização" (art. 91).

Os fundadores e a instituição financeira prestadora dos serviços de *underwriting* respondem no âmbito das respectivas atribuições, pelos prejuízos resultantes da inobservância de preceitos legais (art. 92); os fundadores, solidariamente pelo prejuízo decorrente de culpa ou dolo em atos ou operações anteriores à constituição (parágrafo único) e devem, ainda, entregar aos primeiros administradores eleitos todos os documentos, livros ou papéis relativos à constituição da companhia ou a esta pertencentes.

Concluída esta etapa, passa-se à fase das **formalidades complementares** – basicamente, o arquivamento e a publicação dos atos constitutivos. É certo que nenhuma companhia poderá funcionar sem que sejam arquivados e publicados seus atos constitutivos (art. 94). Logo, não poderá exercer sua atividade. Enquanto isso não acontece, os primeiros administradores responderão pelos atos praticados, podendo a assembleia geral ratificá-los (art. 99, *caput* e parágrafo único).

Se a companhia houver sido constituída por deliberação em assembleia-geral, deverão ser arquivados no registro do comércio do lugar da sede: um exemplar do estatuto social, assinado por todos os subscritores (artigo 88, § 1º) ou, se a subscrição houver sido pública, os originais do estatuto e do prospecto, assinados pelos fundadores, bem como do jornal em que tiverem sido publicados; a relação completa, autenticada pelos fundadores ou pelo presidente da assembleia, dos subscritores do capital social, com a qualificação, número das ações e o total da entrada de cada subscritor (artigo 85); o recibo do depósito a que se refere o número III do artigo 80; duplicata das atas das assembleias realizadas para a avaliação de bens quando for o caso (artigo 8º) e, por fim, duplicata da ata da assembleia-geral dos subscritores que houver deliberado a constituição da companhia (artigo 87). É o que dispõe o art. 95 da LSA.

Se a companhia tiver sido constituída por escritura pública – sempre uma companhia de capital fechado – bastará o arquivamento de certidão do instrumento (art. 96 da LSA).

Como dissemos, ao tratarmos do Registro de Empresas, cabe à Junta Comercial o controle de legalidade, examinando se as prescrições legais foram observadas na constituição da companhia, bem como se no estatuto existem cláusulas contrárias à lei, à ordem pública e aos bons costumes. É o que dispõe o art. 97 da LSA (assim como o art. 35, I, da

Lei 8.934/94). O parágrafo único do art. 97 estabelece que, se o arquivamento for negado, por inobservância de prescrição ou exigência legal ou por irregularidade verificada na constituição da companhia, os primeiros administradores deverão convocar imediatamente a assembleia-geral para sanar a falta ou irregularidade, ou autorizar as providências que se fizerem necessárias. A instalação e funcionamento da assembleia obedecerão ao disposto no artigo 87, devendo a deliberação ser tomada por acionistas que representem, no mínimo, metade do capital social. Se a falta for do estatuto, poderá ser sanada na mesma assembleia, a qual deliberará, ainda, sobre se a companhia deve promover a responsabilidade civil dos fundadores (artigo 92).

6.2.6. Capital social

O capital social é sempre expresso em moeda nacional (art. 5º da LSA) e deverá ser formado com contribuições em dinheiro ou em qualquer espécie de bens suscetíveis de avaliação em dinheiro (art. 7º da LSA).

Os bens móveis ou imóveis, corpóreos ou incorpóreos, devem ser avaliados por três peritos ou por empresa especializada, nomeados em assembleia-geral dos subscritores, convocada pela imprensa e presidida por um dos fundadores, instalando-se em primeira convocação com a presença de subscritores que representem metade, pelo menos, do capital social, e em segunda convocação com qualquer número. É o que dispõe o art. 8º da LSA. Os peritos ou a empresa em questão elaborarão um laudo devidamente fundamentado, do qual constarão os critérios de avaliação, as comparações efetivadas, o valor dos bens e os documentos a eles relativos (§ 1º).

Não podemos nos esquecer que o subscritor, quando da assinatura do boletim de subscrição, atribuiu um determinado valor aos bens que se propôs a transferir à companhia, e esse valor determinou a quantidade de ações por ele subscritas. A estimativa do subscritor será, portanto, contraposta à avaliação dos peritos. À assembleia cabe deliberar sobre o laudo:

a) **se o laudo apontar o mesmo valor**, e a assembleia o aprovar, não há qualquer discussão, e a incorporação estará consumada.

b) **se o laudo atribuir valor inferior**, o subscritor poderá acatá-lo, complementando em dinheiro o montante da subscrição. Se discordar, pode tornar sem efeito sua subscrição – e, dependendo do caso, o próprio projeto de constituição da companhia.

c) **se o laudo atribuir valor superior**, a norma do art. 8º, § 4º, da LSA é categórica: os bens não poderão ser incorporados ao patrimônio da companhia por valor acima do que lhes tiver dado o subscritor.

Se a assembleia não aprovar a avaliação, ou o subscritor não aceitar a avaliação aprovada, ficará sem efeito o projeto de constituição da companhia (§ 3º).

Os avaliadores e subscritores responderão perante a companhia, os acionistas e terceiros, pelos danos que lhes causarem por culpa ou dolo na avaliação dos bens, sem prejuízo da responsabilidade penal em que tenham incorrido. No caso de bens em condomínio, a responsabilidade dos subscritores será solidária (§ 6º). Trata-se de responsabilidade pela superavaliação do bem.

Como veremos adiante, a obrigação do acionista é a integralização ou realização do valor das ações por ele subscritas, nos termos do art. 106 da LSA.

Qual a situação do acionista que não realizou ou integralizou o valor das ações por ele subscritas? Nos termos do art. 106, § 2º, da LSA, torna-se **acionista remisso.**

O que a companhia pode fazer em relação ao acionista remisso? Há duas medidas previstas no art. 107: Pelo inciso I, poderá promover contra ele e os com ele solidariamente responsáveis **processo de execução**, cobrando os valores devidos, servindo o boletim de subscrição e o aviso de chamada como título extrajudicial nos termos do Código de Processo Civil ou (inciso II) **mandar vender as ações em bolsa de valores, por conta e risco do acionista**. Esta venda há de ser feita em leilão especial, na bolsa de valores do lugar da sede social ou, se não houver, na mais próxima, depois de publicado aviso por três vezes, com antecedência mínima de três dias (§ 2º do art. 107).

Caso a opção seja pelo inciso I, é facultado à companhia, mesmo após iniciada a cobrança judicial, mandar vender a ação em bolsa de valores, podendo também promover a cobrança judicial se as ações oferecidas em bolsa não encontrarem tomador, ou se o preço apurado não bastar para pagar os débitos do acionista (§ 3º do art. 107).

Se nenhuma dessas medidas for eficaz, caberá à companhia declarar a caducidade das ações, integralizando-as com lucros e reservas da sociedade (exceto a legal). Se não tiver lucros e reservas suficientes, terá o prazo de um ano para colocar as ações caídas em comisso, findo o qual, não tendo sido encontrado comprador, a assembleia geral deliberará pela redução do capital em importância correspondente (§ 4º do art. 107 da LSA).

Caso o acionista remisso tenha alienado as ações, permanece responsável solidariamente com os adquirentes, pelo pagamento das prestações que faltarem para a integralização das ações alienadas. Essa responsabilidade cessará, em relação a cada alienante, no prazo de dois anos, a contar da data de transferência das ações (art. 108, *caput* e parágrafo único).

A **redução do capital social** da companhia é regulada pelos arts. 173 e 174, da Lei 6.404/76. O primeiro dispositivo autoriza a assembleia geral a deliberar a redução se houver perda, até o montante dos prejuízos acumulados, ou se julgá-lo excessivo. A proposta de redução, quando de iniciativa dos administradores, somente será submetida à assembleia-geral com o parecer do conselho fiscal, se em funcionamento (art. 173, §1º).

O art. 174 demonstra a preocupação do legislador em proteger os credores. Os credores quirografários por títulos anteriores à data da publicação da ata da assembleia geral poderão, mediante notificação, de que se dará ciência ao registro do comércio da sede da companhia, opor-se à redução. Os credores que não exercerem o direito neste prazo decairão (art. 174, §1º). Findo o prazo, a ata da assembleia que houver deliberado à redução poderá ser arquivada se não tiver havido oposição ou, se tiver havido oposição de algum credor, desde que feita a prova do pagamento do seu crédito ou do depósito judicial da importância respectiva (art. 174, §2º).

6.2.7. Títulos emitidos pela companhia

a) Ações

O capital da sociedade anônima é dividido em ações, o principal valor mobiliário emitido pela companhia. A ação é, portanto, uma fração do capital social, atribuindo ao seu titular a condição de acionista, da qual resultam direitos e deveres. Em relação à companhia, é indivisível (art. 28 da LSA).

Representando uma parcela do capital, **cada ação possui um valor** no momento em que é emitida **(valor do capital social dividido pelo número de ações)**. A Lei 6.404/76, abandonando o regime anterior e adotando o modelo norte-americano permite que a companhia emita ações sem valor nominal (art. 14 da LSA), o que significa enorme simplificação operacional.

O art. 13 da LSA proíbe a emissão de ações por preço inferior ao seu valor nominal. No regime anterior à Lei 6.404/76, se o preço de mercado estivesse abaixo do valor nominal, nenhum acionista ou investidor se interessaria pela subscrição das ações. Se a ação não tem valor nominal, sua expressão do capital social se ajusta automaticamente à realidade do mercado, representando o que se costuma chamar de "valor de referência"[233].

E se o momento da companhia lhe for favorável e o preço de emissão das novas ações for superior ao valor nominal? Nesse caso, nos termos do art. 13, § 2º, da LSA, estaremos diante de **ágio**, a ser destinado à **constituição de reserva de capital**.

O **valor patrimonial** da ação é aquele calculado a partir da divisão do patrimônio líquido da companhia pelo número de ações. Já abordamos a diferença entre capital social e patrimônio social. Não podemos nos esquecer que, no momento de sua constituição, ainda sem obrigações e, portanto, sem passivo, o patrimônio líquido será igual ao capital social – e o valor patrimonial, igual ao valor nominal. Com o início das atividades, no entanto, o patrimônio líquido (diferença entre ativo e passivo) sofrerá constantes variações.

A lei se refere a duas noções diferentes de valor patrimonial: ele pode ser calculado em função das demonstrações financeiras, ou de uma avaliação do ativo da companhia. **O valor patrimonial contábil é utilizado nos casos de reembolso acionário** (art. 45, § 1º) e o **valor patrimonial de mercado em algumas hipóteses expressamente previstas na lei** (art. 256, II, "b", e art. 264).

Sabemos, por outro lado, que a livre circulação das ações na bolsa de valores gera um **valor de negociação**, o qual, na **companhia fechada, será o valor de negociação**

233. BORBA, José Edwaldo Tavares. *Direito Societário*. São Paulo: Atlas, 2015, p. 232.

privada, e na **companhia aberta, o valor de mercado** – ou valor de cotação. Este, por sua vez, é aquele indicado nos pregões da bolsa de valores, com grandes flutuações diárias, em razão de diversos fatores, econômicos ou políticos.

Por fim, o **preço de emissão** é aquele pelo qual a ação é oferecida à subscrição. Em outras palavras, corresponde ao valor pago pelo investidor à sociedade, como contribuição para a formação do capital social. Se o preço de emissão for superior ao valor nominal, estaremos diante do ágio, que deverá integrar a reserva de capital. O preço de emissão é fixado livremente pelos fundadores.

Classificação das ações:

Quanto aos direitos e obrigações: podem ser **ordinárias, preferenciais ou de fruição** (art. 15).

Ações ordinárias são as comuns. O acionista ordinário é aquele que, de um modo geral, tem interesse na gestão dos negócios.

Mas a sociedade pode ter interesse em vincular o voto a qualidades pessoais ou interesses particulares de um grupo de acionistas, e um dos meios utilizados para tanto é a divisão das ações em classes. Para tanto, o art. 16 admite a criação de classes de ações ordinárias, apenas para as companhias fechadas, em função da (I) conversibilidade em ações preferenciais; (II) exigência de nacionalidade brasileira do acionista; ou (III) direito de voto em separado para o preenchimento de determinados cargos de órgãos administrativos.

O art. 109 elenca os direitos essenciais do acionista; direitos que não lhe poderão ser suprimidos: de **participar dos lucros sociais**, de **participar do acervo da companhia, nos casos de liquidação**, de **fiscalizar, na forma prevista na lei, a gestão dos negócios sociais**, o direito de **preferência para a subscrição de ações, partes beneficiárias conversíveis em ações, debêntures conversíveis em ações e bônus de subscrição,** observado o disposto nos artigos 171 e 172, e o **direito de retirada da sociedade, nos casos previstos na Lei 6.404/76.**

Percebe-se que o direito de voto não é um direito essencial do acionista, sendo próprio, no entanto, das ações ordinárias (art. 110).

O **voto plural** – uma ação dispondo de mais de um voto – não era admitido pela lei (art. 110, § 2º, revogado pela Lei 14.195/2021).

O dispositivo foi revogado pela Lei nº 14.195, de 2021, que criou o art. 110-A, segundo o qual " é admitida a criação de uma ou mais classes de ações ordinárias com atribuição de voto plural, não superior a 10 votos por ação ordinária na companhia fechada (inciso I) e na companhia aberta, desde que a criação ocorra previamente à negociação de quaisquer ações ou valores mobiliários conversíveis em ações de sua emissão em mercados organizados de valores mobiliários (inciso II).

A criação de classes de ações ordinárias com atribuição de voto plural depende do voto favorável de acionistas que representem: I – metade, no mínimo, do total de votos conferidos pelas ações com direito a coto; e II – metade, no mínimo, das ações preferenciais sem direito a voto ou com voto restrito, se emitidas, reunidas em assembleia especial convocada e instada com as formalidades da lei 6.404 (art. 110-A, §1º).

Nas deliberações tratadas no §1º, será assegurado aos acionistas dissidentes o direito de se retirarem da companhia mediante reembolso do valor de suas ações nos termos do art. 45, salvo se a criação da classe de ações ordinárias com atribuição de voto plural já estiver prevista ou autorizada pelo estatuto (art. 110-A, §2º), que pode, ainda, exigir quórum maior para as deliberações de que trata o §1º (art. 110-A, §3º).

Após o início da negociação das ações ou dos valores mobiliários conversíveis em ações em mercados organizados de valores mobiliários, é vedada a alteração das características de classe de ações ordinárias com atribuição de voto plural, exceto para reduzir os respectivos direitos e vantagens (art. 110-A, §5º).

É facultado aos acionistas estipular no estatuto social o fim da vigência do voto plural condicionado a um evento ou a termo. O voto plural atribuído às ações ordinárias terá prazo de vigência inicial de até 7 anos, prorrogável por qualquer prazo, desde que: I – seja observado o disposto nos §§ 1º e 3º do art. 110-A para a aprovação da prorrogação; II – sejam excluídos das votações os titulares de ações da classe especial cujo voto plural se pretende prorrogar; e III – seja assegurado aos acionistas dissidentes, nas hipóteses de prorrogação, o direito previsto no §2º (art. 110-A, §7º).

Por outro lado, o §8º elenca as hipóteses em que a ação de classe com voto plural se converte, automaticamente, em ação ordinária, sem voto plural:

I – transferência, a qualquer título, a terceiros, exceto nos casos em que (a) o alienante permanecer indiretamente como único titular de tais ações e no controle dos direitos políticos por elas conferidos; (b) o terceiro for titular da mesma classe de ações com voto plural a ele alienadas e (c) a transferência ocorrer no regime de titularidade fiduciária para fins de constituição do depósito centralizado; ou

II – o contrato ou acordo de acionistas, entre titulares de ações com voto plural e acionistas que não sejam titulares de ações com voto plural, dispor sobre exercício conjunto do direito de voto.

Observe-se que algumas operações que envolvam companhias abertas que adotem ou não o voto plural (art. 110-A, §11). São vedadas as operações que de incorporação, de incorporação de ações e de fusão de companhia aberta que não adote o voto plural e cujas ações ou valores mobiliários conversíveis em ações sejam negociados em mercados organizados, em companhia que adote voto plural; e de cisão de companhia aberta que não adote o voto plural e cujas ações ou valores mobiliários conversíveis em ações sejam negociados em mercados organizados, para a constituição de nova companhia com adoção do voto plural , ou incorporação da parcela cindida em companhia que o adote.

Pelo art. 110-A, §12, não será adotado o voto plural nas votações pela assembleia de acionistas que deliberem sobre a remuneração dos administradores e a celebração de transações com partes relacionadas que atendam aos critérios de relevância a serem definidos pela CVM.

Por fim, registramos que, nos termos do art. 110-A, §14, as disposições relativas ao voto plural não se aplicam às empresas públicas, às sociedades de economia mista, às suas subsidiárias e às sociedades controladas direta ou indiretamente pelo Poder Público.

Ações preferenciais, por sua vez, são aquelas que conferem ao seu titular alguma preferência ou vantagem em relação às ações ordinárias, ao mesmo tempo em que podem sofrer algumas restrições. As companhias possuem diversos acionistas – por vezes, milhares. Os objetivos são também diversos. Para muitos, o interesse em participar da sociedade anônima é o de receber os resultados da empresa. Por vezes, possui interesse meramente especulativo. Não têm interesse direto no dia-a-dia da companhia. Geralmente, possuem ações preferenciais sem direito de voto. Por esse motivo, é possível criar classes de ações preferenciais. **O direito de voto não é um direito essencial do acionista**, como se depreende da leitura do art. 109, da LSA, razão pela qual é possível a criação de ação preferencial que exclua ou restrinja esse direito (art. 111). Essas restrições devem estar expressamente previstas no estatuto, e não poderão privar o acionista de seus direitos fundamentais.

As preferências podem consistir (art. 17, da LSA) em prioridade na distribuição de dividendo, fixo ou mínimo; em prioridade no reembolso do capital, com prêmio ou sem ele; ou na acumulação de ambos. Esse rol, contudo, é exemplificativo, havendo liberdade para criação de outras preferências, desde que respeitados os direitos fundamentais dos acionistas (art. 17, § 2º).

As companhias podem possuir ações ordinárias e preferenciais, havendo uma limitação no art. 15, § 2º da LSA, segundo o qual o número de ações preferenciais sem direito a voto, ou sujeitas a restrição no exercício desse direito, não pode ultrapassar 50% do total das ações emitidas. Também vale considerar que a existência das ações preferenciais não é admitida em alguns segmentos do Novo Mercado, que, por se basear na igualdade dos acionistas e em critérios de governança corporativa, somente negocia ações ordinárias (a partir do segmento Novo Mercado. Contudo, o Nível 2 admite a existência de preferenciais com direitos adicionais e o Nível 1 aceita as preferenciais nos moldes da Lei 6.404/76).

O art. 17, § 7º da LSA criou a chamada ação preferencial de classe especial, conhecida como ***golden share***[234]. Sua origem está ligada aos processos de privatização e foi criado no Reino Unido, no governo Thatcher. Surgiu como instrumento que concedia ao Estado um conjunto de privilégios que não correspondia à participação societária por ele detida após a privatização. Usualmente, conferem ao Poder Público o direito de nomear membros para os órgãos de direção e o direito de ser ouvido (com direito de veto) em determinadas matérias, consideradas relevantes ao interesse público e previamente definidas no estatuto social da companhia privatizada (como, por exemplo, alteração de nome, mudança de objeto, aquisição e alienação de subsidiárias, alienação de participação societária, entre outros). No Brasil, as *golden shares* foram previstas, inicialmente, na legislação atinente ao

234. BENSOUSSAN, Fabio Guimarães. *A intervenção do Estado na empresa privatizada: análise das golden share*. Porto Alegre: Sergio Antonio Fabris Editor, 2007.

programa de desestatização (Leis 8.031/90, art. 8º), sendo posteriormente incorporada ao direito societário (o § 7º do art. 17 da LSA, inserido pela Lei 10.303/2001). Os casos mais conhecidos de *golden shares* brasileiras nas empresas privatizadas são os da Embraer e da Vale S.A.

O art. 18, por seu turno, estabelece que o estatuto pode assegurar a uma ou mais classes de ações preferenciais o direito de eleger, em votação em separado, um ou mais membros dos órgãos de administração. Pode, ainda, subordinar as alterações estatutárias que especificar à aprovação, em assembleia especial, dos titulares de uma ou mais classes de ações preferenciais.

Por fim, há um terceiro tipo – as chamadas **ações de fruição.** Pouco comuns, estão previstas no art. 44, § 5º, da LSA, e substituem as ações, ordinárias ou preferenciais, já inteiramente amortizadas, ou seja, aquelas nas quais o capital aplicado na sociedade foi restituído antecipadamente ao acionista. O acionista titular das ações de fruição continua, em princípio, a ter os mesmos direitos dos demais, exceto o de participar do rateio em caso de liquidação, até que os demais sejam pagos.

Quanto à forma de transferência, as ações são nominativas.

A redação original da LSA previa ainda dois outros tipos: as ações endossáveis e as ações ao portador, que foram excluídas do ordenamento brasileiro com a Lei 8.021/90, que modificou a redação do art. 20 da LSA: as ações devem ser nominativas.

Ações nominativas se transferem mediante lançamento no livro Registro de Ações Nominativas (art. 31, da LSA). O registro é indispensável para a prova da propriedade. A transferência da ação nominativa é formal e solene, por meio de termo assinado pelo alienante e pelo adquirente ou seus representantes e lavrado no livro "Transferência de Ações Nominativas" (§ 1º do art. 31, da LSA). Nas operações realizadas em bolsa de valores, o cessionário será representado pela sociedade corretora ou pela caixa de liquidação da Bolsa, independentemente de instrumento de procuração. Neste sentido, o art. 31, § 3º.

Trata-se de um registro de natureza pública, embora mantido por particular: qualquer pessoa tem direito de obter certidões extraídas desses livros (art. 100, § 1º, da LSA), equiparados a documento público (como todos os demais livros empresariais) para efeitos penais (Código Penal, art. 297, § 2º).

Ações escriturais, como seu nome indica, não possuem certificado. Sua transferência se dá pelo lançamento efetuado pela instituição depositária em seus livros, a débito da conta de ações do alienante e a crédito da conta de ações do adquirente, **à vista de ordem escrita do alienante**, ou de **autorização ou ordem judicial**, em documento hábil que ficará em poder da instituição (art. 35, § 1º).

A instituição financeira fornecerá extrato da conta de depósito de ações ao acionista que assim o requerer, todo mês em que houver movimentação ou, ainda, pelo menos uma vez ao ano (art. 35, § 2º). Mas esse extrato não prova a propriedade das ações, pois esta decorre, exclusivamente, dos registros realizados nos livros da instituição financeira dita depositária[235]. A presunção de propriedade decorrente do registro (art. 35, *caput*) é relativa (*juris tantum*)[236].

As ações escriturais não são apenas uma nova modalidade de registro das ações existentes, mas, sim, uma modalidade de ações nominativas, ao contrário do que pareceu ao legislador.

Circulação: vimos que a regra é a livre circulação das ações, e que as companhias fechadas podem impor limitações, mas não podem impedir sua negociação.

A ação não pode ser fracionada, mas pode sofrer desdobramento ou grupamento pela própria companhia (art. 12). O **desdobramento (*split*)** e o **grupamento**, por sua vez, representam procedimentos de natureza técnica que visam a facilitar a circulação das ações. Por vezes, o valor da ação é excessivamente elevado ou baixo.

Imaginemos uma ação cujo valor de mercado seja de 100. Pode a companhia optar pelo seu desdobramento em duas, com o valor de 50 cada, ou em quatro, a 25 cada, ou em qualquer outro número. O patrimônio social e o capital social permanecem inalterados, mas a negociação dos títulos será facilitada, de maneira que o valor das ações em bolsa poderá aumentar.

Por outro lado, imaginemos uma ação que valha 0,10. É possível o grupamento de 100 ações, de forma que a nova ação tenha o valor de 10. Aqui, a situação é um pouco mais complexa – no exemplo, como ficaria a situação do acionista que possui menos de 100 ações? A rigor, não teria sequer uma nova ação. Possuindo 80 ações antigas a 0,10, teria agora 80% de uma ação nova.

Nesses casos, costuma-se abrir prazo para que os acionistas componham suas frações. Se a composição não ocorrer, findo o prazo, a companhia poderá comprar as frações desses acionistas, indenizando-as em dinheiro.

Negociação com as próprias ações: em princípio, é vedada (art. 30, da LSA), mas os parágrafos enumeram as seguintes exceções:

a) as operações de resgate, reembolso ou amortização previstas em lei;

b) a aquisição, para permanência em tesouraria ou cancelamento, desde que até o valor do saldo de lucros ou reservas, exceto a legal, e sem diminuição do capital social, ou por doação;

c) a alienação das ações adquiridas nos termos da alínea *b* e mantidas em tesouraria;

235. COMPARATO, Fábio Konder. *Direito empresarial: estudos e pareceres*. São Paulo: Saraiva, 1990, p. 355; LEÃES, Luiz Gastão Paes de Barros. *Estudos e pareceres sobre sociedades anônimas*. São Paulo: Ed. Revista dos Tribunais, 1989, p. 62.

236. EIZIRIK, Nelson. *A Lei das S/A comentada*. Vol. I, 2ª ed., rev. e ampl., São Paulo: Quartier Latin, 2015, p. 261.

d) a compra quando, resolvida a redução do capital mediante restituição, em dinheiro, de parte do valor das ações, o preço destas em bolsa for inferior ou igual à importância que deve ser restituída.

Direitos reais e ônus:

As ações, bens móveis, podem ser objeto de direitos reais e de ônus. Assim:

Caução: tradicionalmente, denominava-se caução o penhor de títulos de crédito ou ações, mas era sempre de penhor que se tratava. Hoje, o Código Civil refere-se simplesmente ao penhor de títulos, mas o termo caução continua presente na legislação anterior.

Trata-se de direito real de garantia, que visa a vincular determinado bem (no caso, a ação) ao cumprimento de uma obrigação garantida (por exemplo, um contrato de mútuo). Nesse caso, a caução deve ser celebrada por escrito, com a descrição da obrigação garantida e a identificação das ações (quantidade, espécie, classe, forma e companhia emissora). Nos termos do art. 39, no caso de ações nominativas, o instrumento de caução deve estar averbado no livro "Registro de Ações Nominativas" e, em se tratando de ações escriturais, averbado nos livros da instituição financeira. Enquanto perdurar a caução, o acionista mantém sua condição de acionista.

Usufruto: os rendimentos das ações (como os dividendos) pertencerão ao usufrutuário. As bonificações não correspondem a frutos, mas a mera expansão dos bens originais (acessão), e ingressam na titularidade do acionista, apesar de ampliarem a base de cálculo dos dividendos do usufrutuário (art. 169, § 2º)[237]. O direito de voto, se não estiver regulado no instrumento de constituição do usufruto, somente poderá ser exercido, nos termos do art. 114, se houver prévio acordo entre proprietário e usufrutuário; do contrário, ambos ficarão impedidas de votar.

Alienação fiduciária em garantia: nos termos do parágrafo único do art. 113, o credor garantido por alienação fiduciária da ação não poderá exercer o direito de voto, mas o devedor (acionista, alienante) somente poderá exercê-lo nos termos do contrato. Como na situação anterior, os dividendos e a preferência para subscrição permanecem com o devedor; as bonificações (acessões), com o credor.

Resgate, amortização e reembolso:

Trata-se de operações através das quais a sociedade paga ao acionista o valor de suas ações. Essas operações estão disciplinadas nos artigos 44 e 45, da LSA.

O **resgate** representa a retirada da ação do mercado, com a consequente redução do capital social ou, se o seu valor for mantido, com a elevação do valor nominal das ações. Estabelece o art. 44, § 6º, da LSA que, salvo disposição em contrário do estatuto social, o resgate de ações de uma ou mais classes só será efetuado se, em assembleia especial

237. BORBA, José Edwaldo Tavares. *Direito Societário.* São Paulo: Atlas, 2015, p. 269.

convocada para deliberar essa matéria específica, for aprovado por acionistas que representem, no mínimo, a metade das ações da(s) classe(s) atingida(s).

A **amortização** é o pagamento parcial ou total do valor da ação, como antecipação daquilo que o acionista receberia por ocasião da liquidação da companhia. Nesse sentido, e como já vimos acima, se o pagamento for total, a companhia pode substituir a ação amortizada pela ação de fruição.

O **reembolso** é um direito do acionista dissidente de certas deliberações. Cabe à companhia atendê-lo, à conta de lucros ou reservas ou, na falta destas, do próprio capital. O valor a ser pago é aquele apurado de acordo com os critérios estabelecidos no estatuto, não podendo ser inferior ao valor patrimonial das ações, segundo o último balanço aprovado pela assembleia geral.

b) Debêntures

As debêntures conferem às companhias um importante mecanismo de financiamento junto ao mercado. Nos termos do artigo 52, da LSA, a companhia poderá emitir debêntures que conferirão aos seus titulares direito de crédito contra ela, nas condições constantes da escritura de emissão e, se houver, do certificado.

Elas têm as características de títulos de crédito, como admitem Modesto Carvalhosa[238], Nelson Eizirik[239] e Sérgio Shimura[240]. Mas os dois primeiros autores também entendem que elas são, ao mesmo tempo, valores mobiliários[241].

De outro lado, entende Fabio Ulhoa Coelho que os valores mobiliários não são títulos de crédito, porque não apresentariam os mesmos atributos destes últimos – documento de crédito, executividade, cartularidade, literalidade e autonomia das obrigações. Logo, prossegue, debêntures seriam valores mobiliários que conferem direito de crédito perante a sociedade anônima emissora, nas condições constantes do certificado (se houver) e da escritura de emissão[242].

Tais posicionamentos são necessariamente contraditórios? Parece-nos que não. Nada impede que títulos de crédito se sujeitem ao regime dos valores mobiliários, quando eles

238. CARVALHOSA, Modesto. *Comentários à lei das sociedades anônimas*. Vol. I – arts. 1º a 74, 7ª ed., rev. e atual., São Paulo: Saraiva, 2013, p. 693.

239. EIZIRIK, Nelson. *A Lei das S/A comentada*. Vol. I, 2ª ed., rev. e ampl., São Paulo: Quartier Latin, 2015, p. 359.

240. SHIMURA, Sérgio. *Título executivo*, 2ª ed. São Paulo: Método, 2005, p. 409-410.

241. CARVALHOSA, Modesto. *Comentários à lei das sociedades anônimas*. Vol. I – arts. 1º a 74, 7ª ed., rev. e atual., São Paulo: Saraiva, 2013, p. 717; EIZIRIK, Nelson. *A Lei das S/A comentada*. Vol. I, 2ª ed., rev. e ampl., São Paulo: Quartier Latin, 2015, p. 354.

242. COELHO, Fabio Ulhoa. *Curso de direito comercial. Vol.* 2: direito de empresa – 17ª edição. São Paulo: Saraiva, 2013, p. 167.

são emitidos em massa, pois os regimes não são excludentes, ainda que diversos. Mas alguns princípios jurídicos se aplicam tanto a uns quanto a outros[243].

Hoje, admite-se que as debêntures sejam emitidas não apenas com fundamento em um contrato de mútuo, mas também em outros negócios jurídicos, tais como os de permuta e dação em pagamento[244]. As chamadas *debêntures perpétuas* não têm prazo de vencimento determinado e podem ser remuneradas segundo um percentual dos lucros da sociedade, de maneira que suas características as aproximam dos títulos de participação e as afastam do mútuo.

Em princípio, cabe privativamente à assembleia geral (art. 59 da LSA) deliberar sobre sua criação, fixando o valor de emissão ou os critérios de determinação do seu limite, e a sua divisão em séries, se for o caso; o número e o valor nominal das debêntures; as garantias reais ou a garantia flutuante (se houver); as condições de correção monetária, se for o caso; a conversibilidade ou não em ações e as condições para essa conversão; a época e as condições de vencimento, amortização ou resgate; a época e as condições de pagamento dos juros, da participação nos lucros e do prêmio de reembolso, se houver; o modo de subscrição ou colocação; o tipo das debêntures. **Nas companhias abertas, é possível que a emissão de debêntures não conversíveis em ações seja deliberada pelo Conselho de Administração ou pela diretoria, exceto se** houver disposição estatutária em contrário (art. 59, § 1º).Mas a deliberação, por si, não caracteriza a emissão da debênture, que é realizada pela escritura de emissão (art. 61 da LSA).

O art. 62 estabelece algumas **condições para a emissão de debêntures**: o **arquivamento, na Junta Comercial do ato societário que deliberar sobre a emissão e sua publicação e a constituição de garantias reais, se for o caso (artigo 62, incisos I e III). A Comissão de Valores Mobiliários – CVM disciplinará o registro e a divulgação desse ato e da escritura de emissão das debêntures objeto de oferta pública ou admitidas à negociação e os seus aditamentos (artigo 62, §5º, da Lei nº 6.404/76). O Poder Executivo Federal disciplinará esses atos quando praticados por companhias fechadas (artigo 62, §6º, da Lei nº 6.404/76).**

Aqui, é importante observar a regra do § 1º do art. 62 que responsabiliza os administradores pelos prejuízos causados à companhia ou a terceiros pela infração ao disposto nesse artigo. O § 2º autoriza o agente fiduciário e o debenturista a promoverem os registros requeridos nesse artigo e sanar as lacunas e irregularidades existentes no arquivamento ou nos registros promovidos pelos administradores da companhia, hipótese em que o oficial

243. COMPARATO, Fábio Konder. *Novos ensaios e pareceres de direito empresarial.* Rio de Janeiro: Forense, 1981, p. 19: "Entretanto, não obstante essas diferenças que impedem, a meu ver, se considerem os valores mobiliários como simples subespécies de uma categoria genérica de títulos de crédito, força é reconhecer que alguns princípios jurídicos se aplicam igualmente, tanto a uns quanto a outros".

244. EIZIRIK, Nelson. A Lei das S/A comentada. Vol. I, 2ª ed., rev. e ampl. São Paulo: Quartier Latin, 2015, p. 356; AMARAL, José Romeu Garcia do. Regime jurídico das debêntures. 2ª ed., São Paulo: Almedina, 2016, p. 55.

do registro notificará a administração da companhia para que lhe forneça as indicações e os documentos necessários (artigo 62, § 2º, da Lei nº 6.404/76).

O passo seguinte é a colocação das debêntures no mercado, o que ocorre com a sua subscrição e a integralização (pagamento do seu preço).

Espécies de debêntures: o art. 58, da LSA, admite debêntures:

a) **com garantia real.**

b) **com garantia flutuante**, que assegura privilégio geral sobre o ativo da companhia, mas não impede a negociação dos bens que compõem esse ativo. Logo, no caso de a companhia emissora ter sua falência decretada, esse debenturista ficará em quinto lugar na ordem dos credores (art. 83, V, da Lei 11.101/05)[245];

c) **quirografárias,** nas quais o debenturista não terá nenhuma garantia ou preferência no caso de liquidação da companhia;

d) **subordinadas**, aquelas em que o debenturista, tal qual ocorre com as debêntures quirografárias, não terá nenhuma garantia ou preferência no caso de liquidação da companhia.

Mas, na condição de credor, qual a posição do debenturista? A existência de interesses em comum justifica a reunião dos debenturistas em uma organização coletiva, com a finalidade de tutelar seus interesses perante a companhia, sem prejuízo do direito do agente fiduciário ou do debenturista de defenderem seus interesses, como prevê o artigo 62, § 2º, da Lei nº 6.404/76, visto acima. O art. 71 da LSA prevê a **assembleia de debenturistas**, com competência para deliberar sobre todas as matérias de interesse comum dos titulares de debêntures da mesma emissão ou série.

A assembleia possui:

Poderes organizativos e de administração, como o de nomeação e de destituição do agente fiduciário e sua remuneração (art. 67), nomeação de representante comum dos debenturistas em processo de falência, recuperação judicial ou extrajudicial, intervenção ou liquidação da companhia emitente (art. 68, § 3º, d);

Poderes de ingerência, como a oposição à redução do capital social (art. 174, § 3º), à incorporação, fusão ou cisão da companhia emissora (art. 231) e à alteração do objeto da companhia e à criação de ações preferenciais ou modificação das vantagens das ações existentes, pelos titulares de debêntures conversíveis em ações (art. 57, § 2º); e

Poderes contratuais, nos termos do art. 71, § 5º[246].

245. RAMOS, André Luiz Santa Cruz. *Direito Empresarial esquematizado*. São Paulo: Método, 2014, p. 331.

246. AMARAL, José Romeu Garcia do. *Regime Jurídico das Debêntures*. Almedina: São Paulo, 2014, p. 226.

c) Partes beneficiárias

Surgem como meio de premiar os fundadores das companhias pelos serviços por eles prestados à sua constituição. Historicamente, sua idealização é localizada na Companhia do Canal Marítimo de Suez, que criou e distribuiu esses títulos (*parts de fondateurs;* "partes dos fundadores") a pessoas que contribuíram para o empreendimento, além de pessoas influentes no Egito, reservando-lhes 10% do resultado líquido da sociedade[247].

Entretanto, apesar da repercussão desse título no direito de diversos países, inclusive no nosso, o artigo 264 da lei francesa de sociedades (Lei 66-537, de 1966) passou a vedar a sua emissão.

Partes beneficiárias são títulos emitidos pela companhia, mas não são valores mobiliários, pois a Lei 10.303/01 conferiu a redação atual ao art. 2º da Lei 6.385/76, que não inclui as partes beneficiárias no rol de valores mobiliários. Na definição de Modesto Carvalhosa, "as partes beneficiárias constituem título de crédito puro e simples, consistente no direito de exigir da companhia a prestação nele especificada, qual seja, a participação nos seus lucros líquidos em cada exercício, pelo prazo de sua duração"[248].

Esses títulos podem ser **emitidos pela companhia fechada, exclusivamente** (art. 47, da LSA), e conferem aos seus titulares **crédito eventual contra a companhia**, consistente na **participação nos lucros anuais. Não tem correspondência com o capital social nem possuem valor nominal** (art. 46 da LSA). Observe que não se trata de ação e **não confere ao seu titular nenhum outro direito privativo de acionista, à exceção do direito de fiscalização** (§ 3º). Também **não se confunde com a debênture, uma vez que não há um valor de reembolso**. Corresponde a um direito de crédito eventual[249], uma vez depender dos lucros da companhia a cada exercício.

Nos termos do art. 46, § 2º, da LSA, a participação atribuída às partes beneficiárias, inclusive para formação de reserva para resgate, se houver, não ultrapassará 0,1 (um décimo) dos lucros. Devem, ainda, ter prazo de duração que não ultrapassará dez anos para as que forem atribuídas gratuitamente, salvo as destinadas a sociedades ou fundações beneficentes dos empregados da companhia (art. 48, § 1º, da LSA).

A Lei 10.303/01 alterou profundamente a Lei 6.404/76, e entre outras mudanças, proibiu a emissão de partes beneficiárias pelas companhias abertas, assegurando maior proteção aos acionistas minoritários e preferencialistas.

---

247. COMIRAN, Giovana Cunha. In: FRANÇA, Erasmo Valladão Azevedo e Novaes (coord.). *Direito Societário Contemporâneo II*. São Paulo: Malheiros, 2015, p. 520.

248. CARVALHOSA, Modesto. *Comentários à lei das sociedades anônimas*. Vol. I – arts. 1º a 74, 7ª ed., rev. e atual., São Paulo: Saraiva, 2013, p. 595.

249. Pontes de Miranda entendia que não se tratava de direito eventual, mas de pretensão eventual, na medida em que o direito existe e é válido; apenas sua exigibilidade – a pretensão – fica sujeita à apuração dos lucros, podendo ou não se configurar em alguns exercícios sociais (COMIRAN, Giovana Cunha, in: FRANÇA, Erasmo Valladão Azevedo e Novaes (coord.). *Direito Societário Contemporâneo II*. São Paulo: Malheiros, 2015, p. 519), mas essa posição não é pacífica.

Hoje, com a importância crescente da tecnologia como fator de produção, a exigência de uma contribuição material – ou de direitos patrimoniais – para a formação do capital social não deveria impedir que alguns participantes contribuíssem, tão só, com a sua competência ou experiência técnica. O Facebook, por exemplo, foi criado com um capital de apenas 1.000 dólares, pois a contribuição mais importante para sua criação foi o conhecimento (*know-how*) dos seus fundadores. Uma das formas possíveis de remuneração desse conhecimento decorreria do uso das partes beneficiárias.

O estatuto fixará o prazo de duração das partes beneficiárias. O prazo de dez anos (art. 48, § 1º, da Lei das S.A.) apenas tem aplicação quando se trata de partes beneficiárias atribuídas graciosamente a sociedades ou fundações beneficentes de empregados da companhia. Todavia, a expressão "fixará o prazo", constante do *caput* do art. 48, indica que **em nenhum caso elas poderão ser perpétuas.**

d) Bônus de subscrição

Bônus de subscrição são títulos negociáveis que dão direito a subscrever ações do capital social (arts. 75 a 77, da LSA). Eles são fruto da prática societária norte-americana ("stock purchase warrants" ou "option warrants") e foram reconhecidos em primeiro lugar pela *Delaware Corporation Law* na emenda de 1929[250].

Na definição de Nelson Eizirik, "são títulos negociáveis e autônomos de emissão exclusiva das companhias de capital autorizado e que atribuem a seus titulares o direito de, nas condições previstas no ato de sua criação, subscrever ações da companhia, mediante o pagamento do respectivo preço"[251].

Seu principal objetivo é o de **assegurar a colocação de capitais junto a interessados, acionistas ou não.** O bônus de subscrição pode ser alienado pela companhia ou atribuído, como vantagem adicional, aos subscritores de suas ações ou debêntures, dando-lhes o direito de subscrever ações da companhia.

Esses bônus são **títulos de crédito**[252], mas também valores mobiliários (art. 2º, I, da Lei 6.385/76).

Nos termos do art. 75 da LSA, eles conferem ao seu titular, durante um prazo determinado, o direito de adquirir ações da emitente. Cada bônus permite a subscrição de tantas ações quantas estiverem indicadas no respectivo certificado, mediante o pagamento do valor de emissão determinado ou determinável, tendo em vista que o ato que aprovou a sua criação pode apenas indicar os critérios a serem adotados para a sua determinação.

---

250. BERLE, Adolf A.; MEANS, Gardiner C. *A moderna sociedade anônima e a propriedade privada*. Trad. Dinah de Abreu Azevedo, da edição revista. São Paulo: Abril Cultural, 1984, p. 161-163.

251. EIZIRIK, Nelson. *A Lei das S/A comentada*. Vol. I, 2ª ed., rev. e ampl., São Paulo: Quartier Latin, 2015, p. 494.

252. LOPES, Mauro Brandão. *S.A.: títulos e contratos novos*. São Paulo: Ed. Revista dos Tribunais, 1978, p. 78.

É importante ter em mente que o bônus de subscrição **não confere ações ao seu titular**, apenas um direito à aquisição delas, que poderá ou não ser exercido, conforme sua conveniência. Só haverá interesse em exercer o direito se, no momento da subscrição, o valor da ação no mercado for maior que o pactuado.

O art. 75 da LSA permite à companhia emiti-los, "dentro do limite de capital autorizado no estatuto". Portanto, **somente poderá emitir bônus de subscrição a companhia cujos estatutos autorizem o aumento do capital social** independentemente da reforma dos estatutos (art. 168 da LSA).

O direito de preferência dos acionistas é exercido no momento da subscrição dos bônus (art. 77, parágrafo único, da LSA), não quando da subscrição das ações. Esse direito pode ser excluído se a companhia é aberta e a colocação for feita mediante venda em bolsa de valores, subscrição pública ou permuta por ações, em oferta pública de aquisição de controle (art. 172, na redação dada pela Lei nº 10.303/2001).

O estatuto da companhia, ainda que fechada, pode excluir o direito de preferência para subscrição de ações nos termos de lei especial sobre incentivos fiscais (art. 172, parágrafo único, na redação dada pela Lei nº 10.303/2001).

O bônus de subscrição pode ser comparado com a opção de compra de ações, prevista no art. 168, § 3º, da LSA. Esta consiste em negócio jurídico que dá direito à aquisição de ações, na companhia de capital autorizado, dada como prêmio a seus administradores, empresas ou outras pessoas que prestem serviços à companhia ou sociedade sob seu controle (art. 168, § 3º). Mas a noção de "prêmio" não se confunde com gratuidade, pois, no momento do exercício do direito, os beneficiários devem pagar o valor de emissão constante do contrato.

Ambos asseguram ao seu titular o direito de subscrever futuramente ações da companhia por um preço previamente estabelecido, mas a principal distinção entre eles consiste em que as opções não se caracterizam como valores mobiliários[253].

e) Opção de compra de ações

A opção de compra de ações é regulada nos artigos 157, § 1º; 168, § 3º e 171, § 3º da Lei nº 6.404/76. Consiste em negócio jurídico que dá direito à aquisição de ações, dentro do limite de capital autorizado, e de acordo com plano aprovado pela assembleia-geral, como prêmio a seus administradores ou empregados, ou a pessoas naturais que prestem serviços à companhia ou sociedade sob seu controle (art. 168, § 3º).

6.2.8. O acionista

Falamos das ações. Passamos a analisar a figura do **acionista.**

Direitos essenciais

253. EIZIRIK, Nelson. *A Lei das S/A comentada*. Vol. I, 2ª ed., rev. e ampl., São Paulo: Quartier Latin, 2015, p. 503.

Consideram-se essenciais os direitos comuns a todos os acionistas e que não podem ser suprimidos sem que desapareça o próprio estado de sócio (acionista). Esses direitos decorrem da própria natureza do contrato de sociedade e estão presentes no artigo 109 da Lei nº 6.404/76. Os acionistas têm, portanto, um núcleo de direitos iguais, qualquer que seja a espécie ou classe das ações que possuem; e, dentro da mesma classe, tem igualdade absoluta de todos os direitos.

Direito ao estado de acionista

Pressuposto lógico à existência de direitos particulares do acionista é o de manter o estado de sócio. O acionista tem direito a permanecer na companhia e não ser dela excluído fora das hipóteses expressa e taxativamente declaradas em lei.

Já vimos que uma dessas hipóteses de exclusão ocorre com a venda forçada em Bolsa das ações do acionista que descumpre o dever de integralizá-las; a outra hipótese é a do resgate acionário.

Direito aos lucros

Deve-se observar que o acionista participa dos lucros sociais não apenas diretamente, ao receber dividendos, como ainda indiretamente, usufruindo da valorização de suas ações, quando os lucros sociais são retidos pela companhia ou incorporados ao capital.

Quanto à fiscalização da gestão societária, ela se realiza, normalmente, de modo indireto, pela eleição de conselheiros fiscais, numa forma de democracia representativa. Mas há hipóteses de fiscalização direta, como no caso de exibição integral dos livros sociais (art. 105), ou do direito de obter informações dos administradores em assembleia (art. 157, § 1º). Voltaremos ao tema ao examinarmos o Conselho Fiscal.

Direito de voto

A organização sociedade anônima funciona, em grande parte, mediante deliberações da assembleia geral de acionistas; e essas deliberações compõe-se da soma dos votos dados pelos acionistas.

O regime do voto na sociedade anônima é fundado na regra geral de que esse poder está ligado não à pessoa do acionista, mas às ações, enquanto frações do capital social. Por isso mesmo, se se quiser vincular o voto a qualidades pessoais do acionista – p. ex., a sua nacionalidade brasileira – é preciso utilizar institutos acionários, como o das classes de ações, vistas acima.

Em princípio, a cada ação – ordinária ou preferencial – corresponde um voto, nas assembleias. Essa regra vem declarada apenas quanto às ações ordinárias (art. 110), mas ela se aplica igualmente às preferenciais, desde que o estatuto não lhes tenha restringido ou suprimido esse poder (art. 111).

Direito de preferência

Da enumeração constante do art. 109, *caput*, deve ser excluído o impropriamente chamado direito de preferência para a subscrição de novas ações de aumento do capital social, pois, justamente, o art. 172 admite que o estatuto da sociedade anônima de capital autorizado possa suprimi-lo. Esse direito, portanto, não pode ser considerado essencial[254].

O acionista controlador

O princípio de limitação de responsabilidade em que se fundamenta a sociedade anônima decorre do fato de que a participação relativa de cada um no capital social sendo ínfima, seu voto e, por consequência, a possibilidade de influenciar os negócios são, mesmo, insignificantes. Todavia, existem poucas sociedades sem controle definido: na maioria delas um acionista ou grupo de acionistas concentra o poder e determina o rumo que a sociedade irá tomar.

Esse acionista assume um status diverso daquele dos demais; ele detém mais poderes e, em compensação, também mais deveres e responsabilidades. Daí a necessidade de se superar o anonimato acionário, identificando-se o titular desses deveres e responsabilidades.

Atualmente, a sociedade por ações deixa de ser propriamente anônima, com o realce dado à figura do acionista controlador, aquele que detém o poder decisório em última instância, por meio do seu voto nas assembleias gerais.

De acordo com o art. 116, o acionista controlador é a pessoa, física ou jurídica, ou ainda o grupo de pessoas vinculadas por acordo de voto, ou sob controle comum, que: a) é titular de direitos de sócio que lhe assegurem, **de modo permanente**, a maioria dos votos nas deliberações da assembleia-geral e o poder de eleger a maioria dos administradores da companhia; e b) **usa efetivamente** seu poder para dirigir as atividades sociais e orientar o funcionamento dos órgãos da companhia.

O parágrafo único é expresso, ao afirmar que o acionista controlador deve usar o poder com o fim de fazer a companhia realizar o seu objeto e cumprir sua função social, e tem deveres e responsabilidades para com os demais acionistas da empresa, os que nela trabalham e para com a comunidade em que atua, cujos direitos e interesses deve lealmente respeitar e atender.

O controlador não necessariamente possui a maioria do capital social, até porque a lei não exige a propriedade das ações, apenas a titularidade de direitos de voto (que pode decorrer, por exemplo, do usufruto com atribuição ao usufrutuário dos votos ligados às ações).

Existem diversas espécies de controle societário:

a) **Controle totalitário**, normalmente encontrado nas companhias fechadas e na subsidiária integral;

b) **Controle majoritário**, em que o controle é exercido pelo acionista que detém a maioria das ações com voto.

254. Em sentido contrário: TEIXEIRA, Egberto Lacerda; GUERREIRO, José Alexandre Tavares. *Das sociedades anônimas no direito brasileiro*. Vol. 1. São Paulo: Bushatsky, 1979, p. 284-285.

c) **Controle minoritário**, nas situações em que o capital da companhia se encontra pulverizado de tal forma que nenhum acionista possua, individualmente, a maioria dele. A situação permite a um acionista com menos da metade das ações com voto manter, de forma permanente, o controle.

Observe que o art. 116 não estabelece um percentual mínimo de ações para configurar o controle. Daí porque a maioria da doutrina entende ser o controle minoritário admitido no direito brasileiro, com a ressalva do posicionamento de Modesto Carvalhosa, para quem a expressão "de modo permanente" implica na existência de um acionista ou grupo de acionistas que possua 50% ou mais das ações com voto[255].

d) **Controle gerencial ou administrativo**, quando os administradores detêm o poder de fato sobre a companhia, diante da dispersão e do desinteresse dos acionistas[256]; essa situação é pouco comum entre nós.

A LSA dispõe sobre a proteção dos direitos dos acionistas minoritários, impondo deveres e responsabilidades ao controlador.

Dispunha a Lei 6.404/76 que a CVM deveria zelar pelo tratamento igualitário aos acionistas minoritários na hipótese de alienação do controle, mediante simultânea oferta pública para aquisição de ações. Era o que estabelecia o art. 254 da LSA, hoje revogado pela Lei 9.457/97, editada no contexto das privatizações.

A mencionada Lei 9.457/97 revogou o art. 254 e criou o art. 254-A, ainda hoje em vigor, estabelecendo que a alienação, direta ou indireta, do controle de companhia aberta somente poderá ser contratada sob a condição, suspensiva ou resolutiva, de que o adquirente se obrigue a fazer **oferta pública de aquisição (OPA) das ações com direito a voto** de propriedade **dos demais acionistas da companhia**, de modo a lhes **assegurar o preço no mínimo igual a 80% (oitenta por cento) do valor pago por ação com direito a voto**, integrante do bloco de controle. O § 3º do referido artigo atribui à CVM competência para estabelecer normas a serem observadas na oferta pública norma, tendo sido, para isso, editada a Instrução CVM 361/2002. Também é importante observar que o **Novo Mercado**, a partir do segmento **Nível 2**, exige que o ***tag along*** **assegure 100% do valor pago por ação** (no Nível 2, que admite ações ordinárias e preferenciais, ambas devem ser objeto da OPA).

O art. 254-A consagra o chamado ***tag along***, ou **direito de venda conjunta**. Trata-se de evidente e importante instrumento de defesa dos acionistas minoritários. No entanto, alguns aspectos devem ser levados em consideração, como, por exemplo, a expressa exclusão

255. CARVALHOSA, Modesto. O desaparecimento do controlador nas companhias com ações dispersas. In: VON ADAMEK, Marcelo Vieira. *Temas de direito societário e empresarial contemporâneos*. São Paulo: Malheiros, 2010, p. 517.

256. BERLE, Adolf A.; MEANS, Gardiner C. *A moderna sociedade anônima e a propriedade privada*. Tradução de Dinah de Abreu Azevedo. São Paulo: Abril Cultural, 1984, p. 94.

dos acionistas titulares das ações sem voto do rol dos destinatários da oferta pública de aquisição de ações. Isso significa que esses acionistas não teriam direito a qualquer parcela do prêmio do controle, nem teriam direito a se retirar do quadro societário no caso de significativa alteração na estrutura de controle da companhia.

A OPA é, portanto, uma condição legal para a realização do negócio da alienação do controle. E, por "**alienação de controle**", entende-se a transferência, de forma direta ou indireta, de ações integrantes do bloco de controle, de ações vinculadas a acordos de acionistas e de valores mobiliários conversíveis em ações com direito a voto, cessão de direitos de subscrição de ações e de outros títulos ou direitos relativos a valores mobiliários conversíveis em ações que venham a resultar na alienação de controle acionário da sociedade (art. 254-A, § 1º).

Diversos autores defendem que o art. 254-A não se aplica aos casos de controle minoritário, uma vez que não há, neste caso, "bloco de controle", que somente estaria presente quando o conjunto de ações reunidas engloba mais da metade das ações com voto da companhia[257].

Há quem entenda pela aplicação do art. 254-A ao controle minoritário. Dado o alto grau de dispersão das ações e o absenteísmo dos acionistas na assembleia-geral, há quem defenda que o acionista consegue, em bases permanentes e estáveis, preponderar nas assembleias gerais, sem qualquer risco efetivo de alteração desta situação. O entendimento de que as ações detidas por este acionista controlador não constituem um bloco de controle ignora esta realidade, em prol de um critério objetivo (titularidade da maioria das ações votantes), sem previsão legal. A própria lei trata do controle minoritário e o art. 254-A não elege um critério absoluto para comprovação. O controle minoritário, por sua vez, é exercido de forma permanente[258].

De um modo geral, a alienação de controle é negociada entre o interessado em adquiri-lo e a companhia (por meio do seu conselho de administração). Trata-se da **oferta amigável**. Há situações, no entanto, em que o interessado apresenta uma oferta de compra das ações dos acionistas que não integram o controle. O objetivo, claro, é tomar o controle da companhia que não possui controlador majoritário. É o que se chama de **oferta hostil (*hostile takeover*)**. São as "publicadas sem o conhecimento e contra a vontade dos controladores e, muitas vezes, com a intenção de apenas se apropriar dos despojos

---

257. EIZIRIK, Nelson. Aquisição de controle minoritário. Inexigibilidade de oferta pública. *In:* CASTRO, Rodrigo R. Monteiro de e AZEVEDO, Luís André N. de Moura (coordenadores) *Poder de controle e outros temas de direito societário e mercado de capitais.* São Paulo: Quartier Latin, 2010, p. 182. Ainda: COMPARATO, Fábio Konder e SALOMÃO FILHO, Calixto. *O poder de controle na sociedade anônima.* Rio de Janeiro: Forense, 2005, p. 71.

258. OIOLI, Erik Frederico. *Tag along* na aquisição de controle diluído. *In:* VON ADAMEK, Marcelo Vieira. *Temas de direito societário e empresarial contemporâneos.* São Paulo: Malheiros, 2010, p. 323.

societários. Isto é, quando inesperada – ou seja, não solicitada – e contra a estratégia da administração da empresa-alvo"[259].

O art. 117, da LSA, trata da responsabilidade do controlador, que responde por atos praticados com abuso de poder. Segundo o § 1º do referido artigo, são modalidades de exercício abusivo de poder:

a) orientar a companhia para fim estranho ao objeto social ou lesivo ao interesse nacional, ou levá-la a favorecer outra sociedade, brasileira ou estrangeira, em prejuízo da participação dos acionistas minoritários nos lucros ou no acervo da companhia, ou da economia nacional;

b) promover a liquidação de companhia próspera, ou a transformação, incorporação, fusão ou cisão da companhia, com o fim de obter, para si ou para outrem, vantagem indevida, em prejuízo dos demais acionistas, dos que trabalham na empresa ou dos investidores em valores mobiliários emitidos pela companhia;

c) promover alteração estatutária, emissão de valores mobiliários ou adoção de políticas ou decisões que não tenham por fim o interesse da companhia e visem a causar prejuízo a acionistas minoritários, aos que trabalham na empresa ou aos investidores em valores mobiliários emitidos pela companhia;

d) eleger administrador ou fiscal que sabe inapto, moral ou tecnicamente;

e) induzir, ou tentar induzir, administrador ou fiscal a praticar ato ilegal, ou, descumprindo seus deveres definidos nesta Lei e no estatuto, promover, contra o interesse da companhia, sua ratificação pela assembleia-geral;

f) contratar com a companhia, diretamente ou através de outrem, ou de sociedade na qual tenha interesse, em condições de favorecimento ou não equitativas;

g) aprovar ou fazer aprovar contas irregulares de administradores, por favorecimento pessoal, ou deixar de apurar denúncia que saiba ou devesse saber procedente, ou que justifique fundada suspeita de irregularidade;

h) subscrever ações, para os fins do disposto no art. 170, com a realização em bens estranhos ao objeto social da companhia.

A Lei 13.303/16 trouxe dispositivos aplicáveis ao controlador das sociedades de economia mista e das empresas públicas, que deverá fazer constar do Código de Conduta e Integridade, aplicável à alta administração, a vedação à divulgação, sem autorização do órgão competente da empresa pública ou da sociedade de economia mista, de informação que possa causar impacto na cotação dos títulos da empresa pública ou da sociedade de economia mista e em suas relações com o mercado ou com consumidores e fornecedores;

---

259. FRANCO, Vera Helena de Mello, "Considerações sobre as ofertas públicas para aquisição de ações (OPAs) – estado atual da questão". *Revista de Direito Mercantil, Industrial, Econômico e Financeiro*, 144/16, p. 26.

preservar a independência do Conselho de Administração no exercício de suas funções; e observar a política de indicação na escolha dos administradores e membros do Conselho Fiscal (art. 14, *caput* e incisos I a III).

Por outro lado, responde pelos atos praticados com abuso de poder, nos termos da LSA.

Acordo de acionistas

A expressão "acordo de acionistas" não significa um único negócio jurídico típico, mas uma categoria de negócios jurídicos de diversas espécies, "cuja característica comum é o fato de que uma ou mais partes assumem obrigações sobre o modo de exercer direitos conferidos por ações da companhia"[260]. Assim, eles são contratos[261].

O **Acordo de acionistas** está disciplinado no art. 118 da LSA. Podem, assim, tratar de:

a) compra e venda de ações;

b) preferência para aquisição de ações;

c) exercício do direito de voto ou

d) exercício do poder de controle.

Para ser oponível a terceiros, o acordo de acionistas deve ser averbado nos livros de registro e nos certificados das ações envolvidas, se emitidos (§ 1º). Por outro lado, o acordo não poderá ser invocado para eximir o acionista de responsabilidade no exercício do direito de voto (art. 115) ou do poder de controle (arts. 116 e 117).

Uma vez arquivado na sede da companhia, deverá ser respeitado, podendo o interessado requerer a execução judicial do acordo (art. 118, § 3º), e o presidente da assembleia ou do órgão colegiado de deliberação da companhia não computará o voto proferido com infração de acordo de acionistas devidamente arquivado (§ 8º).

No relatório anual, os órgãos da administração da companhia aberta informarão à assembleia-geral as disposições sobre política de reinvestimento de lucros e distribuição de dividendos, constantes de acordos de acionistas arquivados na companhia (art. 118, § 5º).

As ações objeto do acordo não poderão ser negociadas em bolsa ou no mercado de balcão (§ 4º).

---

260. LAMY FILHO, Alfredo; BULHÕES PEDREIRA, José Luiz. *A Lei das S.A.*: pressupostos, elaboração, aplicação. Rio de Janeiro: Renovar, 1992, p. 513.

261. EIZIRIK, Nelson. *Temas de direito societário.* Rio de Janeiro: Forense, 2005, p. 25: "O acordo de acionistas pode ser definido como um contrato celebrado entre acionistas da companhia para compor seus interesses individuais e para estabelecer normas sobre a sociedade da qual participam, de forma a harmonizar seus interesses societários e implementar o próprio interesse social". **No mesmo sentido:** BARBI FILHO, Celso. Acordo de acionistas: panorama atual do instituto no direito brasileiro e propostas para a reforma de sua disciplina legal. *RDM*, vol. 121, jan-mar/2001, p. 30-55, citação de p. 35: "Não há mais dúvidas no Direito Brasileiro de que o acordo de acionistas tenha a natureza jurídica de um contrato, cuja fonte imediata é a Lei das S/A e a mediata o direito das obrigações".

6.2.9. *Órgãos sociais*

A sociedade anônima possui uma estrutura composta de diversos órgãos, detalhadamente tratados pela Lei 6.404/76:

– assembleia geral

– conselho de administração

– diretoria

– conselho fiscal

a) Assembleia-Geral

Trata-se do **órgão máximo da companhia**, com ampla **competência deliberativa** (mas não executiva) sobre **todo e qualquer assunto** relativo aos interesses da companhia. Ela tem poderes para decidir todos os negócios relativos ao objeto da companhia e tomar as resoluções que julgar convenientes à sua defesa e desenvolvimento (art. 121). Tanto na companhia aberta quanto na fechada, o acionista poderá participar e votar à distância em assembleia geral (art. 121, parágrafo único).

Algumas matérias, contudo, são de sua **competência privativa**, e estão elencadas no art. 122 da LSA: reforma do estatuto social, eleição ou destituição de administradores e fiscais, tomar as contas dos administradores e deliberar sobre as demonstrações financeiras, autorizar a emissão de debêntures, suspender os direitos do acionista inadimplente, deliberar sobre a avaliação dos bens destinados à integralização do capital, autorizar a emissão de partes beneficiárias, deliberar sobre dissolução e liquidação, transformação, incorporação, fusão e cisão, eleger e destituir liquidantes e julgar-lhes as contas, autorizar os administradores a confessar falência e a requerer a recuperação judicial ou a propor a recuperação extrajudicial.

Em caso de urgência, a confissão de falência ou o pedido de recuperação judicial poderá ser formulado pelos administradores com a concordância do acionista controlador, se houver, convocando-se imediatamente a assembleia para manifestar-se sobre a matéria (art. 122, parágrafo único).

A convocação da assembleia é da competência do Conselho de Administração, se houver, ou dos diretores, nos termos do estatuto (art. 123). Mas podem também convocá-la: o **conselho fiscal**, nos casos previstos no art. 163, V; **qualquer acionista, quando os administradores retardarem, por mais de 60 dias, a convocação nos casos previstos em lei ou no estatuto**; os **acionistas que representem ao menos 5% do capital social**, quando os administradores não atenderem, no prazo de oito dias, a pedido de convocação que apresentarem, devidamente fundamentado, com a indicação das matérias a serem tratadas; os **acionistas que representem 5% do capital votante, ou cinco por cento, no mínimo, dos acionistas sem direito a voto**, quando os administradores não atenderem, no prazo de oito dias, a pedido de convocação de assembleia para instalação do conselho fiscal.

Nos casos de liquidação da companhia, compete ao liquidante convocar a Assembleia (art. 210, IV c/c 213, *caput*). E, ainda, a própria assembleia, na qualidade órgão supremo, pode deliberar nova convocação determinando que os administradores tomem as providências que se fizerem necessárias para tanto.

A convocação se dá mediante anúncio publicado por três vezes, no mínimo, contendo local, data e hora, ordem do dia e, no caso de reforma do estatuto, a indicação da matéria (art. 124).

A **primeira convocação** deve observar, na **companhia fechada**, o prazo mínimo de **8 dias de antecedência**; não se realizando a assembleia será publicado novo anúncio, de **segunda convocação**, com antecedência mínima de **5 dias**.

Na **companhia aberta**, o prazo de antecedência da **primeira convocação** será de **15 dias** e o da **segunda convocação de 8 dias**. As companhias abertas com ações admitidas em bolsa de valores deverão remeter, na data da publicação do anúncio de convocação da assembleia, à bolsa de valores em que suas ações forem mais negociadas, os documentos postos à disposição dos acionistas para deliberação na assembleia-geral (art. 124, § 6º).

Independentemente das formalidades previstas neste artigo, será considerada regular a assembleia-geral a que comparecerem todos os acionistas (art. 124, § 4º).

O parágrafo único do art. 125 assegura aos acionistas sem direito de voto o direito de comparecer à assembleia e discutir as matérias submetidas à deliberação.

Em princípio, o ***quórum* de instalação** da assembleia geral é de **¼ do capital com direito de voto (primeira convocação)**, instalando-se com **qualquer número em segunda convocação**. É o que dispõe o art. 125 da LSA.

O artigo 126 da LSA dispõe que **apenas acionistas podem participar da Assembleia**, podendo estes ser representados na assembleia-geral por procurador constituído há menos de 1 (um) ano, que seja acionista, administrador da companhia ou advogado; na companhia aberta, o procurador pode, ainda, ser instituição financeira, cabendo ao administrador de fundos de investimento representar os condôminos (art. 126, § 1º).

A qualidade de acionista é comprovada na forma dos incisos I (os titulares de ações nominativas exibirão, se exigido, documento hábil de identidade) e II (os titulares de ações escriturais ou em custódia nos termos do art. 41, além do documento de identidade, exibirão, ou depositarão na companhia, se o estatuto o exigir, comprovante expedido pela instituição financeira depositária).

Há situações especiais em que se faz necessária a presença de pessoas que não são acionistas: o auditor independente e pelo menos um dos administradores (art. 134, § 1º); um dos membros do Conselho Fiscal, quando instalado (art. 163).

Quórum: as deliberações da assembleia-geral, ressalvadas as exceções previstas em lei, serão tomadas por **maioria absoluta de votos**, não se computando os votos em branco (art. 129). Já na **companhia fechada**, nos termos do § 1º do art. 129, o estatuto pode aumentar o quórum exigido para certas deliberações, desde que especifique as matérias.

No entanto, a LSA estabeleceu **quórum qualificado**, consistente na **metade do capital votante** para aprovar sobre matérias de maior repercussão no âmbito da companhia:

I – criação de ações preferenciais ou aumento de classe de ações preferenciais existentes, sem guardar proporção com as demais classes de ações preferenciais, salvo se já previstos ou autorizados pelo estatuto;

II – alteração nas preferências, vantagens e condições de resgate ou amortização de uma ou mais classes de ações preferenciais, ou criação de nova classe mais favorecida;

III – redução do dividendo obrigatório;

IV – fusão da companhia, ou sua incorporação em outra;

V – participação em grupo de sociedades (art. 265);

VI – mudança do objeto da companhia;

VII – cessação do estado de liquidação da companhia;

VIII – criação de partes beneficiárias;

IX – cisão da companhia;

X – dissolução da companhia.

Eventual empate é tratado pelo § 2º do art. 129, segundo o qual, se o estatuto não estabelecer **procedimento de arbitragem** e **não contiver norma diversa**, **nova assembleia** será convocada, com intervalo mínimo de 2 meses para votar a deliberação; **persistindo o empate, podem os acionistas submeter a decisão a um terceiro ou ao juiz.**

Da assembleia será lavrada **ata**, nos termos do art. 130. Será lavrada em livro próprio, e assinada pelos membros da mesa e pelos acionistas presentes. Para validade da ata é suficiente a assinatura de quantos bastem para constituir a maioria necessária para as deliberações tomadas na assembleia.

Há **dois tipos de assembleias gerais**, de acordo com as matérias que serão objeto de deliberação:

a) A **Assembleia-Geral Ordinária (AGO)**, que tem por objeto as matérias previstas no art. 132. Deve ocorrer **anualmente, nos quatro primeiros meses após o fim do exercício social,** para tomar as contas dos administradores, examinar, discutir e votar as demonstrações financeiras; deliberar sobre a destinação do lucro líquido do exercício e a distribuição de dividendos; eleger os administradores e membros do conselho fiscal, se for o caso; aprovar a correção da expressão monetária do capital social (art. 167).

   O art. 133 explicita a obrigação dos administradores de convocar a AGO, além de disponibilizar aos acionistas os documentos que serão apreciados pela assembleia, com antecedência mínima de 1 mês à realização da assembleia, bem como publicá-los em órgãos da imprensa. A publicação é dispensada nas companhias fechadas de que cuida o art. 294 (receita bruta de até R$ 78.000.000,00, na redação dada pela Lei Complementar 182, de 2021), desde que sejam, por cópias autenticadas, arquivados no registro de comércio juntamente com a ata da assembleia que sobre eles deliberar. Destacamos que o art. 294-A, na redação dada pela Lei Complementar 182, de 2021, estabelece que a Comissão de Valores Mobiliários regulamentará as condições facilitadas para o acesso de companhias de menor porte ao mercado de capitais, permitindo, ainda dispensar ou modular a observância de alguns dispositivos legais, em determinadas situações (como no inciso I do dispositivo, que permite a dispensa ou modulação do art. 161, quanto à obrigatoriedade de instalação do conselho fiscal a pedido de acionistas, ou do art. 289, quanto à forma de realização das publicações ordenadas pela LSA.

b) A **Assembleia-Geral Extraordinária (AGE):** A Lei 6.404/76 estabeleceu regras específicas, como o quórum especial para sua instalação em determinados casos. Assim, o art. 135, na redação dada pela Lei nº 14.195, de 2021, segundo o qual a AGE que tiver por objeto a **reforma do estatuto** somente **se instalará em primeira convocação com a presença de acionistas que representem 2/3 (dois terços), no mínimo, de votos conferidos pelas ações com direito a voto**, mas poderá instalar-se **em segunda convocação com qualquer número**. Evidentemente, as demais AGEs devem observar o quórum do art. 125 – o quórum normal de instalação.

   O art. 136 estabelece **quórum de deliberação qualificado de metade do total de votos conferidos pelas ações com direito de voto, se o estatuto não exigir quórum mais elevado, para as matérias que especifica,** dada sua extrema importância para a companhia e seus acionistas. Coerentemente, a aprovação das matérias dos incisos I a VI e IX do art. 136 confere ao acionista direito de recesso (art. 137).

Por fim, há ainda outra espécie de assembleia, a **assembleia especial prevista no** § 1º do art. 136 da LSA. Dela participam apenas os titulares de determinada classe de ações, pois destinada a tratar de interesses específicos destes acionistas.

Assim, **nos casos dos incisos I** (criação de ações preferenciais ou aumento de classe de ações preferenciais existentes, sem guardar proporção com as demais classes de ações preferenciais, salvo se já previstos ou autorizados pelo estatuto) **e II** (alteração nas preferências, vantagens e condições de resgate ou amortização de uma ou mais classes de ações preferenciais, ou criação de nova classe mais favorecida) **do art. 136**, a eficácia da deliberação depende de prévia aprovação ou da ratificação, em prazo improrrogável de um ano, por titulares de mais da metade de cada classe de ações preferenciais prejudicadas, reunidos em **assembleia especial** convocada pelos administradores e instalada com as formalidades desta Lei.

A CVM pode autorizar a redução do quórum previsto no art. 136 no caso de companhia aberta com a propriedade das ações dispersa no mercado e cujas 3 últimas assembleias tenham sido realizadas com a presença de acionistas que representem menos da metade do total de votos conferidos pelas ações com direito a voto. Trata-se do art. 136, §2º, na redação dada pela Lei nº 14.195, de 2021, que ainda incluiu o §2º-A, que estabelece que a autorização da CVM será mencionada nos avisos de convocação e a deliberação com quórum reduzido somente poderá ser adotada em terceira convocação.

b) Órgãos de administração:

A Lei 6.404/76 dividiu a administração em dois órgãos: o **Conselho de Administração** e a **Diretoria.** O primeiro é órgão decisório colegiado, o segundo é órgão decisório não colegiado, cujos membros tem a representação orgânica da sociedade.

As companhias abertas e as de capital autorizado terão, obrigatoriamente, Conselho de Administração (art. 138, § 2º), bem como as sociedades de economia mista (art. 239); nas demais, esse conselho é facultativo. Apenas os membros da diretoria têm poderes de representação da sociedade, e os poderes de cada órgão são indelegáveis (art. 139). É vedada, nas companhias abertas, a acumulação do cargo de presidente do conselho de administração e do cargo de diretor-presidente ou de principal executivo da companhia (art. 138, §3º), podendo a CVM editar ato normativo que excepcione as companhias de menor porte (art. 294-B) desta vedação.

As normas relativas a requisitos, impedimentos, investidura, remuneração, deveres e responsabilidade dos administradores aplicam-se a conselheiros e diretores (art. 145).

O art. 17, da Lei 13.303/16, traz requisitos específicos para a investidura de membros do Conselho de Administração e da Diretoria das sociedades de economia mista e das empresas públicas: serão escolhidos entre cidadãos de reputação ilibada e de notório conhecimento, devendo ser atendidos, alternativamente, um dos requisitos das alíneas "a", "b" e "c" do inciso I e, cumulativamente, os requisitos dos incisos II e III:

I – ter experiência profissional de, no mínimo:

a) 10 (dez) anos, no setor público ou privado, na área de atuação da empresa pública ou da sociedade de economia mista ou em área conexa àquela para a qual forem indicados em função de direção superior; ou

b) 4 (quatro) anos ocupando pelo menos um dos seguintes cargos:

1. cargo de direção ou de chefia superior em empresa de porte ou objeto social semelhante ao da empresa pública ou da sociedade de economia mista, entendendo-se como cargo de chefia superior aquele situado nos 2 (dois) níveis hierárquicos não estatutários mais altos da empresa;

2. cargo em comissão ou função de confiança equivalente a DAS-4 ou superior, no setor público;

3. cargo de docente ou de pesquisador em áreas de atuação da empresa pública ou da sociedade de economia mista;

c) 4 (quatro) anos de experiência como profissional liberal em atividade direta ou indiretamente vinculada à área de atuação da empresa pública ou sociedade de economia mista;

II – ter formação acadêmica compatível com o cargo para o qual foi indicado; e

III – não se enquadrar nas hipóteses de inelegibilidade previstas nas alíneas do inciso I do *caput* do art. 1º da Lei Complementar nº 64, de 18 de maio de 1990, com as alterações introduzidas pela Lei Complementar nº 135, de 4 de junho de 2010.

O art. 146 da Lei nº 6.404/76, por seu turno, é expresso ao restringir a qualidade de membro dos órgãos de administração da companhia às pessoas naturais.

O dispositivo permite que esses cargos sejam ocupados inclusive por não acionistas, mas determina que os diretores sejam residentes no Brasil. Essa exigência não alcança os conselheiros, mas, nesse caso, há a incidência do § 2º, segundo o qual a posse do conselheiro residente ou domiciliado no exterior fica condicionada à constituição de representante residente no Brasil, com poderes para, até, no mínimo, 3 anos após o término do prazo de gestão do administrador, receber: I – citações em ações contra ele propostas com base na legislação societária; e II – citações e intimações em processos administrativos instaurados pela CVM, no caso de exercício de cargo de administração em companhia aberta (art. 146, § 2º, com a redação dada pela Lei nº 14.195, de 2021).

Os **impedimentos para a investidura** estão apontados no art. 147. A assembleia geral somente poderá eleger conselheiros e diretores que tenham exibido os comprovantes de preenchimento de tais requisitos.

São inelegíveis para os cargos de administração da companhia as pessoas impedidas por lei especial, ou condenadas por crime falimentar, de prevaricação, peita (termo que significa corrupção passiva) ou suborno, concussão, peculato, contra a economia popular, a fé pública ou a propriedade, ou a pena criminal que vede, ainda que temporariamente, o acesso a cargos públicos (§ 1º do art. 147) e, especificamente para a administração das companhias abertas, as pessoas declaradas inabilitadas por ato da CVM (§ 2º).

A norma do § 3º do art. 147 se destina aos conselheiros: não podem ser eleitos, salvo dispensa da assembleia-geral, aquele que ocupar cargos em sociedades que possam ser consideradas concorrentes no mercado, em especial, em conselhos consultivos, de administração ou fiscal (inciso I) e tiver interesse conflitante com a sociedade (inciso II).

A Lei 13.303/16, em seu art. 17, § 2º, traz vedações aplicáveis tanto aos membros do Conselho de Administração quanto aos diretores das sociedades de economia mista e das empresas públicas: I – de representante do órgão regulador ao qual a empresa pública ou a sociedade de economia mista está sujeita, de Ministro de Estado, de Secretário de Estado, de Secretário Municipal, de titular de cargo, sem vínculo permanente com o serviço público, de natureza especial ou de direção e assessoramento superior na administração pública, de dirigente estatutário de partido político e de titular de mandato no Poder Legislativo de qualquer ente da federação, ainda que licenciados do cargo; II – de pessoa que atuou, nos últimos 36 (trinta e seis) meses, como participante de estrutura decisória de partido político ou em trabalho vinculado a organização, estruturação e realização de campanha eleitoral; III – de pessoa que exerça cargo em organização sindical; IV – de pessoa que tenha firmado contrato ou parceria, como fornecedor ou comprador, demandante ou ofertante, de bens ou serviços de qualquer natureza, com a pessoa político-administrativa controladora da empresa pública ou da sociedade de economia mista ou com a própria empresa ou sociedade em período inferior a 3 (três) anos antes da data de nomeação; e V – de pessoa que tenha ou possa ter qualquer forma de conflito de interesse com a pessoa político-administrativa controladora da empresa pública ou da sociedade de economia mista ou com a própria empresa ou sociedade.

O estatuto pode, ainda, estabelecer que o exercício do cargo de administrador deva ser assegurado, pelo titular ou por terceiro, mediante penhor de ações da companhia ou outra garantia (art. 148), a qual somente poderá ser levantada após a aprovação das últimas contas apresentadas pelo administrador que houver deixado o cargo (art. 148, parágrafo único).

Os conselheiros e diretores serão investidos nos seus cargos mediante assinatura de termo de posse no livro de atas do Conselho de Administração ou da diretoria, conforme o caso (art. 149, *caput*).

De acordo com o art. 150, no caso de **vacância do cargo de conselheiro**, e se o estatuto não dispuser de forma diversa, o substituto será nomeado pelos conselheiros remanescentes e servirá até a primeira assembleia-geral. Se a **vacância se der em relação à maioria dos cargos**, a assembleia-geral será convocada para proceder à nova eleição; na vacância **de todos os cargos** compete à diretoria convocar a assembleia-geral.

Se houver **vacância de todos os cargos da diretoria**, se a companhia não tiver Conselho de Administração, compete ao conselho fiscal, se em funcionamento, ou a qualquer acionista, convocar a assembleia-geral, devendo o representante de maior número de ações praticar, até a realização da assembleia, os atos urgentes de administração da companhia (art. 150, § 2º).

A renúncia do administrador é eficaz em relação à companhia desde o momento em que lhe for entregue a comunicação escrita do renunciante, e em relação a terceiros de boa-fé, após o arquivamento na Junta Comercial e publicação, que poderão ser promovidos pelo renunciante (art. 151).

Os **deveres dos administradores** são regulados pelos artigos 153 e seguintes, destacando-se o dever de diligência, o dever de lealdade e o dever de informação.

O **dever de diligência** é consagrado no art. 153: o administrador deve empregar, no exercício de suas funções, o cuidado e diligência que todo homem ativo e probo costuma empregar na administração dos seus próprios negócios. Esse é um padrão (*"standard"*) de comportamento, frente ao qual devem ser avaliados os atos praticados, até porque seria impossível ao legislador determinar quais atos deveriam ser praticados em cada caso concreto. Esse mesmo padrão foi consagrado no artigo 1.011 do Código Civil.

O art. 154 prescreve que o administrador deve exercer as atribuições que a lei e o estatuto lhe conferem para lograr os fins e no interesse da companhia, satisfeitas as exigências do bem público e da função social da empresa. Ele tem responsabilidade perante a companhia, e não apenas para com o grupo ou classe de acionistas que o elegeu, se for o caso (§ 1º). Não pode praticar ato de liberalidade às custas da companhia sem prévia autorização da assembleia-geral ou do Conselho de Administração, tomar por empréstimo recursos ou bens da companhia, ou usar, em proveito próprio, de sociedade em que tenha interesse, ou de terceiros, os seus bens, serviços ou créditos. Também não pode receber de terceiros, sem autorização estatutária ou da assembleia-geral, qualquer modalidade de vantagem pessoal, direta ou indireta, em razão do exercício do cargo (§ 2º).

O § 3º traz a sanção ao descumprimento da vedação acima: as importâncias recebidas com infração ao disposto na alínea c do § 2º pertencerão à companhia.

A Lei 6.404/76 não impede a prática de atos gratuitos "razoáveis em benefício dos empregados ou da comunidade de que participe a empresa, tendo em vista suas responsabilidades sociais"; apenas a condiciona à autorização pelo Conselho de Administração ou pela diretoria.

O **dever de lealdade** está consagrado no art. 155, que impõe ao administrador o dever de servir com lealdade à companhia e manter reserva sobre seus negócios. A lealdade pressupõe o sigilo, que se impõe sempre que a divulgação de informações confidenciais possa resultar em eventual perigo para os negócios sociais ou mesmo atribuir vantagem a um concorrente da companhia[262]. O art. 147, § 3º, que traz o impedimento ao exercício do cargo de administrador da companhia em caso de exercício de cargo em sociedades que possam ser consideradas concorrentes, é aqui reforçado, na medida em que impõe um dever aos administradores.

Os administradores das sociedades anônimas devem "manter reserva sobre os seus negócios" (art. 155, *caput*, da Lei nº 6.404/76), mas esse dever não pode ser interpretado em sentido contrário à função social da empresa. Ao prever o sigilo sobre informações que possam influenciar na cotação de valores mobiliários, por exemplo, o legislador visou proteger os investidores contra a divulgação seletiva de informações que possam prejudicá-los, não contra a divulgação em si (art. 155, § 1º).

Trata-se da preocupação com a prática do ***insider trading***, conduta tipificada penalmente pela Lei 6.385/76, art. 27-D: utilizar informação relevante ainda não divulgada ao mercado, de que tenha conhecimento e da qual deva manter sigilo, capaz de propiciar, para si ou para outrem, vantagem indevida, mediante negociação, em nome próprio ou de terceiro, com valores mobiliários.

De outro lado, cabe lembrar que a sociedade não pode se recusar a revelar informações necessárias com fundamento no dever de sigilo, quando ele se opuser à função social da

---

262. TANJI, Marcia. Administradores de sociedades anônimas: dever de sigilo e de informar: repressão ao *insider trading*. *In:* FRANÇA, Erasmo Valladão Azevedo e Novaes (coord.). *Direito Societário Contemporâneo II*. São Paulo: Malheiros, 2015, p. 435.

propriedade e da empresa[263]. Os casos de licenciamento ambiental, por exemplo, podem exigir divulgação **de fatos suficientes** para que a comunidade interessada se manifeste em audiência pública.

Mas o que seria "informação relevante"? Aos arts. 155, § 4º da Lei nº 6.404/76 e 27-D, da Lei 6.385/76, soma-se o art. 2º da Instrução 358/2002 da CVM, que elenca, exemplificativamente, vinte e duas condutas em seu art. 2º.

O art. 156 trata de situação de conflito de interesses entre administrador e companhia, vedando ao administrador intervir em qualquer operação social em que tiver interesse conflitante com o da companhia, bem como na deliberação que a respeito tomarem os demais administradores, cumprindo-lhe cientificá-los do seu impedimento e fazer consignar, em ata de reunião do Conselho de Administração ou da diretoria, a natureza e extensão do seu interesse.

Ainda que observado o disposto neste artigo, o administrador somente pode contratar com a companhia em condições razoáveis ou equitativas, idênticas às que prevalecem no mercado ou em que a companhia contrataria com terceiros (§ 1º); o negócio contratado com infração a esse dispositivo é anulável, e o administrador interessado, obrigado a transferir para a companhia as vantagens que dele tiver auferido (§ 2º).

O **dever de informar** (***full disclosure***) é tratado no art. 157. Trata-se de importante instrumento para que o acionista possa tomar decisões a respeito de sua participação societária ou de investimento a ser realizado em determinada companhia[264].

Os §§ 1º e 6º referem-se à posição acionária e aos valores mobiliários detidos pelo administrador. O § 4º diz respeito à comunicação e à divulgação de "qualquer deliberação da assembleia-geral ou dos órgãos de administração da companhia, ou fato relevante ocorrido nos seus negócios, que possa influir, de modo ponderável, na decisão dos investidores do mercado de vender ou comprar valores mobiliários emitidos pela companhia".

Observe que se os administradores entenderem que a divulgação das informações referidas nos §§ 1º, alínea *e* e 4º possa trazer prejuízos à companhia, podem se recusar a prestá-las. É o que prevê o § 5º, cabendo à CVM, a pedido dos administradores, de qualquer acionista, ou por iniciativa própria, decidir sobre a prestação de informação e responsabilizar os administradores, se for o caso. Evidentemente, isso se dará sem prejuízo da inafastabilidade do controle judicial dos atos da Administração Pública, onde se insere a Comissão de Valores Mobiliários.

263. BOITEUX, Fernando Netto. Direito à verdade na atividade empresarial: uma perspectiva constitucional. In: PINTO, Eduardo Vera-Cruz; SILVA, Marco Antonio Marques da; DE CICCO, Maria Cristina (coords.). Direito à verdade, à memória, ao esquecimento. Lisboa: AAFDL, 2017.

264. TANJI, Marcia. Administradores de sociedades anônimas: dever de sigilo e de informar: repressão ao *insider trading. In:* FRANÇA, Erasmo Valladão Azevedo e Novaes (coord.). *Direito Societário Contemporâneo II.* São Paulo: Malheiros, 2015, p. 440.

O art. 158 trata da **responsabilidade dos administradores.** O administrador não é pessoalmente responsável pelas obrigações que contrair em nome da sociedade e em virtude de ato regular de gestão; responde, porém, civilmente, pelos prejuízos que causar, quando proceder dentro de suas atribuições ou poderes, com culpa ou dolo, ou quando atuar com violação à lei ou aos estatutos.

O § 1º, por sua vez, esclarece que o administrador não é responsável por atos ilícitos de outros administradores, salvo se com eles for conivente, se negligenciar em descobri-los ou se, deles tendo conhecimento, deixar de agir para impedir sua prática. No entanto (§ 2º), são solidariamente responsáveis pelos prejuízos causados em virtude do não cumprimento dos deveres impostos por lei para assegurar o funcionamento normal da companhia, ainda que, pelo estatuto, tais deveres não caibam a todos eles. Essa regra, contudo, é restrita às companhias fechadas, numa interpretação *a contrario sensu* do § 3º.

Assim, na companhia fechada, os administradores são solidariamente responsáveis, ainda que o dever legal descumprido não seja atribuição específica de alguns deles; na companhia aberta, só serão responsáveis os administradores cujo dever legal descumprido seja sua atribuição específica. A única hipótese de o administrador da companhia aberta responder solidariamente é ter tomado conhecimento do fato sem tê-lo comunicado à assembleia-geral.

Ações de responsabilidade contra os administradores:

Os atos dos administradores da companhia podem causar prejuízos a ela própria, aos seus acionistas ou a terceiros. As formas processuais adotadas para o ressarcimento desses prejuízos serão examinadas a seguir.

A Lei 6.404/76 prevê ações de responsabilidade para o ressarcimento da companhia por danos causados ao seu patrimônio por atos de seus administradores.

As ações que visam o ressarcimento da companhia, ou ações sociais, podem ser propostas por meio de três modalidades distintas:

a) na primeira, a assembleia da companhia reconhece a responsabilidade dos administradores, delibera propor a ação e o faz (§ 1º do art. 159, da LSA); para essa ação a companhia tem legitimação ordinária; na prática, não é comum que a companhia proponha essa ação contra seu administrador, uma vez que, de certa forma, isso demonstraria falhas do controlador na escolha dele[265].

b) na segunda, a assembleia, apesar de ter reconhecido a responsabilidade e deliberado propor a ação, nada faz; nesse caso qualquer acionista poderá promover a ação, se ela não for proposta no prazo de 3 (três) meses da deliberação da assembleia geral

265. Como destacado por CASQUET, Andréia Cristina Bezerra. A *actio pro socio. In:* FRANÇA, Erasmo Valladão Azevedo e Novaes (coord.). *Direito Societário Contemporâneo II.* São Paulo: Malheiros, 2015, p. 30.

(art. 159, § 3º); a legitimação do acionista é extraordinária, porque ele age em nome de terceiro com autorização legal, sendo substituto processual da companhia;

c) na terceira, a companhia delibera não propor a ação, por não reconhecer o prejuízo, ou a culpa dos administradores, o que ocorre especialmente quando o administrador é também o acionista controlador, ou quando eles estão intimamente ligados; nesse caso, a ação poderá ser proposta por acionistas que representem 5% (cinco por cento), pelo menos, do capital social (art. 159, § 4º)[266], agindo eles como substitutos processuais da companhia, como na hipótese anterior[267].

Nesses casos, o resultado da ação, caso favorável, reverterá em favor da própria companhia, e não dos acionistas que a ajuizaram, a quem caberá, apenas, o ressarcimento das despesas processuais (art. 159, § 5º).

Ações que visam o ressarcimento de acionista, ou de terceiro:

No regime da Lei nº 6.404/76, o terceiro carece de legitimidade para responsabilizar os administradores com referência a danos causados *à própria companhia*. Assim, a lei prevê a ação individual do terceiro "diretamente prejudicado por ato do administrador" (LSA, art. 159, § 7º).[268]

Vistas as normas comuns aos administradores, passemos à análise individualizada dos dois órgãos sociais que dividem a administração da companhia:

b.1) Conselho de Administração

Órgão de deliberação colegiada, composto por, no mínimo, 3 membros, eleitos pela assembleia geral e por ela destituíveis a qualquer tempo, devendo o estatuto estabelecer: o número de conselheiros, ou o máximo e o mínimo permitidos, e o processo de escolha e substituição do presidente do conselho pela assembleia ou pelo próprio conselho; o modo de substituição dos conselheiros; o prazo de gestão, não superior a 3 anos, permitida a reeleição; as normas sobre convocação, instalação e funcionamento do conselho, que deliberará por maioria de votos, podendo o estatuto estabelecer quórum qualificado para certas deliberações, desde que especifique as matérias. É o disposto no art. 140.

---

266. CASQUET, Andréia Cristina Bezerra. A *actio pro socio. In:* FRANÇA, Erasmo Valladão Azevedo e Novaes (coord.). *Direito Societário Contemporâneo II.* São Paulo: Malheiros, 2015, p. 31: "Trata-se de instrumento de tutela do acionista minoritário, e não de direito individual".

267. Podemos dizer que essa legitimação é autônoma, atendendo à classificação proposta por José Carlos Barbosa MOREIRA, Apontamentos para um estudo sistemático da legitimação extraordinária, *Revista dos Tribunais*, v. 404, p. 10, é *autônoma*, pois o legitimado extraordinário pode atuar em juízo com total independência em relação à pessoa que ordinariamente seria a legitimada, e *exclusiva*, pois exclui da posição de parte principal aquele que seria o legitimado ordinário, desde que proposta a ação.

268. STJ, REsp 1207956/RJ, Quarta Turma, Rel. p/acórdão Min. Raul Araújo, votação por maioria em 23/09/2014, ementa (transcrição parcial): "4. É parte ilegítima para ajuizar a ação individual o acionista que sofre prejuízos apenas indiretos por atos praticados pelo administrador ou pelos acionistas controladores da sociedade anônima".

O §1º do art. 140 admite previsão estatutária da participação no conselho de representantes dos empregados, escolhidos pelo voto destes, em eleição direta, organizada pela empresa, em conjunto com as entidades sindicais que os representem. No caso das sociedades de economia mista e das empresas públicas, de acordo com o art. 19 da lei 13.303/16, é garantida a participação no Conselho de Administração de representante dos empregados – bem como dos acionistas minoritários. Já o §2º do art. 140 torna obrigatória, na composição do conselho de administração das companhias abertas, a participação de conselheiros independentes, nos termos e prazos definidos pela CVM.

O Conselho de Administração das sociedades de economia mista e das empresas públicas deverá ser composto, ainda, por 25% de membros independentes ou por pelo menos um, caso haja decisão pelo exercício da faculdade do voto múltiplo pelos acionistas minoritários, nos termos do art. 141, da LSA. É o que determina o art. 22, da Lei 13.303/16.

O conselheiro independente não tem qualquer vínculo com a empresa pública ou a sociedade de economia mista, exceto participação de capital; não pode ser cônjuge ou parente consanguíneo ou afim, até o terceiro grau ou por adoção, de chefe do Poder Executivo, de Ministro de Estado, de Secretário de Estado ou Município, ou de administrador da empresa pública ou da sociedade de economia mista. Além disso, caracteriza-se por não ter mantido, nos últimos 3 (três) anos, vínculo de qualquer natureza com a empresa pública, a sociedade de economia mista ou seus controladores, que possa vir a comprometer sua independência; não ser ou não ter sido, nos últimos 3 (três) anos, empregado ou diretor da empresa pública, da sociedade de economia mista ou de sociedade controlada, coligada ou subsidiária da empresa pública ou da sociedade de economia mista, exceto se o vínculo for exclusivamente com instituições públicas de ensino ou pesquisa; não ser fornecedor ou comprador, direto ou indireto, de serviços ou produtos da empresa pública ou da sociedade de economia mista, de modo a implicar perda de independência; não ser funcionário ou administrador de sociedade ou entidade que esteja oferecendo ou demandando serviços ou produtos à empresa pública ou à sociedade de economia mista, de modo a implicar perda de independência; não receber outra remuneração da empresa pública ou da sociedade de economia mista além daquela relativa ao cargo de conselheiro, à exceção de proventos em dinheiro oriundos de participação no capital (art. 22, § 1º, da Lei 13.303/16).

Nos termos do art. 138, § 2º, é **órgão obrigatório** nas **companhias abertas e nas de capital autorizado**. Também o é nas **sociedades de economia mista** (art. 239, da LSA). A **Lei 13.303/2016** exige a constituição e funcionamento do Conselho de Administração nas sociedades de economia mista e nas empresas públicas (arts. 13, I e VI).

A competência do Conselho de Administração está prevista no art. 142: fixar a orientação geral dos negócios da companhia; eleger e destituir os diretores da companhia e fixar-lhes as atribuições, observado o que a respeito dispuser o estatuto; fiscalizar a gestão dos diretores, examinar, a qualquer tempo, os livros e papéis da companhia, solicitar informações sobre contratos celebrados ou em via de celebração, e quaisquer outros atos; convocar a assembleia-geral quando julgar conveniente, ou no caso do artigo 132; manifestar-se sobre o relatório da administração e as contas da diretoria; manifestar-se previamente sobre atos ou contratos, quando o estatuto assim o exigir; deliberar, quando autorizado pelo estatuto, sobre a emissão de ações ou de bônus de subscrição; autorizar, se o estatuto não dispuser em contrário, a alienação de bens do ativo não circulante, a constituição de ônus reais e a prestação de garantias a obrigações de terceiros; escolher e destituir os auditores independentes, se houver.

A Lei das Estatais, por sua vez, trouxe novas competências ao Conselho de Administração das sociedades de economia mista e das empresas públicas, além daquelas já previstas no art. 142, da LSA. Assim, nos termos do art. 18, da Lei 13.303/16, compete ao Conselho de Administração I – discutir, aprovar e monitorar decisões envolvendo práticas de governança corporativa, relacionamento com partes interessadas, política de gestão de pessoas e código de conduta dos agentes; II – implementar e supervisionar os sistemas de gestão de riscos e de controle interno estabelecidos para a prevenção e mitigação dos principais riscos a que está exposta a empresa pública ou a sociedade de economia mista, inclusive os riscos relacionados à integridade das informações contábeis e financeiras e os relacionados à ocorrência de corrupção e fraude; III – estabelecer política de porta-vozes visando a eliminar risco de contradição entre informações de diversas áreas e as dos executivos da empresa pública ou da sociedade de economia mista; IV – avaliar os diretores da empresa pública ou da sociedade de economia mista, nos termos do inciso III do art. 13, podendo contar com apoio metodológico e procedimental do comitê estatutário referido no art. 10.

Ainda para essas sociedades, e nos termos do art. 23, § 2º, cabe ao Conselho de Administração, sob pena de seus integrantes responderem por omissão, promover anualmente análise de atendimento das metas e resultados na execução do plano de negócios e da estratégia de longo prazo, devendo publicar suas conclusões e informá-las ao Congresso Nacional, às Assembleias Legislativas, à Câmara Legislativa do Distrito Federal ou às Câmaras Municipais e aos respectivos tribunais de contas, quando houver.

Na votação dos membros do Conselho de Administração, a regra geral (art. 110, da LSA) é a de que cada ação (com direito a voto) corresponde a um voto – o chamado **critério majoritário**, segundo o qual os acionistas podem votar em chapas previamente formadas ou para cada cargo, isoladamente. Haveria uma outra possibilidade: o acionista votaria para o preenchimento do órgão, e não para cargos isolados. Pode concentrar seus votos em um único candidato ou votar em mais de um. São eleitos para os cargos os candidatos mais votados, conforme a quantidade de cargos a serem preenchidos. É o chamado **critério proporcional**, o qual, ainda que inexista norma que o vede, é pouco utilizado, uma vez não ser de interesse do controlador.

O art. 141 da LSA traz o critério do **voto múltiplo**. Assim, na eleição dos conselheiros, é facultado aos acionistas que representem, no mínimo, 0,1 (um décimo) do capital social com direito a voto, **independentemente de previsão estatutária**, requerer a adoção do processo de voto múltiplo, atribuindo-se a cada ação tantos votos quantos sejam os membros do conselho, e reconhecido ao acionista o direito de cumular os votos num só candidato ou distribuí-los entre vários. **A lei protege, assim, os acionistas minoritários com direito a voto**, que devem observar os requisitos do § 1º: A faculdade prevista neste artigo deverá ser exercida pelos acionistas até 48 (quarenta e oito) horas antes da assembleia-geral, cabendo à mesa que dirigir os trabalhos da assembleia informar previamente aos acionistas, à vista do "Livro de Presença", o número de votos necessários para a eleição de cada membro do conselho.

O voto múltiplo não se confunde com o voto plural.

b.2) Diretoria

É o **órgão executivo da companhia**, competindo privativamente aos diretores a representação da companhia perante terceiros (art. 138, § 1º, da LSA). Se o estatuto nada dispuser, e inexistindo deliberação do Conselho de Administração (art. 142, II e parágrafo único), competirá a qualquer diretor a representação da companhia e a prática dos atos necessários ao seu funcionamento regular (art. 144).

A Diretoria é composta por um ou mais membros, eleitos e destituíveis a qualquer tempo pelo Conselho de Administração ou, se inexistente, pela assembleia geral, devendo o estatuto estabelecer o número de diretores, ou o máximo e o mínimo permitidos; o modo de sua substituição; o prazo de gestão, que não será superior a 3 anos, permitida a reeleição; as atribuições e poderes de cada diretor (*caput* do art. 143, na redação dada pela Lei Complementar nº 182, de 2021). O estatuto deve estabelecer o número de diretores, ou o máximo e o mínimo permitidos; o modo de sua substituição; seus mandatos (que não poderão ser superiores a três anos), permitida a reeleição; as atribuições e poderes de cada diretor (art. 143). O estatuto pode estabelecer que determinadas decisões, de competência dos diretores, sejam tomadas em reunião de diretoria (art. 143, § 2º).

O art. 143, § 1º, prevê a possibilidade de alguns membros do Conselho de Administração ocuparem a diretoria: até 1/3 dos membros do conselho poderão ser eleitos para cargos de diretoria. Aqui, é necessária a leitura atenta do dispositivo: todos os diretores podem ser membros do conselho, mas apenas 1/3 dos conselheiros podem compor a diretoria.

Os poderes dos diretores são indelegáveis. Mas, nos termos do parágrafo único do art. 144, nos limites de suas atribuições e poderes, é lícito aos diretores constituir mandatários da companhia, devendo ser especificados no instrumento os atos ou operações que poderão praticar e a duração do mandato, que, no caso do mandato judicial, poderá ser por prazo indeterminado.

c) Conselho Fiscal

O conselho fiscal é órgão de fiscalização da administração da companhia e está previsto no art. 161 da LSA.

Ao contrário das sociedades simples, nas quais o sócio tem direito ao exame dos livros da sociedade, nas sociedades por ações esse direito é exercido, em regra, pelo conselho fiscal. Entretanto, acionistas que representem ao menos 5% do capital social podem requerer a exibição dos livros (Lei nº 6.404/76, art. 105). A diferença entre os regimes decorre do pressuposto de que as sociedades por ações são constituídas por um número elevado de acionistas, de maneira que os pedidos de exibição dos livros poderiam paralisar a administração.

Ele é **órgão fiscalizador de existência obrigatória, mas seu funcionamento pode ser permanente ou intermitente,** de acordo com o que restar disposto no estatuto (art. 161, *caput*). A lei se preocupou conferir-lhe independência, sendo composto de, no mínimo, três e, no máximo, cinco membros, e suplentes em igual número, acionistas ou não, eleitos pela assembleia-geral (art. 161, § 1º).

A lei apresenta os critérios de eleição dos conselheiros fiscais (§ 4º do art. 161): Na constituição do conselho fiscal serão observadas as seguintes normas: a) os titulares de ações preferenciais sem direito a voto, ou com voto restrito, terão direito de eleger, em votação em separado, um membro e respectivo suplente; igual direito terão os acionistas minoritários, desde que representem, em conjunto, 10% (dez por cento) ou mais das ações com direito a voto; b) ressalvado o disposto na alínea anterior, os demais acionistas com direito a voto poderão eleger os membros efetivos e suplentes que, em qualquer caso, serão em número igual ao dos eleitos nos termos da alínea a, mais um.

Os conselheiros não agem em nome de quem os elegeu, mas sim em benefício da própria companhia (art. 165, § 1º).

Os conselheiros exercerão seus mandatos até a primeira assembleia-geral ordinária que se realizar após a sua eleição, e poderão ser reeleitos (art. 161, § 6º). O § 7º, por sua vez, estabelece a **indelegabilidade da função**.

A Lei 6.404/76 preocupou-se, ainda, com a **formação do conselheiro fiscal**. Assim, o art. 162 exige que sejam pessoas naturais, residentes no País, diplomadas em curso de nível universitário, ou que tenham exercido por prazo mínimo de três anos, cargo de administrador de empresa ou de conselheiro fiscal. Se na localidade não houver pessoas qualificadas (curso superior e experiência prévia) em número suficiente para o exercício da função, o Poder Judiciário poderá dispensar, por meio de ação constitutiva e o exercício de jurisdição voluntária[269], os critérios legais de elegibilidade.

Os **impedimentos** são aqueles do art. 162, § 2º: não podem ser eleitos para o conselho fiscal, além das pessoas enumeradas nos parágrafos do artigo 147, membros de órgãos de administração e empregados da companhia ou de sociedade controlada ou do mesmo grupo, e o cônjuge ou parente, até terceiro grau, de administrador da companhia.

Os conselheiros fiscais são remunerados, além do reembolso obrigatório das despesas de locomoção e estada necessárias ao desempenho da função. A remuneração será fixada pela assembleia-geral, e não poderá ser inferior, para cada membro, a 10% do que, na média, for atribuída a cada diretor, não computados benefícios, verbas de representação e participação nos lucros. É o que consta do art. 162, § 3º.

As **atribuições do conselho fiscal** estão enumeradas no art. 163:

269. PONTES, Evandro Fernandes de. Conselho Fiscal e fiscalização societária: novos desafios, antigas preocupações. In: FRANÇA, Erasmo Valladão Azevedo e Novaes (coord.). *Direito Societário Contemporâneo II*. São Paulo: Malheiros, 2015, p. 254.

I – fiscalizar, por qualquer de seus membros, os atos dos administradores e verificar o cumprimento dos seus deveres legais e estatutários;

II – opinar sobre o relatório anual da administração, fazendo constar do seu parecer as informações complementares que julgar necessárias ou úteis à deliberação da assembleia-geral;

III – opinar sobre as propostas dos órgãos da administração, a serem submetidas à assembleia-geral, relativas a modificação do capital social, emissão de debêntures ou bônus de subscrição, planos de investimento ou orçamentos de capital, distribuição de dividendos, transformação, incorporação, fusão ou cisão;

IV – denunciar, por qualquer de seus membros, aos órgãos de administração e, se estes não tomarem as providências necessárias para a proteção dos interesses da companhia, à assembleia-geral, os erros, fraudes ou crimes que descobrirem, e sugerir providências úteis à companhia;

V – convocar a assembleia-geral ordinária, se os órgãos da administração retardarem por mais de 1 (um) mês essa convocação, e a extraordinária, sempre que ocorrerem motivos graves ou urgentes, incluindo na agenda das assembleias as matérias que considerarem necessárias;

VI – analisar, ao menos trimestralmente, o balancete e demais demonstrações financeiras elaboradas periodicamente pela companhia;

VII – examinar as demonstrações financeiras do exercício social e sobre elas opinar;

VIII – exercer essas atribuições, durante a liquidação, tendo em vista as disposições especiais que a regulam.

A atuação do conselho fiscal. Os órgãos de administração são obrigados, através de comunicação por escrito, a colocar à disposição dos membros em exercício do conselho fiscal, dentro de 10 (dez) dias, cópias das atas de suas reuniões e, dentro de 15 (quinze) dias do seu recebimento, cópias dos balancetes e demais demonstrações financeiras elaboradas periodicamente e, quando houver, dos relatórios de execução de orçamentos. E a lei ainda lhe garante algumas **prerrogativas**: ele pode, a pedido de qualquer dos seus membros, solicitar aos órgãos de administração esclarecimentos ou informações, desde que relativas à sua função fiscalizadora, assim como a elaboração de demonstrações financeiras ou contábeis especiais (art. 163, § 2º). Os conselheiros assistirão às reuniões do Conselho de Administração, se houver, ou da diretoria, em que se deliberar sobre os assuntos em que devam opinar (II, III e VII do *caput*).

Em contrapartida, os membros do conselho fiscal (ao menos um deles) deverão comparecer às reuniões da assembleia-geral e responder a pedidos de informações formulados pelos acionistas (art. 164).

Os deveres do conselheiro fiscal se equiparam aos do administrador, e seus membros respondem pelos danos resultantes de omissão no cumprimento de seus deveres e de atos praticados com culpa ou dolo, ou com violação da lei ou do estatuto (art. 165). O membro do conselho fiscal não é responsável pelos atos ilícitos de outros membros, salvo se com eles foi conivente, ou se concorrer para a prática do ato (§ 2º).

Ao Conselho Fiscal das sociedades de economia mista (e das empresas públicas) aplicam-se as mesmas normas estabelecidas pela Lei 6.404/76 relativas a seus poderes, deveres e responsabilidades, a requisitos e impedimentos para investidura e a remuneração (Lei 13.303/16, art. 26). A Lei das Estatais, contudo, exige que pessoas naturais, residentes no País, com formação acadêmica compatível com o exercício da função e que tenham exercido, por prazo mínimo de 3 (três) anos, cargo de direção ou assessoramento na administração pública ou cargo de conselheiro fiscal ou administrador em empresa (art. 26, § 1º), e prevê que pelo menos um dos membros indicados pelo controlador deverá ser servidor público com vínculo permanente com a Administração Pública.

6.2.10. Livros sociais

O art. 100, da Lei 6.404/76, determina que, além dos livros obrigatórios para qualquer empresário, a sociedade anônima deve possuir, revestidos das mesmas formalidades legais:

I – o livro de Registro de Ações Nominativas, para inscrição, anotação ou averbação, a) do nome do acionista e do número de suas ações; b) das entradas ou prestações de capital realizado; c) das conversões de ações, de uma em outra espécie ou classe; d) do resgate, reembolso e amortização das ações, ou de sua aquisição pela companhia; e) das mutações operadas pela alienação ou transferência de ações; f) do penhor, usufruto, fideicomisso, da alienação fiduciária em garantia ou de qualquer ônus que grave as ações ou obste sua negociação;

II – o livro de "Transferência de Ações Nominativas", para lançamento dos termos de transferência que deverão ser assinados pelo cedente e pelo cessionário ou seus legítimos representantes;

III – o livro de "Registro de Partes Beneficiárias Nominativas" e o de "Transferência de Partes Beneficiárias Nominativas", se tiverem sido emitidas, observando-se, em ambos, no que couber, o disposto nos incisos I e II, vistos acima;

IV – o livro de Atas das Assembleias Gerais;

V – o livro de Presença dos Acionistas;

VI – o livro de Atas das Reuniões do Conselho de Administração, se houver, e de Atas das Reuniões de Diretoria e, por fim, VII – o livro de Atas e Pareceres do Conselho Fiscal.

Nas companhias abertas, os livros enumerados nos incisos de I a V poderão ser substituídos por registros mecanizados ou eletrônicos, observadas as normas expedidas pela CVM (art. 100, § 2º).

6.2.11. Reservas e dividendos

O direito de participar dos lucros sociais é insuprimível. Assim:

Do **resultado do exercício serão deduzidos**, antes de qualquer participação, os prejuízos acumulados e a provisão para o imposto de renda (art. 189). No caso de prejuízo, este deverá ser absorvido pelos lucros acumulados, reservas de lucros e reserva legal (parágrafo único do art. 189).

De acordo com o art. 190, as **participações estatutárias** de empregados, administradores e partes beneficiárias **serão determinadas**, sucessivamente e nessa ordem, **com base nos lucros que remanescerem depois de deduzida a participação anteriormente calculada**.

Nos termos do art. 191, o **lucro líquido** do exercício é o resultado do exercício que remanescer depois de deduzidas as participações de que trata o art. 190.

Reserva legal é um percentual do lucro líquido que a lei impõe seja reservado pela companhia. O art. 193 determina que, do lucro líquido do exercício, 5% sejam aplicados, antes de qualquer outra destinação, na constituição dessa reserva, que não poderá exceder 20% do capital social. Essa reserva visa a assegurar a integridade do capital social e somente poderá ser utilizada para compensar prejuízos ou aumentar o capital (§ 2º). Há uma exceção: a companhia poderá deixar de constituir a reserva legal no exercício em que o saldo dessa reserva, acrescido do montante das reservas de capital do § 1º do art. 182, exceder de 30% do capital social (§ 1º do art. 193).

Além da reserva legal, o estatuto pode criar outras reservas – chamadas **reservas estatutárias**. Nos termos do art. 194, ele deve indicar, de modo preciso e completo, a sua finalidade, fixar os critérios para determinar a parcela anual dos lucros líquidos que serão destinados à sua constituição e estabelecer o seu limite máximo.

A **assembleia-geral** também pode instituir reservas. A lei autoriza a criação da reserva para contingências, a reserva de incentivos fiscais e a reserva de lucros a realizar.

A **reserva para contingências** está prevista no art. 195. A assembleia-geral pode, por proposta dos órgãos de administração, destinar parte do lucro líquido à formação de reserva com a finalidade de compensar, em exercício futuro, a diminuição do lucro decorrente de perda julgada provável, cujo valor possa ser estimado. Deverá indicar a causa da perda prevista e justificar a constituição da reserva, a qual, por sua vez, será revertida no exercício em que deixarem de existir as razões que justificaram sua criação.

Já a **reserva de incentivos fiscais** foi criada pela Lei 11.638/07, que inseriu um art. 195-A, à LSA. A assembleia-geral pode, também por proposta dos órgãos de administração, destinar para a reserva de incentivos fiscais parte do lucro líquido decorrente de doações ou subvenções governamentais para investimentos, que poderá ser excluída da base de cálculo do dividendo obrigatório.

A **reserva de lucros a realizar** está prevista no art. 197: no exercício em que o montante do dividendo obrigatório, calculado nos termos do estatuto ou do art. 202, ultrapassar a parcela realizada do lucro líquido do exercício, a assembleia-geral poderá, por proposta dos órgãos de administração, destinar o excesso à constituição de reserva de lucros a realizar. Trata-se de um meio de diferir o pagamento da parcela do dividendo obrigatório.

A Lei 6.404/76 trata dos **dividendos** nos arts. 201 e seguintes. A companhia somente pode pagar dividendos **à conta de lucro líquido do exercício, de lucros acumulados e de reserva de lucros; e à conta de reserva de capital, no caso das ações preferenciais de que trata o § 5º do artigo 17**. A distribuição de dividendos com inobservância do disposto neste artigo implica responsabilidade solidária dos administradores e fiscais, que deverão repor à caixa social a importância distribuída, sem prejuízo da ação penal que no caso couber (§ 1º). Por outro lado, os acionistas não são obrigados a restituir os dividendos que em boa-fé tenham recebido. Presume-se a má-fé quando os dividendos forem distribuídos sem o levantamento do balanço ou em desacordo com os resultados deste (§ 2º).

O dividendo obrigatório está tratado no art. 202. Trata-se de direito do acionista, e representa a parcela dos lucros estabelecida no estatuto ou, se este for omisso, observando as seguintes normas:

I – metade do lucro líquido do exercício diminuído ou acrescido dos seguintes valores: a) importância destinada à constituição da reserva legal (art. 193) e b) importância destinada à formação da reserva para contingências (art. 195) e reversão da mesma reserva formada em exercícios anteriores;

II – o pagamento do dividendo poderá ser limitado ao montante do lucro líquido do exercício que tiver sido realizado, desde que a diferença seja registrada como reserva de lucros a realizar (art. 197);

III – os lucros registrados na reserva de lucros a realizar, quando realizados e se não tiverem sido absorvidos por prejuízos em exercícios subsequentes, deverão ser acrescidos ao primeiro dividendo declarado após a realização.

O estatuto poderá estabelecer o dividendo como porcentagem do lucro ou do capital social, ou fixar outros critérios para determiná-lo, desde que sejam regulados com precisão e minúcia e não sujeitem os acionistas minoritários ao arbítrio dos órgãos de administração ou da maioria (§ 1º).

Quando o estatuto for omisso e a assembleia-geral deliberar alterá-lo para introduzir norma sobre a matéria, o dividendo obrigatório não poderá ser inferior a 25% (vinte e cinco por cento) do lucro líquido ajustado nos termos do inciso I (§ 2º do art. 202).

A assembleia-geral pode, desde que não haja oposição de qualquer acionista presente, deliberar a distribuição de dividendo inferior ao obrigatório, nos termos deste artigo, ou a retenção de todo o lucro líquido, nas companhias abertas exclusivamente para a captação de recursos por debêntures não conversíveis em ações e nas companhias fechadas, exceto nas controladas por companhias abertas que não se enquadrem na condição prevista no inciso I (§ 3º).

Evidentemente, se os órgãos de administração informarem à assembleia-geral ordinária que o dividendo é incompatível com a situação financeira da companhia, o dividendo deixa de ser obrigatório naquele exercício social. O conselho fiscal deverá emitir parecer sobre essa informação e, no caso de companhias abertas, seus administradores deverão encaminhar à CVM, em cinco dias da realização da assembleia, exposição justificativa da informação. Nesse caso, os lucros não distribuídos serão registrados como reserva especial, e deverão ser pagos como dividendos assim que a situação financeira da companhia o permitir.

Os dividendos de ações nominativas serão pagos à pessoa que, na data do ato de sua declaração, estiver inscrita como proprietária ou usufrutuária da ação (art. 205). O pagamento deve ser realizado em até 60 dias da data em que for declarado, salvo disposição em contrário da assembleia-geral e, em qualquer caso, dentro do exercício social.

IV. SOCIEDADES NÃO PERSONIFICADAS

1. SOCIEDADE EM COMUM

As sociedades cujos **atos constitutivos não estão inscritos** em algum registro público (Código Civil, art. 986) **não possuem personalidade jurídica**. Aplica-se a elas o regime da sociedade em comum (Código Civil, arts. 986 a 990).

Vê-se, portanto, que a **sanção do descumprimento do dever legal de registrar** a sociedade não é a nulidade do contrato e, sim, a sua **ineficácia relativa, entre os sócios e perante terceiros**. Estes últimos podem invocar a existência da sociedade por qualquer modo, para agir contra o patrimônio social, ainda que não personalizado e contra os sócios em particular (Código Civil, arts. 987, 988 e 990).

A doutrina não se põe se acordo sobre o alcance da disciplina da sociedade em comum, restando saber se ela se aplica apenas às sociedades com contrato escrito não registrado ou se também se aplica às sociedades sem contrato escrito.

Os enunciados das Jornadas de Direito Civil apresentam contradição entre si. De um lado, o Enunciado 58 iguala o regime das antigas sociedades de fato e irregulares – "a sociedade em comum compreende as figuras doutrinárias da sociedade de fato e da irregular"; de outro, os Enunciados 209 e 383 reconhecem que as sociedades em comum devem ter "atos constitutivos", ainda que não registrados, inexistentes nas sociedades sem contrato escrito[270].

No regime atual as sociedades que, doutrinariamente, eram consideradas sociedades irregulares por possuírem um contrato escrito não registrado (o art. 986 do Código Civil refere-se a "atos constitutivos"), passam a ser denominadas "sociedades em comum"; **a classificação de *sociedades de fato*, ainda que não prevista expressamente no Código Civil, fica reservada para as sociedades sem contrato escrito.**

---

270. III Jornada de Direito Civil. Enunciado 209 – Arts. 985, 986 e 1.150: O art. 986 deve ser interpretado em sintonia com os arts. 985 e 1.150, de modo a ser considerada em comum a sociedade que não tiver seu ato constitutivo inscrito no registro próprio ou em desacordo com as normas legais previstas para esse registro (art. 1.150), ressalvadas as hipóteses de registros efetuados de boa-fé.

IV Jornada de Direito Civil. Enunciado 383 – Art. 997: A falta de registro do contrato social (irregularidade originária – art. 998) ou de alteração contratual versando sobre matéria referida no art. 997 (irregularidade superveniente – art. 999, parágrafo único) conduz à aplicação das regras da sociedade em comum (art. 986).

Como regra geral, os sócios das sociedades em comum contam com o benefício de ordem[271]. Neste sentido, o Enunciado 212 da III Jornada de Direito Civil: "Art. 990: Embora a sociedade em comum não tenha personalidade jurídica, o sócio que tem seus bens constritos por dívida contraída em favor da sociedade, e não participou do ato por meio do qual foi contraída a obrigação, tem o direito de indicar bens afetados às atividades empresariais para substituir a constrição".

Mas o benefício de ordem *não* se aplica em duas hipóteses:

a) às sociedades de fato.

b) às sociedades anônimas sem estatuto registrado, pois, neste caso, nem ao menos existirá uma sociedade, sendo a responsabilidade exclusiva dos primeiros administradores (Lei nº 6.404/76, art. 99, parágrafo único).

Se a sociedade em comum tiver por objeto atividade empresária, ela será considerada sociedade empresária; caso contrário, será considerada sociedade simples[272].

2. SOCIEDADE EM CONTA DE PARTICIPAÇÃO (SCP)

Afirma com razão artigo recente que "poucas figuras jurídicas são tão importantes para o tráfico negocial e, ao mesmo tempo, tão incompreendidas quanto a sociedade em conta de participação [...]"[273]. Alguns exemplos do seu uso se encontram na importação momentânea de bens[274]; na incorporação imobiliária e na construção civil com investidores imobiliários[275], nos investimentos em *startups*[276] e na operação de apart-hotéis ("flat

271. III Jornada de Direito Civil. Enunciado 210 – Art. 988: O patrimônio especial a que se refere o art. 988 é aquele afetado ao exercício da atividade, garantidor de terceiro, e de titularidade dos sócios em comum, em face da ausência de personalidade jurídica.

272. FRANÇA, Erasmo Valladão Azevedo e Novaes. *A sociedade em comum*. São Paulo: Malheiros, 2013, p. 139.

273. SCALZILLI, João Pedro; SPINELLI, Luís Felipe. Do regime de responsabilidade dos sócios na sociedade em conta de participação. In: FRANÇA, Erasmo Valladão Azevedo e Novaes (coord.). *Direito societário contemporâneo II*. São Paulo: Malheiros, 2015, p. 476.

274. Tais como os negócios momentâneos de importação ou em outros negócios que envolvam aplicação imediata de capitais, "sendo muito utilizada em licitações públicas como forma de exploração de novo negócio ou mesmo como forma de planejamento sucessório de bens" (REQUIÃO, Rubens. *Curso de direito comercial*. Vol. 1, 31ª ed., rev. e atual. por Rubens Edmundo Requião. São Paulo: Saraiva, 2012, p. 510).

275. RAMIRES, Rogério. *A sociedade em conta de participação no direito brasileiro*. São Paulo: Almedina, 2011, p. 128-129.

276. SANTOS, Victor Augusto Machado; GLITZ, Frederico Eduardo Zenedin. Sociedade em Conta de Participação e Atipicidade Contratual. EALR, V. 12, nº 3, p. 53-75, Set-Dez, 2021, p. 55.

services" ou "flats")[277]. Ela é muito usada em empreendimentos temporários, mas nada impede que seja permanente[278].

A origem dessa sociedade se encontraria na comenda marítima da Idade Média[279]. A *comenda* teria dado origem tanto à sociedade em comandita quanto à sociedade em conta de participação, ainda que a doutrina não se ponha de acordo sobre esse ponto, sendo certo que o modo pela qual se originou não influi sobre o exame da sua disciplina jurídica no direito positivo.

Na sociedade em conta de participação um dos sócios estabelece relações com terceiros e o outro se mantém participante (Código Civil, arts. 991 e segs.). A denominação **"sócio participante"**, ao invés de "sócio oculto", foi consagrada no Código Civil de 2002, de maneira adequada, porque a expressão "sócio oculto" dá ideia de relação ilícita. Sua informalidade pode dar origem a fraudes, adequadamente examinadas na jurisprudência, mas o eventual uso ilícito não infirma a regra geral[280].

Há **duas correntes quanto à qualificação jurídica da sociedade em conta de participação.** Uma reconhece o seu caráter societário, a outra o nega, sustentando tratar-se de contrato de outra natureza.

A natureza societária de sociedade da conta de participação já era reconhecida pela maior parte da doutrina antes mesmo do Código Civil de 2002[281].

A jurisprudência também vem se manifestando neste sentido:

---

277. BRASIL. STJ, REsp 1.785.802/SP, Terceira Turma, Rel. Min. Ricardo Villas Bôas Cueva, v.u. 19/02/2019, DJe 06/03/2019, ementa (transcrição parcial): "4. O apart-hotel (flat services ou flats) é um prédio de apartamentos com serviços de hotelaria. No caso, é incontroverso que o empreendimento se destina a aluguéis temporários. Como não é permitido aos condomínios praticarem atividade comercial, e para haver a exploração da locação hoteleira, os proprietários das unidades devem se juntar em uma nova entidade, constituída comumente na forma de sociedade em conta de participação, apta a ratear as receitas e as despesas das operações, formando um pool hoteleiro, sob a coordenação de uma empresa de administração hoteleira".

278. LOPES, Mauro Brandão. *A sociedade em conta de participação*. São Paulo: Saraiva, 1990, p. 56. A redação do art. 991 do Código Civil mostra que essa afirmação permanece atual. GONÇALVES NETO, Alfredo de Assis. *Direito de empresa:* Comentários aos artigos 966 a 1.195 do Código Civil. 5ª ed., rev., atual. e ampl. São Paulo: Ed. Revista dos Tribunais, 2014, p. 171-172, também admite que ela seja permanente.

279. FERREIRA, Waldemar. *Tratado de direito comercial.* Vol. 3. São Paulo: Saraiva, 1961, p. 527-528. LOPES, Mauro Brandão. *A sociedade em conta de participação*. São Paulo: Saraiva, 1990, p. 6-8.

280. PEDÃO, Ana Cláudia; VALLE, João Carlos Mettlach Pinter Mateus Telles; CATALANO, Victoria Guidette. Embate entre duas lógicas diversas: o uso fraudulento da sociedade em conta de participação. *Revista de Direito Mercantil, Industrial, Econômico e Financeiro*. Vol. 161/162, jan./ago. 2012, p. 204-219. FRANÇA, Erasmo Valladão Azevedo e Novaes. *A sociedade em comum.* São Paulo: Malheiros, 2013, p. 139.

281. FERREIRA, Waldemar. *Tratado de direito comercial.* Vol. 3. São Paulo: Saraiva, 1961, p. 532; LOPES, Mauro Brandão. *A sociedade em conta de participação*. São Paulo: Saraiva, 1990, p. 11-44; MARTINS, Fran. *Curso de direito comercial*. 4ª ed., Rio de Janeiro: Forense, 1992, p. 265-271; GUERREIRO, José

> DIREITO EMPRESARIAL E CIVIL. RECURSO ESPECIAL. AÇÃO DE DISSOLUÇÃO DE SOCIEDADE. SOCIEDADE EM CONTA DE PARTICIPAÇÃO. NATUREZA SOCIETÁRIA. POSSIBILIDADE JURÍDICA. ROMPIMENTO DO VÍNCULO SOCIETÁRIO. 1. Discute-se a possibilidade jurídica de dissolução de sociedade em conta de participação, ao fundamento de que ante a ausência de personalidade jurídica, não se configuraria o vínculo societário. 2. **Apesar de despersonificadas, as sociedades em conta de participação decorrem da união de esforços, com compartilhamento de responsabilidades, comunhão de finalidade econômica e existência de um patrimônio especial garantidor das obrigações assumidas no exercício da empresa**. 3. **Não há diferença ontológica entre as sociedades em conta de participação e os demais tipos societários personificados**, distinguindo-se quanto aos efeitos jurídicos unicamente em razão da dispensa de formalidades legais para sua constituição. 4. A dissolução de sociedade, prevista no art. 1.034 do CC/02, aplica-se subsidiariamente às sociedades em conta de participação, enquanto ato inicial que rompe o vínculo jurídico entre os sócios. 5. Recurso especial provido.(STJ – REsp: 1.230.981/RJ, Relator: Ministro MARCO AURÉLIO BELLIZZE, TERCEIRA TURMA, Julgamento: 16/12/2014, DJe 05/02/2015).

Hoje, reafirmam a natureza societária Rubens Requião[282], Nelson Nery Júnior[283] e M. Eugênia Finkelstein[284], entre outros.

Há, sem dúvida, opiniões contrárias. Fábio Ulhôa Coelho, por exemplo, adota um conceito restritivo de sociedade como equivalente ao de pessoa jurídica, e, por consequência, afirma que "a conta de participação, a rigor, não passa de um contrato de investimento comum, que o legislador, impropriamente, denominou *sociedade*"[285].

Da mesma forma, Gonçalves Neto, para quem nenhum dos atributos da sociedade pode ser nela encontrado, em especial "a possibilidade, em maior ou menor grau, de se tornar sujeito de direito em certas relações jurídicas"[286].

Alexandre Tavares. Comentário a acórdão. *Revista de Direito Mercantil, Industrial, Econômico e Financeiro*, 54/126; SZTAJN, Raquel. *Contrato de sociedade e formas societárias*. São Paulo: Saraiva, 1989, p. 71, entre outros.

282. REQUIÃO, Rubens. *Curso de direito comercial*. Vol. 1, 31ª ed., rev. e atual. por Rubens Edmundo Requião. São Paulo: Saraiva, 2012, p. 508: "'Quando duas ou mais pessoas, sendo ao menos uma comerciante, se reúnem, sem firma social, para lucro comum, em uma ou mais operações de comércio determinadas, trabalhando um, alguns ou todos, em seu nome individual para o fim social, a associação toma o nome de sociedade em conta de participação...' (Cód.Com. art. 325)".

283. NERY JÚNIOR, Nelson; NERY, Rosa Maria de Andrade. *Código Civil comentado*. 8ª ed., rev., ampl. e atual. São Paulo: Ed. Revista dos Tribunais, 2011, nota 4 ao art. 993, p. 870: "É sociedade, é regular perante o direito brasileiro, mas destituída de personalidade jurídica".

284. FINKELSTEIN, Maria Eugênia Reis. Sociedade em conta de participação. In: ______; PROENÇA, José Marcelo Martins. *Tipos societários*. 2ª ed. São Paulo: Saraiva, 2014, p. 163-164.

285. COELHO, Fábio Ulhoa. *Curso de direito comercial*. Vol. 2, 17ª ed., rev. e atual., São Paulo: Saraiva, 2013, p. 513-514.

286. GONÇALVES NETO, Alfredo de Assis. *Direito de empresa:* Comentários aos artigos 966 a 1.195 do Código Civil. 6ª ed., rev., atual. e ampl. São Paulo: Ed. Revista dos Tribunais, 2016, p. 188.

Entendemos, contrariamente, que toda sociedade é sujeito de direito e que a conta de participação pode ser parte de relações jurídicas, tanto que pode ser liquidada[287].

No direito estrangeiro, a maioria da doutrina é favorável ao reconhecimento do caráter societário, mas a questão permanece em aberto, pois a maioria dos autores reconhece a divergência doutrinária.

A sociedade em conta de participação **pode ser empresária ou não**, pois da participação dos sócios nos resultados não se deduz o exercício de atividade empresária (Código Civil, art. 991, *caput*)[288]. O Enunciado 208 da III Jornada de Direito Civil estabelece que "as normas do Código Civil para as sociedades em comum e em conta de participação são aplicáveis independentemente da atividade dos sócios, ou do sócio ostensivo, ser ou não própria de empresário sujeito a registro (distinção feita pelo art 982 do Código Civil entre sociedade simples e empresária)".

Aplicam-se subsidiariamente a essa sociedade, no que forem com elas compatíveis, as regras das sociedades simples. Entre elas aquelas que dispõem sobre as deliberações, a participação nos lucros, o direito de retirada etc.[289].

Quanto à **ausência de personalidade jurídica,** dispõe o artigo 993 do Código Civil: "O contrato social produz efeito somente entre os sócios, e a eventual inscrição de seu instrumento em qualquer registro não confere personalidade jurídica à sociedade" (como antes dispunham os arts. 325 e 326 do Código Comercial). O contrato pode ser

---

287. **Em sentido semelhante ao que defendamos**: GUERREIRO, José Alexandre Tavares. Comentário a acórdão. *Revista de Direito Mercantil, Industrial, Econômico e Financeiro*, 54/126. **Em sentido contrário:** ALBUQUERQUE, Luciano Campos de. *Dissolução de sociedades.* 2ª ed., rev. e atual., São Paulo: Malheiros, 2015, p. 129, afirma que ela não forma uma sociedade propriamente dita, ainda que possa ser liquidada. RAMOS, André Luiz Santa Cruz. *Direito empresarial esquematizado*. 5ª ed. rev., atual. e ampl. Rio de Janeiro: Forense, 2015, p. 241, nega à conta de participação o caráter de sociedade: ela não teria personalidade jurídica, seria secreta e não possui um nome social. NEGRÃO, Ricardo. *Manual de direito comercial e de empresa.* Vol. 1. São Paulo: Saraiva, 2012, p. 341: "Da parte do autor deste *Manual*, sempre se reconheceu que a sociedade em conta de participação não passava de mero contrato de parceria, no qual o contratante financiador não assume riscos ou obrigações perante terceiros e pode exigir do financiado o retorno do capital empregado para um ou para um número variado de negócios, acrescido de lucros".

288. GONÇALVES NETO, Alfredo de Assis. *Direito de empresa:* Comentários aos artigos 966 a 1.195 do Código Civil. 6ª ed., rev., atual. e ampl. São Paulo: Ed. Revista dos Tribunais, 2016, p. 185, nega a possibilidade de ela ser classificada como empresária, ou não, sustentando que ela inexiste perante terceiros e não exerce nenhuma atividade, mas admite a criação dessas sociedades sem finalidade empresária. **Em sentido contrário:** FINKELSTEIN, Maria Eugênia Reis. Sociedade em conta de participação. In: _______; PROENÇA, José Marcelo Martins. *Tipos societários.* 2ª ed. São Paulo: Saraiva, 2014, p. 155.

289. REQUIÃO, Rubens. *Curso de direito comercial.* Vol. 1, 31ª ed., rev. e atual. por Rubens Edmundo Requião. São Paulo: Saraiva, 2012, p. 509.

verbal[290], até porque o artigo 992 do Código Civil admite qualquer meio de prova para o seu reconhecimento, uma vez que "entre os sócios participantes, a eficácia é completa: a sociedade existe e é eficaz. No tocante aos terceiros, há a sociedade, a sociedade *existe*, mas os seus efeitos não alcançam os terceiros"[291].

Alguns autores afirmam a personalidade jurídica da conta de participação para fins tributários; sem razão, pois o direito tributário não atribui personalidade às sociedades, nem a exige para fins de atribuição de capacidade tributária.

A primeira consequência da ausência de personalidade é a impossibilidade de a conta de participação usar um nome social (Código Civil, art. 1.162). Mas, na proibição não se compreende o uso pelo sócio ostensivo, em sua escrituração, de uma designação de caráter social para individuar os negócios da conta de participação[292].

Por outro lado, a sociedade em conta de participação **não possui um capital social.** No seio do patrimônio global do sócio ostensivo – que pode ser um empresário individual ou uma sociedade empresária – forma-se um patrimônio especial, afetado a uma finalidade, que é o exercício da atividade social (art. 994, *caput*)[293]. O Enunciado 210 da III Jornada de Direito Civil estabeleceu que "o patrimônio especial a que se refere o art. 988 é aquele afetado ao exercício da atividade, garantidor de terceiro, e de titularidade dos sócios em comum, em face da ausência de personalidade jurídica".

Esse patrimônio é formado pelas contribuições dos sócios capitalistas e também pelos bens destinados às operações da sociedade pelo sócio ostensivo. Ele correspondente ao capital social dessa sociedade e responde pelas dívidas contraídas no curso da atividade social.

Dada a inexistência de personalidade jurídica essa especialização patrimonial só pode produzir efeitos quanto aos sócios (Código Civil, art. 994, § 1º).

Quanto aos **sócios**, é importante perceber que, tal como a sociedade em comandita, a conta de participação tem **duas espécies de sócios: um sócio administrador** e **um ou mais sócios participantes**. Mas, ao contrário da comandita, eles não aparecem exteriormente como sócios. Quem adquire direitos e contrai obrigações em seu próprio nome, mas por conta da sociedade, obrigando-se perante terceiros, é unicamente o sócio administrador, dito sócio ostensivo (Código Civil, art. 991, parágrafo único). A capacidade para contratar é exigida de todos os sócios.

---

290. NERY JÚNIOR, Nelson; NERY, Rosa Maria de Andrade. *Código Civil comentado*, 8ª ed., rev., ampl. e atual. São Paulo: Ed. Revista dos Tribunais, 2011, nota 2 ao art. 992, p. 869, 2ª coluna, ressaltam que a sociedade: "Pode ser constituída de forma livre, inclusive por contrato verbal".

291. MIRANDA, F. C. Pontes de. *Tratado de direito privado*. Vol. 49, 3ª ed., São Paulo: Ed. Revista dos Tribunais, 1984, p. 340.

292. LOPES, Mauro Brandão. *A sociedade em conta de participação*. São Paulo: Saraiva, 1990, p. 47.

293. FINKELSTEIN, Maria Eugênia Reis. Sociedade em conta de participação. In: ______; PROENÇA, José Marcelo Martins. *Tipos societários*. 2ª ed. São Paulo: Saraiva, 2014.

O sócio participante obriga-se "exclusivamente perante o sócio ostensivo, nos termos do contrato" e participa "dos resultados correspondentes" (Código Civil, art. 991), que podem ser positivos ou negativos. Quando positivos, podem ser partilhados; quando negativos, implicam a responsabilidade pelo seu pagamento, que pode ser exigido por qualquer meio permitido em lei.

Entre os sócios, as relações são as normais de toda sociedade, com os mesmos direitos e poderes, deveres e responsabilidades. O sócio participante pode fiscalizar os negócios sociais (Código Civil, art. 993, parágrafo único) e propor ações em juízo para dirimir controvérsias sobre suas relações enquanto sócios e o sócio oculto pode exigir prestação de contas do sócio ostensivo. A ação de exigir contas está prevista no Código de Processo Civil (arts. 550 a 553).

A **dissolução e a liquidação:** a sociedade em conta de participação extingue-se, a princípio, quando termina o negócio para que se formou. As obrigações dos sócios são liquidadas por meio de **prestação de contas** (Código Civil, art. 996), que poderão ser exigidas judicialmente, na forma da lei processual[294]. Não havendo lide, torna-se desnecessária a ação de prestação de contas.

Já a **falência** do sócio ostensivo acarreta a dissolução da sociedade e a liquidação da respectiva conta, cujo saldo constituirá crédito quirografário (Código Civil, art. 994, § 2º); portanto, na falência do sócio ostensivo, o sócio participante pode se habilitar como credor quirografário (Código Civil, art. 994, § 2º). A falência do sócio participante implica a sujeição do contrato social às normas que regulam os efeitos da falência nos contratos bilaterais do falido (Código Civil, art. 994, § 3º).

V. OPERAÇÕES SOCIETÁRIAS

A transformação, incorporação, fusão e cisão são técnicas de reorganização societária. A matéria era tratada pela Lei 6.404/76, aplicada às demais sociedades. Com o advento do Código Civil, que também regulou a matéria, a LSA continua sendo aplicada. O Enunciado nº 70 do CJF trata do assunto: as disposições sobre incorporação, fusão e cisão previstas no Código Civil não se aplicam às sociedades anônimas. As disposições da Lei 6.404/76 sobre essa matéria aplicam-se por analogia, às demais sociedades naquilo em que o Código Civil for omisso. Para Arnoldo Wald, a LSA será aplicável nas omissões das regras do Código Civil referente às sociedades limitadas, desde que o contrato social assim o preveja (art. 1.053) e, mesmo que inexista essa previsão, na ausência de regras disciplinadoras da sociedade simples[295].

294. WALD, Arnoldo. *Comentários ao novo Código Civil,* v. XIV: livro II, do direito de empresa. Coord. Sálvio de Figueiredo Teixeira. 2ª ed., rev. e atual. Rio de Janeiro: Forense, 2010, p. 106.

295. WALD, Arnoldo, MORAES, Luiza Rangel de, WALD, Alexandre de Mendonça. *Direito civil: direito de empresa. Vol. 8.* São Paulo: Saraiva, 2015, p. 691.

1. TRANSFORMAÇÃO

É a operação pela qual a sociedade passa, independentemente de dissolução e liquidação, de um tipo para outro (Lei 6.404/76, art. 220). O Código Civil (art. 1.113) também remete à **conversão de um tipo societário em outro, mediante a denominada "transformação de registro", examinada abaixo**. No Brasil, as transformações mais frequentes são limitadas se convertendo em sociedades anônimas e vice-versa.

Por óbvio, a transformação não modificará ou prejudicará os direitos dos credores (art. 1.115). Não se trata de liquidação ou dissolução da sociedade. No caso de sociedades que possuírem sócios solidária e ilimitadamente responsáveis, se, após a transformação, ocorrer a falência da sociedade que deixou de possuir esses sócios, os credores por créditos anteriores à transformação podem pleitear a extensão dos efeitos falimentares a esses sócios especificamente.

A transformação exige o consentimento de todos os sócios, salvo se já prevista no ato constitutivo, caso em que o dissidente poderá se retirar da sociedade, aplicando-se, no silêncio do estatuto ou do contrato social, a norma do art. 1.031 do Código Civil (direito de retirada). Essa norma, prevista no art. 221 da LSA, também está presente no Código Civil (art. 1.114).

Na *transformação de sociedade limitada em companhia* (Lei nº 6.404/76, art. 221, parágrafo único) admite-se que os sócios renunciem, no contrato social, ao direito de retirada no caso de justamente porque, nesta, não há responsabilidade dos acionistas, nem pelas dívidas sociais nem pelos débitos de integralização do capital dos demais acionistas[296]. Nos demais casos, estará configurado o direito de recesso, sem necessidade de prova da diminuição de direitos[297].

Transformação de registro

Os artigos 968, § 3º e 1.033, parágrafo único, do Código Civil passaram a prever também a denominada "transformação de registro", mediante a qual o empresário individual (firma individual, que não é sociedade, nem pessoa jurídica) poderá obter sua transformação em sociedade, e o sócio que pretender tornar-se empresário individual também poderá fazê-lo mediante a transformação de registro, tornando mais simples o procedimento.

---

296. Modesto Carvalhosa segue em sentido contrário, afirmando que o termo "sócios" se refere apenas às sociedades de pessoas, sendo o direito de recesso dos acionistas irrenunciável (CARVALHOSA, Modesto. *Comentários à Lei de Sociedades Anônimas*. Vol. 4, t. I, 5ª ed., rev. e atual. São Paulo, Saraiva, 2011, p. 222-223).

297. CARVALHOSA, Modesto. *Comentários à Lei de Sociedades Anônimas*. Vol. 4, t. I, 5ª ed., rev. e atual. São Paulo, Saraiva, 2011, p. 225.

Essa transformação visa aproveitar as inscrições e os cadastros fiscais antes existentes[298], não se confunde com a transformação de tipo societário prevista na Lei nº 6.404/76.

No primeiro caso, o empresário individual (pessoa física) manterá sua personalidade, mas surgirá um novo sujeito de direito, a sociedade, extinguindo-se a firma individual; no segundo caso (mudança de sociedade para empresário individual), a sociedade será extinta. No entanto, *é vedada a transformação de registro em empresário individual quando o sócio remanescente for pessoa jurídica*[299].

Em se tratando de sociedade empresária reduzida a um único sócio a transformação de registro poderá ser realizada no mesmo ato em que ficar registrada a falta de pluralidade de sócios[300].

O DREI denomina "conversão" a alteração do registro mediante a qual uma sociedade simples ou associação passa a ser empresário individual, sociedade empresária ou cooperativa, regulando o tema na IN DREI nº 81, de 10 de junho de 2020, atualizada[301].

298. COELHO, Fábio Ulhoa. *Curso de direito comercial.* Vol. 1: direito de empresa. 18ª ed. São Paulo: Saraiva, 2014, p. 162.

299. BRASIL. DREI. IN DREI nº 81, de 10 de junho de 2020: "Art. 68. Os registros de empresário individual e sociedade empresária poderão transformar-se entre si, mediante ato de transformação. (Redação dada pela Instrução Normativa DREI nº 112, de 20 de janeiro de 2022)

§ 1º Em se tratando de sociedade empresária, a transformação de registro a que se refere o caput deste artigo pode ser realizada no mesmo ato em que ficar registrada a falta de pluralidade de sócios.

§ 2º É vedada a transformação de registro em empresário individual quando o sócio remanescente for pessoa jurídica.

§ 3º A deliberação pela transformação poderá ser seguida do respectivo instrumento de constituição."

300. BRASIL. DREI. IN DREI nº 81, de 10 de junho de 2020, art. 68, § 1º.

301. BRASIL. DREI. IN DREI nº 81, de 10 de junho de 2020. DA CONVERSÃO (Redação dada pela Instrução Normativa DREI/ME nº 88, de 23 de dezembro de 2022). "Art. 84. No caso de conversão de sociedade simples ou associação em empresário individual, sociedade empresária ou cooperativa, na mesma ou em outra Unidade da Federação, após averbado no Registro Civil, o instrumento de conversão deverá ser arquivado na Junta Comercial da sede. (Redação dada pela Instrução Normativa DREI/ME nº 88, de 23 de dezembro de 2022)

§ 1º O instrumento de conversão, para arquivamento na Junta Comercial, deverá estar acompanhado da consolidação do ato constitutivo do respectivo tipo societário e, havendo filiais, estas devem ser relacionadas, com indicação dos respectivos endereços e CNPJ.

§ 2º Havendo filiais em outro estado, após o registro da conversão na Junta Comercial da sede, deverá ser arquivado o ato na Junta Comercial da Unidade da Federação onde se situa a filial, para proceder o seu registro. § 3º No caso de sociedade por ações, deverá ser apresentada relação completa dos acionistas, com a indicação da quantidade de ações resultantes da conversão.

Luiz Gastão Leães já admitia a transformação de cooperativa, que é uma sociedade simples, ainda que registrada na Junta Comercial, em sociedade anônima (LEÃES, Luiz Gastão Paes de Barros. *Pareceres*. Vol. 1. São Paulo: Singular, 2004, p. 265-275).

2. INCORPORAÇÃO

A incorporação revela um processo de concentração empresarial. Ela ocorre quando **uma ou mais sociedades são absorvidas por outra, que lhes sucede em todos os direitos e obrigações.** Ou seja, a incorporada se extingue[302], restando apenas a incorporadora (arts. 1.116 e 1.118 do Cód. Civil; Lei nº 6.404/76, art. 227). Portanto, se a pessoa jurídica A incorpora B, ao término da operação esta última será absorvida (extinta), restando apenas A.

A LSA, em seu art. 224, estabeleceu a necessidade de protocolo de incorporação. A preocupação do legislador foi conferir maior transparência e informação ao acionista e ao mercado de capitais de um modo geral. O Código Civil não traz essa exigência, que permanece aplicável quando a operação envolver sociedades por ações (anônimas ou comanditas por ações).

O art. 1.117, conquanto se refira à incorporada, **trata da incorporadora**. É a única forma de lhe conferir sentido, já que para a incorporada, que será extinta, não há que se falar em "reforma do ato constitutivo".

Aprovados os atos de incorporação, a incorporadora declarará extinta a incorporada, e promoverá a respectiva averbação no registro próprio (art. 1.118).

3. FUSÃO

Trata-se da operação societária da qual resulta, como na incorporação, concentração empresarial. através da qual **duas ou mais sociedades se unem, para dar origem a uma terceira.** Podem ser fundidas sociedades de tipos diversos, empresárias ou não.

No entanto, há uma diferença fundamental em relação à incorporação: se nesta temos a fórmula (A+B=A ou B), aqui temos (A+B=C). Isto significa que as duas (ou mais) sociedades que se fundem serão extintas, dando origem a uma nova sociedade, que a elas sucederá nos direitos e obrigações (art. 1.119). No mesmo sentido dispõe o art. 228 da LSA. Constituída a nova sociedade, aos administradores incumbe fazer inscrever, no registro próprio da sede, os atos relativos à fusão. A aquisição da totalidade das ações ou quotas não se confunde com a fusão, ainda que a afirmação faça sentido sob o prisma econômico. Sob o aspecto jurídico, não se caracteriza a sucessão, pois não se tratará, nesse caso, de sucessão universal: ambas as sociedades permanecem independentes, cada uma com a sua personalidade jurídica, ainda que sob controle comum.

---

302. BRASIL. Superior Tribunal de Justiça. Agravo Regimental no Agravo Regimental no Agravo em Recurso Especial 111.948/PR, Rel. Min. Antonio Carlos Ferreira, Quarta Turma, votação unânime 28/06/2016, DJe 08/09/2016, com citação de diversos precedentes e a seguinte ementa (transcrição parcial): "4. 'A sucessão, por incorporação, de empresas, determina a extinção da personalidade jurídica da incorporada, com a transmissão de seus direitos e obrigações à incorporadora' (REsp 1.322.624/SC, Rel. Ministro PAULO DE TARSO SANSEVERINO, SEGUNDA SEÇÃO, DJe 25/6/2013)".

4. CISÃO

A cisão, tal como a incorporação e a fusão, é técnica de reorganização societária, mas, ao contrário das duas primeiras, ela serve para a desconcentração empresarial, como ocorre quando é utilizada para a separação de sócios em dissenso. Ela é a operação pela **qual a companhia transfere parcelas do seu patrimônio para uma ou mais sociedades, constituídas para esse fim ou já existentes, extinguindo-se a companhia cindida, se houver versão de todo o seu patrimônio (cisão total) ou dividindo-se o seu capital, se parcial a versão (cisão parcial).**

O Código Civil omitiu-se sobre o regime da cisão de sociedades, mas admite que elas sejam empresárias ou não por referir-se genericamente aos sócios e determinando que os atos sejam arquivados no "registro próprio" (arts. 1.118 e 1.121); portanto, é de se entender possível a cisão de qualquer tipo societário[303].

A cisão não revela um fracionamento de bens, ou uma separação de dívidas, mas um desmembramento do patrimônio social, que compreende sempre ativo e passivo, intimamente ligados (art. 229 da Lei nº 6.404/76). Portanto, "esse patrimônio é, assim, moeda de pagamento de subscrição de capital e não alienação patrimonial" [304].

No tocante à *organização societária*, a sociedade cindida pode subsistir (cisão parcial), ou desaparecer (cisão total). Quanto à parcela ou às parcelas patrimoniais oriundas da sociedade cindida, elas podem ser vertidas em sociedade já existente, ou criada para esse fim.

Sob o *aspecto patrimonial*, no intuito de garantir os direitos dos credores da sociedade cindida, a Lei nº 6.404/76 determina que todas as sociedades envolvidas na operação passam a responder, solidariamente, pelas dívidas da cindida, *salvo deliberação em sentido contrário* (art. 233); portanto, se a ausência de solidariedade não foi pactuada, prevalece a responsabilidade solidária[305].

---

303. O Enunciado 231 da III Jornada de Direito Civil reafirma que a cisão de sociedades disciplinada na Lei n. 6.404/76 é "aplicável a todos os tipos societários, inclusive no que se refere aos direitos dos credores". Mas o direito dos credores das sociedades regidas pelo Código Civil, lei posterior, é mais amplo que aquele previsto pela Lei das Sociedades por Ações, como veremos adiante.

304. CARVALHOSA, Modesto. *Comentários à Lei de Sociedades Anônimas*. Vol. 4, t. I, 5ª ed., rev. e atual. São Paulo: Saraiva, 2011, p. 337. No mesmo sentido: EIZIRIK, Nelson. *A Lei das S/A comentada*. Vol. IV, 2ª ed. rev. e ampl. São Paulo: Quartier Latin, 2016, p. 144.

305. BRASIL. STJ, REsp 1.396.716/MG, Terceira Turma, rel. Min. Paulo de Tarso Sanseverino, v.u. 24/03/2015, DJe 30/03/2015, ementa (transcrição parcial): "2. Viabilidade de aplicação subsidiária da Lei das Sociedades Anônimas (Lei 6404/76) às sociedades limitadas para suprir as lacunas da sua regulamentação legal. 3. Possibilidade de ser excepcionada a regra da solidariedade passiva entre as empresas na cisão parcial mediante a estipulação de cláusula expressa no protocolo de cisão acerca das responsabilidades sociais da empresa cindida e da resultante da cisão. 4. Nessa hipótese, pode haver o repasse às sociedades que absorveram o patrimônio da cindida apenas das obrigações que lhes forem expressamente transferidas, afastando a solidariedade passiva relativamente às obrigações anteriores à cisão. 5. Necessidade, porém, de cláusula expressa no pacto de cisão na forma do art. 233, e seu parágrafo único, da Lei n.º 6.404/76. 6. Não reconhecimento, no caso dos autos, pelas instâncias de origem da existência de cláusula de exclusão da solidariedade passiva no pacto

Como a cisão se destina à transferência de parcelas patrimoniais, os sócios da cindida as acompanham e tornam-se sócios das sociedades receptoras, na proporção de sua participação no capital da cindida, relativamente ao montante da parcela patrimonial transferida. No entanto, a Lei de Sociedades por Ações permite a atribuição de ações em proporção diversa, desde que conte com a aprovação de todos os titulares, inclusive das ações sem direito a voto (art. 229, § 5º), sendo essa norma aplicável às sociedades limitadas porque o Código Civil não dispõe em sentido contrário.

A incorporação, a fusão e a cisão têm potencial para prejudicar credores, mas a proteção a eles conferida na cisão é diferente daquela prevista na fusão e na incorporação.

Cisão de sociedades anônimas

As disposições sobre incorporação, fusão e cisão previstas no Código Civil não se aplicam às sociedades anônimas[306]. A Lei das Sociedades por Ações não prevê a anulação da cisão parcial, pressupondo a sua licitude, em dispositivo criticado na doutrina pela desigualdade que provoca entre os credores das operações de fusão e incorporação, os quais dispõem da ação de anulação das operações (a qual pressupõe a prática de ato ilícito[307]), e aqueles sujeitos aos efeitos da cisão parcial. No entanto, prevê o direito de oposição do credor, independentemente da qualidade ou espécie do seu crédito (art. 233 da Lei nº 6.404/76).

Cisão de sociedades não anônimas

A cisão das sociedades disciplinadas pelo Código Civil permanece regida também pela Lei das Sociedades por Ações (Lei nº 6.404/76), em face da omissão desse Código quanto à sua disciplina. No entanto, o Código prevê a possibilidade de o credor anterior, por ela prejudicado, promover judicialmente a anulação desses atos, no prazo de noventa dias da sua publicação (art. 1.122, *caput*).

Entendemos serem aplicáveis conjuntamente os dispositivos da Lei das Sociedades por Ações e do Código Civil à cisão de sociedades não anônimas, de maneira que o credor anterior poderá se valer tanto do direito de oposição quanto daquele de anulação das deliberações[308]. O prazo decadencial de oposição, que decorre de mero interesse do credor,

---

de cisão. Súmulas 05 e 07 do STJ. 7. Precedente específico desta Corte.". Precedente: BRASIL. STJ, REsp 195.077/SC, Terceira Turma, rel. Min. Waldemar Zveiter, v.u. 4/05/2000, DJ 26/06/2000, p. 158; RSTJ, vol. 138, p. 313.

306. BRASIL. CJF, I Jornada de Direito Civil. Enunciado 70: "Art. 1.116: As disposições sobre incorporação, fusão e cisão previstas no Código Civil não se aplicam às sociedades anônimas. As disposições da Lei n. 6.404/76 sobre essa matéria aplicam-se, por analogia, às demais sociedades naquilo em que o Código Civil for omisso".

307. CARVALHOSA, Modesto. *Comentários à Lei de sociedades anônimas.* Vol. 4, t. I, 5ª ed., rev. e atual. São Paulo: Saraiva, 2011, p. 365.

308. TEPEDINO, Gustavo; BARBOSA, Heloísa Helena; MORAES, Maria Celina Bodin de. Código Civil interpretado conforme a Constituição da República. Vol. III, 2ª ed., rev. e atual., Rio de Janeiro: Renovar, 2014, p. 344. Concordamos com esses autores e discordamos, nesse ponto, do Enunciado 231 da III

não de ilicitude do negócio, será de sessenta dias (art. 232, *caput*, da Lei nº 6.404/76); o prazo para impugnação judicial dessas operações, pela prática de ato ilícito, será de noventa 90 dias (art. 1.122, *caput*, do Cód. Civil).

VI. GRUPOS DE SOCIEDADES: COLIGAÇÃO E CONTROLE

O direito encontra-se tradicionalmente dirigido à regulamentação de pessoas jurídicas distintas, sem vínculos entre si; todavia, essa imagem nem sempre corresponde à realidade, pois os vínculos entre sociedades são a cada dia mais frequentes e alguns grupos são formados por mais de mil sociedades[309].

O primeiro caso histórico de grupo de sociedades não representa o início de uma tendência, mas um caso excepcional. A família Médici criou o primeiro grupo societário de que se tem notícia, mas, após a sua liquidação, no final do século XV, não se formaram outros nos séculos seguintes[310]. O nascimento dos atuais grupos de sociedades pode ser encontrado em uma lei de Nova Jersey, de 1896, que pela primeira vez permitiu a uma sociedade anônima adquirir ações de outra, sem que esse ato fosse considerado *ultra vires* (fora do objeto social)[311].

As diversas legislações que regulamentaram especificamente o direito dos grupos voltaram-se, com maior ou menor intensidade, para a proteção das sociedades controladas, dos seus sócios e dos credores sociais. De um lado, reconhecem a constituição e a organização do grupo de sociedades; do outro, legitimam o exercício do poder de dominação da sociedade controladora sobre as controladas[312].

Nosso direito societário só considera relevantes as ligações entre sociedades previstas em lei, deixando de lado outras possíveis ligações entre elas como, por exemplo, a presença dos mesmos administradores ou a existência de contratos entre elas.

Além disso, o Código Civil adotou nomes e categorias diferentes da LSA, de maneira que iremos estudar cada um dos sistemas. A LSA permanece aplicável às sociedades por ações e o Código Civil às demais.

O Código Civil adotou a denominação “sociedades coligadas” para se referir a um gênero, do qual as sociedades controladas, filiadas ou de simples participação são espécies (arts. 1.097 a 1.101), como se passa a expor.

Jornada de Direito Civil, que parece entender aplicável, exclusivamente, a norma da Lei das Sociedades por Ações.

309. GALGANO, Francesco. *Grupo de sociedades* (dirección y coordinación de sociedades). Buenos Aires: La Ley, 2007, p. 1.

310. COMPARATO, Fábio Konder. *Direito empresarial: estudos e pareceres*. São Paulo: Saraiva, 1990, p. 261.

311. GALGANO, Francesco. *Grupo de sociedades* (dirección y coordinación de sociedades). Buenos Aires: La Ley, 2007, p. 3.

312. ANTUNES, José A. Engrácia. *Os grupos de sociedades*. Coimbra: Almedina, 1993, p. 140-141.

A expressão "sociedades coligadas" passa a representar, em sentido amplo, antes de tudo, um gênero, do qual as sociedades coligadas (em sentido estrito), as controladoras e controladas e, por fim, as de simples participação, são espécies (art. 1.097);

Em sentido estrito, são coligadas as sociedades nas quais uma delas participa do capital da outra com dez por cento ou mais sem controlá-la (art. 1.099); vê-se que o Código Civil adotou o critério objetivo de sociedades coligadas presente na antiga redação da LSA, alterada em 2009; enquanto a LSA evoluiu para critério mais amplo e subjetivo.

A participação societária no percentual de apenas 10% do capital da sociedade investida (coligada ou filiada, na expressão do art. 1.099 do Código) não exclui a existência de controle (art. 1.098), que pode se revelar através de participações indiretas no capital da suposta coligada (na realidade, controlada).

O Código não definiu a sociedade controladora, apenas a controlada. É da noção abaixo que se deduz a noção dela.

Em sentido estrito, é controlada a sociedade de cujo capital outra sociedade possua a maioria dos votos nas deliberações dos quotistas ou da assembleia geral e o poder de eleger a maioria dos administradores (art. 1.098, I); ou a sociedade cujo controle, referido no inciso antecedente, esteja em poder de outra, mediante ações ou quotas possuídas por sociedades ou sociedades por esta já controladas (inciso II).

Ao usar da expressão "sociedades", sem especificar um determinado tipo (art. 1.097), o Código não distingue entre os diversos tipos societários para fins de aplicação da disciplina que especifica, mas esse regime não se aplica às sociedades anônimas, que permanecem regidas pela Lei nº 6.404/76, com alterações posteriores, por força do disposto no artigo 1.089 do mesmo Código[313].

Os conceitos de coligação e controle consagrados na Lei nº 6.404/76 deixam de aplicar-se a quaisquer tipos societários, para permanecerem aplicáveis apenas às anônimas quando elas forem as sociedades controladoras ou investidoras nas sociedades coligadas, tendo em vista que a Lei de Sociedades por Ações se refere, em diversas passagens, a ações ou quotas, não exigindo o mesmo tipo societário das controladas ou coligadas (Lei nº 6.404/76, art. 244, §§ 4º, 5º e 6º).

É de simples participação a sociedade de cujo capital outra sociedade possua menos de 10% do capital votante (art. 1.100 do Código Civil).

---

313. CARVALHOSA, Modesto. Comentários ao Código Civil: parte especial: do direito de empresa. Vol. 13 (coord. Antonio Junqueira de Azevedo). São Paulo: Saraiva, 2003, p. 420: "Em consequência, no que tange à sociedades anônimas, por força do que dispõe o art. 1.089 do Código de 2002, prevalecem inteiramente os dispositivos contidos nos arts. 243 a 250, e também o que aquele diploma dispõe sobre a subsidiária integral (arts. 251 a 253)". WALD, Arnoldo. Do direito de empresa. In: TEIXEIRA, Sálvio de Figueiredo (coord.). Comentários ao novo Código Civil. 2ª ed., rev. e atual com a colaboração de Luiza Rangel de Moraes e Ivo Waisberg. Rio de Janeiro: Forense, 2010, p. 566: "[...] para as sociedades anônimas, continuam a vigorar os preceitos específicos sobre a matéria, pois somente nos casos omissos aplicar-se-ão os dispositivos societários do Código Civil, nos termos do artigo 1.089".

A Lei das Sociedades por Ações, por sua vez, adota as seguintes noções:

O art. 243 estabelece que o relatório anual da administração deve relacionar os investimentos da companhia em sociedades coligadas e controladas e mencionar as modificações ocorridas durante o exercício.

Consideram-se coligadas as sociedades nas quais a investidora tenha influência significativa (art. 243, § 1º). A influência significativa está presente quando a investidora detém ou exerce o poder de participar nas decisões das políticas financeira ou operacional da investida, sem controlá-la (§ 4º), e é presumida quando a investidora for titular de 20% (vinte por cento) ou mais do capital votante da investida, sem controlá-la (§ 5º).

A controlada é definida pelo art. 243, § 2º: "Considera-se controlada a sociedade na qual a controladora, diretamente ou através de outras controladas, é titular de direitos de sócio que lhe assegurem, de modo permanente, preponderância nas deliberações sociais e o poder de eleger a maioria dos administradores".

A noção de sociedade controladora é deduzida do parágrafo anterior.

O conceito de sociedade controladora corresponde ao de acionista controlador. Porém, para a caracterização do acionista controlador exige a lei a prova do efetivo exercício do poder de direção das atividades sociais; para que uma sociedade seja considerada controladora basta que ela seja titular de direitos que lhe assegurem a possibilidade de exercer esse poder, pois este se presume.

A sociedade controladora possui responsabilidades específicas, assim como o acionista controlador. Assim, ela será obrigada a reparar os danos que causar à companhia por atos praticados com infração ao disposto nos artigos 116 e 117 da LSA (art. 246, *caput*).

A ação para haver reparação do dano causado à sociedade controlada caberá aos acionistas dela, que atuarão como seus substitutos processuais (art. 246 da LSA):

a) que representem 5% (cinco por cento) ou mais do capital social;

b) a qualquer acionista com menor percentual, desde que ele preste caução pelas custas e honorários devidos no caso de vir a ação ser julgada improcedente.

Em qualquer dos casos acima, a sociedade controladora, se condenada, além de reparar o dano e arcar com as custas, pagará honorários de advogado de 20% (vinte por cento) e prêmio de 5% (cinco por cento) ao autor da ação, calculados sobre o valor da indenização (art. 246, § 2º).

A Lei nº 6.404/76 também regula os grupos de sociedades.

Nos termos do art. 265, a sociedade controladora e suas controladas podem constituir grupo de sociedades, mediante convenção pela qual se obriguem a combinar esforços ou recursos para a realização de seus respectivos objetos, ou a participar de atividades ou empreendimentos comuns. Ele se constitui mediante convenção ou contrato, no qual são declinados os fins almejados, os recursos que serão combinados, as atividades a serem empreendidas, as relações entre as sociedades, a estrutura administrativa e as condições de coordenação ou subordinação dos administradores das filiadas à administração geral[314]. Essa convenção deve ser registrada no Registro Público das Empresas Mercantis.

Esse grupo de sociedades, denominado pela doutrina, mas não pela lei "grupo de direito", é praticamente inexistente entre nós e não se conhece nenhum registrado, até agora. De outro lado, o grupo formado pelas sociedades controladoras e suas controladas é denominado na doutrina "grupo de fato".

A participação recíproca foi proibida pelo legislador (art. 244, da LSA), mas foi excepcionada nas hipóteses em que uma sociedade participa de outra com observância das condições em que permite a aquisição das próprias ações (art. 30, § 2º da LSA). Nos termos do § 5º do art. 244, a participação recíproca, quando ocorrer em virtude de incorporação, fusão ou cisão, ou da aquisição, pela companhia, do controle de sociedade, deverá ser mencionada nos relatórios e demonstrações financeiras de ambas as sociedades, e será eliminada no prazo máximo de 1 (um) ano; no caso de coligadas, salvo acordo em contrário, deverão ser alienadas as ações ou quotas de aquisição mais recente ou, se da mesma data, que representem menor porcentagem do capital social.

A holding é uma sociedade que tem por objeto a participação em outras sociedades. Se esse for seu único objeto, será chamada de holding pura; se, além disso, dedicar-se à exploração de outra atividade econômica, será uma holding mista ou operacional.

Já o consórcio é um contrato entre sociedades, no qual cada uma delas mantém sua personalidade jurídica própria, respondendo com o seu patrimônio pelas obrigações assumidas, razão pela qual a doutrina majoritária não o considera um contrato de sociedade. Ele é restrito a um empreendimento determinado. Seus membros não precisam estar ligados por relações de participação, uma vez que o art. 278 da LSA é expressa: "sob o mesmo controle ou não". Por não constituir nova pessoa jurídica também não há que se falar em órgãos societários. Possui, por outro lado, mandatários e agentes de coordenação e de tomada de decisões de interesses comuns[315].

Cada membro terá suas obrigações específicas, em decorrência do contrato de consórcio, não prevendo a Lei de Sociedades por Ações nem mesmo presunção de solidariedade (art. 278, § 1º, da LSA). Entretanto, a Lei Anticorrupção consagra exceção a essa regra.

a) A Lei de Licitações e Contratos Administrativos (Lei nº 14.133/21, art. 15, V) prevê a "responsabilidade solidária dos integrantes pelos atos praticados em consórcio, tanto na fase de licitação quanto na de execução do contrato";

b) a Lei Anticorrupção das Pessoas Jurídicas, também conhecida como Lei da Empresa Limpa, prevê a responsabilidade solidária das sociedades consorciadas "no âmbito

314. BORBA, José Edwaldo Tavares. *Direito Societário*. São Paulo: Atlas, 2015, p. 515.

315. BORBA, José Edwaldo Tavares. *Direito Societário*. São Paulo: Atlas, 2015, p. 516.

do respectivo contrato"; isso significa que essas sociedades têm responsabilidade solidária pelas obrigações assumidas perante a Administração Pública, independentemente das cláusulas previstas no contrato de consórcio, mas essa responsabilidade se restringe "à obrigação de pagamento de multa e reparação integral do dano causado" (Lei nº 12.846/2013, art. 4º, § 2º)[316].

As receitas e os resultados obtidos das atividades do consórcio pertencem às sociedades que o integram, cada um na expressão e na extensão definidas no contrato, cabendo à empresa líder do consórcio a partilha desses resultados entre os consortes.

O art. 279 estabelece que o **consórcio será constituído mediante contrato** aprovado pelo órgão da sociedade competente para autorizar a alienação de bens do ativo não circulante, **do qual constarão**:

I – a designação do consórcio se houver;

II – o empreendimento que constitua o objeto do consórcio;

III – a duração, endereço e foro;

IV – a definição das obrigações e responsabilidade de cada sociedade consorciada, e das prestações específicas;

V – normas sobre recebimento de receitas e partilha de resultados;

VI – normas sobre administração do consórcio, contabilização, representação das sociedades consorciadas e taxa de administração, se houver;

VII – forma de deliberação sobre assuntos de interesse comum, com o número de votos que cabe a cada consorciado;

VIII – contribuição de cada consorciado para as despesas comuns, se houver.

O contrato de consórcio e suas alterações serão arquivados no registro do comércio do lugar da sua sede, devendo a certidão do arquivamento ser publicada.

A **subsidiária integral** é tratada pelo art. 251, da LSA. Ela é necessariamente uma sociedade anônima, mas a instituidora, não. A subsidiária pode também não ter sido originariamente criada como tal, estabelecendo o § 2º que a companhia se converta em subsidiária integral com a aquisição, por sociedade brasileira (ou seja, qualquer tipo societário), de todas as suas ações, ou nos termos do art. 252.

O art. 252 estabelece que a incorporação de todas as ações do capital social ao patrimônio de outra companhia brasileira, para convertê-la em subsidiária integral, será submetida à deliberação da assembleia-geral das duas companhias mediante protocolo e

316. TARREGA, Maria Cristina Vidotte Blanco. *Associações consorciais*. Barueri, SP: Manole, 2004, p. 237: "As disposições contratuais não são oponíveis a terceiros e ao poder concedente porque, nesses casos, a responsabilidade é regida por normas de ordem pública".

justificação. Significa, em outras palavras, que é possível a criação de subsidiária integral após uma incorporação.

A assembleia-geral da companhia incorporadora, se aprovar a operação, deverá autorizar o aumento de capital, a ser realizado com as ações a serem incorporadas e nomear os peritos que as avaliarão. Os acionistas não terão direito de preferência para subscrever o aumento de capital. Aos dissidentes, é facultada a retirada da companhia, observado o disposto no art. 137, II, mediante o reembolso do valor de suas ações, nos termos do art. 230.

Já a assembleia-geral da companhia a ser incorporada somente poderá aprovar a operação por metade, no mínimo, do total de votos conferidos pelas ações com direito a voto e, se a aprovar, autorizará a diretoria a subscrever o aumento do capital da incorporadora, por conta dos seus acionistas, e os dissidentes da deliberação terão direito de se retirar da companhia, observado o disposto no inciso II do *caput* do art. 137, mediante o reembolso do valor de suas ações, nos termos do art. 230.

Observe que os dispositivos aqui mencionados são expressos: somente uma sociedade brasileira pode criar subsidiária integral. Vale, no entanto, o registro da Lei 12.350/10, que admitiu excepcionalmente, até 31.12.2015, que a FIFA, uma associação estrangeira, ou suas subsidiárias integrais, constituíssem até cinco subsidiárias integrais no Brasil, sob qualquer forma societária, desde que o objeto social estivesse vinculado à organização da Copa do Mundo de 2014.

VII. DISSOLUÇÃO, LIQUIDAÇÃO E EXTINÇÃO DAS SOCIEDADES

1. DISTINÇÕES PRÉVIAS

Dissolução e liquidação da sociedade representam dois momentos distintos de um processo que visa, em especial, à sua extinção. No entanto, admite-se a dissolução parcial da sociedade, que se dá pela retirada ou pela exclusão de sócio, sem conduzir à sua extinção, como se verá a seguir.

A dissolução da sociedade se distingue da anulação e da declaração de nulidade, porque estas resultam de vícios de constituição da mesma. Só se dissolvem as sociedades validamente constituídas. Se a constituição da sociedade foi anulada ela já deixou de existir como contrato e como organização, e perdeu sua personalidade jurídica com o trânsito em julgado da sentença. Poderá existir, no entanto, uma fase de liquidação judicial de seus bens, caso eles existam, até mesmo para atender ao interesse de eventuais credores.

2. DISSOLUÇÃO

O artigo 1.029 do Código Civil trata de duas situações distintas:

– quando a sociedade é de *prazo indeterminado*, o direito de retirada não requer motivação e decorre de simples notificação, configurando direito potestativo; mas o Código Civil prevê a *notificação dos sócios*, na *retirada imotivada*, enquanto o artigo 605, II, do CPC/2015 prevê a *notificação da sociedade*.

– quando o prazo é *determinado*, e exige ação judicial para a prova de justa causa; portanto, não se trata nesta hipótese de direito potestativo do sócio.

Esse artigo do Código Civil também prevê a possibilidade de os demais sócios optarem, nos 30 dias subsequentes à notificação, pela resolução da sociedade.

a) Sociedade por prazo determinado

Nessas sociedades, só se admite o direito de retirada do sócio por aplicação do disposto no art. 1.077, do Código Civil, examinado acima, sendo o pagamento realizado na forma prevista no art. 1.031, *caput*.

b) Sociedades por prazo indeterminado

A *doutrina* praticamente unânime admite a retirada do sócio das sociedades limitadas por prazo indeterminado, por denúncia unilateral, com fundamento no artigo 1.029 do Código Civil, no artigo 5º, XX, da Constituição ou em ambos, como afirmam Modesto Carvalhosa[317], Priscila Corrêa da Fonseca[318] e Fábio Ulhoa Coelho[319]. Em sentido contrário, mantém-se Sérgio Campinho[320].

Na **jurisprudência**, o Tribunal de Justiça de São Paulo reconhece ser a retirada de sócio de sociedade limitada por prazo indeterminado “garantia constitucional e ato unilateral do sócio”[321]. Outras decisões versando sobre direito de retirada na sociedade limitada também mencionaram expressamente o artigo 1.029 do Código Civil, somado ao argumento de que ninguém é obrigado a permanecer associado, para permitir o exercício do direito de

---

317. CARVALHOSA, Modesto. *Comentários ao Código Civil*: parte especial. Vol. 13, (coord. Antonio Junqueira de Azevedo). São Paulo: Saraiva, 2003, p. 355-357.

318. FONSECA, Priscila M. P. Corrêa da. *Dissolução parcial, retirada e exclusão de sócio*. 2ª ed., São Paulo: Atlas, 2003, p. 31: “Enquanto vigorar a aplicabilidade às limitadas das normas relativas às sociedades simples, não se vislumbra razão que justifique a impossibilidade de incidência da faculdade contemplada no art. 1.029 às sociedades limitadas”.

319. COELHO, Fábio Ulhoa. *A sociedade limitada no novo Código Civil*. São Paulo: Saraiva, 2003, p. 102, com fundamento no “princípio da autonomia da vontade, que informa o direito contratual”.

320. CAMPINHO, Sérgio; PINTO, Mariana. O recesso na sociedade limitada. In: AZEVEDO, Luís André N. de Moura; CASTRO, Rodrigo R. Monteiro de (coords.). *Sociedade limitada contemporânea*. São Paulo: Quartier Latin, 2013, p. 115 e segs.

321. TJSP, 1ª Câmara Reservada de Direito Empresarial, Ag. Instrumento 2066358-59.2013.8.26.0000, Rel. Des. Maia da Cunha, decisão monocrática em 17/12/2013. “Dissolução de sociedade. *Retirada de sócia de sociedade limitada por prazo indeterminado. Garantia constitucional e ato unilateral do sócio. Notificação efetuada, nos termos do art. 1.029 do CC, com assinatura da sócia agravada. Manutenção do quadro de sócios que não se justifica.* Exclusão da agravante do contrato de locação, no entanto, que depende da instauração do contraditório. Tutela antecipada concedida em parte. Recurso parcialmente provido por decisão monocrática.” (grifos apostos)

retirada sem a comprovação de justa causa[322]. A quebra da *affectio societatis*, somada ao já mencionado argumento constitucional de que ninguém é obrigado a associar-se ou permanecer associado, tem sido argumento recorrente nas decisões que aplicaram o artigo 1.029 do Código Civil às sociedades limitadas[323].

Constata-se que a jurisprudência permite a aplicação do artigo 1.029 do Código Civil às sociedades limitadas, ainda que esse direito esteja regulado no artigo 1.077 do mesmo Código[324].

Quando o contrato social prever a aplicação subsidiária da legislação das sociedades anônimas, "não caberia ao sócio o direito de retirada com base no artigo 1.029, mas apenas com base no artigo 1.077"[325], ou seja, nas hipóteses legais de exercício do direito de recesso. No entanto, o Superior Tribunal de Justiça decidiu que, mesmo quando a

322. TJSP, 1ª Câmara Reservada de Direito Empresarial, Ag. Instrumento nº 0300024-72.2011.8.26.0000, Rel. Des. Francisco Loureiro, j. 31/07/2012, ementa (transcrição parcial): "Injustificada recusa do réu em promover a respectiva alteração no contrato social. *Direito de retirada do sócio, exercido corretamente no caso concreto. Art. 1.029, NCC. Denúncia vazia, desmotivada, exercida por simples notificação ao sócio remanescente, com antecedência mínima de 60 (sessenta) dias, por se tratar de sociedade por prazo indeterminado.* Desnecessidade de prova de justa causa para a retirada da sociedade. Autorização da medida. Recurso provido" (grifos apostos).

323. TJSP, 2ª Câmara Reservada de Direito Empresarial, Apelação 0011090-35.2012.8.26.0438, Rel. Des. Tasso Duarte de Melo, j. 01/07/2014: "DUAS APELAÇÕES DOS CORRÉUS. AÇÃO DE DISSOLUÇÃO PARCIAL DE SOCIEDADE C.C. APURAÇÃO DE HAVERES. *Retirada do Apelado de sociedade empresária limitada. Quebra do affectio societatis incontroversa. Retirada da sociedade mediante simples denúncia do contrato aos demais sócios, por se tratar de sociedade por prazo indeterminado. Exegese do art. 1029 do Código Civil.* Condenação dos corréus ao pagamento de haveres no valor estimativo de R$ 127.399,60. Afastamento. Expressa previsão contratual que impõe a apuração de haveres em balanço patrimonial especialmente levantado nos casos de retirada de sócio. Data-base da apuração de haveres que corresponde à data do recebimento da notificação extrajudicial pelos sócios corréus. Pagamento dos haveres à vista e em dinheiro, em até 90 dias do trânsito em julgado da sentença de liquidação. Exegese do art. 1.031, caput e § 2º, do CPC. Correção monetária pela Tabela Prática deste E. Tribunal que deve incidir da data base de apuração de haveres e juros de mora a partir da citação. Precedentes deste E. Tribunal e do C. STJ. Recursos parcialmente providos" (grifos apostos).

324. STJ, REsp 646.221/PR, Terceira Turma, rel. p/acórdão Min. Nancy Andrighi, decisão por maioria em 19/04/2005. A Ministra concordou com a aplicação do art. 1.029 do Código Civil às sociedades limitadas: "Por fim, para corroborar com os argumentos apresentados, aponta-se dispositivo do Novo Código Civil (art. 1.029) que estabelece o direito do sócio se retirar de sociedade por tempo indeterminado mediante notificação aos demais sócios, o que deixa claro a possibilidade de retirada extrajudicial e o caráter meramente declaratório da sentença que reconhece, neste caso, a dissolução parcial da sociedade".

325. CASTRO, Rodrigo R. Monteiro de; ARAÚJO, Rodrigo Mendes de. Tutelas de urgência e o direito de retirada de sócio nas sociedades limitadas. In: YARSHELL, Flávio Luiz; PEREIRA, Guilherme Setoguti J. (coords.). *Processo societário.* São Paulo: Quartier Latin, 2012, p. 669.

sociedade limitada prevê a aplicação subsidiária da Lei das Sociedades por Ações, prevalece o direito de retirada imotivada do sócio[326].

O Código Civil declara que a sociedade simples pode ser "dissolvida judicialmente, a requerimento de qualquer dos sócios", quando "anulada a sua constituição" (art. 1.034) em dispositivo que se aplica às sociedades limitadas (art. 1.053), e até às anônimas (art. 1.089), nos casos em que a lei especial for omissa. O erro conceitual é evidente, pelas razões expostas no parágrafo anterior.

A **dissolução** pode ser **extrajudicial** (art. 1.033, I a V) ou **judicial** (hipóteses do art. 1.034); no primeiro caso, formalizada em assembleia ou pelo distrato; no segundo, por recurso ao Judiciário.

A dissolução não acarreta o término da personalidade jurídica, o que somente irá ocorrer com o término da fase de liquidação. Ocorrida a dissolução, a sociedade não mais deve atuar na busca de seu objeto social. Os administradores devem providenciar imediatamente a investidura do liquidante e restringir a gestão própria aos negócios inadiáveis, vedadas novas operações, pelas quais responderão solidária e ilimitadamente (art. 1.036). **Dissolvida de pleno direito, o sócio pode requerer a liquidação judicial** (parágrafo único do art. 1.036). Na fase de liquidação, ainda, deve-se acrescer ao nome empresarial a expressão "em liquidação", bem como o nome do liquidante, tudo visando à proteção de terceiros.

326. BRASIL. STJ, REsp 1.839.078/SP, Terceira Turma, Rel. Min. Paulo de Tarso Sanseverino, v.u. 09/03/2021, DJe 26/03/2021; RSTJ, vol. 261, p. 649, ementa: "RECURSO ESPECIAL. DIREITO EMPRESARIAL. DIREITO SOCIETÁRIO. SOCIEDADE LIMITADA. APLICAÇÃO SUPLETIVA DAS NORMAS RELATIVAS A SOCIEDADES ANÔNIMAS. ART. 1.053 DO CC. POSSIBILIDADE DE RETIRADA VOLUNTÁRIA IMOTIVADA. APLICAÇÃO DO ART. 1.029 DO CC. LIBERDADE DE NÃO PERMANECER ASSOCIADO GARANTIDA CONSTITUCIONALMENTE. ART. 5º, XX, DA CF. OMISSÃO RELATIVA À RETIRADA IMOTIVADA NA LEI N. 6.404/76. OMISSÃO INCOMPATÍVEL COM A NATUREZA DAS SOCIEDADES LIMITADAS. APLICAÇÃO DO ART. 1.089 DO CC.

1. Entendimento firmado por este Superior Tribunal no sentido de ser a regra do art. 1.029 do CC aplicável às sociedades limitadas, possibilitando a retirada imotivada do sócio e mostrando-se despiciendo, para tanto, o ajuizamento de ação de dissolução parcial.

2. Direito de retirada imotivada que, por decorrer da liberdade constitucional de não permanecer associado, garantida pelo inciso XX do art. 5º da CF, deve ser observado ainda que a sociedade limitada tenha regência supletiva da Lei n. 6.404/76 (Lei das Sociedades Anônimas).

3. A ausência de previsão na Lei n. 6.404/76 acerca da retirada imotivada não implica sua proibição nas sociedades limitadas regidas supletivamente pelas normas relativas às sociedades anônimas, especialmente quando o art. 1.089 do CC determina a aplicação supletiva do próprio Código Civil nas hipóteses de omissão daquele diploma.

4. Caso concreto em que, ainda que o contrato social tenha optado pela regência supletiva da Lei n. 6.404/76, há direito potestativo de retirada imotivada do sócio na sociedade limitada em questão.

5. Tendo sido devidamente exercido tal direito, conforme reconhecido na origem, não mais se mostra possível a convocação de reunião com a finalidade de deliberar sobre exclusão do sócio que já se retirou.

6. RECURSO ESPECIAL PROVIDO".

2.1. A dissolução irregular

A liquidação irregular do patrimônio da sociedade, no mais das vezes denominada "dissolução irregular", é o procedimento pelo qual os sócios ou administradores paralisam a atividade social e repartem os ativos da sociedade entre si. Consoante a Súmula 435 do STJ: "Presume-se dissolvida irregularmente a empresa que deixar de funcionar no seu domicílio fiscal, sem comunicação aos órgãos competentes, legitimando o redirecionamento da execução fiscal para o sócio-gerente".

Essa forma de atuação configura ato ilícito, gerando responsabilidade pessoal e ilimitada dos seus participantes pelos prejuízos causados a terceiros, entre os quais se inclui o Fisco.

2.2. Dissolução parcial

Até agora, analisamos as normas atinentes à dissolução total da sociedade contratual, ou seja, o processo que leva à sua extinção. Na dissolução parcial, não se busca extinguir a sociedade enquanto organização; o que se extingue é a relação entre um ou mais sócios e a própria sociedade.

As diversas hipóteses de dissolução parcial podem ser divididas em dois grupos: a retirada de sócio descontente com os rumos seguidos pela sociedade e a exclusão do sócio que a está impedindo de realizar sua finalidade, que, na sociedade empresária é a obtenção de lucros.

Em ambos os casos, o sócio que se retira ou vem a ser excluído tem direito a receber a parte que lhe cabe do patrimônio social (os seus "haveres").

A retirada do sócio é denominada, na linguagem jurídica corrente, "dissolução parcial". O Código Civil preferiu a denominação "resolução da sociedade em relação a um sócio", nos arts. 1.028 a 1.032, mas o Código de Processo Civil de 2015 voltou a adotar a denominação corrente "dissolução parcial". Não há diferença de conteúdo entre uma e outra.

A fase de apuração e pagamento dos valores devidos ao sócio é denominada "apuração de haveres".

Em que situações isso acontece? É o que veremos a seguir:

O Código Civil trata da "resolução da sociedade em relação a um sócio" (a dissolução parcial), nos arts. 1.028 a 1.032. Essa questão adquire contornos ainda mais interessantes porque o **Código de Processo Civil** (Lei 13.105/2015) cria, no Título III, que trata dos "procedimentos especiais", a **ação de dissolução parcial de sociedade** (arts. 599 a 609).

Analisemos, em primeiro lugar, as normas do Código Civil:

No regime do Código Civil de 2002 a resolução parcial, ou dissolução parcial, pode se dar nos seguintes casos:

a) **morte de sócio** (art. 1.028)

A primeira hipótese de dissolução parcial é a decorrente do **falecimento do sócio**. O art. 1.028 prevê a liquidação da sua quota, salvo se o contrato social dispuser de forma diversa (por exemplo, estabelecendo que a morte do sócio acarretará a extinção da sociedade) ou se os sócios remanescentes optarem pela dissolução da sociedade ou, ainda, se por acordo com os herdeiros, regular-se a substituição do sócio falecido.

b) **retirada imotivada de sócio, por denúncia unilateral** (art. 1.029);

Por meio da denúncia unilateral (retirada voluntária) o sócio pede o seu desligamento da sociedade, por meio de manifestação inequívoca nesse sentido.

O Código Civil estabelece, em seu art. 1.029, a princípio aplicável às sociedades simples, que, além dos casos previstos na lei ou no contrato, qualquer sócio pode retirar-se da sociedade; se de prazo **indeterminado**, mediante **notificação dos demais sócios, com antecedência mínima de 60 dias**; se de **prazo determinado**, provando-se judicialmente **justa causa**. Nos 30 dias subsequentes à notificação, podem os demais sócios optar pela dissolução da sociedade.

A maior parte da doutrina e da jurisprudência é favorável ao direito de retirada imotivado também nas sociedades limitadas.

c) **retirada motivada, pelo exercício do direito de recesso** (art. 1.077);

Recesso, ou retirada, é o poder que a lei confere ao dissidente de uma deliberação social de, retirando-se da sociedade, subtrair-se à decisão majoritária, de forma a não ser prejudicado pela transformação posterior.

d) **exclusão de sócio** (arts. 1.004 e 1.030);

O direito de exclusão de sócios era desconhecido na antiguidade; ele surgiu como consequência da necessidade de conservação das empresas, para afastar o sócio que põe em perigo o desenvolvimento da empresa explorada pela sociedade. Portanto, ele jamais poderá decorrer de manifestação discricionária da maioria.

No regime do Código Civil, a **exclusão do sócio** pode ser judicial ou extrajudicial.

Em primeiro lugar, pode ser excluído o sócio que deixa de integralizar suas quotas (art. 1.004, parágrafo único).

A possibilidade de exclusão *extrajudicial* por justa causa deve estar prevista no contrato social. Trata-se da denominada "resolução da sociedade em relação a sócios minoritários" (Código Civil, art. 1.085). Nesse caso, exige-se assembleia ou reunião de sócios. A gravidade do ato deve ser comprovada, pois a motivação é requisito essencial para o exercício do direito de defesa.

A exclusão *judicial* se aplica na falta de previsão desse direito no contrato social. Por meio dela pode-se excluir por justa causa comprovada também o sócio igualitário (na sociedade composta apenas por dois sócios, com idêntica participação no capital) e o majoritário.

A ausência de *affectio societatis*, ou desarmonia entre os sócios tem sido considerada causa de dissolução das sociedades, mas essa afirmação deve ser compreendida com temperamento, tendo em vista que o contrato de sociedade é um contrato de comunhão de escopo, no qual o sócio também é titular de um direito a permanecer na sociedade.

Erasmo Valladão Azevedo e Novaes França e Marcelo Vieira Von Adamek afirmam: "A quebra de *affectio societatis*, insista-se, não é causa de exclusão de sócio; o que pode eventualmente justificar a exclusão de sócios é a violação dos deveres de lealdade e de colaboração"[327]; portanto, sempre haverá necessidade de apreciação da causa da dissolução do vínculo social.

e) **a falência de um dos sócios ou liquidação das quotas do sócio por credor** (art. 1.030, parágrafo único);

Dispõe o parágrafo único que será de pleno direito excluído da sociedade o sócio declarado falido, ou aquele cuja quota tenha sido liquidada nos termos do parágrafo único do art. 1.026.

f) **em outros casos expressamente previstos no contrato social** (art. 1.035).

O contrato social pode prever "outras causas de dissolução, a serem verificadas judicialmente quando contestadas" (art. 1.035).

g) O próprio art. 1.030 traz a possibilidade de **dissolução em relação ao sócio que tenha sua quota penhorada em execução particular.** É que, sendo as sociedades contratuais sociedades de pessoas – *affectio societatis* – a penhora de suas quotas, hoje expressamente admitida pelo art. 1.026, não significa o ingresso do credor no quadro social. Se a sociedade não estiver dissolvida, pode o credor requerer a liquidação da quota do devedor, cujo valor, a ser apurado na forma do art. 1.031 (que analisaremos a seguir), será depositado em dinheiro, no juízo da execução, até 90 dias após a liquidação.

O art. 1.031 estabelece que a liquidação se dará, salvo disposição em contrário, com base na situação patrimonial da sociedade, à data da resolução, verificada em balanço levantado especialmente para esse fim. Consequentemente, o capital social sofrerá redução correspondente, salvo se os demais sócios suprirem o valor da quota.

---

327. FRANÇA, Erasmo Valladão Azevedo e Novaes; VON ADAMEK, Marcelo Vieira. *Affectio societatis*: um conceito jurídico superado no moderno direito societário pelo conceito de fim social. In: *Direito Societário Contemporâneo I*. São Paulo: Quartier Latin, 2009, p. 155.

Uma vez apurados, os haveres do sócio retirante serão pagos conforme disciplinar o contrato social e, no silêncio deste, nos termos do artigo 1.031, § 2º, do Código Civil (CPC/2015, art. 609)[328].

Ao determinar a apuração de haveres o juiz também determinará à sociedade ou aos sócios que nela permanecerem que depositem em juízo a parte incontroversa dos haveres devidos (art. 604, § 1º), que poderá ser, desde logo, levantado pelo ex-sócio, pelo espólio ou pelos sucessores (§ 2º). Se o contrato social estabelecer o pagamento dos haveres, será observado o que nele se dispôs no depósito judicial da parte incontroversa (§ 3º).

A retirada, exclusão ou morte do sócio, não o exime, ou a seus herdeiros, da responsabilidade pelas obrigações sociais anteriores, até dois anos após averbada a resolução da sociedade; nem nos dois primeiros casos, pelas posteriores e em igual prazo, enquanto não se requerer a averbação.

O Código de Processo Civil de 2015 amplia o alcance do Código Civil ao admitir expressamente:

a) **a ação de apuração de haveres movida pelo cônjuge ou companheiro do sócio cujo casamento, união estável ou convivência terminou** (art. 600, parágrafo único), de maneira que o término dessas relações é mais uma causa de dissolução parcial das sociedades.

b) **a retirada voluntária de acionistas nas sociedades anônimas fechadas** (art. 599, § 2º).

Em complemento ao artigo 1.031, *caput*, do Código Civil, que apenas determina que a avaliação se fará "com base na situação patrimonial da sociedade", dispõe o art. 606, parágrafo único, do CPC/2015, que, quando seja necessária a realização de perícia, a nomeação do perito recairá, preferencialmente sobre especialista em avaliação de sociedades. Mas não se nomeia liquidante, cuja função é diversa.

3. LIQUIDAÇÃO

A **liquidação** é regulamentada pelo Código Civil nos seus artigos 1.102 e seguintes. Uma vez dissolvida a sociedade e nomeado o liquidante, procede-se à sua liquidação, de conformidade com as normas dos artigos 1.102 a 1.112, ressalvado o disposto no ato constitutivo ou no instrumento da dissolução. Observe que o Código Civil não revogou as disposições da Lei 6.404/76, norma especial para as sociedades por ações. Também não revogou as normas referentes à liquidação das sociedades cooperativas (Lei 5.764/71, art. 64 e seguintes).

---

328. FRANÇA, Erasmo Valladão Azevedo e Novaes; VON ADAMEK, Marcelo Vieira. Ob. Cit., p. 79, lembram que o disposto no Código Civil incide sempre e já previa o direito aplicável no silêncio do contrato social, e que o CPC/2015 não dispôs sobre as demais hipóteses de resolução parcial do vínculo societário.

O processo de liquidação, como regra geral, é reversível; ou seja, os sócios – ou a Administração Pública – podem deliberar a reposição da sociedade em seu estado normal.

Quando a dissolução ocorre pela perda da autorização para o funcionamento da sociedade, a liquidação judicial é promovida pelo Ministério Público, caso os administradores não o tiverem feito nos trinta dias seguintes à perda da autorização, ou se o sócio não houver exercido a faculdade do parágrafo único do art. 1.036. Caso o Ministério Público também não promova a liquidação judicial nos quinze dias seguintes ao recebimento da comunicação pela autoridade competente para a autorização, esta nomeará interventor com poderes para requerer a medida e administrar a sociedade até a nomeação do liquidante (art. 1.037, *caput* e parágrafo único).

O liquidante pode ser designado no contrato social ou eleito por deliberação dos sócios, podendo a escolha recair em pessoa estranha à sociedade (art. 1.038). Sua destituição, poderá ocorrer a qualquer tempo, se eleito pela forma prevista no *caput* do art. 1.038, mediante deliberação dos sócios; em qualquer caso, por via judicial, a requerimento de um ou mais sócios, ocorrendo justa causa (§ 1º).

A liquidação se inicia com a nomeação do liquidante. Trata-se do verdadeiro órgão de administração da sociedade destinado a fazê-la desaparecer do mundo jurídico[329]. Assim, atuará como o administrador da sociedade em liquidação, inclusive no que se refere às suas obrigações e responsabilidade (art. 1.104).

Seus **deveres** estão elencados no art. 1.103:

I – averbar e publicar a ata, sentença ou instrumento da sociedade;

II – arrecadar os bens, livros e documentos da sociedade, onde quer que estejam;

III – proceder, nos 15 dias seguintes à sua investidura e com a assistência, sempre que possível, dos administradores, à elaboração do inventário e do balanço geral do ativo e do passivo;

IV – ultimar os negócios da sociedade, realizar o ativo, pagar o passivo e partilhar o remanescente entre os sócios ou acionistas;

V – exigir dos quotistas, quando insuficiente o ativo à solução do passivo, a integralização de suas quotas e, se for o caso, as quantias necessárias, nos limites da responsabilidade de cada um e proporcionalmente à respectiva participação nas perdas, repartindo-se, entre os sócios solventes e na mesma proporção, o devido pelo insolvente;

VI – convocar assembleia dos quotistas, cada seis meses, para apresentar relatório e balanço do estado da liquidação, prestando conta dos atos praticados durante o semestre, ou sempre que necessário;

329. GONÇALVES NETO, Alfredo de Assis. *Direito de empresa: comentários aos artigos 966 a 1.195 do Código Civil*. São Paulo: Revista dos Tribunais, 2016. p. 539.

VII – confessar a falência da sociedade e pedir concordata, de acordo com as formalidades prescritas para o tipo de sociedade liquidanda;

VIII – finda a liquidação, apresentar aos sócios o relatório da liquidação e as suas contas finais;

IX – averbar a ata da reunião ou da assembleia, ou o instrumento firmado pelos sócios, que considerar encerrada a liquidação.

Com a averbação a que se refere o inciso IX do art. 1.103, considera-se encerrada a liquidação e extinta a sociedade.

O parágrafo único determina que a sociedade operará com o mesmo nome, acrescido da expressão "em liquidação".

O liquidante, nos termos do art. 1.105, representa a sociedade e pratica todos os atos necessários à sua liquidação, inclusive alienar bens móveis e imóveis, transigir, receber e dar quitação. O Código Civil revogou, portanto, a norma do art. 351, do Código Comercial, que exigia autorização especial dos sócios para transigir e assinar compromissos sobre interesses sociais, sob pena de nulidade.

Mas, de acordo com o seu parágrafo único, sem estar expressamente autorizado pelo contrato social ou pelo voto da maioria dos sócios, não pode gravar de ônus reais os móveis e imóveis, contrair empréstimos, salvo quando indispensáveis ao pagamento de obrigações inadiáveis, nem prosseguir, embora para facilitar a liquidação, na atividade social.

A liquidação importa na realização do ativo (conversão do patrimônio social em dinheiro), o **pagamento do passivo** e a **devolução do remanescente ao titular do patrimônio**. O pagamento das dívidas deve observar os critérios legais de prioridade. As dívidas vencidas têm prioridade no pagamento; pode ser conveniente, no entanto, o pagamento de dívidas vincendas, desde que com desconto. No entanto, é importante destacar que o liquidante o fará sob sua responsabilidade pessoal.

Os sócios podem resolver, por maioria dos votos, antes de encerrada a liquidação, mas depois de pagos os credores, que o liquidante faça rateios por antecipação da partilha, à medida em que se apurem os haveres sociais. Essa participação dos sócios só é admissível como um último momento da liquidação, tendo como pressuposto a realização do ativo e o pagamento integral do passivo da sociedade em liquidação. É o que estabelece o art. 1.107.

Nos termos do art. 1.108, pago o passivo e partilhado o remanescente, o liquidante convocará assembleia dos sócios para a prestação final de contas. A aprovação sem reservas das contas exonera o liquidante de qualquer responsabilidade perante os sócios (art. 1.078, § 3º), mas não em relação a terceiros. Se as contas não forem aprovadas, os sócios podem exigir do liquidante a reposição de valores, proceder a perícias etc.

4. EXTINÇÃO

Aprovadas as contas, encerra-se a liquidação, e a sociedade se extingue, ao ser averbada a ata da assembleia na Junta Comercial (art. 1.109), pois esse é o momento no qual a sociedade deixa de existir juridicamente, cessando a sua personalidade jurídica. O parágrafo único desse artigo confere ao dissidente o prazo de trinta dias, a contar da data da publicação da ata, para promover a ação que couber. O Código Civil adotou norma semelhante àquela da LSA (art. 216, § 2º) para tratar genericamente de qualquer ação dentro do prazo de 30 dias.

Encerrada a liquidação, se sobrar um resto – o chamado acervo social líquido –, ele é partilhado entre os sócios. Eventual credor insatisfeito tem direito a exigir dos sócios, individualmente, o pagamento do seu crédito, até o limite da soma por eles recebida em partilha, e a propor ação de perdas e danos contra o liquidante (art. 1.110).

O art. 1.111 se refere à liquidação judicial, remetendo às normas processuais, e o art. 1.112 estabelece que, no caso de liquidação judicial, o juiz convocará, se necessário, reunião ou assembleia para deliberar sobre os interesses da liquidação, e as presidirá, resolvendo sumariamente as questões suscitadas. As atas das assembleias serão, em cópia autêntica, apensadas ao processo judicial.

VIII. DISSOLUÇÃO, LIQUIDAÇÃO E EXTINÇÃO DAS SOCIEDADES POR AÇÕES

A Lei 6.404/76 trata das sociedades por ações, razão pela qual tais normas do Código Civil não são aplicadas.

1. DISSOLUÇÃO

Dissolve-se a sociedade (art. 206 da LSA):

De pleno direito: a) pelo término do prazo de duração, b) nos casos previstos no estatuto, c) por deliberação da assembleia-geral (art. 136, X), d) pela existência de um único acionista, verificada em assembleia-geral ordinária, se o mínimo de dois não for reconstituído até à do ano seguinte (ressalvados os casos de subsidiária integral) e e) pela extinção, na forma da lei, da autorização para funcionar (nos casos de sociedades dependentes de autorização).

Por decisão judicial: a) quando anulada a sua constituição, em ação proposta por qualquer acionista, b) quando provado que não pode preencher o seu fim, em ação proposta por acionistas que representem pelo menos 5% do capital social, c) em caso de falência.

Por decisão de autoridade administrativa competente, nos casos e na forma previstos em lei especial. Um exemplo seria a liquidação extrajudicial de instituição financeira.

Como já vimos no item anterior, a dissolução não extingue a personalidade jurídica da sociedade (art. 207), e à dissolução, segue-se a fase de liquidação da sociedade.

1.1. Dissolução parcial

A possibilidade de dissolução parcial da sociedade por ações sempre foi discutida. Ao contrário das sociedades de pessoa, as sociedades por ações – sociedades de capital – não teriam caráter *intuitu personae*.

Por outro lado, a Lei 6.404/76 prevê a possibilidade de retirada do acionista, mediante exercício do direito de recesso do acionista dissidente em assembleia, nas situações previstas nos arts. 136 e 137. Para além dessas situações, a lei é silente. Isso sempre reforçou o entendimento segundo o qual não seria possível falar em dissolução parcial de sociedade anônima.

A inviabilidade da empresa, em razão da falta reiterada de lucros só daria causa, nos termos do disposto no art. 206, II, da Lei das S/A, à sua dissolução total, mas, para evitar que o acionista fique sujeito indefinidamente ao poder da maioria, a jurisprudência há muito reconhece o seu direito de retirada das sociedades anônimas fechadas, por justa causa[330].

Hoje, o artigo 599, § 2º, do CPC/2015, admite a ação de dissolução parcial de sociedade anônima de capital fechado quando demonstrado, por acionista ou acionistas que representem cinco por cento ou mais do capital social, que não pode preencher o seu fim.

A interpretação sistemática dessa norma indica que ela se aplica tanto aos casos em que caberia a sua dissolução total, por impossibilidade de preenchimento do seu fim, quanto àqueles nos quais os acionistas revelem justa causa para se retirar, sem que esteja configurada alguma das hipóteses legais de direito de recesso[331].

Assim, os acionistas que demonstrarem a impossibilidade de a sociedade anônima preencher o seu fim poderão dela se retirar mediante pedido de dissolução parcial. Seguindo

---

330. BRASIL. STJ, REsp 1.321.263/PR, Terceira Turma, Rel. Min. Moura Ribeiro, v.u. 06/12/2016, DJe 15/12/2016, ementa (transcrição parcial): "2. A impossibilidade de preenchimento do fim da sociedade anônima caracteriza-se nos casos em que a companhia apresenta prejuízos constantes e não distribui dividendos, possibilitando aos acionistas detentores de 5% ou mais do capital social o pedido de dissolução, com fundamento no art. 206, II, b da Lei nº 6.404/76. Hipótese em que no período de 12 (doze) anos a companhia somente gerou lucros em três exercícios e só distribuiu os dividendos em um deles. 3. Caso em que configurada a possibilidade de dissolução parcial diante da viabilidade da continuação dos negócios da companhia, em contrapartida ao direito dos sócios de se retirarem dela sob o fundamento que eles não podem ser penalizados com a imobilização de seu capital por longo período sem obter nenhum retorno financeiro. Aplicação do princípio da preservação da empresa, previsto implicitamente na Lei nº 6.404/76 ao adotar em seus arts. 116 e 117 a ideia da prevalência da função social e comunitária da companhia, caracterizando como abuso de poder do controlador a liquidação de companhia próspera." BRASIL. STJ, REsp 1.303.284/PR, Terceira Turma, rel. Min. Nancy Andrighi, v.u. 16/04/2013; STJ, EREsp 1.079.763/SP, Segunda Seção, rel. Min. Sidnei Beneti, decisão por maioria 25/04/2012, entre inúmeros precedentes.

331. FRANÇA, Erasmo Valladão Azevedo e Novaes; VON ADAMEK, Marcelo Vieira. Da ação de dissolução parcial de sociedade: comentários breves ao CPC/2015. São Paulo: Malheiros, 2016, p. 32, assinalam que a interpretação literal do art. 599, § 2º, do CPC/2015, excluiria a possibilidade de dissolução parcial fora dos casos em que a Lei nº 6.404/76 exigiria a dissolução total.

por esse caminho se evitará que os acionistas minoritários sejam obrigados a se manter associados a uma maioria que não revela interesse no desenvolvimento do objetivo de realização de lucros e, ao mesmo tempo, se atenderá ao interesse da maioria de manter a organização antes existente.

No entanto, e como já vimos no início deste capítulo, é inegável a existência de companhias fechadas com caráter de sociedade de pessoas – como as que envolvem grupos familiares. Nesses casos, a *affectio societatis* está presente. Por outro lado, se é certo que a Lei 6.404/76 não autoriza expressamente a dissolução parcial, também é correto afirmar que não há norma que a vede.

Assim, a jurisprudência foi se manifestando no sentido da possibilidade de dissolução parcial das companhias em que se verifique a *affectio societatis* – as companhias de capital fechado. Exemplificativamente, temos a seguinte manifestação do Superior Tribunal de Justiça (REsp 917.531/RS):

> DIREITO SOCIETÁRIO E EMPRESARIAL. SOCIEDADE ANÔNIMA DE CAPITAL FECHADO EM QUE PREPONDERA A *AFFECTIO SOCIETATIS*. DISSOLUÇÃO PARCIAL. EXCLUSÃO DE ACIONISTAS. CONFIGURAÇÃO DE JUSTA CAUSA. POSSIBILIDADE. APLICAÇÃO DO DIREITO À ESPÉCIE. ART. 257 DO RISTJ E SÚMULA 456 DO STF. 1. O instituto da dissolução parcial erigiu-se baseado nas sociedades contratuais e personalistas, como alternativa à dissolução total e, portanto, como medida mais consentânea ao princípio da preservação da sociedade e sua função social, contudo a complexa realidade das relações negociais hodiernas potencializa a extensão do referido instituto às sociedades "circunstancialmente" anônimas, ou seja, àquelas que, em virtude de cláusulas estatutárias restritivas à livre circulação das ações, ostentam caráter familiar ou fechado, onde as qualidades pessoais dos sócios adquirem relevância para o desenvolvimento das atividades sociais ("affectio societatis"). (Precedente: EREsp 111.294/PR, Segunda Seção, Rel. Ministro Castro Filho, DJ 10/09/2007) 2. É bem de ver que a dissolução parcial e a exclusão de sócio são fenômenos diversos, cabendo destacar, no caso vertente, o seguinte aspecto: na primeira, pretende o sócio dissidente a sua retirada da sociedade, bastando-lhe a comprovação da quebra da "affectio societatis"; na segunda, a pretensão é de excluir outros sócios, em decorrência de grave inadimplemento dos deveres essenciais, colocando em risco a continuidade da própria atividade social. 3. Em outras palavras, a exclusão é medida extrema que visa à eficiência da atividade empresarial, para o que se torna necessário expurgar o sócio que gera prejuízo ou a possibilidade de prejuízo grave ao exercício da empresa, sendo imprescindível a comprovação do justo motivo. 4. No caso em julgamento, a sentença, com ampla cognição fático-probatória, consignando a quebra da "bona fides societatis", salientou uma série de fatos tendentes a ensejar a exclusão dos ora recorridos da companhia, porquanto configuradores da justa causa, tais como: (i) o recorrente Leon, conquanto reeleito pela Assembleia Geral para o cargo de diretor, não pôde até agora nem exercê-lo nem conferir os livros e documentos sociais, em virtude de óbice imposto pelos recorridos; (ii) os recorridos, exercendo a diretoria de forma ilegítima, são os únicos a perceber rendimentos mensais, não distribuindo dividendos aos recorrentes. 5. **Caracterizada a sociedade anônima como fechada e personalista, o que tem o condão de propiciar a sua dissolução parcial – fenômeno até recentemente vinculado às sociedades**

> **de pessoas –, é de se entender também pela possibilidade de aplicação das regras atinentes à exclusão de sócios das sociedades regidas pelo Código Civil, máxime diante da previsão contida no art. 1.089 do CC: "A sociedade anônima rege-se por lei especial, aplicando-se-lhe, nos casos omissos, as disposições deste Código".** 6. Superado o juízo de admissibilidade, o recurso especial comporta efeito devolutivo amplo, porquanto cumpre ao Tribunal julgar a causa, aplicando o direito à espécie (art. 257 do RISTJ; Súmula 456 do STF). Precedentes. 7. Recurso especial provido, restaurando-se integralmente a sentença, inclusive quanto aos ônus sucumbenciais. (STJ. Quarta Turma. Recurso Especial nº 917.531/RS. Relator Ministro Luís Felipe Salomão. Data do julgamento 17/112011. Data de publicação 1/2/2012).

Para evitar que o acionista fique sujeito indefinidamente ao poder da maioria, a jurisprudência há muito reconhece o direito de retirada do acionista das sociedades anônimas fechadas, por justa causa[332]. Hoje, o artigo 599, § 2º, do CPC/2015, admite a ação de dissolução parcial de sociedade anônima de capital fechado quando demonstrado, por acionista ou acionistas que representem cinco por cento ou mais do capital social, que não pode preencher o seu fim. Mantive a redação

Portanto, é possível concluir pela admissibilidade de dissolução parcial das sociedades por ações quando caracterizadas como de natureza pessoal.

2. LIQUIDAÇÃO

A **liquidação** da sociedade por ações pode ser judicial ou extrajudicial (nesse caso, realizada pelos órgãos da companhia).

O art. 208 trata da **liquidação extrajudicial**, aprovada por deliberação da assembleia-geral. No silêncio do estatuto, e na hipótese do art. 206, I, compete à assembleia-geral determinar o modo de liquidação e nomear o liquidante e o conselho fiscal que devam funcionar durante o período. Se possuir Conselho de Administração, poderá mantê-lo, competindo-lhe nomear o liquidante. O Conselho Fiscal funcionará de forma permanente ou a pedido de acionistas, dependendo do que dispuser o estatuto. No entanto, o liquidante poderá ser destituído a qualquer tempo, pelo órgão que o nomeou.

A **liquidação judicial** ocorre nos casos do art. 206, II. O liquidante será nomeado pelo juiz. A liquidação judicial pode ocorrer também a pedido de qualquer acionista, se os administradores ou a maioria de acionistas deixarem de promover a liquidação, ou a ela se opuserem, nos casos do art. 206, I. A iniciativa será do Ministério Público se, à vista de comunicação da autoridade competente, a companhia, nos 30 dias subsequentes à dissolução, não iniciar a liquidação ou se, após iniciá-la, interrompê-la por mais de 15 dias, no caso da alínea "e" do inciso I do art. 206.

Imaginemos a hipótese de dissolução pelo art. 206, I, *d* – redução a um único acionista. Se essa condição não for superada no prazo legal, poderá não haver sequer a

332. STJ, REsp 1.321.263/PR, Terceira Turma, Rel. Min. Moura Ribeiro, v.u. 06/12/2016.

possibilidade de requerimento de liquidação judicial. Parece, assim, ser um exemplo de aplicação do art. 209, II.

Os **deveres do liquidante** estão elencados no art. 210:

I – arquivar e publicar a ata da assembleia-geral, ou certidão de sentença, que tiver deliberado ou decidido a liquidação;

II – arrecadar os bens, livros e documentos da companhia, onde quer que estejam;

III – fazer levantar de imediato, em prazo não superior ao fixado pela assembleia-geral ou pelo juiz, o balanço patrimonial da companhia;

IV – ultimar os negócios da companhia, realizar o ativo, pagar o passivo, e partilhar o remanescente entre os acionistas;

V – exigir dos acionistas, quando o ativo não bastar para a solução do passivo, a integralização de suas ações;

VI – convocar a assembleia-geral, nos casos previstos em lei ou quando julgar necessário;

VII – confessar a falência da companhia e pedir concordata, nos casos previstos em lei;

VIII – finda a liquidação, submeter à assembleia-geral relatório dos atos e operações da liquidação e suas contas finais;

IX – arquivar e publicar a ata da assembleia-geral que houver encerrado a liquidação.

O liquidante atua como o administrador da sociedade em liquidação. Tem as mesmas responsabilidades (art. 217). A ele compete **representar a companhia** e **praticar todos os atos necessários à liquidação, inclusive alienar bens móveis ou imóveis, transigir, receber e dar quitação**. No entanto, sem expressa autorização da assembleia-geral, não poderá gravar bens e contrair empréstimos, salvo se indispensáveis ao pagamento de obrigações inadiáveis, nem prosseguir, ainda que para facilitar a liquidação, na atividade social. A norma, como já vimos, foi adotada também pelo Código Civil para as sociedades por ele reguladas. É o que dispõe o art. 211.

Nos termos do art. 213, **o liquidante convocará a assembleia-geral a cada seis meses, para prestar contas dos atos e operações praticados no semestre e apresentar o relatório e o balanço do estado da liquidação.** A assembleia, por sua vez, pode fixar, para essas prestações, períodos maiores ou menores (dentro do mínimo de três e do máximo de doze meses).

Nas assembleias realizadas durante a liquidação, todas as ações são consideradas iguais em relação ao direito de voto. É o que estabelece o art. 213, § 1º, segundo o qual se tornam ineficazes as restrições ou limitações eventualmente existentes entre ações ordinárias e preferenciais. Cessando o estado de liquidação, restaura-se a eficácia das restrições ou limitações relativas ao direito de voto.

Durante a liquidação judicial, as assembleias-gerais necessárias para deliberar sobre interesses da liquidação serão convocadas por ordem do juiz, a quem compete presidi-las e resolver, sumariamente, as dúvidas e litígios que forem suscitados. Cópias autenticadas das respectivas atas serão apensadas ao processo judicial.

A norma do art. 214 é idêntica àquela do Código Civil: respeitados os direitos dos credores preferenciais, o liquidante pagará as dívidas sociais proporcionalmente e sem distinção entre vencidas e vincendas, mas, em relação a estas, com desconto às taxas bancárias. Se o ativo for superior ao passivo, o liquidante poderá, sob sua responsabilidade pessoal, pagar integralmente as dívidas vencidas.

Inicia-se a fase da partilha, que obedecerá ao disposto no art. 215, também de forma semelhante ao Código Civil. A assembleia poderá deliberar que antes de concluída a liquidação, e depois de pagos todos os credores, seja feito rateio entre os acionistas, à proporção que se forem apurando os haveres sociais. A assembleia pode aprovar, pelo voto de pelo menos 90% dos votos conferidos pelas ações com direito a voto, depois de pagos ou garantidos os credores, condições especiais para a partilha do ativo remanescente, com a atribuição de bens aos sócios, pelo valor contábil ou outro por ela fixado (art. 215, §1º). Provado pelo acionista dissidente (artigo 216, § 2º) que as condições especiais de partilha visaram a favorecer a maioria, em detrimento da parcela que lhe tocaria, se inexistissem tais condições, será a partilha suspensa, se não consumada, ou, se já consumada, os acionistas majoritários indenizarão os minoritários pelos prejuízos apurados.

3. EXTINÇÃO

Pago o passivo e rateado o ativo remanescente, o liquidante convocará a assembleia-geral para a prestação final de contas (art. 216), a qual, se aprovada, encerra a liquidação e leva à extinção da companhia (§ 1º). O acionista dissidente tem até 30 dias, a contar da publicação da ata, para promover a ação cabível.

Encerrada a liquidação, o credor não satisfeito só terá direito de exigir dos acionistas, individualmente, o pagamento de seu crédito, até o limite da soma, por eles recebida, e de propor contra o liquidante, se for o caso, ação de perdas e danos. O acionista executado terá direito de haver dos demais a parcela que lhes couber no crédito pago (art. 218).

IX. A DESCONSIDERAÇÃO DA PERSONALIDADE JURÍDICA

A separação patrimonial entre sociedade e sócios, com a possibilidade de limitação da responsabilidade destes últimos, foi um importante instrumento para o desenvolvimento econômico. No entanto, também acabou gerando abusos, em prejuízo dos credores. Para coibi-los, passou-se a aplicar a chamada teoria da desconsideração da personalidade jurídica (tradução aproximada da expressão *disregard of legal entity*)[333].

333. A noção de "legal entity" não corresponde exatamente ao nosso conceito de personalidade jurídica, pois a primeira corresponde mais a uma ficção que a uma realidade.

A chamada desconsideração tem um efeito relativo sobre a personalidade jurídica. A sociedade cuja personalidade jurídica foi desconsiderada continua a existir e a possuir personalidade. Somente um dos efeitos decorrentes da sua constituição, a limitação de responsabilidade dos sócios, fica afastado naquele caso concreto. Na expressão de um autor norte-americano, o tribunal passa a fazer justiça entre pessoas reais[334].

Costuma-se identificar o marco dessa teoria no caso *Solomon vs. Solomon & Co. Ltd.* O comerciante Aaron Solomon constitui uma sociedade com mais seis familiares, mas, na realidade, tinha o controle societário. Ocorre que Aaron Solomon, por meio da sociedade, emitiu títulos, adquiridos pelo próprio, que teriam preferência em caso de falência. Quando a sociedade se tornou insolvente, Solomon obteve a preferência em relação a todos os credores quirografários. Ainda que, ao final, a Câmara dos Lordes tenha acatado sua defesa, reafirmando a distinção entre a pessoa jurídica e seus sócios, esse caso é considerado em nossa doutrina o marco da teoria da desconsideração da personalidade jurídica.

Outro caso bastante citado, agora nos Estados Unidos, foi *State vs. Standard Oil Co.*

Dois autores foram responsáveis pela introdução da desconsideração da personalidade jurídica no direito continental europeu: Rolf Serick[335], na Alemanha, e Piero Verrucoli[336], na Itália. Rubens Requião, em artigo clássico[337], introduziu o tema no direito brasileiro, defendendo sua aplicação, a despeito da ausência de previsão no ordenamento jurídico.

Na nossa jurisprudência, o Supremo Tribunal Federal reconheceu pela primeira vez a possibilidade de desconsideração da personalidade jurídica em 1981[338].

Mas nem todo caso de responsabilidade pessoal dos administradores implica na desconsideração da personalidade jurídica, ainda que o legislador não tenha deixado clara essa distinção[339]. Se o diretor não tem poderes ele não age como órgão da sociedade,

---

334. WORMSER, Maurice. Piercing the veil of corporate entity. 12 *Columbia Law Review* 496 (1912), p. 517.

335. SERICK, Rolf. *Apariencia y realidad en las sociedades mercantiles*: el abuso de derecho por medio de la persona jurídica. Tradução de: Jose Puig Brutau. Barcelona: Ariel, 1958.

336. VERRUCOLI, Piero. *Il superamento della personalità giuridica delle società di capitali (nella common law e nella civil law)*. Milano: Giuffrè, 1964.

337. REQUIÃO, Rubens. Abuso de direito e fraude através da personalidade jurídica. Revista dos Tribunais, São Paulo: RT, volume 410, dezembro de 1969.

338. STF, RE 94.066/RJ, Primeira Turma, Rel. Min. Clóvis Ramalhete, v.u. 01/12/81, ementa (transcrição parcial). "Personalidade jurídica – Possível desconsiderar-se a personalidade da pessoa jurídica sob controle absoluto de pessoa física, se ambas em conluio para fraudar a direito de terceiros. – Aplicação da teoria inglesa e norte-americana da 'disregard of legal entity', surgida no direito mercantil mas aplicável igualmente no civil, como no tributário".

339. Segue, hoje, nesse sentido, COELHO, Fábio Ulhoa. *Curso de Direito Comercial.* Vol. 2, 17ª ed., São Paulo: Saraiva, 2013, p. 73. No mesmo sentido: OLIVEIRA, J. Lamartine Correa de. *A dupla crise da pessoa jurídica.* São Paulo: Saraiva, 1979, p. 520, demonstrando que na responsabilidade pessoal dos diretores (o autor se refere especificamente à responsabilidade prevista no Código Tributário Nacional, sem excluir os demais casos).

respondendo por ato ilícito seu, por fato próprio, e sua responsabilidade independe da desconsideração da pessoa jurídica.

Diversos diplomas legais passaram a adotar, de alguma forma, a teoria da desconsideração. A Lei 8.078/90 (**Código de Defesa do Consumidor**), art. 28, é expresso ao afirmar que o juiz pode desconsiderar a personalidade jurídica da sociedade quando, em detrimento do consumidor, houver abuso de direito, excesso de poder, infração da lei, fato ou ato ilícito ou violação dos estatutos ou do contrato social. A desconsideração, prossegue o dispositivo, será efetivada quando ocorrer falência ou estado de insolvência, encerramento ou inatividade da pessoa jurídica provocados por má administração. O art. 28, § 5º, por sua vez, afirma que a desconsideração ocorrerá sempre que a personalidade for, de alguma forma, obstáculo ao ressarcimento de prejuízos causados aos consumidores.

A **Lei 12.529/2011**, art. 34, prevê a aplicação da teoria quando o responsável por infração da ordem econômica houver incorrido em abuso de direito, excesso de poder, infração da lei, fato ou ato ilícito ou violação dos estatutos e contrato social. Igualmente terá aplicação no caso de falência, estado de insolvência, encerramento ou inatividade da pessoa jurídica provocados por má administração.

A **Lei 12.846/2013**, conhecida como **Lei Anticorrupção das Pessoas Jurídicas**, admite no seu art. 14 a desconsideração da personalidade jurídica das sociedades no próprio processo administrativo, de maneira a alcançar as pessoas físicas com poderes de administração, desde que assegurados a elas o contraditório e a ampla defesa. O Superior Tribunal de Justiça já admitiu essa possibilidade de desconsideração[340].

A legislação ambiental também incorporou a teoria da desconsideração. A **Lei 9.605/98** prevê que poderá ser desconsiderada a pessoa jurídica sempre que sua personalidade for obstáculo ao ressarcimento de prejuízos causados à qualidade do meio ambiente (art. 4º).

De qualquer forma, o **Código Civil**, em seu **artigo 50**, incorpora a teoria da desconsideração ao direito brasileiro: **em caso de abuso da personalidade jurídica**, caracterizado pelo **desvio de finalidade**, ou pela **confusão patrimonial**, pode o juiz decidir, a requerimento da parte, ou do Ministério Público quando lhe couber intervir no processo, que os efeitos de certas e determinadas obrigações sejam estendidos aos bens particulares dos administradores ou sócios da pessoa jurídica.

Há uma diferença entre a norma do Código Civil e a do Código de Defesa do Consumidor.

---

340. BRASIL. STJ, RMS 15.166/BA, Segunda Turma, Rel. Min. Castro Meira, v.u. 07/08/2003, ementa (transcrição parcial): "A Administração Pública pode, em observância ao princípio da moralidade administrativa e da indisponibilidade dos interesses públicos tutelados, desconsiderar a personalidade jurídica de sociedade constituída com abuso de forma e fraude à lei, desde que facultado ao administrado o contraditório e a ampla defesa em processo administrativo regular".

O **Código Civil**, que traz a regra geral da desconsideração no direito brasileiro, só admite a desconsideração nos casos de abuso de personalidade jurídica, o qual estará caracterizado nos casos de desvio de finalidade e confusão patrimonial. Sua aplicação, portanto, será excepcional, não se justificando a mera insatisfação do crédito. É a adoção da chamada **teoria maior da desconsideração**[341].

Pela teoria maior, dada a necessidade de comprovação da fraude ou do abuso de direito ou confusão patrimonial. Logo, apenas os sócios que se beneficiaram do uso abusivo da pessoa jurídica serão atingidos pela desconsideração.

A redação original do art. 50 do Código Civil se limitava ao *caput*. A Lei 13.874/2019 modificou diversos dispositivos do Código, incluindo cinco parágrafos ao art. 50, que passamos a examinar.

A desconsideração da personalidade jurídica continua a ser aplicada apenas a "certas e determinadas relações de obrigações", como previa a redação originária do artigo 50 do Código Civil. Isto porque a personalidade jurídica das sociedades permanece, ela só é afastada para esses efeitos.

Estão legitimados a requerer a desconsideração a parte ou o Ministério Público, quando lhe couber intervir no processo"[342] (Cód. Civil, art. 50, *caput*; CPC/2015, art. 133), sendo cabível o pedido "em todas as fases do processo de conhecimento, no cumprimento de sentença e na execução fundada em título executivo extrajudicial" (art. 134, *caput*, do CPC/2015).

O *desvio de finalidade* ou a *confusão patrimonial* entre a empresa e seus sócios, os dois *requisitos alternativos* previstos anteriormente também permanecem. Estes são os "pressupostos legais específicos para desconsideração da personalidade jurídica" referidos no artigo 134, § 4º, do CPC/2015.

O *alcance da medida* ficou restringido aos "bens particulares de administradores ou de sócios da pessoa jurídica beneficiados direta ou indiretamente pelo abuso" (art. 50, *caput*).

Ela *se aplica à totalidade do patrimônio dos sócios e administradores alcançados pela medida*, como se eles fossem sócios de responsabilidade ilimitada[343], mas deve observar o *benefício de ordem* (art. 1.024 do Código Civil; art. 795, § 1º, do CPC; CJF, IV Jornada de Direito Civil, Enunciado 281).

---

341. Mantivemos a distinção comum na doutrina e na jurisprudência entre teoria maior e teoria menor da desconsideração, ainda que Fábio Ulhôa Coelho a reconheça como ultrapassada. Cf. COELHO, Fábio Ulhoa. *Curso de Direito Comercial*. 17ª ed., São Paulo: Saraiva, 2013, v. 2, p. 70.

342. Mas, segundo Flávio Luiz Yarshell: "O Ministério Público só está legitimado a suscitar o incidente nos casos em que seja titular do direito de ação; não nos casos em que atue como fiscal da lei [...]" (YARSHELL, Flávio Luiz. O incidente de desconsideração da personalidade jurídica no novo CPC. Revista da CAASP, Abril 2015, p. 53. Disponível em: <http://www.caasp.org.br/RevistaDigital/ed16/revista_caasp_16.html#/52/>. Acesso em 19/05/2019).

343. STJ, REsp 1.169.175/DF, Terceira Turma, Rel. Min. Massami Uyeda, v.u. 17/02/2011.

Não se pode excluir a responsabilidade do sócio ou administrador que praticou o ato abusivo sem se beneficiar diretamente dele, quando tiver agido em benefício de terceiro. E o benefício indireto pode ser presumido, como no caso de sociedade familiar de apenas dois sócios, no qual a sócia majoritária não exercia poderes de administração, não tendo participado ao ato impugnado[344].

O administrador que não tomou conhecimento do ato praticado por outro, não tendo tido, por consequência, a oportunidade de impugná-lo, não será responsável.

Após serem citados, os sócios ou a pessoa jurídica (esta, no caso da desconsideração inversa) poderão se manifestar e requerer as provas cabíveis no prazo de 15 (quinze) dias, como prevê o artigo 135 do CPC/2015.

O acolhimento do pedido de desconsideração implicará na ineficácia, em relação ao requerente, da alienação ou da oneração de bens, havida em fraude de execução (art. 137 do CPC/2015).

A noção de *desvio de finalidade,* para fins de desconsideração da personalidade, é bastante restrita, pois o § 1º do artigo 50 a entende como "a utilização dolosa da pessoa jurídica com o propósito de lesar credores e para a prática de atos ilícitos de qualquer natureza". Mas esses requisitos não são cumulativos, bastando a presença de um ou outro para a caracterização do desvio.

A lei se refere à *confusão patrimonial* como a "ausência de separação de fato entre os patrimônios" (§ 2º, *caput,* do artigo 50). Essa expressão indica a separação patrimonial efetiva, admitindo a prova de que as operações realizadas pela sociedade, na realidade, não afastaram a separação entre o patrimônio dela e o dos sócios. Por exemplo, um negócio jurídico realizado entre a sociedade e os seus sócios ou administradores com adequada contraprestação não indicará ausência de separação patrimonial.

O § 2º, I, considera o cumprimento *repetitivo* pela sociedade de obrigações do sócio ou do administrador ou vice-versa suficiente para a desconsideração. Mas uma única obrigação de grande valor pode causar aos credores danos de maior relevância que diversas obrigações de pequeno valor; nesse último caso aplica-se o disposto no inciso III, que admite a desconsideração quando ocorrerem "outros atos de descumprimento da autonomia patrimonial".

Ainda que os incisos, a princípio, se refiram ao parágrafo antecedente, o inciso II do § 2º só pode ser compreendido em relação ao *caput* do artigo. Com efeito, a desconsideração se destina a proteger credores prejudicados e esse prejuízo pode decorrer tanto das transferências de ativos ou de passivos sem efetivas contraprestações entre a sociedade e os seus sócios ou administradores, quanto para terceiros.

A referência a "outros atos de descumprimento da autonomia patrimonial" (art. 50, § 2º, III) deixa claro o caráter simplesmente exemplificativo dessa enumeração; portanto,

344. STJ, REsp 1.315.110/SE, Terceira Turma, Rel. Min. Nancy Andrighi, v.u. 28/05/2013.

os atos previstos nos dois incisos anteriores não são os únicos a caracterizar a confusão patrimonial.

O § 3º do mesmo artigo trata do sócio que se utiliza indevidamente da pessoa jurídica para adquirir bens de uso particular, ou integralizar o capital dela com bens de uso próprio desvinculados do objeto social, para deixá-los fora do alcance dos seus credores particulares. Trata-se da chamada *desconsideração inversa da personalidade jurídica*, prevista no Enunciado 283 da IV Jornada de Direito Civil (CEJ), com a seguinte redação: *"É cabível a descon*sideração da personalidade jurídica denominada 'inversa' para alcançar bens de sócio que se valeu da pessoa jurídica para ocultar ou desviar bens pessoais, com prejuízo a terceiros".

Essa hipótese, antes aplicada apenas pela jurisprudência, passa a contar com previsão legal.

O § 4º se refere à "mera existência de grupo econômico", que deve ser entendida como o grupo formado pelas sociedades coligadas e controladas, conhecido como "grupo de fato", sem a constituição do "grupo de sociedades" previsto no artigo 265 da Lei 6.404/76, aliás inexistente na prática pois não se sabe de registro de algum grupo de sociedades nas Juntas Comerciais (conhecido como "grupo de direito", por oposição ao denominado "grupo de fato").

É da essência dos grupos de sociedades a cooperação entre as integrantes do grupo, mas, como ensina Nelson Eizirik: "A cooperação lícita distingue-se da ilícita pelo fato de nela serem necessariamente observadas condições comutativas, ou com pagamento compensatório adequado"[345]. Portanto, as relações entre sociedades que se mantiverem nos limites previstos na legislação societária, por serem lícitas, não justificam a desconsideração.

O § 5º afasta da caracterização do desvio de finalidade, para efeito de desconsideração da personalidade jurídica, "a mera expansão ou a alteração da finalidade original da atividade econômica específica da pessoa jurídica". Isso significa que do simples exercício de atividade que não constitua objeto social da pessoa jurídica, sem alteração contratual ou estatutária que o permita não se deduzirá o desvio, para efeitos legais.

O fato é: quem se afasta do caminho traçado, se desvia dele. E o caminho a ser seguido pela sociedade é traçado no seu ato constitutivo (contrato ou estatuto social).

É necessário considerar que a expansão da atividade social a ramos assemelhados poderá não resultar agravamento do risco da empresa, mas o exercício de atividade diversa da prevista poderá resultar em risco efetivo de perda patrimonial não apenas aos sócios ou acionistas minoritários, mas também aos credores, que avaliam a solvência do devedor considerando também os riscos da atividade que ela desenvolve. Por exemplo: a prestação

345. EIZIRIK, Nelson. *A Lei das S/A comentada*. Vol. IV, 2ª ed. rev. e ampl. São Paulo: Quartier Latin, 2016, p. 224.

de serviços, a princípio, envolve menor risco que a atividade industrial, de maneira que da alteração de uma para outra pode resultar significativo aumento do risco de insolvência.

Caso se configure o dolo na expansão ou na alteração da finalidade da pessoa jurídica, com o propósito de lesar credores ou para a prática de atos ilícitos de qualquer natureza, será aplicável o disposto no § 1º, mas o dolo não é elemento essencial do agravamento do risco de crédito. Caberá à jurisprudência avaliar os casos concretos para garantir efetiva proteção aos credores.

Desconsideração inversa. A desconsideração da personalidade jurídica atua em geral para responsabilizar o sócio por dívida da sociedade, mas ela também pode atuar no sentido inverso, de responsabilizar a sociedade por dívida do sócio.

O sócio que se utiliza indevidamente da pessoa jurídica para adquirir bens de uso particular, ou integraliza o capital dela com bens de uso próprio desvinculados do objeto da sociedade, continua a usufruir desses bens, ainda que eles sejam de propriedade da pessoa jurídica, ao mesmo tempo em que os deixa fora do alcance dos seus credores particulares[346]. Nesses casos, aplica-se a denominada desconsideração inversa da personalidade jurídica.

Quem primeiro afirmou essa possibilidade em nosso direito foi Fábio Konder Comparato, em 1983[347]. Na nossa jurisprudência, o precedente parece ser de 2006[348], seguido por diversos outros acórdãos[349] e pelo Enunciado 283 da IV Jornada de Direito

---

346. COELHO, Fábio Ulhoa. *Curso de direito comercial*. Vol. 2: sociedades. 17ª ed., rev. e atual., São Paulo: Saraiva, 2013, p. 68.

347. COMPARATO, Fábio Konder. *O poder de controle na sociedade anônima*. 3ª ed., inteiramente rev., atual. e corr. Rio de Janeiro: Forense, 1983, item 137, p. 346.

348. TJSP, Agravo de Instrumento n° 451.689.4/2, 6a Câmara de Direito Privado, Rel. Des. Waldemar Nogueira Filho, j. 19/10/2006: ementa: "Execução. Propositura contra empresa controladora. Confusão patrimonial com empresa controlada. Aplicação da teoria da desconsideração inversa da personalidade jurídica. Inteligência dos art. 50 do Código Civil de 2002 e 245 e 266 da LSA. Viabilidade da penhora sobre depósitos bancários ou ativos financeiros, já determinada no AI 433.149.4/7-00. Recurso improvido, cassada a liminar". Citado por TJSP, 29ª Câmara de Direito Privado, Rel. Des. Manoel de Queiroz Pereira Calças, Agravo de Instrumento 1.198.103-0/0, v.u. 26/11/2008, p. 33.

349. TJSP, 29ª Câmara de Direito Privado, rel. Des. Manoel de Queiroz Pereira Calças, Agravo de Instrumento 1.198.103-0/0, v.u. 26/11/2008, que determinou a desconsideração em benefício de credor particular de sócio "controlador, administrador e 'dono de fato'" de determinadas sociedades, em face da confusão patrimonial. STJ, REsp 948.117/MS, Terceira Turma, Rel. Min. Nancy Andrighi, v.u. 22/06/2010, ementa (transcrição parcial): "III – A desconsideração inversa da personalidade jurídica caracteriza-se pelo afastamento da autonomia patrimonial da sociedade, para, contrariamente do que ocorre na desconsideração da personalidade propriamente dita, atingir o ente coletivo e seu patrimônio social, de modo a responsabilizar a pessoa jurídica por obrigações do sócio controlador.

IV – Considerando-se que a finalidade da *disregard doctrine* é combater a utilização indevida do ente societário por seus sócios, o que pode ocorrer também nos casos em que o sócio controlador esvazia o seu patrimônio pessoal e o integraliza na pessoa jurídica, conclui-se, de uma interpretação teleológica do art. 50 do CC/02, ser possível a desconsideração inversa da personalidade jurídica, de modo a atingir bens da sociedade em razão de dívidas contraídas pelo sócio controlador, conquanto preenchidos os requisitos previstos na norma". Esse acórdão foi seguido por inúmeros outros.

Civil[350]. Hoje, a aplicabilidade da desconsideração inversa está prevista no § 3º do artigo 50 do Código Civil, permitindo ao credor obter resultado prático superior ao que obteria com a penhora de quotas do devedor.

Código de Defesa do Consumidor. O art. 28, § 5º, desse código consagra a chamada **teoria menor da desconsideração,** segundo a qual a execução do patrimônio do sócio por obrigação social está vinculada à impontualidade ou insatisfação do crédito. Deve-se, aqui, demonstrar a insolvência ou falência da sociedade, bem como a solvência dos sócios, atribuindo-se a esses a obrigação da pessoa jurídica. Não se apura, aqui, a ocorrência de fraude ou desvio de finalidade.

Vejamos o que decidiu o STJ, em rumoroso caso – o da explosão do Shopping Center de Osasco, em São Paulo:

> Responsabilidade civil e Direito do consumidor. Recurso especial. Shopping Center de Osasco-SP. Explosão. Consumidores. Danos materiais e morais. Ministério Público. Legitimidade ativa. Pessoa jurídica. Desconsideração. Teoria maior e teoria menor. Limite de responsabilização dos sócios. Código de Defesa do Consumidor. Requisitos. Obstáculo ao ressarcimento de prejuízos causados aos consumidores. Art. 28, 5º.
>
> – Considerada a proteção do consumidor um dos pilares da ordem econômica, e incumbindo ao Ministério Público a defesa da ordem jurídica, do regime democrático e dos interesses sociais e individuais indisponíveis, possui o Órgão Ministerial legitimidade para atuar em defesa de interesses individuais homogêneos de consumidores, decorrentes de origem comum.
>
> – **A teoria maior da desconsideração**, regra geral no sistema jurídico brasileiro, não pode ser aplicada com a mera demonstração de estar a pessoa jurídica insolvente para o cumprimento de suas obrigações. Exige-se, aqui, para além

---

No mesmo sentido: STJ, REsp 948.117/MS, Terceira Turma, Rel. Min. Nancy Andrighi, v.u. 22/06/2010, ementa (transcrição parcial): "III – A desconsideração inversa da personalidade jurídica caracteriza-se pelo afastamento da autonomia patrimonial da sociedade, para, contrariamente do que ocorre na desconsideração da personalidade propriamente dita, atingir o ente coletivo e seu patrimônio social, de modo a responsabilizar a pessoa jurídica por obrigações do sócio controlador.

V – Considerando-se que a finalidade da *disregard doctrine* é combater a utilização indevida do ente societário por seus sócios, o que pode ocorrer também nos casos em que o sócio controlador esvazia o seu patrimônio pessoal e o integraliza na pessoa jurídica, conclui-se, de uma interpretação teleológica do art. 50 do CC/02, ser possível a desconsideração inversa da personalidade jurídica, de modo a atingir bens da sociedade em razão de dívidas contraídas pelo sócio controlador, conquanto preenchidos os requisitos previstos na norma.

[...]

VI – À luz das provas produzidas, a decisão proferida no primeiro grau de jurisdição, entendeu, mediante minuciosa fundamentação, pela ocorrência de confusão patrimonial e abuso de direito por parte do recorrente, ao se utilizar indevidamente de sua empresa para adquirir bens de uso particular".

350. CJF. IV Jornada de Direito Civil, Enunciado 283: *"É cabível a desconsideração da personalidade jurídica denominada 'inversa' para alcançar bens de sócio que se valeu da pessoa jurídica para ocultar ou desviar bens pessoais, com prejuízo a terceiros"*.

da prova de insolvência, ou a demonstração de desvio de finalidade (teoria subjetiva da desconsideração), ou a demonstração de confusão patrimonial (teoria objetiva da desconsideração).

– **A teoria menor da desconsideração**, acolhida em nosso ordenamento jurídico excepcionalmente no Direito do Consumidor e no Direito Ambiental, incide com a mera prova de insolvência da pessoa jurídica para o pagamento de suas obrigações, independentemente da existência de desvio de finalidade ou de confusão patrimonial.

– Para a teoria menor, o risco empresarial normal às atividades econômicas não pode ser suportado pelo terceiro que contratou com a pessoa jurídica, mas pelos sócios e/ou administradores desta, ainda que estes demonstrem conduta administrativa proba, isto é, mesmo que não exista qualquer prova capaz de identificar conduta culposa ou dolosa por parte dos sócios e/ou administradores da pessoa jurídica.

– A aplicação da teoria menor da desconsideração às relações de consumo está calcada na exegese autônoma do 5º do art. 28, do CDC, porquanto a incidência desse dispositivo não se subordina à demonstração dos requisitos previstos no **caput** do artigo indicado, mas apenas à prova de causar, a mera existência da pessoa jurídica, obstáculo ao ressarcimento de prejuízos causados aos consumidores.

– Recursos especiais não conhecidos.

(STJ, REsp 279.273-SP, Min. Ari Pargendler. Relatora para o acórdão: Min. Nancy Andrighi, julgamento em 4 de dezembro de 2003).

O Tribunal de Justiça do Distrito Federal, em acórdão recente, expôs a distinção entre as duas teorias:

PROCESSUAL CIVIL. AGRAVO DE INSTRUMENTO. CONSUMIDOR. CUMPRIMENTO DE SENTENÇA. AUSÊNCIA DE PATRIMÔNIO DA PESSOA JURÍDICA. DESCONSIDERAÇÃO DA PERSONALIDADE JURÍDICA. INDÍCIOS DE FRAUDE. INEXIGÍVEL. APLICAÇÃO DA TEORIA MENOR. DECISÃO REFORMADA. 1. **O Código Civil e o Código de Defesa do Consumidor adotam teorias distintas para justificar a desconsideração da personalidade jurídica. Enquanto o primeiro acolheu a teoria maior, exigindo a demonstração de abuso ou fraude como pressuposto para sua decretação (CC art. 50), o CDC perfilha a teoria menor, a qual admite a responsabilização dos sócios quando a personalidade da sociedade empresária configurar impeditivo ao ressarcimento dos prejuízos causados ao consumidor (CDC art. 28, § 5º)**. 2. Na hipótese, tratando-se de relação de consumo, comprova-se a realização de diligências infrutíferas no sentido de encontrar bens passíveis de penhora, sendo suficiente para decretar a perda episódica da personalidade jurídica do fornecedor. 3. Somando-se a ausência de patrimônio, têm-se fortes indícios da prática de atos fraudulentos, uma vez que a executada não foi encontrada nos diversos endereços indicados nos sistemas de pesquisa, constando nos registros da Receita Federal como inapta. 4. Recurso conhecido e provido. (Acórdão 950088, 20150020332364AGI, Relatora: MARIA IVATÔNIA 5ª TURMA CÍVEL, Data de Julgamento: 22/06/2016, Publicado no DJE: 29/06/2016. Pág.: 213/221.

X. QUADROS SINÓTICOS

Tema	Conceito		Fonte
Pessoas jurídicas	**Espécies**	– associações	Código Civil, arts. 44, I e 53.
		– sociedades	Código Civil, art. 44, II e 981.
		– fundações	Código Civil, art. 44, III e 62.
		– organizações religiosas	Código Civil, art. 44, IV (incluído pela Lei 10.825/03)
		– partidos políticos	Código Civil, art. 44, V (incluído pela Lei 10.825/03)
Classificação das sociedades	**Quanto à liberdade de constituição e funcionamento**	Não dependentes de autorização governamental: a regra	Constituição de 1988, art. 170
		– Dependentes de autorização governamental (Poder Executivo Federal) – em razão da nacionalidade ou da atividade exercida.	Código Civil, arts. 1.123 a 1.125; 1.134. Lei 4.595/64, art. 10, X (instituições financeiras) Decreto-lei 73/1966, art. 24 (seguradoras)
	Quanto à nacionalidade	– nacional – organizada conforma a lei brasileira e sede de sua administração no Brasil.	Código Civil, art. 1.126.
		– estrangeira – constituídas e com sede no exterior.	Código Civil, art. 1.134. Atenção ao Enunciado 486 V Jornada de Direito Civil, que aplica o *caput* aos outros tipos societários além da sociedade anônima.
	Quanto à personalidade jurídica	– personificadas – adquirem a personalidade jurídica pelo registro.	
		– não personificadas – sociedade em comum e sociedade em conta de participação.	
	Quanto ao número de sócios	– unipessoais: subsidiária integral. A sociedade simples tem até 180 dias para reconstituir a pluralidade de sócios. A empresa pública seria uma outra espécie de sociedade unipessoal. Sociedade limitada unipessoal.	Lei 6.404/76, art. 251. Código Civil, art. 1.033, IV. Código Civil, art. 1.052, §§ 1º e 2º (Lei 13.874/19).
		– pluripessoal: a regra no direito brasileiro	

Tema	Conceito		Fonte
Classificação das sociedades	**Quanto à natureza jurídica**	– sociedade de pessoas – o mais relevante é a contribuição pessoal dos sócios (*affectio societatis*). As sociedades do Código Civil. A sociedade limitada será classificada de acordo com seu contrato social.	Código Civil, art. 1.053.
		– sociedade de capital – o mais relevante é a contribuição material dos sócios. As sociedades por ações. A sociedade anônima fechada será classificada de acordo com o seu estatuto.	Lei 6.404/76, art. 36
	Quanto à responsabilidade dos sócios	– todos os sócios respondem limitadamente (limitada, S.A.)	
		– todos (sociedade em nome coletivo) ou alguns sócios respondem ilimitadamente (sociedades em comandita simples e por ações).	
	Quanto ao ato de constituição	– contratuais: todos os tipos do Código Civil.	
		– estatutárias: sociedades anônimas e cooperativas (que não são sociedades empresárias).	
	Quanto ao objeto social	– Amplo: a regra. – Sociedade de Propósito Específico (SPE): não é tipo societário; adota um dos tipos já existentes.	
	Quanto ao modo de exercer suas atividades	– empresárias. A S.A. e a comandita por ações são sempre empresárias. O produtor rural será considerado empresário se optar por se registrar como tal. A associação que desenvolva atividade futebolística em caráter habitual e profissional.	Código Civil, arts. 966, *caput*; 971, parágrafo único; 982, *caput* e 984. Lei 6.404/76, arts. 2º e 281. Lei 14.193/21.

<table>
<tr><th>Tema</th><th colspan="2">Conceito</th><th>Fonte</th></tr>
<tr><td rowspan="2">Classificação das sociedades</td><td>Quanto ao modo de exercer suas atividades</td><td>– não empresárias (simples) – a cooperativa será sempre simples.
Profissionais liberais são considerados não empresários.</td><td>Lei 5.764/71, art. 4º, Lei 4.595/64.</td></tr>
<tr><td>Quanto à titularidade do capital social</td><td>– privadas
– públicas
– sociedades de economia mista.</td><td>Lei 13.303/16.
Atenção ao art. 2º, §1º: necessidade de autorização de sua criação por lei.</td></tr>
</table>

SOCIEDADES PERSONIFICADAS

Sociedade simples

<table>
<tr><th>Tema</th><th>Informação</th><th>Fonte</th></tr>
<tr><td>Classificação</td><td>Pode ser empresária (sociedade simples empresária) ou não empresária (sociedade simples pura)</td><td></td></tr>
<tr><td rowspan="6">Contrato social</td><td>Nome: denominação. A doutrina vem admitindo a adoção de firma.
O Estatuto da Advocacia somente admite a razão social.</td><td>Código Civil, art. 997, II.
Enunciado nº 213 da III Jornada de Direito Civil.
Lei 8.906/94, art. 16, § 1º.</td></tr>
<tr><td>Objeto social: deve ser definido precisamente.</td><td>Código Civil, art. 1.015.</td></tr>
<tr><td>Capital social: montante investido pelos sócios. Função de produção (custeio das atividades da sociedade) e de garantia para os credores.
Princípios da efetividade e da intangibilidade.
Dividido em quotas.
Sócio remisso: inadimplente com o dever de integralizar suas quitas.
Na sociedade simples não empresária, é possível a contribuição do sócio em serviços.
Integralização por meio de bens: o sócio responde pela evicção.</td><td>Código Civil, art. 997, V e 1.006.
Código Civil, arts. 1.005 (evicção), 1.004 (sócio remisso).</td></tr>
<tr><td>Responsabilidade dos sócios: limitação expressamente prevista no contrato.</td><td>Código Civil, art. 997, VIII c/c 1.023.
Na omissão do contrato: arts. 1.023 e 1.024.</td></tr>
<tr><td>Alteração do contrato: unanimidade dos sócios.
Demais deliberações: maioria absoluta.</td><td>Código Civil, art. 997 c/c 999.</td></tr>
</table>

Tema	Informação	Fonte
Direitos e obrigações dos sócios	– **direito** de participar dos resultados; – **obrigação** de contribuir para a formação do capital social.	Código Civil, art. 1.007. Código Civil, art. 1.008 (veda a cláusula leonina)
	– sociedade de pessoas – alteração do quadro societário depende da anuência dos demais (unanimidade). – responsabilidade do cedente: solidária com o cessionário pelas obrigações perante a sociedade e terceiros, até dois anos a partir da alteração.	Código Civil, art. 1.003, *caput* e parágrafo único.
Administração	Administrador: na sociedade simples pura, pode ser pessoa física, sócia ou não. Pode ser indicado no próprio contrato social ou em instrumento separado, averbado no registro competente. Não havendo nomeação – administração a cada um dos sócios separadamente.	Código Civil, art. 1.011, § 1º (impedimentos). Art. 1.012 (nomeação por instrumento separado). Art. 1.013 (ausência de nomeação).
	Poderes legais: prática de atos ordinários. Poderes contratuais: prática de atos extraordinários. Deve-se analisar o seu objeto social.	
	Teoria da aparência. Responsabilidade: em relação à sociedade e a terceiros, respondem solidariamente por culpa ou dolo pela gestão.	O parágrafo único do art. 1.015, do Código Civil, foi revogado pela Lei 14.195/21, afastando a teoria *ultra vires* do direito positivo brasileiro. Código Civil, art. 1.016.
	Destituição	Código Civil, arts. 1.019 a 1.021.

Sociedade em nome coletivo

Tema	Informação	Fonte
Sócios	Pessoas físicas responsáveis solidária e ilimitadamente pelas obrigações sociais. Eventual convenção entre os sócios não terá efeitos perante terceiros. Credor particular do sócio não pode liquidar a quota do devedor antes de dissolver-se a sociedade.	Código Civil, art. 1.039, *caput* e parágrafo único. Código Civil, art. 1.043. Exceções: parágrafo único, incisos I e II. Para todas as outras sociedades: norma do art. 1.026.

Tema	Informação	Fonte
Constituição	Mínimo de duas pessoas.	Código Civil, art. 997. *caput*.
Cessão de quotas	Ineficaz sem a correspondente modificação do contrato social e o consentimento dos demais sócios. Contrato pode dispor em sentido contrário.	Código Civil, art. 1.003.
Administração	Compete exclusivamente ao sócio. Uso da firma, nos limites do contrato, é privativo dos que tenham os necessários poderes. Contrato social deve apontar a extensão dos poderes dos administradores; em caso de omissão, todos podem exercer a administração com poderes regulares de gestão.	Código Civil, art. 1.042;
Dissolução	Hipóteses do art. 1.033 do Código Civil. Se empresária, também pela falência. A falência da sociedade em nome coletivo implica na falência dos sócios.	Código Civil, arts. 1.044 e 1.033. Lei 11.101/2005, art. 81.

Sociedade em comandita simples

Tema	Informação	Fonte
Sócios	– **comanditados** – pessoas físicas – responsabilidade **ilimitada e solidária**. Seus **nomes compõem a firma**. – **comanditários** – só entram com capital – responsabilidade **limitada ao valor de sua quota.** Se seus nomes compuserem a firma, passam a responder ilimitadamente.	Código Civil, arts. 1.045 e 1.047, *caput*.
Administração	Apenas pelos **comanditados**. Os comanditários podem ser procuradores da sociedade, mas somente para negócios determinados e com poderes especiais. Na falta dos comanditados, os comanditários nomearão administrador provisório para praticar, por no máximo de 180 dias e sem assumir a condição de sócio, os atos de administração.	Código Civil, art. 1.047, parágrafo único. Código Civil, art. 1.051, parágrafo único.
Dissolução	Arts. 1.044 e 1.051 do Código Civil. Observação: a morte do sócio comanditário não implica na liquidação de sua quota e apuração de seus haveres (Código Civil, art. 1.050, exceção à norma geral do art. 1.028)	
Falência	Implica na falência dos sócios comanditados.	Lei 11.101/05, art. 81.

Sociedade limitada

Tema	Informação	Fonte
Legislação	– Código Civil, arts. 1.052 a 1.087. – Contrato, naquilo que não contrariar o Código Civil. Se a matéria não estiver tratada nesses artigos nem no contrato, deve-se analisar a opção contratual: a) se o contrato social optou pela regência supletiva pelas normas da sociedade anônima – Lei 6.404/76. Limitada sociedade de capital. b) se não fez essa opção: aplicam-se as normas da sociedade simples. Limitada como sociedade de pessoa.	
Contrato social	Cláusulas obrigatórias. Registro na Junta Comercial. Ausência da indicação "ltda." ou "limitada" no nome empresarial: afastamento da limitação da responsabilidade dos sócios.	Código Civil arts. 997 e 1.054 Código Civil, art. 1.158, § 3º.
Capital social	– dividido em quotas.	
	– aumento do capital: requisitos – a) esteja integralizado b) deliberação por 75% do valor das quotas c) concessão de direito de preferência na subscrição aos sócios – a ser exercida em até 30 dias após a deliberação	Código Civil, art. 1.081, *caput* e § 1º.
	– diminuição do capital: a) se após a integralização, houver perdas irreparáveis. Diminuição proporcional do valor nominal da quota. Averbação da ata da assembleia que aprovou a deliberação na Junta Comercial b) se o capital se mostrar excessivo em relação ao objeto social.	Código Civil, art. 1.082. Código Civil, art. 1.083 Código Civil, art. 1.084.
Quotas	– quotas iguais ou desiguais, mas a prática estabeleceu a pulverização do capital em quotas de igual valor. – o sócio tem o dever de subscrever (adquirir) e integralizar (pagar) as quotas. Integralização em bens ou em dinheiro. Vedação da contribuição em prestação de serviços.	Código Civil, art. 1.055. Código Civil, art. 1.055, §§ 1º e 2º.
	Quota preferencial. IN DREI 81/2020 admite que o contrato social a preveja. Aplicação da Lei 6.404/76. Além disso, "salvo estipulação em contrário", a regra é a participação proporcional nos lucros e nas perdas.	Código Civil, arts. 997, VII e 1.007; Lei 6.404/76, art. 18.

Tema	Informação	Fonte
Quotas	Caução – contrato escrito e averbado na Junta. Pode ser dada em usufruto.	Código Civil, art. 1.451 e seguintes. Lei 6.404/76, arts. 40 e 114.
	Penhora – possibilidade.	Código Civil, art. 1.026. Enunciado nº 388 da IV Jornada de Direito Civil. STJ, REsp 148.947/MG. CPC, art. 681.
	Cessão – na ausência de cláusula contratual, é permitida livremente para outro sócio. Para estranho ao quadro societário, não pode haver oposição de mais de 1/4 do capital. Cessão de quotas para a própria sociedade. IN DREI 81: admite a aquisição das próprias quotas pela limitada quando seu contrato social previr a aplicação supletiva da Lei das S.A. A Lei 6.404/76 admite a aquisição de ações pela própria companhia.	Código Civil, art. 1.057. REsp 1.309.188/SP. IN/DREI 81.
Administração	Administrador pode ser designado no contrato social ou em ato separado. Pode ser sócio ou estranho ao quadro social. Se sócio: maioria do capital. Se não for sócio, mediante aprovação por mais da metade do capital. Atividade intransferível – mas nos limites dos seus poderes, pode constituir mandatário, especificando os atos e operações a serem praticados. Se o contrato social atribuir a administração a todos os sócios, esse poder não se estende aos que ingressarem posteriormente na sociedade.	Código Civil, art. 1.061, redação dada pela Lei 14.451/22. Código Civil, art. 1.064 e 1.018 Código Civil, art. 1.060
	Sócio Pessoa jurídica pode ser administrador? DREI veda, assim como a maioria da doutrina. Mas o Código não veda.	IN DREI 38/2017, item 1.2.8, *a*. Enunciado nº 66 da I Jornada de Direito Civil. Código Civil, art. 1.060, 1.054 e 997.
	Destituição do administrador – a qualquer tempo ou pelo término do prazo estipulado. Tratando-se de sócio nomeado administrador no contrato, sua destituição exige a aprovação de titulares de quotas correspondentes a mais da metade do capital social, salvo disposição contratual diversa. Responsabilidade: não há regra específica. Obrigação de elaborar inventário, balanço patrimonial e balanço de resultado econômico ao término de cada exercício e em até 4 meses, sob pena de responderem pelos prejuízos decorrentes do atraso.	Código Civil. art. 1.063, 1.071, III c/c 1.076, II. Código Civil, arts. 1.011 a 1.016. Lei 12.846/2013, art. 3º, § 2º. Código Civil, art. 1.065 e 1.078. Lei 12.846/13, art. 3º, § 2º. Código Civil, art. 1.016.

Tema	Informação	Fonte
Administração	Obs.: Lei Anticorrupção: dirigentes e administradores somente serão responsabilizados por atos ilícitos na medida de sua culpabilidade.	
Distribuição de resultados	– a distribuição de lucros ilícitos ou fictícios acarreta a responsabilidade solidária dos administradores e dos sócios que receberem, conhecendo ou devendo conhecer-lhe a ilegitimidade. – sócios obrigados à reposição dos lucros e quantias retiradas quando distribuídos com prejuízo do capital, independentemente do conhecimento da ilegalidade.	Código Civil, art. 1.009. Código Civil, art. 1.059.
Conselho Fiscal	– não é obrigatório. – sua criação leva à aplicação das normas dos arts. 1.066 a 1.069, restringindo a aplicação do art. 1.021 (direito individual do sócio). – sócios minoritários que representem pelo menos 1/5 do capital podem eleger, separadamente, um membro e seu suplente. – atribuições exemplificativas, mas exclusivas.	Código Civil, arts. 1.066 a 1.069; art. 1.021. Código Civil, art. 1066, § 2º. Código Civil, arts. 1.069 e 1.070
Assembleia-Geral e Reunião de sócios	– Assembleia obrigatória paras sociedades limitadas com mais de 10 sócios. – diferença formal: a assembleia deve ser convocada de acordo com as formalidades dos arts. 1.074 e 1.075.	Código Civil, art. 1.072, *caput* e § 1º. Código Civil, arts. 1.076, II c/c 1.010, § 1º e art. 1.071, II, III, IV e V.
	– Quóruns de deliberação: a) para instalação – 1ª chamada (3/4 do capital votante); 2ª chamada – qualquer número de sócios. b) para votação b1) maioria absoluta – mais da metade do capital social – a regra. b2) 2/3 do capital b3) unanimidade b4) maioria simples – mais da metade do capital presente na reunião/assembleia. Assembleia: anual – quatro meses seguintes ao término do exercício social. É permitida a participação e o voto à distância.	Código Civil, art. 1.061 e 1.063, § 1º. Código Civil, art. 1.071, V e VI. Código Civil, art. 1.061. Código Civil, art. 1.076, II. Arts. 1.010, § 1º, 1.061 e 1.063, § 1º. Código Civil, art. 1.061. Código Civil, art. 1.114. Código Civil, art. 1.076, III. Arts. 1.071, I e VII, e 1.010, *caput*.
Direito de retirada	– direito potestativo de se desligar da sociedade mediante apuração e recebimento de seus haveres do patrimônio social (sociedade por prazo indeterminado). Três hipóteses: a) modificação no contrato social; b) fusão; c) incorporação Prazo: 30 dias a partir da reunião em que foi deliberada a alteração contratual.	Código Civil, art. 1.077.

Tema	Informação	Fonte
Direito de retirada	Sociedade por prazo determinado: direito de retirada nas hipóteses legais. Ação judicial e justa causa. Logo: não é direito potestativo. Sociedades por prazo indeterminado: simples notificação – denúncia unilateral.	Código Civil, art. 1.029
Exclusão do sócio	a) extrajudicial – 3 requisitos: – expressa previsão contratual; – imputação de atos graves; – decisão por maioria absoluta (logo, somente atinge sócios minoritários). Assembleia convocada para esse fim, com a cientificação do sócio acusado. Sócio excluído: prazo decadencial de 3 anos para exercer o direito à anulação da deliberação. Exclusão do sócio majoritário – somente pela via judicial. Impedimento do voto do acusado – princípio da moralidade. Conflito de interesses. Jurisprudência do STJ.	Código Civil, art. 1.085, *caput* e parágrafo único. Código Civil, art. 1.074, §2º. REsp 1.459.190/SP.

Sociedades anônimas (S.A.)

Tema	Informação	Fonte
Sociedade por ações: Espécies	Comandita por ações	Código Civil, art. 1.090.
	Sociedades anônimas (S.A.) ou companhia	Lei 6.404/76, art. 1º.
Aspectos gerais	– sociedade de capital – as ações são livremente transferíveis. Algumas limitações admitidas nas companhias fechadas.	
	– é sempre uma sociedade empresária	Lei 6.404/76, art. 2º, § 1º e Código Civil, art. 982, parágrafo único.
	– nome empresarial: denominação, que deve indicar a atividade da companhia. – "S.A." ou "sociedade anônima" antes, no meio ou após a denominação **ou** "Companhia" ou "Cia." antes da denominação.	Lei 6.404/76, art. 3º e Código Civil, art. 1.060.
Aspectos gerais	– capital dividido em ações	
	– responsabilidade limitada dos acionistas – pela integralização do preço de emissão das ações subscritas/adquiridas.	Lei 6.404/76, art. 1º.
Companhias abertas ou fechadas	Abertas – registradas na CVM para negociação na Bolsa ou no mercado de balcão. – Pode fechar o capital, desde que haja oferta pública de aquisição (OPA) da totalidade das ações em circulação no mercado, por preço justo.	Lei 6.404/76, art. 4º, § 4º

Tema	Informação	Fonte
Companhias abertas ou fechadas	Fechadas – não autoriza a negociação na Bolsa ou no mercado de balcão. – O estatuto pode limitar a circulação, mas não impedi-la.	Lei 6.404/76, art. 4º.
Mercado de Capitais	Mercado de Capitais – local onde se efetuam as operações envolvendo os valores mobiliários emitidos pelas companhias abertas.	
	Valores mobiliários	Lei 6.385/76, art. 2º (redação alterada pela lei 10.303/2001)
	a) títulos emitidos por companhias e oferecidos publicamente para captação da economia popular;	Art. 2º, incisos I a IV e VI.
	b) cotas de fundos de investimento e de clubes de investimentos;	Art. 2º, inciso V.
	c) derivativos;	Art. 2º, incisos VII e VIII.
	d) contratos de investimento coletivo.	Art. 2º, inciso IX.
	Mercado de capitais primário: subscrição de novos títulos. Os subscritores adquirem os títulos diretamente da companhia. **Mercado de capitais secundário**: títulos adquirem liquidez, em operações de compra e venda – valor de mercado. – **Bolsa de Valores** – exclusivamente como mercado secundário. A BM&F Bovespa S.A. que, em 2017, fundiu-se à CETIP S.A., dando origem na **B3**. – **Mercado de balcão** – toda e qualquer operação do mercado de capitais realizada fora da Bolsa mas através de **sociedades corretoras e instituições financeiras autorizadas pela CVM**.	
Comissão de Valores Mobiliários (CVM)	– autarquia vinculada ao Ministério da Economia: – Funções regulamentar, fiscalizadora, autorizante e consultiva.	
Constituição da companhia	– Requisitos preliminares.	Lei 6.404/76, art. 80.
	– **Constituição por subscrição pública** – companhias abertas. Prévio registro da emissão na CVM. – Contrato de intermediação – *underwriting* – com instituição financeira. – Prospecto: divulga o projeto da companhia. A CVM tem competência para avaliá-lo. – Assembleia geral de constituição: avaliação dos bens, deliberação sobre a constituição.	Lei 6.404/76, art. 82. Lei 6.404/76, arts. 84 e 82, § 2º. Lei 6.404/76, arts. 86 e 87.
	– **Constituição por subscrição particular**: companhias fechadas. Duas opções: deliberação dos subscritores em assembleia geral ou constituição por escritura pública.	Lei 6.404/76, art. 88.

Tema	Informação	Fonte
Constituição da companhia	– **Formalidades complementares**: arquivamento e publicação dos atos constitutivos. – Companhia constituída por escritura pública: basta o arquivamento de certidão de constituição. – Companhia constituída por deliberação em assembleia: arquivamento no registro do comércio da sede.	Lei 6.404/76, art. 94. Lei 6.404/76, art. 96. Lei 6.404/76, art. 95.
Capital social	– expresso em moeda nacional, formado por contribuições em **dinheiro ou em bens** suscetíveis de avaliação em dinheiro. – Subscrição com bens: laudo de avaliação a ser submetido à assembleia. – **acionista remisso**: aquele que não realizou ou integralizou o valor das ações subscritas. A companhia pode promover processo de execução ou mandar vender as ações em bolsa, por conta e risco do acionista. – **redução do capital social:** preocupação em proteger os credores quirografários.	Lei 6.404/76, art. 5º e 7º. Lei 6.404/76, art. 8º. Lei 6.404/76, arts. 106, § 2º e 107. Lei 6.404/76, arts. 173 e 174.
Títulos emitidos pela companhia	– ações; – debêntures; – partes beneficiárias e – bônus de subscrição.	
Ações	– principal título mobiliário da companhia. Fração do capital social, atribuindo ao seu titular a condição de acionista.	
	– **Valor nominal**: resultado do valor do capital dividido pelo número de ações. A companhia pode emitir ações com ou sem valor nominal. Não é possível emitir ações por preço inferior ao valor nominal. – **Valor patrimonial**: resultado do valor do patrimônio líquido dividido pelo número de ações. – **Valor de negociação**: na companhia fechada, o valor de negociação privada; na aberta, o valor de mercado ou de cotação. – **Preço de emissão**: pelo qual a ação é oferecida à subscrição.	Lei 6.404/76, arts. 13 e 14.

Tema	Informação	Fonte
Ações	**Classificação quanto aos direitos e obrigações:** – **ordinárias:** ações "normais". Pode ser divididas em classes. – direitos essenciais do acionista, que não poderão ser suprimidos. Direito não essencial de voto. Obs.: voto plural, que não se confunde com voto múltiplo. – **preferenciais**: conferem alguma preferência ou vantagem e podem impor algumas restrições: prioridade na distribuição de dividendos e/ou no reembolso de capital. Não podem ultrapassar 50% do capital. As *golden share* constituem espécie de ação preferencial. – **de fruição**: substituem as ações, ordinárias ou preferenciais, já inteiramente amortizadas, ou seja, aquelas nas quais o capital aplicado na sociedade foi restituído antecipadamente ao acionista.	Lei 6.404/76, arts. 16, 109, 110 e 110-A. Lei 6.404/76, arts. 17, 18 e 15, § 2º. Lei 6.404/76, art. 44, § 5º.
	Classificação quanto à forma de transferência: – **nominativas**: transferência mediante lançamento no livro Registro de Ações Nominativas. Transmissão formal e solene. Prova de propriedade. – **escriturais**: a rigor, uma modalidade de ação nominativa. Não possuem certificado. Transferência por lançamento efetuado pela instituição depositária em seus livros, à vista de ordem escrita do alienante ou de autorização ou ordem judicial.	Lei 6.404/76, art. 31. Lei 6.404/76, art. 35.
	– Desdobramento (*split*) – Grupamento. – Negociação com as próprias ações: em princípio, vedada, mas há exceções.	Lei 6.404/76, art. 12. Lei 6.404/76, art. 30
	Direitos reais e ônus: a) **caução**: direito real de garantia, vincula bem ao cumprimento de obrigação. Deve ser celebrada por escrito, com a descrição da obrigação garantida e a identificação das ações (quantidade, espécie, classe, forma e companhia emissora). b) **usufruto**: rendimentos. Não alcança as bonificações. c) **alienação fiduciária em garantia**: o credor garantido não pode exercer o direito de voto. O devedor, apenas nos termos do contrato.	Lei 6.404/76, art. 39. Lei 6.404/76, arts. 169, § 2º e 114. Lei 6.404/76, art. 113.

Tema	Informação	Fonte
Ações	**Resgate:** retirada da ação do mercado – redução do capital social (ou elevação do valor nominal das ações). **Amortização**: pagamento parcial ou total do valor da ação – antecipação do que receberia por ocasião da liquidação. **Reembolso**: direito do acionista dissidente de certas deliberações.	Lei 6.404/76, art. 44.
Debêntures	– instrumento de financiamento da companhia. Título de crédito e valor mobiliário. – criação pela assembleia; nas companhias abertas, a emissão de debêntures não conversíveis em ações por deliberação do Conselho de Administração. – espécies: a) com garantia real; b) com garantia flutuante; c) quirografárias e d) subordinadas. – assembleia de debenturistas. Poderes organizativos e de administração; poderes de ingerência e poderes contratuais.	Lei 6.404/76, art. 52. Lei 6.404/76, art. 59, § 1º. Lei 6.404/76, art. 58. Lei 6.404/76, art. 71.
Partes beneficiárias	– não são valores mobiliários. – emitidos pelas companhias fechadas. – não têm correspondência com o capital social nem possuem valor nominal. – conferem direito de crédito eventual.	Lei 6.404/76, arts. 46 e 47.
Bônus de subscrição	– títulos que conferem o direito a subscrever ações do capital social. São títulos de crédito e também valores mobiliários. – só a companhia cujo estatuto autoriza o aumento do capital social poderá emiti-lo.	Lei 6.385/76, art. 2º, § 1º. Lei 6.404/76, arts. 75 e 168.
Acionista	– acionista controlador: titular de direitos que lhe assegure de **modo permanente** a maioria dos votos na assembleia e o poder de eleger a maioria dos administradores. Deve **usar efetivamente** seu poder para dirigir as atividades. – alienação do controle: oferta pública de aquisição (OPA) das ações com voto dos demais acionistas – preço mínimo iguala 80% do valor pago por ação (*tag along*). – OPA – condição legal para a alienação do controle. – *Tag along* – direito de venda conjunta.	Lei 6.404/76, art. 116. Lei 6.404/76, art. 254-A

Tema	Informação	Fonte
Acionista	– Oferta amigável – negociada entre o interessado e a companhia (por meio do Conselho de Administração). – Oferta hostil – sem o conhecimento e contra a vontade do(s) controlador(es).	
	Acordo de acionistas: pode tratar de compra e venda de ações, preferência para aquisição de ações, exercício do direito de voto ou do poder de controle. – Oponível a terceiros se averbado. – Não exime o acionista de responsabilidade no exercício do direito de voto ou do poder de controle.	Lei 6.404/76, art. 118. Lei 6.404/76, arts. 115 a 117.
Órgãos sociais	a) assembleia-geral b) órgãos de administração: b1) Conselho de Administração b2) diretoria c) conselho fiscal.	
Assembleia-Geral	– órgão máximo da companhia; ampla competência deliberativa (e não executiva) sobre todo e qualquer assunto. Tem poderes para decidir todos os negócios relativos ao objeto da companhia e tomar as resoluções que julgar convenientes à sua defesa e desenvolvimento. Lei 6.404/76, art. 121.	
	– competência privativa.	Lei 6.404/76, art. 122.
	– convocação: competência do Conselho de Administração ou dos diretores, nos termos do estatuto. Pode ser convocada por acionistas, nos termos do art. 123. – pode ser convocada pelo conselho fiscal. – no caso de liquidação: convocação pelo liquidante.	Lei 6.404/76, art. 123. Lei 6.404/76, art. 163, V. Lei 6.404/76, art. 210, IV c/c 213, *caput*.
	– **Quórum**: ressalvadas as exceções legais, **maioria absoluta dos votos**. Nas companhias fechadas, o estatuto pode aumentar o quórum para matérias especificadas. – **Quórum qualificado – metade do capital votante**. – Empate:	Lei 6.404/76, art. 129, *caput* e § 1º. Lei 6.404/76, art. 136. Lei 6.404/76, art. 136, § 2º.
	– **Assembleia Geral Ordinária (AGO)** – – nos 4 primeiros meses após o fim do exercício social. – convocação obrigatória pelos administradores. – Publicação dispensada nas companhias fechadas com receita bruta de até R$ 78 milhões.	Lei 6.404/76, art. 132. Lei 6.404/76, art. 133. Lei 6.404/76, arts. 294 e 294-A.

Tema	Informação	Fonte
Assembleia-Geral	– **Assembleia Geral Extraordinária (AGE)** – para deliberar qualquer outro assunto. – Quórum de deliberação de metade do total de votos conferidos pelas ações com direito de voto, se o estatuto não exigir quórum mais elevado para as matérias que especifica.	Lei 6.404/76, art. 135. Lei 6.404/76, art. 136.
	– **Assembleia especial** – reunião que envolve apenas os titulares de determinada classe de ações, destinada a tratar de interesses específicos destes acionistas.	Lei 6.404/76, art. 136, § 1º.
Órgãos de administração	a) Conselho de Administração. b) Diretoria.	
	Deveres dos administradores a) dever de diligência b) dever de lealdade c) dever de informação (*full disclosure*). – **Responsabilidade dos administradores** – **Ação de responsabilidade**: companhia (legitimidade ordinária). Substitutos processuais – acionista/grupo de acionistas.	Lei 6.404/76, art. 153. Lei 6.404/76, art. 155. Lei 6.404/76, art. 157. Lei 6.404/76, art. 158. Lei 6.404/76, art. 159 c/c 132, I. Lei 6.404/76, art. 159.
a) Conselho de Administração	-órgão de deliberação colegiada. Mínimo de 3 membros. – admite-se previsão estatutária para participação de representantes dos empregados. – obrigatório nas companhias abertas, nas companhias de capital autorizado e nas sociedades de economia mista. – Apenas pessoas naturais. – Composição. – Competência. Voto múltiplo – que não se confunde com o voto plural.	Lei 6.404/76, art. 140. Lei 6.404/76, art. 140, parágrafo único. Lei 6.404/76, arts. 138, § 2º e 239; Lei 13.303/2016, art. 13, I e VI. Lei 6.404/76, art. 146. Lei 6.404/76, art. 141. Lei 13.303/16, art. 22. Lei 6.404/76, art. 142. Lei 13.303/16, art. 18. Lei 6.404/76, art. 141 (voto múltiplo) e 110-A (voto plural).

Tema	Informação	Fonte
b) Diretoria	– órgão executivo. Competência privativa de representação da companhia. – um ou mais diretores, eleitos e destituíveis a qualquer tempo pelo Conselho de Administração ou, se inexistente, pela assembleia. – órgão de existência obrigatória mas de funcionamento permanente ou intermitente. – 3 a 5 membros, acionistas ou não, eleitos pela assembleia-geral.	Lei 6.404/76, art. 161, *caput* e §1º. Lei 6.404/76, art. 138, § 1º. Lei 6.404/76, art. 143. Lei 6.404/76, art. 161. Lei 6.404/76, art. 161, § 1º.
c) Conselho Fiscal	– os conselheiros atuam em nome da companhia, não de que os elegeu. – critérios de eleição. – função indelegável.	Lei 6.404/76, art. 165, § 1º. Lei 6.404/76, art. 165, § 4º. Lei 6.404/76, art. 161, § 7º.
	– Formação do conselheiro fiscal.	Lei 6.404/76, art. 162.
	– impedimentos. – atribuições. – prerrogativas. – deveres. – Sociedades de economia mista e empresas públicas	Lei 6.404/76, art. 162, § 2º. Lei 6.404/76, art. 163. Lei 6.404/76, art. 165. Lei 13.303/16, art. 26.
Livros sociais	Além dos livros obrigatórios para qualquer comerciante, deve possuir os Livros de Registro de Ações Nominativas, de Transferência de Ações Nominativas, de Registro de Partes Beneficiárias, de Atas das Assembleias-Gerais, de Presença dos Acionistas, de Atas das Reuniões do Conselho de Administração e de Atas das Reuniões de Diretoria e o de Atas e Pareceres do Conselho Fiscal. Nas companhias abertas, os livros dos incisos I a V poderão ser substituídos por registros eletrônicos ou mecanizados.	Lei 6.404/76, art. 100, incisos I a VII. Lei 6.404/76, art. 100, § 2º.
Reservas e dividendos	– **Participação dos lucros** – direito insuprimível do acionista. – **Resultado**: dele serão deduzidos os prejuízos acumulados e a provisão para o imposto de renda. – Prejuízos: deve ser absorvido pelos lucros acumulados, reservas de lucros e reserva legal. – Participações estatutárias de empregados, administradores e partes beneficiárias – determinadas, nessa ordem, sucessivamente, com base nos lucros após a dedução anterior. – **Lucro líquido**: resultado após a dedução das participações do art. 190.	Lei 6.404/76, arts. 189, *caput* e parágrafo único. Lei 6.404/76, arts. 190 e 191.

Tema	Informação	Fonte
Reservas e dividendos	– **Reserva legal**: para assegurar a integridade do capital social. Somente pode ser utilizada para compensar prejuízos ou aumentar o capital. – 5% dos lucros antes de qualquer destinação. A reserva não poderá exceder 20% do capital.	Lei 6.404/76, art. 193.
	– **Reservas estatutárias**:	Lei 6.404/76, art. 194.
	– **Reserva para contingências**: pode ser criada pela assembleia-geral. Reserva destinada a compensar, em exercício futuro, a diminuição do lucro decorrente de causa especificada. Será revertida no exercício em que cessar a razão que justificou sua criação.	Lei 6.404/76, art. 195.
	– **Reserva de incentivos fiscais**: decorrente de doações ou subvenções governamentais para investimentos. Pode ser excluída da base de cálculo do dividendo obrigatório.	Lei 6.404/76, art. 195-A, acrescentado pela Lei 11.638/2007.
	– **Reserva de lucros a realizar**: meio de diferir pagamento de parcela do dividendo obrigatório.	Lei 6.404/76, art. 197.
	Dividendos: pagos à conta de lucro líquido do exercício, de lucros acumulados e de reserva de lucros; e à conta de reserva de capital, no caso das ações preferenciais de que trata o § 5º do artigo 17, sob pena de responsabilização solidária dos administradores e fiscais. – **Dividendo obrigatório**: direito do acionista.	Lei 6.404/76, art. 201, *caput* e § 1º. Lei 6.404/76, art. 202.

SOCIEDADES NÃO PERSONIFICADAS

Tema	Informação	Fonte
Sociedade em comum	– atos constitutivos não inscritos.	Código Civil, art. 986 a 990.
	– sócios: benefício de ordem, exceto nas sociedades de fato (sem atos constitutivos) e nas companhias sem estatuto registrado (responsabilidade exclusiva dos primeiros administradores)	Lei 6.404/76, art. 99, parágrafo único.
Sociedade em conta de participação	– Qualificação jurídica: divergências: a) é uma sociedade – decorre de uma união de esforços, com compartilhamento de responsabilidades, comunhão de interesses e patrimônio especial. b) é mero contrato	
	– pode ser empresária ou não.	

Tema	Informação	Fonte
Sociedade em conta de participação	– inexistência de personalidade jurídica: a especialização patrimonial só produz efeitos entre os sócios.	Código Civil, arts. 992, 993 e 994, *caput* e § 1º.
	– **sócio ostensivo** – obriga-se perante terceiros. – **sócio participante** – obriga-se perante o sócio ostensivo, nos termos do contrato. Pode fiscalizar os negócios.	Código Civil, art. 991 e 993, parágrafo único.
	– dissolução e liquidação. Prestação de contas	Código Civil, art. 996.
	– Falência: do sócio ostensivo – acarreta a dissolução e a liquidação da conta, cujo saldo constitui crédito quirografário. Falência do sócio participante: normas dos efeitos da falência nos contratos bilaterais do falido.	Código Civil, art. 994, §§ 2º e 3º.

OPERAÇÕES SOCIETÁRIAS

Tema	Informação	Fonte
Transformação	– uma sociedade passa de um tipo para outro. – não modifica ou prejudica direitos dos credores. – exige o consentimento de todos os sócios, salvo se já prevista no ato constitutivo. – Transformação de registro – através da qual o empresário individual se “transforma” em sociedade. Alcança também que o sócio que pretende tornar-se empresário individual.	Código Civil, art. 1.113, Lei 6.404/76, art. 220. Código Civil, art. 1.115. Código Civil, arts. 1.114 e 1.031, Lei 6.404/76, art. 221. Código Civil, arts. 968, § 3º e 1.033, parágrafo único.
Incorporação	– uma ou mais sociedades são absorvidas por outra, que lhes sucede em todos os direitos e obrigações. – Protocolo de incorporação (exigência quando envolve sociedade por ações).	Código Civil, art. 1.116. Lei 6.404/76, art. 224.
Fusão	– duas ou mais sociedades se unem, formando uma terceira.	Código Civil, art. 1.119. Lei 6.404/76, art. 228.
Cisão	– a companhia transfere parte ou todo o seu patrimônio para uma ou mais sociedades, constituídas para esse fim ou já existentes. – cisão total – versão de todo o patrimônio. – cisão parcial – versão de parte do capital (a sociedade originária é mantida).	Lei 6.404/76, art. 229. Lei 6.404/76, art. 233. Código Civil, art. 1.122. *caput*.

Tema	Informação	Fonte
Cisão	– Cisão de sociedades anônimas. – Cisão de sociedades não anônimas. Permanece regida pela LSA, em face da omissão do Código Civil, que prevê, contudo, a possibilidade de o credor anterior, prejudicado pela cisão, promover judicialmente a anulação desses atos, no prazo de 90 dias de sua publicação.	

GRUPOS SOCIETÁRIOS

Tema	Informação	Fonte
Grupo	– Caracterizado quando várias sociedades se encontram sob controle comum. – Constituído por convenção ou contrato (grupo de direito). O grupo formado pelas controladoras e suas controladas, sem convenção ou contrato, é denominado grupo de fato. – Cada membro terá suas obrigações específicas, não havendo entre eles presunção de solidariedade. – Leis especiais: a) responsabilidade solidária dos integrantes pelos atos praticados em consórcio, tanto na fase de licitação quanto na de execução do contrato. b) Lei Anticorrupção: responsabilidade solidária das sociedades consorciadas no âmbito do respectivo contrato (celebrado com a Administração Pública).	Lei 6.404/76, art. 265. Lei 6.404/76, art. 278, § 1º. Lei nº 14.133/21, art. 15, V Lei 12.846/13, art. 4º, § 2º.
Controlada	– aquela na qual a controladora seja titular de direitos de sócio que lhe assegurem, de modo permanente, preponderância nas deliberações sociais e pode de eleger a maioria dos administradores. – sociedade de cujo capital outra possua a maioria dos votos nas deliberações dos quotistas ou cujo controle esteja em poder de outra.	Lei 6.404/76, art. 243, § 2º Código Civil, art. 1.098.
Controladora	– definição na Lei 6.404/76 *a contrario*, mas não se exige que use efetivamente seu poder de controle.	Lei 6.404/76, art. 243, § 2º
Coligadas	– embora não sujeitas a controle, encontram-se ligadas em virtude da relação de participação existente, exercendo significativa influência uma na outra.	Código Civil, arts. 1.097 e 1.099 (critérios objetivos, sem exigir "influência significativa"). Lei 6.404/76, art. 243, § 1º – exige "influência significativa".

Tema	Informação	Fonte
Simples participação	– de cujo capital outra sociedade possua menos de 10% do capital votante. Obs.: participação recíproca. Vedada pela Lei 6.404/76, com algumas exceções.	Código Civil, art. 1.100. Lei 6.404/76 art. 244 (vedação) e exceções (§§ 1º e 5º).
Holding	Pura: sociedade empresária cujo objeto social é a participação em outras sociedades.	
	Mista: ou operadora. Objeto social é a participação social em outras sociedades, além da exploração de outra atividade econômica.	
Consórcio	– contrato que envolve um empreendimento determinado.	Lei 6.404/76, art. 278 e 279.
Subsidiária integral	– sempre uma S.A., mas pode ser criada por sociedade de qualquer tipo. – pode não ter sido criada como tal.	Lei 6.404/76, arts. 251 e 252.
Sociedade de propósito específico (SPE)	– não é um tipo societário. – objeto social único. – segregação de patrimônio. – constituição obrigatória para as Parcerias Público-Privadas.	Lei 11.079/04.

DISSOLUÇÃO, LIQUIDAÇÃO E EXTINÇÃO DAS SOCIEDADES DO CÓDIGO CIVIL

Tema	Informação	Fonte
Dissolução	– não acarreta o término da personalidade jurídica. – **extrajudicial**, formalizada em assembleia ou pelo distrato. – **judicial**	Código Civil. arts. 1.033 e 1.034.
Dissolução irregular	– paralisação das atividades com repartição dos ativos entre os sócios. – autoriza o redirecionamento da execução fiscal para os administradores, que passam a responder pessoal e ilimitadamente.	Súmula nº 435 do STJ.
Dissolução parcial	– extinção da relação entre um ou mais sócios e a sociedade.	
	– retirada do sócio – "resolução da sociedade em relação a um sócio".	Código Civil. art. 1.028 a 1.032.
	– "ação de dissolução parcial da sociedade".	CPC, arts. 599 a 609.
	– hipóteses	Código Civil, arts. 1.028, 1.029, 1.077, 1.004 e 1.030, 1.031, 1.035. CPC traz novas hipóteses: arts. 600, parágrafo único, 599, § 2º

Tema	Informação	Fonte
Liquidação	– O Código não revogou as normas da Lei 6.404/76 nem aquelas referentes às sociedades cooperativas. – Nomeação do liquidante – deveres – realização do ativo, pagamento do passivo e devolução de eventual remanescente ao titular do patrimônio. – Assembleia para aprovar as contas. Extinção da sociedade (com a averbação da ata da assembleia na Junta Comercial). – Liquidação judicial	Código Civil, art. 1.102 Lei 5.764/71, arts. 64 e seguintes. Código Civil, art. 1.104. Código Civil, art. 1.103. Código Civil. art. 1.109 e 1.110. Código Civil. art. 1.111 e 1.112.

DISSOLUÇÃO, LIQUIDAÇÃO E EXTINÇÃO DAS SOCIEDADES POR AÇÕES

Tema	Informação	Fonte
Dissolução	– **de pleno direito**.	Lei 6.404/76, art. 206, I.
	– **por decisão judicial**.	Lei 6.404/76, art. 206, II.
	– **por decisão da autoridade administrativa competente**. Casos previstos em lei especial (ex.: liquidação extrajudicial de instituição financeira). A dissolução não extingue a personalidade jurídica da sociedade.	Lei 6.404/76, art. 206, III. Lei 6.404/76, art. 207.
Dissolução parcial	– companhia fechada – quando caracterizada como sociedade de pessoas: quando demonstrado pelo(s) acionista(s) que represente(m) 5% ou mais do capital que a sociedade não poderá preencher seu fim (justa causa).	CPC art. 599, § 2º.
Liquidação	– **extrajudicial**: aprovada pela assembleia-geral. Liquidante nomeado pela assembleia ou pelo Conselho de Administração.	Lei 6.404/76, art. 208.
	– **judicial**: por decisão judicial (hipótese do art. 206, II) – a pedido de qualquer acionista ou do Ministério Público. – Liquidante nomeado pelo juiz.	Lei 6.404/76, arts. 206, II e 209 c/c 206, I.
	– **deveres do liquidante** – **responsabilidades**	Lei 6.404/76, arts. 210, 211 e 217.
	– assembleia – geral a cada 6 meses para prestação de contas e apresentação de relatório e balanço do estado da liquidação.	Lei 6.404/76, art. 213.

Tema	Informação	Fonte
Liquidação	– pagamentos.	Lei 6.404/76, art. 214.
	– partilha.	Lei 6.404/76, art. 215.
	– pagamento do passivo e rateio do ativo remanescente – assembleia de prestação de contas. Aprovada, encerra-se a liquidação e extingue-se a sociedade. – **acionista dissidente**: 30 dias a contar da publicação da ata para promover a ação cabível. – **credor não satisfeito** – pode exigir dos acionistas o pagamento até a soma por eles recebida. Ação de perdas e danos contra o liquidante.	Lei 6.404/76, art. 216 e 218.

TEORIA DA DESCONSIDERAÇÃO DA PERSONALIDADE JURÍDICA

Tema	Informação	Fonte
Situações	– abuso da personalidade jurídica caracterizado pelo: a) desvio de finalidade ou b) confusão patrimonial – Requerimento da parte ou do Ministério Público. – Permite a execução dos bens dos sócios ou administradores por dívidas sociais. – quando o responsável por infração da ordem econômica houver incorrido em abuso de direito, excesso de poder, infração da lei, fato ou ato ilícito ou violação dos estatutos ou do contrato social. – Lei Anticorrupção: desconsideração no próprio processo administrativo, alcançando as pessoas físicas com poderes de administração, desde que assegurados o contraditório e a ampla defesa.	Código Civil, art. 50. Lei 12.529/11, art. 34. Lei 12.846/13, art. 14.
Teorias	maior: desvio de finalidade e confusão patrimonial.	Código Civil, art. 50.
	Menor: exige a demonstração de solvência do sócio e insolvência ou falência da sociedade. Não apura fraude ou desvio de finalidade.	Código de Defesa do Consumidor, art. 28, § 5º.
Desconsideração reversa	– questões do direito de família. – alcança bens de sócio que se valeu da pessoa jurídica para ocultar ou desviar bens pessoais, com prejuízos a terceiros.	

XI. JURISPRUDÊNCIA SELECIONADA

▸ STJ

• Sociedade limitada

▸ Penhora de quotas

↘ SOCIEDADE DE RESPONSABILIDADE LIMITADA. Dívida de sócio. Penhora de quotas.

As quotas, em princípio, são penhoráveis. Havendo, entretanto, cláusula impediente, cumpre respeitar a vontade societária, preservando-se a *affectio societatis*, que restaria comprometida com a participação de um estranho não desejado. Recurso conhecido e provido.

(REsp 148.947/MG, rel. Ministro CARLOS ALBERTO MENEZES DIREITO, TERCEIRA TURMA, julgado em 15/12/2000, DJ 29/04/2002)

↘ CIVIL E PROCESSUAL CIVIL. AGRAVO REGIMENTAL. SOCIEDADE POR QUOTAS DE RESPONSABILIDADE LIMITADA. PENHORA DE QUOTAS. INTERPRETAÇÃO DO CONTRATO SOCIAL. SÚMULAS N. 5, 7 E 83 DO STJ. IMPROVIMENTO.

Voto do Relator:

Sem razão os recorrentes, pois os precedentes citados têm como foco o patrimônio do sócio, ou seja, ainda que haja a restrição contratual, não impede a penhora de quotas, pois é uma parcela do patrimônio do sócio, e a garantia dos credores é justamente o patrimônio do devedor.

E sobre a existência ou não de cláusula impeditiva no contrato, a interpretação dada pelo tribunal *a quo* não tem como ser revista, ao teor das Súmulas n. 5 e 7 do STJ.

Assim, correta a decisão atacada, incidindo no caso a Súmula n. 83 do STJ.

(AgRg no Ag 704.174/SP, rel. Ministro ALDIR PASSARINHO JUNIOR, DJ 27/03/2006)

• Cessão de quotas

↘ PROCESSO CIVIL. DIREITO EMPRESARIAL. RECURSO ESPECIAL. VIOLAÇÃO DO ART. 535 NÃO CONFIGURADA. SOCIEDADE LIMITADA. CESSÃO DE QUOTAS A TERCEIRO ESTRANHO AO QUADRO SOCIAL. OMISSÃO DO CONTRATO SOCIAL. ART. 1.057 DO CC. DIREITO DE OPOSIÇÃO.

1. A cessão de quotas sociais em uma sociedade por responsabilidade limitada deve observar regras específicas, previstas no art. 1.057 do CC, em cujo *caput* há permissão para que o contrato social franqueie também a terceiros não sócios o livre ingresso na sociedade – aproximando-se, assim, das sociedades de capitais – ou imponha condições e restrições de toda ordem à admissão do novo sócio, priorizando o elemento humano como fator de aglutinação na formação do ente social. De uma forma ou de outra, a previsão contratual em sentido diverso prevalece sobre o aludido preceito legal.

2. Quando o instrumento de contrato social silencia total ou parcialmente – embora a redação do art. 1.057 do CC não seja suficientemente clara –, é possível desmembrando as suas normas, conceber a existência de duas regras distintas: (i) a livre cessão aos sócios; e (ii) a possibilidade de cessão a terceiros estranhos ao quadro social, desde que não haja a oposição de titulares de mais de 25% do capital social.

3. No caso, a validade do negócio jurídico vê-se comprometida pela oposição expressa de cerca de 67% do quadro social, sendo certo que o contrato social apresenta omissão quanto aos critérios a serem observados para a implementação da cessão de posição societária, limitando-se a mencionar a possibilidade dessa operação na hipótese do não exercício do direito de preferência pelos sócios remanescentes.

4. Outrossim, consta da Cláusula Sétima que a comunicação da intenção de alienação das quotas aos demais sócios far-se-ia acompanhar de "outros dados que entender úteis" (fl. 674). Desse modo, causa certa estranheza o fato de os sócios remanescentes terem perquirido aos cedentes a qualificação dos cessionários e eles terem se recusado a fornecer, sob a mera alegação de que o contrato não os obrigava a tanto. Afinal, o pedido de esclarecimento consubstanciado na indicação do interessado na aquisição das quotas sociais, conquanto não fosse expressamente previsto no contrato social, era medida previsível e salutar, cujo escopo precípuo era justamente a preservação da *affectio societatis* e, em última instância, da ética, transparência e boa-fé objetiva, elementos que devem nortear as relações interpessoais tanto *externa* quanto *interna coprporis*.

5. Recurso especial provido. Prejudicadas as demais questões suscitadas.

(REsp 1.309.188, rel. Ministro LUIZ FELIPE SALOMÃO, QUARTA TURMA, julgamento em 24/04/2014, DJe 15/08/2014)

- **Exclusão de sócio**

➘ CIVIL E COMERCIAL. RECURSO ESPECIAL. DISSOLUÇÃO PARCIAL DE SOCIEDADE. EXCLUSÃO DE SÓCIO. QUEBRA DA AFFECTIO SOCIETATIS. INSUFICIÊNCIA.

1. A ausência de decisão sobre o dispositivo legal supostamente violado, não obstante a interposição de embargos de declaração, impede o conhecimento do recurso especial. Incidência da Súmula 211/STJ.

2. O reexame de fatos e provas em recurso especial é inadmissível.

3. Deficiência de fundamentação do recurso. Incidência da Súmula 284/STF.

4. Inexiste ofensa ao art. 535 do CPC, quando o tribunal de origem pronuncia-se de forma clara e precisa sobre a questão posta nos autos.

5. Para exclusão judicial de sócio, não basta a alegação de quebra da *affectio societatis*, mas a demonstração de justa causa, ou seja, dos motivos que ocasionaram a quebra.

6. Recurso especial a que se nega provimento.

(REsp 1.129.222/PR, Rel. Ministra NANCY ANDRIGHI, TERCEIRA TURMA, julgamento em 28/06/2011, DJe 01/08/2011)

➘ RECURSO ESPECIAL. DIREITO EMPRESARIAL. SOCIEDADE LIMITADA. EXCLUSÃO DE SÓCIO MINORITÁRIO. PRAZO DECADENCIAL DE TRÊS ANOS PARA ANULAÇÃO DA ASSEMBLEIA. DECISÃO DA MAIORIA DOS SÓCIOS, REPRESENTATIVA DE MAIS DE METADE DO CAPITAL SOCIAL. QUÓRUM DE DELIBERAÇÃO EM QUE NÃO PODE SER COMPUTADA A PARTICIPAÇÃO, NO CAPITAL SOCIAL, DO SÓCIO EXCLUENDO.

1. O prazo decadencial para exercício do direito à anulação da deliberação de exclusão de sócio minoritário de sociedade limitada é de 3 anos, nos termos do art. 48 do Código Civil.

2. Após sólida construção doutrinária e jurisprudencial que autorizava a exclusão de sócio minoritário, sempre tendo em mira o princípio da preservação da empresa e a manutenção de vínculo harmonioso entre os sócios, a matéria veio a ser regulada expressamente no novo Código Civil e, especialmente no que toca à sociedade limitada, regulamentada em seu art. 1.085.

3. Do excerto, verifica-se a imposição de requisitos formais e materiais para expulsão extrajudicial de sócio minoritário: i) deliberação da maioria dos sócios, representativa de mais da metade do capital social; ii) colocação da sociedade em risco pela prática de atos de inegável gravidade; iii) previsão expressa no contrato social; e iv) cientificação do excluendo.

4. **Em regra, o direito de sócio participar nas deliberações sociais é proporcional à sua quota no capital social. Por outro lado, o § 2º do art. 1.074 do Código Civil veda expressamente, com fundamento no princípio da moralidade e do conflito de interesses, que sócio participe de votação de matéria que lhe**

diga respeito diretamente, como sói a exclusão de sócio, haja vista que atinge diretamente sua esfera pessoal e patrimonial.

5. Nessa linha, **para fins de quórum de deliberação, não pode ser computada a participação no capital social do sócio excluendo, devendo a apuração se lastrear em 100% do capital restante, isto é, daqueles legitimados a votar**.

6. Na hipótese, a exclusão foi aprovada por unanimidade, mas, apesar de reconhecer isso, o Tribunal de origem entendeu pela ilegalidade da deliberação ao fundamento de que os sócios votantes eram detentores do percentual de 79,58% do capital social, inferior aos 85% exigidos pelo contrato social.

7. Nesse contexto, todavia, excluindo-se as quotas representativas de 20,413% do capital da ora recorrida, percebe-se que houve unanimidade dos sócios votantes representativos, por causa da exclusão desta, de 100% do capital social legitimado a deliberar.

8. Portanto, presentes todos os requisitos legais, sendo o expulso sócio minoritário, havendo cláusula permissiva no contrato social com convocação de reunião dos sócios especialmente para tal finalidade, tendo havido a cientificação do excluendo e com conclave realizado com sócios titulares de mais de metade do capital social, necessário reconhecer a legitimidade da deliberação de exclusão.

9. Recurso especial provido.

(REsp 1.459.190/SP, Rel. Ministro LUÍS FELIPE SALOMÃO, QUARTA TURMA, julgamento em 15/12/2015, DJe 1º/02/2016)

➘ DIREITO SOCIETÁRIO. Recurso especial. Dissolução parcial de sociedade limitada por tempo indeterminado. Retirada do sócio. Apuração de haveres. Momento.

– A data-base para apuração dos haveres coincide com o momento em que o sócio manifestar vontade de se retirar da sociedade limitada estabelecida por tempo indeterminado.

– Quando o sócio exerce o direito de retirada de sociedade limitada por tempo indeterminado, a sentença apenas declara a dissolução parcial, gerando, portanto, efeitos *ex tunc*.

Recurso especial conhecido e provido.

(REsp 646.221/PR, Rel. para o Acórdão Ministra NANCY ANDRIGHI, TERCEIRA TURMA, julgamento em 19/04/2005, DJ 08/08/2005).

➘ PROCESSUAL CIVIL. COMERCIAL. AÇÃO DE DISSOLUÇÃO PARCIAL DE SOCIEDADE LIMITADA. CITAÇÃO DA PESSOA JURÍDICA. DESNECESSIDADE. PARTICIPAÇÃO DE TODOS OS SÓCIOS. ALEGAÇÃO DE OFENSA A DISPOSITIVOS DE LEI FEDERAL. AUSÊNCIA DE PREQUESTIONAMENTO. INCIDÊNCIA DAS SÚMULAS N. 282 e 356/STF. EXCLUSÃO DO SÓCIO MAJORITÁRIO. POSSIBILIDADE NO CASO CONCRETO. PRINCÍPIO DA PRESERVAÇÃO DA EMPRESA. TEORIA DO FATO CONSUMADO. ALEGAÇÃO DE VIOLAÇÃO DOS PRINCÍPIOS DA RAZOABILIDADE E PROPORCIONALIDADE. IMPOSSIBILIDADE.

1. Na ação de dissolução parcial de sociedade limitada, é desnecessária a citação da pessoa jurídica se todos os que participam do quadro social integram a lide.

2. A ausência de prequestionamento nas instâncias ordinárias inviabiliza o conhecimento de recurso especial fundado em violação de lei federal. Incidência das Súmulas n. 282 e 356/STF.

3. Em circunstâncias excepcionais, é possível a exclusão do sócio majoritário a pedido de minoritário, a fim de prestigiar o princípio da preservação da empresa. Teoria do fato consumado que se adota como fundamento para manter o sócio minoritário no quadro societário.

4. Não se conhece de recurso especial por violação dos princípios da razoabilidade e proporcionalidade, naturalmente vagos e imprecisos. Somente quando os princípios jurídicos se apresentam como norma de

direito positivo é que se abre espaço para o conhecimento do recurso constitucional fundamentado na violação da lei que os abriga.

5. Recursos especiais não conhecidos.

(REsp 1.121.530/RN, Rel. Ministro MARCO BUZZI, QUARTA TURMA, v.u. 13/09/2011, DJe 26/04/2012).

➘ **AGRAVO REGIMENTAL NO AGRAVO DE INSTRUMENTO. DIREITO EMPRESARIAL. EXCLUSÃO DE SÓCIO POR FALTA GRAVE NO CUMPRIMENTO DE SUAS FUNÇÕES. DETERMINAÇÃO DE APURAÇÃO DOS HAVERES CORRESPONDENTES ÀS SUAS QUOTAS. ALEGAÇÃO DE EVENTUAL VIOLAÇÃO AOS ARTIGOS 535, 555 E 561 DO CPC. NÃO CONFIGURAÇÃO. DILAÇÃO PROBATÓRIA. IMPOSSIBILIDADE. PRECLUSÃO. SOCIEDADE LIMITADA COMPOSTA POR APENAS DOIS SÓCIOS, CADA QUAL DETENTOR DE 50% DAS QUOTAS SOCIAIS, SENDO QUE A UM DELES, COM A PARTICIPAÇÃO DE TERCEIROS, É IMPUTADO ATO LESIVO À SOCIEDADE PRATICADO COM VIOLAÇÃO À LEI E AO CONTRATO SOCIAL. NÃO SE MOSTRA RAZOÁVEL IMPOR, NEM COMPATÍVEL COM A SISTEMÁTICA INFORMAL DE REGÊNCIA DAS SOCIEDADES POR COTAS, EXIGIR MAIORIA DO CAPITAL, MAIORIA DE SÓCIOS OU AINDA A REALIZAÇÃO DE REUNIÃO DE QUOTISTAS PARA DELIBERAR SOBRE A POSSIBILIDADE DE AJUIZAMENTO DE AÇÃO DE DISSOLUÇÃO DE SOCIEDADE/EXCLUSÃO DE SÓCIO/RESPONSABILIZAÇÃO DE SÓCIO. PRECEDENTES. AGRAVO REGIMENTAL IMPROVIDO.**

Trecho do voto do Relator:

Ademais, a apontada ilegitimidade de parte para intentar pleito de dissolução de sociedade formulado por apenas um dos sócios não merece prosperar, porquanto a sociedade limitada é composta por apenas dois sócios, cada qual detentor de 50% das quotas sociais, sendo que a um deles, com a participação de terceiros, é imputado ato lesivo à sociedade praticado com violação à lei e ao contrato social, não sendo razoável impor-se, nem compatível com a sistemática informal de regência das sociedades de responsabilidade limitada, exigir maioria do capital, maioria de sócios ou ainda a realização de reunião de quotistas para deliberar sobre a possibilidade de ajuizamento de ação de dissolução de sociedade/exclusão de sócio/responsabilização de sócio.

O precedente invocado para basilar tal entendimento (REsp 1138101/RS, Rel. Ministro LUIS FELIPE SALOMÃO, QUARTA TURMA, julgado em 06/10/2009, DJe 19/10/2009) é corroborado por outros que, analogamente, aplicam a possibilidade de em sociedades formadas por dois sócios, um único sócio promover a ação de retirada sem a necessidade de prévia deliberação de reunião de quotistas. Confiram-se:

SOCIEDADE COMERCIAL. SOCIEDADE POR COTAS DE RESPONSABILIDADE LIMITADA. DISSOLUÇÃO PARCIAL. APURAÇÃO DE HAVERES. LEGITIMIDADE PASSIVA. SOCIEDADE E SÓCIOS REMANESCENTES. LITISCONSÓRCIO PASSIVO NECESSÁRIO. PRECEDENTES. CASO CONCRETO. ESPECIFICIDADES.

Conforme precedentes desta Corte, na generalidade dos casos, a retirada de sócio de sociedade por quotas de responsabilidade limitada dá-se pela ação de dissolução parcial, com apuração de haveres, para qual têm de ser citados não só os demais sócios, mas também a sociedade.

Na especificidade do caso concreto, contudo, não é necessária a inclusão da sociedade, pois, tratando-se de processo muito antigo, ansioso por chegar a desfecho, está bem claro que os demais sócios excluíram o autor, exclusão com a qual, pelo fato de os demais sócios constituírem a unanimidade remanescente, a sociedade jamais chegaria a sustentar o que quer que seja em contrário, de modo que, a rigor, desnecessário anular o processo para inclusão de litisconsorte necessário e retorno à mesma situação que já se tem agora.

Recurso Especial improvido.

(REsp 788.886/SP, Rel. Ministro SIDNEI BENETI, TERCEIRA TURMA, julgado em 15/12/2009, DJe 18/12/2009)

➘ **PROCESSO CIVIL E DIREITO SOCIETÁRIO. SOCIEDADE POR QUOTAS DE RESPONSABILIDADE LIMITADA. RESPONSABILIDADE DO ADMINISTRADOR. AÇÃO SOCIAL *UTI UNIVERSI*. APLICAÇÃO SUPLETIVA DO ART. 159 DA LEI DAS SOCIEDADES ANÔNIMAS. PRÉVIA REUNIÃO DE SÓCIOS QUOTISTAS.**

IMPOSSIBILIDADE. PARTICULARIDADES DA HIPÓTESE. SOCIEDADE DE APENAS DOIS SÓCIOS, AMBOS GERENTES, CADA UM DETENTOR DE METADE DO CAPITAL SOCIAL.

– Os sócios gerentes respondem perante a sociedade pelos atos praticados com violação do contrato ou da lei.

– A ação de responsabilidade civil contra o administrador compete primordialmente à própria sociedade por quotas de responsabilidade limitada.

– As limitadas podem admitir contorno jurídico informal no qual a manifestação da vontade social se dá quase que exclusivamente pelos atos de seus administradores, restringindo-se as reuniões dos quotistas a deliberar temas que envolvam apenas a alteração do contrato social.

– A aplicação supletiva das formalidades previstas na Lei de Sociedades Anônimas, por força da regra contida no art. 18 do 3.708/19, não deve ser feita automaticamente, sem examinar a natureza jurídica específica da sociedade por quotas de responsabilidade limitada que se encontra em litígio.

– Se a particular situação jurídica da sociedade revela que as decisões dos quotistas podem ser tomadas de maneira informal, exceto quando se refiram à própria alteração do contrato social, também não se deve erigir a realização de reunião prévia de quotistas à condição de pressuposto processual objetivo externo. Solução que favorece, ademais, o amplo acesso ao Poder Judiciário.

Recurso Especial provido.

(REsp 736.189/RS, Rel. Ministra NANCY ANDRIGHI, TERCEIRA TURMA, julgado em 06/12/2007, DJ 18/12/2007 p. 267)

➘ **PROCESSUAL CIVIL – RECURSO ESPECIAL – DISSOLUÇÃO PARCIAL DE SOCIEDADE POR COTAS DE RESPONSABILIDADE LIMITADA – LEI N. 6.404/76 – ARTIGO 206, "D", C/C ART. 18, DO DECRETO N. 3.708/19.**

I – DISSOLUÇÃO PARCIAL DA SOCIEDADE, GARANTINDO-SE AO SÓCIO REMANESCENTE, QUANDO CONSTITUÍDA POR APENAS DOIS SÓCIOS, DENTRO NO PRAZO DE UM ANO, RECOMPOR A EMPRESA, COM ADMISSÃO DE OUTRO SÓCIO COTISTA E OU AINDA QUE COMO FIRMA INDIVIDUAL, SOB PENA DA DISSOLUÇÃO DE PLENO DIREITO; ASSEGURANDO-SE AO SÓCIO DISSIDENTE O RECEBIMENTO DOS HAVERES QUE LHE SÃO DEVIDOS.

II – INTELIGÊNCIA DO ART. 206, ALÍNEA "D", DA LEI DAS SOCIEDADES ANÔNIMAS, C/C O ART. 18, DO DECRETO N. 3.708/19.

III – CONFIGURADO O DISSIDIO, EIS QUE O ACÓRDÃO RECORRIDO DECIDIU A CONTROVÉRSIA EM DISCREPÂNCIA COM A JURISPRUDÊNCIA FIRMADA NOS TRIBUNAIS, INCLUSIVE NO SUPREMO TRIBUNAL FEDERAL.

IV – RECURSO PROVIDO.

(REsp.387/MG, Rel. Ministro WALDEMAR ZVEITER, TERCEIRA TURMA, julgado em 12/12/1989, DJ 19/02/1990 p. 1043)

(AgRg no Ag 1.203.778/RJ, Rel. Ministro LUÍS FELIPE SALOMÃO, QUARTA TURMA, v.u. 09/03/2010, DJe 19/03/2010).

• Sociedade em conta de participação

➘ **DIREITO EMPRESARIAL E CIVIL. RECURSO ESPECIAL. AÇÃO DE DISSOLUÇÃO DE SOCIEDADE. SOCIEDADE EM CONTA DE PARTICIPAÇÃO. NATUREZA SOCIETÁRIA. POSSIBILIDADE JURÍDICA. ROMPIMENTO DO VÍNCULO SOCIETÁRIO.**

1. Discute-se a possibilidade jurídica de dissolução de sociedade em conta de participação, ao fundamento de que ante a ausência de personalidade jurídica, não se configuraria o vínculo societário.

2. Apesar de despersonificadas, as sociedades em conta de participação decorrem da união de esforços, com compartilhamento de responsabilidades, comunhão de finalidade econômica e existência de um patrimônio especial garantidor das obrigações assumidas no exercício da empresa.

3. Não há diferença ontológica entre as sociedades em conta de participação e os demais tipos societários personificados, distinguindo-se quanto aos efeitos jurídicos unicamente em razão da dispensa de formalidades legais para sua constituição.

4. A dissolução de sociedade, prevista no art. 1.034 do CC/02, aplica-se subsidiariamente às sociedades em conta de participação, enquanto ato inicial que rompe o vínculo jurídico entre os sócios.

5. Recurso especial provido.

(REsp 1.230.981, Relator: Ministro MARCO AURÉLIO BELLIZZE, TERCEIRA TURMA, Julgamento: 16/12/2014, DJe 05/02/2015).

↘ RECURSO ESPECIAL. CIVIL. PROMESSA DE COMPRA E VENDA DE UNIDADE DE APART-HOTEL. PARALISAÇÃO DAS OBRAS. AÇÃO RESOLUTÓRIA. CÓDIGO DE DEFESA DO CONSUMIDOR. APLICABILIDADE. CONSUMIDOR FINAL. AFASTAMENTO. INVESTIDOR. TEORIA FINALISTA MITIGADA. VULNERABILIDADE. AFERIÇÃO. NECESSIDADE. FUTURA ADMINISTRADORA DE SERVIÇOS HOTELEIROS. LEGITIMIDADE PASSIVA AD CAUSAM. CADEIA DE FORNECIMENTO. DESCARACTERIZAÇÃO. OFERTA E PUBLICIDADE. RESPONSABILIDADE SOLIDÁRIA. INEXISTÊNCIA. INFORMAÇÃO CLARA. ATUAÇÃO ESPECIFICADA. ADQUIRENTE. CIÊNCIA EFETIVA. POOLDE LOCAÇÃO. SOCIEDADE EM CONTA DE PARTICIPAÇÃO. CONTRATAÇÃO

1. Recurso especial interposto contra acórdão publicado na vigência do Código de Processo Civil de 2015 (Enunciados Administrativos nºs 2 e 3/STJ).

2. As questões controvertidas na presente via recursal são: a) definir se o Código de Defesa do Consumidor se aplica às ações de resolução de promessa de compra e venda de imóvel não destinado à moradia do adquirente (finalidade de investimento) e b) delinear se a futura administradora de empreendimento hoteleiro, cujas obras foram paralisadas, possui legitimidade passiva ad causam, juntamente com a promitente vendedora, a intermediadora e a incorporadora, em demanda resolutória e reparatória de contrato de aquisição de unidades de apart-hotel.

3. O adquirente de unidade imobiliária, mesmo não sendo o destinatário final do bem e apenas possuindo o intuito de investir ou auferir lucro, poderá encontrar abrigo da legislação consumerista com base na teoria finalista mitigada se tiver agido de boa-fé e não detiver conhecimentos de mercado imobiliário nem *expertise* em incorporação, construção e venda de imóveis, sendo evidente a sua vulnerabilidade. Em outras palavras, o CDC poderá ser utilizado para amparar concretamente o investidor ocasional (figura do consumidor investidor), não abrangendo em seu âmbito de proteção aquele que desenvolve a atividade de investimento de maneira reiterada e profissional.

4. O apart-hotel (*flat services* ou *flats*) é um prédio de apartamentos com serviços de hotelaria. No caso, é incontroverso que o empreendimento se destina a aluguéis temporários. Como não é permitido aos condomínios praticarem atividade comercial, e para haver a exploração da locação hoteleira, os proprietários das unidades devem se juntar em uma nova entidade, constituída comumente na forma de sociedade em conta de participação, apta a ratear as receitas e as despesas das operações, formando um pool hoteleiro, sob a coordenação de uma empresa de administração hoteleira.

5. Na hipótese, é inegável que a promissária compradora era investidora, pois tinha ciência de que as unidades habitacionais não seriam destinadas ao próprio uso, já que as entregou ao pool hoteleiro ao anuir ao Termo de Adesão e ao contratar a constituição da sociedade em conta de participação para exploração apart-hoteleira, em que integraria os sócios participantes (sócios ocultos), sendo a Blue Tree Hotels a sócia ostensiva. Pela teoria finalista mitigada, a Corte local deveria ao menos aferir a sua vulnerabilidade para fins de aplicação do CDC.

6. Na espécie, não há falar em deficiência de informação ou em publicidade enganosa, porquanto sempre foi divulgada claramente a posição da BTH no empreendimento, tendo se obrigado, nos termos da oferta ao público e dos contratos pactuados, de que seria tão somente a futura administradora dos serviços hoteleiros após a conclusão do edifício, sem ingerência na comercialização das unidades ou na sua construção. Reconhecimento da ilegitimidade passiva ad causam.

7. Deve ser afastada qualquer responsabilização solidária da recorrente pelo não adimplemento do contrato de promessa de compra e venda das unidades do apart-hotel, seja por não integrar a cadeia de fornecimento relativa à incorporação imobiliária, seja por não compor o mesmo grupo econômico das empresas inadimplentes, seja por também ter sido prejudicada, visto que sua pretensão de explorar o ramo hoteleiro na localidade foi tão frustrada quanto a pretensão da autora de ganhar rentabilidade com a aquisição e a locação das unidades imobiliárias.

8. Recurso especial provido

(REsp 1.785.802/SP, Relator: Ministro RICARDO VILLAS BÔAS CORREA, TERCEIRA TURMA, Julgamento: 19/02/2019, DJe 06/03/2019).

• Operações societárias

➘ RECURSO ESPECIAL REPRESENTATIVO DE CONTROVÉRSIA. ART. 543-C DO CPC. BRASIL TELECOM. INCORPORAÇÃO DA TELESC. EXTINÇÃO DA PERSONALIDADE JURÍDICA DA INCORPORADA. DIREITOS E OBRIGAÇÕES TRANSMITIDOS À INCORPORADORA. BRASIL TELECOM TORNOU-SE SUBSTITUTA, POR INCORPORAÇÃO, DA TELESC. LEGITIMIDADE PASSIVA RECONHECIDA. CONSOLIDAÇÃO DA JURISPRUDÊNCIA SOBRE A COMPLEMENTAÇÃO DE AÇÕES DECORRENTE DE CONTRATO DE PARTICIPAÇÃO FINANCEIRA.

1. Para fins do art. 543-C do CPC:

1.1. A sucessão, por incorporação, de empresas, determina a extinção da personalidade jurídica da incorporada, com a transmissão de seus direitos e obrigações à incorporadora.

1.2. Legitimidade passiva da Brasil Telecom S/A para responder pelos atos praticados pela Telesc, quanto a credores cujo título não tiver sido constituído até o ato de incorporação, independentemente de se referir a obrigações anteriores, ante a sucessão empresarial.

2. Situação análoga à apreciada pela Segunda Seção desta Corte no julgamento de recurso repetitivo atinente à sucessão da Companhia Riograndense de Telecomunicações (CRT) pela Brasil Telecom (REsp. 1.034.255/RS, Rel. Ministro Luis Felipe Salomão, 2ª Seção, j. 28/04/2010, DJe 11/05/2010).

3. RECURSO ESPECIAL DESPROVIDO.

(REsp 1.322.624/SC, Relator: Ministro PAULO DE TARSO SANSEVERINO, QUARTA TURMA, j. 12/06/2013, DJe: 25/06/2013).

• Dissolução, liquidação e extinção das sociedades por ações

➘ DIREITO SOCIETÁRIO E EMPRESARIAL. SOCIEDADE ANÔNIMA DE CAPITAL FECHADO EM QUE PREPONDERA A *AFFECTIO SOCIETATIS*. DISSOLUÇÃO PARCIAL. EXCLUSÃO DE ACIONISTAS. CONFIGURAÇÃO DE JUSTA CAUSA. POSSIBILIDADE. APLICAÇÃO DO DIREITO À ESPÉCIE. ART. 257 DO RISTJ E SÚMULA 456 DO STF.

1. O instituto da dissolução parcial erigiu-se baseado nas sociedades contratuais e personalistas, como alternativa à dissolução total e, portanto, como medida mais consentânea ao princípio da preservação da sociedade e sua função social, contudo a complexa realidade das relações negociais hodiernas potencializa a extensão do referido instituto às sociedades "circunstancialmente" anônimas, ou seja, àquelas que, em virtude de cláusulas estatutárias restritivas à livre circulação das ações, ostentam caráter familiar

ou fechado, onde as qualidades pessoais dos sócios adquirem relevância para o desenvolvimento das atividades sociais ("affectio societatis"). (Precedente: EREsp 111.294/PR, Segunda Seção, Rel. Ministro Castro Filho, DJ 10/09/2007)

2. É bem de ver que a dissolução parcial e a exclusão de sócio são fenômenos diversos, cabendo destacar, no caso vertente, o seguinte aspecto: na primeira, pretende o sócio dissidente a sua retirada da sociedade, bastando-lhe a comprovação da quebra da "affectio societatis"; na segunda, a pretensão é de excluir outros sócios, em decorrência de grave inadimplemento dos deveres essenciais, colocando em risco a continuidade da própria atividade social.

3. Em outras palavras, a exclusão é medida extrema que visa à eficiência da atividade empresarial, para o que se torna necessário expurgar o sócio que gera prejuízo ou a possibilidade de prejuízo grave ao exercício da empresa, sendo imprescindível a comprovação do justo motivo.

4. No caso em julgamento, a sentença, com ampla cognição fático-probatória, consignando a quebra da "bona fides societatis", salientou uma série de fatos tendentes a ensejar a exclusão dos ora recorridos da companhia, porquanto configuradores da justa causa, tais como: (i) o recorrente Leon, conquanto reeleito pela Assembleia Geral para o cargo de diretor, não pôde até agora nem exercê-lo nem conferir os livros e documentos sociais, em virtude de óbice imposto pelos recorridos; (ii) os recorridos, exercendo a diretoria de forma ilegítima, são os únicos a perceber rendimentos mensais, não distribuindo dividendos aos recorrentes.

5. **Caracterizada a sociedade anônima como fechada e personalista, o que tem o condão de propiciar a sua dissolução parcial – fenômeno até recentemente vinculado às sociedades de pessoas –, é de se entender também pela possibilidade de aplicação das regras atinentes à exclusão de sócios das sociedades regidas pelo Código Civil, máxime diante da previsão contida no art. 1.089 do CC: "A sociedade anônima rege-se por lei especial, aplicando-se-lhe, nos casos omissos, as disposições deste Código".**

6. Superado o juízo de admissibilidade, o recurso especial comporta efeito devolutivo amplo, porquanto cumpre ao Tribunal julgar a causa, aplicando o direito à espécie (art. 257 do RISTJ; Súmula 456 do STF). Precedentes.

7. Recurso especial provido, restaurando-se integralmente a sentença, inclusive quanto aos ônus sucumbenciais.

(REsp 917.531/RS. Relator Ministro LUÍS FELIPE SALOMÃO, QUARTA TURMA, julgamento em 17/112011. DJe 1/2/2012).

➘ **CIVIL. RECURSO ESPECIAL. AÇÃO CONDENATÓRIA. DISSOLUÇÃO PARCIAL DE SOCIEDADE ANÔNIMA COM APURAÇÃO DE HAVERES. (1) RECURSO MANEJADO SOB A ÉGIDE DO CPC/73. (2) DISSOLUÇÃO PARCIAL DE SOCIEDADE ANÔNIMA. POSSIBILIDADE. INEXISTÊNCIA DE LUCROS E NÃO DISTRIBUIÇÃO DE DIVIDENDOS HÁ VÁRIOS ANOS. (3) PRINCÍPIO DA PRESERVAÇÃO DA EMPRESA. APLICABILIDADE, (4) CERCEAMENTO DE DEFESA. FALTA DE INSTRUÇÃO PROBATÓRIA. SÚMULA 83 DO STJ. (5) AUSÊNCIA DE MANIFESTAÇÃO SOBRE DOCUMENTO NOVO. SÚMULA 83 DO STJ. (6) OCORRÊNCIA DE COISA JULGADA QUANTO AO PERCENTUAL DE JUROS DE MORA. SÚMULA 83 DO STJ. (7) NULIDADE DE CITAÇÃO POR EDITAL DE EMPRESA ESTRANGEIRA NÃO CONFIGURADA. DEVER DE MANTER REPRESENTANTE COM PODERES PARA RECEBER CITAÇÃO NO PAÍS. INTELIGÊNCIA DO ART. 119 DA LEI 6.404/76. (8) JUROS DE MORA. TERMO A QUO. PRAZO NONAGESIMAL PARA PAGAMENTO. PROCEDÊNCIA NA EXTENSÃO DO PEDIDO PARA EVITAR JULGAMENTO "ULTRA PETITA". (9) RECURSO ESPECIAL PARCIALMENTE PROVIDO.**

1. Inaplicabilidade do NCPC ao caso ante os termos do Enunciado nº 2 aprovado pelo Plenário do STJ na Sessão de 9/3/2016: *Aos recursos interpostos com fundamento no CPC/1973 (relativos a decisões publicadas até 17 de março de 2016) devem ser exigidos os requisitos de admissibilidade na forma nele prevista, com as interpretações dadas até então pela jurisprudência do Superior Tribunal de Justiça.*

2. A impossibilidade de preenchimento do fim da sociedade anônima caracteriza-se nos casos em que a companhia apresenta prejuízos constantes e não distribui dividendos, possibilitando aos acionistas

detentores de 5% ou mais do capital social o pedido de dissolução, com fundamento no art. 206, II, *b*, da Lei 6.404/76. Hipótese em que no período de 12 (doze) anos a companhia somente gerou lucros em três exercícios e só distribuiu os dividendos em um deles.

3. Caso em que configurada a possibilidade de dissolução parcial diante da viabilidade da continuação dos negócios da companhia, em contrapartida ao direito dos sócios de se retirarem dela sob o fundamento que eles não podem ser penalizados com a imobilização de seu capital por longo período sem obter nenhum retorno financeiro. Aplicação do princípio da preservação da empresa, previsto implicitamente na Lei 6.404/76 ao adotar em seus arts. 116 e 117 a ideia da prevalência da função social e comunitária da companhia, caracterizando como abuso de poder do controlador a liquidação de companhia próspera.

4. Afasta-se a tese de cerceamento de defesa porque cabe ao magistrado verificar a existência de provas suficientes para o julgamento da causa, conforme o princípio do livre convencimento motivado ou da livre persuasão racional.

5. Não há falar em prejuízo em virtude da ausência de manifestação da parte contrária acerca de documento novo, uma vez que o magistrado o considerou irrelevante para o deslinde da causa. Aplicação da Súmula 83 do STJ.

6. A Corte estadual decidiu de acordo com o entendimento do STJ, no sentido de inexistir ofensa à coisa julgada a alteração do percentual dos juros de mora, de 0,5% para 1% ao mês, a partir da vigência do Código Civil de 2002.

7. O acionista que deveria ser citado no país e que aqui não tem representante ou não constituiu mandatário não pode ser beneficiado por sua omissão, validando-se sua citação por edital. Inteligência do art. 119 da Lei 6.404/76.

8. Nos casos de dissolução parcial de sociedades anônimas os juros moratórios são devidos a partir do vencimento do prazo nonagesimal, após a sentença de liquidação de haveres, conforme regra prevista no art. 1.031, § 2º, do CC/02, aplicável por analogia. Caso de se dar parcial provimento ao recurso especial para fixar o termo *a quo* dos juros de mora a partir do trânsito em julgado da decisão que determinar o pagamento dos haveres, conforme requerido pelos recorrentes, a fim de evitar julgamento "extra petita".

9. Recurso especial parcialmente provido.

(REsp 1.321.263/PR, Rel. Ministro MOURA RIBEIRO, TERCEIRA TURMA, julgamento em 06/12/2016, DJe 15/12/2016)

➘ RECURSO ESPECIAL. DIREITO EMPRESARIAL. DIREITO SOCIETÁRIO. SOCIEDADE LIMITADA. APLICAÇÃO SUPLETIVA DAS NORMAS RELATIVAS A SOCIEDADES ANÔNIMAS. ART. 1.053 DO CC. POSSIBILIDADE DE RETIRADA VOLUNTÁRIA IMOTIVADA. APLICAÇÃO DO ART. 1.029 DO CC. LIBERDADE DE NÃO PERMANECER ASSOCIADO GARANTIDA CONSTITUCIONALMENTE. ART. 5º, XX, DA CF. OMISSÃO RELATIVA À RETIRADA IMOTIVADA NA LEI N. 6.404/76. OMISSÃO INCOMPATÍVEL COM A NATUREZA DAS SOCIEDADES LIMITADAS. APLICAÇÃO DO ART. 1.089 DO CC.

1. Entendimento firmado por este Superior Tribunal no sentido de ser a regra do art. 1.029 do CC aplicável às sociedades limitadas, possibilitando a retirada imotivada do sócio e mostrando-se despiciendo, para tanto, o ajuizamento de ação de dissolução parcial.

2. Direito de retirada imotivada que, por decorrer da liberdade constitucional de não permanecer associado, garantida pelo inciso XX do art. 5º da CF, deve ser observado ainda que a sociedade limitada tenha regência supletiva da Lei n. 6.404/76 (Lei das Sociedades Anônimas).

3. A ausência de previsão na Lei n. 6.404/76 acerca da retirada imotivada não implica sua proibição nas sociedades limitadas regidas supletivamente pelas normas relativas às sociedades anônimas, especialmente quando o art. 1.089 do CC determina a aplicação supletiva do próprio Código Civil nas hipóteses de omissão daquele diploma.

4. Caso concreto em que, ainda que o contrato social tenha optado pela regência supletiva da Lei n. 6.404/76, há direito potestativo de retirada imotivada do sócio na sociedade limitada em questão.

5. Tendo sido devidamente exercido tal direito, conforme reconhecido na origem, não mais se mostra possível a convocação de reunião com a finalidade de deliberar sobre exclusão do sócio que já se retirou.
6. Recurso Especial provido.

(REsp 1.839.078/SP, Terceira Turma, Rel. Min. PAULO DE TARSO SANSEVERINO, v.u. 09/03/2021, DJe 26/03/2021).

- **Desconsideração da personalidade jurídica**

➘ **Responsabilidade civil e Direito do consumidor. Recurso especial. Shopping Center de Osasco-SP. Explosão. Consumidores. Danos materiais e morais. Ministério Público. Legitimidade ativa. Pessoa jurídica. Desconsideração. Teoria maior e teoria menor. Limite de responsabilização dos sócios. Código de Defesa do Consumidor. Requisitos. Obstáculo ao ressarcimento de prejuízos causados aos consumidores. Art. 28, 5º.**

– Considerada a proteção do consumidor um dos pilares da ordem econômica, e incumbindo ao Ministério Público a defesa da ordem jurídica, do regime democrático e dos interesses sociais e individuais indisponíveis, possui o Órgão Ministerial legitimidade para atuar em defesa de interesses individuais homogêneos de consumidores, decorrentes de origem comum.

– **A teoria maior da desconsideração**, regra geral no sistema jurídico brasileiro, não pode ser aplicada com a mera demonstração de estar a pessoa jurídica insolvente para o cumprimento de suas obrigações. Exige-se, aqui, para além da prova de insolvência, ou a demonstração de desvio de finalidade (teoria subjetiva da desconsideração), ou a demonstração de confusão patrimonial (teoria objetiva da desconsideração).

– **A teoria menor da desconsideração**, acolhida em nosso ordenamento jurídico excepcionalmente no Direito do Consumidor e no Direito Ambiental, incide com a mera prova de insolvência da pessoa jurídica para o pagamento de suas obrigações, independentemente da existência de desvio de finalidade ou de confusão patrimonial.

– Para a teoria menor, o risco empresarial normal às atividades econômicas não pode ser suportado pelo terceiro que contratou com a pessoa jurídica, mas pelos sócios e/ou administradores desta, ainda que estes demonstrem conduta administrativa proba, isto é, mesmo que não exista qualquer prova capaz de identificar conduta culposa ou dolosa por parte dos sócios e/ou administradores da pessoa jurídica.

– A aplicação da teoria menor da desconsideração às relações de consumo está calcada na exegese autônoma do 5º do art. 28, do CDC, porquanto a incidência desse dispositivo não se subordina à demonstração dos requisitos previstos no **caput** do artigo indicado, mas apenas à prova de causar, a mera existência da pessoa jurídica, obstáculo ao ressarcimento de prejuízos causados aos consumidores.

– Recursos especiais não conhecidos.

(STJ, REsp 279.273-SP, Ministro ARI PARGENDLER. Relatora para o acórdão: Ministra NANCY ANDRIGHI, julgamento em 4 de dezembro de 2003).

▸ TJSP

- **Dissolução de sociedade limitada**

➘ **DISSOLUÇÃO DE SOCIEDADE. Retirada de sócia de sociedade limitada por prazo indeterminado. Garantia constitucional e ato unilateral do sócio. Notificação efetuada, nos termos do art. 1.029 do CC, com assinatura da sócia agravada. Manutenção do quadro de sócios que não se justifica. Exclusão da agravante do contrato de locação, no entanto, que depende da instauração do contraditório. Tutela antecipada concedida em parte. Recurso parcialmente provido por decisão monocrática.**

Da decisão:

Decido monocraticamente, nos termos do artigo 557, § 1º-A, do Código de Processo Civil, para dar parcial provimento a recurso que se insurge contra decisão que contraria em parte jurisprudência deste Egrégio Tribunal de Justiça e do Colendo Superior Tribunal de Justiça.

O direito de retirada decorre da garantia constitucional de que ninguém é obrigado a permanecer associado (art. 5º, XX, da CF). É ato unilateral do sócio, bastando para o desligamento, no caso de sociedade limitada por prazo indeterminado, a notificação dos demais sócios com antecedência mínima de 60 dias, consoante disposto no art. 1.029 do Código Civil.

Na lição de Fábio Ulhoa Coelho: "Na sociedade limitada de vínculo instável, a natureza contratual orienta a compreensão da matéria. Se contratada por prazo indeterminado, o sócio pode retirar-se a qualquer momento (CC, art. 1.029), já que, em decorrência do princípio da autonomia da vontade, que informa o direito contratual, ninguém pode ser obrigado a manter-se vinculado contra a sua vontade, por tempo indefinido (Gomes, 1959:29/33)." (Curso de Direito Comercial Direito de Empresa, Volume 2, 12ª Edição, Editora Saraiva).

No caso, a agravante, sócia de sociedade limitada por prazo indeterminado (fls. 33/36), comunicou à outra sócia sua decisão de se retirar da sociedade em 15 de fevereiro de 2013, oferecendo, inclusive as suas quotas, consoante se extrai do documento de fl. 42, assinado pela agravada (fls. 87/99).

Desse modo, tratando-se de direito potestativo, não há razão para que a agravante se mantenha no quadro de sócios, mormente porque há muito decorreu o prazo estabelecido no art. 1.029 supracitado.

Diante deste contexto, aguardar o deslinde do feito, enseja risco de dano, visto que a agravante continuará respondendo pelas obrigações da sociedade, além de contrariar a própria garantia constitucional.

Este é o entendimento desta C. Câmara Reservada de Direito Empresarial: "TUTELA ANTECIPADA. Dissolução parcial de sociedade c.c. apuração de haveres. Pedido de antecipação de tutela para retirada imediata do autor do quadro social da corré pessoa jurídica, indeferido em primeiro grau com fundamento na ausência dos requisitos autorizadores da medida, em especial o "periculum in mora". Necessidade de reforma. Injustificada recusa do réu em promover a respectiva alteração no contrato social. Direito de retirada do sócio, exercido corretamente no caso concreto. Art. 1.029, NCC. Denúncia vazia, desmotivada, exercida por simples notificação ao sócio remanescente, com antecedência mínima de 60 (sessenta) dias, por se tratar de sociedade por prazo indeterminado. Desnecessidade de prova de justa causa para a retirada da sociedade. Autorização da medida. Recurso provido." (Agravo de Instrumento nº 0300024-72.2011.8.26.0000, São Caetano do Sul, Rel. Des. Francisco Loureiro, j. 31.07.2012).

E também do C. STJ, confira-se trecho do acórdão de relatoria da Ministra Nancy Andrighi: "...Não há como compelir o sócio a manter-se indefinidamente na sociedade estabelecida por tempo indeterminado, principalmente quando há ruptura da affectio societatis, como ocorreu na hipótese sob julgamento. Neste caso, permite-se que o sócio deixe espontaneamente a sociedade, com a preservação do ente social e apuração de seus haveres, levando em conta a situação patrimonial da sociedade verificada na data da retirada." E ainda: "Por fim, para corroborar com os argumentos apresentados, aponta-se dispositivo do Novo Código Civil (art. 1.029) que estabelece o direito do sócio se retirar de sociedade por tempo indeterminado mediante notificação aos demais sócios, o que deixa claro a possibilidade de retirada extrajudicial e o caráter meramente declaratório da sentença que reconhece, neste caso, a dissolução parcial da sociedade" (REsp 646221/PR, Terceira Turma, DJ 30/05/2005 p. 373).

A exclusão do nome da agravante e fiador do contrato de locação, no entanto, depende da instauração do contraditório, tendo em vista que não decorre automaticamente do direito de retirada, além de envolver terceiro estranho à relação societária.

Daí porque é de rigor a concessão em parte da tutela antecipada para determinar que a agravada providencie, no prazo de 20 dias a contar da publicação desta decisão, a exclusão do agravante do quadro societário da empresa, com a data da exclusão de 60 dias posteriores à notificação de fl. 42, sob pena de multa diária de R$ 500,00.

Para tanto, o parcial provimento do recurso.

(Agravo de Instrumento 2066358-59.2013.8.26.0000, Rel. Desembargador MAIA DA CUNHA, decisão monocrática. 1ª Câmara Reservada de Direito Empresarial, em 17/12/2013).

➘ **DISSOLUÇÃO PARCIAL DE SOCIEDADE C.C. APURAÇÃO DE HAVERES. Pedido de antecipação de tutela para retirada imediata do autor do quadro social da corré pessoa jurídica, indeferido em primeiro grau com fundamento na ausência dos requisitos autorizadores da medida, em especial o "periculum in mora". Necessidade de reforma. Injustificada recusa do réu em promover a respectiva alteração no contrato social. Direito de retirada do sócio, exercido corretamente no caso concreto. Art. 1.029, NCC. Denúncia vazia, desmotivada, exercida por simples notificação ao sócio remanescente, com antecedência mínima de 60 (sessenta) dias, por se tratar de sociedade por prazo indeterminado. Desnecessidade de prova de justa causa para a retirada da sociedade. Autorização da medida. Recurso provido.**

(Agravo de Instrumento 0300024-72.2011.8.26.0000, Rel. Desembargador FRANCISCO LOUREIRO, 1ª Câmara Reservada de Direito Empresarial, julgamento em 31/07/2012, DJ 02/08/2012).

➘ **DUAS APELAÇÕES DOS CORRÉUS. AÇÃO DE DISSOLUÇÃO PARCIAL DE SOCIEDADES C.C. APURAÇÃO DE HAVERES.**

Retirada do Apelado de sociedade empresarial limitada. Quebra do *affectio societatis* incontroversa. Retirada da sociedade mediante simples denúncia do contrato aos demais sócios, por se tratar de sociedade por prazo indeterminado. Exegese do art. 1.029 do Código Civil. Condenação dos corréus ao pagamento de haveres no valor estimado de R$ 127.399,60. Afastamento. Expressa previsão contratual que impõe a apuração de haveres em balanço patrimonial especialmente levantado nos casos de retirada de sócio. Data-base da apuração de haveres que corresponde à data do recebimento da notificação extrajudicial pelos sócios corréus. Pagamento dos haveres à vista e em dinheiro, em até 90 dias do trânsito em julgado da sentença de liquidação. Exegese do art. 1.031, § 2º, do CPC. Correção monetária pela Tabela Prática deste E. Tribunal que deve incidir da data-base de apuração de haveres e juros de mora a partir da citação. Precedentes deste E. Tribunal e do C. STJ. Recursos parcialmente providos.

(Apelação 0011090-35.2012.8.26.0438, Rel. Desembargador TASSO DUARTE DE MELO, julgamento e publicação em 01/07/2014).

CAPÍTULO 3
TÍTULOS DE CRÉDITO

I. INTRODUÇÃO

É difícil imaginarmos a vida econômica moderna sem o **crédito**. Isso implicaria na obrigatoriedade de comprarmos à vista todo tipo de bem e serviço de que necessitássemos. Certamente, compraríamos muito pouco – e, do outro lado, as vendas seriam bastante reduzidas, o que restringiria a produção. Da mesma forma, o empresário teria que contar, para o desenvolvimento de suas atividades, única e exclusivamente com seus próprios recursos.

Sabemos que, evidentemente, não é isso o que ocorre. Nas relações econômicas, está presente a confiança na realização de uma prestação futura. O crédito está presente em qualquer obrigação, regida pelo direito privado ou pelo direito público, sempre que não seja pactuado o pagamento a vista ou que haja dilação temporal entre o nascimento da obrigação e seu pagamento.

Podemos utilizar o conceito de Ferraris, para quem crédito "é a soma das condições econômicas e morais, pelas quais se obtém uma prestação presente, contra promessa de prestação futura"[351]

Eunápio Borges, por sua vez, afirma que a noção de crédito tem implícitos **dois elementos**. O primeiro é a **confiança** – uma vez que quem aceita, em troca de sua mercadoria ou de seu dinheiro, a promessa de pagamento futuro, confia no devedor. Essa confiança, por seu turno, não repousa exclusivamente na pessoa do devedor, mas em garantias pessoais (como o aval) ou reais (como a hipoteca) por ele oferecidas. Além disso, há um segundo elemento – o **tempo**, ou seja, o intervalo entre a prestação presente e atual e a prestação futura[352].

É frequente, nos manuais, encontrarmos referências ao crédito como um instrumento de **circulação de riqueza**. A afirmação, apesar de correta, é incompleta. Ignora-se a importância do crédito como fonte de **geração de riqueza**. Neste sentido, o empresário que contrata um financiamento para a ampliação de sua capacidade produtiva, produzindo mais bens, tem como objetivo final o aumento do seu faturamento e, após a amortização desse investimento, o aumento do seu lucro, no médio ou longo prazo. Logo, o crédito, ao financiar a produção, não apenas fez "circular a riqueza" – é, ele próprio, gerador de riquezas e de novos ativos, contribuindo efetivamente para o desenvolvimento econômico[353].

Não por outra razão Ascarelli é tão enfático ao afirmar que os títulos de crédito, ao lado da sociedade anônima e do contrato de seguro, representam uma das grandes contribuições do Direito Comercial para a humanidade.

Nos primórdios do Direito Comercial, no final da Idade Média, surgem os primeiros instrumentos que viabilizaram a circulação do crédito – os títulos de crédito.

As feiras medievais atraíam comerciantes de toda a Europa. Cada cidade italiana cunhava sua própria moeda, gerando grandes problemas para a realização dos negócios. Surgem os cambistas e proliferam os estabelecimentos bancários e seus correspondentes. Os comerciantes necessitavam de um instrumento que possibilitasse a troca das diferentes moedas durante seus deslocamentos. O banqueiro recebia, em depósito, as moedas do burgo do estabelecimento, e escrevia uma carta ao banqueiro do local do destino do

---

351. BARRETO FILHO, Oscar. *O crédito no direito*. Revista da Faculdade de Direito da USP, volume 57 (1962), p. 208.
352. BORGES, João Eunápio. *Títulos de Crédito*. Rio de Janeiro: Forense, 1976, p. 7.
353. FIGUEIREDO, Ivanildo. Princípios do Direito Cambiário. *In:* COELHO, Fábio Ulhôa. *Tratado de Direito Comercial*. Volume 8. São Paulo: Saraiva, 2015, p. 15.

mercador depositante, indicando que a este (ou a alguém por este indicado) fosse pago o equivalente na moeda local. Tratava-se, pois, de uma ordem de pagamento. Posteriormente, os banqueiros fariam o encontro de contas. Essa carta é a origem da letra de câmbio.

Com o desenvolvimento econômico, surgiram inúmeros novos títulos de crédito.

1. CONCEITO

Mas qual seria o conceito de títulos de crédito? Cesare Vivante o definiu como o documento necessário ao exercício do direito literal e autônomo nele mencionado.

Esta é a definição adotada pelo Código Civil, em seu art. 887: o título de crédito, documento necessário ao exercício do direito literal e autônomo nele contido, somente produz efeito quando preencha os requisitos da lei.

O conceito de Vivante ainda hoje é considerado o melhor para a correta compreensão do tema, uma vez que dele é possível extrair os princípios clássicos do direito cambiário, o que veremos a seguir.

2. PRINCÍPIOS DO DIREITO CAMBIÁRIO

Vivante utiliza-se das palavras **necessário, literal e autônomo.** Daí podermos deduzir os seguintes princípios:

2.1. Princípio da cartularidade (ou da incorporação)

Título de crédito é **documento necessário** ao exercício do direito literal e autônomo, nele mencionado. Na lição de Vivante:

> "Diz-se que o título é o **documento necessário** para exercitar o direito, porque enquanto o título existe, o credor deve exibi-lo para exercitar todos os direitos, seja principal seja acessório, que ele porta consigo e não se pode fazer qualquer mudança na posse do título sem anotá-la sobre o mesmo. Este é o conceito jurídico, preciso e limitado, que deve substituir-se à frase vulgar pela qual se consigna que o direito está **incorporado** no título"[354].

Fica certo, portanto, que **a incorporação do direito ao título, ou ao documento, é uma mera imagem plástica**, ainda que, pela facilidade de compreensão que revela, seja utilizada amplamente pela doutrina, **não podendo ser confundida com uma realidade jurídica**. Do confronto entre a definição de Vivante e a presente no artigo 887 do Código Civil extrai-se que o **título de crédito permanece sendo necessariamente um documento**[355].

354. *Apud* DE LUCCA, Newton. *Aspectos da teoria geral dos títulos de crédito*. São Paulo: Pioneira, 1979, p. 12.

355. SICA, Lígia Paula Pires Pinto. Títulos de crédito eletrônicos e o princípio da cartularidade. In: GORGA, Érica; SICA, Lígia Paula Pires Pinto (coords.). *Estudos avançados de direito empresarial*: títulos de crédito. Rio de Janeiro: Elsevier, 2013, p. 24.

O princípio da cartularidade remete à **necessidade** da apresentação do documento para o exercício de qualquer direito representado no título. O título de crédito está mencionado num documento. **Sua posse é a prova de que seu portador é o legítimo proprietário** (Decreto 2.044/1908, art. 39), de tal forma que sequer se admite a apresentação de uma cópia.

Neste sentido, o Código Civil, art. 223, parágrafo único, segundo o qual a cópia fotográfica de documento não supre a ausência do título de crédito, ou do original, nos casos em que a lei ou as circunstâncias condicionarem o exercício do direito à sua exibição.

Em decisão recente, a Terceira Turma do STJ entendeu que a necessidade de juntada da via original do título executivo extrajudicial deve ficar a critério do julgador e se faz necessária apenas quando invocado pelo devedor algum fato concreto, impeditivo da cobrança do débito. Neste sentido, o REsp 2.013.526-MT, Relator Ministra Nancy Andrighi; Relator para o Acórdão Ministro Moura Ribeiro. Julgamento em 28/02/2023. DJe 06/03/2023).

2.2. Princípio da literalidade

Título de crédito é documento necessário ao exercício do direito **literal** e autônomo, nele mencionado. O adjetivo "literal" designa o que é conforme a letra do texto; exato, rigoroso, restrito[356]. Em outras palavras, o conteúdo da obrigação é aquele escrito no título. O devedor não é obrigado a mais, nem o credor terá outros direitos além daqueles declarados no título[357]. Dispõe o art. 887 do Código Civil: "O título de crédito, documento necessário ao exercício do direito literal e autônomo nele contido, somente produz efeito quando preencha os requisitos da lei.

Os atos cambiais, para produzirem efeitos, deverão ser lançados por escrito no próprio título. Assim, exemplificativamente, o endosso deve ser escrito na letra de câmbio ou numa folha ligada a esta (Lei Uniforme de Genebra – LUG – art. 13); o aceite é escrito na própria letra (LUG, art. 25); o aval é escrito na própria letra ou em folha anexa (LUG, art. 30), entre outros[358].

> A literalidade não impede que nos títulos cambiários estejam presentes outras declarações além daquelas previstas pelo legislador. Estas ficam fazendo parte integrante da declaração cartular e podem servir a diversas finalidades; por exemplo:

356. FERREIRA, Aurélio Buarque de Holanda. *Novo Dicionário da Língua Portuguesa*. 1ª ed., Rio de Janeiro, Nova Fronteira, s/ data.

357. ASCARELLI, Tullio. *Teoria geral dos títulos de crédito*. Trad. Nicolau Nazo. São Paulo: Saraiva, 1943, p. 51: "O direito decorrente do título é literal no sentido de que, quanto ao conteúdo, à extensão e às modalidades desse direito, é decisivo exclusivamente o teor do título".

358. A Lei nº 10.931/04, art. 29, § 4º, que regula a cédula de crédito bancário, apresenta exceção de legalidade discutível ao dispor que esse título poderá ser aditado, retificado e ratificado mediante documento escrito, datado, com os requisitos previstos no *caput* do artigo 29, passando esse documento a integrar a cédula para todos os fins.

a) indicar a causa da obrigação cambiária, como ocorre com a declaração no verso da nota promissória, de que o título se acha vinculado a uma escritura pública de compromisso de compra e venda de determinado imóvel;

b) representar a concordância de um dos cônjuges com o aval prestado pelo outro, sem que esse assuma responsabilidade cambiária.

Da mesma forma, poderá ser exigida a correção monetária a partir do seu vencimento. Representando ela a mera recomposição do valor da moeda, sua supressão equivaleria à permissão de enriquecimento sem causa do devedor.

2.3. Princípio da autonomia

Título de crédito é documento necessário ao exercício do direito literal e **autônomo**, nele mencionado.

Cada obrigação constituída no título de crédito é autônoma em relação às demais. O título de crédito é relativamente desvinculado dos negócios que lhe deram origem ou que propiciaram sua circulação; neste sentido é que ele é considerado autônomo e essa autonomia se revela em relação aos diferentes negócios fundamentais[359]. Nesse sentido, dispõe o artigo 888 do Código Civil: "A omissão de qualquer requisito legal, que tire ao escrito a validade como título de crédito, não implica a nulidade do negócio jurídico que lhe deu origem".

Imaginemos um contrato de compra e venda celebrado entre A (vendedor) e B (comprador). Foi emitida nota promissória, através da qual B se compromete a pagar a A um determinado valor em uma determinada data. Essa compra e venda é a relação jurídica fundamental, ou negócio jurídico originário. Só interessa a A e B. No caso, A, credor de B, é também devedor de C, entregando-lhe a nota promissória, ou seja, transmitindo o direito de crédito ao seu credor C. Na data de vencimento, C poderá cobrar a nota promissória de A ou B. No entanto, A não poderá se recusar a pagar a C por uma eventual nulidade da venda realizada entre B e C. Isso porque **o título se liberta da causa subjacente, ganhando independência do negócio jurídico inicial.**

Decorrem do princípio da autonomia dois subprincípios:

a) Abstração: quando o título entra em circulação, desvincula-se da relação que lhe originou. Assim, quando B endossou a nota promissória a C, fazendo-o circular, o título se desvinculou do negócio que o originou (a compra e venda entre A e B). O subprincípio da abstração tem como pressuposto a circulação do título de crédito; é a partir daí que o título vinculará outras pessoas, que não participaram da relação originária, e que assumem obrigações e direitos apenas em função do título.

359. BOITEUX, Fernando Netto. *Títulos de crédito (em conformidade com o Novo Código Civil).* Rio de Janeiro: Forense, 2006, p. 14.

b) Inoponibilidade das exceções pessoais aos terceiros de boa-fé: o devedor não pode alegar vícios e defeitos de suas relações jurídicas contra o portador de boa-fé que não participou do negócio jurídico do qual resultou a dívida que lhe é exigida.

Este subprincípio é acolhido pela LUG, cujo art. 17 estabelece que as pessoas acionadas em virtude de uma letra de câmbio não podem opor exceções fundadas sobre as relações pessoais delas com o sacador ou com os portadores anteriores, a menos que o portador ao adquirir a letra tenha procedido conscientemente em detrimento do devedor.

O Código Civil, por sua vez, em seu art. 916, prescreve que as exceções fundadas em relação de devedor com os portadores precedentes, somente poderão ser por ele opostas ao portador, se este, ao adquirir o título tiver agido de má-fé.

3. CLASSIFICAÇÕES DOS TÍTULOS DE CRÉDITO

Podemos classificar os títulos de crédito sob diversos critérios:

3.1. Quanto à forma de circulação

O Código Civil adotou a seguinte classificação:

– títulos ao portador (art. 904), transmitidos pela simples tradição. O possuidor do título ao portador (titular do crédito) tem direito à prestação nele indicada, mediante a sua simples apresentação ao devedor, ainda que o título tenha entrado em circulação contra a vontade do emitente (art. 905, *caput* e parágrafo único). É nulo o título ao portador emitido sem autorização de lei especial (art. 907).

– títulos à ordem (art. 910), são os endossáveis. O portador do título à ordem com série regular e ininterrupta de endossos (ainda que o último esteja em branco) é considerado seu legítimo possuidor. O endosso deve ser lançado no verso ou anverso do próprio título.

– títulos nominativos (art. 921), são aqueles emitidos em favor de pessoa cujo nome conste do registro do emitente. A transferência só se opera validamente por meio de termo no registro, assinado pelo emitente e pelo adquirente do título.

3.2. Quanto ao modelo

– títulos formais são aqueles que se submetem a uma padronização estabelecida pela legislação. Os exemplos mais evidentes são o cheque e a duplicata (que deve ser emitida segundo as normas de padronização formal fixadas pelo Conselho Monetário Nacional, nos termos do art. 27 da Lei 5.474/68).

– títulos informais, isto é, para os quais a lei não estabelece um padrão formal obrigatório. É o caso da letra de câmbio e da nota promissória: basta que no documento estejam presentes os elementos essenciais do título.

3.3. Quanto à estrutura

Quanto à estrutura, os títulos de crédito podem representar:

– ordem de pagamento, cuja emissão envolve três pessoas:

- Sacador (que emite o título);
- Sacado (contra quem o título é emitido);
- Tomador (em favor de quem o título é emitido).

Assim, nos títulos representativos de uma ordem de pagamento, o sacador do título determina que o sacado pague determinado valor ao tomador. É o que acontece quando emitimos um cheque: damos uma ordem ao banco (sacado) para que realize o pagamento de uma quantia ao portador do título.

Além do cheque, são representativos de uma ordem de pagamento a letra de câmbio e a duplicata.

– promessa de pagamento, que envolve duas pessoas: o emitente e o beneficiário.

3.4. Quanto à hipótese de emissão

– títulos causais, que somente podem ser emitidos em determinadas hipóteses estabelecidas pela lei. A duplicata, como veremos adiante, somente pode ser emitida para a documentação de compra e venda mercantil ou contrato de prestação de serviços.

– títulos abstratos ou não causais, por seu turno, podem ser criados em quaisquer hipóteses. É o caso do cheque.

4. TÍTULOS DE CRÉDITO E O CÓDIGO CIVIL

O Código Civil trata dos títulos de crédito em seus artigos 887 a 926. A doutrina vem criticando o legislador por essa opção, que se revelou de pouca utilidade. Isso porque, em seu art. 903, é afirmado que "salvo disposição diversa em lei especial, regem-se os títulos de crédito pelo disposto neste Código".

Em outras palavras, as normas do Código Civil não se aplicam às letras de câmbio e notas promissórias (Lei Uniforme de Genebra), aos cheques (Lei 7.357/85), às duplicatas (Lei 5.474/68), ao conhecimento de depósito e *warrants* (Decreto 1.102/1903), entre outros[360].

---

360. TRIDENTE, Alessandra. Os títulos de crédito e o novo Código Civil. In: GORGA, Érica; SICA, Lígia Paula Pires Pinto (coords.). *Estudos avançados de direito empresarial:* títulos de crédito. Rio de Janeiro: Elsevier, 2013, p. 177-193, especialmente p. 92; DE LUCCA, Newton. Dos atos unilaterais. Dos títulos de crédito. In: TEIXEIRA, Sálvio de Figueiredo (org.). *Comentários ao Novo Código Civil.* Rio de Janeiro: Forense, 2003, v. XII, p. 137-138. **Em sentido contrário:** BOAVENTURA, Daniel César. Not@Promissóri@, *Revista de Direito Mercantil, Industrial, Econômico e Financeiro.* nº 130, nova série, p. 148.

Entendemos que não se aplicam os dispositivos do Código Civil, nem ao menos supletivamente, aos títulos antes regidos pelas leis especiais[361]. No entanto, Rubens Requião admite a regência supletiva das notas promissórias pelo Código Civil, no caso de omissão da legislação especial[362], e o Enunciado 464 das Jornadas de Direito Comercial, em revisão ao 52, dispõe que as disposições relativas aos títulos de crédito do Código Civil aplicam-se àqueles regulados por leis especiais no caso de omissão ou lacuna.

Uma vez que o Código Civil se aplica aos títulos de crédito não regulados por leis específicas, indaga-se se o legislador passou a vislumbrar a criação dos chamados **títulos de crédito inominados ou atípicos,** que representariam, na expressão de Mauro Rodrigues Penteado:

> "uma categoria intermediária de documentação de direitos creditícios, a meio caminho entre os chamados 'créditos de direito não-cambiário' – oriundos de negócios jurídicos celebrados por instrumento particular ou público – e os títulos de crédito típicos"[363].

Ocorre que a literalidade dos títulos de crédito só pode decorrer da lei, razão pela qual não se pode deduzir do Código que ele esteja atribuindo aos particulares a prerrogativa de criar títulos de crédito atípicos, mas, sim, que eles possam criar, apenas, pela sua exclusiva vontade, meros comprovantes de legitimação que poderão um dia, se assim quiser o legislador, virem a se transformar em títulos de crédito. Desta forma não se estará impedindo a criatividade dos empresários, fonte reconhecida do direito empresarial, mas apenas limitando os seus efeitos, em benefício da segurança das relações jurídicas.

Por **títulos típicos (ou nominados)**, entende-se aqueles previstos em lei. Há autores que vislumbram um princípio da tipicidade a ser aplicado aos títulos de crédito. É o caso de Bulgarelli, para quem "a legalidade ou tipicidade consiste na impossibilidade estabelecida pela lei, de se emitirem títulos de crédito que não estejam previamente definidos e disciplinados por lei (*numerus clausus*)"[364].

A rigor, o próprio art. 887, do Código Civil, consagra a tipicidade, ao estabelecer que o título de crédito somente produz efeito quando preencher os requisitos da lei[365]. Seguiu, assim, a tradição do direito brasileiro. Admitir títulos de crédito atípicos significa reconhecer a possibilidade de sua criação pelos particulares, independentemente de previsão legal.

---

361. TRIDENTE, Alessandra. Os títulos de crédito e o novo Código Civil. In: GORGA, Érica; SICA, Lígia Paula Pires Pinto (coords.). *Estudos avançados de direito empresarial*: títulos de crédito. Rio de Janeiro: Elsevier, 2013, p. 188.

362. REQUIÃO, Rubens. *Curso de direito comercial*, vol. 2, 29ª ed., rev. e atual. São Paulo: Saraiva, 2012, p. ???.

363. PENTEADO, Mauro Rodrigues. Títulos de crédito no Projeto de Código Civil. *Revista de Direito Mercantil, Industrial, Econômico e Financeiro,* 100, p. 24 e segs.

364. BULGARELLI, Waldírio. *Títulos de crédito*. São Paulo: Atlas, 2000, p. 71.

365. FIGUEIREDO, Ivanildo. Princípios do Direito Cambiário. *In:* COELHO, Fábio Ulhôa. *Tratado de Direito Comercial.* Volume 8. São Paulo: Saraiva, 2015, p. 28.

A despeito disso, há autores que defendem a existência dos títulos atípicos[366]. Seriam "resultantes da criatividade da praxe empresarial, com base no princípio da livre iniciativa, pedra angular na ordem econômica (Constituição de 1988, arts. 1º e 170), visando a atender as necessidades jurídicas e econômicas do futuro, tendo em vista a origem consuetudinária da atividade mercantil"[367].

O art. 890 do Código Civil considera **cláusulas não escritas no título** a cláusula de juros, a proibitiva de endosso, a excludente de responsabilidade pelo pagamento ou por despesas, a que dispense a observância de termos e formalidades prescritas e a que, além dos limites fixados em lei, exclua ou restrinja direitos e obrigações.

5. TÍTULOS DE CRÉDITO VIRTUAIS, ELETRÔNICOS OU ESCRITURAIS – DESMATERIALIZAÇÃO E PRINCÍPIOS CAMBIAIS

Os títulos de crédito são o ponto mais alto do formalismo no direito empresarial, dado que eles se destinam, antes de tudo, à circulação. O direito, nos títulos de crédito, acaba por ficar "plenamente objetivado e despersonalizado": ele se torna uma "coisa" negociada independentemente da pessoa do vendedor. Tanto que se submete às regras da circulação dos bens móveis e não da circulação dos direitos.

Hoje em dia, a emissão e a negociação dos títulos de crédito se tornaram ainda mais abstratas, pois os direitos estão deixando de ser declarados sobre um documento em papel para serem expressos em meio eletrônico[368]. Esse fenômeno tem sido denominado "desmaterialização".

Buscando determinar se um documento pode ser criado por meio eletrônico, recorremos a Carnelutti, para quem documento é coisa que nos permite conhecer outra[369]. **O documento tem dois elementos: a capacidade de incorporar e transmitir uma declaração e o suporte**[370], mas o documento eletrônico "não se prende ao meio físico em que está gravado, possuindo autonomia em relação a ele". É "uma sequência de *bits* que, traduzida por meio de um determinado programa de computador, seja representativo de um fato"[371]. Na conclusão de Newton de Lucca, com a qual concordamos, "não existe,

---

366. TOMAZETTE, Marlon. *Curso de Direito Empresarial: títulos de crédito*. v. 2. São Paulo: Saraiva, 2009. p. 13-14.

367. ROSA JÚNIOR, Luiz Emygdio Franco da. *Títulos de crédito*. Rio de Janeiro: Renovar, 2004, p. 35.

368. GRECO, Marco Aurélio. *Internet e direito,* São Paulo: Dialética, 2000, p. 17: "*a mensagem se desatrela do meio físico passando a ter vida própria*, independentemente de estar suportada a átomos".

369. CARNELUTTI, Francesco. Verbete "Documento" In: *Nuovo Digesto Italiano.* Torino: UTET, 1938, v. V, p. 105.

370. LORENZETTI, Ricardo. *Comércio eletrônico.* Trad. Fabiano Menke. São Paulo: Revista dos Tribunais, 2004, p. 128.

371. MARCACINI, Augusto Tavares Rosa. *O documento eletrônico como meio de prova.* Disponível em: http://augustomarcacini.net/index.php/DireitoInformatica/DocumentoEletronico. Acesso em: 10 jul. 2014.

na verdade, diferença ontológica entre a noção tradicional de documento e a nova noção de documentos eletrônicos"[372].

Na legislação, a Medida Provisória 2.200-2/2001, que "institui a Infra-Estrutura de Chaves Públicas Brasileira – ICP-Brasil", dispõe sobre a validade dos documentos eletrônicos: "Art. 10. Consideram-se documentos públicos ou particulares, para todos os fins legais, os documentos eletrônicos de que trata esta Medida Provisória".

O **Código Civil** veio a facilitar o reconhecimento dos títulos eletrônicos, **ao ampliar o conceito *legal* de documento, prevendo, no art. 225, que "as reproduções fotográficas, cinematográficas, os registros fonográficos e, em geral, quaisquer outras reproduções mecânicas ou eletrônicas de fatos ou de coisas fazem prova plena destes, se a parte, contra quem forem exibidos, não lhes impugnar a exatidão"**.

A Lei das Sociedades por Ações já previa a emissão e a transferência de ações sob a forma escritural (arts. 34 e 35), cujas operações são realizadas exclusivamente por meio eletrônico, ainda que elas não sejam títulos de crédito, mas valores mobiliários. Finalmente, a Lei nº 13.775/2018 regulamentou a emissão de duplicatas sob a forma escritural, cujo registro se realiza mediante lançamento em sistema eletrônico de escrituração (art. 3º).

Reconhecendo a existência dos títulos de crédito virtuais, eletrônicos ou escriturais, afirma, o Enunciado 462, das Jornadas de Direito Civil:

> 462 – Art. 889, § 3º: os títulos de crédito podem ser emitidos, aceitos, endossados ou avalizados eletronicamente, mediante assinatura com certificação digital, respeitadas as exceções previstas em lei.

II. LETRA DE CÂMBIO

1. ORIGENS

A letra de câmbio é resultado da criação dos comerciantes italianos do final da Idade Média que realizavam negócios com diversas cidades autônomas, cada qual com sua própria moeda. Havia dois problemas: a necessidade de troca de moedas e os custos e os riscos do transporte de dinheiro (moedas) nos constantes deslocamentos entre as cidades.

Assim, antes de deixar a cidade, o comerciante depositava o que acabara de receber em um banco. O banqueiro, ao receber as moedas em circulação em sua própria cidade, entregava ao comerciante uma carta (*lettera*) contendo uma ordem de pagamento ao banco do próximo destino, para que se lhe pagasse, ou a quem ele indicasse, em moeda local, o equivalente ao valor depositado. É evidente que um título como esse não poderia circular sem o estabelecimento de confiança.

---

372. DE LUCCA, Newton. Títulos e contratos eletrônicos: o advento da informática e seu impacto no mundo jurídico. In: DE LUCCA, Newton; SIMÃO FILHO, Adalberto. *Direito & Internet:* aspectos jurídicos relevantes. Bauru: EDIPRO, 2000, p. 44.

A letra funcionava como um instrumento de câmbio entre moedas diversas. É o chamado período italiano, que vigorou até o final do século XVII.

A ele seguiu-se o período francês. A partir da Ordenança de Luiz XIV, de 1673, se reconhece a legitimidade do endosso cambiário, com sua eficácia translativa e de garantia[373]. Permitiu-se a livre transferência do título a qualquer pessoa, de maneira que a letra de câmbio passa a servir de **meio de pagamento** e não apenas, como na fase italiana, de mero instrumento de execução do contrato de câmbio.

A possibilidade de circulação introduz o risco da falta de pagamento. Criou-se a figura do avalista, cuja assinatura não representava a transferência do título, apenas a garantia do pagamento.

Por fim, em 1848, surge na Alemanha a Ordenação Geral do Direito Cambiário: a letra passa a ser um título abstrato, ou seja, não vinculado à relação jurídica original. Trata-se do período alemão, que durou até 1930, com a realização da Convenção de Genebra sobre títulos de crédito, da qual resultou a Lei Uniforme de Genebra.

2. LEGISLAÇÃO APLICÁVEL

O direito brasileiro regulou a letra de câmbio através do Decreto 2.044, de 31 de dezembro de 1908 (também chamado Lei Saraiva). O Brasil, no entanto, participou das Convenções de Genebra e a elas aderiu em 1942. Surgiu, então, uma questão a respeito da legislação aplicável às letras. Mas por muito tempo permaneceu em vigência o Decreto 2.044, que então tinha o *status* de lei ordinária e, como tal, somente poderia ser revogado por outra lei.

A polêmica sobre a revogação ou não do Decreto 2.044 foi resolvida pelo STF, que no julgamento do RE 71.154-PR, decidiu que a Lei Uniforme tem aplicação imediata naquilo que modificou a legislação interna.

O mencionado Decreto 57.663/66 possui dois anexos: o I, contendo o texto da LUG, e um anexo II, através do qual se apontam as reservas admitidas. Isso é de fundamental importância: a Convenção de Genebra permitiu que os países fizessem pequenas mudanças no texto da Lei Uniforme quando da sua introdução em seus respectivos ordenamentos. Essas mudanças estão previstas na própria Convenção, sob pena de desvirtuamento de seus propósitos – uniformização do direito.

O Brasil, por sua vez, assinalou 13 reservas, de forma que, nesses itens específicos, a LUG não é aplicada, e sim, o Decreto 2.044/1908. Nos termos do Decreto nº 57.663, de 24 de janeiro de 1966, que incorporou a LUG ao direito brasileiro, foram assinaladas reservas aos artigos 2, 3, 5, 6, 7, 9, 10, 13, 15, 16, 17, 19 e 20.

---

373. LA ROSA, Antonio Pavone. *La letra de cambio*. Tradução por Oswaldo J. Maffía. Buenos Aires: Abeledo-Perrot, 1988, p. 23.

3. SAQUE

Saque é o **ato cambiário de emissão de um título de crédito**. O termo é utilizado pelo Decreto 2.044/1908 mas em alguns dispositivos refere-se ao sacador como "emitente". A LUG refere-se a "emissão"[374].

A LUG enumera os requisitos para a emissão da letra de câmbio (art. 1º), que podem ser considerados essenciais ou não essenciais:

Os **requisitos** são:

1 – a palavra "letra" inserta no próprio texto do título é expressa na língua empregada para a redação desse título. É a chamada **cláusula cambiária**. O Brasil adotou a tradução portuguesa da LUG, que adotou a denominação "letra" ao invés de "letra de câmbio", opção criticada mesmo entre os portugueses.

2 – o mandato puro e simples de pagar uma quantia determinada. A expressão da LUG não é das mais felizes. Trata-se, aqui, de uma **ordem incondicional de pagamento.**

Por outro lado, a "quantia exata" há de ser estipulada em moeda nacional. Por força da Lei nº 10.192/2001, art. 1º, parágrafo único, inciso I, são vedadas, sob pena de nulidade, quaisquer estipulações de pagamento "expressas em, ou vinculadas a ouro ou moeda estrangeira, ressalvado o disposto nos arts. 2º e 3º do Decreto-Lei nº 857, de 11 de setembro de 1969, e na parte final do art. 6º da Lei nº 8.880, de 27 de maio de 1994". Portanto, afora essas exceções, os títulos cambiários devem ser emitidos e pagos em moeda nacional.

O art. 5º da LUG permite que, na **letra pagável à vista ou a um certo termo de vista**, o sacador estipule a incidência de **juros**. A taxa de juros deve ser indicada na letra; na falta de indicação, a cláusula de juros é considerada como não escrita. Os juros contam-se da data da letra, se outra data não for indicada.

3 – o **nome** daquele que deve pagar (**sacado**). É importante destacar que o sacado não se obriga ao pagamento pela mera indicação de seu nome no título. A vinculação cambial somente se dá com o seu aceite, ocasião em que manifesta sua concordância com a ordem de pagamento.

4 – a **época do pagamento,** ou seja, quando se torna exigível. O sacador pode indicá-la de quatro formas:

a) **à vista**, ou seja, o vencimento ocorre quando se dá **com a apresentação para aceite, o que deve ocorrer em até um ano da data da emissão, se outro prazo não houver sido estabelecido**. É o que estabelece o art. 34 da LUG. Mas o sacador pode estipular que uma letra pagável à vista não deverá ser apresentada

374. ALVES, Alexandre Ferreira de Assumpção. Atos Cambiais. In: COELHO, Fábio Ulhôa. *Tratado de Direito Comercial.* Volume 8. São Paulo: Saraiva, 2015, p. 46-47.

a pagamento antes de uma certa data. Nesse caso, o prazo para a apresentação conta-se dessa data.

b) **A um certo termo da vista**, nos termos do art. 35 da LUG, quando o vencimento ocorre com o decurso de prazo a partir da vista (aceite) ou, na recusa do sacador, a partir da data do protesto. Exemplo: "o vencimento ocorrerá em 30 dias a partir do aceite".

c) **A um certo tempo da data.** O vencimento também ocorre com o decurso de prazo a partir do próprio saque da letra. Exemplo: "vencimento em 30 dias a partir desta data"; ou

d) **Com vencimento em um dia certo,** evidentemente, no dia estabelecido pelo sacador (art. 37, da LUG). Exemplo: "vencimento em 5 de outubro de 2023".

Trata-se de requisito não essencial, uma vez que, nos termos do art. 2º, alínea 2, da LUG, a letra que não indicar a época do pagamento será considerada à vista.

5 – **a indicação do lugar em que se deve efetuar o pagamento**; mas na falta dessa indicação, o lugar designado ao lado do nome do sacado será considerado o lugar do pagamento (art. 2º, alínea 3, LUG), razão pela qual é considerado um **requisito não essencial**.

6 – o nome da pessoa a quem ou a ordem de quem deve ser paga, isto é, a **identificação do tomador**. Logo, não se admite mais o saque da letra de câmbio ao portador.

7 – indicação da **data e lugar da emissão**. A **data é de fundamental importância na sistemática da LUG, e sua ausência torna nula a letra**: é a partir dela que o sacador se obriga cambialmente. A data também estabelece o regime jurídico aplicável, de modo que eventuais mudanças legislativas que alterem aspectos formais da letra de câmbio não alcançarão o título.

No caso de saque por sociedade em que haja sócios com responsabilidade ilimitada, é o marco temporal para verificar eventual retirada do sócio, para efeitos de responsabilização, nos termos do art. 81 da Lei 11.101/05 (Lei de Recuperação e Falências), que estabelece que a falência da sociedade acarreta a falência dos sócios de responsabilidade ilimitada. Comentando o tema, Ricardo Negrão destaca que a data do saque documenta o momento em que nasceu a obrigação da sociedade em estado falimentar, bastando verificar a situação do sócio solidário em relação à data de saque, comparando-a com o documento de sua retirada registrado na Junta Comercial[375].

O **lugar da emissão** da letra de câmbio é **requisito não essencial**, uma vez que, na falta de sua indicação, considera-se como tal o lugar indicado ao lado do nome do sacador (art. 2º, alínea 4, da LUG).

375. NEGRÃO, Ricardo. *Curso de Direito Comercial e de Empresa*. Vol. 2. São Paulo: Saraiva, 2017, p. 72.

8 – a **assinatura do sacador**, ou seja, de quem dá a ordem de pagamento. Pelo art. 9º da LUG, o sacador garante a aceitação e o pagamento da letra, de modo que, se o sacado não aceitar a ordem ou não cumpri-la quando do seu vencimento, o credor poderá cobrar o sacador.

Pode a letra de câmbio – e qualquer título de crédito – ser emitida e circular sem atender a todos os requisitos acima examinados. Neste caso, teremos a chamada **letra em branco**, ou **letra incompleta**. A esse respeito, a **Súmula 387 do STF** estabelece que "a cambial emitida ou aceita com omissões, ou em branco, pode ser completada pelo credor de boa-fé antes da cobrança ou do protesto". Na mesma linha, o art. 891 do Código Civil estabelece que o título de crédito, incompleto ao tempo da emissão, deve ser preenchido de conformidade com os ajustes realizados.

O art. 10 da LUG trata do "preenchimento" da letra incompleta:

> Art. 10. Se uma letra incompleta no momento de ser passada tiver sido completada contrariamente aos acordos realizados não pode a inobservância desses acordos ser motivo de oposição ao portador, salvo se este tiver adquirido a letra de má-fé ou, adquirindo-a, tenha cometido uma falta grave.

4. ACEITE

Acima, analisamos a emissão (saque) da letra de câmbio. A simples indicação do sacado, no documento, não o obriga cambiariamente. Isso somente ocorrerá quando ele manifestar sua **concordância com a ordem de pagamento**.

Aceite é a declaração cambial firmada no título por meio da qual o sacado, aquiescendo à ordem de pagamento a ele dada pelo sacador, assume, na qualidade de aceitante, a posição de devedor principal e direto da soma cambial[376].

Na sistemática da Lei Uniforme, exprime-se pela palavra "aceite" ou qualquer outra palavra equivalente e é assinado pelo sacado. Vale como aceite a simples assinatura do sacado aposta na parte anterior da letra (art. 25, da LUG).

O aceite, na letra de câmbio, é **facultativo**. No entanto, a consequência da recusa, pelo sacado, do aceite, é o **vencimento antecipado do título**. Em outras palavras, o tomador pode exigir imediatamente do sacado o pagamento do valor do título.

Não devemos confundir, no entanto, o aceite (facultativo) com a apresentação do título para aceite, que pode ser obrigatória ou facultativa. A **apresentação para aceite** será **obrigatória** nos casos de **vencimento a certo termo da vista**, e facultativa nos casos de vencimento em dia certo ou a certo termo de prazo, situações em que as datas de vencimento são conhecidas.

376. BORGES, João Eunápio. *Títulos de crédito*. Rio de Janeiro: Forense, 1976, p. 62.

O aceite pode ser **puro e simples** ou **parcial**. É o que estabelece o art. 26, da LUG. O **aceite parcial**, por sua vez, pode ser **limitativo** (o sacado apenas aceita parte do valor do título) ou **modificativo**, quando o sacado altera alguma condição de pagamento, como a data do vencimento.

No caso do **aceite parcial**, a situação é idêntica à da recusa do aceite: aplicam-se os arts. 43 e 44: o vencimento antecipado do título (quanto ao valor recusado), permitindo-se ao portador o exercício do seu direito de ação cambial, e obrigando-o a protestar o título no prazo legal para comprovar a falta de aceite. No que se refere ao valor aceito, aplica-se o art. 28, da LUG, devendo o portador aguardar o vencimento para apresentar o título para o pagamento. No caso de recusa, é necessário protestar o título por falta de pagamento (art. 28, do Decreto 2.044/08).

Percebe-se, assim, que a recusa do aceite apresenta grandes riscos ao sacador e aos demais codevedores. A Lei Uniforme permite a introdução da chamada **cláusula "não aceitável"**. É o que estabelece o art. 22, da LUG. Assim, pode o sacador **proibir sua apresentação ao sacado para aceite antes do vencimento.** Essa cláusula evita que o sacador seja surpreendido, pois não haverá antecipação de vencimento no caso de recusa do sacado nem protesto, e também impede que o possuidor exerça direito de ação contra os coobrigados (inclusive o próprio sacador).

Uma variante dessa cláusula não aceitável é a do art. 22, alínea 3, da LUG, que permite ao sacador estipular que a apresentação ao aceite não poderá ocorrer antes de determinada data.

Todo endossante pode estipular que a letra deve ser apresentada ao aceite, com ou sem fixação de prazo, salvo se ela tiver sido declarada não aceitável pelo sacador.

5. ENDOSSO

Trata-se do ato cambiário através do qual o beneficiário do título de crédito à ordem (endossante) transfere sua propriedade a terceiro (endossatário), com todos os direitos nele mencionados. Se antes havia três pessoas – sacador, sacado e tomador, surge agora mais uma figura, o endossatário. O primeiro endossante será sempre o tomador.

Observando a cadeia cambial, podemos afirmar que o endosso transfere o título ao endossatário e torna o endossante um devedor, vinculando-o ao pagamento.

A letra de câmbio é um título à ordem; no entanto, admite-se a inclusão de cláusula não à ordem, nos termos do art. 11, alínea 2, da LUG. Quando o sacador (ou qualquer endossante) tiver inserido na letra as palavras "não a ordem", ou uma expressão equivalente, a letra só é transmissível pela forma e com os efeitos de uma cessão de créditos (instituto do direito civil).

5.1. Modalidades

a) **endosso em branco** – quando o endossante apõe sua assinatura, no verso do título (para não confundir com o aval), seguida ou não da expressão "ao portador". O endossatário será seu portador.

O endosso em branco dos títulos cambiários e valores mobiliários foi vedado pelo disposto na Lei nº 8.088/90, art. 19[377]. Como a Lei nº 8.088/90 é lei especial em relação ao Código Civil e à Lei Uniforme, hoje não é possível o endosso em branco de títulos de crédito. É inaplicável, no confronto entre a Lei nº 8.088/90 e o Código Civil, o princípio de que a lei posterior revoga a anterior em virtude da disposição expressa do artigo 903 do próprio Código.

b) **endosso em preto**, quando o endossante expressamente nomeia o endossatário.

O endosso, nos termos do art. 12, da LUG, sempre será puro ou simples, isto é, **não se admite o endosso parcial, que será nulo.** O Código Civil também adotou essa regra (art. 912).

O art. 15, da LUG, estabelece que o endossante é garante tanto da aceitação como do pagamento da letra. Permite, no entanto, que haja cláusula expressa que o exclua de ambas ou de uma dessas obrigações.

Ainda de acordo com o art. 15, **o endossante pode proibir um novo endosso**, e, neste caso, não garante o pagamento às pessoas a quem a letra for posteriormente endossada.

Afirmamos que o endosso transfere a propriedade do título. É o que chamamos de endosso próprio. Mas é possível que o endossante transfira apenas a posse ou a propriedade resolúvel do título ao endossatário, mantendo sua propriedade ou podendo readquiri-la, se resolúvel, quando tiver cumprido a obrigação assumida perante o endossatário[378]. É o que chamamos de **endosso impróprio**. São espécies de endosso impróprio:

O **endosso-mandato** é previsto no art. 18, da LUG, e também no art. 917, do Código Civil. Ocorre quando o endossante insere cláusula de mandato. O endossatário pode exercer todos os direitos inerentes à letra, mas só pode endossá-la na qualidade de procurador. Logo, os demais coobrigados somente podem invocar contra o endossatário-mandatário as exceções oponíveis ao endossante. Aqui, é importante lembrar que não

377. REQUIÃO, Rubens. *Curso de direito comercial*. Vol. 2, 29ª ed., rev. e atual. por Rubens Edmundo Requião. São Paulo: Saraiva, 2012, p. 509, põe em dúvida "se a lei ordinária tem supremacia sobre a Lei Uniforme, que expressamente prevê a forma não nominativa do endosso, ou seja, o endosso em branco", mas admite que a proibição do endosso em branco continua prevalecendo, em face da lei especial, nos termos do art. 903 do Código Civil.

378. ALVES, Alexandre Ferreira de Assumpção. Atos Cambiais. In: COELHO, Fábio Ulhôa. *Tratado de Direito Comercial*. Volume 8. São Paulo: Saraiva, 2015, p. 71.

são aplicáveis os princípios da autonomia e da abstração, uma vez que o título não se desprendeu da *causa debendi*[379].

O endossatário-mandatário poderá apresentar a letra para aceite ou pagamento e pode protestá-la. Aqui, duas súmulas do STJ merecem atenção:

A Súmula 476 estabelece que "o endossatário de título de crédito por endosso-mandato só responde por danos decorrentes de protesto indevido se extrapolar os poderes de mandatário".

Por outro lado, a Súmula 475 prescreve que "responde pelos danos decorrentes de protesto indevido o endossatário que recebe por endosso translativo título de crédito contendo vício formal extrínseco, ficando ressalvado seu direito de regresso contra os endossantes e avalistas".

O mandato que resulta de um endosso por procuração não se extingue por morte ou sobrevinda incapacidade legal do mandatário, e nesse ponto há importante diferença com o mandato civil (art. 682, II, do Código Civil).

O **endosso-caução**, ou **endosso-pignoratício,** é aquele que transfere ao endossatário o crédito em garantia ao cumprimento de obrigação. O endossatário, credor pignoratício do endossante, não pode realizar endosso comum: somente pode endossar o título como procurador (art. 19, da LUG). No Código Civil, a matéria é tratada no art. 918, *caput* e §1º, segundo o qual o endossatário de endosso-penhor só pode endossar novamente o título na qualidade de procurador. Os coobrigados não podem invocar contra o portador as exceções fundadas sobre as relações pessoais deles com o endossante, a menos que o portador, ao receber a letra, tenha procedido conscientemente em detrimento do devedor.

Endosso e cessão civil de crédito são institutos que não se confundem. O endosso, ato cambiário, é unilateral, feito no próprio título. O endossante se torna coobrigado da relação cambiária. O portador poderá exigir o crédito do endossante. Por outro lado, em se tratando de instituto cambiário, aqui vigoram os princípios da autonomia e da inoponibilidade das exceções pessoais ao terceiro de boa-fé. A cessão civil de crédito é ato negocial, bilateral, formalizado por contrato; o cedente somente responde pela existência do crédito cedido, não pelo seu adimplemento, de modo que, em caso de inadimplemento, não poderá ser acionado pelo cessionário. O cedente pode alegar, em sua defesa, matérias referentes à sua relação jurídica com o cessionário.

Nos termos do art. 919 do Código Civil, a aquisição de título a ordem, por meio diverso do endosso, tem efeito de cessão civil. Mas o fato de o endosso ocorrer em data posterior ao vencimento não o descaracteriza como tal (art. 920). A LUG, art. 20, estabelece que o endosso posterior ao vencimento tem os mesmos efeitos que o endosso anterior, **todavia**, o endosso posterior ao protesto por falta de pagamento ou feito depois de

379. ALVES, Alexandre Ferreira de Assumpção. Atos Cambiais. In: COELHO, Fábio Ulhôa. *Tratado de Direito Comercial*. Volume 8. São Paulo: Saraiva, 2015, p. 72.

expirado o prazo fixado para se fazer o protesto, produz apenas os efeitos de uma cessão ordinária de crédito.

6. AVAL

Aval é uma **garantia** de outra obrigação cambiária. Em sentido formal, é uma garantia relativamente acessória, pois se a obrigação do avalizado for nula por vício de forma, essa invalidade repercute sobre a obrigação do avalista. Substancialmente falando, o aval é uma garantia absolutamente autônoma. É o que se depreende do art. 32, alínea 2, da LUG, que mantém a obrigação do avalista "mesmo no caso de a obrigação que ele garantiu ser nula por qualquer razão que não seja um vício de forma".

No entanto, em que pese o aval constituir declaração unilateral de vontade, bem como o princípio da autonomia das declarações cambiárias, o Superior Tribunal de Justiça tem admitido a oposição pelo avalista das exceções pessoais que caberiam ao avalizado, com fundamento no princípio da boa-fé, tendo em vista que o credor conheceria a ausência de causa do título, e da vedação ao enriquecimento sem causa[380]. Aduz ainda o Tribunal que o princípio da autonomia das obrigações teria por fundamento a circulação do título, inexistente nessa hipótese.

O avalista garante, a princípio, o pagamento total da letra, mas o art. 30, alínea 1, da LUG, admite a possibilidade de ele se obrigar por quantia inferior ao valor do título – **aval parcial**. Nesse caso, deve indicar de forma clara o valor pelo qual o avalista se responsabiliza, ou será considerado integral (princípio da literalidade). É importante observar que o Código Civil expressamente proíbe o aval parcial (art. 897, parágrafo único) mas esse dispositivo não se aplica aos títulos regidos por leis especiais.

É lançado no próprio título ou em folha anexa, com a assinatura do avalista sob a expressão "por aval" ou outra de mesmo sentido (art. 31 da LUG). Como vimos ao estudarmos o endosso, a simples assinatura do avalista não pode ser lançada no verso da letra de câmbio, já que este é o local próprio para o endosso. A regra também se aplica aos títulos regidos pelo Código Civil (art. 898, §1º: para a validade do aval, dado no anverso do título, é suficiente a simples assinatura do avalista).

Quando o avalista não identifica o avalizado, entende-se tratar de **aval em branco** – lançado no anverso ou no verso, necessariamente com a expressão "por aval" ou equivalente quando lançado no verso. Nesses casos, presume-se tratar-se de avalista do sacador (art. 31). Segundo a Súmula 189 do STF, avais em branco e superpostos consideram-se simultâneos e não sucessivos. Já no **aval em preto** há expressa identificação, pelo avalista, da pessoa a quem dá o aval (avalizado).

---

380. STJ, REsp 1.436.245/MG, Terceira Turma, rel. Min. João Otávio de Noronha, v.u. 17/03/2015, ementa (transcrição parcial). "3. É possível ao avalista opor exceções pessoais relativas à origem do débito se o título de crédito não circulou. Mitigação dos princípios da abstração e da autonomia do aval. Incidência dos princípios da boa-fé e da vedação ao enriquecimento sem causa".

Pode ocorrer que o devedor cambial tenha sua obrigação garantida por mais de um avalista. É o caso dos **avais simultâneos (coavais)**, situação em que os avalistas são devedores solidários – o pagamento feito por um exonera os demais – nos termos do Código Civil, arts. 275 e seguintes. A LUG não trata das relações jurídicas entre os coavalistas[381].

No caso dos **avais sucessivos (aval de aval)**, a relação é cambial: se o avalista do avalista pagar o título, terá direito de regresso contra o seu avalizado, o(s) endossante(s), tomador, sacador e aceitante.

Aval e fiança não se confundem: o aval é uma garantia cambiária e, portanto, é autônomo em relação à obrigação avalizada; já a fiança é uma obrigação acessória, que segue a sorte da principal. Consequência de sua natureza cambiária, o aval não comporta benefício de ordem. Já o fiador pode indicar, inicialmente, bens do afiançado (ainda que, na prática, seja comum a estipulação da renúncia, pelo afiançado, de tal benefício).

Uma questão não tratada pela Lei Uniforme é a necessidade ou não de outorga do cônjuge no caso de aval prestado por casado. O art. 1.647, II, do Código Civil, acabou por tratar de forma semelhante os institutos do aval e da fiança, exigindo a outorga em ambas as situações. O STJ vem aplicando a norma, declarando a nulidade do aval sem outorga conjugal prestado por pessoa casada no AgRg no REsp 108.205-2/RS, Rel. Min. Marco Buzzi, 4ª Turma, DJe 27.09.2013.

O STJ já entendeu, ainda, que a expressão "separação absoluta" engloba não apenas o regime de separação convencional, mas também o regime de separação obrigatória de bens (regime imposto pela lei aos cônjuges). Neste sentido, o REsp 116.307-4/PB, Rel. Min. Massami Uyeda, 3ª Turma, DJe 04.02.2010.

7. PAGAMENTO

Na letra de câmbio, o portador (último endossatário) é o credor do título.

Sabemos que, **com o vencimento da letra, o título deve ser levado à apresentação ao primeiro devedor (o sacado).** Ele pode aceitar (tornando-se aceitante) ou não; nesta hipótese, impõe-se o protesto do título. A partir daí, o portador pode exigir o título de qualquer signatário que lhe anteceda na cadeia cambiária.

A **apresentação** da letra merece algumas considerações. De acordo com o art. 38 da LUG, o portador de uma letra pagável em dia fixo ou a certo termo da data ou de vista deve apresentá-la a pagamento no dia em que ela é pagável ou num dos dois dias seguintes. **Se o portador não apresenta o título nesse prazo, perde os seus direitos de ação contra os endossantes, contra o sacador e contra os outros coobrigados, à**

381. NEGRÃO, Ricardo. *Curso de Direito Comercial e de Empresa*. Vol. 2. São Paulo: Saraiva, 2017, p. 95. O autor cita PONTES DE MIRANDA, para quem "as relações jurídicas que possam existir entre coavalistas são necessariamente extracambiárias, com referência ao título em que apuseram seus avales". No mesmo sentido, ALVES, Alexandre Ferreira de Assumpção. Atos Cambiais. In: COELHO, Fábio Ulhôa. *Tratado de Direito Comercial*. Volume 8. São Paulo: Saraiva, 2015, p. 64.

exceção do aceitante (art. 53, alínea 2, da LUG) **nas letras que dispensam o protesto para o exercício da ação (cláusula "sem despesa")**. Nessas letras "sem despesa", "sem protesto" ou "protesto desnecessário" o portador não é obrigado a protestar o título por falta de aceite ou por falta de pagamento, mas continua obrigado a apresentá-lo dentro do prazo para o pagamento, com a expedição de avisos correspondentes ao endossante e ao sacador (arts. 45 e 46 da LUG).

Nas demais letras, o título deve ser levado a protesto por falta de pagamento, o que irá suprir a apresentação.

Ele pode exigir o pagamento de qualquer pessoa que se encontre na cadeia cambiária iniciada com o aceitante (o primeiro devedor, o devedor principal). Logo, na hipótese de o **aceitante pagar o título, os demais coobrigados estarão liberados**. O pagamento sempre libera os coobrigados posteriores da cadeia cambiária.

8. PROTESTO

Na expressão de José Maria Whitaker, é o ato oficial pelo qual se prova a não realização da promessa contida na letra[382].

Protesto é o **ato formal e solene pelo qual se prova a inadimplência e o descumprimento de obrigação originada em títulos e outros documentos de dívida** (art. 1º da Lei 9.492/97). Fabio Ulhôa Coelho critica o conceito legal, destacando que o sacado não é obrigado a aceitar a letra de câmbio e, dessa forma, não está descumprindo obrigação, a despeito de a lei prever o protesto pela falta de aceite[383].

O protesto apresentava, portanto, uma rigidez de procedimento, que pode ser assim resumida:

"a) apresentação do título a protesto;

b) qualificação do título (verificação de irregularidades);

c) intimação do devedor;

d) pagamento apenas do valor integral pelo devedor e posterior repasse para o devedor ou

e) lavratura do protesto e devolução do título protestado para o credor."[384]

As medidas de incentivo à quitação dos débitos. Alguns provimentos editados pelo Conselho Nacional de Justiça no ano de 2018 destinaram-se a admitir a mediação e a conciliação nos serviços de registro, visando estabelecer medidas de incentivo à quitação ou renegociação de dívidas protestadas, a serem realizadas pelos tabelionatos, mas sem eficácia prática.

---

382. WHITAKER, José Maria. *Letra de câmbio*. São Paulo: Revista dos Tribunais, 1963, p. 227.
383. COELHO, Fabio Ulhoa. *Curso de Direito Comercial*. Volume 1, São Paulo: Saraiva, 2015, p. 497.
384. CHEZZI, Bernardo; EL DEBS, Martha. *O novo marco legal das garantias*: aspectos práticos e teóricos da Lei 14.711/2023. São Paulo: Editora Juspodivm, 2024, p. 575.

A essas normas seguiu-se a Lei nº 14.711/2023, que admitiu uma fase de solução negocial prévia entre o credor ou o apresentante do título e o devedor, por meio da qual o credor indicaria, no momento da apresentação do título, critérios fixados por ele para a solução da dívida. Esse procedimento é realizado por meio digital pela interface da CENPROT (Central Nacional de Serviços Eletrônicos Compartilhados), órgão do Instituto de Estudos de Protesto de Títulos do Brasil – IEPTB. Transcrevemos o necessário do artigo 11 da Lei nº 14.711/2023:

> Art. 11-A. Fica permitida ao tabelião de protesto e ao responsável interino pelo tabelionato territorialmente competente, por meio da central nacional de serviços eletrônicos compartilhados dos tabeliães de protesto prevista no art. 41-A desta Lei, a recepção do título ou documento de dívida com a recomendação do apresentante ou credor, caso este assim opte e requeira expressamente, de proposta de solução negocial prévia ao protesto, observado o seguinte:
>
> I - o prazo de resposta do devedor para a proposta de solução negocial será de até 30 (trinta) dias, segundo o que vier a ser fixado pelo apresentante, facultada a estipulação do valor ou percentual de desconto da dívida, bem como das demais condições de pagamento, se for o caso;
>
> II - o tabelião de protesto ou o responsável interino pelo tabelionato expedirá comunicação com o teor da proposta ao devedor por carta simples, por correio eletrônico, por aplicativo de mensagem instantânea ou por qualquer outro meio idôneo;
>
> III - a remessa será convertida em indicação para protesto pelo valor original da dívida na hipótese de negociação frustrada e se não houver a desistência do apresentante ou credor.

Nessa fase do procedimento, admite-se a comunicação por meio de carta simples, correio eletrônico, aplicativo de mensagem instantânea ou qualquer meio idôneo, como se vê no inciso II, acima. Veremos adiante a extensão das medidas de intimação do protesto.

A fim de evitar eventual prejuízo ao credor, o prazo prescricional se interrompe no momento em que o título é apresentado para essa solução negocial.

A renegociação da dívida protestada. Após a lavratura do protesto se extinguia a atividade do tabelião, que se limitava a devolver o título protestado ao apresentante; agora, faculta-se ao credor, ao devedor e ao representante do tabelionato, após a conclusão do procedimento do protesto, propor medidas de renegociação de dívidas protestadas, nos termos do artigo 26-A, *caput* e § 1º da Lei nº 14.177/2023, a seguir transcrito:

> Art. 26-A. Após a lavratura do protesto, faculta-se ao credor, ao devedor e ao tabelião ou ao responsável interino territorialmente competente pelo ato, por intermédio da central nacional de serviços eletrônicos compartilhados dos tabeliães de protesto prevista no art. 41-A desta Lei, a qualquer tempo, propor medidas de incentivo à renegociação de dívidas protestadas e ainda não canceladas, podendo também ser concedido abatimento de emolumentos e demais acréscimos legais.
>
> § 1º Faculta-se ao credor, ainda, autorizar o tabelião ou o responsável interino pelo expediente a receber o valor da dívida já protestada, bem como indicar eventual critério de atualização desse valor, concessão de desconto ou

> parcelamento do débito, e ao devedor oferecer contrapropostas, por meio da central nacional de serviços eletrônicos compartilhados.

Intimação eletrônica. A Lei nº 14.711/2023 alterou o disposto no artigo 14 da lei de protestos (Lei nº 9.492/97) e, acompanhando o previsto no Provimento CNJ 97/2020, passou a admitir do protesto por meio eletrônico, regulamentando sua aplicação. Transcrevemos a alteração:

> "§ 3º O tabelião de protesto poderá utilizar meio eletrônico ou aplicativo multiplataforma de mensagens instantâneas e chamadas de voz para enviar as intimações, caso em que a intimação será considerada cumprida quando comprovado o seu recebimento por meio de confirmação de recebimento da plataforma eletrônica ou outro meio eletrônico equivalente. (Incluído pela Lei nº 14.711, de 2023)
>
> § 4º Após 3 (três) dias úteis, contados da remessa da intimação na forma do § 3º, sem que haja a comprovação de recebimento, deverá ser providenciada a intimação nos termos dos §§ 1º e 2º deste artigo. (Incluído pela Lei nº 14.711, de 2023)
>
> § 5º Na hipótese de o aviso de recepção ou documento equivalente não retornar ao tabelionato dentro do prazo de 7 (sete) dias úteis, deverá ser providenciada a intimação por edital, observado o prazo para a lavratura do protesto consignado no art. 13 desta Lei. (Incluído pela Lei nº 14.711, de 2023)
>
> § 6º Considera-se dia útil para o fim da contagem dos prazos deste artigo aquele em que houver expediente bancário para o público na localidade, conforme definido pelo Conselho Monetário Nacional. (Incluído pela Lei nº 14.711, de 2023)"

Edital eletrônico. Há de se reconhecer a pouca efetividade das intimações fictas, como as realizadas por meio de edital, bem como o elevado custo das publicações, como era exigido pelo §1º do artigo 15 da Lei nº 9.249/97. A nova redação desse artigo dispensa a publicação pela imprensa local e a substitui pelas realizadas por meio eletrônico. Transcrevemos:

> Art. 15. A intimação será feita por edital se a pessoa indicada para aceitar ou pagar for desconhecida, sua localização incerta ou ignorada, for residente ou domiciliada fora da competência territorial do Tabelionato, ou, ainda, ninguém se dispuser a receber a intimação no endereço fornecido pelo apresentante.
>
> § 1º O edital será afixado no Tabelionato de Protesto e publicado no sítio eletrônico da central nacional de serviços eletrônicos compartilhados dos tabeliães de protesto prevista no art. 41-A desta Lei, sem prejuízo de outras publicações em jornais eletrônicos. (Redação dada pela Lei nº 14.711, de 2023)
>
> § 2º Aquele que fornecer endereço incorreto, agindo de má-fé, responderá por perdas e danos, sem prejuízo de outras sanções civis, administrativas ou penais.

A Lei nº 12.767/12 incluiu um parágrafo único no referido art. 1º da Lei 9.492/97, incluindo entre os títulos sujeitos a protesto as certidões de dívida ativa da União, dos Estados, do Distrito Federal, dos Municípios e das respectivas autarquias e fundações públicas.

O protesto, perante o tabelião do Cartório de Títulos, pode ocorrer por duas razões:

a) **Protesto por falta de aceite**, nos casos de letras com vencimento a certo tempo da vista (que, como vimos, é exatamente o aceite). O portador deverá apresentar o título para protesto, nos termos do art. 44, da LUG, ou perderá o direito de ação cambial contra os endossantes e outros coobrigados.

b) **Protesto por falta de pagamento de uma letra pagável em dia fixo ou a certo termo de data ou de vista deve ser feito num dos dois dias úteis seguintes àquele em que a letra é pagável.** Se se trata de uma letra pagável à vista, o protesto deve ser feito nas condições indicadas na alínea precedente para o protesto por falta de aceite. É que estabelece o art. 44, alínea 3, da LUG.

O protesto é necessário? No que diz respeito à relação cambiária, será necessário para fins de garantir o direito de crédito contra os coobrigados (sacador e endossantes e seus avalistas). Quanto ao devedor principal – o aceitante e seu(s) avalista(s), o protesto é facultativo. Mas não podemos nos esquecer que o protesto possui outras finalidades, alheias à relação cambiária. Assim, o protesto será necessário para o ajuizamento de pedido de falência por impontualidade injustificada (Lei 11.101/05, art. 94).

Ao Tabelião de Protesto não cabe investigar a ocorrência de prescrição ou caducidade do título, restringindo-se ao exame de seus caracteres formais (art. 9º, da Lei nº 9.492/97).

Poderão ser protestados títulos e outros documentos de dívida em moeda estrangeira, emitidos fora do Brasil, desde que acompanhados de tradução efetuada por tradutor público juramentado (art. 10, da Lei nº 9.492/97); em caso de pagamento, este será efetuado em moeda corrente nacional, cabendo a conversão na data de apresentação do documento para protesto (art. 10, §2º).

O art. 202, III, do Código é expresso ao afirmar que o protesto cambial interrompe a prescrição, desde que feito no prazo e na forma da lei.

O protesto e o instrumento dele devem conter:

a) data e número de protocolização;

b) nome do apresentante e endereço;

c) reprodução ou transcrição do documento ou das indicações feitas pelo apresentante e declarações nele inseridas;

d) certidão das intimações feitas e das respostas eventualmente oferecidas;

e) indicação dos intervenientes voluntários e das firmas por eles honradas;

f) a aquiescência do portador ao aceite por honra;

g) nome, número do documento de identificação do devedor e endereço;

h) data e assinatura do Tabelião de Protesto, de seus substitutos ou de escrevente autorizado (Lei 9.429/97, art. 22).

O pagamento do título ou do documento de dívida apresentado para protesto será feito diretamente ao Tabelionato, no valor declarado pelo apresentante, acrescido dos emolumentos e demais despesas (art. 19, *caput*), cabendo ao Tabelionato dar a respectiva quitação. O valor devido será colocado à disposição do apresentante no primeiro dia útil subsequente ao do recebimento.

Quando o Tabelião do Protesto conservar em seus arquivos gravação eletrônica da imagem, cópia reprográfica ou micrográfica do título ou documento de dívida, dispensa-se, no registro e no instrumento, a sua transcrição literal, bem como as demais declarações nele inseridas (Lei 9.492/97, art. 22, parágrafo único).

A Lei Complementar 123/06, art. 73, traz alguns benefícios para os micro e pequenos empresários em relação às custas e emolumentos (inciso I), à forma de pagamento (inciso II), ao cancelamento do protesto fundado no pagamento (inciso III). Para gozar desses benefícios, o interessado deverá provar a sua qualidade de micro ou pequeno empresário com documento expedido pela Junta Comercial ou pelo Registro Civil das Pessoas Jurídicas, conforme o caso.

O protesto indevido gera responsabilidade civil. Quando o endosso se destina apenas a outorgar poderes de representação, no mais das vezes para as instituições financeiras, a responsabilidade delas é restringida aos atos que se extravasam os poderes concedidos.

9. AÇÃO CAMBIAL

Ação cambial é a **ação para a cobrança do direito mencionado no título de crédito**.

A ação **pode ser proposta em face do aceitante e seus avalistas**, com a simples exibição da letra e o demonstrativo do débito, devidamente atualizado até a data da propositura da ação, nos termos do art. 798, I e II, do CPC. Diz-se ação direta por prescindir do protesto do título. Mantive a redação

Já eventual ação proposta **em face dos demais coobrigados** – sacador, endossantes e seus avalistas – deve contar, ainda, com a certidão do protesto no prazo legal (num dos dois dias úteis seguintes à apresentação do título para pagamento), a menos, é claro, que estejamos tratando de título com a cláusula "sem protesto". Nesse caso, se a cláusula foi inserida pelo sacador, alcança todos os signatários; se foi outro quem a apôs ao título, o protesto somente será dispensado em relação a esta pessoa. Neste sentido, o art. 46, alínea 3, da LUG.

III. NOTA PROMISSÓRIA

A nota promissória é uma **promessa de pagamento, literal, pelo qual o emitente se obriga para com o beneficiário, a lhe pagar, ou à sua ordem, certa soma de dinheiro**.

A letra de câmbio e a nota promissória são títulos cambiais por excelência, mas na nota promissória já existe uma promessa de pagamento pela qual o subscritor se obriga a pagar quantia determinada através de uma obrigação direta, ocupando posição de devedor principal; portanto, na nota promissória, a relação cambiária se processa apenas entre dois sujeitos: subscritor (emitente do título) e beneficiário.

Como vimos anteriormente, tanto o Decreto nº 2.044/1908 quanto a Lei Uniforme (Decreto nº 57.663/66) regulamentam, ao mesmo tempo, a letra de câmbio e a nota promissória.

As normas comuns aos dois títulos estão previstas no art. 77 da Lei Uniforme e dispõem sobre:

a) **endosso** (arts. 11 a 20);

b) **vencimento** (arts. 33 a 37);

c) **pagamento** (arts. 38 a 42);

d) **direito de ação por falta de pagamento** (arts. 43 a 50 e 52 a 54);

e) **pagamento por intervenção** (arts. 55 e 59 a 63);

f) **cópias** (arts. 67 e 68);

g) **alterações** (art. 69);

h) **prescrição** (arts. 70 e 71);

i) **dias feriados, contagem de prazos e interdição de dias de perdão** (arts. 72 a 74).

Aplicam-se às notas promissórias as disposições relativas às letras pagáveis no domicílio de terceiro ou numa localidade diversa da do domicílio do sacado (arts. 4 e 27), a estipulação de juros (art. 5º), as divergências das indicações da quantia a pagar (art. 6º), as consequências da aposição de uma assinatura nas condições indicadas no art. 7º, as da assinatura de uma pessoa que age sem poderes ou excedendo os seus poderes (art. 8º) e a letra em branco (art. 10). São também aplicáveis às notas promissórias as normas relativas ao aval (arts. 30 a 32).

Entendemos que não se aplicam os dispositivos do Código Civil, nem ao menos supletivamente, aos títulos antes regidos pelas leis especiais[385], entre eles a nota promissória, em que pese respeitáveis opiniões em contrário[386].

---

385. TRIDENTE, Alessandra. Os títulos de crédito e o novo Código Civil. In: GORGA, Érica; SICA, Lígia Paula Pires Pinto (coords.). *Estudos avançados de direito empresarial*: títulos de crédito. Rio de Janeiro: Elsevier, 2013, p. 188.

386. DE LUCCA, Newton. Dos atos unilaterais. Dos títulos de crédito. Arts. 854 a 926. In: TEIXEIRA, Sálvio de Figueiredo (coord.). *Comentários ao novo Código Civil*. Rio de Janeiro: Forense, 2003, p. 232-233, admite essa possibilidade. REQUIÃO, Rubens. *Curso de direito comercial*, vol. 2, 29ª ed., rev. e atual. São Paulo: Saraiva, 2012, admite a regência supletiva das notas promissórias pelo Código Civil, no caso de omissão da legislação especial.

1. REQUISITOS FORMAIS

As notas promissórias têm **requisitos intrínsecos e extrínsecos** ou formais, exigidos por lei para que o título possa produzir efeitos. Os requisitos formais da nota promissória estão previstos no artigo 75 da Lei Uniforme:

> Art. 75. A nota promissória contém:
>
> 1 – denominação 'nota promissória' inserta no próprio texto do título e expressa na língua empregada para a redação desse título;
>
> 2 – a promessa pura e simples de pagar uma quantia determinada;
>
> 3 – a época do pagamento;
>
> 4 – a indicação do lugar em que se efetuar o pagamento;
>
> 5 – o nome da pessoa a quem ou à ordem de quem deve ser paga;
>
> 6 – a indicação da data em que e do lugar onde a nota promissória é passada;
>
> 7 – a assinatura de quem passa a nota promissória (subscritor).

A expressão "contém" determina os requisitos que devem constar, por força de lei, da literalidade do título e deixa claro que se trata de um título formal. Se faltar algum dos requisitos previstos em lei o título não vale como nota promissória, mas como simples meio de prova da relação fundamental. Todavia, o escrito na nota promissória não tem uma fórmula obrigatória.

Podem ser acrescentadas ao título outras cláusulas, desde que não proibidas por lei. As cláusulas proibidas por lei, ainda que inseridas no título, são nulas; entretanto, as cláusulas proibidas não anulam as declarações cambiais na parte em que estas forem válidas, razão pela qual elas continuam produzindo seus efeitos.

Os requisitos formais podem ser divididos em *essenciais* e *supríveis por lei*. Assim, da mesma forma que nas letras de câmbio, a Lei Uniforme adota presunções para suprir a falta de alguns requisitos legais. Entre os requisitos previstos no artigo 75 da Lei Uniforme, são *essenciais* aqueles enumerados nos seus itens 1, 2, 4, 6 e 7, transcritos acima.

O Decreto nº 2.044/1908 exige a assinatura de próprio punho do emitente (art. 1º, V), mas o Superior Tribunal de Justiça admitiu a assinatura do subscritor escaneada, aposta pelo próprio emitente, ao invés da aposta de próprio punho, apesar da inexistência de lei expressa que a permita, afirmando que o vício não pode ser invocado por quem lhe deu causa (REsp 1.192.678/PR, rel. Ministro PAULO DE TARSO SANSEVERINO, TERCEIRA TURMA, v.u. 13/11/2012).

Os **requisitos supríveis por lei** são os seguintes (art. 76 da Lei Uniforme):

a) a época do pagamento: se não estiver indicada no título, será considerado pagável à vista;

b) o lugar onde foi passada: se não estiver indicado, considera-se como o tendo sido no lugar designado ao lado do nome do subscritor;

c) no que se refere à nota promissória incompleta ou em branco aplica-se a mesma disciplina legal da letra de câmbio.

2. VENCIMENTO. PROTESTO. PRESCRIÇÃO

A nota promissória à vista deve ser apresentada no prazo de um ano da data da emissão (LUG, art. 34).

A Lei nº 9.492/97 dispõe sobre a intimação dos emitentes das notas promissórias, mas não dos seus avalistas (art. 21, § 4º).

Como bem demonstrou o Superior Tribunal de Justiça, distinguindo entre prazo para apresentação da nota promissória emitida à vista e prazo prescricional:

> "A execução contra a emitente e seu avalista de nota promissória à vista (art. 34 c/c art. 77 da Lei Uniforme) prescreve no prazo de três (3) anos (art. 70 c/c art. 77 da mesma lei), contado o prazo, se não apresentada a letra, a contar do término do prazo de um ano para apresentação"[387].

3. EXECUÇÃO

A nota promissória é título executivo extrajudicial.

Por ser título abstrato, como visto acima, a causa de sua emissão não consta do corpo do título. Mas, na execução movida pelo credor contratual em face do seu devedor direto admite-se a discussão sobre a causa do título, que é regida pelo direito comum, não se aplicando os princípios de direito cambiário que impedem a oposição de exceções pessoais[388].

Ainda assim, é o devedor quem tem o ônus de provar que inexiste a causa subjacente ao título. Da simples alegação de inexistência de causa de emissão da nota promissória não decorre a inversão do ônus da prova[389].

Por fim, o STJ, por meio da Súmula 504, entende que o prazo para ajuizamento de ação monitória (art. 700 do CPC/2015) em face do emitente de nota promissória sem força executiva é quinquenal, a contar do dia seguinte ao vencimento do título.

---

387. STJ, REsp 409/RJ, Terceira Turma, rel. Min. Cláudio Santos, v.u. 19/09/89.

388. STJ, REsp 1.078.399/MA, Quarta Turma, rel. Min. Luis Felipe Salomão, v.u. 02/04/2013.

389. STJ, REsp 1.367.403/PR, Terceira Turma, rel. Min. João Otávio de Noronha, v.u. 14/06/2016, ementa (transcrição parcial): 2. A dívida representada por título de crédito extrajudicial é provada pela existência de título que goze de presunção de liquidez e certeza. Portanto, se o devedor, em embargos à execução, sustenta que inexiste a causa subjacente ao título, é seu o ônus de comprovar a inexistência dessa causa".

4. NOTA PROMISSÓRIA VINCULADA A CONTRATO

Os títulos de crédito vêm sendo destinados, progressivamente, à garantia de obrigações contratuais, afastando-se de sua função precípua de títulos circulatórios. Uma dessas hipóteses ocorre quando a *nota promissória* está vinculada a contrato.

Caso o contrato que deu origem à nota promissória a ele vinculada não represente obrigação líquida e certa, como ocorre com os contratos de abertura de crédito, aplica-se a Súmula 258 do Superior Tribunal de Justiça: "A nota promissória vinculada a contrato de abertura de crédito não goza de autonomia em razão da iliquidez do título que a originou".

Se a nota promissória vinculada a contrato não chegou a circular, a relação fundamental pode ser discutida entre as partes. A vinculação a contrato afasta a autonomia e permite a discussão sobre a causa de emissão: o título passa a ter função de garantia[390], mas mantém sua executividade. O mesmo se aplica ao título endossado a terceiro de boa-fé[391].

Quando o devedor suscita de modo fundamentado a má-fé do endossatário que leva o título a cobrança é de se admitir a discussão da causa que lhe deu origem[392].

5. EMISSÃO POR MANDATÁRIO

A emissão por mandatário com poderes especiais é válida. Mas as instituições financeiras, especialmente, impunham um representante de sua confiança no corpo de contratos por adesão, às pessoas que com elas contratavam. Esse representante, denominado procurador em caráter irrevogável, tinha a única finalidade de assumir obrigações pelo outro contratante, no interesse exclusivo do credor. Essa cláusula desnaturava o mandato, por inexistir a relação de confiança entre mandante e mandatário.

O Código de Defesa do Consumidor veda, expressamente, essa cláusula, determinando a sua nulidade (art. 51, VIII); por consequência, as notas promissórias emitidas nessas circunstâncias são inexequíveis.

6. NOTAS COMERCIAIS – *COMMERCIAL PAPERS*

Sabemos que os títulos de crédito não são, por si sós, considerados necessariamente valores mobiliários, ainda que emitidos por companhias abertas, um vez que são utilizados nas suas operações ordinárias, como pagamento ou promessa de pagamento. Ocorre que a prática das empresas em obter empréstimos mediante a emissão de notas promissórias, com prazos em geral mais curtos que os das debêntures e juros menores do que os cobrados em operações bancárias, levou à inclusão das chamadas notas comerciais[393].

---

390. MARTINS, Fran. *Títulos de crédito.* 16ª ed., atual. Rio de Janeiro: Forense, 2013, p. 396.

391. STJ, REsp 1.382.609/SC, Terceira Turma, rel. Min. Paulo de Tarso Sanseverino, v.u. 15/09/2015.

392. STJ, REsp 258.737/RO, Quarta Turma, rel. Min. Ruy Rosado de Aguiar, v.u. 3/10/2000.

393. BENSOUSSAN, Fabio Guimarães e GOUVÊA, Marcus de Freitas. *Manual de Direito Econômico.* Salvador: Juspodivm, 2019, p. 550.

No Brasil, as notas comerciais foram disciplinadas como valores mobiliários pela hoje revogada Resolução CMN 1.723/90, com fundamento na redação original do art. 2°, III, da Lei 6.385/76 (outros títulos criados ou emitidos pelas sociedades anônimas, a critério do Conselho Monetário Nacional) e posteriormente inseridos no texto da própria lei (art. 2°, VI, da Lei 6.385/76, incluído pela Lei 10.303/01).

A Lei 14.195, de 26 de agosto de 2021, regula a Nota Comercial em seu Capítulo IX (arts. 45 a 51). Trata-se de valor mobiliário, título de crédito não conversível em ações, de livre negociação, representativo de promessa de pagamento em dinheiro, emitido exclusivamente sob a forma escritural por meio de instituições autorizadas a prestar o serviço de escrituração pela CVM (art. 45).

Pode ser emitida por sociedade anônima (a lei não a restringe às companhias abertas, de forma que as companhias fechadas também podem emiti-la), sociedade limitada e sociedade cooperativa (art. 46).

O título deve conter os requisitos elencados no art. 47. É título executivo extrajudicial, que pode ser executado independentemente de protesto, com base em certidão emitida pelo escriturador ou pelo depositário central, se for o caso (art. 48, *caput*); e poderá ser considerado vendido na hipótese de inadimplemento de obrigação constante do respectivo termo de emissão (art. 48, parágrafo único).

A titularidade da nota comercial será atribuída exclusivamente por meio de controle realizado nos sistemas do escriturador ou no depositário central (art. 49).

A lei trata especificamente do serviço de escrituração nas distribuições privadas, estabelecendo que o seu sistema deve atender aos requisitos de (I) comprovação da observância de padrões técnicos adequados, em conformidade com os Princípios para Infraestruturas do Mercado Financeiro do *Bank of International Settlements* (BIS), inclusive no que diz respeito à segurança, à governança e à continuidade de negócios; (II) garantia de acesso integral às informações mantidas por si ou por terceiros por ela contratados para realizar atividades relacionadas com a escrituração; (III) garantia de acesso amplo a informações claras e objetivas aos participantes do mercado, sempre observadas as restrições legais de acesso a informações; e (IV) observância de requisitos e emprego de mecanismos que assegurem a interoperabilidade com os demais sistemas de escrituração autorizados pela CVM.

O art. 45, como vimos, veda sua conversibilidade em ações; no entanto, o art. 51, § 2º, permite que a oferta privada de nota comercial contenha cláusula de conversibilidade em participação societária, exceto em relação às sociedades anônimas.

Nos termos do art. 5º, da Instrução CVM 163/22, "o prazo de vencimento da nota promissória deve ser de no máximo 360 (trezentos e sessenta) dias a contar da data de sua emissão, havendo, obrigatoriamente, apenas uma data de vencimento por série", não se aplicando o referido prazo às notas que, cumulativamente, tenham sido objeto de oferta pública de distribuição direcionada exclusivamente a investidores profissionais, conforme regulação específica; e que contem com a presença de agente contratado para representar e zelar pela proteção dos interesses e direitos da comunhão dos titulares das notas promissórias, submetido à norma específica que dispõe sobre o exercício da função de agente fiduciário.

IV. CHEQUE

1. CONCEITO

O cheque, regulado pela Lei 7.357/85, pode ser definido como uma **ordem de pagamento à vista**, dada contra banco, com base em suficiente provisão de fundos depositados pelo emitente ou provenientes de contrato de abertura de crédito[394].

É um **título formal**, isto é, sua emissão deve obedecer a modelo seguindo normas fixadas pelo Banco Central; é **título não vinculado**, uma vez que não se encontra vinculado à relação jurídica que o originou.

Os seus requisitos formais estão enumerados nos arts. 1º e 2º da Lei 7.357/85:

I – a denominação "cheque" inscrita no contexto do título e expressa na língua em que este é redigido (trata-se, aqui, da chamada cláusula cambial, ou seja, a manifestação de vontade do emitente).

II – a ordem incondicional de pagar quantia determinada. A ordem estará escrita em algarismos e por extenso; em caso de divergência entre elas, prevalecerá a indicação por extenso;

III – o nome do banco ou da instituição financeira que deve pagar (sacado);

IV – a indicação do lugar de pagamento;

V– a indicação da data e do lugar de emissão;

VI – a assinatura do emitente (sacador), ou de seu mandatário com poderes especiais.

O art. 2º dispõe que o cheque a que faltar qualquer dos requisitos enumerados no artigo anterior não vale como cheque, exceto:

a) na falta de indicação especial, é considerado lugar de pagamento o lugar designado junto ao nome do sacado; se designados vários lugares, o cheque é pagável no primeiro deles; não existindo qualquer indicação, o cheque é pagável no lugar de sua emissão, e

b) não indicado o lugar de emissão, considera-se emitido o cheque no lugar indicado junto ao nome do emitente.

394. BARBI FILHO, Celso. O cheque. In: COELHO, Fábio Ulhôa. *Tratado de Direito Comercial.* Volume 8. São Paulo: Saraiva, 2015, p. 108. O conceito é adotado, com pequenas variações, por outros autores: "ordem de pagamento à vista, emitida por pessoa física ou jurídica, em favor próprio ou de terceiro, contra instituição bancária ou financeira que lhe seja equiparada, com a qual o emitente mantém contrato que a autorize a dispor de fundos existentes em conta corrente" (NEGRÃO, Ricardo. *Curso de Direito Comercial e de Empresa.* São Paulo: Saraiva, 2017, p. 117).

Portanto, a **indicação do lugar do pagamento** e a **indicação do lugar de emissão** são consideradas **elementos não essenciais do cheque.**

O que acontece na hipótese de **emissão de cheque incompleto**, isto é, sem alguns desses requisitos acima indicados? Imaginemos um cheque assinado pelo sacador, mas sem a indicação da quantia a ser paga. Nesse caso, e nos termos do art. 16, **o cheque poderá ser completado em momento posterior à sua emissão**; entretanto, se o for de modo abusivo, isto é, sem a observância do convencionado pelo emitente, não poderá ser objeto de oposição contra o portador de boa-fé.

O **lugar do pagamento** tem importância prática, uma vez que **irá refletir no prazo para a apresentação do título ao banco**: quando emitido no lugar do pagamento, o cheque deve ser apresentado em até 30 dias da data da emissão. Se emitido em lugar diverso ao do pagamento, o prazo será ampliado para 60 dias. É o que estabelece o art. 33 da Lei 7.357/85.

Vimos os requisitos para criação do cheque. Há, no entanto, **requisitos impostos para a sua circulação**. A Lei 9.069/95 (Lei que instituiu o Real como moeda nacional), em seu art. 69, torna obrigatória a indicação do beneficiário do cheque de valor superior a R$ 100,00. Em outras palavras, proíbe o cheque "ao portador" quando acima deste valor. Assim, a maior parte dos cheques é emitida na modalidade nominativa (aquele que indica o nome do beneficiário).

O cheque é, em princípio, endossável (cláusula "à ordem"). Nada impede que o emitente faça constar a cláusula não à ordem, e nesse caso o título não mais poderá circular por endosso. Mas será possível a circulação por meio de cessão civil de crédito.

O endosso deve ser puro e simples, não se admitindo cláusula que lhe imponha condição (art. 18). O endosso parcial, bem como o do sacado, é considerado nulo (art. 18, § 1º). O endosso transmite todos os direitos resultantes do cheque; se for em branco, pode o portador completá-lo com o seu nome ou com o de outra pessoa; endossar novamente o cheque, em branco ou a outra pessoa; ou transferir o cheque a terceiro, sem completar o endosso e sem endossar.

O endossante garante o pagamento do cheque, salvo estipulação em contrário (art. 21), podendo proibir novo endosso, introduzindo cláusula "não à ordem", não garantindo o pagamento a quem seja o título posteriormente endossado (art. 21, parágrafo único).

2. MODALIDADES

Há algumas modalidades de cheque que merecem destaque:

Cheque nominativo e ao portador: cheque nominativo, como já vimos, é aquele emitido em favor de alguém. O cheque ao portador, por seu turno, encontra-se em desuso, dada a norma que veda sua utilização aos cheques emitidos em valor inferior a R$ 100,00.

Cheque administrativo: é tratado pelo art. 9º, III, da Lei 7.357/85. É chamado, ainda, de cheque bancário, uma vez que é **emitido por um banco contra ele próprio,**

para ser liquidado por uma de suas agências. É uma opção muito utilizada pelo mercado quando da realização de operações de valor elevado. Para o beneficiário, o título será honrado pelo próprio banco, o que lhe trará muito mais segurança a respeito do seu efetivo pagamento.

Cheque cruzado: caracteriza-se pela inserção de duas linhas paralelas no anverso do documento. Sua finalidade é restringir a circulação, uma vez que os traços indicam que somente poderá ser pago a um banco, não se permitindo seu desconto na boca do caixa. É o que dispõem os arts. 44 e 45.

Merece destaque a possibilidade de cheque cruzado em branco ou em preto. Neste último caso, também chamado de cruzamento especial, entre os traços paralelos se insere o nome do banco. Assim, o cheque somente poderá ser pago ao banco indicado ou a um cliente seu, mediante crédito em conta corrente (art. 45, *caput*).

Cheque para ser creditado em conta (ou para se levar em conta): previsto no art. 46, indica, por inscrição transversal, no anverso do documento, cláusula que proíbe seu pagamento em dinheiro. O banco (sacado) somente poderá proceder a lançamento contábil – crédito em conta, transferência ou compensação – que vale como pagamento. Não há como se inutilizar a limitação, e o depósito na conta do beneficiário dispensa o endosso.

Cheque visado: previsto no art. 7º da Lei 7.357/85, situação em que **o banco confirma**, mediante assinatura no verso do título, **a existência de fundos** suficientes para o pagamento do valor mencionado, assegurando o seu pagamento no prazo de apresentação.

3. AVAL

O aval pode ser total ou parcial (art. 29); é lançado no cheque ou na folha de alongamento. Considera-se como resultante da simples assinatura do avalista, aposta no anverso do cheque, salvo quando se tratar da assinatura do emitente (art. 30, *caput*). O aval deve indicar o avalizado; na falta de indicação, considera-se avalizado o emitente (art. 30, parágrafo único).

4. APRESENTAÇÃO, PAGAMENTO E PRESCRIÇÃO

O cheque, como já afirmamos anteriormente, é ordem de pagamento à vista. Considera-se não escrita qualquer menção em contrário (art. 32). Também por esta razão, considera-se não escrita a estipulação de juros inserida no cheque (art. 10).

O cheque deve ser apresentado ao banco sacado para liquidação dentro do prazo legal (art. 33), isto é, 30 dias quando emitido no lugar do pagamento (mesma praça) e 60 quando emitido em outro lugar do País ou no exterior (praças diferentes). É importante observar, aqui, que será considerado o lugar indicado pelo emitente: se o sacador tem conta corrente no município A e o cheque é emitido no município B, o prazo é de 60 dias, mas se houver preenchido o documento com a indicação de A, o prazo será de 30 dias.

Esse prazo não se confunde com a prescrição. Estamos falando, aqui, do prazo para apresentação ao banco (sacado).

4.1. Recusa de pagamento

O banco sacado pode recusar o pagamento do cheque em algumas situações, elencadas e numeradas por norma do Banco Central (Resolução BCB 1.682/1990):

a) Cheque sem provisão de fundos (sem fundos, conta encerrada ou prática espúria);

b) Impedimento ao pagamento (contraordem ou sustação ao pagamento pelo emitente ou pelo portador; divergência ou insuficiência de assinatura; cheque emitido por entidade e órgãos da administração pública federal direta e indireta, em desacordo com os requisitos do art. 74, §2º, do Decreto-lei nº 200/67; bloqueio judicial ou determinação do BC; cancelamento de talonário pelo banco sacado; inoperância temporária de transporte; feriado municipal não previsto);

c) Cheque com irregularidade (erro formal; ausência ou irregularidade na aplicação do carimbo de compensação; divergência de endosso; cheque apresentado por estabelecimento bancário que não o indicado no cruzamento em preto, sem o endosso-mandato; cheque fraudado, emitido sem prévio controle ou responsabilidade do estabelecimento bancário, ou ainda com adulteração da praça sacada);

d) Apresentação indevida (cheque apresentado a banco que não o sacado; cheque não compensável na sessão ou sistema de compensação em que apresentado; cheque devolvido anteriormente pelos motivos 21, 22, 23, 24 e 31 (da resolução), não passível de reapresentação em virtude de persistir o motivo da devolução; cheque prescrito; cheque emitido por entidade obrigada a realizar movimentação e utilização de recursos financeiros do tesouro nacional mediante ordem bancária; remessa nula, caracterizada pela reapresentação de cheque devolvido pelos motivos 12, 13, 14, 43, 44 e 45, podendo a devolução ocorrer a qualquer tempo).

Se a recusa de pagamento se der por ausência de fundos na segunda apresentação, por conta encerrada ou

Se a recusa de pagamento se der por ausência de fundos na segunda apresentação, por conta encerrada ou prática espúria, o nome do emitente será incluído no Cadastro de Emitentes de Cheques sem Fundos (CCF), que tem como gestor o Banco do Brasil. É o que determina o art. 10, da Resolução BCB 1.631/1990.

O art. 15 da mencionada Resolução estabelece que o cadastro abrange todas as praças do país e conterá (a) o nome do correntista. (b) CPF ou CNPJ, ou, ainda, na sua falta justificada, campo preenchido com zeros; (c) número-código do banco e da agência que comandou a inclusão; (d) ano, mês e quinzena da última ocorrência, e (e) quantidade de ocorrências incluídas no CCF, por depositante banco e agência.

As ocorrências são excluídas do CCF automaticamente, após decorridos cinco anos da última inclusão; a pedido do estabelecimento sacado, ou por iniciativa do próprio executante, se comandada a inclusão por erro comprovado, hipótese em que a instituição, tão logo tenha conhecimento do fato, deve comandar a exclusão do CPF, sem ônus para o cliente; a qualquer tempo, a pedido do estabelecimento sacado, desde que o cliente comprove junto a ele o pagamento do cheque que deu origem à ocorrência e, nos casos de prática espúria, regularize o débito; ou por determinação do Banco Central.

De acordo com a Súmula 572, do STJ, o Banco do Brasil, na condição de gestor do CCF, não tem a responsabilidade de notificar previamente o devedor acerca da sua inscrição no referido cadastro, tampouco legitimidade passiva para as ações de reparação de danos fundadas na ausência de prévia comunicação.

4.2. Ação cambiária

A principal ação cambiária decorrente do cheque é a **ação de execução, que independe do protesto formal do título**, pois a lei o dispensa expressamente.

Assim, apresentado o cheque ao banco no prazo legal, poderá o credor executar todos os coobrigados (emitente e seus avalistas, endossantes anteriores e seus avalistas).

Se, no entanto, não apresentá-lo ao banco nesse período poderá, ainda, promover sua **cobrança no prazo de prescrição** – seis meses contados do término do prazo para apresentação. É o que estabelece o art. 59.

A **ação por falta de pagamento será direcionada apenas contra o emitente e seus avalistas, perdendo o direito em relação aos endossantes** (art. 47, II).

Mas o credor perderá a ação contra o emitente se este comprovar que possuía fundos (saldo) disponível ao portador durante o período de apresentação, deixando de possuí-lo, posteriormente, em razão de fato que não lhe seja imputável (art. 47, § 3º). De fato, o emitente não é obrigado a reservar crédito ao pagamento do cheque indefinidamente.

O parágrafo único do art. 59, por sua vez, estabelece que a ação de regresso de um obrigado ao pagamento do cheque contra outro prescreve em seis meses, contados do dia em que o obrigado pagou o cheque ou do dia em que foi demandado.

O cheque prescrito não poderá ser executado. No entanto, o art. 61 prevê a propositura de ação de enriquecimento ilícito (ou ação de locupletamento) contra o emitente e demais coobrigados. Essa ação, por seu turno, prescreve em dois anos, contados a partir do término do prazo prescricional.

Após esse prazo, o cheque poderá ser cobrado, desde que comprovado seu não pagamento, mediante ação de cobrança, devendo o autor provar a relação causal que originou o título (art. 62).

4.3. Ação monitória

A **ação monitória**, prevista nos arts. 700 a 702 do Código de Processo Civil, pode ser proposta **quando o cheque já não dispuser de eficácia executiva**. Neste sentido, o STJ, através do REsp 1.101.412 (Rel. Min. Luís Felipe Salomão, DJe 03/02/2014), afirmando que o prazo prescricional para a ação monitória baseada em cheque sem executividade é de cinco anos, nos termos do art. 206, § 5º, do Código Civil, segundo o qual qualquer dívida resultante de documento público ou particular, tenha ou não força executiva, submete-se à prescrição quinquenal, contando-se do respectivo vencimento.

Nos termos da Súmula 531 do STJ, em ação monitória fundada em cheque prescrito ajuizada contra o emitente, é dispensável a menção ao negócio jurídico subjacente à emissão da cártula.

5. O CHEQUE PÓS-DATADO

Vimos a importância da apresentação do cheque ao banco no prazo legal. O prazo será contado a partir da data inscrita no documento. Mas, aqui, a prática leva a uma questão que deve ser corretamente compreendida: o chamado cheque pós-datado – curiosamente conhecido na prática como cheque *pré*-datado.

Por vezes, o cheque é preenchido com duas datas: a da emissão e uma outra, marcando um outro momento para sua apresentação, geralmente com a expressão "bom para". Qual a data a ser considerada pelo credor, para fins de apresentação do cheque ao banco?

A rigor, trata-se de uma convenção entre emitente e tomador, pela qual este se obriga a apresentar o cheque ao banco apenas na data pactuada. Mas esse acordo não é oponível ao banco, o qual, ao receber um cheque, é obrigado a observar a data da emissão, devendo ignorar qualquer menção que retire do título sua característica de ordem de pagamento à vista.

O acordo, no entanto, é válido entre as partes – emitente e tomador. Se este apresentar o cheque antes da data pactuada, há clara violação a obrigação de não fazer. Daí surgem duas situações:

a) **se houver fundos na data da apresentação**: caberá indenização por dano material, correspondendo à perda monetária pela antecipação do saque, no valor das taxas de remuneração do capital resgatado ou dos juros cobrados pelo crédito utilizado;

b) **se não houver fundos**, o cheque será devolvido pelo banco. A devolução pode levar à inscrição do nome do emitente a diversos cadastros de proteção do crédito, como SERASA. Portanto, além da indenização por dano material, será devida também indenização por dano moral, decorrente da repercussão e dos transtornos causados pela devolução do cheque[395].

No mesmo sentido, a Súmula 246 do STF afirma que, comprovado não ter havido fraude, não se configura o crime de emissão de cheque sem fundos. No caso do cheque

395. BARBI FILHO, Celso. O cheque. In: COELHO, Fábio Ulhôa. *Tratado de Direito Comercial*. Volume 8. São Paulo: Saraiva, 2015, p. 123.

pós-datado devolvido sem fundos e apresentado antecipadamente, resta evidenciada a não ocorrência de fraude.

Por fim, cabe destacar que o STJ considera que o terceiro de boa-fé que recebe o cheque pós-datado e o apresenta antes da data acertada entre emitente e tomador não será responsabilizado, uma vez que o acordo vincula apenas as partes. Neste sentido, o REsp 884.346/SC, Rel. Min. Luís Felipe Salomão, 4ª Turma, DJe 04/11/2011.

6. SUSTAÇÃO

Podem ocorrer situações que levem ou justifiquem o emitente a impedir a liquidação do cheque pelo banco sacado. Várias razões podem justificar essa medida, como por exemplo, a perda, o furto ou roubo do talonário.

Uma vez realizada, é irrevogável.

O pagamento do cheque pode ser sustado em duas situações:

a) **revogação**, ou contraordem (art. 35), por correspondência particular, por via judicial ou extrajudicial. **Deve indicar a razão** pela qual pede a revogação do cheque. A revogação, contudo, **só produz efeito após expirado o prazo de apresentação** (art. 35, parágrafo único).

A revogação, portanto, pode ser definida como **ordem escrita expedida pelo correntista (e não, necessariamente, o emitente, uma vez que, no caso de perda, furto ou roubo do talonário a ordem não tem como pressuposto a emissão do título) determinando ao banco sacado o não pagamento de cheque uma vez decorrido o prazo para sua apresentação**[396].

b) **oposição** (art. 36), mesmo durante o prazo de apresentação, pelo emitente ou pelo portador legitimado. O portador pode ter perdido o título recebido – ou ter sido furtado ou roubado – e, obviamente, não deseja ver o cheque ser pago a outro, ilegitimamente de posse do documento.

Nos termos do § 2º, não cabe ao banco analisar a relevância das razões apresentadas. Por isso, não se afigura legítima a exigência dos bancos de que o emitente apresente boletim de ocorrência policial.

Diferenças	Revogação	Oposição
Momento da eficácia	Após o término do prazo de apresentação	Também durante o prazo de apresentação
Legitimados	correntista	Correntista e portador legitimado

396. NEGRÃO, Ricardo. *Curso de Direito Comercial e de Empresa*. Vol. 2. São Paulo: Saraiva, 2017 p. 136.

V. DUPLICATA

1. ORIGEM

A duplicata é o **título de crédito mais utilizado pelos empresários no Brasil**. As dimensões continentais do país e as deficiências do sistema de transporte, que dificultava a comunicação, bem como a ausência de um sistema bancário no início do século XIX tornavam muito demorado o procedimento para receber os valores documentados na letra de câmbio, que nunca teve entre nós o sucesso que encontrou na Europa[397].

Para contornar esses obstáculos, os empresários passaram a colher a assinatura dos clientes na segunda via da fatura decorrente do contrato de compra e venda, e esta foi aceita pelos bancos como prova da realização dos negócios, com a finalidade de concessão de crédito. A praxe empresarial foi consagrada no art. 219 do Código Comercial de 1850, que determinava a emissão de uma listagem (fatura) das mercadorias vendidas por atacadistas aos varejistas. A fatura deveria ser emitida em vias duplicadas, e a via detida pelo vendedor da mercadoria tornava-o credor do varejista[398]. Aí se encontra a origem remota da duplicata, título de crédito de criação brasileira.

Posteriormente, a Lei 187, de 1936, tornou obrigatória a emissão de duplicata "nas vendas mercantis a prazo entre vendedor e comprador domiciliados no território nacional", destacando alguns o aproveitamento do título para fins de recolhimento tributário pelo Fisco[399].

A duplicata é hoje regulamentada pela Lei 5.474, de 1968.

Tradicionalmente emitidas e assinadas sobre papel, após a MP 2.200-2/2001, que instituiu a Infraestrutura de Chaves Públicas Brasileira – ICP-Brasil, para garantir a autenticidade, a integridade e a validade jurídica de documentos em forma eletrônica, as duplicatas passaram em grande parte a serem assinadas por certificado digital passando a ser denominadas no mercado "duplicata digital". A seguir, passaram a ser utilizadas duplicatas correspondentes às informações presentes em boletos bancários, conforme

397. PARENTONI, Leonardo Netto. A duplicata virtual em perspectiva. *Revista de Direito Mercantil, Industrial, Econômico e Financeiro,* nº 163, nova série, set.-dez. 2012, p. 146-148.

398. Art. 219. Nas vendas em grosso ou por atacado entre comerciantes, o vendedor é obrigado a apresentar ao comprador por duplicado, no ato da entrega das mercadorias, a fatura ou conta dos gêneros vendidos, as quais serão por ambos assinadas, uma para ficar na mão do vendedor e outra na do comprador. Não se declarando na fatura o prazo do pagamento, presume-se que a compra foi à vista (artigo nº. 137). As faturas sobreditas, não sendo reclamadas pelo vendedor ou comprador, dentro de 10 (dez) dias subseqüentes à entrega e recebimento (artigo nº. 135), presumem-se contas líquidas.

399. COHEN, Gabriel Luiz Schvartzman e PINHEIRO, Pedro Henrique Fernandes. A regulamentação do uso das duplicatas escriturais como garantia de operações de crédito. In: EROLES, Pedro (coord.). *Fintechs, bancos digitais e meios de pagamento:* aspectos regulatórios das novas tecnologias financeiras. Vol. 5. São Paulo: Quartier Latin, 2022, p. 46.

admitiu o Superior Tribunal de Justiça (EDv no REsp 1.024.691/PR)[400], conhecidas pela denominação "duplicata virtual". Finalmente, foi editada a Lei nº 13.775/2018, que regulamenta a denominada "duplicata escritural", examinada abaixo.

2. ESTRUTURA

A duplicata é uma **ordem de pagamento**, no que mais se assemelha à letra de câmbio, razão pela qual a Lei 5.474/68 determina a aplicação subsidiária à duplicata e à triplicata, no que couber, dos dispositivos que regulam a emissão, circulação e pagamento das letras de câmbio.

As semelhanças estruturais entre a duplicata e a letra de câmbio são:

a) ambas têm origem no saque e passam a existir com a assinatura do sacador;

b) o aceite será uma declaração cambiária sucessiva e eventual, pois o título pode circular antes do aceite.

As principais diferenças, por sua vez, são:

a) a duplicata é título causal; a letra de câmbio, abstrato;

b) na duplicata a comprovação da entrega da mercadoria ou da prestação do serviço pode suprir a falta de aceite (equivalendo a um aceite tácito); na letra de câmbio, o aceite é sempre expresso.

A duplicata **só pode ser emitida por alguma causa prevista em lei; portanto, é um título causal. Reporta-se à compra e venda mercantil (Lei 5.474/68, art. 1º)** ou à **prestação de serviços (art. 20)** e atende a duas funções essenciais: servir de título executivo, assegurando ao comerciante um meio de cobrança enérgico, seja pelo protesto, pela execução judicial, ou pelo requerimento da falência do devedor; e facilitar o crédito, notadamente pelo desconto bancário.

Nos termos do art. 20, na redação dada pela Lei nº 14.206/2021, poderão emitir fatura e duplicata: I – as empresas, individuais ou coletivas, fundações ou sociedades civis que se dediquem à prestação de serviços; e II – o Transportador Autônomo de Carga (TAC) de que trata o art. 2º, *caput*, inciso I, da Lei nº 11.442, de 2007.

Tem origem nos dados da **fatura**, que é a **relação das mercadorias vendidas com a discriminação de sua quantidade, qualidade, espécies, tipos, marcas etc.** (art. 1º, § 1º), que é **obrigatória na compra e venda mercantil a prazo** (art. 1º), mas **não é título de crédito**[401].

---

400. STJ, EDv no REsp 1.024.691/PR, Rel. Min. Raul Araújo, unânime em 22/08/2012, ementa (transcrição parcial): "7. O protesto de duplicata virtual por indicação apoiada em apresentação do boleto, das notas fiscais referentes às mercadorias comercializadas e dos comprovantes de entrega e recebimento das mercadorias devidamente assinados não descuida das garantias devidas ao sacado e ao sacador".

401. PEIXOTO, Carlos Fulgêncio da Cunha. *Comentários à Lei de Duplicatas*. Rio de Janeiro: Forense, 1971, p. 21-22. A fatura "não tem, pois, valor autônomo".

A fatura vem sendo substituída pela Nota Fiscal-Fatura, que agrega efeitos comerciais e fiscais decorrentes do Sistema Integrado de Informações Econômico-Fiscais, convênio assinado em 14 de dezembro de 1970 pelo Ministro da Fazenda e pelos Secretários de Fazenda dos Estados e do Distrito Federal, que autoriza sua utilização como fatura. O empresário autorizado a utilizar a Nota Fiscal-Fatura não poderá deixar de emiti-la em nenhuma hipótese, seja a venda a prazo ou não.

A **duplicata é de emissão facultativa**, mas só pode ser emitida pelo vendedor, na compra e venda mercantil, "não sendo admitida qualquer outra espécie de título para documentar o saque do vendedor pela importância faturada ao comprador" (art. 2º). É regulada pela Lei 5.474/68 e, subsidiariamente, pela legislação referente à letra de câmbio (LUG) no que se refere à sua emissão, circulação e pagamento (art. 25); pelas demais leis aplicáveis, como a Lei 9.492/97, que regula os serviços de protesto de títulos. Como já afirmamos acima, o Código Civil de 2002 não altera o regime da duplicata, uma vez que as suas normas gerais sobre títulos de crédito não se aplicam, de maneira alguma, aos títulos típicos preexistentes.

Uma só duplicata não pode corresponder a mais de uma fatura (art. 2º, §2º). No caso de venda para pagamento parcelado, poderá ser emitida duplicata única, com a discriminação de todas as prestações e seus vencimentos, ou uma série de duplicatas, uma para cada prestação (art. 2º, §3º).

Sempre indicará o valor total da fatura, ainda que o comprador tenha direito a qualquer rebate, mencionando o vendedor o valor líquido que o comprador deverá reconhecer como obrigação de pagar (art. 3º). Não se incluirão nesse valor total os abatimentos de preços das mercadorias feitas pelo vendedor até o ato do faturamento, desde que constem da fatura (art. 3º, §1º).

Nas vendas realizadas por consignatários ou comissários, as faturas são emitidas em nome e por conta destes, cabendo-lhes cumprir os dispositivos legais em relação à fatura e à duplicara (art. 4º).

3. A DUPLICATA ESCRITURAL

A Lei nº 13.775/18 regulamenta a emissão de duplicata sob a forma escritural, visando atender à demanda pela simplificação do processo de emissão e circulação desses títulos[402].

Já havia "uma restrição ampla à emissão de títulos públicos em meio físico, ou, mais propriamente, cartular, isto é, em papel"[403]. E o Superior Tribunal de Justiça também

402. Sobre a possibilidade de emissão de duplicatas por meio eletrônico antes da Lei 13.775/2018 (então chamadas "duplicatas virtuais" ou "duplicatas eletrônicas"), BOITEUX, Fernando Netto. Duplicata. In: COELHO, Fábio Ulhoa (coord.). *Tratado de direito comercial*, volume 8: títulos de crédito, direito bancário, agronegócio e processo empresarial. São Paulo: Saraiva, 2015, p. 129-159.

403. CATAPANI, Márcio Ferro. *O mercado de títulos públicos:* desmaterialização e circulação. Tese de doutorado. São Paulo: Faculdade de Direito da Universidade de São Paulo, 2011, p. 45.

reconhecia a possibilidade de execução desses títulos, "desde que devidamente acompanhada dos instrumentos de protesto por indicação e dos comprovantes de entrega da mercadoria e da prestação do serviço" (AgRg no REsp 1.559.824/MG, Terceira Turma, Rel. Min. Ricardo Villas Bôas Cueva, unânime em 03/12/2015).

A lei se refere à circulação da duplicata escritural como "efeito comercial", acompanhando a redação da Lei 5.474/68, mas essa expressão tem o mesmo significado de "título de crédito".

Às duplicatas escriturais são aplicáveis, de forma subsidiária, as disposições da Lei de Duplicatas, a Lei nº 5.474/68 (Lei 13.775/18, art. 12).

A duplicata escritural será emitida mediante lançamento em sistema eletrônico de escrituração gerido por entidades autorizadas a realizar esse serviço (art. 3º, *caput*). O § 1º destaca que essas entidades deverão ser autorizadas por "órgão ou entidade da administração federal direta ou indireta", que vem a ser o Banco Central do Brasil, nos termos do art. 28, da Lei 12.810, de 2013, e do art. 11, da Circular BCB nº 4.016/2020. A lei prevê a possibilidade de a Central Nacional de Registro de Títulos e Documentos requerer autorização para realizar esse serviço (art. 3º, § 2º).

O sistema de registro deverá prever, no mínimo, a possibilidade de escrituração das seguintes informações: "I – apresentação, aceite, devolução e formalização da prova do pagamento; II – controle e transferência de titularidade; III – prática de atos cambiais sob a forma escritural, tais como endosso e aval; IV – inclusão de indicações, informações ou de declarações referentes à operação com base na qual a duplicata foi emitida ou ao próprio título; e V – inclusão de informações a respeito de ônus e gravames constituídos sobre as duplicatas" (art. 4º).

Os lançamentos no sistema eletrônico de escrituração substituem o Livro de Registro de Duplicatas, previsto no art. 19 da Lei nº 5.474/68.

São nulas as cláusulas as cláusulas contratuais que vedam, limitam ou oneram a emissão ou a circulação de duplicatas emitidas sob a forma escritural (art. 10).

A comprovação da entrega e o recebimento das mercadorias ou da prestação do serviço deverá ser efetuada por meio eletrônico (art. 4º, § 3º).

Recusa da duplicata. O devedor poderá, por meio eletrônico, recusar, no prazo, nas condições e pelos motivos previstos nos arts. 7º e 8º da Lei nº 5.474/68 (Lei das Duplicatas), a duplicata escritural apresentada ou, no mesmo prazo acrescido de sua metade, aceitá-la. Transcrevemos, a seguir, os dispositivos legais citados:

> "Art. 7º A duplicata, quando não for à vista, deverá ser devolvida pelo comprador ao apresentante dentro do prazo de 10 (dez) dias, contado da data de sua apresentação, devidamente assinada ou acompanhada de declaração, por escrito, contendo as razões da falta do aceite.
>
> § 1º Havendo expressa concordância da instituição financeira cobradora, o sacado poderá reter a duplicata em seu poder até a data do vencimento, desde que comunique, por escrito, à apresentante o aceite e a retenção.

> § 2º – A comunicação de que trata o parágrafo anterior substituirá, quando necessário, no ato do protesto ou na execução judicial, a duplicata a que se refere.
>
> Art. 8º O comprador só poderá deixar de aceitar a duplicata por motivo de:
>
> I – avaria ou não recebimento das mercadorias, quando não expedidas ou não entregues por sua conta e risco;
>
> II – vícios, defeitos e diferenças na qualidade ou na quantidade das mercadorias, devidamente comprovados;
>
> III – divergência nos prazos ou nos preços ajustados".

Pagamento. A praça do pagamento deverá coincidir com o domicílio do devedor segundo as regras do § 1º dos artigos 75 e do art. 327 do Código Civil (art. 12, § 3º).

O domicílio das pessoas naturais é em regra geral, é o lugar onde ela estabelece a sua residência com ânimo definitivo (art. 70 do Código Civil), respeitadas as exceções previstas nos seus artigos 71 a 74.

Nos termos do art. 75, § 1º, do Código Civil, tendo a pessoa jurídica diversos estabelecimentos em lugares diferentes, cada um deles será considerado domicílio para os atos nele praticados.

No entanto, nos termos do art. 327 do Código Civil, as partes podem convencionar que o pagamento seja efetuado em local diverso, salvo se o contrário resultar da lei, da natureza da obrigação ou das circunstâncias.

Constituirá prova de pagamento, total ou parcial, "a liquidação do pagamento em favor do legítimo credor, utilizando-se qualquer meio de pagamento existente no âmbito do Sistema de Pagamentos Brasileiro" (art. 5º)[404].

Protesto. As duplicatas escriturais poderão ser apresentadas para protesto por extrato, desde que o apresentante declare que as informações estão em conformidade com os originais das mesmas (art. 8º, § 2º).

O extrato, que poderá ser emitido em forma eletrônica (art. 6º, § 2º) conterá no mínimo (art. 6º, § 1º):

> "I – a data da emissão e as informações referentes ao sistema eletrônico de escrituração no âmbito do qual a duplicata foi emitida;
>
> II – os elementos necessários à identificação da duplicata, nos termos do art. 2º da Lei nº 5.474, de 18 de julho de 1968;

404. Banco Central do Brasil. Sistema de Pagamentos Brasileiro (SPB): "O Sistema de Pagamentos Brasileiro (SPB) compreende as entidades, os sistemas e os procedimentos relacionados com o processamento e a liquidação de operações de transferência de fundos, de operações com moeda estrangeira ou com ativos financeiros e valores mobiliários, chamados, coletivamente, de entidades operadoras de Infraestruturas do Mercado Financeiro (IMF). Além das IMF, os arranjos e as instituições de pagamento também integram o SPB". Disponível em: <https://www.bcb.gov.br/estabilidadefinanceira/spb>. Acesso em 07/02/2019.

III – a cláusula de inegociabilidade; e
IV – as informações acerca dos ônus e gravames".

O protesto deverá ser tirado na praça de pagamento do título, examinado acima.

Para maior segurança da negociação das duplicatas escriturais os tabeliães de protesto deverão manter uma central nacional de serviços eletrônicos compartilhados que deverá manter, entre outros, os serviços de recepção e distribuição de títulos e documentos escriturais de dívida para protesto (Lei nº 13.775/2018, art. 8º, § 2º).

Título executivo extrajudicial. Tanto quanto as duplicatas físicas, as escriturais e seu extrato configuram título executivo extrajudicial, de maneira que sua cobrança judicial deverá observar o disposto no artigo 15 da Lei nº 5.474/68. No caso da duplicata ou triplicata não aceita, esta deve, cumulativamente, (a) ter sido protestada; (b) estar acompanhada de documento hábil comprobatório da entrega e do recebimento da mercadoria, permitida a sua comprovação por meio eletrônico – redação dada pela Lei nº 14.301, de 2022 – e (c) não ter o sacado, comprovadamente, recusado o aceite, no prazo, nas condições e pelos motivos previstos nos arts. 7º e 8º. A Lei nº 14.301, de 2022, acrescentou ainda o § 3º ao art. 15, determinando que a comprovação por meio eletrônico de que trata a alínea *b* do inciso II do *caput* poderá ser disciplinada por ato do Poder Executivo federal.

Sanções pelo descumprimento da lei. No caso de descumprimento da Lei nº 13.775/2018 ou de sua regulamentação, serão aplicáveis as disposições da Lei nº 13.506/2017 (que dispõe sobre o processo administrativo sancionador nas esferas de atuação do Banco Central do Brasil e da Comissão de Valores Mobiliários).

O responsável pela aplicação das sanções será o órgão ou entidade da administração federal que ficar responsável pela regulamentação das escriturações.

Uma questão a ser analisada é a regulação infralegal das duplicatas escriturais. A Resolução CMN 4.815, de 2020, estabelece que as instituições financeiras deverão utilizar exclusivamente duplicatas escriturais na negociação de recebíveis mercantis constituídos com empresas de grande porte (pessoa jurídica que tiver receita bruta anual superior a R$ 300 milhões) a partir de 360 dias contados da aprovação pelo BCB da convenção de que trata a Circular 4.016/2020. Se constituídos com empresas de médio porte (receita bruta anual superior a R$ 4,8 milhões e inferior a R$ 300 milhões) ou com empresas de pequeno porte (nos termos do art. 3º, *caput*, II, da Lei Complementar 123/06), a partir de 540 dias e 720 dias, respectivamente.

A norma CMN utiliza o termo "deverá", ao passo que a Lei 13.775/18 optou por "poderá". Entendemos que a obrigatoriedade de utilização de duplicatas escriturais nos negócios envolvendo recebíveis mercantis somente se aplica às instituições financeiras – a norma não alcança os demais agentes econômicos.

Por outro lado, a Resolução faz referência à celebração de Convenção, como marco para a contagem do prazo inicial de obrigatoriedade em questão. O art. 3º da Resolução CMN remete à Circular 4.016, do Banco Central, cujo art. 20 assim dispõe:

> Art. 20. Para fins de realização da escrituração, do registro ou do depósito centralizado de duplicatas escriturais, as entidades autorizadas a realizar a atividade de registro ou de depósito centralizado de duplicatas ou que se encontrem em processo de autorização para a realização dessas atividades na data de entrada em vigor desta Circular devem celebrar convenção, em instrumento formalizado, no qual deve constar, entre outros aspectos necessários ao cumprimento do disposto na legislação e na regulamentação, a definição:
>
> (...)

Portanto, a obrigatoriedade da emissão de duplicatas escriturais por instituições financeiras tem como pressuposto a aprovação, pelo Banco Central, da mencionada Convenção.

4. JURISPRUDÊNCIA SOBRE A EMISSÃO DE DUPLICATA

Veremos, a seguir, algumas hipóteses examinadas na jurisprudência sobre a emissão de duplicatas.

Serviços prestados por terceiros. Serviços prestados por terceiros não podem ser cobrados por meio de duplicatas emitidas por outrem (STJ, REsp 40.720/MT, 4ª Turma, Rel. Min. Barros Monteiro, unânime, 20/09/1994).

Locação de bens móveis. O contrato de locação de bens móveis não autoriza a emissão de duplicata, por não caracterizar compra e venda nem prestação de serviços. Assim entendeu o STJ ao afirmar a nulidade de duplicata decorrente da locação de veículo (AgRg no AgI 660.274/MG, Rel. Min. Fernando Gonçalves, unânime, 21/06/2005).

Arrendamento mercantil (*leasing*). As operações de *leasing* financeiro não autorizam o saque de duplicatas, ainda que estas estejam previstas no contrato (STJ, REsp 45.792/GO, Rel. Min. Barros Monteiro, 4ª Turma, unânime em 03/03/1998) que as prestações do contrato entre outras razões por se tratar de operação financeira.

No leasing operacional predomina o aspecto do serviço, que está representado pela manutenção dos equipamentos e pela sua substituição ao final do período contratado ou por ocasião de sua obsolescência, razão pela qual nos parece cabível a duplicata. Mas o STJ, no REsp 1.872/RJ, Rel. Min. Fontes de Alencar, unânime em 20/10/1998, se manifestou em sentido contrário, sem analisar, contudo, especificamente a relação contratual existente na operação de *leasing* operacional.

Contrato de transporte. O contrato de transporte autoriza a emissão de duplicatas para representar o valor do frete (STJ, REsp 17.708/RJ, Rel. Min. Dias Trindade, unânime em 10/03/1992).

Construção civil e incorporação de imóveis. A Lei 5.474/68 não previu o direito de as construtoras emitirem duplicatas. Mas a incorporação de imóveis, assim como a construção civil, são atividades empresárias (Lei 4.591/64, art. 28, c/c arts. 29 e 43, II), até porque a lei prevê a falência do incorporador, seja ele pessoa física ou jurídica (art. 43, III). Portanto, esses empresários podem emitir duplicatas.

Serviços prestados por concessionárias de serviços públicos. Quando o serviço for referido à coletividade, será considerado serviço público propriamente dito, não se admitindo a sua cobrança por meio de duplicatas. Mas a contratação da concessionária para a prestação de serviço determinado não configura serviço "público", sendo admitida a emissão de duplicata para sua cobrança.

Saque contra entidades estatais. O saque de duplicatas contra a Fazenda Pública e entidades estatais foi pacificada pela Súmula 279, do STF, que admite a possibilidade de a execução contra a Fazenda Pública fundar-se em título extrajudicial.

Acréscimos legais e contratuais. A emissão de nova duplicata para a cobrança de acréscimos legais e contratuais não é causa prevista em lei para sua emissão (STJ, REsp 198.221-5/SP, Rel. Min. Ruy Rosado de Aguiar, unânime, em 11/05/1999).

Duplicatas e faturas de prestadores de serviços. As empresas individuais, as sociedades civis e fundações que se dedicam à prestação de serviços poderão emitir fatura e duplicata de prestação de serviços, que deverá discriminar a natureza dos serviços prestados e a soma a pagar em dinheiro correspondente aos serviços prestados (art. 20 da Lei 5.474/68).

No mais, aplicam-se às duplicatas de prestação de serviços as mesmas normas aplicáveis às de venda mercantil.

Duplicata simulada. A criação da duplicata se dá com a assinatura do título (art. 2º da Lei 5.474/68). Sua emissão válida e regular corresponde a um negócio efetivamente realizado e a uma causa prevista em lei: compra e venda ou prestação de serviços. As sanções do desrespeito à lei vão variar conforme os vícios da emissão, como se verá a seguir.

Caso o vendedor-sacador emita "**fatura, duplicata ou nota de venda que não corresponda à mercadoria vendida, em quantidade ou qualidade, ou ao serviço prestado**", ele incidirá no crime previsto na redação atual do art. 172, do Código Penal (a redação primitiva desse artigo tipificava como crime a "expedição ou aceitação de duplicatas"). Como o tipo penal é emitir, esse delito só se tipifica se a duplicata estiver assinada pelo vendedor-sacador (STF, ROHC, 79.784/GO).

Entende Fábio Ulhoa Coelho, à vista da redação dada em 1990 ao art. 172 do Código Penal, que a emissão de duplicata sem prévia concretização do negócio de compra e venda deixou de ser crime, porque, anteriormente, buscava-se proteger o crédito; a partir daí, protegem-se os interesses dos consumidores, em especial, e dos compradores, em geral[405].

---

405. COELHO, Fabio Ulhoa. *Curso de Direito Comercial.* Vol. 1, São Paulo: Saraiva, 2015, p. 531. DELMANTO, Celso *et al. Código Penal comentado.* São Paulo: Saraiva, 2010, p. 640, afirmam que a ilogicidade da redação da lei não pode ser corrigida pelo intérprete, para evitar o desrespeito a garantias constitucionais.

Para nós, **a diferença entre *nenhuma* e *alguma* mercadoria equivale à *não correspondência em quantidade* da mercadoria vendida, de maneira que o tipo penal deve continuar a ser interpretado no sentido de que a não correspondência entre o saque cambial e uma efetiva venda de bens configura o crime.** Neste sentido, o STJ, no REsp 1.267.626/PR (6ª Turma, Rel. Min. Maria Thereza de Assis Moura, unânime em 5/12/2013): "o delito de duplicata simulada, previsto no art. 172 do Código Penal, com redação dada pela Lei 8.137, de 27-12-1990, configura-se quando o agente emite duplicata que não corresponde à efetiva transação comercial, sendo típica a conduta ainda que não haja qualquer venda de mercadoria ou prestação de serviço".

A duplicata cuja emissão corresponde a um negócio existente, mas cuja *causa não corresponde à prevista em lei,* é ineficaz: a lei lhe retira os efeitos cambiais. Mas essa emissão não tem tipicidade penal, pois não configura fraude contra o patrimônio, nem contra o consumidor. Portanto, ela permitirá ação monitória, ainda que esteja prescrita (REsp 1.088.046/MS. 4ª Turma, Rel. Min. Luís Felipe Salomão, unânime em 12/03/2013), ou ação ordinária.

5. REMESSA E DEVOLUÇÃO

A remessa da duplicata ao comprador se destina a obter o seu pagamento (se à vista) ou o aceite (se a prazo).

5.1. Aceite

A apresentação da duplicata sacada à vista para aceite é facultativa, antes do vencimento, até porque ela é pagável (se vence) no ato da apresentação. A afirmação de que o aceite na duplicata é obrigatório significa, apenas, que, se ela for apresentada para aceite, este só poderá ser recusado nos casos previstos em lei (Lei 5.474/68, art. 8º); não que ela sempre deva ser apresentada para aceite.

Se o vendedor-sacador pretender o aceite, deverá apresentar a duplicata ao sacado ou ao seu representante legal, diretamente ou por meios de representantes (Lei 5.474/68, art. 6º, *caput*).

O prazo para a remessa é de 30 dias a partir da emissão, se efetuada pelo próprio vendedor-sacador (art. 6º, § 1º), e de 10 dias se o ato for executado por terceiro, contando o prazo, nesse caso, da data do recebimento na praça do julgamento, isto é, onde deve ser exibida (art. 6º, § 2º).

A duplicata admite **aceite por ato separado**, seja no comprovante da entrega da mercadoria, seja por outro meio de reconhecimento expresso da dívida. A assinatura no documento de entrega da mercadoria "vale como aceite com toda a eficácia cambial", em exceção à regra geral dos títulos de crédito[406].

---

406. PEIXOTO, Carlos Fulgêncio da Cunha. *Comentários à Lei das Duplicatas.* Rio de Janeiro: Forense, 1971, p. 89.

Só é admissível a **recusa do aceite** da duplicata por motivo de avaria ou não recebimento das mercadorias, quando não expedidas ou não entregues por sua conta e risco; vícios, defeitos e diferenças na qualidade ou na quantidade das mercadorias, devidamente comprovados; divergência nos prazos ou nos preços ajustados (art. 8º).

Salvo tais hipóteses, a recusa não tem fundamento legal e o portador ou sacador atestará a recusa através do protesto por falta de aceite.

A possibilidade de a duplicata sem aceite, ainda que o credor tenha prova da entrega da mercadoria, ser considerada título executivo, somente foi pacificada pelo STJ por meio da Súmula 248: "comprovada a prestação dos serviços, a duplicata não aceita, mas protestada, é título hábil para instruir pedido de falência".

5.2. A recusa da devolução da duplicata

O prazo para devolução pelo comprador da duplicata assinada, ao apresentante, é de 10 dias (art. 7º, *caput*), mas o sacado tem o direito de reter a duplicata, desde que comunique, por escrito, à apresentadora, a retenção.

O descumprimento da obrigação de devolver a duplicata apresentada para aceite ou pagamento não se confunde com a perda ou extravio, mas o credor, na falta de devolução do título, pode proceder ao protesto baseado nas indicações da duplicata, que se limitarão a conter os mesmos requisitos lançados pelo sacador ao tempo de sua emissão, vedada a exigência de qualquer formalidade não prevista em lei (Lei 9.492/97, art. 21, § 3º).

6. TRIPLICATA

Triplicata é a reprodução da duplicata. A **perda ou extravio da duplicata** obriga o vendedor a extrair triplicata (Lei 5.474/68, art. 23).

O STJ, interpretando com maior elasticidade o disposto no art. 23 da Lei 5.474/68, entende que também existe uma **faculdade de extrair triplicata "em casos de retenção da duplicata, ou em situações assemelhadas que tolhem a circulação do título e deixam sem possibilidade de aparelhar sua execução**" (REsp 10.941/RS, 3ª Turma, Rel. Min. Dias Trindade, v.u., em 28/06/1991). De outro lado, entendeu o mesmo tribunal: "Ao sacado é obrigatório lançar sua assinatura na triplicata, não lhe cabendo perquirir da veracidade do extravio da duplicata alegado pelo sacador, única causa ensejadora da extração daquele título é substituir este" (REsp 42.737/MA, rel. Min. Sálvio de Figueiredo, v.u., em 14/12/1993).

7. VENCIMENTO E PAGAMENTO

A duplicata só admite duas espécies de vencimento:

a) à vista, quando a apresentação ao sacado opera o seu vencimento;

b) com data certa.

A duplicata deve ser apresentada para pagamento, que representa, a um só tempo, o pagamento da mercadoria e a aceitação da ordem dada pelo sacador, assumida pelo aceite.

O **pagamento antecipado** é lícito, pois o prazo de pagamento se dá em benefício do comprador (Lei nº 5.474, art. 9º, *caput*). Assim, o prazo seria apenas "um benefício do comprador, que pode dele abrir mão no momento em que julgar útil".

A **prova do pagamento** admite duas modalidades (art. 9º, § 1º):

a) o recibo passado pelo legítimo portador ou por seu representante com poderes especiais, no verso do próprio título, ou

b) a quitação dada em documento separado, com referência expressa à duplicata, valendo como prova do pagamento, total ou parcial, a *liquidação* de cheque, a favor do estabelecimento endossatário, no qual conste, no verso, que seu valor se destina à amortização ou liquidação da duplicata nele caracterizada (art. 9º, § 2º).

Em princípio, o pagamento da duplicata deve ser feito pelo seu valor total, mencionado no documento, mas admite-se o pagamento parcial (art. 9º, § 2º).

Qualquer obrigado pode realizar o pagamento parcial da duplicata; no entanto, aquele que paga apenas parte da soma cambial não tem direito a receber o título, podendo exigir, apenas, que lhe seja dado recibo da quantia paga no próprio título e que dele lhe seja dada quitação (LUG, art. 39, última alínea).

Admite-se a dedução de quaisquer créditos a favor do devedor, resultantes da devolução de mercadorias, diferenças de preços, enganos verificados, pagamentos por conta e outros motivos assemelhados, desde que devidamente autorizados pelo vendedor-sacador (art. 10). Essa regra representa exceção ao princípio da literalidade, mas atende à regra geral do direito privado.

Pode o comprador-sacado fazer a compensação aí indicada mesmo se a duplicata estiver em mãos de terceiro, alheio ao negócio de base? O endossatário, ao receber o título, já pagou por ele um determinado valor e tem a expectativa de receber, no vencimento, o valor consignado no título. O desconto autorizado pela lei, se fosse admitido quando o título se encontra em mãos de terceiros, aí sim violaria o princípio da literalidade, o que não nos parece possível.

A **prorrogação do vencimento** é admitida pela lei, mediante declaração em separado ou nela escrita, ainda que a data de vencimento deva constar da duplicata (art. 11, *caput*).

Se a duplicata ainda não circulou e também não foi aceita, a prorrogação pode ser feita livremente pelo sacador ou por quem a apresenta por ele, desde que tenha poderes expressos (art. 11, *caput*). Nesse caso, a recusa do aceite será ilegítima, pois a Lei 5.474/68, art. 8º, não prevê a divergência nos prazos ajustados que beneficia o sacado, apenas a que o prejudica, e ele não tem prejuízo algum, pois pode pagar a qualquer tempo.

Se a duplicata já circulou, só o seu legítimo proprietário – o último endossatário – poderá fazer sua prorrogação, já que ele é que terá direito a receber do comprador, no vencimento, a importância do título. Nesse caso, o endossatário deverá contar com a anuência dos demais coobrigados, para manter o direito de regresso contra eles (art. 11, parágrafo único).

Admite-se, ainda, a novação de uma obrigação originariamente constituída por duplicatas não pagas mediante instrumento de confissão de dívida garantido por notas promissórias. Nesse sentido, o REsp 7.002/SP, Rel. Min. Sálvio de Figueiredo, v.u., 9/03/1993.

8. AVAL

Especificamente em relação à duplicata, observamos que o aval posterior ao seu vencimento tem os mesmos efeitos que o dado anteriormente (Lei 5.474/68, art. 12, parágrafo único).

O aval dado em favor do sacado que não aceitou a duplicata é válido, por aplicação do disposto no art. 14 do Decreto 2.044/08.

9. PROTESTO

Nos termos do art. 13, da Lei 5.474/68, a duplicata pode ser protestada por:

a) falta de aceite;

b) falta de devolução; e

c) falta de pagamento.

O protesto da duplicata pode ser tirado, exclusivamente, na **praça de pagamento constante do título** (art. 13, § 3º). Neste sentido, o STJ (REsp 1.015.152/RS, Min. Luis Felipe Salomão).

Por outro lado, o portador que não tirar o protesto da duplicata, em forma regular e dentro do prazo de trinta dias, contado da data de seu vencimento, perderá o direito de regresso contra os endossatários e respectivos avalistas, nos termos do art. 13, § 4º.

9.1. Protesto por indicação

A Lei 5.474/68 admite o protesto por simples indicação dos elementos do título, pelo portador, ao cartório de protesto, na falta de devolução do título (art. 13, § 1º). Essa hipótese vem sendo ampliada pela jurisprudência, ao admitir o protesto por indicação: a) "a partir de boleto bancário, desde que acompanhado das notas fiscais e do comprovante de entrega das mercadorias (AgRg no AREsp 350.896/MG, Terceira Turma, Rel. Min. João Otávio de Noronha, unânime em 17/03/2016); e, b) da duplicata virtual "amparada em documento suficiente" (EDv no REsp 1.024.691/PR, Rel. Min. Raul Araújo, unânime em 22/08/2012).

De outro lado, o tabelionato pode ser induzido a erro e promover o protesto indevido por indicação de duplicata sem causa. Nesse caso, ele não responde pelo dano, como decidiu o Superior Tribunal de Justiça:

"1. O tabelionato que, no limite de sua (sic) atribuições, promove protesto por indicação de duplicata mercantil formalmente perfeita, mas posteriormente declarada sem causa, não comete dano moral passível de indenização. Ilegitimidade para a causa reconhecida. Precedentes". [407]

9.2. Intimação do protesto

Se o sacado é vítima do saque de uma duplicata simulada e, com razão, recusa o aceite ou o pagamento da mesma, o protesto do título será necessário ao portador que, tendo-a recebido por endosso, deseja voltar-se regressivamente contra aquele que sacou o título, obrigado cambiário.

Ocorre que, se o protesto for tirado por falta de pagamento, quem terá o seu nome registrado no protesto é o sacado, ainda que não seja obrigado cambiário. Temos presente, assim, um conflito de interesses entre o sacado (vítima) e o portador de boa-fé, relativamente ao protesto do título, que ainda não tem solução pacífica nos tribunais.

Celso Barbi Filho propôs: "O protesto da duplicata simulada, levado a efeito pelo portador/endossatário de boa-fé, deve ser apenas por falta de aceite, e não de pagamento". Acrescentou, também, que esse protesto "não pode, juridicamente, causar nenhum efeito contra o sacado, pois não se presta a fundamentar pedido de sua falência e nem para promover a execução do suposto crédito"[408].

O art. 13 não discrimina entre o sacado que aceitou o título e aquele que não o aceitou, deixando de se tornar obrigado cambiário, para o efeito do protesto e de suas intimações. O Decreto 2.044/08, mandado aplicar pela Lei 5.474/68, também não distingue as duas situações, permitindo abusos por protesto indevido contra não aceitantes.

A Lei 9.492/97 também não discrimina as duas situações, determinando que os sacados nas duplicatas "não poderão deixar de figurar no termo de lavratura e registro do protesto" (art. 21, § 4º).

Para coibir abusos, dado que o sacado da duplicara sem aceite não é responsável cambiário, a Corregedoria da Justiça de São Paulo veda a colocação do nome do sacado não aceitante nos instrumentos de protesto de duplicatas (Provimento CG, nº 27, de 04/09/2013, item 41).

9.3. Sustação, cancelamento, averbação e suspensão do protesto

A **sustação** judicial do protesto, isto é, a decisão judicial que visa a impedir a consumação do protesto, é, hoje, admitida expressamente pelo art. 17 da Lei 9.492/97, que prevê o procedimento a ser adotado pelo cartório em face da decisão do Judiciário. Não

---

407. STJ, AgRg no AgRg no REsp 1.098.020/RJ, Quarta Turma, Rel. Min. Maria Isabel Gallotti, votação unânime 09/10/2018, ementa (transcrição parcial).

408. BARBI FILHO, Celso. Protesto da duplicata simulada e procedimentos judiciais do sacado. *In:* Revista de Direito Mercantil, Industrial, Econômico e Financeiro, nº 110, nova séria, 1998, p. 172.

impede definitivamente a realização do protesto, mas dá ao protestado a oportunidade de demonstrar as razões pelas quais entende ser indevido o protesto.

O **cancelamento** do protesto será realizado por simples medida administrativa, se fundado em pagamento, ou por ordem judicial, se por outro motivo (Lei 9.492/97, art. 26). Todo pagamento permite o cancelamento do protesto.

A **averbação** é admitida pela lei para correção de erro material e poderá ser efetuada de ofício ou a requerimento do interessado (Lei 9.492/97, art. 25). Esses erros podem se encontrar nos dados do título ou na identificação do devedor, na sua posição no título como emitente, avalista etc. Se o vício corresponder a uma irregularidade de conteúdo, será necessária ação judicial.

A **suspensão** do protesto, quando ele se revelar indevido, não decorre de dispositivo legal expresso, mas da jurisprudência que admite a exclusão do nome do devedor das certidões de protesto que vierem a ser emitidas e dos cadastros de inadimplentes.

9.4. Juros e correção monetária

Os juros de mora correm a partir do protesto (Lei 9.492/97, art. 40). A correção monetária se aplica "a partir do vencimento, quando objeto de cobrança judicial"[409].

10. PRESCRIÇÃO

A pretensão à execução da duplicata prescreve, nos termos do art. 18 da Lei 5.474/68:

I – contra o sacado e respectivos avalistas, em 3 anos, contados da data do vencimento do título;

II – contra endossante e seus avalistas, em 1 ano, contado da data do protesto;

III – de qualquer dos coobrigados, contra os demais, em 1 ano, contado da data em que haja sido efetuado o pagamento do título;

A cobrança judicial poderá ser proposta contra um ou contra todos os coobrigados, sem observância da ordem em que figurem no título. Os coobrigados respondem solidariamente pelo aceite e pelo pagamento.

Os casos de **interrupção da prescrição**, por não tratarem de matéria cambiária, regulam-se pelos arts. 202 a 204, do Código Civil.

A **suspensão** do prazo prescricional pode decorrer do ajuizamento de ação cautelar de sustação do protesto (STJ, REsp 9.766/SP, Rel. Min. Athos Carneiro, v.u. 19/05/1992).

409. COELHO, Fabio Ulhoa. *Curso de Direito Comercial.* Volume 1, São Paulo: Saraiva, 2015, p. 539.

No caso de duplicata não aceita, a sustação do protesto impede a formação do título executivo. Nesse caso, o prazo prescricional inicia-se com a cassação da ordem de sustação (AgRg nos ED em AREsp 128.282/MT, Rel. Min. Raul Araújo, v.u., 09/10/2013).

Por fim, e para compatibilizar as decisões que admitem a propositura da ação de execução da duplicata não aceita, mesmo na pendência da sustação do protesto cambial, com a suspensão do prazo prescricional na pendência da sustação, decidiu o STJ que "mesmo que se entenda que o credor não estava impedido de ajuizar a execução do título, ele não precisava fazê-lo antes do trânsito em julgado dessas ações, quando voltaria a correr o prazo prescricional" (REsp 1.321.610/SP, 3ª Turma, Min. Nancy Andrighi, v.u., 21/02/2013).

VI. TÍTULOS DE CRÉDITO IMPRÓPRIOS

Além dos títulos de crédito próprios – letra de câmbio, nota promissória, cheque e duplicata – há ainda muitos outros, ainda que a doutrina não seja unânime no que diz respeito à sua classificação.

Para Fabio Ulhoa Coelho, títulos de crédito impróprios são os instrumentos creditícios que se submetem a regime jurídico semelhante ao do direito cambiário, sem sujeitarem-se a todas as normas deste[410]. Para este autor, esses títulos podem se classificar em:

a) **títulos de legitimação**, que asseguram ao seu portador a prestação de um serviço ou o acesso a um prêmio (que não são títulos executivos e, portanto, não se enquadram inteiramente na disciplina do direito cambiário. Exemplificativamente, teríamos o ingresso de cinema, o bilhete de metrô, volante sorteado de loteria, entre outros).

b) **títulos representativos**, ou seja, que representam a titularidade de mercadoria custodiadas – que se encontram em poder de terceiro não proprietário. Os exemplos mais representativos são o conhecimento de depósito e o *warrant*. O primeiro é título representativo da mercadoria depositada, que pode ser transferida por meio de endosso (mas não é este o objetivo principal, como veremos adiante); o segundo é título constitutivo de promessa de pagamento, cuja garantia é a própria mercadoria depositada.

c) **títulos de financiamento**, instrumentos que representam crédito decorrente de financiamento. Costumam chamar-se "cédulas de crédito" quando o pagamento do financiamento a que se referem é garantido por hipoteca, ou nota de crédito, quando desprovida de garantia real. É o caso da cada vez mais frequente cédula de crédito bancário, criada pela Lei 10.931/04. Há outros exemplos, como a cédula (e a nota)

410. COELHO, Fabio Ulhoa. *Curso de Direito Comercial.* Volume 1, São Paulo: Saraiva, 2015, p. 546.

de crédito industrial (Decreto-lei 413/69), cédula (e nota) de crédito à exportação (Lei 6.313/75), cédula (e nota) de crédito rural (Decreto-lei 167/67), entre outras.

d) **títulos de investimento**, destinados à captação de recursos pelo emitente. Os exemplos mais comuns, hoje, são as letras de crédito imobiliário (LCI), emitidas por bancos e com lastro em créditos imobiliários, criadas pela Lei 10.931/04).

Analisaremos, aqui, os **títulos representativos** – o **conhecimento de depósito** e o ***warrant***, disciplinados pelo Decreto 1.102/1903 – e os **títulos de financiamento**, com especial atenção à **cédula de crédito bancário**, criada pela Lei 10.931/04, diploma legal que também criou a letra de câmbio imobiliário e a cédula de crédito hipotecário.

VII. TÍTULOS DE CRÉDITO REPRESENTATIVOS

1. CONHECIMENTO DE DEPÓSITO E *WARRANT*

Conhecimento de depósito e *warrant* são alguns dos títulos representativos de mercadorias, também chamados títulos armazeneiros[411]. Eles são emitidos exclusivamente por armazéns-gerais, empresas que exercem a atividade de guarda e conservação de mercadorias (Decreto nº 1.102/1903, art. 1º)[412], mas sua emissão é facultativa e se dará a pedido do depositante (art. 15).

Inicialmente, aplicava-se um único regime a todos os bens depositados. Hoje, a armazenagem de produtos agropecuários, seus derivados, subprodutos e resíduos de valor econômico, é regulada pela Lei nº 9.973/00, que revela a intervenção do Estado no domínio econômico e cria peculiar regime jurídico a eles aplicável.

Com a edição da Lei nº 11.076/04 passamos a ter títulos de crédito próprios dos armazéns agropecuários (o Certificado de Depósito Agropecuário – CDA e o *Warrant* Agropecuário – WA). As semelhanças entre eles, decorrentes da origem comum, permitiriam a análise conjunta dos títulos emitidos por ambos os armazéns, destacando-se as peculiaridades de cada um deles; optamos pelo exame em separado para maior clareza da exposição.

Quando o depositante entrega as mercadorias à guarda do armazém-geral, este expede recibo, no qual declara a natureza, quantidade, número e marca da mercadoria. Caso ele pretenda negociá-las, ou dá-las em garantia, deverá requerer ao depositário a emissão do conhecimento de depósito e do *warrant*, que substituem o recibo como comprovante de entrega das mercadorias. Esses títulos devem sempre indicar o nome do beneficiário, que poderá ser o próprio depositante ou terceiro por ele indicado.

---

411. FERREIRA, Waldemar. *Tratado de direito comercial.* Vol. 10, São Paulo: Saraiva, 1963, p. 375.

412. Os armazéns-gerais são depósitos destinados ao recebimento de mercadorias que têm a faculdade de emitir títulos negociáveis que as representem (MENDONÇA, J. X. Carvalho de. *Tratado de direito comercial brasileiro,* vol. V, parte II, cit., p. 562).

Os títulos representativos de mercadorias permitem uma maior mobilidade delas, pois sua circulação física é substituída pelos títulos que as representam, dispensando o uso dos instrumentos de cessão civil. A posse dos títulos representa a posse das mercadorias, permanecendo o armazém-geral na qualidade de simples detentor das mesmas[413]. Emitidos os títulos, as mercadorias depositadas, representadas por eles, não mais poderão sofrer qualquer embaraço que prejudique sua livre disposição. Todavia, os títulos poderão ser penhorados ou arrestados (Decreto nº 1.102/1903, art. 17).

1.1. Qualificação

O conhecimento de depósito e o *warrant* são, antes de tudo, títulos representativos de mercadorias, pois dão direito ao recebimento delas. Essa categoria também abrange alguns títulos agropecuários e o conhecimento de transporte.

O *conhecimento de depósito* representa o direito de propriedade sobre as mercadorias e legitima o titular a agir como seu proprietário; o *warrant* se refere ao crédito e ao valor das mesmas, conferindo ao seu titular um direito real de penhor sobre a mercadoria.

Eles são *títulos causais*, porque mencionam a causa de sua emissão, e *à ordem*, pois são transferíveis por endosso por expressa disposição legal.

1.2. Requisitos

O conhecimento de depósito e o *warrant* devem ser criados unidos, podendo ser separados à vontade (Decreto nº 1.102/1903, art. 15, *caput*). Além disso, eles devem (art. 15, § 1º, alterado pela Lei Delegada nº 3/62):

a) **ser à ordem**, contendo, além de sua designação particular: a denominação da empresa do armazém geral e sua sede; o nome, profissão e domicílio do depositante ou de terceiro por este indicado; o lugar e o prazo do depósito;

b) **indicar a natureza e quantidade das mercadorias em depósito**, designadas pelos nomes mais usados no comércio, seu peso, o estado dos envoltórios e todas as marcas e indicações próprias para estabelecerem a sua identidade, ressalvadas as peculiaridades das mercadorias depositadas a granel;

c) **indicar a qualidade da mercadoria tratando-se de mercadorias da mesma natureza e qualidade, pertencentes a diversos donos, guardando-se misturadas**;

d) **indicar o segurador da mercadoria e o valor do seguro**;

413. LACERDA, J. C. Sampaio de. *Dos armazéns-gerais – seus títulos de crédito (conhecimento de depósito e warrant)*, Rio de Janeiro: Forense, s/data, p. 51-52.

e) apresentar a **declaração dos impostos e direitos fiscais, dos encargos e despesas a que a mercadoria está sujeita, e do dia em que começaram a correr as armazenagens**;

f) **indicar a data da emissão dos títulos e assinatura** do empresário ou pessoa devidamente habilitada por este.

Os armazéns gerais são responsáveis para com terceiros pelas irregularidades e inexatidões encontradas nos títulos que emitirem relativamente à quantidade, natureza e peso da mercadoria. O artigo 178 do Código Penal tipifica a emissão de conhecimento e depósito ou *warrant* em desacordo com disposição legal.

A lei não prevê quais requisitos são considerados essenciais, ou não. Mas nem todos o são, pois a doutrina considera que a expressão "deve conter" não tem caráter imperativo[414].

Aplica-se subsidiariamente a Lei Uniforme (Decreto nº 57.663/66), no que não conflitar com as disposições da legislação especial[415], pois, ainda que se admita a aplicação subsidiária do Código Civil à legislação anterior[416], suas disposições só seriam aplicáveis na falta de norma da Lei Uniforme[417].

1.3. Circulação. Endosso

Os títulos emitidos pelos armazéns-gerais circulam por **endosso**, destinado à transferência do título, como os demais, mas, também, a da mercadoria representada por eles[418].

O endosso do conhecimento de depósito e do *warrant* pode se dar em conjunto ou separadamente. O endosso dos títulos *em conjunto* conferirá ao cessionário o direito de livre disposição da mercadoria (STJ, REsp 73.700/RJ, 3ª T., rel. Min. Eduardo Ribeiro, v.u. 9/10/95).

Quando o endosso se dá sobre cada um dos títulos *separadamente*, teremos os seguintes efeitos:

---

414. LACERDA, J. C. Sampaio de. Ob. Cit., p. 64.

415. COELHO, Fábio Ulhoa. Títulos do agronegócio. In: COELHO, Fábio Ulhoa. *Tratado de direito comercial:* títulos de crédito, direito bancário, agronegócio e processo empresarial. Vol. 8, São Paulo: Saraiva, 2015, p. 338.

416. DE LUCCA, Newton. Dos atos unilaterais. Dos títulos de crédito. Arts. 854 a 926. In: TEIXEIRA, Sálvio de Figueiredo (coord.). *Comentários ao novo Código Civil.* Rio de Janeiro: Forense, 2003, p. 232-233, admite essa possibilidade.

417. TRIDENTE, Alessandra. Os títulos de crédito e o novo Código Civil. In: GORGA, Érica; SICA, Lígia Paula Pires Pinto (coords.). *Estudos avançados de direito empresarial*: títulos de crédito. Rio de Janeiro: Elsevier, 2013, p. 188.

418. MARTINS, Fran. *Títulos de crédito.* 16ª ed., atual. por Joaquim Penalva Santos; Paulo Penalva Santos. Rio de Janeiro: Forense, 2013, p. 555, esclarece que a transferência do conhecimento de depósito "equivale à transferência das mercadorias depositadas [...]".

a) o ***endosso do conhecimento de depósito*** **separado do *warrant*** significa que o portador do título se torna **proprietário de uma mercadoria onerada com o penhor constituído em garantia do portador do *warrant*** (Decreto nº 1.102/1903, arts. 18 e 19);

b) **o *endosso do warrant* separado do conhecimento de depósito** significa que o portador é credor pignoratício, não podendo o armazém geral permitir a retirada da mercadoria sem a prova do pagamento ou de depósito da quantia.

O endosso, que não depende do consentimento do cônjuge, pode ser **em preto ou em branco** (Decreto nº 1.102/1903, art. 18, § 1º). Em face do artigo 19 da Lei nº 8.088/1990, que proíbe o endosso em branco, a doutrina se divide: parte reafirma a proibição[419], outra parte entende que ela foi derrogada pelo disposto no artigo 913 do Código Civil[420].

O primeiro endosso do *warrant* declarará a importância do crédito garantido pelo penhor da mercadoria, a taxa de juros e a data do vencimento. Essas declarações serão transcritas no conhecimento de depósito e assinadas pelos endossatários do warrant (Decreto nº 1.102/1903, art. 19).

O endosso sucessivo não poderá ser feito por valor maior que o primeiro, pois não pode a garantia estender-se além do que constou do primeiro endosso[421]. Também não poderá ser feito por valor menor, pois, o *endosso parcial é considerado nulo* (Lei Uniforme, art. 1º).

Os demais princípios da Lei Uniforme são aplicáveis ao endosso desses títulos; por exemplo: no endosso condicional, a condição considera-se não escrita (art. 12); o endosso cancelado, isto é, riscado pelo endossante, será considerado não escrito (art. 16).

Vejamos dois *exemplos práticos da utilização desses títulos*, no caso em que o interessado é proprietário de mercadoria sobre a qual foram emitidos o conhecimento de depósito e o *warrant*.

No *primeiro caso*, ele quer vendê-la em uma data futura. Quando resolver vender, ele endossará os dois títulos ao comprador, que passará a ser o titular da mercadoria.

---

419. REQUIÃO, Rubens. *Curso de direito comercial*. Vol. 2, 29ª ed., rev. e atual. por Rubens Edmundo Requião. São Paulo: Saraiva, 2012, p. 680.

420. SICA, Lígia Paula Pinto. Considerações sobre a disciplina dos títulos à ordem e à luz do Código Civil de 2002. In: GORGA, Érica; SICA, Lígia Paula Pinto. *Estudos avançados de direito empresarial*: títulos de crédito. Rio de Janeiro: Elsevier, 2013, p. 81, afirma, a propósito do art. 913 do Código Civil: "A introdução de tal norma no Código Civil acaba por derrogar a disposição contida na Lei nº 8.088/1990 [...]".

421. LACERDA, J. C. Sampaio de. *Dos armazéns-gerais – seus títulos de crédito (conhecimento de depósito e warrant)*, Rio de Janeiro: Forense, s/data, p. 100.

No *segundo caso,* ele pretende oferecê-la em garantia para obter um empréstimo. Ele destaca os dois títulos e endossa o *warrant* ao seu credor, que passa a ter garantia pignoratícia sobre a mercadoria depositada, permanecendo o depositante proprietário dela.

Nos casos de perda, roubo, furto, extravio ou destruição do título, deverá o interessado avisar ao armazém-geral, anunciando, ao mesmo tempo, durante 3 (três) dias no jornal de maior circulação da sede do armazém, tomando as demais providências previstas no artigo 27 do Decreto nº 1.102/1903.

1.4. Liberação da mercadoria

A mercadoria somente será retirada do armazém-geral pelo portador do conhecimento de depósito em uma de duas hipóteses:

a) contra a entrega do conhecimento de depósito e do *warrant* correspondente;
b) contra a entrega do conhecimento sem o *warrant* correspondente, acompanhado do pagamento do principal, dos juros da dívida, dos impostos devidos e demais despesas (Decreto nº 1.102/1903, arts. 21 e 22).

O armazém-geral tem direito de retenção sobre as mercadorias depositadas para garantia do pagamento devido (Decreto nº 1.102/1903, art. 14; Código Civil, art. 644). O artigo 894 do Código Civil prevê que o portador do título representativo de mercadoria tem o direito "de receber aquela independentemente de quaisquer formalidades, além da entrega do título devidamente quitado", mas a lei especial prevalece sobre a norma do Código.

2. CERTIFICADO DE DEPÓSITO AGROPECUÁRIO E *WARRANT* AGROPECUÁRIO

Vimos no item anterior o regime jurídico do conhecimento de depósito e do warrant emitidos por armazéns-gerais. Aqui, iremos examinar o Certificado de depósito agropecuário e o Warrant agropecuário. Tanto uns quanto outros são títulos representativos de mercadorias, mas o Warrant Agropecuário representa, também, uma promessa de pagamento (Lei nº 11.076/04, art. 1º, § 2º, na redação dada pela Lei nº 11.524/07).

Inicialmente, aplicava-se um único regime a quaisquer bens depositados em armazéns. Hoje, a armazenagem de produtos agropecuários é regulada pela Lei nº 9.973/00 (regulamentada pelo Decreto nº 3.855/01), que revela o incremento da intervenção do Estado no domínio econômico. Criou-se peculiar regime jurídico ao incluir o conjunto de normas que regulam o sistema de armazenagem de produtos agropecuários, seus derivados, subprodutos e resíduos de valor econômico[422].

422. BURANELLO, Renato. Novos títulos para financiamento do agronegócio. Disponível em: <http://www.migalhas.com.br/dePeso/16,MI11820,21048-Novos+titulos+para+financiamento+do+Agronegocio>. Acesso em 02/09/2016.

Com a edição da Lei nº 11.076/04, que instituiu o Certificado de Depósito Agropecuário – CDA e o *Warrant* Agropecuário – WA (art. 1º, *caput*) passamos a ter dois regimes jurídicos aplicáveis aos títulos emitidos pelos armazéns-gerais.

Esses títulos permitem maior mobilidade das mercadorias, pois a circulação física delas é substituída pelos títulos que as representam, e também servem para a constituição de garantia sobre elas.

2.1. Qualificação

Os títulos acima referidos têm a mesma natureza jurídica do conhecimento de depósito e do warrant, emitidos por armazéns-gerais: são títulos representativos de mercadorias[423], categoria mais ampla na qual também se inclui o conhecimento de transporte.

Tal qual os títulos anteriores, o CDA e o WA são títulos unidos, emitidos simultaneamente pelo depositário, a pedido do depositante, podendo ser transmitidos unidos ou separadamente, mediante endosso (Lei nº 11.076/04, art. 1º, § 3º).

Apesar das semelhanças entre os novos títulos e os anteriores, regidos pelo Decreto nº 1.102/1903, não se aplica o regime jurídico anterior aos novos títulos (Lei nº 11.076/04, art. 46), ainda que a doutrina e a jurisprudência anteriores possam auxiliar na sua compreensão e interpretação.

O CDA é título de crédito representativo de promessa de entrega de produtos agropecuários, seus derivados, subprodutos e resíduos de valor econômico, depositados em conformidade com a Lei 9.973, de 29 de maio de 2000" (Lei nº 11.076/04, art. 1º, § 1º), ficando vedada a emissão do conhecimento de depósito e do warrant previstos no Decreto nº 1.102/1903, para produtos agropecuários, seus derivados, subprodutos e resíduos de valor econômico (Lei nº 11.076/04, art. 46).

O WA é título de crédito representativo de promessa de pagamento em dinheiro que confere direito de penhor sobre o CDA correspondente, assim como sobre o produto nele descrito (Lei nº 11.076/04, art. 1º, § 2º, na redação dada pela Lei nº 11.524, de 2007).

Ambos os títulos podem ser emitidos eletronicamente ou sob a forma cartular (em papel). É obrigatório o depósito em depositário central autorizado pelo Banco Central do Brasil, no prazo de 30 dias, contados da emissão dos títulos. No caso dos títulos emitidos sob a forma cartular, o depósito será precedido da entrega dos títulos à custódia de instituição legalmente autorizada para esse fim, por meio de endosso-mandato, que poderá ser feito por meio eletrônico, conforme legislação aplicável. É o que determina o art. 15, da Lei nº 11.076/04, cuja redação foi alterada pelas Leis nº 13.986/20 e 14.421/22.

423. ASCARELLI, Tullio. Teoria geral dos títulos de crédito. Trad. Nicolau Nazo. São Paulo: Saraiva, 1943, p. 431. A denominação "título representativo de mercadoria" é, ainda, adotada pelo art. 894 do Código Civil. BURANELLO, Renato M. Sistema privado de financiamento do agronegócio: regime jurídico. 2ª ed., rev. e atual. São Paulo: Quartier Latin, 2011, p. 490-491, reconhece que o CDA e o WA têm a mesma natureza jurídica dos títulos previstos no Decreto nº 1.102/1903.

O CDA e o WA são títulos executivos extrajudiciais (Lei nº 11.076/04, art. 1º, § 4º). Ambos serão negociados nos mercados de bolsa ou de balcão como ativos financeiros (Lei nº 11.076/04, art. 16)[424].

Aplicam-se subsidiariamente a esses títulos "as normas de direito cambial no que forem cabíveis" (Lei nº 11.076/04, art. 2º, *caput*), mas o legislador não indica qual seja a lei aplicável. Fábio Ulhoa Coelho entende que devem ser aplicados os artigos 887 a 926 do Código Civil, que dispõem sobre os títulos de crédito, no que não conflitarem com as disposições da legislação especial[425]. Alessandra Tridente, a nosso ver com razão, considera aplicável subsidiariamente a Lei Uniforme, porque o regime do Código somente pode ser aplicado aos títulos típicos posteriores a 2002, quando previsto expressamente pela lei especial que houver criado o título[426].

2.2. Requisitos

Os requisitos legais do CDA e do WA estão previstos no artigo 5º da Lei nº 11.076/04, que os denomina "informações", entre os quais destacam-se os seguintes: a) a denominação do título; b) a menção de que o depósito do produto se sujeita às Leis 9.973/00 e 11.076/04, e, nos casos em que o depositário for Cooperativa, à Lei 5.764/71; c) a identificação e a qualificação do depositante e do depositário, bem como o endereço completo do local do armazenamento; d) a descrição e especificação do produto; (iii) o valor do serviço de armazenagem, conservação e expedição, periodicidade da cobrança e indicação do responsável pelo seu pagamento; e) identificação, qualificação e assinatura dos representantes legais do depositário, que poderá ser feita de forma eletrônica, conforme legislação aplicável; f) a identificação precisa dos direitos que os títulos conferem; g) indicação do segurador e valor de cobertura.

Referidos títulos serão emitidos sob a forma cartular em, no mínimo, duas vias: as primeiras serão destinadas ao depositante; as segundas, ao depositário, nas quais constarão os recibos de entrega da mercadoria ao depositante (Lei nº 11.076/04, art. 8º). Os títulos terão numeração sequencial, idêntica em ambos os documentos, em série única, vedada a subsérie (art. 8º, parágrafo único).

---

424. REQUIÃO, Rubens. Curso de direito comercial. Vol. 2, 29ª ed., rev. e atual. por Rubens Edmundo Requião. São Paulo: Saraiva, 2012, p. 726, afirma que "os títulos são qualificados pelo legislador como ativos financeiros e, por certo, são valores mobiliários".

425. COELHO, Fábio Ulhoa. Títulos do agronegócio. In: COELHO, Fábio Ulhoa. *Tratado de direito comercial*: títulos de crédito, direito bancário, agronegócio e processo empresarial. Vol. 8, São Paulo: Saraiva, 2015, p. 338.

426. TRIDENTE, Alessandra. Os títulos de crédito e o novo Código Civil. In: GORGA, Érica; SICA, Lígia Paula Pires Pinto (coords.). *Estudos avançados de direito empresarial*: títulos de crédito. Rio de Janeiro: Elsevier, 2013, p. 191.

A emissão na forma escritural ocorrerá por meio do lançamento em sistema eletrônico de escrituração gerido por entidade autorizada pelo Banco Central do Brasil a exercer atividade de escrituração (art. 3º, § 1º). Esse sistema eletrônico de escrituração fará constar os requisitos essenciais do título; o endosso e a cadeia de endossos, se houver; os aditamentos, as ratificações e as retificações; e a inclusão de notificações, de cláusulas contratuais e de outras informações (art. 3º-C, *caput*). Também informará a eventual constituição de gravames e ônus (parágrafo único do art. 3º-C).

2.3. Registro

De posse dos títulos, os depositantes deverão registrá-los em sistema de registro e de liquidação financeira de ativos autorizado pelo Banco Central do Brasil ou pela Comissão de Valores Mobiliários, no âmbito de suas competências (Lei nº 11.076/04, art. 4º, III). O depósito do CDA e do WA é obrigatório em depositário central autorizado pelo Banco Central do Brasil, no prazo de 30 (trinta) dias corridos, contado da data de emissão dos títulos (art. 15, *caput*, na redação dada pela Lei nº 13.896/20).

Vencido esse prazo sem a realização do registro, o depositante deverá solicitar ao depositário o cancelamento dos títulos e sua substituição por novos ou por recibo de depósito, em seu nome (art. 15, § 3º, na redação dada pela Lei nº 11.524/07).

2.4. Endosso

O CDA e do WA circulam por endosso, que deve ser completo (art. 2º, I), também chamado endosso em preto, aquele que designa o nome do beneficiário[427]. O endosso pode se dar sobre os títulos em conjunto ou separadamente (Lei nº 11.076/04, art. 1º, § 3º).

Se o endosso se der sobre os títulos em conjunto (caso em que eles são negociados unidos ou simultaneamente), ele irá conferir ao cessionário o direito de livre disposição da mercadoria, desde que este entregue ao armazém as primeiras vias dos títulos e pague as despesas de armazenagem[428].

Quando o endosso se dá sobre cada um dos títulos separadamente, teremos os seguintes efeitos:

a) o endosso do CDA separado do WA significa que o portador do título se torna proprietário de uma mercadoria onerada com o penhor constituído em garantia do portador do WA;

427. BORGES, João Eunápio. *Títulos de crédito*. Rio de Janeiro: Forense, 1976, item 81, p. 75.

428. COELHO, Fábio Ulhoa. *Títulos do agronegócio*. In: COELHO, Fábio Ulhoa. Tratado de direito comercial, vol. 8: títulos de crédito, direito bancário, agronegócio e processo empresarial. São Paulo: Saraiva, 2015, p. 337.

b) o endosso do WA separado do CDA significa que o portador é credor pignoratício, não podendo o armazém permitir a retirada da mercadoria sem a prova do pagamento ou do depósito da quantia.

A Lei nº 11.076/04 especifica que os endossantes – tanto os do CDA quanto do WA – não respondem pela entrega do produto, tão somente, pela existência da obrigação (art. 2º, II).

2.5. Aval

A Lei nº 11.076/04, art. 2º, *caput*, prevê expressamente a aplicação das normas de direito cambial no que forem cabíveis, e reafirma a possibilidade de aval ao dispensar o protesto cambial para assegurar o direito de regresso contra endossantes e avalistas (art. 2º).

Como o aval aplica-se, apenas, ao "título de crédito que contenha obrigação de pagar quantia determinada" (Código Civil, art. 897), característica que somente está presente no WA (Lei nº 11.076/04, art. 1º, § 2º, na redação dada pela Lei nº 11.524/07), somente nele poderá ser aposto aval.

2.6. Protesto

É dispensado o protesto cambial para assegurar o direito de regresso contra endossantes e avalistas (Lei nº 11.076/04, art. 2º, III).

2.7. Retirada do produto ou transferência de propriedade

A transferência da propriedade da mercadoria descrita no título, ou a sua retirada do armazém, estará condicionada à entrega do CDA em conjunto com o WA correspondente, ocasião em que serão pagos os serviços de armazenagem, conservação e expedição, além do cumprimento das obrigações tributárias, principais e acessórias, relativas à operação.

O armazém tem direito de retenção sobre as mercadorias depositadas para garantia do pagamento devido (Lei nº 9.973/00, art. 9º; Código Civil, art. 644), que poderá ser exercido, inclusive, contra a massa falida[429].

2.8. Aspectos penais da emissão irregular dos títulos

O depositário que emitir o CDA e o WA é responsável, civil e criminalmente, inclusive perante terceiros, pelas irregularidades e inexatidões neles lançadas, inclusive pela omissão dos requisitos formais desses títulos[430]. A pena privativa de liberdade é aquela prevista no

429. BURANELLO, Renato. Contratos do agronegócio. In: COELHO, Fábio Ulhoa. *Tratado de direito comercial*: títulos de crédito, direito bancário, agronegócio e processo empresarial. Vol. 8, São Paulo: Saraiva, 2015, p. 325.

430. REQUIÃO, Rubens. *Curso de direito comercial.* Vol. 2, 29ª ed., rev. e atual. por Rubens Edmundo Requião. São Paulo: Saraiva, 2012, p. 725.

artigo 178 do Código Penal, por determinação da lei especial (Lei nº 11.076/04, arts. 9º e 14).

VIII. TÍTULOS DE FINANCIAMENTO

1. INTRODUÇÃO

Os títulos de financiamento se destinam ao financiamento direto da atividade produtiva. Ao lado deles se encontram os títulos de refinanciamento, por meio dos quais os financiadores negociam com instituições financeiras ou investidores a antecipação dos recursos envolvidos nas suas operações com o objetivo de dispor de recursos para promover novos financiamentos[431].

2. AS CÉDULAS DE CRÉDITO

O direito brasileiro contempla, tradicionalmente, diversas espécies de cédulas de crédito, título que contém promessa de pagamento, decorrente de operação de crédito, mas cuja liquidez somente é apurada no vencimento, mediante operação de subtração de eventuais amortizações periódicas e adição de encargos contratados.

São exemplos de cédulas de crédito a cédula rural pignoratícia, a cédula rural hipotecária e a nota de crédito rural (Decreto-Lei 167/67), a cédula (e a nota) de crédito industrial (Decreto-Lei 413/69), a cédula (e nota) de crédito à exportação (Lei 6.313/75), a cédula (e nota) de crédito comercial (Lei 6.840/80) e a cédula (e nota) de crédito imobiliário (Lei 10.931/04). O exame de cada uma delas excederia o objetivo deste manual.

Hoje, o título mais utilizado nas operações bancárias é a cédula de crédito bancário, o qual estudaremos em detalhe a seguir.

A par dela, ganharam importância os novos títulos utilizados no financiamento da atividade rural, entre os quais se destaca a Cédula de Produto Rural – CPR. Para maior clareza da exposição, o Certificado de Depósito Agropecuário – CDA e o Warrant Agropecuário – WA, ainda que também estejam referenciados a produtos do agronegócio, foram examinados no item VII, acima, em conjunto com os títulos semelhantes emitidos pelos armazéns-gerais.

As características básicas dos títulos de refinanciamento da atividade rural, que são o Certificado de Direitos Creditórios do Agronegócio – CDCA, a Letra de Crédito do Agronegócio – LCA e o Certificado de Recebíveis do Agronegócio – CRA, serão examinadas abaixo.

431. COELHO, Fábio Ulhoa. *Tratado de direito comercial*, vol. 8: títulos de crédito, direito bancário, agronegócio e processo empresarial. São Paulo: Saraiva, 2015, p. 338.

3. CÉDULA DE CRÉDITO BANCÁRIO

3.1. Origem e função

Antes da criação da cédula de crédito bancário os financiamentos eram concedidos, em sua maior parte, por meio de contratos de abertura de crédito, cuja qualidade de títulos executivos extrajudiciais veio a ser negada pelo Superior Tribunal de Justiça (Súmula 233).

A cédula de crédito bancário está regulada pela Lei nº 10.931/04 (arts. 26 a 45), que teve o objetivo explícito de reduzir o risco jurídico existente nas operações de crédito bancário, conferindo maior agilidade à sua cobrança judicial. Para atingir esses objetivos, **essa cédula permite aos bancos criar seus próprios títulos executivos, e oferece a eles a possibilidade legal de capitalização dos juros sobre o saldo devedor (juros compostos)**[432].

3.2. Características

A cédula de crédito bancário representa **promessa de pagamento em dinheiro, decorrente de operação de crédito**; o legislador se valeu de uma noção econômica – a de *operação* – que pode se realizar por meio dos mais diversos contratos que envolvam a concessão de crédito.

A denominação *cédula*, adotada pela lei, foi utilizada no sentido genérico de "escrito particular em que se reconhece promessa ou obrigação"[433]. Suas características diferem das demais (cédulas de crédito rural, comercial e industrial), e o papel-moeda, por exemplo, também se denomina cédula. Essa denominação decorre, exclusivamente, da vontade do legislador.

Títulos de crédito por força de lei, as cédulas de crédito bancário **são formadas pela soma de elementos contratuais e de outros dos títulos de crédito**, como já ocorria com as cédulas de crédito rural, industrial e comercial, mas ela amplia as características contratuais deles.

A promessa de pagamento (Lei nº 10.931/04, art. 26, *caput*) não se constitui pela assinatura ou emissão da cédula, mas pela posterior utilização do crédito aberto[434]: está **sujeita a evento futuro**.

---

432. THEODORO JÚNIOR, Humberto. *A cédula de crédito bancário como título executivo extrajudicial no direito brasileiro*, p. 12/26. Disponível em: <http://www.abdpc.org.br/abdpc/artigos/Humberto%20 Theodoro%20Júnior(2)%20formatado.pdf>. Acesso em: 18/02/2014.

433. HOUAISS, Antonio. *Dicionário Houaiss da língua portuguesa*. Rio de Janeiro: Objetiva, 2000. Verbete "cédula", sentido "2".

434. THEODORO JUNIOR, Humberto. Cédula de crédito bancário. *Revista de direito bancário, do mercado de capitais e da arbitragem*. São Paulo: Ed. Revista dos Tribunais, nº 22, out./dez. 2003, p. 13-52, citação de p. 27.

Enquanto promessa de pagamento, a cédula se assemelha à nota promissória, mas esta contém "a promessa pura e simples de pagar uma quantia determinada" (Decreto nº 57.663 de 24/01/66 – Lei Uniforme, art. 75, 2); **na cédula de crédito bancário a promessa admite duas modalidades diversas** (Lei nº 10.931/04, art. 29, II):

– na primeira modalidade, o emitente promete "pagar a dívida em dinheiro, certa, *líquida e exigível no seu vencimento*", sendo essa promessa equivalente à do emitente das notas promissórias;

– na segunda, quando a dívida for "oriunda de contrato de abertura de crédito bancário", a promessa do emitente consiste em "pagar a dívida em dinheiro, certa, líquida e exigível *correspondente ao crédito utilizado*" (itálicos apostos).

A **causa** prevista em lei para a emissão da cédula de crédito bancário é sempre uma **abertura de crédito**, que pode ter ocorrido anteriormente ou ser posterior à emissão do título. Portanto, esse é um **título causal**, como afirma a quase totalidade da doutrina.

O artigo 28, § 1º, da Lei nº 10.931/04 apresenta as cláusulas que, na expressão do legislador, "poderão" constar do corpo do título, como segue:

> "§ 1º Na Cédula de Crédito Bancário poderão ser pactuados:
>
> I – os juros sobre a dívida, capitalizados ou não, os critérios de sua incidência e, se for o caso, a periodicidade de sua capitalização, bem como as despesas e os demais encargos decorrentes da obrigação;
>
> II – os critérios de atualização monetária ou de variação cambial como permitido em lei;
>
> III – os casos de ocorrência de mora e de incidência das multas e penalidades contratuais, bem como as hipóteses de vencimento antecipado da dívida;
>
> IV – os critérios de apuração e de ressarcimento, pelo emitente ou por terceiro garantidor, das despesas de cobrança da dívida e dos honorários advocatícios, judiciais ou extrajudiciais, sendo que os honorários advocatícios extrajudiciais não poderão superar o limite de dez por cento do valor total devido;
>
> V – quando for o caso, a modalidade de garantia da dívida, sua extensão e as hipóteses de substituição de tal garantia;
>
> VI – as obrigações a serem cumpridas pelo credor;
>
> VII – a obrigação do credor de emitir extratos da conta corrente ou planilhas de cálculo da dívida, ou de seu saldo devedor, de acordo com os critérios estabelecidos na própria Cédula de Crédito Bancário, observado o disposto no § 2º; e
>
> VIII – outras condições de concessão do crédito, suas garantias ou liquidação, obrigações adicionais do emitente ou do terceiro garantidor da obrigação, desde que não contrariem as disposições desta Lei."

Todas elas são cláusulas contratuais, que, inseridas na cédula podem subordinar a apuração do valor dela e das condições de pagamento ao teor de outros documentos, tais como os extratos bancários. Nestes casos resta violado o princípio da literalidade, segundo o qual "o direito decorrente do título é literal no sentido de que, quanto ao conteúdo, à extensão e as modalidades desse direito, é decisivo exclusivamente o teor do título"[435].

Ainda que se admita representar a cédula de crédito bancário exceção ao princípio da literalidade, a qualidade de título causal afasta o seu regime jurídico daquele aplicável à nota promissória e à letra de câmbio (títulos abstratos), sendo descabido aplicar a ela a abstração característica da letra de câmbio, para qualquer efeito.

3.3. Requisitos

Os **requisitos formais (ou essenciais)** da cédula de crédito bancário – aqueles sem os quais ela não existirá como tal – são (Lei nº 10.931/04, art. 29):

> "I – a denominação 'Cédula de Crédito Bancário';
>
> II – a promessa do emitente de pagar a dívida em dinheiro, certa, líquida e exigível no seu vencimento ou, no caso de dívida oriunda de contrato de abertura de crédito bancário, a promessa do emitente de pagar a dívida em dinheiro, certa, líquida e exigível correspondente ao crédito utilizado;
>
> III – a data e o lugar do pagamento da dívida e, no caso de pagamento parcelado, as datas e os valores de cada prestação, ou os critérios para essa determinação;
>
> IV – o nome da instituição credora, podendo conter cláusula à ordem;
>
> V – a data e o lugar de sua emissão; e
>
> VI – a assinatura do emitente e, se for o caso, do terceiro garantidor da obrigação, ou de seus respectivos mandatários".

O valor certo não foi considerado requisito *formal* dessa cédula, sendo esse caso único, até porque não se pode considerar certo valor não declarado. Por exemplo, ele não estará presente quando se tratar de cédula que ampare contrato de crédito rotativo, no qual se estabelece um sistema de conta corrente, em que as quantias reembolsadas ao banco abrem crédito em igual montante para futuros saques, sendo o saldo devedor garantido pela cédula.

Esse não é um título "à ordem" (transferível por meio de endosso) por sua natureza (inciso IV, acima). Caso essa cláusula não esteja inserida no título, ele só poderá circular por meio de cessão civil.

A cédula poderá conter ainda outras disposições, quais sejam (Lei nº 10.931/04, art. 28, § 1º): os juros sobre a dívida e os critérios de sua incidência (inciso I); os critérios de correção monetária ou de variação cambial (inciso II); os casos de incidência de mora e da incidência de multas e penalidades, bem como as hipóteses de vencimento antecipado da dívida (inciso III); os critérios de apuração e de ressarcimento das despesas de cobrança da dívida e dos honorários advocatícios, sendo que os extrajudiciais estão limitados a 10% do valor da dívida (inciso IV); a modalidade de garantia da dívida e as hipóteses de

---

435. ASCARELLI, Tullio. *Teoria geral dos títulos de crédito*. São Paulo: Saraiva, 1943, p. 51.

substituição dela (inciso V); as obrigações a serem cumpridas pelo credor (inciso VI) e outras condições de concessão do crédito, suas garantias ou liquidação, obrigações adicionais do emitente ou do terceiro garantidor da obrigação (inciso VIII).

O legislador afirma ser permitido ao credor assumir a obrigação "de emitir extratos da conta corrente ou planilhas de cálculo da dívida, de acordo com os critérios estabelecidos na própria cédula" (Lei nº 10.931/04, art. 28, § 1º, VII). Examinada isoladamente, essa norma daria a entender que o credor só deverá demonstrar o valor atribuído ao crédito se quiser; na realidade, o credor que quiser receber valor diverso daquele de face do título tem o ônus de provar que o devedor está obrigado a tanto.

3.4. Emissão

A cédula deverá ser emitida **a favor de instituição integrante do Sistema Financeiro Nacional ou domiciliada no exterior**, sujeita a obrigação, sempre, à lei e ao foro brasileiros (Lei nº 10.931/04, art. 26, § 1º). Ela poderá ser emitida **em moeda estrangeira, quando a instituição financeira for domiciliada no exterior** (art. 26, § 2º).

A **forma escrita** é necessária. A cédula será emitida por escrito, em tantas vias quantas forem as partes que nela intervierem, assinadas pelo emitente e pelo terceiro garantidor, se houver, ou por seus respectivos mandatários, devendo cada parte receber uma via (Lei nº 10.931/04, art. 29, § 2º). Admite-se, ainda, a emissão por meio eletrônico[436].

Ela também poderá ser **aditada, retificada e ratificada** mediante documento escrito, datado, que passará a integrá-la para todos os fins (Lei nº 10.931/04, art. 29, *caput* e § 4º). Nesse passo, o legislador desconsiderou o princípio da literalidade dos títulos de crédito, hoje presente no artigo 887 do Código Civil, que reafirma ser o título de crédito o "documento necessário ao exercício do direito literal e autônomo nele contido".

A cédula de crédito bancário poderá ser emitida sob a forma escritural, por meio do lançamento em sistema eletrônico de escrituração, mantido em instituição financeira ou em outra entidade autorizada pelo Banco Central do Brasil a exercer a atividade de escrituração eletrônica (art. 27-A, *caput* e parágrafo único , incluídos pela Lei nº 13.986, de 2020).

3.5. Circulação

Somente a via do credor será negociável, mediante endosso em preto (aquele em que se menciona o nome do endossatário), ao qual se aplicarão, no que couberem, as normas de direito cambiário (Lei nº 10.931/04, art. 29, § 1º). Nas demais vias, deverá constar a expressão 'não negociável' (Lei nº 10.931/04, art. 29, § 3º).

---

436. **No mesmo sentido:** COVAS, Silvânio. O título de crédito eletrônico e a cédula de crédito bancário. In: WAISBERG, Ivo; FONTES, Marcos Rolim Fernandes (coords.). *Contratos bancários*. São Paulo: Quartier Latin, 2006, p. 459 e segs.; SANTOS, J. A. Penalva. *Títulos de crédito e o Código Civil.* Rio de Janeiro: Forense, 2004, p. 9-10.

Quando a cédula for emitida "à ordem" (transferível por endosso) e houver sido endossada (Lei nº 10.931/04, art. 29, § 1º), aplicar-se-á a ela o princípio da autonomia das obrigações cambiárias, de maneira que as exceções pessoais (aquelas não decorrentes do teor do próprio título) que o emitente tiver contra o proprietário originário do título não poderão ser opostas contra o endossatário de boa-fé.

A transferência mediante cessão de crédito, ao contrário, tem por objeto o próprio direito, de maneira que: a) o devedor pode opor, tanto ao cedente quanto ao cessionário, as exceções que lhe competirem, no momento em que tiver conhecimento da cessão; e, b) em relação ao devedor, a cessão só produz efeito se lhe tiver sido notificada.

Algumas instituições financeiras têm preferido, ao invés de tomar e emprestar recursos em nome próprio, atuar como originadoras de créditos, transferindo o risco da operação de crédito para terceiros, vez que transmitem o crédito sem coobrigação.

A lei prevê que o **endossatário, mesmo não sendo instituição financeira ou entidade a ela equiparada, poderá exercer todos os direitos conferidos pela cédula, inclusive cobrar os juros e demais encargos nela pactuados** (Lei nº 10.931/04, art. 29, § 1º). Ainda que tenha facilitado a circulação do crédito, a lei criou uma classe especial de credores, pessoas físicas ou jurídicas que, por terem adquirido cédulas de crédito bancário das instituições financeiras passaram a gozar dos mesmos direitos que elas: por exemplo, o recebimento de juros compostos.

A **validade e a eficácia** da cédula de crédito bancário **independem de registro** (Lei nº 10.931/04, art. 42), no que ela se equipara às de crédito rural e industrial. O registro das garantias será necessário em alguns casos, mas a falta dele não afeta a validade ou a eficácia das disposições da própria cédula.

3.6. Encargos

Veremos, em primeiro lugar, as condições que devem ser atendidas pelo credor na exposição dos encargos. A seguir, examinaremos cada um deles.

O credor tem o *ônus* de apresentar ao devedor e ao Judiciário cada uma das parcelas que **integram o valor total de modo claro, preciso e de fácil entendimento e compreensão**, para tornar líquido o crédito representado no seu título[437].

Os cálculos realizados pelo credor para instruir a execução deverão evidenciar o valor principal da dívida, seus encargos e despesas contratuais devidos, a parcela de juros e os critérios de sua incidência, a parcela de atualização monetária ou cambial, a parcela correspondente a multas e demais penalidades contratuais, as despesas de cobrança e os

437. ABRÃO, Carlos Henrique. *Cédula de crédito bancário.* 2ª ed., São Paulo: Atlas, 2011, p. 96: "De qualquer maneira sempre que a cambial for exibida para efeito de cobrança da dívida espelhada na Cédula de Crédito Bancário e o valor não corresponder aquele de face, cumpre ao credor explicar e motivar a razão do procedimento".

honorários advocatícios devidos até a data do cálculo e, por fim, o valor total da dívida (Lei nº 10.931/04, art. 28, § 2º, I).

Para Humberto Theodoro Júnior: "Presume-se que o credor não se arriscaria a inventar o fato, sendo fácil ao devedor provar o contrário [...]"[438]. Essa "presunção" decorre de convicção pessoal do autor, não de lei que a ampare. Além disso, é fato que o devedor só pode reconhecer a desconformidade da dívida com o negócio realizado se os demonstrativos estiverem claros.

A **necessidade de clareza na descrição dos encargos**, para que o título adquira liquidez, foi reafirmada pelo Superior Tribunal de Justiça, como segue:

> "[...] *o título de crédito deve vir acompanhado de claro demonstrativo acerca dos valores utilizados pelo cliente*, trazendo o diploma legal a relação de exigências que o credor deverá cumprir, de modo a conferir liquidez e exequibilidade à Cédula (art. 28, § 2º, incisos I e II, da Lei nº 10.931/04)" (STJ, Agravo Regimental no Recurso Especial 1.271.339/MS).

Ao devedor cabe o ônus de apresentar impugnação específica a cada uma das parcelas do débito, quando discordar dos valores atribuídos a elas. Essa impugnação será efetuada por meio dos embargos de devedor ou de outra ação autônoma, como a anulatória ou revisional.

Não se pode atribuir fé pública aos demonstrativos apresentados pelas instituições financeiras[439], pois, ao realizar operações financeiras elas estão agindo no seu próprio interesse.

Caso o credor abuse do direito de fixar os encargos, o devedor poderá questionar as taxas aplicáveis a eles, bem como o valor total do débito.

O devedor poderá contestar os critérios adotados pelo credor na apuração do valor devido, ainda que estes sejam do seu conhecimento[440]. Até mesmo porque, por exemplo, se o contrato prevê a aplicação de taxa flutuante o devedor não tem como saber antecipadamente se a taxa que vier a ser cobrada será abusiva ou não.

É nula a cláusula que busque impedir o devedor de questionar os demonstrativos apresentados pelo credor, pois a pretensão à tutela jurídica não pode ser cerceada ou restringida por negócios jurídicos.

---

438. THEODORO JUNIOR, Humberto. Cédula de crédito bancário. *Revista de direito bancário, do mercado de capitais e da arbitragem*. São Paulo: Ed. Revista dos Tribunais, nº 22, out/dez. 2003, p. 13-52, citação de p. 29.

439. **Em sentido contrário**: VERÇOSA, Haroldo Malheiros Duclerc. A cédula de crédito bancário (Medida Provisória 1.925, de 14.10.1999. Ob. Cit., p. 129 e segs., especialmente p. 130.

440. **Em sentido contrário:** PEREIRA FILHO, Valdir Carlos. Cédula de crédito bancário. In: WAISBERG, Ivo; FONTES, Marcos Rolim Fernandes (coord.). *Contratos bancários*, p. 289-290.

3.6.1. Mora

A multa de mora incide automaticamente com o simples inadimplemento (*mora ex re*). Todavia, o inadimplemento não fica caracterizado, devendo ser afastada a imposição da multa, quando a inadimplência decorre da imposição de encargos abusivos no período da normalidade do contrato (STJ, AgRg no Ag em REsp 214.426/RS).

3.6.2. Juros

Os juros podem ser moratórios ou compensatórios: "os primeiros são devidos como pena imposta ao devedor em atraso com o cumprimento da obrigação"; os segundos "se pagam como compensação pelo fato de o credor estar privado da utilização de seu capital"[441].

O Superior Tribunal de Justiça adotou, sob o regime dos recursos repetitivos, as seguintes orientações quanto aos juros remuneratórios (STJ, REsp Repetitivo 1.061.530/RS):

> "a) as instituições financeiras não se sujeitam à limitação dos juros remuneratórios estipulada na Lei de Usura (Decreto 22.626/33), conforme a Súmula 596/STF;
>
> b) a estipulação de juros remuneratórios superiores a 12% ao ano, por si só, não indica abusividade;
>
> c) são inaplicáveis aos juros remuneratórios dos contratos de mútuo bancário as disposições do art. 591 c/c o art. 406 do CC/02;
>
> d) é admitida a revisão das taxas de juros remuneratórios em situações excepcionais, desde que caracterizada a relação de consumo e que a abusividade (capaz de colocar o consumidor em desvantagem exagerada – art. 51, § 1º, do CDC) fique cabalmente demonstrada, ante as peculiaridades do julgamento em concreto".

Quando não há prova da taxa pactuada, ou a cláusula ajustada entre as partes não haja indicado o percentual a ser observado, o Superior Tribunal de Justiça estabeleceu o seguinte:

> "1) […] Ausente a fixação da taxa no contrato, deve o juiz limitar os juros à média de mercado nas operações da espécie, divulgada pelo BACEN, salvo se a taxa cobrada for mais vantajosa para o cliente.
>
> 2) Em qualquer hipótese, é possível a correção para a taxa média se verificada abusividade nos juros remuneratórios praticados" (STJ, REsp 1.112.879/PR)

O Superior Tribunal de Justiça tem aplicado aos contratos bancários o princípio da conservação dos negócios jurídicos (Código Civil, art. 170) de maneira que os juros abusivos são reduzidos para preservar, tanto quanto possível, a vontade das partes manifestada na celebração do contrato. A decretação de nulidade de cláusula contratual é medida excepcional, somente adotada se impossível o seu aproveitamento (STJ, REsp 1.058.114/RS).

---

441. PEREIRA, Caio Mário da Silva. *Instituições de direito civil*. 26. ed. rev. e atual. por Guilherme Calmon Nogueira da Gama. Rio de Janeiro: Forense, 2014. v. 2, p. 119.

A cobrança de juros não pode decorrer de cláusula puramente potestativa. A cláusula que sujeita o devedor ao pagamento da *maior* taxa do mercado é nula, por ser flutuante e puramente potestativa, pois ela "sujeita o devedor ao arbítrio do credor ao assumir obrigação futura e incerta" (STJ, Ag Reg. no REsp 679.482/RS). O mesmo entendimento se aplica à cláusula que prevê a *incidência de juros remuneratórios, porém sem lhe precisar o montante* (STJ, AgRg no Ag 761.303/PR).

Quando não houver sido divulgada pelo Banco Central a taxa média relativa a um contrato específico, "nada impede o juiz de acolher, com base em regras de experiência, a média adotada pelo mercado em contratos similares" (STJ, REsp 1.112.879/PR).

A capitalização dos juros é admitida nas cédulas de crédito bancário, por expressa previsão legal (Lei nº 10.931/04, art. 28, § 1º, I), sem que dela decorram taxas de juros maiores do que a média do mercado para operações semelhantes (TJSP, Apelação nº 0028274-18.2010.8.26.0068).

Na operação realizada com taxas variáveis, a aferição dos eventuais abusos na cobrança dos juros só poderá ser feita *a posteriori*, por comparação com a série histórica das taxas médias anuais do mercado divulgada pelo Banco Central do Brasil[442].

O artigo 3º da Lei nº 14.905/24 dispõe que não se aplica o disposto no Decreto nº 22.626/1933 (conhecido como Lei da Usura) às obrigações "representadas por títulos de crédito ou valores mobiliários" (inciso II) e aquelas contraídas perante "instituições financeiras e demais instituições autorizadas a funcionar pelo Banco Central do Brasil" (inciso III, "a").

3.6.3. Comissão de permanência

Da aplicação do princípio da boa-fé objetiva a todos os partícipes da relação obrigacional decorre a expectativa de que o devedor cumpra, no vencimento, a sua prestação. Assim, as instituições financeiras, ao estabelecer as condições dos contratos de mútuo, têm em vista o período que medeia entre a concessão do empréstimo e o vencimento deste.

Quando o débito deixa de ser pago, pode-se falar na prorrogação forçada da operação de crédito. A mera atualização do valor da moeda não será suficiente para remunerar os credores, de maneira que o Banco Central do Brasil instituiu a favor das instituições financeiras a chamada "comissão de permanência" (Resolução nº 1.129, de 15/05/86, do Conselho Monetário Nacional) destinada a remunerá-las durante o período da prorrogação da operação de crédito não liquidada no vencimento, com a finalidade de remunerar o capital mutuado e, ao mesmo tempo, atualizá-lo monetariamente.

Essa resolução foi revogada em 2017. Hoje, encontra-se em vigor a Resolução CMN nº 4.882, de 2020, que abandonou a expressão. A norma disciplina a cobrança de

442. BANCO CENTRAL DO BRASIL. Taxas de operações de crédito. Disponível em: <http://www.bcb.gov.br/?TXCREDMES>. Acesso em: 08/02/2014.

"encargos em decorrência de atraso no pagamento ou na liquidação de obrigações relativas a operações de crédito, a arrendamento mercantil financeiro e a faturas de cartão de crédito e de demais instrumentos de pagamento pós-pagos", e enumera exaustivamente o que pode ser cobrado:

> Art. 2º No caso de atraso no pagamento ou na liquidação de obrigações relativas a operações de crédito, a arrendamento mercantil financeiro e a faturas de cartão de crédito e de demais instrumentos de pagamento pós-pagos, podem ser cobrados de seus clientes, exclusivamente, os seguintes encargos:
>
> I – juros remuneratórios, por dia de atraso, sobre a parcela vencida ou sobre o saldo devedor não liquidado, conforme o caso;
>
> II – multa, nos termos da legislação em vigor; e
>
> III – juros de mora, nos termos da legislação em vigor.

O art. 4º é repetitivo ao afirmar que é vedada a cobrança de quaisquer outros encargos remuneratórios ou moratórios pelo atraso no pagamento ou na liquidação de obrigações vencidas além dos previstos na Resolução, sem prejuízo do disposto no art. 395, do Código Civil.

3.6.4. *Penalidade pela cobrança de encargos excessivos*

O legislador não previu meio específico de impugnação dos cálculos oferecidos pelas instituições financeiras. A defesa do devedor fica concentrada, em regra geral, nos embargos à execução, sem excluir a possível propositura de outras ações, como as anulatórias ou revisionais.

Em contrapartida ao poder do credor, o artigo 28, § 3º, da Lei nº 10.931/04, determina que **se o credor, *no curso de uma execução judicial, exigir* valor em desacordo com a cédula, deverá pagar ao devedor o dobro do valor cobrado a maior**. Essa regra não é nova no nosso direito e está presente no artigo 940 do Código Civil.

A jurisprudência diverge quanto à aplicação da penalidade do pagamento em dobro: o Superior Tribunal de Justiça admite o dever do juiz de aplicar a condenação (STJ, AgRg no Ag em REsp 490.526/SP); os tribunais estaduais, por vezes, exigem a prova da má-fé do credor.

3.7. Garantias

A cédula de crédito bancário pode ser emitida com ou sem garantia (Lei nº 10.931/04, art. 27). A garantia pode ser real ou fidejussória, constituída na própria cédula ou em instrumento separado (art. 32), "sendo aplicáveis as disposições da legislação comum ou especial que não forem com ela conflitantes" (art. 30).

A garantia poderá ser prestada no próprio título, pelo emitente da cédula ou por terceiro. Caso seja constituída em instrumento separado, essa circunstância deverá constar do texto de cédula (Lei nº 10.931/04, art. 32).

A garantia fidejussória abrange a fiança e o aval (Lei nº 10.931/04, art. 44).

A garantia real (arts. 30 a 40 da Lei nº 10.931/04), seja pignoratícia (bem móvel) ou hipotecária (bem imóvel), pode ser constituída "por bem patrimonial de qualquer espécie, disponível e alienável, móvel ou imóvel, material ou imaterial, presente ou futuro, fungível ou infungível, consumível ou não, cuja titularidade pertença ao próprio emitente ou a terceiro garantidor da obrigação principal" (Lei nº 10.931/04, art. 31).

O bem constitutivo da garantia real deverá ser descrito e individualizado de modo que permita sua fácil identificação, que poderá ser realizada pela remissão a documento ou certidão expedida por entidade competente, que integrará a cédula para todos os fins (Lei nº 10.931/04, art. 33).

A garantia real fica sujeita, para valer contra terceiros, aos registros ou averbações previstas na Lei nº 10.931/04, art. 42, e na Lei dos Registros Públicos.

3.8. Protesto

O protesto da cédula de crédito bancário poderá ser lavrado por indicação, desde que o credor apresente declaração de posse da única via negociável, inclusive no caso de protesto parcial (Lei nº 10.931/04, art. 41). Não é necessário o protesto contra os endossantes, seus avalistas e terceiros garantidores.

3.9. Execução de cédulas de crédito bancário

A cédula de crédito bancário é título executivo extrajudicial (Lei nº 10.931/04, art. 28, *caput*). A jurisprudência confirma a letra da lei (TJSP, Súmula 14).

Quando o credor pretender receber valor diferente do valor de face do título deverá inserir no mesmo as cláusulas que amparem a sua pretensão (Lei nº 10.931/04, art. 28, §§ 1º e 3º), além de demonstrar o valor dos acréscimos por meio de extrato ou planilha, conforme o caso, atribuindo liquidez ao título para fins de execução.

A apuração do valor exato da obrigação será feita pelo credor, por meio de planilha de cálculo e, quando for o caso, de extrato emitido pela instituição financeira[443]. Mas a apresentação da planilha de cálculo ou do extrato não revela uma alternativa concedida ao credor. Quando se tratar de mera correção de valores, é suficiente a apresentação da planilha de cálculo na qual deverão ser apresentados os critérios utilizados para a apuração do saldo; outras alterações no valor da dívida deverão constar do extrato emitido pelo credor.

---

443. CUNHA FILHO, Silvio. Cédula de crédito bancário. *Revista de direito bancário, do mercado de capitais e da arbitragem*. São Paulo: Ed. Revista dos Tribunais, nº 8, abr./jun. 2000, p. 262: "sem ela [a planilha] esse título, simplesmente, não existirá; não se prestará para a formalização das operações para as quais foi criado".

A planilha de cálculo se destina a evidenciar de modo claro, preciso e de fácil entendimento e compreensão, o valor principal da dívida, seus encargos e despesas contratuais devidos, a parcela de juros e os critérios de sua incidência, a parcela de atualização monetária ou cambial, a parcela correspondente a multas e demais penalidades contratuais, as despesas de cobrança e os honorários advocatícios devidos até a data do cálculo e, por fim, o valor total da dívida (Lei nº 10.931/04, art. 28, § 2º, I).

A função dos extratos emitidos pela instituição financeira é outra. Eles irão demonstrar as alterações substanciais no valor do crédito, decorrentes de eventuais aumentos ou reduções dele, que podem decorrer do aumento do valor financiado ou do pagamento parcial dele.

a) Execução instruída com originais ou cópias

A jurisprudência diverge sobre a necessidade de juntada dos originais da cédula no processo de execução. Os que dispensam a apresentação do original admitem cópia digitalizada ou registrada no cartório de títulos e documentos. Os que exigem o original reconhecem que o credor só pode exercer os direitos representados pelo título provando que se encontra na posse do mesmo, pois a cartularidade (necessidade de exibição do documento para o exercício do direito) é um dos atributos dos títulos de crédito.

b) Responsabilidade dos fiadores e seus limites

Quando a fiança tem por objeto dívidas futuras, o fiador não pode ser demandado senão depois que se fizer certa e líquida a obrigação do principal devedor (Código Civil, art. 821). Assim, enquanto perdurar a inexigibilidade, o fiador não incorrerá em mora.

c) Abusos praticados em contratos anteriores

Desde que os extratos bancários juntados aos autos para demonstrar a causa da emissão da cédula consignem lançamentos anteriores à data de emissão dela (débitos renegociados), deve-se admitir a discussão desses débitos nos embargos à execução ou nas demais ações movidas pelo credor (STJ, Súmula 286).

4. CÉDULA DE PRODUTO RURAL – CPR

O agronegócio sempre dependeu fortemente do financiamento com recursos públicos, títulos como a Cédula de Produto Rural ampliam as possibilidades de atrair financiamento privado para essa atividade.

4.1. Origem e função

A Cédula de Produto Rural – CPR, foi criada pela Lei 8.929/94 (alterada pela Lei nº 13.896, de 2020) e representa **promessa de entrega de produtos rurais**, com ou sem garantia cedularmente constituída (art. 1º).

Por produtos rurais entende-se (art. 1º, §2º, na redação dada pela Lei nº 14.421/22) aqueles obtidos nas atividades I – agrícola, pecuária, florestal, de extrativismo vegetal e de pesca e aquicultura, seus derivados, subprodutos e resíduos de valor econômico, inclusive quando submetidos a beneficiamento ou a primeira industrialização; II – relacionadas à conservação, à recuperação e ao manejo sustentável de florestas nativas e dos respectivos biomas, à recuperação de áreas degradadas, à prestação de serviços ambientais na propriedade rural ou que vierem a ser definidas pelo Poder Executivo como ambientalmente sustentáveis; III – de industrialização dos produtos resultantes das atividades relacionadas no inciso I; e IV – de produção ou de comercialização de insumos agrícolas, de máquinas e implementos agrícolas e de equipamentos de armazenagem.

Ela é título líquido e certo, exigível pela quantidade e qualidade de produto ou pelo valor nela previsto, no caso de liquidação financeira (art. 4º).

A CPR pode ser emitida pelo produtor rural, pessoa natural ou jurídica, inclusive aquela com objeto social que compreenda em caráter não exclusivo a produção rural, a cooperativa agropecuária e a associação de produtores rurais que tenha por objeto a produção, a comercialização e a industrialização dos produtos rurais de que trata o art. 1º (art. 2º), permitindo a eles receberem pagamento à vista relativo à venda de mercadorias, obtendo recursos para desenvolver produção ou empreendimento com comercialização antecipada ou não. Também têm legitimação para emiti-la as pessoas naturais ou jurídicas que beneficiam ou promovem a primeira industrialização dos produtos rurais referidos no art. 1º ou que empreendem as atividades constantes dos incisos II, III e IV do § 2º do art. 1º.

4.2. Requisitos

São requisitos desse título, lançados em seu contexto (art. 3º):

> "I – denominação 'Cédula de Produto Rural' ou 'Cédula de Produto Rural com Liquidação Financeira', conforme o caso;
>
> II – data da entrega ou vencimento e, se for o caso, cronograma de liquidação;
>
> III – nome e qualificação do credor e cláusula à ordem;
>
> IV – promessa pura e simples de entregar o produto, sua indicação e as especificações de qualidade e quantidade e do local onde será desenvolvido o produto rural;
>
> V – local e condições da entrega;
>
> VI – descrição dos bens cedularmente vinculados em garantia, com nome e qualificação dos seus proprietários e nome e qualificação dos garantidores fidejussórios;
>
> VII – data e lugar da emissão;
>
> VIII – nome, qualificação e assinatura do emitente e dos garantidores, que poderá ser feita de forma eletrônica;
>
> IX – forma e condição de liquidação; e

> X – critérios adotados para obtenção do valor de liquidação da cédula.
>
> § 1º Sem caráter de requisito essencial, a CPR emitida sob a forma cartular ou escritural, poderá conter outras cláusulas lançadas em seu contexto.
>
> § 2º A descrição dos bens vinculados em garantia pode ser feita em documento à parte, assinado pelo emitente, fazendo-se, na cédula, menção a essa circunstância.
>
> § 3º Os bens vinculados em garantia são descritos de modo simplificado e, quando for o caso, serão identificados pela sua numeração própria e pelo número de registro ou matrícula no registro oficial competente, dispensada, no caso de imóveis, a indicação das respectivas confrontações
>
> § 4º As partes contratantes, observada a legislação específica, estabelecerão a forma e o nível de segurança da assinatura eletrônica que serão admitidos para fins de validade, eficácia e executividade, observadas as seguintes disposições: (Redação dada pela Lei nº 14.421, de 2022)
>
> I - na CPR e no documento à parte com a descrição dos bens vinculados em garantia, se houver, será admitida a utilização de assinatura eletrônica simples, avançada ou qualificada; e (Incluído pela Lei nº 14.421, de 2022)
>
> II - no registro e na averbação de garantia real constituída por bens móveis e imóveis, será admitida a utilização de assinatura eletrônica avançada ou qualificada. (Incluído pela Lei nº 14.421, de 2022)".

A Lei nº 14.063/20 estabeleceu a classificação das assinaturas eletrônicas em três níveis crescentes de segurança: simples, avançada e qualificada, trazendo novas condições para o processo de registro da CPR e de suas garantias.

A assinatura eletrônica simples (art. 4º, I) permite a identificação do seu signatário e anexa ou associa dados a outros dados em formato eletrônico do signatário.

A assinatura eletrônica avançada (art. 4º, II) utiliza certificados não emitidos pela ICP-Brasil ou outro meio de comprovação da autoria e da integridade de documentos em forma eletrônica, desde que admitido pelas partes como válido ou aceito pela pessoa a quem for oposto o documento. Está associada ao signatário de maneira unívoca; utiliza dados para a criação de assinatura eletrônica cujo signatário pode, com elevado nível de confiança, operar sob seu controle exclusivo; e está relacionada aos dados a ela associados de tal modo que qualquer modificação posterior é detectável.

Finalmente, a assinatura eletrônica qualificada (art. 4º, III), que utiliza certificado digital emitido pela ICP-Brasil.

Optou o legislador, agora (Lei nº 14.421/22), em permitir maior liberdade para que as partes contratantes definam o nível de confiança que melhor atenda aos seus interesses negociais: assim, podem as partes utilizar os três níveis de assinatura eletrônica para a assinatura da CPR e do documento que contenha a descrição dos bens vinculados em garantia. No registro e na averbação de garantia real vinculada à CPR, constituída por bens móveis e imóveis, poderão ser utilizadas as assinaturas eletrônicas avançada ou qualificada".

Trata-se de título de crédito, negociável em mercado de balcão e em bolsa de mercadorias (art. 19), cujos requisitos essenciais estão presentes nos incisos I a X do art. 3º, acima transcrito. Aplica-se a ele supletivamente a Lei Uniforme de Genebra e não o Código Civil, porque sua lei de regência foi editada antes da entrada em vigor desse Código[444].

Mas a cédula poderá conter outras cláusulas não essenciais. Por exemplo: a descrição dos bens vinculados em garantia, com nome e qualificação dos seus proprietários e nome e qualificação dos garantidores fidejussórios, é considerada requisito essencial (art. 3º, VI), mas ela também poderá constar de documento à parte com assinatura do emitente, sendo apenas nela mencionada para que seja respeitada a literalidade do título (art. 3º, §§ 1º a 3º).

A CPR pode ser emitida sob a forma cartular ou escritural (art. 3º-A); sob a forma escritural, será objeto de lançamento em sistema eletrônico de escrituração gerido por entidade autorizada pelo Banco Central do Brasil a exercer a atividade de escrituração (§ 1º); já se emitida sob a forma cartular, assumirá a forma escritural enquanto permanecer depositada em entidade autorizada pelo Banco Central do Brasil a exercer a atividade de depósito centralizado de ativos financeiros ou de valores mobiliários. (§ 2º). Os negócios ocorridos durante o período em que a CPR emitida sob a forma cartular estiver depositada não serão transcritos no verso do título, cabendo ao sistema eletrônico de escrituração o controle da titularidade (§ 3º). A CPR é considerada ativo financeiro para fins de registro e depósito em entidades autorizadas pelo Banco Central do Brasil (§ 4º).

O sistema eletrônico de escrituração fará constar os requisitos essenciais do título; as transferências de titularidade realizadas; os aditamentos, as ratificações e as retificações; a inclusão de notificações, de cláusulas contratuais e de outras informações; a forma de liquidação de entrega ajustada no título; a entrega ou pagamento em até 30 dias após suas ocorrências e as garantias do título (art. 3º-C).

Por fim, destacamos que a CPR poderá ser negociada, desde que registrada ou depositada em entidade autorizada pelo Banco Central do Brasil; nesse caso, será considerada ativo financeiro e a operação ficará isenta do IOF (art. 3º-D).

A possibilidade de integração do título mediante documento apartado não representa novidade em nosso direito, tendo em vista que as cédulas rurais e a cédula de crédito bancário já a admitiam. Esses títulos apresentam tanto elementos dos contratos quanto dos títulos de crédito, revelando exceção ao regime geral dos títulos de crédito examinado acima. Alguns autores os denominam "títulos de crédito contratuais".

---

444. COELHO, Fábio Ulhoa. Títulos do agronegócio. In: *Tratado de Direito Comercial*. Volume 8. São Paulo: Saraiva, 2015, p. 331.

4.3. Garantias e eficácia contra terceiros

Para ter eficácia contra terceiros, a CPR deveria ser registradas no Cartório de Registro de Imóveis do emitente (art. 12, *caput*, em sua redação original).

A Lei nº 13.986/20 substituiu essa exigência pelo registro ou depósito em entidade autorizada pelo Banco Central do Brasil ou pela CVM, para a CPR emitida a partir de 1º de janeiro de 2021.

No entanto, o dispositivo foi novamente alterado pela Lei nº 14.421/22: a CPR e seus aditamentos, para não perderem a validade e eficácia, deverão:

> I - se emitida até 10 de agosto de 2022, ser registrada ou depositada em até 10 (dez) dias úteis da data de emissão ou aditamento, em entidade autorizada pelo Banco Central do Brasil a exercer a atividade de registro ou de depósito centralizado de ativos financeiros ou de valores mobiliário;
>
> II – se emitida a partir de 11 de agosto de 2022, ser registrada ou depositada em até 30 (trinta) dias úteis da data de emissão ou aditamento, em entidade autorizada pelo Banco Central do Brasil a exercer a atividade de registro ou de depósito centralizado de ativos financeiros ou de valores mobiliários.

O novo § 1º do art. 12 determina que, sem prejuízo do disposto no *caput*, a hipoteca, o penhor rural e a alienação fiduciária sobre bem imóvel garantidores da CPR serão levados a registro no cartório de registro de imóveis em que estiverem localizados os bens dados em garantia.

A validade e eficácia da CPR não dependem de registro em cartório, que fica dispensado, mas as garantias reais a ela vinculadas ficam sujeitas, para valer contra terceiros, à averbação no cartório de registro de imóveis em que estiverem localizados os bens dados em garantia, devendo ser efetuada no prazo de 3 dias úteis, contado da apresentação do título ou certidão de inteiro teor, sob pena de responsabilidade funcional do oficial encarregado de promover os atos necessários (art. 12, §2º). Já a alienação fiduciária em garantia de produtos agropecuários e de seus subprodutos, nos termos do art. 8º, será registrada no cartório de registro de imóveis em que estiverem localizados os bens dados em garantia (art. 12, § 4º).

A Lei nº 13.896/20 acrescentou, ainda, o §5º ao art. 12, autorizando o Conselho Monetário Nacional (CMN) a estabelecer normas complementares para o cumprimento do *caput* do art. 12, inclusive acerca das informações requeridas para o registro ou o depósito, e a dispensar o registro ou o depósito com base em critérios de valor, forma de liquidação e características do emissor, dispensa esta que não se aplica à CPR emitida após 31 de dezembro de 2023 (art. 12, §6º).

Os bens vinculados à CPR não poderão ser penhorados ou sequestrados por outras dívidas do emitente ou terceiro prestador de garantia real (art. 18).

4.4. Evicção, caso fortuito e de força maior

Nos termos do art. 11, além de responder pela evicção, não pode o emitente da CPR invocar em seu benefício o caso fortuito ou de força maior para se eximir da obrigação[445].

4.5. Endosso, aval e protesto

Os endossos da CPR devem ser completos (em preto), aqueles nos quais se requer a indicação do nome do endossatário (art. 10, I).

Os endossantes não respondem pela entrega do produto, mas, tão somente, pela existência da obrigação (art. 10, II).

É dispensado o protesto cambial para assegurar o direito de regresso contra avalistas (art. 10, III).

No caso de CPR emitida sob forma escritural, a transferência de sua titularidade produzirá os mesmos efeitos jurídicos do endosso (parágrafo único).

4.6. Modalidades

A CPR admite duas modalidades: **CPR Física,** examinada acima, e **CPR Financeira.**

A CPR Financeira foi prevista e regulamentada pela Lei nº 10.200/01, que acrescentou o art. 4º-A à Lei 8.929/94. Como esclarece Renato Buranello, nela "não se prevê a entrega física do produto, apenas a liquidação com o pagamento, no vencimento, do valor correspondente à multiplicação da quantidade especificada pelo preço fixado ou índice de preços adotado no título"[446].

O título é cartular, antes do registro, e escritural ou eletrônico enquanto permanecer registrado.

4.7. A CPR verde

O Decreto nº 10.828, de 1º de outubro de 2021, regulamenta a emissão da chamada "CPR verde" – a Cédula de Produto Rural relacionada às atividades de conservação e recuperação de florestas nativas e de seus biomas, de que trata o art. 1º, §2º, II, da Lei nº 8.929/94.

---

445. TJMG, AC 10694050224641001 MG, Relator: Wanderley Paiva, Julgamento: 26/08/2015, 11ª Câmara Cível, Publicação: 01/09/2015, ementa: AÇÃO REVISIONAL DE CONTRATO – CÉDULA DE PRODUTO RURAL – LEI 8.929/94 – CASO FORTUITO – ART. 11 DA LEI 8.929/94 – SENTENÇA MANTIDA. Nos exatos termos do art. 11 da lei 8.929/94, o emitente de uma Cédula de Produto Rural responde pela evicção, não podendo 'invocar em seu benefício o caso fortuito ou de força maior'".

446. BURANELLO, Renato M. *Sistema Privado de Financiamento do Agronegócio:* Regime Jurídico. 2. ed. São Paulo: Quartier Latin, 2011, p. 468.

A iniciativa se insere no estímulo à compensação voluntária de emissões de gases de efeito estufa pelos agentes econômicos interessados, bem como ao investimento em conservação e aumento da biodiversidade e de recursos hídricos. Essas CPRs poderão ser emitidas com lastro em produtos rurais obtidos por meio das atividades relacionadas à conservação e à recuperação de florestas nativas e de seus biomas que resultem (art. 2º) em redução de emissão de gases de efeito estufa, manutenção ou aumento do estoque de carbono florestal, redução do desmatamento e da degradação de vegetação nativa, conservação da biodiversidade, dos recursos hídricos e do solo ou ainda outros benefícios ecossistêmicos.

O fluxo de emissão da CPR Verde se iniciará com produtor rural que dispõe de algum ativo ambiental de interesse para terceiros, por exemplo um projeto agroambiental que capturará carbono, ou uma área de floresta com prevalência de alguma espécie ameaçada. O produtor rural emite então a CPR em favor do comprador interessado. No título constarão a promessa de entrega do produto com as especificações de qualidade e quantidade, acompanhadas de certificação por terceira parte. Para que possa ser usufrutuário dos benefícios advindos da aquisição da CPR Verde, o comprador deverá obter a comprovação de que tais serviços estão realmente sendo produzidos, pois, de outra forma o título não poderia ser incluído em seu balanço ambiental.

Para isso, a CPR deverá ser acompanhada de certificação por terceira parte para indicação e especificação dos produtos rurais que a lastreiam (art. 3º).

5. CERTIFICADO DE DIREITOS CREDITÓRIOS DO AGRONEGÓCIO – CDCA

5.1. Origem e função

O Certificado de Direitos Creditórios do Agronegócio – CDCA foi criado pela Lei 11.076/04. É um título de crédito nominativo, de livre negociação, representativo de promessa de pagamento em dinheiro, vinculado a direitos creditórios originários de negócios realizados por agentes da cadeia produtiva do agronegócio.

Direitos creditórios originários de negócios realizados por agentes da cadeia produtiva do agronegócio são aqueles "vinculados a direitos creditórios originários de negócios realizados entre produtores rurais, ou suas cooperativas, e terceiros, inclusive financiamentos ou empréstimos, relacionados com a produção, a comercialização, o beneficiamento ou a industrialização de produtos ou insumos agropecuários ou de máquinas e implementos utilizados na atividade agropecuária" (art. 23, § 1º, da Lei 11.076/04, incluído pela Lei 13.331/16).

Ele tem a função de instrumento financeiro e é de emissão exclusiva de cooperativas agropecuárias e de outras pessoas jurídicas que exerçam a atividade de comercialização, beneficiamento ou industrialização de produtos, insumos, máquinas e implementos agrícolas, pecuários, florestais, aquícolas e extrativos (art. 24, §1º, na redação dada pela Lei nº 13.896/20).

5.2. Requisitos

O CDCA terá os seguintes requisitos, lançados em seu contexto (art. 25, na redação dada pela Lei nº 13.331/16):

> "I – o nome do emitente e a assinatura de seus representantes legais;
>
> II – o número de ordem, local e data da emissão;
>
> III – a denominação "Certificado de Direitos Creditórios do Agronegócio";
>
> IV – o valor nominal;
>
> V – a identificação dos direitos creditórios a ele vinculados e seus respectivos valores, ressalvado o disposto no art. 30 desta Lei;
>
> VI – data de vencimento ou, se emitido para pagamento parcelado, discriminação dos valores e das datas de vencimento das diversas parcelas;
>
> VII – taxa de juros, fixa ou flutuante, admitida a capitalização;
>
> VIII – o nome da instituição responsável pela custódia dos direitos creditórios a ele vinculados;
>
> IX – o nome do titular;
>
> X – cláusula "à ordem", ressalvado o disposto no inciso II do art. 35 desta Lei.
>
> § 1º Os direitos creditórios vinculados ao CDCA:
>
> I – serão registrados ou depositados em entidade autorizada pelo Banco Central do Brasil ou pela Comissão de Valores Mobiliários a exercer a atividade de registro ou de depósito centralizado de ativos financeiros e de valores mobiliários;
>
> II – (Revogado pela Lei nº 14.421, de 2022); e
>
> III – poderão ser formalizados em meio físico ou eletrônico e, quando correspondentes a títulos de crédito, sob a forma cartular ou escritural.
>
> § 2º Caberá à instituição custodiante a que se refere o § 1º deste artigo:
>
> I – manter sob sua guarda documentação que evidencie a regular constituição dos direitos creditórios vinculados ao CDCA;
>
> II – realizar a liquidação física e financeira dos direitos creditórios custodiados, devendo, para tanto, estar munida de poderes suficientes para efetuar sua cobrança e recebimento, por conta e ordem do emitente do CDCA;
>
> III – prestar quaisquer outros serviços contratados pelo emitente do CDCA.
>
> § 3º Será admitida a emissão de CDCA em série, em que os CDCA serão vinculados a um mesmo conjunto de direitos creditórios, devendo ter igual valor nominal e conferir a seus titulares os mesmos direitos.
>
> § 4º (Revogado pela Lei nº 14.421, de 2022);
>
> § 5º (Revogado pela Lei nº 14.421, de 2022).

Os requisitos previstos nos incisos I a X do art. 25 são essenciais. Os previstos nos § 1º do mesmo artigo se referem ao registro e à custódia dos títulos vinculados ao CDCA. Os previstos no § 2º dispõem sobre os deveres da instituição custodiante dos direitos de crédito vinculados ao CDCA. O § 3º prevê a possibilidade de emissão dos CDCA em série (outro exemplo de títulos emitidos em série são as debêntures).

Os títulos são nominativos. Quando emitidos sob a forma escritural, deverão ser registrados ou depositados em entidade autorizada a exercer a atividade de registro ou de depósito centralizado de ativos financeiros e de valores mobiliários (art. 35, na redação dada pela Lei nº 13.986/20).

5.3. Características

É emitido exclusivamente por cooperativas de produtores rurais e outras pessoas jurídicas que exerçam atividades de comercialização, beneficiamento ou industrialização de produtos, insumos, máquinas e implementos agrícolas, pecuários, florestais, aquícolas e extrativos (art. 24, § 1º).

Por ser título nominativo (art. 26), dele deve constar o nome do seu titular.

Pode ser distribuído por meio de oferta pública, como os demais títulos emitidos em série.

Constitui **título executivo extrajudicial** (art. 24).

Dada a sua finalidade de fomento ao agronegócio o valor do CDCA não pode exceder o valor total dos direitos creditórios a ele vinculados (art. 28 da Lei 11.076/04). Para assegurar a eficácia dessa norma, a lei estabeleceu que os direitos creditórios vinculados ao CDCA devem ser obrigatoriamente registrados ou depositados em entidade autorizada pelo Banco Central ou pela CVM a exercer a atividade de registro ou de depósito centralizado de ativos financeiros e valores mobiliários e poderão ser formalizados em meio físico ou eletrônico e, quando correspondentes a títulos de crédito, sob a forma cartular ou escritural no sistema de registro e de liquidação financeira de ativos autorizado pelo Bacen (art. 25, § 1º, I e III, da Lei 11.076/04).

O CDCA e a LCA conferem direito de penhor sobre os direitos creditórios a eles vinculados, independentemente de convenção (art. 32). Não se aplicam, portanto, os arts. 1.452, *caput*, e 1.453, do Código Civil.

Por outro lado, os direitos creditórios vinculados ao CDCA e à LC não serão penhorados, sequestrados ou arrestados em decorrência de outras dívidas do emitente desses títulos, a quem caberá informar ao juízo, que tenha determinado tal medida, a respeito da vinculação de tais direitos aos respectivos títulos, sob pena de responder pelos prejuízos resultantes de sua omissão (art. 34).

6. LETRA DE CRÉDITO DO AGRONEGÓCIO – LCA

6.1. Origem e função

A Letra de Crédito do Agronegócio – LCA, tal como o CDCA, foi criada pela Lei 11.076/04. Ela tem "por lastro créditos decorrentes de operações de financiamento entabuladas com agentes do agronegócio" e "viabiliza a captação de recursos para possibilitar à instituição financeira emitente a realização de novos financiamentos às atividades econômicas ou outra operação própria a seu objeto"[447].

6.2. Requisitos

A LCA terá os seguintes requisitos, lançados em seu contexto (Lei 11.076/04, art. 27):

> "I – o nome da instituição emitente e a assinatura de seus representantes legais;
>
> II – o número de ordem, o local e a data de emissão;
>
> III – a denominação 'Letra de Crédito do Agronegócio';
>
> IV – o valor nominal;
>
> V – a identificação dos direitos creditórios a ela vinculados e seus respectivos valores, ressalvado o disposto no art. 30 desta Lei;
>
> VI – taxa de juros, fixa ou flutuante, admitida a capitalização;
>
> VII – data de vencimento ou, se emitido para pagamento parcelado, discriminação dos valores e das datas de vencimento das diversas parcelas;
>
> VIII – o nome do titular;
>
> IX – cláusula "à ordem", ressalvado o disposto no inciso II do art. 35 desta Lei".

Os requisitos previstos nos incisos I a IX, acima, são essenciais.

Os direitos creditórios vinculados à LCA (§ 1º do art. 27): I – deverão ser registrados ou depositados em entidade autorizada pelo Banco Central do Brasil ou pela Comissão de Valores Mobiliários a exercer a atividade de registro ou de depósito centralizado de ativos financeiros e de valores mobiliários; e II – poderão ser mantidos em custódia, hipótese em que se aplica o disposto no inciso II do § 1º e no § 2º do art. 25 desta Lei.

A CPR emitida por produtor rural, inclusive as adquiridas por instituições financeiras de terceiros; os CDCA e CRA, desde que os direitos creditórios vinculados sejam integralmente originados de negócios em que o produtor rural seja parte direta; e o CDA e WA, desde que emitidos em favor do produtor rural, poderão, observadas as condições estabelecidas pelo CMN, ser utilizados para o cumprimento do direcionamento dos recursos da LCA para o crédito rural, de que trata o art. 21, da Lei nº 4.829/65.

---

447. COELHO, Fábio Ulhoa. Títulos do agronegócio. In: *Tratado de Direito Comercial*. Volume 8. São Paulo: Saraiva, 2015, p. 340.

6.3. Características

Por ser título de refinanciamento, a LCA só pode ser emitida por instituições financeiras. Ela permite a essas instituições antecipar a realização dos valores financiados, de modo a ampliar os recursos destinados a novos financiamentos.

A LCA é endossável (cláusula "à ordem" – art. 27, IX). Quando emitida sob a forma escritural, deverá ser registrada ou depositada em entidade autorizada a exercer a atividade de registro ou de depósito centralizado de ativos financeiros e de valores mobiliários (art. 35). Tratamos desses sistemas no item 5.2, acima.

Como ocorre com o CDCA, visto acima, a descrição dos bens vinculados em garantia também poderá constar de documento à parte com assinatura do emitente, sendo apenas nela mencionada para que seja respeitada a literalidade do título (art. 27, V).

7. SECURITIZAÇÃO E CERTIFICADOS DE RECEBÍVEIS

7.1. Introdução

Não havia uma norma geral sobre securitização no direito brasileiro. A Lei nº 9.514/97, ao dispor sobre o Sistema de Financiamento Imobiliário, tratou do Certificado de Recebíveis Imobiliários (CRI), título de crédito nominativo, de livre negociação, lastreado em créditos imobiliários e constituindo promessa de pagamento em dinheiro (art. 6º, *caput*). Posteriormente, foi concebido o Certificado de Recebíveis do Agronegócio – CRA, título de crédito nominativo, de livre negociação, representativo de promessa de pagamento em dinheiro e constitui título executivo extrajudicial (art. 36, *caput*, da Lei 11.076/04).

No entanto, a Lei nº 14.430, de 2022, trouxe regras gerais sobre a securitização de direitos creditórios, bem como sobre a emissão de Certificados de Recebíveis, revogando o tratamento dado pelas leis acima e mantendo em vigor apenas os dispositivos acima mencionados, que conceituam o CRI e o CRA. A rigor, poderão ser emitidos certificados de recebíveis de direitos creditórios de qualquer natureza.

As **companhias securitizadoras** são instituições não financeiras, constituídas sob a forma de sociedades por ações que têm por finalidade realizar operações de securitização (art. 18).

Operação de securitização, por seu turno, é a aquisição de direitos creditórios para lastrear a emissão de Certificados de Recebíveis ou outros títulos e valores mobiliários perante investidores cujo pagamento é primariamente condicionado ao recebimento de recursos dos direitos creditórios e dos demais bens, direitos e garantias que o lastreiam (art. 18, parágrafo único)[448].

---

448. Na lição de Norma Jonssen Parente, "Securitização é um processo que ocorre no mercado financeiro pelo qual se agrupa uma série de ativos, transformando-os em títulos de valores mobiliários negociáveis, e assim, basicamente, cria-se liquidez em certas áreas econômicas que não possuíam antes.

Por fim, **Certificados de Recebíveis**, os quais, nos termos do art. 20, da Lei nº 14.430/22, são títulos de crédito nominativos, emitidos de forma escritural, de emissão exclusiva de companhia securitizadora, de livre negociação. Constituem promessa de pagamento em dinheiro, preservada a possibilidade de dação em pagamento, e são títulos executivos extrajudiciais.

Quando ofertados publicamente ou admitidos à negociação em mercado regulamentado de valores mobiliários, são considerados valores mobiliários, atraindo a competência regulatória da CVM (arts. 19 e 20, § 1º).

Os direitos creditórios que lastreiam os CR serão previamente identificados e deverão ser adquiridos até a data de integralização dos títulos.

7.2. Requisitos

Os CR integrantes de cada emissão da companhia securitizadora serão formalizados por meio de termo de securitização, do qual constarão as seguintes informações (art. 22):

> "I – nome da companhia securitizadora emitente;
>
> II – número de ordem, local e data de emissão;
>
> III – denominação "Certificado de Recebíveis" acrescida da natureza dos direitos creditórios;
>
> IV – valor nominal;
>
> V – data de vencimento ordinário do valor nominal e de resgate dos Certificados de Recebíveis e, se for o caso, discriminação dos valores e das datas de pagamentos das amortizações;
>
> VI – remuneração por taxa de juros fixa, flutuante ou variável, que poderá contar como prêmio, fixo ou variável, e admitir a capitalização no período estabelecido no termo de securitização;
>
> VII – critérios para atualização monetária, se houver;
>
> VIII – cláusula de correção por variação cambial, se houver, desde que estabelecida em conformidade com o disposto nos §§ 8º e 9º deste artigo;
>
> IX – local e método de pagamento;
>
> X – indicação do número de emissão e da eventual divisão dos Certificados de Recebíveis integrantes da mesma emissão em diferentes classes ou séries, inclusive a possibilidade de aditamentos posteriores para inclusão de novas classes e séries e requisitos de complementação de lastro, quando for o caso;
>
> XI – indicação da existência ou não de subordinação entre as classes integrantes da mesma emissão, entendida como a preferência de uma classe sobre a outra para fins de amortização e resgate dos Certificados de Recebíveis;

Ademais, pode-se notar como benefício: (i) a diminuição de custos para o credor; (ii) a possibilidade de investidores terem acesso a determinados ativos, anteriormente inacessíveis; (iii) a diminuição e a diluição do risco" (In: PARENTE, Norma Jonssen. *Mercado de Capitais*. Tratado de Direito Empresarial v. 6 (coordenação de Modesto Carvalhosa). São Paulo: Thomson Reuters Brasil, 2022, p. 289).

> XII – descrição dos direitos creditórios que compõem o lastro da emissão dos Certificados de Recebíveis;
>
> XIII – indicação, se for o caso, da possibilidade de substituição ou de aquisição futura dos direitos creditórios vinculados aos Certificados de Recebíveis com a utilização de recursos provenientes do pagamento dos direitos creditórios originais vinculados à emissão, com detalhamento do procedimento para a sua formalização, dos critérios de elegibilidade e do prazo para a aquisição dos novos direitos creditórios, sob pena de amortização antecipada obrigatória dos Certificados de Recebíveis, observado o disposto no inciso II do §2º deste artigo;
>
> XIV – se houver, garantias fidejussórias ou reais de amortização dos Certificados de Recebíveis integrantes da emissão ou de classes e séries específicas, se for o caso;
>
> XV – indicação da possibilidade de dação em pagamento dos direitos creditórios aos titulares dos Certificados de Recebíveis, hipótese em que deverão ser estabelecidos os procedimentos a serem adotados;
>
> XVI – regras e procedimentos aplicáveis às assembleias gerais de titulares de Certificados de Recebíveis; e
>
> XVII – hipóteses em que a companhia securitizadora poderá ser destituída ou substituída.
>
> § 1º Os Certificados de Recebíveis de mesma emissão serão lastreados pela mesma carteira de direitos creditórios.

No caso de CR ofertado publicamente ou admitido à negociação em mercado regulamentado de valores mobiliários, a CVM pode estabelecer informações adicionais a serem incluídas no termo de securitização (art. 22, § 2º, I). Por outro lado, se ofertado privadamente, poderá ter, conforme dispuser o termo de securitização, garantia flutuante, que lhe assegurará privilégio geral sobre o ativo do patrimônio comum da companhia securitizadora, circunstância que não impedirá a negociação dos bens que compõem o CR (art. 22, §§ 4º e 5º).

O CR poderá ser emitido com cláusula de correção pela variação cambial, desde que seja integralmente vinculado a direitos creditórios com cláusula de correção na mesma moeda e emitido em favor de investidor residente ou domiciliado no exterior. O CMN, contudo, pode estabelecer outras condições, inclusive sobre a emissão em favor de investidor residente no País (art. 22, §§ 8º e 9º).

Por fim, o CR será obrigatoriamente submetido a depósito em entidade autorizada pelo Banco Central ou pela CVM a exercer a atividade de depósito centralizado de ativos financeiros e de valores mobiliários, quando for ofertado publicamente ou negociado em mercados organizados de valores mobiliários (art. 23, parágrafo único).

7.3. Disposições comuns ao CDCA, à LCA e ao CRA

Os arts. 41 a 44, da Lei nº 11.096/04, trazem regras aplicáveis aos três títulos:

Os três poderão conter cláusula expressa de variação do seu valor nominal, desde que a mesma dos direitos creditórios a eles vinculados (art. 42), e poderão ser distribuídos publicamente e negociados em Bolsas de Valores e Mercadorias e Futuros e em mercados de balcão organizados autorizados a funcionar pela CVM (art. 43).

Aplicam-se-lhes as normas de direito cambial; no entanto, os endossos devem ser completos, e é dispensado o protesto cambial para assegurar o direito de regresso contra endossantes e avalistas.

IX. QUADROS SINÓTICOS

INTRODUÇÃO

Tema	Informação	Fonte
Conceito	– Documento necessário ao exercício do direito literal e autônomo nele mencionado (Vivante).	Código Civil, art. 887.
Princípio da cartularidade (ou incorporação)	– Necessidade da apresentação do documento.	Decreto 2.044/1908, art. 39.
	– Cópia fotográfica: não supre o original quando a lei ou as circunstâncias condicionarem o exercício do direito à sua exibição.	Código Civil, art. 223.
Princípio da literalidade	– O conteúdo da obrigação é aquele escrito no título. – Os atos cambiais devem estar lançados por escrito no título.	LUG, arts. 13, 25 e 30, entre outros.
Princípio da autonomia	– A obrigação constituída no título é autônoma em relação às demais.	
	– O título se liberta da causa subjacente, tornando-se independente do negócio jurídico inicial.	
	-**Subprincípio da abstração**: quando o título entra em circulação, desvincula-se da relação que o originou.	
	– **Subprincípio da inoponibilidade das exceções pessoais** aos terceiros de boa-fé.	LUG, art. 17, Código Civil, art. 916.
Classificações		
Forma de circulação	**Ao portador**	Código Civil, art. 904.
	À ordem	Código Civil, art. 910.
	Nominativos	Código Civil, art. 921
Modelo	**Informais** – não se submetem a padrão formal obrigatório (letra de câmbio e nota promissória).	
	Formais – submetidos à padronização pela legislação (cheque, duplicatas)	Lei das Duplicatas, art. 27.

Tema	Informação	Fonte
Estrutura	– **Ordem de pagamento**: sacador (emitente), sacado (contra quem o título é sacado) e tomador (em favor de quem o título é emitido). Cheque, letra de câmbio, duplicata.	
	– **Promessa de pagamento:** sacado (emitente) e tomador (beneficiário).	
Hipóteses de emissão	– Causais: emitidos em determinadas situações – Limitados: não podem ser emitidos em determinadas circunstâncias. – Abstratos ou não causais: podem ser emitidos em quaisquer hipóteses.	
Títulos de crédito e o Código Civil	– O Código Civil não se aplica aos títulos tratados em leis específicas.	Código Civil, art. 903.
	– Títulos inominados ou atípicos: existência discutida na doutrina.	Para seus defensores, decorrência dos arts. 1º e 170 da Constituição.
	– Títulos nominados ou típicos: decorrem da lei.	Código Civil, art. 887.
Títulos virtuais, eletrônicos ou escriturais	– os títulos de crédito podem ser emitidos, aceitos, endossados ou avalizados eletronicamente, mediante assinatura com certificação digital, respeitadas as exceções previstas em lei.	Medida Provisória 2.200-2/2011. Código Civil, art. 225. Lei 13.775/2018. Enunciado 462 das Jornadas de Direito Civil.

LETRA DE CÂMBIO

Tema	Informação	Fonte
Legislação aplicável	– Decreto 57.663/1966 – reprodução da Lei Uniforme de Genebra – LUG. – Anexo II – ressalvas admitidas (Brasil assinalou 13 ressalvas, hipóteses de aplicação do Decreto 2.044/1908. – Decreto 2.044/1908 (Lei Saraiva)	
Saque	– Ato cambiário de emissão de título de crédito.	
	Requisitos:	LUG, art. 1º.
	Letra incompleta: admite preenchimento.	LUG, art. 10.
Aceite	– Declaração de concordância com a ordem de pagamento. É facultativo na letra de câmbio. Recusa: implica em vencimento antecipado da letra.	
Apresentação	– **Obrigatória** na letra de vencimento a certo tempo da vista. **Facultativa** nos casos de vencimento em dia certo ou a certo termo de prazo (datas de vencimento conhecidas).	

Tema	Informação	Fonte
Tipos	– Puro e simples. -Aceite parcial: limitativo (aceite de parte do valor) ou modificativo (altera condição de pagamento). Vencimento do título quanto ao valor recusado. Direito de ação cambial – protesto por falta de aceite obrigatório. – Valor aceito. – Recusa: protesto por falta de pagamento.	LUG, art. 26. LUG, arts. 43 e 44. LUG, art. 28. Decreto 2.044/1908, art. 28.
Cláusula "não aceitável"	– O sacador pode proibir sua apresentação ao sacado para aceite antes do vencimento.	LUG, art. 22.
	– O sacador pode proibir a apresentação para aceite antes de determinada data.	LUG, art. 22, alínea 3.
Endosso	– Ato cambiário de transferência da propriedade do título de crédito à ordem, com todos os direitos nele incorporados. – Letra: apesar de título à ordem, admite cláusula "não à ordem". Título não endossável somente pode ser transmitido na forma e com os efeitos da cessão civil.	LUG, art. 11, alínea 2.
Modalidades	– endosso em branco. – endosso em preto. – Endosso parcial: não é admitido.	LUG, art. 14. LUG, art. 12.
Endossante	– Garante a aceitação e o pagamento. Pode haver cláusula expressa que o exclua de ambas ou de uma dessas obrigações. Pode proibir novo endosso.	LUG, art. 15.
Endosso próprio e impróprio	**Endosso próprio**: transfere a propriedade do título.	
	Endosso impróprio: transfere a posse ou a propriedade resolúvel. Tipos:	
	endosso-mandato.	LUG, art. 18, Código Civil, art. 917. Súmulas 475 e 476 do STF
	endosso-caução ou endosso-pignoratício.	LUG, art. 19.
Endosso x cessão civil de crédito	**Endosso**: unilateral, no título, instituto cambiário (autonomia e inoponibilidade). **Cessão civil**: ato negocial (bilateral), contratual. O cedente responde apenas pela existência do crédito, não pelo adimplemento. Pode alegar matérias referentes à relação jurídica com o cessionário.	
Aval	– Garantia de outra obrigação cambiária.	LUG, art. 32, alínea 2.
Aval parcial	– Possível. A vedação do Código Civil é restrita aos títulos cuja lei é omissa ou não disponha em sentido contrário.	LUG, art. 30, alínea 1. Código Civil, art. 897, parágrafo único.

Tema	Informação	Fonte
Tipos	– **Aval em branco**: no anverso ou no verso. Expressão "por aval" ou equivalente. Presume-se avalista do sacador. – **Aval em preto**: expressa indicação, pelo avalista, do avalizado.	LUG, art. 31.
Avais simultâneos	– Ou coavais. Avalistas são devedores solidários.	A LUG não trata do assunto. Código Civil, arts. 275 e seguintes.
Avais sucessivos	– O avalista que paga o título tem direito de regresso contra o seu avalizado, os endossantes, o tomador, o sacador e o aceitante.	
Aval x fiança	– Aval: cambiário. Autônomo em relação à obrigação avalizada. Não há benefício de ordem. – Fiança: obrigação acessória, do direito civil.	
Pagamento	– O credor é o portador do título.	
Apresentação	– No vencimento: a letra deve ser apresentada ao primeiro devedor (sacado). Com o aceite, o sacado se torna aceitante. – Na recusa do aceite: necessidade de protesto, exigível de qualquer signatário da cadeia cambiária.	
Letra pagável em dia fixo ou a certo termo da data ou de vista	– Apresentação a pagamento no dia em que ela é pagável ou num dos dois dias seguintes.	LUG, art. 38.
	– Apresentação fora do prazo: o portador perde direito de ação contra os endossantes, o sacador e os outros coobrigados, à exceção do aceitante (letras "sem despesa").	LUG, art. 53, alínea 2.
Demais letras	– Protesto por falta de pagamento (supre a apresentação).	
Protesto	– Ato oficial pelo qual se prova a não realização da promessa contida na letra. Ato formal e solene.	Lei 9.492/97, art. 1º. Atenção: CDA – Lei 12.767/12.
Por falta de aceite	– Letra com vencimento a certo tempo da vista.	LUG, art. 44.
Por falta de pagamento	– Letra pagável em dia fixo ou a certo tempo da data ou de vista: nos 2 dias úteis seguintes àquele em que a letra é pagável.	
	– Letra pagável à vista: protesto deve ser feito nas condições indicadas para protesto por falta de aceite.	LUG, art. 44, alínea 3.

Tema	Informação	Fonte
Protesto necessário	– Para garantir direito contra coobrigados (sacador e endossantes e seus avalistas).	
	– Para ajuizamento de pedido de falência por impontualidade injustificada.	Lei 11.101/05, art. 94.
	– Para comprovar a mora do devedor do contrato de alienação fiduciária em garantia.	Decreto-lei 911/69, art. 2º, § 2º.
Protesto facultativo	– Para garantir o direito contra o devedor principal (aceitante e seus avalistas).	
Protesto e prescrição	– O protesto cambial interrompe a prescrição, desde que feito no prazo e na forma da lei.	Código Civil, art. 202, III.
Requisitos formais	– Requisitos do protesto e do instrumento do protesto:	Lei 9.429/97, art. 22.
Protesto indevido	– Geral responsabilidade civil.	
Ação cambial	– Para a cobrança do direito mencionado no título.	
	– Proposta em face do aceitante e seus avalistas: simples exibição da letra e o demonstrativo do débito, atualizado até a data da propositura da ação.	CPC, art. 798, I e II.
	– Proposta em face dos demais coobrigados: deve contar com a certidão do protesto no prazo legal (salvo nas letras com cláusula "sem protesto").	LUG, art. 46, alínea 3.

NOTA PROMISSÓRIA

Tema	Informação	Fonte
Conceito	– Promessa de pagamento, literal, pelo qual o emitente se obriga para com o beneficiário a lhe pagar, ou à sua ordem, certa soma em dinheiro.	
Normas comuns à letra de câmbio e à nota promissória (LUG, art. 77)	– Endosso.	LUG, arts. 11 a 20.
	– Vencimento.	LUG, arts. 33 a 37.
	– Pagamento.	LUG, arts. 38 a 42.
	– Direito de ação por falta de pagamento.	LUG, arts. 43 a 50 e 52.
	– Pagamento por intervenção.	LUG, arts. 55 e 59 a 63.
	– Cópias.	LUG, art. 67 e 68.
	– Alterações.	LUG, art. 69.
	– Prescrição.	LUG, arts. 70 e 71.
	– Dias feriados, contagem de prazos e interdição de dias de perdão.	LUG, arts. 72 a 74.
Requisitos formais	– Requisitos formais:	LUG, art. 75.
	– Requisitos supríveis por lei:	LUG, art. 76.

Tema	Informação	Fonte
Vencimento, protesto e prescrição	– Nota à vista: apresentada no prazo de 1 ano da data da emissão.	LUG, art. 34.
	– Intimação dos emitentes mas não dos avalistas.	Lei 9.492/97, art. 21, § 4º.
Execução	– Título abstrato. Porém, na execução pelo credor contratual admite-se a discussão sobre a causa do título (jurisprudência).	REsp 1.078.399/MA Súmula 504 do STJ.
	– Ação monitória em face de nota sem força executiva: 5 anos a contar do dia seguinte ao vencimento.	
Nota vinculada a contrato	– Nota vinculada a contrato de abertura de crédito não goza de autonomia em razão da iliquidez do título que a originou.	Súmula 258 do STJ.
Nota emitida por mandatário	– Inexequível.	Código de Defesa do Consumidor, art. 51, VIII.
Nota Comercial – *Commercial Papers*	– emitidas por sociedades anônimas, sociedades limitadas e sociedades cooperativas.	Lei 14.195/21, arts. 45 a 51. ICVM 163/22.

CHEQUE

Tema	Informação	Fonte
Conceito	Ordem de pagamento à vista, dada contra banco pelo emitente.	
Requisitos formais	– Requisitos essenciais e não essenciais (criação do título). – Requisitos para a circulação do título.	Lei 7.357/85, arts. 1º e 2º. Lei 9.069/95, art. 69.
Modalidades	– Nominativo (emitido em favor de alguém) – Ao portador	
	– Administrativo.	Lei 7.357/85, art. 9º, III.
	– Cruzado.	Lei 7.357/85, arts. 44 e 45.
	– Para ser creditado em conta.	Lei 7.357/85, art. 46.
	– Visado.	Lei 7.357/85, art. 7º.
Aval	– Total ou parcial.	Lei 7.357/85, art. 29.
	– Resultante da simples assinatura do avalista no anverso do cheque, salvo quando se tratar da assinatura do emitente. Na falta de indicação, considera-se avalizado o emitente.	Lei 7.357/85, art. 30, *caput* e parágrafo único.
Apresentação	– mesma praça: 30 dias.	Lei 7.357/85, art. 33.
	– praças diferentes: 60 dias.	Lei 7.357/85, art. 33.
Recusa de pagamento	– Situações que autorizam o banco a recusar o pagamento do cheque.	Resolução BCB 1.682/90.
	– Cadastro de Emitentes de Cheques sem Fundos (CCF), gerido pelo Banco do Brasil.	STJ, Súmula 572.

Tema	Informação	Fonte
Ação cambiária	– **Ação de execução**: independe de protesto formal. Apresentado o cheque, o credor pode executar todos os **coobrigados**.	
	– **Ação por falta de pagamento**: em até 6 meses do término do prazo para apresentação. Contra o **emitente e seus avalistas.**	Lei 7.357/85, arts. 59, 47, II e § 3º.
	– **Cheque prescrito**: **ação de enriquecimento ilícito contra o emitente e coobrigados.** Deve ser ajuizada em até 2 anos a partir do término do prazo prescricional.	Lei 7.357/85, art. 61.
	Após o prazo acima: **ação de cobrança**.	Lei 7.357/85, art. 62.
Ação monitória	– Quando o cheque perde sua eficácia executiva. – Em ação monitória fundada em cheque prescrito ajuizada contra o emitente, é dispensável a menção ao negócio jurídico subjacente à emissão da cártula	CPC, arts. 700 a 702. Súmula 531 do STJ.
Cheque pós-datado	Válido entre as partes.	Súmula 246 do STF.
Sustação	– **Revogação ou contraordem**. Ordem escrita expedida pelo **correntista** determinando ao banco sacado o não pagamento de cheque, uma vez **decorrido o prazo para sua apresentação**.	Lei 7.357/85, art. 35.
	– **Oposição. Mesmo durante o prazo de apresentação**. Pode ser oposta pelo **emitente ou pelo legítimo portador**. Não cabe ao banco analisar as razões apresentadas.	Lei 7.357/85, art. 36.

DUPLICATA

Tema	Informação	Fonte
Conceito	– Ordem de pagamento. Título causal (compra e venda mercantil ou prestação de serviços). Lei 5.478/68, arts. 1º e 20.	
Funções	– Servir de título executivo, assegurando ao comerciante meio de cobrança, seja pelo protesto, pela execução judicial ou pelo requerimento da falência do devedor.	
	– Facilitar o crédito.	
Fatura	– Relação das mercadorias vendidas com a discriminação de sua quantidade, qualidade, espécies, tipos, marcas etc. (Lei 5.474/68, art. 1º, § 1º). – Obrigatória na compra e venda mercantil a prazo (Lei 5.474/68, art. 1º). – Não é título de crédito.	

Tema	Informação	Fonte
Duplicata escritural	– Nova regulamentação, aplicando-se subsidiariamente e Lei 5.474/68. – Título executivo extrajudicial.	Lei 13.775/18, art. 12.
	– **Emissão: lançamento em sistema eletrônico de escrituração gerido por entidade autorizada.** – Escrituração obrigatória de informações.	Lei 13.775/18, art. 3º. Lei 13.775/18, art. 4º.
	– Nulidade de cláusulas contratuais que vedem, limitem ou onerem a emissão ou circulação de duplicatas escriturais.	Lei 13.775/18, art. 10.
	– Comprovação da entrega e recebimento das mercadorias ou da prestação dos serviços deve ser efetuada por meio eletrônico. – Recusa: – Pagamento: qualquer meio de pagamento existente no âmbito do Sistema de Pagamentos Brasileiro. – Protesto: por extrato, emitido eletronicamente.	Lei 13.775/18, art. 4º, § 3º. Lei 13.775/18, arts. 7º e 8º. Lei 13.775/18, art. 5º. Lei 13.775/18, art. 6º, §§ 1º e 2º e 8º, § 2º.
Jurisprudência (STJ)	– **Serviços prestados por terceiros**. Não podem ser cobrados por meio de duplicatas.	REsp 40.720/MT.
	– **Locação de bens móveis**. Não autoriza a emissão de duplicata (não caracteriza compra e venda de mercadoria ou prestação de serviço).	AgRg no AgI 660.274/MG.
	– **Leasing**. Não admite duplicata.	REsp 45.792/GO, REsp 1.872/RJ
	– **Contrato de transporte**. Autoriza a emissão de duplicata.	REsp 17.708/RJ.
	– **Construção civil e incorporação de imóveis**. Atividades empresariais; possibilidade de emissão de duplicata.	Lei 4.591/64, arts. 28 c/c 29 e 43, II.
	– **Serviços prestados por concessionárias de serviços públicos**. Apenas se o serviço em questão não configurar "serviço público".	
Jurisprudência (STJ)	– **Saque contra entidades estatais**.	Súmula 279 do STF.
	– **Acréscimos legais e contratuais**. Não autoriza nova emissão de duplicata.	REsp 198.211-5/SP;
	– **Duplicatas e faturas de prestadores de serviços.**	Lei 5.474/98, art. 20.
	– **Duplicata simulada**: fatura, duplicata ou nota de venda que não corresponda à mercadoria vendida, em quantidade ou qualidade, ou ao serviço prestado – crime. – A duplicata emitida correspondente a negócio existente mas cuja causa não corresponda à lei é ineficaz – perde os efeitos cambiais – mas não configura crime. Admite ação monitória.	Código Penal, art. 172. REsp 1.088.046/MS.

Tema	Informação	Fonte
Remessa e aceite	– Apresentação para aceite facultativa. O aceite só pode ser recusado nos casos previstos em lei.	Lei 5.474/68, arts. 6º, *caput* e 8º.
	– **Prazo para remessa**: **30 dias** a partir da emissão (**vendedor-sacador**) ou **10 dias** (se o ato for executado por **terceiro**).	Lei 5.474/68, art. 6º, §§ 1º e 2º.
	– **Recusa do aceite**: avaria ou não recebimento das mercadorias, quando não expedidas ou não entregues por sua conta e risco; vícios, defeitos e diferenças na qualidade ou na quantidade das mercadorias, devidamente comprovados; divergência nos prazos ou nos preços ajustados.	Lei 5.474/68, art. 8º.
	– **Recusa da devolução da duplicata**. Prazo de 10 dias. Sacado tem direito de retenção, desde que comunique, por escrito, à apresentadora, a retenção. – Descumprimento da obrigação de devolver a duplicata:	Lei 5.474/68, art. 7º. Lei 9.492/97, art. 21, § 3º.
Triplicata	– Reprodução da duplicata, perdida ou extraviada.	Lei 5.474/68, art. 23.
Vencimento e pagamento	– **à vista** (apresentação ao sacado opera o seu vencimento); – **com data certa**.	
	– **Pagamento antecipado**: lícito.	Lei 5.474/68, art. 9º, *caput*.
	– **Prova do pagamento**: a) recibo passado pelo legítimo portador ou por seu representante com poderes especiais, no verso do próprio título. b) a quitação dada em documento separado, com referência expressa à duplicata, valendo como prova do pagamento, total ou parcial, a *liquidação* de cheque, a favor do estabelecimento endossatário, no qual conste, no verso, que seu valor se destina à amortização ou liquidação da duplicata nele caracterizada	Lei 5.474/68, art. 9º, §§ 1º e 2º.
Vencimento e pagamento	**Prorrogação do vencimento**: admitida pela lei mediante declaração em separado ou nela escrita, ainda quer a data de vencimento deva constar da duplicata.	Lei 5.474/68, art. 11.
	– **Duplicata ainda não circulou e não foi aceita**: Prorrogação do vencimento: recusa ilegítima. – Duplicata já em circulação: só o legítimo possuidor pode fazer a prorrogação.	Lei 5.474/68, art. 11, *caput* e parágrafo único.
Aval	– O aval dado depois do vencimento tem os mesmos efeitos do aval dado anteriormente.	Lei 5.474/68, art. 12.

Tema	Informação	Fonte
Protesto	– Por falta de aceite; por falta de devolução; por falta de pagamento.	Lei 5.474/68, art. 13. Lei 5.474/68, art. 13, § 3º.
	– Tirado na praça de pagamento indicada no título.	
	– **Protesto por indicação**: simples indicação dos elementos do título, pelo portador, ao cartório de protesto, na falta de devolução do título.	Lei 5.474/68, art. 13, § 1º.
	– **Intimação**:	Lei 9.492/97, art. 21, § 4º.
	– **Sustação**: decisão judicial que visa a impedir a consumação do protesto.	Lei 9.492/97, art. 17.
	– **Cancelamento**: por simples medida administrativa, se fundado em pagamento, ou por ordem judicial, se por outro motivo.	Lei 9.492/97, art. 26.
	– **Averbação**: para correção de erro material e poderá ser efetuada de ofício ou a requerimento do interessado.	Lei 9.492/97, art. 25.
	– **Suspensão**: a jurisprudência admite a exclusão do nome do devedor das certidões de protesto que vierem a ser emitidas e dos cadastros de inadimplentes.	
Prescrição	– 3 anos da data do vencimento (contra sacado e seus avalistas).	Lei 5.474/68, art. 18, I.
	1 ano da data do protesto (contra o endossante e seus avalistas).	Lei 5.474/68, art. 18, II.
	1 ano do pagamento do título (contra qualquer dos coobrigados).	Lei 5.474/68, art. 18, III.

TÍTULOS PRÓPRIOS E TÍTULOS IMPRÓPRIOS

Tema	Informação	Fonte
Títulos Próprios	Letra de Câmbio, Nota Promissória, Cheque e Duplicata.	
Títulos Impróprios	– **De legitimação**: asseguram a prestação de um serviço ou acesso a prêmio (ingresso de cinema, bilhete de loteria etc.).	
	– **Representativos**: representam a titularidade de mercadoria custodiada (conhecimento de depósito, *warrant*).	
	– **De financiamento**: as cédulas de crédito.	
	– **De investimento**: destinados à captação de recursos pelo emitente, como a LCI (Lei 10.931/04).	

TÍTULOS DE CRÉDITO REPRESENTATIVOS

Tema	Informação	Fonte
Conhecimento de depósito e warrant	Títulos armazeneiros representativos de mercadorias, emitidos exclusivamente por armazéns-gerais, a pedido do depositante. Decreto-Lei 1.102/1903, art. 1º e 15.	
Função	– Permitem maior mobilidade de mercadorias, substituindo a circulação física pelos títulos que as representam. A posse do título representa a posse das mercadorias. O armazém-geral é o mero detentor.	
Qualificação	– **Conhecimento de depósito**: representa o direito de propriedade sobre as mercadorias. – ***Warrant:*** referente ao crédito e ao valor das mercadorias. Confere ao seu titular o direito real de penhor sobre a mercadoria. – São **criados unidos**, mas **podem ser separados** (Decreto 1.102/1903, art. 15, *caput*.	
Requisitos	– Requisitos:	Decreto 1.102/1903, art. 15, § 1º.
	– Os armazéns respondem perante terceiros pelas irregularidades e inexatidões dos títulos relativamente à quantidade, natureza e peso da mercadoria.	Código Penal, art. 178.
	– Aplicação subsidiária da LUG no que não conflitar com as disposições da legislação especial. O Código Civil somente se aplica na falta de norma da Lei Uniforme.	
Circulação	– O endosso do conhecimento do depósito e do *warrant* pode se dar em conjunto ou separadamente. **Em conjunto: confere ao cessionário direito de livre disposição da mercadoria.** – **Endosso do conhecimento de depósito separado**: portador do título se torna proprietário de mercadoria onerada com o penhor constituído em garantia do portador do *warrant*. – **Endosso do *warrant* separado**: o portador é credor pignoratício, não podendo o armazém-geral permitir a retirada da mercadoria sem prova do pagamento ou do depósito.	Decreto 1.102/1903, art. 18, *caput*, §§ 1º e 2º.
Circulação	Endosso em preto ou em branco. Em branco: proibido pela Lei 8.088/90, art. 19; parte da doutrina entende que este dispositivo foi derrogado pelo art. 913 do Código Civil.	Decreto 1.102/1903, art. 18, § 1º.
Liberação da mercadoria	– Contra a entrega do conhecimento e do *warrant* correspondente.	Decreto 1.102/1903, arts. 22 e 23.
	– Contra a entrega do conhecimento sem o *warrant* acompanhado do pagamento do principal, dos juros, impostos e demais despesas.	Decreto 1.102/1903, arts. 22 e 23.

Tema	Informação	Fonte
Armazém	– Tem direito de retenção sobre as mercadorias depositadas para garantia do pagamento devido.	Decreto 1.102/1903, art. 14. Código Civil, art. 644 e 894.
Certificado de Depósito Agropecuário e Warrant Agropecuário	CDA: título representativo de promessa de entrega de produtos agropecuários, seus derivados, subprodutos e resíduos de valor econômico, depositados em conformidade com a Lei 9.973/00. WA: promessa de pagamento em dinheiro que confere direito de penhor sobre o CDA correspondente, assim como sobre o produto nele descrito.	Lei 11.076/04, art. 1º, §§ 1º e 2º.
	– Mesma natureza jurídica do conhecimento de depósito e do *warrant*. – Títulos representativos de mercadorias. São emitidos simultaneamente pelo depositário, a pedido do depositante. – Títulos executivos extrajudiciais.	Lei 11.076/04, art. 1º, § 3º. Lei 11.076/04, art. 1º, § 4º.
	– Requisitos:	Lei 11.076/04, art. 5º.
	– Registro: sistema de registro e liquidação financeira de ativos autorizado pelo Banco Central do Brasil. – Vencido o prazo sem o registro: o depositante deverá solicitar ao depositário o cancelamento do título e sua substituição por novos ou recibo de depósito, em seu nome.	Lei 11.076/04, arts. 4º, III, e 15, *caput*. Lei 11.076/04, art. 15, § 3º.
	– Endosso: os endossantes não respondem pela entrega do produto, mas tão somente pela existência da obrigação.	Lei 11.076/04, art. 2º, I e II.
	– Aval: possível apenas no WA.	Lei 11.076/04, arts. 1º, § 2º c/c 2º e, ainda o art. 897 do Código Civil.
	– Protesto: dispensado para assegurar direito de regresso contra endossantes e avalistas.	Lei 11.076/04, art. 2º.
	– Retirada do produto ou transferência de propriedade: condicionada à entrega do CDA em conjunto com o WA correspondente. O armazém tem direito de retenção.	

TÍTULOS DE FINANCIAMENTO

Tema	Informação	Fonte
Financiamento e refinanciamento	– Títulos de financiamento: possibilitam o financiamento direto da atividade produtiva. – Títulos de refinanciamento: através deles, os financiadores negociam com instituições financeiras ou investidores a antecipação dos recursos envolvidos para a promoção de novos financiamentos.	
Cédulas de crédito	– Promessa de pagamento, decorrente de operação de crédito. A liquidez é apurada no vencimento.	
Exemplos	– Cédula rural pignoratícia, cédula rural hipotecária, cédula de crédito industrial, cédula de crédito bancário etc.	
Cédula de Crédito Bancário	– A cédula de crédito bancário está regulada pela Lei nº 10.931/04 (arts. 26 a 45), que teve o objetivo explícito de reduzir o risco jurídico existente nas operações de crédito bancário, conferindo maior agilidade à sua cobrança judicial.	
Características	– Elementos contratuais e elementos dos títulos de crédito.	
	– Promessa de pagamento constituída pela posterior utilização do crédito aberto – evento futuro.	
	– Título de crédito por força de lei.	
	– Título de crédito causal (abertura de crédito).	
Cláusulas	– Natureza contratual.	Lei 10.931/04, art. 28, § 1º.
Requisitos	– Requisitos essenciais.	Lei 10.931/04, art. 29.
Emissão	– A favor de instituição integrante do Sistema Financeiro Nacional ou domiciliada no exterior.	Lei 10.931/04, art. 26, *caput* e § 1º.
	– Pode ser emitida em moeda estrangeira (se a instituição financeira for domiciliada no exterior).	Lei 10.931/04, art. 26, § 2º.
	– Pode ser aditada, retificada e ratificada. Desconsideração do princípio da literalidade.	Lei 10.931/04, art. 29, *caput* e § 4º.
Emissão	– CCB pode ser emitida sob a forma escritural, por meio de lançamento em sistema eletrônico de escrituração, mantido em instituição financeira ou em outra entidade autorizada pelo BC a exercer a atividade de escrituração eletrônica.	Lei 10.931/2004, art. 27-A, *caput* e §1º.
Circulação	– A via do credor é negociável por endosso em preto. Das demais vias consta a expressão "não endossável".	Lei 10.931/04, art. 29, §§ 1º e 3º.
	– Se endossada, aplica-se o princípio da autonomia.	Lei 10.931/04, art. 29, § 1º.
Endossatário	– Mesmo não sendo instituição financeira ou entidade equiparada, pode exercer todos os direitos conferidos pela cédula, inclusive os juros e demais encargos.	Lei 10.931/04, art. 29, § 1º.
Validade e eficácia	– Independem de registro.	Lei 10.931/04, art. 42.

Tema	Informação	Fonte
Encargos	– Devem integrar o valor total de modo claro, preciso e de fácil entendimento. O devedor deve impugnar especificamente a parcela do débito quando discordar dos valores/critérios de cálculo. É nula cláusula que impeça o questionamento.	
	– **Multa de mora**. Decorre do mero inadimplemento.	
	– **Juros**. Critérios. Capitalização de juros é expressamente admitida. Não se aplica a Lei da Usura às obrigações representadas por títulos de crédito ou valores mobiliários e àquelas contraídas perante instituições financeiras e demais instituições autorizadas a funcionar pelo Banco Central.	REsp Repetitivo 1.061.530/RS. Lei 10.931/04, art. 28, § 1º, I. Lei 14.905/24, art. 3º, incisos II e III, a.
	– **Comissão de permanência**. – expressão utilizada pela Resolução CMN 1.129/86, revogada em 2017. Hoje: "encargos em decorrência do atraso no pagamento ou na liquidação de obrigações relativas a operações de crédito, a arrendamento mercantil financeiro e a faturas de cartão de crédito e demais instrumentos de pagamento pós-pagos" – **Rol exaustivo:** juros remuneratórios por dia de atraso sobre a parcela vencida ou sobre o saldo devedor não liquidado; multa e juros de mora.	Resolução CMN 4.882/20, arts. 2º e 4º.
Garantias	– Pode ser emitida com ou sem garantias.	Lei 10.931/04, art. 27.
	– **Garantia real ou fidejussória** – no próprio título ou em instrumento separado.	Lei 10.931/04, arts. 30 e 32.
	– Garantia fidejussória: abrange a fiança e o aval.	Lei 10.931/04, art. 44.
	– Garantia real – pignoratícia (móvel) ou hipotecária (imóvel). O bem deve ser descrito e individualizado, permitindo sua fácil identificação.	Lei 10.931/04, arts. 30, 31, 33 e 42.
Protesto	– não é necessário contra os endossantes, seus avalistas e terceiros garantidores. – pode ser lavrado por indicação.	Lei 10.931/04, art. 41.
Execução	– Título extrajudicial. – Apuração do valor pelo credor, por meio de planilha de cálculo.	Lei 10.931/04, art. 28, *caput* e § 2º, I.
	– Execução instruída com originais ou cópias:	Jurisprudência nos dois sentidos.
	– Responsabilidade dos fiadores.	Código Civil, art. 821.
	– Abusos praticados em contratos anteriores.	Súmula 286 do STJ.

Tema	Informação	Fonte
Cédula de Produto Rural – CPR	– Promessa de entrega de produtos rurais. – Título líquido e certo, exigível pela quantidade e qualidade de produto ou pelo valor nela previsto, no caso de liquidação financeira. – Pode ser emitida pelo produtor rural, pessoa natural ou jurídica, inclusive aquela com objeto social que compreenda em caráter não exclusivo a produção rural, a cooperativa agropecuária e a associação de produtores rurais que tenha por objeto a produção, a comercialização e a industrialização dos produtos rurais.	Lei 8.929/94, art. 1º, *caput* e §2º. Lei 8.929/94, art. 4º. Lei 8.929/94, art. 2º.
	– Requisitos:	Lei 8.929/94, art. 3º.
	– Garantias e eficácia contra terceiros: hipoteca, penhor ou alienação fiduciária. – Os bens vinculados à CPR não podem ser penhorados ou sequestrados por outras dívidas do emitente ou terceiro prestador de garantia real.	Lei 8.929/94, art. 12 e 18. Atenção: nova redação do art. 12, dada pela Lei 13.986/2020.
	– Evicção, caso fortuito e força maior:	Lei 8.929/94, art. 11.
	– Endosso: completo (em preto). No caso de CPR emitida sob a forma escritural, a transferência de sua titularidade produzirá os mesmos efeitos jurídicos do endosso. – Endossantes não respondem pela entrega do produto; apenas pela existência da obrigação. – Dispensa do protesto cambial para assegurar direito de regresso contra avalistas.	Lei 8.929/94, art. 10, I, II e III, e parágrafo único.
	– Modalidades: CPR física e CPR financeira. – CPR financeira. – CPR verde, relacionada às atividades de conservação e recuperação de florestas nativas e de seus biomas. Deve ser acompanhada de certificação por terceira parte para indicação e especificação dos produtos rurais que a lastreiam.	Lei 8.929/94, art. 4º-A. Decreto 10.828, de 2021.
Certificado de Direitos Creditórios do Agronegócio – CDCA	– Título de crédito nominativo, de livre negociação, representativo de promessa de pagamento em dinheiro, vinculado a direitos creditórios originários de negócios realizados por agentes da cadeia produtiva do agronegócio. – Lastro para as operações com as Letras de Crédito do Agronegócio – LCA.	Lei 10.076/04, art. 23, § 1º.
	– Requisitos:	Lei 11.076/04, art. 25, I a X (essenciais).

Tema	Informação	Fonte
Certificado de Direitos Creditórios do Agronegócio – CDCA	– Características: emitido exclusivamente por cooperativas de produtores rurais e outras pessoas jurídicas que exerçam atividades de comercialização, beneficiamento ou industrialização de produtos e insumos agropecuários ou de máquinas e implementos utilizados na produção agropecuária.	Lei 11.076/04, art. 24, § 1º.
	– É título nominativo. – É título extrajudicial. – Valor não pode exceder o total dos direitos creditórios a ele vinculados. – Confere direito de penhor sobre os direitos creditórios a ele vinculados, independentemente de convenção.	Lei 11.076/04, art. 26. Lei 11.076/04, art. 24. Lei 11.076/04, art. 28. Lei 11.076/04, art. 32.
Letra de Crédito do Agronegócio – LCA	– Viabiliza a captação de recursos para possibilitar à instituição financeira emitente a realização de novos financiamentos às atividades econômicas ou outra operação própria a seu objeto.	Lei 11.076/04.
	– Requisitos:	Lei 11.076/04, art. 27, I a IX (essenciais).
	– Só pode ser emitida por instituições financeiras.	
Securitização e Certificados de Recebíveis	– Operação de securitização: aquisição de direitos creditórios para lastrear a emissão de Certificados de Recebíveis ou outros títulos e valores mobiliários perante investidores cujo pagamento é primariamente condicionado ao recebimento de recursos dos direitos creditórios e dos demais bens, direitos e garantias que o lastreiam.	Lei 14.430/22, art. 18, parágrafo único.
	– Companhia securitizadora: instituições não financeiras, constituídas sob a forma de sociedades por ações que têm por finalidade realizar operações de securitização.	Lei 14.430/22, art. 18, *caput*.
	– Certificado de Recebíveis: títulos de crédito nominativos, emitidos de forma escritural, de emissão exclusiva de companhia securitizadora, de livre negociação. Constituem promessa de pagamento em dinheiro, preservada a possibilidade de dação em pagamento, e são títulos executivos extrajudiciais. – Requisitos.	Lei 14.430/22, art. 20. Lei 14.430/22, art. 22.

X. JURISPRUDÊNCIA SELECIONADA

1. SÚMULAS

STF

Súmula 189

Avais em branco e superpostos consideram-se simultâneos e não sucessivos.

Súmula 246

Comprovado não ter havido fraude, não se configura o crime de emissão de cheque sem fundos.

STJ

Súmula 26

O avalista do título de crédito vinculado a contrato de mútuo também responde pelas obrigações pactuadas, quando no contrato figurar como devedor solidário.

Súmula 248

Comprovada a prestação dos serviços, a duplicata não aceita, mas protestada, é título hábil para instruir pedido de falência.

Súmula 258

A nota promissória vinculada a contrato de abertura de crédito não goza de autonomia em razão da iliquidez do título que a originou.

Súmula 286

A renegociação de contrato bancário ou a confissão da dívida não impede a possibilidade de discussão sobre eventuais ilegalidades dos contratos anteriores.

Súmula 294

Não é potestativa a cláusula contratual que prevê a comissão de permanência calculada pela taxa média de mercado apurada pelo Banco Central do Brasil, limitada à taxa do contrato.

Súmula 296

Os juros remuneratórios, não cumuláveis com a comissão de permanência, são devidos no período de inadimplência, à taxa média de mercado estipulada pelo Banco Central do Brasil, limitada ao percentual contratado.

Súmula 472

A cobrança de comissão de permanência – cujo valor não pode ultrapassar a soma dos encargos remuneratórios e moratórios previstos no contrato – exclui a exigibilidade dos juros remuneratórios, moratórios e da multa contratual.

↘ Súmula 475

Responde pelos danos decorrentes de protesto indevido o endossatário que recebe por endosso translativo título de crédito contendo vício formal extrínseco ou intrínseco, ficando ressalvado seu direito de regresso contra os endossantes e avalistas.

↘ Súmula 476

O endossatário de título de crédito por endosso-mandato só responde por danos decorrentes de protesto indevido se extrapolar os poderes de mandatário.

↘ Súmula 504

O prazo para ajuizamento de ação monitória em face do emitente de nota promissória sem força executiva é quinquenal, a contar do dia seguinte ao vencimento do título.

2. JURISPRUDÊNCIA

▸ STJ

• Cartularidade

↘ PROCESSO CIVIL. RECURSO ESPECIAL. EXECUÇÃO DE TÍTULO EXECUTIVO EXTRAJUDICIAL. CÉDULA DE PRODUTO RURAL. FORMATO CARTULAR. PROCESSO ELETRÔNICO. EXCEÇÃO DE PRÉ-EXECUTIVIDADE. JUNTADA DA VIA ORIGINAL DO TÍTULO DE CRÉDITO. NECESSIDADE DE ALEGAÇÃO CONCRETA E MOTIVADA PELO DEVEDOR. INTELIGÊNCIA DO ART. 425 DO CPC/2015. RECURSO NÃO PROVIDO.

1. Cinge-se a controvérsia em definir a necessidade de juntada do original do título de crédito na hipótese de execução de Cédula de Produto Rural em formato cartular.

2. A finalidade da determinação judicial de exibição do título original é certificar a ausência de circulação, isto é, garantir a identidade entre o credor que demanda o crédito e aquele que de fato teria direito a receber o pagamento.

3. **A necessidade de juntada da via original do título executivo extrajudicial deve ficar a critério do julgador e se faz necessária apenas quando invocado pelo devedor algum fato concreto impeditivo da cobrança do débito, Inteligência do art. 425, VI, §§ 1º e 2º do CPC/2015**.

4. A finalidade do art. 425 do CPC/2015 é fortalecer a tramitação eletrônica dos processos judiciais, com a valorização da autonomia dos atos e documentos produzidos na via digital, desde que estejam de acordo com os ditames legais da autenticidade e da segurança da informação.

5. Recurso especial não provido.

(REsp 2.013.526/MT, rel. Ministra NANCY ANDRIGHI (rel. para o Acórdão Ministro MOURA RIBEIRO, TERCEIRA TURMA, j. 28/02/2023)

• Aval

↘ RECURSO ESPECIAL. SÚMULA N. 283/STF. INAPLICABILIDADE. INOVAÇÃO RECURSAL. NÃO OCORRÊNCIA. EMBARGOS À EXECUÇÃO. NOTA PROMISSÓRIA. ORIGEM DA DÍVIDA. AGIOTAGEM. EXCEÇÃO PESSOAL. POSSIBILIDADE DE ALEGAÇÃO PELO AVALISTA NA HIPÓTESE DE NÃO TER CIRCULADO O TÍTULO DE CRÉDITO.

1. A Súmula 283 do STF apenas obsta o conhecimento do recurso especial se a questão federal trazida pelo recorrente ampara-se em mais de um fundamento, cada um suficiente por si só para a manutenção do julgado, e a parte abstém-se de impugnar todos eles. O óbice sumular não se aplica quando existem

várias questões federais independentes, a parte não recorre de todas elas e o fundamento inatacado refere-se a questão não recorrida.

2. Afasta-se a alegação de inovação recursal se a parte já havia suscitado a matéria em apelação.

3. É possível ao avalista opor exceções pessoais relativas à origem do débito se o título de crédito não circulou. Mitigação dos princípios da boa-fé e da vedação do enriquecimento sem causa.

4. Recurso especial parcialmente conhecido e, nessa extensão, provido.

(REsp 1.436.245/MG, rel. Ministro JOÃO OTÁVIO DE NORONHA, TERCEIRA TURMA, v.u. 17/03/2015)

➘ AGRAVO REGIMENTAL EM RECURSO ESPECIAL – AÇÃO ANULATÓRIA DE AVAL – DECISÃO MONOCRÁTICA QUE DEU PROVIMENTO AO RECURSO ESPECIAL, A FIM DE ANULAR O AVAL PRESTADO SEM O CONSENTIMENTO DO CÔNJUGE – INSURGÊNCIA RECURSAL DA RÉ.

1. Nos termos do artigo 1.647, inciso III, do Código Civil, é necessária vênia conjugal para a prestação de aval por pessoa casada.

2. Precedentes específicos desta Corte.

3. Agravo regimental a que se nega provimento.

(AgRg no REsp 108.205-2/RS, Rel. Ministro MARCO BUZZI, QUARTA TURMA, v.u. 19/09/2013, DJe 27.09.2013)

➘ RECURSO ESPECIAL – AÇÃO ANULATÓRIA DE AVAL – OUTORGA CONJUGAL PARA CÔNJUGES CASADOS SOB O REGIME DA SEPARAÇÃO OBRIGATÓRIA DE BENS – NECESSIDADE – RECURSO PROVIDO.

1. É necessária a vênia conjugal para a prestação de aval por pessoa casada sob o regime da separação obrigatória de bens, à luz do artigo 1647, III, do Código Civil.

2. A exigência de outorga uxória ou marital para os negócios jurídicos de (presumidamente) maior expressão econômica previstos no artigo 1647 do Código Civil (como a prestação de aval ou a alienação de imóveis) decorre da necessidade de garantir a ambos os cônjuges meio de controle da gestão patrimonial, tendo em vista que, em eventual dissolução do vínculo matrimonial, os consortes terão interesse na partilha dos bens adquiridos onerosamente na constância do casamento.

3. Nas hipóteses de casamento sob o regime da separação legal, os consortes, por força da Súmula n. 377/STF, possuem o interesse pelos bens adquiridos onerosamente ao longo do casamento, razão por que é de rigor garantir-lhes o mecanismo de controle de outorga uxória/marital para os negócios jurídicos previstos no artigo 1647 da lei civil.

4. Recurso especial provido.

(REsp 116.307-4/PB, Rel. Ministro MASSAMI UYEDA, TERCEIRA TURMA, julgamento em 15/12/2009, DJe 04/02/2010)

• Nota Promissória. Requisitos formais

➘ RECURSO ESPECIAL. DIREITO CAMBIÁRIO. AÇÃO DECLARATÓRIA DE NULIDADE DE TÍTULO DE CRÉDITO. NOTA PROMISSÓRIA. ASSINATURA ESCANEADA. DESCABIMENTO. INVOCAÇÃO DO VÍCIO POR QUEM O DEU CAUSA. OFENSA AO PRINCÍPIO DA BOA-FÉ OBJETIVA. APLICAÇÃO DA TEORIA DOS ATOS PRÓPRIOS SINTETIZADA NOS BROCARDOS LATINOS "TU QUOQUE" E "VENIRE CONTRA FACTUM PROPRIUM".

1. A assinatura de próprio punho do emitente é requisito de existência e validade da nota promissória.

2. Possibilidade de criação, mediante lei, de outras formas de assinatura, conforme ressalva do Brasil à Lei Uniforme de Genebra.

3. Inexistência de lei dispondo sobre a validade da assinatura escaneada no Direito brasileiro.

4. Caso concreto, porém, em que a assinatura irregular foi escaneada foi aposta pelo próprio emitente.

5. Vício que não pode ser invocado por quem lhe deu causa.

6. Aplicação da "teoria dos atos próprios", com concreção do princípio da boa-fé objetiva, sintetizada nos brocardos latinos *tu quoque* e *venire contra factum proprium*, segundo a qual a ninguém é lícito fazer valer um direito em contradição com a sua conduta anterior ou posterior interpretada objetivamente, segundo a lei, os bons costumes e a boa-fé.

7. Doutrina e jurisprudência acerca do tema.

(REsp 1.192.678/PR, rel. Ministro PAULO DE TARSO SANSEVERINO, TERCEIRA TURMA, v.u. 13/11/2012)

- **Nota Promissória. Protesto. Prescrição**

➘ A execução contra a emitente e seu avalista de nota promissória à vista (art. 34 c/c art. 77 da Lei Uniforme) prescreve no prazo de três (3) anos (art. 70 c/c art. 77 da mesma lei), contado o prazo, se não apresentada a letra, a contar do término do prazo de um ano para apresentação.

(REsp 409/RJ, rel. Ministro CLÁUDIO SANTOS, TERCEIRA TURMA, v.u. 19/09/89)

- **Execução**

➘ RECURSO ESPECIAL. DIREITO CAMBIÁRIO E PROCESSUAL CIVIL. EXECUÇÃO DE NOTAS PROMISSÓRIAS. EXCEÇÃO DE PRÉ-EXECUTIVIDADE. ALEGAÇÃO DE PAGAMENTO EXTRACARTULAR. PROVA PRÉ-CONSTITUÍDA. POSSIBILIDADE. SUFICIÊNCIA DA PROVA CARREADA AOS AUTOS PELOS EXECUTADOS. INCIDÊNCIA DA SÚMULA 7/STJ. TÍTULO DE CRÉDITO. AUSÊNCIA DE CIRCULAÇÃO. OPOSIÇÃO DE EXCEÇÕES PESSOAIS. POSSIBILIDADE.

1. A alegação de pagamento dos títulos levados à execução é tese, em princípio, possível de ser arguida por exceção de pré-executividade – sempre que a comprovação se evidenciar mediante prova pré-constituída –, porquanto se trata de causa que retira a exigibilidade do título e, por consequência, impede o prosseguimento da execução (art. 618, inciso I, do CPC). Precedentes.

2. No sistema de persuasão racional adotado pelo Código de Processo Civil nos arts. 130 e 131, em regra, não cabe compelir o magistrado a autorizar a produção desta ou daquela prova, se por outros meios estiver convencido da verdade dos fatos, tendo em vista que o juiz é o destinatário final da prova, a quem cabe a análise da conveniência e necessidade da sua produção (REsp 1.175.616/MT, Rel. Ministro LUÍS FELIPE SALOMÃO, QUARTA TURMA, julgado em 01/03/2011, DJe 04/03/2011). Com efeito, entendendo o Tribunal recorrido que ao deslinde da controvérsia bastariam os documentos trazidos na exceção de pré-executividade, tal conclusão não se desfaz sem o revolvimento de provas, o que é vedado pela Súmula 7/STJ.

3. Os princípios da literalidade, autonomia e abstração aplicáveis aos títulos de crédito mostram plena operância quando há circulação da cártula e "quando põe-se em relação duas pessoas que não contratara entre si, encontrando-se uma em frente a outra, em virtude apenas do título". Contudo, tais princípios perdem força quando estiverem em litígio o possuidor do título e seu devedor direto. Isso porque "em relação ao seu credor, o devedor do título se obriga por uma *relação contratual*, motivo por que contra ele mantém intactas as defesas pessoais que o direito comum lhe assegura" (REQUIÃO, Rubens, *Op. cit.* pp. 415-417).

4. Com efeito, a relação jurídica existente entre o devedor de nota promissória e seu credor contratual direto é regida pelo direito comum, não se lhes aplicando os princípios cambiários que impedem a oposição de exceções pessoais, mostrando-se, por isso mesmo, cabível a alegação de pagamento extracartular.

5. Recurso especial parcialmente conhecido e, na extensão, não provido.

(REsp 1.078.399/MA, rel. Ministro LUIS FELIPE SALOMÃO, QUARTA TURMA, v.u. 02/04/2013)

➘ RECURSO ESPECIAL. PROCESSUAL CIVIL. CERCEAMENTO DO DIREITO DE DEFESA. PROVA PERICIAL INDEFERIDA. DIREITO CAMBIÁRIO. NOTA PROMISSÓRIA. ALEGAÇÃO DE NÃO PAGAMENTO EXTRA-CARTULAR. INCIDÊNCIA DA SÚMULA 7 DO STJ. OPOSIÇÃO DE EXCEÇÕES PESSOAIS. POSSIBILIDADE. TÍTULO. NÃO CIRCULAÇÃO.

1. As características ou princípios dos títulos de crédito – literalidade, autonomia e abstração – são passíveis de oposição quando a cártula é posta em circulação. Contudo, quando se trata de relação entre o credor original e seu devedor, é possível a arguição de exceções que digam respeito ao negócio jurídico que gerou o direito de crédito representado no título, porquanto a relação jurídica existente entre o devedor de nota promissória e seu credor contratual direto é regida pelo direito comum.

2. A dívida representada pelo título de crédito extrajudicial é provada pela existência de título que goze de presunção de liquidez e certeza. Portanto, se o devedor, em embargos à execução, sustenta que inexiste a causa subjacente ao título, é seu o ônus de comprovar a inexistência dessa causa.

3. A valoração da prova em recurso especial pressupõe que tenha havido contrariedade a princípio ou norma legal pertinente ao campo probatório. Na hipótese de a questão situar-se no propósito de análise das circunstâncias fáticas que nortearam o acórdão recorrido ou na rediscussão dos depoimentos testemunhais, a questão ultrapassa a valoração da prova para assentar-se em novo exame da prova para reavaliá-la.

4. Recurso especial conhecido em parte e desprovido.

(REsp 1.367.403/PR, Rel. Ministro JOÃO OTÁVIO DE NORONHA, TERCEIRA TURMA, v.u. 14/06/2016)

- **Nota promissória vinculada a contrato**

➘ RECURSO ESPECIAL. DIREITO CAMBIÁRIO E PROCESSUAL CIVIL. AÇÃO DE EXECUÇÃO. TÍTULO DE CRÉDITO. NOTA PROMISSÓRIA VINCULADA A CONTRATO DE COMPRA E VENDA. ENDOSSO. CIÊNCIA PELOS ENDOSSATÁRIOS DO VÍNCULO AO CONTRATO MATRIZ. EFEITOS. OPONIBILIDADE DAS EXCEÇÕES PESSOAIS PELO DEVEDOR CONTRA OS ENDOSSATÁRIOS. PRESERVAÇÃO DA EXECUTIVIDADE DO TÍTULO.

1. Execução pelos endossatários de nota promissória a eles endossada pelo credor original, vinculada a contrato de promessa de compra e venda, que é o negócio jurídico subjacente.

2. Extinta execução, sem resolução de mérito, inexiste interesse recursal do executado em recorrer do acórdão que a mantém, mas por fundamentação diversa. Não há sucumbência em relação à tese jurídica, quando o resultado alvitrado com o provimento do recurso seria o mesmo que o alcançado pela decisão recorrida. Ilegitimidade ativa que, de qualquer sorte, acaba por ser afastada quando do exame do recurso do exequente.

3. O processo de execução não é inibido pela propositura de qualquer ação relativa ao débito constante do título executivo. Aplicação do disposto no art. 585, § 1º, do CPC. Pretensão declaratória de nulidade do título que, ademais, fora julgada improcedente em decisão definitiva no curso da execução.

4. Distinção entre a executividade de título de crédito formalmente emitido com a eventual restrição de sua autonomia e abstração em face do negócio jurídico subjacente (contrato de compra e venda).

5. Oponibilidade, no caso, em face do endossatário/exequente, das exceções pessoais que possua o executado/devedor em relação ao credor originário.

6. Há título executivo mesmo quando vinculada a nota promissória à relação jurídica material subjacente, impondo-se apenas verificar o atendimento aos demais requisitos inscritos no art. 586 do CPC.

7. Caso concreto em que a nota promissória executada apresenta-se como título líquido, certo e revela-se exigível.

8. RECURSO ESPECIAL DOS EXEQUENTES PROVIDO; RECURSO ESPECIAL DE IVENS FREITAG E OUTROS NÃO CONHECIDO E RECURSO ESPECIAL DE FRANCISCO AMAURY OLSEN PREJUDICADO.

(REsp 1.382.609/SC, Rel. Ministro PAULO DE TARSO SANSEVERINO, TERCEIRA TURMA, v.u. 15/09/2015, DJe 23/09/2013)

➘ CERCEAMENTO DE DEFESA. Endosso. Nota promissória vinculada a contrato.

Suscitada de modo fundamentado a má-fé do endossatário de nota promissória vinculada a contrato de compra e venda, a respeito do qual se alega inadimplemento do vendedor, o julgamento antecipado, que conclui pela improcedência da ação por falta de prova da má-fé, cerceia o direito de defesa do réu.

Recurso conhecido e provido.

(REsp 258.737/RO, Rel. Ministro RUY ROSADO DE AGUIAR, QUARTA TURMA, v.u. 3/10/2000)

• Cheque. Ação monitória

➘ PROCESSUAL CIVIL. RECURSO ESPECIAL REPRESENTATIVO DE CONTROVÉRSIA. ART. 543-C DO CPC. AÇÃO MONITÓRIA APARELHADA EM CHEQUE PRESCRITO. PRAZO QUINQUENAL PARA AJUIZAMENTO DA AÇÃO. INCIDÊNCIA DA REGRA PREVISTA NO ART. 206, § 5º, INCISO I, DO CÓDIGO CIVIL.

1. Para fins do art. 543-C do Código de Processo Civil: "O prazo para ajuizamento da ação monitória em face do emitente de cheque sem força executiva é quinquenal, a contar do dia seguinte à data de emissão estampada na cártula".

2. Recurso especial provido.

(REsp 1.101.412, Rel. Ministro LUÍS FELIPE SALOMÃO, QUARTA TURMA, DJe 03/02/2014)

• Cheque pós-datado

➘ DIREITO CAMBIÁRIO E RESPONSABILIDADE CIVIL. RECURSO ESPECIAL. AÇÃO DE INDENIZAÇÃO POR DANOS MORAIS. CHEQUE PÓS-DATADO. PACTUAÇÃO EXTRACARTULAR. COSTUME *CONTRA LEGEM*. BENEFICIÁRIO DO CHEQUE QUE O FAZ CIRCULAR, ANTES DA DATA AVENÇADA PARA APRESENTAÇÃO. TERCEIRO DE BOA-FÉ, ESTRANHO AO PACTUADO. ILEGITIMIDADE PASSIVA. APLICAÇÃO DO PRINCÍPIO DA RELATIVIDADE DOS EFEITOS CONTRATUAIS.

1. O cheque é ordem de pagamento à vista e submete-se aos princípios, caros ao direito cambiário, da literalidade, abstração, autonomia das obrigações cambiais e inoponibilidade das exceções pessoais a terceiros de boa-fé.

2. Com a decisão contida no REsp 1.068.513-DF, relatado pela Ministra Nancy Andrighi, ficou pacificado na jurisprudência desta Corte a ineficácia, no que tange ao direito cambiário, da pactuação extracartular da pós-datação do cheque, pois descaracteriza referido título de crédito como ordem de pagamento à vista e viola os princípios cambiários da abstração e da literalidade.

3. O contrato confere validade à obrigação entre as partes da relação jurídica original, não vinculando ou criando obrigações para terceiros estranhos ao pacto. Por isso, a avença da pós-datação extracartular, embora não tenha eficácia, traz consequências jurídicas apenas para os contraentes.

4. Com efeito, em não havendo ilicitude no ato do réu, e não constando na data de emissão do cheque a pactuação, tendo em vista o princípio da relatividade dos efeitos contratuais e os princípios inerentes aos títulos de crédito, não devem os danos ocasionados em decorrência da apresentação antecipada do cheque ser compensados pelo réu, que não tem legitimidade passiva por ser terceiro de boa-fé, mas sim pelo contraente que não observou a alegada data convencionada para apresentação da cártula.

5. Recurso especial provido.

(REsp 884.346/SC, Rel. Ministro LUÍS FELIPE SALOMÃO, QUARTA TURMA, DJe 04/11/2011)

- **Duplicata escritural**

↘ AGRAVO REGIMENTAL NO RECURSO ESPECIAL. PROCESSUAL E CIVIL. DUPLICATA VIRTUAL. REQUISITOS. AUSÊNCIA DE PREQUESTIONAMENTO. SÚMULA 211/STJ. REEXAME DE PROVAS. SÚMULA 7/STJ.

1. A jurisprudência desta Corte é assente no sentido de ser possível o ajuizamento da execução de duplicata virtual, desde que devidamente acompanhada dos instrumentos de protesto por indicação e dos comprovantes de entrega da mercadoria e da prestação do serviço.

2. A falta de prequestionamento da matéria suscitada no recurso especial, a despeito da oposição de embargos declaratórios, impede seu conhecimento, a teor da Súmula nº 211 do Superior Tribunal de Justiça.

3. O não pronunciamento do tribunal de origem a respeito da existência dos requisitos para a execução de duplicata virtual atrai a incidência da Súmula nº 7 do Superior Tribunal de Justiça.

4. Agravo regimental não provido.

(AgRg no REsp 1.559.824/MG, Rel. Ministro RICARDO VILLAS BÔAS CUEVA, TERCEIRA TURMA, j. 03/12/2015, DJe 11/12/2015)

↘ RECURSO ESPECIAL. FALÊNCIA. IMPONTUALIDADE DO DEVEDOR. DUPLICATA VIRTUAL. CABIMENTO. PRÉVIO AJUIZAMENTO DE EXECUÇÃO FORÇADA. DESNECESSIDADE.

1. Validade da duplicata virtual como título executivo. Precedente da Segunda Seção desta Corte Superior.

2. Cabimento da instrução do pedido de falência com duplicatas virtuais protestadas por indicação, acompanhadas dos comprovantes de entrega das mercadorias.

3. Desnecessidade de prévio ajuizamento de execução forçada na falência requerida com fundamento na impontualidade do devedor. Precedentes.

4. Determinação de retorno dos autos à origem para verificação dos demais requisitos para decretação da falência.

5. Recurso especial provido.

(REsp 1.354.776/MG, Rel. Ministro PAULO DE TARSO SANSEVERINO, TERCEIRA TURMA, v.u. em 28/06/2014)

↘ EMBARGOS DE DIVERGÊNCIA EM RECURSO ESPECIAL. DIVERGÊNCIA DEMONSTRADA. EXECUÇÃO DE TITULO EXTRAJUDICIAL. DUPLICATA VIRTUAL. PROTESTO POR INDICAÇÃO. BOLETO BANCÁRIO ACOMPANHADO DO INSTRUMENTO DE PROTESTO, DAS NOTAS FISCAIS E RESPECTIVOS COMPROVANTES DE ENTREGA DAS MERCADORIAS. EXECUTIVIDADE RECONHECIDA.

1. Os acórdãos confrontados, em face de mesma situação fática, apresentam solução jurídica diversa para a questão da exequibilidade da duplicata virtual, com base em boleto bancário, acompanhado do instrumento de protesto por indicação e das notas fiscais e respectivos comprovantes de entrega de mercadorias, o que enseja o conhecimento dos embargos de divergência.

2. Embora a norma do art. 13, § 1º, da Lei 5.474/68 permita o protesto por indicação nas hipóteses em que houver retenção da duplicata enviada para aceite, o alcance desse dispositivo deve ser ampliado para harmonizar-se também com o instituto da duplicata virtual, conforme previsão constante dos arts. 8º e 22 da Lei 9.494/97.

3. A indicação a protesto das duplicatas mercantis por meio magnético ou de gravação eletrônica de dados encontra amparo no art. 8º, parágrafo único, da Lei 9.492/97. O art. 22 do mesmo Diploma Legal, a seu turno, dispensa a transcrição literal do título quando o Tabelião de Protesto mantém em arquivo gravação eletrônica da imagem, cópia reprográfica ou micrográfica do título ou documento da dívida.

4. Quanto à possibilidade de protesto por indicação da duplicata virtual, deve-se considerar que o que o art. 13, § 1º, da Lei 5.474/68 admite, essencialmente, é o protesto da duplicata com dispensa de sua

apresentação física, mediante simples indicação de seus elementos ao cartório de protesto. Daí, é possível chegar-se à conclusão de que é admissível não somente o protesto por indicação na hipótese de retenção do título pelo devedor, quando encaminhado para aceite, como expressamente previsto no referido artigo, mas também na de duplicata virtual amparada em documento suficiente.

5. Reforça o entendimento acima a norma do § 2º do art. 15 da Lei 5.474/68, que cuida de executividade da duplicata não aceita e não devolvida pelo devedor, isto é, ausente o documento físico, autorizando sua cobrança judicial pelo processo executivo quando esta haja sido protestada mediante indicação do credor, esteja acompanhada de documento hábil comprobatório da entrega e recebimento da mercadoria e o sacado não tenha recusado o aceite pelos motivos constantes dos arts. 7º e 8º da Lei.

6. No caso dos autos, foi efetuado o protesto por indicação, estando o instrumento acompanhado das notas fiscais referentes às mercadorias comercializadas e dos comprovantes de entrega e recebimento das mercadorias devidamente assinados, não havendo manifestação do devedor à vista do documento de cobrança, ficando atendidas, suficientemente, as exigências legais para se reconhecer a executividade das duplicatas protestadas por indicação.

7. O protesto de duplicata virtual por indicação apoiada em apresentação do boleto, das notas fiscais referentes às mercadorias comercializadas e dos comprovantes de entrega e recebimento das mercadorias devidamente assinados não descuidas das garantias devidas ao sacado e ao sacador.

8. Embargos de divergência conhecidos e desprovidos.
EDv no REsp 1.024.691/PR, rel. Ministro RAUL ARAÚJO, SEGUNDA SEÇÃO, julgamento em 22/08/2012, DJe 29/10/2012)

- **Duplicatas. Serviços prestados por terceiros**

➘ DUPLICATA DE PRESTAÇÃO DE SERVIÇOS. AUSÊNCIA DE ORIGEM LEGÍTIMA. EMISSÃO POR EMPRESA LOCADORA DE VEÍCULOS QUE, ALÉM DA DIÁRIA E DA QUILOMETRAGEM, INCLUIU NA CÁRTULA VALORES CORRESPONDENTES À REPARAÇÃO DE DANOS RESULTANTES DE ACIDENTE HAVIDO DURANTE A LOCAÇÃO.

Não é dado à locadora incluir no título o montante referente à reparação dos danos ocasionados ao automóvel, decorrentes de acidente, cujos serviços foram executados por terceiro.

(REsp 40.720/MT, Rel. Ministro BARROS MONTEIRO, QUARTA TURMA, unânime, 20/09/1994)

- **Duplicata. Locação de bens móveis**

➘ AGRAVO REGIMENTAL. AGRAVO DE INSTRUMENTO. DECISÃO MONOCRÁTICA. MÉRITO DO ESPECIAL. POSSIBILIDADE. LOCAÇÃO DE BENS MÓVEIS. EMISSÃO DE DUPLICATAS. NULIDADE. TÍTULO CAUSAL. ART. 175 DO CC. INAPLICABILIDADE À ESPÉCIE.

1. O art. 544, § 3º, do Código de Processo Civil, combinado com os arts. 34, inciso VII, e 254, inciso I, do Regimento Interno desta Corte autoriza o relator a se manifestar quanto ao mérito do recurso especial em sede de juízo monocrático, mesmo em agravo de instrumento. Precedentes.
2. A duplicata é título de crédito causal, somente podendo ser emitida validamente em decorrência de compra e venda mercantil ou de prestação de serviços.

3. O art. 175 do Código Civil não se aplica à hipótese, vez que não se busca a declaração de nulidade do negócio jurídico firmado pelas partes.

4. Agravo regimental não provido.
(AgRg no Ag 660.274/MG, Rel. Ministro FERNANDO GONÇALVES, QUARTA TURMA, v.u., 21/06/2005)

• Duplicata. Arrendamento mercantil (*leasing*)

↘ FALÊNCIA. EMISSÃO DE DUPLICATAS COM BASE EM CONTRATO DE *LEASING*. INIDONEIDADE.

As duplicatas representativas de prestações do contrato de *leasing*, ainda que com expressa previsão na avença, não constituem títulos idôneos a embasar pedido de falência, por não corresponderem à venda de bens, nem tampouco a uma efetiva prestação de serviços.

Recurso especial conhecido, em parte, e provido.

(REsp 45.792/GO, Rel. Ministro BARROS MONTEIRO, QUARTA TURMA, unânime em 03/03/1998)

• Duplicata. Contrato de transporte

↘ COMERCIAL. PROCESSUAL CIVIL. CONTRATO DE TRANSPORTE. EMISSÃO DE DUPLICATAS. PROTESTO. EMBARGOS DE DECLARAÇÃO. REJEIÇÃO ADEQUADA.

1. Tendo o acórdão por provada a entrega dos efeitos transportados e a recusa do pagamento do frete, representada a dívida por duplicatas dos conhecimentos de transporte, lícitos são os títulos e o seu apontamento para protesto.

2. Afastada a existência de omissão no acórdão recorrido, apresenta-se adequada a rejeição dos embargos declaratórios, com evidente caráter infringente.

(REsp 17.708/RJ, Rel. Ministro DIAS TRINDADE, TERCEIRA TURMA, v.u. em 10/03/1992)

• Duplicata simulada

↘ RECURSO ESPECIAL. DUPLICATA SIMULADA. ARTIGO 172 DO CÓDIGO PENAL. REDAÇÃO DADA PELA LEI 8.137/90. AUSÊNCIA DE EFETIVA VENDA DE BENS. CONDUTA TÍPICA. PRECEDENTES DO SUPERIOR TRIBUNAL DE JUSTIÇA E DO SUPREMO TRIBUNAL FEDERAL.

1. O delito de duplicata simulada, previsto no artigo 172 do Código Penal, com redação dada pela Lei 8.137, de 27.12.1990, configura-se quando o agente emite duplicata que não corresponde à efetiva transação comercial, sendo típica a conduta ainda que não haja venda de mercadoria ou prestação de serviço.

2. Recurso especial improvido.

(REsp 1.267.626/PR, Rel. Ministra MARIA THEREZA DE ASSIS MOURA, SEXTA TURMA, v.u. em 5/12/2013)

• Duplicata. Negócio existente. Causa não prevista em lei

↘ DIREITO CIVIL E PROCESSUAL CIVIL. RECURSO ESPECIAL. AÇÃO MONITÓRIA FUNDADA EM DUPLICATAS PRESCRITAS AJUIZADA EM FACE DAQUELA QUE CONSTA COMO SACADA. COBRANÇA DE CRÉDITO ORIUNDO DA RELAÇÃO CAUSAL. APLICAÇÃO DO PRAZO PRESCRICIONAL DE TRÊS ANOS, RELATIVO ÀS PRETENSÕES DE RESSARCIMENTO DE ENRIQUECIMENTO SEM CAUSA, PREVISTO NO ARTIGO 206, § 3º, IV, DO CÓDIGO CIVIL. DESCABIMENTO. CÁRTULAS QUE, EMBORA PRESCRITAS, ESTAMPAM DÍVIDA LÍQUIDA, ENSEJANDO O AJUIZAMENTO DE AÇÃO MONITÓRIA DENTRO DO PRAZO DE 5 ANOS, A CONTAR DA DATA DE VENCIMENTO PREVISTA NAS CÁRTULAS, NOS MOLDES DO DISPOSTO NO ARTIGO 206, § 5º, I, DO CÓDIGO CIVIL.

1. No procedimento monitório, tendo em vista seu propósito de propiciar a celeridade na formação do título executivo judicial, a expedição do mandado de pagamento é feita em cognição sumária, havendo inversão da iniciativa do contraditório, cabendo ao demandado a faculdade de opor embargos suscitando toda a matéria de defesa, portanto "não faz sentido exigir que o prazo prescricional da ação monitória seja definido a partir da natureza dessa *causa debendi*" (REsp 1339874/RS, Rel. Ministro SIDNEI BENETI, TERCEIRA TURMA, julgado em 09/10/2012, DJe 16/10/2012).

2. Assim, o prazo prescricional para a ação monitória baseada em duplicata sem executividade, é o de cinco anos previsto no artigo 206, § 5º, I, do Código Civil/2002, a contar da data de vencimento estampada na cártula.

3. Recurso especial provido.

(REsp 1.088.046/MS, Rel. Ministro LUÍS FELIPE SALOMÃO, QUARTA TURMA, unânime em 12/03/2013)

- **Triplicata**

➘ **COMERCIAL. EXTRAÇÃO DE TRIPLICATAS. OBRIGATORIEDADE E FACULDADE.**

O art. 23 da Lei 5.474/68 obriga o vendedor a extrair triplicata, em casos de extravio ou perda da duplicata, mas não exclui a faculdade de fazê-lo em casos de retenção da duplicata, ou em situações assemelhadas que tolhem a circulação do título e deixam sem possibilidade de aparelhar sua execução.

(REsp 10.941/RS, Rel. Ministro DIAS TRINDADE, TERCEIRA TURMA, v.u. em 28/07/1991)

➘ **DIREITO COMERCIAL. TRIPLICATA. OPONIBILIDADE DE SEU PAGAMENTO AO PORTADOR DA DUPLICATA QUE NÃO DEMONSTROU A MÁ-FÉ DO SACADO NO SEU PAGAMENTO. AGRAVO DESPROVIDO.**

I – Ao sacado é obrigatório lançar sua assinatura na triplicata, não lhe cabendo perquirir da veracidade do extravio da duplicata alegado pelo sacador, única causa ensejadora da extração daquele título, cuja finalidade é substituir este.

II – O pagamento da triplicata ao sacador pode ser oposto pelo sacado ao endossatário da duplicata, se este não provar a má-fé do devedor, não sendo de invocar-se, na espécie, o art. 934, do CC.

III – Na instância especial não cabe o exame de matéria fática, a cujo respeito são soberanas as instâncias locais.

(REsp 42.737/MA, rel. Ministro SÁLVIO DE FIGUEIREDO, QUARTA TURMA, v.u., em 14/12/1993)

- **Duplicata. Protesto**

➘ **PROTESTO EXTRAJUDICIAL DE DUPLICATAS. RECURSO ESPECIAL. LOCAL A SER TIRADO PROTESTO DE DUPLICATA. PRAÇA DE PAGAMENTO CONSTANTE DO TÍTULO. ÔNUS DO CANCELAMENTO DO PROTESTO. DEVEDOR. REEXAME DE PROVAS, EM SEDE DE RECURSO ESPECIAL. INVIABILIDADE.**

1. A discussão a respeito de alegado abuso de direito por parte da ré, por não ter efetuado o protesto no domicílio da devedora, "onde se realizaram as operações mercantis", é irrelevante para o deslinde da questão, pois, no caso da duplicata, **o artigo 13, § 3º, da Lei 5.474/68 prescreve que "o protesto será tirado na praça de pagamento constante do título".**

2. Embora o artigo 26 da Lei 9.492/97 disponha que o cancelamento do registro do protesto será solicitado diretamente ao Tabelionato de Protesto de Títulos, por "qualquer interessado", conforme a jurisprudência do Superior Tribunal de Justiça a melhor interpretação é a de que o maior interessado é o devedor, de modo a pesar sobre ele o ônus do cancelamento.

3. Orienta a Súmula 7/STJ que a pretensão de reexame de provas não enseja recurso especial.

4. Recurso especial não provido.

(REsp 1.015.152/RS, Rel. Ministro LUIS FELIPE SALOMÃO, QUARTA TURMA, julgado em 09/10/2012, DJe 30/10/2012)

➘ **AGRAVO REGIMENTAL. AGRAVO EM RECURSO ESPECIAL. COMPROVANTES DE PREPARO ILEGÍVEIS. FALHA NA DIGITALIZAÇÃO NO TRIBUNAL DE ORIGEM. PROTESTO POR INDICAÇÃO DE BOLETO BANCÁRIO. DIVERGÊNCIA JURISPRUDENCIAL COMPROVADA.**

1. A alegação de falha ou erro no procedimento de digitalização realizado pelo Tribunal de origem, quando devidamente comprovada, tem o condão de afastar o óbice da deserção.

2. É possível o protesto de duplicata por indicação a partir do boleto bancário, desde que acompanhado do instrumento de protesto, notas fiscais e comprovantes de entregas das mercadorias.

3. Divergência jurisprudencial comprovada.

4. Recurso regimental provido.

(AgRg no AREsp 350.896/MG, Rel. Ministro JOÃO OTÁVIO NORONHA, TERCEIRA TURMA, julgado em 17/03/2016, DJe 28/03/2016)

➘ CIVIL E PROCESSUAL. AGRAVO INTERNO NO AGRAVO REGIMENTAL. DECISÃO EM RECURSO ESPECIAL. DUPLICATA MERCANTIL POSTERIORMENTE DECLARADA SEM CAUSA. PROTESTO POR INDICAÇÃO. TABELIONATO. PROCEDIMENTO NO LIMITE DAS ATRIBUIÇÕES. DANO MORAL. INEXISTÊNCIA. PROVIMENTO.

1. O tabelionato que, no limite de suas atribuições, promove protesto por indicação de duplicata mercantil formalmente perfeita, mas posteriormente declarada sem causa, não comete dano moral passível de indenização. Ilegitimidade para a causa reconhecida. Precedentes.

2. Agravo interno a que se nega provimento.

(AgRg no AgRg no REsp 1.098.020/RJ, Rel. Ministra MARIA ISABEL GALLOTTI, QUARTA TURMA, julgado em 09/10/2018, DJe 24/10/2018)

➘ EMBARGOS DE DIVERGÊNCIA. SIMILITUDE FÁTICA. AUSÊNCIA. ACÓRDÃO EM SINTONIA COM A ORIENTAÇÃO DA JURISPRUDÊNCIA DA CORTE. SÚMULA 168/STJ.

1. O conhecimento dos embargos de divergência pressupõe a similitude das circunstâncias fáticas e jurídicas entre os acórdãos confrontados. Situação não ocorrente no caso.

2. O acórdão embargado afirma que o **termo inicial do prazo prescricional de *duplicatas sem aceite* é o respectivo protesto, enquanto o acórdão paradigma afirma que *"o ajuizar de ação cautelar de sustação de protesto e de anulatória do título não é interruptor do prazo prescricional da ação executiva"* (REsp 33.633/MG), cuidando, portanto, de hipótese diversa, na qual a particularidade da inexistência do aceite cambial nem sequer foi analisada.**

3. O julgado impugnado acompanha a uníssona jurisprudência desta Corte, preconizando que o termo inicial do prazo prescricional, de *duplicatas sem aceite,* é o respectivo protesto, momento em que o título se torna exigível e possibilita ao credor manejar as ações cambiárias. Incidência da Súmula 168/STJ.

4. Agravo regimental não provido.

(AgRg nos ED em AREsp 128.282/MT, Rel. Ministro RAUL ARAÚJO, SEGUNDA SEÇÃO, v.u., 09/10/2013, DJe 21/11/2013)

• Duplicata não aceita. Prescrição

➘ RECURSO ESPECIAL. EMBARGOS À EXECUÇÃO. CHEQUE. SUSTAÇÃO DE PROTESTO. AÇÃO DECLARATÓRIA. PRESCRIÇÃO. INTERRUPÇÃO DO PRAZO. ADMISSIBILIDADE.

1. Inviável o reconhecimento de violação ao art. 535 do CPC quando não verificada no acórdão recorrido omissão, contradição ou obscuridade apontadas pela recorrente.

2. A ausência de decisão sobre os dispositivos legais supostamente violados, não obstante a interposição de embargos de declaração, impede o conhecimento do recurso especial. Incidência da Súmula 211/STJ.

3. A propositura de demanda judicial pelo devedor, seja anulatória, seja de sustação de protesto, que importe em impugnação do débito contratual ou de cártula representativa do direito do credor, é causa interruptiva da prescrição.

4. A manifestação do credor, de forma defensiva, nas ações impugnativas promovidas pelo devedor, afasta a sua inércia no recebimento do crédito, a qual implicaria a prescrição da pretensão executiva; além de evidenciar que o devedor tinha inequívoca ciência do interesse do credor em receber aquilo que lhe é devido.

5. O art. 585, 1º, do CPC, deve ser interpretado em consonância com o art. 202, VI, do Código Civil. Logo, se admitida a interrupção da prescrição, em razão das ações promovidas pelo devedor, **mesmo que se entenda que o credor não estava impedido de ajuizar a execução do título, ele não precisava fazê-lo antes do trânsito em julgado dessas ações, quando voltaria a correr o prazo prescricional.**

6. Negado provimento ao recurso especial.

(REsp 1.321.610/SP, rel. Ministra NANCY ANDRIGHI, TERCEIRA TURMA, julgamento em 21/02/2013, DJe 27/02/2013)

- **Conhecimento de depósito e do *warrant*. Endosso**

➘ **CONHECIMENTO DE DEPÓSITO. WARRANT. ENDOSSO.**

Cabe à empresa de armazéns gerais proceder à entrega das mercadorias a quem, como legítimo possuidor, apresente aqueles títulos. O conhecimento de depósito presta-se a evidenciar, em princípio, quem o proprietário da mercadoria, propriedade que se transmite com o endosso. Se isso não ocorreu, em virtude da natureza das relações pessoais entre endossante e endossatário, é matéria estranha ao depositário.

(REsp 73.700/RJ, 3ª T., rel. Ministro EDUARDO RIBEIRO, TERCEIRA TURMA, v.u. 9/10/1995)

- **Cédula de crédito bancário. Encargos**

➘ **AGRAVO REGIMENTAL NO RECURSO ESPECIAL. DIREITO BANCÁRIO E PROCESSUAL CIVIL. RECURSO ESPECIAL. CÉDULA DE CRÉDITO BANCÁRIO VINCULADA A CONTRATO DE CRÉDITO ROTATIVO. EXEQUIBILIDADE. LEI 11.931/04. POSSIBILIDADE DE QUESTIONAMENTO ACERCA DO PREENCHIMENTO DOS REQUISITOS LEGAIS RELATIVOS AOS DEMONSTRATIVOS DA DÍVIDA. INCISOS I E II DO § 2º DO ART. 28 DA LEI REGENTE.**

1. A Lei 10.931/04 estabelece que a Cédula de Crédito Bancário é título executivo extrajudicial, representativo de operações de crédito de qualquer natureza, circunstância que autoriza sua emissão para documentar a abertura de crédito em conta corrente, nas modalidades de crédito rotativo ou cheque especial.

2. Para tanto, o título de crédito deve vir acompanhado de claro demonstrativo acerca dos valores utilizados pelo cliente, trazendo o diploma legal a relação de exigências que o credor deverá cumprir, de modo a conferir liquidez e exequibilidade à Cédula (art. 28, § 2º, incisos I e II, da Lei 10.931/04).

3. No caso em julgamento, tendo sido afastada a tese de que, em abstrato, a Cédula de Crédito Bancário não possuiria força executiva, os autos devem retornar ao Tribunal *a quo* para a apreciação das demais questões suscitadas no recurso de apelação. Precedente.

4. Agravo regimental a que se nega provimento.

(AgRg no REsp 1.271.339/MS, rel. Ministro LUÍS FELIPE SALOMÃO, TERCEIRA TURMA, v.u. em 21/08/2012, DJe 29/08/2012)

- **Cédula de Crédito Bancário. Mora**

➘ **AGRAVO REGIMENTAL. OFENSA AO ART. 535 DO CPC. INEXISTÊNCIA. CONFIGURAÇÃO DA MORA. COBRANÇA DE ENCARGOS ABUSIVOS. DESCARACTERIZAÇÃO. PRECEDENTE DESTA CORTE. DECISÃO AGRAVADA MANTIDA. IMPROVIMENTO.**

1. A jurisprudência desta Casa é pacífica ao proclamar que, se os fundamentos adotados bastam para justificar o concluído na decisão, o julgador não está obrigado a rebater, um a um, os argumentos utilizados pela parte.

2. **Quanto à mora do devedor, a Segunda Seção desta Corte, no julgamento do REsp 1.061.530/RS, Relatora a Ministra Nancy Andrighi, decidiu que a sua descaracterização ocorre quando há cobrança de encargos abusivos (capitalização de juros e/ou aos juros remuneratórios) no período da normalidade do contrato. No caso dos autos, houve cobrança de juros capitalizados sem previsão contratual (e-STJ Fls. 266), sendo descaracterizada a mora do devedor.**

3. O agravo não trouxe nenhum argumento novo capaz de modificar o decidido, que se mantém por seus próprios fundamentos.

4. Agravo Regimental improvido.

(AgRg no Ag em REsp 214.426/RS, Rel. Ministro SIDNEI BENETI, TERCEIRA TURMA, julgamento em 16/10/2012, DJe 31/10/2012)

• Cédula de Crédito Bancário. Juros

DIREITO PROCESSUAL CIVIL E BANCÁRIO. RECURSO ESPECIAL. AÇÃO REVISIONAL DE CLÁUSULAS DE CONTRATO BANCÁRIO. INCIDENTE DE PROCESSO REPETITIVO. JUROS REMUNERATÓRIOS. CONFIGURAÇÃO DA MORA. JUROS MORATÓRIOS. INSCRIÇÃO/MANUTENÇÃO EM CADASTRO DE INADIMPLENTES. DISPOSIÇÕES DE OFÍCIO.

DELIMITAÇÃO DO JULGAMENTO

Constatada a multiplicidade de recursos com fundamento em idêntica questão de direito, foi instaurado o incidente de processo repetitivo referente aos contratos bancários subordinados ao Código de Defesa do Consumidor, nos termos da ADI nº 2.591-1. Exceto: cédulas de crédito rural, industrial, bancária e comercial; contratos celebrados por cooperativas de crédito; contratos regidos pelo Sistema Financeiro de Habitação, bem como os de crédito consignado.

Para os efeitos do § 7º do art. 543-C do CPC, a questão de direito idêntica, além de estar selecionada na decisão que instaurou o incidente de processo repetitivo, deve ter sido expressamente debatida no acórdão recorrido e nas razões do recurso especial, preenchendo todos os requisitos de admissibilidade.

Neste julgamento, os requisitos específicos do incidente foram verificados quanto às seguintes questões: i) juros remuneratórios; ii) configuração da mora; iii) juros moratórios; iv) inscrição/manutenção em cadastro de inadimplentes e v) disposições de ofício.

PRELIMINAR

O Parecer do MPF opinou pela suspensão do recurso até o julgamento definitivo da ADI 2.316/DF. Preliminar rejeitada ante a presunção de constitucionalidade do art. 5º da MP nº 1.963-17/00, reeditada sob o nº 2.170-36/01.

I – JULGAMENTO DAS QUESTÕES IDÊNTICAS QUE CARACTERIZAM A MULTIPLICIDADE.

ORIENTAÇÃO 1 – JUROS REMUNERATÓRIOS

a) As instituições financeiras não se sujeitam à limitação dos juros remuneratórios estipulada na Lei de Usura (Decreto 22.626/33), Súmula 596/STF;

b) A estipulação de juros remuneratórios superiores a 12% ao ano, por si só, não indica abusividade;

c) São inaplicáveis aos juros remuneratórios dos contratos de mútuo bancário as disposições do art. 591 c/c o art. 406 do CC/02;

d) É admitida a revisão das taxas de juros remuneratórios em situações excepcionais, desde que caracterizada a relação de consumo e que a abusividade (capaz de colocar o consumidor em desvantagem exagerada – art. 51, § 1º, do CDC) fique cabalmente demonstrada, ante às peculiaridades do julgamento em concreto.

ORIENTAÇÃO 2 – CONFIGURAÇÃO DA MORA

a) O reconhecimento da abusividade nos encargos exigidos no período da normalidade contratual (juros remuneratórios e capitalização) descaracteriza a mora;

b) Não descaracteriza a mora o ajuizamento isolado de ação revisional, nem mesmo quando o reconhecimento de abusividade incidir sobre os encargos inerentes ao período de inadimplência contratual.

ORIENTAÇÃO 3 – JUROS MORATÓRIOS

Nos contratos bancários, não-regidos por legislação específica, os juros moratórios poderão ser convencionados até o limite de 1% ao mês.

ORIENTAÇÃO 4 – INSCRIÇÃO/MANUTENÇÃO EM CADASTRO DE INADIMPLENTES

a) A abstenção da inscrição/manutenção em cadastro de inadimplentes, requerida em antecipação de tutela e/ou medida cautelar, somente será deferida se, cumulativamente: i) a ação for fundada em questionamento integral ou parcial do débito; ii) houver demonstração de que a cobrança indevida se funda na aparência do bom direito e em jurisprudência consolidada do STF ou STJ; iii) houver depósito da parcela incontroversa ou for prestada a caução fixada conforme o prudente arbítrio do juiz;

b) A inscrição/manutenção do nome do devedor em cadastro de inadimplentes decidida na sentença ou no acórdão observará o que for decidido no mérito do processo. Caracterizada a mora, correta a inscrição/manutenção.

ORIENTAÇÃO 5 – DISPOSIÇÕES DE OFÍCIO

É vedado aos juízes de primeiro e segundo graus de jurisdição julgar, com fundamento no art. 51 do CDC, sem pedido expresso, a abusividade de cláusulas nos contratos bancários. Vencidos quanto a esta matéria a Min. Relatora e o Min. Luis Felipe Salomão.

II – JULGAMENTO DO RECURSO REPRESENTATIVO (REsp 1.061.530/RS)

A menção a artigo de lei, sem a demonstração das razões de inconformidade, impõe o não-conhecimento do recurso especial, em razão da sua deficiente fundamentação. Incidência da Súmula 284/STF.

O recurso especial não constitui via adequada para o exame de temas constitucionais, sob pena de usurpação da competência do STF.

Devem ser decotadas as disposições de ofício realizadas pelo acórdão recorrido.

Os juros remuneratórios contratados encontram-se no limite que esta Corte tem considerado razoável e, sob a ótica do Direito do Consumidor, não merecem ser revistos, porquanto não demonstrada a onerosidade excessiva na hipótese.

Verificada a cobrança de encargo abusivo no período da normalidade contratual, resta descaracterizada a mora do devedor.

Afastada a mora: i) é ilegal o envio de dados do consumidor para quaisquer cadastros de inadimplência; ii) deve o consumidor permanecer na posse do bem alienado fiduciariamente e iii) não se admite o protesto do título representativo da dívida.

Não há qualquer vedação legal à efetivação de depósitos parciais, segundo o que a parte entende devido.

Não se conhece do recurso quanto à comissão de permanência, pois deficiente o fundamento no tocante à alínea "a" do permissivo constitucional e também pelo fato de o dissídio jurisprudencial não ter sido comprovado, mediante a realização do cotejo entre os julgados tidos como divergentes. Vencidos quanto ao conhecimento do recurso a Min. Relatora e o Min. Carlos Fernando Mathias.

Recurso especial parcialmente conhecido e, nesta parte, provido, para declarar a legalidade da cobrança dos juros remuneratórios, como pactuados, e ainda decotar do julgamento as disposições de ofício.

Ônus sucumbenciais redistribuídos.

(REsp 1.061.530/RS. Rel. Ministra NANCY ANDRIGHI, SEGUNDA SEÇÃO, julgamento em 22/10/2008, DJe 10/03/2009)

➘ BANCÁRIO. RECURSO ESPECIAL. AÇÃO REVISIONAL DE CLÁUSULAS DE CONTRATO BANCÁRIO. INCIDENTE DE PROCESSO REPETITIVO. JUROS REMUNERATÓRIOS. CONTRATO QUE NÃO PREVÊ O PERCENTUAL DE JUROS REMUNERATÓRIOS A SER OBSERVADO.

I – JULGAMENTO DAS QUESTÕES IDÊNTICAS QUE CARACTERIZAM A MULTIPLICIDADE.

ORIENTAÇÃO – JUROS REMUNERATÓRIOS

1 – Nos contratos de mútuo em que a disponibilização do capital é imediata, o montante dos juros remuneratórios praticados deve ser consignado no respectivo instrumento. Ausente a fixação da taxa no contrato, o juiz deve limitar os juros à média de mercado nas operações da espécie, divulgada pelo Bacen, salvo se a taxa cobrada for mais vantajosa para o cliente.

2 – Em qualquer hipótese, é possível a correção para a taxa média se for verificada abusividade nos juros remuneratórios praticados.

II – JULGAMENTO DO RECURSO REPRESENTATIVO

– Consignada, no acórdão recorrido, a abusividade na cobrança da taxa de juros, impõe-se a adoção da taxa média de mercado, nos termos do entendimento consolidado neste julgamento.

– Nos contratos de mútuo bancário, celebrados após a edição da MP nº 1.963-17/00 (reeditada sob o nº 2.170-36/01), admite-se a capitalização mensal de juros, desde que expressamente pactuada.

Recurso especial parcialmente conhecido e, nessa parte, provido. Ônus sucumbenciais redistribuídos.

(REsp 1.112.879/PR, rel. Ministra NANCY ANDRIGHI, SEGUNDA SEÇÃO, julgamento em 12/05/2010, DJe 19/05/2010)

➘ DIREITO COMERCIAL E BANCÁRIO. CONTRATOS BANCÁRIOS SUJEITOS AO CÓDIGO DE DEFESA DO CONSUMIDOR. PRINCÍPIO DA BOA-FÉ OBJETIVA. COMISSÃO DE PERMANÊNCIA. VALIDADE DA CLÁUSULA. VERBAS INTEGRANTES. DECOTE DOS EXCESSOS. PRINCÍPIO DA CONSERVAÇÃO DOS NEGÓCIOS JURÍDICOS. ARTIGOS 139 E 140 DO CÓDIGO CIVIL ALEMÃO. ARTIGO 170 DO CÓDIGO CIVIL BRASILEIRO.

1. O princípio da boa-fé objetiva se aplica a todos os partícipes da relação obrigacional, inclusive daquela originada de relação de consumo. No que diz respeito ao devedor, a expectativa é de que cumpra, no vencimento, a sua prestação.

2. Nos contratos bancários sujeitos ao Código de Defesa do Consumidor, é válida a cláusula que institui comissão de permanência para viger após o vencimento da dívida.

3. A importância cobrada a título de comissão de permanência não poderá ultrapassar a soma dos encargos remuneratórios e moratórios previstos no contrato, ou seja: a) juros remuneratórios à taxa média de mercado, não podendo ultrapassar o percentual contratado para o período de normalidade da operação; b) juros moratórios até o limite de 12% ao ano; e c) multa contratual limitada a 2% do valor da prestação, nos termos do art. 52, 1º, do CDC.

4. Constatada abusividade dos encargos pactuados na cláusula de comissão de permanência, deverá o juiz decotá-los, preservando, tanto quanto possível, a vontade das partes manifestada na celebração do contrato, em homenagem ao princípio da conservação dos negócios jurídicos consagrado nos arts. 139 e 140 do Código Civil alemão e reproduzido no art. 170 do Código Civil brasileiro.

5. A decretação de nulidade de cláusula contratual é medida excepcional, somente adotada se impossível o seu aproveitamento.

6. Recurso especial conhecido e parcialmente provido.

(REsp 1.058.114/RS, Rel. para o acórdão Ministro JOÃO OTÁVIO DE NORONHA, julgamento em 12/08/2009, DJe 16/11/2010)

PROCESSO CIVIL – RECURSO ESPECIAL – AGRAVO REGIMENTAL – CONTRATO BANCÁRIO – ABERTURA DE CRÉDITO EM CONTA CORRENTE – JUROS REMUNERATÓRIOS – TAXA NÃO ESTABELECIDA NO CONTRATO – LIMITAÇÃO EM 12% AO ANO – CAPITALIZAÇÃO MENSAL – CASOS ESPECÍFICOS PREVISTOS EM LEI – DESPROVIMENTO.

1 – Este Tribunal já proclamou o entendimento no sentido de que, quanto aos juros remuneratórios, uma vez não estabelecida no contrato a taxa de juros a ser aplicada, conforme explicitado no v. acórdão recorrido, deve ser imposta a limitação de 12% ao ano, vez que a previsão de que o contratante deve arcar com os juros praticados no mercado financeiro é cláusula potestativa, que sujeita o devedor ao arbítrio do credor ao assumir obrigação futura e incerta. Precedentes (AgRg REsp 689.819/RS, AgRg no Ag 585.754/RS e REsp 551.932/RS).

2 – O recorrente não trouxe fundamentação suficiente para ultrapassar a jurisprudência antiga deste Tribunal e adotada pelo v. acórdão recorrido, em que se entendia ser admitida a capitalização mensal de juros (anatocismo) apenas em casos específicos, previstos em lei (cédulas de crédito rural, comercial e industrial), conforme Súmula 93 do STJ. Desta forma, há de ser permitida, apenas, a sua incidência na periodicidade anual.

3 – Agravo regimental desprovido.

(Ag Reg. no REsp 679.482/RS, Rel. Ministro JORGE SCARTEZZINI, QUARTA TURMA, v.u. em 07/03/2006, DJ 27/03/2006)

AGRAVO INTERNO NO AGRAVO DE INSTRUMENTO. CONTRATO BANCÁRIO. AUSÊNCIA DE FIXAÇÃO DA TAXA DOS JUROS REMUNERATÓRIOS CONTRATADOS. CLÁUSULA POTESTATIVA. APLICAÇÃO DA TAXA MÉDIA APURADA PELO BANCO CENTRAL DO BRASIL. AGRAVO PROVIDO EM PARTE.

1. "Na hipótese de o contrato prever a incidência de juros remuneratórios, porém sem lhe precisar o montante, está correta a decisão que considera nula tal cláusula porque fica ao exclusivo arbítrio da instituição financeira o preenchimento de seu conteúdo. A fixação dos juros, porém, não deve ficar adstrita ao limite de 12% ao ano, mas deve ser feita segundo a média de mercado nas operações da espécie. Preenchimento do conteúdo da cláusula de acordo com os usos e costumes, e com o princípio da boa-fé (arts. 112 e 133 do CC/02)" (REsp 715.894/PR, Rel. Ministra NANCY ANDRIGHI, SEGUNDA SEÇÃO, DJ 19/03/2007).

2. Agravo interno parcialmente provido.

(AgRg no Ag 761.303/PR, Rel. Ministro PAULO FURTADO (Desembargador Convocado), TERCEIRA TURMA, julgamento em 23/06/2009, DJe 04/08/2009)

TJSP

CÉDULA DE CREDITO BANCÁRIO. CAPITALIZAÇÃO DOS JUROS. PERIODICIDADE DIÁRIA. ADMISSIBILIDADE. Art. 28, § 1º, I, da Lei nº 10.931/04. CÉDULA DE CRÉDITO BANCÁRIO. COMISSÃO DE PERMANÊNCIA – Possibilidade de cobrança durante o período de inadimplência desde que não cumulada com juros remuneratórios, juros de mora, correção monetária e multa moratória. Recurso parcialmente provido.

(Apelação 0028274-18.2010.8.26.0068; Relator: Desembargador ROBERTO MAC CRACKEN, 22ª Câmara de Direito Privado, Julgamento: 01/12/2011, Registro: 13/12/2011).

CAPÍTULO 4
PROPRIEDADE INDUSTRIAL

I. INTRODUÇÃO

Na Parte Introdutória do nosso manual, definimos estabelecimento empresarial como a **organização dos bens, materiais e imateriais, para o exercício da atividade empresarial**, compreendendo coisas, ou melhor, direitos reais e obrigações *propter rem*, além de direitos pessoais de natureza contratual.

Neste momento, estudaremos, em linhas bem gerais, esses bens imateriais. Dada a sua extrema importância, esses bens que compõem o estabelecimento empresarial merecem tutela do ordenamento jurídico.

A expressão **propriedade intelectual** representa, atualmente, "a soma dos direitos relativos às obras literárias, artísticas e científicas", entre outras[449]. Estamos falando, aqui, da tutela de bens imateriais oriundos da criatividade humana.

Os bens imateriais são um dos elementos que compõem o estabelecimento empresarial. A propriedade intelectual, por sua vez, é dividida em duas categorias: a **propriedade industrial**, objeto de nosso estudo, e os **direitos autorais,** relacionados a obras literárias, artísticas, musicais, cinematográficas e arquitetônicas[450]. O direito autoral protege a obra em si, ao passo que o direito de propriedade industrial protege criações técnicas ligadas à atividade empresarial, em qualquer setor: produção, distribuição de bens ou prestação de serviços.

A **propriedade industrial:**

> "(...) é o ramo da Propriedade Intelectual que trata das criações intelectuais voltadas para a atividade de indústria, comércio e prestação de serviços, e engloba a proteção das invenções, desenhos industriais, marcas, indicações geográficas, estendendo-se, ainda, à proteção das relações concorrenciais"[451].

Neste capítulo analisaremos apenas o direito da propriedade industrial como ele está disciplinado na Lei nº 9.279/96 (Lei da Propriedade Industrial), na qual também estão previstos, além dos crimes contra a propriedade industrial, aqueles de concorrência desleal.

Função econômica da propriedade industrial. As invenções industriais são criações técnicas ligadas à atividade empresarial, em qualquer setor: produção, distribuição de bens ou prestação de serviços. Elas têm por objeto bens – insumos de produção (combustíveis, matérias-primas, p. ex.), bens de capital (como máquinas, ferramentas) e produtos manufaturados – ou procedimentos industriais (modificações no processo de produção).

As invenções industriais são objeto de **proteção jurídica individual**, em função do interesse geral de incremento da produtividade nas atividades empresariais. O estímulo à atividade inventiva é dado pelo privilégio temporário de exploração do invento, atribuído ao inventor. Portanto, o interesse individual de lucro é um estímulo ao serviço geral da coletividade.

---

449. "A Convenção da OMPI [Organização Mundial da Propriedade Intelectual] define como Propriedade intelectual, a soma dos direitos relativos às obras literárias, artísticas e científicas, às interpretações dos artistas intérpretes e às execuções dos artistas executantes, aos fonogramas e às emissões de radiodifusão, às invenções em todos os domínios da atividade humana, às descobertas científicas, aos desenhos e modelos industriais, às marcas industriais, comerciais e de serviço, bem como às firmas comerciais e denominações comerciais, à proteção contra a concorrência desleal e todos os outros direitos inerentes à atividade intelectual nos domínios industrial, científico, literário e artístico". Apud BARBOSA, Denis Borges. Uma introdução à propriedade intelectual. 2ª ed., rev. e ampl., p. 10. Disponível em: <http://www.denisbarbosa.addr.com/arquivos/livros/umaintro2.pdf>. Acesso em 12/02/2018.

450. MORO, Maitê Cecília Fabri. Propriedade Intelectual: introdução. In: COELHO, Fabio Ulhoa (coordenador). Tratado de Direito Comercial. Volume 6. São Paulo: Saraiva, 2015, p. 202.

451. IDS – INSTITUTO DANNEMANN SIEMSEN DE ESTUDOS JURÍDICOS E TÉCNICOS. Comentários à Lei da Propriedade Industrial. 3ª ed. Rio de Janeiro: Renovar, 2013, p. 11.

1. FUNDAMENTO CONSTITUCIONAL

A Constituição Federal estabelece a proteção da propriedade industrial nos seguintes termos (art. 5º, inciso XXIX):

> " – a lei assegurará aos autores de inventos industriais privilégio temporário para sua utilização, bem como proteção às criações industriais, à propriedade das marcas, aos nomes de empresas e a outros signos distintivos, tendo em vista o interesse social e o desenvolvimento tecnológico e econômico do País".

2. A LEI 9.279/96 E O INPI

A Lei nº 9.279/96 regulamenta a propriedade industrial, que trata das criações intelectuais voltadas para as atividades de indústria, comércio e prestação de serviços e abrange a proteção das invenções, desenhos industriais, marcas e indicações geográficas, estendendo-se à proteção das relações concorrenciais e estabelecendo normas sobre a concorrência desleal, bem como a concessão de registro para jogos eletrônicos (art. 2º – inciso VI incluído pela Lei nº 14.852/2024).

Os direitos de propriedade industrial são considerados bens móveis (art. 5º).

O Instituto Nacional da Propriedade Industrial – INPI é uma autarquia federal vinculada ao Ministério da Economia, por força da MP 870, de 1º de janeiro de 2019, responsável pela gestão do sistema brasileiro de concessão e garantia de direitos de propriedade intelectual para a indústria. Nos termos do artigo 240 da Lei nº 9.279/96:

> "O INPI tem por finalidade principal executar, no âmbito nacional, as normas que regulam a propriedade industrial, tendo em vista a sua função social, econômica, jurídica e técnica, bem como pronunciar-se quanto à conveniência de assinatura, ratificação e denúncia de convenções, tratados, convênios e acordos sobre propriedade industrial".

Alcance da competência do INPI e conflitos de competência. A competência do INPI para decidir sobre a transferência de tecnologia tem sido questionada, à vista da redação da Lei nº 5.648/70, que não lhe atribui, especificamente, competência para regular esses atos.

De outro lado, alguns conflitos de competência têm sido notados entre o INPI e a Agência Nacional de Vigilância Sanitária – ANVISA, no que se refere às patentes de medicamentos, em decorrência do disposto no artigo 229-B da Lei nº 9.279/96. Mas a concessão de patentes para produtos e processos farmacêuticos deixou de depender da prévia anuência da ANVISA, pois o artigo 229-C da Lei da Propriedade Industrial foi revogado pela Lei nº 14.195/2021.

II. PRIVILÉGIOS DE INVENÇÃO E PATENTES

1. TIPOS DE INVENÇÃO INDUSTRIAL: INVENÇÃO E MODELO DE UTILIDADE

Os tipos de invenção industrial se dividem em duas categorias tratadas conjuntamente pela lei, sendo que cada uma delas apresenta determinadas peculiaridades, destacadas abaixo:

a) **invenção propriamente dita**, é a criação técnica de um produto ou de um processo industrial;

b) **modelo de utilidade**, é "um objeto de uso prático, ou parte deste, que apresente uma nova forma ou disposição, que resulte em melhoria funcional no seu uso ou em sua fabricação"[452].

Nas **invenções**, há necessidade de distinguir entre a **paternidade da ideia** e a sua **exploração industrial**. A primeira corresponde a um direito da personalidade e só por analogia pode ser assimilada à propriedade (propriedade intelectual). A segunda se manifesta por meio de uma atividade empresarial e não por atos de posse ou de mera fruição.

2. PRIVILÉGIOS DE INVENÇÃO E PATENTES

O leitor irá verificar que algumas vezes nos referimos ao privilégio de invenção e, outras, à patente de invenção.

O **privilégio** se refere ao direito do inventor e consiste na exclusividade do uso e exploração do invento, assegurado pela lei pois, como dispõe a Constituição Federal, "a lei assegurará aos autores de inventos industriais privilégio temporário para sua utilização" (art. 5º, XXIX).

Patente é o ato pelo qual o Estado reconhece o direito do inventor, assegurando-lhe a propriedade e o uso exclusivo da invenção pelo prazo de lei[453]. É o título do direito de propriedade do inventor[454]. Ela assume a forma de uma carta-patente expedida em seu favor.

---

452. IDS – INSTITUTO DANNEMANN SIEMSEN DE ESTUDOS JURÍDICOS E TÉCNICOS. Comentários à Lei da Propriedade Industrial. 3ª ed. Rio de Janeiro: Renovar, 2013, p. 46. SILVEIRA, Newton. Curso de propriedade industrial. 2ª ed., São Paulo: Ed. Revista dos Tribunais, 1987, p. 18: No modelo de utilidade o objeto já existe, mas é melhorado por meio de modificações em sua forma. As condições de seu reconhecimento são: "a – uma forma nova com resultado de melhor utilização e b – aplicada em ferramentas, instrumentos de trabalho ou utensílios".

453. MIRANDA, F. C. Pontes de. Tratado de direito privado. Vol. 17, 4ª ed., reimp. São Paulo: Ed. Revista dos Tribunais, 1983, p. 396.

454. CERQUEIRA, João da Gama. Tratado da propriedade industrial. Vol. 1, 2ª ed., rev. e atual. por Luiz Gonzaga do Rio Verde et al. São Paulo: Ed. Revista dos Tribunais, 1982, p. 200-202.

A criação de um **modelo de utilidade** não é considerada invenção em sentido estrito, mas também é protegida pelo mesmo dispositivo da Constituição, que abrange as denominadas "criações industriais". Em nosso direito, o regime da patente se aplica a ambos os casos, como se verá abaixo.

3. REQUISITOS DA INVENÇÃO PATENTEÁVEL

O valor que justifica a concessão da patente é o progresso técnico, a possibilidade de satisfazer necessidades econômicas[455], e esse valor está implícito em nossa Lei de Propriedade Industrial. A satisfação dessas necessidades está caracterizada, ainda, pela materialidade do invento, pois o que se patenteia não é o invento em si, é o produto da atividade inventiva.

Em sentido complementar, Calixto Salomão Filho analisa as diversas classificações encontradas no direito comparado, destacando o estímulo ao investimento e à criatividade[456]. A *importância* do invento não é relevante para a sua patenteabilidade, pois não se trata de premiar a genialidade, mas assegurar o progresso e o conforto material da população[457].

A Lei da Propriedade Industrial exige o preenchimento de **três requisitos** para que a invenção seja patenteável (art. 8º): a novidade, a atividade inventiva e a aplicação industrial.

É patenteável, ainda, como modelo de utilidade, o objeto de uso prático, ou parte deste, suscetível de aplicação industrial, que apresente nova forma ou disposição, envolvendo ato inventivo, que resulte em melhoria funcional no seu uso ou em sua fabricação (art. 9º).

Novidade. A ideia de novidade se opõe à de domínio público, razão pela qual aquilo que já é objeto de conhecimento público não é patenteável. Igualmente, não será patenteável o bem do qual já foi requerida a patente[458].

A invenção e o modelo de utilidade são considerados novos quando não compreendidos no estado da técnica (art. 11 da Lei da Propriedade Industrial). Nos termos do § 1º do mesmo artigo, o estado da técnica é constituído por tudo aquilo tornado acessível ao público antes da data do depósito do pedido de patente, por descrição escrita ou oral,

455. ASCARELLI, Tullio. Teoría de la concurrencia e de los bienes inmateriales. Barcelona: Bosch, 1970, p. 494.

456. SALOMÃO FILHO, Calixto. *Condutas tendentes à dominação dos mercados – análise jurídica*. Tese apresentada para concurso de Professor Titular de Direito Comercial da Faculdade de Direito da Universidade de São Paulo, 2001.

457. ASCARELLI, Tullio. Ob. Cit., p. 497.

458. MIRANDA, F. C. Pontes de. Tratado de direito privado. Vol. 16, 4ª ed., reimp. São Paulo: Ed. Revista dos Tribunais, 1983, p. 293.

pelo uso ou por qualquer outro meio, no Brasil ou no exterior, com a ressalva do disposto nos arts. 12, 16 e 17[459].

Atividade inventiva. A presença de atividade inventiva está prevista no artigo 13 da Lei nº 9.279/96, nos seguintes termos: "A invenção é dotada de atividade inventiva sempre que, para um técnico no assunto, não decorra de maneira evidente ou óbvia do estado da técnica".

A importância do conceito de atividade inventiva revela a necessidade de tornar a patente um instrumento de estímulo ao investimento em pesquisa, impedindo a ação dos "free-riders" (caronas).

Quanto aos *modelos de utilidade*, a lei se refere ao "ato inventivo" e não à "atividade inventiva". "As patentes de Modelo de Utilidade referem-se à proteção das criações de caráter técnico-funcional relacionadas à forma ou disposição introduzida em objeto de uso prático, ou parte deste, conferindo ao objeto melhoria funcional no seu uso ou fabricação[460]. O modelo de utilidade exige menor requisito para a concessão da patente.

Industrialidade. A invenção, além de ser nova, tem de ser suscetível de aplicação industrial (Lei nº 9.279/96, art. 15), em qualquer ramo da atividade produtiva.

4. AS PROIBIÇÕES LEGAIS DE PATENTE DE INVENÇÃO

A Lei nº 9.279/96 distingue aquilo que não se pode patentear em duas categorias:

a) na primeira se encontram os **objetos que não são considerados invenção ou modelo**, assinalados no **art. 10** da Lei;

b) na segunda se encontram os objetos que, ainda que possam ser considerados invenção ou modelo industrial, não são patenteáveis em consideração a outros valores: inventos contrários às leis, à moral ou à saúde, por exemplo (Lei nº 9.279/96, art. 18).

Durante muito tempo o Brasil recusou patente a produtos e processos farmacêuticos, como dispunha, por exemplo, o Código da Propriedade Industrial de 1971. A Lei atual inova ao não mais proibir as patentes referentes às áreas química, farmacêutica e alimentícia anteriormente contidas nas alíneas "b" e "c" do art. 9º daquele Código, bem como as exclusões contidas na alínea "d" do mesmo artigo, relativas ao patenteamento de misturas e ligas metálicas. Essa restrição está de acordo com o art. 27, incisos 1 e 3 do acordo TRIPs.

---

459. A Lei nº 10.973/04 considera inovação a "introdução de novidade ou aperfeiçoamento no ambiente produtivo e social que resulte em novos produtos, serviços ou processos ou que compreenda a agregação de novas funcionalidades ou características a produto, serviço ou processo já existente que possa resultar em melhorias e em efetivo ganho de qualidade ou desempenho;" (art. 2º, inciso IV, na redação dada pela Lei nº 13.243/2016). Mas essa lei não dispõe sobre a patenteabilidade, apenas sobre a concessão de incentivos fiscais.

460. INPI. Diretriz de exame de patentes de modelo de utilidade. DIRPA - Diretoria de Patentes, maio 2012. Disponível em: https://www.gov.br/inpi/pt-br/servicos/patentes/consultas-publicas/arquivos/diretriz_de_mu_versao_2_original.pdf. Acesso em 18/07/2024.

Permanece, no entanto, o questionamento sobre dois pontos:

a) a quebra de patente por interesse público;

b) no âmbito da Organização Mundial da Propriedade Intelectual – OMPI, o patenteamento de invenções que decorrem de conhecimento tradicional, como é o caso das plantas medicinais utilizadas pelos indígenas.

4.1. Não se considera invenção ou modelo de utilidade

Passamos a analisar os incisos do artigo 10 da Lei da Propriedade Industrial, para ressaltar aquilo que não se considera invenção nem modelo de utilidade.

4.1.1. Descobertas, teorias científicas e métodos matemáticos

O legislador não considera como invenção nem modelo de utilidade as descobertas, teorias científicas e modelos matemáticos (Lei nº 9.279/96, art. 10, I).

No que se refere às **descobertas**, a proibição de patente se justifica, pois, se não há criação, não há invenção. Só se considera existir criação quando há um acréscimo em relação ao acervo industrial do momento. Se qualquer técnico do ramo industrial poderia prever e obter o efeito não há invenção patenteável[461], como decorre do art. 13 da Lei. No entanto, os meios para se chegar à descoberta podem ser patenteáveis[462].

As **simples teorias** não são patenteáveis por lhes faltar o requisito essencial da aplicabilidade industrial. Os métodos matemáticos, por si, também carecem de aplicabilidade industrial. O produto que decorrer da aplicação da teoria, ou do método matemático, por sua vez, é patenteável.

É irrelevante que a teoria que deu origem ao produto seja mais importante que o produto em si, o que se justifica pela razão de uma mesma técnica poder dar origem a inumeráveis inventos. Neste caso, no entanto, não se estará privando a sociedade dos benefícios que o progresso decorrente do uso do método pode lhe trazer[463].

4.1.2. Concepções puramente abstratas

As concepções puramente abstratas não são patenteáveis, por lhes faltar a materialidade (art. 10, II). Mas, "se aplicadas na prática a objetos ou processos, estes últimos podem ser objeto de patente"[464].

---

461. MIRANDA, F. C. Pontes de. Tratado de direito privado. Vol. 16, 4ª ed., São Paulo: Ed. Revista dos Tribunais, 1983, p. 298.

462. IDS – INSTITUTO DANNEMANN SIEMSEN DE ESTUDOS JURÍDICOS E TÉCNICOS. Comentários à Lei da Propriedade Industrial. 3ª ed. Rio de Janeiro: Renovar, 2013, p. 27.

463. ASCARELLI, Tullio. Teoría de la concurrencia y de los bienes inmateriales. Barcelona: Bosch, 1970, p. 494.

464. IDS. Ob. Cit., p. 28.

4.1.3. Métodos comerciais, educativos, publicitários e outros

O legislador nega privilégio aos esquemas, planos, princípios ou métodos comerciais, contábeis, financeiros, educativos, publicitários, de sorteio e de fiscalização (art. 10, III), pois eles não constituem invenção.

De outro lado, se essas técnicas dão origem a um novo produto – e nesse caso não importa se a relevância do método é superior à do produto que dele se utiliza –, esse produto é patenteável[465]. Por exemplo, se considerarmos as novas tecnologias que se desenvolvem para aplicação na Internet – como os métodos de busca, do qual o Google é o melhor exemplo – torna-se necessário determinar, em cada caso, se a tecnologia utilizada está associada a um processo tecnológico, a um sistema ou produto; se isto ocorre, a invenção se torna patenteável[466].

4.1.4. Obras literárias, arquitetônicas, artísticas e outras

As obras literárias, arquitetônicas, artísticas e científicas ou qualquer criação estética não são patenteáveis por serem criações que, por si só, não tem aplicabilidade industrial (art. 10, IV), ainda que sejam protegidas pelo direito autoral.

4.1.5. Programas de computador

Os programas de computador em si não são patenteáveis (art. 10, V), e são protegidos pela Lei nº 9.609/98 (Lei do *software*), que segue os princípios do direito autoral.

Todavia, há criações que combinam um *software* com um produto, tais como os que equipam computadores que, ao contrário dos usados em nosso cotidiano, são produzidos para uma finalidade específica, resultando de uma combinação única de *hardware* e *software*[467]. Nesse caso o produto é patenteável, por se encontrar presente o requisito da materialidade.

4.1.6. Apresentação de informações

A apresentação de informações não é patenteável (art. 10, VI), por falta de materialidade. Todavia, os aparelhos, dispositivos e produtos para apresentação de informações podem ser patenteáveis[468].

4.1.7. Regras de jogo

As regras de jogo não são patenteáveis, por lhes faltar materialidade e por não possuírem aplicabilidade industrial (art. 10, VII). Todavia, sua forma de apresentação pode constituir direito autoral e as peças do jogo podem ser protegidas sob registro de desenho.

---

465. ASCARELLI, Tullio. Ob. Cit., p. 494.

466. IDS. Ob. Cit., p. 28.

467. IDS. Ob. Cit., p. 29-30.

468. IDS. Ob. Cit., p. 31.

4.1.8. Técnicas cirúrgicas, métodos terapêuticos ou de diagnóstico

A Lei veda o patenteamento de técnicas e métodos cirúrgicos e assemelhados (art. 10, VIII), em harmonia com o texto do acordo TRIPS (art. 27, 3, "a").

O entendimento de que essas matérias não constituem invenção não é pacífico, e se a técnica pode ser executada em escala ela é, a princípio, patenteável[469]. Desta patente decorreria, no entanto, uma virtual impossibilidade de tratamento da saúde da população.

O "produto", aqui, não seria contrário, por si, à saúde pública (Lei nº 9.279/96, art. 18), e uma interpretação literal da lei poderia levar a entender que a finalidade da norma seria, exclusivamente, impedir o patenteamento de um produto nocivo à saúde pública. Essa interpretação deve, no entanto, ser afastada, pois seria uma redundância entender a Lei de Propriedade Industrial como tendo a simples finalidade de impedir uma atividade ilícita em si mesma, eventualmente tipificada no Código Penal entre os crimes contra a saúde pública.

4.1.9. Seres vivos e materiais biológicos

O material biológico encontrado na natureza configura uma descoberta, não uma invenção, não sendo patenteável. O artigo 10, inciso IX, da Lei nº 9.279/96, veda, expressamente, a patente do "todo ou parte de seres vivos naturais e materiais biológicos encontrados na natureza, ou ainda que dela isolados, inclusive o genoma ou germoplasma de qualquer ser vivo natural e os processos biológicos naturais". O genoma ou germoplasma consiste no conjunto de genes de um organismo, existentes em cada um dos cromossomos de todas as células desse organismo[470], e representa a estrutura básica dos seres vivos.

Essa vedação está novamente presente no artigo 18, inciso III, da mesma lei, como se verá no título seguinte.

A patente de genes vem sendo objeto de debates, tanto sob o aspecto ético quanto jurídico, sem encontrar consenso sobre a concessão de patentes sobre genes humanos em forma sintética ou modificada[471]. O patenteamento do corpo humano é vedado na União Europeia, mas nela admite-se que: "Uma matéria biológica isolada de seu ambiente natural ou produzida com base em um processo técnico pode ser objeto de uma invenção, mesmo que preexista no estado natural"[472].

469. IDS. Ob. Cit., p. 32.

470. MARQUES, J. P. Remédio. Patentes de genes humanos? Coimbra: Coimbra Editora, 2001, p. 1, nota 1.

471. MARQUES, J. P. Remédio. Ob. Cit., p. 88.

472. União Europeia. Diretiva nº 98/44/CE do Parlamento Europeu e do Conselho, art. 5º, nº 1 e 2 e art. 3, nº 2, respectivamente. Disponível em: https://eur-lex.europa.eu/legal-content/PT/TXT/PDF/?uri=-CELEX:31998L0044. Acesso em 18/07/2024.

4.2. Invenções e modelos não patenteáveis

Nem tudo que se possa considerar invenção ou modelo de utilidade pode ser patenteado. As restrições atendem a valores como a moral e a segurança nacional (Lei nº 9.279/96, art. 18), que extrapolam os requisitos da propriedade industrial.

4.2.1. Contrários à moral, aos bons costumes e à segurança, à ordem e à saúde pública

É vedado o patenteamento do que "for contrário à moral, aos bons costumes e à segurança, à ordem e à saúde públicas" (Lei nº 9.279/96, art. 18, inciso I).

É necessário, no entanto, distinguir entre o invento que causa dano por si do uso nocivo que dele pode ser feito, tanto a cada pessoa tomada individualmente quanto à sociedade. A invenção que se proíbe é aquela que tem uso exclusivamente nocivo (Lei nº 9.279/96, art. 18, I). Por exemplo: os equipamentos utilizados em um jogo de azar podem ser os mesmos de um jogo inocente; as armas podem ser, apenas, um instrumento de defesa ou de manutenção da ordem pública.

4.2.2. Referentes ao uso da energia atômica

O legislador se refere à energia atômica, deixando evidente o interesse da segurança nacional (art. 18, inciso II).

4.2.3. Seres vivos e micro-organismos

Complementando o disposto no artigo 10, III, o artigo 18, III, da Lei nº 9.279/96 veda o patenteamento do todo ou parte dos seres vivos ainda que, por hipótese, se considere haver invenção. A exceção se encontra na possibilidade de patente dos "micro-organismos transgênicos que atendam aos três requisitos de patenteabilidade – novidade, atividade inventiva e aplicação industrial – previstos no art. 8º e que não sejam mera descoberta". O parágrafo único define, para fins da Lei 9.279/96, micro-organismos transgênicos como "organismos, exceto o todo ou parte de plantas ou de animais, que expressem, mediante intervenção humana direta em sua composição genética, uma característica normalmente não alcançável pela espécie em condições naturais".

5. DA TITULARIDADE E DO REGISTRO

A proteção garantida pela patente há de ser entendida sob dois aspectos: a) positivo, como o direito de usar, gozar e dispor da invenção; e, b) negativo, de exclusividade *erga omnes*.

5.1. Da titularidade

Ao autor de invenção ou modelo de utilidade será assegurado o direito de obter a patente, que lhe garante a propriedade nas condições estabelecidas na Lei nº 9.279/96 (art. 6º, *caput*).

Presume-se o requerente legitimado a obter a patente (art. 6º, § 1º). Mas cabe assinalar que ele não será necessariamente o autor do invento, podendo ser o sucessor ou cessionário do autor, ou ainda o detentor desse direito em decorrência de relação contratual (art. 6º, § 2º).

Sendo a invenção ou modelo de utilidade realizada por duas ou mais pessoas, todas em conjunto ou qualquer delas poderá requerer a patente (art. 6º, § 3º).

O inventor será nomeado e qualificado, mas poderá requerer que sua nomeação não seja divulgada (art. 6º, § 4º).

Quando dois ou mais autores tiverem realizado a mesma invenção ou modelo de utilidade, de forma independente, a patente será concedida àquele que provar o depósito mais antigo (art. 7º).

Máquina dotada de inteligência artificial. A Procuradoria Federal junto ao INPI emitiu Parecer Jurídico em agosto de 2022, para declarar a impossibilidade de máquina dotada de inteligência artificial ser indicada e nomeada inventora em pedido de patente registrado no Brasil.

Apesar de não existir especificação legal sobre a obrigatoriedade do titular ser pessoa física, o parecer enfatiza a figura humana enquanto titular de direitos e obrigações e destaca que o ordenamento jurídico nacional é definido por uma cultura antropocentrista[473].

5.2. Processamento do registro

O pedido de patente conterá: requerimento; relatório descritivo; reivindicações; desenhos, se for o caso; resumo; e, comprovante do pagamento da retribuição relativa ao depósito (art. 19).

O pedido será submetido a exame formal preliminar. Se devidamente instruído, será protocolizado, considerada a data de depósito a da sua apresentação (art. 20). Se o pedido não atender aos requisitos previstos no artigo 19, mas contiver dados relativos ao objeto, ao depositante e ao inventor, poderá ser entregue ao INPI, que estabelecerá as exigências a serem cumpridas, no prazo de 30 (trinta) dias, sob pena de devolução ou arquivamento da documentação (art. 21, *caput*). Cumpridas as exigências, o depósito será considerado como efetuado na data do recibo (art. 21, parágrafo único).

As condições do pedido estão detalhadas nos artigos 22 a 29 da mesma lei.

---

473. ADVOCACIA-GERAL DA UNIÃO. Parecer jurídico nº 00024/2022/CGPI/PFE-INPI/PGF/AGU. Interessados: Instituto Nacional da Propriedade Industrial – INPI. Assuntos: Indicação e nomeação da máquina dotada de inteligência artificial como inventora em pedido de patente. Pedido de patente BR 112021008931-4 (PCT/IB2019/057809). Parecer jurídico emitido em 09/08/2022. Disponível em: https://www.gov.br/inpi/pt-br/central-de-conteudo/noticias%202022/inteligencia-artificial-nao-pode-ser-indicada-como-inventora-em-pedido-de-patente/ParecerCGPIPROCsobreInteligenciaartificial.pdf. Acesso em 17/03/2023.

O processo e o exame do pedido estão regulados nos artigos 30 a 37 dessa lei.

Os **prazos** somente começam a correr após a publicação no órgão oficial do INPI, que é a Revista da Propriedade Industrial (art. 223), ressalvadas as decisões administrativas, quando feita notificação por via postal ou por ciência dada ao interessado no processo (art. 226).

Salvo disposição legal expressa, das decisões do INPI caberá **recurso administrativo**, a ser recebido nos efeitos devolutivo e suspensivo. Os recursos serão decididos pelo presidente do INPI, encerrando-se a instância administrativa (art. 212).

A patente será concedida após o deferimento do pedido, e ela se reputa concedida na data da publicação do respetivo ato. Da concessão resultará a expedição da respectiva carta-patente (art. 38), cujos elementos estão previstos no artigo 39.

5.3. Vigência da patente

O prazo da patente é temporário e perdura enquanto em uso. O prazo de vigência da invenção é de 20 (vinte) anos e a do modelo de utilidade é de 15 (quinze) anos, contados da data do depósito (art. 40, *caput*).

O parágrafo único do art. 40 estabelecia que o prazo de vigência não seria inferior a 10 anos para a patente de invenção e a 7 anos para a patente de modelo de utilidade, a contar da data da concessão, ressalvada a hipótese de o INPI estar impedido de proceder ao exame de mérito do pedido, por pendência judicial comprovada ou por motivo de força maior.

Este dispositivo foi objeto de Ação Direta de Inconstitucionalidade (ADI nº 5529), ajuizada pela Procuradoria-Geral da República. Alegou-se que o dispositivo em questão permitiria que o prazo de proteção patentária restasse indefinido.

O STF, em maio de 2021, julgou procedente o pedido. O relator, Ministro Dias Toffoli, consignou que o parágrafo único do art. 40 acaba por tornar o prazo de vigência das patentes indeterminado, e que essa indeterminação "é circunstância que, por si só, descortina uma série de violações constitucionais".

Em agosto, a Lei nº 14.195, de 2021, revogou expressamente o mencionado parágrafo único do art. 40, da Lei nº 9.279/96.

5.4. Proteção conferida pela patente

A patente confere ao seu titular o direito de impedir terceiro, sem o seu consentimento, de produzir, usar, colocar à venda, vender ou importar com estes propósitos: I – produto objeto de patente; e II – processo ou produto obtido diretamente por processo patenteado. É o que dispõe o *caput* do art. 42.

Ao titular da patente é assegurado ainda o direito de impedir que terceiros contribuam para que outros pratiquem os atos referidos acima (art. 42, §1º). Ocorrerá a situação prevista no inciso II do *caput* (violação de direito da patente de processo) quando o possuidor ou proprietário não comprovar, mediante determinação judicial específica, que o seu produto foi obtido por processo de fabricação diverso daquele protegido pela patente (art. 42, §2º).

No entanto, o art. 42 não se aplica aos atos praticados por terceiros não autorizados, em caráter privado e sem finalidade comercial, desde que não acarretem prejuízo ao interesse econômico do titular da patente; aos atos praticados por terceiros não autorizados, com finalidade experimental, relacionados a estudos ou pesquisas científicas ou tecnológicas; à preparação de medicamento de acordo com prescrição médica para casos individuais, executada por profissional habilitado, bem como ao medicamento assim preparado; a terceiros que, no caso de patentes relacionadas com matéria viva, utilizem, ponham em circulação ou comercializem um produto patenteado que haja sido introduzido licitamente no comércio pelo detentor da patente ou por detentos de licença, desde que o produto patenteado não seja utilizado para multiplicação ou propagação comercial da matéria viva em causa; e aos atos praticados por terceiros não autorizados, relacionados à invenção protegida por patente, destinados exclusivamente à produção de informações, dados e resultados de testes, visando à obtenção do registro de comercialização, no Brasil ou em outro país, para a exploração e comercialização do produto objeto da patente, após a expiração dos prazos estipulados no art. 40.

O titular da patente tem assegurado o direito de obter indenização pela exploração indevida de seu objeto, inclusive em relação à exploração ocorrida entre a data da publicação do pedido e a da concessão da patente (art. 44). Se o infrator obteve, por qualquer meio, conhecimento do conteúdo do pedido depositado, anteriormente à publicação, contar-se-á o período da exploração indevida para efeito da indenização a partir da data de início da exploração (art. 44, §1º). Quando o objeto do pedido de patente se referir a material biológico, depositado na forma do parágrafo único do art. 24, o direito à indenização será somente conferido quando o material biológico se tiver tornado acessível ao público.

Já o art. 45 trata da situação do usuário anterior. À pessoa de boa-fé que, antes da data de depósito ou de prioridade de pedido de patente, explorava seu objeto no País, será assegurado o direito de continuar a exploração, sem ônus, na forma e condições anteriores. Esse direito só poderá ser cedido juntamente com o negócio ou empresa, ou parte desta que tenha direta relação com a exploração do objeto da patente, por alienação ou arrendamento (art. 45, §1º). Por outro lado, não será assegurado à pessoa que tenha tido conhecimento do objeto da patente através de divulgação na forma do art. 12, desde que o pedido tenha sido depositado no prazo de um ano, a contar da divulgação (art. 45, §2º).

5.5. Nulidade da patente

É nula a patente concedida em desacordo com as disposições da Lei nº 9.279/96 (art. 46). A patente concedida em desacordo com a lei poderá ser anulada administrativa ou judicialmente.

Processo administrativo. A nulidade será declarada administrativamente nos casos previstos no artigo 50, porque é próprio do poder da Administração a possibilidade de rever os seus atos, retirando-os ou invalidando-os (STF, Súmulas 346 e 473).

O prazo para interposição de recurso administrativo é de 6 (seis) meses, contados da concessão da patente (art. 51, § 1º).

O processo administrativo de nulidade poderá ser instaurado de ofício ou mediante requerimento de qualquer pessoa com legítimo interesse, no *prazo* de 6 (seis) meses, contados da concessão da patente (art. 51, *caput*), e prosseguirá ainda que extinta a patente (art. 51, parágrafo único).

Ação judicial. A ação judicial poderá ser proposta a qualquer tempo da vigência da patente, pelo INPI ou por qualquer pessoa com legítimo interesse (art. 56), ou seja, aquela envolvida em uma situação concreta[474].

A legitimidade ativa atribuída ao próprio INPI decorre do interesse público na legalidade dos atos administrativos[475].

O **foro competente** é o da Justiça Federal (Constituição Federal, art. 109, I; Lei nº 9.279/96, art. 57, *caput*), e o INPI, quando não for autor, intervirá no feito (art. 57, *caput*).

6. TRANSFERÊNCIA DE PRIVILÉGIOS DE INVENÇÃO. LICENÇAS. DESAPROPRIAÇÃO. A INVENÇÃO DE INTERESSE DA SEGURANÇA NACIONAL

6.1. Transferência de privilégio de invenção (cessão convencional)

Estamos nos referindo, aqui, aos privilégios de invenção, não apenas às patentes, porque a cessão dos direitos não depende da concessão da patente.

O titular pode dispor, por cessão, do pedido de patente ou da patente por ato *inter vivos* ou *mortis causa,* total ou parcialmente (Lei nº 9.279/96, art. 58). A cessão é a alienação do direito de exploração exclusiva (arts. 58 a 60), que não se confunde com a transferência em virtude de sucessão no patrimônio (por fusão ou incorporação da sociedade titular do privilégio). O termo "indivisível", no art. 58 da Lei nº 9.279/96, significa que, ainda que a cessão seja parcial, "o cessionário adquire uma fração dos direitos sobre a invenção ou o modelo de utilidade"[476].

---

474. IDS – INSTITUTO DANNEMANN SIEMSEN DE ESTUDOS JURÍDICOS E TÉCNICOS. Comentários à Lei da Propriedade Industrial. 3ª ed. Rio de Janeiro: Renovar, 2013, p. 147.

475. IDS. Ob. Cit., p. 146-148.

476. IDS – INSTITUTO DANNEMANN SIEMSEN DE ESTUDOS JURÍDICOS E TÉCNICOS. Comentários à Lei da Propriedade Industrial. 3ª ed. Rio de Janeiro: Renovar, 2013, p. 152.

Mas é necessário distinguir validade e eficácia do negócio de alienação: ainda que válido, o negócio não produz efeitos imediatos: ele depende de anotação no INPI para produzir efeitos, que só valerá contra terceiros após a publicação do ato (Lei nº 9.279/96, arts. 59 e 60).

O bem imaterial pode ser objeto de um direito real de garantia, de execução forçada e de expropriação[477]. Assim, pode ser objeto de direitos reais limitados como o usufruto, o uso, o penhor, bem como de medidas constritivas. São possíveis a penhora e a execução forçada da patente, bem como a sua transferência fiduciária[478].

6.2. Oferta de licença. Licença de exploração (voluntária)

A **oferta de licença** visa a estimular a exploração do objeto da patente, quando o titular desta não possuir condições de explorá-la ou de promover a divulgação da exploração da mesma. Ela será requerida pelo próprio interessado e o INPI promoverá a publicação da oferta (Lei nº 9.279/96, art. 64).

A **licença de exploração** é uma espécie de arrendamento de patente. Ao contrário da cessão, **na licença não ocorre a transmissão da patente**, havendo apenas autorização do titular para que terceiro explore o objeto dela.

O mero depositante do pedido de patente, ainda não concedido, pode negociar licença para a sua exploração, tanto gratuita quanto onerosa, dado que a lei não veda essa modalidade (Lei nº 9.279/96, art. 61, *caput*).

A licença é negócio jurídico bilateral, podendo decorrer de declaração unilateral de vontade (oferta pública) ou de pré-contrato[479]. Para produzir efeitos em relação a terceiros o contrato de licença deve ser averbado no INPI, somente produzindo esse efeito a partir de sua publicação (Lei nº 9.279/96, art. 62).

O contrato pode ser gratuito, mas, ele costuma ser remunerado por meio do pagamento de *royalties* (regalias)[480].

Os aperfeiçoamentos trazidos ao produto ou ao processo de fabricação pertencerão a quem os fizer, sendo assegurado a outra parte contratante o direito de preferência para o

---

477. ASCARELLI, Tullio. Teoría de la concurrencia e de los bienes inmateriales. Barcelona: Bosch, 1970, p. 349.

478. MIRANDA, F. C. Pontes de. Tratado de direito privado. Vol. 16, 4ª ed., reimp. São Paulo: Ed. Revista dos Tribunais, 1983, p. 343 e segs.

479. MIRANDA, F. C. Pontes de. Ob. Cit., p. 353.

480. Como regra geral, admite-se o pagamento de royalties do pedido de patente (Lei nº 9.279/96, art. 61), ao contrário do registro de marca, que exige sua concessão (BARBOSA, Cláudio Roberto. Propriedade intelectual e contratos intelectuais. In: CARVALHOSA, Modesto (coord.). Tratado de direito empresarial. Vol. IV. São Paulo: Ed. Revista dos Tribunais, 2016, p. 402).

seu licenciamento (Lei nº 9.279/96, art. 63), devendo o contrato de licença ser averbado para que nele conste essa circunstância[481].

6.3. Licença compulsória

Ao obter a patente, o inventor adquire o direito exclusivo de explorá-la durante o prazo de sua duração, mas também o ônus de fazê-lo, sob pena de caducidade. O direito moderno criou, porém, um outro mecanismo para assegurar a efetividade da exploração do invento, em benefício da coletividade. É a licença compulsória de exploração, prevista no artigo 5º da Convenção de Paris e no artigo 68 da Lei nº 9.279/96.

O licenciamento compulsório pode decorrer do *uso abusivo* da patente, inclusive para a prática de abuso de poder econômico (art. 68, *caput*). Nessa hipótese, ele independe de prazo (art. 68, § 5º, *a contrario sensu*).

Ele **também pode decorrer da não exploração do objeto da patente no território brasileiro, ou da comercialização que não satisfizer às necessidades do mercado** (art. 68, § 1º, I e II). Nesses casos, a licença somente será requerida após decorridos 3 (três) anos da concessão da patente (art. 68, § 5º).

A licença compulsória *não* será concedida se, à data do requerimento, o titular (art. 69):

> "I – justificar o desuso por razões legítimas;
>
> II – comprovar a realização de sérios e efetivos preparativos para a exploração; ou
>
> III – justificar a falta de fabricação ou comercialização por obstáculo de ordem legal".

A Lei nº 9.279/96 contempla, ainda, **outras possibilidades de licenciamento compulsório da patente (art. 70) inclusive quando destinado ao atendimento dos casos de emergência nacional ou internacional ou de interesse público declarados em lei ou em ato do Poder Executivo federal, ou de reconhecimento de estado de calamidade pública de âmbito nacional pelo Congresso Nacional desde que o titular da patente ou seu licenciado não atenda a essa necessidade** (art. 71, *caput*, na redação dada pela Lei nº 14.200, de 2021)[482].

A Lei nº 14.200/21 alterou profundamente o art. 71. Além do *caput*, acima mencionado, acrescentou 18 parágrafos.

O ato que conceder a licença compulsória estabelecerá seu prazo de vigência e a possibilidade de prorrogação. Nos casos previstos no *caput*, o Poder Executivo federal publicará lista de patentes ou de pedidos de patentes, não aplicável o prazo de sigilo previsto no art.

481. SOARES, José Carlos Tinoco. Comentários à Lei de Patentes, marcas e direitos conexos: Lei nº 9.279 – 14.05.1996. São Paulo: Ed. Revista dos Tribunais, 1997, p. 108.

482. Por exemplo: o Decreto nº 6.108/2007 concedeu licenciamento compulsório por interesse público, de patentes referentes ao Efavirenz, para fins de uso público não comercial.

30, potencialmente úteis ao enfrentamento das situações previstas no *caput*, no prazo de até 30 dias após a data de publicação da declaração de emergência ou de interesse público, ou do reconhecimento de estado de calamidade pública, excluídos as patentes e os pedidos de patentes que forem objetos de acordos de transferência de tecnologia de produção ou de licenciamento voluntário capazes de assegurar o atendimento da demanda interna, nos termos previstos em regulamento (art. 71, §2º). No processo de elaboração da lista de patentes ou de pedidos de patentes, deverão ser consultados entes públicos, instituições de ensino e pesquisa e outras entidades representativas da sociedade e do setor produtivo (art. 71, §3º).

A lista a que se refere o §2º conterá informações e dados suficientes para permitir a análise individualizada acerca da utilidade de cada patente e pedido de patente, contemplando, pelo menos: I – o número individualizado das patentes ou dos pedidos de patentes que poderão ser objeto de licença compulsória; II – a identificação dos respectivos titulares; e III – a especificação dos objetivos para os quais será autorizado cada licenciamento compulsório.

A partir da lista publicada, o Executivo realizará, no prazo de 30 dias, prorrogável por igual período, a avaliação individualizada das invenções e modelos de utilidade listados e somente concederá a licença compulsória, de forma não exclusiva, para produtores que possuam capacidade técnica e econômica comprovada para a produção do objeto da patente ou do pedido de patente, desde que conclua pela sua utilidade no enfrentamento da situação que a fundamenta (art. 71, §6º).

As patentes ou pedidos de patentes que ainda não tiverem sido objeto de licença compulsória poderão ser excluídos da lista nos casos em que a autoridade competente considerar que seus titulares assumiram compromissos objetivos capazes de assegurar o atendimento da demanda interna em condições de volume, de preço e de prazo compatíveis com as necessidades de emergência nacional ou internacional, de interesse público ou de estado de calamidade pública de âmbito nacional por meio de uma ou mais das seguintes alternativas: I – exploração direta da patente ou do pedido de patente no País; II – licenciamento voluntário da patente ou do pedido de patente; ou III – contratos transparentes de venda de produto associado à patente ou ao pedido de patente (art. 71, §7º).

A nova lei tratou especificamente da **remuneração do titular da patente ou do pedido de patente**: no seu arbitramento, serão consideradas as circunstâncias de cada caso, observados, obrigatoriamente, o valor econômico da licença concedida, a duração da licença e as estimativas de investimentos necessários para sua exploração, além dos custos de produção e o preço de venda no mercado nacional do produto a ela associado (art. 71, §12). Será fixada em 1,5% sobre o preço líquido de vendo do produto a ela associado até que seu valor venha a ser efetivamente estabelecido (§13), e somente será devida caso a patente venha a ser concedida, e o pagamento, correspondente a todo o período da licença, deverá ser efetivado somente após a concessão da patente (§14).

Independentemente da concessão da licença compulsória, o poder público dará prioridade à celebração de acordos de cooperação técnica e de contratos com o titular da patente para a aquisição da tecnologia produtiva e de seu processo de transferência (art. 71, §18).

O novo art. 71-A permite a concessão, por razões humanitárias e nos termos de tratado internacional da qual o Brasil seja parte, de licença compulsória de patentes de produtos destinados à exportação a países com insuficiente ou nenhuma capacidade de fabricação no setor farmacêutico para atendimento de sua população.

As licenças compulsórias serão sempre concedidas sem exclusividade, não se admitindo o sublicenciamento (art. 72).

Por outro lado, o pedido de licença compulsória deverá ser formulado mediante indicação das condições oferecidas ao titular da patente (art. 73). Apresentado o pedido de licença, o titular será intimado para manifestar-se no prazo de 60 dias, após o qual, silente o titular, será considerada aceita a proposta nas condições oferecidas (art. 73, § 1º). O requerente que invocar abuso de direitos patentários ou abuso de poder econômico deverá fazer prova documental do alegado (§ 2º). Já se o requerimento de licença compulsória com fundamento na falta de exploração, caberá ao titular da patente comprovar a exploração (§ 3º).

Em caso de contestação, o INPI poderá realizar as diligências necessárias, bem como designar comissão, que poderá incluir especialistas não integrantes de seus quadros, visando arbitrar a remuneração que será paga ao titular (§ 4º). Para esse arbitramento, serão consideradas as circunstâncias de cada caso, levando-se em conta, obrigatoriamente, o valor econômico da licença concedida.

Instruído o processo, o INPI decidirá no prazo de 60 dias (§ 7º). Dessa decisão, cabe recurso, que no caso de concessão da licença compulsória, não terá efeito suspensivo (§ 8º).

O licenciado deverá iniciar a exploração do objeto da patente no prazo de um ano da concessão, admitida a interrupção por igual prazo (art. 74). O titular poderá requerer a cassação da licença quando não cumprido esse prazo (§ 1º). O licenciado ficará investido de todos os poderes para agir em defesa da patente. Por outro lado, após a concessão da licença compulsória, somente será admitida a sua cessão quando realizada conjuntamente com a cessão, alienação ou arrendamento da parte do empreendimento que a explore (§ 4º).

6.4. Desapropriação

A lei em vigor não contém disposições específicas sobre a desapropriação, mesmo dispondo estarem a exploração e a cessão sujeitas a prévia autorização. De outro lado, ela prevê que a restrição de direitos será sempre indenizada (art. 75, § 3º).

A desapropriação terá de se conformar aos princípios constitucionais pois a lei sobre desapropriação não pode exceder o texto constitucional[483].

483. MIRANDA, F. C. Pontes de. Tratado de direito privado. Vol. 16, 4ª ed., reimp. São Paulo: Ed. Revista dos Tribunais, 1983, p. 342-343; CERQUEIRA, João da Gama. Tratado da propriedade industrial. Vol. 1, 2ª ed., rev. e atual. São Paulo: Ed. Revista dos Tribunais, 1982, item 227, p. 454-455.

6.5. Invenção de interesse da segurança nacional

A invenção de interesse da segurança nacional é regulada pelo art. 75. A lei determina que o pedido seja encaminhado ao órgão competente do Poder Executivo. O processo, a partir da manifestação de interesse do Executivo, passa a ser sigiloso, sem publicações (Lei nº 9.279/96, art. 75, *caput*), pois a divulgação tornaria ineficaz a restrição. O pedido é submetido ao Poder Executivo pelo INPI; à falta de manifestação o pedido será processado normalmente.

A exploração da patente está condicionada à prévia autorização do Executivo, assegurada a indenização sempre que houver restrição de direitos (Lei nº 9.279/96, art. 75, § 3º).

Quanto à indenização, seria possível ao depositante requerer ao INPI que arbitrasse essa remuneração, por analogia com o disposto nos §§ 3º e 4º do art. 73, relativos ao arbitramento de remuneração em caso de licença compulsória, sem se excluir a apreciação judicial do valor. A indenização deverá considerar os benefícios comprovados que o depositante da patente ou o titular dela teriam auferido pela exploração ou cessão (Decreto nº 2.553/98, art. 2º, parágrafo único).

6.6. Retribuição anual

Trata-se de uma **forma de custeio do INPI**.

De acordo com o art. 84, o depositante do pedido e o titular da patente estão sujeitos ao pagamento de retribuição anual, a partir do início do terceiro ano da data do depósito. A falta de pagamento da retribuição anual acarreta o arquivamento do pedido ou a extinção da patente (art. 86).

7. INVENTO E CONTRATO DE TRABALHO

As invenções, geralmente, são menos fruto da causalidade que das pesquisas sistemáticas, e essas pesquisas costumam ter custo elevado. Por outro lado, o patrimônio mais valioso de muitas empresas é aquele formado por sua experiência técnica e suas patentes.

Inventor, entretanto, é sempre uma pessoa física, pois o invento tem um elemento pessoal insuprimível. Nesse contexto é que se coloca a questão do invento ocorrido na vigência do contrato de trabalho cujos princípios aplicam-se tanto ao trabalho subordinado quanto à prestação de serviços.

Passaremos a examinar o invento pertencente exclusivamente ao empregador, exclusivamente ao empregado, os casos de propriedade comum entre ambos e os problemas daí decorrentes, como a relação entre as empresas, seus trabalhadores autônomos e estagiários, e entre a Administração Pública e seus servidores.

7.1. Pertencem exclusivamente ao empregador

As denominadas "invenções de serviço", aquelas decorrentes de contrato de trabalho[484], pertencem exclusivamente ao empregador (Lei nº 9.279/96, art. 88). Salvo expressa disposição contratual, a retribuição por esse trabalho é o salário (art. 88, § 1º).

Entretanto, presume-se realizado na vigência do contrato de trabalho o invento ou modelo de utilidade cuja patente seja requerida pelo empregado até 1 ano após a extinção desse contrato (art. 88, § 2º), sendo cabível a prova em sentido contrário.

Gama Cerqueira afirma, com razão, que o contrato pelo qual o empregado se compromete a realizar pesquisas com fins inventivos não é um simples contrato de trabalho, mas um contrato de conteúdo misto, no qual concorrem dois tipos diversos de contrato: de um lado, locação de obra e, de outro, venda de coisa futura[485]. Não basta existir uma cláusula padrão no contrato de trabalho, é necessária a correspondência efetiva entre o invento e as funções efetivamente exercidas[486].

Questão diversa é a da indicação no registro da autoria da invenção, que não se confunde com o direito decorrente da patente. Por aplicação do disposto no artigo 5º, XXIX, da Constituição Federal e do artigo 6º, § 4º, da Lei nº 9.279/96, o inventor será nomeado e qualificado no pedido de patente, ainda que a invenção pertença ao empregador.

Em suma, o invento pertence exclusivamente ao empregador quando: o contrato for expressamente destinado à pesquisa; a atividade inventiva do emprego estiver prevista; o invento decorrer da natureza da atividade contratada. Por consequência:

a) a compensação, salvo disposição em contrário, será o salário;

b) se houver outra compensação, ela não integrará o salário;

c) consideram-se desenvolvidos na vigência do contrato de trabalho os inventos cuja patente seja requerida pelo empregado até um ano após a extinção do contrato;

d) o contrato de trabalho deve ser executado no Brasil, mas a lei não determina que a patente deva ser requerida no Brasil.

---

484. CERQUEIRA, João da Gama. Tratado da propriedade industrial. Vol. 1, 2ª ed., rev. e atual. por Luiz Gonzaga do Rio Verde et al., São Paulo: Ed. Revista dos Tribunais, 1982, p. 268; IDS – INSTITUTO DANNEMANN SIEMSEN DE ESTUDOS JURÍDICOS E TÉCNICOS. Comentários à Lei da Propriedade Industrial. 3ª ed. Rio de Janeiro: Renovar, 2013, p. 191.

485. CERQUEIRA, João da Gama. Ob. Cit., p. 263.

486. ASCARELLI, Tullio. Teoría de la concurrencia y de los bienes inmateriales. Barcelona: Bosch, 1970, p. 548.

7.2. Pertence exclusivamente ao empregado

Pertence exclusivamente ao empregado o invento, nos seguintes casos: se este não tem relação com o contrato de trabalho; e, se este foi concebido sem utilização dos recursos do empregador (Lei nº 9.279/96, art. 90). Elas são conhecidas como "invenções livres"[487].

7.3. Propriedade comum

De propriedade comum são as invenções conhecidas como "invenções de estabelecimento"[488], ou "invenções mistas" (Lei nº 9.279/96, art. 91). Elas geralmente ocorrem em universidades, centros de pesquisa e institutos de tecnologia.

Ainda que sejam utilizados meios do empregador, essa atividade não está vinculada ao contrato de trabalho. Portanto:

- o invento **não está previsto no contrato, mas decorre de recursos do empregador**;
- **empregado e empregador são condôminos**, sendo o empregador uma parte e o empregado, ou empregados, outra; assim, cabe sempre metade do valor ao empregador;
- **a exploração do invento cabe ao empregador, devendo o empregado receber uma remuneração "justa"**. A lei não especifica o que seja uma "remuneração justa"; para Ascarelli ela deve ser uma percentagem sobre o preço de venda dos objetos fruto do invento[489];
- **havendo mais de um empregado responsável pelo invento a remuneração deve ser repartida igualmente entre eles;**
- **a exploração da patente pelo empregador deve dar-se em um ano após a sua concessão, sob pena de a sua titularidade passar ao empregado**;
- em caso de cessão, cabe a qualquer dos cotitulares o **direito de preferência.**

7.4. Relações entre os trabalhadores autônomos, os estagiários e as empresas

O artigo 92 da Lei nº 9.279/96 prevê a aplicação das normas examinadas acima "às relações entre o trabalhador autônomo ou o estagiário e a empresa contratante e entre empresas contratantes e contratadas".

---

487. CERQUEIRA, João da Gama. Ob. Cit., p. 268; IDS – INSTITUTO DANNEMANN SIEMSEN DE ESTUDOS JURÍDICOS E TÉCNICOS. Comentários à Lei da Propriedade Industrial. 3ª ed. Rio de Janeiro: Renovar, 2013, p. 192.

488. CERQUEIRA, João da Gama. Ob. Cit., p. 268.

489. ASCARELLI, Tullio. Teoría de la concurrencia y de los bienes inmateriales. Barcelona: Bosch, 1970, p. 550.

7.5. Relações entre a Administração Pública e os seus servidores

O artigo 93 da Lei nº 9.279/96 prevê a aplicação das normas examinadas acima, no que couber, às entidades da administração pública, direta, indireta e fundacional, federal, estadual ou municipal.

8. EXTINÇÃO DA PATENTE DE INVENÇÃO

Nos termos do artigo 78 da Lei nº 9.279/96 a patente extingue-se: I – pela expiração do prazo de vigência; II – pela renúncia de seu titular, ressalvado o direito de terceiros; III – pela caducidade; IV – pela falta de pagamento da retribuição anual, nos prazos previstos no § 2º do art. 84 e no art. 87; e V – pela inobservância do disposto no art. 217, que prevê a necessidade de o depositante domiciliado no exterior manter procurador no nosso país.

Extinta a patente, o seu objeto cai em **domínio público** (art. 78, parágrafo único).

A anulação judicial da patente também conduz à extinção do privilégio.

Renúncia. A renúncia da patente pelo titular tem como limite a ressalva aos direitos adquiridos de terceiros como, por exemplo, de eventuais licenciados (art. 79)[490].

Caducidade. A patente extingue-se, entre outros motivos, pela caducidade (Lei nº 9.279/96, art. 78, III).

A caducidade é a extinção antecipada, determinada de ofício ou a requerimento de interessado com legítimo interesse, "se, decorridos 2 (dois) anos da concessão da primeira **licença compulsória**, esse prazo não tiver sido suficiente para prevenir ou sanar o abuso ou desuso, salvo motivos justificáveis" (art. 80, *caput*).

A decisão que declarar a caducidade produzirá efeitos a partir da data do requerimento ou da publicação da instauração de ofício do processo (art. 83).

O caso do **inciso IV** é de **cancelamento administrativo**, mas **admite a restauração**, examinada abaixo. O pagamento é requisito imprescindível para que o titular da patente goze do monopólio de exploração comercial do objeto patenteado durante o prazo de sua vigência e, nos termos do art. 84, é devido a partir do início do terceiro ano do depósito, devendo ser paga nos três primeiros meses de cada período anual. Entende o STJ pela **necessidade de notificação prévia do depositante ou titular** (REsp 1.669.131/RJ, Rel. Ministro Paulo de Tarso Sanseverino, v.u. 27/06/2017, DJe 01/08/2017).

A regra geral do art. 226 da Lei nº 9.279/96 dispõe que os atos do INPI só produzem efeitos a partir da publicação, mas eles podem declarar uma situação preexistente como ocorre, por exemplo, com a sentença que declara a caducidade ou a nulidade de um ato.

O INPI poderá prosseguir com o processo de caducidade se houver desistência do requerente, visando a defesa do interesse público.

490. IDS – INSTITUTO DANNEMANN SIEMSEN DE ESTUDOS JURÍDICOS E TÉCNICOS. Comentários à Lei da Propriedade Industrial. 3ª ed. Rio de Janeiro: Renovar, 2013, p. 180.

É cabível a **restauração** do pedido ou da patente extintos por falta de pagamento da retribuição devida ao INPI, se o depositante ou o titular a requerer no prazo de três meses a contar da publicação do ato, mediante o pagamento da retribuição específica, além daquela que deixou de ser paga no momento próprio (Lei nº 9.279/96, art. 87).

Nulidade da patente. É nula a patente concedida em desacordo com as disposições da Lei nº 9.279/96 (art. 46).

A nulidade será declarada administrativamente nos casos previstos no artigo 50, porque é próprio do poder da Administração a possibilidade de rever os seus atos, retirando-os ou invalidando-os[491].

O **processo administrativo** de nulidade poderá ser instaurado de ofício ou mediante requerimento de qualquer pessoa com legítimo interesse, no *prazo* de 6 (seis) meses, contados da concessão da patente (art. 51, *caput*), e prosseguirá ainda que extinta a patente (art. 51, parágrafo único).

A **ação de nulidade** poderá ser proposta a qualquer tempo, da vigência da patente, pelo INPI ou por qualquer pessoa com legítimo interesse (art. 56), ou seja, aquela envolvida em uma situação concreta[492].

O **foro competente** é o da Justiça Federal (Constituição Federal, art. 109, I; Lei nº 9.279/96, art. 57, *caput*), e o INPI, quando não for autor, intervirá no feito (art. 57, *caput*).

III. SINAIS DISTINTIVOS: TIPOS E REGIME JURÍDICO

Tipos e função. Os sinais distintivos são de várias espécies: o **título do estabelecimento e a insígnia**, de um lado; as **marcas**, de outro, e ainda as **expressões ou sinais de propaganda**. Os dois primeiros referem-se ao estabelecimento, as marcas aos produtos, mercadorias ou serviços da empresa titular; as expressões e sinais de propaganda, indiferentemente, à empresa ou a seus produtos, mercadorias ou serviços.

A função dos sinais distintivos é a individuação dos bens assinalados, no interesse da empresa e também do público consumidor. Aquela procura defender o seu prestígio, enquanto os consumidores têm interesse em orientar a sua escolha por esses sinais distintivos, de modo a não serem iludidos em sua escolha. Eles não representam, necessariamente, criações, como as invenções industriais. Pense-se, por exemplo, em um nome de família que seja utilizado como marca.

---

491. O STF consagra esse entendimento nas seguintes Súmulas: "Súmula 346. A Administração Pública pode declarar a nulidade de seus próprios atos"; "Súmula 473. A Administração pode anular seus próprios atos, quando eivados de vícios que os tornem ilegais, porque deles não se originam direitos, ou revogá-los, por motivo de conveniência ou oportunidade, respeitados os direitos adquiridos e ressalvada, em todos os casos, a apreciação judicial".

492. IDS – INSTITUTO DANNEMANN SIEMSEN DE ESTUDOS JURÍDICOS E TÉCNICOS. Ob. Cit., p. 147.

O nome empresarial não se confunde com os signos distintivos: ele é nome de pessoa, e não sinal distintivo de coisas ou mercadorias.

Regime jurídico. O estabelecimento, por sua vez, pode ser identificado por um título e uma insígnia, como vimos no título sobre o estabelecimento empresarial. Na Lei da Propriedade Industrial, nem o título de estabelecimento nem a insígnia são, por si mesmos, objeto de registro, por falta de previsão legal. O empresário que os usa não tem, portanto, direito exclusivo à sua utilização. Além disso, o artigo 124, V, da Lei nº 9.279/96, veda o registro de marca que consista na "reprodução ou imitação de elemento característico ou diferenciador de título de estabelecimento ou nome de empresa de terceiros, suscetível de causar confusão ou associação com esses sinais distintivos".

A proteção do título de estabelecimento, em si, faz-se por meio de ações, cíveis ou penais, fundadas na concorrência desleal.

IV. DESENHOS INDUSTRIAIS

Desenho industrial é a configuração externa de um objeto tridimensional ou um padrão ornamental (bidimensional) que possa ser aplicado a uma superfície ou a um objeto. Como ensina Newton Silveira: "Os desenhos industriais constituem invenções de forma (invenções em sentido lato), destinadas a produzir efeito meramente visual, não sendo requisito essencial dessas criações o cunho artístico, mas apenas a sua novidade"[493].

A Lei 9.279/96, em seu art. 95, define-o como "a forma plástica ornamental de um objeto ou o conjunto ornamental de linhas e cores que possa ser aplicado a um produto, proporcionando resultado visual novo e original na sua configuração externa e que possa servir de tipo de fabricação industrial".

O registro protege a aparência que diferencia o produto dos demais e confere direito de propriedade (art. 109). Ele também é protegido pelo Acordo sobre Aspectos dos Direitos de Propriedade Intelectual relacionados ao Comércio (TRIPS), internalizado em dezembro de 1994, e que incorporou os Resultados da Rodada Uruguai de Negociações Multilaterais do GATT.

1. TITULARIDADE

O autor do desenho industrial, seja ele pessoa física ou jurídica, pode requerer o seu registro[494].

Ele pode requerer que o seu nome não seja divulgado, desde que o faça expressamente, à semelhança do que ocorre com o registro das patentes (art. 94).

493. SILVEIRA, Newton. Propriedade intelectual. 5ª ed., rev. e ampl. Barueri, SP: Manole, 2014, p. 7.

494. IDS – INSTITUTO DANNEMANN SIEMSEN DE ESTUDOS JURÍDICOS E TÉCNICOS. Comentários à Lei da Propriedade Industrial. 3ª ed. Rio de Janeiro: Renovar, 2013, p. 198.

2. REGISTRO

A novidade e a originalidade, bem como a possibilidade de que possa servir de tipo de fabricação industrial (industrialidade) são requisitos do registro (Lei nº 9.279/96, art. 95). Portanto, **não se considera desenho industrial obra de caráter puramente artístico** (art. 98). A **industrialidade** deve ser demonstrada pelo autor do registro, e a lei, em seu art. 104, determina que o desenho industrial deve representar clara e suficientemente o objeto e suas variações, se houver, de modo a possibilitar sua reprodução por técnico no assunto".

Nos termos do artigo 100 da Lei nº 9.279/96, **não é registrável** como desenho industrial:

> "I – o que for contrário à moral e aos bons costumes ou que ofenda a honra ou imagem de pessoas, ou atente contra liberdade de consciência, crença, culto religioso ou ideia e sentimentos dignos de respeito e veneração;
>
> II – a forma necessária comum ou vulgar do objeto ou, ainda, aquela determinada essencialmente por considerações técnicas ou funcionais".

Não são protegidas partes de um objeto que não sejam objetos independentes. Por exemplo, não são aceitos pedidos que reivindiquem apenas a cabeça de uma escova de dentes, já que esta é geralmente fabricada com o cabo.

O pedido é submetido a um exame preliminar, de cunho formal – (art. 102). O INPI poderá recebê-lo mesmo com pequenas irregularidades, abrindo prazo de 5 dias para o interessado corrigi-las (art. 103).

O art. 110 traz uma garantia à pessoa de boa-fé que explorava o objeto do desenho no Brasil antes da data do depósito ou da prioridade do pedido de registro, assegurando-lhe o direito de continuar a exploração, sem ônus, na forma e condição anteriores.

É importante observar que, nos termos do art. 111, o titular poderá requerer o exame do objeto do registro, a qualquer tempo da vigência, quanto aos aspectos de novidade e originalidade. Esse "exame de mérito do desenho" é recomendável no caso do titular pretender ajuizar ação de infração do registro, o que dá ao autor da demanda segurança jurídica relevante para obter do juiz eventual medida liminar de abstenção[495].

Proteção internacional. O Brasil aderiu ao Sistema de Haia para proteção internacional de Desenhos Industriais, se tornando o 79º país-membro. Com a adesão, o processo de registro de desenhos industriais no exterior se torna mais simples e menos custoso[496].

495. GUSMÃO, José Roberto. Desenhos Industriais. In: COELHO, Fabio Ulhoa (coordenador). Tratado de Direito Comercial. Vol. 6, São Paulo: Saraiva, 2015, p. 298.

496. BRASIL. Decreto Legislativo nº 150 de 13/10/2022. Aprova o Ato de Genebra do Acordo de Haia referente ao Registro Internacional dos Desenhos Industriais, concluído em Genebra, Suíça, em 2 de julho de 1999, o qual será aplicável no território brasileiro a partir da sua promulgação pelo Poder Executivo.

Pelo tratado, a partir de um pedido internacional, gerenciado no âmbito da Organização Mundial da Propriedade Intelectual (OMPI), o brasileiro poderá solicitar a proteção de seu desenho industrial em 94 países, incluindo Estados Unidos e Japão, bem como na União Europeia.

Para que se proceda ao registro internacional, as pessoas físicas e jurídicas poderão encaminhar um pedido de depósito diretamente à Secretaria Internacional da Organização Mundial da Propriedade Industrial (OMPI). Esse registro não afetará a proteção aos desenhos industriais, concedida pela lei interna e pelos acordos internacionais já ratificados pelo Brasil. Ocorre que, atualmente, essa proteção, pela lei nacional e pelos tratados ratificados até o momento, se restringe ao território sob a jurisdição brasileira.

3. VIGÊNCIA DO REGISTRO

O registro vigorará pelo prazo de **10 (dez) anos**, contados da data do depósito, **prorrogável por 3 (três) períodos sucessivos de 5 (cinco) anos cada**, como estabelece o art. 108 da Lei 9.279/96. Muitas vezes o desenho industrial se confunde com a marca tridimensional, cuja proteção poderá se dar por maior prazo, podendo o interessado cumular ambos os registros.

4. EXTINÇÃO DO REGISTRO

Os casos de extinção do registro dos desenhos industriais (Lei nº 9.279/96, art. 119) se assemelham aos de extinção da patente (art. 78), mas os primeiros não estão sujeitos à caducidade por falta de exploração.

Nulidade do registro. A nulidade do registro será declarada administrativamente quando ele houver sido concedido com infringência dos requisitos de titularidade e de registrabilidade previstos nos arts. 94 a 98 da lei (Lei nº 9.279/96, art. 113, *caput*).

A declaração de nulidade do registro produzirá efeitos a partir da data do depósito do pedido (art. 112, § 1º). Caso a nulidade decorra da inobservância do art. 94, que trata da legitimidade para obter o registro) o autor poderá, alternativamente, reivindicar a **adjudicação do registro** (art. 112, § 2º).

Tem legitimidade ativa o INPI (instauração de ofício do processo) e qualquer pessoa com legítimo interesse (art. 113, § 1º) e tem legitimidade passiva o titular do registro.

O processo administrativo de nulidade prosseguirá, ainda que extinto o registro (art. 117).

ORGANIZAÇÃO MUNDIAL DA PROPRIEDADE INTELECTUAL. O Acordo de Haia Referente ao Registo Internacional dos Desenhos e Modelos Industriais: Principais características e vantagens. Disponível em: https://www.wipo.int/edocs/pubdocs/pt/designs/911/wipo_pub_911.pdf. Acesso em 17/02/2023.

A ação de nulidade está regulada nos arts. 173 a 175 da Lei nº 9.279/96. Legitimidade ativa tem o INPI e qualquer interessado; o titular do registro é o legitimado passivo.

O **foro competente é o da Justiça Federal** (Constituição Federal, art. 125, I; Lei nº 9.279/96, art. 175, *caput*).

Retribuição. Tal como ocorre em relação à patente, é exigível o pagamento de retribuição. Apenas o titular do registro do desenho industrial está obrigado ao pagamento quinquenal (art. 120).

Prescrição. O prazo de prescrição é de 5 (cinco) anos contados da concessão do registro (art. 113, § 1º). Mas o titular do desenho industrial poderá requerer o exame do objeto do registro, a qualquer tempo da vigência, quanto aos aspectos de novidade e de originalidade (art. 111).

Intervenção do INPI. O INPI deve ser citado para integrar a lide, como assistente ou litisconsorte (Lei nº 9.279/96, art. 175, *caput*).

V. MARCAS

1. CONCEITOS

Segundo Newton Silveira, marca "é todo nome ou sinal hábil para ser aposto a uma mercadoria ou produto ou a indicar determinada prestação de serviço e estabelecer entre o consumidor ou usuário e a mercadoria, produto ou serviço uma identificação"[497]. E afirma Ricardo Lorenzetti que "a marca não requer novidade, mas sim aptidão para constituir-se em signo distintivo"[498].

A expressão "sinal distintivo" designa aquilo que individualiza um bem industrial ou comercial, um estabelecimento, um produto ou mercadoria. Esses sinais também podem determinar sua proveniência, ou apenas servir à propaganda.

A Lei nº 9.279/96 não enumerou os sinais distintivos registráveis como marca (art. 122), preferindo enumerar aqueles que não são registráveis (art. 124). São suscetíveis de registro como marca os sinais distintivos visualmente perceptíveis, não compreendidos nas proibições legais (art. 122), não apenas aquelas previstas nessa lei, mas em toda a legislação em vigor[499].

---

497. SILVEIRA, Newton. Curso de propriedade industrial. 2ª ed., São Paulo: Ed. Revista dos Tribunais, 1987, p. 19.

498. LORENZETTI, Ricardo L. Comércio eletrônico. Trad. Fabiano Menke, com notas de Cláudia Lima Marques. São Paulo: Ed. Revista dos Tribunais, 2004, p. 203.

499. IDS – INSTITUTO DANNEMANN SIEMSEN DE ESTUDOS JURÍDICOS E TÉCNICOS. Comentários à Lei da Propriedade Industrial. 3ª ed. Rio de Janeiro: Renovar, 2013, p. 231.

O **nome de domínio** tem aptidão para servir como marca. O artigo 15 do acordo TRIPs estabelece que "poderá constituir uma marca de indústria ou de comércio qualquer símbolo ou combinação de símbolos que sejam capazes de distinguir os bens e serviços de uma empresa dos de outras empresas"[500].

A exigência de que os sinais distintivos registráveis como marca sejam visualmente perceptíveis impede que **sinais sonoros**, como o rugido do leão característico de determinada companhia cinematográfica sejam registrados como marca (Lei nº 9.279/96, art. 122, *caput*).

De outro lado, vale lembrar de uma antiga marca de sorvetes, hoje não mais existente, denominada "Sem Nome". Impedida, em 1979, de usar a marca "Hébom", que se confundia com a da marca líder de mercado, uma empresa do Rio de Janeiro passou a usar a marca "Sem Nome" para identificar seus produtos, obtendo sucesso durante alguns anos[501].

2. CLASSIFICAÇÕES

As marcas admitem diversas classificações. Adotamos abaixo aquela adotada pelo INPI.

Quanto à sua natureza, as marcas são classificadas como de produto, de serviço, coletiva e de certificação (Lei nº 9.279/96, art. 123):

> "I – marca de produto ou serviço: aquela usada para distinguir produto ou serviço de outro idêntico, semelhante ou afim, de origem diversa;
>
> II – marca de certificação: aquela usada para atestar a conformidade de um produto ou serviço com determinadas normas ou especificações técnicas, notadamente quanto à qualidade, natureza, material utilizado e metodologia empregada; e
>
> III – marca coletiva: aquela usada para identificar produtos ou serviços provindos de membros de uma determinada entidade".

A distinção entre **marcas de produto e de serviço** (inciso I, acima) já havia perdido a nitidez face ao Código de Defesa do Consumidor, que trata os produtores e prestadores de serviços como fornecedores, atribuindo a ambos responsabilidade pela oferta ao público (CDC, arts. 18 a 20).

A **marca coletiva** "não está vinculada a um controle da qualidade ou conformação técnica de um produto ou serviço", bastando que a pessoa seja filiada à entidade que a obteve, como uma cooperativa ou associação[502].

A **marca de certificação** exige a conformidade com especificações exigidas por uma determinada entidade. Mas ela não substitui nem dispensa o cumprimento das

500. Esse acordo da OMC foi incorporado ao ordenamento brasileiro pelo Decreto nº 1.355/94.

501. Notícia disponível em: <https://oglobo.globo.com/economia/sorvete-sem-nome-esta-de-volta-3149400>. Acesso em 06/02/2018.

502. IDS – INSTITUTO DANNEMANN SIEMSEN DE ESTUDOS JURÍDICOS E TÉCNICOS. Comentários à Lei da Propriedade Industrial. 3ª ed. Rio de Janeiro: Renovar, 2013, p. 359.

normas legais ou regulamentares estabelecidas para o produto ou serviço pela legislação vigente, nem exime a responsabilidade do fornecedor, nos termos do Código de Defesa do Consumidor.

Quanto à **forma de apresentação**, as marcas podem ser nominativas, figurativas, mistas ou tridimensionais e de posição. Segundo o "Manual de marcas" do INPI[503]:

> "Marca nominativa, ou verbal, é o sinal constituído por uma ou mais palavras no sentido amplo do alfabeto romano, compreendendo, também, os neologismos e as combinações de letras e/ou algarismos romanos e/ou arábicos, desde que esses elementos não se apresentem sob forma fantasiosa ou figurativa".
>
> "Marca figurativa ou emblemática é o sinal constituído por: desenho, imagem, figura e/ou símbolo; qualquer forma fantasiosa ou figurativa de letra ou algarismo isoladamente, ou acompanhado por desenho, imagem, figura ou símbolo; palavras compostas por letras de alfabetos distintos da língua vernácula, tais como hebraico, cirílico, árabe, etc.; ideogramas, tais como o japonês e o chinês.
>
> Nas duas últimas hipóteses elencadas, a proteção legal recai sobre a representação gráfica das letras e do ideograma em si, e não sobre a palavra ou expressão que eles representam, ressalvada a hipótese de o requerente indicar, no requerimento, a palavra ou o termo que o ideograma representa, desde que compreensível por uma parcela significativa do público consumidor, caso em que se interpretará como marca mista".
>
> "Marca mista, ou composta, é o sinal constituído pela combinação de elementos nominativos e figurativos ou mesmo apenas por elementos nominativos cuja grafia se apresente sob forma fantasiosa ou estilizada".
>
> "Marca tridimensional é o sinal constituído pela forma plástica distintiva em si, capaz de individualizar os produtos ou serviços a que se aplica. Para ser registrável, a forma tridimensional distintiva de produto ou serviço deverá estar dissociada de efeito técnico".

O símbolo da Rede Globo, por exemplo, é uma marca figurativa.

O **sinal tridimensional** só será passível de registro quando constituído pela forma particular não funcional e não habitual do produto ou do seu acondicionamento ou do serviço a que se destine. Por exemplo: o formato de uma bola de futebol não será registrável como marca tridimensional, pois sua forma esférica é necessária; o formato de um pneu também não o será, já que a sua forma circular é necessária[504]. Mas a embalagem do chocolate *Toblerone* configura uma marca mista, pois sua forma não é necessária e nela estão presentes elementos gráficos que a distinguem da apresentação de produtos semelhantes.

Marca de posição. Considera-se marca de posição aquela formada pela aplicação de um sinal em uma posição singular e específica de um determinado suporte, resultando em conjunto distintivo capaz de identificar produtos ou serviços e distingui-los de outros

503. INPI. Manual de marcas. Disponível em: <http://manualdemarcas.inpi.gov.br/projects/manual/wiki/02_O_que_%C3%A9_marca#2-O-que-%C3%A9-marca>. Acesso em 20/10/2021.

504. INPI. Manual de marcas. Disponível em: <http://manualdemarcas.inpi.gov.br/projects/manual/wiki/5%C2%B713_An%C3%A1lise_de_pedidos_de_marca_tridimensional>. Acesso em 20/10/2021.

idênticos, semelhantes ou afins, desde que a aplicação do sinal na referida posição do suporte possa ser dissociada de efeito técnico ou funcional[505].

A primeira marca de posição registrada no Brasil foi a da Osklen. Ela protege o conjunto de três ilhoses posicionados na parte frontal de seus tênis, enquanto elemento diferencial e próprio dos calçados da marca. Mas existem marcas de posição registradas em todo o mundo: no setor da moda, alguns exemplos famosos incluem o solado vermelho dos sapatos Louboutin e as três listras da Adidas[506].

Quanto à notoriedade, podemos ter marca de alto renome e marca notoriamente conhecida. A classificação das marcas conforme a sua notoriedade é diversa daquela apresentada acima, pois ela não diz respeito à natureza nem à forma de apresentação da marca, apenas ao seu renome.

Renome e notoriedade são fatos, aos quais o direito atribui relevância, mas a legislação em vigor não define critérios para a sua apuração. O objetivo da proteção é a repressão ao enriquecimento sem causa ou o aproveitamento parasitário[507].

Marca de alto renome é aquela cujo máximo reconhecimento, no plano nacional e internacional, recomenda sua proteção independentemente da aplicação do princípio da especialidade, examinado abaixo (art. 125) A marca Coca-Cola, por exemplo, mantém sua notoriedade ao longo de décadas, de maneira que sua aposição a quaisquer produtos pode servir para assegurar a eles participação no mercado, em detrimento da titular da marca.

A qualidade de **marca notoriamente conhecida**, seja de produto ou serviço, se limita a um determinado ramo de atividade. Ela goza de proteção especial, independentemente de estar previamente depositada ou registrada no Brasil (Lei nº 9.279/96, art. 126), mas essa proteção só pode ser reconhecida pelo INPI, não cabendo ao Poder Judiciário sobrepor-se a este em respeito ao princípio da separação dos poderes[508].

---

505. INPI. Manual de marcas. Disponível em: http://manualdemarcas.inpi.gov.br/projects/manual/wiki/5%C2%B713_An%C3%A1lise_de_pedidos_de_marca_tridimensional. Acesso em 17/03/2023. Regulamento: PORTARIA /INPI /PR Nº 37, de 13 de setembro de 2021. Dispõe sobre a registrabilidade de marcas sob a forma de apresentação marca de posição, à luz do estabelecido pelo art. 122 da Lei nº 9.279, de 14 de maio de 1996.

506. MENEZES, Elisângela Dias. A marca de posição e a valorização do design no campo das marcas. In: Migalhas nº 5.628, 23/06/2023. Disponível em: <https://www.migalhas.com.br/depeso/388714/a-marca-de-posicao-e-a-valorizacao-do-design-no-campo-das-marcas>. Acesso em 23.06.2023.

507. IDS – INSTITUTO DANNEMANN SIEMSEN DE ESTUDOS JURÍDICOS E TÉCNICOS. Comentários à Lei da Propriedade Industrial. 3ª ed. Rio de Janeiro: Renovar, 2013, p. 277.

508. STJ, REsp 1124613/RJ, Terceira Turma, Rel. Min. Ricardo Villas Bôas Cueva, v.u. 01/09/2015, ementa (transcrição parcial): "4. O Poder Judiciário não pode substituir o Instituto Nacional da Propriedade Industrial – INPI na sua função administrativa típica de avaliar o atendimento aos critérios normativos essenciais à caracterização do alto renome de uma marca, haja vista o princípio da separação dos poderes. Precedentes do STJ".

Marcas em ambientes virtuais. A Associação Internacional de Proteção de Propriedade Intelectual (AIPPI) divulgou, em setembro de 2022, resolução sobre a proteção de marcas em ambiente virtual. O documento traz os elementos que são capazes de violar os direitos de marca de terceiros em ambiente virtual, com destaque ao uso de palavras-chave, *hashtags* e *metatags*, se observados os pressupostos legais nacionais[509].

Embora não tenha força vinculante, a resolução aponta para uma tendência legislativa em nível mundial, uma vez que estão sendo abordadas questões referentes às obrigações das plataformas digitais para mitigar as infrações em seus ambientes, bem como àquelas relacionadas à jurisdição competente para avaliação da matéria.

3. REGISTRO DA MARCA

Princípios legais que regem o registro. Os princípios fundamentais que regem o registro de marcas são os da territorialidade e da especialidade.

O **princípio da territorialidade** assegura a proteção do direito de exclusividade sobre a marca registrada no território nacional (Lei nº 9.279/96, art. 129), mas os tratados internacionais também protegem as marcas registradas no estrangeiro, como ocorre com as marcas notórias[510].

De acordo com o **princípio da especialidade ou especificidade**, a propriedade da marca tem abrangência territorial, como visto. O princípio da especialidade diz respeito ao ramo de atividade em que o titular da marca atua. A jurisprudência se orienta, na apreciação da especialidade, pela possibilidade de o registro de marca semelhante ter o

---

509. AIPPI. Q281-RES-2022 Congresso Internacional da AIPPI 2022 – São Francisco Resolução adotada 13 de setembro de 2022 Resolução 2022 – Questão de estudo – Marcas – Marcas e a Internet e as Mídias Sociais. Disponível em: https://abpi.org.br/resolucoes-da-aippi/resolucoes-da-aippi-q281-res-2022-resoluc%cc%a7a%cc%83o-281/. Acesso em 19/03/2023. "A AIPPI delibera que:

1) O uso de uma marca na internet ou nas mídias sociais deve constituir um uso que pode resultar em infração, desde que estejam configurados os elementos necessários à utilização ilícita ao abrigo da legislação nacional.

2) Contanto que todos os requisitos de violação sejam atendidos, a violação de uma marca surgirá quando, entre outros, ocorrerem os seguintes atos na internet ou nas mídias sociais sem a permissão do proprietário da marca:

a. uso da marca oferecer, vender, promover ou anunciar um produto ou serviço online;

b. uso da marca como o nome de uma conta de mídias sociais ou o nome de uma loja on-line;

c. uso da marca como uma palavra-chave;

d. uso da marca como uma metatag;

e. uso da marca como uma hashtag;

f. uso da marca para endossar ou promover o produto ou serviço de terceiros."

510. CARVALHO, Nuno Pires de. A estrutura dos sistemas de patentes e marcas: passado, presente e futuro. Rio de Janeiro: Lumen Juris, 2009, p. 631.

"potencial concreto de se gerar dúvida no consumidor e desvirtuar a concorrência", mais que por critérios formais[511].

Representam exceções à aplicação do princípio da especialidade as marcas notoriamente conhecidas.

Procedimento do registro. Apresentado o pedido de registro, ele é submetido a exame formal preliminar (art. 156). Os pedidos devem ser publicados para fins de oposição por parte de possíveis interessados (art. 158). Somente após a publicação o INPI decidirá sobre a viabilidade do registro (art. 159), que será deferido ou não (art. 160).

Legitimação para requerer o registro. Podem requerer registro de marca as pessoas físicas ou jurídicas de direito público ou de direito privado (art. 128).

Marca não registrada. A marca não registrada, denominada por Newton Silveira marca de fato[512], não goza da proteção das marcas registradas: quando efetivamente utilizada, ela é protegida pela repressão à concorrência desleal, seja por meio de ações cíveis (Lei nº 9.279/96, art. 207) ou de ação penal, se tipificado algum crime previsto em lei.

4. EFEITOS DO REGISTRO

Nosso sistema de registro de marcas é **atributivo**, ou seja, **só o registro confere direito de propriedade**, assegurando ao titular seu uso exclusivo em todo o território nacional (Lei nº 9.279/96, art. 129)[513].

A **exclusividade de uso encontra alguns *limites***, não podendo o titular da marca: "I – impedir que comerciantes ou distribuidores utilizem sinais distintivos que lhes são próprios, juntamente com a marca do produto, na sua promoção e comercialização; II – impedir que fabricantes de acessórios utilizem a marca para indicar a destinação do produto, desde que obedecidas as práticas leais de concorrência; III – impedir a livre circulação de produto colocado no mercado interno, por si ou por outrem com seu consentimento, ressalvado o disposto nos §§ 3º e 4º do art. 68; e IV – impedir a citação da marca em discurso, obra científica ou literária ou qualquer outra publicação,

---

511. STJ, REsp 1.258.662/PR, Terceira Turma, Rel. Min. Marco Aurélio Bellizze, v.u. 02/02/2016, ementa (transcrição parcial): "1. Na esteira dos precedentes do STJ, o registro de marcas semelhantes, ainda que em classe distintas, porém destinadas a identificar produtos ou serviços que guardem relação de afinidade, inseridos no mesmo segmento mercadológico, devem ser obstados. 2. O princípio da especialidade não se restringe à Classificação Internacional de Produtos e Serviços, devendo levar em consideração o potencial concreto de se gerar dúvida no consumidor e desvirtuar a concorrência. Precedentes".

512. SILVEIRA, Newton. Propriedade intelectual. 5ª ed., rev. e ampl. Barueri, SP: Manole, 2014, p. 25.

513. BRASIL. STJ, REsp 899.839/RJ, Terceira Turma, Rel. Min. Massami Uyeda, v.u. 17/08/2010, DJe 01/10/2010, ementa (transcrição parcial): "II – O sistema jurídico pátrio adota o sistema atributivo, segundo o qual, somente com o registro da marca no Instituto Nacional da Propriedade Nacional é que se garante o direito de propriedade e de uso exclusivo ao seu titular, a não ser que se trate de marca notoriamente conhecida;".

desde que sem conotação comercial e sem prejuízo para seu caráter distintivo" (Lei nº 9.279/96, art. 132).

Marcas que revelam expressões de uso comum, ainda que em idioma estrangeiro, podem ser registradas, mas não asseguram a exclusividade do seu uso[514].

Ficam também assegurados pelo registro os seguintes direitos do seu titular (art. 130): "I – ceder seu registro ou pedido de registro; II – licenciar seu uso; III – zelar pela sua integridade material ou reputação".

Prescrição. Prescreve em 5 (cinco) anos a ação para reparação de dano causado ao direito de propriedade industrial (Lei nº 9.279/96, art. 132)[515].

Violação de direito sobre a marca. O uso indevido de marca registrada gera para o prejudicado direito ao ressarcimento dos prejuízos a ele causados (art. 209)[516], bem como a indenização por danos morais[517]. Mas a jurisprudência do Superior Tribunal de Justiça entende que a procedência da ação, em ambos os casos, deriva diretamente da prova da violação do direito, não do prejuízo efetivo.

5. PROIBIÇÕES DE REGISTRO

Dispõe o artigo 124 da Lei nº 9.279/96 que não são registráveis como marca:

> I – brasão, armas, medalha, bandeira, emblema, distintivo e monumento oficiais, públicos, nacionais, estrangeiros ou internacionais, bem como a respectiva designação, figura ou imitação;
>
> II – letra, algarismo e data, isoladamente, salvo quando revestidos de suficiente forma distintiva;

---

514. STJ, AgInt no REsp 1.338.834/SP, Quarta Turma, Rel. Min. Luis Felipe Salomão, v.u. 16/02/2017, com citação de precedentes, ementa (transcrição parcial): "1. Marcas fracas ou evocativas, que constituem expressão de uso comum, de pouca originalidade e sem suficiente forma distintiva atraem a mitigação da regra de exclusividade do registro e podem conviver com outras semelhantes. Precedentes do STJ. 2. Na hipótese vertente, consoante a dicção do Tribunal a quo, o vocábulo insalata, em que pese o fato de não ser comum no vernáculo, é expressão corriqueira no idioma italiano, significando, simplesmente, 'salada'. Dessa forma, não é possível a apropriação exclusiva da marca, máxime ante o caráter corrente e habitual que permeia a expressão nupercitada (sic)".

515. A Súmula 143 do STJ, editada na vigência da legislação anterior, segue no mesmo sentido: "Prescreve em cinco anos a ação de perdas e danos pelo uso de marca comercial".

516. STJ, REsp 1.674.375/SP, Terceira Turma, Rel. Min. Nancy Andrighi, v.u. 07/11/2017, com citação de precedentes, ementa (transcrição parcial): "3 – Os prejuízos causados pelo uso não autorizado de marca alheia prescindem de comprovação, pois se consubstanciam na própria violação do direito do titular, derivando da natureza da conduta perpetrada. A demonstração do dano se confunde com a demonstração da existência do fato, cuja ocorrência é premissa assentada pelo acórdão recorrido".

517. STJ, AgInt no REsp 1.444.464/SP, Quarta Turma, Rel. Min. Raul Araújo, v.u. 28/11/2017, ementa (transcrição parcial): "3. A jurisprudência do Superior Tribunal de Justiça consolidou o entendimento de que, na hipótese de contrafação de marca, a procedência do pedido de condenação do falsificador em danos materiais e morais deriva diretamente da prova que revele a existência de contrafação".

III – expressão, figura, desenho ou qualquer outro sinal contrário à moral e aos bons costumes ou que ofenda a honra ou imagem de pessoas ou atente contra liberdade de consciência, crença, culto religioso ou ideia e sentimento dignos de respeito e veneração;

IV – designação ou sigla de entidade ou órgão público, quando não requerido o registro pela própria entidade ou órgão público;

V – reprodução ou imitação de elemento característico ou diferenciador de título de estabelecimento ou nome de empresa de terceiros, suscetível de causar confusão ou associação com estes sinais distintivos;

VI – sinal de caráter genérico, necessário, comum, vulgar ou simplesmente descritivo, quando tiver relação com o produto ou serviço a distinguir, ou aquele empregado comumente para designar uma característica do produto ou serviço, quanto à natureza, nacionalidade, peso, valor, qualidade e época de produção ou de prestação do serviço, salvo quando revestidos de suficiente forma distintiva;

VII – sinal ou expressão empregada apenas como meio de propaganda;

VIII – cores e suas denominações, salvo se dispostas ou combinadas de modo peculiar e distintivo;

IX – indicação geográfica, sua imitação suscetível de causar confusão ou sinal que possa falsamente induzir indicação geográfica;

X – sinal que induza a falsa indicação quanto à origem, procedência, natureza, qualidade ou utilidade do produto ou serviço a que a marca se destina;

XI – reprodução ou imitação de cunho oficial, regularmente adotada para garantia de padrão de qualquer gênero ou natureza;

XII – reprodução ou imitação de sinal que tenha sido registrado como marca coletiva ou de certificação por terceiro, observado o disposto no art. 154;

XIII – nome, prêmio ou símbolo de evento esportivo, artístico, cultural, social, político, econômico ou técnico, oficial ou oficialmente reconhecido, bem como a imitação suscetível de criar confusão, salvo quando autorizados pela autoridade competente ou entidade promotora do evento;

XIV – reprodução ou imitação de título, apólice, moeda e cédula da União, dos Estados, do Distrito Federal, dos Territórios, dos Municípios, ou de país;

XV – nome civil ou sua assinatura, nome de família ou patronímico e imagem de terceiros, salvo com consentimento do titular, herdeiros ou sucessores;

XVI – pseudônimo ou apelido notoriamente conhecidos, nome artístico singular ou coletivo, salvo com consentimento do titular, herdeiros ou sucessores;

XVII – obra literária, artística ou científica, assim como os títulos que estejam protegidos pelo direito autoral e sejam suscetíveis de causar confusão ou associação, salvo com consentimento do autor ou titular;

XVIII – termo técnico usado na indústria, na ciência e na arte, que tenha relação com o produto ou serviço a distinguir;

XIX – reprodução ou imitação, no todo ou em parte, ainda que com acréscimo, de marca alheia registrada, para distinguir ou certificar produto ou serviço

> idêntico, semelhante ou afim, suscetível de causar confusão ou associação com marca alheia;
>
> XX – dualidade de marcas de um só titular para o mesmo produto ou serviço, salvo quando, no caso de marcas de mesma natureza, se revestirem de suficiente forma distintiva;
>
> XXI – a forma necessária, comum ou vulgar do produto ou de acondicionamento, ou, ainda, aquela que não possa ser dissociada de efeito técnico;
>
> XXII – objeto que estiver protegido por registro de desenho industrial de terceiro; e
>
> XXIII – sinal que imite ou reproduza, no todo ou em parte, marca que o requerente evidentemente não poderia desconhecer em razão de sua atividade, cujo titular seja sediado ou domiciliado em território nacional ou em país com o qual o Brasil mantenha acordo ou que assegure reciprocidade de tratamento, se a marca se destinar a distinguir produto ou serviço idêntico, semelhante ou afim, suscetível de causar confusão ou associação com aquela marca alheia.

Conflito entre registro de nome comercial e de marca. A propósito do artigo 124, V, da Lei da Propriedade Industrial, decidiu o Superior Tribunal de Justiça que tanto o registro do nome comercial (abrangendo a denominação social e o nome de fantasia), quanto o da marca conferem ao empresário o direito de usá-los, com exclusividade, em todo o território nacional, como título de estabelecimento, de maneira que a anterioridade do registro do nome comercial prevalece sobre o registro da marca, se esse for o único fundamento do pedido de abstenção do uso[518].

Na colidência entre o registro da marca e o do nome comercial, entendeu o Superior Tribunal de Justiça que o titular da marca não tem o direito de incluí-la na sua denominação social, se outra sociedade já está registrada na Junta Comercial com o mesmo nome[519-520].

---

518. STJ, REsp 30.636/SC, Quarta Turma, Rel. Min. Sálvio de Figueiredo Teixeira, v.u. 14/09/93, que se tornou *leading case*. No mesmo sentido: STJ, REsp 67.173/PE, Terceira Turma, rel. Min. Costa Leite, v.u. 09/04/96.

519. BRASIL. STJ, REsp 35.806/SP, Quarta Turma, rel. p/ acórdão Min. Ruy Rosado de Aguiar, decisão por maioria em 9/12/97, DJ 24/08/1998, p. 90. No mesmo sentido: AgRg no Ag 462.456/SP, Terceira Turma, Rel. Carlos Alberto Menezes Direito, v.u.15/05/2003, DJ 23/06/2003 p. 357.

520. BRASIL. STJ, AgInt no REsp 1.265.680/RJ, Quarta Turma, Rel. Min. Raul Araújo, v.u. 11/05/2021, DJe 18/05/2021, ementa: "MARCÁRIO E PROCESSUAL CIVIL. AGRAVO INTERNO NO RECURSO ESPECIAL. AÇÃO INIBITÓRIA CUMULADA COM INDENIZAÇÃO. COLIDÊNCIA DE MARCAS E NOME EMPRESARIAL. AUSÊNCIA DE CONTRAFAÇÃO. SIGNO IMPUGNADO QUE CONSTITUI PATRONÍMICO DO REPRESENTANTE LEGAL DA RÉ. AUSÊNCIA DE SIMILITUDE ENTRE OS LAYOUTS E PRODUTOS COMERCIALIZADOS PELAS PARTES. REEXAME DE FATOS E PROVAS (SÚMULA 7/STJ). ALEGAÇÃO DE FATO NOVO. INVIABILIDADE DO EXAME. AGRAVO INTERNO DESPROVIDO.1. Esta Corte tem entendimento de que eventual colidência entre nomes empresariais e marcas não deve ser solucionada somente sob a ótica do princípio da anterioridade do registro, devendo ser levados em consideração os princípios da territorialidade, no que concerne ao âmbito geográfico de proteção, bem como da especificidade, quanto ao tipo de produto e serviço, como corolário da necessidade de se evitar erro, dúvida ou confusão entre os usuários. Precedentes. 2. No caso, o Tribunal de origem concluiu pela ausência de

Sendo a marca notória (art. 67, *caput*, da Lei nº 5.772/71), a qual depende da declaração de notoriedade pelo INPI[521], o seu titular pode impedir que outra empresa a inclua no seu nome comercial[522]. O titular de marca de alto renome tem o direito de impedir o registro de nome de associação que a usa "para reunir forças contra o titular"[523].

Admite a jurisprudência que, havendo colidência entre marca e parte do nome comercial, sendo distintas as atividades das duas empresas, "determina-se ao proprietário do nome que se abstenha de utilizar isoladamente a expressão que constitui a marca registrada pelo outro, terceiro, de propriedade desse, sem prejuízo da utilização do seu nome comercial por inteiro"[524].

Afirmou a I Jornada de Direito Comercial que: "Decisão judicial que considera ser o nome empresarial violador do direito de marca não implica a anulação do respectivo registro no órgão próprio nem lhe retira os efeitos, preservado o direito de o empresário alterá-lo."[525]. Também ficou decidido nessa Jornada que: "A vedação de registro de marca que reproduza ou imite elemento característico ou diferenciador de nome empresarial de terceiros, suscetível de causar confusão ou associação (art. 124, V, da Lei n. 9.279/1996),

contrafação com base nas seguintes circunstâncias: a) o signo impugnado consiste em patronímico do representante legal da ré e vem sendo utilizado pela família, em outras sociedades empresárias, desde 1983; b) os layouts não se assemelham e as atividades comerciais são diversas e voltadas para públicos diferenciados (a autora explora ramo de moda e vestuário, inclusive no mercado internacional, destinado aos públicos masculino e feminino com alto poder aquisitivo, enquanto a ré explora o ramo de bolsas e sapatos destinados ao público feminino restrito de uma única loja no mercado local), inexistindo possibilidade de confusão ou dúvidas nos respectivos consumidores.

521. BRASIL. STJ, EDcl nos EDcl no AgRg no REsp 653.609/MG, Quarta Turma, rel. Min. Jorge Scartezzini, v.u. 19/05/2005, DJ 27/06/2005, p. 408, ementa (transcrição parcial): "11. À caracterização de 'marca notória' (art. 67, caput, da Lei nº 5.772/71), a gozar de tutela especial impeditiva do registro de marcas idênticas ou semelhantes em todas as demais classes e itens, perfaz-se imprescindível a declaração de notoriedade pelo INPI, com a concessão do registro em aludida categoria especial.".

522. BRASIL. STJ, EDcl no REsp 50.609/MG, Quarta Turma, rel. Min. Sálvio de Figueiredo Teixeira, v.u. 11/12/97, DJ 02/02/1998 p. 108, ementa (transcrição parcial): "II – Sendo notória a marca, porém, tem a empresa titular o direito de impor-lhe respeito, porque pode, em regra, a razão social ser utilizada em qualquer documento da sociedade, a colidir com o propósito de evitar-se o uso indiscriminado da referida marca que guarda característica diferenciada".

523. BRASIL. STJ, REsp 758.597/DF, Terceira Turma, Rel. Min. Castro Filho, Rel. p/ acórdão Min. Ari Pargendler, decisão por maioria 18/04/2006, DJ 30/06/2006, p. 218, ementa: "MARCA. USO INDEVIDO, POR ASSOCIAÇÃO DE EX-REVENDEDORES, DA MARCA "FORD". Sendo a marca objeto de propriedade, seu titular tem o direito exclusivo ao respectivo uso em qualquer âmbito, sempre que, registrada no Brasil, for considerada de alto renome (Lei nº 9.279/96, art. 125) ou for notoriamente conhecida em seu ramo de atividade (art. 126); quem a usa para reunir forças contra o seu titular viola a proteção que a lei confere à marca. Recurso especial não conhecido."

524. BRASIL. STJ, REsp 119.998/SP, Quarta Turma, rel. Min. Sálvio de Figueiredo Teixeira, v.u. 9/03/99, DJ 10/05/1999, p. 177; RSTJ vol. 117, p. 424, ementa (transcrição parcial).

525. BRASIL. CJF. I Jornada de Direito Comercial, Enunciado 1.

deve ser interpretada restritivamente e em consonância com o art. 1.166 do Código Civil."[526].

Confusão com marca alheia. Atendendo ao interesse do titular da marca, o art. 124, XIX, da Lei da Propriedade Industrial impede o registro como marca de: "reprodução ou imitação, no todo ou em parte, ainda que com acréscimo, de marca alheia registrada, para distinguir ou certificar produto ou serviço idêntico, semelhante ou afim, suscetível de causar confusão ou associação com marca alheia".

Esse dispositivo legal deve ser interpretado em conjunto com a legislação sobre defesa da concorrência, porque o registro abusivo de marcas pode servir de instrumento ao abuso de poder econômico. Nesse caso, ela não poderá ser registrada.

A Lei nº 9.279/96 dá o mesmo valor à proteção do nome empresarial e da marca (art. 124, V). O registro do nome comercial (abrangendo a denominação social e o nome de fantasia), quanto o da marca conferem ao empresário o direito de usá-los, com exclusividade, em todo o território nacional, como título de estabelecimento, de maneira que a anterioridade do registro do nome comercial prevalece sobre o registro da marca, se esse for o único fundamento do pedido de abstenção do uso[527], "ainda mais quando no mesmo ambiente de mercado"[528].

Não se pode esquecer, no entanto, que o fundamento da proteção do nome será sempre o *uso*, por falta de lei que disponha em sentido contrário.

Tipicidade penal. Nos casos previstos no artigo 191 da Lei nº 9.279/96, o uso indevido de sinais distintivos configura crime.

6. NULIDADE DO REGISTRO

É nulo o registro concedido em desacordo com a lei, podendo a nulidade ser total ou parcial (Lei nº 9.279/96, art. 195). A nulidade, que será declarada no **âmbito administrativo** quando o registro tiver sido concedido com infringência do disposto na Lei da Propriedade Industrial (art. 168), produzirá **efeito a partir da data do depósito do pedido** (art. 167).

A **ação judicial** de nulidade poderá ser proposta pelo INPI ou por qualquer pessoa com legítimo interesse (art. 173), cabendo pedido liminar de suspensão dos efeitos do registro e do uso da marca (art. 173, parágrafo único). Foro competente é o da Justiça Federal, e o INPI, quando não for autor, intervirá no feito (art. 175). O prazo prescricional é de 5 (cinco) anos, contados da data da concessão (art. 174).

---

526. BRASIL. CJF. I Jornada de Direito Comercial, Enunciado 2.

527. STJ, REsp 30.636/SC, Quarta Turma, Rel. Min. Sálvio de Figueiredo Teixeira, v.u. 14/09/93; STJ, REsp 67.173/PE, Terceira Turma, rel. Min. Costa Leite, v.u. 09/04/96.

528. STJ, REsp 284.742/SP, Terceira Turma, rel. Min. Carlos Alberto Menezes Direito, v.u. 20/08/2001.

Transitada em julgado a decisão da ação de nulidade, o **INPI publicará anotação**, para ciência de terceiros (art. 175, § 2º).

7. CESSÃO CONVENCIONAL

O registro da marca, bem como o pedido de registro, pode ser cedido a terceiros (Lei nº 9.279/96, art. 130, I).

Admite-se, igualmente, o licenciamento dela (arts. 139 e segs.). O direito de uso pode ser cedido em caráter exclusivo ou não, e o contrato irá viger pelo prazo máximo do registro da marca, podendo ser prorrogado a cada 10 anos.

O contrato pode ser gratuito, mas, em regra será remunerado por meio do pagamento de *royalties*[529].

8. PERDA DO DIREITO SOBRE A MARCA

O registro da marca extingue-se nos seguintes casos (Lei nº 9.279/96, art. 142):

> I – pela expiração do prazo de vigência;
>
> II – pela renúncia, que poderá ser total ou parcial em relação aos produtos ou serviços assinalados pela marca;
>
> III – pela caducidade;
>
> IV – caso a pessoa domiciliada no exterior deverá constituir e manter procurador devidamente qualificado e domiciliado no País, com poderes para representá-la administrativa e judicialmente, inclusive para receber citações, como exigido pelo artigo 217 da mesma lei.

De acordo com o art. 133, da Lei 9.279/96, o registro da marca vigorará pelo **prazo de 10 (dez) anos, contados da data da concessão do registro, prorrogável por períodos iguais ou sucessivos.** O pedido deverá ser formulado durante o último ano de vigência do registro, instruído com o comprovante do pagamento da respectiva retribuição; caso não tenha sido efetuado até o termo final da vigência do contrato, o titular poderá fazê-lo nos 6 meses subsequentes, mediante o pagamento de retribuição adicional.

Caducidade. A fim de evitar o abuso do direito no registro de marcas a lei determina a sua caducidade: a) se o seu uso não se iniciar, no Brasil, no prazo de 5 anos; b) se o seu uso tiver sido interrompido por mais de 5 (cinco) anos consecutivos, ou se, no mesmo prazo, a marca tiver sido usada com modificação que implique alteração de seu caráter distintivo original, tal como constante do certificado de registro (art. 143, I e II). Haroldo Verçosa assinala que: "Nessa última hipótese, o titular, na verdade, estaria

529. BARBOSA, Cláudio Roberto. Propriedade intelectual e contratos intelectuais. In: CARVALHOSA, Modesto (coord.). Tratado de direito empresarial. Vol. IV. São Paulo: Ed. Revista dos Tribunais, 2016, p. 404.

se valendo de marca não registrada, com abandono do uso da marca fora deferido em seu favor"[530].

Mas a caducidade ficará afastada se o titular justificar o desuso da marca por razões legítimas, após ser intimado (art. 143, §§ 1º e 2º e 145).

VI. INDICAÇÕES GEOGRÁFICAS

A lei dedica um título às "indicações geográficas"[531], que abrangem as indicações **de procedência** e as **denominações de origem** (Lei nº 9.279/96, arts. 176 e segs.).

A distinção entre indicações de procedência e denominações de origem teve início no direito francês, no qual ocupa um lugar de destaque. Nos demais países da União Europeia ela não é tão marcante referindo-se, principalmente, às indicações de procedência[532]. O Brasil revela diversos registros em ambas as categorias[533].

A proteção das indicações de procedência é tradicional no direito brasileiro, sendo o nosso país um dos doze a aderir ao Acordo de Madri relativo à repressão às falsas indicações de procedência, assinado em 1891[534]. Essa proteção se estende à representação gráfica ou figurativa da indicação geográfica, bem como à representação geográfica de país, cidade, região ou localidade de seu território cujo nome seja indicação geográfica (art. 179).

O registro de marca que contenha indicação geográfica é permitido, desde que ela não induza falsa procedência (art. 181). Mas, quando o nome geográfico se houver tornado de uso comum, designando produto ou serviço, não será considerado indicação geográfica (art. 180). Por exemplo: o queijo de minas, originariamente produzido em Minas Gerais,

---

530. VERÇOSA, Haroldo Malheiros Duclerc. Direito comercial: teoria geral. Vol. 1, 4ª ed., rev. atual. e ampl. São Paulo: Revista dos Tribunais (Direito comercial, vol. 1), 2014, p. 346.

531. O parágrafo único do art. 8º da Portaria INPI nº 4/22 dispõe que o registro das indicações geográficas é de natureza declaratória e implica o seu reconhecimento. Dessa forma, a IG não é um processo de criação, mas de reconhecimento de uma situação jurídica pré-existente, por meio do qual o INPI protege um nome geográfico.

532. O conceito doutrinário de indicações de procedência é genérico e uniforme em toda a União Europeia, ao contrário da noção de denominação de origem (ULMER, Eugen. La répression de la concurrence déloyale dans les Etats membres de la Communauté Economique Européenne. Tomo I – Droit comparé. Paris: Dalloz, 1967, p. 138-139).

533. SEBRAE. Indicações geográficas brasileiras: Brazilian geographical indications: indicaciones geográficas brasileñas. Hulda Oliveira Giesbrecht, Raquel Beatriz Almeida de Minas, Marcos Fabrício Welge Gonçalves, Fernando Henrique Schwanke. Brasília: SEBRAE, INPI, 2016.

534. IDS – INSTITUTO DANNEMANN SIEMSEN DE ESTUDOS JURÍDICOS E TÉCNICOS. Comentários à Lei da Propriedade Industrial. 3ª ed. Rio de Janeiro: Renovar, 2013, p. 395-397, apresenta um histórico da nossa legislação, desde 1923.

é hoje produzido em todo o Brasil sob essa denominação[535], ao contrário do queijo da Canastra, também produzido em Minas Gerais o qual, como veremos adiante, conta com indicação de procedência reconhecida pelo INPI.O INPI poderá estabelecer condições para o registro de indicações geográficas (art. 182, parágrafo único).

Indicações de procedência. A proteção das indicações de procedência também é tradicional no direito brasileiro, sendo o nosso país um dos 12 a aderir ao Acordo de Madrid relativo à repressão às falsas indicações de procedência, assinado em 1891. Essa proteção se estende à representação gráfica ou figurativa da indicação geográfica, bem como à representação geográfica de país, cidade, região ou localidade de seu território cujo nome seja indicação geográfica (art. 179).

A indicação de procedência, em nosso direito, pode se referir a um centro de extração, produção ou fabricação de um determinado produto, ou de prestação de determinado serviço (Lei nº 9.279/96, art. 177), não se exigindo que as condições particulares do local tenham contribuído para esse renome. A cidade de Gramado, no Rio Grande do Sul, é conhecida pela produção de chocolates, sem que o local tenha alguma influência sobre esses produtos. De outro lado, o queijo Canastra, por exemplo, é produzido ao redor do Parque Nacional da Serra da Canastra, no sudoeste do estado de Minas Gerais. O meio geográfico e a tradição se unem para a produção de um queijo artesanal feito de leite cru, com sabor característico, que é um dos cinco queijos nacionais com indicação geográfica reconhecida pelo INPI, em 2012.

O Porto Digital, um polo de tecnologia da informação criado no Recife há pouco mais de duas décadas, desde 2012 ostenta a condição de única indicação geográfica brasileira na área de prestação de serviços[536].

Além da indicação de procedência os produtores podem se valer das marcas para identificar seus produtos e distingui-los dos demais da mesma região.

Denominações de origem. A denominação de origem, tal qual a indicação de procedência, consiste no nome de local em que ocorre a extração, produção ou fabricação de um determinado produto, ou de prestação de determinado serviço, mas, neste caso, os fatores naturais ou humanos dessa região influem na qualidade ou nas características do produto ou serviço (Lei nº 9.279/96, art. 178). Por exemplo: o solo de determinada

---

535. STJ, REsp 989.105/PR, Terceira Turma, Rel. Min. Nancy Andrighi, v.u. 08/09/2009, ementa (transcrição parcial): " – É permitido o registro de marca que utiliza nome geográfico, desde que esse nome seja utilizado como sinal evocativo e que não constitua indicação de procedência ou denominação de origem".

536. O Porto Digital, no Recife, comprovou ter se tornado conhecido como um local de prestação de serviços de Tecnologia da Informação e Comunicação (TIC) através de desenvolvimento, manutenção e suporte (Instituto Nacional da Propriedade Industrial. Indicação de procedência. Disponível em: <https://manualdemarcas.inpi.gov.br/projects/manual-de-indicacoes-geograficas/wiki/02_Indica%C3%A7%C3%A3o_Geogr%C3%A1fica_e_esp%C3%A9cies_de_registro#:~:text=Indica%C3%A7%C3%A3o%20Geogr%C3%A1fica%20(IG)%20%C3%A9%20um,Denomina%C3%A7%C3%A3o%20de%20Origem%20(DO))>.

parte do vale do rio Douro, em Portugal, é determinante para as características do vinho do Porto, sem esquecermos de que o mesmo ocorre na região de Champagne, cujos espumantes gozam de fama mundial.

Entre nós, o Vale dos Vinhedos, no Rio Grande do Sul, cujo clima apresenta peculiaridades em relação aos demais grupos climáticos encontrados na vitivinicultura mundial constitui, desde 2012, a primeira denominação de origem para vinhos do Brasil[537].

O setor de cafés, produto fortemente ligado à história econômica nacional, abriga 13 indicações geográficas, o maior número do país[538].

VII. CONCORRÊNCIA DESLEAL

1. ELEMENTOS ESSENCIAIS

O tema "liberdade de concorrência" pode ser dividido, inicialmente, em duas partes: as proibições à concorrência e as situações de abuso concorrencial. As **proibições à concorrência** são determinadas pela lei, gerando direito subjetivo, ou estipuladas em contrato. As situações de **abuso concorrencial** representam o mau uso da liberdade de concorrência.

Nas proibições de concorrer, qualquer ato competitivo é, em si mesmo, ilícito, independentemente da prova da culpa do violador dessa proibição. Trata-se de uma ilicitude objetiva. Quem explora uma invenção patenteada, ou usa uma marca registrada, pratica ato ilícito, ainda que ignore a existência de outrem.

No campo dos abusos da liberdade de concorrência, o que se protege é a possibilidade, para aquele que explora a empresa, de conseguir o lucro que pode vir de sua atividade, se puder fazê-lo em regime de livre concorrência. É por isto que se pode afirmar, com Ascarelli que as normas sobre concorrência desleal não limitam, em absoluto, a concorrência, garantem seu efetivo funcionamento, assegurando, a cada um, o direito à lealdade dela[539].

Como em todos os casos de abuso, a **culpa ou dolo do agente é elemento necessariamente integrante da ilicitude**, que não deriva da concorrência em si, mas da deslealdade concorrencial. Como regra geral o abuso decorre da relação entre concorrentes que estão presentes no mesmo mercado, mas o comportamento desleal pode se revelar, ainda: a) na supressão intencional da concorrência; b) na exploração maliciosa da situação de fato da ausência de concorrentes.

537. Instituto Nacional da Propriedade Industrial. Registro de Indicação Geográfica nº IG201008. Data do registro: 25/09/2012.

538. Geografia dos sabores. Pesquisa FAPESP, novembro de 2021, nº 309, p. 34-41. Disponível em: www.revistapesquisa.fapesp.br.

539. ASCARELLI, Tullio. Teoría de la concurrencia y de los bienes inmateriales. Barcelona: Bosch, 1970, p. 172.

A tônica na deslealdade leva Tullio Ascarelli a precisar que a tipicidade penal da concorrência desleal não tem por objeto um "abuso" no exercício de uma atividade lícita, nem se refere a uma simples limitação ao exercício de uma atividade de outro modo lícita[540].

O direito estrangeiro não revela uniformidade em matéria de concorrência desleal. O que pode caracterizar ato ilícito em determinado direito nacional pode revelar-se lícito em outro, e o acordo TRIPs pouco se dedica a esse tema.

De outro lado, a **propriedade industrial está fundada sobre direitos subjetivos; portanto, o titular do interesse lesado só precisa comprovar a violação do direito, não a má-fé**.

No que se refere à concorrência desleal, a necessidade de comprovação da má-fé está sempre presente, pois o dano só se manifesta no exercício da atividade.

A punibilidade decorre do abuso do direito ou da ausência de interesse manifesto ou socialmente legítimo no exercício do ato ou no desempenho da atividade. (Código Civil, arts. 186 a 188) O ato é abusivo quando destituído de qualquer utilidade para o seu titular, e potencialmente danoso para a coletividade. Ou, quando há uma desproporção grosseira entre a utilidade retirada da atividade pelo agente e o custo social dessa atividade, em termos de sacrifício de interesses alheios[541].

O que se tutela não é a concorrência como bem reservado, como ocorre na proteção à marca, por exemplo, em que a lei reserva a utilização ao titular do registro, e, sim a possibilidade, para aquele que explora a empresa, de conseguir o lucro que pode vir de sua atividade, se puder fazê-lo em regime de livre concorrência.

A definição constante da Convenção de Paris (art. 10 bis, alínea 2) é geralmente aceita: "**Constitui ato de concorrência desleal qualquer ato de concorrência contrário aos usos honestos em matéria comercial e industrial**". É preciso, portanto, examinar o âmbito da concorrência e o caráter da deslealdade.

Concorrência empresarial. Concorrência desleal implica concorrência econômica. O direito concorrencial abrange, em nosso País, todas as empresas, pois se refere à concorrência empresarial. Assim, a situação objetiva de concorrência deve ser de **natureza empresarial**. Se um comerciante difama outro durante uma campanha eleitoral em que um deles ou ambos são candidatos, por exemplo, não se está no campo da concorrência empresarial.

As **empresas imobiliárias e agrícolas** submetem-se às regras de concorrência desleal. O mesmo se aplica às **empresas estatais**. Em sentido diverso, os profissionais liberais têm um direito próprio, corporativo, que não se confunde com o direito concorrencial,

540. ASCARELLI, Tullio. Ob. Cit., p. 200.

541. COMPARATO, Fábio Konder. Novos ensaios e pareceres de direito empresarial. Rio de Janeiro: Forense, 1981, p. 346-347.

ainda que as associações profissionais possam estar sujeitas às sanções por abuso de poder econômico nos mercados[542].

Deslealdade. As práticas contrárias aos "usos honestos em matéria comercial e industrial" devem ser aferidas concretamente, isto é, em determinada época e em determinado mercado. A punibilidade decorre do abuso do direito ou da ausência de interesse manifesto ou socialmente legítimo no exercício do ato ou no desempenho da atividade. O ato é abusivo quando destituído de qualquer utilidade para o seu titular, e potencialmente danoso para a coletividade. Ou, quando há uma desproporção grosseira entre a utilidade retirada da atividade pelo agente e o custo social dessa atividade, em termos de sacrifício de interesses alheios[543].

Não há necessidade de se provar a consciência da deslealdade, por parte do infrator. A ignorância da desonestidade objetiva não aproveita. A deslealdade também não precisa ter por finalidade o proveito próprio, pode visar a impedir qualquer atividade econômica do concorrente, levando-o à insolvência.

A prova do prejuízo efetivo não é essencial à caracterização dos atos de concorrência desleal, pois os atos que a constituem são sempre *de perigo*[544].

Em conclusão, os atos de concorrência desleal caracterizam a violação de um dever não contratual de conduta ou de comportamento, não de um dever de incolumidade objetiva, pois toda concorrência é, em princípio, danosa. Todavia, a deslealdade punível não ocorre somente na concorrência atual como também na *concorrência potencial.* Aquele que se prepara para ingressar no ramo em que o outro está estabelecido pode agir deslealmente para tirar o último do mercado[545]. E aquele já estabelecido também pode agir deslealmente para impedir o ingresso do empresário que se prepara para formar a sua clientela.

Qualquer situação de concorrência entre empresas pode ensejar a aplicação das regras de repressão à deslealdade concorrencial, de maneira que a inexistência de qualificações

---

542. FORGIONI, Paula. Os fundamentos do antitruste. São Paulo: Ed. Revista dos Tribunais, 1998, p. 146-147, sustenta a possibilidade de punição dos profissionais liberais, ou suas associações, por abuso de poder econômico.

543. COMPARATO, Fábio Konder. Novos ensaios e pareceres de direito empresarial. Rio de Janeiro: Forense, 1981, p. 346-347.

544. ASCARELLI, Tullio. Teoría de la concurrencia e de los bienes inmateriales. Barcelona: Bosch, 1970, p. 202.

545. DELMANTO, Celso. Crimes de concorrência desleal. São Paulo: J. Bushatsky, 1975, p. 22; MOSCO, Luigi. La concorrenza sleale. Napoli: Eugenio Jovene, 1956, p. 163. STF, RE 116.089/RJ, Primeira Turma, Rel. Min. Sydney Sanches, v.u. 07/03/89, ementa (transcrição parcial): "A concorrência desleal pode ocorrer, em tese, até mesmo quando alguém, como concorrente potencial, queira prejudicar a outrem, que, já atuando na mesma área, lhe possa afetar os interesses futuros. E pouco importa que tais concorrentes, um em potencial, outro já atuante, integrem empresas vinculadas".

idênticas para ambas as concorrentes é irrelevante para a caracterização do crime, pois a competição desleal faz depender a aplicação dos seus princípios das circunstâncias *de fato*[546]. Por exemplo, ela pode se revelar entre: fornecedores ou vendedores; consumidores ou compradores de matérias-primas ou produtos industriais; empresas de setores econômicos diversos: comerciante atacadista x fabricante, por exemplo; empresas fabricantes ou distribuidoras de produtos diversos, mas funcionalmente iguais como, por exemplo, manteiga e margarina.

Basta um só ato para caracterizar a concorrência desleal, não sendo preciso provar uma atividade.

É importante observarmos que a **Lei 9.279/96**, tanto em seu artigo 195 (tipos penais) quanto no artigo 209 (norma de natureza civil), trata de **concorrência desleal – visa impedir o dano ao concorrente ou aos concorrentes individualizados**. A Lei Antitruste (Lei 12.529/2011), por sua vez, tem outro objetivo, o de proteger o mercado em geral – composto, inclusive, pela coletividade dos concorrentes. Enquanto a Lei da Propriedade Industrial regula os **direitos e deveres individuais relativos a marcas, patentes e inventos**, a Lei da Concorrência procura impedir que estes direitos sejam utilizados abusivamente para lesar o mercado em geral, restringir a concorrência, visar lucros abusivos etc.

O direito brasileiro não contém uma cláusula geral proibitiva da concorrência desleal, ainda que o art. 195, III, da Lei nº 9.279/96 tenha grande amplitude. Na sua interpretação deve-se aplicar o art. 10 bis, alínea 2 da Convenção da União de Paris, com a seguinte redação: "Constitui ato de concorrência desleal qualquer ato de concorrência contrário aos usos honestos em matéria comercial e industrial"[547].

2. CRIMES

A seguir, e de forma bastante resumida, abordaremos as condutas tipificadas penalmente pela Lei 9.279/96, em seu artigo 195:

2.1. Publicar afirmação falsa

Comete crime de concorrência desleal quem (Lei nº 9.279/96, art. 195, I): publicar "por qualquer meio, falsa afirmação, em detrimento de concorrente, com o fim de obter vantagem"; assim, faz referência à publicidade comercial ou propaganda, aqui tomados

546. DELMANTO, Celso. Ob. Cit., p. 21: "não há, pois, que se indagar se as partes têm qualificações idênticas, se possuem registro, se cumpriram os regulamentos pertinentes às suas atividades, etc. Apenas se faz necessária à tipificação, nesse aspecto, que se encontre uma conexão de rivalidade de fato, uma situação positiva de confronto" (itálicos apostos).

547. ASCENSÃO, José de Oliveira. O princípio da prestação: um novo fundamento para a concorrência desleal. Revista de Direito do Consumidor, nº 44, out-dez/2002, p. 20-48, citação de p. 21-22.

como termos equivalentes[548], como instrumento de captação de clientela[549], pela imprensa ou por qualquer outro meio[550].

A informação deve ser falsa, bem como idônea para causar prejuízo ao concorrente[551].

O elemento subjetivo do tipo é o dolo exigindo, portanto, o conhecimento da falsidade. O fim é denegritório (obter vantagem) e tem natureza econômica[552].

A conduta criminosa pode ser causada por ação ou omissão. Na ação o autor do crime ataca o concorrente; na omissão, cria dúvida sobre ele[553]. Para Marco Antonio Marcondes Pereira não importa se o ataque é à pessoa do concorrente ou ao produto, ao contrário de Gama Cerqueira[554].

A consumação do crime ocorre com a veiculação da mensagem[555].

A legitimação ativa, neste caso, pertence só ao diretamente prejudicado, ao contrário do que ocorre no crime de falsa atribuição de recompensa[556].

2.2. Divulgar informação falsa

Comete crime de concorrência desleal quem: "presta ou divulga, acerca de concorrente, falsa informação, com o fim de obter vantagem" (Lei nº 9.279/96, art. 195, II). A divulgação ocorre desde que a notícia é dada a uma única pessoa[557], por qualquer meio.

A legitimação ativa, neste caso, pertence apenas ao diretamente prejudicado, ao contrário do ocorre no crime de falsa atribuição de recompensa[558].

---

548. BENJAMIN, Antônio Herman de Vasconcellos e. In: GRINOVER, Ada Pellegrini et al. Código brasileiro de defesa do consumidor: comentado pelos autores do anteprojeto. Vol. 1. 10ª ed., rev., atual. e reform., Rio de Janeiro: Forense, 2011, p. 322, define publicidade como "toda a informação dirigida ao público com o objetivo de promover, direta ou indiretamente, uma atividade econômica".

549. PEREIRA, Marco Antonio Marcondes. Concorrência desleal por meio da publicidade. São Paulo: Ed. Juarez de Oliveira, 2001, p. 120.

550. DELMANTO, Celso. Crimes de concorrência desleal. São Paulo: J. Bushatsky, 1975, p. 37-38: "(...) a lei estabeleceu que o concorrente que publicar, pela imprensa ou qualquer outro meio, afirmação falsa em detrimento de rival, procurando conseguir vantagem indevida, estará praticando um dos crimes de concorrência desonesta".

551. PEREIRA, Marco Antonio Marcondes. Ob. Cit., p. 120.

552. PEREIRA, Marco Antonio Marcondes. Ob. Cit., p. 121-122.

553. PEREIRA, Marco Antonio Marcondes. Ob. Cit., p. 122-123.

554. PEREIRA, Marco Antonio Marcondes. Ob. Cit., p. 123.

555. PEREIRA, Marco Antonio Marcondes. Ob. Cit., p. 123.

556. ASCARELLI, Tullio. Teoría de la concurrencia y de los bienes inmateriales. Barcelona: Bosch, 1970, p. 210.

557. DELMANTO, Celso. Ob. Cit., p. 65.

558. ASCARELLI, Tullio. Ob. Cit., p. 210.

2.3. Empregar meio fraudulento para desviar clientela

Comete crime de concorrência desleal quem (Lei nº 9.279/96, art. 195, III): "emprega meio fraudulento, para desviar, em proveito próprio ou alheio, clientela de outrem".

Método fraudulento é "todo ardil usado para induzir alguém a erro"[559]. Pune-se o uso de qualquer meio fraudulento, não importa qual seja; portanto é a modalidade que possui maior latitude[560].

Informação verdadeira com finalidade ilícita. É punível a divulgação de informação *verdadeira* sobre o concorrente, que o denigre, com a finalidade de afastar a sua clientela: o que se pune é o *meio* empregado, que deve ser fraudulento.

Publicidade comparativa. Para o efeito deste estudo, os termos propaganda e publicidade serão considerados sinônimos, ainda que parte da doutrina busque distingui-los.

A Convenção de Paris (1925) somente se refere à falsa notícia. No entanto, os diversos países da Comunidade Europeia, já há trinta anos, legislaram no sentido de que o fato verídico que denigre o concorrente também é punível[561]. Assim, o que distingue o denegrimento da propaganda enganosa, por exemplo, é que nesta os fatos devem ser falsos e no denegrimento podem ser verdadeiros[562].

O Código Brasileiro de Autorregulamentação Publicitária – CONAR admite a propaganda comparativa, mas impõe limites ao seu uso[563].

Nos demais tipos penais, como os previstos nos incisos IV, V, VI e VIII do art. 195, da Lei nº 9.279/96, o concorrente desleal atinge seu objetivo mediante a exploração de uma qualidade do outro; no denegrimento, ele ataca diretamente o outro.

Denegrimento da pessoa e do produto. O denegrimento pode se dirigir à pessoa ou ao produto. Quando se dirige à pessoa ela fica legitimada a agir em nome próprio, tanto no campo civil quanto penal, para defender sua honra. Todavia, em qualquer caso, se a finalidade do denegrimento é atingir o concorrente, caracteriza-se a concorrência desleal.

Descrédito comercial. O descrédito comercial também é punido como modalidade de concorrência desleal, pois visa a afastar concorrente do mercado[564].

559. DELMANTO, Celso. Crimes de concorrência desleal. São Paulo: J. Bushatsky, 1975, p. 81.

560. DELMANTO, Celso. Ob. Cit., p. 79.

561. ULMER, Eugen. La répression de la concurrence déloyale dans les Etats membres de la Communauté Economique Européenne. Tome I – Droit comparé. Paris: Dalloz, 1967, p. 117.

562. KRASSER, Rudolf. France. In: ULMER, Eugen. La répression de la concurrence déloyale dans les Etats membres de la Communauté Economique Européenne – France. Tome IV, Paris: Dalloz, 1972, p. 284.

563. CONAR – Código Brasileiro de Autorregulamentação Publicitária. Disponível em: <www.conar.org.br>. Acesso em 18/08/2017.

564. KRASSER, Rudolf. Ob. Cit., p. 297.

Imputação de práticas comerciais desonestas. A acusação de conduta desonesta de concorrente constitui concorrência desleal, sempre que se caracterizar a prática do ato com a finalidade de desvio de clientela (Lei nº 9.279/96, art. 195, II).

Caso a finalidade seja puramente a vingança pessoal contra o concorrente, não estará caracterizado o crime de concorrência desleal[565], ainda que o fato possa caracterizar crime contra a honra.

Suposta continuação do negócio alheio. A contratação de empregados, em princípio, é ato interno da empresa, sem repercussão no mercado e, como regra, os processos internos da empresa estão excluídos da concorrência desleal, ainda que ilícitos.

Todavia, essa contratação, especialmente se os contratados são administradores, pode se dar com a finalidade de passar para os clientes do antigo empregador a ideia de que o agente é seu sucessor no negócio (Lei nº 9.279/96, art. 195, III). Neste caso, ainda que não esteja tipificada a "falta a dever de emprego", exigida para a consumação do crime previsto no inciso IX do art. 195, da Lei nº 9.279/96 (suborno ativo de empregado), essa contratação pode se dar com a intenção de passar aos clientes do antigo empregador a ideia de que o novo empregador é seu sucessor no negócio alheio.

Ocorrendo esta hipótese, que só poderá ser provada pelo comportamento assumido posteriormente pelo agente, estará caracterizada a concorrência desleal na modalidade prevista no inciso III, ou seja, pelo emprego de meio fraudulento, para desviar, em proveito próprio ou alheio, clientela de outrem.

2.4. Usar expressão ou sinal de propaganda alheios

Comete crime de concorrência desleal quem: "usa expressão ou sinal de propaganda alheios, ou os imita, de modo a criar confusão entre os produtos ou estabelecimentos" (Lei nº 9.279/96, art. 195, IV).

Expressões e sinais de propaganda são sinais "que não se destinam a assinalar a própria mercadoria, mas a atrair a atenção dos consumidores para sua atividade"[566], e, para esse efeito consideramos publicidade e propaganda expressões equivalentes.

A lei da propriedade industrial não confere a esses sinais proteção específica, mas eles podem ser protegidos pelo direito autoral, quando forem dotados de originalidade e criatividade[567].

A finalidade da proteção é a mesma das marcas, o interesse na diferenciação dos produtos. Todavia, a proteção ao signo registrado, como a marca, se dirige diretamente

565. ASCENSÃO, José de Oliveira. Concorrência desleal. Coimbra: Almedina, 2002, p. 509.

566. SILVEIRA, Newton. Curso de propriedade industrial. 2ª ed., São Paulo: Ed. Revista dos Tribunais, 1987, p. 20.

567. IDS – INSTITUTO DANNEMANN SIEMSEN DE ESTUDOS JURÍDICOS E TÉCNICOS. Comentários à Lei da Propriedade Industrial. 3ª ed. Rio de Janeiro: Renovar, 2013, p. 449.

à própria marca, autonomamente considerada. No caso dos *signos não registrados*, como a expressão ou sinal de propaganda, a proteção legal, por meio da concorrência desleal, requer a prova do dano[568].

O uso de elementos de identificação de concorrente na publicidade caracteriza a publicidade enganosa (CDC, art. 37, § 1º).

2.5. Usar nome comercial, título de estabelecimento ou insígnia alheios

Comete crime de concorrência desleal quem: "usa, indevidamente, nome comercial, título de estabelecimento ou insígnia alheios ou vende, expõe ou oferece à venda ou tem em estoque produto com essas referências" (Lei nº 9.279/96, art. 195, V).

Nome. Toda empresa mercantil tem um nome, que a identifica nas relações jurídicas, protegido pela Constituição Federal (art. 5º, XXIX). O Código Civil refere-se ao "nome empresarial", considerando "nome empresarial a firma ou a denominação adotada para o exercício de empresa" (art. 1.155). Para efeito de proteção legal equipara-se ao nome empresarial a denominação das sociedades simples, associações e fundações (art. 1.155, parágrafo único), ainda que a última não exerça atividade empresarial.

A ação de concorrência desleal por uso indevido do nome comercial ou título de estabelecimento admite duas interpretações diversas:

a) a ação de concorrência desleal prevista no artigo 195, V, da Lei nº 9.279/96, ***não* se presta para a simples proteção dos direitos da personalidade, como o direito ao nome, sendo aplicável apenas quando caracterizada a situação de concorrência; caso contrário, o interessado somente teria ação cível para a defesa do seu nome empresarial**;

b) o legislador, na primeira parte do inciso V, acima referido, **estaria protegendo, pura e simplesmente, o nome empresarial, impedindo o seu "uso indevido", sem referência aos valores concorrenciais.**

Poder-se-ia objetar a essa segunda interpretação que nosso direito positivo não contém vedação explícita à concorrência potencial, mas a doutrina[569] e a jurisprudência[570] reconhecem a concorrência potencial como digna de proteção.

568. ASCARELLI, Tullio. Teoría de la concurrencia y de los bienes inmateriales. Barcelona: Bosch, 1970, p. 204.

569. DELMANTO, Celso. Crimes de concorrência desleal. São Paulo: J. Bushatsky, 1975, p. 22, entende que aquele que se prepara para ingressar no ramo em que o outro está estabelecido pode ser sujeito ativo dos delitos.

570. STF, RE 116.089/RJ, Primeira Turma, rel. Min. Sydney Sanches, v.u. 7/03/89, ementa (transcrição parcial): "A concorrência desleal pode ocorrer, em tese, até mesmo quando alguém, como concorrente potencial, queira prejudicar a outrem, que, já atuando na mesma área, lhe possa afetar os interesses futuros. E pouco importa que tais concorrentes, um em potencial, outro já atuante, integrem empresas vinculadas".

O uso de nome empresarial idêntico ao do concorrente (imitação)[571] caracteriza concorrência desleal, ainda que esse entendimento não seja pacífico.

O prejudicado também poderá intentar ações cíveis (Lei nº 9.279/96, art. 207) para resguardar a possibilidade de obtenção de lucros futuros.

Título de estabelecimento e insígnia. O estabelecimento pode ser identificado por um título e uma insígnia. Por exemplo, o nome Casas Pernambucanas, que identifica tradicional estabelecimento varejista, é um título, pois não representa a razão social da empresa. Botica ao Veado D'Ouro, estabelecimento mantido em São Paulo por um século, hoje inexistente, é um título. A representação em dourado do animal referido no título é uma insígnia.

Nem o título de estabelecimento nem a insígnia são, por si mesmos, objeto de registro (Lei nº 9.279/96, art. 124), e o empresário que os usa não tem direito exclusivo ao seu uso. Eles são protegidos por meio de ações cíveis ou penais fundadas na concorrência desleal.

De outro lado, entendeu o Superior Tribunal de Justiça, com razão, que tanto o registro do nome comercial (abrangendo a denominação social e o nome de fantasia), quanto o da marca conferem ao empresário o direito de usar essas expressões, com exclusividade, em todo o território nacional, como título de estabelecimento (REsp 30.636/SC, Quarta Turma, Rel. Min. Sálvio de Figueiredo Teixeira, v.u. 14/09/93).

Estabelecimento virtual. Com a difusão dos negócios por meio da Internet, vamos encontrar um novo tipo de estabelecimento, procurado pela clientela não mais em um endereço físico, mas em um endereço na Internet[572]. A Netflix, por exemplo, opera em mais de 190 países sem que os seus clientes se preocupem em saber onde estão suas instalações. Como afirma Manuel Castells: "A rede é a empresa"[573].

Esse tipo de organização é conhecido como estabelecimento virtual. Ele deixou de estar vinculado à manutenção de estoques para se concentrar no fluxo: fluxo do comércio

---

571. STJ, REsp 62.770/RJ, Terceira Turma, rel. Min. Waldemar Zveiter, v.u. 06/05/97, voto do relator (transcrição parcial): "A jurisprudência desta Corte, reiteradamente, tem afirmado que se deve afastar a utilização em comum por estabelecimentos diversos de nome ou denominação idêntica, quando ambos explorem o mesmo ramo econômico e haja possibilidade de gerar confusão entre aqueles usuários ou consumidores que procurem o produto ou serviço". Precedente: REsp 9.841/SP, Quarta Turma, rel. Min. Athos Carneiro, v.u. 20/08/91.

572. O estabelecimento virtual se constitui em um site na Internet, ao qual se tem acesso digitando os caracteres de um determinado nome de domínio, que se convencionou chamar de endereço do *site*. Cada endereço é baseado no chamado Internet Protocol, ou simplesmente IP, composto de quatro grupos de três dígitos numéricos. Dada a dificuldade de memorização desses endereços foi criado um sistema alfanumérico que converte os números em letras, daí decorrendo um nome de domínio. O acesso a esses nomes de domínio permite o acesso às páginas do *site*, que permitirão a obtenção de informações em geral ou a compra de bens e serviços fornecidos pelo estabelecimento (CAMPOS, Fernando Jucá Vieira de. Nomes de domínio: conflitos com marcas, nomes comerciais e outros direitos. In: ROCHA FILHO, Valdir de Oliveira (coord.). O direito e a Internet. Rio de Janeiro: Forense Universitária, 2002, p. 106).

573. CASTELLS, Manuel. *A galáxia Internet*: reflexões sobre Internet, negócios e sociedade. Lisboa: Calouste Gulbenkian, 2004, p. 90-91.

eletrônico, via Amazon; de pagamentos via PayPal e de pessoas que alugam espaços pelo Airbnb, que não é proprietária de imóveis para alugar. Pode estar vinculada ou não a um estabelecimento tradicional: no primeiro caso, irá representar mais um canal de vendas; no segundo, será o único vínculo entre a empresa e a clientela.

Como o estabelecimento tradicional, o virtual representa um complexo de bens e direitos organizado para o exercício da empresa: bens materiais, como os computadores, e imateriais, como o nome de domínio do *site*, entre outras criações intelectuais. Ainda que a noção tradicional de estabelecimento esteja referida a um local físico, sua definição legal abrange todas as diversas espécies, como se deduz do disposto no artigo 1.192 do Código Civil.

O *marketplace*, por sua vez, é um shopping virtual, que vende bens de diferentes marcas e produtores, atuando como um facilitador entre aquele que realiza a venda e o cliente.

O uso indevido do título de estabelecimento virtual também caracteriza a concorrência desleal.

2.6. Substituir, pelo seu, o nome ou a razão social de outrem

Comete crime de concorrência desleal quem: "substitui, pelo seu próprio nome ou razão social, em produto de outrem, o nome ou razão social deste, sem o seu consentimento" (Lei nº 9.279/96, art. 195, VI).

Nesta modalidade o concorrente coloca seu próprio nome ou razão social em produto de outrem, sem o consentimento deste. A norma não exige, no entanto, que a relação se dê entre produtores, pois se refere, apenas, à comercialização do produto[574].

Este tipo penal se refere apenas a "produtos"; portanto, não se aplica à substituição do nome ou da razão social de outro na prestação de "serviços". Mas esta última conduta será punível pelo inciso III do mesmo artigo.

2.7. Falsa atribuição de recompensa

Comete crime de concorrência desleal quem (Lei nº 9.279/96, art. 195, VII): "atribui-se, como meio de propaganda, recompensa ou distinção que não obteve".

Pierangeli ressalta a amplitude do tipo penal, que pode alcançar a autoatribuição de prêmio que não existe[575].

574. IDS – INSTITUTO DANNEMANN SIEMSEN DE ESTUDOS JURÍDICOS E TÉCNICOS. Comentários à Lei da Propriedade Industrial. 3ª ed. Rio de Janeiro: Renovar, 2013, p. 453.

575. PIERANGELI, José Henrique. Crimes contra a propriedade industrial e crimes de concorrência desleal. São Paulo: Ed. Revista dos Tribunais, 2003, p. 327.

Sujeito ativo do crime é qualquer concorrente desleal que tenha feito uma autoatribuição falsa. **Sujeitos passivos** "serão tanto o titular da distinção ou recompensa ou, ainda, quaisquer outros que tenham com o concorrente desleal uma relação de concorrência"[576].

Esse comportamento pode caracterizar, ainda, o crime de publicidade enganosa ou abusiva, tipificado no artigo 67 do Código de Defesa do Consumidor.

2.8. Fraude em embalagens alheias

Comete crime de concorrência desleal quem (Lei nº 9.279/96, art. 195, VIII): "vende ou expõe ou oferece à venda, em recipiente ou invólucro de outrem, produto adulterado ou falsificado, ou dele se utiliza para negociar com produto da mesma espécie, embora não adulterado ou falsificado, se o fato não constitui crime mais grave".

No crime de fraude em embalagens alheias o fato punível é o próprio uso da embalagem de terceiro. Na primeira hipótese, o concorrente desleal adultera o produto originário; na segunda, ele usa a embalagem para vender produto da mesma espécie, mas produzido por terceiro[577].

Não apenas o empresário ou o industrial podem ser sujeitos ativos do crime, mas também o distribuidor e o importador, entre outros[578].

2.9. Suborno ativo de empregado

Comete crime de concorrência desleal quem (Lei nº 9.279/96, art. 195, IX): "dá ou promete dinheiro ou outra utilidade a empregado de concorrente, para que o empregado, faltando ao dever do emprego, lhe proporcione vantagem".

A aceitação do suborno caracteriza o crime, sem necessidade de que o empregado pratique o ato que lhe foi encomendado[579].

A contratação de empregados, como visto, é ato interno da empresa, sem repercussão no mercado e, como regra, os processos internos da empresa estão excluídos da concorrência desleal, ainda que ilícitos. O suborno de empregado, no entanto, seja ativo ou passivo, deixa de ser um ato interno da empresa para se caracterizar como um ato contra um concorrente, razão pela qual tem tipicidade penal própria.

O potencial de dano do suborno de empregado é grande, pois este pode ter acesso a documentos da empresa com facilidade. Não é de se excluir, por exemplo, que um simples auxiliar administrativo possa subtrair documentos de grande importância para

576. ASCARELLI, Tullio. Teoría de la concurrencia y de los bienes inmateriales. Barcelona: Bosch, 1970, p. 210. No mesmo sentido: IDS. Ob. Cit., p. 455.

577. IDS. Ob. Cit., p. 456-457.

578. PIERANGELI, José Henrique. Crimes contra a propriedade industrial e crimes de concorrência desleal. São Paulo: Ed. Revista dos Tribunais, 2003, p. 333.

579. IDS. Ob. Cit., p. 458.

a empresa, pelo simples fato de saber que determinados arquivos ficam abertos durante ou após o expediente.

A divisão do tipo penal em duas modalidades distintas, suborno ativo e passivo tem por finalidade evitar que o crime fosse bilateral, exigindo o acordo de vontades, tornando mais difícil a sua tipificação[580].

Sujeitos ativo e passivo.

Em nosso direito, o termo "empregado", exige que se caracterize uma relação de emprego, ainda que a sua interpretação possa ser bastante ampla. Para Celso Delmanto, só não serão considerados empregados os donos ou sócios[581].

Exclui-se, portanto, desse tipo o representante comercial autônomo, ou agente (Cód. Civil, art. 711), pois a característica deste é a ausência de "vínculos de dependência". Deve ser incluído entre os sujeitos ativos, no entanto, o chamado "diretor empregado", ainda que sem previsão expressa no § 1º do art. 195 da Lei da Propriedade Industrial.

Sujeito passivo é sempre o concorrente, não o empregado a seu serviço.

2.10. Suborno passivo de empregado

Comete crime de concorrência desleal quem (Lei nº 9.279/96, art. 195, X): "recebe dinheiro ou outra utilidade, ou aceita promessa de paga ou recompensa, para, faltando ao dever de empregado, proporcionar vantagem à concorrente do empregador".

2.11. Violação de segredo obtido mediante relação contratual ou empregatícia

Comete crime de concorrência desleal quem (Lei nº 9.279/96, art. 195, XI): "divulga, explora ou utiliza-se, sem autorização, de conhecimentos, informações ou dados confidenciais, utilizáveis na indústria, comércio ou prestação de serviços, excluídos aqueles que sejam de conhecimento público ou que sejam evidentes para um técnico no assunto, a que teve acesso mediante relação contratual ou empregatícia, mesmo após o término do contrato".

A legislação atual refere-se especificamente aos dados "utilizáveis na indústria, comércio ou prestação de serviços", abrangendo qualquer "relação contratual ou empregatícia". Por exemplo, o franqueado, que teve acesso à informação mediante contrato de *franchising*, pode vir a ser sujeito passivo desse crime.

Nosso direito não possui uma regra geral que impeça a violação de segredo. Portanto, a divulgação de informações a que se refere o art. 195, XI, da Lei de Propriedade Industrial só permite enquadrar o agente no crime de concorrência desleal se essa divulgação se dá

580. DELMANTO, Celso. Ob. Cit., p. 181: "não houvesse o isolamento em figuras penais distintas, necessário seria, sempre, o acordo de vontades entre corrompedor e corrompido".

581. DELMANTO, Celso. Ob. Cit., p. 184.

em uma das seguintes situações a) em uma situação de concorrência, ainda que potencial; b) em uma situação que tenha repercussão na concorrência[582].

A divulgação de informações, portanto, permanece ilícita quando vinculada à atividade empresarial, sendo ilícitos somente aqueles atos assim considerados pela legislação. Deve-se entender, em interpretação conforme à Constituição, que a ausência de previsão legal para o tempo que deve durar a restrição estará vinculada ao tempo pelo qual o conhecimento continue em segredo, no que se refere aos concorrentes.

A lei, por outro lado, exclui a punibilidade do uso dos conhecimentos que sejam evidentes para um técnico no assunto. Desta forma, o acréscimo de conhecimento que um técnico obtém no exercício de seu ofício, e que irá acompanhá-lo posteriormente no seu exercício profissional, não será punível.

O sigilo que se requer também não é absoluto, razão pela qual o segredo pode ter sido compartilhado com alguns empregados, e até mesmo cedido para terceiros, sem que perca essa qualidade[583]. A referência genérica à falta de autorização afasta qualquer questionamento sobre se o empregado que se apropria do segredo deveria estar vinculado à sua utilização[584].

2.12. Violação de segredo obtido mediante fraude

Comete crime de concorrência desleal quem: "divulga, explora ou utiliza-se, sem autorização, de conhecimentos ou informações a que se refere o inciso anterior, obtidos por meios ilícitos ou a que teve acesso mediante fraude" (Lei nº 9.279/96, art. 195, XII).

A inovação trazida por esse dispositivo legal, em relação à legislação anterior, se encontra na desnecessidade de relação contratual, em conformidade com o artigo 39 do acordo TRIPs.

Sujeito ativo pode ser qualquer pessoa, mas a informação deve ter sido obtida por meios ilícitos ou mediante fraude[585]. Sujeito passivo será o prejudicado.

2.13. Falsa atribuição de patente

Comete crime de concorrência desleal quem (Lei nº 9.279/96, art. 195, XIII): "vende, expõe ou oferece à venda produto, declarando ser objeto de patente depositada, ou concedida, ou de desenho industrial registrado, que não o seja, ou menciona-o, em anúncio ou papel comercial, como depositado ou patenteado, ou registrado, sem o ser".

---

582. ASCENSÃO, José de Oliveira. Concorrência desleal. Coimbra: Almedina, 2002, p. 471.

583. DELMANTO, Celso. Crimes de concorrência desleal. São Paulo: J. Bushatsky, 1975, p. 219.

584. ROTONDI, Mario. Diritto industriale. 5ª ed. Pádua: Cedam, 1965, p. 494.

585. IDS – INSTITUTO DANNEMANN SIEMSEN DE ESTUDOS JURÍDICOS E TÉCNICOS. Comentários à Lei da Propriedade Industrial. 3ª ed. Rio de Janeiro: Renovar, 2013, p. 461.

2.14. Divulgar ou explorar, sem autorização, resultados de testes

Comete crime de concorrência desleal quem (Lei nº 9.279/96, art. 195, XIV): "divulga, explora ou utiliza-se, sem autorização, de resultados de testes ou outros dados não divulgados, cuja elaboração envolva esforço considerável e que tenham sido apresentados a entidades governamentais como condição para aprovar a comercialização de produtos".

Esse dispositivo não encontra precedente na legislação anterior e se destina a coibir a espionagem industrial, principalmente, à proteção de empresas que se dedicam à fabricação e/ou comércio de produtos farmacêuticos, que dependem de testes prévios e de registro junto a órgão público antes de terem sua comercialização aprovada, seguindo a recomendação do acordo TRIPs de proteção de dados (Parte II, Seção 7, art. 39, nº 3).

Sujeitos ativo e passivo. O legislador não se refere apenas ao empregado, mas a qualquer pessoa. De qualquer forma, quando o agente for funcionário público e efetuar apenas a divulgação, sem beneficiar diretamente qualquer concorrente, será difícil caracterizar o crime como de concorrência desleal. Caso se venha a provar o benefício a concorrente da empresa que submeteu os testes à apreciação, estará caracterizada a coautoria.

Exclui-se o crime quando a divulgação se der por órgão governamental competente para autorizar a comercialização do produto, necessária para proteger o público (Lei nº 9.279/96, art. 195, § 2º).

Como a lei não prevê a modalidade culposa, o crime só será punível se houver dolo.

VIII. QUADROS SINÓTICOS

INTRODUÇÃO

Tema	Informação	Fonte
Propriedade intelectual	**Definição**: a soma dos direitos relativos às obras literárias, artísticas e científicas, às interpretações dos artistas intérpretes e às execuções dos artistas executantes, aos fonogramas e às emissões de radiodifusão, às invenções em todos os domínios da atividade humana, às descobertas científicas, aos desenhos e modelos industriais, às marcas industriais, comerciais e de serviço, bem como às firmas comerciais e denominações comerciais, à proteção contra a concorrência desleal e todos os outros direitos inerentes à atividade intelectual nos domínios industrial, científico, literário e artístico. É um dos elementos que compõem o estabelecimento empresarial.	Convenção OMPI
	Fundamento constitucional:	Constituição Federal, art. 5º, XXIX.

Tema	Informação	Fonte
Propriedade intelectual	**Fundamento legal**:	Lei 9.279/96.
	INPI – autarquia federal vinculada ao Ministério da Indústria, Comércio Exterior e Serviços. Tem por finalidade principal no âmbito nacional, as normas que regulam a propriedade industrial, tendo em vista a sua função social, econômica, jurídica e técnica, bem como pronunciar-se quanto à conveniência de assinatura, ratificação e denúncia de convenções, tratados, convênios e acordos sobre propriedade industrial.	Lei 9.279/96, art. 240.

PRIVILÉGIOS DE INVENÇÕES E PATENTES

Tema	Informação	Fonte
Invenções industriais	**Conceito**: Criações técnicas ligadas à atividade empresarial, em qualquer setor. Têm por objeto bens ou procedimentos industriais.	
	Invenção propriamente dita: criação técnica de um produto ou de um processo industrial.	
	Modelo de utilidade: objeto de uso prático, ou parte deste, que apresente nova forma ou disposição, que resulte em melhoria funcional no seu uso ou em sua fabricação.	
	Paternidade da ideia (direito da personalidade) não se confunde com exploração industrial – por meio de atividade empresarial, e não por atos de posse ou de mera fruição.	
Privilégios de invenção e patentes	**Privilégio** – direito do inventor. Exclusividade do uso e exploração do invento.	Constituição Federal, art. 5º, XXIX.
	Patente – ato pelo qual o Estado reconhece o direito do inventor, assegurando-lhe a propriedade e o uso exclusivo da invenção pelo prazo da lei. Título de propriedade do inventor.	
Requisitos da invenção patenteável (Lei 9.729/1996, art. 8º)	**Novidade** – não compreendidos no estado da técnica.	Lei 9.279/96, arts. 11, 12, 16 e 17.
	Atividade inventiva – sempre que, para um técnico no assunto, não decorre de maneira evidente ou óbvia do estado da técnica.	Lei 9.279/96, art. 13.
	Industrialidade – suscetível de aplicação industrial.	Lei 9.279/96, art. 15.
O que não pode ser patenteado	Objetos que não são considerados invenção ou modelo.	Lei 9.279/96, art. 10.
	Invenção ou modelo industrial não patenteáveis em consideração a outros valores.	Lei 9.279/96, art. 18.
Não são considerados invenção ou modelo de utilidade	Descobertas, teorias científicas e métodos matemáticos.	Lei 9.279/96, art. 10, I.

Tema	Informação	Fonte
Não são considerados invenção ou modelo de utilidade	Concepções puramente abstratas.	Lei 9.279/96, art. 10, II.
	Métodos comerciais, educativos, publicitários e outros	Lei 9.279/96, art. 10, III,
	Obras literárias, arquitetônicas, artísticas e outras.	Lei 9.279/96, art. 10, IV.
	Programas de computador.	Lei 9.279/96, art. 10, V.
	Apresentação de informações.	Lei 9.279/96, art. 10, VI.
	Regras de jogo.	Lei 9.279/96, art. 10, VII.
	Técnicas cirúrgicas, métodos terapêuticos ou de diagnóstico.	Lei 9.279/96, art. 10, VIII.
	Seres vivos e materiais biológicos.	Lei 9.279/96, art. 10, IX.
Invenções e modelos não patenteáveis	Contrários à moral, aos bons costumes e à segurança, à ordem e à saúde pública.	Lei 9.279/96, art. 18, I.
	Referentes ao uso da energia atômica – segurança nacional.	Lei 9.279/96, art. 18, II.
	Seres vivos e micro-organismos – Exceto: "micro-organismos transgênicos que atendam aos três requisitos de patenteabilidade e que não sejam mera descoberta.	Lei 9.279/96, art. 18, III.
Titularidade e registro	**Titularidade**: ao autor é assegurado o direito de obter a patente, que lhe garante a propriedade nas condições estabelecidas na lei. **Quem pode requerer a patente?** não apenas o autor: sucessor ou cessionário, detentor do direito em decorrência de relação contratual. Requerimento pode ser feito em conjunto. Inventor: nomeado e qualificado; pode requerer a não divulgação. Dois ou mais autores – mesma invenção/modelo – patente àquele que provar o depósito mais antigo.	Lei 9.279/96, art. 6º, *caput*. Lei 9.279/96, art. 6º, § 2º. Lei 9.279/96, art. 6º, § 3º. Lei 9.279/96, art. 6º, § 4º. Lei 9.279/1996, art. 7º.
	Registro: Requisitos: Exame formal preliminar. Se devidamente instruído: protocolizado. Se não instruído corretamente: INPI estabelecerá as exigências a serem cumpridas em 30 dias, sob pena de devolução ou arquivamento. Cumpridas as exigências: depósito considerado como efetuado na data do recibo. **Condições do pedido**: **Prazos**: após a publicação no órgão oficial do INPI (Revista da Propriedade Industrial). Decisões administrativas: notificação via postal ou por ciência ao interessado no processo.	Lei 9.279/96, art. 19. Lei 9.279/96, arts. 20 e 21, *caput* e parágrafo único. Lei 9.279/96, arts. 22 a 29. Lei 9.279/96, arts. 223 e 226. Lei 9.279/96, art. 212. Lei 9.279/96, arts. 38 e 39.

Tema	Informação	Fonte
Titularidade e registro	**Decisões do INPI**: recurso administrativo. **Concessão da patente**: após o deferimento do pedido. Considera-se a data da publicação do ato. Da concessão resulta a expedição da carta-patente.	
	Vigência da patente: 20 anos (invenção) ou 15 anos (modelo de utilidade), contados da data do depósito.	Lei 9.279/96, art. 40. Atenção: ADI 5529 e Lei 14.195, de 2021.
	Proteção conferida pela patente: – direito de impedir terceiro de produzir, usar, colocar à venda, vender ou importar com estes propósitos, sem o seu consentimento, o produto objeto da patente e o processo ou produto obtido diretamente por processo patenteado. Exceções: Situação do usuário anterior:	Lei 9.279/1996, art. 42. Lei 9.279/1996, art. 43. Lei 9.279/1996, art. 45.
	Nulidade da patente: Processo administrativo: Ação judicial:	Lei 9.279/96, art. 46. Lei 9.279/96, arts. 50 e 51. Lei 9.279/96, art. 56.
	Foro competente: Justiça Federal. o INPI quando não for autor, intervirá no feito.	Constituição Federal, art. 109, I; Lei 9.279/96, art. 57, *caput*.
Transferência de privilégio de invenção	– a cessão dos direitos não depende da concessão da patente. Na cessão parcial, o cessionário adquire uma fração dos direitos sobre a invenção/modelo de utilidade. – alienação do direito de exploração exclusiva. – eficácia: condicionada à anotação no INPI. Só valerá contra terceiros após a publicação do ato.	Lei 9.279/96, arts. 58 a 60.
Oferta de licença	**Oferta de licença**: estimula a exploração do objeto da patente, quando seu titular não tem condições de fazê-lo. Requerida pelo interessado. INPI: publicação da oferta. **Licença de exploração**: espécie de arrendamento. Não há transmissão da patente. Remuneração por meio de royalties. O aperfeiçoamento introduzido em patente licenciada pertence a quem o fizer, sendo assegurado à outra parte contratante o direito de preferência para seu licenciamento.	Lei 9.279/96, art. 64. Lei 9.279/96, arts. 61 a 63.

Tema	Informação	Fonte
Licença compulsória	– decorre do uso abusivo da patente; abuso de poder econômico; não exploração do objeto da patente no território brasileiro ou comercialização que não satisfizer às necessidades do mercado. Além disso: situações previstas nos arts. 70 e 71. Atenção: a Lei 14.200/21 alterou profundamente o art. 71, acrescentando-lhe 18 parágrafos. – O ato que conceder a licença compulsória estabelecerá seu prazo de vigência e a possibilidade de prorrogação. – O Poder Executivo Federal publicará lista de patentes ou de pedidos de patentes potencialmente úteis para o enfrentamento das situações previstas no caput do art. 71, a partir de consultas a entes públicos, instituições de ensino e pesquisa e outras entidades representativas da sociedade e do setor produtivo. – Remuneração do titular da patente ou do pedido da patente – arbitramento que considerará as circunstâncias de cada caso, observando o valor econômico da licença concedida, a duração da licença e as estimativas de investimento necessário para a exploração. – Licença compulsória por razões humanitárias e nos termos de tratado internacional de que o Brasil faça parte. Excludentes: a serem provadas pelo titular. Concedidas sem exclusividade.	Lei 9.279/96, arts. 68, 70, 71, *caput* e parágrafos e 71-A (na redação dada pela Lei 14.200/21). Convenção de Paris, art. 5º. Lei 9.279/96, art. 69. Lei 9.279/96, art. 72.
Desapropriação	A lei não contém disposições específicas. Mas dispõe sobre a restrições de direitos, sempre indenizadas.	Lei 9.279/96, art. 75, § 3º
Invenção de interesse da segurança nacional	A partir da manifestação de interesse do Poder Executivo.	Lei 9.279/96, art. 75.
Retribuição	– recurso destinado ao funcionamento do INPI. O não pagamento pode levar ao arquivamento do pedido ou à extinção da patente.	Lei 9.279/96, arts. 94 a 86.
Inventos na vigência do contrato de trabalho	**Pertencentes exclusivamente ao empregador:** quando o contrato for expressamente destinado à pesquisa; a atividade inventiva estiver prevista; o invento decorrer da natureza da atividade contratada.	Lei 9.279/96, art. 88.
	Pertencentes exclusivamente ao empregado: se não tiver relação com o contrato de trabalho; se o invento foi concebido sem utilização dos recursos do empregador. Invenções livres.	Lei 9.279/96, art. 89.

Tema	Informação	Fonte
Inventos na vigência do contrato de trabalho	**Propriedade comum**: invento não previsto no contrato, mas decorre de recursos do empregador. Universidades, centros de pesquisa e institutos de tecnologia. Em caso de cessão: aos cotitulares cabe direito de preferência.	Lei 9.279/96, art. 91.
	– Aplica-se a norma às relações entre o trabalhador autônomo ou o estagiário e a empresa contratante e entre empresas contratantes e contratadas.	Lei 9.279/1996, art. 92.
Extinção da patente	– **expiração do prazo**: domínio público.	Lei 9.279/96, art. 78, I e parágrafo único.
	– **renúncia**: com a ressalva aos direitos adquiridos de terceiros (ex.: licenciados).	Lei 9.279/96, art. 78, II e 79.
	– **caducidade**: extinção antecipada. – a decisão produz efeitos a partir da data do requerimento ou da publicação da instauração de ofício do processo.	Lei 9.279/96, art. 78, III e 80. Lei 9.279/96, art. 83.
	– **cancelamento administrativo**: pela falta de pagamento da retribuição anual. -Cabe restauração.	Lei 9.279/96, art. 78, IV. Lei 9.279/96, art. 87.
	Nulidade da patente concedida em desacordo com a Lei 9.279/96. Ação de nulidade proposta pelo INPI ou interessado. Justiça Federal.	Lei 9.279/96, arts. 46 e 50. Lei 9.279/96, art. 56 e 57. Constituição Federal, art. 109, I.

SINAIS DISTINTIVOS

Tema	Informação	Fonte
Sinais distintivos Espécies	**Referentes ao estabelecimento**: – Título do estabelecimento – Insígnia Não são, por si mesmos, objeto de registro (ausência de previsão legal) Lei 9.729/1996, art. 124, V: veda o registro de marca que consista na reprodução ou imitação de elemento característico ou diferenciador de título de estabelecimento ou nome de empresa de terceiros, suscetível de causar confusão ou associação com esses sinais distintivos.	
Sinais distintivos Espécies	**Referentes aos produtos/mercadorias/serviços** Marcas	
	Referentes ao estabelecimento ou aos seus produtos/mercadorias/serviços Expressões ou sinais de propaganda	

DESENHOS INDUSTRIAIS

Tema	Informação	Fonte
Desenhos industriais	**Conceito**: a forma plástica ornamental de um objeto ou o conjunto ornamental de linhas e cores que possa ser aplicado a um produto, proporcionando resultado visual novo e original na sua configuração externa e que possa servir de tipo de fabricação industrial (Lei 9.279/1996, art. 95).	
	Titularidade:	Lei 9.279/1996, art. 94
	Requisitos para o Registro: novidade, originalidade e a possibilidade de que possa servir de tipo de fabricação industrial. – não é desenho industrial obra de caráter puramente artístico. – hipóteses em que não é registrável:	Lei 9.279/1996, art. 95. Lei 9.279/1996, art. 98. Lei 9.279/1996, art. 100.
	Vigência do registro: 10 anos, contados da data do depósito, prorrogável por 3 períodos sucessivos de 5 anos cada.	Lei 9.279/1996, art. 108.
	Extinção do registro: – Hipóteses: **Nulidade do registro**: declarada administrativamente. **Efeitos**: a partir da data do depósito do pedido. **Legitimidade ativa**: INPI ou qualquer pessoa com legítimo interesse. **Legitimidade passiva**: o titular do registro. **Prescrição**: 5 anos a partir da concessão do registro.	Lei 9.279/1996, art. 119. Lei 9.279/1996, art. 113. Lei 9.279/1996, art. 112, § 1º. Lei 9.279/1996, art. 113, § 1º. Lei 9.279/1996, art. 113, § 1º.

MARCAS

Tema	Informação	Fonte
Conceito	Sinais distintivos visualmente perceptíveis, não compreendidos nas proibições legais.	Lei 9.279/1996, art. 122.
Classificações	**Quanto à sua natureza**: marcas de produto, de serviço, coletiva e de certificação.	Lei 9.279/1996, art. 123.
Classificações	**Quanto à forma de apresentação**: nominativas, figurativas, mistas ou tridimensionais.	
	Quanto à sua notoriedade: marca de alto renome e marca notoriamente conhecida.	Lei 9.279/1996, arts. 125 e 126.
Registro	**Princípios**: a) **territorialidade** (proteção no território nacional) – exceção: marcas notórias (tratados internacionais). b) **especialidade ou especificidade** (ramo de atividade) – exceção: marcas notoriamente conhecidas.	Lei 9.279/1996, art. 129.

Tema	Informação	Fonte
Registro	**Princípios**: a) **territorialidade** (proteção no território nacional) – exceção: marcas notórias (tratados internacionais). b) **especialidade ou especificidade** (ramo de atividade) – exceção: marcas notoriamente conhecidas.	Lei 9.279/1996, art. 129.
	Procedimento: exame formal preliminar. Publicação dos pedidos para oposição de possíveis interessados. Após a publicação, o INPI decidirá pelo deferimento ou não. **Legitimação ativa**: pessoas físicas e jurídicas de direito público ou de direito privado.	Lei 9.279/1996, arts. 156 a 160. Lei 9.279/1996, art. 128.
	Marca não registrada: marca de fato. Protegida pela repressão à concorrência desleal – ações cíveis ou, se tipificado algum crime previsto em lei, ação penal.	Lei 9.279/1996, art. 207.
Efeitos do registro	– **sistema atributivo** – só o registro confere o direito de propriedade. – **exclusividade** – limites no art. 132. Marcas que revelam expressões de uso comum, ainda que em idioma estrangeiro, podem ser registradas, mas não asseguram a exclusividade do seu uso.	Lei 9.279/1996, art. 129. Lei 9.279/1996, art. 132.
Proibições de registro	– **Prescrição** – 5 anos.	Lei 9.279/1996, art. 132.
	Violação de direito sobre marca – direito a ressarcimento e indenização por danos morais.	Lei 9.279/1996, art. 209. STJ.
	– **Proibições**: – Conflito entre registro de nome comercial e marca. – Confusão com marca alheia.	Lei 9.279/1996, art. 124 e incisos. Lei 9.279/96, art. 124, V. Lei 9.279/96, art. 124, XIX.
	– **Tipicidade penal** – o uso indevido de sinais distintivos pode configurar crime.	Lei 9.279/1996, art. 191.
Nulidade do registro	– **Total** ou **parcial.**	Lei 9.279/1996, art. 195.
	– **Declarada administrativamente** (registro concedido com infringência à Lei 9.279/1996) – **efeitos a partir da data do depósito do pedido.**	Lei 9.279/1996, arts. 167 e 168.
	– **Ação judicial** – proposta pelo INPI ou legítimo interessado. Justiça Federal**. Prescrição**: 5 anos.	Lei 9.279/1996, arts. 173, 174 e 175.

Tema	Informação	Fonte
Cessão convencional	– **Cessão a terceiros**	Lei 9.279/1996, art. 130, I.
	– **Licenciamento** – prazo máximo: o do registro da marca, podendo ser prorrogado a cada 10 anos.	Lei 9.279/1996, art. 139 e seguintes.
	– Contrato gratuito ou oneroso (royalties)	
Perda do direito sobre a marca	– **Expiração do prazo de vigência**: 10 anos, prorrogáveis por períodos iguais e sucessivos.	Lei 9.279/1996, art. 142, I, c/c 133.
	– **Renúncia**	Lei 9.279/1996, art. 142, II.
	– **Caducidade** – pode ser afastada por razões legítimas.	Lei 9.279/1996, arts. 142, III e 143, I e II. Ver, ainda, arts. 143, §§ 1º e 2º e 145;

INDICAÇÃO GEOGRÁFICA

Tema	Informação	Fonte
Indicações geográficas	Indicações de procedência	Lei 9.279/1996, art. 177.
	Denominações de origem	Lei 9.279/1996, art. 178.
Proteção jurídica	– Estende-se à representação gráfica ou figurativa da indicação geográfica e à representação geográfica do país, cidade, região ou localidade de seu território cujo nome seja indicação geográfica.	Lei 9.279/1996, art. 179. Brasil: signatário do Acordo de Madrid (1891)
Registro	– Possível se não induzir falsa procedência.	Lei 9.279/1996, art. 181.
	– Se houver se tornado de uso comum, não será considerado indicação geográfica (ex.: queijo de minas).	Lei 9.279/1996, art. 180.
	– INPI pode estabelecer condições para o registro.	Lei 9.279/1996, art. 182.
Indicações de procedência	Proteção que se estende à representação gráfica ou figurativa da indicação geográfica, bem como à representação geográfica de país, região ou localidade de seu território cujo nome seja indicação geográfica. Pode se referir a um centro de extração, produção ou fabricação de um determinado produto ou de prestação e determinado serviço, não se exigindo que as condições particulares do local tenham contribuído para esse renome.	Lei 9.279/1996, art. 177
Denominação de origem	Nome de local em que ocorre a extração, produção ou fabricação de determinado produto ou prestação de determinado serviço. Os fatores naturais ou humanos dessa região influem na qualidade ou nas características do produto ou do serviço.	Lei 9.279/1996, art. 178.

CONCORRÊNCIA DESLEAL

Tema	Informação	Fonte
Definição	Constitui ato de concorrência desleal qualquer ato de concorrência contrário aos usos honestos em matéria comercial e industrial.	Convenção de Paris, art. 10, bis, alínea 2.
Deslealdade	"Usos honestos em matéria comercial e industrial" – aferidas concretamente (em determinada época e em determinado mercado). – Punibilidade: decorre do abuso de direito ou da ausência de interesse manifesto ou socialmente legítimo no exercício do ato ou do desempenho da atividade.	
Deslealdade	– Ato destituído de qualquer utilidade para o seu titular, e potencialmente danoso para a coletividade. – Prova do prejuízo efetivo: não é essencial. Atos de perigo.	
Alcance da Lei 9.279/1996	– Busca a impedir o dano ao(s) **concorrente(s) individualizado(s).** Regula **direitos e deveres individuais relativos a marcas, patentes e inventos.** – O mercado em geral – coletividade dos concorrentes – tratado pela Lei 12.529/2011 (Lei Antitruste).	
Crimes (Art. 195, da Lei 9.279/1996)	– **Publicar afirmação falsa.**	Lei nº 9.279/96, art. 195, I.
	– **Divulgar informação falsa.**	Lei nº 9.279/96, art. 195, II.
	– **Empregar meio fraudulento para desviar clientela.**	Lei nº 9.279/96, art. 195, III.
	– **Usar expressão ou sinal de propaganda alheios.**	Lei nº 9.279/96, art. 195, IV.
	– **Usar nome comercial, título de estabelecimento ou insígnia alheios.** Ação de concorrência desleal por uso indevido do nome comercial ou título de estabelecimento.	Lei nº 9.279/96, art. 195, V.
	– **Substituir, pelo seu, o nome ou a razão social de outrem.**	Lei nº 9.279/96, art. 195, VI.
	– **Falsa atribuição de recompensa.**	Lei nº 9.279/96, art. 195, VII.
	– **Fraude em embalagens alheias.**	Lei nº 9.279/96, art. 195, VIII
	– **Suborno ativo de empregado.**	Lei nº 9.279/96, art. 195, IX.
	– **Suborno passivo de empregado.**	Lei nº 9.279/96, art. 195, X.
	– **Violação de segredo obtido mediante relação contratual ou empregatícia.**	Lei nº 9.279/96, art. 195, XI.

Tema	Informação	Fonte
Crimes (Art. 195, da Lei 9.279/1996)	**– Violação de segredo obtido mediante fraude.**	Lei nº 9.279/96, art. 195, XII.
	– Falsa atribuição de patente.	Lei nº 9.279/96, art. 195, XIII.
	– Divulgar ou explorar, sem autorização, resultados de testes.	Lei nº 9.279/96, art. 195, XIV.

IX. JURISPRUDÊNCIA SELECIONADA

▸ STF

↘ AÇÃO DIRETA DE INCONSTITUCIONALIDADE. PARÁGRAFO ÚNICO DO ART. 40 DA LEI Nº 9.279/1996. LEI DE PROPRIEDADE INDUSTRIAL. AMPLIAÇÃO DO PRAZO DE VIGÊNCIA DE PATENTES NA HIPÓTESE DE DEMORA ADMINISTRATIVA PARA A APRECIAÇÃO DO PEDIDO. INDETERMINAÇÃO DO PRAZO DE EXPLORAÇÃO EXCLUSIVA DO INVENTO. OFENSA À SEGURANÇA JURÍDICA, À TEMPORALIDADE DA PATENTE, À FUNÇÃO SOCIAL DA PROPRIEDADE INTELECTUAL, À DURAÇÃO RAZOÁVEL DO PROCESSO, À EFICIÊNCIA DA ADMINISTRAÇÃO PÚBLICA, À LIVRE CONCORRÊNCIA, À DEFESA DO CONSUMIDOR E AO DIREITO À SAÚDE. PROCEDÊNCIA DO PEDIDO. MODULAÇÃO DOS EFEITOS DA DECISÃO.

1. A proteção à propriedade industrial, prevista como direito fundamental no art. 5º, inciso XXIX, da Constituição de 1988, se dá de forma temporária e com fundamento no interesse social e no desenvolvimento tecnológico e econômico. Trata-se, portanto, de instituto com finalidade determinada pela Constituição e que não se circunscreve a um direito individual, pois diz respeito à coletividade e ao desenvolvimento do País.

2. Segundo o caput do art. 40 da Lei nº 9.279/1996, a vigência da patente observará os prazos fixos de 20 (vinte) anos para invenções e de 15 (quinze) anos para modelos de utilidade, contados da data de depósito. A Lei de Propriedade Intelectual (LPI) prevê, ainda, uma regra adicional no parágrafo único do dispositivo: a contar da data de concessão da patente, o prazo de vigência não será inferior a 10 (dez) anos para a patente de invenção e a 7 (sete) anos para a patente de modelo de utilidade. Portanto, extrai-se do art. 40 a relevância de dois marcos temporais para a determinação do prazo de vigência da patente: a data do depósito e a data da concessão do pedido.

3. O parágrafo único do art. 40 estabelece um prazo variável de proteção, pois esse depende do tempo de tramitação do respectivo processo administrativo no Instituto Nacional da Propriedade Industrial (INPI). Assim, caso a autarquia leve mais de 10 (dez) anos, no caso da invenção, ou mais de 8 (oito) anos, no caso do modelo de utilidade, para proferir uma decisão final, o período total do privilégio ultrapassará o tempo de vigência previsto no caput do art. 40.

4. O parágrafo único do art. 40 da LPI teria sido instituído com o objetivo de compensar o acúmulo de pedidos de patentes (backlog) no INPI. O fenômeno existe desde a edição da Lei nº 9.279/1996, a qual, para se adequar ao Acordo sobre os Aspectos dos Direitos de Propriedade Intelectual Relacionados com o Comércio (Acordo TRIPS), tornou patenteáveis determinados produtos antes não sujeitos à exploração exclusiva. Internalizado o acordo e editada a Lei nº 9.279/1996 sem que fosse utilizado o prazo de transição conferido aos países em desenvolvimento, a autarquia federal não estava devidamente equipada para receber a carga adicional de novos produtos registrados, o que gerou um grande passivo de pedidos.

5. O Acordo TRIPS, no art. 33, assegura à patente no mínimo 20 anos de vigência desde o depósito do respectivo pedido. A lógica do acordo é que o mero depósito gera uma presunção em favor do requerente. Portanto, o prazo de vigência adicional a partir da concessão, conferido pelo parágrafo único do art. 40, não

deriva do Acordo TRIPS; tampouco encontra paralelo em outras jurisdições, nas quais os direitos adicionais de exclusividade seguem uma lógica essencialmente diversa da adotada pela legislação brasileira, por terem aplicação reduzida, limitada a casos específicos e não serem direitos automáticos. Os instrumentos adotados no exterior para estender o período de exploração exclusiva de invenções – em suas variadas formas, prazos e regras específicas – contêm mecanismos que impedem que o prazo de validade da patente seja estendido por mais tempo do que o necessário.

6. O parágrafo único do art. 40 é desarrazoado sob diversos aspectos, haja vista que ele acaba por tornar o prazo de vigência das patentes indeterminado. Com efeito, não se sabe o prazo final da vigência de uma patente no Brasil até o momento em que essa é efetivamente concedida, o que pode demorar mais de uma década. A consequência prática disso é a ausência, de fato, de limitação temporal para a proteção patentária no Brasil, redundando no cenário absurdo de haver patentes vigendo no país por prazos extremamente extensos, de cerca de 30 anos, o que desborda dos limites da razoabilidade e faz o país destoar das demais jurisdições em matéria de proteção da propriedade industrial.

7. Estando vigente o parágrafo único do art. 40, o prazo entre o depósito e a concessão de uma patente sempre será indeterminado, com ou sem backlog no INPI, visto que o tempo de processamento pelo escritório de patentes é um elemento indeterminado, dadas a complexidade envolvida na análise desse tipo de pedido – que é variável e depende do produto e do setor tecnológico pertinentes – e as intercorrências que podem ocorrer no trâmite administrativo –, algumas delas ensejadas pelos próprios requerentes no intuito de se beneficiarem da extensão automática prevista na norma questionada. Nesse sentido, mesmo que o INPI venha a superar o atraso crônico na análise dos pedidos de patentes, remanescerá a inconstitucionalidade do parágrafo único do art. 40.

8. A prorrogação do prazo de vigência da patente prevista na Lei de Propriedade Industrial, além de não contribuir para a solução do atraso crônico dos processos submetidos ao INPI, acaba por induzir ao descumprimento dos prazos previstos no caput do art. 40, pois ameniza as consequências da mora administrativa e prolonga o período de privilégio usufruído pelos depositantes, em prejuízo dos demais atores do mercado, além da própria Administração Pública e da sociedade como um todo. Há elementos suficientes nos autos que apontam para o fato de que a norma questionada retroalimenta o backlog, contribuindo para gerar o fenômeno que ela busca contornar, em direta afronta aos princípios da razoável duração do processo (art. 5º, LXXVIII, CF) e da eficiência administrativa (art. 37, caput, CF).

9. O impacto da extensão do prazo de vigência de patentes no Sistema Único de Saúde (SUS) é digno de atenção, pois, sendo ele um dos maiores sistemas de saúde pública do mundo e contando com uma rede de atendimento que visa universalizar o acesso à saúde gratuita, demanda recursos públicos compatíveis com sua amplitude e complexidade, os quais, todavia, esbarram em problemas financeiros e orçamentários típicos de um país em desenvolvimento como o Brasil. O domínio comercial proporcionado pela patente por períodos muito longos tem impacto no acesso da população a serviços públicos de saúde, uma vez que onera o sistema ao eliminar a concorrência e impor a aquisição de itens farmacêuticos por preço estipulado unilateralmente pelo titular do direito, acrescido do pagamento de royalties sobre os itens patenteados que o Poder Público adquire e distribui.

10. Quanto maior o prazo de exclusividade usufruído pelo titular da patente farmacêutica, mais será onerado o poder público e a sociedade, considerando-se a necessidade de aquisição de medicamentos em larga escala para a execução de políticas públicas em saúde. Esse contexto se torna ainda mais gravoso e dotado de urgência diante da emergência internacional de saúde decorrente da pandemia da Covid-19. O enfrentamento de uma crise de tamanha magnitude envolve a gestão de recursos escassos de diversas ordens, e não somente aqueles associados à aquisição de medicamentos com possível indicação para o tratamento da doença. A pressão sobre o sistema de saúde aumentou de forma global, elevando a demanda por insumos em toda a cadeia de atendimento.

11. O prolongamento indevido dos prazos de vigência de patentes farmacêuticas reveste-se de caráter injusto e inconstitucional, por privilegiar o interesse particular em detrimento da coletividade, impactando de forma extrema a prestação de serviços de saúde pública no país e, consequentemente, contrariando

o direito constitucional à saúde (art. 196 da Constituição de 1988). A extensão do prazo de vigência das patentes afeta diretamente as políticas públicas de saúde do país e obsta o acesso dos cidadãos a medicamentos, ações e serviços de saúde, causando prejuízos não apenas a concorrentes e consumidores, mas, principalmente, àqueles que dependem do Sistema Único de Saúde para garantir sua integridade física e sua sobrevivência.

12. A indeterminação do prazo contido no parágrafo único do art. 40 da Lei 9.279/1996 gera insegurança jurídica e ofende o próprio Estado Democrático de Direito. A previsibilidade quanto ao prazo de vigência das patentes é essencial para que os agentes de mercado (depositantes, potenciais concorrentes e investidores) possam fazer escolhas racionais. Ademais, a ausência de regras claras dá margem ao arbítrio e à utilização oportunista e anti-isonômica das regras do jogo, tais como as estratégias utilizadas pelos depositantes para prolongar o período de exploração exclusiva dos produtos.

13. A temporalidade prevista no art. 5º, inciso XXIX, da CF/88 deve ser interpretada à luz do escopo da proteção patentária, que não se restringe a tutelar os interesses dos inventores/depositantes das patentes, garantindo, também, o usufruto do invento por toda a sociedade (i) a partir de regras claras e (ii) por prazo razoável. Portanto, a vantagem concorrencial concedida a autores de invenções ou modelos de utilidade deve ter vigência determinada e previsível, de forma que não apenas seus beneficiários, mas também os demais atores da indústria, possam aferir com exatidão a data do término da vigência da patente. Nesse sentido, o dispositivo questionado não observa o quesito da temporariedade, pois, ao se vincular a vigência da patente à data de sua concessão, ou seja, indiretamente ao tempo de tramitação do respectivo processo no INPI, se indetermina o prazo de vigência do benefício, o que concorre para a extrapolação dos prazos previstos no caput do art. 40 da LPI e para a falta de objetividade e previsibilidade de todo o processo.

14. A temporariedade da patente permite a harmonização da proteção à inventividade com o cumprimento da função social da propriedade, pois, apesar de resguardar os direitos dos autores de inventos ou modelos de utilidade por um período determinado, incentivando e remunerando os investimentos em inovação, garante ao restante da indústria e, em última análise, à sociedade, a possibilidade de se apropriar dos benefícios proporcionados pelos produtos da criatividade a partir da extinção dos privilégios de sua exploração.

15. O parágrafo único do art. 40 da LPI autoriza o adiamento da entrada da concorrência no mercado e a permanência dos efeitos da exclusividade por prazo indeterminado e excessivo, proporcionando a dominação dos mercados, a eliminação da concorrência e o aumento arbitrário dos lucros, aprofundando a desigualdade entre os agentes econômicos e transformando o que era justificável e razoável em inconstitucional, estando configurada, portanto, ofensa à função social da propriedade intelectual (art. 5º, inciso XXIX, c/c o art. 170, inciso III), à livre concorrência e à defesa do consumidor (art. 170, incisos IV e V).

16. A demora no tempo de exame das patentes é uma realidade que precisa ser combatida, para se garantir segurança jurídica a todos os agentes do mercado. Nada justifica um período de exame administrativo de cerca de dez anos. Apelo ao administrador público federal (Instituto Nacional da Propriedade Industrial, Agência Nacional de Vigilância Sanitária e Secretaria de Ciência, Tecnologia e Insumos Estratégicos do Ministério da Saúde) para que envide efetivos esforços no sentido de superar as deficiências na análise dos pedidos de patentes.

17. Ação direta julgada procedente, declarando-se a inconstitucionalidade do parágrafo único do art. 40 da Lei nº 9.279/1996.

18. Modulação dos efeitos da decisão, conferindo-se efeitos *ex nunc*, a partir da publicação da ata deste julgamento, de forma a se manterem as extensões de prazo concedidas com base no preceito legal, preservando-se, assim, a validade das patentes já concedidas e ainda vigentes em decorrência da aplicação do aludido preceito. Ficam ressalvadas da modulação (i) as ações judiciais propostas até o dia 7 de abril de 2021 (data da concessão parcial da medida cautelar no presente processo) e (ii) as patentes que tenham sido concedidas com extensão de prazo relacionadas a produtos e processos farmacêuticos, bem como a equipamentos e/ou materiais de uso em saúde. A ambas as situações se aplica o efeito *ex tunc*,

o que resultará na perda das extensões de prazo concedidas com base no parágrafo único do art. 40 da LPI, devendo ser respeitados os prazos de vigência das patentes estabelecidos no caput do art. 40 da Lei 9.279/1996 e resguardados eventuais efeitos concretos já produzidos em decorrência da extensão de prazo das referidas patentes.

(ADI 5529, Relator Ministro DIAS TOFFOLI, DJe 01/09/2021)

▶ STJ

• Extinção da patente

↘ RECURSO ESPECIAL. DIREITO COMERCIAL. PROPRIEDADE INDUSTRIAL. PATENTES. FALTA DE PAGAMENTO DE RETRIBUIÇÃO ANUAL. OBRIGATORIEDADE DE NOTIFICAÇÃO DO ARQUIVAMENTO DO PEDIDO OU DA EXTINÇÃO DA PATENTE. RESTAURAÇÃO GARANTIDA PELO ART. 87 DA LEI Nº 9.279/96 ATÉ TRÊS MESES CONTADOS DA NOTIFICAÇÃO. ART. 13 DA RESOLUÇÃO Nº 113/2013 DO INPI. INAPLICABILIDADE. INADIMPLEMENTO OCORRIDO ANTES DE SUA ENTRADA EM VIGOR. RESOLUÇÃO RECONHECIDA COMO ILEGAL, POR RESTRINGIR DIREITO PREVISTO EM LEI.

1. O pagamento da retribuição anual, a partir do terceiro ano do depósito, configura requisito imprescindível para que o titular goze do monopólio de utilização comercial concedido pela patente.

2. A Lei de Propriedade Industrial (Lei nº 9.279/96) estatui, em seu art. 87, que, notificado do arquivamento do pedido ou da extinção da patente pela falta de pagamento de retribuição anual, o titular pode requerer, no prazo de três meses da notificação, a restauração, mediante pagamento de retribuição específica.

3. Notificação obrigatória por ser necessária para o exercício de um direito garantido em lei ao depositante ou titular da patente.

4. Resolução nº 113/2013 do INPI inaplicável ao presente caso, pois editada posteriormente aos fatos, não podendo retroagir para atingir inadimplementos ocorridos antes de sua vigência.

5. A regra do art. 13 da resolução reconhecida como ilegal e, portanto, inválida, por restringir, sem autorização, um direito previsto em lei.

6. RECURSO ESPECIAL DESPROVIDO.

(REsp 1.669.131/RJ, Rel. Ministro PAULO DE TARSO SANSEVERINO, TERCEIRA TURMA, v.u. 27/06/2017, DJe 01/08/2017)

• Marca

↘ RECURSO ESPECIAL. PROPRIEDADE INDUSTRIAL. MARCA DE ALTO RENOME. NÃO RECONHECIMENTO. ATRIBUIÇÕES TÍPICAS DO INSTITUTO NACIONAL DA PROPRIEDADE INDUSTRIAL – INPI. CONTROLE DO PODER JUDICIÁRIO. MÉRITO ADMINISTRATIVO. IMPOSSIBILIDADE. PRINCÍPIO DA SEPARAÇÃO DOS PODERES.

1. Cinge-se a controvérsia a analisar se a marca da recorrente enquadra-se na categoria normativa denominada de marca de alto renome, conforme amparada pelo artigo 125 da Lei nº 9.279/1996.

2. Na hipótese, os seguintes fatos são incontroversos: é notório o prestígio da marca *Omega* na fabricação mundial de relógios e a empresa recorrida situa-se no ramo local de móveis, não havendo risco de causar confusão ou associação com marca recorrente.

3. A instância ordinária concluiu: a) que a recorrente não faz jus à proteção marcária em todos os ramos de atividade; b) que o signo *Omega* não pode ser considerado uma exceção ao princípio da especialidade a ponto de impedir que terceiros façam uso dele e c) que o signo em análise é uma marca fraca, insuscetível da deferência legal insculpida no artigo 125 da Lei nº 9.279/1996.

4. O Poder Judiciário não pode substituir o Instituto Nacional da Propriedade Industrial – INPI na sua função administrativa típica de avaliar o atendimento aos critérios normativos essenciais à caracterização do alto renome de uma marca, haja vista o princípio da separação dos poderes. Precedentes do STJ.

5. No caso concreto, o INPI indeferiu a qualificação jurídica de alto renome (artigo 125 da Lei nº 9.279/1996) à marca *Omega*.

6. Recurso especial não provido.

(REsp 1.124.613/RJ, Rel. Ministro RICARDO VILLAS BÔAS CUEVA, TERCEIRA TURMA, v.u. 01/09/2015, DJe 08/09/2015)

➘ **DIREITO MARCÁRIO E PROCESSUAL CIVIL. RECURSO ESPECIAL. AÇÃO DECLARATÓRIA DE NULIDADE DE REGISTRO DE MARCA. 1. MARCAS SEMELHANTES. DUPLICIDADE DE REGISTRO. CLASSES DISTINTAS. PRINCÍPIO DA ESPECIALIDADE. ATUAÇÃO NO MESMO SEGUIMENTO MERCADOLÓGICO. CONFUSÃO CONCRETA. 2. ATUAÇÃO DO INPI. POSIÇÃO PROCESSUAL. INTERVENÇÃO *SUI GENERIS*. OBRIGATORIEDADE. DEFESA DE INTERESSE SOCIAL. AFASTAMENTO NO CASO CONCRETO. 3. HONORÁRIOS ADVOCATÍCIOS. SUCUMBÊNCIA. CONDENAÇÃO MANTIDA. 4. CUSTAS PROCESSUAIS. TAXA JUDICIÁRIA. NATUREZA JURÍDICA TRIBUTÁRIA. ISENÇÃO. FAZENDA PÚBLICA. RESPONSABILIDADE PELO REEMBOLSO DE VALORES ADIANTADOS.**

1. Na esteira dos precedentes do STJ, o registro de marcas semelhantes, ainda que em classe distintas, porém destinadas a identificar produtos ou serviços que guardem relação de afinidade, inseridos no mesmo segmento mercadológico, devem ser obstados.

2. O princípio da especialidade não se restringe à Classificação Internacional de Produtos e Serviços, devendo levar em consideração o potencial concreto de se gerar dúvida no consumidor e desvirtuar a concorrência. Precedentes.

3. A imposição prevista no art. 175 da Lei nº 9.279/96 para que o INPI intervenha em todas as demandas judiciais de anulação de registro marcário encerra hipótese de intervenção atípica ou sui generis a qual não se confunde com aquelas definidas ordinariamente no CPC, em especial, por tratar-se de intervenção obrigatória.

4. O referido dispositivo legal, todavia, não impede a propositura da demanda endereçada contra a autarquia federal, mormente, quando a causa de pedir declina ato de sua exclusiva responsabilidade.

5. Na hipótese dos autos, alegou-se a inércia do INPI em relação ao processamento de pleito administrativo, pelo qual se pretendia a nulidade do registro marcário; inércia esta que resultou na judicialização da demanda.

6. Tendo dado causa a propositura da demanda, o INPI foi corretamente arrolado como réu, e o seu pronto reconhecimento do pedido impõe que arque com os honorários sucumbenciais, nos termos do art. 26 do CPC.

7. A Fazenda Pública é isenta de custas processuais, porém esta isenção não afasta sua responsabilidade quanto ao reembolso das quantias adiantadas pelo vencedor da demanda.

8. Recurso especial de Angel Móveis Ltda. conhecido e desprovido. Recurso especial do Instituto Nacional da Propriedade Industrial – INPI conhecido e parcialmente provido, apenas para isentá-lo do pagamento de custas processuais.

(REsp 1.258.662/PR, Rel. Ministro MARCO AURÉLIO BELLIZZE, TERCEIRA TURMA, v.u. 02/02/2016, DJe 05/02/2016)

↘ AGRAVO INTERNO NO RECURSO ESPECIAL. DIREITO MARCÁRIO. UTILIZAÇÃO DE MARCA EVOCATIVA. IMPOSSIBILIDADE DE RESTRIÇÃO. SÚMULA Nº 7 DO STJ.

1. **Marcas fracas ou evocativas, que constituem expressão de uso comum, de pouca originalidade e sem suficiente forma distintiva atraem a mitigação da regra de exclusividade do registro e podem conviver com outras semelhantes. Precedentes do STJ.**

2. Na hipótese vertente, consoante a dicção do Tribunal *a quo*, o vocábulo *insalata*, em que pese o fato de não ser comum no vernáculo, é expressão corriqueira no idioma italiano, significando, simplesmente, "salada". Dessa forma, não é possível a apropriação exclusiva da marca, máxime ante o caráter corrente e habitual que permeia a expressão nupercitada.

3. Ademais, consoante se observa na transcrição do acórdão proferido pela Corte de origem, a possibilidade de utilizar-se a expressão designativa da marca INSALATA ocorreu com fulcro no contexto fático-probatório acostado aos autos, razão pela qual incide o óbice previsto na Súmula nº 7/STJ.

4. Agravo interno não provido.

(AgInt no REsp 1.338.834/SP, Rel. Ministro LUIS FELIPE SALOMÃO, QUARTA TURMA, v.u. 16/02/2017, DJe 23/02/2017)

↘ RECURSO ESPECIAL. PROPRIEDADE INDUSTRIAL. DIREITO MARCÁRIO. AÇÃO DE ABSTENÇÃO DE USO DE MARCA, REPARAÇÃO POR DANOS PATRIMONIAIS E COMPENSAÇÃO POR DANOS MORAIS. MARCA DEVIDAMENTE REGISTRADA PERANTE O INPI. USO INDEVIDO. DANO QUE SE PRESUME. PRECEDENTES. REEXAME DE FATOS E PROVAS. INADMISSIBILIDADE. DISSÍDIO JURISPRUDENCIAL. COTEJO ANALÍTICO E SIMILITUDE FÁTICA. AUSÊNCIA.

1 – Ação ajuizada em 1/12/2008. Recurso especial interposto em 9/10/2014 e atribuído à Relatora em 25/8/2016.

2 – O propósito recursal é definir se a utilização da marca "IOV" pelo recorrente viola o direito de uso exclusivo titulado pelo recorrido, assim como verificar o cabimento da reparação por danos materiais e da compensação por danos morais postuladas.

3 – **Os prejuízos causados pelo uso não autorizado de marca alheia prescindem de comprovação, pois se consubstanciam na própria violação do direito do titular, derivando da natureza da conduta perpetrada. A demonstração do dano se confunde com a demonstração da existência do fato, cuja ocorrência é premissa assentada pelo acórdão recorrido.**

4 – O reexame de fatos e provas em recurso especial é inadmissível.

5 – O dissídio jurisprudencial deve ser comprovado mediante o cotejo analítico entre acórdãos que versem sobre situações fáticas idênticas.

6 – Recurso especial não provido.

(REsp 1.674.375/SP, Rel. Ministra NANCY ANDRIGHI, TERCEIRA TURMA, v.u. 07/11/2017, DJe 13/11/2017)

↘ AGRAVO INTERNO NO RECURSO ESPECIAL. CIVIL E EMPRESARIAL. PROPRIEDADE INDUSTRIAL. MARCA. USO INDEVIDO. VIOLAÇÃO DO ART. 535 DO CPC/73. INEXISTÊNCIA. DANOS MORAIS. PRESUNÇÃO. AGRAVO INTERNO NÃO PROVIDO.

1. Não se verifica a alegada violação ao art. 535 do CPC/73, na medida em que a eg. Corte de origem dirimiu, fundamentadamente, a questão que lhe foi submetida, não sendo possível confundir julgamento desfavorável, como no caso, com negativa de prestação jurisdicional, ou ausência de fundamentação.

2. Fica inviabilizado o conhecimento de tema trazido na petição de recurso especial, mas não debatido e decidido nas instâncias ordinárias, porquanto ausente o indispensável prequestionamento. Aplicação das Súmulas 282 e 356 do STF.

3. A jurisprudência do Superior Tribunal de Justiça consolidou o entendimento de que, na hipótese de contrafação de marca, a procedência do pedido de condenação do falsificador em danos materiais e morais deriva diretamente da prova que revele a existência de contrafação.

4. No caso dos autos, a Corte de origem, analisando o acervo fático-probatório dos autos, reconheceu o uso indevido de marca pela agravante, que adotou a expressão de uso exclusivo da agravada, não especificando que se tratava de película escurecedora, porém não produzida pela empresa autora, o que impõe o dever de indenizar.

5. Agravo interno a que se nega provimento.

(AgInt no REsp 1.444.464/SP, Rel. Ministro RAUL ARAÚJO, QUARTA TURMA, v.u. 28/11/2017, DJe 15/12/2017)

➘ Nome comercial. Marca. Conflito. Mesmo mercado. Especificidade. Precedentes.

1. Proteção ao nome comercial impede o registro posterior de marca igual por terceiro, ainda mais quando no mesmo ambiente de mercado, o setor agropecuário.

2. Recurso especial conhecido e provido.

(REsp 284.742/SP, Rel. Ministro CARLOS ALBERTO MENEZES DIREITO, TERCEIRA TURMA, v.u. 20/08/2001, DJe 15/12/2017)

➘ MARCÁRIO E PROCESSUAL CIVIL. AGRAVO INTERNO NO RECURSO ESPECIAL. AÇÃO INIBITÓRIA CUMULADA COM INDENIZAÇÃO. COLIDÊNCIA DE MARCAS E NOME EMPRESARIAL. AUSÊNCIA DE CONTRAFAÇÃO. SIGNO IMPUGNADO QUE CONSTITUI PATRONÍMICO DO REPRESENTANTE LEGAL DA RÉ. AUSÊNCIA DE SIMILITUDE ENTRE OS LAYOUTS E PRODUTOS COMERCIALIZADOS PELAS PARTES. REEXAME DE FATOS E PROVAS (SÚMULA 7/STJ). ALEGAÇÃO DE FATO NOVO. INVIABILIDADE DO EXAME. AGRAVO INTERNO DESPROVIDO

1. Esta Corte tem entendimento de que eventual colidência entre nomes empresariais e marcas não deve ser solucionada somente sob a ótica do princípio da anterioridade do registro, devendo ser levados em consideração os princípios da territorialidade, no que concerne ao âmbito geográfico de proteção, bem como da especificidade, quanto ao tipo de produto e serviço, como corolário da necessidade de se evitar erro, dúvida ou confusão entre os usuários. Precedentes.

2. No caso, o Tribunal de origem concluiu pela ausência de contrafação com base nas seguintes circunstâncias: a) o signo impugnado consiste em patronímico do representante legal da ré e vem sendo utilizado pela família, em outras sociedades empresárias, desde 1983; b) os layouts não se assemelham e as atividades comerciais são diversas e voltadas para públicos diferenciados (a autora explora ramo de moda e vestuário, inclusive no mercado internacional, destinado aos públicos masculino e feminino com alto poder aquisitivo, enquanto a ré explora o ramo de bolsas e sapatos destinados ao público feminino restrito de uma única loja no mercado local), inexistindo possibilidade de confusão ou dúvidas nos respectivos consumidores.

(AgInt no REsp 1.265.680/RJ, Rel. Ministro RAUL ARAÚJO, QUARTA TURMA, v.u. 11/05/2021, DJe 18/05/2021).

• Nome geográfico

➘ Direito Civil. Direito Empresarial. Recurso especial. Nome empresarial. Lei 8.934/94. Proteção. Nome previamente registrado. Termo que remete a localização geográfica. Ausência de direito de uso exclusivo. Marca. Lei 9.279/96. LPI. CDC. CF. CC/02. Nome geográfico. Possibilidade de registro como sinal evocativo. Impossibilidade de causar confusão ou levar o público consumidor a erro. Ausência de violação ao direito de uso exclusivo da marca. Dissídio jurisprudencial. Cotejo analítico. Ausência.

– O registro de termo que remete a determinada localização geográfica no nome empresarial, por se referir a lugar, não confere o direito de uso exclusivo desse termo.

– É permitido o registro de marca que utiliza nome geográfico, desde que esse nome seja utilizado como sinal evocativo e que não constitua indicação de procedência ou denominação de origem.

– A proteção da marca tem um duplo objetivo. Por um lado, garante o interesse de seu titular. Por outro, protege o consumidor, que não pode ser enganado quanto ao produto que compra ou ao serviço que lhe é prestado.

– Para que haja violação ao art. 129 da LPI e seja configurada a reprodução ou imitação de marca pré-registrada, é necessário que exista efetivamente risco de ocorrência de dúvida, erro ou confusão no mercado, entre os produtos ou serviços dos empresários que atuam no mesmo ramo.

– O dissídio jurisprudencial deve ser comprovado mediante o cotejo analítico entre acórdãos que versem sobre situações fáticas idênticas.

Recurso especial não provido.

(REsp 989.105/PR, Rel. Ministra NANCY ANDRIGHI, TERCEIRA TURMA, v.u. 08/09/2009, DJe 28/09/2009)

CAPÍTULO 5

CONTRATOS EMPRESARIAIS

Sumário • I. INTRODUÇÃO – II. PARTE GERAL – 1. Evolução do contrato: 1.1. Concepção clássica de contrato; 1.2. Concepções modernas; 1.3. Função social do contrato; 1.4. Tipicidade legal e social – 2. Formação dos contratos. Modalidades de contratação: 2.1. Requisitos do contrato: capacidade e legitimação; 2.2. Oferta e aceitação; 2.3. Relações contratuais de fato; 2.4. Contratos entre presentes e entre ausentes; 2.5. Oferta ao público; 2.6. Contratos obrigatórios (dever de contratar); 2.7. Contrato de adesão; 2.8. Contrato preliminar; 2.9. Contratos a favor de terceiro; 2.10. Contratos com pessoa a declarar; 2.11. Comércio eletrônico.; 2.12. Contratos eletrônicos; 2.13. *Smart Contracts* (contratos inteligentes); 2.14. Novas figuras contratuais; 2.15. Uniformização internacional dos contratos; 2.16. Vícios ou defeitos na formação do contrato. A lesão – 3. Classificação dos contratos: 3.1. Contratos bilaterais e plurilaterais; 3.2. Contratos consensuais e reais; 3.3. Contratos típicos e atípicos; 3.4. Contratos solenes e não solenes (formais e informais); 3.5. Contratos onerosos e gratuitos; 3.6. Contratos comutativos e aleatórios; 3.7. Contratos principais e acessórios; 3.8. Contratos de execução instantânea, diferida e sucessiva; 3.9. Contratos de adesão – 4. Interpretação e prova dos contratos: 4.1. Interpretação; 4.2. Integração; 4.3. Prova – III. CONTRATOS EM ESPÉCIE – 1. Compra e venda: 1.1. Conceito; 1.2. Elementos essenciais: 1.2.1. Coisa; 1.2.2. Preço; 1.2.3. Consentimento; 1.3. Direitos e obrigações das partes: 1.3.1. Obrigações do vendedor; 1.3.2. Obrigações do comprador; 1.4. Modalidades específicas: 1.4.1. Retrovenda; 1.4.2. Compra e venda sob amostras; 1.4.3. Compra e venda condicional (a contento e sujeita a prova); 1.4.4. Contrato de fornecimento; 1.4.5. Vendas públicas; 1.4.6. Vendas internacionais (vendas sobre documentos); 1.4.7. Preferência ou preempção – 2. Contrato estimatório (Consignação): 2.1. Conceito; 2.2. Natureza jurídica; 2.3. Elementos – 3. Distribuição (Concessão comercial): 3.1. Conceito de distribuição; 3.2. Contrato de distribuição; 3.3. Concessão de venda de veículos automotores terrestres – 4. Locação comercial: 4.1. Conceito; 4.2. Requisitos da renovação compulsória da locação; 4.3. Casos em que não cabe a renovação compulsória; 4.4. Revisão de aluguel; 4.5. Cláusulas nulas; 4.6. Locação em shopping center; 4.7. Locação e contratos *built to suit* – 5. *Leasing* (arrendamento mercantil): 5.1. Origem; 5.2. Mecanismo operacional, utilidade e função; 5.3. Natureza jurídica; 5.4. Modalidades específicas: 5.4.1. *Leasing* financeiro, lease-back e leasing residencial; 5.4.2. *Leasing* operacional; 5.5. Regime jurídico: 5.5.1. Sujeitos do contrato; 5.5.2. Objeto do contrato; 5.5.3. Cláusulas obrigatórias; 5.5.4. Cláusulas facultativas e outras disposições; 5.5.5. Inadimplemento e mora; 5.5.6. Aplicação do Código de Defesa do Consumidor – 6. Depósitos. Armazéns Gerais: 6.1. Conceito; 6.2. Qualificação jurídica; 6.3. Objeto do contrato; 6.4. Classificação; 6.5. Obrigações das partes; 6.6. Extinção do contrato; 6.7. Depósito em armazéns-gerais e em armazéns agropecuários – 7. Depósito bancário: 7.1. Conceito; 7.2. Depósito bancário e mútuo; 7.3. Características – 8. Conta corrente e conta corrente bancária: 8.1. Contratos de conta corrente; 8.2. Características; 8.3. Contas bancárias; 8.4. Modalidades de conta corrente bancária – 9. Penhor: 9.1. Conceito; 9.2. Direitos e obrigações das partes; 9.3. Modalidades específicas; 9.4. Extinção do contrato – 10. Alienação fiduciária em garantia: 10.1. Conceito e origens; 10.2. Origem da Alienação Fiduciária em Garantia. 10.3. Características; 10.3.1. Caráter acessório da alienação fiduciária; 10.3.2. Instrumento do contrato; 10.4. Partes; 10.5. Coisa; 10.6. Mora e inadimplemento; 10.7. Agente de Garantias – 11. Mandato: 11.1. Conceito; 11.2. Características; 11.3. Direitos e obrigações das partes; 11.4. Extinção. Mandato irrevogável – 12. Agência (Representação comercial autônoma): 12.1. Conceito; 12.2. Função do contrato e distinção entre contratos afins; 12.3. Qualificação jurídica e elementos do contrato; 12.4. Obrigações das partes; 12.5. Resolução do contrato. Prescrição – 13. Comissão: 13.1. Conceito; 13.2. Direitos e obrigações das partes; 13.3. Comissão del credere – 14. *Franchising* (Franquia empresarial): 14.1. Conceito e características; 14.2. Estrutura do negócio – 15. Transporte: 15.1. Transporte de pessoas; 15.2. Transporte de coisas: 15.2.1. Meio empregado; 15.2.2. Elementos do contrato; 15.2.3. Obrigações

I. INTRODUÇÃO

O direito das obrigações e a parte geral dos contratos são devidamente analisados nas obras de direito civil, e o reexame dessas questões iria além do objetivo do nosso manual. Entretanto, algumas características da formação e da interpretação dos contratos utilizados na vida empresarial, bem como modalidades de contratação que nela são mais frequentes, merecem ser aqui destacadas, pela sua importância para a compreensão do sistema no qual estão inseridas.

A parte do direito civil mais próxima do direito empresarial é o direito das obrigações, com uma diferença determinante: o direito civil cuida sempre de *atos isolados*, enquanto o direito empresarial tem por objeto uma *atividade*, que se exerce com o fim de obter lucro[586]. Orlando Gomes distingue os *contratos empresariais*, aqueles celebrados com finalidade de lucro, como os contratos bancários, daqueles que denomina *existenciais* ou *não empresariais*, como o da compra da casa própria, que dizem respeito à subsistência da pessoa humana[587].

O direito empresarial é conhecido pela sua informalidade, pela característica de dispensar as solenidades que acompanham muitos dos atos da vida civil. Isto porque a rapidez característica das negociações entre comerciantes não se coaduna com a necessidade de atos solenes. Assim, **em princípio a forma é livre para os contratos em geral, pois a declaração de vontade só dependerá de forma especial quando a lei expressamente a exigir** (Código Civil, art. 107), sendo exceção os casos em que a lei exige formas e solenidades especiais para sua eficácia. Por exemplo, nas relações entre os sócios, a existência

586. FORGIONI, Paula. *Contratos empresariais:* teoria geral e aplicação. 2ª ed., rev., atual. e ampl. São Paulo: Ed. Revista dos Tribunais, 2016, p. 38, destaca: "O diferenciador marcante dos contratos comerciais reside no *escopo de lucro* de *todas as partes envolvidas*, que condiciona o seu comportamento, sua 'vontade comum' e, portanto, a *função econômica* do negócio, imprimindo-lhe *dinâmica diversa e peculiar*".

587. GOMES, Orlando. *Contratos.* 26ª ed., rev. atual. e aum. Rio de Janeiro: Forense, 2008, p. 100-101. Os contratos empresariais: "(...) apresentam importantes peculiaridades de tratamento, *v.g.*, no que diz respeito à interpretação (papel mais acentuado dos usos empresariais), à alteração das circunstâncias (menor possibilidade de revisão contratual) e à aplicação dos princípios da boa-fé e da função social do contrato".

da sociedade só se prova por escrito, ainda que terceiros possam prová-la por qualquer modo (Código Civil, art. 987).

É relevante notar que, com a progressiva importância das negociações massificadas – as compras realizadas pela Internet são o exemplo mais atual –, cresce, também, a necessidade do uso de contratos padronizados para permitir agilidade nas operações. Outros contratos exigem, além da padronização, certa solenidade nas negociações, a fim de que se possa determinar com segurança a responsabilidade dos contratantes. É o que ocorre, por exemplo, nos negócios realizados em bolsas de valores ou de mercadorias: a negociação envolve lotes padronizados e as próprias bolsas são responsáveis pela regularidade dessas operações.

II. PARTE GERAL

Abordamos nesta parte da obra os aspectos dos contratos que importam sobremaneira ao direito empresarial.

Partimos da **evolução do contrato,** na sua concepção clássica, na qual vigia em sua maior extensão a ideologia da liberdade contratual, e nas concepções modernas, nas quais passaram a ser aplicados o dirigismo contratual e a função social dos contratos.

A partir desses pontos discorremos sobre as normas introduzidas pela denominada Declaração de Direitos de Liberdade Econômica que afetam as relações contratuais.

Abordamos diversos aspectos da **formação** dos contratos, desde os requisitos de capacidade e legitimação das partes, até as diversas modalidades de contratação mais relevantes para a disciplina dos contratos empresariais.

Examinamos as peculiaridades dos contratos utilizados no **comércio eletrônico**, inclusive os denominados ***smart contracts***, que nem sempre se amoldam à perspectiva adotada pelo legislador no Código Civil de 2002.

Entre os diversos **vícios ou defeitos que podem ocorrer na formação do contrato,** examinamos apenas a lesão, por serem o seu alcance e sua aplicação aos contratos empresariais, temas ainda controvertidos, diversamente dos demais vícios das relações contratuais, amplamente examinados na doutrina civilista.

A **classificação dos contratos** apresenta as distinções mais relevantes para os contratos empresariais.

A **interpretação** e a **integração** dos contratos apresentam o conceito atual de **autonomia privada** e a **função social dos contratos**. Confrontamos a Declaração dos Direitos de Liberdade Econômica com a Constituição e os demais princípios do nosso direito positivo, buscando a sua interpretação sistemática, bem como as alterações provocadas por essa Declaração no regime dos contratos, previsto nos demais artigos do Código Civil.

A **prova** das relações contratuais abrange a tradicional informalidade do direito comercial, que habitualmente dispensa as solenidades que acompanham muitos dos atos da vida civil, para examinar os casos em que a forma é necessária, seja como requisito de validade, seja de simples prova dos instrumentos contratuais.

1. EVOLUÇÃO DO CONTRATO

Contrato é conceito jurídico, mas para conhecê-lo verdadeiramente é necessário considerar a realidade econômico-social da qual ele representa a tradução[588], razão pela qual, no exame dos contratos empresariais, a análise jurídica e a análise econômica devem ficar em harmonia, não em contradição[589].

Como as relações econômicas e sociais se alteram ao longo do tempo o legislador busca, por vezes, interferir sobre elas para obter maior justiça nas relações contratuais. Veremos a seguir como se deram essas alterações.

1.1. Concepção clássica de contrato

A concepção de contrato nas grandes codificações burguesas – a saber, o Código Civil francês de 1804 (*Code Napoléon*) e o alemão de 1900 (*Bürgerliches Gesetzbuch – BGB*) –, respeitadas as diferenças entre eles, representa a ideologia da liberdade contratual[590]. Liberdade de um sujeito abstrato: o indivíduo, não mais dependente de sua classe social, da sua profissão, condição econômica ou sexo[591], "o proprietário de sua própria pessoa e de suas próprias capacidades"[592]. Ele se liberta das antigas restrições de classe, nas quais o único beneficiário da subjetividade plena era o homem burguês, maior, alfabetizado e proprietário[593].

O contrato decorria da vontade individual, razão de ser da sua força obrigatória[594], e sua matriz era a mesma que levou ao reconhecimento do direito de propriedade como

588. Os juristas preferem se ater aos contratos, não às operações, ainda que todo contrato implique uma operação econômica: "onde não há operação econômica, não pode haver também contrato" (ROPPO, Enzo. *O contrato*. Trad. Ana Coimbra; M. Januário C. Gomes. Coimbra: Almedina, 1988, p. 11). No nosso direito, Orlando Gomes registra que a noção restrita de contrato se refere ao "acordo de vontades produtivo de efeitos obrigacionais na esfera patrimonial" (GOMES, Orlando. *Contratos*. 26ª ed., rev. atual. e aum. Rio de Janeiro: Forense, 2008, p. 10).

589. PAILLUSSEAU, Jean. Les contrats d'affaires. In: CADIET, Loïc (coord.). *Le droit contemporain des contrats – bilan et perspectives*. Paris: Economica, 1987, p. 182.

590. ROPPO, Enzo. *O contrato*. Trad. Ana Coimbra; M. Januário C. Gomes. Coimbra: Almedina, 1988, p. 40.

591. RODOTÀ, Stefano. *El derecho a tener derechos*. Trad. José Manuel Revuelta. Madri: Trotta, 2014, p. 138.

592. C. B. Macpherson a denomina teoria do individualismo possessivo (MACPHERSON, C. B. *A teoria política do individualismo possessivo de Hobbes até Locke*. Trad. Nelson Dantas. Rio de Janeiro: Paz e Terra, 1979, p. 15).

593. RODOTÀ, Stefano. *El derecho a tener derechos*. Trad. José Manuel Revuelta. Madri: Trotta, 2014, p. 140.

594. LOPES, Miguel Maria de Serpa. *Curso de direito civil*. Vol. 3, 4ª ed., rev. e aum. Rio de Janeiro: Freitas Bastos, 1963, p. 19.

direito absoluto[595]. O legislador se limitava a reconhecer a igualdade formal dos contratantes, supondo que todos contavam com o mesmo poder[596]; por consequência, o contrato por eles celebrado era justo. A liberdade de contratar só estava limitada por considerações de ordem pública e pelos bons costumes, ou seja, com a moral geralmente observada[597].

Nessa época, **o legislador se limitava a reconhecer a igualdade formal dos contratantes, supondo que todos contavam com o mesmo poder**; a liberdade de contratar só estava limitada por considerações de ordem pública e pelos bons costumes, ou seja, com a moral geralmente observada. Se o indivíduo fosse capaz, o contrato que celebrava era justo.

A vontade do empregado e a do empregador, por exemplo, desde que ambos fossem capazes, tinha a mesma força vinculante para o legislador do início do século passado, pois a desigualdade de poder econômico entre as partes não era considerada por ele. Por esta razão o nosso Código Civil de 1916 regulava o contrato de trabalho como uma modalidade de locação de serviços, apenas, sem nenhuma proteção especial ao trabalhador, que só veio a surgir, em nosso direito, na década de 1940, com a Consolidação das Leis do Trabalho.

Em suma, para a doutrina clássica o contrato era uma entidade abstrata, isolada do contexto econômico e político, manifestando-se acentuada preocupação com o aspecto técnico-jurídico.

1.2. Concepções modernas

As teorias modernas sobre o contrato estão baseadas na sua função econômica e social (preocupação com fato econômico e social subjacente e consequências). Assim, o contrato, centro das atividades negociais e instrumento jurídico fundamental no relacionamento humano, não mais atua como instrumento da vontade individual, mas visa a atender interesses gerais.

Dirigismo contratual

A seguir, o Estado passa a intervir na liberdade contratual, reduzindo a liberdade dos contratantes, como meio de controle da economia. O Estado passa a dirigir o contrato,

595. ROPPO, Enzo. *O contrato*. Trad. Ana Coimbra; M. Januário C. Gomes. Coimbra: Almedina, 1988, p. 42-46. A Constituição de 1988 tem entre seus fundamentos a garantia do direito de propriedade, que atenderá à sua função social (art. 5º, XXII e XXIII, respectivamente), mas essa função só passará a ser amplamente analisada pela doutrina e aplicada pelos tribunais a partir da edição do Código Civil de 2002, cujo art. 421 consagra a função social do contrato.

596. A sociedade de classes, burguesa ou capitalista, tomava como verdade, inicialmente, a ideia de que as pessoas têm *status* igual, isto é, igual capacidade e posição jurídica na esfera civil, distinguindo-se entre si, unicamente, pela posição econômica. E designa-se *estado* em direito (*status*) a situação jurídica de uma pessoa em determinada coletividade, situação essa caracterizada por direitos e poderes, de um lado, deveres e responsabilidades, de outro.

597. A noção de "bons costumes" tem origem no direito romano, que não definia a imoralidade, apenas se referia à violação dos *boni mores*, algo exterior.

não tanto segundo a vontade comum e provável dos contratantes, mas visando às necessidades gerais da sociedade[598]. A lei deixa de ser a regra abstrata e permanente para se tornar um regulamento temporário e detalhado[599]. Essa intervenção denomina-se dirigismo contratual, que, na síntese de Orlando Gomes, restringe a liberdade de contratar "na sua tríplice expressão de **liberdade de celebrar contrato, da liberdade de escolher o outro contratante e da liberdade de determinar o conteúdo do contrato**"[600].

Examinaremos os **contratos obrigatórios** no título 2.5, abaixo.

Para ficarmos em dois exemplos da intervenção estatal nos contratos, podemos citar:

a) a prorrogação legal das locações que, no caso das locações comerciais, se dá mediante a previsão legal da renovação compulsória do contrato de locação do imóvel onde o comerciante mantém o seu estabelecimento (ação renovatória);
b) a interferência do Banco Central do Brasil nas cláusulas dos contratos bancários, estabelecendo a proteção do consumidor que se utiliza dos serviços bancários.

Mas a liberdade de contratar também pode estar sujeita à abstenção de contratar. As instituições financeiras estão sujeitas a limites impostos pelo Conselho Monetário Nacional, que as impede de conceder crédito acima de determinados limites, tão logo atingido, no período anual, determinado volume de negócios."[601]

A autonomia contratual é muito mais ampla nos contratos interempresariais do que naqueles puramente civis. Neste sentido, os Enunciados 19 e 21 da I Jornada de Direito Comercial, segundo os quais, respectivamente, "não se aplica o Código de Defesa do Consumidor às relações entre sócios/acionistas ou entre eles e a sociedade" e "nos contratos empresariais, o dirigismo contratual deve ser mitigado, tendo em vista a simetria natural das relações interempresariais"[602].

Dispõe o artigo 421 do Código Civil, com a redação dada pela Lei nº 13.874, de 2019: "A liberdade de contratar será exercida nos limites da função social do contrato".

---

598. PRATA, Ana. *A tutela constitucional da autonomia privada*. Coimbra: Almedina, 1982, p. 38-39.
599. BESSONE, Darcy. *Do contrato – teoria geral*. Rio de Janeiro: Forense, 1987, p. 45.
600. GOMES, Orlando. *Contratos*. 26ª ed., rev. atual. e aum. Rio de Janeiro: Forense, 2008, p. 9.
601. GRAU, Eros Roberto. *A ordem econômica na Constituição de 1988*. 20ª ed., atual. São Paulo: Malheiros/ Juspodivm, 2023, p. 91.
602. De acordo com ROSENVALD, Nelson e FARIAS, Cristiano Chaves de. *Curso de Direito Civil*. volume 4. Salvador: Juspodivm, 2019, p. 337: "Em regra, os contratos civis e de consumo se prestam à aquisição de bens essenciais, vinculados à satisfação de interesses existenciais da pessoa humana. O mesmo não se acolhe dos contratos interempresariais, cuja vinculação se dá entre dois agentes econômicos que realizam atividades vocacionadas para obtenção do lucro. A eficácia dos direitos fundamentais em sede de contratação puramente mercantil será mitigada justamente pela inexistência de um sujeito vulnerável ou de bens jurídicos que demandem grave intervenção sobre a liberdade contratual das partes".

Esse dispositivo legal é pioneiro nos sistemas de direito privado ocidental, de maneira que seu alcance e interpretação ainda não se encontram estabelecidos[603].

A corrente à qual nos filiamos entende que "**a função social amplia para o domínio do contrato a noção de ordem pública**", razão pela qual ela "é considerada um fim para cuja realização ou preservação se justifica a imposição de preceitos inderrogáveis e inafastáveis pela vontade das partes"[604]. Observamos que, a despeito da alteração promovida, a nova redação do artigo 421 do Código Civil mantém aplicável o princípio da função social do contrato, de maneira que o exercício da liberdade contratual permanecerá sujeito aos princípios constitucionais.

Transcrevemos alguns enunciados das Jornadas de Direito Civil e de Direito Comercial do CJF que revelam a extensão da função social do contrato:

- Enunciado 23 da I Jornada de Direito Civil: "A função social do contrato, prevista no CC 421, não elimina o princípio da autonomia contratual, mas atenua ou reduz o alcance desse princípio quando presentes interesses metaindividuais ou interesse individual relativo à dignidade da pessoa humana".
- Enunciado 360 da IV Jornada de Direito Civil: "O princípio da função social dos contratos também pode ter eficácia interna entre as partes contratantes".
- Enunciado 431 da V Jornada de Direito Civil: "A violação do CC 421 conduz à invalidade ou ineficácia de contrato ou de cláusulas contratuais.".
- Enunciado 29 da I Jornada de Direito Comercial: "Aplicam-se aos negócios entre empresários a função social do contrato e a boa-fé objetiva (arts. 421 e 422 do Código Civil), em conformidade com as especificações dos contratos empresariais".

A Lei de liberdade econômica e sua aplicação aos contratos empresariais. A aplicação dos dispositivos dessa lei aos contratos empresariais será examinada no título 4, abaixo, no qual examinamos a interpretação dos contratos.

1.3. Função social do contrato

As teorias modernas sobre o contrato estão baseadas na sua função econômica e social. Assim, o contrato, centro das atividades negociais e instrumento jurídico fundamental no relacionamento humano, não mais atua como instrumento da vontade individual, mas visa a atender também a interesses gerais.

603. NERY JUNIOR, Nelson; NERY, Rosa Maria de Andrade. *Código Civil comentado.* 14ª ed., rev., ampl. e atual. São Paulo: Ed. Revista dos Tribunais, 2022, nota 16 ao art. 421, p. 877.

604. TEPEDINO, Gustavo; BARBOSA, Heloísa Helena; MORAES, Maria Celina Bodin de (coords.). *Código Civil interpretado conforme a Constituição da República.* Vol. 2, 2ª ed., rev. e atual. Rio de Janeiro: Renovar, 2012, p. 9.

Com o reconhecimento do Estado Social e dos novos valores que nele se fazem presentes – a Constituição Federal de 1988 tem entre seus fundamentos a "dignidade da pessoa humana" e "os valores sociais do trabalho e da livre iniciativa" (art. 1º, incisos III e IV, respectivamente) –, deixou-se de reconhecer à vontade, exclusivamente, o poder de produzir efeitos jurídicos[605].

É certo que o art. 104, do Código Civil, não elencou a função social como requisito de validade do negócio jurídico. Como alertam Nelson Rosenvald e Cristiano Chaves de Farias, não há uma hierarquia que submeta a autonomia privada aos "desígnios de uma coletividade, como se os contratantes fossem zeladores a serviço da sociedade"; contudo, a função social há de fortalecer a ordem do mercado, tutelando instituições, princípios e regras que promovam um ambiente econômico concorrencial saudável[606].

1.4. Tipicidade legal e social

No antigo Direito Romano não era possível utilizar-se de modelos contratuais que não estivessem descritos na lei, ou seja, as obrigações contratuais só podiam ser constituídas através dos contratos nela descritos. Portanto, só havia a tipicidade legal. Com a evolução jurídica foi possível constatar que a lei não é a única fonte do direito; o costume também o é. Consequentemente, há tipos contratuais que não são legalmente tipificados, mas sim regulados pelos usos e costumes locais. Trata-se da **tipicidade social dos contratos**[607].

Com passar do tempo o legislador passa a detectar as operações econômicas mais utilizadas na sociedade, de maneira que as suas principais características passam a constar nos dispositivos legais. Os contratos tipificados na legislação facilitam a atuação das partes e lhes dão mais segurança.

No entanto, devido à natureza dinâmica da economia e da sociedade o legislador muitas vezes só consegue elaborar a regulamentação específica de um modelo contratual após sua utilização estar socialmente consolidada pelos usos e costumes. É mais fácil reconhecer que um tipo contratual é digno de reconhecimento e tutela legal após a sua aplicação recorrente no meio social[608].

A tendência atual é o crescimento dos tipos sociais, pois a sociedade adquire novos costumes ao longo do tempo e eles resultam em novas práticas contratuais, observando-se

605. PRATA, Ana. *A tutela constitucional da autonomia privada*. Coimbra: Almedina, 1982, p. 23. Entre nós: GODOY, Cláudio Luiz Bueno de. *Função social do contrato*: os novos princípios contratuais. 4ª ed., São Paulo: Saraiva, 2012, p. 30-31.

606. ROSENVALD, Nelson e FARIAS, Cristiano Chaves de. *Curso de Direito Civil*. volume 4. Salvador: Juspodivm, 2019, p. 236.

607. LORENZETTI, Ricardo Luis. *Tratado de los contratos*: parte general. Santa Fe: Rubinzal-Culzoni, 2004, p. 229.

608. ROPPO, Enzo. *O contrato*. Coimbra: Almedina, 1988, p. 134.

que os tipos contratuais sociais ganharam bastante espaço[609]. Mas ainda não há, no Brasil, lei específica que regulamente, por exemplo, o contrato de *factoring* (faturização) ou a rede de contratos que surge dos cartões de crédito, e que serão por nós estudados adiante. Estes contratos são legalmente atípicos, mas socialmente típicos.

2. FORMAÇÃO DOS CONTRATOS. MODALIDADES DE CONTRATAÇÃO

Examinamos, aqui, a par da manifestação da vontade, algumas modalidades de contratação.

2.1. Requisitos do contrato: capacidade e legitimação

A validade do contrato requer o atendimento de certos requisitos, que são: "a capacidade do agente, a possibilidade do objeto e a forma, esta quando prescrita em lei"[610]. Vamos examinar brevemente os dois primeiros, pois o requisito da forma será visto a cada caso em que a lei a exija.

Capacidade. Para validade do contrato em geral é necessária a manifestação do consentimento por pessoa capaz (Código Civil, arts. 3º e 4º); no entanto, não se exige a capacidade de ambas as partes nos contratos de massa, realizados no curso de uma atividade empresarial. Assim, muitas vezes, os atos realizados por menores ou incapazes no curso dessa atividade são considerados válidos. Por exemplo:

a) no contrato de transporte em que o passageiro é juridicamente incapaz, o transportador não está obrigado a indagar da capacidade do aceitante: "A aceitação pode ser com o pagamento do preço, como pode ser por palavra, ou por gesto, ou por simples entrada no veículo"[611];

b) na compra e venda a varejo, que pode se dar por meio de máquinas de distribuição automática não se indaga da capacidade plena do comprador; portanto, quando uma criança insere uma moeda numa máquina e retira um chiclete a compra e venda é válida;

c) no ingresso em espetáculos públicos não se indaga da capacidade plena do adquirente do serviço (espectador).

Essas relações, denominadas **comportamentos socialmente típicos** ou **relações contratuais fáticas**, decorrem da redução da importância da vontade para a formação do contrato (que o incapaz não tem capacidade para manifestar) e da maior importância

609. LORENZETTI, Ricardo Luis. Ob. Cit., p. 229. No mesmo sentido: ROPPO, Enzo. *O contrato*. Coimbra: Almedina, 1988, p. 134.

610. GOMES, Orlando. *Contratos*. 26ª ed., rev. atual. e aum. Rio de Janeiro: Forense, 2008, p. 53.

611. MIRANDA, F. C. Pontes de. *Tratado de direito privado*. Vol. 45, 4ª ed., reimp. São Paulo: Ed. Revista dos Tribunais, 1983, p. 46-47.

atribuída ao elemento objetivo da declaração[612]. O Código Civil dispõe no artigo 113: "Os negócios jurídicos devem ser interpretados conforme a boa-fé e os usos do lugar da celebração".

Legitimação. Enquanto a capacidade diz respeito a qualidades de própria pessoa, a legitimação, no direito das obrigações, se refere à "posição da pessoa em relação a determinados bens que podem ser objeto de negócios jurídicos em geral". Por exemplo: os servidores públicos em geral não estão legitimados a comprar, ainda que em hasta pública, os bens ou direitos da pessoa jurídica a que servirem, ou que estejam sob sua administração direta ou indireta (Código Civil, art. 497, II).

Voltaremos ao tema ao examinarmos abaixo as etapas da oferta e da aceitação dos contratos.

2.2. Oferta e aceitação

Oferta é manifestação de vontade unilateral pela qual uma pessoa dá a conhecer a outra sua intenção de contratar e as condições essenciais do contrato. A proposta de contrato obriga o proponente, se o contrário não resultar dos termos dela, da natureza do negócio, ou das circunstâncias do caso (art. 427 do Código Civil).

A oferta, ou proposta, e a aceitação de um contrato são declarações de vontade, definindo-se a aceitação como "a declaração do destinatário duma proposta, dirigida ao proponente, de querer concluir o contrato conforme a mesma proposta"[613]. A chamada fase de formação do contrato é aquela que antecede o encontro da vontade das partes. Examinamos, aqui, algumas modalidades de contratação que entendemos mais relevantes para o direito empresarial.

Os dois códigos civis brasileiros trataram do fenômeno da formação dos contratos pressupondo a identificação de uma oferta e de uma aceitação bem determinadas. Ainda assim, essas fases não são as únicas possíveis, sendo admissível a formação do contrato pela mera conduta: por exemplo, o simples ingresso em determinados meios de transporte públicos, como o VLT (Veículo Leve sobre Trilhos) no Rio de Janeiro, implica na obrigação de pagar o preço.

De outro lado, nos contratos complexos, iniciados por negociações preliminares compostas por uma multiplicidade de negociações e de contratos, a própria determinação de quem é o proponente e quem é o aceitante revela-se artificial, "não se podendo, senão por uma ficção jurídica, indicar um deles como o autor de uma proposta e outro como emissor de uma aceitação"[614].

---

612. ROPPO, Enzo. *O contrato*. Trad. Ana Coimbra; M. Januário C. Gomes. Coimbra: Almedina, 1988, p. 301. HIRATA, Alessandro. *Relações contratuais fáticas (faktische Vertragsverhältnisse)*. Tese para Concurso para Professor Titular da Faculdade de Direito da Universidade de São Paulo, 2011.
613. BESSONE, Darcy. *Do contrato – teoria geral*. Rio de Janeiro: Forense, 1987, p. 190.
614. SCHREIBER, Anderson. *Manual de direito civil contemporâneo*. 2ª ed., São Paulo: Saraiva, 2019, p. 462.

As declarações de vontade podem ser simultâneas, formando-se contrato instantaneamente, ou sucessivas, quando uma declaração precede a outra, havendo entre elas um lapso de tempo. Neste caso podemos individualizar as duas fases da formação do contrato: a proposta ou oferta e a aceitação. Examinaremos alguns efeitos dessa distinção no item 2.4, sobre contratos entre presentes e entre ausentes.

O regime do Código de Defesa do Consumidor. Em geral, as informações disponibilizadas antes da conclusão do contrato acerca de seus aspectos relevantes, não integram o contrato. Os contratos de massa também podem ser examinados sob o aspecto da manifestação da vontade, e estão abrangidos pela disciplina do Código de Defesa do Consumidor – CDC[615], que contempla maiores garantias ao consumidor.

O CDC engloba, sob o título "Da oferta", quatro expressões diversas: oferta, informação, publicidade e apresentação. Todas elas constituem modalidades de ofertas públicas, efetuadas pelos fornecedores aos consumidores, relativamente aos contratos de que se trata, no contexto das relações de consumo. Seu artigo 30 trata dos efeitos vinculantes da oferta de forma bastante ampla, abrangendo toda informação ou publicidade, suficientemente precisa, veiculada por qualquer forma ou meio de comunicação. Nesse caso, até mesmo o convite a contratar vincula o ofertante.

Manifestação da vontade expressa ou tácita. A manifestação da vontade pode ser **expressa ou tácita**. O consentimento expresso pode dar-se por meio da linguagem falada, da escrita ou da mímica[616]. Como regra geral a vontade deve ser declarada, mas a vontade manifestada para a outra parte também produz efeitos jurídicos. Por exemplo, um aceno com a cabeça pode equivaler a um sim, conforme o costume. A manifestação de vontade, seja declarada ou manifestada por sinais, é expressa.

O silêncio como manifestação de vontade. O silêncio significa abstenção completa, tanto de palavras quanto de atos ou fatos e, em princípio, ele não tem valor jurídico. Mas, nos termos do artigo 111 do Código Civil: "O silêncio importa anuência, quando as circunstâncias ou os usos o autorizarem, e não for necessária a declaração de vontade expressa".

Existe presunção legal quando a lei expressamente prevê que o silêncio representa manifestação positiva da vontade, estabelecendo uma presunção legal. São esses os casos da prorrogação tácita da locação, se o locatário continuar na posse da coisa alugada, sem oposição do locador (art. 574 do Código Civil) e da aceitação tácita do mandato, que resulta do começo de execução (art. 659).

De aplicação mais própria da atividade empresarial é o artigo 432 do mesmo Código, segundo o qual: quando o negócio for daqueles em que não seja costume a aceitação expressa reputa-se concluído o contrato, não chegando a tempo a recusa. Destaca Haroldo

---

615. NERY, Rosa Maria de Andrade; NERY JÚNIOR, Nelson. *Instituições de direito civil.* Vol. III, São Paulo: Ed. Revista dos Tribunais, 2016, p. 172-175.

616. BESSONE, Darcy. *Do contrato – teoria geral.* Rio de Janeiro: Forense, 1987, p. 151.

Verçosa: "[...] quando a lei menciona o termo *costume*, ela está se atendo precisamente a um setor de atividade dentro do qual ele foi criado ao longo de um determinado período de tempo, tornado conhecido e aceito por toda a comunidade atuante dentro de sua esfera."[617]

Existindo relações anteriores entre as partes, frequentes e sucessivas, pode-se inferir a vontade daquela que se absteve. É o que ocorre na renovação tácita da locação e no fornecimento habitual de mercadorias. A jurisprudência do Superior Tribunal de Justiça exemplifica um desses casos:

> "Na espécie, tendo em vista os usos e costumes do segmento empresarial e as práticas adotadas, de longa data, pelas partes, encontram-se presentes os requisitos para que o silêncio reiterado das varejistas – sobre a adoção dos boletos bancários e o repasse do respectivo custo – seja considerado manifestação de vontade apta a produção de efeitos jurídicos, vale dizer: seja atestada a existência de consenso em relação à forma de pagamento das 'mercadorias' e à cobrança de tarifa."[618]

Mas, "caso haja uma razão para se exigir a aceitação (*v.g.*, como ocorre nos contratos de consumo), não se pode dizer que houve anuência", pois, a regra do artigo 432 está subordinada à do artigo 111[619].

O silêncio também significa consentimento em alguns casos não abrangidos pelo âmbito contratual: é o caso do silêncio do sócio, sem protesto, frente a uma resolução da assembleia[620].

Examinaremos a seguir casos em que a vontade não é comunicada, decorre da atitude do sujeito.

2.3. Relações contratuais de fato

Os atos negociais poderão decorrer de um negócio jurídico de origem contratual ou do comportamento social típico das partes. O comportamento de um dos envolvidos representa a sua manifestação de vontade, desde que a outra parte envolvida tenha ciência de tal ato[621].

As máquinas de venda automática, como aquelas de venda de refrigerantes e salgadinhos, funcionam com códigos pré-programados, em que o usuário insere certa quantidade

617. VERÇOSA, Haroldo Malheiros Duclerc. *Direito comercial*: teoria geral do contrato. 2ª ed., rev., atual. e ampl. São Paulo: Ed. Revista dos Tribunais, 2014 [Coleção Direito Comercial, v. 4], p. 363.

618. STJ, REsp 1.580.446/RJ, Quarta Turma, Rel. Min. Luis Felipe Salomão, v.u. 23/02/2021, DJe 25/03/2021, RSTJ, vol. 261, p. 811, ementa, item 9.

619. NERY, Rosa Maria de Andrade; NERY JÚNIOR, Nelson. *Instituições de direito civil.* Vol. III, São Paulo: Ed. Revista dos Tribunais, 2016, p. 94.

620. GOMES, Orlando. *Contratos*. 26ª ed., rev. atual. e aum. por Antonio Junqueira de Azevedo e Francisco Paulo De Crescenzo Marino. Rio de Janeiro: Forense, 2008, p. 60, nota 21.

621. LARENZ, Karl. O estabelecimento de relações obrigacionais por meio de comportamento social típico (1956). Trad. Alessandro Hirata. Revista Direito GV, São Paulo, Vol. 2, N. 1, Jan-jun 2006, p. 55-56 e 60-61.

em dinheiro e tem o item pré-selecionado liberado para sua utilização, mas há notícias mais antigas dessa prática. Um matemático grego descreveu uma máquina que, em 215 a.C., entregava água benta para uso em templos egípcios. O usuário colocava uma moeda em um determinado local, o que acionaria uma alavanca que abriria uma válvula que entregava a água. O medo da punição divina evitaria o uso de moedas falsas[622].

Não há negociação sobre cláusulas contratuais e elas nem sempre estão presentes, mas com o pagamento forma-se um contrato, decorrente de um tipo particular de oferta na qual o aparelho automático representa o proponente e oblato (pessoa a quem é direcionada a proposta de um contrato) é o público em geral[623].

A explicação para estas relações se encontra no processo de objetivação do contrato e do direito dos contratos a que se refere Enzo Roppo, denunciando a distância que separa a moderna figura do contrato de sua imagem novecentista, marcada pelo individualismo e pela importância conferida à pessoa dos contratantes[624].

Entre as diversas expressões utilizadas pela doutrina para definir essas relações contratuais Roppo adota a do "contato social", Antunes Varela refere-se a "atos de execução da vontade", e, ainda, a "formas de comportamento social típico". Conclui Antunes Varela que aquele que pratica algum desses atos deve admitir que ele seja interpretado "com o sentido que ele reveste aos olhos do grande público (e da contraparte)"[625]. O Código Civil de 2002 autoriza a mesma interpretação, pois dispõe no artigo 113: "Os negócios jurídicos devem ser interpretados conforme a boa-fé e os usos do lugar da celebração".

2.4. Contratos entre presentes e entre ausentes

Como vimos, **a lei não exige que as vontades se manifestem num mesmo momento** (contratos de formação simultânea), podendo manifestar-se em momentos diferentes (contratos de formação sucessiva). No primeiro caso estão os contratos entre presentes; no segundo, estão os chamados contratos entre ausentes. Analisamos em título próprio os denominados contratos eletrônicos porque eles se podem se enquadrar em uma ou outra dessas categorias.

Saber o momento e o lugar em que o contrato se forma é importante, pois:

a) até o momento da conclusão do contrato, cada uma das partes pode revogar a sua declaração de vontade;

---

622. RASKIN, Max. The Law and Legality of Smart Contracts. *Georgetown Law Technology Review* 304, 2017, p. 11.

623. LARENZ, Karl. O estabelecimento de relações obrigacionais por meio de comportamento social típico (1956). Trad. Alessandro Hirata. Revista Direito GV, São Paulo, Vol. 2, N. 1, Jan-jun 2006, p. 55-56 e 60-61.

624. É o que ocorre, em regra, nos contratos massificados de consumo (ROPPO, Enzo. *O contrato.* Trad. Ana Coimbra; M. Januário C. Gomes. Coimbra: Almedina, 1988, p. 301).

625. VARELA, João de Matos Antunes. *Das obrigações em geral.* Vol. I, 5ª ed., rev. Coimbra: Almedina, 1986, p. 227".

b) o lugar em que houver se verificado essa conclusão influirá sobre a escolha da lei reguladora, no tocante ao espaço[626].

A melhor doutrina classifica como contratos entre ausentes aqueles em que a **manifestação da vontade não é simultânea, mas sucessiva**; o importante não é o elemento espacial, mas o temporal, ou seja, a possibilidade de resposta imediata[627]; ou seja, são aqueles nos quais as partes não se encontram fisicamente presentes no mesmo local e nem a proposta, nem a aceitação se dão no mesmo momento (art. 434). Por ficção legal, consideram-se presentes as partes que contratam por telefone ou meio semelhante (Código Civil, art. 428, I); por exemplo, por computadores interligados em tempo real.

Os contratos entre ausentes tornam-se perfeitos desde que a aceitação é expedida, salvo se antes dela ou com ela chegar ao proponente a declaração do aceitante, se o proponente se houver comprometido a esperar resposta ou se ela não chegar no prazo convencionado (Código Civil, arts. 434 e 435).

2.5. Oferta ao público

A oferta pode ser dirigida a uma pessoa determinada ou ao público. A oferta ao público se dirige a uma generalidade de pessoas, que pode ser determinável[628]. No regime do Código Civil a oferta se distingue da proposta: a primeira pode ou não ser obrigatória, ao contrário da segunda.

A oferta ao público somente equivale a proposta "quando encerra os requisitos essenciais do contrato, salvo se o contrário resultar das circunstâncias ou dos usos" (Código Civil, art. 429, *caput*). Quando ela não contém os requisitos do contrato, equivale a simples convite a contratar, visto a seguir. Se a oferta contiver esses requisitos será considerada proposta, nos termos do artigo 426 do Código Civil: "A proposta de contrato obriga o proponente, se o contrato não resultar dos termos dela, da natureza do negócio, ou das circunstâncias do caso".

Convite a contratar. Em inúmeros casos, a oferta ao público não se revela precisa e completa, ela representa um simples convite a negociações, sem força vinculante. **Faltam à oferta elementos que permitam uma aceitação pura e simples**, ou ela vem acompanhada de **reservas implícitas ou explícitas.**

Exemplo de reservas implícitas se encontram nos contratos *intuitu personae,* como a locação e a abertura de crédito, etc., nos quais as qualidades do interessado serão determinantes para a contratação. Quando um banco publica um anúncio nos jornais oferecendo crédito ele não se obriga a dar crédito a qualquer interessado, apenas a analisar o cadastro de cada um deles para determinar a quais interessados irá emprestar. Exemplo de reservas

---

626. BESSONE, Darcy. *Do contrato – teoria geral.* Rio de Janeiro: Forense, 1987, p. 194.

627. BESSONE, Darcy. Ob. Cit., p. 194, nota 145. GOMES, Orlando. Ob. Cit., p. 80.

628. GOMES, Orlando. *Contratos.* 26ª ed., rev. atual. e aum. Rio de Janeiro: Forense, 2008, p. 74.

explícitas se encontram nas ofertas de bens em número limitado, pois ela está sujeita a limites quantitativos.

As principais **características do convite a contratar** são:

a) dirige-se a **pessoas determinadas ou indeterminadas**;

b) **pode dar origem a uma concorrência pública de ofertas (leilão, licitação) ou não**;

c) a **obrigação do ofertante** é, unicamente, a de **levar em consideração as propostas que forem feitas de acordo com a oferta pública.**

Revogação da oferta. A oferta pode ser revogada "pela mesma via de sua divulgação, desde que ressalvada essa faculdade na oferta realizada" (Código Civil, art. 429, parágrafo único).

Regime da oferta no Código de Defesa do Consumidor. O Código de Defesa do Consumidor engloba, sob o título "Da oferta", quatro expressões diversas: oferta, informação, publicidade e apresentação. Todas elas constituem modalidades de ofertas públicas, efetuadas pelos fornecedores aos consumidores. Seu artigo 30 trata dos efeitos vinculantes da oferta de forma bastante ampla, abrangendo "toda informação ou publicidade, suficientemente precisa, veiculada por qualquer forma ou meio de comunicação". Nesse caso, até mesmo o convite a contratar por meio de anúncios em jornais, desde que a oferta seja suficientemente precisa, vincula o ofertante[629].

Cumprimento específico da oferta. O regime adotado pelo CPC, arts. 497 a 500, dá prioridade à execução específica da obrigação de fazer ou de não fazer (art. 497), bem como à obrigação de entrega de coisa (art. 498). A conversão em perdas e danos só ocorrerá se o autor da ação a requerer ou quando for impossível a tutela específica ou a obtenção do resultado prático equivalente (art. 499), sem prejuízo da multa fixada periodicamente para compelir o réu ao cumprimento específico da obrigação (art. 500).

2.6. Contratos obrigatórios (dever de contratar)

No caso dos contratos obrigatórios propriamente ditos a liberdade de contratar sofre limitações ou restrições desde o momento da formação do contrato, dado que está presente um dever de contratar[630].

Há empresas que estão em estado de oferta permanente de serviços, como as prestadoras de **serviços públicos essenciais** à população (luz, água etc.) e as seguradoras, entre outras. Ambas estão sujeitas a normas de ordem pública.

---

629. NERY, Rosa Maria de Andrade; NERY JÚNIOR, Nelson. *Instituições de direito civil.* Vol. III, São Paulo: Ed. Revista dos Tribunais, 2016, p. 169.

630. VARELA, João de Matos Antunes. *Das obrigações em geral.* Vol. 1, 5ª ed., rev. e atual. Coimbra: Almedina, 1986, p. 236 e segs.

As **empresas prestadoras de serviços públicos essenciais detêm monopólio de fato** (por serem as únicas em condições de prestar o serviço) **ou de direito** (por determinação legal, que pode decorrer do ato constitutivo da concessão, dos regulamentos aplicáveis ou da própria natureza do serviço). Por essa razão, **estão em estado de oferta permanente de serviços e, tendo estabelecido as condições de sua prestação não podem recusar-se a contratar, salvo por razões graves, como a inadimplência do consumidor**[631].

As seguradoras, por sua vez, têm apenas o dever de concluir contratos com quantos queiram sujeitar-se às suas condições[632].

2.7. Contrato de adesão

As **relações massificadas** revelam, cada vez mais, uma **predisposição das cláusulas contratuais**. Um dos futuros contratantes, denominado estipulante, estabelece previamente as cláusulas que irão reger os contratos que vier a celebrar, sem que a outra parte possa modificá-las, de maneira a permitir a celebração de inúmeros negócios com conteúdo semelhante. Isso ocorre em determinados contratos bancários, de serviços de telefonia e de seguro-saúde, entre tantos outros que seria impossível enumerar. Mas é possível que um contrato contenha cláusulas por adesão e cláusulas livremente negociadas entre as partes.

Chama-se **contrato de adesão, ou por adesão,** aquele cujas **cláusulas gerais e uniformes, dirigidas a pessoas indeterminadas, foram previamente elaboradas unilateralmente, e cujo consentimento se manifesta pela simples adesão.** Na definição do Código de Defesa do Consumidor (art. 54): "Contrato de adesão é aquele cujas cláusulas tenham sido aprovadas pela autoridade competente ou estabelecidas unilateralmente pelo fornecedor de produtos ou serviços, sem que o consumidor possa discutir ou modificar substancialmente seu conteúdo"[633]. Mas isso não significa que haja completa exclusão da autonomia contratual pois a liberdade de contratar permanece presente[634].

---

631. PEREIRA, Caio Mário da Silva. *Instituições de direito civil*. Vol. III, 25ª ed., rev. e atual. por Caitlin Mulholland. Rio de Janeiro: Forense, 2022, p. 42, destaca genericamente a possibilidade de recusa por justos motivos. A jurisprudência revelou divergência sobre a possibilidade de interrupção de serviços públicos em face da inadimplência do consumidor, mas a Primeira Seção do Superior Tribunal de Justiça acabou por unificar a jurisprudência, decidindo ser legítimo o corte de luz por falta de pagamento "se, após aviso prévio, o consumidor de energia elétrica permanecer inadimplente no pagamento da respectiva conta (L. 8.987/95, Art. 6º, § 3º, II)" (STJ, REsp 363.943/MG, Primeira Seção, Rel. Min. Humberto Gomes de Barros, decisão por maioria em 10/12/2003, ementa (transcrição parcial).

632. Outro caso de oferta pública regulamentada em lei especial é a oferta pública de aquisição de ações (Lei nº 6.404/76, art. 257).

633. MIRAGEM, Bruno. *Direito bancário*. São Paulo: Ed. Revista dos Tribunais, 2013, p. 232-235, apresenta análise crítica sobre a diferença entre os regimes do Código Civil e do Código de Defesa do Consumidor.

634. NERY, Rosa Maria de Andrade; NERY JÚNIOR, Nelson. *Instituições de direito civil*. Vol. III, São Paulo: Ed. Revista dos Tribunais, 2016, p. 178.

O contrato por adesão não é um contrato em si: **é um modo de formação do contrato**. A declaração negocial nestes contratos caracteriza-se tanto pela generalidade (dirigida a todos que se encontram em determinada situação), quanto pela rigidez, visto que as cláusulas gerais de contratação devem ser em bloco recebidas ou rejeitadas pela outra parte[635]. Examinaremos, abaixo, as regras de interpretação dos contratos por adesão.

De outro lado encontram-se as **cláusulas gerais de contratação** ou **contratos-tipo**. Elas são utilizadas por empresários que tem necessidade de estabelecer grande número de contratos, sendo possível encontrar cláusulas predispostas em ambos os lados das relações contratuais. Por exemplo, uma indústria, de um lado, e seus diversos fornecedores de matéria-prima, de outro.

Elas podem ser caracterizadas da seguinte forma:

> "[...] o conjunto de regras ou normas (regulamento interno, estatutos, normas de serviço etc.), disciplinadas unilateralmente pelos fornecedores a fim de que, com base nelas, sejam realizados os contratos e operações comerciais, industriais ou prestação de serviços desses fornecedores. Têm como destinatário principal o funcionário da empresa ou do Órgão Público, muito embora possam delas ter conhecimento aqueles que têm relações com o fornecedor estipulante, em virtude de maior ou menor grau de publicidade que se der a essas condições gerais de contratação" [636].

As condições gerais de contratação não se confundem com o contrato de adesão, pois elas só formarão um contrato se e quando forem aceitas pelo aderente[637].

2.8. Contrato preliminar

Como ensinam Nery e Nery: "A peculiaridade que caracteriza efetivamente o contrato preliminar é precisamente a **celebração de um primeiro contrato (preliminar) que justamente faz surgir a obrigação de celebração do segundo contrato (definitivo)**" [638].

O contrato preliminar, exceto quanto à forma, deve conter todos os requisitos essenciais ao contrato a ser celebrado (Código Civil, art. 462). Estando presentes esses requisitos, e desde que dele não conste do contrato cláusula de arrependimento, qualquer das partes terá o direito de exigir a celebração do definitivo, assinando prazo à outra para que o efetive (art. 463), aplicando-se ao caso o disposto no artigo 497 do CPC: "Na ação que tenha por objeto a prestação de fazer ou de não fazer, o juiz, se procedente o pedido, concederá a tutela específica ou determinará providências que assegurem a obtenção de tutela pelo resultado prático equivalente".

---

635. CORDEIRO, António Menezes. *Direito das obrigações*. Vol. 1, 1ª ed., reimp. Lisboa: AAFDL, 1986, p. 99.

636. NERY, Rosa Maria de Andrade; NERY JÚNIOR, Nelson. Ob. Cit., p. 180.

637. NERY, Rosa Maria de Andrade; NERY JÚNIOR, Nelson. *Instituições de direito civil*. Vol. III, São Paulo: Ed. Revista dos Tribunais, 2016, p. 180. GOMES, Orlando. *Contratos*. 26ª ed., rev. atual. e aum. Rio de Janeiro: Forense, 2008, p. 150, não distingue as cláusulas gerais do contrato delas decorrente.

638. NERY, Rosa Maria de Andrade; NERY JÚNIOR, Nelson. Ob. Cit., p. 8.

O artigo 464 do Código Civil, por sua vez, permite ao juiz suprir a declaração da parte que deixa de executar o contrato preliminar sem cláusula de arrependimento, mas ele não se substitui à parte; determina, apenas, a execução específica dos seus termos[639]. Essa orientação já havia sido firmada pelo Supremo Tribunal Federal, em *leading case* relatado pelo Ministro Moreira Alves, no qual ficou estabelecido que existindo no contrato "condições a definir, cláusulas a encher" não pode:

> "[...] o julgador consagrar o que está por acertar, o que expressamente depende de futuro entendimento e de apreciação e valoração de dados ainda não colhidos. Se assim o fizer, estará o juiz contratando pelas partes, o que é grosseiro desvio de função e vício insanável de julgamento, pois que se terá imposto em substituição às vontades necessariamente de se colher das partes, emitindo, como acabadas e perfeitas, declarações de vontade que elas não fizeram"[640].

O contrato preliminar deve ser levado ao registro competente (art. 463, parágrafo único, do Código Civil).

2.9. Contratos a favor de terceiro

A **regra geral** é que **o contrato só produz efeitos entre as partes, sendo o contrato a favor de terceiro uma exceção.** Nesta modalidade de contrato, do qual um dos exemplos é o do seguro de vida, as partes atribuem uma vantagem a terceiro, estranho à relação contratual, que passa a ter um direito autônomo a exigir a prestação[641].

O Código Civil trata dos contratos a favor de terceiro como estipulação a favor de terceiro, nos artigos 436 a 438.

2.10. Contratos com pessoa a declarar

A regra de que o contrato só produz efeitos entre as partes também sofre exceção, ainda mais marcante nos contratos com pessoa a declarar, ou a nomear. Estes contratos estão regulamentados nos artigos 467 a 471 do Código Civil.

Nesta modalidade de contratação **uma das partes se reserva a possibilidade de nomear quem assuma a posição de contratante.** Por esta razão a pessoa designada toma o lugar da parte que a nomeou na relação contratual, como se ela própria houvesse celebrado o contrato, deixando o designante a relação sem deixar vestígios. Na definição de Antunes Varela: "O contrato para pessoa a nomear é o contrato em que uma das partes

---

639. STJ, REsp 4.743/RS, Terceira Turma, Rel. Min. Eduardo Ribeiro, v.u. 10/12/90. Esse acórdão decidiu, na vigência do Código Civil/16, que o juiz não poderá dar à vontade da parte "conteúdo que importe inclusão de cláusulas de que não cogitou a inicial".

640. STF, RE 88.716/RJ, Segunda Turma, Rel. Min. Moreira Alves, decisão por maioria em 11/09/79, transcrição de fls. 597.

641. GOMES, Orlando. *Contratos.* 26ª ed., rev. atual. e aum. Rio de Janeiro: Forense, 2008, p. 197.

se reserva a faculdade de designar uma outra pessoa que assuma a sua posição na relação contratual, como se o contrato tivesse sido celebrado com esta última"[642].

Diversas teorias buscam explicar esta modalidade de contratação, sendo ela mais bem explicada pela existência de uma condição em relação à pessoa do titular do contrato, determinando, quanto a uma das partes, dois sujeitos em alternativa. Esta teoria é conhecida como da alternatividade subjetiva da aquisição[643].

2.11. Comércio eletrônico

O comércio eletrônico se dá por meio de diversas modalidades, e as principais são mais conhecidas pelas suas siglas originárias: *Business to Consumer* (B2C), as empresas que fornecem produtos e/ou serviços para o consumidor final (também chamadas de D2C – *Direct to Consumer*); *Business to Business* (B2B), as lojas virtuais específicas para a venda de empresa para empresa, sendo que essa modalidade admite negociações de diversas espécies, entre produtos e serviços; *Business to Government* (B2G) ou *Business to Administration* (C2A), no qual as operações são realizadas entre uma pessoa jurídica e a Administração Pública. Os serviços envolvem a venda online de produtos e serviços para uma instituição pública, mas as empresas precisam passar por um processo de licitação, no qual concorrem pela prestação de serviços.

De outro lado, existem os **Intermediadores,** sistemas que permitem ao consumidor final realizar uma compra ou encontrar um meio de transporte, em tempo real, realizando a liquidação financeira da operação.

Lojas virtuais são aquelas que oferecem produtos via Internet. Elas devem ser consideradas verdadeiros estabelecimentos empresariais. Como o estabelecimento tradicional, o virtual representa um complexo de bens organizado, para o exercício da empresa: bens materiais, como os computadores, e imateriais, como o nome de domínio do site, entre outras criações intelectuais. Ainda que a noção tradicional de estabelecimento esteja referida a um local físico, sua definição legal abrange todas as diversas espécies (art. 1.142 do Código Civil)[644].

> "§ 1º O estabelecimento não se confunde com o local onde se exerce a atividade empresarial, que poderá ser físico ou virtual. (Incluído pela Lei nº 14.382, de 2022)

---

642. VARELA, João de Matos Antunes. *Das obrigações em geral.* Vol. 1, 5ª ed., rev. e atual. Coimbra: Almedina, 1986, cit., p. 378.

643. LOPES, Miguel Maria de Serpa. *Curso de direito civil.* Vol. 3, 4ª ed., Rio de Janeiro: Freitas Bastos, 1963, p. 139 e segs.

644. Como o estabelecimento tradicional, o virtual representa um complexo de bens organizado para o exercício da empresa: bens materiais, como os computadores, e imateriais, como o nome de domínio do site, entre outras criações intelectuais. Ainda que a noção tradicional de estabelecimento esteja referida a um local físico, sua definição legal abrange todas as diversas espécies.

> § 2º Quando o local onde se exerce a atividade empresarial for virtual, o endereço informado para fins de registro poderá ser, conforme o caso, o endereço do empresário individual ou o de um dos sócios da sociedade empresária. (Incluído pela Lei nº 14.382, de 2022)
>
> § 3º Quando o local onde se exerce a atividade empresarial for físico, a fixação do horário de funcionamento competirá ao Município, observada a regra geral prevista no inciso II do *caput* do art. 3º da Lei nº 13.874, de 20 de setembro de 2019. (Incluído pela Lei nº 14.382, de 2022)"

O ***marketplace*** se equivale a um shopping virtual, que vende bens de diferentes marcas e produtores, atuando como um facilitador entre as lojas virtuais os clientes. Há três agentes na relação:

a) o *marketplace*, que disponibiliza a loja virtual para exposição de bens e serviços online de terceiros, podendo ainda operar com produtos próprios;

b) o vendedor que comercializa determinado produto ou serviço;

c) o cliente que realiza a compra.

O consumidor acessa o *marketplace* em busca de eterminado produto, realiza a compra e toda a operação é intermediada por ele. Caso haja supeita de fraude no meio do pagamento utilizado pelo cliente, por exemplo, a operação poderá não ser autorizada. Cabe ao *marketplace*, ainda, atender a pedido de devolução do produto, responder a reclamações sobre atraso na entrega, dentre outras intercorrências.

O vendedor, por sua vez, deve entregar o produto no prazo estabelecido nas políticas do *marketplace*, emitir a nota fiscal de venda, responder as dúvidas e reclamações do cliente encaminhadas por ele e pagar a taxa sobre o valor da venda.

Em síntese, os *marketplaces* se equivalem aos *shopping centers* do mundo físico, mas no primeiro as diversas lojas estão concentradas no mesmo espaço *online*, ao passo que nas demais modalidades do e-commerce o vendedor negocia diretamente seus produtos.

Redes sociais. Muitas empresas, ou pessoas físicas que criam produtos para a venda (*designers*, artesãos, estilistas etc.) utilizam somente as opções de *e-commerce* existentes nas redes sociais, as quais podem apenas apontar para o *website* de venda ou realizar a liquidação financeira da operação. Essa modalidade tem crescido muito com a popularidade das redes sociais em todo o mundo.

2.12. Contratos eletrônicos

A expressão "contratos eletrônicos" tem sido adotada com frequência para designar os contratos celebrados *por meio de* computador ou dispositivos assemelhados, tais como *tablets* ou telefones celulares com acesso à Internet, sendo necessário ressaltar que esse é apenas o *meio* empregado para a formação do contrato, não o objeto dele. Eles se distinguem, portanto, dos contratos derivados da informática, ou "informáticos", que tem por objeto a criação e veiculação de *websites*, o fornecimento de conteúdo a eles relacionado ou a venda de domínios na Internet, entre outros possíveis.

O âmbito de aplicação desses contratos é muito amplo e eles podem abranger relações jurídicas de direito público, de direito privado (seja de direito puramente civil ou de direito comercial) e relações de consumo)[645]. No conceito de Paulo Brancher:

> "Contratos eletrônicos são aqueles em que sua celebração depende da existência de um sistema informático, ou da intercomunicação entre sistemas informáticos. No primeiro caso, quando a interação se dá entre o usuário e o sistema informático, a manifestação da vontade é estática, pois não extrapola os limites daquele sistema. Antes do advento da Internet, a manifestação de vontade era puramente estática, sendo concebida na interação da pessoa com o computador e ali permanecendo. A partir do uso comercial da Internet, a manifestação da vontade ocorre com a intercomunicação de sistemas informáticos, por meio da troca eletrônica de dados."[646]

De outro lado, os ***contratos de informática***, ou informáticos, têm por objeto a informatização de uma empresa, a criação e veiculação de *websites*, o fornecimento de conteúdo a eles relacionado ou a venda de domínios na *Internet*[647], entre outros possíveis, e podem ser formados por qualquer meio[648].

Nosso direito não contém regulamentação específica sobre os contratos eletrônicos, nem sobre o comércio eletrônico em geral, a não ser nos contratos com consumidor, estabelecendo as seguintes diretrizes: I – informações claras a respeito do produto, serviço e do fornecedor; II – atendimento facilitado ao consumidor; e III – respeito ao direito de arrependimento (Decreto nº 7.962/2013).

Mais especificamente, aplicam-se ao comércio eletrônico destinado ao consumo os seguintes requisitos, entre outros que devem ser cumpridos pelos sítios eletrônicos para a proteção do usuário: a prestação de informações sobre o vendedor, as características do produto ou do serviço, a composição do preço e as condições da oferta (art. 2º, do Decreto nº 7.962/2013); a necessidade de oferecimento de ferramentas destinadas à eventual correção de erros pelo consumidor (art. 4º) e sobre a possibilidade de arrependimento por parte deste do negócio realizado (art. 5º), entre outros.

---

645. MARQUES, Cláudia Lima. *Confiança no comércio eletrônico e a proteção do consumidor* (um estudo dos negócios jurídicos de consumo no comércio eletrônico). São Paulo: Ed. Revista dos Tribunais, 2004, p. 39.

646. BRANCHER, Paulo Marcos Rodrigues. Verbete "contrato eletrônico". In: *Enciclopédia jurídica da PUCSP*, Tomo Direito Comercial, Edição 1, Julho de 2018. Disponível em: https://enciclopediajuridica.pucsp.br/verbete/259/edicao-1/contrato-eletronico. Acesso em 08/03/2023.

647. LEAL, Sheila do Rocio Cercal Santos. *Contratos eletrônicos:* validade jurídica dos contratos via Internet. São Paulo: Atlas, 2009, p. 79-80.

648. Afirma Newton de Lucca: "Não nos parece haver diferença ontológica de relevo entre dizer-se contrato *eletrônico* ou contrato celebrado por *meio eletrônico*, assim como não haveria em dizer-se *contrato informático* ou contrato celebrado por *meio informático*" (DE LUCCA, Newton. Títulos e contratos eletrônicos: o advento da informática e seu impacto no mundo jurídico. In: DE LUCCA, Newton; SIMÃO FILHO, Adalberto (coords.). *Direito & Internet* – aspectos jurídicos relevantes. Bauru, SP: EDIPRO, 2000, p. 21-100, citação de p. 46). Mas mantemos a distinção entre contratos celebrados por meio eletrônico e aqueles destinados à informatização de uma empresa.

As operações de comércio eletrônico não estão sujeitas a um estatuto especial em razão de seu objeto, nem pertencem a uma categoria homogênea, sendo aplicáveis a elas os dispositivos do Código Civil, pois, ensina Cláudia Lima Marques: "Nos contratos eletrônicos, há acordo de vontade, há vontade manifestada, mesmo que de adesão e "de conduta social típica"[649].

Modalidades de contratos formados por meio eletrônico. Seja qual for o seu objeto e a maneira pela qual eles se formaram, seja por *e-mail, web sites* ou outros serviços *online,* é necessário saber que tipos de contratos podem ser negociados por essa forma: não resta dúvida sobre os contratos consensuais, estando excluídos, desde logo, os solenes, dada a exigência da presença, na sua formação, de um tabelião.

Quanto aos contratos reais, não vemos impedimento à sua formação, pois a negociação pode ser feita por meio eletrônico (*online*), ao passo que a entrega do bem pode ser feita fisicamente (*offline*), quando o contrato, então, se aperfeiçoará[650]. Em se tratando de contrato de compra e venda, a entrega do bem está vinculada à fase de execução do contrato, não à de sua formação.

Entre presentes ou entre ausentes. Os contratos eletrônicos não podem ser classificados *a priori* como contratos entre presentes ou entre ausentes[651], e se submetem às regras dos artigos 427 a 435 do Código Civil.

Sendo possível e usual a aceitação imediata da proposta, como ocorre no uso de teleconferência, videoconferência ou outros meios de comunicação em tempo real, ele será considerado contrato entre presentes (Código Civil, art. 428, I). Caso eles sejam concluídos por meio de troca de mensagens sucessivas diferidas no tempo (*e-mail,* por exemplo), serão considerados contratos entre ausentes (art. 434)[652].

As denominadas "lojas virtuais", por exemplo, aquelas que oferecem produtos via Internet, se encontram em estado de oferta permanente, de maneira que se considera o contrato perfeito e acabado desde o momento em que a aceitação é manifestada (art. 434)[653].

649. MARQUES, Cláudia Lima. *Confiança no comércio eletrônico e a proteção do consumidor* (um estudo dos negócios jurídicos de consumo no comércio eletrônico). São Paulo: Ed. Revista dos Tribunais, 2004, p. 68.

650. PURDUE, Elizabeth S. Creating contracts online. In: Thomas J. Smedinghoff, editor. *Online law: the SPA's legal guide to doing business on the Internet*, second printing, Addison-Wesley Publishing Company, 1996, p. 80.

651. LORENZETTI, Ricardo L. *Comércio eletrônico*. Trad. Fabiano Menke, com notas de Cláudia Lima Marques. São Paulo: Ed. Revista dos Tribunais, 2004, p. 320: "A possibilidade de fixar uma regra geral que qualifique os contratos eletrônicos como celebrados entre presentes ou entre ausentes é inócua, porque se as leis não fizeram essa distinção para o mundo real, ela será muito menos válida para o âmbito virtual."

652. GOMES, Orlando. *Contratos*. 26ª ed., rev. atual. e aum. Rio de Janeiro: Forense, 2008, p. 80.

653. FRANCO, Vera Helena de Mello. *Contratos:* direito civil e empresarial. 5ª ed., rev., atual. e ampl. São Paulo: Ed. Revista dos Tribunais, 2014, capítulo 31, p. 444.

2.13. *Smart Contracts* (contratos inteligentes)[654]

A expressão *smart contracts* surgiu em 1994, quando o cientista de computação Nick Szabo idealizou a realização digital dos contratos tradicionais a fim de minimizar a necessidade de confiança entres as partes. Ele os definiu como um protocolo de transação computadorizada que executa os termos de um contrato[655].

Szabo reforça a característica contratual dos *smart contracts*, não sendo estes meros códigos de programação: "como um conjunto de cláusulas contratuais que podem ser incorporadas em um software e um hardware para evitar sua violação/inadimplemento e controlá-lo por meios digitais"[656], tais cláusulas precisam ser condizentes com princípios legais e econômicos regidos pelo país e estarem de acordo com relação contratual a que se referem, agindo no sentido de fazer que com a obrigação pactuada seja cumprida de forma imediata.

Quanto às máquinas automáticas, elas funcionam apenas com códigos pré-programados, em que o usuário insere certa quantidade de dinheiro e recebe o item pré-selecionado para sua utilização.

A presença de cláusulas contratuais definidoras de direitos e obrigações das partes, presentes nos smart contracts propriamente ditos, mas não nas máquinas automáticas, afasta a comparação, até mesmo remota segundo entendemos, dos *smart contracts* com as relações decorrentes de comportamento social típico ou relações contratuais de fato[657]. Mas esse entendimento não é pacífico, pois, para alguns autores, as máquinas automáticas representariam um exemplo remoto desses contratos[658].

A execução da prestação, nos dois casos, independe da ação humana; a diferença entre eles decorre da presença, no primeiro caso, das cláusulas contratuais, inexistente no segundo.

O meio utilizado para a realização dos *smart contracts* é a tecnologia *blockchain*, que pode ser descrita como uma rede de registros de informações distribuídos que sofrem alterações através de blocos de transações protegidas por criptografia, conectados uns aos

654. Colaborou na pesquisa para este título a acadêmica de direito Beatriz Rodrigues Batista Reis.

655. SZABO, Nick. *Smart contracts*. 1994. Disponível em: https://www.fon.hum.uva.nl/rob/Courses/InformationInSpeech/CDROM/Literature/LOTwinterschool2006/szabo.best.vwh.net/smart.contracts.html. Acesso em 11/03/2023).

656. SZABO, Nick. Formalizing and securing relationships on public network. *First Monday*, vol. 2, n. 9, set. 1997. Disponível em: https://firstmonday.org/ojs/index.php/fm/article/view/548/469. Acesso em 20/03/2023.

657. Como assinala Alessandro Hirata, Karl Larenz "reconhece o chamado comportamento social típico como fato responsável pela origem da relação obrigacional. Assim, a aceitação da oferta de um serviço da economia trafica se dá por meio desse comportamento social típico, independente de qualquer declaração de vontade e característico da circulação de bens em massa." (HIRATA, Alessandro. *Relações contratuais fáticas* (faktische Vertragsverhältnisse). Tese para concurso junto ao Departamento de Direito Civil da Faculdade de Direito da Universidade de São Paulo, 2011, p. 114-115)

658. RASKIN, Max. The Law and Legality of Smart Contracts. Georgetown Law Technology Review 304, 2017). Inteiro teor disponível em: https://ssrn.com/abstract=2959166. Acesso em: 24/03/2023.

outros, e que não podem ser alterados ou excluídos depois de sua verificação[659]. Em sua essência, nos contratos inteligentes o acordo entre as partes é transformado em um código virtual autoexecutável.

O crescente interesse pelo *blockchain*, desde o ano de 2017, fez com que os *smart contracts* fossem gradualmente inseridos no contexto social e econômico. Eles se traduzem em códigos, capazes de realizar a gestão e execução das operações da *blockchain*. A *Ethereum* foi uma das primeiras plataformas a usar esta modalidade de contrato para as transações com criptoativos[660].

Hoje, com a utilização de *smart contracts*, códigos de software com regras autoexecutáveis, uma vez realizada a prévia programação de todo o instrumento contratual com a previsão dos direitos e obrigações das partes, o cumprimento delas é verificado por meio eletrônico (por exemplo, o pagamento ou a entrega de determinado bem ou serviço), daí resultando a execução de todas as demais obrigações, tais como a remessa do produto ao comprador, a realização do pagamento etc.[661].

Cada uma das declarações das partes está condicionada à realização da etapa anterior ou à prestação da declaração da parte contrária, a partir de um evento pré-estabelecido, segundo a lógica "se isso-então aquilo". Após o acordo entre as partes, não é necessária nenhuma intervenção humana para que as prestações sejam cumpridas, ou registradas, e seus efeitos gerados, mas o contrato pode prever cláusulas de adaptação automática, capazes de identificar desequilíbrios no acordo entre as partes e executar suas próprias soluções para que sejam reequilibrados, prevenindo litígios e gerando maior previsibilidade e segurança às partes envolvidas.

As cláusulas contratuais também podem permitir aditamento ou rescisão. Caso contrário, o descumprimento de qualquer etapa implicará na ineficácia ou na rescisão do contrato.

Por ser apenas uma forma de manifestação da vontade das partes ou de prova do cumprimento das obrigações contratuais, **o *smart contract* não revela uma categoria contratual autônoma**[662], nem mesmo um tipo contratual: é um modo de formação e de execução do contrato, tal qual ocorre nos demais contratos eletrônicos, como visto acima.

659. Satoshi Nakamoto, criador da rede *bitcoin*, apresentou a tecnologia blockchain pela primeira vez em 2008 (NAKAMOTO, Satoshi. *Bitcoin:* A Peer-to-Peer Electronic Cash System. Disponível em: www.bitcoin.org. Acesso em 11/03/2023).

660. SCHECHTMAN, David Casz. Introdução à implementação de smart contracts. *Revista de Direito e as Novas Tecnologias*. Vol. 5/2019. Out – Dez / 2019, item 1.1. Esse autor analisa amplamente as oportunidades, as dificuldades e os riscos do uso de *smart contracts*.

661. REBOUÇAS, Rodrigo Fernandes. *Contratos eletrônicos:* formação e validade: aplicações práticas. São Paulo: Almedina, 2018. Edição eletrônica; SCHECHTMAN, David Casz. Ob. Cit., item 2.

662. ROSENVALD, Nelson. *A natureza jurídica dos smart contracts*. 2019. Disponível em: https://www.nelsonrosenvald.info/single-post/2019/09/11/a-natureza-jur%C3%ADdica-dos-smart-contracts. Acesso em: 17/03/2023.

Limitações dos *smart contracts*. Os contratos inteligentes podem ou não traduzir um *smart "legal" contract*, isto é, eles podem ou não ser usados para representar um contrato tradicional.

Como demonstra Tatiana Revoredo:

> "Ainda que um contrato inteligente seja usado para representar um contrato 'legal', não é possível adotar contratos inteligentes como uma substituição de todos os contratos tradicionais, porque nem todas as disposições de lei podem ser expressas com lógica computacional, e porque é impossível a substituição dos contratos tradicionais em que o componente subjetivo é um componente-chave."[663]

Como destacam outros autores, há limites à aplicação dos contratos inteligentes, uma vez que não admitem cláusulas que necessitem de interpretação – conceitos como boa-fé, caso fortuito, força maior, entre outros. Devem ter por objeto fatos objetivamente verificáveis, pois "as próprias máquinas efetuam a tarefa de verificar a concorrência das condições preestabelecidas"[664]. Mas, em qualquer caso, as cláusulas previstas nesses contratos e o cumprimento delas estarão sujeitas às normas do Código Civil e do Código de Defesa do Consumidor, bem como ao exame do Judiciário.

2.14. Novas figuras contratuais

No exercício da liberdade contratual surgem, a cada dia, novas figuras contratuais para atender às necessidades do comércio, muitas delas nascidas no estrangeiro e importadas para o nosso direito – nem sempre revelando o cuidado necessário na adaptação de um sistema de *common law* para o nosso. Assim encontraremos em nosso direito os contratos de *leasing*, *factoring*, *merchandising*, crédito documentado (documentário), *franchising*, etc. Alguns deles serão examinados nos itens seguintes.

2.15. Uniformização internacional dos contratos

O exame dos tratados internacionais cabe ao direito internacional, por evidente. Ainda assim, tanto os tratados, como as convenções, as leis-tipo ou modelo, se refletem na aplicação do direito nacional, e, em alguns casos, é necessário determinar qual será a lei nacional aplicável. Por essa razão apresentamos as resumidas considerações abaixo sobre o tema.

A uniformização internacional dos contratos pode dar-se mediante a aplicação dos tratados internacionais; das leis nacionais que determinam o direito aplicável; do direito

---

663. REVOREDO, Tatiana. Como a evolução dos contratos inteligentes em blockchain tornou possível o surgimento das finanças descentralizadas? In: *MIT Technology Review*. Publicado por TEC. Disponível em: https://mittechreview.com.br/como-a-evolucao-dos-contratos-inteligentes-em-blockchain-tornou-possivel-o-surgimento-das-financas-descentralizadas/. Acesso em 09/03/2023.
664. FARIAS, Cristiano Chaves de; ROSENVALD, Nelson. *Curso de direito civil*, vol. 4 – Contratos. 13ª ed., São Paulo: Ed. Juspodivm, 2023, p. 150. Trata-se, a nosso ver, de contrato de formação sucessiva.

internacional costumeiro, também conhecido como *lex mercatoria*; e da aplicação de leis-tipo, ou modelo, que não tem força obrigatória, dependendo, portanto, de sua aceitação pelos Estados.

Os tratados. Os *tratados* são fonte do direito comercial. Caso particular é o das Diretivas emanadas da União Europeia, destinadas a harmonizar institutos e normas legais nos diversos países que a integram: elas fixam as regras que os Estados-membros devem incluir no seu direito interno (usa-se a expressão "transposição para o direito nacional"), seja por meio de atos legislativos ou regulamentares, em determinado prazo.

Exemplo de tratados que incidem sobre os contratos empresariais são as Convenções de Varsóvia e Montreal para o transporte aéreo, que se aplicam a todo transporte internacional efetuado por aeronave, mediante remuneração. Examinaremos o reflexo dessas convenções na jurisprudência brasileira no capítulo sobre o contrato de transporte.

As leis nacionais. Em se tratando de contratos internacionais, a execução do contrato estará sujeita, a não ser em caso de aplicação de direito uniforme, a diversos regimes jurídicos. Neste caso, duas hipóteses podem ocorrer: ou o contrato é omisso quanto à lei aplicável ou, fundadas no princípio da autonomia da vontade, as partes elegem a lei aplicável.

Os contratos que não preveem a lei aplicável estão sujeitos aos elementos de conexão vigentes no ordenamento jurídico de cada país, indicados pelas regras nacionais de solução de conflitos de leis no espaço (direito internacional privado). A Lei de Introdução às normas do direito brasileiro (Decreto-lei nº 4.657/42, com alterações posteriores) determina (art. 9º) que, para qualificar e reger as obrigações, aplicar-se-á a lei do país em que se constituírem e, em outra hipótese, que a obrigação resultante do contrato se reputa constituída no lugar em que código residir o proponente (art. 9º, § 2º).

O direito convencional ou costumeiro (*lex mercatoria*). No direito internacional costumeiro se incluem: os contratos-tipo ou padronizados, os INCOTERMS (International Commerce Terms) e o costume ou prática internacional constante.

A força obrigatória dos INCOTERMS decorre, exclusivamente, da referência expressa ou tácita que lhe façam as partes, mas os usos comerciais lhe dão, de fato, grande autoridade. Nas exportações e importações brasileiras serão aceitas quaisquer condições de venda praticadas no comércio internacional, desde que compatíveis com o ordenamento jurídico nacional (art. 1º da Resolução CAMEX nº 16, de 2 de março de 2020)[665].

Transcrevemos algumas das cláusulas presentes nos INCOTERMS:

EXW – EX WORKS (*named place of delivery*)

665. BRASIL. Secretaria-Executiva da Câmara de Comércio Exterior – CAMEX. Resolução nº 16, de 2 de março de 2020. "Dispõe sobre Incoterms e estabelece que nas exportações e importações brasileiras serão aceitas quaisquer condições de venda praticadas no comércio internacional, desde que compatíveis com o ordenamento jurídico nacional.". Disponível em: http://www.camex.gov.br/resolucoes-camex-e-outros-normativos/58-resolucoes-da-camex/2669-resolucao-n -16-de-2-de-marco-de-2020. Acesso em 17/04/2023.

EXW – NA ORIGEM (local de entrega nomeado)

O vendedor limita-se a colocar a mercadoria à disposição do comprador no estabelecimento do vendedor, no prazo estabelecido, não se responsabilizando pelo desembaraço para exportação nem pelo carregamento da mercadoria em qualquer veículo coletor.

Utilizável em qualquer modalidade de transporte.

Nota: em virtude de o comprador estrangeiro não dispor de condições legais para providenciar o desembaraço para saída de bens do País, fica subentendido que esta providência é adotada pelo vendedor, sob suas expensas e riscos, no caso de exportação brasileira".

"FOB – FREE ON BOARD (*named port of shipment*)

FOB – LIVRE A BORDO (porto de embarque nomeado)

O vendedor encerra suas obrigações e responsabilidades quando a mercadoria, desembaraçada para a exportação, é entregue, arrumada, a bordo do navio no porto de embarque, ambos indicados pelo comprador, na data ou dentro do prazo acordado.

Utilizável exclusivamente no transporte aquaviário (marítimo ou hidroviário interior)".

"CIF – COST, INSURANCE AND FREIGHT (*named port of destination*)

CIF – CUSTO, SEGURO E FRETE (porto de destino nomeado)

Além de arcar com obrigações e riscos previstos para o termo FOB, o vendedor contrata e paga frete, custos e seguro relativos ao transporte da mercadoria até o porto de destino combinado.

Utilizável exclusivamente no transporte aquaviário (marítimo ou hidroviário interior)."

"FAS – FREE ALONGSIDE SHIP (*named port of shipment*)

FAS – LIVRE AO LADO DO NAVIO (porto de embarque nomeado)

O vendedor encerra suas obrigações no momento em que a mercadoria é colocada, desembaraçada para exportação, ao longo do costado do navio transportador indicado pelo comprador, no cais ou em embarcações utilizadas para carregamento da mercadoria, no porto de embarque nomeado pelo comprador.

Utilizável exclusivamente no transporte aquaviário (marítimo ou hidroviário interior)." (art. 2º da Resolução CAMEX nº 16, de 2 de março de 2020).

As leis-tipo, ou modelo. As leis-tipo, ou modelo, elaboradas por organismos internacionais, não têm, por si, força obrigatória, dependendo de sua adoção pelos Estados. Exemplo de lei-tipo, ou modelo, é a da UNCITRAL sobre o comércio eletrônico, para ser aplicada às mensagens internacionais, ainda que as Leis-Modelo da UNCITRAL não se caracterizem por si como tratados internacionais.

2.16. Vícios ou defeitos na formação do contrato. A lesão

Entre os possíveis vícios presentes na formação dos contratos, destacamos o vício da vontade caracterizador da lesão, assim prevista no artigo 157, *caput*, do Código Civil: "Ocorre a lesão quando uma pessoa, sob premente necessidade, ou por inexperiência, se obriga a prestação manifestamente desproporcional ao valor da prestação oposta".

Nos parágrafos desse artigo o Código disciplina os efeitos da lesão, sem considerar a qualidade das partes, sejam elas empresários ou não.

Origem e evolução histórica. As Ordenações Filipinas admitiam o desfazimento da compra e venda em razão da lesão enorme, aquela na qual alguém é enganado além da metade do justo preço[666], mas o Visconde de Cairu entendia inaplicável nessa legislação a sanção por lesão no negócio praticado entre comerciantes[667].

O Código Comercial de 1850 havia afastado o reconhecimento da lesão nos contratos entre os comerciantes.

O Código Civil de 1916 ignorou a lesão[668]; ela voltou ao nosso direito positivo a partir do Decreto-lei nº 869/38, que definiu pela primeira vez os chamados "crimes contra a economia popular". Posteriormente, a Lei nº 1.521/51, mais conhecida como Lei dos Crimes contra a Economia Popular, passou a sancionar tanto a usura pecuniária, a que revela preço exorbitante para o dinheiro no contrato de mútuo, quanto a usura real, aquela que determina lucro desproporcionado em qualquer outro contrato prevalecendo-se uma das

666. Código Filipino, ou, Ordenações e Leis do Reino de Portugal: recopiladas por mandado d'el-Rei D. Filipe I. Ed. Fac-similar da 14ª ed., segundo a primeira, de 1603, e a nona, de Coimbra, de 1821 / por Cândido Mendes de Almeida. – Brasília: Senado Federal, Conselho Editorial, 2004. 3º tomo, Livro Quarto, Título XIII e nota 3, p. 793.

667. LISBOA, José da Silva (Visconde de Cayru). *Princípios de direito mercantil e leis de marinha.* 6ª ed., acrescentada por Candido Mendes de Almeida. Rio de Janeiro: Typographia Academica, 1874, vol. 2, p. 411. Disponível em: https://bibliotecadigital.stf.jus.br/xmlui/handle/123456789/540. Acesso em 16/04/2022: "E isto não haverá lugar naquellas mercadorias, que cada hum houver mistér para sua caza; o que se verá pela qualidade das pessôas, e quantidade das mercadorias e pelo tempo, em que lhas venderem". Em sentido mais específico, segue o autor citado: "O fundamento principal da rescisão he, que ninguem se deve locupletar com jactura alheia e lucrar da propria má fé, com prejuízo de outro, que aliás procedeu com verdade e lisura. Por falta do 9.º requisito, se rescinde o Contrato em que interveio lesão contra a natural equidade e conhecido valor da cousa na geral estimação do lugar e tempo em que se celebrou o mesmo Contrato. Porém entre Commerciantes, e em effeitos mercantis, a não ter havido arte e engano, he raro, pouco honroso e inadmissivel allegar-se lesão, a nao ter havido arte e engano da parte contraria. Todo o Contracto em que ha igualdade e rectidão, isto he, que está em grão, ou circumstancias de poder dar a ambas as partes igual lucro ou damno, correndo ambos a sorte de perder ou ganhar, deve-se considerar racionavel, proporcionado e justo. L. 1. e 16 Cod. *de pactis*. Cod. de transac. Por tanto elle se deve guardar ainda simplesmente ajustado de palavra." (LISBOA, José da Silva. Ob. Cit., p. 471).

668. AZEVEDO, Antonio Junqueira de. *Estudos e pareceres de direito privado.* São Paulo: Saraiva, 2004, p. 111-116, negava a aplicabilidade do regime da lesão aos comerciantes, no regime do Cód. Civil de 1916, à vista da restrição imposta pelo Cód. Comercial, do teor da Medida Provisória nº 2.089/99 e da tradição do nosso direito.

partes da necessidade, inexperiência ou leviandade da outra[669]. Essa lei ainda se encontra em vigor, mas os efeitos civis do crime de usura passaram a ser regulados exclusivamente pelo Código Civil[670].

Código Civil de 2002. Haroldo Verçosa admite seja sancionada a lesão nos contratos celebrados entre empresários, quando presentes os requisitos previstos no artigo 157 do Código Civil[671]. Anelise Becker também admite a lesão em contratos celebrados por empresários[672].

Paula Forgioni admite a utilidade do instituto da lesão para evitar, por exemplo, o "abuso de dependência econômica", mas demonstra a necessidade de temperamento da sua aplicação para evitar que o Código Civil "não acabe aplicado de forma tal a neutralizar as vantagens competitivas normais e desejáveis no mercado"[673].

Requisitos objetivos e subjetivos. *Elemento objetivo* da lesão, afirma Caio Mário da Silva Pereira, é "o fato de uma das partes *auferir um lucro exagerado* porque a outra parte assumiu obrigação manifestamente desproporcional ao valor da prestação oposta (art. 157, *caput*)[674].

A simples cobrança de juros acima do permitido em lei não caracteriza a lesão, e o art. 3º, III, "c", da Lei nº 14.905/24, dispõe que não se aplica o disposto no Decreto nº 22.626/1933 (Lei da Usura) às obrigações contratadas entre pessoas jurídicas. Nelson Nery Junior e Rosa Maria de Andrade Nery afirmam que "somente a usura real (vantagem excessiva) é que caracteriza a lesão"[675].

A desproporção no conjunto do contrato também se configura quando, ensina Anelise Becker, "um conjunto de cláusulas abusivas tornar o contrato, *como um todo*, lesionário". Acrescenta a autora:

> "Assim, é preciso comparar *in totum* os direitos e obrigações assumidos pelas partes a fim de concluir acerca do equilíbrio ou desequilíbrio do negócio. A verificação do desequilíbrio deve ter em mira a *totalidade do contrato*, pois a desproporção entre prestação e contraprestação pode não existir, por parecerem

---

669. BRASIL. Lei n° 1.521/51, art. 4°, *caput*, "b": "obter, ou estipular, em qualquer contrato, abusando da premente necessidade, inexperiência ou leviandade de outra parte, lucro patrimonial que excede o quinto do valor corrente ou justo da prestação feita ou prometida".

670. CARDOSO, Wladimir Mucury. *Revisão contratual e lesão*: à luz do Código Civil e da Constituição da República. Rio de Janeiro: Renovar, 2008, p. 185.

671. VERÇOSA, Haroldo Malheiros Duclerc. *Direito comercial*: teoria geral do contrato. 2ª ed., ver., atual. e ampl. São Paulo: Ed. Revista dos Tribunais, 2014 [Coleção Direito Comercial, v. 4], p. 299-300.

672. BECKER, Anelise. *Teoria geral da lesão nos contratos*. São Paulo: Saraiva, 2000, p. 121-122.

673. FORGIONI, Paula. *Contratos empresariais:* teoria geral e aplicação. 2ª ed., rev., atual. e ampl. São Paulo: Ed. Revista dos Tribunais, 2016, p. 262.

674. PEREIRA, Caio Mário da Silva. *Instituições de direito civil*. Vol. I, 27ª ed., rev. e atual. por Maria Celina Bodin de Moraes. Rio de Janeiro: Forense, 2014, p. 457.

675. NERY JUNIOR, Nelson; NERY, Rosa Maria de Andrade. *Código Civil comentado*. 14ª ed. São Paulo: Revista dos Tribunais, 2022, nota 6 ao art. 157, p. 468.

> equilibradas, e, não obstante, haver aproveitamento em virtude de vantagens excessivas nas circunstâncias de tempo ou lugar, modo ou outras cláusulas dos contratos".[676]

Requisitos subjetivos são a premente necessidade ou a inexperiência.

A *necessidade* de que se trata, destaca Anelise Becker, "[...] não é a miséria ou insuficiência habitual de meios para prover a subsistência própria ou dos seus: trata-se da impossibilidade de evitar o contrato, que não decorre da capacidade econômica ou financeira do lesado, mas da circunstância de não poder deixar de efetuar o negócio"[677], como ocorre, por exemplo, quando o empresário precisar com urgência de um determinado insumo para desenvolver sua atividade e a outra parte lhe exigir preço exorbitante.

A *inexperiência* decorre do fato de, apesar de, por definição, o empresário conhecer o mundo dos negócios e, em particular, o seu negócio, ele será inexperiente para aferir as condições de um contrato estranho à sua atividade que requeira conhecimento especializado[678].

Ensina Caio Mário da Silva Pereira que o *dolo de aproveitamento* se configura na circunstância de uma das partes aproveitar-se das condições em que se encontre a outra, no momento de contratar. Portanto: "A necessidade, como a inexperiência apuram-se no momento e em face da natureza do negócio jurídico realizado, independentemente de não se verificarem em outras circunstâncias e para os negócios em geral"[679].

Contrariando a melhor doutrina, o Enunciado 28 da I Jornada de direito comercial afirma: "Em razão do profissionalismo com que os empresários devem exercer sua atividade, os contratos empresariais não podem ser anulados pelo vício da lesão fundada na inexperiência.". Mas esse enunciado desconsidera que a experiência ou a falta dela se revela no confronto com os fatos, não a partir do raciocínio abstrato.

Quanto ao ônus da prova do dolo de aproveitamento, ensina Humberto Theodoro Júnior que não se impôs à parte prejudicada o ônus de provar a malícia daquele que tirou proveito da lesão: o próprio princípio da probidade e boa-fé exige que em regra, um contratante não imponha a outro prestações desproporcionais"[680].

Efeitos da lesão. O Código Civil permite a anulação do negócio lesionário, mas admite que a nulidade deixe de ser declarada em duas hipóteses: se a parte favorecida pela lesão complementar o preço ou se ela concordar com a redução do proveito obtido (art.

---

676. BECKER, Anelise. *Teoria geral da lesão nos contratos*. São Paulo: Saraiva, 2000, p. 107.
677. BECKER, Anelise. Ob. Cit., p. 121-122. Em sentido semelhante: VERÇOSA, Haroldo Malheiros Duclerc. *Direito comercial:* teoria geral do contrato. 2ª ed., rev., atual. e ampl. São Paulo: Ed. Revista dos Tribunais, 2014 [Coleção direito comercial, v. 4], p. 300.
678. THEODORO JÚNIOR, Humberto. *Comentários ao novo Código Civil*. Vol. III. Rio de Janeiro: Forense, 2008, p. 227. Em sentido semelhante: BECKER, Anelise. Ob. Cit., p. 124.
679. PEREIRA, Caio Mário da Silva. *Instituições de direito civil*. Vol. I, 27ª ed., ver. e atual. por Maria Celina Bodin de Moraes. Rio de Janeiro: Forense, 2014, p. 458.
680. THEODORO JÚNIOR, Humberto. *Comentários ao novo Código Civil*. Vol. III. Rio de Janeiro: Forense, 2008, p. 231-232.

157, § 2º). O Código omite-se sobre a possibilidade de ser decretada a nulidade parcial em caso de lesão, mas a doutrina a confirma[681], e ensina Orlando Gomes:

> "A *anulabilidade* também priva o contrato de seus efeitos, se requerer a invalidação a pessoa a favor de quem a lei a determinou. O *contrato anulável* produz efeitos até ser anulado. Podem ser anulados os contratos realizados pelos relativamente incapazes e pelas partes cujo consentimento tenha se dado por erro, dolo, coação, estado de perigo, lesão ou fraude contra credores"[682].

Ainda que a lesão decorra de crime, a nulidade "não é total, porque a equiparação das prestações faz desaparecer a ilicitude civil do seu objeto, de modo a possibilitar a sua conservação"[683].

Legitimidade. Legitimidade ativa para requerer a anulação tem a parte prejudicada. Legitimidade passiva tem o "contratante que se locupletou com as vantagens ilícitas proporcionadas pelo negócio"[684].

Prescrição. O prazo prescricional para pleitear-se a anulação do negócio jurídico por lesão é de quatro anos, conforme prevê o artigo 178, II, do Código Civil.

3. CLASSIFICAÇÃO DOS CONTRATOS

Examinamos, neste capítulo, algumas classificações mais relevantes dos contratos.

3.1. Contratos unilaterais, bilaterais e plurilaterais

Ensina Orlando Gomes: "O contrato é negócio jurídico formado mediante concurso de vontades"[685]. Portanto, a característica dos contratos em geral é a presença de duas partes.

Os **contratos unilaterais** são formados por duas partes, mas eles só criam obrigações para uma delas. Essa distinção diz respeito aos seus efeitos, não à sua formação.

---

681. BECKER, Anelise. *Teoria geral da lesão nos contratos*. São Paulo: Saraiva, 2000, p. 165. THEODORO JÚNIOR, Humberto. *Comentários ao novo Código Civil*. Vol. III. Rio de Janeiro: Forense, 2008, p. 236, segue no mesmo sentido.

682. GOMES, Orlando. *Contratos*. 26ª ed., rev. atual. e aum. por Antonio Junqueira de Azevedo e Francisco Paulo de Crescenzo Marino. Rio de Janeiro: Forense, 2008, p. 232, itálicos no original.

683. BECKER, Anelise. *Teoria geral da lesão nos contratos*. São Paulo: Saraiva, 2000, p. 168. Nelson Hungria já afirmava, ao apreciar os efeitos civis da lesão na Lei dos crimes contra a economia popular de 1938, que "o contrato é nulo no tocante à percepção ou estipulação do excesso" (HUNGRIA, Nelson. *Dos crimes contra a economia popular e das vendas a prestações com reserva de domínio*. São Paulo: Livraria Jacintho, 1939, p. 171).

684. THEODORO JÚNIOR, Humberto. *Comentários ao novo Código Civil*. Vol. III. Rio de Janeiro: Forense, 2008, p. 235.

685. GOMES, Orlando. *Contratos*. 26ª ed., rev. atual. e aum. por Antonio Junqueira de Azevedo *et al*. Rio de Janeiro: Forense, 2008, p. 84.

Os **contratos bilaterais** ou **sinalagmáticos** têm sempre duas partes, e neles os **direitos e deveres são distintos e recíprocos entre as partes**. Na compra e venda, por exemplo, uma parte tem direito ao recebimento do preço e a outra o dever de entrega da coisa.

Mas cada parte pode ser representada por mais de uma pessoa. Ocorrendo esta hipótese nos encontraremos na presença de um **contrato bilateral com parte plúrima**. Por exemplo, o contrato de compra e venda no qual existem vários vendedores ou vários compradores: nele só estão presentes duas partes, mas em cada parte podem encontrar-se diversas pessoas. O interesse prático da distinção entre contratos unilaterais e bilaterais se encontra, por exemplo, na *exceptio non adimplenti contractus* e na *cláusula resolutiva tácita*, que só se aplicam aos contratos bilaterais.

O contrato plurilateral, diferentemente, tem como principal característica a possível participação de mais de duas partes[686], possibilidade que está excluída nos demais. Outra característica destes contratos é sua função instrumental, de realização de uma determinada finalidade. Calixto Salomão Filho esclarece que, "enquanto a função dos contratos de permuta é a criação de direitos subjetivos entre as partes, a dos contratos associativos é a criação de uma organização"[687]. Nosso direito, desde que admitiu a sociedade limitada unipessoal (formada por um único sócio) pôs a tônica dos contratos associativos na formação de uma organização, não mais na pluralidade de sócios, pois essa organização poderá ser formada por um único sócio.

Tratamos desta modalidade quando analisamos a formação das sociedades, na Parte destinada ao Direito Societário deste manual.

O contrato plurilateral se apresenta com uma estrutura aberta, na medida em que novas partes podem entrar na sociedade ou algumas partes podem dele sair, a qualquer tempo (ainda que para isto se exija uma alteração do contrato social), o que não é possível nos contratos bilaterais ou sinalagmáticos.

O exemplo mais conhecido de contrato plurilateral é o contrato de sociedade. Ele não termina quando executadas as obrigações das partes, como ocorre nos contratos sinalagmáticos, mas a execução das prestações das partes se constitui em condição para a realização da finalidade comum.

Por esta razão, todas as partes gozam de direitos de um mesmo tipo, podendo-se afirmar que a diferenciação entre os direitos de cada uma das partes é quantitativa, e não, qualitativa. Por exemplo, nos contratos de sociedade os direitos de cada sócio são de mesma natureza, mas o poder de cada um de intervir na vida social se mede em função da porcentagem que ele detém no capital social.

686. Como ocorre nos contratos bilaterais, cada uma das partes do contrato de sociedade pode ser representada por mais de uma pessoa: é o caso de uma sociedade anônima em que cada ação pertença a dois ou mais condôminos (ASCARELLI, Tullio. *Problemas das sociedades anônimas e direito comparado*. São Paulo: Saraiva, 1945, p. 285 e segs.).

687. SALOMÃO FILHO, Calixto. *A sociedade unipessoal*. São Paulo: Malheiros, 1995, p. 58.

O vício de uma das manifestações que concorreram para a formação do contrato plurilateral não o torna nulo; anula, simplesmente, aquela manifestação de vontade. Por exemplo, o consentimento viciado de um sócio menor ou incapaz não anula o contrato, se existirem ao menos duas outras partes capazes. Este princípio está expresso no artigo 184 do Código Civil, que determina: "A nulidade parcial de um ato não o prejudicará na parte válida, se esta for separável".

3.2. Contratos consensuais e reais

O contrato consensual, aquele que **se forma pelo simples acordo de vontades, independentemente de outras formalidades,** é a regra. Excepcionalmente, a formação do contrato dependerá da entrega da coisa (tradição) ou de solenidades especiais. Os contratos que dependem, para a sua formação, da entrega da coisa, denominam-se **contratos reais** (por exemplo, o mútuo e/ou empréstimo bancário não se formam sem a entrega da quantia emprestada). Essa classificação tem sofrido críticas doutrinárias e Orlando Gomes, por exemplo, ainda que admita sua utilidade, afirma a necessidade de sua revisão[688].

Deve-se distinguir, nesse passo, a **etapa de formação** e a de **aperfeiçoamento** do contrato. Os contratos consensuais, ainda que já estejam formados pelo simples acordo de vontades, obrigando as partes contratantes, podem vir a se aperfeiçoar pela entrega da coisa.

3.3. Contratos típicos e atípicos

Os **contratos típicos** também são denominados **nominados** e os **atípicos, inominados**, mas essas outras expressões podem causar confusão à vista do sentido diverso que tinham no direito romano, sendo preferível adotar as primeiras[689].

A **tipicidade contratual** pode se colocar em **dois planos: tipicidade legal e social**. Temos os contratos legalmente típicos; os contratos legalmente atípicos, mas socialmente típicos e os contratos legal e socialmente atípicos.

São chamados **legalmente típicos** os contratos que o **legislador já recepcionou**, "descrevendo-lhes os elementos essenciais"[690]. Não basta que o legislador se refira a eles, sem estabelecer sua disciplina. Por exemplo, o contrato de consignação foi por diversas vezes referido na legislação, mas somente o Código Civil de 2002 determinou seus elementos essenciais: a partir daí ele se tornou contrato típico.

A tipicidade legal visa a atender às necessidades já reconhecidas pelo ordenamento jurídico, mas outros contratos relevantes podem não estar previstos em lei, por serem novos ou porque o legislador não considerou necessário ou útil recepcioná-los naquele momento.

---

688. GOMES, Orlando. *Contratos*. 26ª ed., rev. atual. e aum. Rio de Janeiro: Forense, 2008, p. 91-92.

689. GOMES, Orlando. *Contratos*. 26ª ed., rev. atual. e aum. Rio de Janeiro: Forense, 2008, p. 97.

690. FRANCO, Vera Helena de Mello. *Teoria geral do contrato:* confronto com o direito europeu futuro. São Paulo: Ed. Revista dos Tribunais, 2011, p. 178.

A **tipicidade normativa não veda a existência de contratos legalmente atípicos**, apenas impede os particulares de criar novos modelos para regular aquelas operações já tipificadas. O Código Civil não limita a liberdade contratual aos esquemas que especifica, admitindo ampla liberdade dos contratantes para regularem seus interesses que podem afastar-se, parcial ou totalmente, dos tipos contratuais, desde que não contrariem normas imperativas. Dispõe seu artigo 425: "É lícito às partes estipular contratos atípicos, observadas as normas gerais fixadas neste Código".

Para que seja considerado **socialmente típico**, "o contrato tem de ter, na prática ou nos usos, um modelo de disciplina que seja pelo menos tendencialmente completo"[691].

Contratos *legalmente e socialmente atípicos* são aqueles que não se encontram regulamentados pela lei, pelos usos e costumes ou pela prática negocial. Eles decorrem simplesmente do exercício da autonomia privada dos contratantes.

3.4. Contratos solenes e não solenes (formais e informais)

Nos contratos solenes ou formais, a forma escrita é essencial, podendo a lei exigir, ainda, solenidades complementares. É o caso da compra e venda de imóvel de valor superior a trinta vezes o maior salário-mínimo, nos termos do art. 108, do Código Civil, que exige escritura pública, e dos casos em que a lei exige o arquivamento ou registro do contrato no registro público competente.

A regra, contudo, é a ausência de forma especial – conforme o art. 107 do Código Civil: "a validade da declaração de vontade não dependerá de forma especial, senão quando a lei expressamente a exigir".

3.5. Contratos onerosos e gratuitos

A distinção entre contratos onerosos e gratuitos se manifesta "a respeito da capacidade dos contraentes, do objeto do contrato e da responsabilidade do devedor"[692]. São onerosos os contratos que geram direitos e deveres para ambas as partes, e gratuitos aqueles em que uma das partes concede vantagens à outra, sem contraprestação[693], como ocorre na doação e no comodato.

Ainda que possamos afirmar que todo contrato bilateral é oneroso, nem todo contrato unilateral é sempre gratuito. O mútuo é contrato unilateral e gratuito por natureza e, em direito civil, só não é gratuito se for expressamente estipulado o contrário. Mas o art. 591, do Código Civil, trata do mútuo feneratício, que será sempre oneroso, por estipular

691. VASCONCELOS, Pedro Pais de. *Contratos atípicos.* Coimbra: Almedina, 1995, p. 211.
692. GOMES, Orlando. *Contratos.* 26ª ed., rev. atual. e aum. Rio de Janeiro: Forense, 2008, p. 88.
693. FARIAS, Cristiano Chaves de; ROSENVALD, Nelson. *Curso de direito civil.* Vol. 4 – Contratos. 13ª ed., São Paulo: Ed. Juspodivm, 2023, p. 352.

juros, ao mesmo tempo em que cria obrigações apenas para o mutuário – a restituição do que recebeu e o pagamento de juros, mantendo sua característica de contrato unilateral[694].

3.6. Contratos comutativos e aleatórios

Os contratos onerosos podem ser comutativos ou aleatórios. O contrato comutativo é aquele em que a prestação de uma das partes corresponde à contraprestação da outra. Há uma equivalência entre as prestações, certas e determinadas. No contrato aleatório, ao contrário, ao menos uma das prestações é incerta, sujeita a evento futuro e incerto.

Os contratos aleatórios estão regulados pelos artigos 458 a 461 do Código Civil.

3.7. Contratos principais e acessórios

Contratos principais são aqueles que têm existência independente e não dependem de quaisquer outros para produzirem seus efeitos. *Acessórios* são os contratos cuja existência depende da de outro, chamado principal.

Em geral, os contratos acessórios têm a finalidade de garantir uma obrigação assumida no contrato principal, como ocorre com a fiança.

A importância da distinção decorre do fato de o contrato acessório seguir o destino do principal. Se o contrato principal for declarado nulo, o acessório também o será.

3.8. Contratos de execução instantânea, diferida e sucessiva

Nos contratos de *execução instantânea*, as partes cumprem as suas prestações imediatamente após o seu aperfeiçoamento ou sem intervalo de tempo relevante. Portanto, ocorrendo a resolução do contrato, as partes serão restituídas ao estado anterior.

Nos contratos de *execução diferida* uma ou mais prestações poderão ser cumpridas em momento posterior. Pode ocorrer que tanto o pagamento do preço quanto a entrega do bem objeto de compra e venda sejam diferidos para determinado momento futuro.

Nos contratos de *execução sucessiva* as prestações de uma ou de ambas as partes podem ocorrer ao longo do tempo convencionado.

Podemos distinguir aqui, com Vera Helena de Mello Franco, os contratos de *execução continuada*, como o de locação ou comodato, no qual a entrega do bem é realizada de uma única vez e as prestações pelo uso do mesmo se prolongam no tempo, e os contratos de execução periódica, como ocorre nos contratos de fornecimento, entre eles o de energia elétrica, nos quais as prestações de ambas as partes se prolongam no tempo.

---

694. GOMES, Orlando. *Contratos*. 26ª ed., rev. atual. e aum. por Antonio Junqueira de Azevedo e Francisco Paulo De Crescenzo Marino. Rio de Janeiro: Forense, 2008, p. 390; PEREIRA, Caio Mário da Silva. *Instituições de direito civil*. Vol. III, 25ª ed., rev. e atual. por Caitlin Mulholland. Rio de Janeiro: Forense, 2022, p. 335.

Em ambos os casos, se o prazo dos contratos for indeterminado, a denúncia pode se dar unilateralmente[695]. As particularidades dos contratos de fornecimento de bens essenciais, como o de energia elétrica, serão analisadas no título "Contratos obrigatórios (dever de contratar)".

Nos contratos de *execução periódica*, a resolução do contrato por inadimplemento não atingirá as prestações que foram realizadas anteriormente.

Questão diversa ocorre nos contratos de *formação sucessiva*, "cujo conteúdo vai sendo estabelecido ao longo das negociações preliminares", cuja "eficácia vai gradualmente liberando os contratantes de deveres recíprocos"[696].

3.9. Contratos de adesão

Na interpretação dos contratos de adesão tem-se em vista principalmente a tutela de interesses socialmente relevantes, pois eles são elaborados em série, cujos efeitos se estendem a grande número de pessoas – trata-se de proteger o público e não individualmente cada pessoa. Em alguns deles (crédito, seguro, transporte, etc.), o poder público intervém por meio de leis específicas à finalidade de cada contrato, em função da atividade econômica à qual se referem, exigindo autorização prévia a ser concedida por órgãos da administração pública ou estabelecendo a proibição de determinadas cláusulas[697].

O Código Civil estabelece regras particulares para a interpretação dos contratos de adesão determinando, de um lado, que, quando neles houver cláusulas ambíguas ou contraditórias, dever-se-á adotar a interpretação mais favorável ao aderente (art. 423)[698],

695. FRANCO, Vera Helena de Mello. *Teoria geral do contrato:* confronto com o direito europeu futuro. São Paulo: Ed. Revista dos Tribunais, 2011, p. 176.

696. TEPEDINO, Gustavo. Atividade sem negócio jurídico fundante e a formação progressiva dos contratos. In: ADEODATO, João Maurício; BITTAR, Eduardo C. B. (orgs.). *Filosofia e teoria geral do direito:* estudos em homenagem a Tercio Sampaio Ferraz Junior por seu septuagésimo aniversário. São Paulo: Quartier Latin, 2011, p. 530.

697. Por ser o crédito atividade financeira, que implica em intermediação de recursos, sua concessão necessita de autorização do Banco Central do Brasil, a proteção do Poder Público se dá em dois sentidos: garante que o público tenha a garantia de receber seus recursos de volta e que os tomadores de recursos sejam protegidos contra a imposição de cláusulas abusivas. **Na atividade seguradora** faz-se necessária a intervenção do Poder Público para garantir a solidez patrimonial das sociedades seguradoras, que operam com contratos de longo prazo, de forma a garantir que elas possuam recursos para pagar as indenizações devidas ao longo dos anos. **Nos contratos de transporte**, a intervenção do Poder Público se revela na vedação das cláusulas de exoneração de responsabilidade por danos causados.

698. Otavio Luiz Rodrigues Junior e Rodrigo Xavier Leonardo formulam a seguinte crítica à redação desse artigo: "O *caput* do artigo 423 conserva um defeito lógico que já era objeto de críticas doutrinárias em sua redação original: será adotada a interpretação mais favorável aderente quanto houver, no contrato de adesão, cláusulas que gerem dúvidas interpretativas. Seria possível formular o seguinte raciocínio em sentido contrário: um contrato com cláusulas bem redigidas, induvidosas e claras que disponha objetivamente contra os interesses do aderente não será passível de interpretação a seu favor. A interpretação mais favorável está vinculada à existência de dúvidas, o que é um abuso de linguagem em

e, de outro lado, dispõe serem nulas as cláusulas que estipulem a renúncia antecipada do aderente a direito resultante da natureza do negócio (art. 424).

4. INTERPRETAÇÃO E PROVA DOS CONTRATOS

A interpretação, seja da lei ou de um negócio jurídico, é sempre interpretação de um ato de vontade. A lei manifesta uma vontade geral e abstrata, e o negócio jurídico uma manifestação *in concreto*; portanto, nem todas as regras de interpretação aplicáveis à lei são aplicáveis aos negócios jurídicos[699]. Mas, para alguns autores, a interpretação da lei e do contrato "deve obedecer aos mesmos princípios e critérios"[700].

4.1. Interpretação

Dois são os principais critérios de interpretação: o **critério subjetivo** induz ao exame da *intenção* comum dos contratantes; o **critério objetivo** busca "dar ao contrato o sentido, entre os expostos em juízo pelas partes, que melhor corresponda a valores de objetiva sensatez, equidade, funcionalidade"[701].

Os princípios gerais que devem nortear a interpretação dos contratos mercantis eram detalhados nos artigos 130 e 131 do Código Comercial de 1850. O Código Civil adotou orientação diversa, preferindo se expressar por meio de cláusulas gerais, mas os antigos princípios permanecem tendo valor doutrinário. Remetemos ao estudo de Paula Forgioni sobre o tema[702].

Seguem os **princípios gerais** adotados pelo Código Civil:

a) a **função social** do contrato foi consagrada nos seguintes termos: "A liberdade de contratar será exercida nos limites da função social do contrato" (art. 421);

b) a **boa-fé** foi consagrada como critério de interpretação dos negócios jurídicos no art. 113 do Código Civil, segundo o qual: "Os negócios jurídicos devem ser interpretados conforme a boa-fé e os usos do lugar de sua celebração"; ela deve ser compreendida em seu sentido objetivo previsto no art. 422 do mesmo código: "Os contratantes são obrigados a guardar, assim na conclusão do contrato, como em sua execução, os princípios de probidade e boa-fé"; o mesmo já ocorria no Código

termos de lógica. O erro redacional do artigo 423, *caput*, em seu texto primitivo, bem que poderia ter sido corrigido agora." (RODRIGUES JUNIOR, Otavio Luiz; LEONARDO, Rodrigo Xavier. A MP da liberdade econômica: o que mudou no Código Civil? (parte 2). Conjur, 8 de maio de 2019, 16h14.

699. BESSONE, Darcy. *Do contrato* – teoria geral. Rio de Janeiro: Forense, 1987, p. 215-216.

700. GOMES, Orlando. *Contratos.* 26ª ed., rev. atual. e aum. Rio de Janeiro: Forense, 2008, p. 242.

701. ROPPO, Enzo. *O contrato.* Trad. Ana Coimbra; M. Januário C. Gomes. Coimbra: Almedina, 1988, p. 170-174.

702. FORGIONI, Paula. *Contratos empresariais:* teoria geral e aplicação. 2ª ed., rev., atual. e ampl. São Paulo: Ed. Revista dos Tribunais, 2016, p. 239-265.

de Defesa do Consumidor onde a boa-fé, em seu sentido objetivo, aparece em diversas passagens, como nos artigos 6º e 39, IV;

c) os **usos do lugar da celebração dos negócios jurídicos** estão previstos como critério de interpretação no artigo 113 do Código Civil.

Na interpretação dos **contratos por adesão** tem-se em vista serem eles elaborados em série, com efeitos sobre grande número de pessoas – trata-se de proteger o público e não individualmente cada pessoa. Em alguns deles (crédito, seguro, transporte, etc.), o Poder Público intervém por meio de leis específicas, em função da atividade econômica à qual se referem, exigindo autorização prévia a ser concedida por órgãos da administração pública ou estabelecendo a proibição de determinadas cláusulas.

O Código Civil **estabelece regras particulares para a interpretação dos contratos de adesão:** quando neles houver cláusulas ambíguas ou contraditórias, dever-se-á adotar a interpretação mais favorável ao aderente (art. 423): são nulas as cláusulas que estipulem a renúncia antecipada do aderente a direito resultante da natureza do negócio (art. 424).

O artigo 47 do Código de Defesa do Consumidor contém **cláusula geral de interpretação dos contratos de consumo**, não só dos contratos de adesão, dispondo: "As cláusulas contratuais serão interpretadas de maneira mais favorável ao consumidor".

A Lei de Liberdade Econômica busca alterar o sentido do disposto no artigo 421 do Código Civil e acrescenta a ele o artigo 421-A. Vejamos:

A nova redação do **artigo 421**, *caput*, dispõe que "A liberdade contratual será exercida nos limites da função social do contrato". E o seu parágrafo único prevê que "Nas relações contratuais privadas, prevalecerão o princípio da intervenção mínima e a excepcionalidade da revisão contratual.". Essa lei reforçou o princípio da simetria nas relações contratuais, "mantendo a indiferença em relação às desigualdades reais de poder que podem ocorrer em um país como o Brasil".[703]

Não existe, em Direito, esse chamado de "princípio de intervenção mínima do Estado", ainda que ele seja afirmado por certas escolas econômicas: os requisitos constitucionais para a intervenção nos contratos estão previstos nos artigos 317 e 478 do Código Civil, e eles já tornam a intervenção limitada e excepcional[704].

---

703. FRAZÃO, Ana. O necessário encontro do direito contratual com o poder. In: JOTA, 12/04/2023 05:01. Disponível em: https://www.jota.info/opiniao-e-analise/colunas/constituicao-empresa-e-mercado/o-necessario-encontro-do-direito-contratual-com-o-poder-12042023?utm_campaign=jota_info__ultimas_noticias__destaques__12042023&utm_medium=email&utm_source=RD+Station. Acesso em 13/04/2023.

704. TEPEDINO, Gustavo; CAVALCANTI, Laís. Notas sobre as alterações promovidas pela Lei nº 13.974/2019 nos artigos 50, 113 e 421 do Código Civil. In: SALOMÃO, Luis Felipe; CUEVA, Ricardo Villas Bôas; FRAZÃO, Ana (coords.). *Lei de liberdade econômica e seus impactos no direito brasileiro*. São Paulo: Thomson Reuters Brasil, 2020, p. 448.

O disposto no artigo 421 em nada altera o sentido anterior, pois mantém o princípio do respeito à função social do contrato, que é constitucional e está implícito. Ele não representa um passe livre para que o empresário atenda apenas aos seus interesses. Como afirma Fábio Ulhoa Coelho:

> "Cumpre sua função social a empresa que gera empregos, tributos e riqueza, contribui para o desenvolvimento econômico, social e cultural da comunidade em que atua, de sua região ou do país, adota práticas empresariais sustentáveis visando à proteção do meio ambiente e respeita os direitos dos consumidores."[705]

A Lei nº 13.874, de 2019, também inseriu o **art. 421-A**, ao Código Civil, estabelecendo que os contratos civis e empresariais presumem-se paritários e simétricos até a presença de elementos concretos que justifiquem o afastamento dessa presunção, ressalvados os regimes jurídicos previstos em leis especiais, garantido também que: I – as partes negociantes poderão estabelecer parâmetros objetivos para a interpretação das cláusulas negociais e de seus pressupostos de revisão ou de resolução; II – a alocação de riscos definida pelas partes deve ser respeitada e observada; e III – a revisão contratual somente ocorrerá de maneira excepcional e limitada.

Parece-nos que a nova redação traz mais insegurança jurídica para os negócios, uma vez que não há, a rigor, parâmetros para a alegada excepcionalidade, e não se pode esquecer que a intervenção do Estado nas relações contratuais privadas não é nova e se manifesta desde, ao menos, a década de 1930, quando o Estado passou a regular certos aspectos dos contratos de locação comercial com o objetivo de defender os interesses dos empresários frente ao poder econômico dos locadores, tendo em vista o valor do fundo de comércio criado pelos primeiros (Decreto nº 24.150/34, conhecido como "Lei de Luvas").

Além disso, a intervenção do Estado também é necessária para garantir a aplicação das normas jurídicas, inclusive das normas constitucionais.

De qualquer forma, a intenção é, claramente, de reforçar a ideia do *pacta sunt servanda.* Mas, como esse parágrafo não indica as hipóteses em que a revisão poderá ser aplicada, permanecem aquelas consagradas no próprio Código, na doutrina e na jurisprudência, razão pela qual a alteração legislativa poderá se revelar de pouca utilidade prática.

O Enunciado 26 da I Jornada de Direito Comercial do CEJ adota a seguinte interpretação: "O contrato empresarial cumpre sua função social quando não acarreta prejuízo a direitos e interesses, difusos ou coletivos, de titularidade de sujeitos não participantes da relação negocial".

---

705. COELHO, Fábio Ulhoa. Princípios constitucionais na interpretação das normas de direito comercial. In: SALOMÃO, Luis Felipe; CUEVA, Ricardo Villas Bôas; FRAZÃO, Ana (coords.). *Lei de liberdade econômica e seus impactos no direito brasileiro.* São Paulo: Thomson Reuters Brasil, 2020, p. 448.

4.2. Integração

A interpretação refere-se ao sentido do contrato e das declarações nele contidas. O termo integração refere-se ao **preenchimento de lacunas ou casos omissos**, para a perfeita execução do contrato.

4.3. Prova

A prova de certos atos jurídicos só pode ser feita por escrito, por meio de um documento. Documento é a coisa que nos permite conhecer outra[706], a representação de um fato de modo permanente[707]. Por exemplo, aquele que participou de uma ligação telefônica e a descreve para alguém é uma testemunha; se ele a gravou, nós temos uma representação da conversa e, portanto, um documento.

São exemplos de casos em que se exige prova escrita: a relação entre os sócios, nos contratos de sociedade (Código Civil, art. 987), a fiança (art. 819), entre outros.

O Código Civil admite a prova realizada por meio de quaisquer reproduções mecânicas ou eletrônicas (art. 225), e dois Enunciados CEJ reafirmam a validade dos documentos eletrônicos:

> **Enunciado 297**: "O documento eletrônico tem valor probante, desde que seja apto a conservar a integridade de seu conteúdo e idôneo a apontar sua autoria, independentemente da tecnologia empregada";
>
> **Enunciado 298**: "Os arquivos eletrônicos incluem-se no conceito de 'reproduções eletrônicas de fatos ou coisas', do art. 225 do Código Civil, aos quais deve ser aplicado o regime jurídico da prova documental".

A prova testemunhal "é sempre admissível, não dispondo a lei de modo diverso" (CPC/2015, art. 442): as exceções estão previstas no Código Civil.

III. CONTRATOS EM ESPÉCIE

Com a unificação do direito das obrigações pelo Código Civil, a distinção entre contratos civis e comerciais perdeu a nitidez que tinha no direito anterior, e muitas das regras aplicáveis aos primeiros também são aplicadas aos contratos comerciais (empresariais). Buscamos, aqui, examinar as principais modalidades contratuais adotadas na vida empresarial, estando algumas delas previstas no Código Civil.

Ressaltando a impossibilidade de análise de todas as modalidades contratuais em um manual buscamos, examinar as principais modalidades contratuais adotadas na vida empresarial, estando algumas delas previstas no Código Civil; outras, não, porque as

---

706. CARNELUTTI, Francesco. Verbete "Documento". In: *Nuovo Digesto Italiano*. Vol. V, Torino: UTET, 1938, p. 105-109.

707. GUIDI, Paolo. *Teoria giuridica del documento.* Milano: Giuffrè, 1950, p. 46.

necessidades empresariais seguem em ritmo acelerado e os códigos representam a consolidação das normas já estabelecidas.

1. COMPRA E VENDA

1.1. Conceito

Compra e venda é o contrato pelo qual **um dos contratantes (o vendedor) se obriga a transferir o domínio de certa coisa, e o outro (o comprador), a pagar-lhe certo preço em dinheiro** (Código Civil, art. 481). O termo "coisa" é em geral utilizado com referência aos objetos materiais, e o de "bem" para os imateriais.

Em nosso direito, os efeitos desse contrato são puramente obrigacionais, pois ele gera para o vendedor a obrigação de transferir a propriedade, mas não tem o efeito automático de transferi-la ao comprador. O consentimento não torna o comprador imediatamente *proprietário* da coisa, e sim, *credor* do vendedor da entrega da coisa.

A princípio, a compra e venda civil não se distingue da mercantil, mas nos contratos celebrados apenas entre empresas, a finalidade lucrativa está presente em todas as partes envolvidas, o que pode condicionar sua interpretação, como veremos abaixo.

O contrato de compra e venda é **bilateral**, pois cria obrigações tanto para o vendedor (entrega da coisa) quanto para o comprador (pagamento do preço); **oneroso**, pois confere vantagens para ambas as partes; **comutativo**, em geral, com prestações determináveis e equivalentes, **podendo ser aleatório**, quando assim ajustado pelas partes; simplesmente **consensual,** pois, para sua perfeição, basta o acordo de vontades, **salvo na compra e venda de imóveis de valor superior a trinta vezes o maior salário mínimo vigente no País**, para a qual se exige a escritura pública (Código Civil, art. 108), passando o contrato a ser **solene**. É também contrato instantâneo[708].

1.2. Elementos essenciais

O contrato está perfeito e acabado quando se verifica o acordo quanto à coisa e ao preço; assim, são elementos essenciais: **coisa, preço e consentimento**. Temos a compra e venda pura quando as partes concordarem no objeto e no preço (Código Civil, art. 482). A falta de estipulação sobre a época, o lugar e a forma de pagamento não impedem o aperfeiçoamento do contrato[709].

---

708. GOMES, Orlando. *Contratos*. 26ª ed., rev., atual. e ampl. por Antonio Junqueira de Azevedo e Francisco Paulo de Crescenzo Marino. Rio de Janeiro: Forense, 2008, p. 267, ensina que o contrato de compra e venda é sempre instantâneo, mas assinala que sua execução pode ser diferida, quando os contratantes dividem a prestação no tempo.

709. TEPEDINO, Gustavo; BARBOSA, Heloísa Helena; MORAES, Maria Celina Bodin de. *Código Civil interpretado conforme a Constituição da República*. Vol. II, 2ª ed., rev. e atual. Rio de Janeiro: Renovar, 2012, p. 138.

1.2.1. Coisa

Em princípio, todas as coisas alienáveis podem ser objeto de venda: os bens corpóreos e os incorpóreos; as coisas presentes e as futuras; as próprias e as alheias; e as universalidades de direito ou de fato. A transferência onerosa das coisas incorpóreas é conhecida como cessão, a qual se aplicam os princípios da compra e venda.

Exemplo de universalidade de fato é o fundo de comércio (também denominado "fundo empresarial"), que é formado pela vontade do seu titular.

Coisa inalienável. As coisas que **não podem ser vendidas** são as que estão **fora do comércio**. A inalienabilidade pode ser natural ou legal, absoluta ou relativa. Exemplo de coisa inalienável por sua própria natureza é o ar que se respira. As praias são inalienáveis por determinação legal, que as destina ao uso público. A herança de pessoa viva (Código Civil, art. 426) é inalienável pelo seu conteúdo imoral: nesse caso a venda é nula (nulidade absoluta). Em outros casos a venda será apenas anulável (nulidade relativa), como ocorre na venda de ascendente a descendente, salvo se os outros descendentes e o cônjuge do alienante houverem consentido expressamente com o negócio (art. 496).

Coisa incerta. A coisa deve ser especificada; **admite-se, todavia, a venda de coisa incerta, desde que sejam indicados, ao menos, o gênero e a quantidade** (Código Civil, art. 243). Por exemplo: o vendedor pode se comprometer a vender um número determinado de sacas de café, indicando, pelo menos, o gênero e a quantidade; ou pode se obrigar a vender tantas sacas de café "Santos tipo 4" indicando, neste caso, a qualidade. No primeiro caso a especificação da coisa a ser entregue cabe ao vendedor, que é o devedor da prestação, mas ele "não poderá dar a coisa pior, nem poderá ser obrigado a prestar a melhor" (Código Civil, art. 244). Cientificado da escolha o credor, torna-se certo o objeto da obrigação e ela passa a se reger pela disciplina da obrigação de dar coisa certa (Código Civil, art. 245).

Coisas corpóreas e incorpóreas. Corpóreas são as coisas que têm existência material (mercadorias) e incorpóreas as que, embora não tendo existência material, possuem valor econômico e estão sujeitas à propriedade (por exemplo, a patente de invenção). Poderão ser vendidas, ainda, coisas abstratas, mas representadas por um documento.

Coisa futura. Podem ser vendidas coisas que existem no momento da formação do contrato ou que existirão posteriormente, sendo admissível a venda de coisa futura (Código Civil, art. 483) como, por exemplo, da mercadoria a ser produzida ou da safra em formação, cuja existência vai depender de fatores climáticos. Trata-se da compra e venda da esperança (*emptio spei*), sendo o contrato aleatório, pois a obrigação de uma das partes fica sujeita a acontecimento incerto.

Outra modalidade de contrato aleatório é a **venda de coisa esperada** (*emptio rei speratae*). Nesta, é assegurado um quantitativo mínimo para as coisas futuras. Por exemplo, se vier um mínimo de 10 peixes na rede do pescador, o comprador se obriga a pagar o preço; se vierem mais, o excedente pertencerá ao comprador, que não terá obrigação de majorar o preço[710].

Coisa alheia. Como o contrato de compra não transfere, por si, a propriedade, admite-se a venda de coisa alheia, desde que o vendedor venha a adquiri-la, tornando-se seu proprietário para poder transferi-la na data prometida e cumprir validamente a obrigação. Caso o vendedor não cumpra a obrigação, a venda revela-se ineficaz[711].

1.2.2. Preço

Preço é o **valor em dinheiro que o comprador se obriga a pagar ao vendedor em troca da propriedade da coisa.** Mas não se exige o pagamento integral em dinheiro, bastando que este constitua a parcela principal[712]. O pagamento pode ser realizado pela entrega de títulos da dívida pública ou títulos de crédito[713], mas esses títulos devem ser representativos de dinheiro[714]. Se for dada em pagamento uma coisa, fica caracteriza a permuta ou troca.

O preço deve ser **sério**, sendo necessário que o vendedor tenha a intenção de exigi-lo[715]. Deve ser **real ou verdadeiro**; caso contrário, não se tratará de uma compra e venda, mas de doação[716]. Deve ser **certo**, isto é, determinado ou determinável (podendo ser deixado à estimação de terceiros ou de arbitradores, nos termos dos arts. 485 a 488 do Código Civil), mas não se requer que seja justo[717], ainda que a lesão seja causa de anulabilidade do negócio jurídico.

Em regra, o preço é livremente estipulado pelas partes. Elas podem convencionar que a sua fixação seja deixada ao arbítrio de terceiros (Código Civil, art. 485); em função da taxa de mercado ou de bolsa, em certo e determinado dia e lugar (art. 486); em função de índices ou parâmetros, desde que suscetíveis de objetiva determinação (art. 487), mas nunca ao arbítrio de uma das partes (art. 489). Há casos em que o preço é fixado pelo Estado (tabelamento oficial), ou sujeito à sua autorização.

---

710. RODRIGUES JÚNIOR, Otávio Luiz. A compra e venda mercantil. In: CARVALHOSA, Modesto (coord.). *Tratado de direito empresarial.* Vol. IV. São Paulo: Ed. Revista dos Tribunais, 2016, p. 115.

711. GOMES, Orlando. *Contratos.* 26ª ed., rev., atual. e ampl. Rio de Janeiro: Forense, 2008, p. 274.

712. GOMES, Orlando. Ob. Cit., p. 274-275.

713. GOMES, Orlando. Ob. Cit., p. 276.

714. Em se tratando de ações de sociedade anônima, por exemplo, o negócio deixa de ser compra e venda (PEREIRA, Caio Mário da Silva. *Instituições de direito civil.* Vol. III, 25ª ed., rev. e atual. por Caitlin Mulholland. Rio de Janeiro: Forense, 2022, p. 163).

715. PEREIRA, Caio Mário da Silva. Ob. Cit., p. 164; GOMES, Orlando. Ob. Cit., p. 275.

716. RODRIGUES JÚNIOR, Otávio Luiz. Ob. Cit., p. 104. GOMES, Orlando. Ob. Cit., p. 275, afirma apenas que, se o preço for fictício "não vale a venda".

717. PEREIRA, Caio Mário da Silva. Ob. Cit., p. 164.

Não havendo fixação de preço pelas partes, nem critério para a sua determinação, nem tabelamento oficial, "entende-se que as partes se sujeitaram ao preço corrente nas vendas habituais do vendedor" (art. 488). Na falta de acordo, por ter havido diversidade de preço praticado pelo vendedor, prevalecerá o termo médio das vendas (art. 488, parágrafo único).

1.2.3. Consentimento

A compra e venda exige que o vendedor seja capaz de alienar e o comprador seja capaz de se obrigar. Também se exige que ambos tenham legitimação para figurar no contrato. Aplica-se, ainda, ao contrato de compra e venda a disciplina dos vícios dos negócios jurídicos, tais como o erro, o dolo, a coação e a simulação.

É anulável a venda de ascendente a descendente, sem que os demais descendentes e o cônjuge expressamente concordem com ela, mas o consentimento do cônjuge é dispensado se o regime de bens for o da separação obrigatória (art. 496, *caput* e parágrafo único, respectivamente). Os interesses protegidos por essa norma são particulares, de maneira que o ato é suscetível de confirmação[718].

Por razões de ordem moral e para manter a isenção necessária na administração de bens de terceiros[719], ambas visando a proteção de interesse público, o Código sanciona com a *nulidade absoluta* os negócios realizados nos casos previstos no seu artigo 497:

> "Art. 497. Sob pena de nulidade, não podem ser comprados, ainda que em hasta pública:
>
> I – pelos tutores, curadores, testamenteiros e administradores, os bens confiados à sua guarda ou administração;
>
> II – pelos servidores públicos, em geral, os bens ou direitos da pessoa jurídica a que servirem, ou que estejam sob sua administração direta ou indireta;
>
> III – pelos juízes, secretários de tribunais, arbitradores, peritos e outros serventuários ou auxiliares da justiça, os bens ou direitos sobre que se litigar em tribunal, juízo ou conselho, no lugar onde servirem, ou a que se estender a sua autoridade;
>
> IV – pelos leiloeiros e seus prepostos, os bens de cuja venda estejam encarregados.
>
> Parágrafo único. As proibições deste artigo estendem-se à cessão de crédito".

Mas a proibição contida no item III, acima, "não compreende os casos de compra e venda ou cessão entre coerdeiros, ou em pagamento de dívida, ou para garantia de bens já pertencentes a pessoas designadas no referido inciso" (art. 498).

---

718. PEREIRA, Caio Mário da Silva. *Instituições de direito civil.* Vol. III, 25ª ed., rev. e atual. por Caitlin Mulholland. Rio de Janeiro: Forense, 2022, p. 163.

719. PEREIRA, Caio Mário da Silva. Ob. Cit., p. 165-166.

O **condômino**, enquanto pendente o estado de indivisão, não pode vender a sua parte a estranho, se outro condômino a quiser, nas mesmas condições (art. 504). Nesse caso, o bem é alienável, mas está sujeito a de direito de preferência.

Os cônjuges não têm legitimação para comprar ou vender bens incluídos na comunhão conjugal; assim, **é vedada a compra e venda entre marido e mulher que tenha por objeto bem que integre a comunhão**, sendo lícita a venda dos bens que não a integrem (Código Civil, art. 499). O fundamento da norma, que visa preservar o regime de bens, é a impossibilidade de alguém adquirir o que já é seu[720].

1.3. Direitos e obrigações das partes

Cabe esclarecer que, como o contrato de compra e venda é bilateral, qualquer das partes pode incorrer em mora, pois ambas são, ao mesmo tempo, credora e devedora da outra[721], de maneira que incorre em mora a parte que não cumpre a obrigação no tempo devido. De outro lado, o devedor pode ter interesse em se desonerar da prestação, colocando o credor em mora caso este não colabore com o cumprimento dela[722].

O Código Civil unificou o tratamento da mora nas obrigações civis e mercantis, adotando a **mora *ex re* (pelo simples decurso de prazo) nas obrigações positivas, líquidas e a termo** (art. 395, parágrafo único). **Na falta de termo certo para o cumprimento da obrigação, dá-se a mora *ex persona*, que exige notificação com esse fim.** Nas obrigações negativas, o devedor é constituído em mora desde o dia em que deveria se abster (Código Civil, art. 390). Nas obrigações provenientes de ato ilícito, considera-se o devedor em mora desde o dia em que o cometeu (art. 398)[723].

Revela-se a mora do contratante que não cumpre a sua obrigação no tempo devido: quando o vendedor deixa de entregar a coisa no lugar, no tempo e pelo modo do ajuste, ou quando o comprador não efetua o pagamento (Código Civil, art. 394).

Aplica-se ao caso o Enunciado 354 do CEJ: "A cobrança de encargos e parcelas indevidas ou abusivas impede a caracterização da mora do devedor". Mas, nos termos da Súmula 369 do STJ: "A simples propositura da ação de revisão de contrato não inibe a caracterização da mora do autor".

---

720. TEPEDINO, Gustavo; BARBOSA, Heloísa Helena; MORAES, Maria Celina Bodin de. *Código Civil interpretado conforme a Constituição da República.* Vol. II, 2ª ed., rev. e atual. Rio de Janeiro: Renovar, 2012, p. 164.

721. MENDONÇA, J. X. Carvalho de. *Tratado de direito comercial brasileiro.* Vol. VI, parte II, Rio de Janeiro: Freitas Bastos, 1960, item 789 e segs., p. 188 e segs.

722. VARELA, João de Matos Antunes. *Das obrigações em geral.* Vol. I, 5a ed., rev. Coimbra: Almedina, 1986, p. 119.

723. PEREIRA, Caio Mário da Silva. *Instituições de direito civil.* Vol. II, 26ª ed., rev. e atual. por Guilherme Calmon Nogueira da Gama. Rio de Janeiro: Forense, 2014, p. 300-302.

1.3.1. Obrigações do vendedor

As principais obrigações do vendedor são: a) **entregar a coisa**, transferindo ao comprador a sua propriedade; b) **garantir-lhe a efetividade do direito sobre a coisa**.

As obrigações de garantia consistem em: a) fazer boa, firme e valiosa a coisa vendida, ou seja, de assegurar o seu uso e gozo pacífico[724]; b) responder pelos vícios ocultos; c) responder pela evicção. O Código Civil revela lacunas, se comparado ao antigo Código Comercial, que disciplinava de maneira mais específica a obrigação de entrega da coisa. Essas lacunas devem ser preenchidas segundo os princípios gerais da boa-fé e da probidade[725], tendo as normas revogadas valor apenas doutrinário.

a) Entrega da coisa (tradição)

O vendedor tem obrigação de entregar a coisa vendida (tradição) no lugar, no tempo e pelo modo do ajuste (Código Civil, art. 394, *a contrario sensu*). São exemplos de exceções: a transferência de propriedade das ações nominativas de sociedade anônima se efetua mediante termo lavrado em livro especial (Lei nº 6.404/76, art. 31); a transferência dos títulos de crédito nominativos é feita por endosso; a dos veículos automotores mediante registro no cadastro RENAVAM; a dos navios e aeronaves se faz por termo em registro especial.

A tradição pode ser:

a) **real,** que se dá pela **efetiva entrega da coisa** (tradição);

b) **simbólica, ou ficta**, aquela na qual **não há entrega da coisa, mas de um documento que a representa** (Código Civil, art. 529), que tem como exemplo o conhecimento de depósito dos armazéns-gerais;

c) **consensual ou convencional**, é a que se opera **pela declaração do vendedor, pondo a coisa vendida à disposição do comprador**.

A responsabilidade pelas *despesas com a tradição* se apura conforme as partes pactuarem. Se não houver estipulação, as despesas com a tradição ficam a cargo do vendedor e as de escritura e registro a cargo do comprador (Código Civil, art. 490).

O Código Civil acrescentou, ainda, regra supletiva no sentido de que, "salvo convenção em contrário, o vendedor responde por todos os débitos que gravarem a coisa até o momento da tradição" (art. 502).

Modo significa a maneira como deve ser entregue a coisa, ou seja, encaixotada, ensacada ou em vasilhames, por exemplo. O modo será aquele que as partes estipularem.

---

724. GOMES, Orlando. *Contratos*. 26ª ed., rev., atual. e ampl. por Antonio Junqueira de Azevedo *et al*. Rio de Janeiro: Forense, 2008, p. 279.

725. VERÇOSA, Haroldo Malheiros Duclerc. *Direito comercial: os contratos empresariais em espécie*: (segundo a sua função jurídico-econômica). São Paulo: Ed. Revista dos Tribunais, 2014. [Coleção Direito Comercial, v. 5], p. 45.

Lugar: na falta de estipulação expressa, a entrega da coisa vendida, se móvel, se fará no lugar onde ela se encontrava, ao tempo da venda (Código Civil, art. 493). A transferência de imóveis se realiza por meio do registro no local da situação da coisa.

Tempo: como vimos acima, o vendedor tem obrigação de entregar a coisa vendida no tempo ajustado (Código Civil, art. 394).

Na compra e venda a crédito, "não obstante o prazo ajustado para o pagamento, se antes da tradição o comprador cair em insolvência, poderá o vendedor sobrestar a entrega da coisa, até que o comprador lhe dê caução de pagar no tempo ajustado" (Código Civil, art. 495). Portanto, prestada a caução, fica afastado o risco e a mercadoria deve ser entregue ao comprador. Gustavo Tepedino afirma que o termo "insolvência" deve ser entendido em sentido amplo, de insolvabilidade, não sendo necessária a insolvência ou mesmo a falência[726].

b) Garantias

Riscos da coisa. Fran Martins explica que risco é qualquer perigo que a coisa venha a sofrer sem que para isso concorra culpa dos contratantes, ou seja, a possibilidade de ocorrência de caso fortuito ou força maior[727].

O Código Civil dispõe que até o momento da tradição os riscos da coisa correm por conta do vendedor (art. 492). Todavia:

a) os casos fortuitos ocorrentes no ato de contar, marcar ou assinalar coisas, que comumente se recebem mediante esses procedimentos, que já tiverem sido postas à disposição do comprador, correrão por conta deste (art. 492, § 1º);

b) se o comprador estiver em mora de receber as coisas postas à sua disposição, no tempo, lugar e modo ajustados, ele corre os riscos da coisa (art. 492, § 2º).

As normas sobre a tradição protegem interesses particulares; portanto, as partes podem convencionar de forma diversa da que prevê o Código.

Responsabilidade pelos vícios ocultos (redibitórios). O vício oculto, também chamado redibitório, se aplica a todos os contratos comutativos (Código Civil, art. 441), excluídos, portanto, os aleatórios. Para Caio Mário da Silva Pereira: "Vício redibitório é o **defeito oculto de que portadora a coisa objeto de contrato comutativo, que a torna imprópria ao uso a que se destina, ou lhe prejudica sensivelmente o valor**"[728].

---

726. TEPEDINO, Gustavo; BARBOSA, Heloísa Helena; MORAES, Maria Celina Bodin de. *Código Civil interpretado conforme a Constituição da República.* Vol. II, 2ª ed., rev. e atual. Rio de Janeiro: Renovar, 2012, p. 156-157.

727. MARTINS, Fran. *Contratos e obrigações comerciais.* 17ª ed., rev. e atual. Rio de Janeiro: Forense, 2017, p. 141.

728. PEREIRA, Caio Mário da Silva. *Instituições de direito civil.* Vol. III, 25ª ed., rev. e atual. por Caitlin Mulholland. Rio de Janeiro: Forense, 2022, p. 113.

O fundamento da responsabilidade pelos vícios é a obrigação de garantia, independendo de prova da culpa.[729] Os prazos para alegação do vício são de 30 dias, se a coisa for móvel, e de 1 ano se for imóvel, contados da entrega efetiva. Se já estava na posse, o prazo conta-se da alienação, reduzido à metade (Código Civil, art. 445). O momento em que se apuram esses vícios é o da entrega da coisa, não o da formação do contrato, se eles não forem coincidentes (arts. 444 e 445).

O comprador pode optar pela rejeição da coisa que a torna imprópria para o uso a que se destina, ou lhe diminua o valor, rescindindo o contrato por meio da ação redibitória propriamente dita (art. 441), ou reclamar abatimento do preço, por meio da ação estimatória ou *quanti minoris* (art. 442).

Responsabilidade pela evicção. Ensina Gustavo Tepedino que "a responsabilidade pela evicção consiste em uma **forma legal de garantia instituída em favor do contratante** que se vê, diante de direito de terceiro, compelido a se privar total ou parcialmente do bem objeto de contrato oneroso"[730]. Caio Mário da Silva Pereira exige que a perda se dê em razão de sentença judicial[731], mas a jurisprudência do Superior Tribunal de Justiça admite que ela decorra também de ato administrativo[732].

A garantia contra evicção é **princípio que se aplica a todos os contratos onerosos** (Código Civil, art. 447). As partes podem, por cláusula expressa, reforçar, diminuir ou extinguir a responsabilidade pela evicção, exceto quando se tratar de relação de consumo (Código Defesa do Consumidor, art. 51, I). Mas não pode o adquirente demandar pela evicção, se sabia ser a coisa alheia ou litigiosa (art. 457).

Nos casos em que a evicção for considerável, o evicto tem a alternativa de escolher entre a resolução do contrato ou a retenção da coisa com restituição parcial do preço (art. 455).

1.3.2. Obrigações do comprador

São obrigações do comprador: pagar o preço e receber a coisa objeto do contrato.

---

729. PEREIRA, Caio Mário da Silva. Ob. Cit., p. 115; MENDONÇA, J. X. Carvalho de. *Tratado de direito comercial brasileiro*. Ob. Cit., p. 79 e segs.

730. TEPEDINO, Gustavo; BARBOSA, Heloísa Helena; MORAES, Maria Celina Bodin de. *Código Civil interpretado conforme a Constituição da República*. Vol. II, 2ª ed., rev. e atual. Rio de Janeiro: Renovar, 2012, p. 73.

731. PEREIRA, Caio Mário da Silva. *Instituições de direito civil*. Vol. III, 25ª ed., rev. e atual. por Caitlin Mulholland. Rio de Janeiro: Forense, 2022, p. 123.

732. STJ, AgInt no REsp 1.564.863/SP, Quarta Turma, Rel. Min. Raul Araújo, v.u. 27/11/2023, DJe 01/12/2023, ementa (transcrição parcial): "1. Nos termos da jurisprudência desta Corte, a evicção consiste na perda total ou parcial da posse ou da propriedade do bem adquirido, em razão de ato judicial ou administrativo que atribui a titularidade da coisa a terceiro, em razão de direito preexistente."

a) Pagamento

Não tendo sido ajustada época para o pagamento do preço, pode o credor exigi-lo de imediato (Código Civil, art. 331).

O pagamento deve ser feito ao credor ou a quem de direito o represente, sob pena de só valer depois de por ele ratificado, ou tanto quanto reverter em seu proveito (Código Civil, art. 308).

Lugar do pagamento. É, em regra, estipulado no contrato. Nas vendas à vista o pagamento é feito contra entrega; portanto, no local em que o comprador recebeu a coisa. Na falta de ajuste, o **pagamento se fará no domicílio do devedor, salvo se o contrário resultar da lei, da natureza da obrigação ou das circunstâncias** (Código Civil, art. 327).

Ocorrendo motivo grave para que não se efetue o pagamento no lugar determinado, poderá o devedor fazê-lo em outro, desde que não haja prejuízo para o credor (art. 329).[733] Em caso de recusa do vendedor em recebê-lo, caberá ação de consignação em pagamento (CPC/2015, art. 539).

O pagamento reiteradamente feito em outro local faz presumir a renúncia do credor relativamente ao previsto no contrato (art. 330).

Modo de pagamento. É ajustado pelas partes, podendo ser: integral ou por inteiro; parcelado, nas compras a prestação.

Moeda de pagamento. É a moeda corrente no lugar do pagamento (Código Civil, art. 315). No Brasil, a moeda será o real, de curso forçado (Decreto-lei nº 857/69; Lei 10.192/2001, art. 1º), excetuados os casos previstos na legislação especial (Código Civil, art. 318), como é o caso de contratos internacionais, nos quais se admite o pagamento em moeda estrangeira.

O **pagamento em moeda estrangeira** de obrigações exequíveis no território nacional é admitido nas hipóteses art. 13 da Lei nº 14.286/21. A estipulação de pagamento em moeda estrangeira fora dessas hipóteses será nula de pleno direito (parágrafo único do art. 13).

b) Recebimento da coisa

O recebimento da coisa obedece às mesmas regras relativas a entrega da coisa pelo vendedor, se nada foi estipulado no contrato. Nas vendas à vista, o vendedor não é obrigado a entregar a coisa antes do recebimento do preço (Código Civil, art. 491).

As **despesas de medição, pesagem e contagem**, se não houver estipulação, são suportadas pelo comprador, mas elas podem estar incluídas no preço, por aplicação dos INCOTERMS (International Commerce Terms).

---

733. TEPEDINO, Gustavo; BARBOSA, Heloísa Helena; MORAES, Maria Celina Bodin de. *Código Civil interpretado conforme a Constituição da República*. Vol. II, 2ª ed., rev. e atual. Rio de Janeiro: Renovar, 2012, p. 627, discorrem sobre os critérios doutrinários para aplicação desse dispositivo.

1.4. Modalidades específicas

1.4.1. Retrovenda

O pacto de retrovenda, previsto no artigo 505 do Código Civil, **permite ao vendedor se reservar expressamente o direito de reaver a coisa vendida, desde que o exerça no prazo máximo de três anos**. Conforme esclarece Gustavo Tepedino, ele:

> "consiste na faculdade que se reserva o vendedor de resolver o contrato de compra e venda, recuperando a coisa imóvel, desde que pague ao comprador o preço original, monetariamente corrigido, as despesas por ele suportadas (por exemplo, as de escritura) e o valor equivalente às benfeitorias necessárias, bem como as benfeitorias úteis e voluptuárias expressamente consentidas, na forma escrita"[734].

Haroldo Verçosa entende aplicável a retrovenda, com as devidas adaptações, também às coisas móveis infungíveis, sujeitas a registro público[735]. A nosso ver, esse contrato seria atípico (Código Civil, art. 425), não se aplicando a ele as normas imperativas do Código que disciplinam a retrovenda de imóveis[736].

Caso o **comprador se recuse a devolver o bem**, poderá o **vendedor depositar a quantia em juízo (consignação)**, nos termos do art. 506.

O direito de retrato é cessível e transmissível a herdeiros e legatários, e poderá ser exercido contra o terceiro adquirente (art. 507).

Se a duas ou mais pessoas couber o direito de retrato sobre o mesmo imóvel, e só uma o exercer, poderá o comprador intimar as outras para nele acordarem, prevalecendo o pacto em favor de quem haja efetuado o depósito, contanto que seja integral (art. 508).

1.4.2. Compra e venda sob amostras

Amostra é coisa móvel remetida pelo vendedor, em pequena quantidade, suficiente para permitir ao comprador verificar sua integral correspondência com a qualidade da coisa objeto do contrato de compra e venda[737].

Na compra e venda à vista de amostras, protótipos ou modelos, o vendedor não apresenta ao comprador a própria coisa, mas uma pequena porção da mesma, um protótipo ou modelo desta. Nesse caso, "o vendedor assegura ter a coisa as qualidades que a ela

---

734. TEPEDINO, Gustavo; BARBOSA, Heloísa Helena; MORAES, Maria Celina Bodin de. *Código Civil interpretado conforme a Constituição da República*. Vol. II, 2ª ed., rev. e atual. Rio de Janeiro: Renovar, 2012, p. 172.

735. VERÇOSA, Haroldo Malheiros Duclerc. *Direito comercial: os contratos empresariais em espécie*: (segundo a sua função jurídico-econômica). São Paulo: Ed. Revista dos Tribunais, 2014, p. 50.

736. No mesmo sentido: FRANCO, Vera Helena de Mello. *Contratos:* direito civil e empresarial. 5ª ed., rev., atual. e ampl. São Paulo: Ed. Revista dos Tribunais, 2014, p. 73.

737. NEGRÃO, Ricardo. *Curso de Direito Comercial e de Empresa*. Vol. 2. São Paulo: Saraiva, 2017, p. 266.

correspondem" (Código Civil, art. 484, *caput*). Havendo contradição entre a amostra, o protótipo ou o modelo e a descrição da coisa no contrato, prevalece a amostra (art. 484, parágrafo único), de maneira que o vendedor estará obrigado a trocar a coisa ou indenizar proporcionalmente o comprador pela perda do valor da coisa vendida.

A certeza de que a amostra, protótipo ou modelo corresponde à coisa que será entregue é elemento fundamental na formação da vontade, de maneira que essa venda é pura e simples, não condicional[738]. No entanto, é possível que as partes tornem a venda condicional, estabelecendo que o contrato só se aperfeiçoará se a coisa a ser entregue coincidir com a amostra.

1.4.3. Compra e venda condicional (a contento e sujeita a prova)

Na compra e venda condicional, o contrato só produzirá efeitos após verificarem-se as condições estabelecidas. Incluem-se nessa modalidade a venda a contento e a sujeita a prova (Código Civil, arts. 509 e 510).

A **venda a contento** não se reputará perfeita "enquanto o adquirente não manifestar seu agrado" (Código Civil, art. 509). A **venda sujeita a prova** exige "que a coisa tenha as qualidades asseguradas pelo vendedor e seja idônea para o fim a que se destina" (Código Civil, art. 510).

Nas duas modalidades acima, até que o comprador manifeste seu consentimento com a coisa recebida, ele será tido como comodatário (Código Civil, art. 511). Não havendo prazo estipulado para a declaração do comprador, dispõe o artigo 512, "o vendedor terá direito de intimá-lo, judicial ou extrajudicialmente, para que o faça em prazo improrrogável".

1.4.4. Contrato de fornecimento

No contrato de fornecimento uma das partes (vendedor) obriga-se a fornecer **periodicamente e continuamente** coisas determinadas, mediante o pagamento de preço correspondente pela outra parte (comprador). Reveste-se muitas vezes da forma de contrato por adesão, como no caso do fornecimento de serviços públicos de água e luz, ainda que realizado o serviço por meio de empresas privadas. O contrato de fornecimento é único, mas sua execução se desdobra em inúmeras prestações periódicas, com características de compra e venda.

---

738. MARTINS, Fran. *Contratos e obrigações comerciais.* 17a ed., rev. e atual. por Gustavo Saad Diniz. Rio de Janeiro: Forense, 2017, p. 124. **No mesmo sentido:** MENDONÇA, J. X. Carvalho de. *Tratado de direito comercial brasileiro.* Vol. VI, Livro IV, parte II, atual. por Roberto Carvalho de Mendonça. Rio de Janeiro: Freitas Bastos, 1960, p. 125: "Se o vendedor não entrega a mercadoria em perfeita correspondência com a amostra, não deixa de existir o contrato"; TEPEDINO, Gustavo *et al.,* p. 144; e FARIAS, Cristiano Chaves de; ROSENVALD, Nelson. *Curso de Direito Civil. Curso de direito civil,* vol. 4 – Contratos. 13ª ed., São Paulo: Ed. Juspodivm, 2023, p. 888. **Em sentido contrário:** WALD, Arnoldo; CAVALCANTI, Ana Elizabeth L. W.; PAESANI, Liliana Minardi. *Direito civil:* contratos em espécie. 20ª ed., totalmente reform. São Paulo: Saraiva, 2015, p. 36-37.

É necessário que haja **repetição das prestações**, seja em **intervalos regulares** (por exemplo, na hipótese de contrato firmado entre um fabricante de determinada mercadoria e seus revendedores), seja de modo **contínuo e ininterrupto** (como no caso de fornecimento de energia elétrica, gás, água, etc.).

O pagamento do preço deve ser efetuado também em intervalos regulares, proporcionalmente ao consumo do produto ou às mercadorias fornecidas.

O prazo de duração do contrato pode ser determinado ou indeterminado.

1.4.5. Vendas públicas

Elemento essencial das vendas públicas, que podem ser voluntárias ou forçadas, é a publicidade. Sua principal característica é a interferência de várias pessoas no momento da formação do contrato, como pretendentes. Os pretendentes oferecem preços determinados pela coisa oferecida, preços que são aceitos com a *condição suspensiva* de que não haja melhor oferta. O comprador será aquele que tiver feito melhor oferta, ficando os outros desobrigados de suas ofertas anteriores.

Vendas públicas voluntárias são aquelas realizadas por vontade do vendedor e por meio de leilões.

As **vendas públicas forçadas** realizam-se por força de lei, e se dividem em **administrativas, judiciais e extrajudiciais**. Elas não formam contrato, são meio de execução contra o inadimplente, de maneira forma que nelas não se exige o consentimento.

Venda pública administrativa é a que decorre de leilão realizado pelas repartições fiscais ou aduaneiras.

Venda judicial é a realizada por determinação ou autorização judicial.

Venda extrajudicial é aquela realizada sem intervenção do Judiciário, nos casos previstos em lei. Por exemplo, a das ações do acionista remisso, aquele que não integralizou o valor de suas ações (Lei 6.404/76, art. 107, II). O artigo 853-A, do Código Civil, incluído pela Lei nº 14.711/2023, conhecida como Marco Legal das Garantias, também admitiu a execução extrajudicial de garantias nos contratos de mútuo com alienação fiduciária de imóvel, a ser conduzida por um terceiro imparcial, o "agente de garantia", o qual atua em nome próprio e em benefício dos credores[739].

---

739. Código Civil, Art. 853-A, § 1º O agente de garantia poderá valer-se da execução extrajudicial da garantia, quando houver previsão na legislação especial aplicável à modalidade de garantia. (Incluído pela Lei nº 14.711, de 2023). O Supremo Tribunal Federal, Pleno, Rel. Min. Luiz Fux, julgamento em 26/10/2023, publicação 14/02/2024, firmou a seguinte tese no RE 860.631, com repercussão geral: "**Tema 982** - Discussão relativa à constitucionalidade do procedimento de execução extrajudicial nos contratos de mútuo com alienação fiduciária de imóvel, pelo Sistema Financeiro Imobiliário - SFI, conforme previsto na Lei n. 9.514/1997. **Tese**: É constitucional o procedimento da Lei nº 9.514/1997 para a execução extrajudicial da cláusula de alienação fiduciária em garantia, haja vista sua compatibilidade com as garantias processuais previstas na Constituição Federal."

1.4.6. *Vendas sobre documentos*

Na venda sobre documentos a tradição da coisa objeto da compra é substituída pela entrega de um título que a representa e de demais documentos exigidos pelo contrato ou, no silêncio deste, pelos usos (artigo 529 do Código Civil). Essa modalidade de contrato decorrerá, em regra geral, do fato de o vendedor não ter acesso à coisa vendida, por ela se encontrar em poder de terceiro que a detém por conta do vendedor, ou ser produzida no estrangeiro[740].

Se o contrato for internacional, devemos considerar a distância e a diversidade da legislação aplicável a cada caso. Para reduzir o grau de incerteza aplicam-se a elas tanto as convenções internacionais quanto os termos técnicos uniformes, denominados INCOTERMS.

A **busca de garantias válidas no comércio internacional** conduziu à elaboração do denominado crédito documentário, que nasce com o contrato de compra e venda, no qual estarão descritas as características do bem negociado ou do serviço prestado, o tempo de entrega, a modalidade de entrega e as condições de pagamento, influindo na sua execução.

Por meio da abertura de crédito documentário, vendedor e comprador convencionam que a conclusão do pagamento ou do recebimento se fará a partir da retirada e controle de documentos por meio de um banco. Dispõe o artigo 530 do Código Civil: "Não havendo estipulação em contrário, o pagamento será efetuado na data e no lugar da entrega dos documentos".

1.4.7. *Preferência ou preempção*

O Código Civil dispôs sobre a preempção ou preferência exclusivamente como pacto adjeto ao contrato de compra e venda (art. 513). Na definição de Orlando Gomes:

> "A preempção é o *pacto adjeto* ao contrato de *compra e venda* pelo qual o comprador se obriga a oferecer ao vendedor a coisa que lhe comprou, quando queira vendê-la, para que este, a quem foi reservado o direito de preferência, preço por preço, o exerça em relação a eventuais adquirentes"[741].

A preferência pode ser **convencional**, a mais comum, **ou legal**, quando estabelecida por lei, como a prevista na Lei das locações urbanas (Lei nº 8.245/91, art. 27).

Em se tratando de preferência convencional, o prazo para o exercício do direito não pode exceder a 180 dias, se a coisa for móvel, ou a dois anos, se for imóvel (Código Civil, art. 513, parágrafo único). O direito de preferência é personalíssimo, não pode ser cedido nem passa aos herdeiros (Código Civil, art. 520).

---

740. NERY JUNIOR, Nelson; NERY, Rosa Maria de Andrade. *Código Civil comentado*. 14ª ed., rev., atual. e ampl. São Paulo: Thomson Reuters Brasil, 2022, p. 529, nota 2.

741. GOMES, Orlando. *Contratos*. 26ª ed., rev., atual. e ampl. por Antonio Junqueira de Azevedo *et al*. Rio de Janeiro: Forense, 2008, p. 311-312.

2. CONTRATO ESTIMATÓRIO (CONSIGNAÇÃO)

2.1. Conceito

A consignação já se encontrava amplamente difundida entre nós quando o legislador lhe deu tipicidade legal ao regulamentá-la com a denominação de contrato estimatório. Dispõe o artigo 534 do Código Civil: "Pelo contrato estimatório, o consignante entrega bens móveis ao consignatário, que fica autorizado a vendê-los, pagando àquele o preço ajustado, salvo se preferir, no prazo estabelecido, restituir-lhe a coisa consignada".

Função econômica. A função econômica da consignação é a **circulação de bens**, pois o consignatário não pretende adquirir os bens a ele consignados; deseja, apenas, ter a posse deles para oferecê-los aos interessados, "lucrando com a diferença de preço entre o que tem de pagar ao consignante e o que recebe do adquirente"[742]. A I Jornada de Direito Civil, no Enunciado nº 32, dispõe: "Art. 534: No contrato estimatório (art. 534), o consignante transfere ao consignatário, temporariamente, o poder de alienação da coisa consignada com opção de pagamento do preço de estima ou sua restituição ao final do prazo ajustado".

2.2. Natureza jurídica

O Código Comercial de 1850 se referia à consignação incidentalmente no artigo 170, como modalidade de comissão mercantil.

A definição do Código Civil não afastou a divergência doutrinária sobre a sua natureza jurídica. Como afirma Caio Mário da Silva Pereira, sobre sua natureza jurídica lavra a mais flagrante incerteza, mas ele afirma se tratar de modalidade especial de compra e venda[743]. Orlando Gomes entende que o contrato estimatório é modalidade de comissão[744]. Para Gustavo Tepedino, como para nós, é **contrato autônomo, que não configura espécie nem modalidade de compra e venda**[745].

742. VERÇOSA, Haroldo Malheiros Duclerc. *Direito comercial: os contratos empresariais em espécie*: (segundo a sua função jurídico-econômica). São Paulo: Ed. Revista dos Tribunais, 2014, p. 108.

743. PEREIRA, Caio Mário da Silva. *Instituições de direito civil.* Vol. III, 25ª ed., rev. e atual. por Caitlin Mulholland. Rio de Janeiro: Forense, 2022, p. 211.

744. GOMES, Orlando. *Contratos.* 26ª ed., rev. atual. e aum. Rio de Janeiro: Forense, 2008, p. 446: "É prática comum a remessa das mercadorias ao comissário antes da venda. Nesse caso, o comissário torna-se depositário de tais bens, convertendo-se em *consignatário*. Tal depósito é denominado *consignação*".

745. TEPEDINO, Gustavo; BARBOSA, Heloisa Helena; MORAES, Maria Celina Bodin de. *Código Civil interpretado conforme a Constituição da República.* Vol. II, 2ª ed., rev. e atual. Rio de Janeiro: Renovar, 2012, p. 205. MIRANDA, F. C. Pontes de. *Tratado de direito privado.* Vol. 39, 3ª ed., reimp. São Paulo: Ed. Revista dos Tribunais, 1984, p. 391-392, classifica o contrato estimatório entre os contratos onerosos de alienação, sem serem de compra e venda. O elemento mais frequente é o intuito de alienar, que tem o *tradens*, e a livre disponibilidade da coisa, que tem o *accipiens*.

O contrato é **real,** em que pese a forte resistência da doutrina aos contratos reais[746], pois se forma com a entrega da coisa ao consignatário (Código Civil, art. 534). Assim, ele se caracteriza como **oneroso, bilateral**, com obrigação facultativa do consignatário[747]. É, ainda, **típico**, dada a expressa previsão legal, e **informal (não solene)**.

2.3. Elementos

Partes no contrato de consignação são o *consignante*, que é o titular do direito de propriedade sobre a coisa e o *consignado*, que recebe o poder de dispor. A obrigação do consignante é alternativa, podendo ele, dentro do prazo que lhe foi determinado, optar pela devolução da coisa ou o pagamento do preço estimado. O terceiro adquirente é estranho a esse contrato.

Objeto do contrato é o bem móvel a ser vendido ou restituído. Os bens móveis se transferem pela simples tradição, ao passo que o formalismo inerente à compra e venda de imóveis impede a consignação deles.

A **propriedade das coisas** permanece com o consignante, até a tradição consequente à venda. Portanto, as coisas consignadas não podem ser penhoradas ou sequestradas pelos credores do consignatário, enquanto não pago integralmente o preço (Código Civil, art. 536). Entretanto, os credores do consignatário podem pagar ao consignante o preço estimado, dentro do prazo estipulado, a fim de permitir a penhora ou o sequestro[748].

Quanto aos **riscos**, dispõe o artigo 535 do Código Civil: "O consignatário não se exonera da obrigação de pagar o preço, se a restituição da coisa, em sua integridade, se tornar impossível, ainda que por fato a ele não imputável". Sendo os bens fungíveis, o consignatário poderá entregar ao consignante "bens rigorosamente equivalentes aos perdidos ou deteriorados"[749].

3. DISTRIBUIÇÃO (CONCESSÃO COMERCIAL)

3.1. Conceito de distribuição

O uso do termo distribuição em vez de comércio está ligado a uma **alteração da relação entre a produção e a intermediação comercial que data de aproximadamente**

746. TEPEDINO, Gustavo *et al.* Ob. Cit., p. 208. **Em sentido contrário:** PEREIRA, Caio Mário da Silva. Ob. Cit., p. 208, o classifica como contrato consensual e condicional.

747. TEPEDINO, Gustavo BARBOSA, Heloísa Helena; MORAES, Maria Celina Bodin de. *Código Civil interpretado conforme a Constituição da República.* Vol. II, 2ª ed., rev. e atual. Rio de Janeiro: Renovar, 2012, p. 209.

748. PEREIRA, Caio Mário da Silva. *Instituições de direito civil.* Vol. III, 25ª ed., rev. e atual. por Caitlin Mulholland. Rio de Janeiro: Forense, 2022, p. 211.

749. TEPEDINO, Gustavo, BARBOSA, Heloísa Helena; MORAES, Maria Celina Bodin de. *Código Civil interpretado conforme a Constituição da República.* Vol. II, 2ª ed., rev. e atual. Rio de Janeiro: Renovar, 2012, p. 209.

um século[750]. Antes da revolução industrial o comerciante produzia, essencialmente, bens de primeira necessidade e vendia diretamente no mercado. A atividade comercial independente da produção dizia respeito a bens não essenciais, vindos de regiões distantes.

Com a produção em série, característica da revolução industrial, o produtor passa a ter a capacidade de produzir mais do que os seus clientes habituais podem consumir, substituindo-se a relação tradicional fabricante-consumidor pela relação fabricante-distribuidor-consumidor.

A distribuição assegura a conservação e venda dos produtos e financiando as tarefas que normalmente o industrial não está apto a desempenhar. **Vantagens para o produtor** são o acesso ao mercado consumidor, sem necessidade de investimento em filiais, sucursais e agências. **Vantagens para o distribuidor** são a revenda exclusiva de produtos de renome e a utilização do prestígio de marcas notórias.

O empresário pode realizar a distribuição por seus próprios meios, na chamada distribuição direta, mas também poderá buscar a **colaboração de outros empresários, quando a distribuição será indireta**[751]. **O contrato de distribuição decorre da distribuição indireta.**

Vistos estes pontos, podemos afirmar que os contratos examinados neste capítulo têm uma única função econômica: a distribuição de produtos[752].

3.2. Contrato de distribuição

O Código Civil denominou distribuição a modalidade do contrato no qual o agente tem à disposição a coisa a ser negociada (Código Civil, art. 710, *caput*, segunda parte), o que, para nós, **significa apenas ter a posse da coisa, não a sua propriedade**[753]. Mas a doutrina reconhece que esse não é o tipo social do contrato de distribuição: este pressupõe a compra e venda continuada para revenda. O distribuidor revende os bens adquiridos por sua conta e risco[754], tirando seu proveito econômico do eventual lucro auferido[755].

---

750. Essas considerações são um resumo de Maria Helena Brito (BRITO, Maria Helena. *O contrato de concessão comercial.* Coimbra: Almedina, 1990, p. 1 e segs.).

751. FORGIONI, Paula. *Contrato de distribuição.* São Paulo: Ed. Revista dos Tribunais, 2005, p. 49, entende que: "o que diferencia a venda direta da indireta é o grau de dependência entre as partes (...)".

752. NERY, Rosa Maria de Andrade; NERY JÚNIOR, Nelson. *Instituições de direito civil.* Vol. III, São Paulo: Ed. Revista dos Tribunais, 2016, p. 392.

753. TEPEDINO, Gustavo; BARBOSA, Heloísa Helena; MORAES, Maria Celina Bodin de. *Código Civil interpretado conforme a Constituição da República.* Vol. II, 2ª ed., rev. e atual. Rio de Janeiro: Renovar, 2012, p. 493; VERÇOSA, Haroldo Malheiros Duclerc. Ob. Cit., p. 157.

754. GOMES, Orlando. *Contratos.* 26ª ed., rev. atual. e aum. Rio de Janeiro: Forense, 2008, p. 464-465.

755. FORGIONI, Paula. Ob. Cit., p. 59. No mesmo sentido: FRADERA, Véra Jacob de. Contrato de distribuição. In: CARVALHOSA, Modesto (coord.). *Tratado de direito empresarial.* Vol. IV. São Paulo: Ed. Revista dos Tribunais, 2016, p. 145; MELO, Claudineu de. *Contrato de distribuição.* São Paulo: Saraiva, 1987, p. 46.

Dentre as modalidades de distribuição destaca-se uma **legalmente típica: a concessão comercial de veículos automotores**, cujo regime é disciplinado em lei, como veremos adiante. E não se pode esquecer que, na prática negocial, muitas vezes os contratos de distribuição de outros produtos que não os veículos automotores são denominados de concessão comercial.

Alguns autores entendem que distribuição e concessão comercial são, apenas, denominações distintas para um único contrato[756]. Outros preferem denominar **distribuição os contratos em geral com essa finalidade e reservar o nome de contrato de concessão para o contrato típico previsto na Lei nº 6.729/79**, examinado abaixo[757]. Seguimos essa corrente.

Por ser o contrato de distribuição gênero do qual a concessão é espécie[758], são **inaplicáveis as normas da lei especial** sobre a concessão de veículos automotores, **que regula um mercado de características bem determinadas, sem formar regra geral**[759] **aos contratos atípicos de distribuição ou concessão, tais como os realizados no comércio de bebidas e outros**[760].

Natureza jurídica. A distribuição ou concessão comercial é contrato **atípico**, com a **exceção da concessão de venda de veículos automotores, regida pela Lei 6.729/79**, examinada abaixo.

Distinção entre contratos afins. A concessão comercial se distingue da **franquia (*franchising*)** porque na concessão de venda "o fundamental não é o uso da marca, mas a distribuição dos produtos assinalados"[761]. O franqueado não é simples distribuidor dos produtos do franqueador; é, ele mesmo, produtor ou prestador de serviços.

A distribuição também se distingue da agência, pois o distribuidor revende produtos de sua propriedade, e o agente intermedeia a venda de produtos de terceiros[762].

---

756. GOMES, Orlando. *Contratos.* 26ª ed., rev. atual. e aum. Rio de Janeiro: Forense, 2008, p. 464-465.

757. RIZZARDO, Arnaldo. *Contratos.* 16ª ed., rev., atual. e ampl. Rio de Janeiro: Forense, 2017, p. 751-752.

758. COMPARATO, Fábio Konder. Franquia e concessão de venda no Brasil: da consagração ao repúdio. In: *Ensaios e pareceres de direito empresarial.* Rio de Janeiro: Forense, 1978, p. 372, afirma que "a concessão de venda é, exclusivamente, contrato de distribuição de produtos".

759. FRANCO, Vera Helena de Mello. Ob. Cit., p. 279. **Em sentido contrário:** GOMES, Orlando. Ob. Cit., p. 464.

760. STJ, REsp 1.320.870/SP, Terceira Turma, Rel. Min. Ricardo Villas Bôas Cueva, v.u. 27/06/2017. STJ, REsp 680.329/RS, Quarta Turma, Rel. Min. Raul Araújo, v.u. 22/04/2014, ementa (transcrição parcial): "2. Nos termos da iterativa jurisprudência desta Corte, a Lei 6.729/79 (Lei Ferrari) não se aplica a hipóteses diversas da distribuição de veículos automotores".

761. COMPARATO, Fábio Konder. Ob. Cit., p. 387. REQUIÃO, Rubens. Concessão comercial atípica e seus efeitos. In: *Aspectos modernos de direito comercial:* estudos e pareceres. Vol. 3, São Paulo: Saraiva, 1986, p. 251, concorda em que o "objetivo final é colocar seguramente o produto ou a mercadoria no mercado".

762. MELO, Claudineu de. *Contrato de distribuição.* São Paulo: Saraiva, 1987, p. 46.

Além disso, nos termos do art. 713 do Código Civil, salvo estipulação diversa, todas as despesas com a distribuição correm por conta do distribuidor. Por outro lado, **salvo ajuste, o distribuidor terá direito à remuneração correspondente aos negócios concluídos dentro de sua zona**, ainda que sem a sua interferência (art. 714).

Extinção do contrato. O Código Civil limita-se a prever que qualquer das partes poderá denunciar o contrato mediante aviso prévio de noventa dias, desde que já transcorrido prazo de vigência contratual compatível com a natureza e o vulto do investimento exigido do distribuidor (art. 720).

3.3. Concessão de venda de veículos automotores terrestres

A concessão comercial, nos moldes aqui examinados, tem origem recente, e pode ser encontrada na distribuição de automóveis no mercado norte-americano. Claude Champaud a define como:

> "[...] uma convenção pela qual um comerciante, denominado concessionário, põe sua empresa de distribuição a serviço de um comerciante ou industrial, denominado concedente, para assegurar, com exclusividade sobre um território determinado, durante um período limitado e sob a vigilância do concedente, a distribuição dos produtos cujo monopólio de revenda lhe é assegurado"[763].

A concessão exclusiva de venda de veículos automotores de via terrestre no Brasil é denominada "concessão comercial" e é regulada pela Lei nº 6.729/79 (conhecida como Lei Ferrari), sendo contrato típico.

Partes e objeto do contrato. *Partes* no contrato são o produtor, também chamado concedente, e o distribuidor, também chamado concessionário. Para esse efeito considera-se (Lei nº 6.729/79, art. 2º, na redação dada pela Lei nº 8.132/90):

a) **produtor**, a empresa industrial que realiza a fabricação ou montagem de veículos automotores;

b) **distribuidor**, a empresa comercial pertencente à respectiva categoria econômica, que realiza a comercialização de veículos automotores, implementos e componentes novos, presta assistência técnica a esses produtos e exerce outras funções pertinentes à atividade.

Para os fins dessa lei, **denomina-se também o produtor de concedente e o distribuidor de concessionário** (art. 2º, § 1º, alínea "a").

Com a finalidade de delimitar o **objeto do contrato**, a lei define, ainda, no seu artigo 2º, o que seja considerado veículo automotor de via terrestre (inciso III), implemento (inciso IV), componente (inciso V), máquina agrícola (inciso VI), implemento agrícola

763. CHAMPAUD, Claude. La concession commerciale. *Revue trimestrielle du droit commercial*, nº 3, jul./set. 1963, p. 451 e segs., citação de p. 453.

(inciso VII) e serviço autorizado (inciso VIII), estabelecendo, ainda, alguns detalhes dessas noções (art. 2º, §§ 1º e 2º).

Objeto. Objeto da concessão é (Lei nº 6.729/79, art. 3º):

– **a comercialização de veículos automotores**, implementos e componentes fabricados ou fornecidos pelo produtor;

– **a prestação de assistência técnica** a esses produtos, inclusive quanto ao seu atendimento em garantia ou revisão;

– **o uso gratuito da marca do concedente**, como identificação.

Prazo. A concessão comercial pressupõe uma relação permanente, razão pela qual o contrato, em regra geral, é de prazo indeterminado (Lei nº 6.729/79, art. 21, *caput*). A lei excepciona o primeiro período contratual, que pode ter prazo determinado, desde que este não seja menor que cinco anos (art. 21, parágrafo único).

Convenções e cláusulas contratuais. A Lei prevê a regulamentação, em caráter supletivo, das relações entre as partes (produtor e concessionário) por meio de convenção celebrada com as associações representativas dos concessionários e, ainda, no que não for regulado pela convenção, por meio de disposições contratuais, nos contratos celebrados entre fabricante e concessionário (Lei nº 6.729/79, art. 1º).

Partes na convenção serão, de um lado, o produtor e, de outro, a associação civil, de âmbito nacional, formada pelos concessionários. Qualquer uma das partes pode solicitar a celebração da convenção, o seu registro em cartório e a publicação no Diário Oficial, com o que ela passa a valer contra terceiros e em todo o território nacional (Lei nº 6.729/79, art. 17).

As convenções que limitam os direitos dos concessionários devem ser interpretadas restritivamente, "de modo a não abranger hipóteses não legalmente previstas"[764].

Cláusula de exclusividade. A cláusula de exclusividade é, em regra geral, elemento essencial do contrato, ainda que a lei a preveja como mera possibilidade (Lei nº 6.729/79, art. 3º, § 1º, alínea "b")[765] e está delimitada na lei da seguinte forma (art. 5º, na redação determinada pela Lei nº 8.132, de 26/12/90):

> "Art. 5º – São inerentes à concessão:
>
> I – *área operacional* de responsabilidade do concessionário para o exercício de suas atividades;

---

764. STJ, REsp 59.382/SP, Terceira Turma, Rel. Min. Waldemar Zveiter, v.u. 24/06/96, ementa (transcrição parcial): "I – O disposto no parágrafo 2º, do art. 5º, da Lei nº 6.729/79, por limitar os direitos dos concessionários, inclusive, com penalização, deve ser interpretado restritivamente, de modo a não abranger hipóteses não legalmente previstas".

765. FRANCO, Vera Helena de Mello. *Contratos:* direito civil e empresarial. 5ª ed., rev., atual. e ampl. São Paulo: Ed. Revista dos Tribunais, 2014, p. 275.

II – *distâncias mínimas entre estabelecimentos* de concessionários da mesma rede, fixadas segundo critérios de potencial de mercado.

§ 1º A área poderá conter mais de um concessionário da mesma rede.

§ 2º O concessionário obriga-se à comercialização de veículos automotores, implementos, componentes e máquinas agrícolas, de via terrestre, e à prestação de serviços inerentes aos mesmos, nas condições estabelecidas no contrato de concessão comercial, *sendo-lhe defesa a prática dessas atividades*, diretamente ou por intermédio de prepostos, *fora de sua área demarcada.*

§ 3º O consumidor, à sua livre escolha, poderá proceder à aquisição dos bens e serviços a que se refere esta Lei em qualquer concessionário.

§ 4º Em convenção de marca serão fixados os critérios e as condições para ressarcimento da concessionária ou serviço autorizado que prestar os *serviços de manutenção obrigatórios* pela garantia do fabricante, vedada qualquer disposição de limite à faculdade prevista no parágrafo anterior". (itálicos apostos)

Extinção do contrato. As circunstâncias que permitem a extinção do contrato de concessão comercial acima referido estão previstas na Lei nº 6.729/79, art. 22:

"Art. 22 – Dar-se-á a resolução do contrato:

I – por acordo das partes ou força maior;

II – pela expiração do prazo determinado, estabelecido no início da concessão, salvo se prorrogado nos termos do art. 21, parágrafo único;

III – por iniciativa da parte inocente, em virtude de infração a dispositivo desta Lei, das convenções ou do próprio contrato, considerada infração também a cessação das atividades do contraente.

§ 1º A resolução prevista neste artigo, inciso III, deverá ser precedida da aplicação de penalidades gradativas.

§ 2º Em qualquer caso de resolução contratual, as partes disporão do prazo necessário à extinção das suas relações e das operações do concessionário, nunca inferior a 120 (cento e vinte) dias, contados da data da resolução".

4. LOCAÇÃO COMERCIAL

4.1. Conceito

A noção de locação de coisas, em geral, encontra-se estabelecida no artigo 565 do Código Civil: "Na locação de coisas, uma das partes se obriga a ceder à outra, por tempo determinado ou não, o uso e gozo de coisa não fungível, mediante certa retribuição". O contrato é sempre **oneroso**, pois, se for gratuito, caracteriza-se o comodato, e **bilateral**, pois gera obrigações interdependentes (receber a coisa e pagar o preço, entregar a coisa e receber o aluguel).

Dentre os múltiplos aspectos que envolvem a locação comercial estamos examinando o direito à renovação compulsória de arrendamento do imóvel em que tem o empresário instalado o seu estabelecimento.

Quando a empresa é locatária de um imóvel, onde tem instalado estabelecimento seu, ela cria, em relação a esse imóvel, um **sobrevalor econômico**, correspondente à **clientela vinculada ao estabelecimento**. Não é justo, portanto, que o locador possa, depois de criado esse sobrevalor, dele se aproveitar pessoalmente, retomando o imóvel para uso próprio ou exigindo, para a renovação da locação, o pagamento de uma quantia adicional, chamada “luvas”.

Até 1934 a locação de imóveis era regida pelo Código Civil de 1916, que não assegurava nenhum direito ao empresário criador do fundo de comércio (art. 1.192, IV). Findo o contrato o comerciante estava obrigado a devolver o imóvel. Caso o imóvel fosse alienado, o adquirente não estava obrigado a respeitar o contrato (art. 1.197), de maneira que, nem mesmo durante a sua vigência o comerciante tinha garantias suficientes.

O Decreto nº 24.150/34, conhecido como “Lei de Luvas”, disciplinou a renovação de locação de imóveis comerciais, com o objetivo de defender os interesses dos empresários tendo em vista o valor incorpóreo do fundo de comércio por ele criado. Nesse regime, o contrato continua a ser formado pela vontade individual, mas tem a sua continuidade determinada por lei, restringindo-se a possibilidade de rescisão àquelas admitidas por lei: ao direito do locatário à renovação do arrendamento corresponde, por parte do locador, uma obrigação de contratar. Temos uma intervenção do Estado sobre a vontade dos contratantes, tendo em vista a finalidade social do direito de propriedade.

A Lei nº 8.245/91 revogou expressamente a Lei de Luvas, mas manteve a maior parte de seus princípios, adaptando-os à realidade atual.

4.2. Requisitos da renovação compulsória da locação

Pode ser exigida pelo locatário comerciante a renovação do contrato de locação do imóvel em que tem instalado o seu estabelecimento, desde que obedecidos os seguintes **requisitos** (Lei nº 8.245/91, art. 51):

a) existência de **contrato escrito**, por prazo determinado (art. 51, I);

b) **prazo de vigência** do contrato, que deve estar vigorando por prazo não inferior a 5 (cinco) anos, admitindo-se a soma dos prazos ininterruptos dos contratos escritos (art. 51, II);

c) **prazo de exercício** da atividade, no mesmo ramo, pelo prazo mínimo e ininterrupto de três anos (art. 51, III).

O **locatário tem legitimidade para propor a ação renovatória**. Falecendo este, o espólio ficará sub-rogado nos seus direitos e obrigações (art. 11). Também está legitimado a propor a ação o sucessor do locatário no negócio, seja ele pessoa física ou jurídica (art. 11, inciso II). Exemplos de sucessão em matéria de sociedades são: a incorporação, a fusão e a cisão.

Na transferência *inter vivos* do estabelecimento (o denominado “**trespasse**”) **serão assegurados ao novo locatário (empresário) os mesmos direitos reconhecidos ao anterior**. Não se trata, nesse caso, de transferência do contrato de locação, mas do próprio estabelecimento, que tem como consequência a sucessão na locação.

4.3. Casos em que não cabe a renovação compulsória

Os casos, previstos em lei, em que não cabe a renovação compulsória, só amparam o locador para **evitar a renovação judicial**, mas não o autorizam a pedir o imóvel durante o prazo determinado da locação; se a locação estiver vigendo por prazo indeterminado poderá o locador denunciá-la, sem necessidade de especificar o motivo, pela chamada "denúncia vazia" (Lei nº 8.245/91, art. 57).

Proteção do interesse público. Configura caso de proteção do interesse público aquele em que, por determinação do Poder Público, o proprietário "tiver que realizar no imóvel obras que importarem na sua radical transformação" (art. 52, I, da lei citada).

Modificação que aumente o valor do negócio ou da propriedade. A modificação que aumente o valor do negócio ou da propriedade como impedimento da renovação compulsória do contrato de locação está prevista no artigo 52, I, sendo desnecessário "que a obra tenha sido ordenada pela autoridade pública" (Súmula 374 do STF).

Não sendo iniciada a obra no prazo de 60 dias da entrega do imóvel, estará configurado crime, punível com detenção de 3 meses a um ano, que poderá ser substituída pela prestação de serviços à comunidade (art. 44, III, da Lei citada).

Uso próprio. O uso próprio, enquanto motivo de negativa de renovação da locação comercial, estende-se ao uso pelo cônjuge, ascendente ou descendente (art. 52, inciso II). O uso pretendido poderá ser comercial ou residencial, mas o imóvel não poderá ser destinado ao uso do mesmo ramo do locatário, *salvo se* a locação também envolvia o fundo de comércio criado pelo locador (por exemplo, uma sala de cinema completamente equipada, um teatro ou um hotel), com as instalações e pertences (art. 52, § 1º). Assim já dispunha a **Súmula 481 do STF**.

Transferência de fundo de comércio. O locador não está obrigado a renovar o contrato se o imóvel vier a ser utilizado por ele próprio, ou se ele quiser transferir para esse imóvel um fundo de comércio já existente há mais de um ano (art. 52, II). Caso esse fundo pertença a uma sociedade empresária, será necessário que o locador, seu cônjuge, ascendente ou descendente sejam detentores da maioria do capital dessa sociedade.

A Lei nº 8.245/91 não faz menção à companheira do locador, como no artigo 11, inciso I, mas pode-se admitir também essa hipótese, tratando-se de união estável, nos termos do artigo 226, § 3º, da Constituição Federal.

Melhor oferta de terceiro. A lei exige, para admitir a melhor oferta de terceiro como motivo impediente da renovação da locação, a prova documental dessa proposta de terceiro "subscrita por ele e por duas testemunhas" (art. 72, § 2º). A matéria será alegada na contestação.

Descumprido o alegado, o que se verifica após três meses da entrega do imóvel (art. 52, § 3º, da lei citada), o locatário terá direito à indenização (art. 75), que será fixada na sentença.

Aluguel oferecido, inferior ao valor locativo atual do imóvel. A lei determina que seja excluída a valorização trazida pelo locatário ao ponto ou lugar. O que se leva em conta é a valorização do imóvel que beneficia o titular da propriedade imobiliária.

4.4. Revisão de aluguel

Nos termos do art. 54-A, da Lei 8.245/91, na locação não residencial de imóvel urbano na qual o locador procede à prévia aquisição, construção ou substancial reforma, por si mesmo ou por terceiros, do imóvel então especificado pelo pretendente à locação, a fim de que seja a este locado por prazo determinado, prevalecerão as condições livremente pactuadas no contrato respectivo e as disposições procedimentais previstas nesta Lei.

Podem as partes convencionar a renúncia ao direito de revisão do valor dos aluguéis durante o prazo de vigência do contrato de locação. É o que dispõe o parágrafo único, aplicável, evidentemente, aos contratos com prazo determinado.

4.5. Cláusulas nulas

São nulas de pleno direito as cláusulas que visem a elidir os objetivos da presente lei, notadamente as que proíbam a prorrogação prevista no art. 47, ou que afastem o direito à renovação, na hipótese do art. 51, ou que imponham obrigações pecuniárias para tanto (Lei nº 8.245/91, art. 45).

4.6. Locação em *shopping center*

O *shopping center* tem como característica o **planejamento da atividade empresarial**. Assim, às lojas de menor porte se alinham outras de grandes dimensões, conhecidas como **lojas "âncora"**, comumente filiais de lojas de departamentos, que são **estrategicamente localizadas, de forma a estimular a circulação dos consumidores**. Estes, por sua vez, passam a dispor de **outros serviços** como o de caixas eletrônicos de bancos ou até mesmo agências bancárias. A estes serviços se somam os de lazer, como os de restaurante (praças de alimentação), cinemas etc., e até mesmo os de consertos de roupas, por exemplo, característicos do comércio de bairro.

Esse planejamento do conjunto permite a **otimização dos ganhos não só de cada lojista individualmente, como também do proprietário do shopping, que ganha tanto um valor fixo pela locação das lojas, bem como um percentual pelo seu faturamento**. O que atrai a clientela não é uma loja em particular, mas o *shopping center* como um todo.

Sob o aspecto puramente imobiliário o *shopping center* pode constituir-se em propriedade unipessoal ou de condomínio *pro indiviso*, de um lado, ou constituir-se em condomínio por unidades autônomas, com partes próprias e partes comuns[766], de outro.

766. COMPARATO, Fábio Konder. As cláusulas de não-concorrência nos 'shopping centers'. *Revista de Direito Mercantil, Industrial, Econômico e Financeiro,* nova série, v. 97, janeiro-março/1995, p. 24.

Ação renovatória na locação em *shopping center*. A lei do inquilinato considera a relação entre o lojista e o shopping como de locação, submetendo-a às regras da locação não residencial, como se vê no artigo 54, admitindo, em consequência, a ação renovatória. De outro lado, não pode o locador recusar a renovação do contrato com fundamento no uso próprio ou para transferência de fundo de comércio existente há mais de um ano (art. 52, § 2º).

Outras questões referentes à locação. A lei de locações não regula integralmente as relações envolvidas nos *shopping centers*, mantendo, com poucas exceções, o conteúdo do contrato. Além da possibilidade de ação renovatória, as principais exceções encontram-se abaixo transcritas (Lei nº 8.245/91, art. 54):

> "Art. 54 – Nas relações entre lojistas e empreendedores de "*shopping center*", prevalecerão as condições livremente pactuadas nos contratos de locação respectivos e as disposições procedimentais previstas nesta Lei.
>
> § 1º O empreendedor não poderá cobrar do locatário em "*shopping center*":
>
> a) as despesas referidas nas alíneas "a", "b" e "d" do parágrafo único do art. 22; e
>
> b) as despesas com obras ou substituições de equipamentos, que impliquem modificar o projeto ou o memorial descritivo da data do habite-se e obras de paisagismo nas partes de uso comum.
>
> § 2º As despesas cobradas do locatário devem ser previstas em orçamento, salvo casos de urgência ou força maior, devidamente demonstradas, podendo o locatário, a cada sessenta dias, por si ou entidade de classe exigir a comprovação das mesmas".[767]

O contrato de reserva de localização. Muito se discutiu sobre se o contrato de direito de reserva da localização se caracterizava como pagamento de *luvas*, vedado pela chamada Lei de Luvas (Decreto nº 24.150/34). Como a lei atual não mais contém dispositivo que vede expressamente o pagamento de luvas, a discussão perdeu o sentido[768].

Cláusulas de não concorrência. A cláusula de não concorrência é válida, pois não cerceia a liberdade de concorrência prevista no artigo 170 da Constituição Federal, tendo em vista que se trata de um contrato de comunhão de finalidades (a do shopping e a do lojista), no qual se admitem restrições convencionais à concorrência[769].

4.7. Locação e contratos *built to suit*

Por vezes, o empresário procura um determinado tipo de imóvel que atenda suas necessidades específicas. Imaginemos que o que se pretenda seja a instalação de um laboratório, um hospital ou mesmo uma fábrica. Esse imóvel, tal como desejado pelo empresário, não existe ou, pelo menos, não existe de forma a atendê-lo plenamente.

767. Cf. MIGUEL, Paula Castello. Contratos de 'shopping center'. *Revista de Direito Mercantil, Industrial, Econômico e Financeiro,* nova série, v. 107, julho-set./1997, p. 172-173.

768. No mesmo sentido: MIGUEL, Paula Castello. Ob. Cit.

769. COMPARATO, Fábio Konder. Ob. Cit., p. 23.

O art. 54-A, da Lei nº 8.245/91, acrescido pela Lei nº 12.744, de 2012, estabelece que "na locação não residencial de imóvel urbano na qual o locador procede à prévia aquisição, construção ou substancial reforma, por si mesmo ou por terceiros, do imóvel então especificado pelo pretendente à locação, a fim de que seja a este locado por **prazo determinado**, prevalecerão as condições livremente pactuadas no contrato respectivo e as disposições procedimentais previstas neste lei".

É o que se chama contrato *built to suit* (ou *purpose built*) – BTS – que pode ser traduzido como "construído para servir" ou "locação nos contratos de construção ajustada". Trata-se de negócio jurídico no qual uma das partes contrata a construção ou reforma substancial de um imóvel, de acordo com as suas necessidades, e o recebe para uso e fruição, mediante o pagamento de determinada remuneração[770].

Geralmente, o contratante define o projeto e as características do imóvel, de acordo com as necessidades de sua atividade, bem como a sua localização. Por outro lado, não imobiliza seu capital na aquisição do terreno e a construção do imóvel. Assim, pode manter seus investimentos no seu próprio objeto social. O valor devido a título de remuneração do empreendedor é pago a partir do início do uso do imóvel. Além disso, os contratos, de longo prazo, de 10 a 20 anos, possibilitam a apuração de fluxo de caixa esperado para o período para o empreendedor.

O contratado/empreendedor, por sua vez, conhece desde o início a contratante que utilizará o empreendimento, e a construção é realizada depois que a cessão de seu uso e fruição foi pactuada com a contratante, eliminando o risco de desocupação do imóvel[771].

O BTS é tratado, como vimos, na Lei nº 8.245/91. No entanto, ele não revela uma *mera* locação. O contratado (empreendedor) não é um simples locador, na medida em que deverá levar a cabo a construção ou a reforma substancial do imóvel, de acordo com o pactuado com o contratante. A remuneração, por sua vez, não se refere apenas ao valor locativo do imóvel – não se trata de bem do empreendedor destinado à locação. Pelo contrário, leva em consideração o uso do bem e o retorno pelos investimentos realizados pelo empreendedor. Como bem sintetiza Fernanda Henneberg Benemond:

> No *built to suit*, a remuneração pactuada é resultado de uma equação que leva em consideração (i) o retorno dos investimentos efetivados com a eventual aquisição do terreno e com a construção da edificação e/ou sua reforma substancial, conforme o interesse da contratante (*payback*); (ii) a remuneração pelo uso e fruição do imóvel pela contratante durante determinado prazo; e (iii) a margem do lucro do empreendedor[772].

Adriano Ferriani apresenta relevantes considerações sobre a aplicação do artigo 54-A, da Lei nº 8.245/91, em confronto com os demais dispositivos da lei de locações:

770. BENEMOND, Fernanda Henneberg. *Contratos built to suit*. São Paulo: Almedina, 2015, p. 7.
771. BENEMOND, Fernanda Henneberg. *Contratos built to suit*. São Paulo: Almedina, 2015, p. 17.
772. BENEMOND, Fernanda Henneberg. *Contratos built to suit*. São Paulo: Almedina, 2015, p. 24. A autora destaca, ainda, que não é possível precisar a parte atinente a cada componente dessa equação.

> "A lei passou a regular o contrato *built to suit*, estabelecendo, diferentemente dos princípios protetivos ao locatário, maior amplitude à autonomia da vontade. Ou seja, as cláusulas livremente pactuadas são válidas e não padecerão de nulidade, porque o pressuposto das locações convencionais (vulnerabilidade do locatário) não está presente nos contratos *built to suit*.
>
> O parágrafo primeiro do art. 54-A determina, expressamente, a possibilidade de se ajustar a renúncia ao direito de revisão do valor dos aluguéis durante o prazo de vigência do contrato. Assim determinou o legislador exatamente porque é comum nos contratos *built to suit* a renúncia do locatário ao direito de pleitear tal revisão. O texto de lei é feliz e foi acertado porque o valor da locação não corresponde necessariamente ao valor de mercado de ocupação, uma vez que nele costuma estar embutido também o investimento feito (construção ou reforma) para atender ao locatário.
>
> Em face dessas características, parece-nos correto afirmar que mesmo não havendo cláusula dessa natureza, dependendo das circunstâncias, seria temerário eventual pedido do locatário nesse sentido.
>
> É importante notar que a cláusula de renúncia ao direito de revisão do valor locatício é válida somente enquanto o contrato vige por prazo determinado. Se a locação passar a viger por prazo indeterminado, todas as cláusulas continuam valendo, com exceção dessa. A partir de então, o locatário passa a ter o direito de pleitear a revisão do aluguel se estiverem preenchidos os demais requisitos legais. Assim deve ser, pois o montante investido pelo locador já foi recuperado, porque estava diluído nos valores locatícios do contrato durante a sua vigência por prazo determinado.
>
> O parágrafo segundo do art. 54-A determina que 'em caso de denúncia antecipada do vínculo locatício pelo locatário, compromete-se este a cumprir a multa convencionada, que não excederá, porém, a soma dos valores dos aluguéis a receber até o termo final da locação'.
>
> Na locação convencional, o locador não pode cobrar os aluguéis vincendos (pode apenas cobrar a multa, nos termos do art. 4o. da Lei 8.245/91, modificado pela lei 12.112/09). No *built to suit* pode. Exatamente pela natureza do contrato.
>
> O parágrafo terceiro, último do referido art. 54-A, foi vetado."[773]

Além do contratante e do contratado/empreendedor, estão envolvidos no BTS a construtora (na hipótese de o empreendedor não exercer essa função) e o financiador, agente responsável pela coordenação do investimento.

5. *LEASING* (ARRENDAMENTO MERCANTIL)

5.1. Origem

Já se buscou a origem histórica deste contrato no passado remoto, mas a origem dele, em termos semelhantes aos que encontramos hoje, se encontra nos Estados Unidos,

773. FERRIANI, Adriano. O contrato *built to suit* e a Lei 12.744/12. Disponível em: https://www.migalhas.com.br/coluna/civilizalhas/170851/o-contrato-built-to-suit-e-a-lei-12-744-12. Acesso em 13/04/2013.

quando o governo norte-americano se utilizou do *leasing* para a locação de equipamentos aos aliados durante a Segunda Guerra Mundial (*Lend-Lease Act*, de 11/03/1941), impondo a devolução deles ao final do prazo, sem a garantia da sua integridade, ou a aquisição a um preço previamente estabelecido[774]. Ainda que essas operações tenham tido caráter eminentemente político elas criaram uma fórmula jurídica utilizável pela iniciativa privada[775].

É corrente, mas não pacífica, a afirmação de que o *leasing*, no âmbito da iniciativa privada, surgiu nos Estados Unidos na década de 1950, quando um empresário chamado D. P. Boothe Jr., necessitando de equipamentos novos para atender a uma grande encomenda de fornecimento de gêneros alimentícios com o exército americano e tendo em vista a dificuldade de captação de recursos no mercado de capitais de médio prazo, idealizou uma operação segundo a qual um banco compraria os equipamentos indicados por ele e em seguida os alugaria a ele[776]. Posteriormente, valendo-se dessa experiência, ele fundou a US Leasing, a primeira empresa desse ramo, e ainda outra, a *Boothe Leasing*, tendo obtido sucesso com ambas[777].

Algumas modalidades de leasing, assemelhadas à locação, eram praticadas há décadas, ainda que outras sejam de desenvolvimento recente, mas a sua popularização deve-se à *Bell Telephone Company*, que, pretendendo implantar os seus produtos, optou por alugar os telefones aos interessados ao invés de vendê-los (essa modalidade é denominada *renting* e se assemelha, entre nós, ao "leasing operacional", como se verá adiante).

O contrato de *leasing* foi denominado, na Lei nº 6.099/74, *arrendamento mercantil*, mas tanto na doutrina quanto na prática negocial prevalece sua denominação originária de origem anglo-americana. Essa razão nos leva a preferir o termo *leasing* – que vem do verbo *to lease* e significa "alugar", "arrendar".

O termo **arrendamento** significa locação, um dos elementos presentes no contrato, mas o termo **mercantil** pouco acrescenta à denominação adotada pelo legislador, pois nosso direito nunca distinguiu a locação de uso (que seria a civil) da de desfrute (a qual, "tendo por objeto coisas ou direitos que produzem frutos e rendimentos", seria a mercantil)[778], ainda que o **Estatuto da Terra** (Lei nº 4.504/74, art. 92) denomine **arrendamento** a **locação da área rural para o fim de sua exploração econômica**.

774. *Lend-Lease Act*, SEC. 3, (2), "(b)".

775. WALD, Arnoldo. *Estudos e pareceres de direito empresarial*. Vol. I. São Paulo: Ed. Revista dos Tribunais, 1972, p. 199.

776. VERÇOSA, Haroldo Malheiros Duclerc. *Direito comercial: os contratos empresariais em espécie*: (segundo a sua função jurídico-econômica). São Paulo: Ed. Revista dos Tribunais, 2014, p. 98. PEREIRA, Caio Mário da Silva. *Instituições de direito civil*. Vol. III, 25ª ed., rev. e atual. por Caitlin Mulholland. Rio de Janeiro: Forense, 2022, p. 211.

777. COILLOT, Jacques. *Initiation au leasing ou crédit-bail*. 2ª ed. Paris: J. Delmas, 1969, p. 10-11. VERÇOSA, Haroldo Malheiros Duclerc. Ob. Cit., p. 98.

778. PEREIRA, Caio Mário da Silva. *Instituições de direito civil*. Vol. III, 25ª ed., rev. e atual. por Caitlin Mulholland. Rio de Janeiro: Forense, 2022, p. 253.

O *leasing* é contrato mercantil por caracterizar atividade empresarial e ser regulamentado como tal, apesar de não estar restrito a negócios realizados entre empresários.

Acompanhamos a terminologia da lei para nos referirmos às partes do contrato, designando-as "arrendador" e "arrendatário" (Lei nº 6.099/74, art. 1º, parágrafo único).

5.2. Mecanismo operacional, utilidade e função

A utilidade e a função principais do contrato de *leasing* são: evitar a imobilização de capital, necessária para a compra do bem desejado; poder adquirir a prazo, sem financiamento bancário, coisa que só é vendida à vista; poder trocar, em prazo curto, equipamentos de rápido obsoletismo (computadores, por exemplo).

Ao invés de adquirir a propriedade do bem o interessado contrata com uma empresa de *leasing* a aquisição, por esta, do bem desejado, que em seguida lhe é dado em locação, por certo prazo. Ao final do prazo de locação, o locatário (arrendatário) tem a alternativa de devolver o bem à empresa de *leasing* ou de comprá-lo, pagando um preço residual. Essa opção distingue o *leasing* da simples locação.

5.3. Natureza jurídica

A natureza jurídica do contrato de *leasing* permanece controvertida, mas a definição legal é a seguinte (Lei nº 6.099/74, art. 1º, parágrafo único, na redação atual):

> "Parágrafo único – Considera-se arrendamento mercantil, para os efeitos desta Lei, o negócio jurídico realizado entre pessoa jurídica, na qualidade de arrendadora, e pessoa física ou jurídica, na qualidade de arrendatária, e que tenha por objeto o arrendamento de bens adquiridos pela arrendadora, segundo especificações da arrendatária e para uso próprio desta".

A operação de *leasing* compreende diversos atos: a **proposta inicial do futuro arrendatário ao arrendador**, a **compra e venda celebrada entre o arrendador e o fornecedor** e **o contrato de *leasing* propriamente dito, celebrado entre o arrendador e o arrendatário**.

O contrato por meio do qual a arrendadora adquire o bem que irá entregar ao arrendatário é distinto do contrato de *leasing*. O arrendador celebra com o fabricante do bem um contrato de aquisição do bem que será arrendado (escolhido de comum acordo com o arrendatário), com a finalidade de conceder o uso dele ao arrendatário, mas esse contrato não integra o outro, de *leasing*[779].

Quando exercida a opção de compra pelo arrendatário, forma-se um novo contrato de compra e venda, desta vez entre ele e o arrendador, pois a compra não se realiza

779. VERÇOSA, Haroldo Malheiros Duclerc. *Direito comercial: os contratos empresariais em espécie*: (segundo a sua função jurídico-econômica). São Paulo: Ed. Revista dos Tribunais, 2014, p. 96. VASCONCELOS, L. Miguel Pestana de. *Direito das garantias*. Coimbra: Almedina, 2011, p. 437-438.

automaticamente em decorrência do pagamento da última parcela, como ocorre na compra e venda a prestação, mas decorre da manifestação de vontade do arrendatário.

Os contratos de locação com opção de compra são válidos, sem que caracterizem *leasing*, nem compra e venda a prestação[780].

Caso a compra e venda seja decidida desde a formação do contrato não se tratará de *leasing*, mas de compra e venda financiada[781].

O contrato de *leasing* é **negócio jurídico complexo**, aquele no qual os diversos atos se ligam de tal maneira que nenhum deles é eficaz por si mesmo. Nele **predomina a locação de coisa**[782], mas, a demonstrar que não se cuida de simples locação, dos contratos de ***leasing*** **deve necessariamente constar a opção de compra, por preço residual, que pode transformá-la em compra e venda**[783].

A verdadeira causa do negócio, em todos os casos, é justamente a alternativa deixada à escolha do arrendatário: ele pode comprar o bem, devolvê-lo ou renovar o contrato. A cláusula de opção de compra ou renovação de contrato, como faculdade do arrendatário, é obrigatória (Lei nº 6.099/74, art. 5º, alínea "c"). Portanto, só é contrato de *leasing* aquele que confere a *tríplice opção* ao arrendatário.

---

780. STJ, REsp 861.711/RS, Terceira Turma, Rel. Min. Paulo de Tarso Sanseverino, v.u. 14/04/2011, DJe 17/05/2011.

781. STJ, REsp 959.387/RJ, Primeira Turma, Rel. Min. Denise Arruda, Rel. p/ acórdão Min. Luiz Fux, decisão por maioria em 18/06/2009, DJe 24/08/2009, ementa (transcrição parcial): "9. Entrementes, o Juízo Singular assinalou que:

"Conclui parte da doutrina que, não existindo a tríplice opção ao final do contrato, não se estará falando de um contrato de leasing.

Desse modo, também é nítido que o contrato vastamente utilizado no financiamento de certos bens móveis no Brasil não é leasing, na medida em que a compra do bem está decidida desde o momento da celebração do contrato.

Conforme entendimento do próprio Tribunal de Justiça, deve ser considerado praticamente impossível, pelo menos à primeira vista, que um contrato no valor do presente, ou seja, de 4.000.000,00 dólares norte-americanos, para pagamento em 120 prestações iguais de U$ 46.000,00, se intitule 'leasing' ou arrendamento operacional e não de compra e venda financiada."

10. Desta sorte, tendo em vista a existência de indício de que a operação de importação de aeronave ocorreu mediante simulacro de arrendamento mercantil operacional sem opção de compra (na verdade, cuidar-se-ia de compra e venda financiada), não se vislumbra o direito líquido e certo do impetrante, pressuposto da concessão da segurança pleiteada, razão pela qual deve ser restabelecido o entendimento exarado na sentença, o que não consubstancia contrariedade à Súmula 293/STJ ou à jurisprudência da Primeira Seção.".

782. COMPARATO, Fábio Konder. Contrato de leasing. In: ____. *Ensaios e pareceres de direito empresarial*, Rio de Janeiro: Forense, 1978, p. 329; ______. O irredentismo da 'nova contabilidade' e as operações de 'leasing'. *In: Direito empresarial: estudos e pareceres*. São Paulo: Saraiva, 1990, p. 418 e segs.

783. LEÃES, Luiz Gastão Paes de Barros. O 'leasing' é uma operação financeira? *Revista de Direito Mercantil, Industrial, Econômico e Financeiro, nova série,* nº 35, jul/set 1979, p. 11. Mas a compra e venda não é sua finalidade essencial (COMPARATO, Fábio Konder. *Direito empresarial*: estudos e pareceres. São Paulo: Saraiva, 1990, p. 419).

Ao direito de opção do arrendatário corresponde uma promessa unilateral de venda por parte do vendedor, mas essa promessa é apenas um dos elementos da tríplice opção conferida ao arrendatário. A compra não se realiza automaticamente em decorrência do pagamento da última parcela, como ocorre na compra e venda a prestação, mas decorre da manifestação de vontade do arrendatário[784].

As **demais características** do contrato de *leasing* são:

a) é contrato legalmente **típico**, porque seus elementos essenciais estão tipificados em lei (ainda que especialmente para efeitos tributários), e também socialmente típico porque a sociedade conhece o seu alcance, bem como os deveres e obrigações dele decorrentes[785];

b) **formal**, pois exige instrumento escrito, público ou particular (Lei 6.099/74, art. 5º; art. 6º da Resolução CMN nº 4.977, de 16/12/2021);

c) **bilateral ou sinalagmático**, porque impõe obrigações a ambas as partes e as prestações do arrendador são a causa das contraprestações do arrendatário[786];

d) **oneroso**, porque ambas as partes visam a obter vantagens, "impondo-se encargos reciprocamente em benefício uma da outra"[787];

e) **comutativo**, porque "as prestações de ambas as partes são de antemão conhecidas e guardam entre si uma relativa equivalência de valores;

f) **de execução sucessiva**, de trato sucessivo ou de execução continuada (Código Civil, art. 478), porque "os pagamentos não geram a extinção da obrigação, que renasce"[788];

g) **de adesão**, porque o arrendatário submete-se às cláusulas predispostas pelo arrendador;

h) ***intuitu personae***, (em razão da pessoa) pois a transferência dos direitos e obrigações decorrentes do contrato a terceiros no país, com ou sem responsabilidade

784. COMPARATO, Fábio Konder. *Ensaios e pareceres de direito empresarial*, Rio de Janeiro: Forense, 1978, p. 327.

785. AZEVEDO, Antônio Junqueira de. *Estudos e pareceres de direito privado.* São Paulo: Saraiva, 2004, p. 264.

786. STJ, REsp 1.658.568/RJ, Terceira Turma, Rel. Min. Nancy Andrighi, v.u. 16/10/2018, DJe 18/10/2018; RSTJ, vol. 252, p. 729, ementa (transcrição parcial): "15. O arrendamento mercantil é um contrato sinalagmático, no qual as prestações a cargo do arrendador são a causa, o pressuposto, das contraprestações do arrendatário.".

787. PEREIRA, Caio Mário da Silva. *Instituições de direito civil.* Vol. III, 25ª ed., rev. e atual. por Caitlin Mulholland. Rio de Janeiro: Forense, 2022, item 192, p. 62.

788. AZEVEDO, Antônio Junqueira de. *Estudos e pareceres de direito privado.* Ob. Cit., p. 265, afirma ser o *leasing* contrato de trato sucessivo.

solidária, depende de anuência expressa da entidade arrendadora" (art. 6º, XIII, da Resolução CMN nº 4.977, de 16/12/2021)[789].

A **tipicidade normativa impede os particulares de criar novos esquemas para regular as operações já tipificadas em lei.** Portanto, **as partes não podem afastar as normas legais imperativas.**

***Leasing* e atividade financeira.** As empresas de *leasing* exercem *atividade financeira*, mas não praticam *operação financeira* prevista no artigo 17 da Lei nº 4.595/64, nem são necessariamente instituições financeiras (art. 1º, § 1º, da Resolução CMN nº 4.977, por exemplo)[790]. Isto porque a função econômica do *leasing* buscada pelas partes não reside na locação do bem de produção, mas na liberação de recursos financeiros que essa operação propicia. O Superior Tribunal de Justiça acompanha o entendimento doutrinário[791].

No entanto, por praticarem *atividade financeira* as empresas de *leasing* estão equiparadas às instituições financeiras para determinados fins, razão pela qual as suas operações subordinam-se ao controle e fiscalização do Banco Central do Brasil (Lei nº 6.099/74, art. 7º).

Distinção de contratos afins. O *leasing* distingue-se da compra e venda, pois a compra do bem não é sua finalidade essencial.

A afinidade do *leasing* com a locação decorre da própria denominação do contrato, mas ele se distingue pela opção de compra conferida ao arrendatário.

O *leasing* não se confunde com o contrato de mútuo, porque no primeiro está presente a opção de devolver a própria coisa e, no mútuo, a restituição se faz por equivalente.

5.4. Modalidades específicas

As modalidades usuais do contrato de *leasing* são: *leasing* operacional e *leasing* financeiro (art. 2º da Resolução CMN nº 4.977 de 16/12/2021). A classificação da operação em uma modalidade ou outra deve ser realizada na data da contratação e revista: "I – no momento do exercício da opção de renovação que, no início do contrato, não seja considerada razoavelmente certa; e II – no caso de alteração contratual." (art. 3º).

---

789. RIZZARDO, Arnaldo. *Leasing*. 9ª ed., rev. e atual. Curitiba: Juruá, 2020, p. 71.

790. Arnoldo Wald *et al.* consideram a sociedade de *leasing* "entidade parafinanceira, que não exerce atividade financeira típica, mas está submetida, para determinados fins (autorização de funcionamento, aprovação de diretoria, mudança de estatutos) ao Banco Central do Brasil" (WALD, Arnoldo; CAVALCANTI, Ana Elizabeth L. W.; PAESANI, Liliana Minardi. *Direito civil*: contratos em espécie. 20ª ed., totalmente reform. São Paulo: Saraiva, 2015, p. 398).

791. STJ, REsp 1.060.210/SC (recurso repetitivo), Primeira Seção, rel. Min. Napoleão Nunes Maia Filho, v.u. 28/11/2012, ementa (transcrição parcial): "7. O contrato de leasing financeiro é um contrato complexo no qual predomina o aspecto financeiro, tal qual assentado pelo STF quando do julgamento do RE 592.905/SC [...]".

Admite-se o contrato de *leasing* tanto de bens móveis quanto de imóveis. Quando incide sobre imóveis segue a modalidade de *leasing* financeiro.

5.4.1. Leasing *financeiro,* lease-back *e* leasing *residencial*

Na principal operação de ***leasing*** **financeiro** o arrendador (empresa de *leasing*) adquire um bem de um fabricante para conceder os direitos de utilização sobre o bem a um terceiro (arrendatário).

Lease-back (também denominado *sale and lease-back*) é a venda de um conjunto de bens, em geral um estabelecimento, para que o comprador (futuro arrendador) os dê, em seguida, em locação ao vendedor (futuro arrendatário), com o objetivo de desmobilizar o patrimônio do vendedor, aumentando o volume de seu capital circulante. Fran Martins adota a tradução literal: *leasing* de retorno[792].

O *lease-back* só pode ser efetuado na modalidade de *leasing* financeiro, sendo o arrendador instituição financeira expressamente autorizada pelo Conselho Monetário Nacional (art. 9º da Lei nº 6.099/74), e arrendatária pessoa jurídica (art. 11, II, da Resolução CMN nº 4.977, de 16/12/2021).

Nessa operação o arrendador *também* pode ser banco múltiplo com carteira de investimento, de desenvolvimento ou de crédito imobiliário, banco de investimento, banco de desenvolvimento, caixa econômica e sociedade de crédito imobiliário (art. 1º, § 1º, da Resolução CMN nº 4.977, de 16/12/2021), e o *arrendatário* pessoa jurídica (art. 11, II, da mesma Resolução).

Leasing **residencial.** O *leasing* de imóveis, denominado "arrendamento imobiliário com opção de compra", é regido pela Lei nº 10.188/2001. Aplica-se a ele, no que couber, a legislação pertinente ao arrendamento mercantil (art. 10).

A finalidade de atendimento à necessidade de moradia afasta a possibilidade de incidir essa modalidade de *leasing* sobre terrenos não construídos.

É facultada aos bancos múltiplos com carteiras comercial e de crédito imobiliário e à Caixa Econômica Federal a realização dessas operações, nos termos da Lei nº 10.150/2000 (art. 14 da Resolução CMN nº 4.977, de 16/12/2021).

Arrendatária será "a pessoa física que, atendidos os requisitos estabelecidos pelo Ministério das Cidades, seja habilitada pela CEF ao arrendamento" (Lei nº 10.188/2001, art. 6º, parágrafo único, com a redação dada pela Lei nº 10.859/04).

A arrendatária que vier a exercer a opção de compra não poderá, "no prazo de 24 (vinte e quatro) meses, vender, prometer vender ou ceder seus direitos sobre o imóvel alienado" (Lei nº 10.188/2001, art. 8º, § 1º, incluído pela Lei nº 11.474/2007).

792. MARTINS, Fran. *Contratos e obrigações comerciais.* 17ª ed., rev. e atual. Rio de Janeiro: Forense, 2017, p. 370.

5.4.2. Leasing *operacional*

No contrato de *leasing* operacional, também denominado *renting*, o arrendador é sociedade de arrendamento mercantil ou banco múltiplo com carteira de arrendamento mercantil (art. 1º, § 1º, da Resolução CMN nº 4.977, de 16/12/2021) e o dá em locação, mediante aluguel determinável em função do uso do material, incluída a manutenção; o contrato pode ser rescindido a qualquer momento e está vinculado a uma opção do arrendatário para compra da coisa por preço do mercado.

O *leasing* operacional está referido no artigo 2º, *caput,* da Lei nº 6.099/74, e é regulamentado pela Resolução CMN nº 4.977, de 16/12/2021, que dispõe:

> "Art. 4º Para fins do disposto nesta Resolução, considera-se:
>
> I – arrendamento mercantil operacional: a modalidade de arrendamento em que:
>
> a) as contraprestações a serem pagas pela arrendatária contemplam o custo de arrendamento do bem e os serviços inerentes à sua colocação à disposição da arrendatária, não podendo o valor presente dos pagamentos ultrapassar 90% (noventa por cento) do custo do bem arrendado;
>
> b) o prazo efetivo do arrendamento mercantil seja inferior a 75% (setenta e cinco por cento) do prazo de vida útil econômica do bem arrendado;
>
> c) o preço para o exercício da opção de compra seja o valor de mercado do bem arrendado;
>
> d) o contrato não preveja pagamento de valor residual garantido;
>
> e) o bem arrendado seja suficientemente genérico, de modo a possibilitar seu arrendamento subsequente a outra arrendatária sem modificações significativas; e
>
> f) as perdas decorrentes do cancelamento do contrato após o período de cancelamento improvável não sejam suportadas substancialmente pela arrendatária;"[793]

A manutenção, a assistência técnica e os serviços correlatos à operacionalidade do bem arrendado podem ser atribuídos à arrendadora ou à arrendatária (art. 4º, § 1º, da Resolução CMN nº 4.977).

5.5. Regime jurídico

5.5.1. Sujeitos do contrato

No *leasing* financeiro, a **arrendadora** será obrigatoriamente **pessoa jurídica** (art. 1º, parágrafo único, e art. 2º, da Lei nº 6.099/74, e art. 1º, § 1º, da Resolução CMN nº 4.977, de 16/12/2021).

---

793. O *leasing* operacional foi inicialmente regulamentado pelo artigo 6º da Resolução CMN nº 2.309 de 28/08/96, substituída pela Resolução CMN nº 2.465 de 19/02/98, alterada pela Resolução CMN nº 4.696, de 2018, que inseriu os arts. 6º-A e 6º-B, e enfim revogada pela Resolução CMN nº 4.977 de 16/12/2021.

A **arrendatária** poderá ser pessoa física ou jurídica (art.1º, parágrafo único, da Lei nº 6.099/74). Mas, na modalidade *sale and lease-back* a arrendatária será necessariamente pessoa jurídica (art. 11, II, da Resolução CMN nº 4.977).

As operações de *sale and lease-back* poderão ser praticadas *também* por bancos múltiplos com carteira de investimento, de desenvolvimento ou de crédito imobiliário, bancos de investimento, bancos de desenvolvimento, caixas econômicas e sociedades de crédito imobiliário (art. 1º, § 1º, da Resolução CMN nº 4.977, de 16/12/2021).

5.5.2. *Objeto do contrato*

A Lei nº 6.099/74 não determina quais bens podem ser objeto do contrato, mas concede ao Conselho Monetário Nacional poderes para "enumerar restritivamente os bens que não poderão ser objeto de arrendamento mercantil, tendo em vista a política econômico-financeira do País." (art. 23, "b").

Podem ser objeto de contrato de leasing quaisquer bens, móveis ou imóveis, nacionais ou estrangeiros, mas o Conselho Monetário Nacional pode impor restrições administrativas a essas operações, ditadas pelo interesse da política econômica (Lei nº 6.099/74, art. 10). O artigo 10 da Resolução CMN nº 4.977 de 16/12/2021 admite a contratação de operações com arrendatárias domiciliadas ou com sede no exterior somente no caso de arrendamento de bens produzidos no País.

O estabelecimento empresarial pode ser objeto do contrato, pois o artigo 1.143 do Código Civil dispõe que "pode o estabelecimento ser objeto unitário de direitos e de negócios jurídicos, translativos ou constitutivos, que sejam compatíveis com a sua natureza".

Os bens objeto do contrato de *leasing* devem ser utilizados "para uso próprio" da arrendatária (Lei nº 6.099/74, art. 1º, parágrafo único), e, a nosso ver, a lei não exclui a possibilidade de que o arrendador venha a construir para uso próprio, no curso do contrato, os bens que serão objeto desse contrato, sob o regime de empreitada. Mas decidiu o Superior Tribunal de Justiça que esses bens devem estar "prontos para serem utilizados"[794].

5.5.3. *Cláusulas obrigatórias*

A legislação em vigor estabelece diversas disposições que deverão constar necessariamente dos contratos de *leasing* (Lei nº 6.099/74 art. 5º; Resolução CMN nº 4.977/2021, art. 6º). Elas serão examinadas a seguir.

> Art. 6º da Resolução CMN nº 4.977, citada: "Os contratos de arrendamento mercantil devem ser formalizados por instrumento público ou particular, devendo conter, no mínimo, as seguintes especificações:
>
> I – a descrição dos bens que constituem o objeto do contrato, com todas as características que permitam sua perfeita identificação;

794. STJ, REsp 78.022/PR, Segunda Turma, Rel. Min. Peçanha Martins, v.u. 06/03/1997.

II – o prazo de arrendamento;

III – o valor das contraprestações ou a fórmula de cálculo das contraprestações, bem como o critério para seu reajuste;

IV – a forma de pagamento das contraprestações por períodos determinados, não superiores a 1 (um) semestre, salvo no caso de operações que beneficiem atividades rurais, quando o pagamento pode ser fixado por períodos não superiores a 1 (um) ano;

V – as condições para o exercício por parte da arrendatária do direito de optar pela renovação do contrato, pela devolução dos bens ou pela aquisição dos bens arrendados;

VI – a concessão à arrendatária de opção de compra dos bens arrendados, devendo ser estabelecido o preço para seu exercício ou critério utilizável na sua fixação;

VII – a taxa equivalente aos encargos financeiros da operação;

VIII – as despesas e os encargos adicionais, inclusive despesas de assistência técnica, manutenção e serviços inerentes à operacionalidade dos bens arrendados;

IX – as condições para eventual substituição dos bens arrendados, inclusive na ocorrência de sinistro, por outros da mesma natureza, que melhor atendam às conveniências da arrendatária, devendo a substituição ser formalizada por intermédio de aditivo contratual;

X – as demais responsabilidades que vierem a ser convencionadas, em decorrência de:

a) uso indevido ou impróprio dos bens arrendados;

b) seguro previsto para cobertura de risco dos bens arrendados;

c) danos causados a terceiros pelo uso dos bens; e

d) ônus advindos de vícios dos bens arrendados;

XI – a faculdade de a arrendadora vistoriar os bens objeto de arrendamento e de exigir da arrendatária a adoção de providências indispensáveis à preservação da integridade dos referidos bens;

XII – as obrigações da arrendatária, nas hipóteses de:

a) inadimplemento; e

b) destruição, perecimento ou desaparecimento dos bens arrendados; e

XIII – a faculdade de a arrendatária transferir a terceiros no País, desde que haja anuência expressa da arrendadora, os direitos e obrigações decorrentes do contrato, com ou sem responsabilidade solidária.

§ 1º Para a definição da taxa equivalente mencionada no inciso VII do caput, deve-se considerar a taxa que equaliza o valor do bem arrendado, na data da contratação, ao valor presente de todos os recebimentos e pagamentos previstos ao longo do prazo contratual, incluindo, na ausência de valor residual garantido, o valor presente provável de realização do bem arrendado no final do contrato, deduzidos os custos de venda do bem.

> § 2º Com relação às despesas e encargos adicionais mencionados no inciso VIII do caput, no caso do arrendamento mercantil financeiro, admite-se:
>
> I – a previsão de a arrendatária pagar valor residual garantido em qualquer momento durante a vigência do contrato, não caracterizando o pagamento do valor residual garantido o exercício da opção de compra; e
>
> II – o reajuste do preço estabelecido para a opção de compra e o valor residual garantido."

Descrição dos bens. Os bens que constituem o objeto do contrato serão descritos com todas as características que permitam sua perfeita identificação (Resolução CMN nº 4.977/2021, art. 6º, I). Para tanto, eles devem ser infungíveis, podendo ser identificados por números de série, por exemplo. Mas nada impede que bens fungíveis por natureza possam ser individualizados convencionalmente pelas partes do contrato[795].

Prazos. Os prazos do arrendamento devem constar do contrato (Resolução CMN nº 4.977/2021, art. 6º, II) e serão, no mínimo, um dos seguintes (art. 7º):

> "I – para o arrendamento mercantil *financeiro*:
>
> a) 2 (dois) anos, compreendidos entre a data de entrega dos bens a arrendatária, consubstanciada em termo de aceitação e recebimento dos bens, e a data de vencimento da última contraprestação, quando se tratar de arrendamento de bens com vida útil igual ou inferior a 5 (cinco) anos;
>
> b) 3 (três) anos, compreendidos entre a data de entrega dos bens à arrendatária, consubstanciada em termo de aceitação e recebimento dos bens, e a data de vencimento da última contraprestação, quando se tratar de arrendamento de bens com vida útil superior a 5 (cinco) anos; e;
>
> II – para o arrendamento mercantil *operacional*, 90 (noventa) dias";
>
> Parágrafo único. Caso a opção de compra seja exercida antes de decorrido o respectivo prazo mínimo estabelecido no caput, a operação será considerada como de compra e venda a prazo."

Valor das contraprestações, reajustes, indexação. O valor das contraprestações ou fórmulas de cálculo das contraprestações, bem como o critério para o seu reajuste, devem estar previstos no contrato (Resolução CMN nº 4.977/2021, art. 6º, III).

Correção cambial. A correção do valor dos contratos pela variação cambial representa exceção admitida pelo artigo 13 da Lei nº 14.286/2021. Quando o credor ou o devedor forem residentes no Brasil, a operação estará sujeita à prova da captação de recursos do exterior e o ônus da prova da origem dos recursos cabe à arrendadora[796].

---

795. RIZZARDO, Arnaldo. *Leasing*. 9a ed., rev. e atual. Curitiba: Juruá, 2020, p. 77-78.

796. STJ, AgRg no REsp 883.202/SP, Terceira Turma, Rel. Min. Ricardo Villas Bôas Cueva, v.u. 23/04/2013. Mas o ônus da prova da origem dos recursos havia sido abrandado anteriormente, admitindo o tribunal ser dispensável a prova da captação de recursos no exterior vinculada a cada operação específica (STJ, REsp 609.329/PR, Quarta Turma, Rel. Min. Raul Araújo, v.u. 18/12/2012, com citação de precedente).

O Superior Tribunal de Justiça pacificou o entendimento de que a variação cambial deveria ser suportada por ambas as partes (instituições financeiras e consumidores), em partes iguais[797], mas Cláudia Lima Marques observa que a jurisprudência, depois dessa decisão salomônica, perdeu sua ênfase na proteção do consumidor[798].

Forma e planos de pagamento. O contrato deve prever a forma de pagamento das contraprestações por períodos determinados, não superiores a 1 (um) semestre, salvo no caso de operações que beneficiem atividades rurais, quando o pagamento pode ser fixado por períodos não superiores a 1 (um) ano (art. 5º da Lei nº 6.099/74; art. 6º, IV, da Resolução CMN nº 4.977 de 16/12/2021).

Tríplice opção, a favor da arrendatária. O contrato deve prever as condições para o exercício por parte da arrendatária do direito de (a) adquirir o bem, (b) renovar o contrato (art. 5º, alínea "c") e, ainda, (c) devolver o bem arrendado – consequência do não exercício das duas opções anteriores (art. 6º, V, da Resolução CMN nº 4.977 de 16/12/2021).

Opção de compra dos bens arrendados. O contrato deve prever a concessão à arrendatária de opção de compra dos bens arrendados, devendo ser estabelecido o preço para seu exercício ou critério utilizável na sua fixação (art. 6º, VI, da Resolução CMN nº 4.977 de 16/12/2021).

Encargos financeiros da operação. O contrato deve informar "a taxa equivalente aos encargos financeiros da operação" (art. 6º, VII, da Resolução CMN nº 4.977 de 16/12/2021).

Despesas e encargos adicionais. O artigo 5º, "c", da Lei nº 6.099/74, prevê a "opção de compra ou renovação de contrato, como faculdade do arrendatário". E o artigo 4º da Resolução CMN nº 4.977 de 16/12/2021 dispõe:

> "Para avaliar se os exercícios das opções de estender o prazo e de rescindir o arrendamento são ou não razoavelmente certos, devem ser considerados todos os fatos e circunstâncias relevantes que criam incentivo econômico para a decisão da arrendatária, inclusive:
>
> I – a comparação do valor contratado das contraprestações com o valor de mercado estimado no período coberto pela opção;
>
> II – as benfeitorias no bem arrendado com benefícios econômicos esperados significativos no período coberto pela opção;
>
> III – os custos ou dificuldades operacionais decorrentes da não continuação da operação; e
>
> IV – a importância do bem arrendado para as operações da arrendatária, seu grau de especialização, sua localização e a disponibilidade de alternativas adequadas."

797. STJ, EDcl no REsp 472.594/SP. Segunda Seção, Rel. Min. Aldir Passarinho Júnior, v.u. 8/10/2003.
798. MARQUES, Cláudia Lima. *Contratos no Código de Defesa do Consumidor*: o novo regime das relações contratuais. 6ª ed., rev., atual. e ampl. 2011, p. 580.

Portanto, esses dados devem constar do contrato, para permitir a decisão a ser tomada pela arrendatária. E, nos termos da referida Resolução o contrato deve informar "as despesas e os encargos adicionais, inclusive despesas de assistência técnica, manutenção e serviços inerentes à operacionalidade dos bens arrendados" (art. 6º, VIII, da Resolução CMN nº 4.977 de 16/12/2021).

Entre as despesas de manutenção encontram-se as **benfeitorias.** As benfeitorias realizadas pela arrendatária estão incluídas na noção de manutenção do bem arrendado, de maneira que o contrato deve dispor sobre o reembolso, ou não, do valor delas, ou sobre a possibilidade de que elas sejam retiradas pela arrendatária ao final do contrato. Caso o contrato não disponha sobre elas aplicam-se as normas da locação, por ser esta a característica principal do *leasing*, como visto acima[799]. Assim:

a) as *benfeitorias necessárias* (art. 96, § 3º, do Código Civil) feitas pelo arrendatário (por exemplo, troca de peças) incorporam-se à coisa e não são indenizadas pela empresa de leasing, pois o arrendatário tem a obrigação de conservar a coisa arrendada para que possa restituí-la no estado em que a recebeu, caso não exerça a opção de compra (art. 569, IV, do mesmo Código), e até esse momento ele não se torna proprietário do bem[800];

b) as *benfeitorias úteis* e as *voluptuárias* podem ser retiradas pela arrendatária, se a coisa objeto do contrato não sofrer desvalorização.

Substituição do bem arrendado. O contrato deve prever as **condições para eventual substituição do bem arrendado** por outro da mesma natureza que melhor atenda às conveniências da arrendatária, devendo a substituição ser formalizada por meio de aditivo contratual (Resolução CMN nº 4.977/2001, art. 6º, inciso IX).

Responsabilidades adicionais. O contrato deve prever as *responsabilidades adicionais* decorrentes de: uso indevido ou impróprio dos bens arrendados; seguro previsto para cobertura de risco dos bens arrendados; danos causados a terceiros pelo uso dos bens; ônus advindos de vícios dos bens arrendados (Resolução CMN nº 4.977, de 16/12/2021, art. 6º, inciso I).

---

799. Não se aplica o disposto no artigo 1.219 do Código Civil, pois possuidor de boa-fé é aquele que ignora o vício ou obstáculo que lhe impede a aquisição da coisa (art. 1.201), não aquele que a detém por uma relação contratual que lhe assegurava um direito de opção que ele não exerceu.

800. STJ, REsp 1.060.515/DF, Quarta Turma, Rel. Min. Honildo Amaral de Mello Castro (Des. Convocado do TJ/AP), v.u. 4/05/2010, DJe 24/05/2010, ementa (transcrição parcial): "3. Ante a natureza do contrato de arrendamento mercantil ou leasing, em que pese a empresa arrendante figurar como proprietária do bem, o arrendatário possui o dever de conservar o bem arrendado, para que ao final da avença, exercendo o seu direito, prorrogue o contrato, compre ou devolva o bem.".

a) ***uso indevido ou impróprio.***

O arrendador não escolhe o bem, nem tem a posse dele; portanto, a arrendadora não é responsável pelos danos provocados pelo arrendatário[801], nem por infrações administrativas praticadas no uso do bem. Para a caracterização do ato ilícito importa a conduta do agente; portanto, a arrendadora, que não tem a posse do bem, só pode vir a responder por culpa.

b) ***Seguro.*** Admite-se a cláusula que obriga a contratação de seguro pelo arrendatário, pois este tem o dever de conservar a coisa arrendada, de maneira que o seguro representa uma garantia de cumprimento dessa obrigação[802], podendo essa cláusula ser veiculada em contrato de adesão (STJ, REsp 1.089.579/MG, Quarta Turma, Rel. Min. Marco Buzzi, v.u. 20/06/2013), desde que não configure a chamada "venda casada", por ser esta vedada pelo artigo 39, inciso I, do Código de Defesa do Consumidor.

c) ***danos causados a terceiros pelo uso do bem.*** É usual a responsabilidade pelos danos causados a terceiros ser atribuída à arrendatária. Mas essa cláusula não obriga terceiros, que podem acionar diretamente o proprietário do bem[803].

d) ***ônus advindos de vícios dos bens arrendados.*** São inaplicáveis as regras referentes aos vícios da coisa às relações entre a instituição financeira e a arrendatária, pois a primeira exerce a função de mero intermediário entre essa instituição e o vendedor do material, não se lhe podendo imputar qualquer responsabilidade pela escolha do material adquirido[804].

Faculdade da arrendadora de vistoriar os bens. Da necessidade de o arrendatário conservar os bens decorre a *faculdade de a arrendadora vistoriar os bens* objeto de arrendamento e de exigir da arrendatária a adoção de providências indispensáveis à preservação da integridade deles (Resolução CMN nº 4.977, de 16/12/2021, art. 6º, inciso XI).

Inadimplemento, destruição, perecimento ou desaparecimento dos bens arrendados. O contrato deve prever as obrigações da arrendatária nas hipóteses inadimplemento, de destruição, perecimento ou desaparecimento dos bens arrendados (Resolução CMN nº 4.977, de 16/12/2021, art. 6º, XII).

Pagamento antecipado do valor residual. "*Valor residual*" é aquele pago pelo arrendatário quando do exercício da opção de compra do bem. Mas o Banco Central do Brasil admite o pagamento do valor residual a qualquer momento, a *título de garantia*, denominando-o "valor residual garantido (VRG)". Esse pagamento não configura o exercício da opção de compra (art. 6º, § 2º, II, da Resolução CMN nº 4.977/2021).

---

801. STJ, REsp 436.201/SP, Quarta Turma. Rel. Min. Aldir Passarinho Júnior, v.u. 13/11/2007, com ampla citação de jurisprudência.

802. MARQUES, Cláudia Lima. *Contratos no Código de Defesa do Consumidor*: o novo regime das relações contratuais. 6ª ed., rev., atual. e ampl. 2011, p. 574, nota 915. STJ, REsp 1.060.515/DF, Quarta Turma, Rel. Min. Honildo Amaral de Mello Castro, v.u. 4/05/2010.

803. RIZZARDO, Arnaldo. *Leasing*. 9ª ed., rev. e atual. Curitiba: Juruá, 2020, p. 98.

804. COMPARATO, Fábio Konder. Contrato de leasing. In: ______. *Ensaios e pareceres de direito empresarial*, Rio de Janeiro: Forense, 1978, p. 331.

A Súmula 293 do Superior Tribunal de Justiça, contrariando a doutrina dominante e revendo súmula anterior (Súmula 263), consolidou o entendimento de que a cobrança antecipada do valor residual garantido (VRG) não descaracteriza o contrato de arrendamento mercantil.

5.5.4. *Cláusulas facultativas e outras disposições*

Registro do contrato. Não se exige o registro público dos contratos, mas qualquer das partes pode registrá-lo para que ele seja oponível a terceiros.

Responsabilidade pelos vícios da coisa arrendada. A instituição financeira não responde pelos vícios da coisa escolhida pelo arrendatário, pois exerce a função de mero intermediário entre ele e o vendedor do material.

O consumidor, por sua vez, tem legitimidade para reclamar os prejuízos sofridos, pois tem ele o dever de guarda e conservação do bem que poderá adquirir, ao final do contrato.

5.5.5. *Inadimplemento e mora*

Inadimplemento do contrato. A previsão dos encargos no caso de inadimplemento da arrendatária deve constar do contrato (art. 6º, XII, "a", da Resolução CMN nº 4.977 de 16/12/2021).

Apesar de as sociedades de arrendamento mercantil não serem consideradas instituições financeiras, a jurisprudência aplica aos contratos de *leasing* as normas sobre a cobrança de juros permitidas às sociedades integrantes do Sistema Financeiro Nacional. E admite a cobrança desses encargos, ainda que a sua taxa não esteja fixada no contrato, devendo o juiz limitar os juros à média de mercado nas operações da espécie, divulgada pelo Banco Central do Brasil, salvo se a taxa cobrada for mais vantajosa para o cliente[805].

Mora. Nos termos da Súmula 369 do Superior Tribunal de Justiça: "No contrato de arrendamento mercantil (*leasing*), ainda que haja cláusula resolutiva expressa, é necessária a notificação prévia do arrendatário para constituí-lo em mora". Mas o § 15º, do art. 3º do Decreto-lei n. 911/69 (incluído pela Lei n. 13.043/2014) afastou a possibilidade de purgação da mora[806], tornando sem efeito prático a necessidade de notificação para a

---

805. STJ, REsp 1.112.879/PR, Segunda Seção, rel. Min. Nancy Andrighi, v.u. 12/05/2010.

806. STJ, AgInt no AgInt no AREsp 966.303/RS, Terceira Turma, Rel. Min. Nancy Andrighi, v.u. 20/03/2018, DJe 03/04/2018, ementa: "PROCESSUAL CIVIL. AGRAVO INTERNO NO AGRAVO INTERNO AGRAVO EM RECURSO ESPECIAL. ARRENDAMENTO MERCANTIL. AÇÃO DE REINTEGRAÇÃO DE POSSE. PURGAÇÃO DA MORA ANTERIOR À LEI 13.043/2014. ART. 401, I, DO CÓDIGO CIVIL. POSSIBILIDADE. 1. Jurisprudência consolidada no sentido da possibilidade de purgação da mora do devedor em contrato de arrendamento mercantil, a despeito da ausência de previsão na Lei n. 6.099/74, haja vista a regra geral do Código Civil e do Código de Defesa do Consumidor. 2. Reconhecimento de que até a inclusão do § 15º no art. 3º do Decreto-lei n. 911/69, em 14.11.2014 (Lei n. 13.043/2014), a norma que disciplinava a purgação da mora no contrato de arrendamento mercantil de veículo automotor era

sua comprovação[807]. E o Superior Tribunal de Justiça estende ao contrato de *leasing* a sua jurisprudência sobre os acréscimos legais aplicáveis aos contratos de mútuo.

Busca e apreensão. Verificada a mora abre-se a possibilidade de busca e apreensão do bem e a venda dele após a reintegração em favor do arrendante, com a entrega do que sobrar ao arrendatário, após abatidos os créditos daquele (art. 2º, § 2º, do Decreto-lei nº 911/69, aplicável ao arrendamento mercantil por previsão expressa do § 4º do mesmo artigo, incluído pela Lei nº 13.043/2014).

Juros. Os juros podem ser moratórios ou compensatórios: "os primeiros são devidos como pena imposta ao devedor em atraso com o cumprimento da obrigação"; os segundos "se pagam como compensação pelo fato de o credor estar privado da utilização de seu capital"[808].

As instituições financeiras não se sujeitam à limitação dos juros remuneratórios estipulada na Lei de Usura (Decreto 22.626/33), conforme a Súmula 596/STF. As operações de *leasing* não são necessariamente praticadas por instituições financeiras, mas o art. 3º, III, "c", da Lei nº 14.905/2024 dispõe que não se aplica o disposto no Decreto nº 22.626/1933 (Lei da Usura) às obrigações contraídas perante sociedades de arrendamento mercantil, não se aplicando a elas as limitações à cobrança de juros nele previstas. A jurisprudência admite a cobrança de juros apurados pelas taxas médias do mercado.[809]

A cobrança de juros *remuneratórios sem lhe precisar o montante* é nula por deixar ao exclusivo arbítrio da instituição financeira o preenchimento de seu conteúdo[810].

A Medida Provisória nº 2.170-36, de 23/08/2001 admite a **capitalização de juros** nas operações realizadas pelas instituições integrantes do Sistema Financeiro Nacional com periodicidade inferior a um ano. A Súmula 539 de 2015 do Superior Tribunal de Justiça seguiu no mesmo sentido: "É permitida a capitalização de juros com periodicidade inferior à anual em contratos celebrados com instituições integrantes do Sistema Financeiro Nacional a partir de 31/3/2000 (MP n. 1.963-17/2000, reeditada como MP

a do art. 401, I, do Código Civil. A partir dessa data, contudo, não é mais permitida a purgação da mora também neste tipo de contrato, conforme norma específica. 3. Agravo interno no agravo em recurso especial provido. Recurso especial conhecido e provido.".

807. Arnaldo Rizzardo afirma a necessidade de notificação, mas reconhece a falta de efeito prático dela, tendo em vista a impossibilidade de purgação da mora (RIZZARDO, Arnaldo. *Leasing.* 9ª ed., rev. e atual. Curitiba: Juruá, 2020, p. 221-226).

808. PEREIRA, Caio Mário da Silva. *Instituições de direito civil.* Vol. II, 26ª ed. rev. e atual. por Guilherme Calmon Nogueira da Gama. Rio de Janeiro: Forense, 2014, p. 123-124.

809. STJ, AgRg no REsp 679.482/RS, Quarta Turma, rel. Min. Jorge Scartezzini, v.u. 07/03/2006, com citação de precedentes; STJ, AgRg no Ag 761.303/PR, Terceira Turma, rel. Min. Paulo Furtado (Desembargador Convocado do TJ/BA), v.u. 23/06/2009.

810. STJ, AgRg no Agravo de Instrumento 761.303/PR, Terceira Turma, rel. Min. Paulo Furtado (Des. Convocado do TJ/BA), v.u. 23/06/2009, DJe 04/08/2009.

n. 2.170-36/2001), desde que expressamente pactuada.". Essa súmula vem sendo acompanhada pela jurisprudência mais recente[811].

Comissão de permanência. Comissão de permanência era o **encargo cobrado pelas instituições financeiras após a incidência da mora**. A jurisprudência admitia a cobrança dos encargos previstos no curso do contrato após a mora do devedor, concedendo ao credor uma *alternativa*: a cobrança dos encargos contratuais após a mora *ou* a cobrança da comissão de permanência. Esta não pode ultrapassar a soma dos encargos remuneratórios e moratórios previstos no contrato nem ser cumulada com a correção monetária, e exclui a exigibilidade dos juros remuneratórios, moratórios e da multa contratual (STJ, Súmulas 30, 296 e 472).

A aplicação de taxa de juros variável durante o período da mora era calculada pela taxa média de mercado apurada pelo Banco Central do Brasil, limitada à taxa do contrato não configura condição potestativa (STJ, Súmula 294).

Visando preservar, tanto quanto possível, a vontade das partes manifestada na celebração do contrato, o Superior Tribunal de Justiça aplica o princípio da conservação dos negócios jurídicos (Código Civil, art. 170) para reduzir os encargos ao limite das taxas médias aplicadas aos contratos da mesma espécie.

No entanto, a Resolução CMN 4.882/20 veda a cobrança da comissão de permanência. As instituições financeiras e as sociedades de arrendamento mercantil podem cobrar, exclusivamente, juros remuneratórios, multa (nos termos da legislação em vigor) e juros de mora (também nos termos da legislação em vigor).

Reintegração de posse e valor residual garantido. Uma questão importante diz respeito ao que acontece com o valor residual garantido (VRG) na hipótese de inadimplemento contratual, com a decretação de reintegração de posse em favor do arrendador.

Em recente Súmula, o STJ consolidou o entendimento segundo o qual "No caso de reintegração de posse em arrendamento mercantil financeiro, quando a soma da importância antecipada a título de valor residual garantido (VRG) com o valor de venda do bem ultrapassar o total do VRG previsto contratualmente, o arrendatário terá direito de receber

---

811. STJ, AgInt no REsp 1.487.054/RS, Quarta Turma, Rel. Min. Luis Felipe Salomão, v.u. 11/05/2021, DJe 08/06/2021, ementa (transcrição parcial): "3. O acórdão recorrido entendeu que a capitalização mensal de juros não é permitida em qualquer contratualidade. Todavia, em recurso submetido ao rito do art. 543-C do Código de Processo Civil de 1973, o STJ já decidiu ser permitida a capitalização de juros com periodicidade inferior a 1 (um) ano em contratos celebrados após a publicação da Medida Provisória nº 1.963-17/2000, desde que expressamente pactuada (Tema nº 246/STJ), entendimento sedimentado no enunciado n. 539 da Súmula desta Corte Superior.

4. O entendimento do Tribunal estadual encontra-se em desconformidade com a jurisprudência consolidada pela Segunda Seção, no julgamento do Recurso Especial Repetitivo n. 973.827/RS, no sentido de que a "mera circunstância de estar pactuada taxa efetiva e taxa nominal de juros não implica capitalização de juros, mas apenas processo de formação da taxa de juros pelo método composto, o que não é proibido pelo Decreto 22.626/1933" (REsp 973.827/RS, Rel. p/ Acórdão Ministra Maria Isabel Gallotti, DJe 24/09/2012).".

a respectiva diferença, cabendo, porém, se estipulado no contrato, o prévio desconto de outras despesas ou encargos pactuados" (STJ, Súmula nº 564).

Prisão. Não mais se aplica ao devedor considerado depositário infiel a pena de prisão civil, pois dispõe a Súmula Vinculante 25 do Supremo Tribunal Federal: "É ilícita a prisão civil de depositário infiel, qualquer que seja a modalidade do depósito".

Destruição, perecimento ou desaparecimento dos bens arrendados

A previsão dos encargos no caso de destruição, perecimento ou desaparecimento dos bens arrendados deve constar do contrato (art. 6º, XII, "b", da Resolução CMN nº 4977 de 16/12/2021).

Bem na posse da arrendadora. O bem pode perecer na posse da arrendadora, seja por culpa dela ou por caso fortuito ou de força maior. Abrem-se nesse caso duas possibilidades: a substituição do bem por outro ou a rescisão do contrato pela impossibilidade de a arrendadora cumprir a prestação a que está obrigada.

Ocorrendo a rescisão, a arrendadora tem de arcar com os prejuízos da perda do bem, pois ela é devedora da prestação que deixa de poder ser adimplida, seja por culpa sua[812], seja involuntariamente e sem culpa.

Bem na posse da arrendatária. Tendo o bem perecido na posse da arrendatária, por sua culpa ou dolo, pode ser apurada a sua responsabilidade. Se há força maior, como o furto ou o roubo, perecendo a coisa, cabe notar que a coisa pertence à companhia de *leasing*.

Ocorrendo o roubo da coisa, não há culpa do arrendatário, mas, como ele é obrigado a segurar a coisa, cabe à empresa de *leasing* receber o valor do seguro. O prejuízo será sempre do arrendatário, porque ele ficará privado do uso da coisa e não poderá exercer o direito à compra, já que a coisa pereceu[813].

No entanto, da perda da coisa pelo arrendatário que deixa de realizar o seguro a que estava obrigado, ainda que a perda da coisa decorra de fato fortuito ou de força maior, dá origem à rescisão do contrato. O arrendatário deverá restituir o contrato à situação

---

812. O furto do bem é caso fortuito, mas a falta de comunicação desse fato pela arrendadora ao arrendatário caracteriza culpa da primeira. A jurisprudência, sem ingressar na análise da culpa, afirma a resolução do contrato: STJ, REsp 206.300/MG, Quarta Turma, Rel. Min. Ruy Rosado de Aguiar, v.u. 22/06/1999, DJ 23/08/1999, p. 133, ementa: "LEASING. Veículo furtado. Resolução do contrato. A arrendadora que não regulariza a transferência de propriedade do veículo porque objeto de furto, com isso impedindo o seu uso pelo arrendatário, dá causa à resolução do negócio. Devolvido o bem à companhia de leasing, tem o arrendatário direito à devolução das prestações pagas. Recurso não conhecido.".

813. WALD, Arnoldo; CAVALCANTI, Ana Elizabeth L. W.; PAESANI, Liliana Minardi. *Direito civil*: contratos em espécie. 20ª ed., totalmente reform. São Paulo: Saraiva, 2015, p. 396.

anterior mediante o pagamento ao arrendante do valor correspondente ao bem recebido, descontado, por óbvio, o valor das parcelas vencidas e quitadas[814].

De outro lado, se a arrendadora recebeu o seguro e não colocou a coisa à disposição do arrendatário, ela não mais poderá cobrar deste último as parcelas vincendas, deixando de observar o equilíbrio sinalagmático das prestações[815].

Faculdade de transferência dos direitos e obrigações. Examinamos aqui a cessão de contratos pela arrendadora e a cessão de direitos e obrigações decorrentes do contrato, pela arrendatária.

Cessão de contratos pela arrendadora. As operações de cessão e aquisição de contratos de arrendamento mercantil no mercado interno são restritas às instituições mencionadas no § 1º do art. 1º, da Resolução CMN nº 4.977/2021 (art. 18, *caput*, da Resolução citada).

A cessão e a aquisição dos **contratos de lease-back** é restrita às instituições autorizadas a realizar essa modalidade de contratos (art. 18, parágrafo único, da Resolução CMN nº 4.977/2021).

A cessão de contratos de arrendamento mercantil, bem como dos direitos creditórios deles decorrentes, a **entidades domiciliadas no exterior**, depende de prévia autorização do Banco Central do Brasil (art. 19).

A aquisição de contratos de arrendamento mercantil de **bens adquiridos com recursos de empréstimos externos ou que contenham cláusula de variação cambial**, bem como dos direitos creditórios deles decorrentes, somente pode ser realizada com a utilização de recursos de empréstimos obtidos no exterior (art. 20).

Cessão de direitos e obrigações pela arrendatária. O contrato deve prever a faculdade de a arrendatária transferir a terceiros no País, desde que haja anuência expressa da arrendadora, os direitos e obrigações decorrentes do contrato, com ou sem corresponsabilidade solidária (art. 6º, XIII, da Resolução CMN nº 4.977/2021).

---

814. STJ, REsp 1.089.579/MG, Quarta Turma, Rel. Min. Marco Buzzi, v.u. 20/06/2013, DJe 04/09/2013, ementa (transcrição parcial): "1. Inocorrência de violação aos arts. 233, 234, 238 e 240 do Código Civil. Hipótese em que a arrendatária deixou de contratar seguro sobre o veículo arrendado, o qual, posteriormente, veio a ser roubado. Subsistência da obrigação de restabelecer o *status quo ante*. 1.1 A resolução por inexecução contratual involuntária em função de caso fortuito ou força maior enseja ao arrendatário o dever de pagar ao arrendante o valor correspondente ao bem recebido (descontado, por óbvio, o valor das parcelas vencidas e quitadas), de modo a restabelecer a situação pretérita ao contrato, especialmente na hipótese em que o possuidor direto deixa de proceder à contratação de seguro do bem arrendado.".

815. STJ, REsp 1.658.568/RJ, Terceira Turma, Rel. Min. Nancy Andrighi, v.u. 16/10/2018, DJe 18/10/2018.

5.5.6. *Aplicação do Código de Defesa do Consumidor*

O Código de Defesa do Consumidor é aplicável às instituições financeiras (STJ, Súmula 297), mas a jurisprudência diverge sobre a extensão da aplicabilidade dele às relações jurídicas oriundas de contrato de *leasing*. Há acórdãos que aplicam o referido Código sem restrições[816] e outros que o afastam quando "a pessoa natural ou jurídica toma empréstimo para implementar ou incrementar sua atividade negocial"[817].

6. DEPÓSITOS. ARMAZÉNS GERAIS

6.1. Conceito

Depósito é o contrato pelo qual uma pessoa (depositante) confia a outra (depositário) a guarda de um objeto móvel, até que o depositante o reclame (Código Civil, art. 627). Suas origens são muito antigas, e já existia na Grécia e em Roma.

O termo depósito apresenta mais de um sentido: tanto pode significar o contrato como o objeto depositado em razão dele, como se vê no artigo 630 do Código Civil.

6.2. Qualificação jurídica

Depósito é contrato **temporário**, pois o depositário tem de devolver a coisa no momento em que lhe for solicitada, mas o prazo pode ser determinado ou indeterminado. Em regra, é contrato **gratuito**, mas, se resultante de atividade negocial ou for praticado por profissão, é **oneroso**. O depósito necessário não se presume gratuito (Código Civil, art. 651).

Quando o depósito for gratuito, o contrato é unilateral, pois só o depositário assume obrigações[818]; se for **oneroso, caracteriza-se como bilateral ou sinalagmático**, pois impõe obrigações para ambas as partes.

Foi considerado *intuitu personae*, como em suas origens romanas, porque a confiança na pessoa do depositário constituía elemento essencial para a celebração do contrato.

---

816. STJ, REsp 609.329/PR, Quarta Turma, Rel. Min. Raul Araújo, v.u. 18/12/2012, ementa (transcrição parcial): "2. O Superior Tribunal de Justiça tem entendimento sumulado de que o Código de Defesa do Consumidor é aplicável às instituições financeiras (Súmula nº 297/STJ), inclusive nas relações jurídicas oriundas de contrato de arrendamento mercantil".

817. STJ, AgInt no AREsp 1.121.877/RJ, Terceira Turma, Rel. Min. Ricardo Villas Bôas Cueva, v.u. 23/11/2017, ementa (transcrição parcial): "4. A jurisprudência desta Corte afasta a aplicação do Código de Defesa do Consumidor nos casos em que, além de não ter sido demonstrada a hipossuficiência da parte, a pessoa natural ou jurídica toma empréstimo para implementar ou incrementar sua atividade negocial".

818. GOMES, Orlando. *Contratos*. 26ª ed., rev., atual. e ampl. Rio de Janeiro: Forense, 2008, p. 416.

Ocorre que os depositários são, hoje, em sua maioria, empresas, e a relação que os depositantes mantêm com elas decorre apenas da reputação da empresa[819].

A **prova do contrato de depósito se realiza por escrito** (Código Civil, art. 646). A **prova do depósito necessário se dá por qualquer meio** (art. 648, parágrafo único).

É **contrato real**, que, para tornar-se perfeito e acabado, necessita da entrega da coisa ao depositário[820], mas é de se admitir a entrega simbólica, ou seja, a de documento ou coisa que a represente; por exemplo, a das chaves do automóvel[821].

Quanto à **capacidade das partes**, é suficiente a capacidade genérica para se obrigar. Quanto à *legitimidade*, não é necessário ser dono para depositar, bastando a capacidade para administrar[822].

6.3. Objeto do contrato

Podem ser objeto do contrato coisas móveis, fungíveis ou não, inclusive títulos de crédito (Código Civil, art. 627). Admite-se a incidência sobre imóvel no depósito judicial, estando essa modalidade sujeita à legislação especial, só se aplicando subsidiariamente as regras referentes ao depósito voluntário (art. 648, *caput*).

6.4. Classificação

6.4.1. Voluntário e necessário

Pode o depósito ser **voluntário** ou **obrigatório**, subdividindo-se este último em depósito legal e depósito necessário.

Voluntário é o que se faz **espontaneamente, mediante contrato entre os interessados** (Código Civil, art. 627). **Necessário** é o que se faz: a) **em cumprimento de obrigação legal**; b) **miserável**, o que se faz em razão de alguma calamidade, como o dos móveis retirados da casa que está incendiando, entre outros casos (Código Civil, art. 647).

---

819. PEREIRA, Caio Mário da Silva. *Instituições de direito civil*. Vol. III, 25ª ed., rev. e atual. por Caitlin Mulholland. Rio de Janeiro: Forense, 2022, p. 345, afasta, com razão, o caráter *intuitu personae* do contrato. **Em sentido contrário:** GOMES, Orlando. Ob. Cit., p. 414; WALD, Arnoldo; CAVALCANTI, Ana Elizabeth L. W.; PAESANI, Liliana Minardi. *Direito civil:* contratos em espécie. 20ª ed., totalmente reform. São Paulo: Saraiva, 2015, p. 230.

820. NERY, Rosa Maria de Andrade; NERY JÚNIOR, Nelson. *Instituições de direito civil.* Vol. III, São Paulo: Ed. Revista dos Tribunais, 2016, p. 70. GOMES, Orlando. Ob. Cit., p. 414, exige a entrega real.

821. WALD, Arnoldo *et al*. Ob. Cit., p. 204.

822. PEREIRA, Caio Mário da Silva. Ob. Cit., p. 345-346.

6.4.2. Regular e irregular

Depósito regular é o que tem por objeto **coisas não fungíveis**, de maneira que o depositário tem a obrigação de restituir especificamente a própria coisa depositada. **Depósito irregular** é o depósito de **coisas fungíveis**, em que o depositário se obriga a restituir coisa do mesmo gênero, quantidade e qualidade (Código Civil, art. 645); neste, o depositário tem o poder de uso da coisa, pois não é devedor da própria coisa, mas do gênero.

A qualificação do depósito irregular é controversa em doutrina, e entendemos tratar-se de contrato *sui generis*[823]. O Código Civil aplica ao depósito irregular as regras do mútuo (Código Civil, art. 645), mas esses contratos se distinguem pelo fim visado[824].

6.5. Obrigações das partes

Caso se trate de depósito oneroso, se a retribuição não resultar de lei, nem de ajuste, será determinada pelos usos e costumes do lugar, ou, na falta destes, por arbitramento (Código Civil, art. 628).

O depositante tem a obrigação de indenizar o depositário pelas despesas feitas com a coisa e por prejuízos que decorrerem do depósito (Código Civil, art. 643).

O depositário tem direito de retenção sobre a coisa depositada até que receba a retribuição devida, o valor líquido das despesas, ou dos prejuízos a que se refere o artigo 643, provando imediatamente esses prejuízos ou essas despesas (Código Civil, art. 644). Se essas dívidas, despesas ou prejuízos não forem provados suficientemente, ou forem ilíquidos, o depositário poderá exigir caução idônea do depositante ou, na falta desta, a remoção da coisa para o Depósito Público, até que se liquidem (art. 644, parágrafo único).

O depositário tem obrigação de guardar e conservar a coisa depositada, "bem como a restituí-la, com todos os frutos e acrescidos, quando o exija o depositante" (art. 629). Ainda que o contrato tenha prazo determinado o depositante tem o direito de exigi-la a qualquer tempo (Código Civil, art. 639).

Responde o depositário por danos, salvo caso de força maior, mas terá de provar a sua ocorrência (Código Civil, art. 642)[825].

O depositário não poderá utilizar-se da coisa dada em depósito, sem licença expressa do depositante, sob pena de responder por perdas e danos (Código Civil, art. 640). Mas

823. GOMES, Orlando. *Contratos.* 26ª ed., rev., atual. e ampl. por Antonio Junqueira de Azevedo *et al.* Rio de Janeiro: Forense, 2008, p. 420, considera aceitável a opinião dos que entendem tratar-se de *negócio especial*.

824. A jurisprudência formada sob o Código de 1916, que reconhecia a distinção entre depósito irregular e mútuo, permanece aplicável (STJ, REsp 50.830/PR, Quarta Turma, Rel. Min. Cesar Asfor Rocha, v.u. 07/10/97).

825. STJ, REsp 1.217.701/TO, Quarta Turma, Rel. Min. Luis Felipe Salomão, v.u. 07/06/2016.

ele pode requerer depósito judicial se não puder mais guardar a coisa e o depositante não quiser recebê-la, libertando-se de suas responsabilidades (Código Civil, arts. 634 e 635).

Se o objeto do depósito foi entregue fechado, ele deve ser devolvido nas mesmas condições (Código Civil, art. 630).

A **prisão civil** do depositário infiel, aquele que não restitui a coisa depositada quando exigida (art. 652 do Código Civil), **foi afastada pela Súmula Vinculante 25 do Supremo Tribunal Federal**, que dispõe ser ilícita a prisão civil do depositário infiel, qualquer que seja a modalidade do depósito, mas permanece a obrigação de ressarcir os prejuízos.

6.6. Extinção do contrato

O contrato de depósito extingue-se pelo **vencimento do prazo**, mas o depositante tem o direito de exigir, a qualquer tempo, a coisa depositada (Código Civil, art. 639). Ele também pode se extinguir pelo **perecimento da coisa depositada** ou pela **incapacidade superveniente do depositante**[826]. Sendo o depósito realizado *intuitu personae*, no qual prevalece a pessoa do contratado, a morte do depositário conduz à extinção do contrato.

6.7. Depósito em armazéns-gerais e em armazéns agropecuários

Examinamos em conjunto, neste item, a disciplina dos armazéns-gerais em geral e a dos armazéns agropecuários, comparando as semelhanças e diferenças dos regimes aplicáveis a um e outro.

A origem do depósito em armazéns-gerais encontra-se na antiga Roma, na qual eles eram administrados pelo Estado[827]. Hoje, armazéns-gerais são empresas que têm por finalidade a guarda e a conservação de mercadorias com a faculdade de emissão, quando requerida, de títulos de crédito que as representam.

Desde o início do século passado aplicava-se, entre nós, um único regime jurídico ao depósito de quaisquer bens. Hoje, a armazenagem de produtos agropecuários está sujeita ao disposto em leis especiais. O regime geral é aquele previsto no Decreto nº 1.102/1903; a armazenagem de produtos agropecuários, seus derivados, subprodutos e resíduos de valor econômico está sujeita ao disposto na Lei nº 11.076/04[828]. A regulamentação especial imposta pelo legislador a essa atividade, sujeitando os depositários a um regime especial de

826. GOMES, Orlando. *Contratos.* 26ª ed., rev., atual. e ampl. por Antonio Junqueira de Azevedo *et al.* Rio de Janeiro: Forense, 2008, p. 421.

827. LACERDA, J. C. Sampaio de. *Dos armazéns-gerais – seus títulos de crédito* (conhecimento de depósito e warrant). Rio de Janeiro: Forense, s/data, p. 11.

828. A Lei nº 9.973/2000, regulamentada pelo Decreto nº 3.855/2001, versa sobre o sistema de armazenagem de produtos agropecuários e a Lei nº 8.171/1991 prevê o atendimento aos princípios gerais da política agrícola.

responsabilidade, representa uma intervenção do Estado no domínio econômico, visando a garantir a segurança do seu exercício, em benefício dos depositantes[829].

Fiscalização. A fiscalização dos armazéns-gerais comuns cabe às Juntas Comerciais nas quais eles são inscritos (Decreto nº 1.102/1903, arts. 1º e 13). As empresas de armazéns-gerais agropecuários, além da inscrição na Junta Comercial estão sujeitos à fiscalização do Ministério da Agricultura (Lei nº 9.973/2000, arts. 2º e 11).

Qualificação jurídica. O contrato de depósito em armazéns-gerais é **real**, como o depósito comum, pois se aperfeiçoa com a entrega da coisa e bilateral, porque cria obrigações para ambas as partes. É **oneroso**, pois a prestação de serviços pelo depositário requer, sempre, remuneração (Decreto nº 1.102/1903, art. 2º, alínea 2ª, "b"; Lei nº 9.973/2000, art. 3º, *caput*). O preço dos serviços, em regra geral, é fixado pelas partes, podendo ser subvencionado pelo Estado no caso dos produtos agropecuários (Lei nº 9.973/2000, art. 3º, § 3º).

Títulos representativos. Os títulos representativos de mercadorias depositadas nos armazéns-gerais não sujeitos a regulamentação especial são o conhecimento de depósito e o *warrant* (Decreto nº 1.102/1903, art. 1º), mas sua emissão está vedada àqueles dedicados à armazenagem de produtos agropecuários (Lei nº 11.076/04, art. 46): os títulos próprios destes últimos são o Certificado de Depósito Agropecuário – CDA e o Warrant Agropecuário – WA, que são títulos executivos extrajudiciais (Lei nº 11.076/04, art. 1º).

O conhecimento de depósito e o *warrant* podem ser transferidos unidos ou separados, por endosso. A emissão deles permite uma maior mobilidade às mercadorias neles depositadas, que são substituídas pelos títulos que as representam. A posse dos títulos representa a posse das mercadorias.

Direitos do depositário. O depositário tem os seguintes direitos decorrentes da onerosidade do contrato (Decreto nº 1.102/1903):

a) de **receber remuneração**;

b) de **vender em público mercadoria considerada abandonada**, após aviso com antecedência de cinco dias, independentemente de procedimento judicial (Decreto nº 1.102/1903, art. 10), direito não aplicável aos armazéns agropecuários;

829. A análise mais ampla do sistema dos armazéns-gerais agropecuários excederia o propósito deste manual; assim, remetemos o leitor às seguintes obras: BURANELLO, Renato. Contratos do agronegócio. In: COELHO, Fábio Ulhoa. *Tratado de direito comercial:* títulos de crédito, direito bancário, agronegócio e processo empresarial. Vol. 8, São Paulo: Saraiva, 2015; BURANELLO, Renato M. *Sistema privado de financiamento do agronegócio*: regime jurídico. 2ª ed., rev. e atual. São Paulo: Quartier Latin, 2011; COELHO, Fábio Ulhoa. Títulos do agronegócio. In: COELHO, Fábio Ulhoa. *Tratado de direito comercial:* títulos de crédito, direito bancário, agronegócio e processo empresarial. Vol. 8, São Paulo: Saraiva, 2015.

c) de **retenção** sobre as mercadorias depositadas para garantia do pagamento da armazenagem e demais despesas, podendo esse direito ser oposto à massa falida do devedor (Decreto nº 1.102/1903, art. 14; Lei nº 9.973/2000, art. 9º);

d) a **indenização** pelos prejuízos que lhe ocorram por culpa ou dolo do depositante (Decreto nº 1.102/1903, art. 14), sem previsão expressa quanto aos armazéns agropecuários, sendo a eles aplicáveis as normas gerais.

Obrigações das partes. Duas são as obrigações principais do depositário: guardar e conservar as mercadorias e emitir os títulos correspondentes (Decreto nº 1.102/1903, art. 1º, *caput*; Lei nº 9.973/2000, art. 6º). O armazém agropecuário tem, ainda, as seguintes obrigações (Lei nº 9.973/2000, arts. 10 e 11):

> "Art. 10. O depositário é obrigado:
>
> I – a prestar informações, quando autorizado pelo depositante, sobre a emissão de títulos representativos do produto em fase de venda e sobre a existência de débitos que possam onerar o produto; e
>
> II – a encaminhar informações ao Ministério da Agricultura e do Abastecimento, na forma e periodicidade que este regulamentar.
>
> Art. 11. O Ministério da Agricultura e do Abastecimento, diretamente, ou por intermédio dos seus conveniados, terá livre acesso aos armazéns para verificação da existência do produto e suas condições de armazenagem.

As empresas de armazéns-gerais respondem pela guarda, conservação e pronta entrega das mercadorias recebidas em depósito, bem como pela culpa, fraude ou dolo de seus empregados e prepostos e pelos furtos acontecidos aos gêneros e mercadorias dentro dos armazéns (Decreto nº 1.102/1903, art. 11). Os armazéns-gerais agropecuários respondem, além desses casos, também pelo manuseio inadequado das mercadorias depositadas, na forma da legislação específica (Lei nº 9.973/2000, art. 6º, § 1º), e a legislação estabelece a responsabilidade pessoal dos seus administradores.

Proibições. As proibições estabelecidas em lei para cada modalidade de armazéns-gerais são diversas e serão examinadas em tópicos distintos.

As proibições estabelecidas pelo artigo 8º do Decreto nº 1.102/1903 são as seguintes:

> "Art. 8º – Não podem os armazéns gerais:
>
> § 1º – Estabelecer preferência entre os depositantes a respeito de qualquer serviço.
>
> § 2º – Recusar o depósito, exceto:
>
> – se a mercadoria que se deseja armazenar não for tolerada pelo regulamento interno;
>
> – se não houver espaço para a sua acomodação;
>
> – se, em virtude das condições em que ela se achar, puder danificar as já depositadas.

§ 3º – Abater o preço marcado na tarifa em benefício de qualquer depositante.

§ 4º – Exercer o comércio de mercadorias idênticas às que se propõem receber em depósito, e adquirir, para si ou para outrem, mercadorias expostas à venda em seus estabelecimentos, ainda que seja a pretexto de consumo particular.

§ 5º – Emprestar ou fazer, por conta própria ou alheia, qualquer negociação sobre os títulos que emitirem".

A Lei nº 9.973/2000, que rege os armazéns agropecuários, admite expressamente: a possibilidade de estabelecimento de preferências, que devem constar do Regulamento Interno do armazém (art. 5º); o exercício do comércio de mercadorias da mesma espécie das que o armazém-geral tem em depósito (art. 8º); que o preço seja fixado por livre acordo entre as partes (art. 3º, § 1º).

7. DEPÓSITO BANCÁRIO

7.1. Conceito

Ressalta no depósito bancário a **função de segurança que o banco proporciona ao correntista**, dados os riscos do transporte de dinheiro. O contrato se aperfeiçoa quando da entrega da coisa ao banco, e se extingue com a retirada de todo o dinheiro depositado ou o encerramento da conta.

Trata-se de **contrato de depósito irregular**, como sustenta Eduardo Salomão Neto[830], aquele que tem por objeto o **depósito de coisas fungíveis**, no qual o depositário se obriga a restituir coisa do mesmo gênero, quantidade e qualidade (Código Civil, art. 645). Como o banco pode usar o valor depositado para realizar suas operações de crédito, ele também tem interesse na realização do depósito.

7.2. Depósito bancário e mútuo

Comparação com o mútuo. O art. 645 do Código Civil dispõe apenas que o depósito de coisas fungíveis se rege pelas regras do mútuo, não que ele seja propriamente um mútuo, de maneira que nada se opõe à qualificação desse depósito como verdadeiro depósito irregular.

7.3. Características

Quanto à **finalidade econômica**, os depósitos podem ser à vista, a prazo e de poupança.

Quanto à **titularidade**, os depósitos podem ser individuais ou conjuntos, conforme tenham um ou mais titulares. Sendo a conta conjunta, cada um dos titulares pode

830. SALOMÃO NETO, Eduardo. *Direito bancário*. São Paulo: Trevisan Editora, 2020, p. 268.

movimentar a conta, dispondo da totalidade dos recursos, mas nada impede que se convencione a movimentação conjunta da conta.

Falecendo um dos titulares, presume-se que cada um dos cocorrentistas seja titular de metade dos valores depositados, salvo se houver entre eles solidariedade (Código Civil, art. 639), mas admite-se a comprovação dos valores que integram o patrimônio de cada um[831].

Quanto à **capacidade** dos depositantes, os menores relativamente incapazes podem efetuar depósitos e movimentar contas nas instituições financeiras, desde que autorizados por seus representantes legais, sem depender da assinatura das pessoas legitimadas a dar a autorização.

Os depósitos bancários são instrumentalizados em contratos de conta corrente que, uma vez abertas, recebem as operações. Analisaremos, a seguir, os contratos de conta corrente e, em especial, o de conta corrente bancária.

8. CONTA CORRENTE E CONTA CORRENTE BANCÁRIA

8.1. Contratos de conta corrente

Na definição de Fran Martins: "Conta-corrente é o **contrato segundo o qual duas pessoas convencionam fazer remessas recíprocas de valores – sejam bens, títulos ou dinheiro –, anotando os créditos daí resultantes em uma conta para posterior verificação do saldo exigível, mediante balanço**"[832].

O contrato de conta corrente é celebrado entre dois empresários que têm relações negociais continuadas. Ao invés de satisfazerem, de imediato, as operações recíprocas de débito e crédito, vão registrando em lançamentos contábeis as sucessivas remessas em seus respectivos livros de modo que somente por um *balanceamento* de contas se verificará qual é o devedor ou qual é o credor.

8.2. Características

Suas **características** são as seguintes:

a) o **objeto** do contrato é a **concessão recíproca de crédito**;

b) as **remessas,** representando os recíprocos valores, **perdem sua individualidade**;

c) a **transformação imediata das remessas**, que inscritas nas contas, passam a representarem valores integrantes e inseparáveis delas;

831. STJ, REsp 1.510.310/RS, Terceira Turma, Rel. Min. Nancy Andrighi, v.u. 03/10/2017.

832. MARTINS, Fran. *Contratos e obrigações comerciais.* 17ª ed., rev. e atual. Rio de Janeiro: Forense, 2017, p. 323. Em sentido semelhante: LEÃES, Luiz Gastão Paes de Barros. O contrato de conta corrente. *Revista dos Tribunais,* vol. 738, abril de 1997, p. 93.

d) isso só é possível porque na conta corrente **não se produzem compensações automáticas dos créditos**[833];

e) de tal forma que as **exigibilidades dos respectivos créditos só se operam no encerramento das contas**;

f) esse **enceramento**, em princípio, se realiza a final, mas é possível estabelecer convencionalmente encerramentos *periódicos* ou parciais.

A **extinção do contrato** de conta corrente se dá: pela expiração do prazo fixado; pelo acordo entre as partes; pela ocorrência de condição resolutória; por vontade de um dos correntistas, se o contrato for por prazo indeterminado (denúncia); pela falência e pela morte ou incapacidade de uma das partes. Ocorrendo uma causa de extinção do contrato, encerra-se a conta e apura-se o saldo.

8.3. Contas bancárias

As **contas bancárias** admitem as seguintes espécies:

a) **conta corrente bancária**, o tipo mais comum; nela, o dinheiro fica à disposição do correntista para ser sacado a qualquer momento, sem gerar rendimentos para o depositante;

b) **conta de poupança**, na qual o dinheiro que foca à disposição do banco por mais de trinta dias gera rendimentos para o depositante;

c) **conta-salário**, um tipo especial de conta destinada a receber salários, proventos, soldos, vencimentos, aposentadorias, pensões e outros; ela é aberta mediante acordo entre a instituição financeira e uma empresa privada ou órgão público, que é responsável pela identificação do seu empregado, o indivíduo que será o titular da conta.

A característica essencial da conta corrente comum é a concessão de créditos recíprocos entre empresários que podem definir antecipadamente, ou não, um prazo para o encerramento da conta. As **diferenças** entre o contrato de conta corrente comum e o bancário são:

a) na conta corrente bancária **as remessas são realizadas apenas pelo cliente**, não existe a realização de remessas recíprocas;

b) a **exigibilidade do saldo** é possível **a qualquer momento**;

c) a **compensação** não se opera a final, mas **de forma gradual, ao longo das sucessivas remessas**;

833. Ao contrário do que dispõe o art. 368 do Código Civil, que só se aplica à compensação legal, não à convencional (MARTINS, Fran. Ob. Cit., p. 27).

d) na base da conta corrente bancária existe **um mandato**, de **conteúdo indeterminado**, pelo qual o banco, assumindo o *serviço de caixa* do cliente, se obriga ao cumprimento dos atos e negócios jurídicos solicitados pelos correntistas.

Natureza jurídica. Trata-se de contrato **bilateral**, pois gera obrigações para ambas as partes (prestação de serviços/obrigação de alimentar a conta com depósito pecuniário); **consensual**, pois se forma por simples acordo de vontades, reduzido a escrito; **de execução continuada; normativo** (pois regula relações futuras) e **oneroso**, porque prevê vantagens para ambas as partes.

9. PENHOR

9.1. Conceito

O penhor se insere entre os direitos de garantia, e tem origem no antigo direito romano (*pignus*). Penhor é o contrato pelo qual **uma pessoa dá à outra coisa móvel em garantia ao cumprimento de obrigação**. Mas o termo "penhor" se refere tanto ao contrato que tem a função de constituir o direito real de garantia, ao próprio direito real (Código Civil, art. 1.419), e, ainda, ao bem objeto da garantia. O credor denomina-se credor pignoratício ou dador; o devedor, devedor pignoratício.

O penhor tem natureza real, aderindo à coisa oferecida em garantia, protegendo o titular dos efeitos do inadimplemento e da insolvência do devedor. No entanto, como assinala Pablo Rentería, tal proteção não se afigura absoluta:

a) "porque o preço do bem gravado pode se revelar inferior ao montante total do débito;

b) porque, nos termos do art. 83 da Lei nº 11.101/2005, o crédito trabalhista, até certo valor, tem preferência sobre o credor pignoratício". [834]

O penhor pode ser **legal,** quando constituído por exigência de lei, ou **convencional**, quando decorrer de contrato; no primeiro caso, por evidente, não existirá contrato para a constituição da garantia (Código Civil, art. 1.467).

Objeto do penhor é, necessariamente, coisa móvel (Código Civil, art. 1.431, *caput*); a garantia real sobre imóveis é a hipoteca, que se aplica tanto aos bens imóveis propriamente ditos quanto àqueles considerados imóveis por destinação legal, como ocorre com os navios e aeronaves.

---

834. RENTERÍA, Pablo. A configuração do penhor no direito brasileiro. In: GUEDES, Gisela Sampaio da Cruz; MORAES, Maria Celina Bodin de; MEIRELES, Rose Melo Venceslau (coords.). *Direito das garantias*. São Paulo: Saraiva, 2017, p. 250-251. Nos termos do art. 83, I, Lei nº 11.101/2005, "os créditos derivados da legislação trabalhista, limitados a 150 (cento e cinquenta) salários-mínimos por credor, e aqueles decorrentes de acidentes de trabalho;" preferem aos "créditos gravados com direito real de garantia até o limite do valor do bem gravado; (inciso II).

Trata-se de **contrato real**, pois exige a transferência efetiva da posse da coisa objeto da garantia ao credor ou a quem o represente (Código Civil, art. 1.431, *caput*), a não ser nos casos de penhor rural, industrial, mercantil e de veículos, nos quais as coisas empenhadas continuam em poder do devedor, que as deve guardar e conservar (art. 1.431, parágrafo único), cujas exceções se explicam pela necessidade de sua utilização econômica pelo devedor[835]. Mas o Superior Tribunal de Justiça já admitiu a tradição simbólica na vigência do Código Civil de 2002[836].

Leis especiais podem, ainda, prever a permanência da garantia em mãos do devedor, bem como o penhor de bens futuros, como a safra em formação. É também **contrato acessório**, pois sua existência depende da obrigação principal cujo cumprimento é garantido pela coisa oferecida pelo devedor ao credor, extinguindo-se com a extinção dela.

Os contratos de penhor, anticrese ou hipoteca declararão, sob pena de não terem eficácia: o valor do crédito, sua estimação, ou valor máximo; o prazo fixado para pagamento; a taxa dos juros, se houver; o bem dado em garantia com as suas especificações (Código Civil, art. 1.424).

O instrumento do penhor deverá ser levado a registro, por qualquer dos contratantes; o do penhor comum será registrado no Cartório de Títulos e Documentos (art. 1.432)[837].

9.2. Direitos e obrigações das partes

Direitos do credor pignoratício. São direitos do credor ter a posse da coisa empenhada (ressalvadas as exceções legais); à retenção dela, até que o indenizem das despesas devidamente justificadas, que tiver feito, não sendo ocasionadas por culpa sua; ao ressarcimento do prejuízo que houver sofrido por vício da coisa empenhada; a promover a execução judicial, ou a venda amigável, se lhe permitir expressamente o contrato, ou lhe autorizar o devedor mediante procuração; a apropriar-se dos frutos da coisa empenhada que se encontra em seu poder; a promover a venda antecipada, mediante prévia autorização judicial, sempre que haja receio fundado de que a coisa empenhada se perca ou deteriore, devendo o preço ser depositado. O dono da coisa empenhada pode impedir a venda antecipada, substituindo-a, ou oferecendo outra garantia real idônea (Código Civil, art. 1.433).

---

835. VERÇOSA, Haroldo Malheiros Duclerc. *Direito comercial: os contratos empresariais em espécie* (segundo a sua função jurídico-econômica). São Paulo: Ed. Revista dos Tribunais, 2014, p. 268.

836. STJ, REsp 1.377.908/RJ, Quarta Turma, Rel. Min. Luis Felipe Salomão, v.u. 21/05/2013, ementa (transcrição parcial): "6. O Código Comercial, a teor do revogado artigo 271, tratava o penhor mercantil como contrato, todavia o Código Civil inclui o penhor entre os direitos reais de garantia, sem que tenha procedido à substancial modificação em sua disciplina. Com efeito, em que pese o Diploma civilista não dispor textualmente acerca da possibilidade de fazer-se a tradição simbólica, isso ressai nítido da leitura de seu art. 1.431, parágrafo único, que estabelece que no penhor rural, industrial, mercantil e de veículos, "as coisas empenhadas continuam em poder do devedor".

837. Trata-se de condição de eficácia do contrato (VERÇOSA, Haroldo Malheiros Duclerc. Ob. Cit., p. 268). Mas, como veremos adiante, em algumas modalidades especiais, o registro é condição de validade.

Em complemento, dispõe o artigo 1.434: "O credor não pode ser constrangido a devolver a coisa empenhada, ou uma parte dela, antes de ser integralmente pago, podendo o juiz, a requerimento do proprietário, determinar que seja vendida apenas uma das coisas, ou parte da coisa empenhada, suficiente para o pagamento do credor".

Obrigações do credor pignoratício. O credor é obrigado: à custódia da coisa, como depositário, e a ressarcir ao dono a perda ou deterioração de que for culpado[838], podendo ser compensada na dívida, até a concorrente quantia, a importância da responsabilidade; à defesa da posse da coisa empenhada e a dar ciência, ao dono dela, das circunstâncias que tornarem necessário o exercício de ação possessória; a imputar o valor dos frutos, de que se apropriar (art. 1.433, inciso V) nas despesas de guarda e conservação, nos juros e no capital da obrigação garantida, sucessivamente; a restituí-la, com os respectivos frutos e acessões, uma vez paga a dívida; a entregar o que sobeje do preço, quando a dívida for paga, no caso do inciso IV do art. 1.433 (Código Civil, art. 1.435).

Os direitos e obrigações dos devedores são correlatos aos do credor. Ainda que o devedor seja depositário infiel não mais se aplica a ele a pena de prisão civil, afastada pela Súmula Vinculante 25, do Supremo Tribunal Federal, que dispõe: "É ilícita a prisão civil de depositário infiel, qualquer que seja a modalidade do depósito".

O mero inadimplemento do devedor não transmite a propriedade do bem dado em penhor ao credor. O *caput* do art. 1.428 do Código Civil é categórico ao estabelecer que é nula a cláusula que autoriza o credor pignoratício a ficar com o objeto da garantia, se a dívida não for paga no vencimento. É a vedação ao chamado pacto comissório. Com isso, impede-se que o devedor fique "inteiramente subordinado à vontade do credor, sujeitando-se a pressões e estratagemas leoninos e usurários"[839].

9.3. Modalidades específicas

Examinamos aqui apenas as modalidades contratuais de penhor. O penhor legal está regulado nos artigos 1.467 a 1.472 do Código Civil.

Modalidades industriais. O crédito industrial constitui-se usualmente, hoje, mediante o uso da "Cédula de Crédito Industrial" (Decreto-lei nº 413/69), que admite o penhor de bens. E, dispõe o artigo 1.448 do Código Civil: "Constitui-se o penhor industrial, ou o mercantil, mediante instrumento público ou particular, registrado no Cartório de Registro de Imóveis da circunscrição onde estiverem situadas as coisas empenhadas".

838. STJ, REsp 35.190/SP, Terceira Turma, Rel. Min. Nilson Naves, v.u.03/05/94. No mesmo sentido: REsp 730.925/RJ, Terceira Turma, Rel. Min. Nancy Andrighi, v.u. 20/04/2006.

839. VENOSA, Silvio de Salvo. *Direito Civil.* Volume 5. São Paulo: Atlas, 2005, p. 550.

O **penhor do sal** nas salinas constitui-se, hoje, cedularmente, obedecendo ao disposto no Decreto-lei nº 413/69, que regula os títulos de crédito industrial[840], não se exigindo a tradição efetiva da coisa.

Penhor rural (agrícola ou pecuário). Podem ser objeto de *penhor agrícola* as máquinas e instrumentos de agricultura; colheitas pendentes, ou em via de formação; frutos acondicionados ou armazenados; lenha cortada e carvão vegetal e animais do serviço ordinário de estabelecimento agrícola (Código Civil, art. 1.442).

O **penhor pecuário** pode recair sobre os animais que integram a atividade pastoril, agrícola ou de lacticínios (Código Civil, art. 1.444), sendo que o devedor não poderá alienar os animais empenhados sem prévio consentimento, por escrito, do credor (art. 1.445).

Nos termos do artigo 1.438 do Código Civil: "Constitui-se o penhor rural mediante instrumento público ou particular, registrado no Cartório de Registro de Imóveis da circunscrição em que estiverem situadas as coisas empenhadas". Portanto, o registro é requisito de validade do contrato, não apenas de sua eficácia perante terceiros.

O penhor rural, agrícola ou pecuário independe da entrega dos bens dados em garantia (Código Civil, art. 1.431, parágrafo único; Lei nº 492/37, art. 1º). Mas a forma corrente de crédito rural se dá mediante o uso de cédulas de crédito rural (Lei nº 4.829/65, art. 25; Decreto nº 58.389/96, art. 5º) que admite poderem constituir garantia dos empréstimos rurais o penhor agrícola e o pecuário, entre outras modalidades.

O **prazo** do penhor rural é de 3 (três) anos, prorrogáveis, no penhor agrícola, e de 4 (quatro) no penhor pecuário (Lei nº 492/37, art. 7º, modificado pelo Decreto-lei nº 167/67). Mas o artigo 1.439 do Código Civil, na redação dada pela Lei nº 12.873/2013, dispõe que o penhor agrícola e o penhor pecuário não podem ser convencionados por prazos superiores aos das obrigações garantidas[841].

Os bens objeto de penhor rural, ainda que objetivamente fungíveis são tratados, por força de lei, como coisas infungíveis (Lei nº 492/37, art. 2º, V e VI), mas, ainda que o devedor seja depositário infiel não mais se aplica a ele a pena de prisão civil, pois dispõe a Súmula Vinculante nº 25 do Supremo Tribunal Federal: "É ilícita a prisão civil de depositário infiel, qualquer que seja a modalidade do depósito".

Penhor de mercadorias depositadas em armazéns gerais. O *warrant* é o título de crédito que representa a posse das mercadorias, permanecendo o armazém-geral na qualidade de simples detentor das mesmas. O penhor das mercadorias depositadas em

---

840. MARTINS, Fran. *Contratos e obrigações comerciais.* 17ª ed., rev. e atual. Rio de Janeiro: Forense, 2017, p. 285.

841. VERÇOSA, Haroldo Malheiros Duclerc. *Direito comercial: os contratos empresariais em espécie* (segundo a sua função jurídico-econômica). São Paulo: Ed. Revista dos Tribunais, 2014, p. 270, admite a prorrogação do prazo, como constava da redação originária do artigo 1.439 do Código Civil, desde que devidamente averbada à margem do registro.

armazéns-gerais se constitui pelo primeiro endosso do *warrant,* separado do conhecimento de depósito; não há tradição da coisa para o credor (Decreto nº 1.102/1903, arts. 18 e 19).

Penhor de direito, em especial dos títulos de crédito e de ações. Nos termos do art. 1451 do Código Civil: "Podem ser objeto de penhor direitos, suscetíveis de cessão, sobre coisas móveis.", e, em regra geral, ele se dá sobre coisas incorpóreas. e se constitui mediante o registro do ato constitutivo no cartório do Registro de Títulos e Documentos, mas veremos a seguir exceções.

A doutrina tradicional ainda considera os títulos de crédito bens corpóreos, mas, hoje, as duplicatas podem ser emitidas por meio eletrônico, exclusivamente, e as ações das sociedades anônimas podem ser escriturais, sem emissão de documentos físicos.

No direito brasileiro, tradicionalmente, o penhor de coisas incorpóreas era denominado caução, mas era sempre de penhor que se tratava; o Código Civil refere-se simplesmente ao penhor de títulos.

Para efetivar o penhor de títulos deve o credor intimar o devedor deles para que não pague ao seu credor enquanto durar a caução.

A **lei de sociedades por ações** emprega os termos penhor ou caução como sinônimos. O penhor das ações nominativas se constitui pela averbação da caução no livro próprio (Lei nº 6.404/76, art. 39, *caput*); o penhor das ações escriturais, pela averbação nos livros de instituição financeira a qual será anotada no extrato da conta de depósito fornecido ao acionista (Lei nº 6.404/76, art. 39, § 1º).

A sociedade anônima não pode aceitar suas próprias ações em penhor, salvo para garantia da gestão de seus diretores (Lei nº 6.404/76, art. 30, § 3º).

Penhor de veículos. Podem ser objeto de penhor "os veículos empregados em qualquer espécie de transporte ou condução" (Código Civil, art. 1.461), mas os navios e as aeronaves não serão objeto de penhor, e sim de hipoteca, por serem imóveis por destinação legal (art. 1.473, VI e VII).

O penhor de veículos se constitui pelo registro da garantia no Cartório de Títulos e Documentos do domicílio do devedor e da anotação no certificado de propriedade (art. 1.462, *caput*); portanto, ele não exige a entrega da coisa. Ele só se pode convencionar pelo prazo máximo de dois anos, prorrogável até o limite de igual tempo, averbada a prorrogação à margem do registro respectivo (art. 1.466).

9.4. Extinção do contrato

Extingue-se o penhor nos seguintes casos (Código Civil, art. 1.436):

a) **extinguindo-se a obrigação**;

b) **perecendo a coisa**;

c) pela **renúncia do credor**, que será presumida quando ele consentir na venda particular do penhor sem reserva de preço, quando restituir a sua posse ao devedor, ou quando anuir à sua substituição por outra garantia (art. 1.436, § 1º);

d) mediante a **confusão**, na mesma pessoa, das qualidades de credor e de dono da coisa; entretanto, operando-se a confusão tão somente quanto a parte da dívida pignoratícia, subsistirá inteiro o penhor quanto ao resto (art. 1.436, § 2º);

e) ocorrendo a **adjudicação judicial**, a remissão ou a venda da coisa empenhada, feita pelo credor ou por ele autorizada.

A renúncia do credor somente produz efeitos depois de averbado o cancelamento do registro, à vista da respectiva prova (art. 1.437).

10. ALIENAÇÃO FIDUCIÁRIA EM GARANTIA

10.1. Conceito

A alienação fiduciária nasceu da necessidade de novas garantias reais[842] para a proteção do direito de crédito. A hipoteca e o penhor, por exemplo, não mais satisfazem a uma sociedade industrializada, pois apresentam graves desvantagens pelo custo e morosidade em executá-las, ou pela superposição a elas de privilégio em favor de certas pessoas, especialmente do Estado, tendo em vista a preferência do crédito tributário[843] e porque, nos termos do art. 83 da Lei nº 11.101/2005, o crédito trabalhista, até certo valor, tem preferência sobre o credor pignoratício" (ver capítulo sobre o penhor). Além disso, na alienação fiduciária o credor é titular de direito real sobre coisa própria, ao passo que nas demais garantias ele tem apenas direito real sobre coisa alheia.

As características essenciais da alienação fiduciária, no conceito dado por Orlando Gomes, continuam aplicáveis para sua compreensão. Ele afirma ser ela "o negócio jurídico pelo qual o devedor, para garantir o pagamento da dívida, transmite ao credor a propriedade de um bem, normalmente retendo-lhe a posse direta, sob a condição resolutiva de saldá-la"[844].Essa garantia foi instituída pelo artigo 66, da Lei nº 4.728/65, hoje revogado[845], limitada aos bens móveis. A partir da Lei nº 9.514/97 passou a ser aplicável também aos imóveis.

---

842. O artigo 1.367, do Código Civil, é expresso ao dispor que a propriedade fiduciária constitui direito real de garantia.

843. Código Tributário Nacional. "Art. 186. O crédito tributário prefere a qualquer outro, seja qual for sua natureza ou o tempo de sua constituição, ressalvados os créditos decorrentes da legislação do trabalho ou do acidente de trabalho". (Redação dada pela Lei Complementar 118/2005)

844. GOMES, Orlando. *Contratos*. 26ª ed., rev., atual. e ampl. por Antonio Junqueira de Azevedo *et al*. Rio de Janeiro: Forense, 2008, p. 567.

845. O artigo 66, da Lei nº 4.728/65, cuja redação foi alterada pelo Decreto-Lei nº 911/69, foi revogado implicitamente pelos arts. 1.361 a 1.368 do Código Civil, que regulamentou a propriedade fiduciária dos bens móveis, em garantia. Permanecem em vigor apenas as *normas processuais* previstas no referido Decreto-Lei, no que não foram alteradas pela legislação posterior (CHALHUB, Melhim Namem. *Negócio fiduciário*. Rio de Janeiro: Renovar, 2009, p. 154-155; PEREIRA, Caio Mário da Silva. *Instituições de direito civil*. Vol. III, 25ª ed., rev. e atual. por Caitlin Mulholland. Rio de Janeiro: Forense, 2022, p. 219).

O Código Civil não a disciplinava como contrato típico, tratando apenas de tema a ela conexo, a propriedade fiduciária, nos artigos 1.361 a 1.368-B. Com a vigência da Lei nº 14.711/2023, conhecida como Novo marco das garantias, o legislador disciplinou a alienação fiduciária em garantia, para os efeitos nela previstos, alterando a redação do artigo 22 da Lei nº 9.514/1997, que passou a ser a seguinte:

> "Art. 22. A alienação fiduciária regulada por esta Lei é o negócio jurídico pelo qual o fiduciante, com o escopo de garantia de obrigação própria ou de terceiro, contrata a transferência ao credor, ou fiduciário, da propriedade resolúvel de coisa imóvel."

10.2. Origem da alienação fiduciária em garantia

A origem do instituto da alienação fiduciária adotada em nosso direito é controversa. Ela se encontraria no direito anglo-americano. Melhim Chalhub a aproxima das regras gerais do *trust*, reconhecendo que "a doutrina é majoritária no sentido de conceber a alienação fiduciária como espécie do gênero negócio fiduciário"[846], hoje consagrado no Código Civil.

10.3. Características

Orlando Gomes sustenta que o contrato é simples título para a aquisição da propriedade fiduciária, que se complementa pela tradição simbólica, ou ficta[847]. Caio Mário da Silva Pereira segue em sentido semelhante, afirmando que o contrato cria "direito real de garantia", que "implica a transferência, pelo devedor ao credor, da propriedade e posse indireta do bem, mantida a posse direta com o alienante"[848]. Respeitando nosso sistema de direito de propriedade Caio Mário exige, para a transferência da propriedade de coisa móvel do devedor para o credor, a tradição, ainda que ficta. Se for imóvel, sua transferência se dá pelo registro do título[849].

Para Moreira Alves, esse contrato é de direito das coisas, "mas dele não nasce, independentemente de um modo de aquisição, o direito real, que é a propriedade fiduciária", que só passa a existir como direito real após o registro, "que lhe outorga o atributo de direito real *erga omnes*".[850] Portanto, para esse autor, a garantia real decorre do registro, não do contrato, ainda que seguido da entrega da coisa.

846. CHALHUB, Melhim Namem. *Negócio fiduciário.* Rio de Janeiro: Renovar, 2009, p. 132.
847. GOMES, Orlando. *Alienação fiduciária em garantia.* 4ª ed., Rio de Janeiro: Forense, 1975, p. 76.
848. PEREIRA, Caio Mário da Silva. Ob. Cit., p. 219.
849. PEREIRA, Caio Mário da Silva. *Instituições de direito civil*. Vol. IV, 23ª ed., rev. e atual. por Carlos Edison do Rêgo Monteiro Filho. Rio de Janeiro: Forense, 2015, item 364-B, p. 367.
850. ALVES, José Carlos Moreira. *Da alienação fiduciária em garantia.* 3ª ed., Rio de Janeiro: Forense, 1987, p. 80-82.

Arnoldo Wald afirma que o contrato tem efeito real, pois transfere a propriedade sem a entrega da coisa.[851] Essa interpretação se afasta da tradição do nosso direito, no qual o contrato tem efeito pessoal, não gerando direito real.

Cada uma dessas teorias irá gerar consequências práticas diversas, quando a questão envolver o momento da formação do contrato.

Alienação fiduciária em garantia é contrato **oneroso**, porque ambas as partes buscam obter benefícios; **bilateral**, porque impõe obrigações a ambas as partes; **comutativo**, porque supõe uma relativa equivalência das prestações de cada parte, e, em regra geral, **celebrado por adesão**.

10.3.1. Caráter acessório da alienação fiduciária

O contrato de alienação fiduciária, como ocorre com os contratos que são títulos de aquisição de direitos reais de garantia, é acessório daquele de que decorre o crédito que a propriedade fiduciária visa a garantir[852]; portanto, se o contrato principal for nulo, a alienação fiduciária também o será[853].

10.3.2. Instrumento do contrato

O contrato de alienação fiduciária de **bens móveis**, celebrado por instrumento público ou particular, não requer forma especial, mas só se prova por escrito, por meio de instrumento arquivado no Registro de Títulos e Documentos do domicílio do devedor *ou*, em se tratando de veículos, na repartição competente para o licenciamento (Código Civil, art. 1.361, § 1º).

Esse contrato é geralmente firmado no mesmo documento em que se estabelece a relação de crédito que a propriedade fiduciária visa a garantir, mas pode constar de instrumento separado.

Na alienação fiduciária de **bens imóveis** os contratos podem ser celebrados por instrumento público ou particular com efeito de escritura pública, no regime do Sistema Financeiro Imobiliário – SFI (Lei nº 9.514/97, art. 38, com a redação dada pelo art. 53 da Lei nº 11.076/04), mesmo que o valor destes seja superior ao valor legal, representando exceção à regra geral do artigo 108 do Código Civil.

O contrato, que serve de título à propriedade fiduciária, conterá (Código Civil, art. 1.362):

> I – o total da dívida, ou sua estimativa;
>
> II – o prazo, ou a época do pagamento;

---

851. WALD, Arnoldo; CAVALCANTI, Ana Elizabeth L. W.; PAESANI, Liliana Minardi. *Direito civil:* contratos em espécie. 20ª ed., totalmente reform. São Paulo: Saraiva, 2015, p. 59.

852. ALVES, José Carlos Moreira. Ob. Cit., p. 168.

853. RIZZARDO, Arnaldo. *Contratos.* 16ª ed., rev., atual. e ampl. Rio de Janeiro: Forense, 2017, p. 1.333.

> III – a taxa de juros, se houver;
>
> IV – a descrição da coisa objeto da transferência, com os elementos indispensáveis à sua identificação.

10.4. Partes

Partes no contrato de alienação fiduciária são o titular de determinado bem e o credor.

O **alienante**, ou **devedor fiduciante** (também denominado apenas fiduciante), titular do bem, pode ser o devedor ou o terceiro garantidor (também denominado terceiro fiduciante)[854]. O **credor fiduciário** (também denominado apenas fiduciário) é aquele a quem será transmitida a propriedade do bem dado em garantia.

Quanto à **capacidade**, ambas as partes devem ser capazes de contratar, ou seja, devem ter aptidão para adquirir e exercer direitos.

Quanto à **legitimidade**, qualquer pessoa que seja proprietária de um bem e tenha capacidade para alienar pode tornar-se **devedor fiduciante**.

A legitimidade do **credor fiduciário** continua regida pela legislação especial, de maneira que, em princípio, no que se refere a *bens móveis*, somente as instituições financeiras ou sociedades estatais ou paraestatais registradas no Banco Central estão legitimadas a realizar tais operações.

Registram-se, no entanto, algumas exceções: o INSS pode receber garantias sob a forma de alienação fiduciária de bens móveis (Decreto nº 3.048/99 – Regulamento da Previdência Social, art. 260, V), e as Sociedades de Crédito ao Microempreendedor e à Empresa de Pequeno Porte poderão utilizar o instituto da alienação fiduciária em suas operações de crédito (Lei nº 10.194/2001, art. 1º). Arnaldo Rizzardo admite a sua utilização por consórcios, por ser essa atividade regulamentada pelo Banco Central do Brasil.[855]

Alguns autores admitem uma terceira modalidade, que teria por objeto apenas bens móveis infungíveis e seria regulada pelos artigos 1.361 a 1.368 do Código Civil.[856] Quando tiver por objeto bem imóvel, o contrato pode ser celebrado por qualquer pessoa física ou jurídica, não sendo privativo das entidades que operam no Sistema Financeiro Imobiliário – SFI (Lei nº 9.514/97, art. 22, § 1º).

10.5. Coisa

Móvel ou imóvel. A coisa dada em garantia pode ser, como visto acima, móvel ou imóvel.

---

854. CHALHUB, Melhim Namem. *Negócio fiduciário.* Rio de Janeiro: Renovar, 2009, p. 161.

855. RIZZARDO, Arnaldo. *Contratos.* 16ª ed., rev., atual. e ampl. Rio de Janeiro: Forense, 2017, p. 1.345-1.346.

856. GOMES, Orlando. Contratos. 26ª ed., rev., atual. e ampl. por Antonio Junqueira de Azevedo et al. Rio de Janeiro: Forense, 2008, p. 568.

A garantia sobre *imóveis* pode ter como objeto, além da propriedade plena:

> I – bens enfitêuticos;
>
> II – o direito de uso especial para fins de moradia;
>
> III – o direito real de uso, desde que suscetível de alienação;
>
> IV – a propriedade superficiária (Lei nº 9.514/97, art. 22, § 1º, na redação dada pela Lei nº 11.481/2007).

O contrato que incidir sobre bens imóveis deve conter as seguintes informações (Lei nº 9.514/97, art. 24):

> I – o valor da dívida, sua estimação ou seu valor máximo;
>
> II – o prazo e as condições de reposição do empréstimo ou do crédito do fiduciário;
>
> III – a taxa de juros e os encargos incidentes;
>
> IV – a cláusula de constituição da propriedade fiduciária, com a descrição do imóvel objeto da alienação fiduciária e a indicação do título e modo de aquisição;
>
> V – a cláusula que assegure ao fiduciante a livre utilização, por sua conta e risco, do imóvel objeto da alienação fiduciária, exceto a hipótese de inadimplência;
>
> VI – a indicação, para efeito de venda em público leilão, do valor do imóvel e dos critérios para a respectiva revisão;
>
> VII – a cláusula que disponha sobre os procedimentos de que tratam os arts. 26-A, 27 e 27-A desta Lei.

Fungível ou consumível. O Código Civil se refere, apenas, à propriedade fiduciária de **coisa móvel infungível** (art. 1.361, *caput*) , mas a jurisprudência do Superior Tribunal de Justiça consolidou-se no sentido de que a alienação fiduciária de coisa fungível também possui a natureza jurídica de propriedade fiduciária[857].

O § 3º do mesmo artigo de lei, (na redação dada pela Lei nº 10.931/04), admite a constituição de alienação fiduciária de **coisa fungível**, em caráter excepcional, apenas para garantia de créditos constituídos no âmbito do mercado financeiro e de capitais, bem como de créditos fiscais e previdenciários.

Dada a dificuldade natural de identificação desses bens, o § 1º do artigo 66-B da Lei nº 4.728/65 dispõe que: "Se a coisa objeto de propriedade fiduciária não se identifica por números, marcas e sinais no contrato de alienação fiduciária, cabe ao proprietário fiduciário o ônus da prova, contra terceiros, da identificação dos bens do seu domínio que se encontram em poder do devedor" (§ 1º).

Para a garantia do credor, dispõe o § 2º do mesmo artigo de lei que "O devedor que alienar, ou der em garantia a terceiros, coisa que já alienara fiduciariamente em garantia,

857. STJ, AgInt nos EDcl no AREsp 1.999.933/SC, Terceira Turma, Rel. Min. Marco Aurélio Bellizze, v.u. 23/05/2022, DJe 25/05/2022.

ficará sujeito à pena prevista no art. 171, § 2º, I, do Código Penal" (incluído pela Lei 10.931, de 2004).

Quanto às coisas **fungíveis e consumíveis**, poder-se-ia admitir, a princípio, à vista dos dispositivos legais acima referidos, sua alienação fiduciária, desde que identificáveis, ao menos pelo gênero (Código Civil, art. 1.362, *caput*), mas o devedor ficaria impedido de aliená-los no curso de sua atividade empresarial, por serem objeto da garantia.

Futura ou pertencente ao próprio devedor. Admite-se a contratação de alienação fiduciária sobre *coisa futura* (Código Civil, art. 483), aquela que ainda não existe ou não pertence ao devedor no momento da constituição da garantia, pois "a propriedade superveniente, adquirida pelo devedor, torna eficaz, desde o arquivamento, a transferência da propriedade fiduciária" (art. 1.361, § 3º).

O Superior Tribunal de Justiça admite, na Súmula 28, a alienação fiduciária de *bem pertencente ao devedor*, nos seguintes termos: "O contrato de alienação fiduciária em garantia pode ter por objeto bem que já integrava o patrimônio do devedor".

Títulos de crédito e valores mobiliários. A cessão fiduciária de títulos de crédito, no âmbito do mercado financeiro e de capitais, passou a ser admitida expressamente pelo artigo 66-B, § 3º, da Lei nº 4.728/65, incluído pela Lei nº 10.931/04.

Admite-se a alienação fiduciária (a designação correta seria cessão fiduciária) de *ações* (Lei nº 6.404/76, arts. 40; 100, I, "f"; e 113, parágrafo único) e de *outros valores mobiliários*: partes beneficiárias (art. 50, *caput*), debêntures (arts. 58 e 63, *caput*) e bônus de subscrição (art. 78, parágrafo único), cuja fungibilidade é simplesmente econômica, não jurídica.

Veículos. A alienação fiduciária de veículos se constitui com o registro "na repartição competente para o licenciamento" (Código Civil, art. 1.361, § 1º), e a Súmula 92 do Superior Tribunal de Justiça dispõe que: "A terceiro de boa-fé não é oponível a alienação fiduciária não anotada no Certificado de Registro do veículo automotor".

De outro lado, a redação do art. 3º do Decreto-Lei nº 911/69, dada pela Lei nº 13.043/2014, estabelece novo procedimento a ser adotado na busca a apreensão e na reintegração de posse de veículos. Transcrevemos:

Art. 3º, *caput*:

> "O proprietário fiduciário ou credor poderá, desde que comprovada a mora, na forma estabelecida pelo § 2o do art. 2o, ou o inadimplemento, requerer contra o devedor ou terceiro a busca e apreensão do bem alienado fiduciariamente, a qual será concedida liminarmente, podendo ser apreciada em plantão judiciário."

Art. 3º, §§9º a 15:

> "§ 9º Ao decretar a busca e apreensão de veículo, o juiz, caso tenha acesso à base de dados do Registro Nacional de Veículos Automotores - RENAVAM, inserirá diretamente a restrição judicial na base de dados do Renavam, bem como retirará tal restrição após a apreensão.
>
> § 10. Caso o juiz não tenha acesso à base de dados prevista no § 9o, deverá oficiar ao departamento de trânsito competente para que:

> I - registre o gravame referente à decretação da busca e apreensão do veículo; e
>
> II - retire o gravame após a apreensão do veículo.
>
> § 11. O juiz também determinará a inserção do mandado a que se refere o § 9º em banco próprio de mandados.
>
> § 12. A parte interessada poderá requerer diretamente ao juízo da comarca onde foi localizado o veículo com vistas à sua apreensão, sempre que o bem estiver em comarca distinta daquela da tramitação da ação, bastando que em tal requerimento conste a cópia da petição inicial da ação e, quando for o caso, a cópia do despacho que concedeu a busca e apreensão do veículo.
>
> § 13. A apreensão do veículo será imediatamente comunicada ao juízo, que intimará a instituição financeira para retirar o veículo do local depositado no prazo máximo de 48 (quarenta e oito) horas.
>
> § 14. O devedor, por ocasião do cumprimento do mandado de busca e apreensão, deverá entregar o bem e seus respectivos documentos.
>
> § 15. As disposições deste artigo aplicam-se no caso de reintegração de posse de veículos referente às operações de arrendamento mercantil previstas na Lei no 6.099, de 12 de setembro de 1974.

Navios e aeronaves. Admitida a garantia fiduciária tanto sobre bens móveis quanto imóveis, não resta dúvida sobre a validade da alienação de embarcações, ressalvada a necessidade de ser averbado o contrato em sua matrícula. O registro da embarcação será realizado no Tribunal Marítimo ou na Capitania dos Portos, conforme a sua tonelagem.

O Código Brasileiro de Aeronáutica – CBA (Lei nº 7.565/86) admite, expressamente, a alienação fiduciária de **aeronaves** (arts. 148 a 152). Essa alienação somente se constitui e tem eficácia de direito real, entre as partes contratantes e em relação a terceiros, após o **registro no Registro Aeronáutico Brasileiro** (CBA, arts. 115, IV e § 2º e 116, V e § 1º).

Contratos de abertura de limite de crédito. São operações do sistema financeiro nacional, pelas quais o banco abre crédito em favor do creditado, a ser sacado até um certo limite de valor e durante determinado período, conhecidos como "contratos guarda-chuva de abertura de crédito"[858]. A possibilidade de constituição de alienação fiduciária em garantia desses contratos está prevista no art. 3º da Lei nº 13.476/2017.

Tendo em vista que o artigo 9º-A da Lei nº 13.476/2017, na redação dada pela Lei nº 14.711/2023, alude expressamente à possibilidade de alienação fiduciária em garantia de operações de crédito de qualquer natureza, substantiva parcela da doutrina entendeu possível a utilização desta modalidade de garantia para outros tipos de negócios que não os contratos de abertura de limite de crédito[859].

---

858. SOUZA, Gabriel Cardoso de. Extensão da alienação fiduciária de bens imóveis. In: CHEZZI, Bernardo; EL DEBS, Martha. *O novo marco das garantias:* aspectos práticos e teóricos da Lei 14.711/2023. São Paulo, Juspodivm, 2023, p. 153.

859. SOUZA, Gabriel Cardoso de. Extensão da alienação fiduciária de bens imóveis. In: CHEZZI, Bernardo; EL DEBS, Martha. *O novo marco das garantias:* aspectos práticos e teóricos da Lei 14.711/2023. São Paulo, Juspodivm, 2023, p. 154.

10.6. Mora e inadimplemento

Da mora e da prova da sua ocorrência. Quando o devedor não efetua o pagamento no tempo, forma e lugar que a lei ou a convenção estabelecer, está em mora (art. 394 do Código Civil), que **decorrerá do simples vencimento do prazo para pagamento** (mora *ex re*), **ainda que seja necessária a prova da sua ocorrência**, como prevê a Súmula 72 do Superior Tribunal de Justiça[860].

A mora "poderá ser comprovada por carta registrada com aviso de recebimento, não se exigindo que a assinatura constante do referido aviso seja a do próprio destinatário." (art. 2º, § 2º, do Decreto-lei nº 911/69, na redação dada pela Lei nº 13.043/2014), mas não é necessário que essa carta discrimine o valor do débito.

Essa comprovação não decorre da simples expedição da carta, e, sim, do recebimento dela no **endereço do devedor constante do contrato, se outro não houver sido indicado posteriormente**, por aproximação do dispositivo citado com as normas do Código de Processo Civil.

Quando o contrato houver previsto um **representante para receber a carta** em nome do devedor, este não poderá ter sido indicado pela instituição financeira, em se tratando de contrato com consumidor, pois a cláusula-mandato é vedada e declarada nula pelo Código de Defesa do Consumidor (Lei nº 8.078/90, art. 51, VIII), aplicável às instituições financeiras, como reconhece a Súmula 297 do Superior Tribunal de Justiça.

Purgação da mora. O direito do devedor de purgar a mora pelo pagamento somente das parcelas vencidas foi afastado pelo disposto no art. 3º do Decreto-Lei nº 911/69, na redação dada pela Lei nº 13.043/2014, e não se aplica o disposto no artigo 54, § 2º, do Código de Defesa do Consumidor (Lei nº 8.078/90), que confere ao consumidor a escolha entre a resolução do contrato ou o cumprimento dele. A aplicação da teoria do adimplemento substancial (substancial performance) segundo a qual o descumprimento de parcela ínfima do débito não daria motivo para a resolução do contrato, também vem sendo afastada pela jurisprudência[861].

O proprietário fiduciário ou credor poderá, desde que comprovada a mora ou o inadimplemento, requerer contra o devedor ou terceiro a busca e apreensão do bem alienado fiduciariamente, a qual será concedida liminarmente.

---

860. PEREIRA, Caio Mário da Silva. *Instituições de direito civil*. Vol. III, 25ª ed., rev. e atual. por Caitlin Mulholland. Rio de Janeiro: Forense, 2020, p. 220. STJ, REsp 810.717/RS, Terceira Turma, Rel. Min. Nancy Andrighi, v.u. 17/08/2006, ementa (transcrição parcial): "(...) a jurisprudência da 2.ª Seção do STJ é pacífica no sentido de que na alienação fiduciária a mora constitui-se *ex re*, isto é, decorre automaticamente do vencimento do prazo para pagamento, por isso não cabe qualquer inquirição a respeito do montante ou origem da dívida para a aferição da configuração da mora".

861. STJ, REsp 1.622.555/MG, Segunda Seção, Relator p/acórdão Min. Marco Aurélio Bellizze, decisão por maioria em 22/02/2017, com dois votos divergentes. Na doutrina, a possibilidade de rescisão, nesses casos, é afastada por Cláudia Lima Marques, em se tratando de contratos sujeitos ao Código de Defesa do Consumidor (MARQUES, Cláudia Lima. *Contratos no Código de Defesa do Consumidor:* o novo regime das relações contratuais. 6ª ed., rev., atual. e ampl., 2011, p. 1.091-1.108).

No prazo de cinco dias após a execução da liminar, o devedor fiduciante poderá pagar a integralidade da dívida pendente, segundo os valores apresentados pelo credor fiduciário na inicial, sendo o bem alienado restituído a ele livre do ônus da propriedade fiduciária.

Caso a sentença decrete a improcedência da ação de busca e apreensão, o juiz condenará o credor fiduciário ao pagamento de multa, em favor do devedor fiduciante, equivalente a cinquenta por cento do valor originalmente financiado, devidamente atualizado, caso o bem já tenha sido alienado. Essa multa não exclui a responsabilidade do credor fiduciário por perdas e danos.

Bem imóvel. Em se tratando de bem imóvel, **caso a dívida não seja paga,** encontram-se as seguintes possibilidades:

a) vencida e não paga a dívida, no todo ou em parte, e constituídos em mora o devedor e, se for o caso, o terceiro fiduciante, será consolidada, nos termos deste artigo, a propriedade do imóvel em nome do fiduciário (art. 26, caput, da Lei nº 9.514/97, na redação dada pela Lei nº 14.711/2023);

Antes da consolidação da propriedade, o devedor e, se for o caso, o terceiro fiduciante serão intimados, a requerimento do fiduciário, pelo oficial do registro de imóveis competente, a satisfazer, no prazo de 15 (quinze) dias, a prestação vencida e aquelas que vencerem até a data do pagamento, os juros convencionais, as penalidades e os demais encargos contratuais, os encargos legais, inclusive os tributos, as contribuições condominiais imputáveis ao imóvel e as despesas de cobrança e de intimação (§ 1º do art. 26 da Lei nº 9.514/97, dada pela Lei nº 14.711/2023).

Essa intimação será feita pessoalmente ao devedor e, se for o caso, ao terceiro fiduciante, que por esse ato serão **cientificados de que, se a mora não for purgada no prazo legal, a propriedade será consolidada no patrimônio do credor e o imóvel será levado a leilão** nos termos dos arts. 26-A, 27 e 27-A desta Lei, conforme o caso, hipótese em que **a intimação poderá ser promovida por solicitação do oficial do registro de imóveis, por oficial de registro de títulos e documentos da comarca da situação do imóvel ou do domicílio de quem deva recebê-la, ou pelo correio, com aviso de recebimento**, situação em que se aplica, no que couber, o disposto no art. 160 da Lei nº 6.015, de 31 de dezembro de 1973 (Lei de Registros Públicos) (art. 26, § 3º, na redação dada pela Lei nº 14.711/2023).

b) O fiduciante pode, com a anuência do fiduciário, dar seu direito eventual ao imóvel em pagamento da dívida, dispensados os procedimentos necessários ao leilão, previstos no art. 27 (art. 26, § 8º, incluído pela Lei nº 10.931/2004);

c) A consolidação da propriedade em nome do credor fiduciário será averbada no registro de imóveis trinta dias após a expiração do prazo para purgação da mora de que trata o § 1º do art. 26 desta Lei. (art. 26-A, § 1º, incluído pela Lei nº 13.465/2017);

d) **ainda que não purgada a mora**, é assegurado ao devedor o direito de, até a data da averbação da consolidação da propriedade fiduciária, pagar as parcelas da dívida vencidas, a soma das importâncias correspondentes aos encargos e às custas de intimação e daquelas necessárias à realização do leilão público, compreendidas as relativas aos anúncios e à comissão do leiloeiro (inciso II do § 3º do art. 27, da Lei nº 9.514/1997, na redação dada pela Lei nº 11.711/2023);

e) **após a averbação da consolidação da propriedade fiduciária** no patrimônio do credor fiduciário **e até a data da realização do segundo leilão,** é assegurado ao fiduciante o direito de preferência para adquirir o imóvel por preço correspondente ao valor da dívida, somado às despesas, aos prêmios de seguro, aos encargos legais, às contribuições condominiais, aos tributos, inclusive os valores correspondentes ao imposto sobre transmissão *inter vivos* e ao laudêmio, se for o caso, pagos para efeito de consolidação da propriedade fiduciária no patrimônio do credor fiduciário, e às despesas inerentes aos procedimentos de cobrança e leilão, hipótese em que incumbirá também ao fiduciante o pagamento dos encargos tributários e das despesas exigíveis para a nova aquisição do imóvel, inclusive das custas e dos emolumentos (art. 27, § 2º-B, da Lei nº 9.514/97, na redação dada pela Lei nº 14.711/2023);

f) **consolidada a propriedade em nome do credor fiduciário**, este pode requerer a reintegração de posse do imóvel, a ser concedida liminarmente, para desocupação no prazo de 60 (sessenta) dias (art. 30 da Lei nº 9.514/1997), e afirma o Superior Tribunal de Justiça que a reintegração de posse independe de prévio leilão:

> "4. Tratando-se de propriedade resolúvel, a propriedade fiduciária está subordinada a uma condição resolutiva, qual seja, o adimplemento ou inadimplemento da obrigação garantida. Assim, implementada a condição por meio do adimplemento, extingue-se o contrato, com a reversão da propriedade plena ao fiduciante; por outro lado, ocorrendo o inadimplemento sem a purgação da mora, extingue-se o contrato, com a consequente transferência da propriedade plena ao fiduciário, mediante consolidação.
>
> 5. Com o procedimento para a retomada do bem com a consolidação da propriedade, resolve-se o contrato que fundamentava a posse direta do imóvel pelo devedor fiduciante, de modo que desaparece a causa ou o fundamento jurídico que justificava o exercício da posse direta, passando o devedor a exercer posse ilegítima sobre o bem, o que caracteriza esbulho possessório e atribui ao credor fiduciário o direito à reintegração de posse.
>
> 6. O único requisito previsto no art. 30 da Lei nº 9.514/1997 para a ação de reintegração de posse é a consolidação da propriedade em nome do credor fiduciário, não sendo possível extrair do referido dispositivo legal qualquer indicação de que a referida ação não poderia ser ajuizada antes da realização dos leilões, notadamente porque já caracterizado o esbulho possessório desde a consolidação da propriedade.
>
> 7. No âmbito da alienação fiduciária de bem imóvel, após o inadimplemento e a constituição em mora do devedor, é lícito o ajuizamento de ação de reintegração de posse independentemente de prévia realização do leilão público do bem." [862].

---

862. STJ, REsp 2.092.980/PA, Terceira Turma, Rela. Mina. Nancy Andrighi, v.u. 20/02/2024, DJe 27/02/2024.

É vedado o pacto comissório (art. 1.365 do Código Civil), de maneira que, no caso de inadimplemento a venda do bem para ressarcimento do credor se impõe, devendo este devolver o valor restante ao devedor. Assim, consolidada a propriedade em seu nome, o fiduciário promoverá leilão público para a alienação do imóvel, no prazo de 60 (sessenta) dias, contado da data da averbação, na matrícula do imóvel, da consolidação da propriedade em nome do fiduciário, prevista no §7º do art. 26 da Lei nº 9.514/1997 (art. 27 da Lei nº 9.514/1997, com a redação dada pelo artigo 2º da Lei nº 14.711/2023).

Liquidada a dívida e seus encargos, resolve-se a propriedade fiduciária do imóvel e o seu registro será cancelado perante o Registro de Imóveis.

Nada impede que os direitos do devedor fiduciante relacionados ao contrato sejam objeto de constrição, independentemente da concordância do credor fiduciário. O STJ (REsp 1.697.645/MG) esclareceu que o devedor fiduciante possui expectativa do direito à futura reversão do bem alienado, em caso de pagamento da totalidade da dívida, ou à parte do valor quitado, em caso de mora e excussão (execução) por parte do credor, que é passível de penhora.

10.7. Agente de garantia

A figura do agente de garantia já era utilizada em operações de grande complexidade, ainda que sem regulamentação legal, envolvendo estrutura contratual. A partir da Lei nº 14.711/2023, conhecida como Marco Legal das Garantias, ele foi previsto no artigo 853-A do Código Civil, sendo aplicável a "qualquer garantia" (art. 853-A, *caput*).

Esse dispositivo legal também admitiu a execução extrajudicial de garantias nos contratos de mútuo com alienação fiduciária de imóvel, a ser conduzida por um terceiro imparcial, o "agente de garantia". Ele atua em nome próprio e em benefício dos credores, inclusive em ações judiciais que envolvam discussões sobre a existência, a validade ou a eficácia do ato jurídico do crédito garantido, podendo ainda se valer da execução extrajudicial, quando assim prever a legislação especial (art. 853-A, § 1º)[863].

Diversas ações foram propostas no sentido de questionar a constitucionalidade do disposto no artigo 853-A, acima referido, mas o Supremo Tribunal Federal afirmou sua constitucionalidade[864].

---

863. Código Civil, Art. 853-A, § 1º O agente de garantia poderá valer-se da execução extrajudicial da garantia, quando houver previsão na legislação especial aplicável à modalidade de garantia. (Incluído pela Lei nº 14.711, de 2023).

864. Supremo Tribunal Federal, Pleno, Rel. Min. Luiz Fux, RE 860.631, com repercussão geral, julgamento em 26/10/2023, publicação 14/02/2024: **"Tema** *982* - Discussão relativa à constitucionalidade do procedimento de execução extrajudicial nos contratos de mútuo com alienação fiduciária de imóvel, pelo Sistema Financeiro Imobiliário - SFI, conforme previsto na Lei n. 9.514/1997. **Tese. É constitucional o procedimento da Lei nº 9.514/1997 para a execução extrajudicial da cláusula de alienação fiduciária em garantia, haja vista sua compatibilidade com as garantias processuais previstas na Constituição Federal."**

A legitimidade desse agente decorre da sua legitimação extraordinária, na medida em que atua em nome próprio e em benefício do credor. "Ele poderá figurar no polo ativo e passivo de ações judiciais envolvendo a garantia constante no contrato de administração, bem como promover e acompanhar excussão extrajudicial", sem suprimir a legitimidade do credor[865].

Para garantia do credor, o §5º do artigo 853-A previu que o produto da realização da garantia constitui patrimônio separado daquele do agente, desde que do recebimento do produto da garantia não tenha transcorrido o período de 180 (cento e oitenta) dias. "Importante dizer que o regime de separação patrimonial é temporário (180 dias), de modo a não eternizar a blindagem patrimonial, privilegiando eventuais fraudes"[866].

11. MANDATO

11.1. Conceito

Examinaremos, aqui, os principais aspectos do mandato e as características específicas do mandato mercantil.

Nos termos do artigo 653, primeira parte, do Código Civil: "Opera-se o mandato quando **alguém recebe de outrem poderes para, em seu nome, praticar atos ou administrar interesses**". No contrato de mandato denomina-se *mandante* a parte que concede poderes e *mandatário* a parte que recebe poderes.

Nessa noção estão presentes dois tipos de relações jurídicas: uma, interna, regula as relações entre os contratantes; a outra, externa, confere poderes para a prática dos atos objeto do contrato em nome de outrem: é a representação. Por meio da representação o mandato vincula diretamente o mandante, como se ele próprio houvesse praticado o ato (art. 663).

É importante ressaltar que o mandato pode ser distinguido da representação: o Código Civil, ao disciplinar a representação em capítulo próprio (arts. 115 a 120), deixa clara a distinção entre os dois institutos.

A partir dessas duas ordens de relações jurídicas, a doutrina se divide quanto às características do mandato: Orlando Gomes, por exemplo, afirma que o contrato de mandato independe da representação[867]; outros autores, dentre eles Caio Mário da Silva

865. MORAES, Carlos Henrique Olivo. Agente de garantia. In: CHEZZI, Bernardo; EL DEBS, Martha. *O novo marco das garantias:* aspectos práticos e teóricos da Lei 14.711/2023. São Paulo, Juspodivm, 2023, p. 299-302.

866. MORAES, Carlos Henrique Olivo. Agente de garantia. In: CHEZZI, Bernardo; EL DEBS, Martha. *O novo marco das garantias:* aspectos práticos e teóricos da Lei 14.711/2023. São Paulo, Juspodivm, 2023, p. 305.

867. GOMES, Orlando. *Contratos.* 26ª ed., rev. atual. e aum. Rio de Janeiro: Forense, 2008, p. 424.

Pereira[868], entendem que o poder de representação é elemento inseparável do mandato, em nosso direito.

Temos de reconhecer que o Código Civil contemplou a representação como elemento essencial do mandato propriamente dito. A partir daí, podemos distinguir em linhas gerais o mandato de outros negócios jurídicos a ele assemelhados: o **mandato com representação** é o mandato propriamente dito; o **mandato sem representação**, aquele no qual o mandatário age no interesse do mandante, mas em nome próprio, é a comissão (Código Civil, art. 693); a **representação sem mandato** é a gestão de negócios (art. 861), por meio da qual alguém age no interesse de terceiro sem ter recebido poderes para tanto.

A concessão de poderes para atuação em nome de outrem nem sempre resulta do contrato de mandato, podendo também decorrer de lei. A representação das sociedades, por exemplo, não decorre de mandato: os administradores são órgãos da sociedade. A representação dos incapazes pelos seus tutores ou curadores decorre de lei, que rege seus requisitos e efeitos (Código Civil, art. 120), não de mandato.

O instrumento do mandato, que pode existir ou não, é a procuração (Código Civil, art. 653), seja ela pública ou particular. Pública é a procuração passada em notas de tabeliães. Para a prática de atos que exigem instrumento escrito não se admite mandato verbal (art. 657).

11.2. Características

O mandato é contrato simplesmente **consensual**, que se perfaz com a manifestação de vontade das partes sem exigir forma especial, podendo ser expresso ou tácito, escrito ou verbal (Código Civil, art. 656); **preparatório**, pois habilita o mandatário à prática de atos subsequentes que não estão contidos nele; e **revogável**, salvo as hipóteses previstas expressamente no Código (arts. 683 a 686), examinadas abaixo (item 10.3). Será **unilateral, quando gratuito**, e **bilateral, se oneroso**, pois, neste caso, irá gerar obrigações tanto para o mandatário (art. 667) quanto para o mandante (art. 675).

A definição de mandato presente no artigo 653 do Código Civil, não distingue o *mandato oneroso* (mercantil) do *civil* (gratuito). A distinção entre um e outro se encontra no artigo 658, segundo o qual se presume o *mandato gratuito* quando não houver sido estipulada retribuição, *exceto* se o seu objeto corresponder ao daqueles que o mandatário trata por ofício ou profissão lucrativa, como é o caso dos mandatários que exercem atividade empresária e dos profissionais liberais, tendo por objeto a sua atividade profissional: nesses casos, o *mandato* se presume *oneroso.*

O mandato se forma mediante um ato unilateral do mandante; mas para gerar vínculo entre as partes é necessária a aceitação expressa ou tácita do mandatário, sendo mais comum a aceitação tácita, que resulta do começo de execução (Código Civil, art. 659).

868. PEREIRA, Caio Mário da Silva. *Instituições de direito civil*. Vol. III, 25ª ed., rev. e atual. por Caitlin Mulholland. Rio de Janeiro: Forense, 2022, p. 381.

É **geral** o mandato **que se refere a todos os negócios do mandante**, e **especial** o que diz respeito a **um ou mais negócios determinados** (Código Civil, art. 660). O termo "negócios" deve ser entendido em sentido amplo, abrangendo atos e negócios jurídicos[869]. No direito das sociedades é vedada a outorga de poderes gerais de administração a mandatário, porque esses poderes são indelegáveis, mas admite-se a constituição de mandatários para a prática de atos determinados (art. 1.018).

Quanto aos poderes conferidos, **o mandato em termos gerais só confere poderes de administração** (Código Civil, art. 661). Para a prática de quaisquer atos que exorbitem da administração ordinária, dentre eles os de alienar, hipotecar e transigir, depende a procuração de *poderes especiais* e expressos (art. 661, § 1º).

Mandato simultâneo, sucessivo e conjunto. Sendo dois ou mais mandatários nomeados no mesmo instrumento, sem designação específica para a prática de atos diferentes, o *mandato* é *simultâneo* e cada um deles poderá praticar os atos como se fosse o único. Sendo o *mandato sucessivo*, caso o primeiro mandatário nomeado não possa atuar o segundo irá atuar no seu lugar, conforme a ordem de nomeação. No *mandato conjunto*, não terá eficácia o ato praticado sem a interferência de todos, salvo havendo ratificação, que retroagirá à data do ato (Código Civil, art. 672).

11.3. Direitos e obrigações das partes

O mandato mercantil se opera tanto no interesse do mandante quanto no do mandatário e no do comércio em geral, tanto que é compreendido como contrato bilateral[870], ao contrário do civil, que é passado no interesse do mandante e é unilateral[871]; essas razões se aplicam à sua interpretação.

Entre as disposições gerais o Código dispõe sobre a ineficácia dos atos praticados por quem não tenha mandato, ou o tenha sem poderes suficientes. Esses atos são ineficazes em relação àquele em cujo nome foram praticados, salvo se este o ratificar (art. 662).

No mesmo título do Código está presente o direito do mandatário de reter, do objeto da operação, quanto baste para pagamento de tudo que lhe for devido em consequência do mandato (art. 664). Esse dispositivo tem alcance mais amplo que o artigo 681, do mesmo Código, pois inclui a remuneração convencional[872], como afirmado no Enunciado 184 da III Jornada de Direito Civil – STJ: "184 – Art. 664 e 681: Da interpretação conjunta desses dispositivos, extrai-se que o mandatário tem o direito de reter, do objeto da operação

---

869. PEREIRA, Caio Mário da Silva. *Instituições de direito civil*. Vol. III, 25ª ed., rev. e atual. por Caitlin Mulholland. Rio de Janeiro: Forense, 2022, p. 382.

870. MARTINS, Fran. *Contratos e obrigações comerciais*. 17ª ed., rev. e aum. Rio de Janeiro: Forense, 2017, p. 208.

871. CORDEIRO, António Menezes. *Manual de direito comercial*. Vol. I, Coimbra: Almedina, 2001, p. 485.

872. TEPEDINO, Gustavo; BARBOSA, Heloísa Helena; MORAES, Maria Celina Bodin de. *Código Civil interpretado conforme a Constituição da República*. Vol. II, 2ª ed., rev. e atual. Rio de Janeiro: Renovar, 2012, p. 441.

que lhe foi cometida, tudo o que lhe for devido em virtude do mandato, incluindo-se a remuneração ajustada e o reembolso de despesas".

Obrigações do mandatário. São obrigações do mandatário:

a) **aplicar toda sua diligência habitual na execução do mandato** (Código Civil, art. 667), sob pena de responder pelos danos que causar por culpa sua ou daqueles a quem substabelecer, sem autorização, poderes que deveria exercer pessoalmente, por se tratar de contrato *intuitu personae*, fundado na confiança do mandante no mandatário; entretanto, essa proibição não o impede de contratar auxiliares para a prática de atos determinados[873];

b) **pagar *juros*** pelas somas que deveria entregar ao mandante ou recebeu para despesa, mas empregou em proveito seu, contados desde o tempo em que abusou (art. 670);

c) **prestar contas das operações**, transferindo ao mandante as vantagens provenientes do mandato, por qualquer título que seja (Código Civil, art. 668), independentemente de interpelação.

Os prejuízos ocasionados pelo mandatário, por ato culposo a ele imputável, não são compensáveis com os benefícios que ele tenha obtido para o mandante (Código Civil, art. 669).

Sendo omissa a procuração quanto ao substabelecimento, o procurador será responsável se o substabelecido proceder culposamente (Código Civil, art. 667, § 4º).

Obrigações do mandante. São obrigações do mandante:

a) **satisfazer as obrigações contraídas pelo mandatário**, pois é o mandante quem se obriga por elas (Código Civil, art. 675);

b) **fornecer as importâncias necessárias para a execução do mandato** (Código Civil, art. 676);

c) sendo o contrato **oneroso**, **pagar a remuneração do mandatário**, que, em alguns casos, como o dos leiloeiros, é fixada por lei; sendo a lei ou o contrato omissos ela será determinada pelos usos e costumes do lugar, ou, na falta destes, por arbitramento;

d) **pagar juros pelas importâncias adiantadas pelo mandatário, ainda que o negócio não surta o efeito esperado, salvo tendo o mandatário culpa** (Código Civil, art. 676); se a taxa de juros não for prevista no contrato, aplica-se o artigo 406 do Código Civil;

---

873. PEREIRA, Caio Mário da Silva. *Instituições de direito civil*. Vol. III, 25ª ed., rev. e atual. por Caitlin Mulholland. Rio de Janeiro: Forense, 2022, p. 388.

e) **ressarcir as perdas sofridas pelo mandatário com a execução do mandato**, ainda que acidentais ou decorrentes do caso fortuito[874], sempre que não resultem de culpa deste ou de excesso de poderes (Código Civil, art. 678).

11.4. Extinção. Mandato irrevogável

Como toda relação jurídica, o mandato cessa nos casos que a lei menciona, examinados abaixo, como também de outras de caráter geral, como a nulidade do contrato (Código Civil, art. 116) e a impossibilidade de sua execução. O mandato irrevogável será examinado adiante.

A **revogação pelo mandante** pode se dar a qualquer tempo (Código Civil, art. 682, I), expressa ou tacitamente, como ocorre quando o mandante nomeia um novo mandatário para a execução do mandato (art. 687), mas ela deve ser informada ao mandatário e aos terceiros que com ele tratavam; caso contrário, o mandante continua obrigado perante os terceiros que, desconhecendo a revogação, continuem a negociar com o mandatário (art. 686, *caput*). Vale a mesma regra "quando o mandatário ignorar a cessação do mandato quer por morte do mandante, quer por ter sido este revogado sem que tal lhe tenha sido notificado (art. 689 do CC/2002) "[875].

A revogação abusiva sujeita a ressarcir os prejuízos decorrentes, por aplicação do artigo 676[876].

A **renúncia do mandatário** representa uma faculdade sua (Código Civil, art. 682, I), simétrica ao direito conferido ao mandante[877], mas ela será sempre expressa e deverá ser comunicada ao mandante em tempo suficiente para que ela possa prover a sua substituição, salvo no caso de o mandatário provar que não podia continuar no mandato sem prejuízo considerável, e que não lhe era permitido substabelecer (Código Civil, art. 688). Se tiver poderes para substabelecer, deve fazê-lo, a fim de proteger os interesses do mandante.[878]

---

874. PEREIRA, Caio Mário da Silva. Ob. Cit., p. 388. 25ª ed., rev. e atual. por Caitlin Mulholland. Rio de Janeiro: Forense, 2022, p. 391.

875. FRANCO, Vera Helena de Mello. *Contratos:* direito civil e empresarial. 5ª ed., rev., atual. e ampl. São Paulo: Ed. Revista dos Tribunais, 2014, p. 249.

876. PEREIRA, Caio Mário da Silva. *Instituições de direito civil*. Vol. III, 25ª ed., rev. e atual. por Caitlin Mulholland. Rio de Janeiro: Forense, 2022, p. 395. VERÇOSA, Haroldo Malheiros Duclerc. *Direito comercial: os contratos empresariais em espécie* (segundo a sua função jurídico-econômica). São Paulo: Ed. Revista dos Tribunais, 2014, p. 180, questiona a irrevogabilidade absoluta, nos casos de contratos de prazo indeterminado e de prazo determinado de longa duração, sustentando o cabimento da resolução do contrato de mandato com fundamento na possível alteração das circunstâncias. Esses casos estão contemplados no campo da revogação abusiva.

877. BEVILAQUA, Clóvis. *Código Civil dos Estados Unidos do Brasil, comentado* [ed. histórica]. Vol. 2. Rio de Janeiro: Ed. Rio, 1976, p. 432, nota. Em sentido contrário: GOMES, Orlando. *Contratos.* 26ª ed., rev. atual. e aum. Rio de Janeiro: Forense, 2008, p. 432.

878. TEPEDINO, Gustavo; BARBOSA, Heloísa Helena; MORAES, Maria Celina Bodin de. *Código Civil interpretado conforme a Constituição da República.* Vol. II, 2ª ed., rev. e atual. Rio de Janeiro: Renovar, 2012, p. 470.

Caso o mandatário não receba os recursos necessários ao cumprimento do mandato, ele também poderá renunciar, em se tratando de contrato oneroso.

A **morte de qualquer das partes** faz cessar o mandato (Código Civil, art. 682, II), porque o contrato é *intuitu personae*. Se **morre o mandante**, são válidos frente aos terceiros de boa-fé os atos ajustados em nome do mandante pelo mandatário, enquanto este ignorar a morte daquele ou a extinção do mandato, por qualquer outra causa (Código Civil, art. 689). **Falecendo o mandatário**, os herdeiros avisarão o mandante e defenderão seus direitos e interesses, como as circunstâncias exigirem (Código Civil, arts. 690 e 691), mas limitando-se a tomar medidas conservatórias[879].

A **extinção da pessoa jurídica** equivale à morte da pessoa natural, produzindo os mesmos efeitos no que se refere à revogação do mandato.

A **mudança de estado** de uma das partes só revoga o mandato quando inabilite o mandante a conferir poderes ou o mandatário para os exercer (Código Civil, art. 682, III).

O **Estatuto da Pessoa com Deficiência**, instituído pela Lei 13.146/15, modificou dispositivos do Código Civil que tratavam da capacidade civil. Agora, apenas as pessoas menores de 16 anos são absolutamente incapazes, sendo consideradas relativamente incapazes as pessoas entre 16 e 18 anos, os pródigos, os ébrios habituais e os viciados em tóxicos, bem como aqueles que, por causa transitória ou permanente, não puderem exprimir sua vontade. Essa legislação irá influir sobre a apreciação da mudança de estado da pessoa.

O **mandato conferido pelo devedor, antes da falência**, para a realização de negócios, salvo os que versem sobre matéria estranha à atividade empresarial, cessa seus efeitos com a decretação dela – não por mudança de estado do mandante, que não se verifica – mas por impedimento legal. Nesse caso, o mandato judicial continua em vigor até que seja expressamente revogado pelo administrador judicial (Lei nº 11.101/2005, art. 120, *caput* e § 2º). No caso da recuperação judicial, aplicam-se os impedimentos previstos na mesma lei.

A **terminação do prazo** ou a **conclusão do negócio** são causas de extinção do mandato (Código Civil, art. 682, IV), pois nesses casos ele perde o objeto.

Mandato irrevogável. Como vimos, em regra geral o mandato é revogável. Sua irrevogabilidade pode decorrer da obrigação assumida espontaneamente pelo mandante, de ter sido conferido em causa própria ou de ser o mandato acessório de outro contrato. No primeiro caso, se o mandante o revogar pagará perdas e danos (Código Civil, art. 683); nos dois últimos, a revogação será ineficaz, como se verá a seguir.

A **procuração em causa própria** não se confunde com o mandato, pois decorre do poder de representação, não do mandato[880], e é absolutamente irrevogável (Código Civil, art. 685).

879. PEREIRA, Caio Mário da Silva. *Instituições de direito civil*. Vol. III, 18ª ed., rev. e atual. Rio de Janeiro: Forense, 2014, p. 395.

880. MIRANDA, F. C. Pontes de. *Tratado de direito privado*. Vol. 43, 3ª ed., São Paulo: Ed. Revista dos Tribunais, 1984, p. 148.

A revogação do mandato outorgado como condição de um negócio jurídico bilateral também será ineficaz (Código Civil, art. 684), tratando-se de irrevogabilidade absoluta.

Essa hipótese não se confunde com a da cláusula-mandato, segundo a qual as instituições financeiras, em especial, costumavam impor um representante de sua confiança, no corpo de contratos por adesão, com a única finalidade de assumir obrigações em benefício delas próprias. A cláusula-mandato passou a ser vedada e declarada nula pelo Código de Defesa do Consumidor (Lei nº 8.078/90, art. 51, VIII).

12. AGÊNCIA (REPRESENTAÇÃO COMERCIAL AUTÔNOMA)

12.1. Conceito

Pelo contrato de agência, nos termos do artigo 710 do Código Civil, uma pessoa assume, em caráter não eventual e sem vínculos de dependência, a obrigação de promover, à conta de outra, mediante retribuição, a realização de certos negócios, em zona determinada.

A Lei nº 4.886/65, que rege a atividade profissional do representante comercial autônomo, tipificava, na realidade, contrato de agência pois não envolvia necessariamente a representação (art. 1º, *caput* e parágrafo único). Parte da doutrina já entendia que representante e agente tinham o mesmo significado[881].

O artigo 710 do Código Civil regulamentou o mesmo tipo contratual, com a mesma função econômica, sob o título "Da agência e distribuição"[882], mas a doutrina diverge sobre a identidade desses contratos: para alguns, trata-se de um mesmo contrato; para outros, seriam contratos distintos[883]. Não obstante, a lei anterior permanece em vigor, porque o artigo 721 do Código Civil dispõe serem aplicáveis a esse contrato, no que couber, as normas "constantes de lei especial"[884]. Ficam revogadas, portanto, apenas as normas

---

881. MARTINS, Fran. *Contratos e obrigações comerciais.* 17ª ed., rev. e atual. Rio de Janeiro: Forense, 2017, p. 222.

882. KUYVEN, Fernando. Agência ou representação comercial. In: CARVALHOSA, Modesto (coord.). *Tratado de direito empresarial.* Vol. IV. São Paulo: Ed. Revista dos Tribunais, 2016, p. 37-38. NEGRÃO, Ricardo. *Curso de direito comercial e de empresa.* Vol. 2: títulos de crédito e contratos empresariais. 6ª ed., São Paulo: Saraiva, 2017, p. 293.

883. VERÇOSA, Haroldo Malheiros Duclerc. *Direito comercial: os contratos empresariais em espécie* (segundo a sua função jurídico-econômica). São Paulo: Ed. Revista dos Tribunais, 2014, p. 157, entende serem agência e representação comercial autônoma contratos distintos, aplicando-se ao segundo apenas a lei especial, em razão do seu caráter empresarial. FRANCO, Vera Helena de Mello. *Contratos:* direito civil e empresarial. 5ª ed., rev., atual. e ampl. São Paulo: Ed. Revista dos Tribunais, 2014, p. 264, ampara a distinção entre eles no fato de ser a representação comercial autônoma profissão regulamentada. Mas, pelas razões acima expostas, essas características são insuficientes para afastar esse contrato da aplicação das normas do Código Civil.

884. GOMES, Orlando. *Contratos.* 26ª ed., rev. atual. e aum. Rio de Janeiro: Forense, 2008, p. 450. FORGIONI, Paula. *Contrato de distribuição.* São Paulo: Ed. Revista dos Tribunais, 2005, p. 95-96, acrescenta, com fundamento no art. 2º da Lei de Introdução ao Código Civil: "No caso da representação comercial,

incompatíveis com o disposto no Código, como ocorre com os artigos 31, parágrafo único e 34, mas serão aplicáveis aos contratos de agência em geral as causas justificativas de resilição unilateral do contrato (arts. 35 e 36 da Lei nº 4.886/65). No entanto, para parte da doutrina, a Lei 4.886/65 permanece válida e aplicável, mesmo que em desacordo com o Código Civil de 2002, aos contratos de representação empresarial autônoma, por se tratar de norma especial[885].

Por entendermos que o Código Civil e a Lei nº 4.886/65 devem ser interpretados conjuntamente, utilizamos ao longo do texto a terminologia adotada pelo Código Civil – agente e proponente[886] –, ao invés daquela presente na lei especial – representante e representado –, salvo na citação de dispositivos legais.

Quando o contrato de agência se referir a negócios empresariais, regulados pela Lei nº 4.886/65, o agente também estará sujeito às normas nela previstas. O registro no Conselho Regional dos Representantes Comerciais do Estado em que se está domiciliado, ainda que obrigatório, é mera condição de regularidade do exercício da representação, não de validade dos atos praticados[887], ao contrário do que faz parecer o artigo 5º dessa Lei.

12.2. Função do contrato e distinção entre contratos afins

Função do agente é colaborar na comercialização dos produtos ou mercadorias do proponente ou no agenciamento de propostas de compra ou prestação de seus serviços, oriundas de terceiros interessados. A **habitualidade e a ausência de vínculos de dependência** são elementos do contrato (Código Civil, art. 710, *caput*; Lei nº 4.886/65, art. 1º)[888]. O agente pode ser mandatário de seus representados, em especial para a conclusão dos negócios, mas não o será necessariamente.

Agência é contrato de intermediação, mas não de mediação, dado que o mediador é desinteressado, e não participa do contrato que vier a ser celebrado, ao passo que o

---

temos que a lei nova (Código Civil) não revoga expressamente a lei de representação comercial, não é com ela incompatível e tampouco regula a matéria inteiramente: daí que as disposições do Código Civil (artigos 710 e seguintes) estão em vigor, "a par das já existentes", ou seja, daquelas contidas na Lei nº 4.886, de 1965".

885. NEGRÃO, Ricardo. *Curso de Direito Comercial e de Empresa.* Vol. 2. São Paulo: Saraiva, 2017, p. 298.

886. PEREIRA, Caio Mário da Silva. *Instituições de direito civil.* Vol. III, 25ª ed., rev. e atual. por Caitlin Mulholland. Rio de Janeiro: Forense, 2022, p. 376 e segs. adota com razão o termo "preponente", ao invés de "proponente", como consta nos arts. 710 e segs. do Código Civil. O primeiro decorre do contrato de preposição mercantil, o qual resulta "da confluência do de locação de serviços com o de mandato" (FERREIRA, Waldemar. *Tratado de direito comercial.* Vol. 2. São Paulo: Saraiva, 1960, vol. 2, p. 288). WALD, Arnoldo; CAVALCANTI, Ana Elizabeth L. W.; PAESANI, Liliana Minardi. *Direito civil:* contratos em espécie. 20ª ed., totalmente reform. São Paulo: Saraiva, 2015, p. 272, analisam a etimologia de cada um dos termos para esclarecer o lapso em que incorreu o Código Civil.

887. VERÇOSA, Haroldo Malheiros Duclerc. *Direito comercial: os contratos empresariais em espécie*: (segundo a sua função jurídico-econômica). São Paulo: Ed. Revista dos Tribunais, 2014, p. 163.

888. GOMES, Orlando. Ob. Cit., p. 451-452; PEREIRA, Caio Mário da Silva. Ob. Cit., p. 374.

intermediário, como o agente, é parcial, interessado[889]. São intermediários, em direito, os que se incumbem de pôr duas ou mais partes em contato para a conclusão de negócios, sem serem dependentes ou empregados de nenhuma delas.

Distingue-se a agência do mandato especialmente em razão do seu caráter personalíssimo e da exclusividade, presentes na agência, salvo convenção em contrário (Código Civil art. 711)[890]. Orlando Gomes destaca, ainda, como traço diferenciador de ambos os contratos, a natureza eventual da atuação do mandatário[891].

O **agente não é empregado** porque o contrato de agência exclui vínculos de dependência com o representado, podendo o agente ser pessoa jurídica. Caso esteja presente a subordinação característica da relação de emprego, a prática dos mesmos atos previstos no contrato de agência irá revelar um contrato de trabalho.

O **agente se distingue do corretor** porque a característica básica da corretagem é a sua eventualidade (o art. 722 do Código Civil se refere a um ou mais negócios), enquanto a configuração do contrato de agência exige a habitualidade.

Agência e distribuição são contratos semelhantes. Mas o termo distribuição não tem, no Código Civil, o significado de contrato de distribuição socialmente típico. Este último se caracteriza, no regime do Código, quando o agente tiver à sua disposição a coisa a ser negociada (Código Civil, art. 710, *caput*, segunda parte), o que, para nós, significa apenas ter a posse, não a propriedade dela[892]. No contrato socialmente típico de distribuição o distribuidor revende mercadorias que adquiriu, não produtos de terceiros[893].

Paula Forgioni trata a distribuição regida pelo Código Civil como sendo uma espécie de contrato de agência, denominando-o como **agência-distribuição**, quando o agenciador tem a posse do bem, e a **agência-pura**, quando o agenciador não tem a posse do bem. Concordamos com a observação, mas Fábio Ulhoa Coelho destaca, com razão, que "um

---

889. MIRANDA, F. C. Pontes de. *Tratado de direito privado.* Vol. 43, 3ª ed., reimp. São Paulo: Ed. Revista dos Tribunais, 1984, p. 242-243. **Em sentido contrário:** WALD, Arnoldo; CAVALCANTI, Ana Elizabeth L. W.; PAESANI, Liliana Minardi. *Direito civil:* contratos em espécie. 20ª ed., reform. São Paulo: Saraiva, 2015, p. 270, entendem tratar-se de contrato de mediação.

890. PEREIRA, Caio Mário da Silva. *Instituições de direito civil.* Vol. III, 25ª ed., rev. e atual. por Caitlin Mulholland. Rio de Janeiro: Forense, 2022, p. 376.

891. GOMES, Orlando. Ob. Cit., p. 453; MIRANDA, F. C. Pontes de. *Tratado de direito privado.* Vol. 44, 3ª ed., reimp. São Paulo: Ed. Revista dos Tribunais, 1984, p. 66.

892. TEPEDINO, Gustavo; BARBOSA, Heloísa Helena; MORAES, Maria Celina Bodin de. *Código Civil interpretado conforme a Constituição da República.* Vol. II, 2ª ed., rev. e atual. Rio de Janeiro: Renovar, 2012, p. 493, afirmam que: "Ter a mercadoria à sua disposição não significa adquirir a mercadoria". No mesmo sentido: VERÇOSA, Haroldo Malheiros Duclerc. Ob. Cit., p. 157.

893. FORGIONI, Paula. Contrato de distribuição. São Paulo: Ed. Revista dos Tribunais, 2005, p. 59. No mesmo sentido: FRADERA, Véra Jacob de. Contrato de distribuição. In: CARVALHOSA, Modesto (coord.). *Tratado de direito empresarial.* Vol. IV. São Paulo: Ed. Revista dos Tribunais, 2016, p. 145; MELO, Claudineu de. *Contrato de distribuição.* São Paulo: Saraiva, 1987, p. 46.

contrato em que o colaborador procura interessados em adquirir os produtos de outrem, que traz consigo, simplesmente não existe mais nos tempos que correm"[894].

O agente também se distingue do comissário porque o segundo age em nome próprio por conta de outrem (Código Civil, art. 693), enquanto o agente age em nome alheio. Essa distinção permanece, ainda que o Código Civil determine a aplicação ao contrato de agência, no que couber, das regras referentes ao mandato e à comissão (art. 721).

12.3. Qualificação jurídica e elementos do contrato

Agência é **contrato consensual**; **bilateral**, pois gera obrigações para ambas as partes; **oneroso** *e* **não solene**, pois o Código não exige que ele adote forma escrita. Portanto, em que pese a dificuldade prática, a existência e o conteúdo do contrato podem ser provados por qualquer meio previsto em lei, inclusive por testemunhas (Código Civil, art. 212, III; CPC/2015, art. 369)[895]. Admite-se mesmo cláusula de exclusividade contratada verbalmente[896].

Os elementos que devem constar "obrigatoriamente" do contrato de representação comercial, além dos elementos comuns e de outros que podem ser convencionados pelos interessados são (Lei nº 4.886/65, art. 27, na redação dada pela Lei nº 8.420/92):

> "a) condições e requisitos gerais da representação;
>
> b) indicação genérica ou específica dos produtos ou artigos objeto da representação;
>
> c) prazo certo ou indeterminado da representação
>
> d) indicação da zona ou zonas em que será exercida a representação;
>
> e) garantia ou não, parcial ou total, ou por certo prazo, da exclusividade de zona ou setor de zona;
>
> f) retribuição e época do pagamento, pelo exercício da representação, dependente da efetiva realização dos negócios, e recebimento, ou não, pelo representado, dos valores respectivos;
>
> g) os casos em que se justifique a restrição de zona concedida com exclusividade;
>
> h) obrigações e responsabilidades das partes contratantes:

894. COELHO, Fábio Ulhoa. *Curso de direito comercial.* Vol. 3: direito de empresa. 17ª ed., rev. atual. e ampl. São Paulo: Ed. Revista dos Tribunais, 2016, p. 129.

895. Referindo-se especificamente ao contrato de distribuição, modalidade de contrato de agência, decidiu o STJ (REsp 1.255.315/SP, Terceira Turma, Rel. Min. Nancy Andrighi, v.u. 13/09/2011, ementa (transcrição parcial)): "3. A complexidade da relação de distribuição torna, via de regra, impraticável a sua contratação verbal. Todavia, sendo possível, a partir das provas carreadas aos autos, extrair todos os elementos necessários à análise da relação comercial estabelecida entre as partes, nada impede que se reconheça a existência do contrato verbal de distribuição".

896. STJ, REsp 846.543/RS, Terceira Turma, Rel. Min. Paulo de Tarso Sanseverino, v.u. 05/04/2011, ementa (transcrição parcial): "2. Possibilidade da demonstração da existência de cláusula de exclusividade mesmo em contratos de representação firmados verbalmente, admitindo-se a respectiva prova por todos os meios em direito admitidos. Aplicação do art. 212 do CC/02 c/c os arts. 400 e segs. do CPC. Doutrina e jurisprudência desta Corte acerca do tema".

i) exercício exclusivo ou não da representação a favor do representado;

j) indenização devida ao representante pela rescisão do contrato fora dos casos previstos no art. 35, cujo montante não poderá ser inferior a 1/12 (um doze avos) do total da retribuição auferida durante o tempo em que exerceu a representação.

§ 1º Na hipótese de contrato a prazo certo, a indenização corresponderá à importância equivalente à média mensal da retribuição auferida até a data da rescisão, multiplicada pela metade dos meses resultantes do prazo contratual.

§ 2º O contrato com prazo determinado, uma vez prorrogado o prazo inicial, tácita ou expressamente, torna-se a prazo indeterminado.

§ 3º Considera-se por prazo indeterminado todo contrato que suceder, dentro de seis meses, a outro contrato, com ou sem determinação de prazo".

Em que pese a redação deficiente da lei, alguns elementos do contrato, como o direito à remuneração e à indenização, constituem preceitos de ordem pública, não podendo ser derrogados pela vontade das partes, seja o contrato verbal ou escrito; os demais requisitos formam lista meramente exemplificativa[897].

12.4. Obrigações das partes

Ambas as partes têm o dever de agir com diligência e boa-fé, ainda que o artigo 712 do Código Civil só se refira ao agente, pois essa obrigação decorre do princípio da boa-fé objetiva (Código Civil, art. 422)[898].

Salvo estipulação diversa, todas as despesas com a agência correm a cargo do agente (Código Civil, art. 713)[899].

A **cláusula *del credere***, por meio da qual o representante assume responsabilidade solidária pela solvência das pessoas com quem contratar, está expressamente vedada no contrato de representação comercial autônoma (Lei nº 4.886/65, art. 43).

A **exclusividade** se presume, por força dos artigos 711 e 714 do Código Civil, que revogam o disposto no artigo 31, parágrafo único, da Lei nº 4.866/65[900]. Mas outros autores entendem que prevalece, na representação comercial autônoma, o dispositivo da lei especial[901].

O agente tem **direito à remuneração pelos negócios realizados** nos seguintes casos:

---

897. REQUIÃO, Rubens. *Do representante comercial.* 8ª ed., Rio de Janeiro: Forense, 2000, p. 166-169.

898. TEPEDINO, Gustavo; BARBOSA, Heloísa Helena; MORAES, Maria Celina Bodin de. *Código Civil interpretado conforme a Constituição da República.* Vol. II, 2ª ed., rev. e atual. Rio de Janeiro: Renovar, 2012, p. 495.

899. TEPEDINO, Gustavo *et al.* Ob. Cit, p. 496, cita Perlingieri.

900. KUYVEN, Fernando. Agência ou representação comercial. In: CARVALHOSA, Modesto (coord.). *Tratado de direito empresarial.* Vol. IV. São Paulo: Ed. Revista dos Tribunais, 2016, p. 55-57.

901. TEPEDINO, Gustavo *et al.* Ob. Cit, p. 495.

a) **salvo ajuste**, ele tem direito à remuneração correspondente aos negócios concluídos dentro de sua zona, ainda que sem sua interferência (Código Civil, art. 714), por decorrência da presunção de exclusividade (art. 711); nesse caso, o direito à remuneração nasce da conclusão dos negócios[902];

b) a **remuneração será devida ao agente também quando o negócio deixar de realizar-se por fato imputável ao proponente** (Código Civil, art. 716);

c) caso a **dispensa se dê sem culpa do agente**, terá ele **direito à remuneração até então devida, inclusive sobre os negócios pendentes, além das indenizações previstas em lei especial** (Código Civil, art. 718).

O agente tem **direito a indenização** se o proponente, sem justa causa, cessar o atendimento das propostas ou reduzi-lo tanto que se torna antieconômica a continuação do contrato (Código Civil, art. 715).

O agente tem direito à **remuneração pelos serviços prestados**, não pelos negócios que venham a ser realizados pelo proponente, quando:

a) ainda que **dispensado por justa causa**, tiver prestado serviços úteis ao proponente, caso em que sua remuneração estará limitada ao valor desses serviços, sem embargo de haver o proponente perdas e danos pelos prejuízos sofridos (Código Civil, art. 717);

b) não puder continuar o trabalho por motivo de força maior, hipótese em que terá direito à remuneração correspondente aos serviços realizados (Código Civil, art. 719). Esse direito se transfere aos herdeiros no caso de morte; quando se tratar de pessoa jurídica ele integra seu patrimônio, independentemente de previsão legal.

São **obrigações específicas do agente**:

a) **expandir os negócios do representante e promover os seus produtos** (Lei nº 4.886/65, art. 28);

b) **prestar informações pormenorizadas sobre o andamento dos negócios a seu cargo** (art. 28);

c) **não conceder abatimentos, descontos ou dilações, se não autorizado expressamente pelo representado** (art. 29);

d) **tomar conhecimento das reclamações atinentes aos negócios**, transmitindo-as ao representado e sugerindo as providências acauteladoras do interesse deste (art. 30).

Essas obrigações são consideradas de meio ou de simples diligência, não de resultado.

O agente pode dispor de poderes de representação do proponente. Se os tiver, aplicam-se as regras da representação (Código Civil, art. 115 e segs.), e, em se tratando de

---

902. REQUIÃO, Rubens. *Do representante comercial.* 8ª ed., Rio de Janeiro: Forense, 2000, p. 201.

atividade empresarial, a disciplina da Lei nº 4.886/65. Mas a outorga de poderes não desnatura o contrato, pois o poder de representação se acopla à agência.

12.5. Resolução do contrato. Prescrição

A resolução do contrato pode decorrer do fim do prazo nele estabelecido ou da vontade de uma das partes, que pode estar motivada pelo inadimplemento da outra.

No contrato por **prazo determinado**, o fim do prazo é o modo normal de extinção das obrigações[903]. O contrato por **prazo indeterminado** pode ser rescindido por qualquer das partes, "mediante aviso prévio de 90 (noventa) dias, desde que transcorrido prazo compatível com a natureza e o vulto do investimento exigido do agente" (Código Civil, art. 720, *caput*). "No caso de divergência entre as partes, o juiz decidirá da razoabilidade do prazo e do valor devido" (art. 720, parágrafo único).

Este é o único dispositivo do Código que permite a resolução do contrato por iniciativa do agente, sem menção à culpa do proponente[904], e ele revoga o disposto no artigo 34 da Lei nº 4.866/65, que estipulava parâmetro para o cálculo do valor da indenização. Parte da doutrina entende que o art. 34 da Lei 4.866/65 permanece válido ao contrato de representação empresarial autônoma, por se tratar de norma especial. Segundo a norma em questão, a denúncia por qualquer das partes sem causa justificada do contrato de representação, ajustado por prazo indeterminado e que haja vigorado por mais de seis meses, obriga o denunciante, salvo outra garantia prevista no contrato, à concessão de pré-aviso, com antecedência mínima de 30 dias, ou ao pagamento de importância igual a um terço das comissões auferidas pelo representante, nos 3 meses anteriores[905].

No caso de resolução por força maior não é devida indenização. Os casos de rescisão por culpa serão examinados abaixo.

O **inadimplemento do agente** se configura quando ele deixa de atuar conforme as instruções recebidas do proponente, é da essência do contrato (Código Civil, art. 712), e a falta dela configura justa causa para a sua resolução. Nesse caso, não será devida indenização[906].

O Código não enumera os atos que configuram justa causa, mas eles estão previstos no artigo 35 da Lei nº 4.886/65, como segue:

---

903. GOMES, Orlando. *Contratos.* 26ª ed., rev. atual. e aum. Rio de Janeiro: Forense, 2008, p. 461, assinala que, para parte da doutrina, o contrato por tempo determinado também dá lugar ao pagamento de indenização. O direito a essa indenização decorreria do art. 27, alínea "j", da Lei nº 4.886/65, pois se trataria de rescisão sem justa causa, a nosso ver inaplicável ao contrato por prazo determinado. KUYVEN, Fernando. Agência ou representação comercial. In: CARVALHOSA, Modesto (coord.). *Tratado de direito empresarial.* Vol. IV. São Paulo: Ed. Revista dos Tribunais, 2016, p. 73, entende devida a indenização prevista no art. 27, *j*, às hipóteses de rescisão sem justa causa, sem se referir especificamente aos casos de prazo determinado.

904. TEPEDINO, Gustavo *et al.* Ob. Cit, p. 503.

905. NEGRÃO, Ricardo. *Curso de Direito Comercial e de Empresa.* Vol. 2. São Paulo: Saraiva, 2017, p. 298.

906. STJ, REsp 1.190.425/RJ, Quarta Turma, Rel. Min. Luis Felipe Salomão, v.u. 02/09/2014.

a) a **desídia do representante** no cumprimento das obrigações decorrentes do contrato;

b) a **prática de atos que importem em descrédito comercial do representado**;

c) a **falta de cumprimento de quaisquer obrigações inerentes ao contrato de representação comercial**;

d) a **condenação definitiva por crime considerado infamante**[907];

e) **força maior**.

A omissão do Código em estabelecer os motivos que configuram justa causa impede que se considere taxativa a enumeração prevista no artigo 35 da Lei nº 4.886/65, de maneira que ela deve ser considerada exemplificativa.

Dispõe o artigo 45 da Lei nº 4.886/65: "Não constitui motivo justo para rescisão do contrato de representação comercial o impedimento temporário do representante comercial que estiver em gozo do benefício de auxílio-doença concedido pela Previdência Social".

O artigo 37 da Lei nº 4.886/65 prevê a possibilidade de o representado reter os valores das comissões devidas ao representante com o fim de ressarcir-se dos danos por este causados.

O **inadimplemento do proponente** se verifica pelos motivos que caracterizam justa causa para a rescisão do contrato pelo agente, que são aqueles previstos no artigo 36 da Lei nº 4.886/65:

> "a) **redução de esfera de atividade do representante** em desacordo com as cláusulas do contrato;
>
> b) **a quebra**, direta ou indireta, **da exclusividade**, se prevista no contrato;
>
> c) a **fixação abusiva de preços em relação à zona do representante, com o exclusivo escopo de impossibilitar-lhe ação regular**;
>
> d) o **não-pagamento de sua retribuição** na época devida;
>
> e) **força maior**".

Crise econômica atravessada pela empresa representada não configura motivo de força maior a justificar a rescisão contratual sem imposição de indenização ao representante comercial[908].

Prescrição. Ao direito do representante de reclamar a retribuição que lhe é devida aplica-se o prazo prescricional de 5 (cinco) anos previsto no artigo 44, parágrafo único, da Lei nº 4.886/65, contado mês a mês a partir da falta de pagamento no prazo legal[909].

---

907. Crimes infamantes são aqueles que podem provocar o descrédito comercial do proponente: falsidade, estelionato, apropriação indébita, contrabando, roubo, furto, lenocínio ou crimes também punidos com a perda do cargo público (REQUIÃO, Rubens. *Do representante comercial.* 8ª ed., Rio de Janeiro: Forense, 2000, p. 222).

908. STJ, REsp 779.798/DF, Terceira Turma, Rel. Min. Nancy Andrighi, v.u. 25/09/2006, ementa (transcrição parcial).

909. STJ, REsp 1.634.077/SC, Terceira Turma, Rel. Min. Nancy Andrighi, v.u. 09/03/2017.

13. COMISSÃO

13.1. Conceito

Na definição de Orlando Gomes: "Pelo contrato de comissão **obriga-se alguém a vender ou comprar bens em seu próprio nome, mas por conta de outrem, em troca de certa remuneração**"[910] (Código Civil, art. 693). Na comissão caracteriza-se o mandato sem representação. A parte que age em seu próprio nome chama-se **comissário**; a outra, **comitente**.

O termo comissão possui vários significados, designando: o negócio de comissão; a remuneração devida ao comissário e o próprio contrato de comissão mercantil. Em outros ramos do direito ele irá identificar grupos destinados a desempenhar funções específicas: comissão diplomática, por exemplo.

A comissão caracteriza-se pelo objeto, não pela qualidade das partes. O Código Civil não exige a profissionalidade de quem a exerce; portanto, ela pode ter caráter habitual ou ocasional e ser exercida por empresário, como é comum, ou não[911].

Distingue-se o mandato da comissão porque, nesta, o comissário atua em nome próprio, ao passo que o mandatário atua em nome do mandante, mas a doutrina não se põe de acordo sobre outros aspectos dessa distinção. Diferencia-se, também, da corretagem, porque o corretor é intermediário, ao passo que o comissário age em nome próprio[912].

Comissão é contrato **consensual**, pois aperfeiçoa-se com o simples consentimento das partes; **bilateral**, pois gera obrigações para ambas as partes; **oneroso**, em razão da remuneração devida pelo comitente ao comissário, e **personalíssimo**, pois pressupõe a confiança do comitente no comissário. Essa remuneração também tem o nome de comissão.

Aplicam-se ao contrato de comissão, no que couber, as disposições relativas ao mandato (Código Civil, art. 709); na omissão da lei ou do contrato, os seus efeitos regulam-se pelos usos.

13.2. Direitos e obrigações das partes

O **comissário,** ainda que contrate em seu próprio nome, atua no interesse do comitente e tem o dever de agir de conformidade com as ordens e instruções dele, que podem ser imperativas, indicativas ou facultativas. As instruções imperativas são expressas e devem ser cumpridas exatamente como foram dadas; as instruções indicativas são as destinadas a guiar o comissário, dando-lhe roteiro para suas negociações; as instruções facultativas se

910. GOMES, Orlando. *Contratos.* 26ª ed., rev. atual. e aum. Rio de Janeiro: Forense, 2008, p. 438.

911. GOMES, Orlando. Ob. Cit., p. 439 e 442. Em sentido contrário: NERY, Rosa Maria de Andrade; NERY JÚNIOR, Nelson. *Instituições de direito civil.* Vol. III, São Paulo: Ed. Revista dos Tribunais, 2016, p. 388

912. NERY, Rosa Maria de Andrade; NERY JÚNIOR, Nelson. Ob. Cit., p. 388; PEREIRA, Caio Mário da Silva. *Instituições de direito civil*. Vol. III, 25ª ed., rev. e atual. por Caitlin Mulholland. Rio de Janeiro: Forense, 2022, p. 373-374.

exprimem por fórmulas imprecisas, tais como a de vender pelo melhor preço, ou comprar pelo preço corrente[913].

Na falta de instruções, o comissário deve agir segundo os usos adotados em casos semelhantes, e: "Ter-se-ão por justificados os atos do comissário, se deles houver resultado vantagem para o comitente, e ainda no caso em que, não admitindo demora a realização do negócio, o comissário agiu de acordo com os usos" (Código Civil, art. 695).

Presume-se o comissário autorizado a conceder dilação do prazo para pagamento, na conformidade dos usos do lugar onde deva se realizar o negócio, se não houver instruções diversas do comitente (Código Civil, art. 699). O artigo 700 dispõe: "Se houver instruções do comitente proibindo prorrogação de prazos para pagamento, ou se esta não for conforme os usos locais, poderá o comitente exigir que o comissário pague incontinenti ou responda pelas consequências da dilação concedida, procedendo-se de igual modo se o comissário não der ciência ao comitente dos prazos concedidos e de quem é seu beneficiário".

Ele tem direito à **remuneração pelos serviços prestados**, por se tratar de contrato oneroso. Essa remuneração também é denominada comissão e, em regra, será calculada mediante percentagem sobre o valor do negócio[914], tratando-se de remuneração variável. Caso ela não haja sido determinada, será arbitrada segundo os usos correntes do lugar (Código Civil, art. 701).

O comissário **não responde pela insolvência das pessoas com quem tratar, exceto em caso de culpa e na comissão *del credere*** (art. 697), examinada abaixo.

No caso de **morte do comissário**, ou, quando, por motivo de **força maior**, **não puder concluir o negócio**, será devida pelo comitente uma **remuneração proporcional** aos trabalhos realizados (art. 702).

No caso de **falência**, o **crédito do comissário pelas comissões e reembolsos é privilegiado** (Código Civil, art. 707).

O **comitente** tem a obrigação de pagar a comissão e de reembolsar as despesas incorridas pelo comissário. O **comissário** tem direito de retenção sobre os bens e valores em seu poder em virtude da comissão, para reembolso das despesas feitas, bem como para recebimento das comissões devidas (art. 708).

É comum a remessa das mercadorias ao comissário antes da venda. Este torna-se depositário das mercadorias e o contrato é denominado consignação. Nesses casos, o remetente denomina-se *consignante* e o depositário denomina-se *consignatário*.

A **revogação da ordem pelo comitente**, bem como a alteração das instruções, é possível, se o negócio ainda não houver sido realizado (Código Civil, art. 704).

913. FERREIRA, Waldemar. *Tratado de direito comercial.* Vol. 11, São Paulo: Saraiva, 1963, item 2.391, p. 76-78.

914. GOMES, Orlando. *Contratos.* 26ª ed., rev. atual. e aum. Rio de Janeiro: Forense, 2008, p. 443.

A revogação **sem justa causa** gera para o comissário o direito de ser remunerado pelos trabalhos prestados, e pode dar lugar à indenização do prejuízo sofrido por ele (Código Civil, art. 705). Na revogação **por motivo justo**, o comissário tem direito a ser remunerado pelos serviços úteis prestados ao comitente, ressalvada eventual responsabilidade pelos danos a ele causados.

Nas **relações com terceiros**, só o comissário responde pelas obrigações contraídas; portanto, as pessoas com quem ele contratar não tem ação contra o comitente, nem ele contra elas. Quando o comitente pretender agir diretamente contra o terceiro, terá de obter a cessão do crédito do comissário (Código Civil, art. 694).

13.3. Comissão *del credere*

Caracteriza-se a comissão denominada *del credere* quando o **comissário assume a responsabilidade solidária pela solvência das pessoas com quem vier a contratar em nome do comitente**. Essa responsabilidade pode incidir sobre a totalidade da dívida ou sobre parte dela, apenas. Salvo estipulação em contrário, o comissário tem direito a remuneração mais elevada, para compensar o ônus assumido (Código Civil, art. 698). O parágrafo único do art. 698, incluído pela Lei nº 14.690, de 2023, admite cláusula *del credere* parcial.

O Código não prevê forma especial para a estipulação dessa cláusula, que deve, contudo, ser expressa.

14. *FRANCHISING* (FRANQUIA EMPRESARIAL)

14.1. Conceito e características

A *franchising* nasceu e expandiu-se a partir da década de 1930 nos Estados Unidos, tendo sido posteriormente adotado na Europa, onde se expandiu a partir do início dos anos 1970.

Utilizamos, aqui, preferencialmente, os termos *franchising* e *franchise,* de uso disseminado na doutrina e utilizado até mesmo pelo legislador, que também utiliza o termo franquia empresarial. No entanto, pelas mesmas razões (o uso comum pela doutrina e pelo legislador), usamos para as partes contratantes os termos franqueador e franqueado, para o contratante e os contratados, respectivamente[915].

O contrato de *franchising*, tal como o conhecemos, surgiu em virtude da alteração do sistema de produção e distribuição que se segue à revolução industrial quando o produtor, usando da publicidade, passa a ter condições de aumentar muito as suas vendas tendo, ao mesmo tempo, necessidade de controlar o processo de venda de seus produtos até o consumidor final.

915. SIMÃO FILHO, Adalberto. *Franchising*. 4ª ed., rev. e atual. São Paulo: Atlas, 2000, p. 20.

O produtor tem à sua disposição diversas possibilidades de distribuição de seus produtos, se não quiser vendê-los diretamente: pode recorrer a agentes, caso em que deixará de ter qualquer controle sobre a forma como a venda é realizada; pode usar o contrato de concessão comercial (exclusiva, ou não), no qual sempre existe a possibilidade de o concessionário se preocupar mais com a lealdade à sua loja que à marca do concedente; ou pode se valer de franqueados, de maneira que o público não distinga se está adquirindo do próprio produtor ou de um intermediário, tal a identidade entre ambos.

Desta forma, **o franqueador** – que pode ser o produtor ou o criador de uma fórmula empresarial de sucesso que dá origem à franquia, ainda que não seja ele mesmo o produtor – **pode expandir bastante a sua rede, sem ter que recorrer a investimento próprio.**

Para o **franqueado**, a vantagem consiste em poder **iniciar um negócio usando uma marca já consolidada no mercado, que, por si, atrai a clientela, bem como, podendo contar com a assistência do franqueador, melhorar a sua posição frente à concorrência.** Assim, o sistema de franquias traz benefícios à economia como um todo, na medida em que permite a diversos pequenos empresários ingressarem no mercado em condições de igualdade com as empresas já estabelecidas[916].

Mecanismo operacional. O mecanismo operacional da *franquia envolve* tanto a utilização de uma marca quanto a prestação de serviços pelo franqueador ao franqueado. Muitas vezes o franqueador determina o tamanho da loja, a partir de estudos de mercado, de forma a estimar a sua rentabilidade futura. Fornece elementos para a decoração, padronizando a identidade visual das lojas, favorecendo a lealdade do consumidor à marca. Padroniza o sistema de contabilidade, permitindo uma apuração mais fácil e econômica dos resultados do negócio. Organiza uma política de estoques, permitindo a melhor aplicação do capital de giro do franqueado[917].

Trata-se de contrato **bilateral**, porque impõe obrigações para ambas as partes; **oneroso**; **comutativo**; **formal**, pois a lei determina que seja celebrado por escrito, na presença de duas testemunhas; ***intuitu personae***, pois leva em consideração as características pessoais dos contratantes; **de trato sucessivo**; de **colaboração** (comunhão de escopo), pela cooperação que deve existir entre ambas as partes; caracterizando-se, ainda, pela autonomia entre as partes[918].

A Lei nº 13.966, de 2019, que revogou expressamente a Lei nº 8.955/94, define franquia empresarial como aquele pelo qual um franqueador autoriza por meio de contrato um franqueado a usar marcas e outros objetos de propriedade intelectual, sempre associados ao direito de produção ou distribuição exclusiva ou não exclusiva de produtos ou serviços e também ao direito de uso de métodos e sistemas de implantação e administração

916. VASCONCELOS, L. Miguel Pestana de. *O contrato de franquia (franchising).* Coimbra: Almedina, 2000, p. 11-15.

917. COMPARATO, Fábio Konder. Franquia e concessão de venda no Brasil: da consagração ao repúdio? In: *Ensaios e pareceres de direito empresarial.* Rio de Janeiro: Forense, 1978, p. 374.

918. LOBO, Jorge. *Contrato de franchising.* Rio de Janeiro: Forense, 1994, p. 31.

de negócio ou sistema operacional desenvolvido ou detido pelo franqueador, mediante remuneração direta ou indireta, sem caracterizar relação de consumo ou vínculo empregatício em relação ao franqueado ou a seus empregados, ainda que durante o período de treinamento (art. 1º).

O franqueador deve ser titular ou requerente de direitos sobre as marcas e outros objetos de propriedade intelectual negociados no âmbito do contrato de franquia, ou estar expressamente autorizado pelo titular (art. 1º, §1º).

A franquia pode ser adotada por empresa privada, estatal ou entidade sem fins lucrativos, independentemente do segmento de suas atividades (art. 1º, §2º).

A ideia de autonomia entre as partes deve ser entendida em seu contexto. A lei admite um amplo controle do franqueador sobre o franqueado, podendo e devendo o primeiro determinar, na Circular de Oferta, até mesmo o grau de comprometimento do segundo com a operação do negócio (art. 2º, VI). O contrato de cessão de uso de marca, por sua vez, admite amplo controle sobre o seu uso pelo cessionário. Finalmente, enquanto contrato de cooperação, as partes assumem obrigações recíprocas de agir de forma a permitir a realização do fim comum.

O **franqueado está**, portanto, **sujeito a um amplo controle de sua atividade pelo franqueador**, entendido como um poder-dever, dado que "não tem em vista a satisfação de um interesse próprio do franqueador, mas igualmente o interesse de cada um dos membros da cadeia franqueada". Nesse contexto, a **autonomia do franqueado** deve ser entendida como **autonomia de gestão**: "Caso a atividade, em concreto, do franqueador ultrapasse esse limite, aproximando-se do poder de direção da entidade patronal, aí já estaremos perante um contrato de trabalho".

14.2. Estrutura do negócio

A lei prevê informações detalhadas a serem prestadas pelo franqueador ao franqueado, por meio da "**Circular Oferta de Franquia**" – COF (art. 2º). Essa Circular representa mais do que uma simples informação ao franqueado. Ela contém, também, **condições gerais de contratação, pois deve conter a descrição detalhada da franquia e a descrição geral do negócio e das atividades que serão desempenhadas pelo franqueado** (art. 2º, V), o seu conteúdo passa a integrar todos os contratos futuros que vierem a ser celebrados com os franqueados, servindo de elemento para a interpretação destes contratos.

A COF deverá ser entregue ao candidato a franqueado, no mínimo, 10 dias antes da assinatura do contrato ou pré-contrato de franquia ou, ainda, do pagamento de qualquer tipo de taxa pelo franqueado ao franqueador ou a empresa ou a pessoa ligada a este, salvo no caso de licitação ou pré-qualificação promovida por órgão ou entidade pública, caso em que a COF será divulgada logo no início do processo de seleção (art. 2º, §1º). No caso de não cumprimento do disposto no §1º, o franqueado poderá arguir anulabilidade ou nulidade, conforme o caso, e exigir a devolução de todas e quaisquer quantias já pagas ao franqueador, ou a terceiros por este indicados, a título de filiação ou *royalties*, corrigidas monetariamente (art. 2º, §2º). Esta sanção aplica-se, também, ao franqueador que veicular informações falsas na sua Circular de Oferta de Franquia, sem prejuízo das sanções penais cabíveis (art. 4º).

De acordo com o art. 3º, nos casos em que o franqueador subloque ao franqueado o ponto comercial onde se acha instalada a franquia, qualquer uma das partes terá legitimidade para propor a renovação do contrato de locação do imóvel. Não pode o contrato de locação e de sublocação excluir nenhuma das partes por ocasião de sua renovação ou prorrogação, salvo nos casos de inadimplência dos respectivos contratos ou do contrato de franquia.

O parágrafo único permite que o valor do aluguel a ser pago pelo franqueado ao franqueador, nas sublocações do *caput*, seja superior àquele pago pelo franqueador ao proprietário do imóvel na locação originária do ponto comercial, desde que essa possibilidade esteja expressa e clara na COF e no contrato e que o valor pago a maior ao franqueado na sublocação não implique excessiva onerosidade ao franqueado, garantida a manutenção do equilíbrio econômico-financeiro da sublocação na vigência do contrato de franquia.

Os termos *franqueador e franqueado*, quando utilizados em quaisquer de seus dispositivos, servem também para designar o subfranqueador e o subfranqueado (art. 5º).

O art. 7º representa inovação em relação à lei de 1994, cujo art. 8º estabelecia sua aplicação aos sistemas de franquia instalados e operados em território nacional. A Lei nº 13.966/19, ao contrário, regula tanto os contratos que produzem efeitos exclusivamente no território nacional (art. 7º, I), quanto aos contratos de franquia internacional, assim entendidos como aqueles que "pelos atos concernentes à sua conclusão ou execução, à situação das partes quanto a nacionalidade ou domicílio, ou à localização de seu objeto, tem liames com mais de um sistema jurídico" (art. 7º, §2º). Os contratos de franquia internacional serão escritos originalmente em língua portuguesa ou terão tradução certificada para a língua portuguesa custeada pelo franqueador, e os contratantes poderão optar, no contrato, pelo foro de um de seus países de domicílio (art. 7º, II). Caso expresso o foro de opção, as partes deverão constituir e manter representante legal ou procurador devidamente qualificado e domiciliado no país do foro definido, com poderes para representá-las administrativa e judicialmente, inclusive para receber citações (art. 7º, §3º).

O art. 7º, §1º, por sua vez, admite expressamente a prática, nos contratos de franquia empresarial, da utilização da cláusula compromissória arbitral: as partes poderão eleger juízo arbitral para solução de controvérsias relacionadas ao contrato.

Neste aspecto, é importante observar que a lei determina a apresentação de modelo de contrato-padrão (art. 2º, XVI), ou seja, aproximando-se a um contrato de adesão. O STJ, ao julgar o REsp 1.602.076 (relatora Ministra Nancy Andrighi), ainda sob a égide da Lei nº 8.955/94, que não fazia qualquer menção à arbitragem, consignou que "o contrato de franquia é, inegavelmente, um contrato de adesão", e que todos os contratos de adesão, mesmo aqueles que não consubstanciam relação de consumo, como os contratos de franquia, devem observar o art. 4º, §2º, da Lei nº 9.307/96 (Lei de Arbitragem).

A norma em questão estabelece que, nos contratos de adesão, a cláusula compromissória só terá eficácia se o aderente tomar a iniciativa de instituir a arbitragem ou concordar, expressamente, com a sua instituição, desde que por escrito em documento anexo ou em negrito, com a assinatura ou visto especialmente para essa cláusula.

A lei de 1994 era expressa ao considerar o contrato de franquia empresarial um de contrato formal, a ser celebrado por escrito e assinado por duas testemunhas, e será válido ainda que não levado a registro (art. 6º). Parece-nos que os já comentados incisos I e II do art. 7º da nova lei mantiveram a caracterização do contrato de franquia empresarial como formal.

O art. 1º afasta a possibilidade de vínculo empregatício, tal como a lei anterior. A Lei nº 8.955/94, contudo, determinava a necessidade do registro para que se tornasse eficaz contra terceiros, afastando a possibilidade de fraude a direitos trabalhistas. Ao mesmo tempo, o registro também permitirá ao consumidor determinar com maior precisão eventuais responsabilidades decorrentes da compra que vier a fazer. A nova lei não faz qualquer menção ao registro como condição de eficácia do contrato.

O registro pode ser realizado tanto em Cartório de Títulos e Documentos quanto no Instituto Nacional de Propriedade Industrial – INPI (a Lei de Propriedade Industrial, art. 211, prevê, de forma genérica, o registro de contratos "de franquia e similares")[919]. A Lei nº 13.966, em seu art. 8º, determina a observância da legislação de propriedade intelectual (art. 8º).

15. TRANSPORTE

Antes de o transporte se transformar em atividade empresarial, o contrato de transporte era entendido como modalidade de prestação de serviços. Entre nós, a modalidade empresarial se iniciou com a implantação das estradas de ferro, a primeira construída em 1854, pelo Barão de Mauá. Por essa razão, o antigo Código Comercial, editado poucos anos antes, não regulava especificamente o contrato de transporte de coisas.

Hoje, o transporte envolve relações massificadas, realizadas profissionalmente sob a forma de contratos de adesão. Atendendo a essa realidade o contrato de transporte, no Código Civil abrange pessoas e coisas, como se vê no artigo 730: "Pelo contrato de transporte alguém se obriga, mediante retribuição, a transportar, de um lugar para outro, pessoas ou coisas".

Além do disposto no Código Civil, aplicam-se ao contrato de transporte os tratados e convenções internacionais, bem como, ao transporte exercido por efeito de autorização, permissão ou concessão, não apenas as normas previstas nos respectivos atos como, também, as normas regulamentares (Código Civil, arts. 731 e 732).

O contrato de transporte é **típico, bilateral, consensual e oneroso**. **É típico** porque regulado em lei, ainda que admita diversas especificações conforme trate de pessoas ou coisas e, ainda, do meio empregado (terrestre, marítimo ou aéreo), por exemplo. Bilateral

919. SIMÃO FILHO, Adalberto. *Franchising*. 4ª ed., rev. e atual. São Paulo: Atlas, 2000, p. 121.

porque impõe obrigações para ambas as partes contratantes. A **onerosidade é da sua essência, ainda que possa estar oculta nos casos em que o transportador, embora sem remuneração, aufira vantagens indiretas** (Código Civil, art. 736).

É contrato **consensual**, pois se forma com o acordo de vontades. No transporte de coisas a entrega da coisa, com a emissão do conhecimento de transporte, diz respeito à execução do contrato e não à sua formação[920], tanto que o remetente pode desistir do transporte e pedir a coisa de volta até o momento da sua entrega (Código Civil, art. 748). E, em regra, é **de adesão**, ainda que não haja proibição de as partes estipularem cláusulas contratuais específicas.

A responsabilidade do transportador é objetiva, porque o Código Civil o configura como contrato de resultado (art. 730)[921]. Examinaremos abaixo algumas particularidades da responsabilidade decorrente de cada uma das modalidades de transporte.

15.1. Transporte de pessoas

O transporte de pessoas está regulado especificamente nos artigos 734 a 742 do Código Civil. O transportador é responsável por conduzir o passageiro são e salvo a seu destino, nos horários e itinerários previstos (Código Civil, arts. 730, 734 e 137). Ele só pode recusar passageiro, salvo os casos previstos nos regulamentos, se as condições de saúde ou de higiene do interessado o justificarem (art. 739).

Distingue-se o transporte individual, do coletivo. Se o destino e o itinerário ficarem sob a direção do contratante não se caracteriza o contrato de transporte, mas de prestação de serviços. É o caso do serviço de táxis[922].

Responsabilidade do transportador. Não cabe exoneração de responsabilidade por cláusula contratual, sendo nula qualquer cláusula excludente da responsabilidade (Código Civil, art. 734)[923].

Transporte de simples cortesia (carona). O transporte de simples cortesia (carona) não é contrato (Código Civil, art. 736); por esta razão, a responsabilidade só pode ser extracontratual[924], mas é subjetiva. Dispõe a Súmula 145 do Superior Tribunal de Justiça: “No transporte desinteressado, de simples cortesia, o transportador só será civilmente responsável por danos causados ao transportado quando incorrer em dolo ou culpa grave”.

---

920. RIPERT, Georges; ROBLOT, René. *Traité élémentaire de droit commercial.* Vol. 2, 10a ed., Paris: LGDJ, 1986, p. 607. PEREIRA, Caio Mário da Silva. *Instituições de direito civil.* Vol. III, 25ª ed., rev. e atual. Rio de Janeiro: Forense, 2022, p. 315.

921. NERY, Rosa Maria de Andrade; NERY JÚNIOR, Nelson. *Instituições de direito civil.* Vol. III, São Paulo: Ed. Revista dos Tribunais, 2016, p. 435.

922. GOMES, Orlando. Ob. Cit., p. 380; RIPERT, Georges; ROBLOT, René. *Traité élémentaire de droit commercial.* 12. ed., Paris: LGDJ, 1986, p. 605.

923. STF. Súmula 161: “Em contrato de transporte, é inoperante a cláusula de não indenizar”.

924. GOMES, Orlando. Ob. Cit., p. 376.

Transporte ferroviário. A responsabilidade objetiva do transportador ferroviário já se deduzia do disposto no art. 1º do Decreto nº 2.681/1912.

Transporte aeronáutico. É transportador a pessoa física ou jurídica, proprietário ou explorador da aeronave (Código Brasileiro de Aeronáutica – CBA, art. 222). Se o nome do explorador consta do Registro Aeronáutico, mediante qualquer contrato de utilização, exclui-se a responsabilidade do proprietário da aeronave (CBA, art. 124, *caput*). Se o explorador não está registrado, há solidariedade entre ele e o proprietário por qualquer infração ou dano (CBA, art. 124, § 2º).No transporte aeronáutico a responsabilidade se regia, a princípio, pelo CBA e pelas convenções internacionais, mas o Código Civil, como o Código de Defesa do Consumidor antes dele, revela antinomia com os balizamentos gerais de regência dos contratos de transporte, pois ambos passaram a reger alguns dos temas nela previstos de maneira diversa.

O **contrato de transporte de bagagem** é sempre acessório do contrato de transporte de pessoas – uma vez que, ao contratar o transporte, pagando o bilhete, o passageiro adquire o direito de transportar consigo sua bagagem, assumindo o condutor a obrigação de fazer esse transporte[925].

O Supremo Tribunal Federal pacificou a jurisprudência sobre extravio de bagagem no transporte aéreo, determinando a prevalência das convenções internacionais sobre o Código do Consumidor, de maneira que o limite de indenização passa a ser aquele nelas previsto[926].

Responsabilidade do passageiro. Nos termos do artigo 742 do Código Civil: "O transportador, uma vez executado o transporte, tem direito de retenção sobre a bagagem de passageiro e outros objetos pessoais deste, para garantir-se do pagamento do valor da passagem que não tiver sido feito no início ou durante o percurso".

---

925. NEGRÃO, Ricardo. *Curso de Direito Comercial e de Empresa*. Vol. 2. São Paulo: Saraiva, 2017, p. 440-441.

926. STF, Recurso Extraordinário 636.331/RJ, Tribunal Pleno, Rel. Min. Gilmar Mendes, decisão por maioria em 25/05/2017, com repercussão geral, DJe-257 DIVULG 10-11-2017 PUBLIC 13-11-2017, ementa: "Recurso extraordinário com repercussão geral. 2. Extravio de bagagem. Dano material. Limitação. Antinomia. Convenção de Varsóvia. Código de Defesa do Consumidor. 3. Julgamento de mérito. É aplicável o limite indenizatório estabelecido na Convenção de Varsóvia e demais acordos internacionais subscritos pelo Brasil, em relação às condenações por dano material decorrente de extravio de bagagem, em voos internacionais. 5. Repercussão geral. Tema 210. Fixação da tese: "Nos termos do art. 178 da Constituição da República, as normas e os tratados internacionais limitadores da responsabilidade das transportadoras aéreas de passageiros, especialmente as Convenções de Varsóvia e Montreal, têm prevalência em relação ao Código de Defesa do Consumidor". 6. Caso concreto. Acórdão que aplicou o Código de Defesa do Consumidor. Indenização superior ao limite previsto no art. 22 da Convenção de Varsóvia, com as modificações efetuadas pelos acordos internacionais posteriores. Decisão recorrida reformada, para reduzir o valor da condenação por danos materiais, limitando-o ao patamar estabelecido na legislação internacional. 7. Recurso a que se dá provimento".

15.2. Transporte de coisas

Ensina Caio Mário da Silva Pereira: "No transporte de coisas o transportador obriga-se, essencialmente, a conduzir a coisa de um local para outro e entregá-la em seu destino, em tempo certo e previamente estabelecido"[927].

15.2.1. Meio empregado

Terrestre. São transportes terrestres os que se realizam por terra firme. Subdividem-se em rodoviários, feitos por estradas de rodagem e ferroviários, através de estradas de ferro.

O **transporte ferroviário** é regulado pelo disposto no Decreto nº 1.832/96, que aprova o Regulamento dos Transportes Ferroviários. Visa o Regulamento a atender as necessidades da política de privatização dos transportes ferroviários, prevendo um órgão regulador do setor.

O **transporte rodoviário** de cargas por conta de terceiros e mediante remuneração é regulado pela Lei nº 11.442/2007.

O **transporte de produtos considerados perigosos** foi regulamentado pelo Decreto nº 96.044/88.

Aquático ou aquaviário. Transportes aquaviários são os realizados por via líquida (aquavia), isto é, por mares, rios, lagos e canais. Subdividem-se em marítimos e hidroviários, conforme ocorram nos mares ou em águas interiores (rios, lagos e canais).

O **transporte marítimo** ainda é regulado, em sua maior parte, pelo Código Comercial de 1850[928], e as condições para o seu exercício estão regulamentadas na Lei nº 9.432/97.

Aéreo ou aeroviário. Transporte aéreo é o que se faz através do ar, sem dependência da superfície terrestre. Ele é regulamentado pela Convenção de Montreal de 1999, no âmbito internacional, que moderniza a Convenção de Varsóvia, e pelo Código Brasileiro de Aeronáutica (Lei nº 7.565/86) no âmbito interno. Da mesma forma que ocorre com outras modalidades de transporte, o aéreo conta com uma agência específica, a Agência Nacional de Aviação Civil – ANAC.

Dutoviário. Transporte dutoviário é o que se faz através de dutos, como é o caso do álcool e do petróleo. A Lei nº 7.029/82 prevê que o *transporte dutoviário de álcool* seja realizado mediante concessão. O *transporte de petróleo* é regulado pela Lei nº 9.478/97.

927. PEREIRA, Caio Mário da Silva. *Instituições de direito civil.* 25ª ed., rev. e atual. por Caitlin Mulholland. Rio de Janeiro: Forense, 2022, p. 315.

928. VERÇOSA, Haroldo Malheiros Duclerc. *Direito comercial: os contratos empresariais em espécie*: (segundo a sua função jurídico-econômica). São Paulo: Ed. Revista dos Tribunais, 2014. [Coleção Direito Comercial, v. 5], título 5.4, p. 370-397, analisa amplamente o transporte marítimo de pessoas e coisas.

15.2.2. Elementos do contrato

São **partes** no contrato o remetente ou expedidor (quem entrega mercadoria para ser transportada) e o transportador ou condutor (quem recebe a mercadoria para transportar). O *destinatário* ou *consignatário* (aquele a quem a mercadoria é destinada) não é parte, ainda que esteja sujeito a obrigações contratuais[929], porque não intervêm na formação, apenas na execução do contrato.

Consentimento é o acordo de vontades entre as partes que intervêm na formação do contrato. A entrega da coisa é, muitas vezes, o modo de expressão do consentimento.

A **remuneração** (frete) é elemento essencial, porque o contrato é oneroso.

15.2.3. Obrigações do remetente e do transportador

Obrigações do remetente: o remetente está obrigado a entregar a coisa e pagar o preço. A coisa deve ser entregue bem embalada, não para perfeição do contrato, mas para sua execução. O preço deve ser pago pelo modo e nas condições ajustadas.

É necessária a *declaração do valor* para efeito de responsabilidade sobre a perda da coisa e da sua natureza para que se possa determinar o regulamento aplicável (os produtos perigosos, por exemplo, estão sujeitos a regulamento especial).

Obrigações do transportador: O transportador está obrigado a receber a coisa, expedir conhecimento de transporte, transportá-la e entregá-la, conforme o que foi convencionado. Mas ele poderá recusar a coisa cuja embalagem seja inadequada, bem como a que possa pôr em risco a saúde das pessoas, ou danificar o veículo e outros bens (Código Civil, art. 746). Além disso, "o transportador deverá obrigatoriamente recusar a coisa cujo transporte ou comercialização não sejam permitidos, ou que venha desacompanhada dos documentos exigidos por lei ou regulamento" (art. 747).

Conhecimento de transporte é o documento emitido por transportador no momento em que recebe a coisa, no qual estão mencionados os dados necessários à qualificação da mercadoria. No transporte multimodal (item 15.3, abaixo) cabe ao Operador de Transporte Multimodal, que pode ser transportador ou não (Lei nº 9.611/98, art. 5º, parágrafo único), a emissão do conhecimento (Lei nº 9.611/98, art. 7º).

15.2.4. Responsabilidade do transportador

O transportador responde por perdas ou avarias causadas na mercadoria pelo transporte, salvo a ocorrência de caso fortuito ou de força maior. O roubo de carga constitui força maior, quando a transportadora adotou todas as cautelas que dela se poderia esperar[930]. Não cabe exoneração de responsabilidade por cláusula contratual (Cód. Civil,

929. PEREIRA, Caio Mário da Silva. *Instituições de direito civil.* Vol. III, 25ª ed., rev. e atual. por Caitlin Mulholland. Rio de Janeiro: Forense, 2022, p. 309.

930. STJ, AgRg no AREsp 94.237/SP, Terceira Turma, Rel. Min. João Otávio de Noronha, v.u. 25/11/2014.

art. 734, segunda parte), mas o artigo 734, parágrafo único admite sua limitação, nas condições nele previstas.

A responsabilidade do Operador de Transporte Multimodal é objetiva (Lei nº 9.611/98, art. 11), e só fica afastada nos seguintes casos:

I – ato ou fato imputável ao expedidor ou ao destinatário da carga;

II – inadequação da embalagem, quando imputável ao expedidor da carga;

III – vício próprio ou oculto da carga;

IV – manuseio, embarque, estiva ou descarga executados diretamente pelo expedidor, destinatário ou consignatário da carga, ou, ainda, pelos seus agentes ou propostos;

V – força maior ou caso fortuito" (Lei nº 9.611/98, art. 16).

15.2.5. Direitos e obrigações do destinatário

O destinatário tem o *direito* de receber a mercadoria contra a entrega do conhecimento de transporte, bem como o direito de acionar diretamente transportador porque ele tem o poder de disposição da mercadoria transferida com o conhecimento. Ele também tem o *dever* de receber a mercadoria, mas só estará obrigado a pagar o preço se houver acordo nesse sentido com o remetente.

15.3. Formas de transporte

Os transportes podem ser: modais; multimodais ou intermodais; segmentados; sucessivos ou cumulativos.

Transportes modais são os que se realizam mediante uma só modalidade (Lei nº 9.611/98).

São denominados **multimodais ou intermodais** os transportes para os quais concorrem duas ou mais modalidades. O transporte *multimodal* é regido por um único contrato entre o dono da carga e o Operador de Transporte Multimodal, "que embora se utilize mais de um meio de transporte, irá assumir totalmente a responsabilidade pela carga" (Lei nº 9.611/98, art. 2º, *caput*); no transporte *intermodal* "o transportador não assume inteiramente a responsabilidade da carga durante todos os trechos do percurso"[931].

Denominam-se **transportes segmentados** aqueles nos quais são contratados separadamente os diversos transportadores que realizarão o deslocamento da pessoa ou da coisa ao seu destino.

931. ILHA, Manuela Alegria Martins. Contrato de transporte multimodal. In: FRADERA, Vera Maria Jacob de; ESTEVEZ, André Fernandes; RAMOS, Ricardo Ehrensperger (coords.). *Contratos empresariais*. São Paulo: Saraiva, 2015, p. 254-255.

São denominados **transportes sucessivos ou cumulativos** aqueles em que há um contrato único de transporte, realizado por vários transportadores. O remetente contrata apenas com o primeiro transportador, que assume, pelos outros, responsabilidade de fazer a entrega e transporte da mercadoria. Nos termos do artigo 756 do Código Civil: "(...) todos os transportadores respondem solidariamente pelo dano causado perante o remetente, ressalvada a apuração final da responsabilidade entre eles, de modo que o ressarcimento recaia, por inteiro, ou proporcionalmente, naquele ou naqueles em cujo percurso houver ocorrido o dano".

16. SEGURO

O conceito de seguro não se revela uniforme na doutrina, mas o artigo 757, *caput*, do Código Civil apresenta suas características essenciais: "Pelo contrato de seguro, o segurador se obriga, mediante o pagamento do prêmio a garantir interesse legítimo do segurado, relativo a pessoa ou coisa, contra riscos predeterminados".

Desta forma, o Código adota um conceito unitário do contrato de seguro[932], aplicável tanto ao seguro de pessoas quanto ao de coisas.

Em regra geral, trata-se de atividade empresarial, pois segurador será empresa organizada sob a forma de sociedade anônima ou cooperativa (nos seguros agrícolas ou de saúde – Decreto-Lei nº 73/66, art. 24, parágrafo único), legalmente autorizadas (Código Civil, art. 757, parágrafo único), a não ser nos *seguros mútuos*[933].

16.1. As bases técnicas da operação de seguro

A origem do contrato de seguro é desconhecida, mas este, no estado atual de sua evolução, é um contrato de massa que se funda na **mutualidade das pessoas sujeitas ao mesmo risco e na estatística.**

A estatística é essencial, porque o risco assumido deve ter uma certa frequência em relação à massa de segurados, de forma que a seguradora possa ter a maior certeza possível quanto à sua ocorrência, ainda que para o segurado permaneça a incerteza[934].

De outro lado, **o segurador realiza um agrupamento dos riscos (tratamento atuarial dos riscos), de forma que possa estabelecer uma previsão de sinistros.** Toda operação de seguros exige a existência de um grupo de pessoas que contribuem, reciprocamente, para reparar as consequências dos sinistros que possam atingir qualquer uma

---

932. ASCARELLI, Tullio. O conceito unitário do contrato de seguro. In: *Problemas das sociedades anônimas e direito comparado*. Campinas: Bookseller, 1999, p. 302-371, já adotava a tese da unidade do contrato de seguro, sem deixar de reconhecer as particularidades de cada um dos ramos em que ele se divide.

933. GOMES, Orlando. Ob. Cit., p. 504.

934. HALPERIN, Isaac. *Seguros*. 2ª ed. atual. por Juan Carlos Morandi. Buenos Aires: Depalma, 1986, p. 24-26.

delas (mutualidade). As contribuições de cada uma delas constituem um fundo comum, que deverá ser suficiente para arcar com o pagamento dos danos[935].

16.2. Qualificação, fontes e espécies de seguro

Seguro é contrato **bilateral**, porque gera obrigações para ambas as partes, ainda que uma das prestações seja certa e a outra eventual; **oneroso**, pois cria benefícios e vantagens para ambas as partes; simplesmente **consensual**, pois basta para sua formação o consentimento das partes (Código Civil, art. 758), sendo o bilhete e a apólice apenas meios de prova da sua existência[936]; **por adesão**, pois a necessidade de uniformização das cláusulas do contrato possibilita a determinação do seu conteúdo pela empresa seguradora.

A doutrina não se põe de acordo sobre o caráter comutativo ou aleatório do contrato de seguro, e ambas as interpretações contam com argumentos respeitáveis.

Aqueles que o entendem *aleatório*, sustentam haver "uma alternativa de ganho ou perda, não se sabendo qual das partes obterá a vantagem, ou sofrerá o prejuízo".[937] Esses autores, que representam a doutrina tradicional, definem o seguro a partir de cada um dos contratos celebrados pela seguradora, não a partir do conjunto deles; a doutrina mais moderna procura a definição do contrato a partir do conjunto de operações realizadas pela seguradora.

Os que o afirmam contrato *comutativo* entendem que o segurador não promete indenizar as consequências de evento futuro e incerto, mas garantir que essas consequências não irão atingir o segurado, ou, ao menos, irão minorar seus efeitos[938]. Essa interpretação ganha força a partir do Código Civil de 2002, o qual, no seu artigo 757, *caput*, dispõe ser obrigação do segurador garantir interesse legítimo do segurado "contra riscos predeterminados"[939].

---

935. FRANCO, Vera Helena de Mello. *Lições de direito securitário:* seguros terrestres privados. São Paulo: Maltese, 1993, p. 20-21.

936. WALD, Arnoldo; CAVALCANTI, Ana Elizabeth L. W.; PAESANI, Liliana Minardi. *Direito civil*: contratos em espécie. 20ª ed., reform. São Paulo: Saraiva, 2015, p. 315. NERY, Rosa Maria de Andrade; NERY JÚNIOR, Nelson. *Instituições de direito civil.* Vol. III, São Paulo: Ed. Revista dos Tribunais, 2016, p. 444, afirmam, com razão, ser a emissão da apólice ato unilateral da seguradora.

937. GOMES, Orlando. Ob. Cit., p. 506. No mesmo sentido: WALD, Arnoldo *et al.* Ob. Cit., p. 315.

938. FRANCO, Vera Helena de Mello. *Contratos:* direito civil e empresarial. 5ª ed., rev., atual. e ampl. São Paulo: Ed. Revista dos Tribunais, 2014, p. 321-324; TZIRULNIK, Ernesto. *Estudos de direito do seguro.* São Paulo: Max Limonad, 1999, p. 44.

939. As duas posições examinadas acima apontam antagonismo entre a comutatividade e a aleatoriedade, mas Ilan Goldberg defende uma terceira posição, sustentando ser o contrato de seguro "concomitantemente, comutativo (sinalagmático) e aleatório" (GOLDBERG, Ilan. Reflexões a respeito do contrato de seguro. In: CARVALHOSA, Modesto (coord.). *Tratado de direito empresarial.* Vol. IV. São Paulo: Ed. Revista dos Tribunais, 2016, p. 283-294, conclusão de p. 294).

A atividade seguradora envolve elevado grau de intervenção do Poder Público, que disciplina as condições gerais das apólices, fiscaliza a atividade das seguradoras e, em alguns casos, impõe o dever de contratar (seguros obrigatórios)[940].

Compete à União legislar sobre seguros (Constituição Federal, art. 21, VIII).

O **Sistema Nacional de Seguros Privados** compreende: a) o Conselho Nacional de Seguros Privados – CNSP; b) a Superintendência de Seguros Privados – SUSEP; c) as sociedades autorizadas a operar em seguros privados (as sociedades seguradoras); d) os resseguradores, pessoas jurídicas constituídas sob a forma de sociedades anônimas, autorizadas a receber a transferência de riscos originalmente contratados por um segurador; e) os corretores de seguros, pessoas físicas ou jurídicas legalmente autorizados e habilitados pela SUSEP para a intermediação entre as sociedades seguradoras e os interessados em contratar o seguro.

O Código Civil em vigor regulamentou amplamente o contrato de seguro (arts. 757 a 802), e classificou os seguros conforme a **natureza do risco**, agrupando-os em duas classes: **seguros de dano** (art. 778 a 788)[941] e **seguros de pessoa** (art. 789 a 802).

Nos **seguros de dano**, o interesse protegido é o patrimônio do segurado. Neles, a obrigação do segurador consiste no pagamento de uma **indenização**, caso o sinistro ocorra. Integram essa classe os **seguros marítimos, terrestres e aeronáuticos**.

Os **seguros de pessoa** garantem a pessoa do segurado, como sua vida, integridade física e saúde[942]. Orlando Gomes inclui nessa categoria os seguros sociais, objeto de previdência, organizada em instituições paraestatais, que não são seguros privados[943]. Os seguros de saúde estão excluídos do disposto nessa seção do Código Civil (art. 802) e são regulamentados pela Lei nº 9.656/98, com sucessivas alterações.

Por essa razão, nos *seguros de dano*, cujo pagamento representa indenização, "a garantia prometida não pode ultrapassar o valor do interesse segurado no momento da conclusão do contrato" (Cód. Civil, art. 778). Por outro lado, de acordo com o art. 783, salvo disposição em contrário, o seguro de um interesse por menos do que valha acarreta a redução proporcional da indenização, no caso de sinistro parcial.

940. GARRIGUES, Joaquin. *Contrato de seguro terrestre.* Madrid: Aguirre, 1973, p. 113, destaca que os *seguros sociais* nascem sem contrato, diretamente da lei, mas os seguros obrigatórios nascem de contrato imposto pela lei aos interessados.

941. Também denominados seguros dos ramos elementares, aqueles que têm por finalidade a garantia de perdas, danos ou responsabilidades sobre objetos ou pessoas (acidentes pessoais, inclusive), excluída desta classificação o ramo Vida.

942. TEPEDINO, Gustavo; BARBOSA, Heloísa Helena; MORAES, Maria Celina Bodin de. *Código Civil interpretado conforme a Constituição da República.* Vol. II, 2ª ed., rev. e atual. Rio de Janeiro: Renovar, 2012, p. 613, consideram o seguro de saúde modalidade de seguros de pessoa.

943. GOMES, Orlando. *Contratos.* 26ª ed., rev. atual. e aum. Rio de Janeiro: Forense, 2008, p. 507.

Nos *seguros de pessoa*, por não haver indenização propriamente dita, "o capital segurado é livremente estipulado pelo proponente, que pode contratar mais de um seguro sobre o mesmo interesse, com o mesmo ou diversos seguradores" (art. 789).

Aplicam-se, ainda, ao contrato de seguro, as normas do **Código de Defesa do Consumidor – CDC** (art. 3º, § 2º)[944]. O Superior Tribunal de Justiça (REsp 1.473.828/RJ, Rel. Min. Moura Ribeiro, TERCEIRA TURMA, v.u. 27/10/2015) aplica o CDC, inclusive à pessoa jurídica que firmar o contrato visando a proteção do próprio patrimônio: "A pessoa jurídica que firma contrato de seguro visando a proteção de seu próprio patrimônio é considerada destinatária final dos serviços securitários, incidindo, assim, em seu favor, as normas do Código de Defesa do Consumidor".[945] Em outra ocasião, o STJ, também considerando a aplicação das normas do CDC, reconheceu a prescrição quinquenal da ação de indenização proposta pelo consumidor (REsp 1.461.535/MG, Rel. Min. Nancy Andrighi, TERCEIRA TURMA, v.u. 20/02/2018, DJe 23/02/2018).

16.3. Elementos do contrato

Interesse segurável. Para os antigos, o objeto do contrato de seguro era sempre uma coisa material sujeita ao risco[946]. Hoje, o interesse segurável não se confunde com a coisa ou pessoa sujeita ao risco. É, antes, a relação que une o segurado, ou o beneficiário, a essa coisa ou pessoa. Daí decorre a possibilidade de haver vários seguros, relativamente à mesma pessoa ou coisa, com titulares diferentes, como é o caso, por exemplo, do seguro de incêndio contratado pelo proprietário, pelo usufrutuário e pelo locatário com referência ao mesmo imóvel, cada qual protegendo um interesse econômico diverso[947].

Interesse legítimo do segurado (Código Civil, art. 757, *caput*) é aquele **lícito**, pois será nulo o contrato para garantia de ato doloso do segurado, do beneficiário, ou de representante de um ou de outro (art. 762), mas, o que se quer frisar é que o segurado deve estar interessado em que o sinistro não ocorra[948]. Por não existir a intenção de causar dano à seguradora, podem ser objeto do seguro atos culposos do segurado, mesmo que estes caracterizem ilícito penal, como ocorre nos seguros de responsabilidade civil por acidentes automobilísticos[949].

---

944. POLIDO, Walter A. *Contrato de seguro*: novos paradigmas. São Paulo: Roncarati, 2010, p. 169-185, analisa a aplicação do CDC ao contrato de seguro, inclusive à vista da regulamentação em vigor e da jurisprudência.

945. No mesmo sentido: REsp 1.352.419/SP, Terceira Turma, Rel. Min. Ricardo Villas Bôas Cueva, v.u. 19/08/2014.

946. COMPARATO, Fábio Konder. *O seguro de crédito:* estudo jurídico. São Paulo: Ed. Revista dos Tribunais, 1968, p. 24-26.

947. GARRIGUES, Joaquin. *Contrato de seguro terrestre.* Madrid: Aguirre, 1973, p. 22.

948. FRANCO, Vera Helena de Mello. *Contratos:* direito civil e empresarial. 5ª ed., rev., atual. e ampl. São Paulo: Ed. Revista dos Tribunais, 2014, p. 338.

949. MARTINS, Fran. *Contratos e obrigações comerciais.* 17ª ed., rev. e atual. Rio de Janeiro: Forense, 2017, p. 293.

Risco. O risco deve ser **possível, incerto e futuro**. Na definição de Clóvis Beviláqua, risco "é o perigo que pode correr o objeto segurado, em consequência de um acontecimento futuro, estranho à vontade das partes"[950]. Mas não se exige que o risco seja totalmente alheio à vontade das partes (como ocorre na incidência de raios, inundação ou neve), apenas que seja incerto e não provocado intencionalmente. Admite-se, por isso, a cobertura de riscos ligados à simples culpa do segurado (negligência, imprudência, imperícia), como no seguro de responsabilidade civil[951].

O artigo 797 do Código Civil prevê que: "No seguro de vida para o caso de morte, é lícito estipular-se um prazo de carência, durante o qual o segurador não responde pela ocorrência do sinistro".

Cabe destacar a questão atinente ao **suicídio**. Dispõe o artigo 798 do Código Civil que o beneficiário não tem direito ao capital estipulado quando o segurado se suicida nos primeiros dois anos de vigência inicial do contrato. Interpretando esse dispositivo legal, o Superior Tribunal de Justiça (AgRg no REsp 1.484.160/SP, Quarta Turma, Rel. Min. Antonio Carlos Ferreira, v.u. 21/03/2017) entendeu que o Código adotou critério objetivo temporal, afastando a aplicação da jurisprudência formada anteriormente e afirmando que "durante os dois primeiros anos de vigência do contrato de seguro de vida, o suicídio é risco não coberto"[952].

Como se prolonga no tempo, o contrato de seguro está sujeito à mudança das condições contratadas e que podem *agravar o risco* da seguradora. Portanto, **o segurado perderá o direito à garantia se agravar intencionalmente o risco objeto do contrato** (Código Civil, art. 768)[953], estando **obrigado a comunicar à seguradora todo incidente capaz de agravar consideravelmente o risco** (art. 769). Ocorre que o § 1º do artigo 769 permite ao segurador resolver o contrato após tomar ciência da agravação do risco sem culpa do segurado, podendo levar a situações particularmente injustas[954].

---

950. BEVILAQUA, Clóvis. *Código Civil dos Estados Unidos do Brasil, comentado.* Rio de Janeiro: Ed. Rio, 1976 [ed. histórica].

951. GARRIGUES, Joaquin. *Contrato de seguro terrestre.* Madrid: Aguirre, 1973, p. 17-18.

952. Ementa (transcrição parcial): "1. A Segunda Seção do STJ pacificou a jurisprudência desta Corte, no sentido de que, 'durante os dois primeiros anos de vigência do contrato de seguro de vida, o suicídio é risco não coberto' (REsp nº 1.334.005/GO, Relator Ministro PAULO DE TARSO SANSEVERINO, Relatora p/acórdão Ministra MARIA ISABEL GALLOTTI, julgado em 8/5/2015, DJe23/6/2015)".

953. TEPEDINO, Gustavo; BARBOSA, Heloísa Helena; MORAES, Maria Celina Bodin de. *Código Civil interpretado conforme a Constituição da República.* Vol. II, 2ª ed., rev. e atual. Rio de Janeiro: Renovar, 2012, p. 579: "A agravação, outrossim, deve ser essencial, de tal forma que o segurador não aceitaria o negócio, nas mesmas condições, caso tivesse conhecimento, por ocasião da celebração do contrato, do agravamento do risco".

954. GOLDBERG, Ilan. Reflexões a respeito do contrato de seguro. In: CARVALHOSA, Modesto (coord.). *Tratado de direito empresarial.* Vol. IV. São Paulo: Ed. Revista dos Tribunais, 2016, p. 358-359.

Salvo disposição em contrário, a diminuição do risco não acarreta a redução do prêmio; mas, se ela for considerável, permitirá ao segurado exigir a revisão do prêmio, ou a resolução do contrato (Código Civil, art. 770)[955].

O **segurado comunicará o sinistro ao segurador**, tão logo tome conhecimento dele, sob pena de perder o direito à indenização, cabendo ainda tomar providências para minorar suas consequências (Código Civil, art. 771). De outro lado: "O segurador que, ao tempo do contrato, sabe estar passado o risco de que o segurado se pretende cobrir, e, não obstante, expede a apólice, pagará em dobro o prêmio estipulado" (Código Civil, art. 773).

A mora do segurador em pagar o sinistro obriga à atualização monetária da indenização devida segundo índices oficiais regularmente estabelecidos, sem prejuízo dos juros moratórios (Código Civil, art. 772).

Garantia. A garantia é a principal obrigação da seguradora (Código Civil, art. 757).

Sinistro. Sinistro "é a ocorrência do dano previsto no contrato, acarretando a obrigação da seguradora de fazer a indenização prometida"[956].

Prêmio. O segurador, ao assumir o risco, ou seja, a obrigação de pagar determinada quantia, recebe uma contraprestação, que é o prêmio, fixado em função do interesse e do risco. Portanto, sob o aspecto econômico, o prêmio é a contrapartida do risco[957].

Para Orlando Gomes, se o sinistro se verificar antes do pagamento do prêmio "o segurador não estará obrigado a pagar o seguro, precisamente porque o contrato, embora perfeito e acabado, ainda não começou a produzir efeitos"[958]. Mas, o artigo 763 do Código Civil dispõe que só "não terá direito a indenização o segurado que estiver em mora no pagamento do prêmio, se ocorrer o sinistro antes de sua purgação", pois, até que o pagamento seja exigível não haverá mora. Portanto, **se o prêmio for pago no prazo previsto no contrato o seguro do sinistro ocorrido antes do pagamento também deverá ser pago**[959].

16.4. Partes

As partes no contrato de seguro chamam-se segurador e segurado.

Segurador é a empresa que **assume a obrigação de ressarcir o prejuízo. Segurado** é a pessoa que pagará a importância para que **ocorra o ressarcimento.**

---

955. FRANCO, Vera Helena de Mello. *Contratos:* direito civil e empresarial. 5ª ed., rev., atual. e ampl. São Paulo: Ed. Revista dos Tribunais, 2014, p. 343, questiona a relação entre a segunda parte desse artigo de lei com os princípios da mutualidade e da indivisibilidade do prêmio.

956. MARTINS, Fran. *Contratos e obrigações comerciais.* 17ª ed., rev. e atual. Rio de Janeiro: Forense, 2017, p. 298.

957. GARRIGUES, Joaquin. *Contrato de seguro terrestre.* Madrid: Aguirre, 1973, p. 35.

958. GOMES, Orlando. *Contratos.* 26ª ed., rev. atual. e aum. Rio de Janeiro: Forense, 2008, p. 519.

959. FRANCO, Vera Helena de Mello. *Contratos:* direito civil e empresarial. 5ª ed., rev., atual. e ampl. São Paulo: Ed. Revista dos Tribunais, 2014, p. 350-351.

O corretor não é parte no contrato, mas **mero intermediário** entre as partes.

O **beneficiário**, que **não é parte** porque não intervém no contrato, é **quem efetivamente receberá da seguradora**, no seguro de vida de outrem e naquele por toda a vida de quem o estipula, o pagamento, tanto podendo ser o próprio segurado como uma terceira pessoa, dependendo da indicação de cláusula contratual. **O seguro, nesse caso, se configura como uma estipulação a favor de terceiro**[960].

Na falta de indicação da pessoa ou beneficiário, ou se por qualquer motivo não prevalecer a que for feita, o capital segurado será pago por metade ao cônjuge não separado judicialmente, e o restante aos herdeiros do segurado, obedecida a ordem da vocação hereditária. Na falta dessas pessoas, serão beneficiários os que provarem que a morte do segurado os privou dos meios necessários à subsistência (Cód. Civil, art. 792).

É válida a instituição do companheiro como beneficiário, se ao tempo do contrato o segurado era separado judicialmente, ou já se encontrava separado de fato (Cód. Civil, art. 793).

Cabe destacar, aqui, o disposto no artigo 788, *caput*, do Código Civil, segundo o qual, "nos seguros de responsabilidade legalmente obrigatórios", cujo maior exemplo é o Seguro Obrigatório de Danos Pessoais causados por Veículos Automotores de Vias Terrestres – DPVAT, "a indenização por sinistro será paga pelo segurador diretamente ao terceiro prejudicado", admitindo-se a ação direta da vítima contra a seguradora (art. 788, parágrafo único). O beneficiário, por evidente, não é parte no contrato, ainda que, por força de lei, tenha ação direta contra a seguradora[961].

16.5. Instrumentos contratuais

Proposta. O contrato de seguro se inicia com a proposta, que deve ser feita por escrito e assinada pelo segurado, seu representante legal ou por corretor habilitado, e deverá conter a declaração dos elementos essenciais do interesse a ser garantido e do risco. A emissão da apólice ou bilhete segue-se à proposta (Cód. Civil, art. 759).

Como regra geral, a proposta de seguro se apresenta por meio de um formulário impresso, remetido pela seguradora ao segurado, mas a doutrina considera que "o segurado é quem figura como proponente"[962].

O segurado que fizer declarações inexatas ao segurador pode perder o direito à indenização (Cód. Civil, art. 767), pois o contrato de seguro está fundado no princípio da

960. GOMES, Orlando. Ob. Cit., p. 514.

961. POLIDO, Walter A. *Contrato de seguro*: novos paradigmas. São Paulo: Roncarati, 2010, p. 192-209, analisa amplamente essa categoria de seguros.

962. TEPEDINO, Gustavo; BARBOSA, Heloísa Helena; MORAES, Maria Celina Bodin de. *Código Civil interpretado conforme a Constituição da República.* Vol. II, 2ª ed., rev. e atual. Rio de Janeiro: Renovar, 2012, p. 567.

boa-fé (art. 765). A lei agrava a responsabilidade do segurado, considerando responsável pelas declarações inexatas o seu representante que as haja feito (art. 766, *caput*)[963].

Se a inexatidão ou omissão que possa influir na aceitação da seguradora ou na fixação do prêmio[964] não resultar de má-fé, "o segurador terá direito a resolver o contrato, ou a cobrar, mesmo após o sinistro, a diferença do prêmio" (Cód. Civil, art. 766, parágrafo único).

Apólice. A apólice comprova a aceitação da proposta e a existência do seguro. Seus requisitos estão previstos no artigo 760 do Código Civil. Mas essa prova pode ser realizada também pela exibição do bilhete de seguro, e, na falta dele, por documento comprobatório do pagamento do respectivo prêmio (art. 758), não bastando a prova exclusivamente oral[965].

No seguro obrigatório de veículos terrestres, basta a declaração do Departamento Estadual de Trânsito – DETRAN, anexa ao Certificado de Propriedade do veículo, de que o prêmio foi pago.

As apólices podem ser de várias **modalidades**. Diz-se **simples** a apólice que estabelece em seu corpo todas as condições do seguro, sem necessidade de quaisquer atos adicionais.

Apólices flutuantes "são aquelas que se referem a riscos normalmente variáveis – e nelas está prevista a substituição do seu número, quantidade ou qualidade"[966]. É o caso das apólices emitidas por armazéns-gerais, nos quais a quantidade das mercadorias depositadas varia ao longo do tempo, refletindo-se no valor segurado.

Apólices de averbação (Decreto nº 60.459/67, art. 4º), abertas, ajustáveis ou de valor declarado, "são utilizadas quando os interesses colocados a risco não foram ainda submetidos a qualquer risco e não é possível prever, quando da conclusão do contrato, quais serão efetivamente esses riscos"[967]. Elas são utilizadas especialmente no ramo de transportes.

Na apólice, além das **cláusulas obrigatórias**, podem constar outras, **facultativas**. As apólices **também devem mencionar os riscos cobertos e os excluídos**.

Dispõe o artigo 785, *caput,* do Código Civil: Salvo disposição em contrário, admite-se a transferência do contrato a terceiro com a alienação ou cessão do interesse segurado.

Bilhete. A lei permite que o seguro seja contratado por simples emissão de um bilhete de seguro (Cód. Civil, art. 758), por solicitação verbal do interessado (Decreto-lei nº 73/66, art. 10), que, quando emitido, substitui a apólice, sem necessidade de proposta

---

963. Enunciado 372 do CEJ: "Em caso de negativa de cobertura securitária por doença preexistente, cabe à seguradora comprovar que o segurado tinha conhecimento inequívoco daquela".

964. FRANCO, Vera Helena de Mello. *Contratos:* direito civil e empresarial. 5ª ed., rev., atual. e ampl. São Paulo: Ed. Revista dos Tribunais, 2014, p. 332.

965. TEPEDINO, Gustavo *et al.* Ob. Cit., p. 568.

966. FRANCO, Vera Helena de Mello. Ob. Cit., p. 333.

967. FRANCO, Vera Helena de Mello. Ob. Cit., p. 334.

escrita. O bilhete é utilizado, por exemplo, no seguro obrigatório de veículos automotores e nos seguros de viagens.

Certificado. O certificado de seguro é um documento "comprobatório da existência da cobertura com relação a uma pessoa ou coisa". Ele não está ligado à formação do contrato, apenas à execução dele.

16.6. Cosseguro, resseguro e retrocessão

Cosseguro. Vimos acima que a garantia prometida não pode ultrapassar o valor do interesse segurado no momento da conclusão do contrato (Código Civil, art. 778). Mas isso não impede que vários seguros sejam feitos sobre a mesma coisa, desde que seja respeitado o valor do interesse segurado.

O **cosseguro** é uma das **modalidades dos seguros múltiplos, nos quais a responsabilidade do segurador se reparte por mais de uma empresa, sem solidariedade entre elas** (Lei Complementar nº 126/2007, art. 2º, § 1º, II). Ele como finalidade tem **a distribuição do risco entre os seguradores**[968]. A cobertura é distribuída simultaneamente entre vários seguradores que assinam o mesmo contrato, prevendo o artigo 761 do Código Civil que: "Quando o risco for assumido em cosseguro, a apólice indicará o segurador que administrará o contrato e representará os demais, para todos os efeitos".

Resseguro. Por resseguro entende-se o fato de um segurador segurar o risco assumido em outra seguradora: é o seguro do seguro. Por meio desse contrato, não contemplado no Código Civil, a seguradora, denominada cedente (Lei Complementar nº 126/2007, art. 2º, § 1º), transfere, total ou parcialmente, os riscos assumidos, os riscos que não quer assumir, uma parte dos riscos ou o que excede um determinado limite do valor desses riscos a um ressegurador[969].

A atividade de resseguros já constituiu monopólio estatal, exercido pelo IRB – Brasil RE – originariamente uma autarquia. O regime foi suprimido pela Emenda Constitucional nº 13/96. Desde 2013, o IRB é uma empresa privada de capital aberto, atuando em regime de livre concorrência.

É importante que a cessão ou transferência, para o ressegurador, dos riscos que pesam sobre a empresa de seguros não se confunde com os riscos que recaem sobre os interesses dos segurados. O art. 14, da Lei Complementar, estabelece a independência entre os contratos de resseguro e os contratos de seguro celebrados entre o segurador-ressegurado e o cliente (segurado)[970]. Em outras palavras, o contrato de resseguro é considerado **formalmente**

---

968. ALVIM, Pedro. *O contrato de seguro.* 3ª ed., Rio de Janeiro: Forense, 1999, p. 356.

969. FRANCO, Vera Helena de Mello. Ob. Cit., p. 381. No mesmo sentido: HALPERIN, Isaac. *Seguros*. 2ª ed. atual. por Juan Carlos Morandi. Buenos Aires: Depalma, 1986, p. 103 e 105; ALVIM, Pedro. Ob. Cit., p. 356.

970. PIZA, Paulo Luiz de Toledo. Contrato de Resseguro. In: COELHO, Fabio Ulhoa. *Tratado e Direito Comercial.* V. 5. São Paulo: Saraiva, 2015, p. 424.

autônomo em relação ao contrato de seguro. Assim, o segurado, parte da relação jurídica decorrente do contrato de seguro, não integra o resseguro (exclusivamente entre ressegurador e segurador). Ao segurado não se reconhece a possibilidade de exercer qualquer pretensão em face do ressegurador com fundamento no contrato de resseguro[971].

Retrocessão. Por retrocessão entende-se "a operação de transferência de riscos de resseguro de resseguradores para resseguradores ou de resseguradores para sociedades seguradoras locais" (Lei Complementar nº 126/2007, art. 2º, § 1º, IV). Esse contrato também não foi contemplado no Código Civil. Trata-se de uma "pulverização técnica e econômica desses riscos, sua repartição junto a uma pluralidade de empresas, frequentemente em nível mundial"[972].

17. *FACTORING* (FATURIZAÇÃO)

Na definição de Caio Mário da Silva Pereira, que preza a simplicidade: "Pelo *Factoring* ou **faturização**, uma pessoa (*factor* ou *faturizador*) recebe de outra (*faturizado*) a cessão de créditos oriundos de compra e venda e outras de natureza comercial, assumindo o risco de sua liquidação. Incumbe-se de sua cobrança e recebimento, cujo líquido transfere de imediato ao cedente ou faturizado"[973].

Os neologismos **faturização, faturizador e faturizado** (o cedente dos créditos), adotados pela primeira vez por Fábio Konder Comparato em 1972, a par das críticas iniciais, vem sendo utilizados pela legislação e a doutrina juntamente com os termos originários, ao lado de outras denominações[974].

A legislação tributária o define como: "prestação cumulativa e contínua de serviços de assessoria creditícia, mercadológica, gestão de crédito, seleção de riscos, administração de contas a pagar e a receber, compra de direitos creditórios resultantes de vendas mercantis a prazo ou de prestação de serviços" (Lei nº 9.249/95, art. 15, § 1º, *d*)[975].

---

971. PIZA, Paulo Luiz de Toledo. Contrato de Resseguro. In: COELHO, Fabio Ulhoa. *Tratado e Direito Comercial.* V. 5. São Paulo: Saraiva, 2015, p. 425.

972. PIZA, Paulo Luiz de Toledo. Contrato de Resseguro. In: COELHO, Fabio Ulhoa. *Tratado e Direito Comercial.* V. 5. São Paulo: Saraiva, 2015, p. 425.

973. PEREIRA, Caio Mário da Silva. *Instituições de direito civil.* Vol. III, 25ª ed., rev. e atual. por Caitlin Mulholland. Rio de Janeiro: Forense, 2022, p. 558. COMPARATO, Fábio Konder. *Factoring.* In: *Ensaios e pareceres de direito empresarial.* Rio de Janeiro: Forense, 1978, p. 355, já ressaltava essa característica.

974. Entre outras denominações, o art. 1º, § 2º, da Lei Complementar nº 105 se refere, também a "fomento comercial".

975. LOBO, Jorge. Contrato de 'factoring. *Revista de direito mercantil, industrial, econômico e financeiro*, nova série, v. 112, p. 37, descreve o *factoring* como uma atividade contínua e cumulativa de: "I. prestação de: a) serviço de assessoria creditícia; b) serviço de assessoria mercadológica (busca de novos clientes, produtos e mercados); c) serviços de avaliação de riscos; d) serviços de seleção de créditos; e) serviços de gestão de crédito; f) serviços de acompanhamento de contas a receber e a pagar; g) serviços de gestão empresarial ou gerencial (orientação na administração do fluxo de caixa, na compra de matérias-primas e insumos, na orçamentação de custos e na organização contábil, operacional

Nos Estados Unidos a atividade de *factoring* se desenvolveu e encontrou sua forma atual com o desenvolvimento da indústria automobilística, no início do século XX[976], e teve a finalidade de suplementar as fontes de financiamento bancário então disponíveis[977].

A necessidade de proteger e reforçar sempre mais o capital de giro é uma das características da moderna administração. Esse efeito se obtém por meio do ativo realizável, mais especificamente dos créditos contra terceiros. A grande empresa aumenta seus recursos financeiros organizando-se em conglomerados; a pequena empresa, que não dispõe desta sofisticação de meios, utilizava-se, tradicionalmente, do financiamento bancário e do seguro de crédito. A operação de *factoring* "se destaca pelo fato de englobar ambas essas técnicas, além de compreender também um serviço de gestão de créditos"[978].

Por exemplo, uma empresa vende seus produtos a outra, para receber a prazo, sendo o crédito representado por duplicatas, com vencimento, em geral, para 30 ou 60 dias. Necessitando do dinheiro, o vendedor vende o seu crédito para a empresa de *factoring*, sem incorrer nos custos da cobrança.

17.1. Características

À vista, inclusive, do disposto na Lei nº 9.249/95, podemos afirmar ser o *factoring* contrato típico, que tem por objeto essencial a venda do faturamento de uma empresa. Mas essa afirmação não é pacífica. Orlando Gomes, por exemplo, apesar de reconhecer que "sua individualidade decorre da função econômica própria e inconfundível que exerce", o considera "um contrato atípico que reúne prestações da cessão de crédito, do mandato e da locação de serviços"[979].

O ***factoring* se distingue da cessão de crédito**, ainda que sua operação envolva prestações típicas dela, porque a sua finalidade especifica é diversa, sendo as demais prestações simples instrumento para sua realização.

Ele se distingue do desconto porque, ao contrário deste, é uma cessão de crédito sem direito de regresso contra o cedente[980], sendo nula a cláusula de recompra que retira

---

e fiscal) e h) de outros serviços que vierem a ser solicitados pela empresa-cliente, conjugada com: II. compra *pro soluto* de créditos (direitos) resultantes das vendas mercantis realizadas a prazo pela empresa-cliente".

976. DE LUCCA, Newton. *A faturização no direito brasileiro.* São Paulo: Ed. Revista dos Tribunais, 1986, p. 12-18.

977. SLOAN JR., Alfred P. *Meus anos com a General Motors.* São Paulo: Negócio Editora, 2001, p. 258-260.

978. COMPARATO, Fábio Konder. Ob. Cit., p. 346-347; FRIGNANI, Aldo. *Factoring, leasing, franchising, venture capital, concorrenza.* 3ª ed., ampl. e atual. Torino: Giappichelli, 1987, p. 262.

979. GOMES, Orlando. *Contratos.* 26ª ed., rev. atual. e aum. Rio de Janeiro: Forense, 2008, p. 580. No mesmo sentido: RIZZARDO, Arnaldo. *Contratos.* 16ª ed., rev., atual. e ampl. Rio de Janeiro: Forense, 2017, p. 1.416.

980. STJ, AgInt nos EDcl no REsp 1.997.728/SP, Terceira Turma, Rel. Min. Nancy Andrighi, v.u. 10/10/2022, DJe 13/10/2022, ementa (transcrição parcial): "2. É pacífico na jurisprudência desta Corte que a faturizada não responde pelo simples inadimplemento dos títulos cedidos, salvo se der causa à

da empresa de *factoring* os riscos inerentes a esse tipo de contrato[981], não se aplicando a ele a ressalva constante no art. 296 do Código Civil: "Salvo estipulação em contrário, o cedente não responde pela solvência do devedor"[982].

Trata-se de **contrato oneroso, consensual e bilateral**. São parte nele o **faturizador**, ou *factor*, que recebe os créditos, e o **faturizado**, que os cede. O devedor originário do cedente não é parte no contrato, ainda que a execução do contrato repercuta sobre ele[983].

O *factoring* pode se dar sobre qualquer tipo de crédito de curto prazo, ainda que não representado por títulos de crédito. Mas, se os títulos negociados com o *factor* (faturizador) são emitidos pela própria cliente, fica descaracterizado o *factoring*, tratando-se, na realidade, de empréstimo[984].

Em se tratando de título de crédito (essencialmente duplicatas), admite a cláusula "sem garantia" [985].

---

inadimplência do devedor, sob pena de retirar da faturizadora o risco inerente aos contratos dessa natureza.3. Segundo a jurisprudência dominante do STJ, considerando a impossibilidade de a faturizada/cedente responder pela insolvência dos créditos cedidos, é de se reconhecer a nulidade da disposição contratual nesse sentido, o que compromete a própria existência de eventuais títulos de créditos emitidos com o fim de garantir a operação de fomento mercantil, sendo, de igual modo, insubsistente o aval ali inserido."

981. STJ, AgInt no AREsp 1.723.301/GO, Quarta Turma, Rel. Min. Raul Araújo, v.u. 17/10/2022, DJe 21/10/2022, ementa (transcrição parcial): "1. A faturizadora não tem direito de regresso contra a faturizada sob alegação de inadimplemento dos títulos transferidos, porque esse risco é da essência do contrato de factoring. Precedentes. 2. Segundo a jurisprudência desta Corte, a faturizada não responde pelo simples inadimplemento de títulos transferidos, salvo se der causa ao inadimplemento do devedor, sendo nula a cláusula de recompra que retira da empresa de factoring os riscos inerentes a esse tipo de contrato."

982. STJ, REsp 1.711.412/MG, Terceira Turma, Rel. Min. Marco Aurélio Bellizze, v.u. 04/05/2021, DJe 10/05/2021, Ementa (transcrição parcial): "2.1 A natureza do contrato de factoring, diversamente do que se dá no contrato de cessão de crédito puro, não dá margem para que os contratantes, ainda que sob o signo da autonomia de vontades que regem os contratos em geral, estipulem a responsabilidade da cedente (faturizada) pela solvência do devedor/sacado. Por consectário, a ressalva constante no art. 296 do Código Civil – *in verbis*: 'Salvo estipulação em contrário, o cedente não responde pela solvência do devedor" – não tem nenhuma aplicação no contrato de factoring'".

983. PEREIRA, Caio Mário da Silva. *Instituições de direito civil*. Vol. III, 25ª ed., rev. e atual. por Caitlin Mulholland. Rio de Janeiro: Forense, 2022, p. 559.

984. TJSP, Apelação Cível nº 27.646-4 – São Paulo, 3ª Câmara de Direito Privado, Rel. Antonio Mansur, v.u. 08/04/97.

985. COMPARATO, Fábio Konder. Factoring. In: *Ensaios e pareceres de direito empresarial.* Rio de Janeiro: Forense, 1978, p. 355-356. No mesmo sentido: DE LUCCA, Newton. *A faturização no direito brasileiro.* São Paulo: Ed. Revista dos Tribunais, 1986, p. 45; RIZZARDO, Arnaldo. *Contratos.* 16ª ed., rev., atual. e ampl. Rio de Janeiro: Forense, 2017, p. 1.415.

Ainda que o *factor* não tenha a garantia do direito de regresso, **o cedente responde pela existência do crédito transferido**. Assim, também não pode o cedente praticar atos que impeçam o recebimento do crédito, sob pena de responder pessoalmente pelo débito[986].

***Factoring* e atividade financeira.** O *factoring* não é atividade financeira por não envolver intermediação, como reconhecem a doutrina majoritária[987] e a jurisprudência[988]. No entanto, nos termos da Lei Complementar 105/2001, art. 1º, § 2º, o **sigilo imposto às instituições financeiras em suas operações ativas e passivas e serviços prestados é aplicável às empresas de fomento mercantil ou *factoring*.**

As operações que não se ajustarem ao disposto na Lei nº 9.249/95 e revelarem operação privativa de instituição financeira caracterizarão ilícito administrativo (Lei nº 4.595/64) e criminal (Lei nº 7.492/86).

17.2. Remuneração do factor (faturizador)

A remuneração do *factor* não se confunde com os juros. Os juros representam a remuneração pelo uso do capital, e o pagamento devido ao *factor* é a contraprestação devida pela garantia prestada contra o risco da inadimplência, bem como pela atividade de gestão do crédito. Esse pagamento é habitualmente denominado comissão.

18. *ENGINEERING*

A significação literal da palavra *engineering* não corresponde à jurídica[989], pois esse contrato não se limita à realização de obras de engenharia. Aliás, determinados contratos de construção civil, inicialmente regulamentados como contratos de empreitada, já haviam se distinguido da regra geral: a incorporação de imóveis, que também envolve obras de engenharia, é regulada em lei especial, a Lei de Condomínios e Incorporações (Lei nº 4.591/64).

O contrato de *engineering é* aplicável apenas às obras de grande complexidade, que envolvem não apenas a construção civil como também a instalação de equipamentos e

---

986. STJ, REsp 949.360/RN, Quarta Turma, Rel. Min. Antonio Carlos Ferreira, v.u. 17/12/2013, ementa (transcrição parcial): "2. O risco assumido pelo faturizador é inerente à operação de factoring, não podendo o faturizado ser demandado para responder regressivamente, salvo se tiver dado causa ao inadimplemento dos contratos cedidos". STJ, REsp 43.914/RS, Terceira Turma, Rel. Min. Eduardo Ribeiro, v.u. 28/11/95, ementa: "Frustrada a expectativa do cessionário de títulos, por força de contrato de 'factoring', de receber o respectivo valor por ato imputável ao cedente, fica esse responsável pelo pagamento. Juros – Cômputo a partir da citação".

987. COELHO, Wilson do Egito. O "Factoring" e a legislação bancária brasileira. *Revista de Direito Mercantil, Industrial, Econômico e Financeiro* 54, Nova Série, 1984, p. 82; RIZZARDO, Arnaldo. Ob. Cit., p. 1.415.

988. STJ, REsp 938.979/DF, Quarta Turma, Rel. Min. Luis Felipe Salomão, v.u. 19/06/2012, ementa (transcrição parcial): "1. As empresas de *factoring* não são instituições financeiras, visto que suas atividades regulares de fomento mercantil não se amoldam ao conceito legal, tampouco efetuam operação de mútuo ou captação de recursos de terceiros. Precedentes".

989. GOMES, Orlando. *Contratos.* 26ª ed., rev. atual. e aum. Rio de Janeiro: Forense, 2008, p. 579.

visam a obtenção de uma indústria construída e instalada[990], não a todos os contratos que envolvam a prestação de serviços de engenharia.

Na realidade, o ***engineering* admite diversas modalidades**, que vão da consultoria ao projeto, da administração da construção, dos contratos chave na mão ou *turn key* (aquela na qual o contratante recebe uma construção equipada para funcionar) à operação e manutenção, sendo duas as subdivisões ressaltadas pela maior parte da doutrina:

a) *consulting engineering*, que compreende estudos de caráter técnico-econômico para a realização de um projeto industrial ou para a reorganização, modernização ou ampliação de uma empresa, investigação de mercado, etc.; ou seja, uma prestação de serviços de natureza intelectual;

b) *commercial engineering*, que abrange, além da etapa de estudo, uma fase de execução, que pode consistir no fornecimento de material ou de um processo de fabricação, visando à construção e entrega de uma instalação industrial em funcionamento, como ocorre nos chamados contratos *turn key*, ou chave na mão[991].

Mesmo essas características tão abrangentes não revelam validade universal, pois estão sujeitas à legislação de cada país.

Caio Mário da Silva Pereira assimila o contrato de *engineering* aos de assistência técnica e de *know-how*, na medida em que todos eles têm por objeto a "assistência técnica especializada em engenharia", ainda que reconheça ter o primeiro sua própria tipologia[992]. Todavia, como esclarece Newton Silveira, o contrato de *engineering* tem objeto mais amplo que os dois primeiros, pois:

> "[...] nestes, a empresa que transmite os conhecimentos não se obriga a pô-los em prática. Além disso, o contrato de *engineering* adquire contornos de empreitada, responsabilizando-se a empresa de engenharia e consultoria pelos resultados esperados do projeto ou da instalação. Por outro lado, a fornecedora de *engineering* não é, necessariamente, a titular dos conhecimentos objeto do contrato. Pode atuar como mandatária do titular dos conhecimentos"[993].

Assim, podemos distinguir a prestação de serviços para a fase de estudos; um contrato de *know-how* se um determinado processo é fornecido; uma venda de bens se é fornecido o material. De outro lado, podemos enxergar um contrato complexo em que as várias partes, ao invés de estarem justapostas, se mesclam.

---

990. GOMES, Orlando. *Contratos.* 26ª ed., rev. atual. e aum. Rio de Janeiro: Forense, 2008, p. 579.

991. FOURNIER, Jacques. Engineering (Ingénierie). In: *Répertoire de droit commercial.* Paris: Dalloz, 1994; DE NOVA, Giorgio. 'Engineering' (Contratto di). In: *Digesto,* 4ª ed. Torino: UTET, data.

992. PEREIRA, Caio Mário da Silva. *Instituições de direito civil.* Vol. III, 25ª ed., rev. e atual. por Caitlin Mulholland. Rio de Janeiro: Forense, 2022, p. 556.

993. SILVEIRA, Newton. Know-how II. *Enciclopédia Saraiva do Direito.* São Paulo: Saraiva, 1977, v. 47, p. 506.

Trata-se de um contrato legalmente atípico[994], mas socialmente típico; ele se aproxima do de empreitada, no qual "o empreiteiro de uma obra pode contribuir para ela só com seu trabalho ou com ele e os materiais" (Código Civil, art. 610).

19. CARTÕES DE CRÉDITO

O cartão de crédito é um **meio** utilizado para a realização de operações comerciais, especialmente a compra e venda e a prestação de serviços, sem o uso de dinheiro em espécie, admitindo o alongamento dos prazos de pagamento pelos titulares do cartão. Ele também permite o saque de dinheiro em caixas eletrônicos.

Por ser apenas um meio utilizado para a prática de operações diversas ele **não configura um contrato propriamente dito, mas um sistema que compreende diversos contratos realizados entre seus participantes, desde a emissão do cartão até o pagamento da fatura**, como veremos abaixo. De outro lado, a própria existência física do cartão vem sendo afastada pela contratação dessas operações por meio eletrônico.

Histórico. Os cartões de crédito da forma como os conhecemos surgiram nos Estados Unidos em 1949, com a criação do *Diner's Club*, que, como seu nome indica, se destinava a cobrir despesas em restaurantes e hotéis. O que os diferencia das modalidades anteriores, nas quais o próprio fornecedor distribuía cartões aos seus clientes fiéis para que pudessem pagar suas despesas em parcelas, é a presença de um intermediário entre o comprador (usuário do cartão) e o fornecedor[995].

No Brasil, seu uso se iniciou com o ingresso do *Diner's Club* em nosso país, ainda como um cartão de crédito não bancário, ou seja, emitido sem a participação de alguma instituição financeira[996].

Os cartões de crédito adotados pelos próprios fornecedores, nos quais o comprador se obriga diretamente com o fornecedor, são conhecidos como **cartões de credenciamento**, para distingui-los dos cartões de crédito propriamente ditos. Seu uso ainda é notado em algumas lojas.

Os cartões de crédito propriamente ditos, denominados **cartões de crédito bancários,** foram emitidos, inicialmente, pelos próprios bancos[997]. Após, passaram a ser emitidos por administradoras de cartões, que fazem a intermediação entre os portadores de cartões, os estabelecimentos afiliados e as instituições financeiras.

---

994. FRANCO, Vera Helena de Mello. *Contratos:* direito civil e empresarial. 5ª ed., rev., atual. e ampl. São Paulo: Ed. Revista dos Tribunais, 2014, p. 427; GOMES, Orlando. Ob. Cit., p. 579.

995. MARTINS, Fran. *Cartões de crédito:* natureza jurídica. Rio de Janeiro: Forense, 1976, p. 26-27.

996. MARTINS, Fran. Ob. Cit., p. 31.

997. TEIXEIRA, Egberto Lacerda. Os cartões de crédito bancários. *Revista de Direito Mercantil, Industrial, Econômico e Financeiro*, nova série, nº 8, 1972, p. 121.

A distinção entre cartões de crédito bancários e não bancários que adotamos não se refere, portanto, a cartões emitidos diretamente por bancos, mas a cartões vinculados a bancos, nos quais, no dizer de Fran Martins, "as contas dos clientes junto aos fornecedores, no momento da liquidação, são satisfeitas pelos bancos ou a estes transferidas pelo organismo emissor dos cartões"[998].

19.1. Natureza jurídica

Diversas teorias procuram explicar a natureza jurídica do cartão de crédito. Já se afirmou tratar-se de um título de crédito, mas essa teoria deve ser afastada porque falta a esse cartão o requisito da autonomia próprio dos títulos cambiários, inexistente nos cartões de identificação, documentos simplesmente probatórios e nominativos.

Outras teorias afirmaram tratar-se de um mandato por meio do qual o titular delega poderes para pagar seus débitos frente ao fornecedor, ou, ainda, de uma cessão de crédito, que seria o elemento preponderante dessa relação contratual[999].

Trata-se, enfim, de um sistema contratual, constituído por uma coligação de contratos com um só objetivo[1000].

19.2. Estrutura contratual

O centro do sistema se encontra na administradora do cartão de crédito, que se relaciona contratualmente com os usuários do cartão ("portadores") e com os estabelecimentos, os fornecedores de produtos ou serviços credenciados para aceitarem pagamentos por este meio.

Os integrantes desse sistema contratual são os seguintes:

Portador: é a pessoa física usuária do cartão.

Bandeira: é a instituição que autoriza o emissor a gerar cartões com a sua marca e que coloca estabelecimentos no mundo inteiro à disposição do portador para utilização deste cartão (Visa, MasterCard, por exemplo); a bandeira pode contar com uma administradora conhecida como "acquirer", encarregada do relacionamento da bandeira com os estabelecimentos a ela afiliados. São instituidores de arranjos de pagamento (na definição dada pelo art. 6º, I, da Lei nº 12.865/13, arranjo de pagamento é o "conjunto de regras e procedimentos que disciplina a prestação de determinado serviço de pagamento ao público aceito por mais de um recebedor, mediante acesso direto pelos usuários finais, pagadores e recebedores".

---

998. MARTINS, Fran. *Cartões de crédito:* natureza jurídica. Rio de Janeiro: Forense, 1976, p. 45.

999. BRANCO, Gerson Luiz Carlos. *O sistema contratual do cartão de crédito.* São Paulo: Saraiva, 1998, p. 39-47, analisa as diversas teorias.

1000. BRANCO, Gerson Luiz Carlos. Ob. Cit., p. 47. Em sentido semelhante: MARTINS, Fran. *Contratos e obrigações comerciais.* 17ª ed., rev. e atual. Rio de Janeiro: Forense, 2017, p. 415; GOMES, Orlando. *Contratos.* 26ª ed., rev., atual. e ampl. Rio de Janeiro: Forense, 2008, p. 587; CHOMER, Héctor Osvaldo. Ley de tarjeta de crédito comentada 25.065. Buenos Aires: La ley, 2009, p. 5.

Credenciadora: é uma sociedade não financeira responsável pelo credenciamento de estabelecimentos e pela captura, transmissão, processamento e liquidação financeira das operações realizadas com cartões de crédito[1001]. São exemplos de credenciadoras a Cielo e a Sodexo, entre outras.

Emissora ou administradora: é a administradora vinculada a uma instituição financeira autorizada pela bandeira a emitir cartões de crédito com o seu nome, com o nome de terceiros (*co-branded*) ou cartões de afinidade.

Ela se compromete com os portadores a honrar os pagamentos das despesas realizadas por eles junto à rede de fornecedores, podendo ser remunerada por meio de uma taxa de manutenção anual. Para tanto ela celebra contrato *com os fornecedores* obrigando-se a cobrir essas despesas, mediante remuneração.

Dada a possibilidade de financiamento dos débitos dos portadores, ela pode celebrar **contratos de abertura de crédito com instituições financeiras**, em nome dos próprios clientes, para fornecer-lhes os recursos necessários. De outro lado, é importante perceber que a emissora não é instituição financeira. Isso porque "o seu papel de intermediação entre o cliente e a instituição financeira para os fins de quitação da fatura não paga na integralidade não se confunde com a "intermediação financeira" do art. 17 da Lei 4.595/1964, pois, nessa hipótese, para financiar as dívidas de seus clientes, ela somente os representa perante as instituições financeiras, atuando como simples mandatária" (REsp 1.359.624-SP, Rel. Ministro Mauro Campbell Marques).

É possível que emissora e credenciadora sejam uma única entidade.

A emissora mantém, ainda, **filiação contratual a uma determinada bandeira**, que estabelecem uma rede de fornecedores para ela.

Fornecedor: é a loja ou prestador de serviços que aceita os cartões de crédito de uma determinada bandeira, para pagamento de bens ou serviços.

Instituição financeira: é um dos bancos autorizados pelas bandeiras a emitir o cartão.

Administração de cartões de crédito e atividade financeira. A atividade de administração de cartões de crédito não caracteriza, por si, atividade financeira, pois, como esclarece Eduardo Salomão: elas não captam recursos em seu próprio nome: "os empréstimos que tomam, com vista em financiar os usuários dos cartões, são contratados diretamente em nome destes"[1002].

No entanto, o STJ editou, em 2004, a Súmula 283, com a seguinte redação: As empresas administradoras de cartão de crédito são instituições financeiras e, por isso, os juros remuneratórios por elas cobrados não sofrem as limitações da Lei de Usura. Sendo,

1001. SALOMÃO NETO, Eduardo. *Direito bancário*. São Paulo: Atlas, 2020, Posição 11505 da edição eletrônica.

1002. SALOMÃO NETO, Eduardo. *Direito bancário*. São Paulo: Atlas, 2020. Posição 11739 da edição eletrônica.

ou não, consideradas instituições financeiras, as administradoras de cartão de crédito são autorizadas a funcionar pelo Banco Central do Brasil, não estando sujeitas à limitação de juros prevista no Decreto nº 22.626/1933 (Lei da Usura), como prevê o art. 3º, III, "a", da Lei nº 14.905/2024.

Concessão de crédito ao usuário do cartão. Quando ocorre a **interveniência de uma instituição financeira**, com a finalidade de financiamento dos débitos do portador (usuário) do cartão, essa **operação de financiamento passa a ser regulamentada pelo Banco Central do Brasil**. Mas ele fiscaliza a atividade das instituições financeiras, não a operação dos cartões de crédito propriamente ditos.

Não podemos esquecer que constitui **prática comercial abusiva** o **envio de cartão de crédito sem prévia e expressa solicitação do consumidor**, configurando-se ato ilícito indenizável e sujeito à aplicação de multa administrativa (Súmula 532, do STJ), com base no art. 39, III, do Código de Defesa do Consumidor, que proíbe o fornecedor de enviar produtos ou prestar serviços sem prévia solicitação.

Cláusula mandato. Eduardo Salomão Neto[1003] e a jurisprudência admitem a legitimidade da cláusula mandato que permite à administradora de cartões de crédito buscar recursos no mercado para financiar o usuário inadimplente[1004], ainda que ela seja nula quando destinada a permitir a assunção de obrigações em nome do consumidor (Lei nº 8.078/90, art. 5º, VIII).

Duração e extinção do contrato. O contrato de cartões de crédito é celebrado **usualmente pelo prazo de um ano, mas este varia conforme o caso**.

Além do término do prazo de vencimento, o contrato **pode ser revogado em razão do inadimplemento ou pela falta de interesse de uma das partes, sem que haja inadimplemento**. Nesse caso, há de se examinar a boa-fé na revogação, pois ela dará origem à obrigação de liquidar débitos pendentes.

Vejamos, de forma bastante sucinta, as principais relações entre os integrantes deste sistema contratual:

a) **Emissora e usuário**: este poderá utilizar o cartão nos limites previamente pactuados perante a rede de estabelecimentos credenciados.

b) **Emissora e credenciadora**: a emissora se obriga a transferir para a credenciadora recursos dos usuários, de modo que a credenciadora possa honrar as obrigações junto aos fornecedores. Já vimos que as duas figuras podem estar concentradas em uma entidade, ou seja, a emissora pode assumir as funções de credenciadora.

c) **Credenciadora e fornecedor**: a credenciadora celebra contratos com o maior número de fornecedores possível, ampliando a aceitação de seu produto. Os

---

1003. SALOMÃO NETO, Eduardo. *Direito bancário*. São Paulo: Atlas, 2020. Posição 11523 da edição eletrônica.

1004. STJ, AgRg no Ag 775.031/RJ, Quarta Turma, Rel. Min. Aldir Passarinho Júnior, v.u. 12/12/2006.

fornecedores se comprometem a aceitar o cartão como meio de pagamento, recebendo da credenciadora os recursos decorrentes do negócio celebrado com o usuário, após o prazo pactuado. Observe-se que, inicialmente, o fornecedor se obrigava a aceitar o cartão sem qualquer acréscimo no preço.

Contudo, a Lei nº 13.455, de 2017, autoriza a diferenciação de preços de bens e serviços oferecidos ao público em função do prazo ou do instrumento de pagamento utilizado (art. 1º), considerando nula a cláusula contratual, estabelecida no âmbito de arranjos de pagamento ou de outros acordos para prestação de serviço de pagamento, que proíba ou restrinja a diferenciação de preços facultada no *caput* (parágrafo único).

A credenciadora e a emissora não são responsáveis pelo produto ou serviço adquirido por meio do cartão.

d) **Emissora e instituição financeira**: em geral, há uma promessa de abertura de crédito pelas instituições financeiras aos clientes da emissora. Ressalta Salomão Neto a liberdade de recusa da concessão de empréstimo, com base em seus critérios discricionários[1005].

e) **Credenciadora e instituição financeira**: é comum encontrarmos credenciadoras com bancos como seus acionistas, dada a dependência das primeiras em relação às segundas para a concessão de financiamentos.

19.3. Uso indevido ou abusivo do cartão de crédito

O cartão de crédito não pode ser cedido pelo seu titular, cujo nome aparece nele impresso, pois somente ele está legitimado, por via do contrato, a usá-lo. A cessão a terceiro configura mandato tácito para sua utilização, pelo qual responde o titular. O uso indevido pelo próprio titular pode ocasionar o cancelamento do cartão e a cobrança dos valores devidos.

O uso abusivo do cartão também pode decorrer de ato de terceiro que encontrá-lo, furtá-lo ou cloná-lo (copiá-lo). Nesses casos, o titular está exonerado de responsabilidade pelo pagamento[1006], mas alguns contratos formados com as administradoras dos cartões preveem a responsabilidade do titular até que ele tenha informado a administradora do fato lesivo, ou até mesmo durante um certo tempo decorrido após a notificação. Essas cláusulas têm sido julgadas nulas ou abusivas[1007].

1005. SALOMÃO NETO, Eduardo. *Direito bancário*. São Paulo: Atlas, 2020, posição 11613 da edição eletrônica.

1006. STJ, Súmula 479, de 2012: "As instituições financeiras respondem objetivamente pelos danos gerados por fortuito interno relativo a fraudes e delitos praticados por terceiros no âmbito de operações bancárias". STJ, AgRg nos EDcl nos EDcl no REsp 1.499.300/MG, Segunda Turma, Rel. Min. Herman Benjamin, v.u. 20/09/2016, analisando especificamente a fraude com cartões de crédito, afirmou não dever ser admitido que "o risco da própria instituição financeira seja repassado ao consumidor".

1007. SALOMÃO NETO, Eduardo. Ob. Cit., p. 308 e 310, respectivamente.

Nas **relações entre a administradora e o lojista**, compete à administradora, antes de autorizar as operações, conferir a existência de saldo e a existência de roubo ou extravio do cartão apresentado; o lojista, por sua vez, tem o dever de identificar o portador do cartão; caso contrário, ele deve arcar com os prejuízos decorrentes dos estornos dos créditos[1008].

IV. QUADROS SINÓTICOS

PARTE GERAL

Tema	Informação	Fonte
Evolução do contrato	– **Concepção clássica**: contrato resultado de vontades individuais. Reconhecimento da igualdade formal dos contratantes. Tríplice expressão: liberdade de celebrar contrato – liberdade de escolher o contratante – liberdade de determinar o conteúdo do contrato.	Código Civil francês (1804), Código Civil alemão (1900).
	– **Concepções modernas**: baseadas na função econômica e social. Contrato como centro das atividades negociais e instrumento jurídico no relacionamento humano.	Código Civil, art. 421 e 421-A.
	– **Dirigismo contratual**: intervenção estatal, reduzindo a liberdade dos contratantes. – Autonomia mais ampla nos contratos interempresariais em relação aos contratos puramente civis.	Enunciados 19 e 21 da I Jornada de Direito Comercial.
Tipicidade	– **Tipicidade social**: pela natureza dinâmica da economia e da sociedade, o legislador por vezes só elabora a regulamentação específica de um modelo contratual após sua utilização estar socialmente consolidada pelos usos e costumes. É a tipicidade social. O legislador, ao regulamentar, leva à tipicidade legal.	
	– **Tipicidade legal**: modelo descrito em lei.	
Função social do contrato	– Dignidade da pessoa humana e valores sociais do trabalho e da livre iniciativa	Constituição Federal, art. 1º, III e IV.
	– A liberdade de contratar é exercida em razão e nos limites da função social do contrato. – A função social amplia para o domínio do contrato a noção de ordem pública.	Código Civil, arts. 104 e 421.
	Formação dos contratos	
Requisitos	– **Capacidade**: manifestação do consentimento por pessoa capaz. – No entanto, nos contratos de massa, não se exige a capacidade de ambas as partes. Comportamento socialmente típicos – redução da importância da manifestação da vontade.	Código Civil, arts. 3º e 4º. Código Civil, art. 113.
	– **Legitimação**: posição da pessoa em relação a determinados bens que podem ser objeto de negócios jurídicos em geral.	Código Civil, art. 497, II.

1008. STJ, REsp 945.154/RN, Quarta Turma, Rel. Min. João Otávio de Noronha, v.u. 08/04/2008.

Tema	Informação	Fonte
Oferta e aceitação	– **Oferta:** Manifestação de vontade unilateral pela qual uma pessoa dá a conhecer à outra a sua intenção de contratar e as condições essenciais do contrato. – **Aceitação:** definição do destinatário de uma proposta, dirigida ao proponente, de querer concluir o contrato conforme a mesma proposta. – **Manifestação de vontade:** Expressa – regra geral, ou Tácita.	Código Civil, art. 427. Código Civil, arts. 432 e 111.
	Silêncio: abstenção completa, tanto de palavras quanto de atos ou fatos. Importa anuência, quando as circunstâncias ou os usos o autorizarem, e não for necessária a declaração de vontade expressa.	
Relações contratuais de fato	Os atos negociais poderão decorrer de um negócio jurídico de origem contratual ou do comportamento social típico das partes. O comportamento de um dos envolvidos representa a sua manifestação de vontade, desde que a outra parte envolvida tenha ciência de tal ato.	Código Civil, art. 113.
Contrato entre presentes e ausentes	– Contratos entre ausentes são aqueles em que a **manifestação da vontade não é simultânea, mas sucessiva**. As partes não se encontram fisicamente presentes no mesmo local e nem a proposta, nem a aceitação se dão no mesmo momento. – Aperfeiçoam-se **desde que a aceitação é expedida**, salvo se antes dela ou com ela chegar ao proponente a declaração do aceitante, se o proponente se houver comprometido a esperar resposta ou se ela não chegar no prazo convencionado.	Código Civil, art. 434 e 435.
Oferta ao público	– Equivale a proposta quando encerra os requisitos essenciais do contrato, salvo se o contrário resultar das circunstâncias ou dos usos. – Dirigida a pessoas determinadas ou indeterminadas; – Pode dar origem a uma concorrência pública de ofertas ou não; – O ofertante é obrigado apenas a levar em consideração as propostas feitas de acordo com a oferta pública. – Revogação da oferta. – Cumprimento específico:	Código Civil, art. 429, *caput*, e 426. Código Civil, art. 429, parágrafo único. CPC, arts. 497 a 501.
Contratos obrigatórios	– empresas prestadoras de serviços públicos essenciais: são detentoras de monopólio de fato ou de direito. Estão em estado de oferta permanente de serviços.	

Tema	Informação	Fonte
Contrato por adesão	– Relações de massa – predisposição das cláusulas contratuais. – **Contrato por adesão**: cujas cláusulas gerais e uniformes, dirigidas a pessoas indeterminadas, foram previamente elaboradas unilateralmente, e cujo consentimento se manifesta pela simples adesão. Cláusulas gerais de contratação ou contratos-tipo. – Não é uma categoria contratual autônoma, mas sim um **modo de formação do contrato**.	Código de Defesa do Consumidor, art. 54.
Contrato preliminar	– Exceto quanto à forma, deve conter todos os requisitos essenciais ao contrato a ser celebrado. – Se não houver cláusula de arrependimento, qualquer das partes terá o direito de exigir a celebração do contrato definitivo.	Código Civil, art. 462. Código Civil, art. 463. Ver, ainda, CPC, art. 497.
Contrato em favor de terceiro	– Exceção à regra segundo a qual o contrato só produz efeitos entre as partes. – Estipulação em favor de terceiro.	Código Civil, art. 436 a 438.
Contrato com pessoa a declarar	– Uma das partes se reserva a faculdade de designar uma outra pessoa que assuma a sua posição na relação contratual, como se o contrato tivesse sido celebrado com esta última.	Código Civil, arts. 467 a 471.
Comércio eletrônico	– Intermediadores: sistemas que permitem ao consumidor final realizar uma compra ou encontrar um meio de transporte, em tempo real, realizando a liquidação financeira da operação. – Lojas virtuais: oferecem produtos via Internet. São estabelecimentos empresariais. – Marketplace – equivale a um shopping virtual – vende bens de diferentes marcas e produtores.	Código Civil, art. 1.142 – definição legal de estabelecimento que abrange todas as suas espécies.
Contratos eletrônicos	– Contratos celebrados **por meio de** computador ou dispositivos assemelhados. – Contratos de informática: objetivam a informatização de uma empresa, a criação e veiculação de websites, fornecimento de conteúdo, venda de domínios etc. – Não há regulação específica dos contratos eletrônicos no direito brasileiro, a não ser nos contratos com consumidor.	Lei Modelo UNCITRAL (1996) – no Brasil, valor apenas doutrinário. Além do CDC, aplica-se o Decreto 7.962/2013.

Tema	Informação	Fonte
Smart Contracts	– Acordos consubstanciados em códigos programados que produzem efeitos jurídicos autoexecutáveis. – Limites: não admitem cláusulas que necessitem de interpretação, como conceitos de boa-fé, caso fortuito ou força maior. Devem ter por objeto fatos objetivamente verificáveis.	
Novas figuras contratuais	– Surgem, a cada dia, novas figuras contratuais para atender às necessidades do comércio – *leasing, franchising, factoring* etc.	
Uniformização internacional dos contratos	– Tratados internacionais, fontes do direito empresarial. – *Lex mercatoria* (direito convencional) – contratos-tipo e INCOTERMS, cuja força obrigatória decorre exclusivamente da referência que lhes façam as partes. – Leis-tipo ou modelo – elaboradas por organismos internacionais. Não têm força obrigatória.	Convenções de Varsóvia e Montreal (transporte aéreo). UNCITRAL
Vícios ou defeitos na formação do contrato	– Lesão Elemento objetivo – lucro exagerado de uma das partes; Elemento subjetivo – premente necessidade ou inexperiência – Efeitos da lesão. Legitimidade para requerer a anulação – parte prejudicada. Prescrição – 4 anos	Código Civil, art. 157, *caput*. Código Civil, art. 157, § 2º. Código Civil, art. 178, II.
Classificação dos contratos		
Bilaterais e plurilaterais	– **Bilaterais ou sinalagmáticos** – direitos e deveres distintos para cada parte. – **Plurilateral –** participação de mais de duas partes. Função instrumental, de realização de determinada finalidade (ex.: contrato de sociedade).	
Consensuais e reais	– **Consensuais** – formado pelo simples acordo de vontades, independentemente de outras formalidades. – **Reais** – dependem da entrega da coisa (tradição).	
Típicos e atípicos	– **Típicos** ou nominados; – **Atípicos** ou inominados. – Tipicidade legal e social. – **Contratos legalmente e socialmente atípicos:** não se encontram regulamentados nem pela lei, pelos usos e costumes ou pela prática negocial. Decorrem simplesmente do exercício da autonomia privada dos contratantes.	

Tema	Informação	Fonte
Solenes e não solenes	– **Solenes ou formais:** a forma escrita é essencial. A lei deve prever expressamente. Código Civil, art. 107. – **Não solenes** ou informais – a regra – ausência de forma especial.	
Onerosos e gratuitos	– **Onerosos** são aqueles que geram direitos e deveres para ambas as partes. – **Gratuitos** são aqueles em que apenas uma das partes é onerada patrimonialmente.	
Comutativos e aleatórios	– **Comutativos** quando a prestação de uma das partes corresponde à contraprestação da outra. – **Aleatórios** quando uma das prestações é incerta, sujeita a evento futuro e incerto.	
Principais e acessórios	– **Principais** têm existência independente. – **Acessórios** são aqueles cuja existência depende de outro contrato (principal). Em geral, têm finalidade de garantir obrigação assumida no contrato principal (exemplo – fiança).	
Execução instantânea, diferida, sucessiva	– **Instantânea**: as partes cumprem suas prestações imediatamente após o aperfeiçoamento ou sem intervalo de tempo relevante. – **Diferida**: uma ou mais prestações podem ser cumpridas em momento posterior. – **Sucessiva**: as prestações de uma ou de ambas as paetês podem ocorrer ao longo de prazo convencionado.	
Contratos de adesão	Tutela de interesses socialmente relevantes, elaborados em série. Efeitos alcançam grande número de pessoas, protegidas coletivamente. Regras particulares para interpretação – Código Civil, arts. 423 e 424.	
	Interpretação e prova dos contratos	
Interpretação	– **Função social do contrato.**	Código Civil, art. 421.
	– **Boa-fé.**	Código Civil, art. 113. CDC, arts. 6º e 39, IV.
	– **Usos do lugar da celebração.**	Código Civil, art. 113.
	– **Contratos por adesão**: o Poder Público intervém por meio de leis específicas à finalidade de cada contrato, em função da atividade econômica à qual se referem, exigindo autorização prévia a ser concedida por órgãos da administração pública ou estabelecendo a proibição de determinadas cláusulas.	Código Civil, arts. 423 e 424.
	Atenção à Lei de Liberdade Econômica, que buscou alterar o sentido do art. 421 do Código Civil. Acréscimo do art. 421-A.	Código Civil, arts. 421 e 421-A.

Tema	Informação	Fonte
Integração	– Preenchimento de lacunas ou casos omissos, para a perfeita execução do contrato. Normas supletivas e princípios gerais do direito.	Código Civil, art. 113, 485
Prova	– Admite a prova realizada por meio de quaisquer reproduções mecânicas ou eletrônicas. – Documento: coisa que nos permite conhecer outra; é a representação de um fato de modo permanente. – Prova testemunhal.	Código Civil, art. 225. CPC, art. 442.

Contratos em espécie

Tema	Informação	Fonte
Compra e venda		
Conceito	– Pelo qual um dos contratantes (vendedor) se obriga a transferir o domínio de certa coisa, e outro (comprador), a pagar-lhe certo preço em dinheiro.	Código Civil, art. 481.
	Bilateral, oneroso, comutativo podendo ser aleatório, consensual salvo na compra e venda de imóveis de valor superior a 30 vezes o maior salário-mínimo vigente (exigência de escritura pública), tornando-se solene.	Código Civil, art. 108.
Elementos essenciais	– Coisa: a) coisa inalienável. b) coisa incerta – desde que sejam indicados, ao menos, o gênero e a quantidade. c) coisas corpóreas e incorpóreas d) coisa futura (*emptio rei*) e) coisa esperada (*emptio rei sperate*) f) coisa alheia	Código Civil, arts. 426 e 496. Código Civil, art. 243 a 245. Código Civil, art. 483.
	– Preço: valor em dinheiro que o comprador se obriga a pagar ao vendedor em troca da propriedade da coisa. – Deve ser sério, real e certo.	Código Civil, arts. 485 a 488.
	– Consentimento: – O condômino não pode vender a sua parte a estranho enquanto pendente o estado de indivisão, se outro condômino a quiser, nas mesmas condições. – É vedada a compra e venda entre marido e mulher que tenha por objeto bem que integre a comunhão.	Código Civil, arts. 496 a 498. Código Civil, art. 504. Código Civil. art. 499.

Tema	Informação	Fonte
Direitos e obrigações das partes	– **Mora** ***ex re*** (pelo simples decurso do prazo) nas obrigações positivas, líquidas e a termo. Na falta de termo certo: **mora** ***ex persona*** (exige notificação).	Código Civil, art. 395, parágrafo único.
	– Obrigações negativas: mora desde o dia em que deveria se abster.	Código Civil, art. 390.
	– Obrigação decorrente de ato ilícito: mora desde o dia em que o devedor o cometeu.	Código Civil. art. 398.
	Mora do vendedor: quando deixa de entregar a coisa no lugar, tempo e modo ajustados. **Mora do comprador**: quando não efetua o pagamento.	Código Civil. art. 394.
Obrigações do vendedor	– **Entrega da coisa (tradição)**: a tradição pode ser real (efetiva entrega da coisa), simbólica ou ficta (não há entrega da coisa, mas de documento que a representa), consensual ou convencional (opera-se pela declaração do vendedor).	Código Civil. art. 529.
	– **Despesas com a tradição**: conforme pactuado. No silêncio do contrato – despesas com a tradição a cargo do vendedor; da escritura e registro a cargo do comprador. – Salvo convenção em contrário, o vendedor responde por todos os débitos que gravarem a coisa até o momento da tradição. – No silêncio do contrato, a entrega do móvel será feita no **lugar** em que encontrava a coisa ao tempo da venda. Imóvel: por meio do registro no local da situação da coisa.	Código Civil, art. 490. Código Civil, art. 502. Código Civil, art. 493
	– **Garantia: Riscos** – até a tradição os riscos da coisa correm por conta do vendedor.	Código Civil, art. 492, *caput*. Exceções nos §§ 1º e 2º
	– **Vícios redibitórios**: defeito oculto de que portadora a coisa objeto de contrato comutativo, que a torna imprópria ao uso a que se destina, ou lhe prejudica sensivelmente o valor.	Código Civil, art. 441, 444 e 445.
	– **Evicção**: forma legal de garantia instituída em favor do contratante.	Código Civil, arts. 447 e 455.
Obrigações do comprador	– **Pagamento**:	Código Civil, art. 308 e 331.
	Lugar do pagamento: em regra, tratado no contrato. No silêncio do contrato, no domicílio do devedor.	Código Civil, art. 327.
	Modo do pagamento: ajustado pelas partes. Pode ser integral ou parcelado.	
	Moeda: corrente no lugar do pagamento.	Código Civil, art. 315 e 318.
	– **Recebimento da coisa:** nas vendas à vista, o vendedor não é obrigado a entregar a coisa antes do recebimento do preço.	Código Civil, art. 491.

Tema	Informação	Fonte
Retrovenda	– Permite ao vendedor se reservar expressamente o **direito de reaver a coisa vendida**, desde que o exerça no prazo máximo de 3 anos. – Recusa do comprador: depósito da quantia em juízo (consignação). – Cessível e transmissível a herdeiros e legatários; o direito de retrato pode ser exercido contra o terceiro adquirente.	Código Civil, art. 505. Código Civil, art. 506. Código Civil, art. 507.
Compra e venda sob amostras	– O vendedor assegura ter a coisa as qualidades que a ela correspondem	Código Civil, art. 484.
Compra e venda condicional	– Venda a contento – Venda sujeita a prova. – Até que o comprador manifeste seu consentimento, será tido como comodatário.	Código Civil, arts. 509 e 510. Código Civil, art. 511.
Contrato de fornecimento	– Repetição das prestações, em intervalos regulares ou de modo contínuo e ininterrupto.	
Vendas públicas	– Publicidade. Interferência de várias pessoas (pretendentes) no momento da formação do contrato. Voluntárias ou forçadas; administrativas, judiciais ou extrajudiciais.	
Vendas internacionais	INCOTERMS (International Commerce Terms). -Crédito documentário – nasce com o contrato de compra e venda, no qual estarão descritas as características do bem negociado ou do serviço prestado, tempo e modalidade de entrega, condições de pagamento.	
Preferência ou preempção	– O comprador se obriga a oferecer ao vendedor a coisa que lhe comprou, quando queira vendê-la, para que este, a quem foi reservado o direito de preferência, preço por preço, o exerça em relação a eventuais adquirentes. Direito personalíssimo. Preferência convencional ou legal.	Código Civil, art. 513 e 520. Lei 8.245/91, art. 27.
Contrato estimatório – Consignação		
Conceito	– O consignante entrega bens móveis ao consignatário, que fica autorizado a vendê-los, pagando àquele o preço ajustado, salvo se preferir, no prazo estabelecido, restituir-lhe a coisa consignada.	Código Civil, art. 534.
Natureza jurídica	– Contrato autônomo, real, oneroso, bilateral, típico e informal (não solene).	Código Civil, arts. 534, 106.
Elementos	**Partes**: consignante (titular do direito de propriedade sobre a coisa) e consignado (recebe o poder de dispor).	
	Objeto: bem móvel. A propriedade permanece com o consignante até a tradição consequente à venda. As coisas consignadas não podem ser penhoradas ou sequestradas pelos credores do consignatário, enquanto não pago integralmente o preço.	Código Civil, art. 536.

Tema	Informação	Fonte
Elementos	**Riscos**: O consignatário não se exonera da obrigação de pagar o preço, se a restituição da coisa, em sua integridade, se tornar impossível, ainda que por fato a ele não imputável. Bem fungível: pode entregar ao consignante bens equivalentes.	Código Civil, art. 535.
	Distribuição (concessão comercial)	
Contrato de distribuição	– O agente tem à disposição a coisa a ser negociada (tem sua posse). Compra e venda continuada para revenda: o distribuidor revende os bens adquiridos por sua conta e risco, tirando seu proveito econômico do eventual lucro auferido.	Código Civil, art. 710.
Natureza jurídica	– Contrato atípico, com exceção da concessão de venda de veículos automotores.	Lei 6.729/79.
Não se confunde com franquia	– porque na distribuição o fundamental não é o uso da marca, mas a distribuição dos produtos.	
Remuneração do distribuidor	– Salvo ajuste diverso, as despesas com a distribuição correm por conta do distribuidor, que, salvo ajuste em sentido contrário, terá direito à remuneração correspondente aos negócios concluídos dentro de sua zona.	Código Civil, arts. 713 e 714.
Extinção	Denúncia por qualquer das partes mediante aviso prévio de 90 dias.	Código Civil, art. 720.
Concessão de venda de veículos automotores terrestres	– **Partes**: **produtor ou concedente** (fabricação ou montagem do veículo) e **distribuidor ou concessionário** (comercialização).	Lei 6.729/79, art. 2º.
	– **Objeto**: comercialização de veículos automotores, prestação de assistência técnica, uso gratuito da marca do concedente.	Lei 6.729/79, art. 3º.
	– **Prazo**: em geral, indeterminado. Exceção: primeiro período contratual, que pode ser determinado (não inferior a cinco anos).	Lei 6.729/79, art. 21, *caput* e parágrafo único.
	– **Convenções e cláusulas**: em caráter supletivo: convenção celebrada entre o fabricante e associações dos concessionários e, no que não for por ela regulado, pelos contratos entre fabricante e concessionário.	Lei 6.729/79, art. 1º. e 17.
	– **Cláusula de exclusividade**:	Lei 6.729/79, art. 3º, § 1º, "b" e art. 5º.
	– **Extinção do contrato**:	Lei 6.729/79, art. 22.
	Locação comercial	
Conceito	– Uma parte se obriga a ceder à outra, por tempo determinado ou não, o uso e gozo de coisa não fungível, mediante retribuição. – Contrato bilateral, oneroso.	Código Civil, art. 565.

Tema	Informação	Fonte
Requisitos da renovação compulsória	Requisitos para a renovação do contrato de locação do imóvel em que esteja instalado estabelecimento.	Lei 8.245/91, art. 51.
Casos em que não cabe renovação compulsória	– Proteção do interesse público.	Lei 8.245/91, art. 52, I.
	– Modificação que aumente o valor do negócio ou da propriedade.	Lei 8.245/91, art. 52, I e 44, III. Súmula 374 do STF.
	– Uso próprio.	Lei 8.245/91, art. 52, II. Súmula 481 do STF.
	– Transferência de fundo de comércio já existente há mais de um ano.	Lei 8.245/91, art. 52, II.
Casos em que não cabe renovação compulsória	– Melhor oferta de terceiro.	Lei 8.245/91, arts. 52, § 3º, 72, § 2º.
	– Aluguel oferecido inferior ao valor locativo atual.	
Revisão de aluguel	– Prevalecerão as condições livremente pactuadas no contrato respectivo e as disposições procedimentais previstas. – As partes podem convencionar a renúncia ao direito de revisão durante o prazo de vigência do contrato de locação.	Lei 8.245/91, art. 54-A, *caput* e parágrafo único.
Cláusulas nulas	– Que visem a elidir os objetivos da lei, notadamente as que proíbam a prorrogação prevista no art. 47, ou que afastem o direito à renovação, na hipótese do art. 51, ou que imponham obrigações pecuniárias para tanto.	Lei 8.245/91, art. 45.
Contratos *built-to-suit* (BTS)	– Negócio jurídico no qual uma das partes contrata a construção ou reforma substancial de um imóvel, de acordo com as suas necessidades, e o recebe para uso e fruição, mediante o pagamento de determinada remuneração.	Lei 8.245/91, art. 54-A.
Shopping center	– Planejamento da atividade empresarial. Lojas âncora e lojas menores. Otimização dos ganhos de cada lojista e do proprietário do *shopping*, que ganha valor fixo pela locação das lojas e um percentual do seu faturamento.	
	– Ação renovatória:	Lei 8.245/91, arts. 54 e 52, § 2º.
	– Exceções à lei de locações.	Lei 8.245//91, art. 54.
	– Contrato de reserva de localização. Luvas.	
	– Cláusula de não concorrência: válida – contrato de comunhão de finalidades que admite restrições convencionais à concorrência.	Constituição, art. 170.

Tema	Informação	Fonte
	***Leasing* (arrendamento mercantil)**	
Mecanismo operacional	– Evita imobilização de capital para compra de bem; permite aquisição sem financiamento bancário de coisa que só é vendida à vista; a coisa pode ser trocada (rápido obsoletismo). – Ao término do prazo de locação, o locatário (arrendatário) pode devolver o bem ou comprá-lo.	Lei 6.099/74.
Natureza jurídica	– Negócio jurídico complexo: locação de coisa com opção de compra, por preço residual.	Lei 6.099/74, art. 5º, "c".
Características	– Três opções: compra por preço residual, devolução do bem ou renovação do contrato. – Contrato típico, formal, bilateral, oneroso, comutativo, de execução sucessiva, de adesão, *intuitu personae*. – Atividade financeira – controle e fiscalização pelo BACEN.	Lei 6.099/74, art. 5º. Resolução CMN nº 4.977/21, art. 6º. Lei 6.099/74, art. 7º. Resolução CMN nº 4.977/21, art. 6º, XIII.
***Leasing* financeiro**	– O arrendador (empresa de *leasing*) adquire um bem de um fabricante para conceder os direitos de utilização sobre o bem a um terceiro (arrendatário).	
Lease-back	– Venda de um conjunto de bens, em geral um estabelecimento, para que o comprador (futuro arrendador) os dê, em seguida, em locação ao vendedor (futuro arrendatário, sempre pessoa jurídica), com o objetivo de desmobilizar o patrimônio do vendedor, aumentando o volume de seu capital circulante	Lei 6.099/74, art. 9º, Resolução 4.977/21, do CMN, art. 11, II.
***Leasing* residencial**	– Arrendamento imobiliário com opção de compra.	Lei 10.188/01. Resolução CMN nº 4.977/21, art. 14.
***Leasing* operacional**	– O arrendador é fabricante ou importador do bem e o dá em locação, mediante aluguel determinável em função do uso do material, incluída a manutenção.	Lei 6.099/74, art. 2º. Resolução CMN 4.977/21, arts. 2º, 4º.
Sujeitos do contrato	– **Arrendador**: pessoa jurídica – S.A. Na denominação deve constar "Arrendamento Mercantil"	Lei 6.099/74, art. 1º, parágrafo único. Resolução CMN 4.977/21, art. 1º, § 1º.
	– Registro: BACEN. O arrendador **é equiparado a instituição financeira para determinados fins**.	Resolução 2.309/96, do CMN, art. 3º.
	– **Arrendatária**: pessoa física ou jurídica. No *lease back*, será necessariamente pessoa jurídica.	Lei 6.099/74, art. 1º, parágrafo único. Resolução CMN 4.977/21, art. 11, II.

Tema	Informação	Fonte
Objeto	– Quaisquer bens, móveis ou imóveis, nacionais ou estrangeiros. – O estabelecimento empresarial pode ser objeto do contrato. – Os bens objeto do contrato devem ser utilizados para uso próprio da arrendatária.	Resolução CMN 4.977/21, art. 10. Código Civil, art. 1.143. Lei 6.099/74, art. 1º, parágrafo único.
Cláusulas obrigatórias	Devem constar necessariamente dos contratos de *leasing*.	Lei 6.099/74, art. 5º. Resolução CMN 4.977/21, art. 6º.
Cláusulas facultativas	– **Benfeitorias**. As **necessárias** feitas pelo arrendatário incorporam-se à coisa e **não são indenizadas**.	Código Civil, arts. 96, § 3º e 569, IV.
	– **Registro do contrato**. não é exigível, mas qualquer das partes pode registrá-lo para que seja oponível a terceiros.	
	– **Responsabilidade pelos vícios da coisa arrendada**: a instituição financeira é mera intermediária entre o arrendatário e o vendedor do material.	
	– **Valor residual garantido (VRG)**: Garantia contratual paga independentemente do valor das prestações. Sua cobrança antecipada não descaracteriza o contrato.	Súmula 293 do STJ. Resolução 2.309/96, do CMN, art. 7º, VII, "a".
Inadimplemento e mora	– **Inadimplemento**: a previsão dos encargos deve constar do contrato.	Resolução 4.977/21, do CMN, art. 6º, XII, "a"
	– **Mora**: notificação prévia do arrendatário para constituição de mora. Limitada a 2% do valor do atraso. Mas: atenção ao § 15 do art. 3º do Decreto-lei 911/69 (incluído pela Lei 13.043/14), que afastou a possibilidade de purgação d amora, tornando sem efeito prático a necessidade de notificação.	Súmula 369 do STJ.
	– **Busca e apreensão:**	Decreto-lei 911/69, art. 2º, §§ 2º e 4º.
	– **Juros**: moratórios ou compensatórios. As instituições financeiras não se sujeitam à limitação dos juros remuneratórios da Lei de Usura. Jurisprudência: admite cobrança de juros apurados pela taxa média do mercado.	Súmula 596 do STF. Lei nº 14.905/2024, art. 3º, III, "a"
	– **Comissão de permanência**: encargo cobrado pelas instituições financeiras após a incidência da mora. No entanto, a Resolução CMN 4.882/20 veda a cobrança de comissão de permanência. As instituições financeiras e sociedades de arrendamento mercantil podem cobrar apenas juros remuneratórios, multa e juros de mora.	Súmulas 30, 296 e 472 do STJ. Resolução CMN 4.882/20.
	– **Reintegração de posse e VRG:**	Súmula 564 do STJ

Tema	Informação	Fonte
Inadimplemento e mora	– **Prisão**: é ilícita a prisão civil do depositário infiel.	Súmula Vinculante 25 do STF.
	– **Destruição, perecimento ou desaparecimento dos bens arrendados** – previsão de encargos deve estar prevista no contrato. Bem na posse da arrendadora – substituição do bem por outro ou rescisão do contrato por impossibilidade de cumprimento da prestação. Bem na posse da arrendatária – a arrendatária é obrigada a segurar a coisa – a empresa de *leasing* tem direito ao valor do seguro.	Resolução CMN 4.977/21, art. 6º, XII, "b"
	– **Cessão de contratos pela arrendadora:**	Resolução CMN 4.977/21, art. 18.
	– **Cessão de direitos e obrigações pela arrendatária:** o contrato deve prever a faculdade de a arrendatária transferir os direitos e obrigações decorrentes do contrato a terceiros no País, desde que haja anuência expressa da arrendadora.	
Código de Defesa do Consumidor	– O CDC é aplicável às instituições financeiras. Jurisprudência diverge quanto à aplicação aos contratos de *leasing*.	Súmula 297 do STJ.
Depósito e depósito bancário		
Conceito	– Contrato pelo qual o depositante confia ao depositário a guarda de um objeto móvel, até que o primeiro o reclame.	Código Civil, art. 627.
Natureza jurídica	– Contrato temporário, gratuito (unilateral; é a regra) ou oneroso (bilateral), real. – Prova do contrato: por escrito. Prova do depósito necessário: por qualquer meio.	Código Civil, arts. 646 e 648, parágrafo único.
Objeto	– Coisa móvel, fungível ou infungível, inclusive títulos de crédito. – Coisa imóvel no depósito judicial: legislação especial, só se aplicando subsidiariamente as regras referentes ao depósito voluntário.	Código Civil, art. 627. Código Civil, art. 648.
Classificação	– **Voluntário ou necessário**: Voluntário, mediante contrato entre os interessados. Necessário: a) em cumprimento de obrigação legal; b) depósito miserável (em razão de alguma calamidade).	Código Civil, art. 627. Código Civil, art. 647.
	– **Regular ou irregular**: Regular – coisas não fungíveis. Irregular: coisas fungíveis.	Código Civil, art. 645.

Tema	Informação	Fonte
Obrigações das partes	– **Depositante:** obrigação de indenizar o depositário pelas despesas com a coisa e pelos prejuízos decorrentes do depósito.	Código Civil, art. 643.
	– **Depositário**: direito de retenção sobre a coisa depositada até o recebimento da retribuição devida, o valor líquido das despesas ou dos prejuízos. – Obrigação de guardar e conservar a coisa depositada. – Responde por danos salvo força maior. – Não pode utilizar-se da coisa sem licença expressa do depositante.	Código Civil, arts. 643 e 644. Código Civil, arts. 629 e 639. Código Civil, art. 642. Código Civil, art. 640.
	– Prisão do depositário: ilícita.	Súmula Vinculante 25 do STF.
Extinção	– Pelo vencimento do **prazo**, **perecimento** da coisa ou pela **incapacidade superveniente** da depositante.	Código Civil, art. 639.
Depósito em armazéns-gerais	– Contrato real e oneroso.	Decreto 1.102/1903, art. 2º, alínea 2, "b". Lei 9.973/2000, art. 3º.
	– **Direitos do depositário**: remuneração, vender mercadoria considerada abandonada, retenção, indenização pelos prejuízos decorrentes de culpa ou dolo do depositante.	Decreto 1.102/1903, arts. 10, 14. Lei 9.973/2000, art. 9º.
	– **Obrigações das partes**: **depositário**: guardar e conservar as mercadorias e emitir os títulos correspondentes. – **Armazém**: obrigações:	Decreto 1.102/1903, art. 1º, *caput*. Lei 9.973/2000, art. 6º. Lei 9.973/2000, arts. 10 e 11.
	– **Proibições**:	Decreto 1.102/1903, art. 8º.
Depósito bancário		
Conceito	– Ressalta a função de segurança proporcionada pelo banco ao correntista. – Contrato de depósito irregular (coisa fungível).	
Características	– Finalidade econômica. – Titularidade: individuais ou conjuntos. – Capacidade: menores relativamente incapazes podem efetuar depósitos autorizados pelos representantes legais. – Instrumentalizados em contratos de conta corrente.	Código Civil, art. 639.

Tema	Informação	Fonte
Conta corrente e conta corrente bancária		
Contratos de conta corrente	– Contrato segundo o qual duas pessoas convencionam fazer remessas recíprocas de valores, anotando os créditos daí resultantes em uma conta para posterior verificação do saldo exigível, mediante balanço.	
Características	– Objeto: **concessão recíproca de crédito**. – Remessas não individualizadas, imediatamente transformadas **(irrevogabilidade de partidas)**. – **exigibilidade dos créditos**: no encerramento das contas (pode-se estabelecer encerramentos periódicos ou parciais). – **Extinção**: pelo prazo, por acordo, por condição resolutória, por vontade de um correntista (denúncia nos contrato por prazo indeterminado), pela falência, morte ou incapacidade.	
Contas bancárias	– Contas bancária, de poupança ou conta-salário. – Remessas realizadas apenas pelo ciente (não se trata de remessas recíprocas). – Exigibilidade do saldo a qualquer momento. – Compensação ao longo das sucessivas remessas. – Contrato bilateral, consensual, de execução continuada, normativo e oneroso.	
Modalidades de conta corrente bancária	– Com provisão, a descoberto, unipessoal, conjunta simples ou fragmentária, conjunta solidária. Solidariedade deve ser expressa.	
Penhor		
Conceito	– Uma pessoa dá a outra coisa móvel em garantia ao cumprimento de obrigação. – Penhor legal ou convencional. – Contrato real – transferência efetiva da posse, a não ser no penhor rural, industrial, mercantil e de veículos – a coisa empenhada permanece em poder do devedor.	Código Civil, art. 1.419. Código Civil, art. 1.467. Código Civil, art. 1.431, *caput* e parágrafo único.
Direitos e obrigações das partes	– Direitos do credor: – Obrigações do credor: – Direitos e obrigações do devedor: correlatos aos do credor. – O mero inadimplemento do devedor não transmite a propriedade do bem dado em penhor ao credor. Vedação do pacto comissório.	Código Civil, art. 1.433 e 1.434. Código Civil, art. 1.435. Código Civil, art. 1.428.
Modalidades	– Penhor legal	Código Civil, arts. 1.467 a 1.472.
	– Penhor industrial.	Decreto-lei 413/1969 e Código Civil, art. 1.448.
	– Penhor do sal.	Decreto-lei 413/1969.
	– Penhor rural.	Código Civil, art. 1.442.

Tema	Informação	Fonte
Modalidades	– Penhor de mercadorias depositadas em armazéns gerais.	Decreto 1.102/1903.
	– Penhor de direitos, em especial dos títulos de crédito e de ações. – Penhor de veículos.	Lei 6.404/1976, art. 39. Código Civil, art. 1.461.
Extinção	Hipóteses.	Código Civil, arts. 1.436 e 1.437.
Alienação fiduciária em garantia		
Conceito	– Negócio jurídico pelo qual o devedor, para garantir o pagamento da dívida, transmite ao credor a propriedade de um bem, normalmente retendo-lhe a posse direta, sob a condição resolutiva de saldá-la.	
Características	– Contrato solene, oneroso, bilateral, comutativo, em regra por adesão. – caráter acessório.	
Partes	Alienante (devedor fiduciário) e credor fiduciário, a quem é transmitida a propriedade do bem dado em garantia.	
Coisa	Móvel ou imóvel.	Lei 9.514/97, art. 22, § 1º e art. 24.
	Fungível ou consumível. O CC se refere apenas à propriedade fiduciária de coisa móvel infungível, mas o STJ vem entendendo no sentido de que a alienação fiduciária de coisa fungível também tem natureza jurídica de propriedade fiduciária.	Código Civil, art. 1.361, *caput*. Lei 4.728/65, art. 66-B, § 3º.
	Futura ou pertencente ao próprio devedor.	Código Civil, art. 483. Súmula 28 do STJ.
	Títulos de crédito e valores mobiliários.	Lei 4.728/65, art. 66-B, § 3º. Lei 6.404/76, arts. 40, 100, I, "f" e 113, parágrafo único. Ver, ainda, arts. 50, 58 e 78, parágrafo único.
	Veículos.	Código Civil, art. 1.361, § 1º. Súmula 92 do STJ. Novo procedimento: art. 3º do Decreto-Lei 911/69, na redação dada pela Lei 13.043/14.
	Navios e aeronaves.	Lei 7.565/86 (Código Brasileiro de Aeronáutica), art. 148 e 152.
	Contrato de abertura de limite de crédito.	Art. 9º-A da Lei 13.476/17, na redação dada pela Lei 14.711/23.

Tema	Informação	Fonte
Mora e inadimplemento	– Pelo simples vencimento do prazo para pagamento. – Comprovação pela notificação. – O direito do devedor de purgar a mora pelo pagamento somente das parcelas vencidas foi afastado. – Caso a dívida não seja paga, a propriedade do imóvel será consolidada em nome do credor fiduciário.	Súmula 72 do STJ. Decreto-Lei 911/69, art. 3º, na redação dada pela Lei 10.931/04. Lei 9.514/97, art. 30.
Agente de Garantia	– Figura já utilizada em operações de grande complexidade, ainda que sem regulamentação. Agora, aplicável a qualquer garantia. – O agente de garantia atua em nome próprio e em benefício dos credores.	Código Civil, art. 853-A Lei 14.711/23. Código Civil, art. 853-A, § 1º
Mandato		
Conceito	– Quando alguém recebe de outrem poderes para, em seu nome, praticar atos ou administrar interesses.	Código Civil, art. 653, primeira parte.
Características	Consensual, preparatório, revogável. Unilateral se gratuito, bilateral se oneroso. – Geral (refere-se a todos os negócios do mandante) ou especial (negócios determinados). – Mandato simultâneo, sucessivo e conjunto.	Código Civil, arts. 653, 656, 667 e 675. Código Civil, art. 660. Código Civil, art. 672.
Obrigações das partes	– Mandatário: retenção do quanto baste para o pagamento o que lhe for devido em virtude do mandato.	Código Civil, art. 664.
	– Obrigações do mandatário: diligência habitual, pagar juros, prestar contas.	Código Civil, arts. 667, 670 e 668.
	– Obrigações do mandante: satisfação das obrigações contraídas pelo mandatário, fornecer a importância necessária para a execução do contrato, pagar remuneração (se oneroso), ressarcir as perdas do mandatário.	Código Civil, arts. 675, 676 e 678.
Extinção. Mandato revogável	– Nulidade.	Código Civil, art. 116.
	– Revogação pelo mandante: em regra, o mandato é revogável a qualquer tempo. Pode ser expressa ou tácita.	Código Civil, art. 682, I e 687.
	– Renúncia pelo mandatário.	Código Civil, art. 682, I,
	– Morte de qualquer das partes. A extinção da pessoa jurídica, neste particular, opera os mesmos efeitos.	Código Civil, art. 682, II.
	– Mudança de estado.	Código Civil, art. 682, III.

Tema	Informação	Fonte
Extinção. Mandato revogável	– Falência ou recuperação judicial do mandante. Impedimento legal.	Lei 11.101/2005, art. 120, *caput* e § 2º.
	– Extinção pelo decurso do prazo ou pela conclusão do negócio.	Código Civil, art. 682, IV.
	– Mandato irrevogável: irrevogabilidade decorre de obrigação espontaneamente assumida pelo mandante. Perdas e danos. – Procuração em causa própria: não decorre de mandato, mas de representação.	Código Civil, art. 683. Código Civil, art. 685.
	– Mandato como condição de negócio jurídico bilateral.	Código Civil, art. 684.
	Agência	
Conceito	– uma pessoa assume, em caráter não eventual e sem vínculos de dependência, a obrigação de promover, à conta de outra, mediante retribuição, a realização de certos negócios, em zona determinada. – Doutrina diverge acerca da aplicabilidade da Lei 4.886/1965.	Código Civil, art. 710. Código Civil, art. 721, que é expresso ao ressalvar a aplicação de "lei especial".
Função. Distinção entre contratos afins	O agente colabora na comercialização dos produtos ou mercadorias do proponente ou no agenciamento de propostas de compra ou prestação de seus serviços, oriundas de terceiros interessados. – A **habitualidade e a ausência de vínculos de dependência** são elementos do contrato.	Código Civil, art. 710, *caput*; Lei nº 4.886/65, art. 1º.
Função. Distinção entre contratos afins	O agente **não é empregado** (pode, inclusive, ser pessoa jurídica).	Código Civil, art. 711.
	Difere do mandato – caráter personalíssimo e da exclusividade, presentes na agência, salvo convenção em contrário.	Código Civil, art. 722.
	Difere da corretagem, caracterizada pela sua eventualidade, enquanto a configuração do contrato de agência exige a habitualidade	Código Civil, arts. 693 e 721.
	Agência e distribuição são contratos semelhantes, mas o termo distribuição não tem, no Código Civil, o significado de contrato de distribuição socialmente típico. No contrato socialmente típico de distribuição o distribuidor revende mercadorias que adquiriu, não produtos de terceiros.	Código Civil, art. 710, *caput*, segunda parte.
	Difere da comissão – o comissário age em nome próprio por conta de outrem, enquanto o agente age em nome alheio. Apesar da distinção, o Código Civil determina a aplicação ao contrato de agência, no que couber, das regras referentes ao mandato e à comissão.	
	Difere do mandato – caráter personalíssimo e da exclusividade, presentes na agência, salvo convenção em contrário.	

Tema	Informação	Fonte
Elementos do contrato	**– Contrato consensual**; **bilateral**, pois gera obrigações para ambas as partes; **oneroso** e **não solene.**	
	– Contrato de representação comercial.	Lei 4.886/1965, art. 27.
Obrigações das partes	– Ambas as partes: dever de diligência e boa-fé, ainda que a norma se refira apenas ao agente.	Código Civil, arts. 712 e 422.
	– **Cláusula *del credere***, através da qual o representante assume responsabilidade solidária pela solvência das pessoas com quem contratar. **Expressamente vedada**.	Lei 4.886/1965, art. 43.
	– Exclusividade: presumida.	Código Civil, art. 711 e 714. Lei 4.886/1965, art. 31, parágrafo único.
	– Salvo ajuste em contrário, todas as **despesa**s correm por conta do agente.	Código Civil, art. 713.
	– **Agente: direito a remuneração**. Hipóteses. – **Direito a remuneração pelos serviços prestados**.	Código Civil, arts. 714, 716 e 718. Código Civil, art. 717 e 719.
Obrigações das partes	– **Agente: direito a indenização**.	Código Civil, art. 715.
	– **Obrigações do agente**: de meio ou de simples diligência (e não de resultado).	Lei 4.886/1965, arts. 28, 29 e 30.
	– O agente pode dispor de poderes de representação do proponente – no caso, aplicam-se as regras da representação.	Código Civil, art. 115 e seguintes, Lei 4.886/1965.
Extinção do contrato. Prescrição	– **Prazo determinado**: pelo fim do prazo. – **Prazo indeterminado**: pode ser rescindido mediante aviso prévio de 90 dias. Iniciativa do agente **sem menção à culpa** do proponente.	Código Civil, art. 720, *caput* e parágrafo único.
	– **Rescisão por culpa: inadimplemento do agente**. – Atos que configuram justa causa: previstos em lei especial.	Código Civil, art. 712. Lei 4.886/1965, art. 35.
	– **Inadimplemento do proponente**:	Lei 4.886/1965, art. 36.
	Prescrição: 5 anos para reclamação da retribuição devida.	Lei 4.886/1965, art. 44, parágrafo único.
	Comissão	
Conceito	– Alguém se obriga a vender ou comprar bens em seu próprio nome, mas por conta de outrem, em troca de certa remuneração.	Código Civil, art. 693.
	Contrato **consensual, bilateral, oneroso e personalíssimo**.	
	– A comissão se caracteriza pelo objeto; o Código **não exige a profissionalidade; pode ter caráter habitual ou ocasional**, ser exercida por empresário ou não.	
	– Aplicam-se, no que couber, as regras relativas ao mandato. – Na omissão da lei ou do contrato, seus efeitos regulam-se pelos usos.	Código Civil, art. 709.

Tema	Informação	Fonte
Direitos e obrigações das partes	– **O comissário atua em seu nome no interesse do comitente**; deve agir de acordo com suas ordens e instruções. – Na falta de instrução, o comissário deve agir segundo os usos adotados em casos semelhantes.	Código Civil, art. 695.
	Comissário: direito à **remuneração pelos serviços prestados**. – Não responde pela insolvência das pessoas com quem contratar, exceto em caso de culpa ou cláusula *del credere*.	Código Civil, art. 701. Código Civil, art. 697.
	– Morte do comissário ou quando não puder concluir o negócio por força maior – remuneração proporcional aos trabalhos realizados.	Código Civil, art. 702.
	– O crédito do comissário pelas comissões e reembolsos é privilegiado no caso de falência.	Código Civil, art. 707.
	– **Comissário**: direito de retenção.	Código Civil, art. 708.
	– **Comitente:** obrigação de pagar a comissão e de reembolsar as despesas incorridas pelo comissário.	
	– **Revogação da ordem pelo comitente**: possível, se o negócio ainda não houver sido realizado. – Revogação **sem justa causa** gera para o comissário direito a ser remunerado pelos trabalhos prestados. – Revogação **por motivo justo**: o comissário tem direito à remuneração pelos serviços úteis prestados ao comitente.	Código Civil, arts. 704 e 705.
	– Só o comissário responde perante terceiros pelas obrigações contraídas.	Código Civil, art. 694.
Comissão *del credere*	– Quando o comissário assume a responsabilidade solidária pela solvência das pessoas com quem vier a contratar em nome do comitente; – Possibilidade de cláusula parcial.	Código Civil, art. 698. Código Civil, art. 698, parágrafo único (incluído pela Lei 14.690/23).
	Franquia	
Conceito	Conceito legal que afasta a possibilidade de vínculo empregatício. – Contrato **bilateral, oneroso, comutativo, formal, *intuitu personae*, de trato sucessivo, de colaboração**.	Lei 13.966/19, que revogou expressamente a Lei 8.955/94, que até então regulava o contrato. Definição legal: art. 1º.

Tema	Informação	Fonte
Características	– **Franqueado**: vantagem de iniciar negócio usando marca já consolidada no mercado. Assistência do franqueador. – **Franqueador**: expansão de sua rede sem recursos próprios. Amplo controle sobre a atividade do franqueado. Deve ser o titular ou requerente de direitos sobre as marcas e outros objetos de propriedade intelectual negociados no âmbito do contrato de franquia, ou estar expressamente autorizado pelo titular.	
Estrutura do negócio	– Circular de Oferta de Franquia (COF): estabelece as condições gerais de contratação.	Lei 13.966/19, art. 2º.
	– A COF deve ser entregue ao franqueado, no mínimo, 10 dias antes da assinatura do contratou ou do pré-contrato ou do pagamento de qualquer tipo de taxa pelo franqueado.	Lei 13.966/19, art. 7º.
	– Cláusula compromissória arbitral.	Lei 13.966/19, art. 7º, §1º.
Validade do contrato	– Válido ainda que não levado a registro.	Lei 13.966/19, art. 8º.
	– Registro: Cartório de Títulos e Documentos. INPI.	Lei 9.279/96, art. 211.
Transporte		
Conceito	– Alguém se obriga, mediante retribuição, a transportar de um lugar a outro, pessoas ou coisas.	Código Civil, art. 730.
	– Aplicam-se os tratados e convenções internacionais.	Código Civil, arts. 731 e 732.
	– Contrato **típico, bilateral, consensual e oneroso**. Em regra, **de adesão**.	Código Civil, arts. 736, 748.
	– **Responsabilidade do transportador: objetiva.**	Código Civil, art. 730.
Transporte de pessoas	– É nula cláusula de exoneração de responsabilidade do transportador.	Código Civil, art. 734.
	– **Carona** – cortesia: não é contrato. **Responsabilidade extracontratual** decorrente de **dolo ou culpa grave**.	Código Civil, art. 736. Súmula 145 do STJ.
	– **Transporte ferroviário**.	Decreto 2.681/1912.
	– **Transporte aeronáutico**. No caso de extravio de bagagem de consumidor, aplica-se o CDC (afastando-se o CBA e a Convenção de Montreal).	Lei 7.565/86 – Código Brasileiro de Aeronáutica, arts. 222, 124, *caput*, e § 2º.
	– **Contrato de transporte de bagagem** é acessório do contrato de transporte de pessoas.	
	– Responsabilidade do passageiro:	Código Civil, art. 742.

Tema	Informação	Fonte
Transporte de coisas	– Terrestre (ferroviário, rodoviário).	Decreto 1.832/96 e Lei 11.442/07.
	– Transporte de produtos perigosos.	Decreto 96.044/88.
	– Aquaviário – o transporte marítimo ainda é regulado, em sua maior parte, pelo Código Comercial. Condições para seu exercício em lei própria.	Código Comercial de 1850, Lei 9.432/97.
	– Aéreo.	Convenção de Montreal (1999) e Lei 7.565/86 (CBA).
Transporte de coisas	– Dutoviário.	Lei 7.029/82 (álcool), Lei 9.478/97 (petróleo).
	– **Elementos do contrato** **Partes – remetente (ou expedidor) –** quem entrega a mercadoria para ser transportada **e transportador (ou condutor)** – quem recebe a mercadoria para transportar. O destinatário não é parte. **Consentimento** **Remuneração**	
	– **Obrigações do remetente**: entregar a coisa e pagar o preço. – **Obrigações do transportador**: receber a coisa, expedir conhecimento de transporte, transportar e entregar a coisa	Código Civil, arts. 746 e 747.
	– **Responsabilidade do transportador**: perdas ou avarias salvo caso fortuito ou força maior. Cláusula contratual de exoneração de responsabilidade será nula (mas admite-se limitação). Responsabilidade do Operador de Transporte Multimodal é objetiva. Código Civil, art. 734. Lei 9.611/98, arts. 11 e 16.	
	– **Direitos e obrigações do destinatário**: direito de receber a mercadoria contra a entrega do conhecimento; dever de receber a mercadoria.	
Formas	– **Transportes modais**: uma só modalidade.	Lei 9.611/98.
	– **Transportes multimodais ou intermodais**: combinam duas ou mais modalidades. Regido por um único contrato. – **Transportes segmentado**: são contratados separadamente,	Lei 9.611/98, art. 2º, *caput*.
	– – **Transportes sucessivos ou cumulativos**: o remetente contrata apenas com o primeiro transportador.	Código Civil, art. 756.

Tema	Informação	Fonte
	Seguro	
Operação	O segurador se obriga, mediante pagamento do prêmio a garantir interesse legítimo do segurado, relativo a pessoa ou coisa, contra riscos predeterminados. – **Contrato de massa**. Mutualidade das pessoas sujeitas ao mesmo risco. – Segurador: **agrupa riscos, de forma a estabelecer uma previsão dos sinistros**.	Código Civil, art. 757.
Qualificação, espécies	– Contrato **bilateral, oneroso, consensual, por adesão**. Divergências sobre seu caráter comutativo ou aleatório.	
	– União: competência para legislar sobre seguros.	Constituição, art. 21, VIII.
	– **Sistema Nacional de seguros Privados**: compreende o CNSP, a SUSEP, as sociedades autorizadas a operar em seguros privados, as sociedades resseguradoras e as corretoras de seguros.	Decreto-Lei nº 73/66, art. 8º.
	– **Seguros de dano**: patrimônio. Segurador obriga-se a indenização na ocorrência do sinistro. Seguros marítimos, terrestres e aeronáuticos.	Código Civil, art. 778 a 788.
	– **Seguro de pessoas**: garantem a pessoa do segurado – vida, integridade física e saúde.	Código Civil, arts. 789 a 802.
Elementos do contrato	– **Interesse segurável**: lícito.	Código Civil, arts. 757 e 762.
	– **Risco**: possível, incerto e futuro. **Suicídio**.	Código Civil, art. 797. Código Civil, art. 798.
	– O segurado perde a garantia se agravar intencionalmente o risco do objeto do contrato. **Obrigação de comunicar todo incidente capaz de agravar o risco**. – O segurado pode exigir a revisão do prêmio ou a resolução do contrato no caso de **diminuição do risco**.	Código Civil, arts. 768 e 769. Código Civil, art. 770.
Elementos do contrato	– **O segurado comunicará o sinistro**.	Código Civil, art. 771.
	– **Garantia**: principal obrigação da seguradora.	Código Civil, art. 757.
	– **Sinistro**: ocorrência do dano previsto no contrato, acarretando a obrigação da seguradora de fazer a indenização.	
	– **Prêmio:** contrapartida do risco.	
Partes	– **Segurador**: assume a obrigação de ressarcir o prejuízo.	
	– **Segurado**: pessoa que pagará o prêmio para que ocorra o ressarcimento.	

Tema	Informação	Fonte
Partes	– **Corretor**: **não é parte**, mas mero intermediário entre as partes.	
	– **Beneficiário: não é parte**; é quem efetivamente receberá da seguradora. Seguro é contrato em favor de terceiro.	Código Civil, art. 792.
Instrumentos contratuais	**Proposta:**	Código Civil, art. 759.
	Apólice: requisitos. Cláusulas obrigatórias e facultativas. Apólice flutuante: referem-se a riscos variáveis; Apólices de averbação: especialmente no ramo de transportes. Quando os interesses colocados a risco ainda não foram submetidos a qualquer risco.	Código Civil, art. 760. Decreto 60.459/1967, art. 4º.
	Bilhete	Código Civil, art. 758. Decreto-Lei 73/1966, art. 10.
	Certificado: documento comprobatório da existência da cobertura com relação a uma pessoa ou coisa.	
Cosseguro, resseguro e retrocessão	**Cosseguro**: a responsabilidade do segurador se reparte por mais de uma empresa, sem solidariedade entre elas.	Código Civil, art. 778.
	Resseguro: operação de transferência de riscos de uma cedente (seguradora) para um ressegurador.	Lei Complementar 126/07, art.2º, § 1º.
	Retrocessão: operação de transferência de riscos de resseguros.	Lei Complementar 126/07, art.2º, § 1º, IV.
	Factoring	
Conceito	Legislação tributária. O **faturizador** recebe do **faturizado** cessão de crédito oriundo de compra e venda e outras operações de natureza comercial, assumindo o rico de sua liquidação.	Lei 9.249/95, art. 15, § 1º, d.
Características	**Contrato oneroso, consensual, bilateral.** **Faturizador**: recebe o crédito. **Faturizado**: cedente. Não é atividade financeira. No entanto, o sigilo imposto às instituições financeiras é aplicável.	Lei Complementar 105/01, art. 1º, § 2º.
Remuneração	– Denominada **comissão**.	

Tema	Informação	Fonte
	Engineering	
Conceito	Contrato legalmente atípico e socialmente típico. Denominação aplicável a obras de grande complexidade, que visam a obtenção de uma indústria construída e instalada, e não todo e qualquer contrato que envolva prestação de serviço de engenharia.	
	Cartões de crédito	
Estrutura contratual	– Cartão de crédito é um **meio para a realização de operações comerciais**, especialmente compra e venda e prestação de serviços. Configura um **sistema que compreende diversos contratos, desde a emissão do cartão até o pagamento da fatura**. **Portador**: pessoa física ou jurídica usuária do cartão. **Bandeira**: instituição que autoriza o emissor a gerar cartões com a sua marca. Visa, MasterCard etc. **Administradora: ou emissora**, é vinculada a instituição financeira autorizada pela bandeira a emitir cartão de crédito. **Fornecedor**: loja ou prestador de serviços que aceita os cartões de uma determinada bandeira. **Instituição financeira**: bancos autorizados pelas bandeiras a emitir o cartão.	
Natureza jurídica	**Sistema contratual** – coligação de contratos com um só objetivo.	
Uso indevido ou abusivo	– Não pode ser cedido pelo seu titular, cujo nome aparece nele impresso. Cessão a terceiro: mandato tácito. Uso indevido pelo titular pode levar ao cancelamento. – **Compete à administradora**, antes de autorizar a operação, conferir a existência de saldo e a ocorrência de roubo/furto do cartão. **Lojista:** identificar o portador.	

V. JURISPRUDÊNCIA SELECIONADA

1. SÚMULAS

▸ STJ

↘ Súmula 30

A comissão de permanência e a correção monetária são inacumuláveis.

➘ Súmula 72

A comprovação da mora é imprescindível à busca e apreensão do bem alienado fiduciariamente.

➘ Súmula 145

No transporte desinteressado, de simples cortesia, o transportador só será civilmente responsável por danos causados ao transportado quando incorrer em dolo ou culpa grave.

➘ Súmula 283

As empresas administradoras de cartão de crédito são instituições financeiras e, por isso, os juros remuneratórios por elas cobrados não sofrem as limitações da Lei de Usura.

➘ Súmula 293

A cobrança antecipada do valor residual garantido (VRG) não descaracteriza o contrato de arrendamento mercantil.

➘ Súmula 294

Não é potestativa a cláusula contratual que prevê a comissão de permanência calculada pela taxa média de mercado apurada pelo Banco Central do Brasil, limitada à taxa do contrato.

➘ Súmula 296

Os juros remuneratórios, não cumuláveis com a comissão de permanência, são devidos no período de inadimplência, à taxa média de mercado estipulada pelo Banco Central do Brasil, limitada ao percentual contratado.

➘ Súmula 297

O Código de Defesa do Consumidor é aplicável às instituições financeiras.

➘ Súmula 369

A simples propositura da ação de revisão de contrato não inibe a caracterização da mora do autor.

➘ Súmula 472

A cobrança de comissão de permanência – cujo valor não pode ultrapassar a soma dos encargos remuneratórios e moratórios previstos no contrato – exclui a exigibilidade dos juros remuneratórios, moratórios e da multa contratual.

➘ Súmula 479

As instituições financeiras respondem objetivamente pelos danos gerados por fortuito interno relativo a fraudes e delitos praticados por terceiros no âmbito de operações bancárias.

➘ Súmula 532

Constitui prática comercial abusiva o envio de cartão de crédito sem prévia e expressa solicitação do consumidor, configurando-se ato ilícito indenizável e sujeito à aplicação de multa administrativa.

2. JURISPRUDÊNCIA

▸ STF

• Transporte aéreo

↘ Recurso extraordinário com repercussão geral.

2. Extravio de bagagem. Dano material. Limitação. Antinomia. Convenção de Varsóvia. Código de Defesa do Consumidor.

3. Julgamento de mérito. É aplicável o limite indenizatório estabelecido na Convenção de Varsóvia e demais acordos internacionais subscritos pelo Brasil, em relação às condenações por dano material decorrente de extravio de bagagem, em voos internacionais.

5. Repercussão geral. Tema 210. Fixação da tese: "Nos termos do art. 178 da Constituição da República, as normas e os tratados internacionais limitadores da responsabilidade das transportadoras aéreas de passageiros, especialmente as Convenções de Varsóvia e Montreal, têm prevalência em relação ao Código de Defesa do Consumidor".

6. Caso concreto. Acórdão que aplicou o Código de Defesa do Consumidor. Indenização superior ao limite previsto no art. 22 da Convenção de Varsóvia, com as modificações efetuadas pelos acordos internacionais posteriores. Decisão recorrida reformada, para reduzir o valor da condenação por danos materiais, limitando-o ao patamar estabelecido na legislação internacional.

7. Recurso a que se dá provimento".

(RE 636.331/RJ, Rel. Ministro GILMAR MENDES, Pleno, por maioria, julgamento em 25/05/2017)

• Alienação Fiduciária em Garantia

↘ RECURSO EXTRAORDINÁRIO COM REPERCUSSÃO GERAL. TEMA 982. DIREITO CONSTITUCIONAL, CIVIL E PROCESSUAL CIVIL. LEI 9.514/1997. CLÁUSULA DE ALIENAÇÃO FIDUCIÁRIA EM GARANTIA NOS CONTRATOS DO SISTEMA DE FINANCIAMENTO IMOBILIÁRIO. ACÓRDÃO RECORRIDO QUE CONFIRMA A VALIDADE DA EXECUÇÃO EXTRAJUDICIAL. ALEGAÇÃO DE OFENSA AO ART. 5º, INCISOS XXIII, XXV, LIII, LIV E LV, DA CONSTITUIÇÃO FEDERAL. INEXISTÊNCIA DE ÓBICE AO EXERCÍCIO DO DIREITO DE AÇÃO. PROCEDIMENTO COMPATÍVEL COM OS PRINCÍPIOS CONSTITUCIONAIS. RECURSO EXTRAORDINÁRIO CONHECIDO E DESPROVIDO, COM FIXAÇÃO DE TESE.

1. A Lei 9.514/1997 dispõe de medidas indutivas ao cumprimento das obrigações contratuais, sob a orientação de redução da complexidade procedimental e sua desjudicialização, cuja aplicação pressupõe o consentimento válido expresso das partes contratantes e a ausência de exclusão total de apreciação da situação pelo Poder Judiciário.

2. A jurisprudência desta Corte, em questão análoga, firmou-se no sentido da recepção do Decreto-Lei 70/1966, inclusive quanto à validade da execução extrajudicial da garantia hipotecária, fixando-se como tese do Tema 249 da Repercussão Geral: "É constitucional, pois foi devidamente recepcionado pela Constituição Federal de 1988, o procedimento de execução extrajudicial previsto no Decreto-lei nº 70/66" (RE 627.106, Rel. Min. Dias Toffoli).

3. A execução extrajudicial nos contratos de mútuo com alienação fiduciária de imóvel, prevista na Lei 9.514/1997, é compatível com as garantias constitucionais, destacando-se inexistir afronta ao princípio da inafastabilidade da jurisdição e do acesso à justiça (art. 5º, inciso XXXV, da CF/88) e do juiz natural (art. 5º, LIII, CF/88), posto que se assegura às partes, a qualquer momento, a possibilidade de controle de legalidade do procedimento executório na via judicial.

4. Inexiste, igualmente, violação aos princípios do devido processo legal, do contraditório e da ampla defesa (art. 5º, LIV e LV, da CF/88), tendo em vista que o procedimento extrajudicial que confere executoriedade

ao contrato de financiamento imobiliário é devidamente regulamentado pela legislação de regência, não se tratando de procedimento aleatório ou autoconduzido pelo próprio credor.

5. A questão revela tema de complexa regulação econômica legislativa, com efeitos múltiplos na organização socioeconômica, que promove tratamento constitucionalmente adequado à questão, no equilíbrio entre a proteção pelos riscos assumidos pela instituição credora e a preservação dos direitos fundamentais do devedor, adequando-se aos influxos decorrentes do referencial teórico da Análise Econômica do Direito (*Law and Economics*), além de alinhar-se à tendência do direito moderno de desjudicialização.

6. Recurso extraordinário CONHECIDO E DESPROVIDO.

7. Proposta de Tese de Repercussão Geral: *"É constitucional o procedimento da Lei nº9.514/1997 para a execução extrajudicial da cláusula de alienação fiduciária em garantia, haja vista sua compatibilidade com as garantias processuais previstas na Constituição Federal".*

(RE 860.631/SP, Rel. Ministro LUIZ FUX, Pleno, por maioria, julgamento em 26/10/2023).

▶ STJ

- **Oferta e aceitação**

↘ RECURSO ESPECIAL. AÇÃO DE OBRIGAÇÃO DE FAZER AJUIZADA POR SINDICATO DE VAREJISTAS DE PRODUTOS FARMACÊUTICOS CONTRA AS DISTRIBUIDORAS (ATACADISTAS) VISANDO A PROIBIÇÃO DO REPASSE DA DESPESA RELATIVA AO PAGAMENTO DAS COMPRAS E VENDAS MEDIANTE BOLETO BANCÁRIO

1. A relação jurídica instaurada entre a distribuidora de medicamentos e as farmácias e drogarias tem natureza de contrato empresarial, sendo, portanto, disciplinada pelo Direito Civil, e não pelas normas protetivas do Direito do Consumidor, por não se vislumbrar, ao menos na hipótese, parte em situação de vulnerabilidade técnica, jurídica, econômica ou informacional.

2. Consoante incontroverso nos autos, era prática usual (e reiterada), no âmbito da cadeia de distribuição de medicamentos, que o pagamento efetuado pelas varejistas para a aquisição dos produtos — a serem revendidos ao consumidor final — ocorresse por meio de boleto bancário, emitido por instituição financeira em favor da comerciante atacadista.

3. Mediante a utilização de *software* eletrônico — que, de forma instantânea, possibilitava o recebimento de pedidos de compras on-line —, a distribuidora emitia uma "duplicata virtual", com o preenchimento de formulário disponibilizado pela instituição financeira, que gerava um boleto bancário, posteriormente remetido (acompanhado dos produtos) às farmácias e drogarias para o devido pagamento.

4. Nos boletos, a atacadista figurava como "cedente" (credora da obrigação) e as varejistas como "sacadas", sendo exigido, destas últimas, o valor de R$ 1,39 (um real e trinta e nove centavos) a título de "tarifa de cobrança". A distribuidora, portanto, transferia parte do custo convencionado com a instituição financeira para liquidação de cada boleto (R$ 1,55 – um real e cinquenta e cinco centavos), sobejando-lhe a obrigação de arcar com R$ 0,16 (dezesseis centavos) por documento.

5. À luz do disposto no artigo 325 do Código Civil — incidente em relações jurídicas paritárias como a dos autos —, a obrigação das compradoras não se resume ao pagamento do preço, presumindo-se a sua responsabilidade pelas *"despesas com o pagamento e a quitação"*, salvo em se tratando de despesa excepcional decorrente de fato imputável ao credor.

6. Nesse quadro, a chamada tarifa de emissão de boleto bancário caracteriza despesa decorrente da oferta desse meio de pagamento às varejistas (compradoras), revelando-se razoável que lhes seja imputada. Precedente da Terceira Turma. Superação de julgado anterior (em sentido contrário) no qual não se debateu a citada norma do *Codex* Civil por falta de prequestionamento.

7. Tal exegese não confronta com resoluções do Conselho Monetário Nacional, cujas normas se dirigem, unicamente, às instituições financeiras, que não podem exigir de seus clientes (pessoas, físicas ou jurídicas, com as quais mantenham vínculo negocial não esporádico) a remuneração de serviço sem respaldo em prévia contratação nem obter valores, a esse título, diretamente do sacado.

8. Outrossim, ressalvada situação flagrante de onerosidade excessiva — não constatada no caso em que a regulação estatal do setor atinge de forma mais intensa a distribuidora —, deve-se prestigiar a liberdade negocial (corolário da autonomia privada) de sociedades empresárias que, no âmbito de relação mercantil, convencionem a transferência, para as adquirentes de produtos farmacêuticos (varejistas), do custo suportado pela vendedora com a oferta de meio de pagamento favorável ao desenvolvimento eficiente das atividades das partes, ambas integrantes da cadeia de distribuição de medicamentos.

9. **Na espécie, tendo em vista os usos e costumes do segmento empresarial e as práticas adotadas, de longa data, pelas partes, encontram-se presentes os requisitos para que o silêncio reiterado das varejistas — sobre a adoção dos boletos bancários e o repasse do respectivo custo — seja considerado manifestação de vontade apta a produção de efeitos jurídicos, vale dizer: seja atestada a existência de consenso em relação à forma de pagamento das "mercadorias" e à cobrança de tarifa.**

10. Isso porque: (i) configurado o comportamento negativo das farmácias e drogarias, que, por mais de dez anos, pagaram os boletos bancários sem manifestar qualquer insurgência contra tal modalidade de adimplemento e a respectiva tarifa que lhes era cobrada; (ii) inexiste controvérsia sobre o fato de ser prática corriqueira do segmento empresarial a comercialização mediante boletos bancários com o escopo de otimizar a logística de distribuição de medicamentos, cuja relevância pública decorre da Constituição de 1988 e da Portaria 802/98 do Ministério da Saúde; (iii) também é incontroversa a habitualidade das negociações celebradas entre a atacadista e as varejistas com a utilização da citada forma de pagamento; (iv) cabia às compradoras — sociedades empresárias cuja vulnerabilidade não se reconheceu nos autos — apresentar resistência contra o modo de adimplemento ofertado durante os longos anos da relação contratual, merecendo destaque o fato de ter sido pleiteada na inicial a manutenção do pagamento via boleto bancário, havendo apenas objeção acerca do repasse da tarifa; e (v) revela-se evidente a convicção da atacadista sobre a adesão das varejistas quanto às cobranças efetuadas, na medida em que beneficiadas com a agilidade da forma de pagamento e a consequente pronta entrega dos produtos, entre outras facilidades que lhes eram ofertadas.

11. Em resumo, portanto, não há falar em abuso de poder econômico da atacadista — cuja margem de lucro é bem inferior à das varejistas, sobre as quais não recai obrigação excessivamente onerosa — nem violação à cláusula geral de boa-fé objetiva.

12. Recurso especial provido para julgar improcedente a pretensão deduzida na inicial.

(REsp 1.580.446-RJ – Rel. Ministro LUÍS FELIPE SALOMÃO, QUARTA TURMA, julgamento em 23/02/2021, DJe 25/03/2021)

• Contrato preliminar

↘ RECURSO ESPECIAL. DIREITO CIVIL. CONTRATO DE PROMESSA DE COMPRA E VENDA. DIREITO REAL QUANDO REGISTRADO. ART. 1.225 DO CÓDIGO CIVIL. ARROLAMENTO DE DIREITOS. INVENTÁRIO. ART. 993, INCISO IV, ALÍNEA "G", DO CÓDIGO DE PROCESSO CIVIL.

1. Inexiste violação do art. 535 do Código de Processo Civil se todas as questões jurídicas relevantes para a solução da controvérsia são apreciadas, de forma fundamentada, sobrevindo, porém, conclusão em sentido contrário ao almejado pela parte.

2. **A promessa de compra e venda identificada como direito real ocorre quando o instrumento público ou particular é registrado no cartório de registro de imóveis, o que não significa que a ausência do registro retire a validade do contrato.**

3. A gradação do instituto da promessa de compra e venda fica explícita no art. 25 da Lei n. 6.766/1979, que prevê serem irretratáveis os compromissos de compra e venda, cessões e promessas de cessão, os que atribuem direito a adjudicação compulsória e, estando registrados, conferem direito real oponível a terceiros.

4. Portanto, no caso concreto, parece lógico admitir a inclusão dos direitos oriundos do contrato de promessa de compra e venda de lote em inventário, ainda que sem registro imobiliário. Na verdade, é facultado ao promitente comprador adjudicar compulsoriamente imóvel objeto de contrato de promessa de compra e venda não registrado, e a Lei n. 6.766/1979 admite a transmissão de propriedade de lote tão somente em decorrência de averbação da quitação do contrato preliminar, independentemente de celebração de contrato definitivo, por isso que deve ser inventariado o direito daí decorrente.

5. O compromisso de compra e venda de imóvel é suscetível de apreciação econômica e transmissível a título *inter vivos* ou *causa mortis*, independentemente de registro, porquanto o escopo deste é primordialmente resguardar o contratante em face de terceiros que almejem sobre o imóvel em questão direito incompatível com a sua pretensão aquisitiva, o que não é o caso dos autos.

6. Recurso especial provido.

(REsp 1.185.383-MG – Rel. Ministro LUÍS FELIPE SALOMÃO, QUARTA TURMA, julgamento em 08/04/2014)

- **Contratos em espécie**
- **Contrato de compra e venda**

➘ AGRAVO INTERNO NO RECURSO ESPECIAL. AÇÃO DE RITO COMUM. RESPONSABILIDADE PELA EVICÇÃO. GRAVAME QUE IMPEDIA A TRANSFERÊNCIA DO BEM PARA O NOME DO ADQUIRENTE. PERDA PARCIAL DO BEM CARACTERIZADA. EVICÇÃO RECONHECIDA. AGRAVO INTERNO IMPROVIDO.

1. Nos termos da jurisprudência desta Corte, a evicção consiste na perda total ou parcial da posse ou da propriedade do bem adquirido, em razão de ato judicial ou administrativo que atribui a titularidade da coisa a terceiro, em razão de direito preexistente.

2. Na espécie, efetivado o bloqueio judicial do bem no bojo da reclamação trabalhista, a impedir o autor de proceder à transferência da propriedade para o seu nome, fica caracterizada a perda parcial do bem por direito preexistente, motivo pelo qual o alienante deve ser responsabilizado, até porque obrigado a, nos contratos da espécie, entregar o bem alienado livre de qualquer embaraço.

3. Agravo interno improvido.

(AgInt no REsp 1.564.863/SP, Rel. Ministro RAUL ARAÚJO, QUARTA TURMA, v.u. 27/11/2023, DJe 01/12/2023).

- **Contrato de distribuição**

➘ RECURSO ESPECIAL. DIREITO CIVIL. AÇÃO INDENIZATÓRIA. CONTRATO DE DISTRIBUIÇÃO DE BEBIDAS. RESILIÇÃO UNILATERAL. DENÚNCIA MOTIVADA. JUSTA CAUSA. VALIDADE DE CLÁUSULAS CONTRATUAIS. ATO ILÍCITO. INEXISTÊNCIA. DEVER DE INDENIZAR. NÃO CONFIGURAÇÃO. LEI Nº 6.729/1973 (LEI FERRARI). INAPLICABILIDADE.

1. Ação indenizatória promovida por empresa distribuidora em desfavor da fabricante de bebidas objetivando reparação por danos materiais e morais supostamente suportados em virtude da ruptura unilateral do contrato de distribuição que mantinha com a recorrente (ou integrantes do mesmo grupo empresarial), de modo formal, desde junho de 1986.

2. Acórdão recorrido que, apesar de reconhecer que a rescisão foi feita nos exatos termos do contrato, de forma motivada e com antecedência de 60 (sessenta dias), concluiu pela procedência parcial do pleito autoral indenizatório, condenando a fabricante a reparar a distribuidora por parte de seu fundo de comércio, correspondente à captação de clientela.

3. Consoante a jurisprudência desta Corte Superior, é impossível aplicar, por analogia, as disposições contidas na Lei nº 6.729/1979 à hipótese de contrato de distribuição de bebidas, haja vista o grau de particularidade da referida norma, que, como consabido, estipula exclusiva e minuciosamente as obrigações do cedente e das concessionárias de veículos automotores de via terrestre, além de restringir de forma bastante grave a liberdade das partes contratantes em casos tais.

4. A resilição unilateral de contrato de distribuição de bebidas e/ou alimentos, após expirado o termo final da avença, quando fundada em justa causa (inadimplemento contratual reiterado), não constitui ato ilícito gerador do dever de indenizar. Precedentes.

5. Recurso especial provido.

(REsp 1.320.870/SP, Rel. Ministro RICARDO VILLAS BÔAS CUEVA, TERCEIRA TURMA, v.u. 27/06/2017, DJe 30/06/2017)

↘ **RECURSO ESPECIAL. PROCESSUAL CIVIL. CIVIL E EMPRESARIAL. OMISSÃO. INEXISTÊNCIA. CONTRATO DE DISTRIBUIÇÃO DE PRODUTOS ALIMENTÍCIOS. APLICAÇÃO DA LEI 6.729/79. (LEI FERRARI). IMPOSSIBILIDADE. INCIDÊNCIA DO CÓDIGO CIVIL DE 1916 E DO CÓDIGO COMERCIAL. ALTERAÇÃO DA SENTENÇA EM SEDE DE EMBARGOS DE DECLARAÇÃO. AUSÊNCIA DE INTIMAÇÃO DA PARTE CONTRÁRIA PARA SE MANIFESTAR. NULIDADE RECONHECIDA. RECURSO PARCIALMENTE PROVIDO.**

1. Afasta-se a ofensa aos arts. 458, II, e 535, II, do Código de Processo Civil, pois a Corte de origem dirimiu, fundamentadamente e de forma coerente, as matérias que lhe foram submetidas, motivo pelo qual o acórdão recorrido não padece de omissão, contradição ou obscuridade.

2. Nos termos da iterativa jurisprudência desta Corte, a Lei 6.729/79 (Lei Ferrari) não se aplica a hipóteses diversas da distribuição de veículos automotores.

3. Nas excepcionais hipóteses em que se admite a atribuição de efeitos infringentes aos aclaratórios, é indispensável a oitiva do embargado, sob pena de malferimento aos princípios constitucionais do contraditório e da ampla defesa.

4. Recurso especial parcialmente provido.

(REsp 680.329/RS, Rel. Ministro RAUL ARAÚJO, QUARTA TURMA, v.u. 22/04/2014, DJe 29/04/2014)

- ***Leasing***

↘ **PROCESSUAL CIVIL, CIVIL E CONSUMIDOR. RECURSO ESPECIAL. AÇÃO COLETIVA DE CONSUMO. EMBARGOS DE DECLARAÇÃO. OMISSÃO, CONTRADIÇÃO OU OBSCURIDADE. NÃO OCORRÊNCIA. PREQUESTIONAMENTO. AUSÊNCIA. SÚMULA 211/STJ. DIREITOS INDIVIDUAIS HOMOGÊNEOS. CONFIGURAÇÃO. ÓRGÃO DA ADMINISTRAÇÃO PÚBLICA DESPROVIDO DE PERSONALIDADE JURÍDICA PRÓPRIA. LEGITIMIDADE ATIVA. RECONHECIMENTO. ART. 82, III, DO CDC. EFICÁCIA PROSPECTIVA DA SENTENÇA. DEFICIÊNCIA DA FUNDAMENTAÇÃO RECURSAL. SÚMULA 284/STF. LITISCONSÓRCIO NECESSÁRIO. ART. 47 DO CPC/73. DECISÃO UNIFORME. DESNECESSIDADE. ILEGITIMIDADE PASSIVA. GRUPO SOCIETÁRIO. DESCONSIDERAÇÃO. ART. 28, § 2º, DO CDC. PRESSUPOSTOS. INOCORRÊNCIA. PROVA PERICIAL. INDEFERIMENTO. CERCEAMENTO DE DEFESA. REEXAME DE FATOS E PROVAS. SÚMULA 7/STJ. PRINCÍPIO DA ADSTRIÇÃO AO PEDIDO. CONGRUÊNCIA. INOBSERVÂNCIA. SENTENÇA ALÉM DO PEDIDO. RESTRIÇÃO. MÉRITO. ARRENDAMENTO MERCANTIL. DIVERGÊNCIA JURISPRUDENCIAL. SIMILITUDE FÁTICA. AUSÊNCIA. FUNDAMENTO DO ACÓRDÃO NÃO IMPUGNADO. SÚMULA 283/STF. PERDA DO BEM, SEM CULPA DO ARRENDATÁRIO. BEM SEGURADO. PARCELAS VINCENDAS. COBRANÇA. IMPOSSIBILIDADE. ENRIQUECIMENTO ILÍCITO. CONFIGURAÇÃO. ART. 884 DO CC/02. LIMITES TERRITORIAIS DA SENTENÇA. EFICÁCIA EM TODO O TERRITÓRIO NACIONAL. ART. 103 DO CDC.**

1. Cuida-se de coletiva de consumo por meio da qual se questiona a cobrança de parcelas vincendas na hipótese de perda do bem objeto de arrendamento mercantil (leasing) sem culpa do arrendatário e garantido por contrato de seguro.

(...)

3. O propósito recursal cinge-se a determinar se: *a)* ocorreu negativa de prestação jurisdicional; *b)* a Comissão de Defesa do Consumidor da Assembleia Legislativa do Estado do Rio De Janeiro é parte legítima para propor a presente ação coletiva de consumo; *c)* os interesses versados na inicial possuem natureza coletiva; *d)* a recorrente BV Financeira tem legitimidade para constar no polo passivo; e) existe litisconsórcio passivo necessário entre todas as entidades que prestem serviços de arrendamento mercantil; f) houve cerceamento de defesa em virtude do indeferimento do pedido de produção de prova pericial; *g)* a sentença decidiu questões que não se encontravam na delimitação do pedido da inicial (ultra petita); *h)* há divergência jurisprudencial com o entendimento repetitivo do REsp 1.099.212/RJ; *i)* a perda sem culpa e involuntária da coisa arrendada ocorre em prejuízo do arrendante ou do arrendatário; *j)* na perda do bem objeto de contrato de arrendamento mercantil (*leasing* financeiro) garantido por seguro e sem culpa do consumidor existe direito à cobrança das parcelas vincendas do contrato; *k)* a sentença da ação coletiva deve ter sua eficácia restrita aos limites da competência territorial do órgão judicial prolator.

(...)

15. O arrendamento mercantil é um contrato sinalagmático, no qual as prestações a cargo do arrendador são a causa, o pressuposto, das contraprestações do arrendatário.

16. A resolução do contrato sinalagmático decorre do inadimplemento, que pode ser culposo ou involuntário, regida, conforme o caso, por regras diversas.

17. Nos contratos sinalagmáticos em que o inadimplemento é involuntário e decorrente de caso fortuito ou força maior, a responsabilidade pelas perdas pecuniárias é do devedor (*res perit debitori*), devendo, pois, o prejuízo ser suportado por aquele que não pode mais cumprir a obrigação, perdendo, assim, o direito de exigir a contraprestação.

18. Até o momento da opção de compra, prepondera no contrato de arrendamento mercantil o caráter de locação, pois nem mesmo a cobrança antecipada do VRG descaracteriza o *leasing* em uma compra e venda a prestação. Súmula 293/STJ.

19. A prestação que se torna impossível de ser cumprida com a perda do bem por caso fortuito ou força maior é aquela que cabe ao arrendador – de pôr o bem à disposição do uso e gozo do arrendatário –, de modo que, pela teoria dos riscos, o contrato se resolveria e quem teria de arcar com os prejuízos da perda do bem teria de ser o arrendador, devedor da prestação que deixa de poder ser adimplida involuntariamente e sem culpa.

20. O bem objeto do contrato de arrendamento mercantil pode ser, por força da norma contida no art. 7º, IX, b, da Res. 2.309/96 do BACEN, submetido a garantia por meio de contrato de seguro, por meio do qual o arrendador tem seu interesse de obter lucro ao menos parcialmente protegido pela indenização securitária.

21. Nessa hipótese, nem o bem – que se perdeu – nem a indenização securitária são repassadas ao arrendatário, sendo essa a parte contratual que é privada, a despeito de ausência de culpa e do cumprimento das prestações que lhe cabem, da contraprestação a que tem direito, que é a de ter o bem a sua disposição.

22. A solução equitativa está prevista no art. 7º, VIII, da Resolução 2.309/96 do BACEN e corresponde ao aditivo contratual, por meio do qual arrendador e arrendatário prevejam a substituição do bem arrendado por outro de igual natureza, inclusive na ocorrência de sinistro, o que, aliás, é cláusula obrigatória do contrato de arrendamento mercantil.

23. Nos limites da moldura fática do acórdão recorrido, os arrendadores estão se locupletando ilicitamente, pois: a) a perda do bem sem culpa do arrendatário acarreta a resolução do contrato; e b) mesmo tendo recebido a indenização securitária e sem cumprirem com a prestação que lhes compete – de pôr a coisa à disposição do arrendatário, cobram as parcelas vincendas do contrato, deixando de observar o equilíbrio sinalagmático das prestações.

24. Os efeitos e a eficácia da sentença não estão circunscritos a lindes geográficos, mas aos limites objetivos e subjetivos do que foi decidido, possuindo a sentença, portanto, validade em todo o território nacional.

25. Recursos especiais parcialmente conhecidos e parcialmente providos.

(REsp 1.658.568-RJ – Rel. Ministra NANCY ANDRIGHI LUÍS FELIPE SALOMÃO, TERCEIRA TURMA, julgamento em 16/10/2018)

↘ RECURSO ESPECIAL. TRIBUTÁRIO. EMBARGOS À EXECUÇÃO FISCAL. INCIDÊNCIA DE ISS SOBRE ARRENDAMENTO MERCANTIL FINANCEIRO. QUESTÃO PACIFICADA PELO STF POR OCASIÃO DO JULGAMENTO DO RE 592.905/SC, REL. MIN. EROS GRAU, DJE 05.03.2010. SUJEITO ATIVO DA RELAÇÃO TRIBUTÁRIA NA VIGÊNCIA DO DL 406/68: MUNICÍPIO DA SEDE DO ESTABELECIMENTO PRESTADOR. APÓS A LEI 116/03: LUGAR DA PRESTAÇÃO DO SERVIÇO. *LEASING*. CONTRATO COMPLEXO. A CONCESSÃO DO FINANCIAMENTO É O NÚCLEO DO SERVIÇO NA OPERAÇÃO DE *LEASING* FINANCEIRO, À LUZ DO ENTENDIMENTO DO STF. O SERVIÇO OCORRE NO LOCAL ONDE SE TOMA A DECISÃO ACERCA DA APROVAÇÃO DO FINANCIAMENTO, ONDE SE CONCENTRA O PODER DECISÓRIO, ONDE SE SITUA A DIREÇÃO GERAL DA INSTITUIÇÃO. O FATO GERADOR NÃO SE CONFUNDE COM A VENDA DO BEM OBJETO DO *LEASING* FINANCEIRO, JÁ QUE O NÚCLEO DO SERVIÇO PRESTADO É O FINANCIAMENTO. IRRELEVANTE O LOCAL DA CELEBRAÇÃO DO CONTRATO, DA ENTREGA DO BEM OU DE OUTRAS ATIVIDADES PREPARATÓRIAS E AUXILIARES À PERFECTIBILIZAÇÃO DA RELAÇÃO JURÍDICA, A QUAL SÓ OCORRE EFETIVAMENTE COM A APROVAÇÃO DA PROPOSTA PELA INSTITUIÇÃO FINANCEIRA. BASE DE CÁLCULO. PREJUDICADA A ANÁLISE DA ALEGADA VIOLAÇÃO DO ART. 148 DO CTN E 9 DO DL 406/68. RECURSO ESPECIAL DE POTENZA LEASING S/A ARRENDAMENTO MERCANTIL PARCIALMENTE PROVIDO PARA JULGAR PROCEDENTES OS EMBARGOS À EXECUÇÃO E RECONHECER A ILEGITIMIDADE ATIVA DO MUNICÍPIO DE TUBARÃO/SC PARA EXIGIR O IMPOSTO. INVERSÃO DOS ÔNUS DE SUCUMBÊNCIA. ACÓRDÃO SUBMETIDO AO PROCEDIMENTO DO ART. 543-C DO CPC E DA RESOLUÇÃO 8/STJ.

---

1. O colendo STF já afirmou (RE 592. 905/SC) que ocorre o fato gerador da cobrança do ISS em contrato de arrendamento mercantil. O eminente Ministro EROS GRAU, relator daquele recurso, deixou claro que o fato gerador não se confunde com a venda do bem objeto do *leasing* financeiro, já que o núcleo do serviço prestado é o financiamento.

2. No contrato de arrendamento mercantil financeiro (Lei 6.099/74 e Resolução 2.309/96 do BACEN), uma empresa especialmente dedicada a essa atividade adquire um bem, segundo especificações do usuário/consumidor, que passa a ter a sua utilização imediata, com o pagamento de contraprestações previamente acertadas, e opção de, ao final, adquiri-lo por um valor residual também contratualmente estipulado. Essa modalidade de negócio dinamiza a fruição de bens e não implica em imobilização contábil do capital por parte do arrendatário: os bens assim adquiridos entram na contabilidade como custo operacional (art. 11 e 13 da Lei 6.099/74). Trata-se de contrato complexo, de modo que o enfrentamento da matéria obriga a identificação do local onde se perfectibiliza o financiamento, núcleo da prestação dos serviços nas operações de *leasing* financeiro, à luz do entendimento que restou sedimentado no Supremo Tribunal Federal.

3. O art. 12 do DL 406/68, com eficácia reconhecida de lei complementar, posteriormente revogado pela LC 116/2003, estipulou que, à exceção dos casos de construção civil e de exploração de rodovias, o local da prestação do serviço é o do estabelecimento prestador.

4. A opção legislativa representa um potente duto de esvaziamento das finanças dos Municípios periféricos do sistema bancário, ou seja, através dessa modalidade contratual se instala um mecanismo altamente perverso de sua descapitalização em favor dos grandes centros financeiros do País.

5. A interpretação do mandamento legal leva a conclusão de ter sido privilegiada a segurança jurídica do sujeito passivo da obrigação tributária, para evitar dúvidas e cobranças de impostos em duplicata, sendo certo que eventuais fraudes (como a manutenção de sedes fictícias) devem ser combatidas por meio da fiscalização e não do afastamento da norma legal, o que traduziria verdadeira quebra do princípio da legalidade tributária.

6. Após a vigência da LC 116/2003 é que se pode afirmar que, existindo unidade econômica ou profissional do estabelecimento prestador no Município onde o serviço é perfectibilizado, ou seja, onde ocorrido o fato gerador tributário, ali deverá ser recolhido o tributo.

7. O contrato de *leasing* financeiro é um contrato complexo no qual predomina o aspecto financeiro, tal qual assentado pelo STF quando do julgamento do RE 592.905/SC. Assim, há se concluir que, tanto na vigência do DL 406/68 quanto na vigência da LC 116//203, o núcleo da operação de arrendamento mercantil, o serviço em si, que completa a relação jurídica, é a decisão sobre a concessão, a efetiva aprovação do financiamento.

8. As grandes empresas de crédito do País estão sediadas ordinariamente em grandes centros financeiros de notável dinamismo, onde centralizam os poderes decisórios e estipulam as cláusulas contratuais e operacionais para todas suas agências e dependências. Fazem a análise do crédito e elaboram o contrato, além de providenciarem a aprovação do financiamento e a consequente liberação do valor financeiro para a aquisição do objeto arrendado, núcleo da operação. Pode-se afirmar que é no local onde se toma essa decisão que se realiza, se completa, que se perfectibiliza o negócio. Após a vigência da LC 116.2003, assim, é neste local que ocorre a efetiva prestação do serviço para fins de delimitação do sujeito ativo apto a exigir ISS sobre operações de arrendamento mercantil.

9. O tomador do serviço ao dirigir-se à concessionária de veículos não vai comprar o carro, mas apenas indicar à arrendadora o bem a ser adquirido e posteriormente a ele disponibilizado. Assim, a entrega de documentos, a formalização da proposta e mesmo a entrega do bem são procedimentos acessórios, preliminares, auxiliares ou consectários do serviço cujo núcleo – fato gerador do tributo – é a decisão sobre a concessão, aprovação e liberação do financiamento.

10. Ficam prejudicadas as alegações de afronta ao art. 148 do CTN e ao art. 9o. do Decreto-Lei 406/68, que fundamente a sua tese relativa à ilegalidade da base de cálculo do tributo.

11. No caso dos autos, o fato gerador originário da ação executiva refere-se a período em que vigente a DL 406/68. A própria sentença afirmou que a ora recorrente possui sede na cidade de Osasco/SP e não se discutiu a existência de qualquer fraude relacionada a esse estabelecimento; assim, o Município de Tubarão não é competente para a cobrança do ISS incidente sobre as operações realizadas pela empresa Potenza Leasing S.A. Arrendamento Mercantil, devendo ser dado provimento aos Embargos do Devedor, com a inversão dos ônus sucumbenciais.

12.Recurso Especial parcialmente provido para definir que: (a) incide ISSQN sobre operações de arrendamento mercantil financeiro; (b) o sujeito ativo da relação tributária, na vigência do DL 406/68, é o Município da sede do estabelecimento prestador (art. 12); (c) a partir da LC 116/03, é aquele onde o serviço é efetivamente prestado, onde a relação é perfectibilizada, assim entendido o local onde se comprove haver unidade econômica ou profissional da instituição financeira com poderes decisórios suficientes à concessão e aprovação do financiamento – núcleo da operação de *leasing* financeiro e fato gerador do tributo; (d) prejudicada a análise da alegada violação ao art. 148 do CTN; (e) no caso concreto, julgar procedentes os Embargos do Devedor, com a inversão dos ônus sucumbenciais, ante o reconhecimento da ilegitimidade ativa do Município de Tubarão/SC para a cobrança do ISS. Acórdão submetido ao procedimento do art. 543-C do CPC e da Resolução 8/STJ.

(REsp 1.060.210/SC, Rel. Ministro NAPOLEÃO NUNES MAIA FILHO, v.u. 28/11/2012, DJe 05/03/2013)

↘ PROCESSUAL CIVIL E TRIBUTÁRIO. ARRENDAMENTO MERCANTIL. BENS IMÓVEIS. CARACTERIZAÇÃO. EMBARGOS DE DECLARAÇÃO. NÃO CABIMENTO. LEI 6.099/74, ART. 1º – CPC, ART. 535. PRECEDENTES STJ.

– Somente se caracteriza como arrendamento mercantil a operação cujo uso sejam bens móveis ou imóveis prontos para serem utilizados, pela arrendatária, em sua atividade econômica, alcançando tal disposição, implícita na lei, os bens no ato da celebração do contrato.

– Inexiste arrendamento mercantil, para efeitos tributários, sem que o objeto deste esteja em condições de ser utilizado.

(...)

– Recurso não conhecido.

(REsp 78.022/PR, Rel. Ministro PEÇANHA MARTINS, SEGUNDA TURMA, v.u. 06/03/1997, DJ 22/04/1997)

➘ AGRAVO REGIMENTAL NO RECURSO ESPECIAL. CONTRATO DE ARRENDAMENTO MERCANTIL. REAJUSTE. VARIAÇÃO CAMBIAL. PROVA DA CAPTAÇÃO DE RECURSOS DO EXTERIOR. ÔNUS DA ARRENDANTE.

1. É da arrendante o ônus da prova da captação de recursos do exterior, nos contratos de arrendamento mercantil que se utilizam da variação cambial como critério de reajuste. Precedentes.

2. Agravo regimental não provido.

(AgRg no REsp 883.202/SP, Rel. Ministro RICARDO VILLAS BÔAS CUEVA, TERCEIRA TURMA, v.u. 23/04/2013, DJe 29/04/2013)

➘ RECURSO ESPECIAL. AÇÃO COLETIVA. ARRENDAMENTO MERCANTIL (*LEASING*). APLICAÇÃO DO CÓDIGO DE DEFESA DO CONSUMIDOR. ASSOCIAÇÃO DE DEFESA DO CONSUMIDOR. ILEGITIMIDADE ATIVA E INTERESSE PROCESSUAL. FUNDAMENTO INATACADO (SÚMULA 283/STF). PRECLUSÃO. CERCEAMENTO DO DIREITO DE DEFESA. NÃO OCORRÊNCIA. REAJUSTE DAS PRESTAÇÕES PELA VARIAÇÃO CAMBIAL. DÓLAR ESTADUNIDENSE. JANEIRO DE 1999. ONEROSIDADE EXCESSIVA. REVISÃO. DIVISÃO EQUITATIVA. COMPROVAÇÃO DE CAPTAÇÃO DE RECURSOS NO EXTERIOR PARA A OPERAÇÃO ESPECÍFICA. DESNECESSIDADE. EXTENSÃO DA DECISÃO AOS DEMAIS LITISCONSORTES. IMPOSSIBILIDADE. LITISCONSÓRCIO SIMPLES. ALCANCE SUBJETIVO DA SENTENÇA. CONSUMIDORES HABILITADOS NOS AUTOS. AUSÊNCIA DE INSURGÊNCIA. PROIBIÇÃO DA *REFORMATIO IN PEJUS*. ÔNUS DA SUCUMBÊNCIA. AUSÊNCIA DE MÁ-FÉ. APLICAÇÃO DO ART. 18 DA LEI 7.347/85.

1. Não prevalece a preliminar de intempestividade do apelo especial suscitada pelo Ministério Público Federal. Considerando-se a duplicação do prazo recursal (CPC, art. 191) e sua suspensão no período de 2 a 31 de julho de 2001, constata-se a tempestividade do recurso especial. Ademais, antes da Emenda à Constituição Federal de nº 45, de 2004, os prazos processuais ficavam suspensos no aludido período de férias de julho (v. LOMAN, art. 66, § 1º, e CPC, art. 179), o que prescindia de comprovação de ausência de expediente forense.

2. **O Superior Tribunal de Justiça tem entendimento sumulado de que o Código de Defesa do Consumidor é aplicável às instituições financeiras (Súmula nº 297/STJ), inclusive nas relações jurídicas oriundas de contrato de arrendamento mercantil.**

3. A jurisprudência do Superior Tribunal de Justiça firmou-se no sentido de que a associação civil de defesa do consumidor preenche os requisitos legais para ajuizar ação civil pública em defesa de interesses individuais homogêneos.

4. Ademais, no tocante à ilegitimidade ativa e à ausência de interesse processual, o recorrente não impugnou os fundamentos do acórdão recorrido de que tais questões foram apreciadas no julgamento dos agravos de instrumento interpostos contra a decisão concessiva da liminar e que tais decisões vinculam todos que fazem parte do processo. Desse modo, é de rigor a incidência da Súmula 283/STF (*"É inadmissível o recurso extraordinário, quando a decisão recorrida assenta em mais de um fundamento suficiente e o recurso não abrange todos eles"*).

5. A questão relativa à impossibilidade de substituição processual não foi apreciada pelo Tribunal *a quo*, atraindo, à falta do indispensável prequestionamento, a aplicação, por analogia, das Súmulas 282 e 356 do STF.

6. Consoante jurisprudência desta Corte, a desvalorização súbita da moeda brasileira ocorrida em janeiro de 1999 configura onerosidade excessiva a afetar a capacidade de o consumidor adimplir suas obrigações contratuais, mas, diante da previsibilidade de modificação da política cambial, a significativa valorização do dólar norte-americano deve ser suportada por ambos os contratantes, de forma equitativa. Precedentes.

7. A Quarta Turma desta Corte, no julgamento do REsp 897.591/PB (Rel. p/ acórdão Min. João Otávio de Noronha, DJe de 18/2/2010), firmou entendimento de que **é dispensável a prova da captação de recursos no exterior vinculada a cada operação específica, diante da circunstância de a internalização da quantia captada ser efetuada em um montante de grande vulto, do qual são extraídos valores para utilização varejista em diversas operações de contratos de arrendamento, sendo a regularidade de tais operações devidamente fiscalizada pelo Banco Central do Brasil.**

8. É firme a jurisprudência desta Corte de que há cerceamento de defesa quando, julgada antecipadamente a lide em que não se admitiu dilação probatória, a pretensão é indeferida em virtude da ausência de comprovação. Todavia, diante do resultado proposto quanto ao mérito, deixa-se, na hipótese, de reconhecer a nulidade do procedimento, em atenção aos princípios da instrumentalidade das formas e do aproveitamento racional dos atos processuais, a teor do que prescrevem os arts. 244 e 249, § 2º, do Código de Processo Civil.

9. O aproveitamento de um recurso interposto por um dos litisconsortes não produz efeitos para os demais, exceto em caso de litisconsórcio unitário, o que não é o caso desta ação civil coletiva, que não trata de uma relação jurídica indivisível, mas de várias relações que podem ser consideradas individualmente quanto a cada réu e sua respectiva clientela, como se várias ações tivessem sido propostas conjuntamente, de forma independente.

10. Tendo a sentença, confirmada pelo v. acórdão do Tribunal de origem, limitado seus efeitos aos contratos celebrados pelos consumidores habilitados nos autos, não havendo insurgência contra esse ponto, é inviável a extensão a todos os consumidores da recorrente, seja do Estado do Paraná, seja de outro limite territorial de maior abrangência. Com efeito, o ordenamento jurídico-processual brasileiro veda que haja, sob o ponto de vista prático, piora quantitativa ou qualitativa da situação do único recorrente, aplicando-se, em tal circunstância, o princípio da proibição da *reformatio in pejus*.

11. Verificada, no julgamento do apelo especial, a sucumbência recíproca e não ficando comprovada a má-fé da Associação autora, impõe-se que a instituição financeira recorrente arque com a metade das custas processuais e dos honorários advocatícios fixados na decisão de primeiro grau, vedada a compensação, tendo em vista o disposto no art. 18 da Lei nº 7.347/85.

12. Recurso especial parcialmente provido.

(REsp 609.329/PR, Rel. Ministro RAUL ARAÚJO, QUARTA TURMA, v.u. 18/12/2012, DJe 07/02/2013)

➘ PROCESSUAL CIVIL. ARRENDAMENTO MERCANTIL. REAJUSTE PELA VARIAÇÃO CAMBIAL. CDC. INCIDÊNCIA. ONEROSIDADE EXCESSIVA RETIRADA PELO FRACIONAMENTO DO REAJUSTE DA MOEDA ESTRANGEIRA PELA METADE, A PARTIR DE 19.01.1999. EMBARGOS DECLARATÓRIOS. OMISSÃO INEXISTENTE. PROPÓSITO INFRINGENTE. REJEIÇÃO.

I. Considerados no acórdão os aspectos essenciais suscitados na defesa da parte, e tendo prevalecido o entendimento de que no âmbito dos contratos celebrados entre as instituições financeiras e os arrendatários incide a Lei n. 8.078/90, cujo art. 6o, V, admite a revisão de cláusulas que causem onerosidade excessiva por força de fatos supervenientes, ainda que tomados no exterior os recursos, a pretensão contida nos embargos de declaração, de provocar nova discussão a respeito da matéria, importa em propósito infringente, por refugir ao âmbito dos aclaratórios.

II. Interpretação do STJ que se ateve à interpretação da legislação ordinária, não sendo da sua competência manifestar-se sobre temas constitucionais.

III. Embargos rejeitados.

(EDcl no REsp 472.594/SP. Rel. Ministro ALDIR PASSARINHO JÚNIOR, SEGUNDA SEÇÃO, v.u. 8/10/2003, DJe 18/10/04).

↘ CIVIL E PROCESSUAL. ARRENDAMENTO MERCANTIL. DPVAT. AÇÃO REGRESSIVA MOVIDA CONTRA A ARRENDATÁRIA. ILEGITIMIDADE PASSIVA AD CAUSAM. RESPONSABILIDADE DA EMPRESA ARRENDANTE, CAUSADORA DO SINISTRO.

I. Tratando-se o arrendamento mercantil de contrato peculiar, de natureza mista, em que se mesclam a locação com a compra e venda do bem financiado, pertence à arrendatária, que detém a posse direta do bem, a legitimidade passiva para a ação regressiva movida pela seguradora, objetivando o ressarcimento do valor que pagou aos beneficiários do DPVAT por acidente causado pelo veículo objeto de arrendamento.

II. Recurso especial conhecido e provido, julgada extinta a ação intentada contra a arrendante, nos termos do art. 267, VI, do CPC.

(REsp 436.201/SP, Rel. Ministro ALDIR PASSARINHO JUNIOR, QUARTA TURMA, v.u. 13/11/2007, DJe 05/05/2008)

↘ AÇÃO CIVIL PÚBLICA. CONTRATO DE ARRENDAMENTO MERCANTIL "LEASING". CLÁUSULA DE SEGURO. ABUSIVIDADE. INOCORRÊNCIA.

1. Não se pode interpretar o Código de Defesa do Consumidor de modo a tornar qualquer encargo contratual atribuído ao consumidor como abusivo, sem observar que as relações contratuais se estabelecem, igualmente, através de regras de direito civil.

2. O CDC não exclui a principiologia dos contratos de direito civil. Entre as normas consumeristas e as regras gerais dos contratos, insertas no Código Civil e legislação extravagante, deve haver complementação e não exclusão. É o que a doutrina chama de Diálogo das Fontes.

3. Ante a natureza do contrato de arrendamento mercantil ou leasing, em que pese a empresa arrendante figurar como proprietária do bem, o arrendatário possui o dever de conservar o bem arrendado, para que ao final da avença, exercendo o seu direito, prorrogue o contrato, compre ou devolva o bem.

4. **A cláusula que obriga o arrendatário a contratar seguro em nome da arrendante não é abusiva, pois aquele possui dever de conservação do bem, usufruindo da coisa como se dono fosse, suportando, em razão disso, riscos e encargos inerentes a sua obrigação. O seguro, nessas circunstâncias, é garantia para o cumprimento da avença, protegendo o patrimônio do arrendante, bem como o indivíduo de infortúnios.**

5. Rejeita-se, contudo, a venda casada, podendo o seguro ser realizado em qualquer seguradora de livre escolha do interessado.

6. Recurso especial parcialmente conhecido e, nessa extensão, provido.

(REsp 1.060.515/DF, Rel. Ministro HONILDO AMARAL DE MELLO CASTRO, QUARTA TURMA, v.u. 04/05/2010, DJe 24/05/2010)

↘ RECURSO ESPECIAL – AÇÃO DE RESOLUÇÃO DE CONTRATO DE *LEASING* DEFLAGRADA PELA CONSUMIDORA – TESE DE EXTINÇÃO DA AVENÇA ANTE A CARACTERIZAÇÃO DE CASO FORTUITO (ROUBO DO VEÍCULO) – IMPROCEDÊNCIA DO PEDIDO NAS INSTÂNCIAS ORDINÁRIAS EM FACE DA AUSÊNCIA DE CONTRATAÇÃO DE SEGURO PELA POSSUIDORA DIRETA, BEM COMO DIANTE DA SUBSISTÊNCIA DO DEVER DE RESTABELECIMENTO DO *STATUS QUO ANTE*. INSURGÊNCIA DA ARRENDATÁRIA.

1. Inocorrência de violação aos arts. 233, 234, 238 e 240 do Código Civil. Hipótese em que a arrendatária deixou de contratar seguro sobre o veículo arrendado, o qual, posteriormente, veio a ser roubado. Subsistência da obrigação de restabelecer o *status quo ante*.

1.1. A resolução por inexecução contratual involuntária em função de caso fortuito ou força maior enseja ao arrendatário o dever de pagar ao arrendante o valor correspondente ao bem recebido (descontado, por óbvio, o valor das parcelas vencidas e quitadas), de modo a restabelecer a situação pretérita ao contrato, especialmente na hipótese em que o possuidor direto deixa de proceder à contratação de seguro do bem arrendado.

2. Vulneração aos arts. 46 e 51 do Código de Defesa do Consumidor. Não caracterização. A previsão de contratação de seguro, inerente aos ajustes de arrendamento mercantil, é absolutamente idônea, não encerrando, em si, qualquer abusividade, ainda que veiculada em contrato de adesão.

2.1. Com esteio nos elementos fáticos-probatórios reunidos nos autos, o Tribunal de origem dissipou qualquer dúvida relativa à ciência da arrendatária quanto aos termos do contrato, ante a aposição de sua assinatura, sobre a qual não recaiu qualquer discussão acerca de sua autenticidade.

3. Recurso Especial desprovido.

(REsp 1.089.579/MG, Rel. Ministro MARCO BUZZI, QUARTA TURMA, v.u. 20/06/2013, DJe 04/09/2013)

➘ BANCÁRIO. RECURSO ESPECIAL. AÇÃO REVISIONAL DE CLÁUSULAS DE CONTRATO BANCÁRIO. INCIDENTE DE PROCESSO REPETITIVO. JUROS REMUNERATÓRIOS. CONTRATO QUE NÃO PREVÊ O PERCENTUAL DE JUROS REMUNERATÓRIOS A SER OBSERVADO.

I – JULGAMENTO DAS QUESTÕES IDÊNTICAS QUE CARACTERIZAM A MULTIPLICIDADE.

ORIENTAÇÃO – JUROS REMUNERATÓRIOS

1 – Nos contratos de mútuo em que a disponibilização do capital é imediata, o montante dos juros remuneratórios praticados deve ser consignado no respectivo instrumento. Ausente a fixação da taxa no contrato, o juiz deve limitar os juros à média de mercado nas operações da espécie, divulgada pelo Bacen, salvo se a taxa cobrada for mais vantajosa para o cliente.

2 – Em qualquer hipótese, é possível a correção para a taxa média se for verificada abusividade nos juros remuneratórios praticados.

II – JULGAMENTO DO RECURSO REPRESENTATIVO

– Consignada, no acórdão recorrido, a abusividade na cobrança da taxa de juros, impõe-se a adoção da taxa média de mercado, nos termos do entendimento consolidado neste julgamento.

– Nos contratos de mútuo bancário, celebrados após a edição da MP nº 1.963-17/00 (reeditada sob o nº 2.170-36/01), admite-se a capitalização mensal de juros, desde que expressamente pactuada.

Recurso especial parcialmente conhecido e, nessa parte, provido. Ônus sucumbenciais redistribuídos.

(REsp 1.112.879/PR, Rel. Ministra NANCY ANDRIGHI, SEGUNDA SEÇÃO, v.u. 12/05/2010, DJe 19/05/2010)

➘ RECURSO ESPECIAL – ARRENDAMENTO MERCANTIL – AÇÃO DE REINTEGRAÇÃO DE POSSE – PURGAÇÃO DA MORA.

É admissível a **purgação da mora em contratos de arrendamento mercantil**, sendo imprescindível a notificação prévia do arrendatário, com a especificação dos valores devidos para se configurar a sua constituição em mora.

Recurso especial não conhecido.

(REsp 228.625, Rel. Ministro CASTRO FILHO, TERCEIRA TURMA, v.u. 16/12/2003, DJe 16/02/04)

➘ PROCESSO CIVIL – RECURSO ESPECIAL – AGRAVO REGIMENTAL – CONTRATO BANCÁRIO – ABERTURA DE CRÉDITO EM CONTA CORRENTE – JUROS REMUNERATÓRIOS – TAXA NÃO ESTABELECIDA NO CONTRATO – LIMITAÇÃO EM 12% AO ANO – CAPITALIZAÇÃO MENSAL – CASOS ESPECÍFICOS PREVISTOS EM LEI – DESPROVIMENTO.

1 – Este Tribunal já proclamou o entendimento no sentido de que, quanto aos juros remuneratórios, uma vez não estabelecida no contrato a taxa de juros a ser aplicada, conforme explicitado no v. acórdão recorrido, deve ser imposta a limitação de 12% ao ano, vez que a previsão de que o contratante deve arcar com os juros praticados no mercado financeiro é cláusula potestativa, que sujeita o devedor ao arbítrio do

credor ao assumir obrigação futura e incerta. Precedentes (AgRg REsp 689.819/RS, AgRg no Ag 585.754/RS e REsp 551.932/RS).

2 – O recorrente não trouxe fundamentação suficiente para ultrapassar a jurisprudência antiga deste Tribunal e adotada pelo v. acórdão recorrido, em que se entendia ser admitida a capitalização mensal de juros (anatocismo) apenas em casos específicos, previstos em lei (cédulas de crédito rural, comercial e industrial), conforme Súmula 93 do STJ. Desta forma, há de ser permitida, apenas, a sua incidência na periodicidade anual.

3 – Agravo regimental desprovido.

(AgRg no REsp 679.482/RS, Rel. Ministro JORGE SCARTEZZINI, QUARTA TURMA, v.u. 07/03/2006, DJe 27/03/2006)

↘ AGRAVO INTERNO NO RECURSO ESPECIAL. ARRENDAMENTO MERCANTIL. AÇÃO COLETIVA. LEGITIMIDADE ATIVA DA ASSOCIAÇÃO. FUNDAMENTO CONSTITUCIONAL. SÚMULA 126/STJ. CAPITALIZAÇÃO MENSAL DE JUROS. POSSIBILIDADE. ACÓRDÃO EM DESCONFORMIDADE COM ENTENDIMENTO CONSOLIDADO EM RECURSO ESPECIAL REPETITIVO. AGRAVO INTERNO PROVIDO PARA JULGAR IMPROCEDENTE O PEDIDO DA AÇÃO COLETIVA.

1. No ponto referente à legitimidade da associação, o v. acórdão recorrido está assentado em mais de um fundamento suficiente para mantê-lo e o recorrente não cuidou de impugnar todos eles, como seria de rigor. Súmula 283/STF.

2. No pertinente à capitalização de juros, as circunstâncias fáticas que delineiam a controvérsia foram expressamente assentadas no acórdão recorrido. Assim, não se está diante de necessidade de esquadrinhamento dos elementos de prova para se aferir como os fatos ocorreram, mas sim, de dar a correta valoração jurídica aos dados explicitamente consignados no aresto impugnado.

3. O acórdão recorrido entendeu que a capitalização mensal de juros não é permitida em qualquer contratualidade. Todavia, em recurso submetido ao rito do art. 543-C do Código de Processo Civil de 1973, o STJ já decidiu ser permitida a capitalização de juros com periodicidade inferior a 1 (um) ano em contratos celebrados após a publicação da Medida Provisória nº 1.963-17/2000, desde que expressamente pactuada (Tema nº 246/STJ), entendimento sedimentado no enunciado n. 539 da Súmula desta Corte Superior.

4. O entendimento do Tribunal estadual encontra-se em desconformidade com a jurisprudência consolidada pela Segunda Seção, no julgamento do Recurso Especial Repetitivo n. 973.827/RS, no sentido de que a "mera circunstância de estar pactuada taxa efetiva e taxa nominal de juros não implica capitalização de juros, mas apenas processo de formação da taxa de juros pelo método composto, o que não é proibido pelo Decreto 22.626/1933" (REsp 973.827/RS, Rel. p/ Acórdão Ministra Maria Isabel Gallotti, DJe 24/09/2012).

5. No presente caso, tem-se ação coletiva em que se pretende o afastamento, em caráter genérico, da capitalização de juros remuneratórios nos contratos firmados com as partes ora recorrentes. Destoando, o acórdão recorrido, da jurisprudência consolidada no julgamento do recurso especial repetitivo n. 973.827/RS, merece ser reformado e, consequentemente, julgado improcedente o pedido inicial contido na ação coletiva.

6. Agravo interno provido para julgar improcedente o pedido da ação coletiva.

(AgInt no REsp 1.487.054/RS, Rel. Ministro LUIS FELIPE SALOMÃO, QUARTA TURMA, julgamento em 11/05/2021 – DJe 08/06/2021).

↘ AGRAVO INTERNO NO AGRAVO EM RECURSO ESPECIAL. EMBARGOS DO DEVEDOR. CONTRATO BANCÁRIO. ARRENDAMENTO MERCANTIL. AUSÊNCIA DE PREQUESTIONAMENTO. SÚMULA Nº 211/STJ. DEFICIÊNCIA DE FUNDAMENTAÇÃO. SÚMULA Nº 284/STF. RELAÇÃO DE CONSUMO. HIPOSSUFICIÊNCIA. INEXISTÊNCIA. REVISÃO. IMPOSSIBILIDADE. SÚMULA Nº 7/STJ.

1. Recurso especial interposto contra acórdão publicado na vigência do Código de Processo Civil de 1973 (Enunciados Administrativos nos 2 e 3/STJ).

2. A falta de prequestionamento da matéria suscitada no recurso especial, a despeito da oposição de declaratórios, impede seu conhecimento, a teor da Súmula nº 211 do Superior Tribunal de Justiça.

3. A interposição do recurso especial, deixando a parte recorrente de demonstrar em que consistiu a violação da lei federal, atrai a incidência da Súmula nº 284 do Supremo Tribunal Federal.

4. A jurisprudência desta Corte afasta a aplicação do Código de Defesa do Consumidor nos casos em que, além de não ter sido demonstrada a hipossuficiência da parte, a pessoa natural ou jurídica toma empréstimo para implementar ou incrementar sua atividade negocial.

5. Para intuir pela vulnerabilidade da parte contratante, necessária a incursão na matéria fático-probatória dos autos, procedimento inviável no recurso especial pela Súmula nº 7/STJ.

6. Agravo interno não provido.

(AgInt no AREsp 1.121.877-RJ, Rel. Ministro RICARDO VILLAS BÔAS CUEVA, TERCEIRA TURMA, v.u. 23/11/2017, DJe 14/12/2017).

- **Depósito**

➘ **RECURSO ESPECIAL. DEPÓSITO EM ARMAZÉM GERAL DE GRÃOS. PREQUESTIONAMENTO. IMPRESCINDIBILIDADE. VIOLAÇÃO AO ART. 515 DO CPC/1973. INEXISTÊNCIA. CONTRATO DE ARMAZENAGEM FIRMADO ANTES DA VIGÊNCIA DA LEI N. 9.973/2000. PRETENSÃO DE DIREITO MATERIAL. INCIDÊNCIA APENAS DAS REGRAS DO DECRETO N. 1.102/1903. INVOCAÇÃO DE FORÇA MAIOR. EXCLUDENTE DE RESPONSABILIDADE CIVIL. PRISÃO CIVIL DO DEPOSITÁRIO. IMPOSSIBILIDADE.**

1. Não procede a tese acerca de violação art. 515 do CPC/1973, pois a Corte local enfrentou a tese recursal, ao assentar que o art. 642 do CC dispõe que o depositário, para não responder pelos casos de força maior, terá de prová-los, e não houve nem mesmo comprovação de que as sacas atingidas pela intempérie são as mesmas da parte autora (qualidade e quantidade).

2. No contrato de armazenagem (depósito de mercadorias em armazém geral), o depositário emite um "recibo", ou títulos de sua emissão exclusiva, quais sejam, conhecimento de depósito e respectivo *warrant*, representativos, de um lado, das mercadorias depositadas e, de outro lado, das obrigações assumidas, em razão do contrato de depósito.

3. No caso, o contrato de depósito foi firmado em 26 de abril de 1995, a avença deve ser resolvida apenas à luz do Decreto n. 1.102 de 1903, por isso, não tem aplicação ao caso a Lei n. 9.973/2000, que trata do sistema de armazenagem de produtos agropecuários, estabelecendo no art. 6º, § 6º, que fica obrigado o depositário a celebrar contrato de seguro com a finalidade de garantir, a favor do depositante, os produtos armazenados contra incêndio, inundação e quaisquer intempéries que os destruam ou deteriorem.

4. A força maior é causa excludente de responsabilidade civil, que tem por característica marcante sua inevitabilidade, constituindo evento caracterizado por acontecimentos naturais, como inundação, raio, terremoto, ciclone, maremoto. Com efeito, em vista da própria natureza do contrato de depósito em armazém geral, simples chuva ou vendaval – desde que não tenha o vulto semelhante a de um ciclone de magnitude –, não são hábeis para se cogitar em eximir a armazenadora de sua obrigação de restituir, em adequado estado de conservação, os bens fungíveis depositados.

5. Por um lado, como o contrato de depósito contemplou o pagamento de sobretaxa para a cobertura do caso fortuito, o art. 37, parágrafo único, do Decreto n. 1.102 de 1903 dispõe que são nulas as convenções, ou cláusulas que diminuam ou restrinjam as obrigações e responsabilidades que, por esta lei, são impostas às empresas de armazéns gerais e as que figurarem nos títulos que elas emitirem. Por outro lado, o art. 393 do CC/2002 – correspondente ao art. 1.058 do CC/1916 – estabelece que o devedor não responde

pelos prejuízos resultantes de caso fortuito ou força maior, apenas se expressamente não se houver por eles responsabilizado.

6. No tocante à prisão civil do fiel depositário, estabelece o art. 7º, n. 7, da Convenção Americana de Direitos Humanos (Pacto de San José da Costa Rica) que ninguém deve ser detido por dívidas. Este princípio não limita os mandados de autoridade judiciária competente expedidos em virtude de inadimplemento de obrigação alimentar.

7. Recurso especial parcialmente provido.

(REsp 1.217.701/TO, Rel. Ministro LUÍS FELIPE SALOMÃO, QUARTA TURMA, v.u. 07/06/2016, DJe 28/06/2016)

- **Penhor**

➘ **SOCIEDADE ANÔNIMA. PENHOR MERCANTIL E CÉDULA DE CRÉDITO BANCÁRIO. RECURSO ESPECIAL. APRECIAÇÃO DE MATÉRIA CONSTITUCIONAL, EM SEDE DE RECURSO ESPECIAL. DESCABIMENTO. DECISÃO MONOCRÁTICA DO RELATOR DA APELAÇÃO CONFIRMADA, NO JULGAMENTO DO AGRAVO INTERNO, PELO COLEGIADO LOCAL. SUPERAÇÃO DA QUESTÃO ACERCA DA ALEGADA VIOLAÇÃO DO ART. 557 DO CPC. OMISSÃO. INEXISTÊNCIA. PENHOR MERCANTIL. AVENÇA PRATICADA POR DIRETORES DE SOCIEDADE ANÔNIMA, QUE NÃO DISCREPA DO OBJETO SOCIAL DA COMPANHIA. INEXISTÊNCIA DE MÁ-FÉ DO TERCEIRO CONTRAENTE. POSSIBILIDADE DE DESCUMPRIMENTO DO PACTUADO, AO ARGUMENTO DE QUE O NEGÓCIO DEVERIA TER ANUÊNCIA DO CONSELHO DE ADMINISTRAÇÃO DA COMPANHIA. DESCABIMENTO. NECESSIDADE DE SE RESGUARDAR A SEGURANÇA E PREVISIBILIDADE NAS RELAÇÕES MERCANTIS. A REVOGAÇÃO DOS ARTIGOS 271 E 274 DO CÓDIGO COMERCIAL NÃO IMPLICOU ALTERAÇÃO SUBSTANCIAL DA DISCIPLINA DO PENHOR MERCANTIL, QUE, A TEOR DO ART. 1.431 DO CC/2002 ADMITE A TRADIÇÃO SIMBÓLICA DO BEM EMPENHADO. GARANTIA DA CÉDULA DE CRÉDITO BANCÁRIO, AINDA QUE CONSTITUÍDA POR BEM DE TERCEIRO. POSSIBILIDADE EXPRESSAMENTE PREVISTA NO ARTIGO 31 DA LEI N. 10.931/04.**

1. Os atos praticados pelos diretores de sociedades anônimas, em nome destas, não ocorre por mera intermediação ou representação da pessoa jurídica. Vale dizer que, a rigor, essas sociedades não são propriamente representadas pelos seus órgãos administrativos nos atos praticados, tendo em vista que é mediante estes que elas próprias se apresentam perante o mundo exterior.

2. Não cabe ao Judiciário apreciar o mérito dos atos administrativos, isto é, questão acerca de "critérios variáveis que se contêm na apreciação subjetiva dos administradores, a quem cabe decidir acerca da conveniência e oportunidade do ato" – no caso, pactuação acessória pela qual a companhia, que não é devedora na avença principal, figura como doadora em penhor mercantil acessório à cédula de crédito bancário, emitida por empresa com quem mantém estreita relação.

3. Com efeito, os atos praticados pelos diretores da companhia – que, a rigor, são atos da própria sociedade –, ao menos em relação a terceiros, desloca-se do poder convencional das pessoas físicas para a capacidade legal e estatutária das pessoas jurídicas em praticar este ou aquele ato, devendo a adequada representação da pessoa jurídica e a boa-fé do terceiro contratante serem somadas ao fato de ter ou não a sociedade praticado o ato nos limites do seu objeto social, na pessoa de quem ostentava ao menos aparência de poder.

4. A sentença, invocando a boa-fé, apura que há documentação nos autos demonstrando ser evidente que a Refinaria – que ofereceu garantia real no penhor mercantil – e a Distribuidora, emitente da cédula de crédito bancário, mantêm "estreita relação" e mesmo "endereço comercial" e que a recorrente "é empresa de grande porte, com longa experiência em negócios comerciais, não sendo crível que, somente na hora em que a credora foi em busca do bem dado em garantia é que tenha se lembrado que não havia recebido tais bens". Em vista dessa moldura fática, a tese de que o negócio jurídico firmado pela Refinaria necessitaria de prévia anuência do Conselho de Administração da Companhia testilha com a essência do direito comercial, que repele o formalismo exacerbado, em benefício do dinamismo do tráfego jurídico, da celeridade e segurança das relações mercantis.

5. Nas avenças mercantis típicas, em que não há dependência econômica de nenhuma das sociedades empresárias, "as partes sabem que, estabelecido o vínculo do acordo, as vontades devem orientar-se segundo um princípio geral, mais forte e mais constante do que os mutáveis interesses individuais. Nesse esquema, a liberdade (autonomia privada) é sacrificada em prol da segurança, da previsibilidade (ou, literalmente, da 'proteção externa')", não sendo "desejável que seja dada ao contrato uma interpretação diversa daquela que pressupõe o comportamento normalmente adotado (usos e costumes). Isso poderia levar ao sacrifício da segurança e da previsibilidade jurídicas, a um nível insuportável".

6. O Código Comercial, a teor do revogado artigo 271, tratava o penhor mercantil como contrato, todavia o Código Civil inclui o penhor entre os direitos reais de garantia, sem que tenha procedido à substancial modificação em sua disciplina. Com efeito, em que pese o Diploma civilista não dispor textualmente acerca da possibilidade de fazer-se a tradição simbólica, isso ressai nítido da leitura de seu art. 1.431, parágrafo único, que estabelece que no penhor rural, industrial, mercantil e de veículos, "as coisas empenhadas continuam em poder do devedor".

7. À luz do artigo 1.431, parágrafo único, do Código Civil c/c os artigos 31 e 35, da Lei 10.931/04, ainda que o dador não figura como emitente (devedor) da cédula de crédito bancário (obrigação principal); sendo, pois, terceiro em relação a essa avença, é possível que a garantia real seja constituída por bem de sua titularidade.

8. Recurso especial não provido.

(REsp 1.377.908/RJ, Rel. Ministro LUIS FELIPE SALOMÃO, QUARTA TURMA, v.u. 21/05/2013, DJe 01/07/2013)

↘ CIVIL. PENHOR. JOIAS. ASSALTO À AGÊNCIA BANCÁRIA. PERDA DO BEM. RESOLUÇÃO DO CONTRATO. RESSARCIMENTO DO PROPRIETÁRIO DO BEM. PAGAMENTO DO CREDOR. COMPENSAÇÃO. POSSIBILIDADE. EXCEÇÃO DE CONTRATO NÃO CUMPRIDO. ART. 1.092 DO CÓDIGO CIVIL/1916 E ART. 476, DO CÓDIGO CIVIL/2002.

– O perecimento por completo da coisa empenhada não induz à extinção da obrigação principal, pois o penhor é apenas acessório desta, perdurando, por conseguinte, a obrigação do devedor, embora com caráter pessoal e não mais real.

– Segundo o disposto no inciso IV do art. 774, do Código Civil/1916, o credor pignoratício é obrigado, como depositário, a ressarcir ao dono a perda ou deterioração, de que for culpado.

– Havendo furto ou roubo do bem empenhado, o contrato de penhor fica resolvido, devolvendo-se ao devedor o valor do bem empenhado, cabendo ao credor pignoratício o recebimento do valor do mútuo, com a possibilidade de compensação entre ambos, de acordo com o art. 775, do Código Civil/1916.

– Na hipótese de roubo ou furto de joias que se encontravam depositadas em agência bancária, por força de contrato de penhor, o credor pignoratício, vale dizer, o banco, deve pagar ao proprietário das joias subtraídas a quantia equivalente ao valor de mercado das mesmas, descontando-se os valores dos mútuos referentes ao contrato de penhor. Trata-se de aplicação, por via reflexa, do art. 1.092 do Código Civil/1916 (art. 476, do Código Civil atual).

Recurso especial não conhecido.

(REsp 730.925/RJ, Rel. Ministra NANCY ANDRIGHI, TERCEIRA TURMA, v.u. 20/04/2006, DJe 15/05/2006).

- **Alienação fiduciária em garantia**

↘ AGRAVO INTERNO NOS EMBARGOS DE DECLARAÇÃO NO AGRAVO EM RECURSO ESPECIAL. PREVIDÊNCIA PRIVADA. 1. DECISÃO DE ADMISSIBILIDADE DA CORTE DE ORIGEM NÃO VINCULA O SUPERIOR TRIBUNAL DE JUSTIÇA. 2. EXISTÊNCIA DE DISSÍDIO JURISPRUDENCIAL NOTÓRIO. MITIGAÇÃO DOS REQUISITOS DE ADMISSIBILIDADE. 3. BLOQUEIO DE VALORES EM CONTA-CORRENTE. CRÉDITO BANCÁRIO GARANTIDO POR ALIENAÇÃO FIDUCIÁRIA. NÃO SUJEIÇÃO À RECUPERAÇÃO JUDICIAL.

PRECEDENTES. 4. JULGAMENTO EXTRA PETITA. INTERPRETAÇÃO LÓGICO-SISTEMÁTICA. NÃO OCORRÊNCIA. PRECEDENTES. 5. OFENSA AO ART. 1.022 DO CPC/2015 NÃO CONFIGURADA. 6. AGRAVO INTERNO DESPROVIDO

1. O juízo de admissibilidade do recurso especial feito pelo Tribunal de origem é provisório, sujeito a controle bifásico e não vincula esta Corte Superior, que tem competência plena para exercer o juízo definitivo de admissibilidade do recurso.

2. Consoante pacífica jurisprudência do Superior Tribunal de Justiça, é possível a mitigação dos requisitos formais de admissibilidade do recurso especial diante da constatação de divergência jurisprudência notória.

3. . De fato, o entendimento desta Corte Superior é no sentido de que a alienação fiduciária de coisa fungível e a cessão fiduciária de direitos sobre coisas móveis, bem como de títulos de créditos, não se sujeitam aos efeitos da recuperação judicial, justamente por possuírem a natureza jurídica de propriedade fiduciária, nos termos do § 3º do art. 49 da Lei n. 11.101/2005.

4. Nos termos da orientação jurisprudencial deste Superior Tribunal, não há falar em julgamento extra petita quando o julgador, mediante interpretação lógico-sistemática, examina a petição apresentada pelo insurgente como um todo.

5. Não ficou configurada a violação do art. 1.022 do CPC/2015, uma vez que o Tribunal de origem se manifestou de forma fundamentada sobre todas as questões necessárias para o deslinde da controvérsia. O mero inconformismo da parte com o julgamento contrário à sua pretensão não caracteriza falta de prestação jurisdicional.

6. Agravo interno desprovido.

(AgInt nos EDcl no AREsp 1.999.933/SC, Rel. Ministro MARCO AURÉLIO BELLIZZE, TERCEIRA TURMA, j. 23.05.2022, DJe 25.05.2022).

➘ **DIREITO CIVIL E PROCESSUAL CIVIL. Recurso especial. Busca e apreensão. Alienação fiduciária. Caracterização da mora. Precedentes. Comprovação da Mora. Validade da notificação. Requisito para concessão de liminar.**

– Ainda que haja possibilidade de o réu alegar, na ação de busca e apreensão, a nulidade das cláusulas do contrato garantido com a alienação fiduciária, ou mesmo seja possível rever, de ofício, cláusulas contratuais consideradas abusivas, para anulá-las, com base no art. 51, IV do CDC, a jurisprudência da 2.ª Seção do STJ é pacífica no sentido de que na alienação fiduciária a mora constitui-se ex re, isto é, decorre automaticamente do vencimento do prazo para pagamento, por isso não cabe qualquer inquirição a respeito do montante ou origem da dívida para a aferição da configuração da mora.

– Na alienação fiduciária, comprova-se a mora do devedor pelo protesto do título, se houver, ou pela notificação extrajudicial feita por intermédio do Cartório de Títulos e Documentos, que é considerada válida se entregue no endereço do domicílio do devedor, ainda que não seja entregue pessoalmente a ele.

– A busca e apreensão deve ser concedida liminarmente se comprovada a mora do devedor fiduciante.

Recurso especial provido.

(REsp 810.717/RS, Rel. Ministra NANCY ANDRIGHI, TERCEIRA TURMA, v.u. 17/08/2006, DJe 04/09/2006)

➘ **PROCESSUAL CIVIL. AÇÃO CIVIL PÚBLICA. CONTRATO DE PRESTAÇÃO DE SERVIÇOS. IRREGULARIDADES. DESCONSIDERAÇÃO DA PERSONALIDADE JURÍDICA DA EMPRESA RECORRENTE. LEGITIMIDADE DOS SÓCIOS ATINGIDOS PELOS ATOS EXECUTIVOS PARA APRESENTAR RECURSO. RECURSO ESPECIAL. MATÉRIA FÁTICA. SÚMULA 07/STJ. FALTA DE PREQUESTIONAMENTO. SÚMULA 282/STF. AGRAVO REGIMENTAL A QUE SE NEGA PROVIMENTO.**

(AgInt no AREsp 928.565/MS, Rel. Ministro ANTONIO CARLOS FERREIRA, QUARTA TURMA, v.u. 18/10/2016)

↘ ALIENAÇÃO FIDUCIÁRIA EM GARANTIA. RECURSO ESPECIAL REPRESENTATIVO DE CONTROVÉRSIA. ART. 543-C DO CPC. AÇÃO DE BUSCA E APREENSÃO. DECRETO-LEI N. 911/1969. ALTERAÇÃO INTRODUZIDA PELA LEI N. 10.931/2004. PURGAÇÃO DA MORA. IMPOSSIBILIDADE. NECESSIDADE DE PAGAMENTO DA INTEGRALIDADE DA DÍVIDA NO PRAZO DE 5 DIAS APÓS A EXECUÇÃO DA LIMINAR.

1. Para fins do art. 543-C do Código de Processo Civil: "Nos contratos firmados na vigência da Lei n. 10.931/2004, compete ao devedor, no prazo de 5 (cinco) dias após a execução da liminar na ação de busca e apreensão, pagar a integralidade da dívida – entendida esta como os valores apresentados e comprovados pelo credor na inicial –, sob pena de consolidação da propriedade do bem móvel objeto de alienação fiduciária".

2. Recurso especial provido.

(REsp 1.418.593/MS – recurso repetitivo –, Rel. Ministro LUIS FELIPE SALOMÃO, SEGUNDA SEÇÃO, v.u. 14/05/2014, DJe 27/05/2014)

↘ RECURSO ESPECIAL. AÇÃO DE BUSCA E APREENSÃO. CONTRATO DE FINANCIAMENTO DE VEÍCULO, COM ALIENAÇÃO FIDUCIÁRIA EM GARANTIA REGIDO PELO DECRETO-LEI 911/69. INCONTROVERSO INADIMPLEMENTO DAS QUATRO ÚLTIMAS PARCELAS (DE UM TOTAL DE 48). EXTINÇÃO DA AÇÃO DE BUSCA E APREENSÃO (OU DETERMINAÇÃO PARA ADITAMENTO DA INICIAL, PARA TRANSMUDÁ-LA EM AÇÃO EXECUTIVA OU DE COBRANÇA), A PRETEXTO DA APLICAÇÃO DA TEORIA DO ADIMPLEMENTO SUBSTANCIAL. DESCABIMENTO. 1. ABSOLUTA INCOMPATIBILIDADE DA CITADA TEORIA COM OS TERMOS DA LEI ESPECIAL DE REGÊNCIA. RECONHECIMENTO. 2. EMANCIPAÇÃO DO BEM AO DEVEDOR CONDICIONADA AO PAGAMENTO DA INTEGRALIDADE DA DÍVIDA, ASSIM COMPREENDIDA COMO OS DÉBITOS VENCIDOS, VINCENDOS E ENCARGOS APRESENTADOS PELO CREDOR, CONFORME ENTENDIMENTO CONSOLIDADO DA SEGUNDA SEÇÃO, SOB O RITO DOS RECURSOS ESPECIAIS REPETITIVOS (REsp n. 1.418.593/MS). 3. INTERESSE DE AGIR EVIDENCIADO, COM A UTILIZAÇÃO DA VIA JUDICIAL ELEITA PELA LEI DE REGÊNCIA COMO SENDO A MAIS IDÔNEA E EFICAZ PARA O PROPÓSITO DE COMPELIR O DEVEDOR A CUMPRIR COM A SUA OBRIGAÇÃO (AGORA, POR ELE REPUTADA ÍNFIMA), SOB PENA DE CONSOLIDAÇÃO DA PROPRIEDADE NAS MÃOS DO CREDOR FIDUCIÁRIO. 4. DESVIRTUAMENTO DA TEORIA DO ADIMPLEMENTO SUBSTANCIAL, CONSIDERADA A SUA FINALIDADE E A BOA-FÉ DOS CONTRATANTES, A ENSEJAR O ENFRAQUECIMENTO DO INSTITUTO DA GARANTIA FIDUCIÁRIA. VERIFICAÇÃO. 5. RECURSO ESPECIAL PROVIDO.

1. A incidência subsidiária do Código Civil, notadamente as normas gerais, em relação à propriedade/titularidade fiduciária sobre bens que não sejam móveis infungíveis, regulada por leis especiais, é excepcional, somente se afigurando possível no caso em que o regramento específico apresentar lacunas e a solução ofertada pela "lei geral" não se contrapuser às especificidades do instituto regulado pela lei especial (*ut* Art. 1.368-A, introduzido pela Lei n. 10931/2004).

1.1. Além de o Decreto-Lei n. 911/1969 não tecer qualquer restrição à utilização da ação de busca e apreensão em razão da extensão da mora ou da proporção do inadimplemento, é expresso em exigir a quitação integral do débito como condição imprescindível para que o bem alienado fiduciariamente seja emancipado. Em seus termos, para que o bem possa ser restituído ao devedor, livre de ônus, não basta que ele quite quase toda a dívida; é insuficiente que pague substancialmente o débito; é necessário, para esse efeito, que quite integralmente a dívida pendente.

2. Afigura-se, pois, de todo incongruente inviabilizar a utilização da ação de busca e apreensão na hipótese em que o inadimplemento revela-se incontroverso – desimportando sua extensão, se de pouca monta ou se de expressão considerável –, quando a lei especial de regência expressamente condiciona a possibilidade de o bem ficar com o devedor fiduciário ao pagamento da integralidade da dívida pendente. Compreensão diversa desborda, a um só tempo, do diploma legal exclusivamente aplicável à questão em análise (Decreto-Lei n. 911/1969), e, por via transversa, da própria orientação firmada pela Segunda Seção, por ocasião do julgamento do citado Resp n. 1.418.593/MS, representativo da controvérsia, segundo a qual a restituição do bem ao devedor fiduciante é condicionada ao pagamento, no prazo de cinco dias contados

da execução da liminar de busca e apreensão, da integralidade da dívida pendente, assim compreendida como as parcelas vencidas e não pagas, as parcelas vincendas e os encargos, segundo os valores apresentados pelo credor fiduciário na inicial.

3. Impor-se ao credor a preterição da ação de busca e apreensão (prevista em lei, segundo a garantia fiduciária a ele conferida) por outra via judicial, evidentemente menos eficaz, denota absoluto descompasso com o sistema processual. Inadequado, pois, extinguir ou obstar a medida de busca e apreensão corretamente ajuizada, para que o credor, sem poder se valer de garantia fiduciária dada (a qual, diante do inadimplemento, conferia-lhe, na verdade, a condição de proprietário do bem), intente ação executiva ou de cobrança, para só então adentrar no patrimônio do devedor, por meio de constrição judicial que poderá, quem sabe (respeitada o ordem legal), recair sobre esse mesmo bem (naturalmente, se o devedor, até lá, não tiver dele se desfeito).

4. A teoria do adimplemento substancial tem por objetivo precípuo impedir que o credor resolva a relação contratual em razão de inadimplemento de ínfima parcela da obrigação. A via judicial para esse fim é a ação de resolução contratual. Diversamente, o credor fiduciário, quando promove ação de busca e apreensão, de modo algum pretende extinguir a relação contratual. Vale-se da ação de busca e apreensão com o propósito imediato de dar cumprimento aos termos do contrato, na medida em que se utiliza da garantia fiduciária ajustada para compelir o devedor fiduciante a dar cumprimento às obrigações faltantes, assumidas contratualmente (e agora, por ele, reputadas ínfimas). A consolidação da propriedade fiduciária nas mãos do credor apresenta-se como consequência da renitência do devedor fiduciante de honrar seu dever contratual, e não como objetivo imediato da ação. E, note-se que, mesmo nesse caso, a extinção do contrato dá-se pelo cumprimento da obrigação, ainda que de modo compulsório, por meio da garantia fiduciária ajustada.

4.1. É questionável, se não inadequado, supor que a boa-fé contratual estaria ao lado de devedor fiduciante que deixa de pagar uma ou até algumas parcelas por ele reputadas ínfimas – mas certamente de expressão considerável, na ótica do credor, que já cumpriu integralmente a sua obrigação –, e, instado extra e judicialmente para honrar o seu dever contratual, deixa de fazê-lo, a despeito de ter a mais absoluta ciência dos gravosos consectários legais advindos da propriedade fiduciária. A aplicação da teoria do adimplemento substancial, para obstar a utilização da ação de busca e apreensão, nesse contexto, é um incentivo ao inadimplemento das últimas parcelas contratuais, com o nítido propósito de desestimular o credor – numa avaliação de custo-benefício – de satisfazer seu crédito por outras vias judiciais, menos eficazes, o que, a toda evidência, aparta-se da boa-fé contratual propugnada.

4.2. A propriedade fiduciária, concebida pelo legislador justamente para conferir segurança jurídica às concessões de crédito, essencial ao desenvolvimento da economia nacional, resta comprometida pela aplicação deturpada da teoria do adimplemento substancial.

5. Recurso Especial provido.

(REsp 1.622.555/MG, Rel. Ministro para o acórdão MARCO AURÉLIO BELLIZZE, maioria em 22/02/2017, DJe 16/03/2017)

↘ PROCESSUAL CIVIL. RECURSO ESPECIAL. DIREITOS DO FIDUCIANTE SOBRE BEM SUBMETIDO A CONTRATO DE ALIENAÇÃO FIDUCIÁRIA. PENHORA. POSSIBILIDADE.

1. A pretensão da Fazenda não consiste na penhora do bem objeto de alienação fiduciária, mas sim dos direitos que o devedor fiduciante possui sobre a coisa.

2. Referida pretensão encontra guarida na jurisprudência deste Tribunal Superior que, ao permitir a penhora dos direitos do devedor fiduciante oriundos do contrato de alienação, não traz como requisito a anuência do credor fiduciário. Precedentes: AgInt no AREsp 644.018/SP, Rel. Ministra Maria Isabel Gallotti, Quarta Turma, DJe de 10/06/2016 ST; AgRg no REsp 1.459.609/RS, de minha relatoria, Segunda Turma, DJe 4/12/2014; STJ, REsp 1.051.642/RS, Rel. Ministra Denise Arruda, Primeira Turma, DJe 2/2/2010; STJ, REsp 910.207/MG, Rel. Ministro Castro Meira, Segunda Turma, DJ 25/10/2007.

3. Esclarece-se, por oportuno, que a penhora, na espécie, não tem o condão de afastar o exercício dos direitos do credor fiduciário resultantes do contrato de alienação fiduciária, pois, do contrário, estaríamos a permitir a ingerência na relação contratual sem lei que o estabeleça. Até porque os direitos do devedor fiduciante, objeto da penhora, subsistirão na medida e na proporção que cumprir com suas obrigações oriundas do contrato de alienação fiduciária.

4. Recurso especial provido.

(REsp 1.697.645/MG, Rel. Ministro OG FERNANDES, SEGUNDA TURMA, v.u. 19/04/2018, DJe 25/04/2018).

➘ RECURSO ESPECIAL. CIVIL. PROCESSUAL CIVIL. ALIENAÇÃO FIDUCIÁRIA DE BEM IMÓVEL. INADIMPLEMENTO. AUSÊNCIA DE PURGAÇÃO DA MORA. AÇÃO DE REINTEGRAÇÃO DE POSSE. REQUISITOS. PRÉVIA REALIZAÇÃO DE LEILÃO PÚBLICO. DESNECESSIDADE.

1. Ação de reintegração de posse, da qual foi extraído o presente recurso especial, interposto em 9/2/2021 e concluso ao gabinete em 31/1/2022.

2. O propósito recursal consiste em dizer se: a) no âmbito da alienação fiduciária de bem imóvel, após o inadimplemento e a constituição em mora do devedor, é lícito o ajuizamento de ação de reintegração de posse independentemente de prévia realização de leilão público do bem; e b) os honorários advocatícios sucumbenciais foram adequadamente distribuídos.

3. Nos termos do § 1º do art. 23 da Lei nº 9.514/1997, incluído pela Lei n. 14.620/2023, "com a constituição da propriedade fiduciária, dá-se o desdobramento da posse, tornando-se o fiduciante possuidor direto e o fiduciário possuidor indireto da coisa imóvel".

4. Tratando-se de propriedade resolúvel, a propriedade fiduciária está subordinada a uma condição resolutiva, qual seja, o adimplemento ou inadimplemento da obrigação garantida. Assim, implementada a condição por meio do adimplemento, extingue-se o contrato, com a reversão da propriedade plena ao fiduciante; por outro lado, ocorrendo o inadimplemento sem a purgação da mora, extingue-se o contrato, com a consequente transferência da propriedade plena ao fiduciário, mediante consolidação.

5. Com o procedimento para a retomada do bem com a consolidação da propriedade, resolve-se o contrato que fundamentava a posse direta do imóvel pelo devedor fiduciante, de modo que desaparece a causa ou o fundamento jurídico que justificava o exercício da posse direta, passando o devedor a exercer posse ilegítima sobre o bem, o que caracteriza esbulho possessório e atribui ao credor fiduciário o direito à reintegração de posse.

6. O único requisito previsto no art. 30 da Lei nº 9.514/1997 para a ação de reintegração de posse é a consolidação da propriedade em nome do credor fiduciário, não sendo possível extrair do referido dispositivo legal qualquer indicação de que a referida ação não poderia ser ajuizada antes da realização dos leilões, notadamente porque já caracterizado o esbulho possessório desde a consolidação da propriedade.

7. No âmbito da alienação fiduciária de bem imóvel, após o inadimplemento e a constituição em mora do devedor, é lícito o ajuizamento de ação de reintegração de posse independentemente de prévia realização do leilão público do bem.

8. Na hipótese dos autos, merece reforma o acórdão recorrido, pois após o inadimplemento e a constituição em mora do devedor, é lícito o ajuizamento de ação de reintegração de posse independentemente de prévia realização do leilão público do bem, impondo-se o retorno dos autos ao juízo de primeiro grau de jurisdição para que prossiga no julgamento da presente ação de reintegração de posse como entender de direito.

9. Recurso especial provido para determinar o retorno dos autos ao juízo de primeiro grau de jurisdição para que prossiga no julgamento da presente ação.

(REsp 2.092.980/PA, Rel. Ministra NANCY ANDRIGHI, TERCEIRA TURMA, v.u. 20/02/2024, DJe 27/02/2024).

- **Agência**

↘ CIVIL E PROCESSO CIVIL. CONTRATOS. DISTRIBUIÇÃO. CELEBRAÇÃO VERBAL. POSSIBILIDADE. LIMITES. RESCISÃO IMOTIVADA. BOA-FÉ OBJETIVA, FUNÇÃO SOCIAL DO CONTRATO E RESPONSABILIDADE PÓS-CONTRATUAL. VIOLAÇÃO. INDENIZAÇÃO. CABIMENTO. DANOS MORAIS E HONORÁRIOS ADVOCATÍCIOS. REVISÃO. POSSIBILIDADE, DESDE QUE FIXADOS EM VALOR IRRISÓRIO OU EXORBITANTE. SUCUMBÊNCIA. DISTRIBUIÇÃO. CRITÉRIOS.

1. De acordo com os arts. 124 do CCom e 129 do CC/16 (cuja essência foi mantida pelo art. 107 do CC/02), não havendo exigência legal quanto à forma, o contrato pode ser verbal ou escrito.

2. Até o advento do CC/02, o contrato de distribuição era atípico, ou seja, sem regulamentação específica em lei, de sorte que sua formalização seguia a regra geral, caracterizando-se, em princípio, como um negócio não solene, podendo a sua existência ser provada por qualquer meio previsto em lei.

3. A complexidade da relação de distribuição torna, via de regra, impraticável a sua contratação verbal. Todavia, sendo possível, a partir das provas carreadas aos autos, extrair todos os elementos necessários à análise da relação comercial estabelecida entre as partes, nada impede que se reconheça a existência do contrato verbal de distribuição.

4. A rescisão imotivada do contrato, em especial quando efetivada por meio de conduta desleal e abusiva – violadora dos princípios da boa-fé objetiva, da função social do contrato e da responsabilidade pós-contratual – confere à parte prejudicada o direito à indenização por danos materiais e morais.

5. Os valores fixados a título de danos morais e de honorários advocatícios somente comportam revisão em sede de recurso especial nas hipóteses em que se mostrarem exagerados ou irrisórios. Precedentes.

6. A distribuição dos ônus sucumbenciais deve ser pautada pelo exame do número de pedidos formulados e da proporcionalidade do decaimento das partes em relação a esses pleitos. Precedentes.

7. Recurso especial não provido.

(REsp 1.255.315/SP, Terceira Turma, Rel. Min. Nancy Andrighi, v.u. 13/09/2011, DJe 27/09/2011)

↘ PROCESSUAL CIVIL E COMERCIAL. RECURSO ESPECIAL. CONTRATO DE REPRESENTAÇÃO. EMBARGOS DECLARATÓRIOS. OMISSÃO. INOCORRÊNCIA. RESCISÃO IMOTIVADA. EXCLUSIVIDADE. CONTRATO VERBAL. POSSIBILIDADE. INTERPRETAÇÃO DE CLÁUSULAS CONTRATUAIS E REEXAME DE PROVA.

1. Inocorrência de maltrato ao art. 535 do CPC quando o acórdão recorrido, ainda que de forma sucinta, aprecia com clareza as questões essenciais ao julgamento da lide. Ademais, o magistrado não está obrigado a rebater, um a um, os argumentos deduzidos pelas partes.

2. Possibilidade da demonstração da existência de cláusula de exclusividade mesmo em contratos de representação firmados verbalmente, admitindo-se a respectiva prova por todos os meios em direito admitidos. Aplicação do art. 212 do CC/02 c/c os arts. 400 e segs. do CPC. Doutrina e jurisprudência desta Corte acerca do tema.

3. Estabelecida, no caso concreto, pelo acórdão recorrido a premissa de que o ajuste de representação comercial vigorava com cláusula de exclusividade, confirmada por prova testemunhal, inarredável a conclusão de que houve rescisão imotivada do contrato, pela contratação de novo representante para atuar na mesma zona anteriormente conduzida pela recorrida.

4. Inviável a análise da pretensão relativa ao afastamento das conclusões acerca da exclusividade da representação, por óbice das Súmulas 5 e 7/STJ.

5. RECURSO ESPECIAL CONHECIDO, PORÉM, NÃO PROVIDO

(REsp 846.543/RS, Terceira Turma, Rel. Min. Paulo de Tarso Sanseverino, v.u. 05/04/2011, DJe 11/04/2011).

↘ RECURSO ESPECIAL. REPRESENTAÇÃO COMERCIAL. DENÚNCIA DO CONTRATO PELA RÉ POR JUSTA CAUSA. PRÉ-AVISO (ART. 34 DA LEI Nº 4.886/1965). VERBA INDEVIDA.

1. Havendo o reconhecimento da justa causa para a rescisão do contrato de representação comercial, é de se ter por inexigível a indenização correspondente à falta de aviso prévio. Precedentes.

2. Deveras, "o aviso prévio é incompatível com a arguição de falta grave cometida pela outra parte. Assim, se cometida falta grave, a denúncia do contrato, seja de agência, seja de representação comercial, terá natureza abrupta, rompendo-se o contrato tão logo a denúncia chegue ao conhecimento da parte faltosa" (REQUIÃO, Rubens Edmundo. *Nova regulamentação da representação comercial autônoma*. São Paulo: Saraiva, 2007, p. 153).

3. Recurso especial provido

(REsp 1.190.425/RJ, Quarta Turma, Rel. Min. Luis Felipe Salomão, v.u. 02/09/2014. DJe 12/09/2014).

↘ PROCESSO CIVIL. Recurso especial. Lei nº 6.884/65. Representação comercial. Pretensão indenizatória, movida pelo representante, em face de rescisão unilateral do contrato pelo representado. Utilização de ação monitória. Alegação de impropriedade da via eleita, em face de expressa disposição, na Lei de Representação Comercial, acerca do cabimento de ação de cobrança pelo procedimento sumário. Suposto cerceamento de defesa. Inocorrência. Alegação de força maior, decorrente de grave crise econômica, como causa para a quebra do contrato. Precedentes.

– A jurisprudência permite o uso da ação monitória no lugar da ação de cobrança pelo procedimento sumário, desde que evidentemente presentes os requisitos para a viabilidade daquela, pois deve-se franquear ao credor os meios mais expeditos à satisfação de direitos oriundos de relações jurídicas que contam com especial proteção legislativa.

– Não se conhece de alegação relativa a cerceamento de defesa se as razões de recurso especial não trazem fundamentação suficiente para impugnar, com eficácia, o acórdão recorrido.

– Crise econômica atravessada pela empresa representada não configura motivo de força maior, previsto no art. 27, 'j' da Lei nº 4.886/65, a justificar a rescisão contratual sem imposição de indenização ao representante comercial. Precedente.

– O risco do negócio, inerente aos contratos de matiz mercantil, é da sociedade empresária.

Recurso especial não conhecido.

(REsp 779.798/DF, Terceira Turma, Rel. Min. Nancy Andrighi, v.u. 25/09/2006, DJe 23/10/2016).

↘ PROCESSUAL CIVIL E COMERCIAL. RESCISÃO DE CONTRATO. REPRESENTAÇÃO COMERCIAL. ZONA DE ATUAÇÃO. EXCLUSIVIDADE. OMISSÃO CONTRATUAL. POSSIBILIDADE DE COMPROVAÇÃO. PAGAMENTO DE COMISSÕES. RESOLUÇÃO CONTRATUAL. EFEITO *EX TUNC*. PRESCRIÇÃO QUINQUENAL. APLICABILIDADE.

1. Ação ajuizada em 10/08/2001. Recurso especial interposto em 05/03/2014 e atribuído a este gabinete em 25/08/2016.

2. É possível presumir a existência de exclusividade em zona de atuação de representante comercial quando: (i) não for expressa em sentido contrário; e (ii) houver demonstração por outros meios da existência da exclusividade.

3. A resolução contratual é cabível nos casos de inexecução do contrato, que pode ocorrer de modo voluntário ou involuntário, gerando efeitos retroativamente (*ex tunc*).

4. A pretensão do representante comercial autônomo para cobrar comissões nasce mês a mês com o seu não pagamento no prazo legal, pois, nos termos do art. 32, § 1º, da Lei 4.886/65. Assim, a cada mês em que houve comissões pagas a menor e a cada venda feita por terceiro em sua área de exclusividade, nasce para o representante comercial o direito de obter a devida reparação.

5. É quinquenal a prescrição para cobrar comissões, verbas rescisórias e indenizações por quebra de exclusividade contratual, conforme dispõe o parágrafo único do art. 44 da Lei 4.886/65.

6. Recurso especial parcialmente provido.

(REsp 1.634.077/SC, Terceira Turma, Rel. Min. Nancy Andrighi, v.u. 09/03/2017, DJe 21/03/2017).

- **Franquia empresarial**

↘ RECURSO ESPECIAL. DIREITO CIVIL E PROCESSUAL CIVIL. CONTRATO DE FRANQUIA. CONTRATO DE ADESÃO. ARBITRAGEM. REQUISITO DE VALIDADE DO ART. 4º, §2º, DA LEI 9.307/96. DESCUMPRIMENTO, RECONHECIMENTO PRIMA FACIE DA CLÁUSULA COMPROMISSÓRIA "PATOLÓGICA". ATUAÇÃO DO PODER JUDICIÁRIO. POSSIBILIDADE. NULIDADE RECONHECIDA. RECURSO PROVIDO.

1. Recurso especial interposto em 07/04/2015 e redistribuído a este gabinete em 25/08/2016.

2. O contrato de franquia, por sua natureza, não está sujeito às regras protetivas previstas no CDC, pois não há relação de consumo, mas de fomento econômico.

3. Todos os contratos de adesão, mesmo aqueles que não consubstanciam relação de consumo, como os contratos de franquia, devem observar o disposto no art. 4º, §2º, da Lei 9.307/96.

4. O Poder Judiciário pode, nos casos em que *prima facie* é identificado um compromisso arbitral "patológico", i.e., claramente ilegal, declarar a nulidade dessa cláusula, independentemente do estado em que se encontre o procedimento arbitral.

5. Recurso especial conhecido e provido.

(REsp 1.602.076/SP, Terceira Turma, Rel. Min. Nancy Andrighi, v.u. 15/09/2016, DJe 30/09/2016).

- **Transporte**

↘ CIVIL E PROCESSUAL CIVIL. AGRAVO REGIMENTAL NO AGRAVO EM RECURSO ESPECIAL. TRANSPORTE AÉREO. FALHA NA PRESTAÇÃO DO SERVIÇO. ATRASO NO VOO E EXTRAVIO DE BAGAGEM. REPARAÇÃO POR DANOS MORAIS. CÓDIGO DE DEFESA DO CONSUMIDOR. APLICAÇÃO. DECISÃO MANTIDA.

1. Sendo a relação entre as partes regida pelo Código de Defesa do Consumidor, a jurisprudência deste STJ entende que "a responsabilidade civil das companhias aéreas em decorrência da má prestação de serviços, após a entrada em vigor da Lei 8.078/90, não é mais regulada pela Convenção de Varsóvia e suas posteriores modificações (Convenção de Haia e Convenção de Montreal), ou pelo Código Brasileiro de Aeronáutica, subordinando-se, portanto, ao Código Consumerista" (AgRg no AREsp nº 582.541/RS, Relator Ministro RAUL ARAÚJO, QUARTA TURMA, julgado em 23/10/2014, DJe 24/11/2014).

2. Incidência da Súmula nº 83/STJ.

3. Agravo regimental a que se nega provimento.

(AgRg no AREsp 661.046/RJ, Quarta Turma, Rel. Min. Antonio Carlos Ferreira, v.u. 17/09/2015, DJe 24/09/2015).

↘ AGRAVO REGIMENTAL. RESPONSABILIDADE CIVIL. FALTA DE PREQUESTIONAMENTO. SÚMULA Nº 211/STJ. ROUBO DE CARGA. FORÇA MAIOR. AÇÃO DE REGRESSO PROPOSTA PELA SEGURADORA.

1. Aplica-se o óbice previsto na Súmula nº 211/STJ quando a questão suscitada no recurso especial, não obstante a oposição de embargos declaratórios, não foi apreciada pela Corte *a quo*.

2. O acesso à via excepcional, nos casos em que o Tribunal *a quo*, a despeito da oposição de embargos de declaração, não regulariza a omissão apontada, depende da demonstração, nas razões do recurso especial, de ofensa ao art. 535 do CPC.

3. O roubo de carga constitui força maior e exclui a responsabilidade da transportadora perante a seguradora do proprietário da mercadoria transportada, quando adotadas todas as cautelas que razoavelmente dela se poderia esperar.

4. Agravo regimental desprovido.

(AgRg no AREsp 94.237/SP, Terceira Turma, Rel. Min. João Otávio de Noronha, v.u. 25/11/2014, DJe 12/12/2014).

- **Seguro**

(REsp 1.473.828/RJ, Rel. Min. Moura Ribeiro, TERCEIRA TURMA, v.u. 27/10/2015, DJe 05/11/2015).

➘ PROCESSUAL CIVIL E CIVIL. AGRAVO REGIMENTAL NO RECURSO ESPECIAL. SEGURO DE VIDA. SUICÍDIO DENTRO DO PRAZO DE DOIS ANOS DO INÍCIO DA VIGÊNCIA DA APÓLICE. SÚMULA Nº 83/STJ. DECISÃO MANTIDA.

1. A Segunda Seção do STJ pacificou a jurisprudência desta Corte, no sentido de que, "durante os dois primeiros anos de vigência do contrato de seguro de vida, o suicídio é risco não coberto" (REsp nº 1.334.005/GO, Relator Ministro PAULO DE TARSO SANSEVERINO, Relatora p/ acórdão Ministra MARIA ISABEL GALLOTTI, julgado em 8/5/2015, DJe 23/6/2015).

2. Em sede de recurso especial, não é possível o exame de questões que impliquem revolvimento do contexto fático-probatório dos autos, a teor do que dispõe a Súmula nº 7 do STJ.

3. No caso concreto, o Tribunal de origem, analisando os fatos e provas dos autos, entendeu que o seguro contratado pela agravante iniciou sua vigência em 2006, tendo o suicídio ocorrido em 2007. Dessa forma, a análise da pretensão recursal, a fim de rever esse entendimento, demandaria o reexame do material probatório dos autos, o que é vedado em recurso especial.

4. Agravo regimental a que se nega provimento

(AgRg no REsp 1.484.160/SP, Quarta Turma, Rel. Min. Antonio Carlos Ferreira, v.u. 21/03/2017, DJe 29/03/2017).

➘ RECURSO ESPECIAL. AÇÃO DE COBRANÇA. SEGURO DE VIDA. SUICÍDIO DENTRO DO PRAZO DE DOIS ANOS DO INÍCIO DA VIGÊNCIA DO SEGURO. RECURSO ESPECIAL PROVIDO.

1. Durante os dois primeiros anos de vigência do contrato de seguro de vida, o suicídio é risco não coberto. Deve ser observado, porém, o direito do beneficiário ao ressarcimento do montante da reserva técnica já formada (Código Civil de 2002, art. 798 c/c art. 797, parágrafo único).

2. O art. 798 adotou critério objetivo temporal para determinar a cobertura relativa ao suicídio do segurado, afastando o critério subjetivo da premeditação. Após o período de carência de dois anos, portanto, a seguradora será obrigada a indenizar, mesmo diante da prova mais cabal de premeditação.

3. Recurso especial provido.

(REsp nº 1.334.005/GO, Relator Ministro PAULO DE TARSO SANSEVERINO, Relatora p/acórdão Ministra MARIA ISABEL GALLOTTI, julgado em 8/5/2015, DJe 23/6/2015).

➘ DIREITO DO CONSUMIDOR. RECURSO ESPECIAL. AÇÃO DE COMPENSAÇÃO DE DANOS MORAIS E ESTÉTICOS E REPARAÇÃO DE DANOS MATERIAIS. ACIDENTE NO INTERIOR DE ÔNIBUS. TRANSPORTE PÚBLICO COLETIVO. FATO DO SERVIÇO. PRESCRIÇÃO. PRAZO QUINQUENAL. ART. 27 DO CDC.

1. Ação ajuizada em 16/05/2006. Recurso especial interposto em 04/01/2013 e atribuído a esta Relatora em 25/08/2016. Julgamento: Aplicação do CPC/73.

2. O acidente ocorrido no interior do ônibus afeto ao transporte público coletivo, que venha a causar danos aos usuários, caracteriza defeito do serviço, nos termos do art. 14 do CDC, a atrair o prazo de prescrição quinquenal previsto no art. 27 do mesmo diploma legal.

3. Hipótese em que não houve o implemento da prescrição, na medida em que o acidente ocorreu em 04/09/2002 e a ação indenizatória foi ajuizada pela usuária em 16/05/2006.

4. Recurso especial conhecido e não provido.

(REsp 1.461.535/MG, Rel. Min. Nancy Andrighi, TERCEIRA TURMA, v.u. 20/02/2018, DJe 23/02/2018).

- ***Factoring* (Franquia)**

➘ **PROCESSO CIVIL E EMPRESARIAL. AGRAVO INTERNO NO RECURSO ESPECIAL. EMBARGOS À EXECUÇÃO. CONTRATO DE FACTORING. RESPONSABILIDADE DA FATURIZADA PELA SOLVÊNCIA DOS CRÉDITOS CEDIDOS À FATURIZADORA. IMPOSSIBILIDADE. PREVISÃO EM CLÁUSULA CONTRATUAL, COM EMISSÃO DE NOTA PROMISSÓRIA DESTINADA A GARANTIR O CRÉDITO CEDIDO. NULIDADE. AVAL APOSTO NA NOTA PROMISSÓRIA. INSUBSISTÊNCIA. VÍCIOS NO TÍTULO. REEXAME DO CONJUNTO FÁTICO-PROBATÓRIO. IMPOSSIBILIDADE. SÚMULA 7/STJ.**

1. Ação de embargos à execução.

2. É pacífico na jurisprudência desta Corte que a faturizada não responde pelo simples inadimplemento dos títulos cedidos, salvo se der causa à inadimplência do devedor, sob pena de retirar da faturizadora o risco inerente aos contratos dessa natureza.

3. Segundo a jurisprudência dominante do STJ, considerando a impossibilidade de a faturizada/cedente responder pela insolvência dos créditos cedidos, é de se reconhecer a nulidade da disposição contratual nesse sentido, o que compromete a própria existência de eventuais títulos de créditos emitidos com o fim de garantir a operação de fomento mercantil, sendo, de igual modo, insubsistente o aval ali inserido.

4. Diante do cenário fático delimitado pelo acórdão recorrido, avaliar a caracterização ou não de vícios de existência dos títulos cedidos demandaria o reexame do conjunto fático-probatório dos autos, o que é vedado, em sede de recurso especial, por força da Súmula 7/STJ.

5. Hipótese em que, diante do mero inadimplemento do título cedido, o Tribunal de origem decidiu pela possibilidade do direito de regresso da faturizadora contra o faturizado e o recorrente (avalista), reconhecendo a validade da cláusula contratual nesse sentido, da nota promissória destinada a garantir o crédito cedido e do aval nela aposto, contrariando, assim, a jurisprudência desta Corte.

6. Agravo interno não provido.

(AgInt nos EDcl no REsp 1.997.728/SP, Terceira Turma, Rel. Min. Nancy Andrighi, v.u. 10/10/2022, DJe 13/10/2022).

➘ **AGRAVO INTERNO NO AGRAVO EM RECURSO ESPECIAL. PROCESSUAL CIVIL. SÚMULA 182/ST. NÃO INCIDÊNCIA. RECONSIDERAÇÃO DA DECISÃO DA PRESIDÊNCIA. CONTRATO DE FACTORING. RESPONSABILIDADE DO CEDENTE. CLÁUSULA DE RECOMPRA. IMPOSSIBILIDADE. INEXISTÊNCIA DE VÍCIO NOS TÍTULOS TRANSFERIDOS. SÚMULA 7/STJ. AGRAVO INTERNO PROVIDO. AGRAVO EM RECURSO ESPECIAL CONHECIDO PARA NEGAR PROVIMENTO AO RECURSO ESPECIAL.**

1. A faturizadora não tem direito de regresso contra a faturizada sob alegação de inadimplemento dos títulos transferidos, porque esse risco é da essência do contrato de *factoring*. Precedentes.

2. Segundo a jurisprudência desta Corte, a faturizada não responde pelo simples inadimplemento de títulos transferidos, salvo se der causa ao inadimplemento do devedor, sendo nula a cláusula de recompra que retira da empresa de *factoring* os riscos inerentes a esse tipo de contrato.

3. Eventual modificação do entendimento lançado no v. Acórdão recorrido no sentido de que, pela prova carreada aos autos, não foi verificado vício na origem dos títulos, demandaria o resolvimento de suporte fático-probatório dos autos, o que é inviável em sede de recurso especial, a teor do que dispõe a Súmula 7/STJ.

4. Agravo interno provido para conhecer do agravo e negar provimento ao recurso especial.

(AgInt no AREsp 1.723.301/GO, Quarta Turma, Rel. Min. Raul Araújo, v.u. 17/10/2022, DJe 21/10/2022)

↘ **RECURSO ESPECIAL. EMBARGOS À EXECUÇÃO. CONTRATO DE FACTORING. 1.NEGATIVA DE PRESTAÇÃO JURISDICIONAL. NÃO OCORRÊNCIA. NECESSIDADE DE OPOSIÇÃO DOS EMBARGOS DE DECLARAÇÃO NA ORIGEM. RECONHECIMENTO. IMPOSIÇÃO DE MULTA. AFASTAMENTO. 2. CLÁUSULA QUE ESTABELECE A RESPONSABILIZAÇÃO DA FATURIZADA, NÃO APENAS PELA EXISTÊNCIA, MAS TAMBÉM PELA SOLVÊNCIA DOS CRÉDITOS CEDIDOS À FATURIZADORA, INCLUSIVE COM A EMISSÃO DE NOTAS PROMISSÓRIAS DESTINADAS A GARANTIR TAL OPERAÇÃO, A PRETEXTO DE ATENDIMENTO AO PRINCÍPIO DA AUTONOMIA DA VONTADE E APLICAÇÃO DO ART. 290 DO CÓDIGO CIVIL. IMPOSSIBILIDADE. VULNERAÇÃO DA PRÓPRIA NATUREZA DO CONTRATO DE FACTORING. RECONHECIMENTO 3. AVAL APOSTO NAS NOTAS PROMISSÓRIAS EMITIDAS PARA GARANTIR A INSOLVÊNCIA DOS CRÉDITOS CEDIDOS EM OPERAÇÃO DE FACTORING. INSUBSISTÊNCIA. INTERPRETAÇÃO DO ART. 899, § 2º, DO CÓDIGO CIVIL. 4. RECURSO ESPECIAL PARCIALMENTE PROVIDO.**

1. O aresto recorrido, coerente com o entendimento adotado, com suficiente fundamentação, não padece do vício de julgamento apontado. No entanto, não se pode deixar de reconhecer a absoluta pertinência da oposição dos embargos de declaração, para que a parte sucumbente, sobretudo em virtude da reforma da sentença de procedência, obtivesse, na origem, a efetiva deliberação judicial acerca de matéria relevante, a fim de autorizar seu questionamento perante esta Corte Superior. Afastamento da multa imposta.

2. O contrato de *factoring* não se subsume a uma simples cessão de crédito, contendo, em si, ainda, os serviços prestados pela faturizadora de gestão de créditos e de assunção dos riscos advindos da compra dos créditos da empresa faturizada. O risco advindo dessa operação de compra de direitos creditórios, consistente justamente na eventual inadimplência do devedor/sacado, constitui elemento essencial do contrato de factoring, não podendo ser transferido à faturizada/cedente, sob pena de desnaturar a operação de fomento mercantil em exame.

2.1 A natureza do contrato de *factoring*, diversamente do que se dá no contrato de cessão de crédito puro, não dá margem para que os contratantes, ainda que sob o signo da autonomia de vontades que regem os contratos em geral, estipulem a responsabilidade da cedente (faturizada) pela solvência do devedor/sacado. Por consectário, a ressalva constante no art. 296 do Código Civil – *in verbis*: "Salvo estipulação em contrário, o cedente não responde pela solvência do devedor" – não tem nenhuma aplicação no contrato de factoring.

3. Ratificação do posicionamento prevalecente no âmbito desta Corte de Justiça, segundo o qual, no bojo do contrato de factoring, a faturizada/cedente não responde, em absoluto, pela insolvência dos créditos cedidos, afigurando-se nulos a disposição contratual nesse sentido e eventuais títulos de créditos emitidos com o fim de garantir a solvência dos créditos cedidos no bojo de operação de factoring, cujo risco é integral e exclusivo da faturizadora. Remanesce, contudo, a responsabilidade da faturizadora pela existência do crédito, ao tempo em que lhe cedeu (pro soluto). Divergência jurisprudencial afastada.

4. A obrigação assumida pelo avalista, responsabilizando-se solidariamente pela obrigação contida no título de crédito é, em regra, autônoma e independente daquela atribuída ao devedor principal. O avalista equipara-se ao avalizado, em obrigações. Sem descurar da autonomia da obrigação do avalista, assim estabelecida por lei, com relevante repercussão nas hipóteses em que há circulação do título, deve-se assegurar ao avalista a possibilidade de opor-se à cobrança, com esteio nos vícios que inquinam a própria relação originária (engendrada entre credor e o avalizado), quando, não havendo circulação do título, o próprio credor, imbuído de má-fé, é o responsável pela extinção, pela nulidade ou pela inexistência da obrigação do avalizado.

4.1 É de se reconhecer, para a hipótese retratada nos presentes autos, em que não há circulação do título, a insubsistência do aval aposto nas notas promissórias emitidas para garantir a insolvência dos créditos cedidos em operação de *factoring*. Afinal, em atenção à impossibilidade de a faturizada/cedente responder pela insolvência dos créditos cedidos, afigurando-se nula a disposição contratual nesse sentido, a comprometer a própria existência de eventuais títulos de créditos emitidos com o fim de garantir a operação de fomento mercantil, o aval ali inserido torna-se, de igual modo, insubsistente.

4.2 Esta conclusão, a um só tempo, obsta o enriquecimento indevido por parte da faturizadora, que sabe ou deveria saber não ser possível transferir o risco da operação de factoring que lhe pertence com exclusividade, e não compromete direitos de terceiros, já que não houve circulação dos títulos em comento.

5. Recurso especial parcialmente provido, apenas para afastar a multa imposta na origem.

(REsp 1.711.412/MG, Terceira Turma, Rel. Min. Marco Aurélio Bellizze, v.u. 04/05/2021, DJe 10/05/2021)

➘ AGRAVO REGIMENTAL – AÇÃO DECLARATÓRIA – NULIDADE DE NOTAS PROMISSÓRIAS – EMPRESA DE *FACTORING* – REALIZAÇÃO DE EMPRÉSTIMOS E DE DESCONTO DE TÍTULOS COM GARANTIA DE DIREITO DE REGRESSO – IMPOSSIBILIDADE – PRÁTICA PRIVATIVA DE INSTITUIÇÕES FINANCEIRAS INTEGRANTES DO SISTEMA FINANCEIRO NACIONAL – PRECEDENTES DESTA CORTE – INCIDÊNCIA DO ENUNCIADO Nº 83 DA SÚMULA/STJ – ADEMAIS, ENTENDIMENTO OBTIDO DA ANÁLISE DO CONJUNTO FÁTICO-PROBATÓRIO – REEXAME DE PROVAS – ÓBICE DO ENUNCIADO Nº 7 DA SÚMULA/STJ – MANUTENÇÃO DA DECISÃO AGRAVADA – AGRAVO IMPROVIDO.

(AgRg no Ag 1.071.538/SP, Terceira Turma, Rel. Min. Massami Uyeda, v.u. 03/02/2009, DJe 18/02/2009)

➘ COMERCIAL E PROCESSUAL. RECURSO ESPECIAL. FAC-SÍMILE. TEMPESTIVIDADE. *FACTORING*. DIREITO DE REGRESSO. CLÁUSULA CONTRATUAL. NULIDADE.

1. Os originais do recurso interposto via fac-símile devem ser entregues em juízo, como ocorreu no presente caso, em cinco dias após o término do prazo para a interposição do referido recurso, nos termos do art. 2º da Lei nº 9.800/1999.

2. O risco assumido pelo faturizador é inerente à operação de *factoring*, não podendo o faturizado ser demandado para responder regressivamente, salvo se tiver dado causa ao inadimplemento dos contratos cedidos.

3. Recurso especial não provido.

(REsp 949.360/RN, Quarta Turma, Rel. Min. Antonio Carlos Ferreira, v.u. 17/12/2013, DJe 19/03/2014).

➘ CONTRATO DE *FACTORING*. RECURSO ESPECIAL. CARACTERIZAÇÃO DO ESCRITÓRIO DE *FACTORING* COMO INSTITUIÇÃO FINANCEIRA. DESCABIMENTO. APLICAÇÃO DE DISPOSITIVOS DO CÓDIGO DE DEFESA DO CONSUMIDOR À AVENÇA MERCANTIL, AO FUNDAMENTO DE SE TRATAR DE RELAÇÃO DE CONSUMO. INVIABILIDADE.

1. As empresas de *factoring* não são instituições financeiras, visto que suas atividades regulares de fomento mercantil não se amoldam ao conceito legal, tampouco efetuam operação de mútuo ou captação de recursos de terceiros. Precedentes.

2. "A relação de consumo existe apenas no caso em que uma das partes pode ser considerada destinatária final do produto ou serviço. Na hipótese em que produto ou serviço são utilizados na cadeia produtiva, e não há considerável desproporção entre o porte econômico das partes contratantes, o adquirente não pode ser considerado consumidor e não se aplica o CDC, devendo eventuais conflitos serem resolvidos com outras regras do Direito das Obrigações". (REsp 836.823/PR, Rel. Min. SIDNEI BENETI, Terceira Turma, DJ de 23.8.2010).

3. Com efeito, no caso em julgamento, verifica-se que a ora recorrida não é destinatária final, tampouco se insere em situação de vulnerabilidade, porquanto não se apresenta como sujeito mais fraco, com

necessidade de proteção estatal, mas como sociedade empresária que, por meio da pactuação livremente firmada com a recorrida, obtém capital de giro para operação de sua atividade empresarial, não havendo, no caso, relação de consumo.

4. Recurso especial não provido.

(REsp 938.979/DF, Quarta Turma, Rel. Min. Luis Felipe Salomão, v.u. 19/06/2012, DJe 29/06/2012).

• Cartão de crédito

↘ CIVIL E PROCESSUAL CIVIL. AGRAVO REGIMENTAL. AGRAVO DE INSTRUMENTO. PRÉVIO ESGOTAMENTO DAS VIAS ORDINÁRIAS. INOCORRÊNCIA. APLICAÇÃO DA SÚMULA Nº 207 DO STJ. JUROS REMUNERATÓRIOS. ESTIPULAÇÃO. AUSÊNCIA. CLÁUSULA MANDATO. LEGITIMIDADE. PROVA. PERÍCIA. INDEFERIMENTO. SÚMULA Nº 7/STJ. AGRAVO REGIMENTAL DESPROVIDO.

I – Compete ao recorrente esgotar a instância ordinária, opondo os embargos infringentes, quando o acórdão não unânime houver reformado a sentença de mérito.

II – No caso de previsão potestativa da taxa de juros remuneratórios ou sua inexistência, os juros devem ser aplicados consoante a média de mercado, e não limitados em 12% ao ano. Precedente da Segunda Seção.

III – É legítima a cláusula mandato inserida no contrato em questão, que permite à administradora buscar recursos no mercado para financiar o usuário inadimplente.

IV – Às instâncias ordinárias compete a análise sobre necessidade da produção de provas. Aplicação da Súmula nº 7/STJ.

V – Agravo regimental desprovido

(AgRg no Ag 775.031/RJ, Quarta Turma, Rel. Min. Aldir Passarinho Júnior, v.u. 12/12/2006, DJ 05/03/2007)

↘ PROCESSUAL CIVIL. AUSÊNCIA DOS VÍCIOS PREVISTOS NO ART. 1.022 DO CPC/2015. IMPOSSIBILIDADE DE REDISCUTIR O JULGADO. AÇÃO COLETIVA DE CONSUMO. AUSÊNCIA DE NULIDADE. DIREITOS INDIVIDUAIS HOMOGÊNEOS. LEGITIMIDADE DO MINISTÉRIO PÚBLICO. FUNDAMENTO AUTÔNOMO NÃO ATACADO. SÚMULA 283/STF. DEFICIÊNCIA NA FUNDAMENTAÇÃO. SÚMULA 284/STF. IMPOSIÇÃO DE MULTA DIÁRIA. ART. 461, § 6º, DO CPC. REDUÇÃO DO VALOR. AUSÊNCIA DE EXORBITÂNCIA. SÚMULA 7/STJ.

1. Em se tratando de recurso de fundamentação vinculada, o conhecimento dos aclaratórios pressupõe que a parte alegue a existência de pelo menos um dos vícios previstos no art. 1.022 do CPC/2015.

2. *In casu*, embora a parte embargante alegue obscuridade e omissão, afigura-se manifesto o propósito de rediscutir o julgado, pois todas as alegações consistem em reiteração das questões suscitadas no Agravo Interno, as quais foram examinadas, de forma suficiente, pelo acórdão embargado.

3. "O reexame de matéria já decidida com a simples intenção de propiciar efeitos infringentes ao *decisum* impugnado é incompatível com a função integrativa dos embargos declaratórios" (EDcl nos EDcl nos EAg 1.372.536/SP, Rel. Ministro João Otávio de Noronha, Corte Especial, DJe 29/5/2013).

4. Cabe esclarecer que o STJ possui entendimento de que as normas do Regimento Interno que conferem atribuição aos seus órgãos fracionários versam competência relativa, e, portanto, prorrogável, devendo obrigatoriamente ser suscitadas no momento da distribuição do feito.

5. Embargos de Declaração rejeitados.

(EDcl no AgRg nos EDcl nos EDcl no REsp 1.499.300/MG, Rel. Min. HERMAN BENJAMIN, SEGUNDA TURMA, v.u. 15/12/2016, DJe 06/03/2017).

↘ ADMINISTRATIVO. ENUNCIADO ADMINISTRATIVO 2/STJ. AÇÃO CIVIL PÚBLICA OBJETIVANDO A CONDENAÇÃO DO CONSELHO MONETÁRIO NACIONAL E DO BANCO CENTRAL DO BRASIL NAS OBRIGAÇÕES DE REGULAMENTAR E FISCALIZAR AS OPERADORAS DE CARTÃO DE CRÉDITO.

1. Na origem, o Ministério Público Federal ajuizou ação civil pública contra a União e o Banco Central do Brasil com o propósito de buscar a condenação dos demandados na obrigação de fazer consistente na fiscalização das operadoras de cartão de crédito, as quais devem ser declaradas instituições financeiras e subordinadas à Lei 4.595/1964.

2. Em grau de apelação, o pedido foi julgado procedente sob o entendimento de que as empresas operadoras e administradoras de cartões de crédito, ligadas ou não a bancos, no exercício de suas atividades negociais, realizariam operações de empréstimo, de financiamento, ou de intermediação financeira, típicas operações de crédito, que constituiriam a essência das chamadas operações bancárias.

3. Ocorre que, conforme esclarece o BACEN em seu recurso especial, "dois tipos de instituições podem emitir cartões de crédito, quais sejam: 1) instituições financeiras, que emitem e administram cartões próprios ou de terceiros e concedem financiamento direto aos portadores; 2) administradoras em sentido estrito, que são empresas não financeiras que emitem e administram cartões próprios ou de terceiros, que não financiam os seus clientes".

4. Relativamente à instituição financeira que emite cartão de crédito, o inadimplemento da fatura dá ensejo à celebração de um contrato de mútuo, com elas próprias assumindo a posição de mutuante. Todavia, essa instituição já era fiscalizada pelo BACEN ao tempo da propositura da demanda, nos termos da art. 10, IX, da Lei 4.595/64, pois inequívoca a prática de típica operação financeira.

5. No que importa à operadora de cartão de crédito em sentido estrito –, o seu papel de intermediação entre o cliente e a instituição financeira para os fins de quitação da fatura não paga na integralidade não se confunde com a "intermediação financeira" do art. 17 da Lei 4.595/1964, pois, nessa hipótese, para financiar as dívidas de seus clientes, ela somente os representa perante as instituições financeiras, atuando como simples mandatária.

6. Dito de outra forma, essa intermediação não tem natureza financeira porque a operadora de cartão de crédito não capta recursos de forma direta junto aos investidores no mercado financeiro – tal como faz uma instituição financeira no exercício de atividade privativa –, e sim representa o seu cliente junto a uma instituição financeira para obter o crédito necessário para o adimplemento da fatura.

7. Como possuem naturezas diversas as operações realizadas pelos dois tipos de operadoras de cartão de crédito, não se mostra apropriada a invocação da Súmula 283/STJ pelo acórdão recorrido, até porque os precedentes que deram ensejo à sua edição cuidaram de resolver questão diversa da aqui apresentada – enquadramento ou não das operadoras na Lei de Usura.

8. Em razão da falta de amparo legal que desse ensejo à atuação do CMN e do BACEN para normatizar e fiscalizar a atuação das operadoras em sentido estrito, o Governo Federal precisou editar a Medida Provisória 615, de 17/5/2013 – convertida na Lei 12.865/2013, fato ocorrido após a interposição dos recursos especiais.

9. Em suma: (a) as atividades das operadoras ligadas às instituições financeiras já eram fiscalizadas pelo BACEN ao tempo do ajuizamento da demanda, nos termos do art. 10, IX, da Lei 4.595/1964; (b) anteriormente à edição da MP 615/2013, não havia título legal que obrigasse as demandadas a regular e fiscalizar as atividades das operadoras de cartão de crédito em sentido estrito, pois a intermediação que essas fazem não tem natureza financeira para os fins do art. 17 da Lei 4.595/1964 – entendimento adotado na sentença de improcedência do pedido; (c) atualmente, existe previsão legal de normatização e fiscalização das operadoras em sentido estrito por parte do CMN e do BACEN, quadro que se formou com a edição da MP 615/2013, ocorrida no curso da demanda.

10. Recursos especiais da União e do Banco Central providos para julgar improcedentes os pedidos do Ministério Público Federal.

(REsp 1.359.624/SP, Rel. Min. MAURO CAMPBELL MARQUES, SEGUNDA TURMA, v.u. 10/03/2020).

▸ TJSP

• Alienação fiduciária em garantia

↘ ALIENAÇÃO FIDUCIÁRIA. BENS MÓVEIS FUNGÍVEIS E CONSUMÍVEIS. IMPOSSIBILIDADE DE IDENTIFICAÇÃO DOS BENS. NÃO-CONSTITUIÇÃO DA GARANTIA FIDUCIÁRIA. DESCABIMENTO DA AÇÃO DE BUSCA E APREENSÃO.

Em que pese a admissão do estabelecimento de garantia fiduciária sobre bens fungíveis, trazida pela Lei 10.931/04, bens consumíveis e substituíveis não se prestam à constituição de propriedade fiduciária. Inteligência do art. 33 da lei mencionada. Em consequência, não se há de cogitar do cabimento de ação de busca e apreensão, de que é carecedor o credor por falta de interesse. Recurso desprovido.

(Agravo de Instrumento nº 0107153-78.2012.8.26.0000, Registro 2012.0000339572, Comarca de Santa Branca, Rel. Desembargador GILBERTO LEME, v.u. 17/07/2012)

CAPÍTULO 6

RECUPERAÇÃO DE EMPRESAS E FALÊNCIA

I. INTRODUÇÃO

Ao longo deste manual, estudamos a figura do empresário, e vimos tratar-se de pessoa física ou jurídica que exerce profissionalmente atividade econômica organizada para a produção ou a circulação de bens ou de serviços (art. 966 do Código Civil). Para o exercício dessa atividade, ele celebrará contratos, usará o crédito, contrairá direitos e obrigações, tudo visando a obtenção do lucro.

Nem sempre, porém, ele será bem-sucedido, e isso pode ocorrer por diversas razões. É a chamada crise da empresa e haverá casos em que estará evidenciada a insolvência – a insuficiência de bens no ativo para atender à satisfação do passivo[1009] ou ainda a falta de falta de ativos de curto prazo para fazer frente as obrigações vencidas. É o cenário que envolve a falência.

O fracasso empresarial é tão antigo quanto a própria atividade econômica. No curso do desenvolvimento histórico do direito falimentar, encontramos inúmeras normas de caráter punitivo e estigmatizante.

Na Antiguidade, prevalecia a ideia de que o corpo do devedor respondia pelos seus débitos, e a insolvência – considerada resultado de irresponsabilidade na condução dos negócios – levava o devedor a tornar-se escravo do seu credor, a ser morto e até mesmo esquartejado, se houvesse mais de um credor, sendo o seu corpo dividido entre eles. Mas o credor não tinha direito direto sobre o patrimônio do devedor que não quisesse quitar a dívida[1010].

A *Lex Poetelia Papiria,* no ano 428 a.C., é considerada um marco no desenvolvimento do direito falimentar: passou a considerar apenas o patrimônio do devedor – e não mais sua pessoa – como garantia do débito, inaugurando o sistema da responsabilidade patrimonial.

No Brasil, o Código Comercial de 1850 não previa a concordata preventiva, um acordo firmado com os credores para o pagamento dos débitos, cujo objetivo era evitar a falência, apenas a suspensiva, proposta após a decretação da falência.

Com o crescimento e o desenvolvimento da economia, a cada vez maior complexidade das relações comerciais e, sobretudo, com o desenvolvimento das sociedades empresárias, ficou claro que o infortúnio do empresário não se limitava à sua pessoa; pelo contrário: afetava uma comunidade cada vez maior de agentes: seus credores, seus empregados e o Estado.

A ideia de recuperação da empresa passa, necessariamente, pela separação entre empresa e empresário, e requer a compreensão de que a empresa não é necessariamente sua exclusiva propriedade: ela também está vinculada, por exemplo, a diversos outros interesses como o dos trabalhadores, dos investidores, dos credores e dos consumidores.

Assim, o marco distintivo entre a legislação que visa a recuperação da empresa e aquela que visa apenas ao pagamento dos credores pode ser colocado na separação entre a empresa e a pessoa do empresário, inexistente na nossa lei anterior. Avançou-se substancialmente em relação à Lei de Falências de 1945, que tinha forte caráter processual e

---

1009. COELHO, Fabio Ulhoa. *Curso de Direito Comercial.* volume 3. São Paulo: Revista dos Tribunais, 2016, p. 224.

1010. SCALZILLI, João Pedro; SPINELLI, Luis Felipe; TELLECHEA, Rodrigo. *Recuperação de empresas e falência:* teoria e prática na Lei 11.101/2005. 4ª ed., rev., atual. e ampl. São Paulo: Almedina, 2023, p. 80.

regulava, simplesmente, um procedimento destinado a liquidar o patrimônio do devedor comerciante, com a extinção da empresa[1011].

A LRF (Lei nº 11.101/2005) visa, a princípio, enfrentar os problemas econômicos que acompanham a quebra das empresas, permitindo a sua *recuperação*, que pode se dar por *via judicial ou extrajudicial*. Assim, assentou-se o **princípio da preservação da empresa**. Já estudamos, na parte introdutória deste manual, a distinção entre empresa, empresário e sócio: empresa é a atividade, empresário, a pessoa, física ou jurídica, que a exerce, e sócio, aquele que integra os quadros de uma sociedade empresária. Essa distinção é novamente importante para a compreensão do princípio. Viraram lugares comuns afirmações como "a empresa quebrou, mas o dono ficou rico". Na realidade, o princípio da preservação da empresa reconhece a importância da atividade econômica[1012]. Essa, sim, deve ser preservada, ainda que em detrimento da pessoa que a exerce (empresário).

Curiosamente, a jurisprudência sobre a preservação da empresa surgiu em discussões envolvendo a liquidação de sociedade solvente e a preservação da empresa em face das disputas entre os sócios[1013].

Paula Forgioni destaca que, mesmo na vigência do Decreto-Lei 7.661, de 1945, a jurisprudência reconhecia interesses que não apenas os dos credores, e que a ideia da função social da empresa, ente gerador de riquezas e empregos, justificava a sua preservação[1014].

Portanto, esse princípio, não seria absoluto, de forma que só se deve falar em preservação da empresa viável, que é aquela apta a implementar sua função social.

A reorganização empresarial, como alternativa à falência, iniciou-se nos Estados Unidos, em 1934 (*Bankruptcy Act*), "visando atenuar os efeitos da crise provocada pela

---

1011. Destaca-se na lei atual a natureza preponderantemente substancial: TOLEDO, Paulo Fernando Campos Salles de; PUGLIESI, Adriana V. Distinções fundamentais entre o Dec.-Lei 7.661/1945 e o direito concursal vigente. In: BEZERRA FILHO, Manoel Justino [et al.]. *Recuperação empresarial e falência*. Coord. Modesto Carvalhosa. São Paulo: Ed. Revista dos Tribunais, 2016, p. 87. [Coleção Tratado de direito empresarial; v. 5].

1012. Alexandre Alves Lazzarini afirma que o princípio da preservação da empresa tem "*natureza econômica* e não *jurídica*" (LAZZARINI, Alexandre Alves. Reflexões sobre a recuperação judicial de empresas. In: DE LUCCA, Newton; DOMINGUES, Alessandra de Azevedo (coords.). *Direito recuperacional* – Aspectos teóricos e práticos. São Paulo: Quartier Latin, 2009, p. 125).

1013. FORGIONI, Paula A. *A evolução do direito comercial brasileiro:* da mercancia ao mercado. São Paulo: Revista dos Tribunais, 2015, p. 66. A autora destaca acórdão do Tribunal de Justiça de São Paulo, que reconhecia a "tendência no sentido de proteger o estabelecimento comercial, assegurando-lhe a vida autônoma e a sua continuidade 'contra os próprios sócios ou os eventos que, pelo Código Comercial, de feição nitidamente individualista, acarretam a dissolução do organismo jurídico, com prejuízo para a economia de seus componentes e, indiretamente, da economia nacional" (TJSP Ap. Cível 54.721, j. 30.11.1951, rel. Justino Pinheiro).

1014. FORGIONI, Paula A. *A evolução do direito comercial brasileiro:* da mercancia ao mercado. São Paulo: Revista dos Tribunais, 2015, p. 71.

quebra da Bolsa de Valores de Nova York em 1929"[1015], provavelmente a legislação que mais influenciou a legislação brasileira em vigor[1016].

A Lei 11.101/05 significou uma mudança profunda em relação ao antigo regime do Decreto-lei 7.661/45, que buscava, precipuamente, a satisfação dos credores por meio da liquidação de ativos do devedor, ainda que às custas da atividade empresarial, sem enfatizar a preservação da empresa.

A nova lei de falências trouxe para o Brasil o instituto da recuperação, judicial ou extrajudicial, da empresa. A lei brasileira, contudo, permanece **restrita ao empresário e à sociedade empresária**, adotando um conceito restrito dos sujeitos passivos da recuperação da empresa e da falência, distanciando-se de legislações que permitem aos devedores não empresários insolventes a apresentação de plano aos seus credores destinados à sua recuperação.

A recuperação judicial, nos termos do art. 47, tem por objetivo viabilizar a superação da situação de crise econômico-financeira do devedor, permitindo a manutenção da fonte produtora, do emprego dos trabalhadores e dos interesses dos credores. A falência pode ser inevitável e, nos termos do art. 75, tem como um dos seus objetivos permitir a liquidação célere das empresas inviáveis, com vistas à realocação eficiente de recursos na economia.

Portanto, busca-se inicialmente a recuperação da empresa, de modo que a falência somente será cogitada com o fracasso ou a inviabilidade do procedimento da recuperação judicial. Por outro lado, e como veremos adiante, mesmo a falência passa a ter como objetivo (ainda que nem sempre passível de ser alcançado) a preservação da empresa.

Assim, e seguindo essa lógica, abordaremos, nesta ordem, as disposições comuns a ambos os processos, a recuperação de empresas e a falência.

II. A QUEM SE APLICA A LEI

Como afirmamos anteriormente, a Lei 11.101/05 alcança o empresário e a sociedade empresária. O art. 1º é expresso neste sentido.

Assim, o **empresário individual**, que atua com responsabilidade ilimitada, está alcançado pelo art. 1º. A **sociedade em comum** – aquelas cujos atos constitutivos não estão inscritos no registro público (Código Civil, art. 986) – não possui personalidade jurídica. Se exercer atividade empresária, o art. 105, IV, da Lei nº 11.101/05, autoriza o pedido de sua autofalência ("prova da condição de empresário, contrato social ou estatuto em vigor ou, se não houver, a indicação de todos os sócios, seus endereços e a relação de

1015. COELHO, Fábio Ulhoa. Comentários à Lei de Falências e de Recuperação de Empresas. 13ª ed., rev. e atual. São Paulo: Thomson Reuters Brasil, 2018, p. 64.

1016. SCALZILLI, João Pedro; SPINELLI, Luis Felipe; TELLECHEA, Rodrigo. Recuperação de empresas e falência: teoria e prática na Lei 11.101/2005. 4ª ed., rev., atual. e ampl. São Paulo: Almedina, 2023, p. 118.

seus bens pessoais"[1017]. Ora, podendo requerer a própria falência, pode ter a sua falência requerida por terceiro empresário. Não parece possível, porém, sua recuperação judicial dada a situação de irregularidade.

Outra sociedade despersonalizada é a **sociedade em conta de participação.** No entanto, aqui não se cogita de situação irregular, e a resposta há de ser diversa daquela da sociedade em comum. Já tratamos dessa questão quando analisamos essa espécie societária. Aqui, cabe frisar que, como o objeto social é desempenhado pelo sócio ostensivo, este estará sujeito à Lei nº 11.101/05, pela atividade por ele exercida. A sociedade em conta de participação, propriamente dita, não, por existir exclusivamente no âmbito das relações entre sócio ostensivo e sócio(s) participante(s).

O **produtor rural** só estará sujeito ao regime legal se estiver inscrito no Registro das Empresas Mercantis, pois, nesse caso, será considerado empresário para todos os efeitos (Código Civil, art. 971).

Iniciamos esse tópico frisando que a lei se aplica a "empresários e sociedades empresárias. De fato, o texto legal não poderia ser mais claro"[1018].

Cooperativas. O art. 2º da Lei nº 11.101/2005 exclui expressamente as cooperativas de crédito do âmbito de aplicação da LRF, sem se referir às demais, daí resultando divergência doutrinária e jurisprudencial sobre sua aplicação.

Elas não foram consideradas pelo artigo 982, parágrafo único, do Código Civil, sociedades empresárias, ainda que possam exercer atividade empresarial, respeitadas suas

---

1017. Vera Helena de Mello Franco admite o pedido de autofalência do devedor "de fato" (irregular), visto que "a norma do inc. IV, deste artigo [art. 97], exige a prova da condição de empresário somente para o credor (FRANCO, Vera Helena de Mello. Comentários aos arts. 94 ao 114. In: SOUZA JUNIOR, Francisco Satiro de; PITOMBO, Paulo Sérgio de Moraes (coords.). *Comentários à lei de recuperação de empresas e falência*: Lei 11.101/2005. São Paulo: Ed. Revista dos Tribunais, 2005, p. 403).

1018. Como reafirma Newton de Lucca, pois "o art. 1º não as contemplou, nem expressa nem implicitamente", ainda que esse autor registre posições divergentes (DE LUCCA, Newton; VASCONCELOS, Miguel Pestana de (coords.). *Falência, insolvência e recuperação de empresas* – estudos luso-brasileiros. São Paulo: Quartier Latin, 2015, p. 35). COSTA, Daniel Carnio e MELO, Alexandre Correa Nasser de. *Comentários à lei de recuperação de empresas e falências.* Curitiba: Juruá, 2021, p. 51: "Portanto, ao incluir na sujeição passiva o empresário e a sociedade empresária (ou considerada empresária em razão da atividade por ela explorada), a Lei estabeleceu como destinatários o empresário individual, a empresa individual de responsabilidade limitada, a sociedade em comum, a sociedade em nome coletivo, a sociedade comandita simples, a sociedade limitada, a sociedade anônima e a sociedade em comandita por ações". SACRAMONE, Marcelo Barbosa. *Comentários à Lei de Recuperação de Empresas e Falência.* São Paulo: Saraiva, 2021, p. 66: "O argumento de que não há norma expressa proibitiva para os demais agentes econômicos se submeterem ao processo de recuperação ou falência deve ser afastado. A Lei nº 11.101/2005 cria microssistema excepcional. A norma geral, estabelecida pelo Código de Processo Civil e que, em seu art. 1.052, remete à aplicação do Código de Processo Civil de 1973, é o procedimento da insolvência civil, aplicado a todos os devedores insolventes. A Lei n. 11.101/2005 excepciona, em seu art. 1º, apenas aos empresários o sistema de recuperação e falência".

peculiaridades, como reconhece a doutrina majoritária[1019]. O regime da liquidação extrajudicial das cooperativas insolventes previsto no artigo 75, *caput*, da Lei nº 5.764/71 e a doutrina se encontra dividida sobre o regime aplicável: para alguns, seria o da insolvência civil[1020]; para outros, seria aplicável a LRF[1021].

Associações civis: instituições de ensino e clubes de futebol. A 6ª Câmara Cível do Tribunal de Justiça do Rio de Janeiro, no Agravo de Instrumento 0031515-53.2020.8.19.0000, relatado pelo Desembargador Nagib Slaibi Filho, confirmou decisão da 5ª Vara Empresarial da Capital, deferindo o processamento da recuperação judicial de associação civil mantenedora de tradicional universidade (Cândido Mendes).

Na decisão, o Tribunal entendeu que, apesar de se tratar de uma associação civil, "a entidade de ensino, à toda evidência, desempenha atividade econômica lucrativa, que repercute jurídica e economicamente". Além disso, baseou-se no art. 20, da Lei de Introdução às Normas do Direito Brasileiro (LINDB), incluído pela Lei nº 13.655/2018, segundo o qual nas esferas administrativa, controladora e judicial, não se decidirá com base em valores jurídicos abstratos sem que sejam consideradas as consequências práticas da decisão.

1019. A LRF desconsiderou que as sociedades cooperativas exercem atividade empresarial ainda que, nelas, essa atividade encontre limites e revele peculiaridades. O caráter empresarial da atividade cooperativa é ressaltado pela doutrina: MAFFIOLETTI, Emanuelle Urbano. *As sociedades cooperativas e o regime jurídico concursal.* São Paulo: Almedina, 2015, p. 284-285. Waldírio Bulgarelli, ao comentar a Lei nº 5.764/71, afirmava que: "ao dispor sobre o 'exercício de uma atividade econômica' ressalta sem dúvida que *a sociedade cooperativa se constitui para prestar serviços, constituindo estes uma atividade empresarial*" (BULGARELLI, Waldírio. *Questões de direito societário*. São Paulo: Ed. Revista dos Tribunais, 1983, p. 131). Afirmativa semelhante se encontrará em Renato Lopes Becho: "Uma atividade empresarial se diferencia pela finalidade e pela atuação de uma atividade pia, de natureza humanitária, caritária. Uma cooperativa não é uma instituição de caridade. É uma empresa" (BECHO, Renato Lopes. *Tributação das cooperativas.* 2ª ed., rev. e ampl. São Paulo: Dialética, 1999, p. 112). Fábio Comparato afirmou que: "[...] nenhuma cooperativa autêntica cria uma empresa própria, distinta das empresas particulares dos cooperados. Ela não constitui uma organização dirigida para o mercado, mas voltada para dentro, para os próprios cooperados" (COMPARATO, Fábio Konder. *Direito empresarial: estudos e pareceres*. São Paulo: Saraiva, 1990, p. 238. Mas essa particularidade não nega, a nosso ver, a atividade empresarial da cooperativa.

1020. SCALZILLI, João Pedro; SPINELLI, Luis Felipe; TELLECHEA, Rodrigo. Recuperação de empresas e falência: teoria e prática na Lei 11.101/2005. 4ª ed., rev., atual. e ampl. São Paulo: Almedina, 2023, p. 195, negam expressamente a aplicação do regime da LRF às sociedades cooperativas, mas registram a divergência jurisprudencial em relação a elas "quando há forte repercussão econômico-social". Emanuelle Maffioletti, após ampla análise das principais correntes, sustenta o cabimento do regime da insolvência civil às cooperativas (MAFFIOLETTI, Emanuelle Urbano. *As sociedades cooperativas e o regime jurídico concursal.* São Paulo: Almedina, 2015, p. 117-121, em especial p. 118).

1021. Haroldo Verçosa defende a aplicação da LRF, pois "as cooperativas poderiam ser consideradas sociedades empresárias, cabendo perfeitamente na definição do art. 966 do NCC e, por consequência, no art. 1º da Lei 11.101, de 2005, observando-se que a exceção do art. 2º somente alcança as cooperativas de crédito" (VERÇOSA, Haroldo Malheiros Duclerc. Das pessoas sujeitas e não sujeitas aos regimes da recuperação de empresas e ao da falência. In: PAIVA, Luiz Fernando Valente de (coord.). *Direito falimentar e a nova lei de falências e de recuperação de empresas*. São Paulo: Quartier Latin, 2005, p. 110).

Assim, consignou que a mantenedora da universidade é associação civil que desempenha uma atividade empresária, a teor do art. 966 do Código Civil, ou seja, atividade econômica organizada para a produção ou circulação de bens ou serviços, gera empregos e arrecadação para o Estado, exercendo assim a sua função social.

Consta ainda na ementa que "a mera interpretação literal do disposto no inciso II do art. 52 da Lei federal nº 11.101/2005, Lei de Recuperação Judicial, no sentido de excluir as associações sem fins lucrativos, não pode subsistir em face da prevalência do direito fundamental da liberdade econômica, tão cara ao Estado Democrático de Direito implantado pela Constituição da República de 5 de outubro de 1988". Aqui, é importante destacar que o voto do relator faz expressa menção à Lei nº 13.874 (Lei de Liberdade Econômica), cujo art. 1º, §1º estabelece que o disposto na referida lei será observado na aplicação e na interpretação do direito civil e empresarial, nas relações jurídicas que se encontrem no seu âmbito de aplicação e na ordenação pública, inclusive sobre o exercício das profissões e do comércio.

Também recentemente, o Tribunal de Justiça de Santa Catarina decidiu pela viabilidade da recuperação judicial de clube de futebol – o Figueirense Futebol Clube.

Além dos argumentos expostos no caso da Universidade, alegou-se que a Lei nº 9.615/98 (Lei Pelé) conteria dois dispositivos que permitiriam a legitimidade ativa da associação esportiva no processo de recuperação judicial: o art. 27, §6º, que permite a essas entidades, sob determinadas condições, a obtenção de financiamento com recursos públicos e o ingresso em programas de recuperação econômico-financeiros, e o §13 do mesmo artigo, segundo o qual "para os fins de fiscalização e controle do disposto neste lei, as atividades profissionais das entidades de que trata o caput deste artigo, independentemente da forma jurídica sob a qual estejam constituídas, equiparam-se às das sociedades empresárias".

Um argumento utilizado tanto pelo TJRJ quanto pelo TJSC, contudo, não nos parece adequado: ambos afirmam que as associações civis não estão expressamente excluídas da Lei nº 11.101, nos termos do art. 2º. É que, se o art. 1º afirma que a lei se aplica aos "empresários e sociedades empresárias", o art. 2º pode – como de fato fez – excluir alguns empresários e sociedades empresárias, mas não faz sentido esperar que tratasse de agentes econômicos que, em tese, não estariam no âmbito da lei (e, consequentemente, não necessitariam ser dela excluídos).

Evidentemente, se o clube de futebol adotar o modelo de **Sociedade Anônima do Futebol**, estabelecido pela Lei nº 14.193/21, torna-se empresário, de modo que a discussão jurisprudencial acima resta superada. A própria lei, em seu art. 13, prevê que o clube ou a pessoa jurídica original poderá optar por um Regime Centralizado de Execuções (por ela previsto) ou pela recuperação judicial ou extrajudicial da Lei nº 11.101/05.

Não obstante, Marcelo Sacramone sustenta que: "Equiparado pela Lei aos empresários, o clube que exerça atividade futebolística poderá, a partir da Lei nº 14.193/2021 e mesmo que não se transforme em Sociedade Anônima de Futebol, beneficiar-se da recuperação judicial ou extrajudicial, embora também se sujeite à decretação da falência"[1022].

O STJ, por sua vez, vem se manifestando pela ilegitimidade das associações. No AgInt no AREsp 658.531/RJ, relatado pelo Ministro Raul Araújo, afirmou-se que "no caso dos autos, o eg. TJRJ, com arrimo nas provas dos autos e conforme as peculiaridades do caso concreto, consignou que a agravante tem natureza de associação e, portanto, não preenche os requisitos para pleitear a recuperação judicial. A pretensão de alterar esse entendimento, considerando as circunstâncias do caso concreto, demandaria revolvimento da matéria fático-probatória, providencia incompatível com o recurso especial, a teor da Súmula 7/STJ".

Para além dessa discussão, é sabido que não é todo e qualquer empresário que poderá se utilizar dos institutos tratados por esta lei.

Nos termos do art. 2º da referida lei ela também não se aplica à: "I – [...] empresa pública e sociedade de economia mista; II – instituição financeira pública ou privada, cooperativa de crédito, consórcio, entidade de previdência complementar, sociedade operadora de plano de assistência à saúde, sociedade seguradora, sociedade de capitalização e outras entidades legalmente equiparadas às anteriores".

Ocorre que o texto legal disse menos do que deveria. Algumas das sociedades acima referidas estão fora da aplicação direta da lei, mas isso não impede sua aplicação subsidiária ou supletiva, conforme previsto em leis especiais.

Há, portanto, duas situações: a de não incidência absoluta da lei e a de não incidência relativa.

Duas hipóteses são de **exclusão absoluta** do regime da Lei nº 11.101/05: a empresa pública e sociedade de economia mista, e as entidades fechadas de previdência complementar.

As **sociedades de economia mista e empresas públicas** estão excluídas pela expressa disposição legal. A discussão sobre a constitucionalidade da exclusão não é nova.

A Lei nº 6.404/76 previa, em seu art. 242, a não sujeição das sociedades de economia mista à falência, mas ressalvava que seus bens eram penhoráveis e executáveis, e a pessoa jurídica controladora respondia, subsidiariamente, pelas suas obrigações. O dispositivo foi revogado pela Lei nº10.303/01, momento em que vigia o Decreto-lei 7.661/45.

Para Alberto Venâncio Filho, entre essa revogação e o advento da Lei nº 11.101/05, seria aplicável o regime do Decreto-Lei nº 7.661/45, cujo art. 37 declarava que as sociedades falidas serão representadas na falência por seus diretores, administradores, gerentes

1022. SACRAMONE, Marcelo. *Comentários à Lei de recuperação de empresas e falência.* 4ª ed., São Paulo: SaraivaJur, 2023, p, 17.

ou liquidantes, os quais ficam sujeitos a todas as obrigações que a lei impõe ao devedor do falido, e incorrerão em pena de prisão[1023].

A Lei nº 11.101/05, por sua vez, foi expressa em exclui-la, assim como a empresa pública, do seu regime. Mas a opção é muito criticada por parte da doutrina. Afinal, o §1º do art. 173, da Constituição estabelece que estas empresas – quando explorarem atividade econômica – se sujeitarão ao regime jurídico próprio das empresas privadas, inclusive quanto aos direitos e obrigações civis, comerciais, trabalhistas e tributários (inciso II).

Em outras palavras, para alguns autores, o art. 2º, I, da Lei nº 11.101/05 alcançaria apenas as prestadoras de serviços públicos, e não as exploradoras de atividade econômica[1024].

Uma questão importante: quando afirmamos que, pelo texto legal, o regime da Lei nº 11.101/05 não se aplica às sociedades de economia mista e às empresas públicas, isto não significa que seus credores arcarão com prejuízos ou que a pessoa jurídica de direito público que as controla não tenha qualquer responsabilidade. A pessoa federativa a que estão vinculadas as entidades é sempre responsável subsidiário[1025].

Já as **entidades de previdência complementar**, inseridas no inciso II do art. 2º, merecem ser examinadas com cuidado. Isso porque a Lei Complementar nº 109, de 2001, trata de dois tipos: a entidade fechada, que tem como objeto a administração e execução de planos de benefícios de natureza previdenciária (art. 32, da LC 109/2001), e a entidade aberta, a qual, nos termos do art. 36, é constituída unicamente sob a forma de sociedade anônima e tem como objetivo instituir e operar planos de benefícios de caráter previdenciário concedidos em forma de renda continuada ou pagamento único, acessíveis a quaisquer pessoas físicas.

As **entidades fechadas de previdência complementar** são conhecidas como "fundos de pensão", que criam e administram planos exclusivos para funcionários de uma empresa ou categoria específica. Não podiam requerer a concordata (nem se sujeitava à falência, nos termos do art. 47 da LC (que, lembramos, é de 2001). O art. 198, da Lei nº 11.101/05, é clara ao afirmar que os devedores proibidos de requerer a concordata nos termos da legislação em vigor até a data de sua promulgação ficam proibidos de requerer a recuperação judicial ou extrajudicial.

1023. VENÂNCIO FILHO, Alberto. Sociedades de Economia Mista. In: LAMY FILHO, Alfredo e PEDREIRA, José Luiz Bulhões (coord.) *Direito das Companhias*. Rio de Janeiro: Forense, 2017, p. 1390.

1024. SACRAMONE, Marcelo Barbosa. *Comentários à Lei de Recuperação de Empresas e Falência*. São Paulo: Saraiva, 2021, p. 71.

1025. CARVALHO FILHO, José dos Santos. *Manual de direito administrativo*. São Paulo: Atlas, 2020, p. 553. Segundo o autor, que reconhece que a questão não é pacífica: "(...) seja qual for a natureza da sociedade de economia mista ou da empresa pública, o Estado, vale dizer, a pessoa federativa a que estão vinculadas as entidades, é sempre responsável subsidiário (não solidário!). Significa dizer que, somente se o patrimônio dessas entidades for insuficiente para solver os débitos, os credores terão o direito de postular os créditos remanescentes através de ação movida contra a pessoa política controladora".

Por outro lado, o art. 2º, II, no que se refere às entidades de previdência complementar, não faz distinção entre fechadas e abertas. No que se refere às **entidades abertas**, contudo, o art. 73, da LC 109/2001, remete, "no que couber", à legislação aplicável às seguradoras, que podem, efetivamente, vir a ter sua falência requerida pelo liquidante, conforme veremos adiante. Por entidades abertas, entende-se aquelas que oferecem planos a qualquer pessoa interessada; são planos mantidos por seguradoras e podem ser distribuídos por bancos ou corretoras de seguros. Importa observar, portanto, que apenas as entidades fechadas estão totalmente excluídas do regime falimentar.

Todas as demais situações tratadas no inciso II do art. 2º referem-se a hipóteses de exclusão **relativa** do regime da Lei n 11.101/05.

As **instituições financeiras públicas ou privadas** e as **cooperativas de crédito** estão sujeitas à intervenção e liquidação extrajudicial determinadas pelo Banco Central do Brasil. Portanto, o credor não poderá requerer a falência delas; mas o interventor poderá requerer a falência da instituição quando o seu ativo não for suficiente para cobrir pelo menos a metade do valor dos créditos quirografários, ou quando houver fundados indícios de crimes falimentares (art. 21, "b", da Lei 6.024/74).

Cabe ao Banco Central zelar pela estabilidade do sistema financeiro, de modo que compete a ele, prudencialmente, liquidar e retirar do sistema as instituições financeiras comprometedoras dessa estabilidade, com as devidas cautelas. Ao Judiciário, estarão submetidas as questões relativas aos interesses e direitos individuais dos credores em relação à massa.

Os **consórcios** estão tratados pela Lei nº 11.795/08, que em seu art. 39 remete a administração especial e a liquidação extrajudicial de **administradoras de consórcios** à Lei nº 6.024/74.

As **operadoras de planos de assistência à saúde** à saúde também não estão sujeitas ao pedido de falência apresentado por credor, pois estão sujeitas à liquidação extrajudicial realizada pela Agência Nacional de Saúde Suplementar – ANS. Mas a ANS pode autorizar o liquidante a requerer a falência ou a insolvência civil dessas operadoras (Lei 9.961/2000, art. 4º, XXXIV, na redação dada pela Medida Provisória nº 2.177-44/2001). A Lei nº 9.656/98, que dispõe sobre os planos e seguros privados de assistência à saúde, em seu art. 23 (também com a redação dada pela MP 2.177-44/01), estabelece que estas operadoras estarão sujeitas à falência (ou à insolvência civil, se for o caso) quando, no curso da liquidação extrajudicial, for verificado que o ativo da massa liquidanda não é suficiente para o pagamento de pelo menos a metade dos créditos quirografários, ou o ativo realizável da massa liquidanda não for suficiente sequer para o pagamento das despesas administrativas e operacionais inerentes ao regular processamento da liquidação extrajudicial, ou houver fundados indícios de condutas tipificadas como crimes falimentares.

As **sociedades seguradoras** também estão sujeitas à intervenção e liquidação administrativa, mas, se decretada a liquidação o ativo não for suficiente para o pagamento de pelo menos a metade dos credores quirografários, ou quando houver fundados indícios da ocorrência de crime falimentar, o liquidante poderá pedir a falência (Decreto-lei nº 73/66, art. 26).

As **sociedades de capitalização** são regulamentadas pelo Decreto-lei nº 261/67, cujo art. 4º faz expressa remissão ao art. 26, do Decreto-lei nº 73/66.

Entre as **sociedades legalmente equiparadas às previstas no art. 2º, da Lei nº 11.101/05**, encontram-se as integrantes do sistema de distribuição de valores mobiliários e as corretoras de câmbio, que, sem serem instituições financeiras sujeitam-se ao mesmo regime aplicável a elas (intervenção e liquidação extrajudicial)[1026].

III. DISPOSIÇÕES COMUNS À RECUPERAÇÃO JUDICIAL E À FALÊNCIA

Vimos que a recuperação judicial e a falência implicam a suspensão das execuções individuais. Ao longo da evolução histórica do direito falimentar, percebeu-se que o sistema de execuções individuais não é satisfatório, uma vez que privilegia determinados credores em detrimento de outros.

Surgiu, assim, a necessidade de se ordenar a apuração do patrimônio, formando-se o juízo universal, no qual as relações jurídicas da empresa em crise passam a ser consideradas como um todo, uma coletividade de direitos e deveres.

O objetivo é evitar, "com a unidade e consequente indivisibilidade do juízo falimentar, a dispersão das ações, reclamações e medidas que, conjuntamente, formam o procedimento falimentar, submetido ao critério uniforme do julgamento do magistrado que superintende a falência e preside a solução dos interesses em conflito com ele ou nela relacionados"[1027].

Trata-se da consagração do princípio da *par conditio creditorum.* Todos os credores devem concorrer sobre o mesmo patrimônio do devedor, de acordo com a preferência de seus créditos.

1. FORO COMPETENTE

O art. 3º não está inserido no Capítulo II, correspondente às disposições comuns à recuperação judicial e à falência, mas reputamos útil, para fins didáticos, analisá-lo neste momento, uma vez que estabelece ser competente para homologar o plano de recuperação extrajudicial, deferir a recuperação judicial ou decretar a falência o juízo do local do principal estabelecimento do devedor ou da filial de empresa que tenha sede fora do Brasil.

Cabe, portanto, definir o que se entende por foro do principal estabelecimento do devedor, que não será, necessariamente, a sede da empresa, mas **o local que concentra o maior volume de seus negócios**. Neste sentido, Fabio Ulhoa Coelho e Marlon Tomazette,

---

1026. TOLEDO, Paulo F. C. Salles de. In: TOLEDO, Paulo F. C. Salles de; ABRÃO, Carlos Henrique. *Comentários à Lei de recuperação de empresas e falência.* São Paulo: Saraiva, 2005, p. 9.

1027. REQUIÃO, Rubens, *Curso de direito falimentar.* São Paulo: Saraiva, 1993, p. 84.

entre outros[1028]. O STJ, no AgInt no CC 147.714/SP, também adotou o critério do maior volume de negócios.

Outros autores, como Ricardo Negrão, defendem que o critério a ser utilizado deve ser o da sede do comando administrativo, "o local onde fixa a chefia da empresa, o centro de suas atividades, o irradiador das ordens de seus negócios"[1029].

A definição do principal estabelecimento, por seu turno, pode exigir a análise dos atos constitutivos e demais elementos fáticos[1030]. Neste sentido, o STJ no AgRg no REsp 1.310.075/AL.

No que se refere à filial de empresa estrangeira, já estudamos a necessidade de autorização do Poder Executivo para o seu funcionamento no País (art. 1.134, do Código Civil). Havendo mais de uma filial, deve-se aplicar o mesmo raciocínio utilizado para a determinação do principal estabelecimento.

Uma outra questão que merece ser analisada com cuidado diz respeito à natureza da competência: se territorial ou material. De um modo geral, a competência em razão do território é considerada, pela doutrina do processo civil, relativa, e a material, absoluta.

Mas a aplicação desse entendimento, no caso da competência de que trata o art. 3º, da Lei 11.101/05, é criticado, com razão, por alguns autores, como Marcelo Sacramone, para quem o verdadeiro critério para diferenciar a competência relativa da absoluta é a presença ou não de interesses de ordem pública, em detrimento das situações envolvendo apenas interesses privados[1031]. Reconhece, assim, tratar-se de competência absoluta, posicionamento adotado pela maior parte da doutrina e também pelo STJ (CC 37.736/SP). Para alguns autores, seria uma hipótese excepcional de competência territorial absoluta[1032].

1028. TOMAZETTE, Marlon. *Curso de direito empresarial: Falência e recuperação de empresas.* v. 3. São Paulo: Atlas, 2021, versão eletrônica, pos. 1589.O autor, depois de afirmar que no direito francês o foro é definido pela sede da sociedade ou pelo endereço declarado pelas pessoas físicas, e no direito italiano, o local da sede principal da empresa, prossegue: "O local de maior movimentação econômica é provavelmente o local onde serão realizados mais negócios e onde o devedor terá mais bens. Em razão disso, em prol da efetividade dos processos de falência e recuperação judicial ou extrajudicial, esse deve ser o foro competente. Na falência, tal foro permitirá a melhor e mais ágil arrecadação de bens para o pagamento dos credores. Na recuperação judicial ou extrajudicial, o maior volume de credores estaria centralizado nesse lugar e, por isso, poderia se manifestar no processo".

1029. NEGRÃO, Ricardo. *Curso de Direito Comercial e de Empresa.* V. 3. São Paulo: Saraiva, 2017, p. 329.

1030. RESTIFFE, Paulo Sérgio. Processo de Recuperação Judicial. In: COELHO, Fabio Ulhoa (org.). *Tratado de Direito Comercial.* v. 7. São Paulo: Saraiva, 2015, p. 191.

1031. SACRAMONE, Marcelo. *Comentários à lei de recuperação de empresas e falência.* São Paulo: Saraiva, 2021, p. 80.

1032. TOMAZETTE, Marlon. *Curso de direito empresarial: Falência e recuperação de empresas.* v. 3. São Paulo: Atlas, 2021, versão eletrônica, pos. 1646. RESTIFFE, Paulo Sérgio. *Recuperação de empresas.* Barueri: Manole, 2008, p. 99.

2. O MINISTÉRIO PÚBLICO

Pelas mesmas razões do tópico anterior, optamos por tratar aqui da participação do Ministério Público na recuperação judicial e na falência. O tratamento conferido pela Lei 11.101/05 merece algumas breves considerações, porque seu art. 4º foi vetado.

O referido dispositivo estabelecia a intervenção do Ministério Público nos processos de recuperação judicial e de falência. O parágrafo único, por sua vez, determinava sua intervenção em toda ação proposta pela massa falida ou contra ela.

Com o veto, a participação do Ministério Público decorre de expressa previsão legal. Neste sentido, o STJ vem entendendo que:

> COMERCIAL E PROCESSO CIVIL. PEDIDO DE FALÊNCIA AJUIZADO NA VIGÊNCIA DO DL Nº 7661/45. INTERVENÇÃO DO MINISTÉRIO PÚBLICO EM AÇÃO CONEXA ANTES DO TRÂNSITO EM JULGADO DA DECISÃO QUE DECRETA A QUEBRA. POSSIBILIDADE. ANULAÇÃO DO PROCESSO. DEMONSTRAÇÃO DE PREJUÍZO. NECESSIDADE.
>
> 1. Na vigência do DL 7.661/45 era possível a intervenção do Ministério Público durante todo o procedimento de quebra, inclusive em sua fase pré-falimentar, alcançando também as ações conexas.
>
> 2. Com o advento da Lei 11.101/05, houve sensível alteração desse panorama, sobretudo ante a constatação de que o número excessivo de intervenções do Ministério Público vinha assoberbando o órgão e embaraçando o trâmite das ações falimentares. Diante disso, vetou-se o art. 4º da Lei 11.101/05, que mantinha a essência do art. 210 do DL 7.661/45, ficando a atuação do Ministério Público, atualmente, restrita às hipóteses expressamente previstas em lei.
>
> 3. Tendo em vista o princípio da instrumentalidade das formas, a anulação do processo falimentar ou de ações conexas por ausência de intervenção ou pela atuação indevida do Ministério Público somente se justifica quando for caracterizado efetivo prejuízo à parte.
>
> 4. Recurso especial não provido.
>
> (STJ – REsp 1.230.431-SP – Rel. Ministra NANCY ANDRIGHI, julgamento em 18/10/2011).

Quais seriam essas hipóteses expressamente previstas em lei? Analisando o texto da Lei 11.101/2005, podemos encontrar algumas, tais como:

a) a impugnação da relação dos credores, apontando a ausência de qualquer crédito ou manifestando-se contra a legitimidade, importância ou classificação de crédito relacionado (art. 8º);

b) o requerimento de exclusão, nova classificação ou retificação de qualquer crédito, na hipótese de falsidade, dolo, simulação, fraude, erro essencial ou documentos ignorados na época do julgamento do crédito ou inclusão no quadro-geral de credores (art. 19);

c) requerer a substituição do administrador judicial ou dos membros do comitê nomeados em desobediência aos preceitos da Lei 11.101/2005 (art. 30, § 2º);

d) quando intimado da decisão que deferir o processamento da recuperação judicial (art. 52, V); o MP possui legitimidade para interpor agravo de instrumento da decisão que conceder a recuperação judicial (art. 59, § 2º);

e) quando intimado da sentença que decretar a falência (art. 99, XIII);

f) a propositura de ação revocatória (arts. 130 e 132);

g) quando intimado (sob pena de nulidade) em qualquer modalidade de alienação do ativo (art. 142, § 7º); o MP possui legitimidade para impugná-la (art. 143);

h) quando intimado para se manifestar sobre as contas do administrador judicial (art. 154, § 3º);

i) no procedimento penal, o MP, devidamente intimado da sentença que decreta a falência ou concede a recuperação judicial, e verificando a ocorrência de qualquer crime previsto na Lei 11.101/2005, promoverá a competente ação penal ou requisitará a abertura de inquérito policial.

3. VERIFICAÇÃO DE CRÉDITO

Em primeiro lugar, é importante destacar que nem todo crédito é exigível na falência ou na recuperação judicial. A Lei nº 11.101/05 estabelece disposições comuns à recuperação e à falência no que diz respeito à verificação e habilitação dos créditos.

Não são exigíveis do devedor as **obrigações a título gratuito**. É o que dispõe o art. 5º, I.

Questão interessante é classificação do aval prestada pelo devedor – trata-se de crédito exigível? Parece-nos que o relevante será verificar se a garantia foi prestada de forma gratuita ou se há provas de alguma contraprestação, que a torne onerosa. O STJ, no REsp 1.829.790/RS, destacou a necessidade de se analisar o caso concreto, bem como "há situações em que a garantia foi prestada com o objetivo de auferir algum ganho, mesmo que intangível, como ocorre na hipótese de aval prestado em benefício de sociedades do mesmo grupo econômico ou para viabilizar operações junto a parceiros comerciais, hipóteses nas quais não se pode considerar tal obrigação como a título gratuito".

Também são inexigíveis as **despesas que os credores fizerem para tomar parte na recuperação judicial ou na falência, salvo as custas judiciais decorrentes de litígio com o devedor** (art. 5º, II).

Na **recuperação judicial**, **a verificação de créditos** se dá a partir da decisão judicial que defere o pedido de processamento. Os credores constantes da lista apresentada pelo devedor no pedido (art. 51, III) e daquela apresentada pelo administrador judicial após o prazo de habilitação (art. 7º, § 2º) podem manifestar sua objeção ao plano (art. 55).

Na **falência**, o juiz que a decretou determina que o **falido apresente, em cinco dias, a relação completa dos credores**, abrindo, ainda, o **prazo de 15 dias para a habilitação dos créditos (ou suas divergências quanto aos créditos relacionados) perante o administrador judicial (art. 7º, § 1º)**. Essas são as **habilitações tempestivas.**

O que deve conter a habilitação de crédito na falência? Nos termos do art. 9º:

I – o **nome, o endereço do credor e o endereço em que receberá comunicação de qualquer ato do processo**;

II – o **valor do crédito, atualizado** até a data da decretação da falência ou do pedido de recuperação judicial, **sua origem e classificação**;

III – os **documentos comprobatórios do crédito** e a indicação das **demais provas** a serem produzidas;

IV – a indicação da **garantia prestada** pelo devedor, se houver, e o respectivo instrumento;

V – a **especificação do objeto da garantia** que estiver na posse do credor.

Nos termos do parágrafo único, os documentos deverão ser exibidos no original ou por cópias autenticadas se estiverem juntadas em outro processo.

Segundo o art. 7º, § 2º, o administrador judicial publicará **edital contendo a relação dos credores no prazo de 45 dias, contados do fim do prazo do art. 7º, § 1º**, indicando o local, o horário e o prazo comum em que o Comitê, qualquer credor, o devedor ou seus sócios ou o Ministério Público terão acesso aos documentos que fundamentaram a referida relação.

A respeito da publicação do edital, devemos atentar ao art. 191, da Lei 11.101/2005, segundo o qual "ressalvadas as disposições específicas desta Lei, as publicações ordenadas serão feitas em sítio eletrônico próprio, na internet, dedicado à recuperação judicial e à falência, e as intimações serão realizadas por notificação direta por meio de dispositivos móveis previamente cadastrados e autorizados pelo interessado" (redação dada pela Lei nº 14.112/20).

O STJ vinha entendendo que a leitura correta do art. 191 leva à conclusão de que as publicações deverão ser sempre veiculadas pela imprensa oficial, sendo apenas exigível que se proceda à publicação em jornal ou revista de circulação regional ou nacional se as possibilidades financeiras do devedor ou da massa falida comportarem – uma vez que podem representar gasto incompatível com o porte ou a situação de crise, prejudicando ainda mais o pagamento dos créditos em aberto. Além disso, a publicação na imprensa oficial, menos custosa, é mais adequada para a uniformização do marco inicial de fluência do prazo para habilitação ou impugnação dos créditos relacionados, conferindo mais segurança para todo o processo recuperacional. Neste sentido, remetemos o leitor ao REsp 1.758.777/PR, Rel. Ministra Nancy Andrighi, j. 11/09/2018, DJe 13/09/2018).

No entanto, a redação original do dispositivo não mais subsiste, tendo sido alterada pela Lei nº 14.112/20, razão pela qual entendemos que, em princípio, a discussão tenha perdido sua razão.

Essas mesmas pessoas, no prazo de 10 dias contados da publicação, poderão apresentar ao juiz impugnação contra a relação dos credores, apontando a ausência de qualquer crédito ou manifestando-se contra a legitimidade, importância ou classificação de crédito relacionado (art. 8º, *caput*).

Não havendo impugnação, o juiz homologará, como quadro-geral de credores, a relação constante do edital, ressalvado o disposto no art. 7º-A (art. 14, na redação dada pela Lei 14.112/20). Assim, passa-se a exigir, para a formação do quadro geral de credores da falência, o julgamento dos incidentes de classificação de crédito público. Trataremos desse procedimento quando estudarmos a falência.

O art. 6º, § 7º, determinava a suspensão das execuções fiscais na hipótese de recuperação judicial, e foi revogado pela Lei 14.112/20. O art. 7º-A, §6º, por sua vez, estabeleceu a suspensão das execuções fiscais até o encerramento da falência, sem prejuízo da possibilidade de prosseguimento das execuções contra os corresponsáveis.

A impugnação é tratada nos artigos 13 e 15, da Lei 11.101/05. Cada impugnação será autuada em separado, com os documentos a ela relativos, mas terão uma só autuação as diversas impugnações que tratarem de um mesmo crédito (art. 13, parágrafo único).

Os credores cujos créditos forem impugnados serão intimados para contestar, em 5 dias, juntando os documentos que tiverem e indicando outras provas que reputem necessárias (art. 11). Após esse prazo, o devedor e o Comitê serão intimados para se manifestarem sobre a impugnação, no prazo comum de 5 dias (art. 12, *caput*), após o qual será intimado o administrador judicial para apresentação de parecer, também no prazo de 5 dias (art. 12, parágrafo único).

Em seguida, **os autos serão conclusos ao juiz, que**:

I – determinará a inclusão no quadro-geral de credores das habilitações de créditos não impugnadas, no valor constante da relação referida no art. 7º, § 2º;

II – julgará as impugnações que entender suficientemente esclarecidas pelas alegações e provas apresentadas pelas partes, mencionando, de cada crédito, o valor e a classificação;

III – fixará, em cada uma das restantes impugnações, os aspectos controvertidos e decidirá as questões processuais pendentes, e

IV – determinará as provas a serem produzidas, designando audiência de instrução e julgamento, se necessário.

O juiz determinará, para fins de rateio, a reserva de valor para satisfação do crédito impugnado (art. 16).

O art. 17 estabelece que, da decisão judicial sobre a impugnação, caberá agravo de instrumento. Trata-se de uma importante mudança em relação ao regime do Decreto-lei 7.661/45, que admitia recurso de apelação. Interposto o agravo de instrumento, não se suspende o andamento processual no juízo falimentar, a menos que, a pedido do interessado, o desembargador relator conceda efeito suspensivo (art. 17, parágrafo único).

Mas o que acontece com o credor que, por alguma razão, não habilitou seu crédito no prazo estabelecido no art. 7º, § 1º? Estará ele excluído, definitivamente, da execução coletiva falimentar?

A resposta é negativa, uma vez que a Lei 11.101/05 cuida da situação das **habilitações retardatárias**. Na **recuperação judicial**, os credores retardatários não terão direito a voto nas deliberações da assembleia-geral de credores (art. 10, § 1º). Evidentemente, se o crédito estiver na lista original, não será necessário habilitá-lo.

O mesmo ocorre na **falência**, salvo se, na data da realização da assembleia-geral, já houver sido homologado o quadro-geral de credores contendo o crédito retardatário (art. 10, § 2º). Isso porque, se apresentadas antes da homologação do quadro-geral de credores, serão recebidas como impugnação e processadas na forma dos artigos 13 a 15 (art. 10, § 5º). Caso sejam apresentadas após a homologação do quadro-geral, será necessário requerer ao juízo falimentar a retificação do quadro para sua inclusão (art. 10, § 6º).

Na falência, os créditos retardatários perderão o direito a rateios eventualmente realizados e ficarão sujeitos ao pagamento de custas, não se computando os acessórios compreendidos entre o término do prazo e a data do pedido de habilitação (§ 3º). Nesse caso, o credor pode requerer a reserva de valor para satisfação de seu crédito (§ 4º).

A partir da relação de credores (art. 7º, § 2º) e das decisões proferidas nas impugnações oferecidas, caberá ao administrador judicial consolidar o quadro-geral de credores, que será homologado pelo juiz (art. 18) e mencionará a importância e a classificação de cada crédito na data do requerimento da recuperação judicial ou da decretação da falência. O quadro-geral de credores será juntado aos autos e publicado no órgão oficial, no prazo de 5 dias, contado da data da sentença que houver julgado as impugnações (art. 18, parágrafo único).

O quadro-geral de credores ainda poderá ser alterado. Essa constatação pode ser deduzida, inclusive, pela leitura do art. 10, § 6º. Nos termos do art. 19, o administrador judicial, o Comitê, qualquer credor ou o Ministério Público poderá, até o encerramento da recuperação judicial ou do processo falimentar, observado, no que couber, o procedimento ordinário do CPC, pedir a exclusão, reclassificação ou retificação de qualquer crédito, nos casos de descoberta de falsidade, dolo, simulação, fraude, erro essencial ou, ainda, documentos ignorados na época do julgamento do crédito ou da inclusão no quadro-geral de credores, o que é importante para votações posteriores, como a convolação da recuperação em falência, por decisão da assembleia.

4. ÓRGÃOS DA RECUPERAÇÃO JUDICIAL E DA FALÊNCIA

4.1. Administrador judicial

O regime anterior (Decreto-lei 7.661/45) consagrou as figuras do síndico da falência e do comissário da concordata. Bastava ser um dos maiores credores do devedor. A Lei 11.101/05 fez muito mais que simplesmente modificar a denominação para "administrador judicial". Trata-se do principal auxiliar do juízo no decorrer da recuperação judicial e da falência. Por essa razão, sua função é **indelegável**, podendo, no entanto, o administrador transmitir algumas funções administrativas a terceiros, desde que a contratação seja aprovada pelo juiz.

Será escolhido pelo juiz, nomeado na sentença que decretar a falência (art. 99, IX) ou na decisão que deferir o processamento da recuperação judicial (art. 52, I), com base em critérios estabelecidos no art. 21: deverá ser um profissional idôneo, preferencialmente advogado, economista, administrador de empresas ou contador.

Pode, ainda, ser uma pessoa jurídica especializada. Nesse caso, será declarado o nome do profissional responsável pela condução do processo de falência ou de recuperação judicial, que somente poderá ser substituído com autorização do juiz.

Com relação à **idoneidade**, o art. 21 deve ser lido em conjunto com o art. 30, que traz uma série de **impedimentos**. Não poderá exercer a função de administrador judicial nem integrar o Comitê de Credores **quem, nos últimos 5 anos, no exercício do cargo de administrador ou membro do Comitê em falência ou recuperação judicial anterior, foi destituído, deixou de prestar contas dentro dos prazos legais ou teve a prestação de contas desaprovada**. Além dessas hipóteses, o § 1º do art. 30 considera impedido quem tiver **grau de parentesco ou afinidade até o terceiro grau** com o devedor, seus administradores, controladores ou representantes legais **ou deles for amigo, inimigo ou dependente**.

Incide aqui, ainda, a norma do art. 1.011, § 1º, do Código Civil, segundo o qual não podem ser administradores societários os condenados à pena que vede, ainda que temporariamente, o acesso a cargos públicos; ou por crime falimentar, de prevaricação, peita ou suborno, concussão, peculato; ou contra a economia popular, contra o sistema financeiro nacional, contra as normas de defesa da concorrência, contra as relações de consumo, a fé pública ou a propriedade, enquanto perdurarem os efeitos da condenação[1033].

O administrador é nomeado e intimado para, em 48 horas, assinar, na sede do juízo, o **termo de compromisso** de bem e fielmente desempenhar o cargo e assumir todas as responsabilidades a ele inerentes (art. 33).

A **substituição** do administrador se dá a pedido do devedor, de qualquer credor ou do Ministério Público (art. 30, § 2º), cabendo ao juiz decidir em 24 horas (art. 30, § 3º).

1033. MAMEDE, Gladston. *Direito empresarial brasileiro:* falência e recuperação de empresas. São Paulo: Atlas, 2016, p. 54.

Nomeado pelo juiz, o administrador será por ele **destituído**, por ato de ofício ou a requerimento fundamentado de qualquer interessado, quando se verificar desobediência à Lei 11.101/05, descumprimento de deveres, omissão, negligência ou prática de ato lesivo às atividades do devedor ou a terceiros (art. 31). Trata-se, evidentemente, de decisão judicial que deverá ser devidamente fundamentada. A questão adquire maior relevância porque a destituição leva ao impedimento do *caput* do art. 30.

Uma vez substituído, o administrador prestará contas no prazo de dez dias (no caso da falência), nos termos do art. 31, § 2º, da Lei nº 11.101. O dispositivo remete ao art. 154. A prestação poderá ser impugnada no prazo de 10 dias (art. 154, § 2º). O juiz julgará as contas por sentença e, na hipótese de rejeição, fixará as responsabilidades do administrador, podendo determinar a indisponibilidade ou o sequestro de bens, servindo como título executivo para indenização da massa falida.

O administrador judicial faz jus à **remuneração**, cabendo ao juiz fixar seu valor e forma de pagamento. Os critérios estão estabelecidos na lei – art. 24: deverão ser observados a capacidade de pagamento do devedor, o grau de complexidade do trabalho e os valores praticados no mercado para o desempenho de atividades semelhantes. De qualquer forma, o valor não excederá 5% do valor devido aos credores submetidos à recuperação ou do valor da venda dos bens na falência (art. 24, § 1º) ou 2% no caso de microempresa ou empresa de pequeno porte (art. 24, § 5º).

O pagamento será feito pela massa falida ou pelo devedor em recuperação judicial. O administrador **substituído sem culpa** será remunerado proporcionalmente ao trabalho realizado (art. 24, § 3º). Os mesmos critérios serão observados para as remunerações dos auxiliares do administrador judicial (art. 22, § 1º).

Outra questão importante é a do **momento do pagamento**: 40% do total devido pela massa falida somente será pago após a conclusão da realização do ativo e do julgamento das contas da administração (art. 24, § 2º, que remete aos arts. 154 e 155). Os demais 60% poderão ser pagos no curso da falência.

Atribuições do administrador: Podemos dividi-las da seguinte forma (art. 22):

I – **na recuperação judicial e na falência**:

a) enviar correspondência aos credores, comunicando a data do pedido de recuperação judicial ou da decretação da falência, a natureza, o valor e a classificação dada ao crédito;

b) fornecer informações pedidas pelos credores interessados;

c) dar extratos dos livros do devedor;

d) exigir informações dos credores, do devedor ou seus administradores;

e) elaborar a relação de credores;

f) consolidar o quadro-geral de credores;

g) requerer ao juiz a convocação da assembleia-geral de credores;

h) contratar, mediante autorização judicial, auxiliares;

i) manifestar-se nos casos previstos na Lei 11.101/2005;

j) estimular, sempre que possível, a conciliação a mediação e outros métodos alternativos de solução de conflitos relacionados à recuperação judicial e à falência, respeitados os direitos de terceiros, na forma do art. 3º, §3º, do CPC;

k) manter endereço eletrônico na internet, com informações atualizadas sobre os processos de falência e de recuperação judicial, com a opção de consulta às peças principais do processo, salvo decisão judicial em sentido contrário;

l) manter endereço eletrônico específico para o recebimento de pedidos de habilitação ou a apresentação de divergências, ambos em âmbito administrativo, com modelos que poderão ser utilizados pelos credores, salvo decisão judicial em sentido contrário; e

m) providenciar, no prazo máximo de 15 dias, as respostas aos ofícios e às solicitações enviadas por outros juízos e órgãos públicos, sem necessidade de prévia deliberação do juízo.

II – **na recuperação judicial**:

a) fiscalizar as atividades do devedor e o cumprimento do plano de recuperação judicial;

b) requerer a falência no caso de descumprimento de obrigação assumida no plano;

c) apresentar ao juiz relatório mensal das atividades do devedor, fiscalizando a veracidade e a conformidade das informações prestadas pelo devedor;

d) apresentar relatório sobre a execução do plano de recuperação;

e) fiscalizar o decurso das tratativas e a regularidade das negociações entre devedor e credores;

f) assegurar que devedor e credores não adotem expedientes dilatórios, inúteis ou, em geral, prejudiciais ao regular andamento das negociações;

g) assegurar que as negociações realizadas entre devedor e credores sejam regidas pelos termos convencionados entre os interessados ou, na falta de acordo, pelas regras propostas pelo administrador judicial e homologadas pelo juiz, observado o princípio da boa-fé para solução construtiva de consensos, que acarretem maior efetividade econômico-financeira e proveito social para os agentes econômicos envolvidos;

h) apresentar, para juntada aos autos, e publicar no endereço eletrônico específico relatório mensal das atividades do devedor e relatório sobre o plano de recuperação judicial, no prazo de até 15 dias contado da apresentação do plano, fiscalizando a veracidade e a conformidade das informações prestadas pelo devedor, além de informar eventual ocorrência das condutas previstas no art. 64.

São deveres do administrador judicial na recuperação, ainda, manifestar-se sobre a forma de alienação de bens (arts. 60 e 142), fiscalizar os atos de administração do devedor (art. 64) e exercer as funções de gestor, enquanto a assembleia-geral não deliberar sobre a escolha deste (art. 65, §1º)[1034].

III – **na falência**:

a) avisar o lugar e a hora em que os credores terão à sua disposição os livros e documentos do falido;

b) examinar a escrituração do devedor;

c) relacionar os processos e assumir a representação judicial e extrajudicial, incluídos os processos arbitrais, da massa falida;

d) receber e abrir correspondência dirigida ao devedor;

e) apresentar relatório sobre as causas e circunstâncias que conduziram à situação de falência, apontando a responsabilidade civil e penal dos envolvidos;

f) arrecadar os bens e documentos do devedor e elaborar o respectivo auto de arrecadação;

g) avaliar os bens arrecadados;

h) contratar avaliadores dos bens, caso entenda não ter condições técnicas para tanto;

i) praticar os atos necessários à realização do ativo e ao pagamento dos credores;

j) proceder à venda de todos os bens da massa falida no prazo máximo de 180 dias, contado da data da juntada do auto de arrecadação, sob pena de destituição, salvo por impossibilidade fundamentada, reconhecida por decisão judicial;

l) praticar todos os atos conservatórios de direitos e ações, diligenciar a cobrança de dívidas e dar a respectiva quitação;

m) remir bens apenhados, penhorados ou legalmente retidos;

n) representar a massa falida em juízo, contratando, se necessário, advogado, cujos honorários serão previamente ajustados e aprovados pelo Comitê de Credores;

o) requerer todas as medidas e diligências necessárias para o cumprimento da Lei 11.101/05;

p) apresentar ao juiz conta demonstrativa da administração, que especifique claramente a receita e a despesa;

1034. NEGRÃO, *Curso de direito comercial e de empresa:* recuperação de empresa, falência e procedimentos concursais administrativos. São Paulo: Saraiva, 2017, p. 114.

q) entregar ao seu substituto todos os bens e documentos da massa em seu poder, sob pena de responsabilidade;

r) prestar contas ao final do processo ou em caso de substituição ou renúncia;

s) arrecadar os valores dos depósitos realizados em processos administrativos ou judiciais nos quais o falido figure como parte, oriundos de penhoras, de bloqueios, de apreensões, de leilões, de alienação judicial e de outras hipóteses de constrição judicial, ressalvado o disposto nas Leis nº 9.703/98, e 12.099/09, e na Lei Complementar 151/2015.

4.2. Comitê de Credores

A Lei 11.101/2005 privilegiou a participação dos credores nos processos falimentar e de recuperação judicial, o que fica evidente na previsão de dois órgãos: o Comitê de Credores e a Assembleia-geral de credores.

O Comitê de Credores **não é órgão obrigatório**. É constituído pela assembleia-geral de credores, convocada para esta deliberação pelo juiz na sentença de falência (art. 99, XII) ou a pedido do administrador judicial na recuperação judicial (arts. 22, I, *g* e 35, II, *b*). Na ausência de Comitê constituído, suas atribuições serão exercidas pelo administrador judicial ou, na incompatibilidade deste, pelo juiz (art. 28).

Será constituído por deliberação de qualquer das classes de credores na assembleia-geral, com (art. 26) um representante indicado pela classe de credores trabalhistas; um pela de credores com direitos reais de garantia ou privilégios especiais; um pela de credores quirografários e com privilégios gerais e, por fim, um representante indicado pela classe de credores representantes de microempresas e empresas de pequeno porte. Cada representante terá dois suplentes. Parece evidente que um mesmo credor não possa representar mais de uma classe, pois isso implicaria conflito de interesses. Seus membros não são remunerados (art. 29).

A falta de indicação de representante por quaisquer das classes não prejudicará a constituição do Comitê, que poderá funcionar com número inferior ao previsto no *caput*. É o que dispõe o art. 26, § 1º, da Lei 11.101/05. No entanto, mediante requerimento subscrito por credores que representem a maioria dos créditos de uma classe, independentemente da realização de assembleia, o juiz determinará a nomeação do representante e dos suplentes da respectiva classe ainda não representada no Comitê e a substituição do representante ou dos seus suplentes (art. 26, § 2º).

Portanto, **no caso de requerimento**, independentemente de assembleia, exige-se a **maioria dos créditos da classe**. Se a escolha ocorrer **em assembleia**, basta a **maioria dos votos (tomados em proporção aos créditos) entre os credores da classe a ela presentes**, ainda que isso não signifique a maioria dos créditos da classe[1035].

1035. Neste sentido, MAMEDE, Gladston, *Direito empresarial brasileiro:* falência e recuperação de empresas. São Paulo: Atlas, 2016, p. 91.

O devedor, qualquer credor ou o Ministério Público poderá requerer ao juiz a substituição dos membros do Comitê (art. 30, § 2º).

As **atribuições** do Comitê de Credores estão elencadas, **exemplificativamente**, no art. 27:

I – **na recuperação judicial e na falência**:

a) fiscalizar as atividades e examinar as contas do administrador judicial;

b) zelar pelo bom andamento do processo e pelo cumprimento da lei;

c) comunicar ao juiz, caso detecte violação dos direitos ou prejuízo aos interesses dos credores;

d) apurar e emitir parecer sobre quaisquer reclamações dos interessados;

e) requerer ao juiz a convocação da assembleia-geral de credores;

f) manifestar-se nas hipóteses previstas nesta Lei.

II – **na recuperação judicial:**

a) fiscalizar a administração das atividades do devedor, apresentando, a cada 30 (trinta) dias, relatório de sua situação;

b) fiscalizar a execução do plano de recuperação judicial;

c) submeter à autorização do juiz, quando ocorrer o afastamento do devedor nas hipóteses previstas nesta Lei, a alienação de bens do ativo permanente, a constituição de ônus reais e outras garantias, bem como atos de endividamento necessários à continuação da atividade empresarial durante o período que antecede a aprovação do plano de recuperação judicial.

Em regra, as decisões são tomadas por maioria. Caso não seja possível a obtenção da maioria em deliberação do Comitê, o impasse será resolvido pelo administrador judicial ou, na incompatibilidade deste, pelo juiz (art. 27, § 2º).

4.3. Assembleia-geral de credores

A assembleia é a reunião de todos os credores, que podem, assim, examinar e deliberar as matérias previstas no art. 35 da Lei 11.101/05:

I – **na recuperação judicial**:

a) aprovação, rejeição ou modificação do plano de recuperação judicial apresentado pelo devedor;

b) a constituição do Comitê de Credores, a escolha de seus membros e sua substituição;

c) vetado;

d) o pedido de desistência do devedor, nos termos do § 4º do art. 52;

e) o nome do gestor judicial, quando do afastamento do devedor;

f) qualquer outra matéria que possa afetar os interesses dos credores;

g) alienação de bens ou direitos do ativo não circulante do devedor, não prevista no plano de recuperação judicial.

II – **na falência**:

a) vetado;

b) a constituição do Comitê de Credores, a escolha de seus membros e sua substituição;

c) a adoção de outras modalidades de realização do ativo, na forma do art. 145 desta Lei;

d) qualquer outra matéria que possa afetar os interesses dos credores.

Trata-se de órgão colegiado não obrigatório – no caso de plano de recuperação judicial sem objeção, não será convocada (interpretação *a contrario sensu* do *caput* do art. 56).

É presidida pelo administrador judicial e secretariada por um dos credores presentes, podendo ser realizada em local que o administrador escolher. Da mesma forma, a presença do devedor não é obrigatória – salvo no caso de deliberação para modificação do plano de recuperação apresentado, nos termos do art. 56, § 3º.

Sua realização constitui ato extrajudicial, e seus atos são considerados atos administrativos[1036].

Sua **convocação é da competência exclusiva do juiz**, por meio de edital publicado no órgão oficial e em jornais de grande circulação nas localidades da sede e filiais, com antecedência mínima de 15 dias, contendo indicação de local, data e hora, ordem do dia e, se for o caso, o local onde os credores poderão obter cópia do plano de recuperação judicial a ser submetido à deliberação da assembleia (art. 36).

De acordo com o art. 37, § 2º, a assembleia-geral é **instalada**, em **primeira convocação**, com a presença dos credores titulares de **mais da metade dos créditos de cada classe, computados pelo valor**, e em **segunda convocação**, com **qualquer número**.

4.3.1. Voto

De acordo com o art. 38, *caput,* adota-se o **princípio da proporcionalidade**, isto é, o credor terá voto proporcional ao valor do seu crédito, **ressalvado**, nas deliberações sobre o plano de recuperação judicial, na classe dos credores trabalhistas e de acidente do trabalho, hipótese de **votação pela maioria simples dos presentes** (art. 45, § 2º).

Se, por um lado, todos os credores podem participar da assembleia-geral, há alguns que são impedidos de votar. **Podem votar** (art. 39) as pessoas arroladas no quadro-geral

1036. RAMOS, André Luiz Santa Cruz. *Direito empresarial esquematizado*. São Paulo: Método, 2014, p. 775.

de credores ou, na sua falta, na relação de credores apresentada pelo administrador judicial e, ainda, na falta desta relação apresentada pelo próprio devedor.

O novo §4º do art. 39 é expresso ao admitir que qualquer deliberação da assembleia-geral poderá ser substituída, com idênticos efeitos, por termo de adesão firmado por tantos credores quantos satisfaçam o quórum de aprovação específico, nos termos do art. 45-A; por votação realizada por meio de sistema eletrônico que reproduza as condições de tomada de voto da assembleia-geral de credores; ou ainda por outro mecanismo reputado suficientemente seguro pelo juiz.

No entanto, estão **impedidos de votar**:

a) os **credores retardatários, exceto se**, na recuperação judicial forem titulares de créditos trabalhistas (art. 10, § 1º) ou se, no caso de falência, se na data da assembleia, já tiverem sido incluídos no quadro-geral de credores (art. 10, § 2º);

b) os **credores mencionados no art. 49, §§ 3º e 4º**;

c) as **pessoas mencionadas no art. 43, *caput* e parágrafo único**, ou seja, os sócios do devedor, as sociedades coligadas, controladoras, controladas ou as que tenham sócio ou acionista com participação superior a 10% do capital social do devedor ou em que o devedor ou algum de seus sócios detenham participação superior a 10% do capital social, bem como cônjuge ou parente, consanguíneo ou afim, colateral até o 2º grau, ascendente ou descendente do devedor, de administrador, do sócio controlador, de membro dos conselhos consultivo, fiscal ou semelhantes da sociedade devedora e à sociedade em que quaisquer dessas pessoas exerçam suas funções. Aqui, a lei procura evitar eventual conflito de interesses entre essas pessoas e o devedor[1037],

d) por fim, o **titular do crédito não contemplado no plano de recuperação judicial** não terá direito de votar nem será computado para fins de verificação de quórum (art. 45, § 3º)[1038].

4.3.2. Composição

Nos termos do art. 41, a assembleia-geral é composta por quatro classes de credores:

I) os titulares de créditos derivados da legislação do trabalho ou decorrentes de acidentes de trabalho;

II) credores com garantia real;

III) credores quirografários, com privilégio especial, privilégio geral ou subordinados, e

---

1037. FILARDI, Rosemarie Adalardo. Órgãos da recuperação judicial e da falência. In: COELHO, Fábio Ulhoa (org.). *Tratado de Direito Comercial.* v. 7. São Paulo: Saraiva, 2015, p. 250-251.

1038. RAMOS, André Luiz Santa Cruz. *Direito empresarial esquematizado.* São Paulo: Método, 2014, p 776.

IV) credores enquadrados como microempresas ou empresas de pequeno porte.

Os titulares de créditos com garantia real votam com a classe II até o limite do bem gravado e com a classe III pelo restante do valor do crédito (art. 41, § 2º).

4.3.3. Quórum de deliberação

As deliberações na assembleia-geral são tomadas, **em regra**, por **maioria simples de votos (credores que representem mais da metade do valor total dos créditos presentes)**, ou seja, adota-se o princípio majoritário (art. 42).

Excepcionalmente, contudo, a lei estabelece **quóruns especiais**:

a) aprovação, rejeição ou alteração do plano de recuperação judicial – exige a lei que cada classe vote separadamente, devendo o plano ser aprovado por credores que representem mais da metade da totalidade dos créditos (mas as classes I e IV devem aprovar pela maioria simples dos presentes). É o que prevê o art. 45, §§ 1º e 2º.

b) quanto à deliberação sobre realização do ativo de forma alternativa, exige o art. 46 a aprovação de credores que representem 2/3 dos créditos presentes à assembleia.

5. CONCILIAÇÕES E MEDIAÇÕES ANTECEDENTES OU INCIDENTAIS AOS PROCESSOS DE RECUPERAÇÃO JUDICIAL

A Lei nº 14.112/20 acrescentou a Seção II-A, que trata da adoção de métodos de autocomposição, na tentativa de aproximação com o Código de Processo Civil, o qual, por sua vez, trata de conciliadores e mediadores judiciais nos arts. 165 a 175.

Nos termos do art. 20-A, não implicarão a suspensão dos prazos previstos na lei de falências, exceto se houver consenso entre as partes em sentido contrário ou determinação judicial.

Em caráter antecedente, a conciliação e a mediação podem viabilizar a própria superação da crise, ou permitir que o empresário equalize seu passível exigível a curto prazo ou garanta novas formas de financiamento, sempre buscando evitar o recurso à recuperação judicial[1039].

O art. 20-B possibilita, ainda, a concessão de tutela de urgência cautelar (§1º) para a hipótese de negociação de dívidas e respectivas formas de pagamento entre a empresa em dificuldade e seus credores, em caráter antecedente ao ajuizamento da recuperação judicial. O objetivo, aqui, será a suspensão das execuções pelo prazo de até 60 dias. Se houver pedido de recuperação judicial ou extrajudicial, esse período de suspensão será deduzido do período de suspensão previsto no art. 6º (art. 20-B, §3º).

1039. SACRAMONE, Marcelo. *Comentários à lei de recuperação de empresas e falência.* São Paulo: Saraiva, 2021, p. 153.

No entanto, a natureza jurídica dos créditos, sua classificação, e os critérios de votação em assembleia-geral de credores são matérias de ordem pública, e expressamente excluídas do âmbito da conciliação e da mediação (§2º do art. 20-B).

O acordo obtido por meio de conciliação ou de mediação deverá ser homologado pelo juiz competente (art. 20-C).

IV. RECUPERAÇÃO JUDICIAL

1. INTRODUÇÃO

A Lei 11.101/05, como já vimos, deu grande ênfase à preservação da empresa, a partir do reconhecimento de sua função social e o estímulo à atividade econômica. Assim, trouxe ao ordenamento jurídico o instituto da recuperação de empresas, que tem como objetivo permitir que as empresas em dificuldades saiam da situação de crise, com a manutenção da fonte produtora, do emprego dos trabalhadores e dos interesses dos credores. Esses objetivos estão expressamente consagrados no art. 47 da Lei 11.101/05.

Portanto, a recuperação judicial se destina àquela empresa que, a despeito da situação de crise, mostra-se viável. A falência da empresa inviável deve mesmo se sujeitar à falência.

De início, o artigo faz uma separação a respeito da qual já tecemos alguns comentários ao longo deste manual: empresa e empresário não se confundem: aquela diz respeito à atividade; este, ao agente. Empresário é a pessoa (física, se empresário individual, ou jurídica se uma sociedade empresária ou empresa individual de responsabilidade limitada) que exerce a atividade de empresa.

O instituto da recuperação da empresa tem como objetivo, portanto, criar condições que facilitem a manutenção da atividade – afinal, é a atividade econômica que produz riquezas, empregos e tributos. Não são poucas as ocasiões em que nos deparamos com o comentário de que "a empresa faliu, mas o empresário ficou rico". Há, aqui, novamente, a confusão de conceitos. Mas a ideia da Lei 11.101 é justamente contribuir para a manutenção da empresa – da atividade –, dada sua função social, que deve prevalecer sobre eventual interesse do agente desta atividade, o empresário, que pode até mesmo ser afastado.

Neste aspecto, podemos destacar a diferença entre a recuperação de empresa e a antiga concordata do Decreto-lei 7.661/45. A concordata era o procedimento através do qual o devedor propunha a dilação do vencimento de seus débitos quirografários, para evitar ou suspender o processo de falência. Por ser um benefício concedido pelo juiz mediante o atendimento, pelo devedor, dos requisitos legais, sem a avaliação por parte dos credores quanto ao pedido do devedor, era considerada um favor legal. Não havia a preocupação com a manutenção da atividade ou com a viabilidade da empresa. O instituto da recuperação da empresa, por outro lado, somente será viável se viável for a empresa.

A recuperação, como o próprio nome indica, é um instituto que alcança apenas a empresa. A despeito da unificação do direito obrigacional, à qual já nos referimos na primeira parte deste Manual, foi mantida a dicotomia entre recuperação e falência para os empresários e insolvência civil para os não empresários, apesar das recentes alterações jurisprudenciais.

2. LEGITIMIDADE ATIVA

Quem pode requerer a recuperação judicial? O art. 48 da Lei 11.101/05 trata do tema. Inicialmente, destacamos que **somente o devedor pode pedir sua recuperação.** O direito brasileiro não vislumbra a possibilidade de o pedido ser formulado por um dos credores do empresário.

Mas não qualquer devedor: pode ser requerida pelo **próprio empresário que, no momento do pedido, exerça a atividade regularmente há mais de dois anos.**

Com isso, estão excluídos, de plano os empresários não registrados e a sociedade em comum do art. 986 do Código Civil. O autor deve comprovar sua regularidade e o exercício da atividade empresarial há mais de dois anos, com a juntada de certidão da Junta Comercial. Há, ainda, norma específica para a comprovação do exercício da atividade rural pelo empresário pessoa jurídica, uma vez que o § 2º do art. 48 da Lei 11.101/05 admite expressamente a comprovação do prazo de dois anos por meio da Declaração de Informações Econômico-Fiscais da Pessoa Jurídica (DIPJ) entregue tempestivamente.

Não se pode esquecer, contudo, que o arquivamento dos atos constitutivos tem natureza declaratória (salvo para a caracterização do empresário rural, quando o arquivamento terá natureza constitutiva), sendo importante observar que não basta a regularidade – a norma é clara ao exigir, **além da regularidade, o exercício efetivo da empresa há mais de dois anos**.

Além de atender ao *caput* do art. 48, da Lei 11.101/05, o autor não pode estar em qualquer das situações de **impedimento**, elencadas nos incisos I a IV do mesmo dispositivo:

I – os falidos não podem requerer recuperação judicial. O devedor somente recupera sua legitimidade com a extinção das suas obrigações de falido, por sentença transitada em julgado. Essa extinção é tratada no art. 158 da Lei 11.101/05, e será estudada quando tratarmos da falência.

II – quem obteve concessão de recuperação judicial há menos de 5 anos não pode requerê-la novamente. Observe-se que o prazo é contado da concessão, e não do processamento do pedido (art. 51), do deferimento do processamento (art. 52) ou da sentença que decreta o encerramento da recuperação judicial (art. 63).

III – a microempresa ou empresa de pequeno porte que obteve a concessão de recuperação judicial há menos de 5 anos. O inciso III se justificava porque, em sua redação original, continha prazo diverso daquele do inciso II – 8 anos. Contudo, o prazo foi reduzido para os mesmos 5 anos, com a redação dada pela Lei Complementar 147/2014.

IV – o empresário condenado – ou aquele cujo administrador ou sócio controlador tenha sido condenado – por qualquer dos crimes previstos na própria Lei 11.101/05.

No caso de pessoa física (empresário individual), com o falecimento do devedor são legitimados a requerer a recuperação judicial o cônjuge sobrevivente, os herdeiros do empresário e o inventariante; no caso de sociedade empresária, na morte do sócio majoritário, a recuperação pode ser requerida pelo sócio remanescente (art. 48, § 1º, da Lei 11.101/05). Trata-se, aqui, de situações de legitimidade ativa extraordinária: o requerimento será feito pelas pessoas indicadas no parágrafo, mas os impedimentos, obviamente, somente dizem respeito à pessoa do devedor[1040].

No que diz respeito ao requerimento pelo sócio remanescente, observamos a existência de alguns entendimentos. Para alguns, a lei se refere às situações de retirada ou morte dos outros sócios, isto é, de unipessoalidade temporária da sociedade[1041], não comportando interpretação ampliativa.

No entanto, outros autores dão maior amplitude ao dispositivo. Fabio Ulhoa Coelho, por exemplo, admite legitimidade ativa ao sócio minoritário, diante da recusa do controlador, situação em que caberia ao juiz verificar se houve, efetivamente, abuso por parte dos majoritários ou controladores[1042]. Mas, nesse caso, segundo Rachel Sztajn, o correto seria buscar a anulação da assembleia, o que se daria fora do juízo da recuperação[1043].

Introduzido pela Lei nº 14.112/20, o art. 48-A torna obrigatória, na recuperação judicial de companhia aberta, a formação, assim como o funcionamento do conselho fiscal, enquanto durar a fase de recuperação judicial, incluindo o período de cumprimento das obrigações assumidas pelo plano de recuperação.

2.1. O empresário rural

A princípio, a eficácia do registro produziria efeito a partir do seu deferimento, pois sua natureza é constitutiva da qualidade de empresário, mas prevaleceu entendimento

---

1040. MAMEDE, Gladston. *Direito empresarial brasileiro:* falência e recuperação de empresas. São Paulo: Atlas, 2016, p. 129.

1041. Neste sentido, NEGRÃO, Ricardo. *Curso de direito comercial e de empresa:* recuperação de empresa, falência e procedimentos concursais administrativos. São Paulo: Saraiva, 2017, p. 162; TOMAZETTE, Marlon. *Curso de direito empresarial: Falência e recuperação de empresas.* v. 3. São Paulo: Atlas, 2021, versão eletrônica, pos. 2342.

1042. COELHO, Fabio Ulhoa. *Comentários à lei de falências e de recuperação de empresas.* São Paulo: Revista dos Tribunais, 2016, p. 180.

1043. SZTAJN, Rachel. In: SOUZA JUNIOR, Francisco Satiro de; PITOMBO, Paulo Sérgio de Moraes (Coords.). *Comentários à lei de recuperação de empresas e falência*: Lei 11.101/2005. São Paulo: Ed. Revista dos Tribunais, 2005.

diverso, como se vê em Enunciados da III Jornada de Direito Comercial, do CJF[1044], e na jurisprudência do Superior Tribunal de Justiça (Tema repetitivo 1145)[1045].

A Lei 14.112/20 acrescentou os §§ 2º a 5º do art. 48, que tratam do empresário rural.

Interessante decisão foi proferida pelo TJMG, entendendo que, dada a natureza constitutiva do registro do empresário rural, "as obrigações e dívidas assumidas pelo agricultor enquanto pessoa física não podem ficar sujeitas ao processo recuperatório, razão pela qual não há com admitir o processamento da recuperação judicia em relação a empresário rural cujo registro tenha ocorrido poucos dias antes do pedido recuperacional" (Agravo de Instrumento 1.0000.20.460009-2/001, Rel. Desembargador Moreira Diniz, v.u., j. 13/05/2021).

No entanto, a mudança legislativa consolida a ideia de não é necessário que o produtor rural esteja registrado como empresário há 2 anos: o art. 48, §2º permite ao produtor rural que tenha se registrado como empresário antes do pedido de recuperação judicial, mas cuja atividade tenha se desenvolvido pelo período de dois anos mesmo que ainda antes do registro, a recuperação judicial[1046]. Agora, a comprovação do prazo de dois anos de atividade regular pode ser demonstrada pela Escrituração Contábil Fiscal (ECF), que substituiu a Declaração de Informações Econômico-fiscais da Pessoa Jurídica (DIPJ), ou mesmo por outros registros contábeis que possam substituir a ECF, desde que entregues tempestivamente.

De acordo com o §3º, para a comprovação do prazo, o cálculo do período de exercício de atividade rural por pessoa física é feito com base no Livro Caixa Digital do Produtor Rural (LCDPR), ou por meio de obrigação legal de registros contábeis que venha a substituir o LCDPR e pela Declaração do Imposto sobre a Renda da Pessoa Física (DIRPF) e balanço patrimonial, todos entregues tempestivamente. No período anterior à exigência do LCDPR, admite-se a entrega do livro-caixa utilizado para a DIRPF (§4º).

1044. BRASIL. CJF. III Jornada de Direito Comercial. "Enunciado 96 – A recuperação judicial do empresário rural, pessoa natural ou jurídica, sujeita todos os créditos existentes na data do pedido, inclusive os anteriores à data da inscrição no Registro Público de Empresas Mercantis". BRASIL. CJF. III Jornada de Direito Comercial. "Enunciado 97 – O produtor rural, pessoa natural ou jurídica, na ocasião do pedido de recuperação judicial, não precisa estar inscrito há mais de dois anos no Registro Público de Empresas Mercantis, bastando a demonstração de exercício de atividade rural por esse período e a comprovação da inscrição anterior ao pedido".

1045. STJ, REsp 1.905.573/MT, Segunda Seção, Rel. Min. Luis Felipe Salomão, v.u. 22/06/2022, DJe 03/08/2022, RSTJ vol. 267 p. 409. Tese firmada: Ao produtor rural que exerça sua atividade de forma empresarial há mais de dois anos é facultado requerer a recuperação judicial, desde que esteja inscrito na Junta Comercial no momento em que formalizar o pedido recuperacional, independentemente do tempo de seu registro.

1046. SACRAMONE, Marcelo Barbosa. *Comentários à Lei de Recuperação de Empresas e Falência.* São Paulo: Saraiva, 2021, p. 247.

2.2. Grupos societários

No Capítulo referente ao Direito Societário, vimos que o direito brasileiro, de um modo geral, trata de pessoas jurídicas individualmente consideradas, isto é, sem levar em conta os vínculos entre as sociedades, e que só considera relevantes as ligações entre sociedades previstas em lei.

O Grupo de Sociedades está regulado pela Lei nº 6.404/76, art. 265, segundo o qual a sociedade controladora e suas controladas podem constituir grupo, mediante convenção pela qual se obriguem a combinar recursos para a realização de seus respectivos objetivos ou a participar de empreendimentos comuns.

Sabemos que cada empresário ou sociedade empresária pode agir individualmente e requerer sua recuperação. Mas é possível que sociedades de um mesmo grupo, sob controle comum, façam o pedido em conjunto?

2.2.1. Consolidação processual

Os devedores que integrem um grupo sob controle comum e que preencham, individualmente, os requisitos, e juntem a respectiva documentação, podem, nos termos do art. 69-G, requerer recuperação sob a forma de consolidação processual. O juiz competente será aquele do principal estabelecimento, considerando o grupo de devedores (§2º); estando a documentação de cada requerente adequada, o juiz nomeará um único administrador judicial (art. 69-H).

Essa consolidação processual implica a coordenação de atos processuais, garantindo-se a independência dos devedores e dos respectivos ativos e passivos – ou seja, considera a independência jurídica entre os integrantes do grupo (art. 69-I) O plano de recuperação pode ser único, mas deverá indicar os meios de recuperação de forma específica para cada um dos seus integrantes (§1º), do mesmo modo que cada integrante terá sua própria assembleia (§§2º e 3º).

Percebe-se, assim, que é possível que, em consolidação processual, alguns integrantes obtenham a concessão de sua recuperação, ao passo que outros tenham sua falência decretada, situação expressamente admitida pelo §4º.

2.2.2. Consolidação substancial

Situação diversa ocorre quando se vislumbra, no interior do grupo, as diversas personalidades jurídicas não são preservadas como centros de interesses autônomos[1047].

1047. SACRAMONE, Marcelo Barbosa. *Comentários à Lei de Recuperação de Empresas e Falência.* São Paulo: Saraiva, 2021, p. 382.

Como sintetiza Laura Mozelli, a consolidação substancial pode ser voluntária, proposta pelos devedores nas situações em que se mostre impossível a separação dos patrimônios dos integrantes do grupo ou, mesmo que possível, essa separação seja inviável, e aceita pelos credores. Mas pode ser também, prossegue, obrigatória, nos casos de fraude do devedor ou de necessidade de proteção do conjunto de credores[1048].

A Lei nº 14.112/20 acrescentou o art. 69-J à Lei nº 11.101/05, de forma que, além de constatada a confusão patrimonial entre os integrantes do grupo, devem ser demonstrados mais dois dos seguintes requisitos: I – a existência de garantias cruzadas; II – relação de controle ou de dependência; III – identidade total ou parcial do quadro societário; e IV – atuação conjunta no mercado entre os postulantes. Nessas situações, o juiz poderá, excepcionalmente, e independentemente da realização da assembleia geral, autorizar a consolidação substancial de ativos e passivos dos devedores integrantes do mesmo grupo econômico que estejam em recuperação judicial sob consolidação processual.

Reconhecida a consolidação substancial, ativos e passivos de devedores serão tratados como se pertencessem a um único devedor (art. 69-K) e, evidentemente, o mesmo destino estará reservado a todos os integrantes do grupo, ao contrário do que ocorre na consolidação processual. Assim é que, admitida a consolidação substancial, os devedores apresentarão plano unitário, que discriminará os meios de recuperação a serem empregados e será submetido a uma única assembleia geral de credores (art. 69-L).

3. CRÉDITOS ABRANGIDOS E CRÉDITOS EXCLUÍDOS

3.1. Créditos abrangidos

Devemos tratar, agora, dos credores que serão atingidos pela recuperação. A Lei 11.101/05, em princípio, apenas se refere aos "créditos existentes na data do pedido, ainda que não vencidos" (art. 49, *caput*) – o que inclui, por exemplo, os créditos trabalhistas. Nos termos do Enunciado nº 100, da III Jornada de Direito Comercial, consideram-se sujeitos à recuperação judicial os créditos decorrentes de fatos geradores anteriores ao pedido, independentemente da data de eventual acordo, sentença ou trânsito em julgado. Assim, importa a data da origem da obrigação.

Neste sentido, o STJ vem decidindo que "tratando-se de vínculo jurídico decorrente de evento que causou dano à esfera dos direitos da parte demandante, a constituição do crédito correspondente não se dá com a prolação da decisão judicial que o reconhece e o quantifica, mas com a própria ocorrência daquele evento" (AgInt no REsp 1.863.844/RS, Rel. Ministra Nancy Andrighi, DJe 04/06/2020).

1048. MOZELLI, Laura Sarti. *Recuperação judicial de grupos de sociedades: a consolidação e sua aplicação no direito brasileiro*. Dissertação (Mestrado em Direito da Universidade Federal de Minas Gerais). Belo Horizonte: UFMG, 2017.

Isso significa dizer que a liquidez e a exigibilidade do crédito não são fatores decisivos para sua eventual inclusão na recuperação judicial e, como veremos adiante, poderão ser novados pelo plano de recuperação judicial.

Em sentido contrário, porém, há quem entenda, tal como Marcos Andrey de Sousa, que se deve atentar ao marco temporal, isto é, a data do pedido de recuperação: "Os credores posteriores ao pedido não podem ser incluídos no plano de recuperação, mesmo que este seja elaborado e apresentado posteriormente. Aliás, a lei atribui efeitos diametralmente opostos aos credores posteriores, considerando-os inclusive extraconcursais na hipótese de falência do devedor, segundo o artigo 67 da nova lei"[1049].

Os credores do devedor em recuperação judicial conservam seus direitos e privilégios contra os coobrigados, fiadores e obrigados de regresso (art. 49, §1º). O STJ editou a Súmula 581, segundo a qual "a recuperação judicial do devedor principal não impede o prosseguimento das ações e execuções ajuizadas contra terceiros devedores solidários ou coobrigados em geral, por garantia cambial, real ou fidejussória".

No entanto, a despeito dessa Súmula, decisões recentes do STJ vêm admitindo a possibilidade de o plano de recuperação judicial dispor de forma diversa. Remetemos o leitor ao REsp 1.700.487/MT (Rel. Ministro Ricardo Villas Bôas Cuevas; Rel. para o acórdão Ministro Marco Aurélio Bellizze), cuja ementa, no trecho que interessa, dispõe que:

> Em regra (e no silêncio do plano de recuperação judicial), a despeito da novação operada pela recuperação judicial, preservam-se as garantias, no que alude à possibilidade de seu titular exercer seus direitos contra terceiros garantidores e impor a manutenção das ações e execuções promovidas contra fiadores, avalistas ou coobrigados em geral, a exceção do sócio com responsabilidade ilimitada e solidária (§ 1º, do art. 49 da Lei n. 11.101/2005). E, especificamente sobre as garantias reais, estas somente poderão ser supridas ou substituídas, por ocasião de sua alienação, mediante expressa anuência do credor titular de tal garantia, nos termos do § 1º do art. 50 da referida lei.

Já o §2º estabelece que as obrigações anteriores à recuperação judicial observarão as condições originalmente contratadas ou definidas em lei, inclusive no que diz respeito aos encargos, salvo se de modo diverso ficar estabelecido no plano. Aqui, há uma expressa previsão para eventual disposição em sentido contrário pelo plano, ausente no §1º.

O §6º, por sua vez, sujeita à recuperação judicial os créditos que decorram exclusivamente da atividade rural e estejam discriminados nos documentos a que se referem os §§2º e 3º do art. 48, ainda não vencidos. O dispositivo, assim como os §§ 7º a 9º, foi incluído pela Lei nº 14.112/20.

O §7º faz expressa menção à Lei nº 4.829/64, que institucionaliza o crédito rural.

1049. SOUSA, Marcos Andrey. In: DE LUCCA, Newton; SIMÃO FILHO, Adalberto. *Comentários à nova lei de recuperação de empresas e de falências*. São Paulo: Quartier Latin, 2005, p. 228. No mesmo sentido, o REsp 1.298.670/MS, Rel. Ministro Luís Felipe Salomão, j. 21/05/2015.

3.2. Créditos excluídos

Mas **não estão abrangidos:**

a) o proprietário fiduciário de móveis ou imóveis;

b) o arrendador mercantil;

c) o proprietário ou promitente vendedor de imóvel cujo contrato contenha cláusula de irrevogabilidade ou irretratabilidade, inclusive em incorporações imobiliárias;

d) o proprietário em contrato de compra e venda com reserva de domínio (art. 49, § 3º);

e) os titulares de importância entregue ao devedor, em moeda corrente nacional, decorrente de adiantamento a contrato de câmbio para exportação (art. 49, § 4º);

f) os créditos tributários (art. 187, do Código Tributário Nacional – CTN);

g) obrigações a título gratuito (art. 5º, I);

h) as despesas que os credores fizerem para tomar parte na recuperação, salvo as custas judicias decorrentes de litígio com o devedor (art. 5º, II).

Examinaremos a chamada recuperação judicial especial (prevista nos arts. 70 a 72 e aplicável às microempresas e empresas de pequeno porte) oportunamente, mas adiantamos que, a partir da Lei Complementar 147/2014, ela alcança todos os créditos existentes na data do pedido, ainda que não vencidos, excetuados os decorrentes de repasse de recursos oficiais, os fiscais e os previstos nos §§ 3º e 4º do art. 49. Neste sentido, o art. 71, I, da Lei 11.101/05.

4. O PEDIDO DE RECUPERAÇÃO JUDICIAL

Inicialmente, e retornando nossas observações referentes ao art. 3º da Lei 11.101/05, o pedido deve ser ajuizado no foro do principal estabelecimento do devedor, o que pode não coincidir com a sua sede administrativa.

A **petição inicial** deve ser instruída com os documentos elencados no art. 51:

I – a exposição das **causas concretas da situação patrimonial do devedor** e das **razões da crise** econômico-financeira, o que será de fundamental importância para a avaliação da viabilidade da empresa, bem como a compatibilidade com os meios propostos para a recuperação (art. 50).

II – as **demonstrações contábeis relativas aos 3 (três) últimos exercícios sociais e as levantadas especialmente para instruir o pedido**, confeccionadas com estrita observância da legislação societária aplicável e compostas obrigatoriamente de:

a) balanço patrimonial;

b) demonstração de resultados acumulados;

c) demonstração do resultado desde o último exercício social;

d) relatório gerencial de fluxo de caixa e de sua projeção; e

e) descrição das sociedades de grupo societário, de fato ou de direito (esta, incluída pela Lei nº 14.112). Não nos parece que essa exigência implique em obrigatoriedade de uma consolidação processual, mas sim garantir aos credores o conhecimento da real situação do devedor. Caso se opte pela consolidação processual, será necessário apresentar os documentos de todos os membros do grupo, individualmente considerados.

Evidentemente, os empresários que observam o prazo mínimo estabelecido no art. 48 (dois anos) poderão promover a juntada da documentação relativa aos dois últimos exercícios sociais.

Por outro lado, quando se tratar da recuperação especial das microempresas e empresas de pequeno porte, poderão ser apresentados os livros e escrituração contábil simplificados nos termos da legislação específica (art. 51, § 2º). No entanto, o Código Civil, art. 1.179, § 2º, dispensa toda e qualquer escrituração contábil para esses empresários.

Se o ajuizamento ocorrer antes da data final da entrega do balanço correspondente ao exercício anterior, o devedor poderá apresentar balanço prévio, juntando o balanço definitivo no prazo da lei societária aplicável (art. 51, §4º).

III – a **relação nominal completa dos credores, sujeitos ou não à recuperação judicial,** inclusive aqueles por obrigação de fazer ou de dar, com a indicação do endereço físico e eletrônico de cada um, a natureza, conforme estabelecido nos arts. 83 e 84 da lei, e o valor atualizado do crédito, com a discriminação de sua origem, e o regime dos vencimentos.

A redação do dispositivo foi alterada pela Lei nº 14.112/21, que agora é expressa ao determinar que a relação inclua também os credores não sujeitos ao procedimento recuperacional, como os fiscais. Assim, o relatório deve indicar os débitos fiscais vencidos ou vincendos, exigíveis ou não (parcelados ou com outra causa de suspensão de exigibilidade), bem como as eventuais medidas judiciais ou administrativas adotadas, de forma a apresentar ao juiz a real situação fiscal do demandante (neste sentido, ainda, o novo inciso X, que coloca entre os documentos da inicial "o relatório detalhado do passivo fiscal"). A partir dessa relação, será elaborado o edital com a relação dos credores (art. 7º, § 2º, e 51, § 1º, II, da Lei 11.101/05) e a constituição do Comitê de Credores (art. 51, § 2º).

IV – a **relação integral dos empregados, em que constem as respectivas funções, salários, indenizações e outras parcelas a que têm direito, com o correspondente mês de competência, e a discriminação dos valores pendentes de pagamento**. Também terá impacto na avaliação da viabilidade da empresa. O artigo se refere a "empregados", o que limita a relação aos contratos de trabalho envolvendo relação de emprego, regulados pela CLT.

V – **certidão de regularidade do devedor no Registro Público de Empresas, o ato constitutivo atualizado e as atas de nomeação dos atuais administradores.** É a ocasião para a comprovação dos requisitos do *caput* do art. 48 da Lei 11.101/05.

VI – a **relação dos bens particulares dos sócios controladores e dos administradores do devedor.** O dispositivo é bastante criticado pela doutrina. Há autores que entendem haver violação à intimidade e à vida privada das pessoas, bem como o sigilo dos dados[1050]. Outros destacam que a exigência ignora a separação entre os patrimônios dos sócios e o patrimônio da sociedade[1051].

Fabio Ulhoa Coelho, por seu turno, reconhece a finalidade do dispositivo, que busca proporcionar aos credores o exame de algumas hipóteses de outorga de garantias reais ou fidejussórias pelos sócios, acionista controlador ou administradores da sociedade requerente; por outro lado, entende que eventual recusa em apresentar a relação de bens é válida, diante do art. 5º, X, da Constituição, que garante a inviolabilidade da vida privada, e que "não seria justo vedar o acesso da sociedade requerente ao benefício da recuperação, por se tratar de ato de terceiro que ela simplesmente não pode impedir, judicial ou extrajudicialmente"[1052].

Marcelo Sacramone somente entende cabível a exigência nas hipóteses em que os sócios sejam ilimitadamente responsáveis perante os débitos sociais. Isso porque os credores podem ser levados a decidir pela recuperação judicial ou pela falência, cujos efeitos se estenderão ao patrimônio dos sócios do devedor falido[1053].

1050. MAMEDE, Gladston. *Direito empresarial brasileiro:* falência e recuperação de empresas. São Paulo: Atlas, 2016, p. 140. Segundo o autor, "o pedido de recuperação judicial teria por efeito direto a permissão de uma devassa na vida do sócio controlador e dos administradores societários; no contexto histórico e social da alta criminalidade em que vivemos, retiraria-lhes a segurança, atraindo a ambição dos que fazem da prática de tipos penais a sua atividade econômica".

1051. LOBO, Jorge. Comentários aos artigos 35 a 69. In: TOLEDO, Paulo F. C. Salles de, ABRAÃO, Carlos Henrique (org.). *Comentários à Lei de Recuperação de Empresas e Falências.* São Paulo: Saraiva, 2005, p. 132.

1052. COELHO, Fabio Ulhoa. *Curso de direito comercial.* v. 3. São Paulo: Revista dos Tribunais, 2016, p. 383. No mesmo sentido, GUIMARÃES, Maria Celeste Morais. Comentários à nova lei de falências e recuperação de empresas (arts. 50 a 52). In: CORRÊA-LIMA, Osmar Brina e CORRÊA-LIMA, Sérgio Mourão (coord.). *Comentários à Nova Lei de Falências e Recuperação de Empresas.* Rio de Janeiro: Forense, p. 370.

1053. SACRAMONE, Marcelo Barbosa. *Comentários à Lei de Recuperação de Empresas e Falência.* São Paulo: Saraiva, 2021, p. 299. Para o autor, "exigir a publicidade dos ativos dos sócios controladores e administradores, além de implicar quebra do sigilo bancário e fiscal, poderá gerar riscos a eles, sem que haja utilidade da referida medida. Essa ampla publicidade sequer se justifica em razão do princípio da ampla transparência e divulgação de informações. A pessoa jurídica empresária não se confunde com os sócios controladores ou administradores, que não requereram a recuperação judicial e cujas dívidas não estão na recuperação judicial submetidas. A avaliação de existência de maior ou menor patrimônio dos sócios controladores ou administradores é de tudo irrelevante para a recuperação da atividade da sociedade empresária ou para a aferição do motivo da crise ou da situação econômico-financeira do devedor, o que poderia ser obtido através da simples verificação dos demonstrativos financeiros da própria pessoa jurídica em recuperação judicial".

O dispositivo legal nos parece justificado, sobretudo em razão de eventual responsabilização dos controladores ou administradores, nos termos do art. 82, § 2º, da Lei 11.101/05. Os credores podem pedir garantias, e as relações econômicas, que necessariamente envolvem terceiros, são tratadas pelo legislador no Título VII da Constituição Federal, que trata da Ordem Econômica e Financeira, e entre os princípios-fundamento da ordem econômica (art. 170, incisos I a IV, inciso IX e seu parágrafo único) tampouco encontraremos o sigilo.

VII – os **extratos atualizados das contas bancárias do devedor e de suas eventuais aplicações financeiras** de qualquer modalidade, inclusive em fundos de investimento ou em bolsas de valores, emitidos pelas respectivas instituições financeiras.

VIII – **certidões dos cartórios de protestos** situados na comarca do domicílio ou sede do devedor e naquelas onde possui filial. Destacamos que o dispositivo não exige "certidão negativa" – pelo que a inexistência de protesto não é requisito para o deferimento. A ideia, aqui, é de permitir uma visão mais exata da situação financeira da empresa.

IX – a **relação das ações judiciais e procedimentos arbitrais. A Lei 14.112/21 atendeu a antiga reivindicação de parte da doutrina**[1054] e incluiu expressamente a referência à arbitragem. O objetivo do legislador foi o de permitir ao juiz e aos credores vislumbrar a situação da empresa e avaliar sua viabilidade.

X – o **relatório detalhado do passivo fiscal**, em sintonia com a nova redação dada ao inciso III, que faz expressa referência aos credores não sujeitos à recuperação judicial.

XI – a **relação de bens do ativo não circulante.** A rigor, essa relação já era exigida pelo art. 53, devendo constar do plano de recuperação judicial, mas a Lei nº 14.112/21, ao inserir este inciso XI, acabou antecipando a exigência para o momento da inicial.

Um aspecto importante: nos termos do art. 66, **após a distribuição do pedido** de recuperação judicial, o **devedor não poderá alienar ou onerar bens ou direitos de seu ativo permanente**, salvo evidente utilidade reconhecida pelo juiz, depois de ouvido o Comitê, com exceção, obviamente, daqueles previamente relacionados no plano de recuperação judicial. A opção do legislador nos parece óbvia, uma vez que o patrimônio do devedor é a garantia de satisfação das obrigações de seus credores. Por outro lado, a alienação ou oneração de bens ou direitos pode, ao menos em tese, inviabilizar o próprio desenvolvimento de suas atividades.

A inicial da propositura de recuperação judicial deverá, nos termos dos artigos 291 e 292 do Código de Processo Civil, indicar o valor da causa. O art. 51, §5º, da Lei nº 11.101/05, estabelece como critério para sua determinação o montante total dos créditos sujeitos à recuperação judicial. Observamos que o *real* montante somente será conhecido *após* a aprovação do plano.

1054. MAMEDE, Gladston. *Direito empresarial brasileiro:* falência e recuperação de empresas. São Paulo: Atlas, 2016, p. 152.

5. O PROCESSAMENTO DO PEDIDO DE RECUPERAÇÃO

Deferir o processamento não significa conceder a recuperação. O juiz, aqui, examina os **aspectos formais** do pedido. No entanto, uma questão foi colocada por parte da doutrina e da jurisprudência: cabe ao juiz analisar a *viabilidade* do plano?

Essa viabilidade seria analisada pelo juiz através da chamada **perícia prévia**. Seus defensores sustentavam que sua determinação pelo juiz era fundamental para impedir o processo de recuperação judicial de empresas absolutamente inviáveis[1055]. O art. 156, do Código de Processo Civil, estabelece que o juiz será assistido por perito quando a prova do fato depender de conhecimento técnico ou científico; o art. 481, do CPC, por sua vez, determina que o juiz pode, de ofício e em qualquer fase processual, inspecionar pessoas ou coisas para esclarecer fatos que interessem à decisão da causa, podendo ser assistido por um perito. O Grupo de Câmaras Empresariais do Tribunal de Justiça do Estado de São Paulo exarou o Enunciado VII, segundo o qual "não obstante a ausência de previsão legal, nada impede que o magistrado, quando do exame do pedido de processamento da recuperação judicial, caso constate a existência de indícios de utilização fraudulenta ou abusiva do instituto, determine a realização de verificação prévia, em prazo o mais exíguo possível".

Outros autores defendiam que, a despeito desse entendimento, a inicial não é a única fase importante nessa análise de viabilidade da empresa[1056]. Mas é certo que a lei, até a publicação da Lei nº 14.112, não previa a análise do mérito do plano pelo juiz ou estabelecia critérios de sua viabilidade. O STJ já havia decidido o no sentido de que essa análise de "mérito" era reservada exclusivamente aos credores. Neste sentido, o REsp 1.660.195/PR, Rel. Ministra Nancy Andrighi, Terceira Turma, j. 04/04/2017, DJe 10/04/2017).

No entanto, é importante observar que a Lei nº 14.112 inseriu o art. 51-A, que passa a prever, expressamente, a perícia prévia. No entanto, o fez com alcance bem delimitado: ela deve promover exclusivamente a constatação das reais condições de funcionamento da requerente e da regularidade e da completude da documentação apresentada com a petição inicial. Em outras palavras, nos termos do *caput* do dispositivo, presta-se apenas para conferir a existência da atividade e a completude da documentação apresentada). A perícia prévia, agora expressamente autorizada, não permite ao juiz a análise do mérito da recuperação.

O juiz não pode indeferir o processamento da recuperação judicial baseado na análise de viabilidade econômica do devedor (§5º).

Caso a perícia constate indícios contundentes de utilização fraudulenta da ação de recuperação judicial, o juiz poderá indeferir a inicial, oficiando ao Ministério Público para a tomada das providências criminais eventualmente cabíveis (§6º). Se for constatado que

---

1055. COSTA, Daniel Carnio. A divisão equilibrada de ônus na recuperação judicial da empresa. p. 47-64. In. LUCCA, Newton de, VASCONCELOS, Miguel Pestana de (coord.). Falência, insolvência e recuperação de empresas: estudos luso-brasileiros. São Paulo: Quartier Latin, 2015.

1056. NEGRÃO, Ricardo. *Curso de direito comercial e de empresa*. Vol. 3. São Paulo: Saraiva, 2017, p. 215.

o principal estabelecimento do devedor não se situar na área de competência do juízo, o juiz deverá determinar a remessa dos autos ao juízo competente. Neste sentido, o §7º.

Estando a petição inicial devidamente instruída na forma do art. 51, o juiz **deferirá o processamento** da recuperação judicial. É o que estabelece o art. 52, da Lei 11.101/05. Evidentemente, à falta de algum dos requisitos, deverá o juiz individualizar os elementos faltantes[1057] e determinar prazo para que a parte providencie sua juntada. O ato que defere o processamento da recuperação judicial é uma **decisão interlocutória**, através da qual o juiz:

I – **nomeará o administrador judicial**, observado o disposto no art. 21.

II – determinará a **dispensa da apresentação de certidões negativas para que o devedor exerça suas atividades, observado o disposto no § 3º do art. 195, da Constituição e no art. 69 da lei**. O inciso II do art. 52 faz referência expressa ao art. 69 da Lei 11.101/05, ou seja, o devedor deverá acrescer, em todos os atos que praticar, a expressão "em recuperação judicial" após o seu nome empresarial. A atual redação foi dada pela Lei nº 14.112/20. A redação original excetuava a dispensa para a contratação com o Poder Público ou para recebimento de benefícios ou incentivos fiscais ou creditícios, o que sempre foi criticado por alguns autores. Basta imaginar a situação de um empresário cuja atividade principal envolva contratações com o Poder Público: nesse caso, a antiga redação praticamente inviabilizava qualquer possibilidade de recuperação.

Por outro lado, a nova redação faz menção expressa ao §3º, do art. 195, da Constituição. Assim, a pessoa jurídica com débito com o sistema da seguridade social, como estabelecido em lei, não poderá contratar com o Poder Público bem dele receber benefícios ou incentivos fiscais ou creditícios.

III – ordenará a **suspensão de todas as ações ou execuções contra o devedor**, com **exceção** das ações previstas nos §§ 1º (que demandam quantia ilíquida), 2º (em tramitação perante a Justiça do Trabalho) e 7º (execuções fiscais) do art. 6º. Além disso, não se suspendem as ações e execuções cujos créditos não se sujeitam à recuperação, nos termos dos §§ 3º e 4º do art. 49, e já analisadas acima. Cabe ao devedor proceder à devida comunicação aos juízos competentes (art. 52, § 3º).

Essa suspensão – o chamado ***stay period*** – não poderá ultrapassar o **prazo de 180 dias** do deferimento da recuperação, restabelecendo-se, após o decurso do prazo, o direito dos credores de iniciar ou continuar suas ações e execuções, independentemente de pronunciamento judicial. É o que dispõe o art. 6º, § 4º, da Lei 11.101/05.

Quanto a esse inciso, cabe a análise de algumas situações:

a) **Suspensão do prazo para o recurso especial:**

No AREsp 790.736, o Min. Luis Felipe Salomão entendeu que não, uma vez que "nos termos do art. 52, III, da Lei nº 11.101/05, a suspensão em análise ocorre no juízo

---

1057. Neste sentido, a Súmula nº 56, do Tribunal de Justiça do Estado de São Paulo: "na recuperação judicial, ao determinar a complementação da inicial, o juiz deve individualizar os elementos faltantes".

onde as ações e execuções estão sendo processadas, ou seja, no juízo que tramitam as ações e execuções nas quais os atos expropriatórios podem vir a ser praticados.

Nessa ordem de ideias, é importante salientar que a lei nada menciona sobre suspensão das ações e execuções em sede de recurso especial, pois o recurso visa apenas permitir a revisão ou reexame da decisão recorrida, não sendo, em geral, a sede de prática de atos expropriatórios". Além disso, "quando há interposição de recurso especial, em regra, não há efeito suspensivo, de forma que as ações e execuções contra o devedor continuam tramitando no juízo de primeira instância", sendo "na instância ordinária que a parte noticiará e deverá realizar o pedido de suspensão do processo em decorrência do deferimento do processamento da recuperação judicial, para que se evite a prática de atos expropriatórios pelo juízo e cumpra a finalidade da lei de possibilitar a recuperação judicial".

Neste sentido, o STJ:

> AGRAVO INTERNO NO AGRAVO EM RECURSO ESPECIAL. TELEFONIA. COMPLEMENTAÇÃO ACIONÁRIA. OI, S.A. PEDIDO. PEDIDO DE SUSPENSÃO DO PROCESSO EM VIRTUDE DE DEFERIMENTO DO PROCESSAMENTO DE RECUPERAÇÃO JUDICIAL. VIA ESPECIAL INADEQUADA. RECURSO QUE DEIXA DE IMPUGNAR ESPECIFICAMENTE OS FUNDAMENTOS DA DECISÃO ORA AGRAVADA. INOBSERVÂNCIA DO ART. 1.021, § 1º, DO CPC E INCIDÊNCIA DA SÚMULA Nº 182 DO STJ. AGRAVO NÃO CONHECIDO. 1. Em regra, não há falar em suspensão do julgamento do recurso especial em virtude de deferimento do processamento da recuperação judicial. A jurisprudência desta Corte, com relação a esse tema, tem mantido uma simetria com o trato dado à não suspensão dos recursos especiais nos casos de afetação de recurso repetitivo e de reconhecimento de repercussão geral pelo STF. 2. (...) 3. (...) 4. Pedido de suspensão do processo indeferido. Agravo interno não conhecido. (AgInt no AREsp nº 790.736/RS, Rel. Min. Luís Felipe Salomão).

b) **Prorrogação do prazo de 180 dias**:

A jurisprudência vem entendendo que o pedido de prorrogação do prazo previsto no art. 6º, § 4º, da LRF, somente é admissível em casos restritos. Neste sentido, acórdão do TJ-SP (AI 2026647-13.2014.8.26.0000, Rel. Des. Francisco Loureiro, julgamento em 14/08/2014):

> RECUPERAÇÃO JUDICIAL. Pedido de prorrogação do prazo previsto no artigo 6º, § 4º, da Lei 11.101/05. Admissibilidade somente em casos restritos e especialíssimos. Transcurso do prazo de mais de um ano desde o deferimento do processamento da recuperação. Caráter excepcionalíssimo dessa medida não permite o deferimento da suspensão por prazo indeterminado, pena de desvirtuar por completo os objetivos do instituto da recuperação judicial e prejudicar os credores. Recurso provido.
>
> Em diversos acórdãos, o STJ admite a prorrogação do prazo quando o atraso na conclusão do processo não decorrer de culpa do devedor.
>
> FALÊNCIA E RECUPERAÇÃO JUDICIAL. RECURSO ESPECIAL. EXECUÇÃO. AJUIZAMENTO. ANTERIOR. LEI 11.101/05. SUSPENSÃO. PRAZO. 180 (CENTO E OITENTA) DIAS. PLANO. APROVAÇÃO. IMPROVIMENTO.

> I. Salvo exceções legais, o deferimento do pedido de recuperação judicial suspende as execuções individuais, ainda que manejadas anteriormente ao advento da Lei 11.101/05.
>
> II. Em homenagem ao princípio da continuidade da sociedade empresarial, o simples decurso do prazo de 180 (cento e oitenta) dias entre o deferimento e a aprovação do plano de recuperação judicial não enseja retomada das execuções individuais quando à pessoa jurídica, ou seus sócios e administradores, não se atribui a causa da demora.
>
> III. Recurso especial improvido.
>
> (REsp 1.193.480/SP, Rel. Min. Aldir Passarinho Junior, 4ª Turma, DJe 18/10/2010)

Por fim, cabe destacar que o Enunciado 42 da I Jornada de Direito Comercial é categórico: "O prazo de suspensão previsto no art. 6º, § 4º, da Lei 11.101/2005 pode excepcionalmente ser prorrogado, se o retardamento do feito não puder ser imputado ao devedor". Mas destacamos que o dispositivo foi alterado pela Lei nº 14.112/20: agora, na recuperação judicial, as suspensões e a proibição de que tratam os incisos I a III do *caput* do art. 6º perdurarão pelo prazo de 180 dias, contado do deferimento do processamento da recuperação, prorrogável por igual período uma única vez, em caráter excepcional, desde que o devedor não haja concorrido com a superação do lapso temporal.

Sobre o tema, destacamos dois enunciados do Grupo de Câmaras Reservadas de Direito Empresarial do Tribunal de Justiça de São Paulo:

> Enunciado 7: "Não obstante a ausência de previsão legal, nada impede que o magistrado, quando do exame do pedido de processamento da recuperação judicial, caso constate a existência de indícios de utilização fraudulenta ou abusiva do instituto, determine a realização de verificação prévia, em prazo o mais exíguo possível."
>
> Enunciado 9: "A flexibilização do prazo do 'stay period' pode ser admitida, em caráter excepcional, desde que a recuperanda não haja concorrido com a superação do lapso temporal e a dilação se faça por prazo determinado."

c) **Contagem do prazo de 180 dias**:

Dado o advento do novo Código de Processo Civil, esse prazo deve ser contado em dias corridos ou em dias úteis? **A Quarta Turma do STJ entendeu que a contagem dos prazos de suspensão das execuções e para apresentação do plano de recuperação judicial deve ser feita em dias corridos e ininterruptos** (REsp 1.699.528, Rel. Ministro LUIS FELIPE SALOMÃO, julgamento em 10/04/2018). Entendeu-se que a aplicação do CPC, no âmbito do microssistema recuperacional e falimentar, deve ser excepcional. Destacou-se, ainda, que o CPC é claro ao estabelecer que permanecem em vigor as disposições especiais dos procedimentos regulados em outras leis. Além disso, o critério de contagem em dias úteis é voltado exclusivamente aos prazos processuais.

d) **A suspensão de 180 dias e as execuções fiscais**:

O crédito fiscal não participa da recuperação judicial. Por outro lado, a lei determina a suspensão das execuções fiscais por 180 dias. Entendemos que a norma só faz sentido se aplicada em conjunto com a norma que impõe a necessidade de comprovação da suspensão da exigibilidade dos respectivos créditos (certidão de regularidade, por meio do parcelamento (Lei 13.043/2014, que acrescentou o art. 10-A à Lei 10.522/2002). Do contrário, a recuperação judicial implicará a completa inação da Fazenda Pública e prejuízo ao crédito público.

Após o transcurso dos 180 dias, as execuções fiscais são retomadas. No entanto, permanece a discussão a respeito de sua efetividade.

A 1ª Seção do STJ vem entendendo que o eventual deferimento da recuperação judicial mediante dispensa de certidão de regularidade fiscal não impede o regular processamento da execução fiscal, com as implicações daí decorrentes – especificamente, a penhora de bens. Neste sentido, o AgRg no CC 112.646/DF, Rel. Ministro Herman Benjamin, Primeira Seção, j. 11/05/2011, DJe 17/05/2011).

A 2ª Seção, por sua vez, vem adotando entendimento em sentido contrário, como se pode verificar no CC 114.987/SP, Rel. Ministro Paulo de Tarso Sanseverino, Segunda Seção, DJe 23/03/2011).

Pelo entendimento da 2ª Seção, não há necessidade de a empresa em recuperação apresentar certidão de regularidade fiscal, e a execução fiscal perde toda e qualquer efetividade, uma vez que a competência para os atos constritivos não seria do juízo da execução fiscal, e sim do juízo recuperacional.

O REsp 1.712.484 foi afetado como representativo da controvérsia, cadastrada como Tema 987 no sistema de recursos repetitivos:

> PROCESSUAL CIVIL. RECURSO ESPECIAL. SUBMISSÃO À REGRA PREVISTA NO ENUNCIADO ADMINISTRATIVO 03/STJ. PROPOSTA DE AFETAÇÃO COMO REPRESENTATIVO DA CONTROVÉRSIA. EXECUÇÃO FISCAL. EMPRESA EM RECUPERAÇÃO JUDICIAL. PRÁTICA DE ATOS CONSTRITIVOS.
>
> 1. Questão jurídica central: "Possibilidade da prática de atos constritivos, em face de empresa em recuperação judicial, em sede de execução fiscal.
>
> 2. Recurso especial submetido ao regime dos recursos repetitivos (afetação conjunta: REsp 1.694.261/SP, REsp 1.694.316 e REsp 1.712.484/SP).
>
> (ProAfR no REsp 1.712.484/SP, Rel. Ministro Mauro Campbell Marques, j. 20/02/2018, DJe 27/02/2018).

A Lei nº 14.112/20 revogou o §7º do art. 6º, substituindo-o pelo §7º-B, determinando que **as execuções fiscais continuam a tramitar**, "admitida, todavia, a competência do juízo da recuperação judicial para determinar a suspensão dos atos de constrição que recaiam sobre bens de capital essenciais à manutenção da atividade empresarial até o encerramento da recuperação judicial, a qual será implementada mediante a cooperação jurisdicional", na forma do art. 69 do CPC, observado o disposto no art. 805 do mesmo Código.

Essa mudança legislativa levou o STJ a cancelar o Repetitivo e, por consequência, determinou o levantamento da suspensão nacional dos processos a ele relacionados.

> PROCESSUAL CIVIL. RECURSO ESPECIAL. SUBMISSÃO À REGRA PREVISTA NO ENUNCIADO ADMINISTRATIVO 03/STJ. PROPOSTA DE CANCELAMENTO DE AFETAÇÃO. VIGÊNCIA DA LEI 14.112/2020, QUE ALTEROU A LEI 11.101/2005. NOVEL LEGISLAÇÃO QUE CONCILIA ORIENTAÇÃO DA SEGUNDA TURMA/STJ E DA SEGUNDA SEÇÃO/STJ. 1. Em virtude de razões supervenientes à afetação do Tema Repetitivo 987, revela-se não adequado o pronunciamento desta Primeira Seção acerca da questão jurídica central ("Possibilidade da prática de atos constritivos, em face de empresa em recuperação judicial, em sede de execução fiscal de dívida tributária e não tributária.") 2. Recurso especial removido do regime dos recursos repetitivos. Cancelamento da afetação do Tema Repetitivo 987 (REsp 1.694.261/SP, Rel. Ministro Mauro Campbell Marques, Primeira Seção, j. 28/6/2021).

O relator, em seu voto, afirmou que a mudança legislativa concilia o entendimento adotado pela Segunda Turma, ao permitir a prática de atos constritivos em face de empresa em recuperação judicial – com aquele da Segunda Seção, segundo o qual cabe ao juízo da recuperação judicial analisar e deliberar sobre esses mesmos atos constritivos e deliberar sobre tais atos, de forma a não inviabilizar o plano de recuperação.

A lei utiliza a expressão "execuções fiscais", de modo que, para alguns autores, acaba por englobar todo e qualquer débito em face da Fazenda Pública (arts. 2º, da Lei nº 6.830/80 c/c art. 39, §2º, da Lei nº 4.320/64)[1058].

e) **A suspensão e os avalistas e coobrigados**:

A suspensão das execuções desfavoráveis à sociedade empresária não aproveita ao avalista coobrigado, a teor do disposto no art. 49, § 1º, da Lei 11.101/2005. Devemos observar que a figura do sócio solidário (art. 6º, da Lei 11.101/2005) não se confunde com a do devedor solidário ou coobrigado, cuja obrigação documentada em título de crédito é autônoma e independente da relativa ao devedor principal.

De acordo com a Súmula 581 do STJ, "a **recuperação judicial do devedor principal não impede o prosseguimento das ações e execuções ajuizadas contra terceiros devedores solidários ou coobrigados em geral, por garantia cambial, real ou fidejussória**". Neste sentido, ainda, reportamos o leitor ao REsp 1.269.703, Rel. Ministro Luís Felipe Salomão, Quarta Turma, j. 13/11/2012).

1058. COUTINHO, Daniele de Lucena Zanforlin. Os efeitos do deferimento da recuperação judicial. In: In: COUTINHO, Daniele de Lucena Zanforlin, GONÇALVES, Gabriel Augusto Luís Teixeira, LUCENA, Jimmy Lauder Mesquita e PEREIRA, Matheus Mello (coordenadores). *Fazenda Pública na Recuperação Judicial e Falência*. Rio de Janeiro: Forense, 2022, p. 27. A autora reconhece que a questão não é pacífica, e cita o entendimento de Marcelo Sacramone, para quem apenas a execução fiscal de crédito tributário estaria alcançada, uma vez que o art. 57 se refere a certidões negativas de débitos tributários.

IV – determinará ao devedor a **apresentação de contas demonstrativas mensais enquanto perdurar a recuperação judicial**, sob pena de destituição de seus administradores.

V – ordenará a **intimação do Ministério Público e a comunicação por cartas às Fazendas Públicas em que o devedor tiver estabelecimento**, a fim de que tomem conhecimento da recuperação judicial e informem eventuais créditos perante o devedor, para divulgação aos demais interessados. Como já afirmamos anteriormente, em que pese o fato de os créditos fiscais não se submeterem à recuperação, essa informação será de grande importância para que tanto o juiz quanto os credores da recuperação avaliem corretamente a viabilidade econômica do devedor.

Com o deferimento, os credores poderão requerer, a qualquer tempo, a convocação de assembleia-geral para a constituição do Comitê de Credores ou a substituição de seus membros (art. 52, § 2º). Também com o deferimento do processamento da recuperação, é vedado ao devedor desistir do pedido, salvo se a assembleia-geral de credores assim aprovar (art. 52, § 4º).

Reconhece-se que o credor tenha direito potestativo de desistir da ação. No entanto, por força da referida norma, esse direito está restrito ao intervalo entre o ajuizamento da petição inicial e o deferimento do processamento da recuperação judicial. Após o deferimento, o devedor só poderá desistir da ação se autorizado pela assembleia-geral de credores, convocada, instalada e realizada na forma dos arts. 35 e parágrafos, sendo nula a sentença homologatória da desistência sem oitiva da assembleia-geral. Neste sentido, o TJMG:

> RECUPERAÇÃO JUDICIAL. PEDIDO DE DESISTÊNCIA DO PROCEDIMENTO. INDEFERIMENTO. APROVAÇÃO NA ASSEMBLEIA-GERAL DE CREDORES. INOCORRÊNCIA. DECISÃO MANTIDA POR OUTROS FUNDAMENTOS. O devedor só poderá desistir do pedido de recuperação judicial, após o deferimento de seu processamento, se obtiver a aprovação na assembleia-geral de credores. Inteligência do disposto nos artigos 52, § 4º, 35, inciso I, letra "d", ambos da Lei de Recuperação Judicial. (TJMG, AI 1.0210.09.058513-9/002, Rel. Des. Afrânio Vilela, julgamento em 26/02/2013).

O juiz determinará a **expedição de edital**, a ser publicado no órgão oficial, contendo o resumo do pedido do devedor e da decisão que deferiu o processamento da recuperação (insistimos: ainda não foi concedida a recuperação), a relação nominal de credores, discriminando o valor atualizado e a classificação de cada crédito, e a advertência acerca dos prazos para as devidas habilitações dos créditos, na forma do art. 7º, § 1º, bem como para que os credores apresentem objeção ao plano de recuperação judicial apresentado, nos termos do art. 55, da Lei 11.101/05.

f) **Execuções decorrentes de atos cooperativos praticados pelas sociedades cooperativas com seus cooperados**:

O novo § 13 do art. 6º determina a não sujeição aos efeitos da recuperação judicial dos contratos e obrigações decorrentes dos atos cooperativos praticados pelas sociedades cooperativas com seus cooperados, na forma do art. 79, da Lei nº 5.764/71, consequentemente não se aplicando a vedação contida no inciso II do art. 2º quando a sociedade operadora de plano de assistência à saúde for cooperativa médica.

5.1. Recorribilidade da decisão que defere o processamento da recuperação judicial

O CPC, em seu art. 1.015, estabeleceu as hipóteses de cabimento de agravo de instrumento, não fazendo menção específica à Lei 11.101/2005. No entanto, no inciso XIII, admite-se o recurso nos "outros casos expressamente referidos em lei". Nas demais hipóteses, restaria aguardar o momento da apelação (art. 1.009, do CPC) para rediscutir questão já decidida anteriormente por decisões interlocutórias[1059].

A Lei 11.101/2005, por sua vez, adotou sistema recursal bastante peculiar. Não há dúvidas quanto ao cabimento do agravo nas hipóteses expressamente previstas – artigos 17 (decisão da impugnação a habilitação de crédito), 59, § 2º (da decisão que concede a recuperação) e 100 (decisão que decreta a falência).

A doutrina, por sua vez, sempre entendeu pela recorribilidade imediata das decisões interlocutórias durante o processo recuperacional, uma vez que influenciarão no conteúdo de atos subsequentes e na conclusão do próprio contrato judicial que deve funcionar como efetiva e eficiente fonte de composição e estabilização dos interesses nele tratados[1060].

Especificamente no que se refere à decisão que defere o processamento da recuperação, a eventual aplicação do art. 1.009 do CPC levaria à sua rediscussão em um momento em que o processo estaria praticamente exaurido.

Esses argumentos foram considerados pelo STJ, quando do julgamento dos REsp 1.704.520/MT (Rel. Ministra Nancy Andrighi, Corte Especial, j. 05/12/2018, DJe 19/12/2018) e 1.722.866/MT (Rel. Ministro Luís Felipe Salomão, Quarta Turma, j. 25/09/2018, DJe 19/10/2018).

Neste último acórdão, o STJ reconheceu que as decisões de maior relevância na recuperação judicial e na falência são tomadas antes da sentença propriamente dita (que, geralmente, apenas reconhece fatos e atos firmados anteriormente), e que aguardar a análise

1059. BEZERRA FILHO, Manoel Justino. *Lei de recuperação de empresas e falência*. São Paulo: RT, 2018, p. 448.

1060. CAMPINHO, Sergio. *Curso de direito comercial: falência e recuperação de empresa*. São Paulo: Saraiva, 2017, p. 422-426: "Com efeito, o processo recuperacional não se apresenta com procedimentos linearmente dispostos, como se tem no processo de conhecimento, no qual são os atos ordenados para que seja proferida a sentença, consistente em um pronunciamento conclusivo da fase do processo cognitivo, com o julgamento (resolução de mérito) ou não (resolução formal) da pretensão material veiculada pelo autor (...)A recuperação judicial (...) emerge como um somatório de providências com objetivo de viabilizar a reestruturação da empresa, fazendo com que possa ser superado o estado de crise. Resulta de um contrato judicial que necessariamente implicará a execução de obrigações".

do recurso de apelação equivaleria à irrecorribilidade prática da decisão interlocutória. A falta de interesse e de utilidade da revisão da decisão apenas no momento do julgamento da apelação permite sua impugnação imediata por meio do agravo.

6. O PLANO DE RECUPERAÇÃO JUDICIAL

O deferimento do processamento da recuperação é o marco inicial do **prazo de 60 dias para a apresentação**, pelo devedor, do **Plano de Recuperação Judicial**, sob pena de convolação em falência. O pedido de recuperação, uma vez deferido, é **irretratável** (salvo se a desistência for autorizada pela assembleia-geral de credores). Logo, em princípio, deferido o processamento do pedido, ou o devedor obterá a recuperação ou terá seu pedido convolado em falência. Essa observação apenas reforça a gravidade da decisão do devedor.

De acordo com o art. 53, **o plano deve conter:**

I – **discriminação pormenorizada dos meios de recuperação** a ser empregados, nos termos do art. 50;

II – **demonstração de sua viabilidade econômica** e

III – **laudo econômico-financeiro e de avaliação dos bens e ativos do devedor**, subscrito por profissionais especializados legalmente habilitados ou empresa especializada.

O plano de recuperação judicial é o núcleo do procedimento[1061].

O art. 53 permite aos credores o conhecimento do patrimônio do devedor e o grau de exequibilidade e efetividade das medidas recuperatórias propostas. O laudo econômico-financeiro e de avaliação dos bens e ativos não fornecem certezas aos credores – o que somente ocorrerá com a efetiva liquidação do acervo – mas permite não apenas avaliar a viabilidade patrimonial e as consequências de uma eventual falência e liquidação do patrimônio.

Aqui, é importante lembrar que a recuperação judicial é uma alternativa – somente deve ser proposta se a empresa for viável. Portanto, muitas vezes, constatando-se que o modelo do negócio é inviável (ou seja, que o problema não se resume a uma crise financeira), pode ser mais interessante aos credores remeter o devedor à liquidação[1062].

A lei impõe algumas barreiras ao plano e, como veremos a seguir, aos meios de recuperação propostos na inicial. Assim, nos termos do art. 54, o plano não poderá prever prazo superior a um ano para pagamento dos créditos derivados da legislação do trabalho ou decorrentes de acidentes de trabalho vencidos até a data o pedido de recuperação judicial.

1061. CAVALLI, Cássio. Plano de Recuperação. In: COELHO, Fabio Ulhoa (org.). *Tratado de Direito Comercial*. v. 7. São Paulo: Saraiva, 2015, p. 1258.

1062. PIMENTA, Eduardo Goulart. *Recuperação de empresas*: um estudo sistematizado da nova lei de falências. São Paulo: IOB Thomson, 2006, p. 186.

Reforça-se, aqui, a natureza alimentar destes créditos e a consequente necessidade de protegê-los dos demais credores e reduzir a possibilidade de sua negociação.

Como se conta esse prazo? O Enunciado I do Grupo de Câmaras Reservadas de Direito Empresarial do TJSP estabelece que "o prazo de 1 (um) ano para o pagamento dos credores trabalhistas e de acidentes do trabalho, de que trata o art. 54, *caput*, da Lei nº 11.101/2005, conta-se da homologação do Plano de Recuperação Judicial ou do término do prazo de suspensão de que trata o art. 6º, §4º, da Lei nº 11.101/2005, independentemente de prorrogação, o que ocorrer primeiro".

A maioria dos autores entende que o prazo deve ser contado da concessão da recuperação (homologação do plano), uma vez que somente se pode cogitar de descumprimento do plano após a sua aprovação[1063]. Há quem defenda o termo inicial com a aprovação do plano pelos credores[1064], bem como a juntada do plano aos autos[1065].

De qualquer forma, nos termos do §2º do art. 54, o prazo poderá ser estendido em até 2 anos se o plano de recuperação judicial atender aos requisitos para a garantia de pagamento integral desses créditos. Para isso, o plano deve apresentar garantias julgadas suficientes pelo juiz (inciso I). Deve ainda a referida extensão ser aprovada pela maioria dos credores desta classe, nos termos do art. 45, §2º (inciso II).

Em resumo, é possível que o plano estabeleça prazo de 3 anos para o pagamento da integralidade das dívidas trabalhistas, desde que essa extensão seja aprovada pela classe dos credores trabalhistas e que o juiz considere suficientes as garantias apresentadas pelo devedor.

O §1º determina, ainda, que o plano não poderá prever prazo superior a 30 dias para o pagamento, até o limite de 5 salários-mínimos por trabalhador, dos créditos de natureza estritamente salarial vencidos nos 3 meses anteriores ao pedido de recuperação judicial.

O art. 6º-A, introduzido pela Lei nº 14.112/20, veda a distribuição de dividendos aos sócios ou acionistas, até a aprovação do plano. A inobservância dessa vedação constitui,

---

1063. TOMAZETTE, Marlon. *Curso de direito empresarial: falência e recuperação de empresas.* v. 3. São Paulo: Atlas, 2021, posição 5403. LOBO, Jorge. Comentários aos artigos 35 a 69. In: TOLEDO, Paulo F. C. Salles de; ABRÃO, Carlos Henrique (org.). *Comentários à Lei de Recuperação de Empresas e Falências.* São Paulo: Saraiva, 2005, p. 146. SACRAMONE, Marcelo Barbosa. *Comentários à Lei de Recuperação de Empresas e Falência.* São Paulo: Saraiva, 2021, p. 317-318, para quem "Antes da concessão, o devedor não poderá satisfazer suas obrigações previstas no plano de recuperação judicial, de modo que não é justificável que o prazo de pagamento conte a partir de momento anterior, seja a distribuição do pedido de recuperação ou a mera aprovação em Assembleia Geral de Credores (...) a mera aprovação dos credores não significa, necessariamente, que a recuperação judicial será concedida, de modo que ainda não ocorreu a novação recuperacional e que o devedor não poderá satisfazer ainda suas novas obrigações".

1064. SIMIONATO, Frederico Augusto Monte. *Tratado de direito falimentar.* Rio de Janeiro: Forense, 2008, p. 178.

1065. BEZERRA FILHO, Manoel Justino. *Lei de Recuperação de Empresas e Falências Comentada.* São Paulo: Revista dos Tribunais, 2007, p. 169.

inclusive, causa de aumento de pena de 1/3 até metade, no crime de fraude a credores (art. 168, *caput* e §2º, este com a redação dada também pela Lei nº 14.112/20).

7. MEIOS DE RECUPERAÇÃO

O art. 50 apresenta um **rol exemplificativo** de meios de recuperação judicial. Trata-se de outra grande diferença entre o novo instituto trazido pela Lei 11.101/05 e a antiga concordata, que se resumia a uma dilação dos vencimentos das dívidas.

Por meios de recuperação podemos entender **os instrumentos financeiros, administrativos e jurídicos que normalmente são empregados para a superação de crises em empresas**, sendo comum a combinação de dois ou mais meios, de acordo com a complexidade da situação em cada caso concreto[1066].

I – concessão de **prazos e condições especiais** para pagamento das obrigações vencidas ou vincendas, o meio que mais se aproxima da antiga concordata.

II – **cisão, incorporação, fusão ou transformação de sociedade, constituição de subsidiária integral, ou cessão de cotas ou ações, respeitados os direitos dos sócios, nos termos da legislação vigente.** A transformação societária, por si, não leva à recuperação da empresa, mas pode fazer parte de um processo mais amplo, com redução de custos administrativos e operacionais e com uma maior facilidade de captação de recursos. O plano deve esclarecer e contextualizar essa opção.

Mas as operações societárias podem ser de grande relevância. Basta imaginarmos a crise envolvendo uma empresa com operações diversas – ela pode ser cindida, criando uma pessoa jurídica para cada uma dessas operações; uma dessas pessoas jurídicas pode ser incorporada por uma pessoa jurídica diversa etc.[1067].

A constituição de subsidiária integral pode, com a segregação de patrimônio, preservar as atividades que dão lucro, blindando-as da situação que envolve o devedor como um todo. Pode viabilizar, inclusive, a obtenção de novos recursos[1068].

Uma questão a ser examinada diz respeito a uma eventual operação societária que implique em atos de concentração que possam afetar a livre concorrência. Discute-se, assim, se esse ato, praticado no âmbito de uma recuperação judicial, estará ou não sujeito à apreciação pelo Conselho Administrativo de Defesa Econômica (CADE).

1066. COELHO, Fabio Ulhoa. *Curso de direito comercial.* v. 3. São Paulo: Revista dos Tribunais, 2016, p. 359.

1067. MAMEDE, Gladston. *Direito empresarial brasileiro:* falência e recuperação de empresas. São Paulo: Atlas, 2016, p. 159.

1068. NEGRÃO, Ricardo. *Curso de direito comercial e de empresa:* recuperação de empresa, falência e procedimentos concursais administrativos. São Paulo: Saraiva, 2017, p. 178.

Sergio Campinho e Marlon Tomazette se incluem entre os autores que negam essa possibilidade, dada a excepcionalidade da situação do devedor em recuperação judicial[1069].

No entanto, é certo que nem a Lei nº 11.101/05, nem a Lei nº 12.529/11, que estrutura o Sistema Brasileiro de Defesa da Concorrência, fazem qualquer referência a essa situação. Assim, operações como transferência de participações societárias ou aquisição de controle podem, potencialmente, implicar em atos de concentração e, desta forma, serão submetidas ao CADE, que pode, eventualmente, rejeitar o meio de recuperação proposto[1070].

Neste sentido, é importante destacar que o CADE está analisando a compra de ativos de telefonia móvel do Grupo Oi, em recuperação judicial, pelas operadoras TIM, Claro e Telefônica Brasil (Vivo) no contexto dos atos de concentração.

III – **alteração do controle societário**. Trata-se de uma medida que pode gerar grandes impactos na recuperação da empresa. O controlador pode estar passando por dificuldades internas, sem possibilidade de novos aportes de capital ou pode ser a causa de problemas de ordem gerencial.

IV – **substituição total ou parcial dos administradores do devedor ou modificação de seus órgãos administrativos**. As situações em que tal medida se faz necessária são inúmeras: pode haver necessidade de se recorrer a um profissional mais qualificado ou com perfil gerencial mais adequado à crise enfrentada, pode haver perda de credibilidade da administração atual, etc. Além disso, crises envolvendo empresas familiares muitas vezes decorrem de administrações não profissionais.

V – **concessão aos credores de direitos de eleição em separado de administradores e de poder de veto em relação às matérias que o plano especificar**. O direito de eleição de administradores em separado pode ser conferido às ações ordinárias das companhias fechadas (Lei 6.404/76, art. 16, III) ou às preferenciais (art. 18, *caput*), sendo possível a utilização da ação preferencial prevista no art. 18, da Lei 6.404/76. Trata-se de uma modalidade de *golden share*, reconhecida pela doutrina como importante mecanismo de recuperação da empresa[1071].

1069. CAMPINHO, Sergio. *O direito de empresa à luz do novo Código Civil.* Rio de Janeiro; Renovar, 2008, p. 159. TOMAZETTE, Marlon. *Curso de direito empresarial: falência e recuperação de empresas.* v. 3. São Paulo: Atlas, 2021, posição 5326.

1070. Neste sentido, GUERRA, Glauco Martins; CASTRO, Rodrigo R. Monteiro. Intervenção do Estado no domínio econômico e recuperação judicial. Uma análise pontual do inciso II do art. 50 da Lei Federal nº 11.101/2005 e do art. 54 da Lei Federal 8.884/1994. In: CASTRO, Rodrigo Monteiro de; ARAGÃO, Leandro Santos de (coord.) *Direito Societário e a nova Lei de Falências e Recuperação de Empresas.* São Paulo: Quartier Latin, 2006, p. 149. SACRAMONE, Marcelo Barbosa. *Comentários à Lei de Recuperação de Empresas e Falência.* São Paulo: Saraiva, 2021, p. 281.

1071. COMPARATO, Fábio Konder e SALOMÃO FILHO, Calixto. *O poder de controle na sociedade anônima.* Rio de Janeiro: Forense, 2005, p. 77: "nesses casos, frequentemente, a imagem do controlador encontra-se tão desgastada que para a obtenção de crédito é fundamental não apenas uma mudança de administração, mas uma mudança de controle. A *golden share* fornece então

VI – **aumento de capital social**. O aumento do capital social amplia o patrimônio da sociedade, facilitando a recuperação da empresa.

Uma situação aguda ocorreu nos Estados Unidos: o Departamento do Tesouro adquiriu 61% das ações da *General Motors*, para evitar sua falência. Em 2009 a companhia requereu a concordata e a compra das ações, à época, representou um aporte de 30 bilhões de dólares. Essa operação foi emergencial e, em novembro de 2013 o governo anunciou sua pretensão de se desfazer dos 2,2% da companhia que ainda possuía.

VII – **trespasse ou arrendamento de estabelecimento**, inclusive à sociedade constituída pelos próprios empregados. O trepasse é a transferência *inter vivos* do próprio estabelecimento; o arrendamento é a transferência do direito de exploração dele.

VIII – **redução salarial, compensação de horários e redução da jornada, mediante acordo ou convenção coletiva.** Por vezes, é o passivo trabalhista o principal responsável pela crise da empresa. No entanto, deve-se atentar para a necessidade de negociação coletiva, envolvendo os sindicatos.

IX – **dação em pagamento ou novação de dívidas do passivo**, com ou sem a constituição de garantia própria ou de terceiro. A dação em pagamento é tratada no art. 356, do Código Civil. Trata-se da possibilidade de o credor receber prestação diversa da que lhe é devida. A novação (art. 360) é uma modalidade de extinção de obrigação, com a constituição de uma nova obrigação no lugar da originária, que é extinta (sempre com o consentimento do credor). Isso pode levar, por exemplo, à substituição de uma dívida por outra, com valores e/ou encargos mais benéficos ao devedor.

X – **constituição de sociedade de credores que, assim, assumem o controle das atividades do devedor**, "na expectativa de que os eventuais lucros advindos da exploração da empresa em crise sejam superiores aos créditos que tinham a receber"[1072]

XI – **venda parcial dos bens.** A alienação de ativos pode ser de grande valia para a empresa – desde que, evidentemente, não inviabilize sua atividade. A lei não estabelece qualquer parâmetro quantitativo para tanto.

XII – **equalização de encargos financeiros relativos a débitos de qualquer natureza**, tendo como termo inicial a data da distribuição do pedido de recuperação judicial, aplicando-se inclusive aos contratos de crédito rural, sem prejuízo do disposto em legislação específica.

---

instrumento eficaz e não excessivamente oneroso para o controlador, já que ao mesmo tempo em que garante que esse não possa influir na administração, perdendo virtualmente todos os seus poderes, não implica em perda de seu 'patrimônio', i.e., diluição ou redução de sua participação de capital na companhia".

1072. RAMOS, André Luiz Santa Cruz. *Direito empresarial esquematizado.* São Paulo: Método, 2014, p. 745.

XIII – **usufruto da empresa**. O dispositivo é criticado por alguns, uma vez que empresa não é "coisa", mas atividade[1073]. Observe-se que o Código Civil prevê o usufruto do estabelecimento (art. 1.144).

XIV – **administração compartilhada.**

XV – **emissão de valores mobiliários**, como debêntures, importantes instrumentos de captação de recursos no mercado de capitais, menos onerosos que os empréstimos e financiamentos bancários. Mas não se pode esquecer que, se não convencer o mercado de que tem condições reais de se recuperar, não conseguirá investidores ou os conseguirá, mas pagando juros maiores.

XVI – **constituição de sociedade de propósito específico** para adjudicar, em pagamento dos créditos, os ativos do devedor.

XVII – **conversão de dívida em capital social.** Neste caso, o aumento do capital não se dá pelo ingresso de novos recursos financeiros, mas pela eliminação do passivo. Evidentemente, esse aumento irá implicar em diminuição da participação dos antigos sócios no capital social, de modo que se aplicam os arts. 1.081, §1º, do Código Civil e 171, da Lei nº 6.404/76, que asseguram o direito de preferência dos antigos sócios na subscrição do aumento do capital. Esse meio de recuperação proposto pelo devedor tem como efeito a redução do endividamento exigível.

Discute-se se o credor dissidente pode ser obrigado a ser sócio contra sua vontade. Para alguns autores, à luz do direito constitucional da livre associação, o credor não pode ser obrigado a ingressar no quadro societário. Há autores, contudo, que entendem em sentido contrário. A recuperação judicial, como forma de intervenção do Estado na atividade econômica, poderia impor ao credor dissidente a participação societária, cabendo-lhe negociar a venda das ações ou cotas[1074].

XVIII – **venda integral da devedora,** desde que garantidas aos credores não submetidos ou não aderentes condições, no mínimo, equivalentes àquelas que teriam na falência, hipótese em que será, para todos os fins, considerada unidade produtiva isolada.

O art. 60 já previa a venda da Unidade Produtiva Isolada (UPI), que estudaremos adiante. O fato de o art. 50 apresentar rol exemplificativo levava alguns autores a admitir essa possibilidade, mesmo antes deste novo inciso XVIII, acrescentado pela Lei nº 14.112/20. O dispositivo permite – agora expressamente – a venda integral da devedora,

---

1073. GUIMARÃES, Maria Celeste Morais. Comentários à nova Lei de Falências e Recuperação de Empresas (arts. 50 a 52). CORRÊA-LIMA, Osmar Brina e CORRÊA-LIMA, Sérgio Mourão (coord.). *Comentários à Nova Lei de Falências e Recuperação de Empresas.* Rio de Janeiro: Forense. p. 363. De acordo com a autora, "quer nos parecer que a intenção do legislador ao admitir o usufruto como meio de recuperação judicial é a de propiciar ao devedor mais uma opção de pagamento dos créditos no plano de recuperação com base nos frutos e utilidades que a atividade empresarial possa produzir, sem retirar-lhe a substância".

1074. Pela vinculação dos dissidentes, SALOMÃO, Luis Felipe e PENALVA SANTOS, Paulo. *Recuperação judicial, extrajudicial e falência.* Rio de Janeiro: Forense, 2012, p. 145. Contra, com fundamento no direito constitucional da livre associação: SACRAMONE, Marcelo Barbosa. *Comentários à Lei de Recuperação de Empresas e Falência.* São Paulo: Saraiva, 2021, p. 284.

desde que não prejudique os credores não submetidos ou não aderentes ao plano, o que há de ser verificado pelo juiz no caso concreto.

8. PROCEDIMENTO DE RECUPERAÇÃO JUDICIAL

Cabe aos credores a análise do plano de recuperação proposto. A decisão é deles, e não mais do juiz, como ocorria na antiga concordata.

De acordo com o art. 55, publicado o edital, os credores constantes da relação do devedor (art. 51, III) ou daquela elaborada pelo administrador judicial (art. 7º, § 2º) poderão manifestar sua objeção ao plano.

Havendo objeção de qualquer credor, o juiz convocará a assembleia-geral de credores, que deliberará sobre o plano. É o que dispõe o art. 56, que fixa um limite temporal para tanto – 150 dias contados da data da decisão que deferiu o processamento da recuperação. Antes da convocação, é possível que o credor desista de sua objeção, como vem admitindo o STJ:

> RECURSO ESPECIAL. PEDIDO DE RECUPERAÇÃO JUDICIAL. IMPUGNAÇÃO DE CREDOR. DESISTÊNCIA ANTES DE CONVOCADA A ASSEMBLEIA-GERAL DE CREDORES. POSSIBILIDADE. 1. O credor pode desistir da objeção ao plano de recuperação judicial se o pedido de desistência tiver sido apresentado antes de convocada a assembleia-geral de credores. 2. Recurso especial provido.(STJ, REsp 1.014.153 – Rel. Min. João Otávio de Noronha, DJe 05/09/2011).

Há **três formas** de **aprovação do plano de recuperação**:

a) Aprovação tácita: não havendo objeção, não há razão para convocar a assembleia-geral de credores, e o **Plano estará aprovado tacitamente**, passando-se à fase do art. 57, que analisaremos oportunamente.

b) Aprovação pela assembleia-geral de credores: A assembleia-geral de credores está regulamentada no art. 35 da Lei nº 11.101/05, cabendo-lhe, no que se refere à recuperação judicial, aprovar, rejeitar ou modificar o plano (art. 35, I). As regras aplicáveis à deliberação estão estabelecidas no art. 45 da lei.

Há quatro classes de credores (art. 41) que participam da assembleia-geral:

I – titulares de créditos derivados da legislação do trabalho ou decorrentes de acidentes de trabalho;

II – titulares de créditos com garantia real;

III – titulares de créditos quirografários, com privilégio especial, com privilégio geral ou subordinados;

IV – titulares de créditos enquadrados como microempresa ou empresa de pequeno porte (esta última criada pela Lei Complementar 147/2014).

Cada uma das classes deverá aprovar o plano.

As **classes I e IV** deverão aprovar o plano pela **maioria simples dos credores presentes, independentemente do valor do seu crédito** (§ 2º do art. 45, também com a redação dada pela Lei Complementar 147/2014). Já nas **classes II e III**, o plano será **aprovado pelos credores que representem mais da metade do total dos créditos presentes** à assembleia-geral **e, cumulativamente, pela maioria simples dos credores presentes.**

O credor que não sofrer, com o plano, alteração do valor ou das condições originais de pagamento do seu crédito, não terá direito a voto e não será considerado para fins de verificação de quórum de deliberação (art. 45, § 3º, da Lei 11.101/05).

A assembleia-geral de credores pode alterar o plano de recuperação, desde que haja expressa concordância do devedor e em termos que não impliquem diminuição dos direitos exclusivamente dos credores ausentes (art. 55, § 3º).

O art. 56-A prevê a possibilidade de o devedor comprovar a "aprovação dos credores por meio de termo de adesão", observado o mesmo quórum previsto no art. 45, e, assim, requerer a sua homologação judicial.

c) Concessão judicial: pode o plano não ser aprovado em assembleia-geral de credores e, ainda assim, ser aprovado pelo juiz, **desde que, na assembleia**, o plano alcance, **cumulativamente**, as condições do § 1º do art. 58:

I – voto favorável de credores que representem mais da metade do valor de todos os créditos presentes à assembleia, independentemente de classes;

II – a aprovação de 3 (três) classes de credores nos termos do art. 45 da Lei 11.101/05 ou, caso haja somente três classes com credores votantes, a aprovação de pelo menos duas delas ou, caso haja somente duas classes com credores votantes, a aprovação de pelo menos uma delas, nos termos do art. 45;

III – na classe que o houver rejeitado, o voto favorável de mais de 1/3 dos credores, computados na forma dos §§ 1º e 2º e do art. 45 desta lei.

Trata-se de algo semelhante ao chamado ***cram down*** do direito falimentar norte-americano, correspondente ao "poder outorgado ao juiz para impor aos integrantes de uma classe dissidente de credores a observância do plano de recuperação, desde que este plano seja razoável"[1075], através do qual se impõe a recuperação judicial da empresa aos credores dissidentes – desde que atingido um outro quórum. Na lição de Alberto Camiña, o juiz impõe aos credores discordantes o plano apresentado pelo devedor e já aceito por uma maioria[1076].

1075. TOLEDO, Paulo Fernando C. Sales de. *A empresa em crise no direito francês e americano.* São Paulo, citado por SIMIONATO, Frederico Augusto Monte. *Tratado de Direito Falimentar.* Rio de Janeiro: Forense, 2008, p. 124.

1076. MOREIRA, Alberto Camiña. Poderes da assembleia de credores, do juiz e a atividade do Ministério Público. In: PAIVA, Luiz Fernando Valente de (coord.). *Direito falimentar e a Nova lei de falências e recuperação de empresas.* São Paulo: Quartier Latin, 2005, p. 257.

Autores como Tomazette, no entanto, negam que o dispositivo seja um verdadeiro *cram down*, na medida em que não vislumbram um poder discricionário do juiz, que deverá verificar o cumprimento dos requisitos objetivos de aprovação do plano. Assim, "podemos concluir que estamos diante de uma forma de aprovação alternativa do plano e não do típico *cram down*, pois neste instituto o juiz manda cumprir um plano que não foi aprovado, o que não se enquadra na hipótese em análise".[1077]

Parece-nos, contudo, haver uma diferença entre o *caput* do art. 58, que utiliza a expressão "concederá", e o § 1º do mesmo artigo, que adota a expressão "poderá conceder". É certo que se trata de uma concessão de liberdade absoluta para o juiz aprovar, ou não, o plano, na hipótese de sua rejeição pela assembleia. Como afirma André Luiz Santa Cruz Ramos, "o juiz só poderá conceder a recuperação judicial, nesse caso, se o plano do devedor tiver obtido uma quase aprovação dos credores reunidos em assembleia"[1078].

Há posicionamentos jurisprudenciais e doutrinários no sentido da possibilidade de mitigação excepcional dos requisitos do art. 58, § 1º, sempre sob o enfoque da preservação da empresa e do abuso do direito de voto.

O STJ, no REsp 1.337.989/SP, entendeu que justamente para evitar eventual abuso do direito de voto, justamente no momento de superação de crise, "deve agir o magistrado com sensibilidade na verificação dos requisitos do *cram down*, preferindo um exame pautado pelo princípio da preservação da empresa, optando, muitas vezes, pela sua flexibilização".

Como destacado por Eduardo Secchi Munhoz, pode uma classe de credores com maior prioridade para o recebimento dos créditos, dependendo da situação patrimonial do devedor, preferir sua liquidação imediata, uma vez que os ativos seriam suficientes para o pagamento dos respectivos créditos – ainda que tal solução seja prejudicial às demais classes com prioridade inferior. O voto dessa classe com maior prioridade seria incompatível com a função social do instituto da recuperação judicial[1079].

No entanto, **o Plano pode não ser aprovado**. A consequência, até o advento da Lei nº 14.112/20, era a decretação da falência do devedor. A nova redação do art. 56, §4º, estabelece que, rejeitado o plano, o administrador judicial submeterá, no ato, à votação da assembleia geral de credores a concessão de prazo de trinta dias para que seja apresentado plano de recuperação judicial pelos credores. Trata-se, aqui, de um **plano alternativo**, a ser aprovado por credores que representem mais da metade dos créditos presentes à assembleia (§ 5º). Esse plano somente será posto em votação caso, cumulativamente, os requisitos elencados no § 6º, do art. 56.

1077. TOMAZETTE, Marlon. *Curso de direito empresarial: Falência e recuperação de empresas.* v. 3. São Paulo: Atlas, 2021, versão eletrônica, pos. 5718.

1078. RAMOS, André Luiz Santa Cruz. *Direito empresarial esquematizado.* São Paulo: Método, 2014, p. 753.

1079. MUNHOZ, Eduardo Secchi. *Comentários à lei de recuperação de empresas e falência.* SOUZA JÚNIOR, Francisco Sátiro de, PITOMBO, Antonio Sérgio A. de Moraes (coordenadores). São Paulo: RT, 2007, p. 291.

Caso o plano proposto pelo devedor e o plano alternativo sejam rejeitados, e não preenchidos os requisitos do art. 58, §1º, o juiz deverá convolar a recuperação judicial em falência, nos termos do art. 58-A, *caput*. Trata-se de sentença da qual, à luz do parágrafo único, cabe agravo de instrumento.

A assembleia-geral de credores que aprovar o plano de recuperação pode indicar os membros do **Comitê de Credores** (art. 52, § 2º). Trata-se de órgão facultativo que tem as **seguintes atribuições** (art. 27, I, aplicável tanto à recuperação judicial quanto à falência): fiscalizar as atividades e examinar as contas do administrador judicial, zelar pelo bom andamento do processo e pelo cumprimento da lei, comunicar ao juiz, caso detecte violação dos direitos ou prejuízo aos interesses dos credores, apurar e emitir parecer sobre quaisquer reclamações dos interessados, requerer ao juiz a convocação da assembleia-geral de credores e manifestar-se nas hipóteses previstas na lei.

Especificamente no processo de recuperação judicial (art. 27, II), compete-lhe, ainda, fiscalizar a administração das atividades do devedor, apresentando, a cada 30 (trinta) dias, relatório de sua situação; fiscalizar a execução do plano de recuperação judicial e, por fim, submeter à autorização do juiz, quando ocorrer o afastamento do devedor nas hipóteses previstas nesta Lei, a alienação de bens do ativo permanente, a constituição de ônus reais e outras garantias, bem como atos de endividamento necessários à continuação da atividade empresarial durante o período que antecede a aprovação do plano de recuperação judicial.

8.1. A exigência de certidão de regularidade fiscal

De acordo com o art. 57, o Plano, aprovado, será juntado aos autos, cabendo ao devedor, agora, a apresentação de certidões negativas de débitos tributários nos termos dos arts. 151, 205 e 206 do Código Tributário Nacional.

A remissão ao CTN permite concluir que se exige, aqui, a certidão de regularidade fiscal, o que inclui a certidão positiva com efeitos de negativa, em razão de o débito estar com sua exigibilidade suspensa. Desde o início da vigência da Lei 11.101/05, discutiu-se a respeito do melhor tratamento aos débitos tributários no processo de recuperação judicial.

Trata-se de uma das normas mais polêmicas da Lei 11.101/05. De fato, a exigência é muito criticada por parte da doutrina, que nela vê incompatibilidade com os objetivos da recuperação: os créditos tributários não são atingidos pelo juízo universal, uma vez que as execuções fiscais prosseguem nos seus respectivos juízos, não integram qualquer das classes que compõem a assembleia-geral de credores[1080]. Além disso, costuma-se frisar – não sem razão – que em muitos casos o passivo tributário é a causa principal da situação de crise da empresa.

Entende-se que a norma do art. 57 somente poderá ser aplicada quando for editada lei tratando, especificamente, do parcelamento de créditos tributários para devedores em

1080. MAMEDE, Gladston. *Direito empresarial brasileiro:* falência e recuperação de empresas. São Paulo: Atlas, 2016, p. 173.

recuperação. Assim, **o devedor em recuperação judicial tem o direito ao parcelamento de seus débitos tributários** – um parcelamento especial, que leve em consideração as peculiaridades da empresa em crise. Do contrário, a recuperação será inviabilizada e, como consequência, levará à falência do devedor.

Neste sentido, o STJ (REsp 1.187.404, Rel. Min. Luís Felipe Salomão, DJe 21/08/2013), e o Enunciado 55 da I Jornada de Direito Civil:

> O parcelamento do crédito tributário na recuperação judicial é um direito do contribuinte, e não uma faculdade da Fazenda Pública, e, enquanto não for editada lei específica, não é cabível a aplicação do disposto no art. 57 da Lei nº 11.101/2005 e no art. 191-A do CTN.

A mora do legislador foi suprida pela Lei 13.043/2014, que acrescentou o art. 10-A à Lei 10.522/2002:

> Art. 10-A. O empresário ou a sociedade empresária que pleitear ou tiver deferido o processamento da recuperação judicial, nos termos dos arts. 51, 52 e 70 da Lei 11.101, de 9 de fevereiro de 2005, poderão parcelar seus débitos com a Fazenda Nacional, em 84 (oitenta e quatro) parcelas mensais e consecutivas, calculadas observando-se os seguintes percentuais mínimos, aplicados sobre o valor da dívida consolidada:
>
> (...)
>
> § 1º O disposto neste artigo aplica-se à totalidade dos débitos do empresário ou da sociedade empresária constituídos ou não, inscritos ou não em Dívida Ativa da União, mesmo que discutidos judicialmente em ação proposta pelo sujeito passivo ou em fase de execução fiscal já ajuizada, ressalvados exclusivamente os débitos incluídos em parcelamentos regidos por outras leis.
>
> § 2º No caso dos débitos que se encontrarem sob discussão administrativa ou judicial, submetidos ou não à causa legal de suspensão de exigibilidade, o sujeito passivo deverá comprovar que desistiu expressamente e de forma irrevogável da impugnação ou do recurso interposto, ou da ação judicial, e, cumulativamente, renunciou a quaisquer alegações de direito sobre as quais se fundem a ação judicial e o recurso administrativo.
>
> § 3º O empresário ou a sociedade empresária poderá, a seu critério, desistir dos parcelamentos em curso, independentemente da modalidade, e solicitar que eles sejam parcelados nos termos deste artigo.
>
> § 4º Além das hipóteses previstas no art. 14-B, é causa de rescisão do parcelamento a não concessão da recuperação judicial de que trata o art. 58 da Lei nº 11.101, de 9 de fevereiro de 2005, bem como a decretação da falência da pessoa jurídica.
>
> § 5º O empresário ou a sociedade empresária poderá ter apenas um parcelamento de que trata o *caput*, cujos débitos constituídos, inscritos ou não em Dívida Ativa da União, poderão ser incluídos até a data do pedido de parcelamento.
>
> § 6º A concessão do parcelamento não implica a liberação dos bens e direitos do devedor ou de seus responsáveis que tenham sido constituídos em garantia dos respectivos créditos.

> § 7º O parcelamento referido no caput observará as demais condições previstas nesta Lei, ressalvado o disposto no § 1º do art. 11, no inciso II do § 1º do art. 12, nos incisos I, II e VIII do art. 14 e no § 2º do art. 14-A.

No entanto, o TJSP manteve a dispensa das certidões, mesmo após a introdução de legislação permitindo o parcelamento de débitos com a União, uma vez que "as alterações legislativas introduzidas pela Lei 13.043/2014 – acrescentando um dispositivo na Lei 10.522/2002 (art. 10-A) – em nada modificaram a posição privilegiada da Fazenda Pública em executar seus créditos, sem sujeitar-se ao plano recuperatório"[1081]:

> AGRAVO DE INSTRUMENTO – Recuperação Judicial concedida independentemente da apresentação de certidões negativas de débitos fiscais – Minuta recursal da Fazenda Nacional voltada à exigência da apresentação de CNDs – Preliminar de ilegitimidade recursal, uma vez que o crédito fiscal não sujeita-se à recuperação – Descabimento – A apresentação das certidões de regularidade fiscal decorre de previsão legal, portanto, presente o interesse da Fazenda Nacional ao postular ao Juízo Recuperacional a observância do art. 57 da Lei nº 11.101/2005 e art. 191-A do Código Tributário Nacional – Preliminar rejeitada. AGRAVO DE INSTRUMENTO – Recuperação Judicial concedida independentemente da apresentação de certidões negativas de débitos fiscais – Minuta recursal da Fazenda Nacional que defende necessária a apresentação das CNDs e protesta pela determinação neste sentido – Descabimento – Exercício lícito, porém, não razoável e desproporcional de poder de oposição – Precedentes desta Corte – Dispensa da apresentação de certidões negativas mantida – Agravo improvido. Dispositivo: Rejeitam a preliminar e negam provimento ao recurso. (TJSP, AI 2109677-09.2015.8.26.0000, 2ª Câmara Reservada de Direito Empresarial, Rel. Des. Ricardo Negrão, julgado em 09/09/2015).

Se a ausência de parcelamento não impedia a recuperação judicial, um Plano de Recuperação Judicial sem a apresentação da CND ou CPEN levava à incidência da regra do art. 6º, §7º (redação original), pois não se afigura legítimo concluir que a regularização do estabelecimento empresarial possa ser feita exclusivamente em relação aos seus credores privados e, ainda assim, às custas dos créditos de natureza fiscal (STJ, REsp nº 1.512.118-SP, Rel. Ministro Herman Benjamin, j. 05/03/2015).

Importante observar que a Terceira Turma do STJ, por meio do REsp 1.658.042/RS, relatado pela Ministra Nancy Andrighi, entendeu que a certidão de regularidade fiscal não é requisito para a recuperação *antes* de 2014. Destacamos:

> Embora a lacuna legislativa, atualmente, não mais subsista, em decorrência da promulgação da Lei 13.043/14, a essência do entendimento da Corte Especial se mantém aplicável na presente controvérsia. Isso porque: i) o acórdão recorrido não decidiu acerca do art. 10-A da Lei 10.522/02, com a redação alterada pela Lei 13.043/14, indicado como violado; ii) referida matéria foi arguida pela primeira vez no teor do agravo em recurso especial; iii) a recuperação judicial foi concedida pelo Juízo Universal em 07/01/2013 (e-STJ fls. 15-22), portanto, antes da nova legislação que criou o regime especial de parcelamento tributário.

1081. NEGRÃO, Ricardo. *Curso de direito comercial e de empresa:* recuperação de empresa, falência e procedimentos concursais administrativos. São Paulo: Saraiva, 2017, p. 215.

No entanto, a despeito do parcelamento da Lei 13.043/14, a jurisprudência vem mantendo o entendimento pela desnecessidade de certidão de regularidade fiscal para a concessão da recuperação judicial. Entendemos que a exclusão da Fazenda Pública do plano de recuperação judicial somente faz sentido com a exigência, prevista na própria lei, de comprovação de sua regularidade fiscal.

A 17ª Câmara Cível do Tribunal de Justiça do Estado do Paraná considerou a exigência inconstitucional. A União, por meio da Reclamação 32.147, argumentou que a inconstitucionalidade somente poderia declarada pelo Órgão Especial, e não por uma Câmara. O STF (relatoria do Ministro Alexandre de Moraes) cassou o acórdão e determinou a análise da questão pelo referido Órgão, nos termos do art. 97 da Constituição e da Súmula Vinculante nº 10.

Assim, foi proposto Incidente de Inconstitucionalidade nº 0048778-19.2019.8.16.0000, ocasião em que o TJPR declarou, em setembro de 2020, por 19 votos a 5, a constitucionalidade dos arts. 57, da Lei 11.101/05 e 191-A, do CTN.

Decisões recentes vêm reconhecendo a exigibilidade da certidão de regularidade fiscal. O Tribunal de Justiça de São Paulo, em decisão recente, frisou que a Lei nº 14.112/20 "veio revigorar a posição do crédito fiscal" e reforçou a aplicação dos arts. 57 da Lei nº 11.101/05 e 191-A do CTN[1082].

O **STJ**, em decisão recente, decidiu que **somente a partir da Lei 14.112/2020** é exigível a apresentação das certidões de regularidade fiscal como condição para a homologação do plano de recuperação judicial, nos termos do arts. 57 da Lei 11.101/05 e 191-A, do Código Tributário Nacional (REsp 1.955.325/PE, Rel. Ministro ANTONIO CARLOS FERREIRA, QUARTA TURMA, j. 12/03/2024, DJe 22/04/2024).

A nova lei tratou do parcelamento tributário com maior atenção: o art. 50, §4º passou a admitir o parcelamento do imposto de renda (IR) e da Contribuição Social sobre o Lucro Líquido (CSLL) sobre o ganho de capital decorrente da alienação dos bens ou direitos pela pessoa jurídica em recuperação judicial. O parcelamento em questão deverá cumprir os requisitos da Lei nº 10.522/02, tendo, porém, como limite de tempo "a mediana de alongamento no plano de recuperação judicial em relação aos créditos a ele sujeitos", podendo ser readequado na hipótese de alteração superveniente do plano.

O art. 50-A foi inicialmente vetado pelo Presidente da República, mas mantido pelo Congresso Nacional. Nas hipóteses de renegociação de dívida de pessoa jurídica no âmbito do processo de recuperação judicial, estejam as dívidas sujeitas ou não a esta, e do reconhecimento de seus efeitos nas demonstrações financeiras das sociedades, confere-se um regime de tributação mais benéfico – desde que a renegociação não tivesse ocorrido com pessoa jurídica controladora, controlada, coligada ou interligada ou com pessoa física que seja acionista controladora, titular ou administradora da devedora.

1082. Agravo de Instrumento nº 2210390-79.2021.8.26.0000, Rel. Desembargador SÉRGIO SHIMURA, v.u., j. 04/02/2022.

A Procuradoria-Geral da Fazenda Nacional, por sua vez, regulamentou o parcelamento especial para empresas em recuperação judicial (Portaria nº 2.382, de 2021), concedendo condições mais favoráveis para a negociação das dívidas tributárias, incluindo o alongamento do prazo para pagamento e a possibilidade de acordo individual, em determinadas situações. Com base nessa norma, por exemplo, o Grupo Abril Comunicações S.A. celebrou acordo de transação individual (regulamentada pela Lei nº 13.988/2020) com a PGFN.

8.2. A concessão da recuperação judicial

Vimos que o plano pode ser aprovado de três formas – tacitamente, pela assembleia-geral de credores e pelo juiz, desde que atendidas as condições do art. 58, § 1º, da Lei 11.101/05.

Nesses casos, será **concedida a recuperação judicial**. Trata-se de decisão judicial contra a qual cabe a interposição de agravo de instrumento pelos credores prejudicados ou pelo Ministério Público (art. 59, § 2º).

O juiz possui alguma margem de discricionariedade? A resposta é negativa, da mesma forma que o juiz não tem discricionariedade quando da análise para fins de deferimento do processamento da recuperação. Cumpridas as exigências legais, o juiz deve conceder a recuperação judicial do devedor cujo plano tenha sido aprovado em assembleia, não lhe sendo dado se imiscuir no aspecto da viabilidade econômica da empresa, uma vez que tal questão é de exclusiva apreciação assemblear. O controle a ser exercido pelo juiz é de legalidade do plano. A jurisprudência do STJ sedimentou que o juiz está autorizado a realizar o controle de legalidade do plano de recuperação, sem adentrar no aspecto da sua viabilidade econômica, a qual constitui mérito da soberana vontade da assembleia geral de credores. (REsp 1.660.195/PR, Rel. Ministra Nancy Andrighi, j. 04/04/2017, DJe 10/04/2017).

Há, contudo, posicionamentos doutrinários em sentido contrário. A empresa em recuperação deve demonstrar a sua viabilidade. Deve, portanto, ser apta a manter postos de trabalho, recolher tributos, produzir e fazer circular produtos e serviços. É a função social da empresa que justifica a sua preservação, objetivo último do instituto da recuperação.

O juiz, assim, poderia, ao verificar os documentos exigidos pelo art. 51 (deferimento do processamento), determinar a realização de uma perícia prévia, caso não confie nas condições da empresa e da fidelidade da documentação apresentada. Nesse caso, constatando a inviabilidade patente da empresa, já nessa fase preliminar, poderia indeferir liminarmente a inicial. O mesmo entendimento é aplicável para o momento da concessão da recuperação, com a aprovação do plano (ou de substituição do plano de recuperação)[1083].

1083. COSTA, Daniel Carnio. A divisão equilibrada de ônus na recuperação judicial. In: DE LUCCA, Newton, VASCONCELOS, Miguel Pestana de (coord.) *Falência, Insolvência e Recuperação de Empresas:* estudos luso-brasileiros. São Paulo: Quartier Latin, 2015, p. 59 e seguintes. O autor acrescenta: "(...) a viabilidade da empresa é fundamento ou pressuposto lógico de aplicação do instituto da recuperação judicial de empresas. Processualmente falando, esse procedimento não é adequado para empresas inviáveis, de modo que se pode considerar carecedora da ação a empresa inviável que ajuíza pedido de recuperação judicial (...) A interpretação meramente formal do art. 52 da Lei

8.2.1. Efeitos da concessão

1) **Novação dos créditos anteriores ao pedido.** Nos termos do art. 59, concedida a recuperação, dá-se a novação dos créditos anteriores ao pedido, obrigando o devedor e todos os credores a ele sujeitos, sem prejuízo das garantias, observado o disposto no art. 50, § 1º, segundo o qual na alienação do bem objeto da garantia real, a supressão da garantia ou sua substituição somente serão admitidas mediante aprovação expressa do credor titular da respectiva garantia.

Há, aqui, uma inovação em relação ao regime do Decreto-lei 7.661/45, cujo art. 248 expressamente determinava que a concordata não produzia novação. O dispositivo, contudo, gera algumas dúvidas.

O art. 49, § 1º, da Lei 11.101/05, é expresso em afirmar que os credores do devedor em recuperação judicial conservam seus direitos e privilégios contra os coobrigados, fiadores e obrigados de regresso. Pelo § 2º, as obrigações anteriores à recuperação judicial observarão as condições originalmente contratadas ou definidas em lei, inclusive no que diz respeito aos encargos, salvo se de modo diverso ficar estabelecido no plano de recuperação.

No entanto, na novação (art. 364 do Código Civil), extinguem-se os acessórios e garantias da dívida, sempre que não houver estipulação em contrário. Além disso, operada a novação entre o credor e um dos devedores solidários, somente sobre os bens do que contrair a nova obrigação subsistem as preferências e garantias do crédito novado (art. 365).

Como conciliar, então, os arts. 59 e 49, § 1º da Lei 11.101/05 com o Código Civil?

Alguns defendem que o plano de recuperação altera o objeto da obrigação ou substitui o sujeito passivo ou ambos, mas não modifica as garantias originais da obrigação novada, que se mantêm íntegras. É que o art. 364 apenas extingue os acessórios e as garantias da dívida "sempre que não houver estipulação em contrário".

Jorge Lobo defende a aplicação dos dispositivos da lei de falências, lei posterior e especial em relação ao Código Civil[1084].

A novação prevista na Lei 11.101/05 guarda particularidades que a distinguem da novação do Código Civil. Primeiramente, porque a novação do plano de recuperação judicial está sujeita à condição resolutiva, por expressa disposição legal (art. 61, § 2º), segundo a qual os credores terão reconstituídos seus direitos e garantias nas condições originariamente contratadas.

Por outro lado, o art. 59 é expresso em preservar essas mesmas garantias. Portanto, pode o credor exercer seus direitos contra terceiros garantidores. Há, assim, a manutenção das ações e execuções promovidas contra fiadores, avalistas ou coobrigados em geral, à exceção do sócio com responsabilidade ilimitada e solidária.

11.101/05 não é, portanto, a mais adequada, vez que não é capaz de garantir a correta aplicação da lei e a realização dos benefícios sociais e econômicos objetivados pelo instituto jurídico em questão".

1084. LOBO, Jorge. Comentários aos artigos 35-69. In: TOLEDO, Paulo F.C. Salles de e ABRÃO, Carlos Henrique. *Comentários à Lei de Recuperação de Empresas e Falência*. São Paulo: Saraiva, 2012, p. 225.

Neste sentido, o STJ:

> DIREITO CIVIL E EMPRESARIAL. RECUPERAÇÃO JUDICIAL. HOMOLOGAÇÃO DO PLANO. NOVAÇÃO SUI GENERIS. EFEITOS SOBRE TERCEIROS COOBRIGADOS. EXTINÇÃO DA EXECUÇÃO. DESCABIMENTO. MANUTENÇÃO DAS GARANTIAS. ARTS. 49, § 1º E 59, CAPUT, DA LEI 11.101/2005.
>
> 1. A novação prevista na lei civil é bem diversa daquela disciplinada na Lei 11.101/2005. Se a novação civil faz, como regra, extinguir as garantias da dívida, inclusive as reais prestadas por terceiros estranhos ao pacto (art. 364, do Código Civil), a novação decorrente do plano de recuperação traz como regra, ao reverso, a manutenção das garantias (art. 59, *caput*, da Lei 11.101/2005), sobretudo as reais, as quais só serão suprimidas ou substituídas "mediante aprovação expressa do credor titular da respectiva garantia", por ocasião da alienação do bem gravado (art. 50, § 1º). Assim, o plano de recuperação judicial opera uma novação *sui generis* e sempre sujeita a uma condição resolutiva, que é o eventual descumprimento do que ficou acertado no plano (art. 61, § 2º, da Lei 11.101/2005).
>
> 2. Portanto, muito embora o plano de recuperação judicial opere novação das dívidas a ele submetidas, as garantias reais ou fidejussórias, de regra, são preservadas, circunstância que possibilita ao credor exercer seus direitos contra terceiros garantidores e impõe a manutenção das ações e execuções aforadas em face de fiadores, avalistas ou coobrigados em geral.
>
> 3. Deveras, não haveria lógica no sistema se a conservação dos direitos e privilégios dos credores contra coobrigados, fiadores e obrigados de regresso (art. 49, § 1º da Lei 11.101/2005) dissesse respeito apenas ao interregno temporal que medeia o deferimento da recuperação e a aprovação do plano, cessando tais direitos após a concessão definitiva com a homologação judicial.
>
> 4. Recurso especial não provido.
>
> (REsp 1.326.888/RS, Rel. Min. Luís Felipe Salomão, 4ª Turma, DJe 05/05/2014).

Portanto, se a novação civil faz, como regra, extinguir as garantias da dívida, inclusive as reais prestadas por terceiros estranhos ao pacto (art. 364 do Código Civil), a novação decorrente do plano de recuperação traz como regra a manutenção das garantias (art. 59, *caput*, da Lei nº 11.101/2005), sobretudo as reais, as quais só serão suprimidas ou substituídas 'mediante aprovação expressa do credor titular da respectiva garantia', por ocasião da alienação do bem gravado (art. 50, § 1º).

Trata-se, portanto, de uma novação *sui generis*, sujeita a uma condição resolutiva, que é o eventual descumprimento do que ficou acertado no plano.

Logo, prevalece o entendimento no sentido de que, concedida a recuperação judicial, a novação afeta, exclusivamente, as obrigações do devedor constituídas até a data do pedido, não abrangendo os coobrigados, fiadores, obrigados de regresso e, especialmente, os avalistas (dada a autonomia do aval)[1085].

1085. CALÇAS, Manoel de Queiroz Pereira. A novação recuperacional. In: COELHO, Fabio Ulhoa (org.). *Tratado de Direito Comercial*. v. 7. São Paulo: Saraiva, 2015, p. 308.

Por fim, destacamos que, de acordo com o Enunciado nº 43 da I Jornada de Direito Civil, a suspensão das ações e execuções previstas no art. 6º, da lei 11.101/2005, não se estende aos coobrigados do devedor.

2) **Constituição de título executivo judicial**. É o que consta do art. 59, § 1º. O art. 784, XII, do CPC atribui a qualidade de título executivo àqueles previstos em leis especiais.

3) **Observância do art. 142 nos casos de alienação de filiais ou unidades produtivas isoladas.** Na hipótese de o Plano de Recuperação estipular a alienação judicial de filiais ou de unidades isoladas do devedor, o juiz ordenará sua realização, observado o disposto no art. 142. É o que prevê o art. 60.

Neste ponto, o aspecto mais relevante é a previsão, no parágrafo único do art. 60, alterado pela Lei nº 14.112/20: o objeto da alienação estará livre de qualquer ônus e não haverá sucessão dos arrematantes nas obrigações do devedor de qualquer natureza, incluídas, mas não exclusivamente, as de natureza ambiental, regulatória, administrativa, penal, anticorrupção, tributária e trabalhista, observado o disposto no art. 141, §1º, da lei. O objetivo da norma, claramente, foi o de facilitar a implementação do plano de recuperação, com a diminuição dos riscos do adquirente e a maximização do valor.

Ponto importante a ser considerado é a remissão ao art. 142, de forma que a alienação dos ativos de que trata o art. 60. O objetivo é assegurar o melhor preço de aquisição do bem, o que interessa a todos os credores. Isso não quer dizer, contudo, que a alienação diretamente entre o devedor e o adquirente seja vedada – apenas não proporcionará a este último a não sucessão nas obrigações do devedor em recuperação.

A Lei nº 14.112/20 acrescentou o art. 60-A, tratando expressamente do alcance da expressão "unidade produtiva isolada" (UPI).

Sabemos que o estabelecimento é uma universalidade, um complexo de bens afeto à atividade empresarial, definido no art. 1.142, do Código Civil . Pelo novo dispositivo da Lei nº 11.101/05, a UPI pode abranger bens, direitos ou ativos de qualquer natureza, tangíveis ou intangíveis, isolados ou em conjunto, incluídas participações dos sócios.

Há, portanto, uma ampla liberdade ao devedor para dispor de UPIs da forma que lhe pareça mais adequada para os propósitos de uma recuperação judicial. Não há uma definição legal de UPI que, a rigor, não existe senão no âmbito do plano de recuperação – o que existe, efetivamente, é o estabelecimento – de modo que estamos tratando de um conceito indeterminado, a ser determinado no caso concreto. Nada impede, por exemplo, que o plano preveja a divisão em UPIs de todo o patrimônio do devedor.

Aqui, é importante lembrar que a recuperação judicial pode preservar a empresa e o empresário (*turnaround*), situação em que o estabelecimento não será alienado, ainda que possa ocorrer a venda de partes, como filiais ou unidades produtivas isoladas que não impliquem a alienação da totalidade dos ativos, ou pode se dar com a liquidação do empresário (venda de todo o ativo), situação em que nova pessoa dará a continuidade do negócio.

Evidentemente, não se pode, por meio do estabelecimento de UPIs, promover o esvaziamento patrimonial que implique liquidação substancial da empresa – caso o faça em prejuízo dos credores não sujeitos à recuperação judicial, inclusive as Fazendas Públicas, estaremos diante de hipótese de convolação em falência (art. 73, VI), que não implica a invalidade ou ineficácia dos atos, determinando o juiz o bloqueio do produto das eventuais alienações e a devolução ao devedor dos valores já distribuídos, os quais ficarão à disposição do juízo (art. 73, §2º). O próprio parágrafo único do art. 60-A faz expressa referência a esses dois dispositivos.

Assim, a partir da Lei nº 14.112/20, aceita-se como critério legal de proteção do direito de terceiro tanto a reserva de bens suficientes no patrimônio do devedor, para o pagamento de dívidas com credores que não participam da recuperação judicial, quanto a previsão de fluxo de caixa futuro – o que deve ser verificado por perícia. Violados esses limites, estaremos diante de esvaziamento patrimonial que gera a convolação da recuperação em falência e a obrigação de recomposição do ativo da massa por credores que eventualmente tenham recebido distribuição do valor pago pelos ativos alienados, antes da decisão que decretou a falência[1086].

4) **Período de cumprimento.** O devedor permanece no estado de recuperação judicial até que se cumpram todas as obrigações previstas no plano que se vencerem até, no máximo, 2 anos depois da concessão da recuperação, independentemente do eventual pedido de carência (art. 61). Nesse período, o descumprimento de qualquer obrigação prevista no plano levará à convolação da recuperação em falência (art. 61, § 1º). Se o descumprimento ocorrer após o período de 2 anos, qualquer credor poderá requerer a execução específica da obrigação ou, ainda, requerer a falência do devedor (art. 62).

É importante lembrar que, no processo de recuperação judicial, vigora o sistema ***debtor-in-possession (DIP)***, ou seja, **o devedor não perde, em princípio, a administração da empresa salvo nas situações previstas no art. 64:**

I – houver sido condenado em sentença penal transitada em julgado por crime cometido em recuperação judicial ou falência anteriores ou por crime contra o patrimônio, a economia popular ou a ordem econômica previstos na legislação vigente;

II – houver indícios veementes de ter cometido crime previsto nesta Lei;

III – houver agido com dolo, simulação ou fraude contra os interesses de seus credores;

IV – houver praticado qualquer das seguintes condutas: a) efetuar gastos pessoais manifestamente excessivos em relação a sua situação patrimonial; b) efetuar despesas injustificáveis por sua natureza ou vulto, em relação ao capital ou gênero do negócio, ao

1086. GOUVÊA, Marcus de Freitas e BENSOUSSAN, Fabio Guimarães. Alienação de Unidade Produtiva Isolada na Recuperação Judicial e a Sucessão de Obrigações Tributárias. In: COUTINHO, Daniele de Lucena Zanforlin, GONÇALVES, Gabriel Augusto Luís Teixeira, LUCENA, Jimmy Lauder Mesquita e PEREIRA, Matheus Mello (coordenadores). *Fazenda Pública na Recuperação Judicial e Falência.* Rio de Janeiro: Forense, 2022, p. 95.

movimento das operações e a outras circunstâncias análogas; c) descapitalizar injustificadamente a empresa ou realizar operações prejudiciais ao seu funcionamento regular; d) simular ou omitir créditos ao apresentar a relação de que trata o inciso III do *caput* do art. 51 desta Lei, sem relevante razão de direito ou amparo de decisão judicial;

V – negar-se a prestar informações solicitadas pelo administrador judicial ou pelos demais membros do Comitê e, finalmente, VI – tiver seu afastamento previsto no plano de recuperação judicial.

Nesses casos, o juiz destituirá o administrador (evidentemente, aqui estamos tratando do administrador do devedor, e não, o administrador judicial), substituindo-o na forma prevista nos atos constitutivos do devedor ou do plano de recuperação (art. 64, parágrafo único).

Se o devedor em questão for empresário individual, ele próprio é o administrador; nesse caso, o juiz deve convocar a assembleia-geral de credores para deliberar sobre o nome do gestor judicial que assumirá a condução das atividades da empresa. Enquanto a assembleia não deliberar sobre essa escolha, a gestão será exercida pelo administrador judicial (art. 65, *caput* e § 161º, da Lei 11.101/05).

5) **Implicações no Registro de Empresa**. Em atenção ao princípio da veracidade do nome empresarial, a partir da concessão da recuperação, em todos os atos, contratos e documentos firmados pelo devedor em recuperação deverá ser acrescida, após o nome empresarial, a expressão "em recuperação judicial", devendo o juiz, ainda, determinar à Junta Comercial e à Receita Federal a anotação da recuperação (art. 69, *caput* e parágrafo único).

8.3. Encerramento do processo de recuperação judicial

Nos termos do art. 63, cumpridas as obrigações vencidas no prazo máximo de 2 anos (art. 61, *caput*, da Lei 11.101/05), o juiz decretará, por sentença, o encerramento da recuperação judicial, e determinará:

I – o pagamento do saldo de honorários ao administrador judicial, somente podendo efetuar a quitação dessas obrigações mediante prestação de contas, no prazo de 30 (trinta) dias, e aprovação do relatório previsto no inciso III do *caput* deste artigo;

II – a apuração do saldo das custas judiciais a serem recolhidas;

III – a apresentação de relatório circunstanciado do administrador judicial, no prazo máximo de 15 (quinze) dias, versando sobre a execução do plano de recuperação pelo devedor;

IV – a dissolução do Comitê de Credores e a exoneração do administrador judicial e

V – a comunicação ao Registro Público de Empresas e à Receita Federal para as providências cabíveis.

8.4. O financiamento do devedor e do grupo devedor durante a recuperação judicial

Uma dificuldade enfrentada pelos devedores em recuperação é a obtenção de financiamento. A falta de liquidez é uma das principais causas da crise da empresa. A redação original da Lei, se por um lado não lhe vedava o acesso a recursos, por outro lado não oferecia qualquer segurança aos eventuais financiadores que, assim, deixavam de investir, inviabilizando, muitas vezes, a recuperação.

A Lei nº 14.112/20, por sua vez, incluiu a Seção IV-A ("Do Financiamento do Devedor e do Grupo Devedor durante a Recuperação Judicial"), com os artigos 69-A a 69-F, procurando viabilizar o acesso ao crédito, por parte do devedor.

Assim, de acordo com o art. 69-A, o juiz pode – ouvido o Comitê de Credores – autorizar a celebração de contratos de financiamento com o devedor, garantidos pela oneração ou pela alienação fiduciária de bens e direitos, seus ou de terceiros, pertencentes ao ativo não circulante, para financiar as suas atividades e as despesas de reestruturação ou de preservação do valor dos ativos.

É comum que a empresa em recuperação judicial já não possua bens livres e desonerados. O art. 69-C permite a constituição de garantia subordinada – nova oneração do bem, limitada ao eventual excesso resultante da alienação do ativo objeto da garantia original (§1º).

Se essa decisão autorizativa da operação de financiamento for posteriormente modificada em grau de recurso, não se modifica a natureza do crédito ou suas garantias, se o desembolso dos recursos já tenha se efetivado. O art. 69-B, ao assim dispor, observa o princípio da segurança jurídica. É o mesmo raciocínio aplicado no art. 66-B, segundo o qual a alienação de bens ou a garantia outorgada por adquirente ou financiador de boa-fé não poderá ser anulada ou tornada ineficaz após a consumação do negócio jurídico com o recebimento dos recursos correspondentes pelo devedor, desde que realizada mediante autorização judicial expressa ou prevista nem plano de recuperação judicial ou extrajudicial aprovado. A aquisição de bem ou financiamento do devedor pelo investidor de boa-fé constitui ato jurídico perfeito (art. 5º, XXXVI, da Constituição), e não será atingido por ato jurídico posterior.

Por outro lado, se antes da liberação integral dos valores ocorrer a convolação da recuperação judicial em falência, o contrato de financiamento será considerado automaticamente rescindido – e, consequentemente, as garantias e a preferência – extraconcursalidade – serão mantidas até o valor dos repasses já efetuados (art. 69-D, *caput* e parágrafo único). Trata-se, aqui, de uma exceção ao art. 117 da lei, segundo o qual "os contratos bilaterais não se resolvem pela falência e podem ser cumpridos pelo administrador judicial se o cumprimento reduzir ou evitar o aumento do passivo da massa falida ou for necessário à manutenção e preservação de seus ativos, mediante autorização do Comitê".

O art. 69-E estabelece quem pode realizar esse financiamento – qualquer pessoa, inclusive credores, sujeitos ou não à recuperação judicial, familiares, sócios e integrantes do grupo do devedor. Da mesma forma, qualquer pessoa ou entidade poderá garantir o financiamento, mediante oneração ou alienação fiduciária de bens e direitos, inclusive o próprio devedor e os demais integrantes do grupo, estejam ou não em recuperação judicial (art. 69-F).

9. RECUPERAÇÃO JUDICIAL DAS MICROEMPRESAS E EMPRESAS DE PEQUENO PORTE (OU RECUPERAÇÃO JUDICIAL ESPECIAL)

Atendendo à expressa determinação constitucional que estabelece tratamento diferenciado e favorecido às microempresas e empresas de pequeno porte (art. 170, IX, da Constituição), a Lei 11.101 trouxe, nos artigos 70 a 72, normas próprias de recuperação judicial. A qualificação deve ser feita à luz da Lei Complementar nº 123/2006, cujo art. 3º considera microempresa ou empresa de pequeno porte a sociedade empresária, a sociedade simples e o empresário individual, devidamente registrado, que aufira, em cada ano-calendário, receita bruta igual ou inferior a R$ 360.000,00 (microempresa) ou superior a R$ 360.000,00 e igual ou inferior a R$ 4.800.000,00 (empresa de pequeno porte). Os valores foram estabelecidos pela Lei Complementar nº 155/2016. Evidentemente que, nos termos do art. 2º, apenas os empresários estarão sujeitos à Lei nº 11.101/05.

Inicialmente, cumpre destacar que o **regime especial é facultativo**, ou seja, é possível ao devedor microempresa e empresa de pequeno porte **optar pelo regime especial**, informando sua intenção de fazê-lo na petição inicial (art. 70, § 1º). Poderá, no entanto, não fazer referência ao regime especial e, assim, sujeitar-se às normas válidas a todos os demais empresários.

A Lei nº 14.112/20 inovou ao inserir o art. 70-A, que permite ao produtor rural (art. 48, §3º) adotar o procedimento especial, independentemente do seu enquadramento como microempresa ou empresa de pequeno porte, desde que o valor da causa – seus débitos alcançados pela recuperação judicial – não ultrapasse o limite de R$ 4.800.000,00.

Na hipótese de o devedor microempresa ou empresa de pequeno porte se encontrar em concordata preventiva, não poderá optar pelo regime especial, sendo-lhe aplicável, portanto, o regime geral (art. 192, § 2º, da Lei 11.101/05).

Pelo regime especial, estão **alcançados todos os créditos existentes na data do pedido, ainda que não vencidos**, **excetuados** os decorrentes de **repasses de recursos oficiais, os fiscais e os previstos nos §§ 3º e 4º do art. 49, da Lei 11.101/05.**

Uma diferença importante – e que pode levar o devedor a optar pelo regime geral – está nos **meios de recuperação**. A recuperação judicial especial prevê como meio, **exclusivamente, o parcelamento dos débitos** em até 36 parcelas mensais, iguais e sucessivas, acrescidas de juros equivalentes à taxa SELIC, podendo conter, ainda, a proposta de abatimento do valor das dívidas. Trata-se do art. 71, II, com a redação dada pela Lei Complementar 147/2014). O pagamento da primeira parcela ocorrerá no prazo máximo de 180 dias da distribuição do pedido de recuperação (art. 71, III). Não se aplicam as inúmeras opções previstas exemplificativamente no art. 50.

É curioso notar que a ideia de um regime próprio às microempresas e empresas de pequeno porte tem como objetivo favorecê-las. No entanto, a restrição dos meios de recuperação não nos parece criar um regime mais protetivo[1087].

Há também uma **maior restrição à administração**, uma vez que o inciso IV do art. 71 estabelece que o aumento de despesas e a contratação de empregados somente poderão ser autorizados pelo juiz, após ouvido o administrador judicial e o Comitê de Credores.

O pedido de recuperação judicial especial **não suspende o curso da prescrição nem das ações e execuções por créditos não abrangidos pelo plano** (art. 71, parágrafo único).

Aqui **não há convocação de assembleia-geral de credores para deliberação do plano de recuperação.** O art. 72 é expresso ao afirmar que o juiz concederá a recuperação se atendidas as demais exigências legais. **É o juiz quem aprovará o plano**. Se houver objeções de credores titulares de mais da metade de qualquer uma das classes de créditos previstas no art. 83, o juiz julgará improcedente o pedido de recuperação, decretando a falência do devedor (art. 72, parágrafo único). Como vimos, no regime comum da recuperação, havendo objeção será convocada a assembleia-geral, para deliberação sobre o plano.

Isso não quer dizer que não haja assembleia-geral de credores: o art. 72 somente a dispensa para fins de aprovação do plano. Poderá ser convocada para a constituição do Comitê de Credores, para deliberar sobre o pedido de desistência da recuperação judicial, entre outros objetivos[1088].

10. CONVOLAÇÃO DA RECUPERAÇÃO JUDICIAL EM FALÊNCIA

É possível que, **no curso do processo de recuperação judicial**, surjam situações que acarretem sua convolação em falência. A matéria é tratada no art. 73 da Lei 11.101/05.

I – por **deliberação da assembleia-geral de credores**, pelos votos de mais da metade do valor total dos créditos presentes à assembleia (art. 42).

II – pela **não apresentação do plano de recuperação no prazo legal** de 60 dias da publicação da decisão que deferiu o processamento da recuperação (art. 53).

1087. CAVALLI, Cássio. Plano de Recuperação. In: COELHO, Fabio Ulhoa (org.). *Tratado de Direito Comercial*. v. 7. São Paulo: Saraiva, 2015, p. 284. O autor prossegue: "A recuperação judicial pelo plano especial paradoxalmente assemelha-se à concordata, pois nela a participação dos credores é reduzidíssima (chega a falar-se, inclusive, em *favor legal*) e os meios de recuperação são legalmente taxados. Por este motivo, a disciplina do plano especial é alcunhada de *contraditória*, pois, conforme observa Manoel Justino Bezerra Filho, 'a concordata não propiciava qualquer condição de recuperação à empresa, [de modo que] parece não haver justificativa para que se conceda à pequena empresa um sistema tão semelhante à concordata anterior. (...) Não é à toa, aliás, que a recuperação judicial pelo plano especial é pouquíssimo utilizada e, quando o é, alcança reduzido índice de sucesso".

1088. CAVALLI, Cássio. Plano de Recuperação. In: COELHO, Fabio Ulhoa (org.). *Tratado de Direito Comercial*. v. 7. São Paulo: Saraiva, 2015, p. 288.

III – quando da **rejeição do plano e não apresentação ou rejeição do plano alternativo.**

IV – por **descumprimento de obrigação assumida no plano**, na forma do art. 61, § 1º.

V – por **descumprimento dos parcelamentos referidos no art. 68 ou da transação prevista no art. 10-C, da Lei nº 10.522/02**. Trata-se, aqui, do parcelamento tributário para fins de recuperação judicial, nos termos do art. 68. A Lei nº 10.522/02, art. 10-A, permite o parcelamento em até 120 meses. O art. 10-C, por sua vez, permite a transação de créditos inscritos em dívida ativa da União (ou seja, alcança os créditos tributários e também os não tributários).

VI – pelo **esvaziamento patrimonial da devedora** que implique liquidação substancial da empresa, em prejuízo de credores não sujeitos à recuperação judicial, inclusive as Fazendas Públicas. Como destaca Marcelo Sacramone, esse esvaziamento pode não ser evidente, devendo ser avaliado em cada caso concreto[1089].

Além dessas hipóteses, surgidas de situações verificadas ao longo do processo de recuperação, é possível que o juiz decrete a falência da empresa em recuperação por inadimplência de obrigação não sujeita ao plano (art. 73, parágrafo único), nos termos dos incisos I a III do art. 94. Em outras palavras, a concessão da recuperação judicial não impede a decretação da falência por motivos e fatos alheios ao processo de recuperação[1090]. O STJ, através do REsp 1.751.300/SP (Rel. Ministro Paulo de Tarso Sanseverino), confirmou acórdão do TJSP, que entendeu irrecuperável o devedor após a constatação do inadimplemento de dívidas extraconcursais, incluindo salários vencidos e energia elétrica fornecida após o deferimento da recuperação.

Como consequência da convolação, os atos de administração, endividamento, oneração ou alienação praticados durante a recuperação judicial presumem-se válidos, "desde que realizados na forma desta Lei" (art. 74, da Lei 11.101/05).

Mas essa não é a única consequência da convolação.

Os créditos decorrentes de obrigações contraídas durante a recuperação, inclusive aqueles relativos a despesas com fornecedores de bens e serviços e contratos de mútuo, serão considerados extraconcursais. Logo, terão **prioridade de pagamento na falência, antes dos demais credores.** É o que estabelece o art. 67.

O mesmo dispositivo destaca que os créditos quirografários sujeitos à recuperação pertencentes a fornecedores de bens ou serviços que continuem a provê-los normalmente

---

1089. SACRAMONE, Marcelo Barbosa. *Comentários à Lei de Recuperação de Empresas e Falência.* São Paulo: Saraiva, 2021, p. 400.

1090. MAMEDE, Gladston, *Direito empresarial brasileiro:* falência e recuperação de empresas. São Paulo: Atlas, 2016, p. 209. TOMAZETTE, Marlon. *Curso de direito empresarial: falência e recuperação de empresas.* v. 3. São Paulo: Atlas, 2021, posição 6647.

após o pedido de recuperação terão o privilégio de recebimento em caso de decretação da falência, no limite do valor dos bens ou serviços fornecidos durante o período. Seria o caso de uma reclassificação de créditos anteriores[1091].

Segundo o art. 61, § 2º, decretada a falência, os credores terão reconstituídos seus direitos e garantias nas condições originalmente contratadas, deduzidos os valores eventualmente pagos e ressalvados os atos validamente praticados no âmbito da recuperação judicial.

Por fim, nos termos do art. 80, considerar-se-ão habilitados os créditos remanescentes da recuperação judicial, quando definitivamente incluídos no quadro geral dos credores, tendo prosseguimento as habilitações que estejam em curso.

V. RECUPERAÇÃO EXTRAJUDICIAL

1. INTRODUÇÃO

A legislação brasileira já vislumbrava a possibilidade de se obter homologação judicial de acordo celebrado entre o devedor e seus credores representando pelo menos ¾ do passivo (Decreto 917/1890). Com o advento do antigo Decreto-lei 7.661/45, passou-se a considerar ato de falência a celebração de acordo entre o devedor e seus credores que contivesse proposta de dilação, remissão de créditos ou cessão de bens.

A Lei 11.101/2005 voltou a permitir que o devedor proponha e negocie com credores plano de recuperação extrajudicial (art. 161). A regulamentação do instituto é bastante sintética, e buscou conferir maior segurança jurídica a esses acordos.

Trata-se de um procedimento de jurisdição voluntária que tem por objetivo a homologação, por sentença, de acordo celebrado entre o devedor e determinadas espécies ou grupos de credores[1092].

2. REQUISITOS

Ao fazer expressa referência ao art. 48, o *caput* do art. 161 indica que o devedor deverá preencher os **mesmos requisitos exigidos pela lei para a recuperação judicial**.

Além disso, o § 3º prescreve que o devedor **não poderá requerer a homologação de plano extrajudicial, se estiver pendente pedido de recuperação judicial ou se houver obtido recuperação judicial ou homologação de outro plano de recuperação extrajudicial há menos de 2 anos.**

1091. NEGRÃO, Ricardo. *Curso de direito comercial e de empresa:* recuperação de empresa, falência e procedimentos concursais administrativos. São Paulo: Saraiva, 2017, p. 233.

1092. PAIVA, Luiz Fernando Valente de. Da Recuperação Extrajudicial. *In:* COELHO, Fabio Ulhoa (org.). *Tratado de Direito Comercial.* v. 7. São Paulo: Saraiva, 2015, p. 320.

3. O PLANO DE RECUPERAÇÃO EXTRAJUDICIAL

O plano deve observar o princípio da *par conditio creditorum*, de modo que, nos termos do art. 161, § 2º, **não poderá contemplar o pagamento antecipado de dívidas nem tratamento desfavorável aos credores que a ele não estejam sujeitos**. Alcançará exclusivamente os **créditos constituídos até a data da homologação.**

Também **não admite a inclusão de determinados créditos**, elencados no art. 161, § 1º: de natureza tributária, os derivados da legislação do trabalho ou decorrentes de acidentes de trabalho, além daqueles previstos nos arts. 49, § 3º, e 86, II, do *caput*. Estes créditos também não se submetem ao plano de recuperação judicial.

Parece lógico que o pedido de homologação do plano de recuperação extrajudicial não acarretará suspensão de direitos, ações ou execuções, nem a impossibilidade do pedido de decretação de falência pelos credores não sujeitos ao plano de recuperação extrajudicial (art. 161, § 4º).

Após a distribuição do pedido de recuperação extrajudicial, os credores não poderão desistir da sua adesão, salvo com a anuência expressa dos demais signatários (art. 161, § 5º).

Tal como na recuperação judicial, o plano pode combinar diversos meios de recuperação, de forma a atender aos diversos grupos de credores.

4. MODALIDADES DE RECUPERAÇÃO EXTRAJUDICIAL

a) O **art. 162** trata da possibilidade de o devedor requerer a homologação do plano de recuperação extrajudicial, juntando sua justificativa e o documento que contenha seus termos e condições, com as assinaturas dos credores que a ele aderirem. **O pedido de homologação é uma faculdade conferida ao devedor**.

b) O **art. 163**, por sua vez, trata de situação na qual **não há o consentimento de todos os credores**. Nesse caso, o devedor pode requerer a homologação do plano de recuperação extrajudicial que obriga a todos os credores por ele abrangidos, desde que assinado por credores que representem mais de 3/5 de todos os créditos de cada espécie abrangidos.

Essa segunda modalidade impõe as condições previstas no plano aos credores que não o subscreveram e àqueles que expressamente o tenham rejeitado, significando uma importante retirada de poder dos credores individualmente considerados[1093].

1093. PAIVA, Luiz Fernando Valente de. Da Recuperação Extrajudicial. In: COELHO, Fabio Ulhoa (org.). *Tratado de Direito Comercial*. v. 7. São Paulo: Saraiva, 2015, p. 323. O autor denomina a modalidade do art. 162 de **recuperação consensual,** e a do art. 163, de **recuperação impositiva**: "Logo, os termos do plano podem sequer ter sido apresentados a alguns credores pelo devedor, não lhes tendo sido dada a oportunidade de apresentar propostas de modificação e, ainda assim, estarão esses credores obrigados aos termos do plano, caso venha a ser homologado".

Nesse caso, além dos requisitos indicados no art. 162, o pedido de homologação deve conter:

I – exposição da situação patrimonial do devedor;

II – as demonstrações contábeis relativas ao último exercício social e as levantadas especialmente para instruir o pedido, na forma do inciso II do *caput* do art. 51;

III – os documentos que comprovem os poderes dos subscritores para novar ou transigir, relação nominal completa dos devedores, com indicação do endereço de cada um, a natureza, a classificação e o valor atualizado do crédito, discriminando sua origem, o regime dos respectivos vencimentos e a indicação dos registros contábeis de cada transação pendente (art. 163, § 6º).

Para fins de apuração do percentual de 3/5 previsto no *caput* do art. 163, o crédito em moeda estrangeira será convertido para moeda nacional pelo câmbio da véspera da data de assinatura do plano, e não serão computados os créditos detidos pelas pessoas relacionadas no art. 43. Na alienação de bem objeto de garantia real, a supressão da garantia ou sua substituição somente serão admitidas mediante a aprovação expressa do credor titular da respectiva garantia (art. 163, § 4º).

Nos créditos em moeda estrangeira, a variação cambial somente poderá ser afastada se o credor titular do respectivo crédito aprovar expressamente previsão diversa no plano de recuperação extrajudicial (art. 163, § 5º).

5. PROCEDIMENTO

Há **requisitos gerais aplicáveis a ambas as modalidades**.

Nos termos do *caput* do art. 164, recebido o pedido de homologação do plano, o juiz ordenará a publicação de edital no órgão oficial e em jornal de grande circulação nacional ou das localidades da sede e das filiais do devedor, convocando todos os credores do plano a apresentar suas eventuais impugnações, observado o § 3º do artigo, o qual limita as **matérias a serem alegadas nas impugnações**:

I – não preenchimento do percentual mínimo previsto no *caput* do art. 163;

II – prática de qualquer dos atos previstos no inciso III do art. 94 ou do art. 130, ou descumprimento de requisito previsto na lei, e;

III – descumprimento de qualquer outra exigência legal.

O prazo para a impugnação é de 30 dias, contados da data da publicação do edital (art. 164, § 2º). Após, terá o devedor o prazo de 5 dias para se manifestar. Após esse prazo, os autos seguirão conclusos ao juiz para apreciação das eventuais impugnações, decidindo em 5 dias a respeito do plano de recuperação extrajudicial.

O juiz homologará o plano se entender que não implica prática de atos previstos no art. 130 e que não há outras irregularidades que recomendem sua rejeição. O art. 130 trata da revogação dos atos praticados com a intenção de prejudicar credores, provando-se o conluio fraudulento entre o devedor e o terceiro que com ele contratar e o efetivo prejuízo sofrido pela massa falida. É o que dispõe o art. 164, § 5º. Da mesma forma (§ 4º), havendo prova de simulação de créditos ou vício de representação dos credores que subscreverem o plano, sua homologação será indeferida.

No caso de **não homologação** pelo juiz, poderá o devedor:

a) apelar (art. 164, § 7º), ou

b) apresentar novo pedido de homologação, cumpridas as formalidades (art. 164, § 8º).

6. EFEITOS DA HOMOLOGAÇÃO

O plano de recuperação extrajudicial produz efeitos após sua homologação (art. 165), mas pode estabelecer a produção de efeitos anteriores (efeitos retroativos), desde que exclusivamente em relação à modificação do valor ou da forma de pagamento dos credores signatários (art. 165, § 1º). Neste caso, se o plano for posteriormente rejeitado pelo juiz, devolve-se aos credores signatários o direito de exigir seus créditos originais, deduzindo os valores efetivamente pagos.

Se o plano de recuperação extrajudicial homologado envolver alienação judicial de filiais ou de unidades produtivas isoladas do devedor, o juiz ordenará a sua realização, observado, no que couber, o disposto no art. 142 desta Lei.

VI. FALÊNCIA

1. INTRODUÇÃO

Por mais que o legislador tenha se preocupado em criar instrumentos para a recuperação da empresa, sabemos que nem sempre isso será viável.

Nas situações de crise, na qual o patrimônio do devedor é disputado por diversos credores que, muitas vezes, não serão, em sua integralidade, satisfeitos (dada a insuficiência do ativo), percebeu-se a inconveniência do modelo das execuções individuais.

Tornou-se necessário ordenar a apuração dos ativos do devedor, levantar corretamente o seu passivo, mas não apenas isso. É necessário, em primeiro lugar, criar um sistema de execução coletiva, reunindo todos os credores em um único processo, para execução conjunta do devedor. Trata-se de execução coletiva, através da qual se dá o **concurso de credores**.

Esses **credores serão divididos de acordo com a natureza de seus créditos** – classes – que serão ordenadas para fins de preferência – há interesse público em que determinados créditos sejam satisfeitos preferencialmente em relação a outros.

Há, portanto, uma hierarquia entre as classes, que busca conferir um tratamento paritário de credores. Assim, são levados em conta pelo legislador diversos valores, tais como a hipossuficiência dos trabalhadores, a eficiência econômica da garantia etc.[1094].

Em segundo lugar, a execução coletiva permitirá o tratamento isonômico dos credores de mesma classe ou categoria (**princípio da *par conditio creditorum***).

Muito se discutiu a respeito da natureza da falência. Seria um instituto de direito material ou processual? Nela prevalece a natureza processual, por ser ela um complexo de normas de caráter instrumental que regulam procedimentos concursais (atividades dos órgãos, das partes, regulamentação de atos), visando a liquidação do ativo para saldar o passivo do falido[1095].

Essa natureza, contudo, não é exclusiva, uma vez que existem inúmeras regras de direito substantivo, que disciplinam, por exemplo, os efeitos jurídicos da abertura da falência, os direitos e deveres do falido e dos credores, as atribuições do síndico, a classificação dos créditos, etc. Tais normas se dizem de direito substantivo uma vez que, ao contrário das normas processuais que apenas regulam ou descrevem procedimentos, operam transformações nos institutos e nos direitos neles previstos.

A sentença que declara a falência, por sua vez, reconhece a preexistência de uma situação de fato, o estado de insolvência do requerido (conteúdo declaratório) e instaura um novo estado jurídico, o de falência, produzindo efeitos *erga omnes*[1096].

Analisaremos, assim, o processo de falência como um todo: partiremos da fase preliminar, que culmina com o reconhecimento do estado falimentar e a decretação da falência; em seguida, analisaremos o processo falimentar propriamente dito e, por fim, a fase da extinção das obrigações do falido.

O importante é ter em mente os objetivos da falência: a preservação e otimização da utilização produtiva dos bens, ativos e recursos produtivos, inclusive intangíveis, da

---

1094. COELHO, Fabio Ulhoa. O credor colaborativo na recuperação judicial. In: TOLEDO, Paulo Fernando Campos Salles de, SATIRO, Francisco (coord.), *Direito das empresas em crise:* problemas e soluções. São Paulo: Quartier Latin-IBR, 2012, p. 104.

1095. NEGRÃO, Ricardo. *Curso de direito comercial e de empresa.* Recuperação de Empresas, Falência e Procedimentos Concursais Administrativos. São Paulo: Saraiva, 2017, p. 245: "Falência é um processo de execução coletiva, no qual todo o patrimônio de um empresário declarado falido – pessoa física ou jurídica – é arrecadado, visando o pagamento da universalidade de seus credores, de forma completa ou proporcional".

1096. Neste sentido, REQUIÃO, Rubens, *Curso de direito falimentar.* vol. 1, São Paulo: Saraiva, 1993, p. 36: "A situação ruinosa do patrimônio do devedor, em condições de não solver suas obrigações, caracteriza a insolvência. A insolvência – importante é compreender – constitui um fato. Pertence ao domínio dos fatos econômicos no âmbito da empresa. O direito falimentar dele não conhece, a não ser quando, transpondo-se do campo fático, ingressa no terreno jurídico. Surge, então, através do conhecimento do magistrado, de sua sentença declaratória, a falência, como um estado de direito. Esse estado de direito, ordenado e sistematizado pela lei, é o que entendemos, no conhecimento jurídico, por falência".

empresa (art. 75, I). Trata-se de um exemplo bastante evidente de consagração, pela lei, do princípio da preservação da empresa, comumente associado ao instituto da recuperação judicial, à falência.

Para além desse objetivo, a Lei nº 14.112/20, acrescentou o inciso II: "permitir a liquidação célere das empresas inviáveis, com vistas à realocação eficiente de recursos na economia". Com isso, reforça-se a ideia de que a recuperação judicial não é uma solução aplicável a todo e qualquer devedor, mas somente àquele minimamente viável.

Também objetiva fomentar o empreendedorismo, inclusive por meio da viabilização do retorno célere do empreendedor falido à atividade econômica (inciso III).

2. FASE PRELIMINAR OU DECLARATÓRIA DA FALÊNCIA

2.1. Pressupostos do estado falimentar

Nesta primeira fase, o objetivo será o reconhecimento judicial do estado falimentar, o qual envolve alguns pressupostos.

Em primeiro lugar, é importante observar que o legislador manteve a antiga distinção de tratamentos entre empresários e não empresários. Somente estão sujeitos à falência os **empresários**, restando aos demais o recurso ao processo da insolvência civil.

A diferença de tratamento entre empresários e não empresários não é pequena. A própria concepção da insolvência, num e noutro caso, são distintas. O processo de insolvência civil apoia-se no conceito de insolvência econômica – ativo insuficiente para a satisfação do passivo, nos termos do art. 748, do CPC de 1973[1097]. A falência, por seu turno, está baseada na insolvência jurídica, caracterizada pelas situações do art. 94, da Lei 11.101/05, que estudaremos a seguir.

Em termos objetivos, a Lei 11.101/05 trata das situações que levam ao reconhecimento da situação de falência do devedor empresário.

O art. 94, da Lei 11.101/05, estabelece que a será decretada a falência do devedor que:

I – **sem razão de direito**, não paga, no vencimento, obrigação líquida materializada em título ou títulos executivos **protestados** cuja soma **ultrapasse o equivalente a 40 salários mínimos na data do pedido de falência**,

II – executado por qualquer quantia ilíquida, não deposita e não nomeia à penhora bens suficientes dentro do prazo legal,

---

1097. O CPC de 2015 não regulamentou a insolvência civil, que permanece sujeita ao regime do Código de 1973 até que nova lei venha a ser editada (arts. 1.052, do CPC/2015, que remete aos arts. 748 a 786-A do CPC/1973, os quais dispõem sobre o procedimento para a execução certa contra devedor insolvente.

III – pratica qualquer dos seguintes atos, exceto se fizer parte do plano de recuperação judicial:

a) procede à liquidação precipitada de seus ativos ou lança mão de meio ruinoso ou fraudulento para realizar pagamentos;

b) realiza ou, por atos inequívocos, tenta realizar, com o objetivo de retardar pagamentos ou fraudar credores, negócio simulado ou alienação de parte ou da totalidade de seu ativo a terceiro, credor ou não;

c) transfere estabelecimento a terceiro, credor ou não, sem o consentimento de todos os credores e sem ficar com bens suficientes para solver seu passivo;

d) simula a transferência de seu principal estabelecimento com o objetivo de burlar a legislação ou a fiscalização ou para prejudicar credor;

e) dá ou reforça garantia a credor por dívida contraída anteriormente sem ficar com bens livres e desembaraçados suficientes para saldar seu passivo;

f) ausenta-se sem deixar representante habilitado e com recursos suficientes para pagar os credores, abandona estabelecimento ou tenta ocultar-se de seu domicílio, do local de sua sede ou de seu principal estabelecimento;

g) deixa de cumprir, no prazo estabelecido, obrigação assumida no plano de recuperação judicial.

Portanto, o estado de falência pode ser caracterizado por dois critérios: a **impontualidade injustificada** (inciso I) e a prática, pelo devedor, dos chamados **atos de falência** (incisos II e III).

2.2. Quem pode pedir a falência do devedor?

De acordo com o art. 97, da Lei 11.101/05, podem requerer a falência do devedor:

I – o próprio devedor (autofalência);

II – o cônjuge sobrevivente, qualquer herdeiro do devedor ou o inventariante;

III – o cotista ou o acionista do devedor na forma da lei ou do ato constitutivo da sociedade;

IV – qualquer credor.

a) **Autofalência**

O art. 105 trata da falência requerida pelo próprio devedor, ou seja, da confissão de falência. Deverá fazê-lo, em princípio, aquele devedor que entender não preencher os requisitos para requerer sua recuperação judicial. Assim, deverá expor ao juízo as razões da impossibilidade de prosseguimento da sua atividade empresarial.

O **pedido deverá ser instruído** com:

I – demonstrações contábeis referentes aos três últimos exercícios sociais e as levantadas especialmente para o pedidos, confeccionadas com estrita observância da legislação societária aplicável e composta, obrigatoriamente, de balanço patrimonial, demonstração de resultados acumulados, demonstração do resultado desde o último exercício social e relatório do fluxo de caixa;

II – relação nominal dos credores, indicando endereço, importância, natureza e classificação dos respectivos créditos;

III – relação dos bens e direitos que compõem seu ativo, com a respectiva estimativa de valor e documentos comprobatórios de propriedade;

IV – prova da condição de empresário, contrato social ou estatuto em vigor ou, se não houver, a indicação de todos os sócios, endereços e relação de seus bens pessoais;

V – os livros obrigatórios e documentos contábeis exigidos pela lei e

VI – relação de seus administradores dos últimos 5 anos, com os respectivos endereços, suas funções e participações societárias.

Vimos que na **sociedade limitada** o pedido de recuperação depende da deliberação dos sócios, exigindo-se a aprovação dos votos correspondentes a mais da metade do capital social (art. 1.071, VIII e 1.076, II, do Código Civil). Para o pedido de falência, o quórum será de 2/3 do capital social, por aplicação do art. 1.076, I, do Código Civil, por analogia com o disposto no art. 1.071, VI, que trata da dissolução da sociedade. O art. 1.071, VIII, só se referia ao pedido de concordata, que não conduz à dissolução da sociedade como a falência[1098].

Na **sociedade por ações**, há norma expressa: o art. 122, IX, da Lei 6.404/76 estabelece competir privativamente à assembleia-geral autorizar os administradores a confessar falência e a pedir recuperação judicial (redação dada pela Lei nº 14.195/21). O termo “administradores” compreende apenas os diretores, visto que somente a eles incumbe a representação da companhia (Lei 6.404/76, art. 138, § 1º).

No entanto, em caso de urgência, pode a autofalência ser requerida pelos administradores, com a concordância do acionista controlador, previamente à reunião da assembleia-geral, que deverá ser imediatamente convocada (art. 122, parágrafo único, da Lei 6.404/76).

b) **Cônjuge sobrevivente, inventariante e herdeiro**

A hipótese do art. 97, II, diz respeito ao empresário individual. Cabe aos seus sucessores decidir pela continuidade ou não da empresa. No caso de não haver interesse no prosseguimento, devem proceder ao regular encerramento das atividades, inventariando-se

1098. FRANCO, Vera Helena de Mello. In: SOUZA JUNIOR, Francisco Satiro de; PITOMBO, Paulo Sérgio de Moraes (coords.). *Comentários à lei de recuperação de empresas e falência*: Lei 11.101/2005. São Paulo: Ed. Revista dos Tribunais, 2005, p. 404.

o patrimônio do empresário falecido e, se o ativo comportar, transferindo-se os bens aos herdeiros, para então promover a baixa perante a Junta Comercial.

No entanto, pode-se constatar que o empresário já se encontrava em situação de crise, com o ativo insuficiente para a satisfação dos seus credores. Nesse caso, poderão as pessoas indicadas no inciso II requerer a falência;

c) **Cotista ou o acionista do devedor**

A situação prevista no inciso III do art. 97 não é muito comum, uma vez que, quando um sócio entende ser o caso de pedido de autofalência e a maioria não concorda, normalmente o que ocorre é a dissolução parcial da sociedade, com a retirada do sócio dissidente e a continuidade da empresa[1099].

d) **Credor**

É a hipótese mais comum. Qualquer credor, empresário ou não, pode requerer a falência do empresário, desde que seu crédito alcance o valor mínimo previsto no art. 94, I, da Lei 11.101/05, admitindo-se, para esse efeito, a soma dos créditos de litisconsortes, ainda que essa hipótese seja de rara aplicação prática.

Se o credor for empresário, deverá apresentar certidão do Registro de Empresas que comprove sua regularidade. O empresário irregular pode ter sua falência requerida, mas não poderá requerê-la (art. 97, § 1º).

Se o credor, empresário ou não, não tiver domicílio no Brasil, deverá prestar caução relativa às custas e ao pagamento da indenização do art. 101 – hipótese de condenação por perdas e danos por pedido abusivo de falência (art. 97, § 2º).

O Decreto-lei 7.661/45 autorizava o credor com garantia real a requerer a falência do devedor desde que renunciasse à garantia, ou demonstrasse sua insuficiência. A Lei 11.101/2005 não faz qualquer exigência.

Questão recorrente na doutrina e na jurisprudência envolve a possibilidade de a Fazenda Pública requerer a falência do devedor.

Há autores que se manifestam positivamente, alegando, em síntese, não haver vedação legal expressa e que, "uma vez caracterizados os motivos legais que determinam a quebra, pode e deve a Fazenda Pública valer-se do direito que até a credores civis é garantido"[1100].

Vem prevalecendo o entendimento pela impossibilidade, uma vez que haveria mecanismo próprio para a cobrança do crédito fiscal – a Lei 6.830/80 (Lei de Execução Fiscal). A I Jornada de Direito Comercial também aprovou o Enunciado 56, segundo o qual "A

1099. RAMOS, André Luiz Santa Cruz. *Direito empresarial esquematizado.* São Paulo: Método, 2014, p. 637.

1100. FAZZIO JÚNIOR, Waldo. *Manual de Direito Comercial.* São Paulo: Atlas, 2004, p. 638-639.

Fazenda Pública não possui legitimidade ou interesse de agir para requerer a falência do devedor empresário".

Ricardo Negrão afirma que eventual reconhecimento de legitimidade da Fazenda Pública implicaria em violação à norma do art. 174, da Constituição, que não teria previsto uma "intervenção falimentar" do Estado na atividade econômica[1101].

Outros autores, como Marcelo Sacramone, entendem que a vedação não estaria na lei falimentar, mas no art. 187, do Código Tributário Nacional, que determina que a cobrança judicial do crédito tributário não se sujeita a concurso de credores ou habilitação em falência, e no art. 38, da Lei nº 6.830/80, que impediria que o empresário se defendesse da cobrança no âmbito do processo falimentar[1102].

O STJ vem assim decidindo:

> *TRIBUTÁRIO E COMERCIAL – CRÉDITO TRIBUTÁRIO – FAZENDA PÚBLICA – AUSÊNCIA DE LEGITIMIDADE PARA REQUERER A FALÊNCIA DE EMPRESA.*
>
> *1. A controvérsia versa sobre a legitimidade de a Fazenda Pública requerer falência de empresa.*
>
> *2. O art. 187 do CTN dispõe que os créditos fiscais não estão sujeitos a concurso de credores. Já os arts. 5º, 29 e 31 da LEF, a fortiori, determinaram que o crédito tributário não está abrangido no processo falimentar, razão pela qual carece interesse por parte da Fazenda em pleitear a falência da empresa.*
>
> *3. Tanto o Decreto-lei 7.661/45 quanto a Lei nº 11.101/2005 foram inspirados no princípio da conservação da empresa, pois preveem respectivamente, dentro da perspectiva de sua função social, a chamada concordata e o instituto da recuperação judicial, cujo objetivo maior é conceder benefícios às empresas que, embora não estejam formalmente falidas, atravessam graves dificuldades econômico-financeiras, colocando em risco o empreendimento empresarial.*
>
> *4. O princípio da conservação da empresa pressupõe que a quebra não é um fenômeno econômico que interessa apenas aos credores, mas sim, uma manifestação jurídico-econômica na qual o Estado tem interesse preponderante.*
>
> *5. Nesse caso, o interesse público não se confunde com o interesse da Fazenda, pois o Estado passa a valorizar a importância da iniciativa empresarial para a saúde econômica de um país. Nada mais certo, na medida em que quanto maior a iniciativa privada em determinada localidade, maior o progresso econômico, diante do aquecimento da economia causado a partir da geração de empregos.*

1101. NEGRÃO, Ricardo. *Curso de direito comercial e de empresa.* Recuperação de Empresas, Falência e Procedimentos Concursais Administrativos. São Paulo: Saraiva, 2017, p. 256.

1102. SACRAMONE, Marcelo Barbosa. *Comentários à Lei de Recuperação de Empresas e Falência.* São Paulo: Saraiva, 2021, p. 470. O autor, contudo, reconhece que a lei deveria ter expressamente possibilitado o pedido de falência pelo Fisco: "A possibilidade mais célere de exigência do crédito, sob pena de decretação de falência, poderia incentivar os credores a manterem sua condição fiscal regularizada, com ganhos econômicos para toda a coletividade".

> *6. Raciocínio diverso, isto é, legitimar a Fazenda Pública a requerer falência das empresas inviabilizaria a superação da situação de crise econômico-financeira do devedor, não permitindo a manutenção da fonte produtora, do emprego dos trabalhadores, tampouco dos interesses dos credores, desestimulando a atividade econômico-capitalista. Dessarte, a Fazenda poder requerer a quebra da empresa implica incompatibilidade com a ratio essendi da Lei de Falências, mormente o princípio da conservação da empresa, embasador da norma falimentar. Recurso especial improvido.*
>
> *(REsp 363.206/MG, Rel. Min. Humberto Martins, 2ª Turma, DJe 21/05/2010)*

Apesar desse entendimento, a 1ª Câmara de Direito Empresarial do TJSP, por maioria, deu provimento a recurso de apelação para anular sentença e determinar o prosseguimento do pedido de falência requerido pela União, representada nos autos pela Procuradoria-Geral da Fazenda Nacional.

No caso (Apelação 1001975-61.2019.8.26.0491, rel. Desembargador Alexandre Lazzarini, j. 16/07/2020), a Fazenda havia realizado diversas tentativas de cobrança pelas vias ordinárias, sem sucesso, e mesmo citado em ação de execução fiscal, permaneceu o devedor inerte. Também não lograram êxito as tentativas de localização de bens para penhora. Por outro lado, o juízo havia expedido a certidão prevista no art. 94, II e §4º, da Lei nº 11.101/05. A União, nas razões recursais, destacou que a execução fiscal e o processo falimentar não são incompatíveis, e que a Fazenda está sujeita a um concurso de credores.

O Tribunal entendeu que "estando a Fazenda Pública sujeita ao concurso material e, uma vez frustrada a execução do crédito pelas vias próprias, não há porque se inadmitir o requerimento de quebra pelo ente público, lembrando-se, inclusive, que o interesse público é indisponível, e que o devedor tem meios para obstar a falência, como o pagamento do débito, efetuando pedido de recuperação judicial ou aderindo a eventual parcelamento dos débitos fiscais". Ressaltou, ainda, que no caso de execução fiscal frustrada e inércia do devedor em satisfazer o crédito tributário, não cabe a invocação do princípio da preservação da empresa, de forma genérica, de modo a justificar uma hipotética falta de interesse da Fazenda no pedido de falência, sendo certo que há a necessidade de exclusão do mercado das empresas que não estão aptas a participarem de maneira saudável da livre concorrência.

Certamente o acórdão será apreciado, em sede de recurso especial, pelo STJ, de forma que recomendamos ao leitor o acompanhamento desta discussão.

Contudo, destacamos que a Lei n. 14.112/20 reconheceu expressamente a possibilidade de a Fazenda Pública requerer a convolação da recuperação judicial em falência – nos casos de rescisão de parcelamento e da transação tributária deferidas de forma específica às empresas em recuperação judicial. Também o fez nos casos de esvaziamento patrimonial do devedor que implique liquidação substancial da empresa. São as hipóteses dos incisos V e VI do art. 73, da Lei nº 11.101/05[1103].

1103. SOUSA, Thiago Morelli Rodrigues de. Do pedido de falência pelo credor público. In: COUTINHO, Daniele de Lucena Zanforlin, GONÇALVES, Gabriel Augusto Luís Teixeira, LUCENA, Jimmy Lauder Mesquita e PEREIRA, Matheus Mello (coordenadores). *Fazenda Pública na Recuperação Judicial e Falência.* Rio de Janeiro: Forense, 2022, p. 127-128.

O incidente de classificação de crédito público:

A lei criou, ainda, o **incidente de classificação de crédito público – ICCP** (art. 7º-A), a ser instaurado de ofício pelo juiz. A Fazenda, devidamente intimada, deverá apresentar, no prazo de 30 dias, ao administrador judicial ou ao juízo, a relação completa de seus créditos inscritos em dívida ativa, acompanhada dos cálculos, da classificação e das informações sobre a situação atual. As execuções fiscais (art. 7º-A, §4º, V) permanecerão suspensas até o encerramento da falência, sem prejuízo da possibilidade de prosseguimento contra os corresponsáveis.

Essa previsão elimina uma antiga discussão sobre eventual incompatibilidade entre execução fiscal e habilitação do crédito fiscal no processo de falência, que agora podem correr simultaneamente. Eventual satisfação do crédito pelo corresponsável, em sede de execução fiscal, terá o efeito de extinguir a dívida, o que será comunicado ao juízo falimentar.

Da mesma forma, a suspensão das execuções pela disciplina do ICCP, parece derrubar o argumento da existência da execução como impedimento para o pedido de falência pela Fazenda.

2.3. As causas do pedido de falência

Analisaremos, agora, o que justifica o pedido de falência. A Lei 11.101/2005 apresenta duas causas: a impontualidade e a prática dos chamados atos de comércio.

2.3.1. Impontualidade

Não é qualquer impontualidade que justifica o pedido de falência do devedor:

Primeiramente, ela deve **ocorrer quando não houver razão de direito.** O art. 96 traz as defesas possíveis ao requerido, determinando a não decretação da sua falência se provar, por exemplo, a falsidade do título, a prescrição da dívida, a nulidade da obrigação, entre outras situações. Trata-se de uma enumeração exemplificativa (o que se conclui pela redação do inciso V). É importante atentar ao inciso VII, que se refere à apresentação de pedido de recuperação judicial no prazo da contestação ao pedido de falência (c/c art. 95). Se o **devedor for sociedade anônima**, nos termos do § 1º do art. 96, não será decretada sua falência após liquidado e partilhado seu ativo nem do espólio após um ano da morte do devedor.

As defesas dos incisos I a VI, por seu turno, não obstam a decretação da falência se, ao final, restarem obrigações não atingidas pelas defesas em montante que supere os 40 salários mínimos.

Uma questão interessante a se observar é que a insolvência, aqui, é presumida. Não se exige, ao contrário do que ocorre na sistemática da insolvência civil do não empresário, a comprovação da efetiva insolvência econômica. Logo, é possível a decretação da falência por impontualidade independentemente de comprovação de insolvência econômica. Neste sentido, o STJ (REsp 1.433.652-RJ, Rel. Ministro Luís Felipe Salomão, j. em 18/09/2014).

Por outro lado, eventual existência de cláusula compromissória (através da qual as partes de um contrato pactuam pela submissão à arbitragem) não afeta a executividade de título de crédito não pago, razão pela qual não impede pedido de falência com fundamento no art. 94, I. Trata-se de entendimento consolidado na jurisprudência do STJ (REsp 1.733.685/SP, Rel. Ministro RAUL ARAÚJO, QUARTA TURMA, j. 06/11/2018, DJe 12/11/2018).

Deve, ainda, se referir a **título protestado**.

Nos termos do § 3º do art. 94, o pedido de falência deve ser instruído com os títulos executivos acompanhados dos respectivos instrumentos de protesto para fim falimentar.

No regime do Decreto-lei nº 7.661/45, havia o chamado protesto especial para os títulos não sujeitos ao protesto cambiário. A distinção entre os tipos de protesto foi abolida com o art. 94, I, da Lei nº 11.101/05, bastando, portanto, o protesto cambial, que demonstra que o título foi apresentado ao sacado para seu aceite ou ao devedor para o pagamento da obrigação. Dessa forma, o protesto falimentar não será exigido se já houver o protesto cambial[1104].

Duas Súmulas do STJ tratam especificamente do tema: a 248 estabelece que, comprovada a prestação dos serviços, a duplicata não aceita, mas protestada, é título hábil para instruir pedido de falência. Já a Súmula 361 afirma que a notificação do protesto, para requerimento de falência da empresa devedora, exige a identificação da pessoa que a recebeu.

Enquanto vigorar o período de sustação do protesto, não haverá título executivo que autorize o pedido de falência (STJ, REsp 251.678/SP, Rel. Min. Hélio Quaglia Barbosa, j. 04/09/2007).

A lei estabelece um mínimo de **40 salários mínimos**, mas permite que os credores se reúnam, somando seus créditos de forma a ultrapassar o valor e pedir, em litisconsórcio, a falência do devedor, nos termos do art. 94, § 1º. Os pedidos de falência por impontualidade de dívidas abaixo deste piso são considerados abusivos; acima deste valor, não cabe ao Judiciário obstar o pedido com considerações a respeito de eventual abuso pelo credor. A discussão remonta ao regime do Decreto-lei 7.661/45, quando se entendia que o processo de falência não poderia ser desvirtuado para servir de instrumento de coação para a cobrança de dívida (STJ, REsp 1.433.652-RJ, Rel. Min. Luís Felipe Salomão, j. em 18/09/2014).

Ajuizado o pedido de falência com base no art. 94, I, o devedor será citado para apresentar sua contestação no prazo de 10 dias (art. 98). Nos pedidos baseados nos incisos I e II do art. 94, o devedor poderá, no prazo da contestação, depositar o valor correspondente ao total do crédito, acrescido de correção monetária, juros e honorários advocatícios. Trata-se do chamado **depósito elisivo**, que impede a decretação da falência. É o que estabelece o art. 98, parágrafo único, da Lei 11.101/05.

1104. SACRAMONE, Marcelo Barbosa. *Comentários à Lei de Recuperação de Empresas e Falência.* São Paulo: Saraiva, 2021, p. 284.

2.3.2. *Atos de falência*

a) **Execução frustrada**

São considerados atos de falência o comportamento do devedor que, executado por qualquer quantia líquida, **não paga, não deposita e não nomeia à penhora bens suficientes dentro do prazo legal** (art. 94, II – execução frustrada).

Na hipótese de execução frustrada, **há que se comprovar as três condutas omissivas por parte do executado.** Por outro lado, não é necessário o protesto do título executivo. Este entendimento foi consagrado pelo TJSP, através da Súmula 50. Da mesma forma, não há que se falar em piso de 40 salários mínimos. Alguns autores criticam a ausência de valor mínimo, entendendo que a opção do legislador facilita a utilização do processo de falência como meio coercitivo de cobrança[1105].

Nesse caso, ainda, o pedido de falência será instruído com certidão extraída pelo juízo em que se processa a execução (art. 94, § 4º). É importante destacar que, obtida a certidão, o credor deverá propor ação própria, autônoma, no foro competente, requerendo a falência do devedor. Não se admite pedido incidental de falência nos autos da execução frustrada[1106], que ficará, uma vez ajuizada a ação de falência, suspensa.

b) **Atos de falência**

Já nas hipóteses de requerimento com base no art. 94, III, o pedido deve descrever os fatos que caracterizam os atos de falência, juntando-se as provas que houver e especificando-se as que serão produzidas. É o que dispõe o art. 94, § 5º.

Analisaremos, sucintamente, os **atos listados no inciso III**:

a) **liquidação precipitada de ativos, pagamento por meio ruinoso ou fraudulento.** O devedor está se desfazendo do seu patrimônio, sem pagamento dos credores. Os meios ruinosos ou fraudulentos são inúmeros: pode envolver a alienação de máquinas ou instrumentos indispensáveis ao exercício da empresa, contratação de empréstimos a juros desproporcionais aos do mercado, venda de mercadorias a preços muito abaixo dos praticados pelo mercado etc.

1105. PARENTONI, Leonardo Netto e GUIMARÃES, Rafael Couto. Comentários aos arts. 94 a 97. In: CORRÊA-LIMA, Osmar Brina e LIMA, Sérgio Mourão Corrêa (coord.) *Comentários à nova lei de falência e recuperação de empresas.* Rio de Janeiro: Forense, 2005.

1106. Neste sentido, NEGRÃO, Ricardo, *Curso de direito comercial e de empresa:* recuperação de empresa, falência e procedimentos concursais administrativos. São Paulo: Saraiva, 2017, p. 303-304, RAMOS, André Luiz Santa Cruz, *Direito empresarial esquematizado.* São Paulo: Método, 2014, p. 649. MAMEDE, Gladston, *Direito empresarial brasileiro:* falência e recuperação de empresas. São Paulo: Atlas, 2016, p. 228. **Em sentido contrário**, entendendo possível o pedido de falência incidental à execução, BEZERRA FILHO, Manoel Justino, *Lei de Recuperação de Empresas e Falências Comentada,* São Paulo: Revista dos Tribunais, 2007, p. 247-248.

O legislador parte da ideia de que o empresário que esvazia seu patrimônio antes de encerrar suas atividades visa a impedir que os credores consigam a penhora de bens suficientes para satisfazer seus créditos, por ocasião do futuro processo de execução.

b) **negócios simulados ou alienação de parte ou da totalidade do ativo.** Trata-se, aqui, da alienação sem contrapartida financeira ou por meio de subavaliação dos bens, para os chamados *laranjas*. Os bens aparentam ter sido vendidos quando, na realidade, foram doados, para que sejam afastados do alcance dos credores[1107].

c) **transferência de estabelecimento sem o consentimento de todos os credores e sem ficar com bens suficientes para o pagamento do passivo.** É o chamado **trespasse.** Como já vimos, a alienação do estabelecimento só é considerada eficaz se todos os credores forem pagos ou consentirem com a transferência, nos termos do art. 1.145, do Código Civil. A própria Lei 11.101/2005, em seu art. 129, VI, torna ineficaz a transferência ou venda do estabelecimento sem o consentimento expresso ou o pagamento de todos os credores, não tendo restado ao devedor bens suficientes para solver o passivo, salvo se, no prazo de 30 dias, não houver oposição dos credores devidamente notificados.

d) **simulação de transferência do estabelecimento com o objetivo de burlar a lei ou a fiscalização ou para prejudicar credor.** Um exemplo é a transferência para local que dificulte o pedido de falência, forçando o credor a ajuizar a ação na nova localidade, ou para dificultar a fiscalização tributária ou trabalhista. A transferência terá de ser empresarialmente justificável.

e) **dar ou reforçar garantia a credor por dívida contraída anteriormente, sem ficar com bens livres e desembaraçados suficientes para pagar o passivo.** Trata-se de hipótese de fraude à *par conditio creditorum*, uma vez que não há razão aparente para esse "reforço", o qual, certamente, prejudicará outros credores.

f) **ausência ou abandono de estabelecimento ou ocultação do domicílio.** Nessas situações, nas quais não se habilita representante nem se garante recursos suficientes para o pagamento dos credores, presume-se a insolvência do devedor.

g) **deixar de cumprir obrigação assumida no plano de recuperação judicial.** O art. 61 da lei falimentar, estabelece que o juiz poderá determinar a manutenção do devedor em recuperação judicial até que sejam cumpridas todas as obrigações previstas no pano que vencerem até, no máximo, 2 anos depois da concessão da recuperação judicial, independente do eventual período de carência e que, durante esse período, o descumprimento de qualquer obrigação prevista no plano levará à sua convolação em falência.

1107. PARENTONI, Leonardo Netto e GUIMARÃES, Rafael Couto. Comentários aos arts. 94 a 97. In: CORRÊA-LIMA, Osmar Brina e LIMA, Sérgio Mourão Corrêa (coord.) *Comentários à nova lei de falência e recuperação de empresas*. Rio de Janeiro: Forense, 2005, p. 671.

O devedor será citado para apresentar sua defesa em 10 dias, mas só poderá efetuar o **depósito elisivo** se o pedido se basear no **inciso II do art. 94**.

2.4. Onde se pede falência (foro competente)

Como já abordamos quando dos comentários a respeito da recuperação judicial, o foro competente para a decretação da falência é o juízo do local do principal estabelecimento do devedor ou da filial de empresa que tenha sede fora do Brasil (art. 3º).

2.5. O juízo da falência

A correta identificação do principal estabelecimento do devedor para fixação do foro competente para o ajuizamento do pedido de falência é de fundamental importância, uma vez que este juízo, nos termos do art. 76 da Lei 11.101/05, é **indivisível** e competente para conhecer todas as ações sobre bens, interesses e negócios do falido, ressalvadas as causas trabalhistas, fiscais e aquelas não reguladas na Lei 11.101/2005, em que o falido figurar como autor ou litisconsorte ativo.

Além disso, o juízo da falência é **universal**, no sentido de foro de liquidação judicial, resolvendo as relações patrimoniais do falido. **As competências constitucionais de outros órgãos para ações de conhecimento são mantidas**, não havendo atração de competência (prevista em lei). É o caso das ações de competência da Justiça Federal e da Justiça do Trabalho.

Mas o **recebimento dos créditos reconhecidos nestas esferas** deverá ser feito no **juízo da falência**, que unifica o acesso dos credores aos resultados da realização do patrimônio do falido[1108].

3. A SENTENÇA JUDICIAL DA FALÊNCIA

A procedência do pedido leva à decretação da falência. Recordando as noções de direito processual, temos que a sentença é o ato judicial que extingue o processo, com ou sem resolução do mérito (art. 316, do CPC). No entanto, o **processo falimentar inicia-se, a rigor, com a sentença que decreta a falência**. A partir de agora, inicia-se, propriamente, a execução coletiva. Daí, também, porque a doutrina majoritária reconhece o caráter **constitutivo** desta sentença[1109].

De acordo com o art. 99, a sentença que decretar a falência, obrigatoriamente:

I – conterá a **síntese do pedido**, a **identificação do falido** e os **nomes** dos que forem a esse tempo seus **administradores;**

1108. MAMEDE, Gladston, *Direito empresarial brasileiro:* falência e recuperação de empresas. São Paulo: Atlas, 2016, p. 222.

1109. Observe-se, ainda, que a lei anterior se referia a sentença declaratória da falência, ao passo que a atual estabelece que a sentença decreta a falência, deixando claro o seu caráter constitutivo.

II – fixará o **termo legal da falência**, sem poder retrotraí-lo por mais de 90 dias contados do pedido de falência, do pedido de recuperação judicial ou do 1º protesto por falta de pagamento, excluindo-se, para esta finalidade, os protestos que tenham sido cancelados. O termo legal da falência é chamado de período suspeito, que será investigado pelos credores.

Assim, em se tratando de falência requerida com base no **art. 94, I** (impontualidade), o termo legal será determinado **a partir do primeiro protesto por falta de pagamento** (não necessariamente do protesto que embasa o pedido de falência) – ou seja, em até 90 dias anteriores à data mencionada na certidão de protesto juntada.

No caso de **convolação da recuperação judicial em falência**, o período é fixado em até **90 dias anteriores à data do pedido inicial (da recuperação)**.

No caso de **autofalência**, o termo retroage em **até 90 dias do pedido**. Qual a importância da fixação do termo legal? São ineficazes em relação à massa falida os atos praticados nesse período pelo devedor, elencados no art. 129, I a VII.

A doutrina considera que tais atos são **objetivamente ineficazes** perante a massa, uma vez que o reconhecimento de sua **ineficácia independe da demonstração de fraude do devedor ou de conluio com o terceiro contratante**[1110].

Prosseguindo com as determinações do art. 99, a sentença que decretar a falência do devedor:

III – ordenará ao falido que apresente, no prazo máximo de 5 dias, **relação nominal dos credores**, indicando endereço, importância, natureza e classificação dos respectivos créditos, se esta já não se encontrar nos autos, sob pena de desobediência. Aqui, não podemos nos esquecer que a falência envolve uma execução coletiva, e a apresentação da relação aqui exigida visa a facilitar o processamento da falência.

IV – explicitará o **prazo para as habilitações de crédito**, observado o disposto no § 1º do art. 7º da Lei 11.101/05.

V – ordenará a **suspensão de todas as ações ou execuções contra o falido, ressalvadas as hipóteses previstas nos §§ 1º e 2º do art. 6º da Lei 11.101/05**. Em outras palavras, não se suspendem as ações que demandem quantia ilíquida, ações de conhecimento decorrentes das relações de trabalho, execuções fiscais.

VI – **proibirá a prática de qualquer ato de disposição ou oneração de bens do falido**, submetendo-os **preliminarmente à autorização judicial e do Comitê**, se houver, ressalvados os bens cuja venda faça parte das atividades normais do devedor se autorizada a continuação provisória nos termos do inciso XI do *caput* do art. 99.

1110. RAMOS, André Luiz Santa Cruz. *Direito empresarial esquematizado*. São Paulo: Método, 2014, p. 690.

VII – determinará as **diligências necessárias para salvaguardar os interesses das partes envolvidas**, podendo ordenar a prisão preventiva do falido ou de seus administradores quando requerida com fundamento em provas da prática de crime definido na Lei 11.101/05.

VIII – **ordenará ao Registro Público de Empresas e à Secretaria Especial da Receita Federal** que procedam à **anotação da falência no registro do devedor**, para que conste a expressão "falido", a data da decretação da falência e a inabilitação de que trata o art. 102 da Lei 11.101/05. A norma visa a dar publicidade à sentença de falência.

IX – **nomeará o administrador judicial**, que desempenhará suas funções na forma do inciso III do *caput* do art. 22 sem prejuízo do disposto na alínea *a* do inciso II do *caput* do art. 35 da Lei 11.101/05.

X – determinará a **expedição de ofícios aos órgãos e repartições públicas** e outras entidades para que **informem a existência de bens e direitos do falido;**

XI – **pronunciar-se-á a respeito da continuação provisória das atividades do falido** com o administrador judicial **ou da lacração** dos estabelecimentos, observado o disposto no art. 109 da Lei 11.101/05;

XII – determinará, quando entender conveniente, a **convocação da assembleia-geral de credores para a constituição de Comitê de Credores**, podendo ainda autorizar a manutenção do Comitê eventualmente em funcionamento na recuperação judicial quando da decretação da falência. As atribuições da assembleia-geral de credores e do Comitê de Credores já foram analisadas nos itens III – 2.2 e III – 2.3, aos quais remetemos o leitor.

XIII – ordenará a **intimação eletrônica**, nos termos da legislação vigente e respeitadas as prerrogativas funcionais, respectivamente, **do Ministério Público e das Fazendas Públicas federal e de todos os Estados, Distrito Federal e Municípios em que o devedor tiver estabelecimento**, para que tomem conhecimento da falência (redação dada pela Lei nº 14.112/20).

3.1. Recursos contra a sentença

Contra a sentença que **decretar a falência**, cabe a interposição de **agravo de instrumento;** da sentença **denegatória**, cabe **apelação** (art. 100).

3.2. Sentença denegatória da falência

A sentença que julgar improcedente o pedido de falência não impede novo pedido, desde que por outra causa de pedir[1111].

1111. NEGRÃO, Ricardo. *Curso de direito comercial e de empresa:* recuperação de empresa, falência e procedimentos concursais administrativos. São Paulo: Saraiva, 2017, p. 359.

O art. 101, contudo, impõe a condenação ao pagamento de indenização daquele que, dolosamente, requereu a falência. Revela-se aqui a preocupação do legislador em desestimular comportamentos abusivos e de má-fé de credores.

4. EFEITOS DA SENTENÇA QUE DECRETA A FALÊNCIA

Uma vez decretada a falência do devedor, inicia-se o processo de execução coletiva.

Quanto aos efeitos da sentença, em que pese a existência de diversas classificações, adotaremos aquela apresentada por Rubens Requião: efeitos em relação (a) aos credores do falido, (b) à pessoa e aos bens do falido e dos administradores e, por fim, (c) em relação aos contratos do falido (que trataremos junto com as obrigações do devedor).

4.1. Efeitos em relação aos credores do falido

Em relação aos credores do falido, os principais efeitos da sentença que decreta a falência são:

a) a **formação da massa de credores**, classificados de acordo com os critérios do art. 83, da LRF, e a **instauração do juízo universal da falência** (art. 76);

b) **a suspensão da prescrição das obrigações do devedor sujeitas ao regime da lei falimentar** (art. 6º, I).

A suspensão não alcança:

- as ações em que o falido e os sócios solidários figurem como credores.
- as ações que demandem **quantia ilíquida** (§ 1º do art. 6º), uma vez que, desta forma, não podem integrar a massa de credores. Somente após a liquidação esse credor possuirá título hábil para, se for o caso, proceder à sua inclusão no quadro de credores.
- as **reclamações trabalhistas**, cabendo à Justiça do Trabalho o processamento e julgamento da ação até a definição e liquidação do crédito, para então remetê-lo ao juízo falimentar (§ 2º do art. 6º).
- também por expressa disposição legal, não se suspendem as **execuções fiscais** (art. 187, do Código Tributário Nacional).
- **ações não reguladas pela Lei 11.101/05 em que o falido figure como autor ou litisconsorte ativo** (art. 76).
- não podemos esquecer que, por disposição constitucional expressa, as ações em que for parte a **União, entidade autárquica ou empresa pública federal forem interessadas** são da competência da Justiça Federal e, portanto, não se suspendem nem são remetidas ao juízo falimentar. (art. 109, I, da Constituição).

c) a **suspensão das execuções ajuizadas contra o devedor, inclusive daquelas dos credores particulares do sócio solidário, relativas a créditos ou obrigações sujeitos à recuperação judicial ou à falência** (art. 6º, II).

O que acontece com as execuções individuais contra o falido?

Duas situações se afiguram: quando houver **hasta designada**, o produto dos bens penhorados ou por outra forma apreendidos entrará para a massa, cumprindo ao juiz deprecar, a requerimento do administrador judicial, às autoridades competentes, determinando sua entrega (nos termos do art. 108, § 3º, da Lei 11.101/05).

No entanto, se a **hasta já tiver sido realizada**, não há, a rigor, o que se suspender, uma vez que o bem já foi liquidado. Nessa hipótese, a execução individual atingiu seu objetivo antes da decretação da falênci[1112], e o credor levanta o valor do seu crédito. Apenas eventual saldo será encaminhado à massa.

d) a **proibição de qualquer forma de retenção, arresto, penhora, sequestro, busca e apreensão e constrição judicial ou extrajudicial sobre os bens do devedor, oriunda de demandas judiciais ou extrajudiciais cujos créditos ou obrigações sujeitem-se à recuperação judicial ou a falência** (art. 6º, III).

e) o **vencimento antecipado das dívidas.** A decretação da falência determina o vencimento antecipado das dívidas do devedor e dos sócios ilimitada e solidariamente responsáveis, com o abatimento proporcional dos juros e conversão dos créditos em moeda estrangeira para a moeda do País, pelo câmbio do dia da decisão judicial. É o que dispõe o art. 77, da Lei 11.101/05.

O vencimento antecipado é decorrência do princípio da *par conditio creditorum,* uma vez que é o que possibilita que todos os credores possam habilitar seus créditos.

f) **compensação de créditos** na falência. Nos termos do art. 122, da Lei 11.101/05, compensam-se, com preferência sobre todos os demais credores, as dívidas do devedor vencidas até o dia da decretação da falência, provenha o vencimento da sentença da falência ou não. São excepcionados, expressamente (ou seja, não se compensam) os créditos transferidos após a decretação da falência, salvo em caso de sucessão por fusão, incorporação, cisão ou morte, ou os créditos, ainda que vencidos anteriormente, transferidos quando já conhecido o estado de crise econômico-financeira do devedor ou cuja transferência se operou com fraude ou dolo.

g) **não exigibilidade dos juros,** nos termos do art. 124 da Lei 11.101/05: contra a massa falida não são exigíveis juros vencidos após a decretação da falência, previstos em lei ou em contrato, **se o ativo apurado não bastar para o pagamento**

1112. COELHO, Fabio Ulhoa. *Curso de Direito Comercial.* vol. 3, São Paulo: Revista dos Tribunais, 2016, p. 304.

dos credores subordinados. O parágrafo único do art. 124 excepciona os juros das debêntures e dos créditos com garantia real (respondendo por estes, exclusivamente, o produto dos bens que constituem a garantia).

4.2. Efeitos em relação à pessoa e aos bens do falido e seus administradores

a) em relação à pessoa

Sabemos que a falência alcança tanto o empresário individual quanto a sociedade empresária.

A decretação da falência é causa de **dissolução da sociedade** (art. 206, II, *c*, da LSA), o que, como já vimos, não significa a extinção de sua personalidade jurídica. Encerra-se a atividade empresarial para o posterior procedimento de liquidação do patrimônio. A sentença desfaz todos os vínculos existentes entre os sócios ou acionistas e inaugura o processo judicial de terminação da personalidade jurídica da sociedade[1113].

Estabelece o art. 81 da Lei nº 11.101/05 que a decretação da falência da sociedade empresária acarreta a **falência dos sócios ilimitadamente responsáveis.** O dispositivo prescreve, ainda, que em razão desse efeito, esses sócios serão citados para apresentar contestação quando da propositura do pedido de falência.

Essa regra aplica-se ao sócio **que tenha se retirado voluntariamente ou que tenha sido excluído da sociedade há pelo menos 2 anos, quanto às dívidas existentes na data do arquivamento da alteração do contrato, no caso de não terem sido solvidas até a data da decretação da falência** (§ 1º).

A doutrina vem se mostrando resistente a admitir a "extensão da falência", preferindo a expressão "extensão dos efeitos da falência". O Decreto-Lei nº 7.661/45, em seu art. 5º, apenas submetia os sócios aos "demais efeitos jurídicos que a sentença declaratória produza em relação à sociedade falida", preferindo o legislador de 2005 reestabelecer a opção do Decreto-lei nº 2.204/1908.

A rigor, se os sócios ilimitados porventura não forem empresários, estaremos diante de uma exceção à regra de que apenas empresários estão sujeitos à falência. A lei pode fazê-lo. No entanto, a decretação da falência de sócio não empresário cria-lhe injustificado tratamento diferenciado em relação aos demais particulares, permitindo que suas obrigações sejam extintas com maior facilidade e que retorne ao mercado em condições mais favoráveis[1114].

1113. COELHO, Fabio Ulhoa, *Curso de Direito Comercial.* vol. 3, São Paulo: Revista dos Tribunais, 2016, p. 269.

1114. SACRAMONE, Marcelo Barbosa. *Comentários à Lei de Recuperação de Empresas e Falência.* São Paulo: Saraiva, 2021, p. 414.

No entanto, considerando que os tipos societários mais utilizados – companhia e sociedade limitada – não apresentam sócios com responsabilidade ilimitada, é de se reconhecer que o dispositivo tem reduzida importância prática.

Já em relação ao **sócio de responsabilidade limitada, aos controladores e aos administradores da sociedade falida**, a responsabilidade pessoal será apurada no juízo falimentar, independentemente da realização do ativo e da prova da sua insuficiência para cobrir o passivo, observando o procedimento ordinário previsto no CPC (art. 82). Trata-se de norma de natureza essencialmente processual. A ação de responsabilização deve ser proposta pelo administrador judicial, à luz do art. 22, III, alíneas *f, n* e *o*, da Lei nº 11.101/05. Não há norma que confira legitimidade aos credores ou ao Ministério Público, razão pela qual em caso de eventual omissão do administrador a proteção da massa fica condicionada à sua destituição por desídia (art. 31). A ação prescreve em dois anos, contados do trânsito em julgado da sentença de encerramento da falência (art. 82, §1º), podendo o juiz, de ofício ou mediante requerimento das partes interessadas, ordenar a indisponibilidade de bens particulares dos réus, em quantidade compatível com o dano provocado, até o julgamento da ação de responsabilização (art. 82, §2º).

O art. 82-A, na redação dada pela Lei nº 14.112/20, veda a extensão da falência ou de seus efeitos, no todo ou em parte, aos sócios de responsabilidade limitada, aos controladores e aos administradores da sociedade falida, admitida, contudo, a desconsideração da personalidade jurídica, que somente poderá ser decretada pelo juízo falimentar com a observância do art. 50, do Código Civil e dos arts. 133 a 137, do CPC não aplicada a suspensão de que trata o art. 134, §3º, do Código de Processo Civil. A rigor, a extensão da falência ou de seus efeitos não se confunde com a desconsideração da personalidade jurídica. É sabido que não faz sentido utilizar esta última quando o direito apresenta regras de responsabilidade direta.

Assim, a desconsideração da personalidade jurídica somente deve ser cogitada para imputar ao sócio ilícitos que, em princípio, apenas a pessoa jurídica responderia.

Outro efeito importante da decretação da falência sobre a pessoa do falido é a sua **inabilitação empresarial**. Nos termos do art. 102, o falido fica inabilitado para exercer qualquer atividade empresarial a partir da decretação da falência e até a sentença que extingue suas obrigações, respeitado o disposto no art. 181, § 1º. Ela alcançará o empresário individual e também os sócios responsáveis ilimitadamente do falido.

A **decretação da falência impõe aos representantes legais do falido, ainda, os seguintes deveres** (art. 104):

I – assinar nos autos, desde que intimado da decisão, termo de comparecimento, com a indicação do nome, da nacionalidade, do estado civil e do endereço completo do domicílio, e declarar, para constar do referido termo, diretamente ao administrador judicial, em dia, local e hora por ele designados, por prazo não superior a 15 dias após a decretação da falência: as causas determinantes da sua falência, quando requerida pelos credores; tratando-se de sociedade, os nomes e endereços de todos os sócios, acionistas controladores, diretores ou administradores, apresentando o contrato ou estatuto social e a prova do respectivo registro, bem como suas alterações; o nome do contador encarregado da escrituração dos livros obrigatórios; os mandatos que porventura tenha outorgado, indicando seu objeto, nome e endereço do mandatário; seus bens imóveis e os móveis que não se encontram no estabelecimento; se faz parte de outras sociedades, exibindo respectivo contrato; suas contas bancárias, aplicações, títulos em cobrança e processos em andamento em que for autor ou réu;

II – entregar ao administrador judicial os seus livros obrigatórios e os demais instrumentos de escrituração pertinentes, que os encerrará por termo;

III – não se ausentar do lugar onde se processa a falência sem motivo justo e comunicação expressa ao juiz, e sem deixar procurador bastante, sob as penas cominadas na lei;

IV – comparecer a todos os atos de falência, podendo ser representado por procurador, quando não for indispensável sua presença;

V – entregar ao administrador judicial, para arrecadação, todos os bens, papéis, documentos e senhas de acesso a sistemas contábeis, financeiros e bancários, bem como indicar aqueles que porventura estejam em poder de terceiros;

VI – prestar as informações reclamadas pelo juiz, administrador judicial, credor ou Ministério Público sobre circunstâncias e fatos que interessem à falência;

VII – auxiliar o administrador judicial com zelo e presteza;

VIII – examinar as habilitações de crédito apresentadas;

IX – assistir ao levantamento, à verificação do balanço e ao exame dos livros;

X – manifestar-se sempre que for determinado pelo juiz;

XI – apresentar ao administrador judicial a relação de seus credores, em arquivo eletrônico, no dia em que prestar as declarações referidas no inciso I; e

XII – examinar e dar parecer sobre as contas do administrador judicial.

Não se pode ignorar o fato de que, **no caso da companhia**, considerando as atribuições do conselho de administração e da diretoria, é que se deve interpretar o art. 104, para concluir que **apenas os diretores estão sujeitos a essas restrições de ordem pessoal**[1115].

b) em relação aos bens

A **perda do direito de administrar os seus bens** decorre do art. 103. Isso, no entanto, não o impede de fiscalizar a administração da falência, requerer as providências necessárias para a conservação de seus direitos ou dos bens arrecadados, bem como intervir nos

1115. SANTOS, Paulo Penalva. Efeitos da falência. In: COELHO, Fabio Ulhoa (org.). *Tratado de Direito Comercial*. v. 7. São Paulo: Saraiva, 2015. 122.

processos em que a massa falida seja parte ou interessada, requerendo o que for de direito e interpondo os recursos cabíveis (parágrafo único).

4.3. Efeitos em relação às obrigações do falido

A decretação da falência afasta a incidência das normas do direito civil, empresarial e do consumidor nos contratos do falido, submetendo-os a normas próprias do regime falimentar (art. 115).

A decretação da falência suspende, ainda, o exercício do direito de retenção sobre os bens sujeitos à arrecadação, os quais serão entregues ao administrador judicial, bem como o exercício do direito de retirada ou de recebimento do valor de suas quotas ou ações, por parte dos sócios do falido.

Os contratos bilaterais não se rescindem com a declaração da falência, cabendo ao administrador judicial manifestar-se, de ofício ou a requerimento da parte interessada, sobre o cumprimento do contrato. Nos termos do *caput* do art. 117, é possível que o cumprimento do contrato reduza ou evite o aumento do passivo da massa falida, ou seja necessário à manutenção e preservação de seus ativos.

Portanto, a partir daí, surgem **duas hipóteses:**

a) **O administrador judicial se manifesta pelo cumprimento do contrato, mediante autorização do Comitê**: nesse caso, ele estará sujeito à aplicação supletiva das normas do Código Civil que regulam os contratos. Assim, se o comprador for falido e se a venda for à vista, o vendedor não tem obrigação de entregar a coisa antes de receber o preço (Código Civil, art. 491) e, se a venda for a prazo, o vendedor poderá sobrestar a entrega da coisa até que o comprador lhe dê caução de pagar no tempo ajustado (art. 495) ou efetive, desde logo, o pagamento do preço (art. 477)[1116].

b) **O administrador se manifesta pelo não cumprimento do contrato ou permanece em silêncio**: ocorre a resolução do contrato. É o que estabelece o art. 117, § 2º, da Lei nº 11.101/05, que também confere ao contratante o **direito à indenização**, por valor a ser apurado em processo ordinário e que **constituirá crédito quirografário.**

O **silêncio do administrador é considerado manifestação pelo não cumprimento**, razão pela qual o § 1º do art. 117 permite sua **interpelação pelo contratante**, no prazo de até 90 dias, contado da assinatura do termo de sua nomeação. Interpelado, o administrador judicial tem 10 dias para declarar se cumpre ou não o contrato.

1116. BOITEUX, Fernando Netto. Contratos bilaterais na Recuperação Judicial e na Falência. *In:* SANTOS, Paulo Penalva (coordenador). *A nova lei de falências e de recuperação de empresas – Lei 11.101/05.* Rio de Janeiro: Forense, 2007, p. 304-305.

Na pendência do prazo para resposta, tem o contratante obrigação de cumprir o contrato?

Entendemos que não. O legislador conferiu uma faculdade ao contratante: ele pode cumprir de imediato o contrato, por sua conta e risco, ou interpelar o administrador judicial, para que este diga se pretende cumprir o contrato ou não. No curso do prazo para o exercício dessa faculdade, fica suspenso o cumprimento das obrigações. Já o administrador judicial tem a faculdade de determinar se quer ou não cumprir o contrato, restando suspensa a contraprestação até que se dê ciência dessa manifestação ao contratante[1117].

Em relação aos **contratos unilaterais**, o administrador judicial, mediante autorização do Comitê, poderá dar-lhes cumprimento, se esse fato reduzir ou evitar o aumento do passivo da massa falida ou for necessário à manutenção e preservação de seus ativos, realizando o pagamento da prestação pela qual está obrigada.

Vejamos, agora, de forma sucinta, o tratamento que a Lei 11.101/05 confere a alguns contratos bilaterais:

4.3.1. Compra e venda

O contrato de compra e venda não se resolve pela falência e pode ser cumprido pelo administrador judicial mediante autorização do Comitê de Credores. Mas algumas situações merecem análise mais cuidadosa:

a) Compra e venda de coisa em trânsito por ocasião da falência

No regime do Código Civil, na venda à distância, quando a mercadoria já foi expedida (tradição simbólica) e o preço ainda não foi pago, em caso de insolvência do comprador o vendedor pode sobrestar a entrega da coisa, até que o comprador lhe dê caução de pagar no tempo ajustado (Código Civil, art. 495) ou pague desde logo o preço (art. 477). **No regime falimentar**, se o vendedor tomar conhecimento da falência do devedor após ter despachado as mercadorias, ele pode obstar a sua entrega, desde que não tenha havido revenda sem fraude, com a entrega simbólica, por parte do falido, das mesmas mercadorias ao novo comprador (art. 119, I).

b) Compra e venda de coisas compostas

Imaginemos que, antes de falir, o empresário vendeu uma máquina composta de várias peças, entregando parte delas e recebendo parte do preço. Por ocasião da falência, tornou-se inviável para a massa falida prosseguir na construção da máquina, e o administrador judicial resolveu não prosseguir com a execução do contrato. A rigor, ao comprador não interessa a parte da máquina já recebida. Nesse caso, e nos termos do art. 119, II, poderá

1117. BOITEUX, Fernando Netto. Contratos bilaterais na Recuperação Judicial e na Falência. *In:* SANTOS, Paulo Penalva (coordenador). *A nova lei de falências e de recuperação de empresas – Lei 11.101/05.* Rio de Janeiro: Forense, 2007, p. 306.

o comprador pôr à disposição da massa falida as coisas já recebidas, pedindo perdas e danos (em ação de conhecimento).

c) Coisas móvel vendida a prestações

Não tendo o devedor entregue coisa móvel ou prestado serviço que vendera ou contratara a prestações, e resolvendo o administrador judicial não executar o contrato, o crédito relativo ao valor pago será habilitado na classe própria (art. 119, III).

d) Compra e venda com reserva de domínio

Inicialmente, convém recordarmos que a reserva de domínio é um pacto em virtude do qual o vendedor reserva para si a propriedade da coisa alienada, até o momento em que se realize o pagamento integral do preço. Por expressa disposição do art. 521 do Código Civil, somente se aplica aos bens móveis. O art. 527, por sua vez, faculta ao vendedor reter as prestações pagas até o necessário para cobrir a depreciação da coisa, as despesas feitas e o que mais de direito lhe for devido. É esse, também, o tratamento conferido pelo art. 119, IV, lembrando, ainda, que os contratos nos quais o credor seja proprietário em contrato de compra e venda com reserva de domínio não se submetem aos efeitos da recuperação judicial (art. 49, § 3º, da Lei 11.101/05).

e) Compra e venda a termo

Tratando-se de coisas vendidas a termo, que tenham cotação em bolsa ou mercado, e não se executando o contrato pela efetiva entrega daquelas e pagamento do preço, prestar-se-á a diferença entre a cotação do dia do contrato e a da época da liquidação em bolsa ou mercado (art. 119, V).

f) Promessa irretratável de compra e venda de imóvel

O art. 119, VI, apenas remete à "legislação específica".

O Código Civil atribui ao promitente comprador direito real à aquisição de imóvel mediante promessa de compra e venda em que não se pactuou arrependimento, celebrada por instrumento público ou particular, devidamente registrado (art. 1.417).

Logo, um efeito do contrato é a constituição de direito real. Esse direito é oponível à massa falida do vendedor, conferindo adjudicação compulsória ao comprador, independentemente da origem do negócio imobiliário. Se o falido foi o comprador, submete-se às disposições gerais aplicáveis aos contratos bilaterais.

Lembramos, novamente, que nos termos do art. 49, § 3º, não se submete aos efeitos da recuperação judicial o proprietário ou promitente vendedor de imóvel cujos contratos contenham cláusula de irrevogabilidade ou irretratabilidade, inclusive em incorporações imobiliárias.

4.3.2. *Contrato de locação*

A falência do locador não resolve o contrato de locação e, na falência do locatário, o administrador judicial pode, a qualquer tempo, denunciar o contrato (art. 119, VII).

Pela sua relevância no mundo empresarial, cabem algumas considerações relativas ao *shopping center*. Já vimos que o contrato celebrado entre o lojista e o *shopping center* envolvem peculiaridades. A pronta desocupação do espaço pelo locatário falido é promovida pelo locador, com base na cláusula de resolução por falência que normalmente é inserida nos contratos desta natureza[1118].

4.3.3. *Obrigações no âmbito do Sistema Financeiro Nacional*

De acordo com o art. 119, VIII, caso haja acordo para compensação e liquidação de obrigações no âmbito do sistema financeiro nacional, nos termos da legislação vigente, a parte não falida poderá considerar o contrato vencido antecipadamente, hipótese em que será liquidado na forma estabelecida em regulamento, admitindo-se a compensação de eventual crédito que venha a ser apurado a favor do falido com créditos detidos pelo contratante.

Sabemos que o Sistema Financeiro Nacional é composto pelo Conselho Monetário Nacional, o Banco Central do Brasil, o Banco do Brasil, o Banco Nacional do Desenvolvimento Econômico e Social (BNDES) e demais instituições financeiras públicas e privadas (Lei 4.595/64, art. 1º), considerando-se instituições financeiras " as pessoas jurídicas públicas ou privadas, que tenham como atividade principal ou acessória a coleta, intermediação ou aplicação de recursos financeiros próprios ou de terceiros, em moeda nacional ou estrangeira, e a custódia de valor de propriedade de terceiros" (art. 17, *caput*, da Lei 4.595/64). A elas se equiparam "as pessoas físicas que exerçam qualquer das atividades referidas neste artigo, de forma permanente ou eventual" (parágrafo único).

O dispositivo da Lei 11.101/05 foi muito criticado, mas André Luiz Santa Cruz Ramos destaca que "uma das finalidades específicas da reforma do direito falimentar brasileiro foi a tentativa de diminuição do *spread* bancário, e é nesse contexto que a norma em comento deve ser analisada, assim como outras que tragam, de certa forma, alguns 'privilégios' aos créditos bancários"[1119].

1118. COELHO, Fábio Ulhoa. *Curso de Direito Comercial.* Volume 3. São Paulo: Revista dos Tribunais, 2016, p. 290. Ainda segundo o autor: "Na grande maioria das vezes, excetuadas situações muito específicas de alguns lojistas-âncoras, o consumidor não vai ao *shopping* porque nele se encontra a loja; ele vai à loja porque ela está no *shopping*. Nos Estados Unidos, a disciplina legal também privilegia os interesses do *shopping center* sobre os dos credores da loja locatária em estado falimentar, mesmo se ela está em regime de reorganização judicial".

1119. RAMOS, André Luiz Santa Cruz. *Direito empresarial esquematizado.* São Paulo: Método, 2014, p. 678.

4.3.4. Patrimônios de afetação

São patrimônios constituídos com autorização legal para o cumprimento de destinações específicas. Obedecerão ao disposto na legislação respectiva, permanecendo seus bens, direitos e obrigações separados dos do falido até o advento do respectivo termo ou até o cumprimento de sua finalidade, ocasião em que o administrador judicial arrecadará o saldo a favor da massa falida ou inscreverá na classe própria o crédito que contra ela remanescer. É o que dispõe o art. 119, IX.

4.3.5. Mandato

Segundo o art. 120, o mandato conferido pelo devedor, antes da falência, para a realização de negócios, cessará seus efeitos com a decretação da falência, cabendo ao mandatário prestar contas de sua gestão.

O mandato conferido para representação judicial do devedor continua em vigor até que seja expressamente revogado pelo administrador judicial.

A falência do mandatário revoga o mandato, se ele tiver por objeto a atividade empresarial, uma vez que a sentença que declara a falência inabilita o falido para administrar seus bens ou deles dispor. Se o objeto do mandato for estranho à atividade empresarial, ele permanece eficaz (art. 120, § 2º).

4.3.6. Contas correntes

O contrato de conta corrente é celebrado por dois empresários que têm relações negociais continuadas. Ao invés de satisfazerem, de imediato, as operações recíprocas de débito e crédito, vão registrando em lançamentos contábeis as sucessivas remessas em seus respectivos livros de modo que somente por um balanceamento de contas se verificará qual é o devedor ou qual é o credor[1120].

Percebe-se, assim, que em princípio não estamos tratando da conta corrente bancária, que não possui essas características, mas sim de contrato de depósito bancário. A doutrina, contudo, aplica-lhe a mesma regra, por analogia[1121].

De acordo com o art. 121, as contas correntes com o devedor consideram-se encerradas no momento da decretação da falência, verificando-se o respectivo saldo.

1120. BOITEUX, Fernando Netto. Contratos bilaterais na Recuperação Judicial e na Falência. *In:* SANTOS, Paulo Penalva (coordenador). *A nova lei de falências e de recuperação de empresas – Lei 11.101/05.* Rio de Janeiro: Forense, 2007, p. 327.

1121. RAMOS, André Luiz Santa Cruz. *Direito empresarial esquematizado.* São Paulo: Método, 2014, p. 678.

5. ARRECADAÇÃO, REALIZAÇÃO DO ATIVO E PAGAMENTO DO PASSIVO

Vimos os efeitos da sentença que decreta a falência em relação ao falido, ao credor e aos contratos do falido. Agora, encerrada a fase preliminar que, como já afirmamos, envolve uma verdadeira ação de conhecimento, inicia-se o processo de falência propriamente dito – a execução coletiva.

Nessa fase, caberá ao administrador judicial formar a **massa falida objetiva** (através da arrecadação dos bens sociais e, eventualmente, de sócios e de bens que estejam com terceiros) e a **massa falida subjetiva**, que envolve o acerto dos créditos. Uma vez definidos ativo e passivo, essa etapa do processo falimentar buscará **realizar o ativo** e **satisfazer o passivo**.

5.1. Arrecadação

A sentença que decreta a falência retira do devedor o direito de administrar e dispor dos seus bens (art. 103, da Lei 11.101/05), que agora serão geridos pelo administrador judicial. Nos termos do art. 108, após a assinatura do termo de compromisso, o administrador judicial efetuará a arrecadação dos bens e documentos e a avaliação dos bens, separadamente ou em bloco, no local em que se encontrem, requerendo ao juiz as medidas necessárias para esses fins. Todos os bens serão arrecadados, com exceção daqueles absolutamente impenhoráveis (art. 108, § 4º, da Lei 11.101/05, c/c art. 833, do CPC), formando a massa falida objetiva.

Os bens arrecadados ficarão sob a guarda do administrador judicial ou de pessoa por ele escolhida, sob responsabilidade daquele, podendo o falido ou qualquer de seus representantes ser nomeado depositário dos bens (§ 1º). O falido pode acompanhar a arrecadação e a avaliação (§ 2º). Se o bem estiver localizado em outra comarca, deve o juiz expedir carta precatória (§ 3º).

Caso haja riscos para a arrecadação ou para a preservação dos bens da massa falida ou dos interesses dos credores, o estabelecimento será lacrado. **O lacre é, em princípio, facultativo.** É o que dispõe o art. 109, da Lei 11.101/05. Destaca Ricardo Negrão que, no caso de falência ou liquidação extrajudicial de empresas ou estabelecimentos hospitalares, de pesquisa, de ensino ou congêneres, assim como nos serviços de saúde que produzirem, venderem, adquirirem, consumirem, prescreverem ou fornecerem drogas ou qualquer outro em que existam essas substâncias ou produtos, incumbe ao juiz determinar, imediatamente, sejam lacradas suas instalações (art. 69, I, da Lei 11.343/2006). Trata-se de um **caso excepcional de lacre obrigatório**.

A arrecadação é formalizada por meio do **auto de arrecadação** (art. 110), composto pelo inventário e pelo respectivo laudo de avaliação dos bens. A **avaliação é, portanto, realizada no momento da arrematação, salvo se o administrador judicial**, entendendo não ser isso possível, **requerer prazo de até 30 dias para complementação do auto** (art.

110, § 1º). O auto de arrecadação será assinado pelo administrador judicial, pelo falido ou seus representantes e por outras pessoas que auxiliem ou presenciem o ato.

No inventário, serão referidos: I – os livros obrigatórios e os auxiliares ou facultativos do devedor, designando-se o estado em que se acham, número e denominação de cada um, páginas escrituradas, data do início da escrituração e do último lançamento, e se os livros obrigatórios estão revestidos das formalidades legais; II – dinheiro, papéis, títulos de crédito, documentos e outros bens da massa falida; III – os bens da massa falida em poder de terceiro, a título de guarda, depósito, penhor ou retenção e IV – os bens indicados como propriedade de terceiros ou reclamados por estes, mencionando-se essa circunstância. É o que dispõe o art. 110, § 2º, da Lei 11.101/05.

Pode o juiz, nos termos do art. 111, autorizar a venda ou adjudicação imediata dos bens aos credores, de forma individual ou coletiva, em razão dos custos e no interesse da massa falida, a adquirir ou adjudicar, de imediato, os bens arrecadados, pelo valor da avaliação, atendida a regra de classificação e preferência entre os credores, e ouvido, sempre o Comitê de Credores.

Já o art. 112 permite a remoção dos bens arrecadados, desde que haja necessidade de sua melhor guarda e conservação. Nesse caso, ficarão os bens em depósito sob responsabilidade do administrador judicial, mediante termo de compromisso.

Na hipótese de bens perecíveis ou deterioráveis, sujeitos à considerável desvalorização ou que sejam de conservação arriscada ou dispendiosa, pode o juiz autorizar sua venda antecipada, após a arrecadação e a avaliação, ouvidos o Comitê de Credores e o falido no prazo de 48 horas (art. 113).

O administrador poderá, ainda, alugar ou celebrar outro contrato referente aos bens da massa falida, com o objetivo de produzir renda para a massa, desde que autorizado pelo Comitê de Credores (art. 114, *caput*), sendo certo que esta iniciativa não gerará direito de preferência na compra e não pode importar disposição total ou parcial dos bens (art. 114, § 1º). A ideia é permitir a maximização do ativo do devedor[1122].

5.1.1. Ação revocatória

Já tratamos do termo legal da falência, ou período suspeito, que implica a ineficácia de atos praticados pelo devedor antes da decretação da falência. O art. 129, já mencionado, enumera os atos objetivamente ineficazes em relação à massa. Nesses casos, a ineficácia pode ser declarada de ofício pelo juiz, alegada em defesa ou pleiteada mediante ação própria ou incidentalmente no curso do processo (art. 129, parágrafo único).

O problema surge nas **situações enumeradas no art. 130**, que trata dos **atos subjetivamente ineficazes** em relação à massa e que, portanto, **exigem prova de conluio fraudulento entre o falido e o terceiro contratante** contra os credores (*consilium fraudis*).

1122. RAMOS, André Luiz Santa Cruz. *Direito empresarial esquematizado.* São Paulo: Método, 2014, p. 688.

Para essas situações, há previsão de **ação revocatória** (art. 132), proposta pelo administrador judicial, por qualquer credor ou pelo Ministério Público, em até 3 anos a contar da decretação da falência. Trata-se de **legitimidade concorrente**. A ação **tramitará no juízo falimentar** (art. 134), e poderá terá como **sujeitos passivos** todos os que figuraram no ato ou que por efeito dele foram pagos, garantidos ou beneficiados; os terceiros adquirentes, se tiveram conhecimento, ao se criar o direito, da intenção do devedor de prejudicar os credores ou ainda contra os herdeiros ou legatários das pessoas dos incisos anteriores (art. 133).

O principal **efeito da ação revocatória** é a **devolução do bem**, com todos os acessórios, ou, na sua falta, o valor de mercado, acrescido das perdas e danos, **à massa** (art. 135), devendo o terceiro habilitar-se na falência. Julgada procedente a ação revocatória, as partes retornam à situação em que se encontravam antes da realização do ato. O contratante de boa-fé terá direito à restituição dos bens ou valores entregues ao falido (art. 136). Mas é pouco provável haja bens não arrecadados, de forma que o contratante de boa-fé habilitará seu crédito na massa como credor quirografário.

Da sentença, cabe apelação (parágrafo único do art. 135).

5.1.2. Ação de restituição

O procedimento de arrecadação, promovido pelo administrador judicial, abrange todos os bens de propriedade do falido. No entanto, pode, eventualmente, alcançar bens de terceiros que apenas estejam na sua posse. Trata-se de uma situação bastante comum na prática, principalmente quando nos lembramos que o exercício da empresa não envolve apenas bens pertencentes ao empresário (contratos de comodato, locação etc.).

Ao administrador judicial não compete abrir mão, de plano, de um bem, sob alegação de que o mesmo não pertence ao falido. Deverá arrolá-lo, cabendo ao terceiro interessado a propositura, no juízo falimentar, da competente ação de restituição.

É o que estabelece o art. 85, da Lei 11.101/05: o **proprietário de bem arrecadado** no processo de falência **ou que se encontre em poder do devedor na data da decretação da falência** poderá pedir sua restituição.

O parágrafo único do art. 85 abre a possibilidade de ação de restituição para o caso de **coisa vendida a crédito e entregue ao devedor nos quinze dias anteriores ao requerimento de sua falência, se ainda não alienada**[1123]. O objetivo do legislador foi proteger o terceiro de boa-fé que contratou com empresário já na iminência deter sua falência requerida.

1123. Entretanto, a restituição só pode ser requerida após a decretação da falência (DOMINGUES, Alessandra de Azevedo. Pedido de restituição e embargos de terceiro: modificações introduzidas pela Lei nº 11.101/05 e hipóteses de cabimento na recuperação. In: DE LUCCA, Newton; DOMINGUES, Alessandra de Azevedo; LEONARDI ANTONIO, Nilva M. (coords.). Direito recuperacional II – Aspectos teóricos e práticos. São Paulo: Quartier Latin, 2012, p. 31).

O art. 86 apresenta **quatro hipóteses de restituição em dinheiro**:

I – quando a coisa não mais existir ao tempo do pedido de restituição;

II – da importância entregue ao devedor, em moeda corrente nacional, decorrente de adiantamento de contrato de câmbio para exportação, desde que o prazo total da operação, inclusive eventuais prorrogações, não exceda o previsto nas normas específicas da autoridade competente. O dispositivo faz expressa menção ao art. 75, §§ 3º e 4º, da Lei 4.728/65[1124];

De acordo com entendimento sumulado do STJ, o valor a ser restituído, no caso, deve incluir a correção monetária (Súmula 36, do STJ);

III – dos valores entregues ao devedor pelo contratante de boa-fé na hipótese de revogação ou ineficácia do contrato, nos termos do art. 136 da LRF; e

IV – às Fazendas Públicas, relativamente a tributos passíveis de retenção na fonte, de descontos de terceiros ou de sub-rogação e a valores recebidos pelos agentes arrecadadores e não recolhidos aos cofres públicos. Este último inciso foi acrescentado pela Lei nº 14.112/20.

Antes desta alteração, a jurisprudência já havia consagrado entendimento segundo o qual o próprio dinheiro, se não ingressou na esfera patrimonial do falido, pode ser objeto de restituição. Neste sentido, a Súmula 417 do STF, segundo a qual "pode ser objeto de restituição, na falência, dinheiro em poder do falido, recebido em nome de outrem, ou do qual, por lei ou contrato, não tivesse ele a disponibilidade".

Sabemos que a legislação tributária estabelece obrigações acessórias, imputando a certas pessoas o dever de descontar, reter ou receber tributo devido por terceiro e repassá-lo aos cofres públicos.

Nesses casos, o valor descontado, retido ou recebido não ingressa na esfera patrimonial do obrigado. São casos específicos de responsabilidade tributária, genericamente

---

1124. Art. 75. O contrato de câmbio, desde que protestado por oficial competente para o protesto de títulos, constitui instrumento bastante para requerer a ação executiva.

§ 1º Por esta via, o credor haverá a diferença entre a taxa de câmbio do contrato e a da data em que se efetuar o pagamento, conforme cotação fornecida pelo Banco Central, acrescida dos juros de mora.

§ 2º Pelo mesmo rito, serão processadas as ações para cobrança dos adiantamentos feitos pelas instituições financeiras aos exportadores, por conta do valor do contrato de câmbio, desde que as importâncias correspondentes estejam averbadas no contrato, com anuência do vendedor.

§ 3º No caso de falência ou concordata, o credor poderá pedir a restituição das importâncias adiantadas, a que se refere o parágrafo anterior.

§ 4º As importâncias adiantadas na forma do § 2º deste artigo serão destinadas na hipótese de falência, liquidação extrajudicial ou intervenção em instituição financeira, ao pagamento das linhas de crédito comercial que lhes deram origem, nos termos e condições estabelecidos pelo Banco Central do Brasil.

previstos no art. 128 do Código Tributário Nacional (CTN), e em termos específicos em diversos dispositivos, como por exemplo, o art. 45, parágrafo único, do CTN – a retenção na fonte, típica do imposto de renda e da contribuição social sobre o lucro líquido. Da mesma forma, há responsabilidade por substituição tributária, frequente no ICMS (art. 155, § 7º, da Constituição Federal), existente também na COFINS (art. 3º da Lei Complementar 70/91), no PIS e no IPI.

Portanto, por não ingressarem no patrimônio jurídico da empresa, eventualmente falida, são restituíveis ao Fisco – credor proprietário – os tributos descontados, retidos ou recebidos em substituição de terceiros e não recolhidos pelo responsável pela exação fiscal[1125]. De qualquer forma, a alteração legislativa e o novo inciso IV eliminam qualquer dúvida porventura existente a respeito dessa hipótese de ação de restituição.

Há, ainda, **uma hipótese de cabimento de restituição, não prevista na Lei 11.101/05**, mas sim, na Lei 8.213/91 – a Lei Orgânica da Previdência Social, cujo art. 51 determina que o crédito relativo a contribuições, cotas e respectivos adicionais ou acréscimos de qualquer natureza arrecadados pelos órgãos competentes, bem como a atualização monetária e os juros de mora estão sujeitos, nos processos de falência, concordata ou concurso de credores, às disposições atinentes aos créditos da União, aos quais são equiparados.

Trata-se, aqui, de **valores descontados pelo falido dos salários dos seus empregados, a título de contribuição social para o INSS, e ainda não recolhidos à União** que, nos termos do parágrafo único do art. 51, reivindicará os referidos valores.

O procedimento da ação de restituição é tratado, em linhas gerais, nos artigos 87 a 93, da Lei nº 11.101/05:

O terceiro (credor) ajuizará seu pedido fundamentadamente, com a descrição da coisa reclamada (art. 87). Trata-se de ação que correrá em autos em separado, com a intimação, pelo prazo sucessivo de 5 dias, do falido, do Comitê de Credores, dos credores e do administrador judicial para, querendo, se manifestarem, valendo como contestação a manifestação contrária à restituição (art. 87, § 1º). Eventualmente, pode ser necessária a designação de audiência de instrução e julgamento (§2º); não havendo provas a realizar, os autos serão conclusos para sentença (§3º).

A sentença que reconhecer o direito do requerente determinará a entrega da coisa no prazo de 48 horas (art. 88); caso não haja contestação, a massa não será condenada ao pagamento de honorários advocatícios (parágrafo único) – afinal, o administrador judicial é obrigado a arrecadar todos os bens em posse do falido.

A sentença que julgar o pedido improcedente determinará, se for o caso (ou seja, se entender que o autor é, de fato, credor do falido), a inclusão do autor no quadro-geral de credores, na classificação que lhe couber (art. 89).

1125. GOUVÊA, Marcus de Freitas e BENSOUSSAN, Fabio Guimarães. A Fazenda Pública nos processos de falência. In: Revista da Advocacia Pública Federal, vol. 2, 2018, p. 175-179.

Em qualquer caso, da sentença caberá apelação sem efeito suspensivo (art. 90). No entanto, no caso de sentença procedente, poderá o credor pleitear o recebimento do bem ou do valor antes do trânsito em julgado, desde que preste caução idônea (parágrafo único do art. 90).

A coisa reivindicada fica indisponível desde a distribuição da ação, até o seu trânsito em julgado (art. 91), somente podendo ser alienada na hipótese do art. 113.

5.1.3. Embargos de terceiro

Cabem, ainda, embargos de terceiro, amparados na posse do bem e não na propriedade dele, quando não couber pedido de restituição (art. 93). Trata-se de ação que observará a legislação processual civil[1126].

5.2. Verificação e habilitação dos créditos

O processo falimentar irá reunir os credores do falido (massa falida subjetiva), por meio da verificação e habilitação dos créditos, procedimento abordado no item III.1 deste capítulo, ao qual remetemos o leitor.

5.3. Realização do ativo

Logo após a arrecadação dos bens (massa falida objetiva), será iniciada a fase de realização do ativo, de forma a viabilizar o pagamento dos credores. O objetivo, agora, será converter os bens arrecadados em dinheiro, para o posterior pagamento dos credores.

A lei estabeleceu uma **ordem de preferência**, que deverá ser observada pelo administrador judicial. Assim, nos termos do *caput* do art. 140, a primeira opção será a alienação da empresa, com a venda de seus estabelecimentos em bloco (inciso I), uma decorrência do princípio da preservação da empresa.

É claro que nem sempre isso será possível, ou mesmo conveniente.

A empresa é economicamente viável? O falido possui muitas filiais espalhadas pelo país? Nesse caso, pode ser mais interessante aliená-las separadamente, principalmente se uma for muito mais valiosa que outras[1127]. O devedor possui um bem (material ou imaterial) que por si só possua valor superior aos demais bens (uma marca, por exemplo)? Ou, ainda, estaria o devedor de tal forma atingido pela crise que seus estabelecimentos já não possuam qualquer valor? Pode ser mais interessante alienar bens individualmente

---

1126. Anteriormente, cabia uma ação ou outra em ambos os casos, possibilidade que ficou afastada pela lei atual (ALMEIDA, Marcus Elidius Michelle de. Comentários aos artigos 85 ao 93. In: DE LUCCA, Newton; SIMÃO FILHO, Adalberto (coords.). Comentários à nova Lei de recuperação de empresas e de falências. São Paulo: Quartier Latin, 2005, p. 387).

1127. RAMOS, André Luiz Santa Cruz. *Direito empresarial esquematizado.* São Paulo: Método, 2014, p. 708.

considerados. Todos esses fatores devem ser levados em consideração pelo administrador judicial nesse momento.

Assim, os incisos seguintes preveem, ainda, a alienação da empresa, com a venda de suas filiais ou unidades produtivas isoladamente (II), a alienação em bloco dos bens que integram cada um dos estabelecimentos do devedor (III) e, finalmente, a alienação dos bens individualmente considerados (IV). O legislador, por sua vez, abriu a possibilidade de adoção de mais de uma forma de alienação (art. 140, § 1º).

Os dois primeiros incisos se referem à alienação "da empresa". Nos termos do § 3º do art. 140, a alienação da empresa terá por objeto o conjunto de determinados bens necessários à operação rentável da unidade de produção, que poderá compreender a transferência de contratos específicos.

Quando estudamos o estabelecimento, vimos que o art. 1.146 do Código Civil traz regra geral aplicável ao trespasse, segundo a qual o adquirente do estabelecimento responde pelo pagamento dos débitos anteriores à transferência, desde que regularmente contabilizados, permanecendo o devedor original solidariamente obrigado, pelo prazo de um ano, a partir, quanto aos créditos vencidos, da publicação, e, quanto aos outros, da data do vencimento. Em outras palavras, em linhas gerais, o adquirente assume o passivo do estabelecimento trespassado.

No processo falimentar, no entanto, isso não ocorre. Visando a preservação da empresa, e ciente de que a norma do Código Civil terminaria por afastar possíveis interessados, a Lei 11.101/05, em seu art. 141, II, estabelece que o objeto da alienação estará livre de qualquer ônus e não haverá sucessão do arrematante nas obrigações do devedor, inclusive as de natureza tributária, as derivadas da legislação do trabalho e as decorrentes de acidentes de trabalho.

Assim, a alienação da empresa e de seus estabelecimentos, blocos de bens ou bens individualmente considerados não implicará sucessão do arrematante nas obrigações do falido. O § 1º do art. 141 excepciona algumas situações – ou seja, elenca hipóteses em que a regra a ser aplicada será a do Código Civil: quando o arrematante for sócio da sociedade falida, ou sociedade controlada pelo falido; parente, em linha reta ou colateral até o 4º grau, consanguíneo ou afim, do falido ou de sócio da sociedade falida ou, ainda, identificado como agente do falido com o objetivo de fraudar a sucessão. Essa norma é criticada por uma parte da doutrina, como Alfredo de Assis Gonçalves Neto, para quem a lei apenas reduziu o âmbito da disputa pelos bens e "certamente não se levou em consideração que a norma está a apanhar, até mesmo, um sócio com participação exígua na sociedade falida, alheio à administração societária e, em maior escala, até mesmo um acionista de companhia aberta, mero investidor"[1128].

1128. GONÇALVES NETO, Alfredo de Assis. Administração da Falência, Realização do Ativo e Pagamento dos Credores. In: SANTOS, Paulo Penalva (coordenador). *A nova lei de falências e de recuperação de empresas – Lei 11.101/05.* Rio de Janeiro: Forense, 2007, p. 264.

Vistas as formas de alienação dos bens, vejamos, agora, as **modalidades de realização do ativo**. A Lei 11.101/05 prevê, no art. 142, **três modalidades de alienação**: o leilão eletrônico, presencial ou híbrido; o processo competitivo organizado promovido por agente especializado e de reputação ilibada, cujo procedimento deverá ser detalhado em relatório anexo ao plano de realização do ativo (ou ao plano de recuperação judicial, se for o caso); e qualquer outra modalidade, desde que aprovada nos moldes estabelecidos no §3º-B, do mesmo artigo 142.

No **leilão eletrônico**, aplicam-se as regras do CPC. A lei é de 2005, de modo que o art. 142, § 3º deverá ser lido como referente ao Código de Processo Civil de 2015.

Os credores, o falido e o Ministério Público podem, no prazo de 48 horas da arrematação, apresentar **impugnação**, caso em que os autos serão conclusos ao juiz que, no prazo de 5 dias, decidirá. Caso julgue pela improcedência das impugnações, ordenará a entrega do bem ao arrematante, respeitadas as condições estabelecidas no edital (art. 143). Importante observar que o § 7º do art. 142 estabelece a necessidade de intimação, sob pena de nulidade, do Ministério Público em qualquer modalidade de alienação.

Outro aspecto importante – trazido pela Lei nº 14.112/20: a impugnação baseada no valor de venda do bem, além de tempestiva, deve vir acompanhada de oferta firme do impugnante ou de terceiro para a aquisição do bem, respeitados os termos do edital, por valor superior ao valor de venda, e de depósito caucionário equivalente a 10% do valor oferecido. Com essa alteração, que pretende conferir maior celeridade ao processo, não mais se discute sobre preço vil. Por outro lado, por se basear em alegação de irregularidade do procedimento, a lei exigiu o depósito. O §4º do art. 143 deixa claro que a suscitação infundada de vício na alienação pelo impugnante será considerado ato atentatório à dignidade da justiça, sujeitando o suscitante à reparação dos prejuízos causados e às penas previstas no Código de Processo Civil para comportamentos análogos.

Devemos observar que o art. 177 da Lei 11.101/05 traz como tipo penal a aquisição, pelo juiz, membro do Ministério Público, administrador judicial, gestor judicial, perito, avaliador, escrivão, oficial de justiça ou leiloeiro, por si ou por interposta pessoa, bens da massa falida ou de devedor em recuperação judicial ou, em relação a estes, entrar em alguma especulação de lucro, quando tenham atuado nos respectivos processos.

Nos termos do art. 144, havendo motivos justificados, o juiz poderá autorizar, mediante requerimento fundamentado do administrador judicial ou do Comitê, modalidades de alienação judicial diversas das previstas no art. 142.

A preocupação em conferir celeridade à liquidação – seja para a maximização dos ativos, seja para reduzir os gastos da massa com a conservação dos bens – levou o legislador a acrescentar o art. 144-A, segundo o qual, frustrada a tentativa de venda e não havendo proposta concreta dos credores para assumi-los, os bens serão considerados sem valor de mercado e destinados à doação. Se nem a doação despertar interesse, os bens serão devolvidos ao falido (parágrafo único).

A lei prevê, ainda, no art. 145, que os credores poderão adjudicar os bens alienados na falência ou adquiri-los por meio de constituição de sociedade de credores, de fundo ou de outro veículo de investimento, com a participação, se necessária, dos atuais sócios do devedor ou de terceiros, ou mediante conversão de dívida em capital.

Mas a lei não regula o tratamento a ser conferido a eventuais credores que não queiram participar desta nova sociedade.

Uma possível solução é a adoção da norma do Decreto-lei 7.661/45, que em seu artigo 123, § 5º, estabelecia que, no caso de sociedade organizada pelos credores, os dissidentes serão pagos, pela maioria, em dinheiro, na base do preço da avaliação dos bens, deduzidas as importâncias correspondentes aos encargos e dívidas da massa[1129].

A essa nova sociedade, aplica-se o art. 141 (art. 145, § 1º), ou seja, a regra da não sucessão, de modo que os credores ou empregados que continuarem a empresa estarão isentos de responsabilidade por dívidas anteriores do falido.

Na sociedade, fundo de investimento ou veículo de investimento a que se refere a norma, não poderá haver qualquer restrição convencional à venda ou circulação das participações, que será considerada não escrita (art. 145, §4º).

Em qualquer modalidade de realização do ativo adotada, está a massa falida dispensada de apresentação de certidões negativas. É o que determina o art. 146.

5.4. Pagamento dos credores – a classificação dos créditos

Realizado o ativo – transformados os bens arrecadados em dinheiro – cabe, agora, pagar os credores.

Este é o momento para o estudo da ordem de preferência dos créditos, determinada pelos artigos 83 e 84. Assim, temos:

a) **credores extraconcursais,** pagos antes de qualquer outro crédito submetido ao concurso, e que também observam uma ordem de preferência (art. 84). São créditos contraídos pela massa falida durante o procedimento falimentar.

   I – as quantias **referidas nos arts. 150 e 151**. É o que trata o inciso I-A, do art. 84. Essas despesas serão pagas pelo administrador judicial com os recursos disponíveis em caixa (art. 84, §1º). Trata-se serviços prestados à massa falida (e não ao falido). Deve-se atentar ao fato de não haver, aqui, limite de 150 salários-mínimos: tudo o que for devido, inclusive o recolhimento para o FGTS e contribuição previdenciária, terá de ser pago sob essa rubrica;

1129. NEGRÃO, Ricardo. Curso de direito comercial e de empresa: recuperação de empresa, falência e procedimentos concursais administrativos. Vol. 3, São Paulo: Saraiva, 2017, p. 553.

II – ao **valor efetivamente entregue ao devedor em recuperação judicial pelo financiador**, em conformidade com as normas atinente ao financiamento do devedor e do grupo devedor durante a recuperação judicial;

III – créditos **em dinheiro objeto de restituição, conforme previsto no art. 86**;

IV – **remunerações devidas ao administrador judicial e aos seus auxiliares, aos reembolsos devidos a membros do Comitê de Credores, e aos créditos derivados da legislação trabalhista ou decorrentes de acidente de trabalho, relativos a serviços prestados após a decretação da falência;**

V – **obrigações resultantes de atos jurídicos válidos praticados durante a recuperação judicial, nos termos do art. 67, ou após a decretação da falência;**

VI – às **quantias fornecidas à massa pelos credores;**

VII – às **despesas com arrecadação, administração, realização do ativo, distribuição do seu produto e custas do processo de falência;**

VIII – às **custas judiciais relativas às ações e às execuções em que a massa falida tenha sido vencida;**

IX – aos **tributos relativos a fatos geradores ocorridos após a decretação da falência**, respeitada a ordem estabelecida no art. 83.

b) **credores concursais** (art. 83):

I – créditos **derivados da legislação do trabalho, limitados a 150 salários-mínimos por credor, e aqueles decorrentes de acidentes de trabalho;**

II – créditos com **direito real de garantia até o limite do valor do bem gravado;**

III – **créditos tributários**, independentemente de sua natureza e tempo de constituição, **exceto os créditos extraconcursais e as multas tributárias;**

IV – créditos **quirografários**, a saber:

a) os não previstos nos demais incisos do art. 83;

b) os saldos dos créditos não cobertos pelo produto da alienação dos bens vinculados ao seu pagamento; e

c) os saldos dos créditos derivados da legislação trabalhista que excederem o limite estabelecido no inciso I do *caput* deste artigo (150 salários mínimos).

V – as **multas contratuais e as penas pecuniárias** por infração das leis penai ou administrativas, incluídas as multas tributárias;

VI – os **créditos subordinados**, a saber:

a) os previstos em lei ou em contrato

b) os créditos dos sócios e dos administradores sem vínculo empregatício cuja contratação não tenha observado as condições estritamente comutativas e as práticas de mercado.

VII – os **juros vencidos após a decretação da falência**, conforme previsto no art. 124.

5.5. O crédito tributário

Sabemos que o crédito tributário é composto por várias parcelas: o principal, as multas, os juros de mora. Nem todas as parcelas se encontram na mesma ordem legal de preferência. Assim, resumidamente, temos:

a) os tributos cujos fatos geradores ocorreram posteriormente à data da quebra (art. 188, do CTN) são considerados encargos da massa (art. 84, V, da Lei 11.101/2005);

b) os tributos (principal) com fatos geradores anteriores à quebra se classificam no art. 83, II, da Lei 11.101/2005;

c) as multas administrativas (art. 83, VII, da Lei 11.101/2005) e, por fim,

d) os juros devidos após a quebra serão pagos se a massa comportar (art. 124, da Lei 11.101/2005).

Uma questão importante diz respeito a uma possível ordem de preferência entre créditos tributários federais, estaduais, distritais e municipais.

A questão sempre apresentou polêmica na doutrina, mas, no STF, o tema era tratado pela Súmula 563, que reconhece a compatibilidade do art. 187, do Código Tributário Nacional, com a ordem constitucional (a Súmula é de 1976, e a referência é feita em relação à Constituição de 1967).

Com o regime constitucional de 1988, a discussão voltou à tona. No entanto, foi somente com o julgamento, em junho de 2021, da ação de Arguição de Descumprimento de Preceito Fundamental (ADPF) nº 357, proposta pelo Distrito Federal, que o STF considerou inconstitucionais os dispositivos do CTN e da Lei de Execuções Fiscais (Lei nº 6.830/80) que estabelecem a preferência da União no recebimento de créditos na falência. Na oportunidade, foi cancelada a Súmula 563.

Até setembro de 2021, contudo, o acórdão ainda não havia transitado em julgado.

6. FASE PÓS-FALIMENTAR: A EXTINÇÃO DAS OBRIGAÇÕES DO FALIDO

Uma vez realizado o ativo e pagos os credores, na ordem de classificação dos créditos, **deverá o administrador judicial apresentar suas contas ao juiz no prazo de 30 dias** (art. 154). As contas, acompanhadas dos documentos comprobatórios, serão prestadas em autos apartados que serão posteriormente apensados aos da falência (§ 1º).

O juiz ordenará a publicação de aviso de que as contas foram entregues e se encontram à disposição dos interessados que poderão impugná-las em 10 dias (§ 2º). Decorrido o prazo do aviso e realizadas as diligências necessárias à apuração dos fatos, o juiz intimará o Ministério Público para manifestar-se em 5 dias. Após esse prazo, o administrador judicial será ouvido se houver impugnação ou parecer contrário do Ministério Público (§ 3º).

O juiz julgará as contas por meio de sentença. No caso de rejeição, deverá fixar as responsabilidades do administrador judicial, podendo determinar a indisponibilidade ou o sequestro de bens e servirá como título executivo para indenização da massa (§ 5º). Da sentença cabe apelação (§ 6º).

Essa sentença, contudo, ainda não encerra o processo falimentar: compete ao administrador judicial apresentar o relatório final, no prazo de 10 dias, indicando o valor do ativo e o do produto de sua realização, o valor do passivo e o dos pagamentos feitos aos credores, e especificando justificadamente as responsabilidades com que continuará o falido (art. 155). Somente apresentado o relatório final o juiz encerrará a falência, por meio de sentença, ordenará a intimação eletrônica das Fazendas Públicas federal e de todos os Estados, Distrito Federal e Municípios em que o devedor tiver estabelecimento, e determinará a baixa da falida no CNPJ expedido pela Receita Federal (art. 156). A sentença de encerramento será publicada por edital e dela caberá apelação (parágrafo único).

A **extinção das obrigações do falido** pode ocorrer:

a) pelo **pagamento de todos os créditos** (art. 158, I);

b) pelo **pagamento, após realizado todo o ativo, de mais de 25% dos créditos quirografários**, facultado ao falido o depósito da quantia necessária para atingir essa porcentagem se para isso não tiver sido suficiente a integral liquidação do ativo (art. 158, II);

c) pelo **decurso do prazo de 3 anos**, contados **da decretação da falência, ressalvada a utilização dos bens arrecadados anteriormente**, que serão destinados à liquidação para a satisfação dos credores habilitados ou com pedido de reserva realizado (art. 158, V);

d) pelo **encerramento da falência nos termos dos arts. 114-A ou 156** (art. 158, VI).

Outro aspecto a ser considerado é o fato de que o prazo poderá ser eventualmente maior que aquele do próprio título, uma vez que a lei não exige a demonstração pelo interessado da ocorrência do prazo originalmente admitido para os títulos habilitados na falência[1130].

Configurada qualquer dessas hipóteses, poderá o falido requerer ao juízo falimentar que suas obrigações sejam declaradas extintas por sentença (art. 159). A secretaria do

---

1130. NEGRÃO, Ricardo. *Curso de direito comercial e de empresa:* recuperação de empresa, falência e procedimentos concursais administrativos. São Paulo: Saraiva, 2017, p. 595.

juízo fará publicar imediatamente informação sobre a apresentação do requerimento e, no prazo comum de cinco dias, qualquer credor, o administrador judicial e o Ministério Público poderão manifestar-se exclusivamente para apontar inconsistências formais e objetivas (§ 1º). Findo o prazo, o juiz, em 15 dias, proferirá sentença que declare extintas todas as obrigações do falido, inclusive as de natureza trabalhista (§3º). A sentença que declarar extintas as obrigações será comunicada a todas as pessoas e entidades informadas da decretação da falência (§ 4º). Cabe apelação (§5º). Uma vez transitada em julgado, os autos serão apensados aos da falência (§6º).

O art. 159-A estabelece que a sentença só poderá ser rescindida por ação rescisória, na forma prevista no Código de Processo Civil, a pedido de qualquer credor, caso se verifique que o falido tenha sonegado bens, direitos ou rendimentos de qualquer espécie anteriores à data do requerimento a que se refere o art. 159. Assim, a ação deverá ser proposta em até dois anos a partir do trânsito em julgado, sob pena de prescrição.

Por fim, verificada a prescrição ou extintas as obrigações nos termos acima analisados, o sócio de responsabilidade ilimitada poderá requerer a declaração por sentença da extinção de suas obrigações na falência. É o que estabelece o art. 160.

No entanto, no que se refere aos créditos tributários, o art. 191 do CTN, na redação dada pela Lei Complementar 118/2005, sancionada concomitantemente com a Lei 11.101/2005, estabelece que "a extinção das obrigações do falido requer prova de quitação de todos os tributos".

Portanto, há que se compatibilizar o art. 160 da Lei 11.101/2005 com o art. 191, do CTN: sem o pagamento integral dos débitos tributários, não será possível ao falido obter a certidão de regularidade fiscal. Por outro lado, se o processo falimentar está para ser encerrado, com a liquidação dos bens da massa, e se constatar a ausência de ativos que bastem para o pagamento do crédito tributário, o próprio processo de execução fiscal resta inviabilizado.

Ainda sob a vigência do Decreto-Lei 7.661/1945, o STJ já entendia que o encerramento da falência e a extinção das obrigações do falido não produzem, necessariamente, reflexos tributários (o art. 187, do CTN, é expresso ao estabelecer que a cobrança judicial do crédito tributário não se sujeita ao concurso de credores). Restará à Fazenda Pública buscar o redirecionamento da execução fiscal aos sócios, de acordo com o art. 135, do CTN[1131].

VII. INSOLVÊNCIA TRANSNACIONAL

A Lei nº 14.112/20 inseriu o Capítulo VI-A, com os arts. 167-A a 167-Y, para tratar da chamada insolvência transnacional. É sabido que o empresário, no exercício de sua

1131. GOUVÊA, Marcus de Freitas e BENSOUSSAN, Fabio Guimarães. A Fazenda Pública nos processos de falência. In: Revista da Advocacia Pública Federal, vol. 2, 2018, p. 183-185.

atividade, busca alcançar novos mercados. As multinacionais atuam em diversos países, tornam-se credora e devedora em diversas jurisdições.

No entanto, o que acontece quando o empresário com esse âmbito de atuação enfrenta crise ou torna-se insolvente? Como o sistema jurídico de um país lida com a coletividade de seus credores, muitas vezes situados em diversas jurisdições?

O art. 3º, da lei de falências, estabelece a competência para a homologação do plano de recuperação extrajudicial, o deferimento da recuperação judicial ou a decretação da falência o juízo do local do principal estabelecimento do devedor ou da filial de empresa que tenha sede fora do Brasil. A norma repete o art. 7º do antigo Decreto-lei nº 7.661/45.

Assim, com relação ao empresário estrangeiro, a lei de 2005 reconhece o chamado **sistema territorialista**, que se baseia na soberania nacional no tratamento dos bens do devedor. A filial da empresa estrangeira no Brasil era considerada um estabelecimento autônomo em relação à matriz estrangeira, e admitiu, desta forma, a instauração de processos de falência ou recuperação em relação a ativos e passivos localizados no Brasil, ainda que o estabelecimento principal estivesse no exterior[1132]. Compete ao tribunal de um país decidir sobre aqueles bens do devedor situados em seu território. A consequência desta teoria será a existência de processos em todos os países em que o empresário se tornou devedor.

No direito brasileiro, o art. 97, §2º, da Lei nº 11.101/05, por seu turno, permite que o credor que não tiver domicílio no Brasil requeira a falência do devedor no Brasil, desde que preste "caução relativa às custas e ao pagamento da indenização de que trata o art. 101", o que não se aplica aos credores estrangeiros de países signatários de tratados internacionais relacionados à cooperação e assistência jurisdicional – é o caso, por exemplo, da França, nos termos do Decreto nº 3.598/2000, e da Espanha (Decreto nº 166/91)[1133].

A corrente **universalista** submete todos os credores a um mesmo tratamento, independentemente de onde estejam. Haveria um juízo falimentar universal, responsável por administrar todos os bens do devedor, onde quer que se encontrem, e distribui-los para os credores por todo o mundo, mediante a aplicação de uma única lei[1134]. Mas sabemos que esse juízo não existe.

A Comissão das Nações Unidas sobre Direito Mercantil Internacional (UNCITRAL) propôs uma Lei Modelo sobre insolvências transfronteiriças, em 1997, com o objetivo de orientar as legislações dos países que a ela aderissem. Adotou um **universalismo mitigado, e foi, de modo geral, admitido no direito brasileiro a partir da Lei nº 14.112/20.**

1132. SACRAMONE, Marcelo Barbosa. *Comentários à Lei de Recuperação de Empresas e Falência.* São Paulo: Saraiva, 2021, p. 626.

1133. DELBONI, João Rafael Zanotti Guerra Frizzera e OBREGON, Marcelo Fernando Quiroga. A falência transnacional e o Projeto do Novo Código Comercial (PL 1.572/2011). Revista Derecho y Cambio Social nº 55, 2019, p. 413. www.derechoycambiosocial.com. Acesso em 20 de setembro de 2021.

1134. ALVES, Alexandre Ferreira de Assumpção e ROCHA, Raphael Vieira da Fonseca. Insolvência Transnacional e Direito Falimentar Brasileiro. Revista EMERJ, Rio de Janeiro, v. 19, n 74, 2016, p. 20.

Os objetivos estão elencados no art. 167-A, que reproduz o preâmbulo da Lei Modelo da UNCITRAL: busca a cooperação entre juízes e outras autoridades competentes do Brasil e de outros países em casos de insolvência transnacional; o aumento da segurança jurídica; a administração justa e eficiente de processos de insolvência transnacional, protegendo os interesses não apenas dos credores, mas também do devedor; a maximização dos ativos do devedor; a recuperação de empresas em crise, com a proteção de investimentos e a preservação de empregos; e a promoção da liquidação dos ativos, com a preservação e a otimização da utilização produtiva dos bens, dos ativos e dos recursos produtivos.

A intervenção do Ministério Público é obrigatória na insolvência transnacional (art. 167-A, §5º). Por outro lado, o §6º remete expressamente ao art. 105, I, i, da Constituição, segundo o qual o STJ é competente para a homologação de sentenças estrangeiras e a concessão de ***exequatur*** às cartas rogatórias.

O art. 167-B traz algumas definições importantes para a matéria. Assim, considera processo estrangeiro "qualquer processo judicial ou administrativo, de cunho coletivo, inclusive de natureza cautelar, aberto em outro país de acordo com disposições relativas à insolvência nele vigentes, em que os bens e as atividades de um devedor estejam sujeitos a uma autoridade estrangeira, para fins de renegociação ou liquidação" (inciso I), o que inclui não apenas a falência, como também a insolvência civil e a liquidação administrativa. O processo estrangeiro **principal** é aquele aberto no país em que o devedor tenha o centro de seus interesses principais; o **não principal** é aquele que não seja processo estrangeiro principal, aberto em um país em que o devedor tenha estabelecimento ou bens. É o que estabelece o art. 167-B, incisos II e III.

O **representante estrangeiro** é pessoa ou órgão, inclusive o nomeado em caráter transitório, que seja autorizado, no processo estrangeiro, a administrar os bens ou as atividades do devedor, ou a atuar como representante do processo estrangeiro (inciso IV). Por **estabelecimento**, entende-se "qualquer local de operações em que o devedor desenvolva uma atividade econômica não transitória com o emprego de recursos humanos e de bens ou serviços" (inciso VI).

O representante estrangeiro está legitimado a postular diretamente ao juiz brasileiro (art. 167-F). Pode ajuizar pedido de reconhecimento do processo estrangeiro em que atua (art. 167-H), sendo certo que o pedido deve ser acompanhado de cópia apostilada da decisão que determine a abertura do processo estrangeiro e nomeie o representante estrangeiro; certidão apostilada expedida pela autoridade estrangeira que ateste a existência do processo estrangeiro e a nomeação do representante estrangeiro; e qualquer outro documento emitido por autoridade estrangeira que permita ao juiz atingir a plena convicção da existência do processo estrangeiro e da identificação do representante estrangeiro (§1º, incisos I a III).

Uma vez reconhecido o processo estrangeiro, estará o representante estrangeiro autorizado a ajuizar pedido de falência do devedor, desde que presentes os requisitos para isso; participar do processo de recuperação judicial, de recuperação extrajudicial ou de falência do mesmo devedor, em curso no Brasil; e intervir em qualquer processo em que o devedor seja parte, atendidas as exigências do direito brasileiro (art. 167-F, §2º).

Resumindo a questão, Tomazette afirma que "diante do requerimento, o juiz nacional verificará se existe um processo estrangeiro, se o representante estrangeiro é realmente legítimo e se foi juntada toda a documentação", devendo o juiz reconhecer o processo estrangeiro, como principal ou não, de acordo com o centro de interesses principais do devedor, salvo se houver ofensa à ordem pública[1135].

Com o reconhecimento de processo estrangeiro principal, decorrem automaticamente (art. 167-M): a suspensão do curso de quaisquer processos de execução ou de quaisquer outras medidas individualmente tomadas por credores relativas ao patrimônio do devedor, respeitadas as demais disposições da lei; a suspensão do curso da prescrição de quaisquer execuções judiciais contra o devedor; e a ineficácia de transferência, de oneração ou de qualquer forma de disposição de bens do ativo não circulante do devedor realizadas sem prévia autorização judicial (inciso II). Por fim, ocorrerá a ineficácia de transferência, de oneração ou de qualquer forma de disposição de bens do ativo não circulante do devedor realizadas sem prévia autorização judicial (inciso III).

Reconhecido o processo estrangeiro, o juiz poderá determinar, a pedido do representante estrangeiro e desde que necessárias para a proteção dos bens do devedor e no interesse dos credores, entre outras medidas, aquelas elencadas nos incisos I a V do art. 167-N. Também poderá o juiz autorizá-lo, ou a outra pessoa nomeada por aquele, a promover a destinação dos ativos do devedor, no todo ou em parte, localizados no Brasil, desde que os interesses dos credores domiciliados ou estabelecidos no Brasil estejam adequadamente protegidos (§1º).

A cooperação com autoridades e representantes estrangeiros é objeto dos arts. 167-P e 167-Q. É importante lembrar que o Conselho Nacional de Justiça publicou a Resolução 394/2021, que institui regras de cooperação e de comunicação direta com juízos estrangeiros de insolvência. Segundo a norma, o objetivo é "incrementar, no interesse de todos os interessados, a eficiência e eficácia de processos transnacionais relativos à insolvência ou ao ajuste de débitos declarados em mais de uma jurisdição (processos concorrentes) de modo a reforçar a coordenação e a cooperação entre os juízos que conduzem tais processos".

A menção a "processos concorrentes" se justifica em razão do art. 167-R, segundo o qual "após o reconhecimento de um processo estrangeiro principal, somente se iniciará no Brasil um processo de recuperação judicial, de recuperação extrajudicial ou de falência se o devedor possuir bens ou estabelecimento no País". Do contrário, caberá ao juízo brasileiro, apenas, cooperar e prestar informações ao representante do processo estrangeiro.

1135. TOMAZETTE, Marlon. *Curso de direito empresarial: Falência e recuperação de empresas*. v. 3. São Paulo: Atlas, 2021, versão eletrônica, pos. 13874.

VIII. QUADROS SINÓTICOS

Tema	Informação	Fonte
A Lei 11.101/2005 se aplica	– empresário e da sociedade empresária. Obs.: empresas aéreas e de infraestrutura aeronáutica. Obs.: cabimento para associações civis que exploram atividade econômica. Jurisprudência recente. Caso adote a forma de Sociedade Anônima do Futebol (SAF): tratamento de sociedade empresária.	Lei 11.101/2005, art. 1º. Lei 11.101/2005, arts. 198 e 199. TJRJ, AI 0031515-53.2020.8.19.0000 TJSC Lei 14.193/2021, art. 13.
A Lei 11.101/2005 NÃO se aplica	– sociedades simples. – cooperativas. – produtor rural não empresário. – empresa pública e sociedade de economia mista, instituição financeira pública ou privada cooperativa de crédito, consórcio, entidade de previdência complementar, sociedade operadora de plano de assistência à saúde, sociedade seguradora, sociedade de capitalização e outras entidades legalmente equiparadas às anteriores	Lei 11.101/2005, art. 1º, *a contrario;* Código Civil, art. 971. Lei 11.101/2005, art. 2º. Exclusão absoluta.
Correta interpretação do art. 2º da Lei 11.101/2005	– entidades fechadas de previdência complementar	Exclusão absoluta. Lei Complementar 109/01, art. 47, c/c art. 198, da Lei 11.101/05
	– entidades abertas de previdência complementar	Exclusão relativa. Lei Complementar 109/01, art. 73.
Correta interpretação do art. 2º da Lei 11.101/2005	– instituições financeiras privadas e públicas não federais e cooperativas de crédito: sujeitas à intervenção e liquidação extrajudicial (BACEN) – o interventor PODE requerer a falência.	Exclusão relativa. Lei 6.024/76, art. 21, "b".
	– consórcios (na realidade, administradoras de consórcio)	Exclusão relativa. Lei nº 11.795/08, art. 39.
	– operadoras de planos privados de assistência à saúde – sujeitas à liquidação extrajudicial (ANS) – o liquidante PODE requerer a falência ou a insolvência civil.	Exclusão relativa. Lei 9.961/2000, art. 4º, XXXIV. Lei 9.656/98, art. 23.
	– seguradoras – intervenção e liquidação administrativa – o liquidante PODE pedir a falência.	Exclusão relativa. Decreto-lei 73/66, art. 26.
	– sociedades legalmente equiparadas às previstas no art. 2º – sistema de distribuição de valores mobiliários e corretoras de câmbio – sujeitam-se ao mesmo regime aplicável às instituições financeiras (intervenção e liquidação extrajudicial.	

DISPOSIÇÕES COMUNS À RECUPERAÇÃO JUDICIAL E À FALÊNCIA

Tema	Informação	Fonte
Foro competente	– Local que concentra o maior volume de seus negócios. Essa definição pode exigir a análise dos atos constitutivos e demais elementos fáticos.	Art. 3º.
	– Empresa estrangeira: havendo mais de uma filial: mesmo raciocínio utilizado para a determinação do principal estabelecimento.	STJ, AgInt no CC 147.714/SP.
	– Discussão: natureza da competência: territorial (relativa) ou material (absoluta).	STJ, CC 37.736/SP.
Ministério Público	– Veto do art. 4º. STJ: Tendo em vista o princípio da instrumentalidade das formas, a anulação do processo falimentar ou de ações conexas por ausência de intervenção ou pela atuação indevida do Ministério Público somente se justifica quando for caracterizado efetivo prejuízo à parte.	STJ, REsp 1.230.431-SP.
Verificação de crédito:		
Créditos não exigíveis	– obrigações a título gratuito e – despesas que os credores fizerem para tomar parte na recuperação judicial ou na falência, salvo as custas judiciais decorrentes de litígios contra o devedor.	Lei 11.101/2005, art. 5º. I e II. REsp 1.829.790/RS
Momento da verificação do crédito (habilitações tempestivas)	Na **recuperação judicial**: a partir da decisão que defere o pedido de processamento. Lista apresentada pelo devedor no pedido e pelo administrador após o prazo de habilitação.	Lei 11.101/2005, arts. 51, III e 7º, § 2º.
	Na **falência**: a partir da decretação da falência – prazo de 5 dias para o falido apresentar a relação completa dos credores.	Lei 11.101/2005, art. 7º, § 1º
Habilitação de crédito na falência	– Requisitos do pedido de habilitação de crédito. – documentos no original ou cópias autenticadas	Lei 11.101/2005, art. 9º. Lei 11.101/2005. Art. 9º, parágrafo único.
Processamento	– Administrador judicial: edital com a relação dos credores no prazo de 45 dias. – Obs.: edital – Internet.	Lei 11.101/2005, art. 7º, §§ 1º e 2º. Lei 11.101/05, art. 191.
	– o Comitê, qualquer credor, o devedor ou seus sócios e o Ministério Público: acesso aos documentos que fundamentaram a referida relação; prazo de 10 dias a partir da publicação para impugnação.	Lei 11.101/2005, art. 8º.
	– Sem impugnação: homologação como quadro geral de credores.	Lei 11.101/2005, art. 14.

Tema	Informação	Fonte
Processamento	– Impugnação: autuação em separado por crédito. Credores impugnados têm 5 dias para contestar. Após, devedor e Comitê têm prazo comum de 5 dias para manifestação sobre a impugnação. Após, intimação do administrador judicial para parecer (também em 5 dias).	Lei 11.101/2005, arts. 11, 12, 13 e 15.
	– Autos conclusos para o juiz.	Lei 11.101/2005, arts. 16 e 17.
Habilitações retardatárias	Na **recuperação judicial**: credores retardatários não têm direito a voto nas deliberações da assembleia-geral de credores.	Lei 11.101/2005, art. 10, § 1º
	Na **falência**: se antes da homologação do quadro geral, as habilitações são recebidas como impugnações. Se após a homologação, será necessário requerer a retificação do quadro. – créditos retardatários perdem o direito a rateios eventualmente realizados e ficam sujeitos ao pagamento de custas.	Lei 11.101/2005, arts. 10, §§ 5º e 6º, e 13 a 15. Lei 11.101/2005, art. 10, § 3º e 4º.
Órgãos da Recuperação e da Falência		
Administrador Judicial	– nomeado pelo juiz na decisão que deferir o processamento da recuperação judicial ou na sentença que decretar a falência. – pessoa física ou pessoa jurídica especializada. – idoneidade e impedimentos.	Lei 11.101/2005, arts. 52, I e 99, IX. Lei 11.101/2005, art. 21. Lei 11.101/2005, arts. 21 e 30 c/c art. 1.011, § 1º, do Código Civil.
	– nomeado, é intimado para assinar o termo de compromisso em 48 horas.	Lei 11.101/2005, art. 33.
	– **Substituição** – e pedido do devedor, de qualquer credor ou do Ministério Público, cabendo ao juiz decidir em 24 horas.	Lei 11.101/2005, art. 30, §§ 2º e 3º.
	– **Destituição** – ato de ofício ou a requerimento fundamentado. Desobediência, descumprimento de deveres. omissão, negligência ou prática de ato lesivo. Desta decisão, cabe Mandado de Segurança. Destituído, deve apresentar contas em 10 dias.	Lei 11.101/2005, art. 31. Lei 11.101/2005, art. 154.
	– remuneração: critérios. – momento: 40% do total devido pela massa após a conclusão da realização do ativo e do julgamento das contas; o restante, no curso da falência.	Lei 11.101/2005, art. 24. Lei 11.101/2005, art. 24, § 2º e arts. 154 e 155.

Tema	Informação	Fonte
Administrador Judicial	**– Atribuições**	
	– na recuperação judicial e na falência:	Lei 11.101/2005, art. 22, I.
	– na recuperação judicial:	Lei 11.101/2005, art. 22, II.
	– na falência:	Lei 11.101/2005, art. 22, III.
Comitê de Credores	– não obrigatório, constituído pela assembleia-geral de credores, convocada para essa deliberação pelo juiz na sentença de falência ou a pedido do administrador judicial (recuperação). – constituído por deliberação de qualquer das classes de credores na assembleia-geral. Membros não remunerados.	Lei 11.101/2005, arts. 99, XII e 22, I, "g" e 35, II, "b". Lei 11.101/2005, arts. 26 e 29.
	– o devedor, qualquer credor ou o Ministério Público pode requerer ao juiz a substituição do membro.	Lei 11.101/2005, art. 30, § 2º.
	– Atribuições na recuperação judicial e na falência:	Lei 11.101/2005, art. 27, I (rol exemplificativo).
	– Atribuições na recuperação judicial:	Lei 11.101/2005, art. 27, II (rol exemplificativo).
Assembleia-geral de credores	**– Atribuições na recuperação judicial**: **– Atribuições na falência**:	Lei 11.101/2005, art. 35, I. Lei 11.101/2005, art. 35, II.
	– órgão colegiado não obrigatório. Não é convocada no plano de recuperação judicial sem objeção. – presença do devedor: não é obrigatória, salvo para deliberação de modificação do plano de recuperação.	Lei 11.101/2005, art. 56, *a contrario*. Lei 11.101/2005, art. 56, § 3º.
	– convocação: competência exclusiva do Juiz. – instalação: quórum.	Lei 11.101/2005, art. 36. Lei 11.101/2005, art. 37, § 2º.
	– **Voto**: princípio da proporcionalidade (voto proporcional ao valor do crédito), ressalvado, nas deliberações sobre o plano de recuperação, na classe de credores trabalhistas e de acidente do trabalho (votação pela maioria simples dos presentes). – Qualquer deliberação pode ser substituída, com idênticos efeitos, por termo de adesão firmado por tantos credores quantos satisfaçam o quórum de aprovação específico. – impedidos de votar:	Lei 11.101/2005, arts. 38, *caput,* e 45, § 2º. Lei 11.101/05, art. 39, §4º. Lei 11.101/2005, arts. 10, §§ 1º e 2º; 49, §§ 3º e 4º, 43, *caput* e parágrafo único; 45, § 3º.
	– **Composição**: 4 classes de credores:	Lei 11.101/2005, art. 41.
	– **Quórum de deliberação**: em regra – maioria simples (princípio majoritário). – exceções: aprovação, rejeição ou alteração do plano de recuperação e deliberação sobre realização do ativo de forma alternativa.	Lei 11.101/2005, art. 42. Lei 11.101/2005, arts. 45, §§ 1º e 2º e 46.

Tema	Informação	Fonte
Conciliações e Mediações Antecedentes ou Incidentais aos processos de recuperação judicial	– Métodos de autocomposição. Não implica em suspensão dos prazos previstos na lei de falências, exceto se houver consenso entre as partes em sentido contrário ou determinação judicial. – Tutela de urgência cautelar para a hipótese de negociação de dívidas e respectivas formas de pagamento entre a empresa em dificuldades e seus credores. – Acordo deve ser homologado pelo juiz competente.	Lei 11.101/05, arts. 20-A , 20-B e 20-C.

RECUPERAÇÃO JUDICIAL

Tema	Informação	Fonte
Legitimidade ativa	– **somente o devedor** – empresário que, no momento do pedido, exerça a atividade regularmente há mais de 2 anos. – **legitimidade ativa extraordinária**: empresário individual; sociedade empresária na morte do sócio majoritário.	Lei 11.101/2005, art. 48. Lei 11.101/2005, art. 48, § 1º.
	– **empresário rural**: não é necessário que esteja registrado há 2 anos, mas apenas a comprovação do exercício da atividade rural.	Lei 11.101/05, art. 48, §§2º a 5º. STJ, Tema Repetitivo 1145.
	– **excluídos** (impedimentos):	Lei 11.101/05, art. 48, I a IV.
	– **Grupos societários:** **Consolidação processual**: independência dos devedores e dos respectivos ativos e passivos. Plano pode ser único, mas deverá indicar os meios de recuperação para cada um dos integrantes. **Consolidação substancial** quando constatada a confusão patrimonial entre os integrantes do grupo. O juiz pode, excepcional e independentemente da realização da assembleia, autorizar a consolidação dos ativos e passivos dos devedores do mesmo grupo. Plano unitário, e os meios de recuperação são submetidos a uma única assembleia.	Lei 11.101/05, art. 69-Y; 69-I Lei 11.101/05, art; 69-J; 69-K; 69-L.
Créditos	– **Abrangidos**: Obs.: na recuperação judicial especial – todos os créditos existentes na data do pedido, ainda que não vencidos, excetuados os decorrentes de repasses de recursos oficiais, os fiscais e os previstos nos §§ 3º e 4º do art. 49.	Lei 11.101/2005, art. 49. Lei 11.101/2005, art. 71, I.

Tema	Informação	Fonte
Créditos	– A recuperação judicial do devedor principal não impede o prosseguimento das ações e execuções ajuizadas contra terceiros devedores solidários ou coobrigados em geral, por garantia cambial, real ou fidejussória.	STJ, Súmula 581. Lei 11.101/05, art. 49, §1º.
	– obrigações anteriores à recuperação: condições originalmente contratadas ou definidas em lei, salvo se o plano estabelecer de forma diversa.	Lei 11.101/05, art. 49, §2º.
	– Créditos que decorram exclusivamente da atividade rural e estejam discriminados nos documentos dos §= 2º e 3º do art. 48, ainda não vencidos.	Lei 11.101/05, art. 49, §6º.
	– Excluídos:	Lei 11.101/2005, arts. 49, §§ 3º e 4º; CTN, art. 187.
Pedido e processamento do pedido de recuperação	**– Requisitos da petição inicial**. – Obs.: após a distribuição do pedido, o devedor não poderá alienar ou onerar bens ou direitos de seu ativo permanente, salvo evidente utilidade reconhecida pelo juiz depois de ouvido o Comitê.	Lei 11.101/2005, art. 51. Lei 11.101/2005, art. 66.
	– deferimento do processamento. Decisão interlocutória: o juiz: a)nomeia o administrador; b)determina a dispensa da apresentação de certidões negativas, exceto para a contratação com o Poder Público/recebimento de benefícios ou incentivos fiscais ou creditícios; c)suspende todas as ações/execuções contra o devedor (com algumas exceções) pelo prazo de 180 dias;	Lei 11.101/2005, art. 52.
	d) determina a apresentação de contas demonstrativas mensais; e) intimará o Ministério Público e comunicará por carta as Fazendas Públicas.	Lei 11.101/2005, art. 52.
	– **Recurso**: da decisão que defere o processamento da recuperação cabe agravo.	– STJ, REsp 1.704.520/MT; REsp 1.722.866/MT.
Plano de recuperação	– **Requisitos**. – Permite aos credores o conhecimento do patrimônio do devedor e o grau de exequibilidade e efetividade das medidas recuperatórias propostas. – Vedação de distribuição de dividendos aos sócios ou acionistas até a aprovação do plano.	Lei 11.101/2005, art. 53. Lei 11.101/05, art. 6º-A. Ver art. 168, *caput* e §2º.
Meios de recuperação	– elenco de meios de recuperação. – algumas barreiras:	Lei 11.101/2005, art. 50 (rol exemplificativo). Lei 11.101/2005, art. 54.

Tema	Informação	Fonte
Procedimento	– análise do plano: publicado o edital, os credores constantes da relação do devedor ou daquela elaborada pelo administrador poderão apresentar objeção. – Objeção: leva à convocação da assembleia-geral de credores para deliberação.	Lei 11.101/2005, arts. 55 e 56.
	– **Aprovação**: a) tácita (sem objeção); b) pela assembleia-geral (cada classe deve aprovar o plano); c) por concessão judicial.	Lei 11.101/2005, art. 58, *caput* e § 1º. Lei 11.101/2005, art. 56, § 4º.
	– **Rejeição**: o administrador submete à assembleia a concessão de prazo de 30 dias para apresentação de plano alternativo, a ser aprovado por credores que representem mais da metade dos créditos presentes à assembleia. Caso o plano proposto pelo devedor e o plano alternativo sejam rejeitados e não preenchidos os requisitos do art. 58, §1º – convolação em falência.	Lei 11.101/05, art. 56, §§5º e 6º. Art. 58, §1º; art, 58-A.
	– Certidão negativa de débitos. – Parcelamento especial. – Transação individual.	Lei 11.101/2005, art. 57 c/c arts. 151, 205 e 206, do CTN. Lei 11.101/05, art. 50, §4º; art. 50-A. Lei 13.988/20 e Portaria PGFN nº 2.382/2021.
	– **Concessão**: decisão judicial. Cabe agravo de instrumento pelos credores prejudicados ou pelo Ministério Público.	Lei 11.101/2005, art. 59, § 2º.
	– **Efeitos da concessão**: a) novação dos créditos anteriores; b) constituição de título executivo extrajudicial; c) observância do art. 142 nas alienações de filiais ou unidades produtivas isoladas; d) período de cumprimento; e) alterações no Registro de Empresas.	Lei 11.101/2005, arts. 59, *caput* e § 1º, 60 c/c 142, 61 e 69, *caput* e § 1º.
	– **Encerramento**: Decretada por sentença. Cumprimento das obrigações vencidas no prazo de 2 anos:	Lei 11.101/2005, art. 61 e 63.
	– **Financiamento do devedor e do grupo devedor durante a recuperação judicial:** Busca viabilizar o acesso ao crédito, por parte do devedor.	Lei 11.101/2005, art. 69-A a 69-F.

Tema	Informação	Fonte
Recuperação judicial especial (microempresas e empresas de pequeno porte)	– regime facultativo. Obs.: o empresário rural pode adotar o procedimento especial independentemente do seu enquadramento como microempresa ou empresa de pequeno porte. – alcança todos os créditos existentes na data do pedido, ainda que não vencidos, excetuados os decorrentes de repasses de recursos oficiais, os fiscais e os previstos nos §§ 3º e 4º do art. 49. – meio de recuperação: exclusivamente o parcelamento dos débitos (em até 36 parcelas mensais). – restrições à administração. – não suspende a prescrição ou as ações e execuções por créditos não abrangidos pelo plano. – plano aprovado pelo juiz.	Lei Complementar 155/2016 (valores). Lei 11.101/05, art. 70-A. Lei 11.101/2005, art. 71. Lei 11.101/2005, art. 71, II. Lei 11.101/2005, art. 71, IV. Lei 11.101/2005, art. 71, parágrafo único. Lei 11.101/2005, art. 72.
Convolação da recuperação judicial em falência	– Hipóteses: – Consequências:	Lei 11.101/2005, art. 73. Lei 11.101/2005, arts. 74, 67 e 61, § 2º.

RECUPERAÇÃO EXTRAJUDICIAL

Tema	Informação	Fonte
Requisitos	– os mesmos exigidos para a recuperação judicial. – não poderá requerer a homologação de plano extrajudicial se estiver pendente pedido de recuperação judicial ou se houver obtido recuperação judicial ou homologação de outro plano de recuperação extrajudicial há menos de 2 anos.	Lei 11.101/2005, art. 161, *caput* e §3º.
Plano de Recuperação Extrajudicial	– não poderá contemplar o pagamento antecipado de dívidas nem tratamento desfavorável aos credores que não estejam a ele sujeitos. – não admite a inclusão de determinados créditos. – não suspende direitos, ações ou execuções; os credores não sujeitos ao plano de recuperação extrajudicial podem pedir a decretação da falência.	Lei 11.101/05, art. 161, §2º Lei 11.101/05, art. 161, §1º. Lei 11.101/05, art. 161, §4º.
Modalidades	– de homologação facultativa – de homologação obrigatória	Lei 11.101/05, arts. 162 e 163.
Procedimento	– Requisitos gerais aplicáveis a ambas as modalidades – Prazo para impugnação de 30 dias. – Não homologação: cabe apelação, mas o devedor pode apresentar novo pedido de homologação.	Lei 11.101/05, art. 164.
Efeitos da homologação	– após a homologação. – se envolver alienação judicial de filiais ou de unidades produtivas isoladas, o juiz ordenará sua realização, observando, no que couber, o art. 142.	Lei 11.101/2005, art. 165.

FALÊNCIA

Tema	Informação	Fonte
Falência	– restrita ao empresário; – busca a preservação e otimização da utilização produtiva dos bens, ativos e recursos produtivos, inclusive os intangíveis.	Lei 11.101/2005, art. 75.
Fase preliminar ou declaratória da falência	– **pressupostos do estado falimentar**: a) impontualidade injustificada; b) atos de falência.	Lei 11.101/2005, art. 94, I. Lei 11.101/2005, art. 94, II e III.
	– **Quem pode pedir a falência do devedor**: a) o próprio devedor (autofalência) b) cônjuge sobrevivente, qualquer herdeiro do devedor ou o inventariante (devedor é empresário individual) c) o cotista ou acionista do devedor; d) qualquer credor.	Lei 11.101/2005, art. 97.
	Autofalência: requisitos. – Sociedade limitada: – Sociedades por ações:	Lei 11.101/2005, art. 105. Código Civil, art. 1.076, I c/c 1.071, VI. Lei 6.404/76, art. 122, IX e parágrafo único.
	– **Pedido de falência pela Fazenda Pública**: entendimento tradicional pela ilegitimidade. – Jurisprudência vem admitindo em situações excepcionais. A Lei 11.101 (na redação dada pela Lei 14.112/20) passou a admitir expressamente o pedido, pela Fazenda Pública, da convolação da recuperação judicial em falência. Hipóteses de rescisão do parcelamento e da transação tributária e de esvaziamento patrimonial que implique liquidação substancial da empresa.	STJ, REsp 363.206/MG. Enunciado 56 da I Jornada de Direito Comercial. Lei 6.830/80. Lei 11.101/05, art. 73, incisos V e VI.
	Pedido por impontualidade: – sem razão de direito; – título protestado; – mínimo de 40 salários mínimos. – depósito elisivo.	Lei 11.101/2005, arts. 96, 94, §§ 1º e 3º. Súmulas 248 e 361 do STJ. Lei 11.101/2005, art. 98.
	Execução frustrada: – as três condutas omissivas devem ser comprovadas; – não é necessário protesto; – pedido instruído com certidão extraída do juízo da execução. – depósito elisivo.	Lei 11.101/2005, art. 94, II, § 4º.
	Atos de falência: – não cabe depósito elisivo.	Lei 11.101/2005, art. 94, III.

Tema	Informação	Fonte
Fase preliminar ou declaratória da falência	**Foro competente**: local do principal estabelecimento do devedor ou da filial de empresa que tenha sede fora do Brasil.	Lei 11.101/2005, art. 3º.
	Juízo falimentar: juízo universal e indivisível, ressalvadas as causas trabalhistas, fiscais e aquelas não reguladas na Lei 11.101/2005.	Lei 11.101/2005, art. 76.
Sentença judicial da falência	– Sentença: **caráter constitutivo**. – Conteúdo da sentença:	Lei 11.101/2005, art. 99.
	Termo legal: período suspeito, a ser investigado pelos credores. Máximo: 90 dias do pedido de falência, do pedido de recuperação judicial ou do primeiro protesto por falta de pagamento. a) a partir do primeiro protesto por falta de pagamento (art. 94, I). b) até 90 dias do pedido (autofalência). Atos objetivamente ineficazes.	Lei 11.101/2005, art. 99, II. Lei 11.101/2005, art. 129, I a VII (atos objetivamente ineficazes)
	– **Recursos**: agravo de instrumento (sentença que decretar a falência) ou apelação (sentença denegatória).	Lei 11.101/2005, art. 100.
	– **Sentença denegatória**: não impede novo pedido com outra causa de pedir. – condena ao pagamento de indenização.	Lei 11.101/2005, art. 101.
Efeitos da sentença que decreta a falência	**Em relação aos credores do falido**: a) formação da massa de credores e instauração do juízo universal; b) suspensão da prescrição e das ações individuais dos credores (inclusive dos credores particulares do sócio solidário). Exceções: ações em que o falido e os sócios solidários figurem como credores; ações que demandem quantia ilíquida; reclamações trabalhistas; execuções fiscais; ações não reguladas pela Lei 11.101/05 em que o falido figure como autor ou litisconsorte ativo; ações em que for parte a União, autarquia ou empresa pública federal; c) suspensão das execuções ajuizadas contra o devedor; d) proibição de qualquer forma de constrição judicial ou extrajudicial sobre bens do devedor; e) vencimento antecipado das dívidas; f) compensação de créditos; g) não exigibilidade dos juros.	Lei 11.101/2005, arts. 83, 76 e 6º. Exceções à suspensão da prescrição: art. 6º, §§ 1º e 2º, art. 76; CTN, art. 187. Constituição Federal, art. 109, I. Lei 11.101/2005, art. 6º, II, III . Lei 11.101/2005, art. 77. Lei 11.101/2005, art. 122. Lei 11.101/2005, art. 124.

Tema	Informação	Fonte
Efeitos da sentença que decreta a falência	**Em relação à pessoa do falido:** a) dissolução da sociedade; b) falência dos sócios ilimitadamente responsáveis; Obs.: art. 82-A: veda extensão da falência ou de seus efeitos, no todo ou em parte, aos sócios de responsabilidade limitada, aos controladores e aos administradores. Admite, porém, a desconsideração da personalidade jurídica. c) inabilitação empresarial. **Em relação aos representantes legais do falido:** – Deveres:	Lei 6.404/76, art. 206, II, "c" Lei 11.101/2005, arts. 81 e 82-A. Lei 11.101/2005, art. 102 c/c 181, § 1º. Lei 11.101/2005, art. 104.
	Em relação aos bens: perda do direito de administrar os seus bens.	Lei 11.101/2005, art. 103.
	Em relação às obrigações do falido: afasta a incidência das normas do direito civil, empresarial e do consumidor. **Contratos bilaterais**: não se rescindem. Cabe ao administrador judicial manifestar-se sobre o cumprimento do contrato. a) **Pelo cumprimento** – autorizado pelo Comitê – aplicação supletiva das normas do Código Civil que regulam os contratos. b) **Pelo não cumprimento** – resolução do contrato. Direito à indenização (crédito quirografário). O silêncio é considerado manifestação pelo não cumprimento. Cabe interpelação. **Contratos unilaterais**: o administrador pode dar cumprimento, mediante autorização do Comitê.	Lei 11.101/2005, art. 115. Lei 11.101/2005, art. 117. Lei 11.101/2005, art. 117, §§ 1º e 2º.
	Normas específicas:	
	Compra e venda de coisa em trânsito por ocasião da falência.	Lei 11.101/2005, art. 119, I.
	Compra e venda de coisas compostas.	Lei 11.101/2005, art. 119, II.
	Compra e venda a prestação.	Lei 11.101/2005, art. 119, III.
	Compra e venda com reserva de domínio.	Lei 11.101/2005, art. 119, IV.
	Compra e venda a termo.	Lei 11.101/2005, art. 119, V.
Efeitos da sentença que decreta a falência	Promessa irretratável de compra e venda de imóvel.	Lei 11.101/2005, art. 119, VI.
	Contrato de locação.	Lei 11.101/2005, art. 119, VII.

Tema	Informação	Fonte
Efeitos da sentença que decreta a falência	Obrigações no âmbito do sistema financeiro nacional.	Lei 11.101/2005, art. 119, VIII.
	Patrimônios de afetação.	Lei 11.101/2005, art. 119, IX.
	Mandato.	Lei 11.101/2005, art. 120.
	Contas correntes.	Lei 11.101/2005, art. 121.
Arrecadação, realização do ativo e pagamento do passivo	**Arrecadação**: pelo administrador judicial. Todos os bens serão arrecadados, com exceção dos absolutamente impenhoráveis, formando a **massa falida objetiva**. – Lacre: em princípio, facultativo. Exceções. – auto de arrecadação: inventário dos bens e respectivo laudo de avaliação. – autorização da venda ou da adjudicação imediata; autorização de remoção de bens arrecadados	Lei 11.101/2005, art. 108. CPC, art. 833. Lei 11.101/2005, art. 109. Ver Lei 11.343/2006, art. 69, I. Lei 11.101/2005, art. 110. Lei 11.101/2005, arts. 111, 112 e 113.
	Ação revocatória: atos subjetivamente ineficazes. Exigem prova de fraude. Legitimidade concorrente: administrador, qualquer credor ou o Ministério Público. Sujeitos passivos. Efeito: devolução do bem à massa, devendo o terceiro habilitar-se na falência. Cabe apelação.	Lei 11.101/2005, art. 130 e 132. Lei 11.101/2005, art. 133. Lei 11.101/2005, art. 135 e 136.
	Ação de restituição. O proprietário de bem arrecadado no processo de falência ou que se encontre em poder do devedor na data da decretação da falência poderá pedir sua restituição. Hipóteses de restituição em dinheiro: – quando a coisa não mais existir ao tempo do pedido de restituição; – importância entregue ao devedor decorrente de adiantamento de contrato de câmbio para exportação, desde que o prazo total da operação não exceda o previsto nas normas específicas da autoridade competente; – valores entregues ao devedor pelo contratante de boa-fé na hipótese de revogação ou ineficácia do contrato; – Fazenda Pública – tributos passíveis de retenção na fonte, descontos de terceiros ou sub-rogação e a valores recebidos pelos agentes arrecadadores e não recolhidos aos cofres públicos. – Hipótese não prevista na lei 11.101? ver Lei 8.213/91, art. 51.	Lei 11.101/2005, art. 85. Lei 11.101/2005, art. 86. Lei 8.213/91. Lei 11.101/2005, arts. 87 a 93.

<table>
<tr><th>Tema</th><th>Informação</th><th>Fonte</th></tr>
<tr><td rowspan="2">Arrecadação, realização do ativo e pagamento do passivo</td><td>Procedimento:
Realização do ativo: após a arrecadação dos bens, o objetivo será convertê-los em dinheiro para posterior pagamento dos credores. Ordem de preferência legal.
Modalidades de realização do ativo: três modalidades de licitação: leilão eletrônico, presencial ou híbrido; processo competitivo organizado promovido por agente especializado e de reputação ilibada; qualquer outra modalidade, desde que aprovada nos termos da lei.
Impugnação: pelos credores, o falido e o Ministério Público, em 48 horas da arrematação. Autos conclusos ao Juiz que decidirá em 5 dias.</td><td>Lei 11.101/2005, art. 140.
Lei 11.101/2005, art. 142. Observação: ver arts. 144 e 145.
Lei 11.101/2005, art. 143.</td></tr>
<tr><td colspan="2">Pagamento dos credores:
a) credores extraconcursais (art. 84):
a1) quantias referidos nos arts. 150 e 151.
a2) valor efetivamente entregue ao devedor em recuperação judicial pelo financiador;
a3) créditos em dinheiro objeto de restituição (art. 86)
a4) remunerações devidas ao administrador judicial e aos seus auxiliares, reembolsos devidos a membros do Comitê de Credores, créditos derivados da legislação trabalhista ou decorrentes de acidentes de trabalho relativos a serviços prestados após a decretação da falência;
a5) obrigações resultantes de atos jurídicos válidos praticados durante a recuperação judicial (art. 67) ou após a decretação da falência;
a6) quantias fornecidas à massa pelos credores;
a7) despesas com arrecadação, administração, realização do ativo, distribuição do seu produto e custas do processo de falência;
a8) custas judiciais relativas às ações e execuções em que a massa falida seja vencida;
a9) tributos relativos a fatos geradores ocorridos após a decretação da falência;
b) credores concursais (art. 83):
b1) trabalhistas até 150 salários-mínimos por credor e acidentes de trabalho;
b2) com direito real de garantia até o limite do valor do bem gravado;
b3) créditos tributários (exceto multas tributárias);
b4) quirografários;
b5) multas contratuais e penas pecuniárias por infrações das leis penais ou administrativas, inclusive multas tributárias;
b6) créditos subordinados: assim previstos em lei ou contrato; os créditos dos sócios e administradores sem vínculo empregatício;
b7) os juros vencidos após a decretação da falência.</td></tr>
</table>

Tema	Informação	Fonte
Fase pós-falimentar	– as contas e os documentos comprobatórios serão prestadas em autos apartados apensados aos da falência. – publicação de aviso. Impugnação possível em 10 dias. Intimação do Ministério Público para se manifestar em 5 dias. – Juiz julga as contas por meio de sentença. Cabe apelação.	Lei 11.101/2005, art. 154.
	– Administrador Judicial: relatório final no prazo de 10 dias, indicando valor do ativo e do produto de sua realização; o valor do passivo e o dos pagamentos feitos. – Apresentado o relatório final – juiz encerra a falência por meio de sentença.	Lei 11.101/2005, art. 155 e 156.
	Extinção das obrigações do falido: – pelo pagamento de todos os créditos; – pelo pagamento, após realizado todo o ativo, de mais de 25% dos créditos quirografários; – pelo decurso do prazo de 3 anos, contados da decretação da falência, ressalvada a utilização dos bens arrecadados anteriormente; – pelo encerramento da falência.	Lei 11.101/2005, art. 158.
	– **prescrição**: a partir do trânsito em julgado da sentença do encerramento da falência. – extinção das obrigações por sentença. Cabe apelação. – declaração por sentença da extinção das obrigações.	Lei 11.101/2005, art. 157 c/c 158, III e IV. Le Lei 11.101/2005, art. 160.i 11.101/2005, art. 159.

INSOLVÊNCIA TRANSNACIONAL

Tema	Informação	Fonte
Objetivos	– cooperação entre juízes e outras autoridades competentes do Brasil e de outros países em casos de insolvência transnacional; – segurança jurídica; – administração justa e eficiente de processos de insolvência transnacional, protegendo os interesses dos credores e do devedor; – maximização dos ativos do devedor; – recuperação da empresa em crise; – liquidação dos ativos.	Lei 11.101/2005, art. 167-A.
Ministério Público	**Intervenção obrigatória**	Lei 11.101/2005, art. 167-A, §5º

Tema	Informação	Fonte
Competência	STJ	Constituição, art. 105, I, i Lei 11.101/2005, art. 167-A, §6º
Definições	**– Processo estrangeiro (principal e não principal)** **– Representante estrangeiro** **– Estabelecimento**	Lei 11.101/2005, art. 167-B.

IX. JURISPRUDÊNCIA SELECIONADA

1. SÚMULAS

▸ STJ

↘ Súmula 36

A correção monetária integra o valor da restituição, em caso de adiantamento de câmbio, requerida em concordata ou falência.

↘ Súmula 248

Comprovada a prestação dos serviços, a duplicata não aceita, mas protestada, é título hábil para instruir pedido de falência.

↘ Súmula 361

A notificação do protesto, para requerimento de falência da empresa devedora, exige a identificação da pessoa que a recebeu.

↘ Súmula 581

A recuperação judicial do devedor principal não impede o prosseguimento das ações e execuções ajuizadas contra terceiros devedores solidários ou coobrigados em geral, por garantia cambial, real ou fidejussória.

2. JURISPRUDÊNCIA

▸ STF

↘ ARGUIÇÃO DE DESCUMPRIMENTO DE PRECEITO FUNDAMENTAL. CONSTITUCIONAL. TRIBUTÁRIO. PARÁGRAFO ÚNICO DO ART. 187 DO CÓDIGO TRIBUTÁRIO NACIONAL. PARÁGRAFO ÚNICO DO ART. 29 DA LEI N. 6.830/1980. CONCURSO DE PREFERÊNCIA ENTRE OS ENTES FEDERADOS NA COBRANÇA JUDICIAL DOS CRÉDITOS TRIBUTÁRIOS E NÃO TRIBUTÁRIOS. INCOMPATIBILIDADE DAS NORMAS IMPUGNADAS COM A CONSTITUIÇÃO DA REPÚBLICA DE 1988. AFRONTA AO INC. III DO ART. 19 DA CONSTITUIÇÃO. ARGUIÇÃO JULGADA PROCEDENTE.

1. A arguição de descumprimento de preceito fundamental viabiliza a análise de constitucionalidade de normas legais pré-constitucionais insuscetíveis de conhecimento em ação direta de inconstitucionalidade. Precedentes.

2. A autonomia dos entes federados e a isonomia que deve prevalecer entre eles, respeitadas as competências estabelecidas pela Constituição, é fundamento da Federação. O federalismo de cooperação e de equilíbrio posto na Constituição da República de 1988 não legitima distinções entre os entes federados por norma infraconstitucional.

3. A definição de hierarquia na cobrança judicial dos créditos da dívida pública da União aos Estados e Distrito Federal e esses aos Municípios descumpre o princípio federativo e contraria o inc. III do art. 19 da Constituição da República de 1988.

4. Cancelamento da Súmula n. 563 deste Supremo Tribunal editada com base na Emenda Constitucional n. 1/69 à Carta de 1967.

5. Arguição de descumprimento de preceito fundamental julgada procedente para declarar não recepcionadas pela Constituição da República de 1988 as normas previstas no parágrafo único do art. 187 da Lei n. 5.172/1966 (Código Tributário Nacional) e no parágrafo único do art. 29 da Lei n. 6.830/1980 (Lei de Execuções Fiscais).

(ADPF 357 – Rel. Ministra CÁRMEN LÚCIA, julgado em 24/06/2021)

▸ STJ

• Ilegitimidade das associações para a Recuperação Judicial

↘ AGRAVO INTERNO NO AGRAVO EM RECURSO ESPECIAL. RECUPERAÇÃO JUDICIAL. TRIBUNAL CONCLUIU QUE A PARTE PLEITEANTE É UMA ASSOCIAÇÃO. AUSÊNCIA DE REGISTRO NA JUNTA COMERCIAL. IMPOSSIBILIDADE DE REQUERER A RECUPERAÇÃO JUDICIAL. NATUREZA JURÍDICA BASEADA NOS ELEMENTOS FÁTICOS E PROBATÓRIOS DOS AUTOS. REEXAME DAS PROVAS. SÚMULA 7/STJ. AGRAVO INTERNO DESPROVIDO.

1. "O deferimento da recuperação judicial pressupõe a comprovação documental da qualidade de empresário, mediante a juntada com a petição inicial, ou em prazo concedido nos termos do CPC 284, de certidão de inscrição na Junta Comercial, realizada antes do ingresso do pedido em Juízo, comprovando o exercício das atividades por mais de dois anos, inadmissível a inscrição posterior ao ajuizamento" (REsp 1.193.115/MT, Rel. p/ acórdão Ministro Sidnei Beneti, Terceira Turma, julgado em 20/08/2013, DJe de 07/10/2013).

2. No caso, o Tribunal Estadual, com arrimo nas provas dos autos, consignou que a ora agravante possui natureza jurídica de associação e, portanto, não preenche os requisitos para pleitear a recuperação judicial. A pretensão de alterar tal entendimento, considerando as circunstâncias do caso concreto, demandaria revolvimento de matéria fático-probatória, inviável em sede de recurso especial, a teor da Súmula 7/STJ.

3. Agravo interno desprovido.

(AgInt no AREsp 658.531/RJ, Rel. Ministro RAUL ARAÚJO, QUARTA TURMA, julgado em 15/03/2021, DJe 07/04/2021).

• Empresário rural. Art. 48, §§ 2º e 5º

↘ RECURSO ESPECIAL REPETITIVO. PRODUTOR RURAL. RECUPERAÇÃO JUDICIAL. EXERCÍCIO PROFISSIONAL DA ATIVIDADE RURAL HÁ PELO MENOS DOIS ANOS. INSCRIÇÃO DO PRODUTOR RURAL NA JUNTA COMERCIAL NO MOMENTO DO PEDIDO DE RECUPERAÇÃO JUDICIAL (LEI 11.101/2005, ART. 48). RECURSO ESPECIAL PROVIDO.

1. Tese firmada para efeito do art. 1.36 do CPC/2015: Ao produtor rural que exerça sua atividade de forma empresarial há mais de dois anos é facultado requerer a recuperação judicial, desde que esteja inscrito na Junta Comercial no momento em que formalizar o pedido recuperacional, independentemente do tempo de seu registro

2. No caso concreto, recurso especial provido.

(STJ, REsp. 1.905.573/MT, Rel. Ministro LUÍS FELIPE SALOMÃO. SEGUNDA SEÇÃO, julgado em 22/06/2022, DJe 03/08/2022).

- **Foro do estabelecimento – art. 3º**

↘ CONFLITO DE COMPETÊNCIA. AGRAVO INTERNO. PROCESSAMENTO E JULGAMENTO DA RECUPERAÇÃO JUDICIAL. ART. 3º DA LEI N. 11.101/2005.

1. Nos termos do art. 3º da Lei nº 11.101/2005, o foro competente para o processamento da recuperação judicial e a decretação da falência é aquele onde se situe o principal estabelecimento da sociedade, assim considerado o local onde haja o maior volume de negócios, ou seja, o local mais importante da atividade empresária sob o ponto de vista econômico. Precedentes.

2. No caso, ante as evidências apuradas pelo Juízo de Direito do Foro Central de São Paulo, o principal estabelecimento da recuperanda encontra-se em Cabo de Santo Agostinho/PE, onde situados seu polo industrial e seu centro administrativo e operacional, máxime tendo em vista o parecer apresentado pelo Ministério Público, segundo o qual o fato de que o sócio responsável por parte das decisões da empresa atua por vezes na cidade de São Paulo, não se revela suficiente, diante de todos os outros elementos, para afirmar que o "centro vital" da empresa estaria localizado na capital paulista

3. Agravo interno não provido.

(AgInt no CC 147.714/SP, Rel. Ministro LUÍS FELIPE SALOMÃO. SEGUNDA TURMA, j. 22/02/2017, DJe 07/03/2017).

↘ AGRAVO REGIMENTAL NO RECURSO ESPECIAL. RECUPERAÇÃO JUDICIAL. DISCUSSÃO DEVOLVIDA NO AGRAVO QUE SE LIMITA À COMPETÊNCIA E HIGIDEZ DA APROVAÇÃO DO PLANO DE RECUPERAÇÃO.

1. A questão relativa à competência para o processo e julgamento da recuperação judicial (art. 3º da Lei 11.101/05), não dispensaria a análise de contratos sociais e das circunstâncias fático-probatórias ligada à configuração de determinado estabelecimento como principal para fins de fixação da competência. Atração do enunciado 7/STJ.

(STJ, AgRg no REsp 1.310.075/AL, Rel. Ministro PAULO DE TARSO SANSEVERINO. TERCEIRA TURMA. DJe 10/10/2014).

- **Aval – art. 5º, I**

↘ RECURSOS ESPECIAIS. RECUPERAÇÃO JUDICIAL. IMPUGNAÇÃO DE CRÉDITO. AVAL PRESTADO PELA SOCIEDADE RECUPERANDA EM MOMENTO ANTERIOR AO PEDIDO DE SOERGUIMENTO. NEGATIVA DE PRESTAÇÃO JURISDICIONAL. NÃO OCORRÊNCIA. AVAL. OBRIGAÇÃO AUTÔNOMA. SUJEIÇÃO AOS EFEITOS DA RECUPERAÇÃO JUDICIAL. CRÉDITOS EXISTENTES NA DATA DO PEDIDO, AINDA QUE NÃO VENCIDOS. OBRIGAÇÕES A TÍTULO GRATUITO. EXCEÇÃO. VERIFICAÇÃO DA ONEROSIDADE/GRATUIDADE. IMPRESCINDIBILIDADE. RETORNO DOS AUTOS AO JUÍZO DE ORIGEM

1. Impugnação de crédito apresentada em 29/1/2016. Recursos especiais interpostos em 23/5/2018. Autos conclusos à Relatora em 27/11/2018.

2. O propósito recursal é definir se os créditos derivados de garantia cambiária (aval) prestada por sociedade empresária que veio a ingressar com pedido de recuperação judicial sujeita-se ou não aos efeitos do processo de soerguimento.

3. Ausente omissão, contradição, obscuridade ou erro material no acórdão recorrido, inviável o acolhimento da alegação de violação ao art. 1.022 do CPC/15.

4. O art. 49, caput, da Lei 11.101/05 estipula que todos os créditos existentes na data do pedido de recuperação judicial ficam sujeitos a seus efeitos (ainda que não vencidos), excetuados aqueles listados nos §§ 3º e 4º do mesmo dispositivo, dentre os quais não se incluiu o aval prestado pela recuperanda.

5. Assim, dada a autonomia dessa espécie de garantia e a permissão legal para inclusão no plano dos créditos ainda não vencidos, não haveria motivos para a exclusão pleiteada pelo recorrente.

6. Há que se ponderar, todavia, acerca da disposição constante no art. 5º, I, da Lei 11.101/05, que afasta expressamente da recuperação judicial a exigibilidade das obrigações a título gratuito.

7. Tratando-se, como no particular, de aval prestado por sociedade empresária, não se pode presumir que a garantia cambiária tenha sido concedida como ato de mera liberalidade, devendo-se apurar as circunstâncias que ensejaram sua concessão.

8. De fato, é bastante comum que as relações negociais travadas no âmbito empresarial envolvam a prestação de garantias em contrapartida a algum outro ato praticado (ou a ser praticado) pelo avalizado ou por terceiros interessados.

9. Conforme anota respeitável doutrina, ainda que não exista contraprestação direta pelo aval, há situações em que a garantia foi prestada com o objetivo de auferir algum ganho, mesmo que intangível, como ocorre na hipótese de aval prestado em benefício de sociedades do mesmo grupo econômico ou para viabilizar operações junto a parceiros comerciais, hipóteses nas quais não se pode considerar tal obrigação como a título gratuito.

10. Desse modo – considerando a impossibilidade de se examinar fatos e provas em sede de recurso especial e tendo em vista que partes não tiveram a oportunidade de se manifestar acerca do fundamento sobre o qual se assenta o presente entendimento –, devem os autos retornar ao juízo a quo para que, após oportunizar às partes que comprovem o que for de seu interesse, verifique se o aval pode ou não ser classificado como ato de mera liberalidade e prossiga no julgamento da impugnação apresentada pelo recorrente.

RECURSO ESPECIAL PARCIALMENTE PROVIDO

(REsp 1.829.970/RS, Rel. Ministra NANCY ANDRIGHI. TERCEIRA TURMA, j. 19/11/2019).

- **Publicação na imprensa oficial do edital do art. 7º, § 2º**

➘ RECURSO ESPECIAL. RECUPERAÇÃO JUDICIAL. RELAÇÃO DE CRÉDITOS. EDITAL. ART. 7º, § 2º, E 191 DA LEI 11.101/05. PUBLICAÇÃO NA IMPRENSA OFICIAL. OBRIGATORIEDADE. INEXISTÊNCIA DE PREJUÍZO. NULIDADE DO ATO NÃO RECONHECIDA.

1. Ação ajuizada em 11/5/2012. Recurso especial interposto em 1/1/2014 e concluso ao gabinete em 25/8/2016.

2. O propósito recursal é definir se, de acordo com a regra do art. 191 da Lei 11.101/05, é imprescindível a publicação na imprensa oficial do edital previsto no art. 7º, § 2º, da mesma Lei.

3. A leitura do *caput* do art. 191 da Lei de Falência e Recuperação de Empresas revela que as publicações devem ser levadas a cabo sempre na imprensa oficial, sendo apenas exigível que se proceda à publicação em jornal ou revista de circulação regional ou nacional se as possibilidades financeiras do devedor ou da massa falida assim comportarem. Doutrina.

4. A jurisprudência do STJ exige, como pressuposto para declaração de nulidade, a demonstração de prejuízo concreto a quem a alega, como corolário dos princípios da instrumentalidade das formas e da celeridade processual, circunstância não verificada no particular.

RECURSO ESPECIAL NÃO PROVIDO.

(REsp 1.758.777/PR, Rel. Ministra NANCY ANDRIGHI, TERCEIRA TURMA, j. 11/09/2018, DJe 13/09/2018).

- **Ministério Público**

↘ COMERCIAL E PROCESSO CIVIL. PEDIDO DE FALÊNCIA AJUIZADO NA VIGÊNCIA DO DL Nº 7661/45. INTERVENÇÃO DO MINISTÉRIO PÚBLICO EM AÇÃO CONEXA ANTES DO TRÂNSITO EM JULGADO DA DECISÃO QUE DECRETA A QUEBRA. POSSIBILIDADE. ANULAÇÃO DO PROCESSO. DEMONSTRAÇÃO DE PREJUÍZO. NECESSIDADE.

1. Na vigência do DL 7.661/45 era possível a intervenção do Ministério Público durante todo o procedimento de quebra, inclusive em sua fase pré-falimentar, alcançando também as ações conexas.

2. Com o advento da Lei 11.101/05, houve sensível alteração desse panorama, sobretudo ante a constatação de que o número excessivo de intervenções do Ministério Público vinha assoberbando o órgão e embaraçando o trâmite das ações falimentares. Diante disso, vetou-se o art. 4º da Lei 11.101/05, que mantinha a essência do art. 210 do DL 7.661/45, ficando a atuação do Ministério Público, atualmente, restrita às hipóteses expressamente previstas em lei.

3. Tendo em vista o princípio da instrumentalidade das formas, a anulação do processo falimentar ou de ações conexas por ausência de intervenção ou pela atuação indevida do Ministério Público somente se justifica quando for caracterizado efetivo prejuízo à parte.

4. Recurso especial não provido.

(REsp 1.230.431-SP – Rel. Ministra NANCY ANDRIGHI, TERCEIRA TURMA, julgamento em 18/10/2011)

- **Créditos abrangidos na Recuperação Judicial**

↘ PROCESSUAL CIVIL. AGRAVO INTERNO NO RECURSO ESPECIAL. CUMPRIMENTO DE SENTENÇA. INDENIZAÇÃO POR DANOS MORAIS. EMBARGOS DE DECLARAÇÃO. OMISSÃO, CONTRADIÇÃO OU OBSCURIDADE. NÃO OCORRÊNCIA. CONSTITUIÇÃO DO CRÉDITO. EVENTO DANOSO OCORRIDO EM MOMENTO ANTERIOR AO PEDIDO RECUPERACIONAL. SUBMISSÃO AOS SEUS EFEITOS. PREQUESTIONAMENTO. AUSÊNCIA. SÚMULA 211/STJ. FUNDAMENTO DO ACÓRDÃO NÃO IMPUGNADO. SÚMULA 283/STF.

1. Cumprimento de sentença de indenização por danos morais.

2. Ausentes os vícios do art. 1.022 do CPC/15, rejeitam-se os embargos de declaração.

3. tratando-se de crédito derivado de fato ocorrido em momento anterior àquele em que requerida a recuperação judicial, deve ser reconhecida sua sujeição ao plano de soerguimento da sociedade devedora. A ausência de decisão acerca dos argumentos invocados pelo recorrente em suas razões recursais, não obstante a interposição de embargos de declaração, impede o conhecimento do recurso especial.

4. A existência de fundamento do acórdão recorrido não impugnado – quando suficiente para a manutenção de suas conclusões – impede a apreciação do recurso especial.

5. Recurso especial parcialmente conhecido e, nessa parte, não provido.

(AgInt no REsp 1.863.844-RS – Rel. Ministra NANCY ANDRIGHI, TERCEIRA TURMA, julgamento em 01/06/2020, DJe 04/06/2020)

- **Sobre a análise do "mérito" do Plano (antes da Reforma da lei)**

↘ RECURSO ESPECIAL. AÇÃO DE RECUPERAÇÃO JUDICIAL. CONTROLE DO MAGISTRADO SOBRE O PLANO DE SOERGUIMENTO. APROVAÇÃO DA ASSEMBLEIA GERAL DE CREDORES. VIABILIDADE ECONÔMICA. SOBERANIA DA AGC. LEGALIDADE. VERIFICAÇÃO PELO JUDICIÁRIO. REEXAME DE FATOS E PROVAS E INTERPRETAÇÃO DE CLÁUSULAS CONTRATUAIS. INADMISSIBILIDADE.

1. Processamento da recuperação judicial deferido em 24/05/2013.

2. A jurisprudência das duas Turmas de Direito Privado do STJ sedimentou que o juiz está autorizado a realizar o controle de legalidade do plano de recuperação judicial, sem adentrar no aspecto da sua viabilidade econômica, a qual constitui mérito da soberana vontade da assembleia geral de credores.

3. O reexame de fatos e provas e a interpretação de cláusulas contratuais em recurso especial são inadmissíveis.

4. Recurso especial não provido.

(REsp 1.660.195-PR – Rel. Ministra NANCY ANDRIGHI, TERCEIRA TURMA, julgamento em 04/04/2017, DJe 10/04/2017).

- **Processamento do pedido de recuperação**

➘ AGRAVO INTERNO NO AGRAVO EM RECURSO ESPECIAL. TELEFONIA. COMPLEMENTAÇÃO ACIONÁRIA. OI S.A. PEDIDO DE SUSPENSÃO DO PROCESSO EM VIRTUDE DE DEFERIMENTO DO PROCESSAMENTO DE RECUPERAÇÃO JUDICIAL. VIA ESPECIAL INADEQUADA. RECURSO QUE DEIXA DE IMPUGNAR ESPECIFICAMENTE OS FUNDAMENTOS DA DECISÃO ORA AGRAVADA. INOBSERVÂNCIA DO ART. 1.021, § 1º, DO CPC E INCIDÊNCIA DA SÚMULA Nº 182 DO STJ. AGRAVO NÃO CONHECIDO.

1. Em regra, não há falar em suspensão do julgamento do recurso especial em virtude de deferimento do processamento da recuperação judicial. A jurisprudência desta Corte, com relação a esse tema, tem mantido uma simetria com o trato dado à não suspensão dos recursos especiais nos casos de afetação de recurso repetitivo e de reconhecimento de repercussão geral pelo STF.

2. (...)

3. (...)

4. Pedido de suspensão do processo indeferido. Agravo interno não conhecido.

(AgInt no AREsp nº 790.736/RS, Rel. Ministro LUÍS FELIPE SALOMÃO, QUARTA TURMA, julgamento em 10/11/2016, DJe 23/11/2016).

➘ PROCESSUAL CIVIL. CONFLITO POSITIVO DE COMPETÊNCIA. JUÍZO DE DIREITO E JUÍZO DO TRABALHO. RECUPERAÇÃO JUDICIAL. PROCESSAMENTO DEFERIDO. NECESSIDADE DE SUSPENSÃO DAS AÇÕES E EXECUÇÕES. COMPETÊNCIA DO JUÍZO DA RECUPERAÇÃO JUDICIAL. PRECEDENTES.

1. Uma vez deferido o processamento da recuperação judicial, ao Juízo Laboral compete tão-somente a análise da matéria referente à relação de trabalho, vedada a alienação ou disponibilização do ativo em ação cautelar ou reclamação trabalhista.

2. É que são dois valores a serem ponderados, a manutenção ou tentativa de soerguimento da empresa em recuperação, com todas as consequências sociais e econômicas daí decorrentes – como, por exemplo, a preservação de empregos, o giro comercial da recuperanda e o tratamento igual aos credores da mesma classe, na busca da "melhor solução para todos" –, e, de outro lado, o pagamento dos créditos trabalhistas reconhecidos perante a justiça laboral.

3. Em regra, uma vez deferido o processamento ou, a fortiori, aprovado o plano de recuperação judicial, revela-se incabível o prosseguimento automático das execuções individuais, mesmo após decorrido o prazo de 180 dias previsto no art. 6º, § 4, da Lei 11.101/2005.

4. Conflito conhecido para declarar a competência do Juízo de Direito da Vara de Falências e Recuperações Judiciais do Distrito Federal.

(Conflito de Competência 112.799/DF, Rel. Ministro LUÍS FELIPE SALOMÃO, QUARTA TURMA, DJe 22/03/2011).

↘ AJUIZAMENTO. ANTERIOR. LEI 11.101/05. SUSPENSÃO. PRAZO. 180 (CENTO E OITENTA) DIAS. PLANO. APROVAÇÃO. IMPROVIMENTO.

I. Salvo exceções legais, o deferimento do pedido de recuperação judicial suspende as execuções individuais, ainda que manejadas anteriormente ao advento da Lei 11.101/05.

II. Em homenagem ao princípio da continuidade da sociedade empresarial, o simples decurso do prazo de 180 (cento e oitenta) dias entre o deferimento e a aprovação do plano de recuperação judicial não enseja retomada das execuções individuais quando à pessoa jurídica, ou seus sócios e administradores, não se atribui a causa da demora.

III. Recurso especial improvido.

(REsp 1.193.480/SP, Rel. Ministro ALDIR PASSARINHO JUNIOR, QUARTA TURMA, DJe 18/10/2010)

↘ DIREITO EMPRESARIAL E PROCESSUAL CIVIL. RECURSO ESPECIAL. EXECUÇÃO AJUIZADA EM FACE DE SÓCIO-AVALISTA DE PESSOA JURÍDICA EM RECUPERAÇÃO JUDICIAL. SUSPENSÃO DA AÇÃO. IMPOSSIBILIDADE. PENHORA VIA BACEN-JUD. ESGOTAMENTO DOS MEIOS APTOS A GARANTIR A EXECUÇÃO. DESNECESSIDADE.

1. O *caput* do art. 6º da Lei n. 11.101/05, no que concerne à suspensão das ações por ocasião do deferimento da recuperação, alcança apenas os sócios solidários, presentes naqueles tipos societários em que a responsabilidade pessoal dos consorciados não é limitada às suas respectivas quotas/ações.

2. Não se suspendem, porém, as execuções individuais direcionadas aos avalistas de título cujo devedor principal é sociedade em recuperação judicial, pois diferente é a situação do devedor solidário, na forma do § 1º do art. 49 da referida Lei. De fato, "[a] suspensão das ações e execuções previstas no art. 6º da Lei n. 11.101/2005 não se estende aos coobrigados do devedor" (Enunciado n. 43 da I Jornada de Direito Comercial CJF/STJ).

3. A penhora de ativos via BACEN-Jud não se mostra mais como exceção cabível somente quando esgotados outros meios para a consecução do crédito exequendo, desde a edição da Lei n. 11.382/2006, podendo ser levada a efeito como providência vocacionada a conferir racionalidade e celeridade ao processo satisfativo. Precedentes.

4. Recurso especial não provido.

(REsp 1.269.703/MG, Rel. Ministro LUÍS FELIPE SALOMÃO, QUARTA TURMA, j. 13/11/2012, DJe 30/11/2012).

• Procedimento de recuperação judicial

↘ RECURSO ESPECIAL. PEDIDO DE RECUPERAÇÃO JUDICIAL. IMPUGNAÇÃO DE CREDOR. DESISTÊNCIA ANTES DE CONVOCADA A ASSEMBLEIA-GERAL DE CREDORES. POSSIBILIDADE.

1. O credor pode desistir da objeção ao plano de recuperação judicial se o pedido de desistência tiver sido apresentado antes de convocada a assembleia-geral de credores.
2. Recurso especial provido.

(REsp 1.014.153 – Rel. Ministro JOÃO OTÁVIO DE NORONHA, DJe 05/09/2011).

• Exigência de certidão negativa

↘ DIREITO EMPRESARIAL E TRIBUTÁRIO. RECURSO ESPECIAL. RECUPERAÇÃO JUDICIAL. EXIGÊNCIA DE QUE A EMPRESA RECUPERANDA COMPROVE SUA REGULARIDADE TRIBUTÁRIA. ART. 57 DA LEI N. 11.101/2005 (LRF) E ART. 191-A DO CÓDIGO TRIBUTÁRIO NACIONAL (CTN). INOPERÂNCIA DOS MENCIONADOS DISPOSITIVOS. INEXISTÊNCIA DE LEI ESPECÍFICA A DISCIPLINAR O PARCELAMENTO DA DÍVIDA FISCAL E PREVIDENCIÁRIA DE EMPRESAS EM RECUPERAÇÃO JUDICIAL.

1. O art. 47 serve como um norte a guiar a operacionalidade da recuperação judicial, sempre com vistas ao desígnio do instituto, que é "viabilizar a superação da situação de crise econômico-financeira do devedor, a fim de permitir a manutenção da fonte produtora, do emprego dos trabalhadores e dos interesses dos credores, promovendo, assim, a preservação da empresa, sua função social e o estímulo à atividade econômica".

2. O art. 57 da Lei n. 11.101/2005 e o art. 191-A do CTN devem ser interpretados à luz das novas diretrizes traçadas pelo legislador para as dívidas tributárias, com vistas, notadamente, à previsão legal de parcelamento do crédito tributário em benefício da empresa em recuperação, que é causa de suspensão da exigibilidade do tributo, nos termos do art. 151, inciso VI, do CTN.

3. O parcelamento tributário é direito da empresa em recuperação judicial que conduz a situação de regularidade fiscal, de modo que eventual descumprimento do que dispõe o art. 57 da LRF só pode ser atribuído, ao menos imediatamente e por ora, à ausência de legislação específica que discipline o parcelamento em sede de recuperação judicial, não constituindo ônus do contribuinte, enquanto se fizer inerte o legislador, a apresentação de certidões de regularidade fiscal para que lhe seja concedida a recuperação.

4. Recurso especial não provido.

(REsp 1.187.404, Rel. Ministro LUÍS FELIPE SALOMÃO, QUARTA TURMA, julgamento 19/06/2013, DJe 21/08/2013).

➘ PROCESSUAL CIVIL E EMPRESARIAL. RECURSO ESPECIAL. AÇÃO DE RECUPERAÇÃO JUDICIAL. PREQUESTIONAMENTO. AUSÊNCIA. SÚMULA 211/STJ. REGULARIDADE FISCAL. DESNECESSIDADE.

1. A ausência de decisão acerca dos dispositivos legais indicados como violados, não obstante a oposição de embargos de declaração, impede o conhecimento do recurso especial.

2. A Corte Especial do STJ decidiu que não constitui ônus do contribuinte a apresentação de certidões de regularidade fiscal para que lhe seja concedida a recuperação judicial.

3. Recurso especial parcialmente conhecido e, nessa parte, não provido.

(REsp 1.658.042, Rel. Ministra NANCY ANDRIGHI, TERCEIRA TURMA, julgamento 09/05/2017, DJe 16/05/2017).

➘ INCIDENTE DE ARGUIÇÃO DE INCONSTITUCIONALIDADE. ARTIGO 57 DA LEI FEDERAL Nº 11.101/2005 E ARTIGO 191-A DO CÓDIGO TRIBUTÁRIO NACIONAL. DISPOSITIVOS QUE EXIGEM A COMPROVAÇÃO DE REGULARIDADE FISCAL PARA O DEFERIMENTO DE RECUPERAÇÃO JUDICIAL. AVENTADA INCONSTITUCIONALIDADE DECORRENTE DE VIOLAÇÃO AO DEVIDO PROCESSO LEGAL SUBSTANTIVO (ART. 5º, LIV, CF) E AO DIREITO AO LIVRE EXERCÍCIO DE ATIVIDADE ECONÔMICA (ART. 170, CF). INEXISTÊNCIA. MEDIDA LEGISLATIVA QUE ATENDE AOS SUBCRITÉRIOS DA ADEQUAÇÃO, NECESSIDADE E PROPORCIONALIDADE EM SENTIDO ESTRITO. EXIGÊNCIA QUE SE COADUNA COM O MODELO DE RECUPERAÇÃO JUDICIAL ALBERGADO NA LEGISLAÇÃO BRASILEIRA, QUE IMPÕE AO DEVEDOR, PARA ALÉM DA NEGOCIAÇÃO COM CREDORES PRIVADOS, O ACERTAMENTO DE SUA SITUAÇÃO COM O FISCO. PRESERVAÇÃO DO NÚCLEO ESSENCIAL DO DIREITO AO LIVRE EXERCÍCIO DE ATIVIDADE ECONÔMICA. REGULARIDADE FISCAL QUE PODE SER ALCANÇADA NÃO APENAS COM A QUITAÇÃO DOS DÉBITOS TRIBUTÁRIOS, MAS TAMBÉM POR MEIO DE DIVERSOS INSTRUMENTOS JURÍDICOS, COMO O PARCELAMENTO DO CRÉDITO TRIBUTÁRIO. INTELIGÊNCIA DOS ARTIGOS 151, 205 E 206 DO CTN. IMPOSIÇÃO QUE NÃO CONSUBSTANCIA SANÇÃO POLÍTICA. SITUAÇÃO DISTINTA DAQUELAS REITERADAMENTE RECHAÇADAS PELO STF. NECESSIDADE DE SE PRESTIGIAR O BOM PAGADOR, SOB PENA DE SE PROMOVER UM NUDGE (INCENTIVO ECONÔMICO) À INADIMPLÊNCIA TRIBUTÁRIA. AUSÊNCIA DE EXCESSO OU ARBÍTRIO LEGISLATIVO A JUSTIFICAR A EXCEPCIONAL INTERVENÇÃO DO PODER JUDICIÁRIO NO CAMPO DE LIBERDADE RESERVADO AO LEGISLADOR. IMPROCEDÊNCIA DA ARGUIÇÃO DE INCONSTITUCIONALIDADE. JULGAMENTO POR MAIORIA.

1. A exigência de comprovação de regularidade fiscal para a homologação do plano de recuperação judicial consiste em medida legislativa (i) adequada, porquanto idônea ao fim colimado, qual seja, proteger o crédito tributário no contexto da recuperação judicial; (ii) necessária, porque não se identifica, dentre os meios possíveis ao atingimento do fim almejado (regularização dos débitos tributários), algum que se apresente, e todos os aspectos e de maneira manifesta, mais eficaz e menos gravoso, sobretudo diante dos entraves à efetiva satisfação do crédito tributário impostos pela praxe forense; e (iii) proporcional em sentido estrito, já que as vantagens advindas da exigência legal (promoção do interesse público atendido com a maior proteção do crédito tributário) superam as desvantagens impostas ao devedor, mormente porque não se exige a pronta quitação total dos tributos, mas a regularização da situação fiscal, respeitando-se o núcleo essencial do direito ao livre exercício da atividade econômica.

2. A regularização da situação fiscal do devedor pode ser alcançada por vários meios, a exemplo do parcelamento formalizado com a Administração Tributária (art. 151, VI do CTN) e da concessão de medida liminar ou de tutela antecipada em ações judiciais (art. 151, V do CTN), hipóteses em que se possibilita a obtenção de certidão positiva com efeitos negativos, que autoriza a concessão da recuperação judicial.

3.Consoante decidiu recentemente o Ministro Luiz Fux na Rcl 43169 MC/SP, a imposição legal em questão "faz parte de um sistema que impõe ao devedor, para além da negociação com credores privados, a regularização de sua situação fiscal, por meio do parcelamento de seus débitos junto ao Fisco."

4. O princípio da preservação da empresa, (art. 47 da LFRJ) pressupõe uma preservação lícita, lastreada no pleno exercício de sua função social e no cumprimento de seus deveres, dentre os quais o de pagar tributos. Por essa razão, deve ser considerado em conjunto com a exigência legal debatida, pois, embora aparentem fomentar bens jurídicos díspares, conferem harmonia e coerência ao modelo de recuperação judicial previsto pelo legislador pátrio.

5. A exigência de acertamento com o Fisco não traduz sanção política, distinguindo-se de medidas que restringem sobremaneira o exercício da atividade empresarial cotidiana, reiteradamente rechaçadas pelo Pretório Excelso, a exemplo daquelas versadas nos precedentes que servem de base para os Enunciados das Súmulas 70, 323 e 547 da Suprema Corte.

6. A dispensa de prova da regularidade fiscal acaba por igualar bons e maus pagadores, atuando como um nudge (incentivo econômico) para que as empresas se conduzam de maneira prejudicial no âmbito da concorrência desleal, na medida em que estimula que os maus concorrentes sequer busquem a regularidade fiscal, em detrimento daqueles que assim o fazem e conseguem cumprir o plano de recuperação judicial. Decerto, como agente racional, o devedor tenderá a maximizar seus interesses, preferindo acertar-se com os credores privados, em detrimento do fisco (que, ao fim e ao cabo, confunde-se em dada medida com a própria sociedade), pois com isso auferirá maiores benefícios.

7. Não se identifica na imposição legal em comento o excesso ou arbítrio legislativo a autorizar a excepcional glosa judicial sobre a atividade daqueles democraticamente eleitos para legislar. Em hipóteses tais, o princípio da separação dos poderes impõe a adoção de uma postura de contenção (self-restraint) no exercício da jurisdição constitucional, sobretudo quando a compatibilidade vertical de uma norma federal é examinada por uma Corte Estadual.

8. Reconhecimento da constitucionalidade dos artigos 57 da Lei nº 11.101/2005 e 191-A do Código Tributário Nacional, com a consequente improcedência do incidente de arguição de inconstitucionalidade. Julgamento por maioria.

(TJPR – Incidente de Inconstitucionalidade. Processo 0048778-19.2019.8.16.0000, Rel. Desembargador CLAYTON DE ALBUQUERQUE MARANHÃO, julgamento 02/10/2020, DJ 20/10/2020).

➘ RECUPERAÇÃO JUDICIAL – PLANO DE RECUPERAÇÃO JUDICIAL – P&P INDÚSTRIA DE PLÁSTICOS E TRANSPORTES EIRELI 0 DECISÃO HOMOLOGATÓRIA DO PLANO – CONTROLE JUDICIAL DE LEGALIDADE – EXIGÊNCIA DE CERTIDÃO NEGATIVA DE DÉBITO FISCAL – ARTS. 57 E 58 DA LEI Nº 11.101/2005; ART. 191-A, CTN.

A Lei nº 14.112/2020 veio revigorar a posição do crédito fiscal. Conferiu maior autonomia à execução fiscal (art. 6º, §7º-B, LRE), deu maior elasticidade ao parcelamento do débito fiscal na recuperação judicial (art. 68, LRE c/c art. 10-A, 10-B e 10-C da Lei nº 14.112/2020) e novo tratamento à Fazenda Pública nos procedimentos falimentares (arts. 7º-A, 83, III, e 86, LRE). No tocante à certidão negativa de débito, a exigência passou a ser inarredável e condicionante à concessão da recuperação judicial. Primeiro, que os arts. 57 e 58, LRE, e o art. 191-A, CTN, preveem expressamente tal requisito para a concessão da recuperação judicial. Segundo, que a legislação específica a que alude o art. 68, LRE, veio com a edição da Lei n. 14.112/2020, dando nova dicção à Lei n. 10.522/2002, dispondo que a empresa recuperanda pode liquidar seus débitos mediante parcelamento. Terceiro, que o parcelamento ou a transação, além de serem meios de liquidação da dívida fiscal, servem de mecanismo de análise e controle da saúde financeira da empresa pela Fazenda Pública, autorizando a convolação da recuperação judicial em falência em caso de inadimplemento (art. 73, V e VI, LRE; art. 10-A, V, c/c §4º-A, IV, da Lei 10.522/2002).

Precedentes das Câmaras Reservadas de Direito Empresarial do TJSP.

Recurso provido, com determinação.

(TJSP – AI 2210390-79.2021.8.26.0000, Rel. Desembargador SÉRGIO SHIMURA, julgamento 04/02/2022).

➘ **RECURSO ESPECIAL. DIREITO EMPRESARIAL. RECUPERAÇÃO JUDICIAL. REGULARIDADE FISCAL. COMPROVAÇÃO. APRESENTAÇÃO DE CERTIDÕES DE REGULARIDADE FISCAL. CERTIDÃO NEGATIVA E POSITIVA COM EFEITOS DE NEGATIVA. ARTS. 57 E 68 DA LEI N. 11.101/2005, 155-A, §§ 3º e 4º, E 191-A DO CÓDIGO TRIBUTÁRIO NACIONAL. PARCELAMENTO ESPECIAL. DIREITO DA SOCIEDADE EMPRESÁRIA OU EMPRESÁRIO SUBMETIDO À RECUPERAÇÃO JUDICIAL. PRINCÍPIO DA PRESERVAÇÃO DA EMPRESA. COMPATIBILIDADE COM A EXIGÊNCIA DE REGULARIDADE FISCAL. LEI N. 13.043/2014. INSUFICIÊNCIA DA DISCIPLINA PARA VIABILIZAR O SOERGUIMENTO DA RECUPERANDA. LEI N. 14.112/2020. MEDIDAS FAVORÁVEIS À RECUPERAÇÃO. PARCELAMENTO E TRANSAÇÃO TRIBUTÁRIA. ADEQUAÇÃO. AUSÊNCIA DE COMPROVAÇÃO. CONVOLAÇÃO EM FALÊNCIA. IMPOSSIBILIDADE. SUSPENSÃO DO PROCESSO E DO STAY PERIOD. DISCIPLINA ESTADUAL E MUNICIPAL. NECESSIDADE. APLICAÇÃO SUPLETIVA DA NORMA GERAL DE PARCELAMENTO. INAPLICABILIDADE DA NOVA INTERPRETAÇÃO AOS PROCESSOS DE RECUPERAÇÃO JUDICIAL CUJAS DECISÕES HOMOLOGATÓRIAS DO PLANO SÃO ANTERIORES À VIGÊNCIA DA LEI N. 14.112/2020. DISPENSA DE CERTIDÕES PARA CONTRATAR COM O PODER PÚBLICO E OBTER INCENTIVOS OU BENEFÍCIOS FISCAIS. ART. 52, II, DA LEI N. 11.101/2005. JURISPRUDÊNCIA CONSOLIDADA COM BASE NA REDAÇÃO ORIGINAL DO DISPOSITIVO. RECURSO DESPROVIDO.**

1. A recuperação judicial é um procedimento que possibilita a reestruturação da sociedade empresária em crise, suplantando dificuldades econômico-financeiras que a afetam, tendente a evitar sua falência e, por conseguinte, para tornar-se efetiva e viável, deve abranger a totalidade do passivo da recuperanda.

2. As dívidas tributárias não se submetem ao processo de recuperação judicial, não serão alcançadas pelo futuro plano aprovado pelos credores – ou mediante *cram down* -, tampouco pela novação que se operará ope legis em relação às demais obrigações, e o deferimento da recuperação judicial não suspenderá o curso das execuções fiscais (arts. 6º, § 7º-B, da Lei n. 11.101/2005 e 187 do Código Tributário Nacional).

3. A exigência da apresentação de certidões de regularidade fiscal para a homologação do plano de recuperação judicial, nos termos do 57 da Lei n. 11.101/2005, não apresenta contradição insuperável com a proposição consubstanciada no princípio da preservação da empresa. No microssistema em que se estrutura o direito recuperacional, o legislador supõe que a preservação da empresa deve coexistir com o interesse social na arrecadação dos ativos fiscais, por não constituírem enunciados antitéticos. Tal conclusão entremostra-se inelutável na medida em que o princípio da preservação da empresa não deve ser considerado como um objetivo a ser perseguido em atenção à empresa em sua existência isolada, mas também considerando os múltiplos interesses que circunvalam a sociedade.

4. O parcelamento do crédito tributário constitui direito subjetivo da sociedade empresária ou empresário contribuinte em recuperação judicial e a mora em editar a norma redunda no afastamento da exigência de apresentação das certidões de regularidade fiscal como condição para a homologação do plano de recuperação judicial. Precedentes.

5. O parcelamento instituído pela Lei n. 13.043/2014 revela-se insuficiente para possibilitar o equacionamento da totalidade das dívidas do empresário ou da sociedade empresária, incluindo as obrigações tributárias, de forma a propiciar seu soerguimento.

6. A Lei n. 14.112/2020, que, a pretexto de introduzir nova disciplina acerca do parcelamento para empresários ou sociedades empresárias em recuperação judicial, trouxe diversas medidas que objetivam facilitar a reorganização da recuperanda no que toca aos débitos tributários: i-) parcelamento do débito consolidado em 120 (cento e vinte) meses; ii-) utilização dos créditos decorrentes de prejuízo fiscal e de base de cálculo negativa da CSLL para a liquidação de parte do débito, autorizando-se o parcelamento do saldo remanescente em 84 (oitenta e quatro) meses; iii-) opção de liquidação dos débitos tributários por intermédio de outra modalidade de parcelamento instituído por lei federal, caso se revele mais vantajosa; iv-) possibilidade de utilização de transação que envolva os créditos inscritos em dívida ativa da União após o deferimento do processamento da recuperação judicial; v-) faculdade de excluir do parcelamento débitos sujeitos a outros parcelamentos ou que, comprovadamente, sejam objeto de discussão judicial; e vi-) previsão legal no sentido de que os atos de constrição de bens sejam supervisionados pelo juízo da recuperação, mediante cooperação judicial, malgrado as execuções fiscais não se suspendam.

7. Considerando-se a nova disciplina adequada a oportunizar, no contexto da recuperação judicial, o equacionamento também das dívidas fiscais do empresário e da sociedade empresária, infere-se que a partir da entrada em vigor da Lei n. 14.112/2020 torna-se exigível a apresentação das certidões de regularidade fiscal como condição para a homologação do plano de recuperação judicial, nos termos dos arts. 57 da Lei n.11.101/2005 e 191-A do Código Tributário Nacional.

8. No caso de não atendimento à decisão que determinar a comprovação da regularidade fiscal, a solução compatível com a disciplina legal não é a convolação do procedimento recuperacional em falência, por ausência de previsão nesse sentido, senão a suspensão do processo, com a consequente descontinuidade dos efeitos favoráveis à recuperada, como a suspensão das execuções em seu desfavor e dos pedidos de falência.

9. Em relação às dívidas fiscais estaduais e municipais, a exigência da apresentação das certidões de regularidade fiscal como condição para a homologação do plano de recuperação judicial depende da edição de lei específica acerca do parcelamento dos tributos de sua respectiva competência, observando-se que o art. 155-A do CTN – norma geral em matéria tributária –, prevê que a inexistência de lei específica resultará na aplicação das normas gerais de parcelamento de cada ente da Federação, com a limitação de que o prazo não poderá ser inferior ao concedido pela lei federal específica.

10. Na hipótese de decisões homologatórias do plano de recuperação proferidas anteriormente à vigência da Lei n. 14.112/2020, aplica-se o entendimento jurisprudencial pretérito no sentido da inexigibilidade da comprovação da regularidade fiscal, forte no princípio *tempus regit actum* (art. 5º, XXXVI, da Constituição Federal e art. 6º da Lei de Introdução às Normas do Direito Brasileiro), de forma a não prejudicar o cumprimento do plano.

11. A jurisprudência do STJ, ao interpretar o art. 52, II, da Lei n. 11.101/2005, em sua redação original, orientou-se no sentido de mitigar o rigor da restrição imposta pela norma, dispensando, inclusive, a apresentação de certidões para a contratação com o Poder Público ou para o recebimento de benefícios ou incentivos fiscais ou creditícios, a fim de possibilitar a preservação da unidade econômica.

12. Tendo em vista a ausência de prejudicialidade, com a preclusão da possibilidade de interposição de recursos contra a decisão proferida no recurso especial, devem os autos ser remetidos ao E. Supremo Tribunal Federal, nos termos do art. 1.031, § 1º, do CPC/2015.

13. Recurso especial desprovido.

(REsp 1.955.325/PE, Rel. Ministro ANTÔNIO CARLOS FERREIRA, QUARTA TURMA, j. 12/03/2024, DJe 22/04/2024).

- **Concessão da recuperação judicial**

➘ RECURSO ESPECIAL. AÇÃO DE RECUPERAÇÃO JUDICIAL. CONTROLE DO MAGISTRADO SOBRE O PLANO DE SOERGUIMENTO. APROVAÇÃO DA ASSEMBLEIA GERAL DE CREDORES. VIABILIDADE ECONÔMICA. SOBERANIA DA AGC. LEGALIDADE. VERIFICAÇÃO PELO JUDICIÁRIO. REEXAME DE FATOS E PROVAS E INTERPRETAÇÃO DAS CLÁUSULAS CONTRATUAIS. INADMISSIBILIDADE.

1. Processamento da recuperação judicial deferido em 24/05/2013. Recurso especial interposto em 04/11/2014 e atribuído ao Gabinete em 26/08/2016.

2. A jurisprudência das duas Turmas de Direito Privado do STJ sedimentou que o juiz está autorizado a realizar o controle de legalidade do plano de recuperação judicial, sem adentrar no aspecto de sua viabilidade econômica, a qual constitui mérito da soberana vontade da assembleia geral de credores.

3. O reexame de fatos e provas e a interpretação de cláusulas contratuais em recurso especial são inadmissíveis.

4. Recurso especial não provido.

(REsp 1.660.195/PR, Rel. Ministra NANCY ANDRIGHI, TERCEIRA TURMA, j. 04/04/2017, DJe 10/04/2017)

➘ RECURSO ESPECIAL. DIREITO EMPRESARIAL. RECUPERAÇÃO JUDICIAL. PLANO. APROVAÇÃO JUDICIAL. CRAM DOWN. REQUISITOS DO ART. 58, § 1º, DA LEI 11.101/2005. EXCEPCIONAL MITIGAÇÃO. POSSIBILIDADE. PRESERVAÇÃO DA EMPRESA.

1. A Lei 11.101/2005, com o intuito de evitar o "abuso da minoria" ou de "posições individualistas" sobre o interesse da sociedade na superação do regime de crise empresarial, previu, no § 1º do art. 58, mecanismo que autoriza ao magistrado a concessão da recuperação judicial, mesmo que contra decisão assemblear.

2. A aprovação do plano pelo juízo não pode estabelecer tratamento diferenciado entre os credores da classe que o rejeitou devendo manter tratamento uniforme nesta relação horizontal, conforme exigência expressa do § 2º do art. 58.

3. O microssistema recuperacional concebe a imposição da aprovação judicial do plano de recuperação, desde que presentes, de forma cumulativa, os requisitos da norma, sendo que, em relação ao inciso III, por se tratar da classe com garantia real, exige a lei dupla contagem para o atingimento do quórum de 1/3 – por crédito e por cabeça –, na dicção do art. 41 c/c 45 da LREF.

4. No caso, foram preenchidos os requisitos dos incisos I e II do art. 58 e, no tocante ao inciso III, o plano obteve aprovação qualitativa em relação aos credores com garantia real, haja vista que recepcionado por mais da metade dos valores dos créditos pertencentes aos credores presentes, pois "presentes 3 credores dessa classe o plano foi recepcionado por um eles, cujo crédito perfez a quantia de R$ 3.324.312,50, representando 97,46376% do total dos créditos da classe, considerando os credores presentes" (fl. 130). Contudo, não alcançou a maioria quantitativa, já que recebeu a aprovação por cabeça de apenas um credor, apesar de quase ter atingido o quórum qualificado (obteve 1/3 dos presentes, sendo que a lei exige "mais" de 1/3). Ademais, a recuperação judicial foi aprovada em 15/05/2009, estando o processo em pleno andamento.

5. Assim, visando evitar eventual abuso do direito de voto, justamente no momento da superação de crise, é que deve agir o magistrado com sensibilidade na verificação dos requisitos do cram down, preferindo um exame pautado pelo princípio da preservação da empresa, optando, muitas vezes, pela sua flexibilização, especialmente quando somente um credor domina a deliberação de forma absoluta, sobrepondo-se àquilo que parece ser o interesse da comunhão de credores.

6. Recurso especial não provido.

(REsp 1.337.989/SP, Rel. Ministro LUÍS FELIPE SALOMÃO, QUARTA TURMA, j. 08/05/2018, DJe 04/06/2018).

↘ DIREITO CIVIL E EMPRESARIAL. RECUPERAÇÃO JUDICIAL. HOMOLOGAÇÃO DO PLANO. NOVAÇÃO SUI GENERIS. EFEITOS SOBRE TERCEIROS COOBRIGADOS. EXTINÇÃO DA EXECUÇÃO. DESCABIMENTO. MANUTENÇÃO DAS GARANTIAS. ARTS. 49, § 1º E 59, CAPUT, DA LEI 11.101/2005.

1. A novação prevista na lei civil é bem diversa daquela disciplinada na Lei 11.101/2005. Se a novação civil faz, como regra, extinguir as garantias da dívida, inclusive as reais prestadas por terceiros estranhos ao pacto (art. 364, do Código Civil), a novação decorrente do plano de recuperação traz como regra, ao reverso, a manutenção das garantias (art. 59, *caput*, da Lei 11.101/2005), sobretudo as reais, as quais só serão suprimidas ou substituídas "mediante aprovação expressa do credor titular da respectiva garantia", por ocasião da alienação do bem gravado (art. 50, § 1º). Assim, o plano de recuperação judicial opera uma novação sui generis e sempre sujeita a uma condição resolutiva, que é o eventual descumprimento do que ficou acertado no plano (art. 61, § 2º, da Lei 11.101/2005).

2. Portanto, muito embora o plano de recuperação judicial opere novação das dívidas a ele submetidas, as garantias reais ou fidejussórias, de regra, são preservadas, circunstância que possibilita ao credor exercer seus direitos contra terceiros garantidores e impõe a manutenção das ações e execuções aforadas em face de fiadores, avalistas ou coobrigados em geral.

3. Deveras, não haveria lógica no sistema se a conservação dos direitos e privilégios dos credores contra coobrigados, fiadores e obrigados de regresso (art. 49, § 1º da Lei 11.101/2005) dissesse respeito apenas ao interregno temporal que medeia o deferimento da recuperação e a aprovação do plano, cessando tais direitos após a concessão definitiva com a homologação judicial.

4. Recurso especial não provido.

(REsp 1.326.888/RS, Rel. Ministro LUÍS FELIPE SALOMÃO, QUARTA TURMA, DJe 05/05/2014).

- **Recorribilidade. Cabimento de agravo de instrumento em recuperação judicial**

↘ RECURSO ESPECIAL REPRESENTATIVO DA CONTROVÉRSIA. DIREITO PROCESSUAL CIVIL. NATUREZA JURÍDICA DO ROL DO ART. 1.015 DO CPC/2015. IMPUGNAÇÃO IMEDIATA DE DECISÕES INTERLOCUTÓRIAS NÃO PREVISTAS NOS INCISOS DO REFERIDO DISPOSITIVO LEGAL. POSSIBILIDADE. TAXATIVIDADE MITIGADA. EXCEPCIONALIDADE DA IMPUGNAÇÃO FORA DAS HIPÓTESES PREVISTAS EM LEI. REQUISITOS.

1. O propósito do presente recurso especial, processado e julgado sob o rito dos recursos repetitivos, é definir a natureza jurídica do rol do art. 1.015 do CPC/15 e verificar a possibilidade de sua interpretação extensiva, analógica ou exemplificativa, a fim de admitir a interposição de agravo de instrumento contra decisão interlocutória que verse sobre hipóteses não expressamente previstas nos incisos do referido dispositivo legal.

2. Ao restringir a recorribilidade das decisões interlocutórias proferidas na fase de conhecimento do procedimento comum e dos procedimentos especiais, exceção feita ao inventário, pretendeu o legislador salvaguardar apenas as "situações que, realmente, não podem aguardar rediscussão futura em eventual recurso de apelação".

3. A enunciação, em rol pretensamente exaustivo, das hipóteses em que o agravo de instrumento seria cabível revela-se, na esteira da majoritária doutrina e jurisprudência, insuficiente e em desconformidade com as normas fundamentais do processo civil, na medida em que sobrevivem questões urgentes fora da lista do art. 1.015 do CPC e que tornam inviável a intepretação de que o referido rol seria absolutamente taxativo e que deveria ser lido de modo restritivo.

4. A tese de que o rol do art. 1.015 do CPC seria taxativo, mas admitira interpretações extensivas ou analógicas, mostra-se igualmente ineficaz para conferir ao referido dispositivo uma interpretação em sintonia com as normas fundamentais do processo civil, seja porque ainda remanescerão hipóteses em que não será possível extrair o cabimento do agravo das situações enunciadas no rol, seja porque o uso da interpretação extensiva ou da analogia pode desnaturar a essência e institutos jurídicos ontologicamente distintos.

5. A tese de que o art. 1.015 do CPC seria meramente exemplificativo, por sua vez, resultaria na repristinação do regime recursal das interlocutórias que vigorava no CPC/73 e que fora conscientemente modificado pelo legislador do novo CPC, de modo que estaria o Poder Judiciário, nessa hipótese, substituindo a atividade e a vontade expressamente externada pelo Poder Legislativo.

6. Assim, nos termos do art. 1.036 e seguintes do CPC/15, fixa-se a seguinte tese jurídica: o rol do art. 1.015 do CPC é de taxatividade mitigada, por isso admite a interposição de agravo de instrumento quando verificada a urgência decorrente da inutilidade do julgamento da questão no recurso de apelação.

7. Embora não haja risco de as partes que confiaram na absoluta taxatividade com interpretação restritiva serem surpreendidas pela tese jurídica firmada neste recurso especial repetitivo, eis que somente se cogitará de preclusão nas hipóteses em que o recurso eventualmente interposto pela parte tenha sido admitido pelo Tribunal, estabelece neste ato um regime de transição que modula os efeitos da presente decisão, a fim de que a tese jurídica somente será aplicável às decisões interlocutórias proferidas após a publicação do presente acórdão

8. (...)

9. Recurso especial conhecido e provido.

(REsp. 1.704.520/MT, Ministra NANCY ANDRIGHI, CORTE ESPECIAL, j. 05/12/2018, DJe 19/12/2018).

➘ RECURSO ESPECIAL. RECUPERAÇÃO JUDICIAL. SISTEMA RECURSAL. DECISÃO INTERLOCUTÓRIA. HONORÁRIOS DO ADMINISTRADOR JUDICIAL E RENOVAÇÃO BENEFÍCIO PRODEIC. AGRAVO DE INSTRUMENTO. CABIMENTO. ART. 1.015, PARÁGRAFO ÚNICO, DO CPC/15. INTERPRETAÇÃO EXTENSIVA. POSSIBILIDADE.

1. O Código de Processo Civil, na qualidade de lei feral, é, ainda que de forma subsidiária, a norma a espelhar o processo e o procedimento no direito pátrio, sendo normativo suplementar aos demais institutos do ordenamento. O novel diploma, aliás, é categórico em afirmar que "permanecem em vigor as disposições especiais dos procedimentos regulados em outras leis, às quais se aplicará supletivamente este Código" (art. 1.046, § 2º).

2. A Lei de Recuperação e Falência previu sistema recursal próprio, prevendo, para diversas situações específicas, o recurso adequado a desafiar o correspondente ato judicial. Estabeleceu, ainda, em seu art. 189, que, "no que couber", haverá aplicação supletiva da lei adjetiva geral.

3. Com relação aos recursos, por sua característica estritamente processual, assim como pela ausência de vedação específica na Lei 11.101/2005, deve incidir o novo diploma processual, seja para suprimento, seja para complementação e disciplinamento de lacunas e omissões, desde que, por óbvio, não conflite com a lei especial. Deveras, verifica-se que a lei especial não se ocupou de situações que, por sua natureza e relevância, devam ser passíveis de contradita por meio de recurso.

4. O rol taxativo do art. 1.015 do CPC/2015 não afasta a incidência das hipóteses previstas na LREF, pois o próprio inciso XIII estabelece o cabimento do agravo de instrumento nos "outros casos expressamente referidos em lei". Havendo disposição expressa da Lei de Recuperação de Empresas e Falência, essa prevalecerá sobre o *numerus clausus* do dispositivo do CPC, de modo que a aplicação desse Código será apenas para suprimento de lacunas e omissões. Por outro lado, se o provimento judicial, no âmbito falimentar/recuperacional, enquadrar-se em uma das hipóteses do rol do diploma processual, será também possível o manejo do agravo de instrumento.

5. Nas decisões interlocutórias sem previsão específica de recurso, incidirá o parágrafo único do art. 1.015 do CPC/2015, justamente porque, em razão das características próprias do processo falimentar e recuperacional, haverá tipificação com a ratio do dispositivo – falta de interesse/utilidade de revisão da decisão apenas no momento do julgamento da apelação –, permitindo a impugnação imediata dos provimentos judiciais.

6. Assim como se dá nos procedimentos previstos no parágrafo único do art. 1.015 do CPC/2015, as decisões de maior relevância na recuperação judicial e na falência são tomadas antes da sentença propriamente

dita, que, via de regra, se limita a reconhecer fatos e atos processuais firmados anteriormente. Consequentemente, aguardar a análise pelo Tribunal, apenas em sede de apelação, equivaleria à irrecorribilidade prática da interlocutória, devendo incidir a interpretação extensiva do dispositivo em comento.

7. Além disso, a natureza também processual (de execução coletiva e negocial) da LREF justifica a interpretação do parágrafo único do art. 1.015 no CPC (ou dos incisos do *caput* do art. 1.015) no sentido de estender a interposição do recurso de agravo de instrumento às decisões que envolvam matérias dos regimes falimentar e recuperatório.

8. Na hipótese, o magistrado indeferiu os pleitos das recuperandas quanto á renovação do benefício fiscal (PRODEIC) e determinou que elas efetuassem o imediato depósito de 40% dos honorários do administrador judicial, sob pena de convolação da recuperação em falência. Portanto, tal decisão desafia o recurso de agravo de instrumento, na forma do art. 203, § 2º, do CPC.

9. Recurso especial provido.

(REsp 1.722.866/MT, Rel. Ministro LUÍS FELIPE SALOMÃO, QUARTA TURMA, j. 25/09/2018, DJe 19/10/2018).

- **Convolação da Recuperação Judicial em Falência. Inadimplemento de dívidas extraconcursais**

↘ RECURSO ESPECIAL. DIREITO EMPRESARIAL. RECUPERAÇÃO JUDICIAL. CONVOLAÇÃO EM FALÊNCIA. DESCUMPRIMENTO DOS DEVERES DE LEALDADE E TRANSPARÊNCIA POR PARTE DO GESTOR DA SOCIEDADE EM RECUPERAÇÃO. INADIMPLEMENTO DE DÍVIDAS EXTRACONCURSAIS.

1. Controvérsia em torno da decisão do juízo de primeiro grau, que, reconhecendo a infração ao artigo 53 da Lei 11.101/05, convolou a recuperação judicial em falência, concluindo serem propositais as omissões por parte da recuperanda recorrente com o objetivo de camuflar a real situação econômica da empresa, e, além disso, por apresentar um plano de recuperação inexequível.

2. A pretensão de contratação de uma empresa de consultoria para verificar a idoneidade econômica do plano, cerne dos fundamentos do recurso especial interposto, não afastaria o principal dos problemas verificados pela instância de origem, diretamente relacionado com a falta de lealdade e transparência verificada no curso do processo de recuperação.

3. Constatado o inadimplemento de dívidas extraconcursais, incluindo-se salário vencidos e de energia elétrica fornecida após o deferimento do pedido de recuperação, ao que se soma a sonegação de documentos e a prestação de informações inverídicas acerca da situação econômica, financeira e patrimonial da sociedade empresária, plenamente possível a convolação da recuperação em falência.

4. (...)

5. Recurso especial parcialmente conhecido e, nessa parte, desprovido.

(REsp. 1.751.300/SP, Ministro PAULO DE TARSO SANSEVERINO, TERCEIRA TURMA, j. 10/12/2019).

- **Falência**

- **Quem pode pedir a falência do devedor?**

↘ TRIBUTÁRIO E COMERCIAL – CRÉDITO TRIBUTÁRIO – FAZENDA PÚBLICA – AUSÊNCIA DE LEGITIMIDADE PARA REQUERER A FALÊNCIA DE EMPRESA.

1. A controvérsia versa sobre a legitimidade de a Fazenda Pública requerer falência de empresa.

2. O art. 187 do CTN dispõe que os créditos fiscais não estão sujeitos a concurso de credores. Já os arts. 5º, 29 e 31 da LEF, a fortiori, determinaram que o crédito tributário não está abrangido no processo falimentar, razão pela qual carece interesse por parte da Fazenda em pleitear a falência da empresa.

3. Tanto o Decreto-lei 7.661/45 quanto a Lei n. 11.101/2005 foram inspirados no princípio da conservação da empresa, pois preveem respectivamente, dentro da perspectiva de sua função social, a chamada

concordata e o instituto da recuperação judicial, cujo objetivo maior é conceder benefícios às empresas que, embora não estejam formalmente falidas, atravessam graves dificuldades econômico-financeiras, colocando em risco o empreendimento empresarial.

4. O princípio da conservação da empresa pressupõe que a quebra não é um fenômeno econômico que interessa apenas aos credores, mas sim, uma manifestação jurídico-econômica na qual o Estado tem interesse preponderante.

5. Nesse caso, o interesse público não se confunde com o interesse da Fazenda, pois o Estado passa a valorizar a importância da iniciativa empresarial para a saúde econômica de um país. Nada mais certo, na medida em que quanto maior a iniciativa privada em determinada localidade, maior o progresso econômico, diante do aquecimento da economia causado a partir da geração de empregos.

6. Raciocínio diverso, isto é, legitimar a Fazenda Pública a requerer falência das empresas inviabilizaria a superação da situação de crise econômico-financeira do devedor, não permitindo a manutenção da fonte produtora, do emprego dos trabalhadores, tampouco dos interesses dos credores, desestimulando a atividade econômico-capitalista. Dessarte, a Fazenda poder requerer a quebra da empresa implica incompatibilidade com a ratio essendi da Lei de Falências, mormente o princípio da conservação da empresa, embasador da norma falimentar. Recurso especial improvido.

(REsp 363.206/MG, Rel. Ministro HUMBERTO MARTINS, SEGUNDA TURMA, DJe 21/05/2010)

- **Por que se pede a falência?**

↘ DIREITO EMPRESARIAL. FALÊNCIA. IMPONTUALIDADE INJUSTIFICADA. ART. 94, INCISO I, DA LEI N. 11.101/2005. INSOLVÊNCIA ECONÔMICA. DEMONSTRAÇÃO. DESNECESSIDADE. PARÂMETRO: INSOLVÊNCIA JURÍDICA. DEPÓSITO ELISIVO. EXTINÇÃO DO FEITO. DESCABIMENTO. ATALHAMENTO DAS VIAS ORDINÁRIAS PELO PROCESSO DE FALÊNCIA. NÃO OCORRÊNCIA.

1. Os dois sistemas de execução por concurso universal existentes no direito pátrio – insolvência civil e falência –, entre outras diferenças, distanciam-se um do outro no tocante à concepção do que seja estado de insolvência, necessário em ambos. O sistema falimentar, ao contrário da insolvência civil (art. 748 do CPC), não tem alicerce na insolvência econômica.

2. O pressuposto para a instauração de processo de falência é a insolvência jurídica, que é caracterizada a partir de situações objetivamente apontadas pelo ordenamento jurídico. No caso do direito brasileiro, caracteriza a insolvência jurídica, nos termos do art. 94 da Lei n. 11.101/2005, a impontualidade injustificada (inciso I), execução frustrada (inciso II) e a prática de atos de falência (inciso III).

3. Com efeito, para o propósito buscado no presente recurso – que é a extinção do feito sem resolução de mérito –, é de todo irrelevante a argumentação da recorrente, no sentido de ser uma das maiores empresas do ramo e de ter notória solidez financeira. Há uma presunção legal de insolvência que beneficia o credor, cabendo ao devedor elidir tal presunção no curso da ação, e não ao devedor fazer prova do estado de insolvência, que é caracterizado *ex lege*.

4. O depósito elisivo da falência (art. 98, parágrafo único, da Lei n. 11.101/2005), por óbvio, não é fato que autoriza o fim do processo. Elide-se o estado de insolvência presumida, de modo que a decretação da falência fica afastada, mas o processo converte-se em verdadeiro rito de cobrança, pois remanescem as questões alusivas à existência e exigibilidade da dívida cobrada.

5. No sistema inaugurado pela Lei n. 11.101/2005, os pedidos de falência por impontualidade de dívidas aquém do piso de 40 (quarenta) salários mínimos são legalmente considerados abusivos, e a própria lei encarrega-se de embaraçar o atalhamento processual, pois elevou tal requisito à condição de procedibilidade da falência (art. 94, inciso I). Porém, superando-se esse valor, a ponderação legal já foi realizada segundo a ótica e prudência do legislador.

6. Assim, tendo o pedido de falência sido aparelhado em impontualidade injustificada de títulos que superam o piso previsto na lei (art. 94, I, Lei n. 11.101/2005), por absoluta presunção legal, fica afastada a alegação de atalhamento do processo de execução/cobrança pela via falimentar. Não cabe ao Judiciário, nesses casos, obstar pedidos de falência que observaram os critérios estabelecidos pela lei, a partir dos

quais o legislador separou as situações já de longa data conhecidas, de uso controlado e abusivo da via falimentar.

7. Recurso especial não provido.

(REsp 1.433.652-RJ, Rel. Ministro LUÍS FELIPE SALOMÃO, QUARTA TURMA, j. em 18/09/2014, DJe 29/10/2014)

↘ FALÊNCIA. DUPLICATA DE PRESTAÇÃO DE SERVIÇO. TÍTULO HÁBIL A EMBASAR O PEDIDO DE FALÊNCIA. PROTESTO ESPECIAL. DESNECESSIDADE.

– A duplicata de prestação de serviços, uma vez satisfeitos os requisitos previstos para legitimar a ação executiva, é título hábil a instruir o pedido de falência. Precedentes.

– Desnecessidade do protesto especial a que alude o art. 10 da Lei de Falências.

Recurso especial não conhecido.

(REsp 245.648/SP, Rel. Ministro BARROS MONTEIRO, QUARTA TURMA, j. 29/06/04. DJe 04/10/04)

↘ RECURSO ESPECIAL. FALÊNCIA. MEDIDA CAUTELAR DE SUSTAÇÃO DO PROCESSO. INTERRUPÇÃO DO PRAZO PRESCRICIONAL. PEDIDO DE QUEBRA. RECURSO CONHECIDO E PROVIDO.

1. "Considerando que os protestos dos títulos são imperativos para o ajuizamento da ação de falência, a sustação judicial dos protestos em decorrência de liminar em ação cautelar interrompe o prazo da prescrição, não se podendo aplicar em tal cenário os paradigmas sobre a prescrição quando se trate de ajuizamento de ação de execução. Recurso especial não conhecido." (REsp 674.125/GO, 3ª Turma, Rel. Min. Carlos Alberto Menezes Direito, DJ de 12/3/2007).

2. Impossível, durante o período de sustação do protesto, o pedido de quebra, porquanto ausente o título autorizador da pretensão.

3. Recurso conhecido e provido.

(REsp 251.678/SP, Rel. Ministro HÉLIO QUAGLIA BARBOSA, QUARTA TURMA, j. 04/09/2007, DJe 24/09/2007)

↘ RECURSO ESPECIAL. PROCESSO CIVIL. PEDIDO DE FALÊNCIA. INADIMPLEMENTO DE TÍTULO DE CRÉDITO. CONTRATO COM CLÁUSULA COMPROMISSÓRIA. INSTAURAÇÃO PRÉVIA DO JUÍZO ARBITRAL. DESNECESSIDADE. DEPÓSITO ELISIVO. EXTINÇÃO DO FEITO. DESCABIMENTO.

1. Não se verifica a alegada violação ao art. 1.022 do CPC/2015, na medida em que a eg. Corte de origem dirimiu, fundamentadamente, a questão que lhe foi submetida, não sendo possível confundir julgamento desfavorável com negativa de prestação jurisdicional ou ausência de fundamentação.

2. A pactuação de convenção de arbitragem possui força vinculante, mas não afasta, em definitivo, a jurisdição estatal, pois é perfeitamente admissível a convivência harmônica das duas jurisdições, desde que respeitadas as competências correspondentes.

3. A existência de cláusula compromissória não afeta a executividade do título de crédito inadimplido e não impede a deflagração do procedimento falimentar, fundamentado no art. 94, I, da Lei 11.101/2005. Logo, é de se reconhecer o direito do credor que só pode ser exercitado mediante provocação estatal, já que o árbitro não possui poderes de natureza executiva.

4. O depósito elisivo da falência, nos moldes do art. 98, parágrafo único, da Lei 11.101/2005, não é fato que autoriza o fim do processo de falência, uma vez que, a partir de então, o processo se converte em ação de cobrança e segue pela via executiva comum, o que seria inviável no juízo arbitral.

5. O processo deve, portanto, prosseguir perante a jurisdição estatal, porque, aparelhado o pedido de falência em impontualidade injustificada de títulos que superam o piso previsto na lei (art. 94, I, da Lei 11.101/2005), por absoluta presunção legal, fica afastada a alegação de atalhamento do processo de execução/cobrança pela via falimentar.

3. Recurso especial a que se nega provimento.

(REsp 1.733.685/SP, rel. Ministro RAUL ARAÚJO, QUARTA TURMA, j. 06/11/2018, DJe 12/11/2018)

▸ TJMG

- **Foro competente**

↘ AGRAVO DE INSTRUMENTO – RECUPERAÇÃO JUDICIAL – LEI 11.101/05 – COMPETÊNCIA – PRINCIPAL ESTABELECIMENTO DA SOCIEDADE DEVEDORA – PREVENÇÃO.

– É cabível o agravo de instrumento contra decisão sobre competência de foro na recuperação judicial.

– É competente para deferir a recuperação judicial o juízo do local do principal estabelecimento da sociedade devedora.

– O principal estabelecimento é compreendido como aquele que concentra o maior volume de negócios da empresa.

– De acordo com o § 8º do art. 6º da Lei 11.101/05, a distribuição do pedido de falência/recuperação previne a jurisdição para qualquer outro pedido de recuperação judicial relativo ao mesmo devedor.

– Recurso provido.

(TJMG, AI 10024160579058005/MG, Rel. Desembargadora HELOÍSA COMBAT. 4ª CÂMARA CÍVEL. Publicado em 09/01/2017).

- **Legitimidade ativa – Recuperação Judicial**

↘ AGRAVO DE INSTRUMENTO – PEDIDO DE RECUPERAÇÃO JUDICIAL – PRODUTOR RURAL – PESSOA FÍSICA – REGISTRO PERANTE A JUNTA COMERCIAL – FACULTATIVIDADE – EFEITOS RETROATIVOS – INADMISSIBILIDADE – NATUREZA CONSTITUTIVA DO REGISTRO – ARTIGO 971 DO CÓDIGO CIVIL – OBRIGAÇÕES E DÍVIDAS ASSUMIDAS PELO PRODUTOR RURAL ENQUANTO PESSOA FÍSICA SUJEITA À LEI CIVIL – SUJEIÇÃO À LEGISLAÇÃO EMPRESARIAL – INADMISSIBILIDADE – LEI 11.101/2005 – INAPLICABILIDADE – RECURSO PROVIDO

– Em se tratando de produtor rural, o registro perante a Junta Comercial é facultativo, conforme disposto no artigo 971 do Código Civil. Caso o produtor rural não requeira o referido registro, este permanece atuando pessoalmente no desenvolvimento de sua atividade, como pessoa física, sujeitando-se à lei civil, mas se ele opta por se inscrever perante a Junta Comercial, passa a ser considerado juridicamente empresário.

– Tendo em vista a natureza eminentemente constitutiva do registro do empresário rural perante a Junta Comercial, nos moldes do citado artigo 971 do Código Civil, as obrigações e dívidas assumidas pelo agricultor enquanto pessoa física não podem ficar sujeitas ao processo recuperatório, razão pela qual não há como admitir o processamento da recuperação judicial em relação a empresário rural cujo registro tenha ocorrido poucos dias antes do pedido recuperacional.

(AI 1.0000.20.460009-2/001, Rel. Desembargador MOREIRA DINIZ, julgamento em 13/05/2021).

- **Processamento do pedido de recuperação**

↘ RECUPERAÇÃO JUDICIAL. PEDIDO DE DESISTÊNCIA DO PROCEDIMENTO. INDEFERIMENTO. APROVAÇÃO NA ASSEMBLEIA-GERAL DE CREDORES. INOCORRÊNCIA. DECISÃO MANTIDA POR OUTROS FUNDAMENTOS. O devedor só poderá desistir do pedido de recuperação judicial, após o deferimento de seu processamento, se obtiver a aprovação na assembleia-geral de credores. Inteligência do disposto nos artigos 52, § 4º, 35, inciso I, letra "d", ambos da Lei de Recuperação Judicial.

(AI 1.0210.09.058513-9/002, Rel. Desembargador AFRÂNIO VILELA, julgamento em 26/02/2013).

▸ TJRJ

▸ Legitimidade para requerer recuperação judicial. Art. 1º

Direito Empresarial. Recuperação judicial de associação e instituto sem fins lucrativos, entidade mantenedora da Universidade Cândido Mendes.

Aplicação da Lei federal nº 11.101/2005, arts. 1º e 2º. Lei de Recuperação Judicial e Falências, acolhendo-se o entendimento de se tratar de associação civil com fins econômicos, sociais e acadêmicos.

Decisão do Juízo singular, em sede de despacho liminar positivo, que deferiu o processamento da recuperação judicial, nomeou administrador judicial e determinou a suspensão de todas as ações ou execuções contra os requerentes, nos termos e com as ressalvas constantes do inciso III do sobredito dispositivo legal, entre outras providências pertinentes, e antecipou os efeitos do "stay period" para a data do protocolo da petição inicial.

Recurso do Ministério Público. Pretensão de reforma do julgado sob a tese de que associações civis sem fins lucrativos, de cunho filantrópico, não se enquadram no disposto no art. 1º da Lei de Recuperação Judicial e Falências, por não se constituírem em sociedades empresárias, tampouco estarem inscritas no Registro Público de Empresas Mercantis, entre outros fundamentos. Pedido de efeito suspensivo indeferido neste recurso incidental. No ponto principal do recurso o seu acolhimento parcial.

A mera interpretação literal do disposto no inciso II do art. 52 da Lei federal nº 11.101/2005, Lei de Recuperação Judicial, no sentido de excluir as associações sem fins lucrativos, não pode subsistir em face da prevalência do direito fundamental da liberdade econômica, tão cara ao Estado Democrático de Direito implantado pela Constituição da República de 5 de outubro de 1988.

O critério da legalidade estrita como fonte única do Direito, como a muitos parecia na vigência do art. 126 do Código de Processo Civil e do art. 4º da redação original da Lei de Introdução às Normas do Direito Brasileiro, foi ultrapassado pelo disposto no art. 8º do Código de Processo Civil: "Ao aplicar o ordenamento jurídico, o juiz atenderá aos fins sociais e às exigências do bem comum, resguardando e promovendo a dignidade da pessoa humana e observando a proporcionalidade, a razoabilidade, a legalidade, a publicidade e a eficiência".

O critério da legalidade, se inicial ao processo hermenêutico, não o esgota, pois há de se levar em conta o conjunto do ordenamento jurídico e os valores que inspiram a aplicação do Direito.

O cerne da questão não está, pois, na natureza jurídica do agente econômico, se mercantil ou não, mas no impacto da atividade por ele empreendida, nos aspectos culturais, econômicos, sociais e educativos.

Ainda que formalmente registrada como associação civil, a entidade de ensino, a toda evidência, desempenha atividade econômica lucrativa, que repercute jurídica e economicamente.

Como salientado pelos demandantes, em sua petição inicial, a concepção moderna da atividade empresária se afasta do formalismo, da letra fria da Lei, para alcançar a autêntica natureza da atividade objetivamente considerada.

Ainda que no aspecto formal a mantenedora da Universidade Cândido Mendes se apresente como associação civil, formato que assumiu desde a sua formação, há mais de 100 anos, desempenha atividade empresária, ao teor do disposto no art. 966 do Código Civil, por realizar atividade econômica organizada para a produção ou circulação de bens ou serviços, atuando na área da Educação em nível superior, gerando empregos, bens culturais e arrecadação para o Estado, exercendo assim a sua função social.

Destaque-se que a falta do registro na Junta Comercial não pode ser obstáculo para o deferimento da recuperação. O que está em debate é a qualidade de empresária da recorrente quando da apresentação do pedido de recuperação, e não a regularidade de seus atos constitutivos, os quais apenas refletem a forma de sua organização jurídica, que atendeu plenamente o que prescrevia a ordem jurídica no início do século XX.

Para a garantia da continuidade das atividades do Grupo, sem quaisquer interrupções dos serviços educacionais, necessária se faz que haja êxito na recuperação judicial, com o cumprimento das finalidades indicadas no art. 47 da LREF, ou seja, a manutenção da fonte produtora, do emprego dos trabalhadores e dos interesses dos credores.

Constitui direito fundamental da ordem econômica, como decorre do respectivo título do texto constitucional, o direito de empresa de organizar os fatores de produção, em atividade lícita, o que não se submete a restrições sem razoabilidade do legislador ordinário que, declaradamente, na lei regente da espécie, incluiu ou excluiu outros agentes econômicos.

Reforma da decisão impugnada tão somente para que seja nomeado Administrador Judicial pelo Juízo nos termos do previsto no Ato Executivo Conjunto nº 53/2013 deste Tribunal de Justiça. Precedentes: REsp 1.004.910/RJ, 4ª Turma, Rel. Ministro Fernando Gonçalves, j. 18.03.2008; Agravo de Instrumento nº 1.134.545 – RJ (2008/0275183-4), rel. Min. Fernando Gonçalves, decisão publicada em 12/06/2009. Provimento parcial do recurso.

(AI 0031515-53.2020.8.19.0000, Rel. Desembargador NAGIB SLAIBI FILHO, 6ª CÂMARA CÍVEL, j. 02/09/2020).

▸ TJSP

• Processamento do pedido de recuperação

➘ **RECUPERAÇÃO JUDICIAL. Pedido de prorrogação do prazo previsto no artigo 6º, § 4º, da Lei 11.101/05. Admissibilidade somente em casos restritos e especialíssimos. Transcurso do prazo de mais de um ano desde o deferimento do processamento da recuperação. Caráter excepcionalíssimo dessa medida não permite o deferimento da suspensão por prazo indeterminado, pena de desvirtuar por completo os objetivos do instituto da recuperação judicial e prejudicar os credores. Recurso provido.**

(AI 2026647-13.2014.8.26.0000, Rel. Des. FRANCISCO LOUREIRO, julgamento em 14/08/2014)

• Exigência de certidão negativa

➘ **AGRAVO DE INSTRUMENTO – Recuperação Judicial concedida independentemente da apresentação de certidões negativas de débitos fiscais – Minuta recursal da Fazenda Nacional voltada à exigência da apresentação de CNDs – Preliminar de ilegitimidade recursal, uma vez que o crédito fiscal não sujeita-se à recuperação – Descabimento – A apresentação das certidões de regularidade fiscal decorre de previsão legal, portanto, presente o interesse da Fazenda Nacional ao postular ao Juízo Recuperacional a observância do art. 57 da Lei n. 11.101/2005 e art. 191-A do Código Tributário Nacional – Preliminar rejeitada. AGRAVO DE INSTRUMENTO – Recuperação Judicial concedida independentemente da apresentação de certidões negativas de débitos fiscais – Minuta recursal da Fazenda Nacional que defende necessária a apresentação das CNDs e protesta pela determinação neste sentido – Descabimento – Exercício lícito, porém, não razoável e desproporcional de poder de oposição – Precedentes desta Corte – Dispensa da apresentação de certidões negativas mantida – Agravo improvido. Dispositivo: Rejeitam a preliminar e negam provimento ao recurso.**

(AI 2109677-09.2015.8.26.0000, Rel. Desembargador RICARDO NEGRÃO, 2ª CÂMARA RESERVADA DE DIREITO EMPRESARIAL, julgado em 09/09/2015).

• Falência. Legitimidade ativa da Fazenda Pública

➘ **FALÊNCIA. Pedido formulado pela União Federal. Sentença que indeferiu a petição inicial e julgou extinto o feito, sem julgamento do mérito, por falta de interesse de agir da Fazenda Pública. Hipótese de anulação. Pedido de falência com base no art. 94, II, da Lei nº11.101/05. Caso concreto em que restou frustrada a execução fiscal. Esgotamento dos meios disponíveis à União para satisfação do crédito. Interesse de agir. Hipótese que não configura violação aos princípios da impessoalidade e da preservação da empresa. Efeitos de eventual decretação de falência relevantes para a preservação da livre concorrência, em combate aos agentes econômicos nocivos ao mercado. Fazenda Pública que se submete ao concurso material de credores, e, portanto, também tem interesse no pedido de quebra. Apelação provida para anular a sentença.**

(Apelação Cível nº 1001975-61.2019.8.26.0491, Rel. Desembargador ALEXANDRE LAZZARINI, 1ª CÂMARA RESERVADA DE DIREITO EMPRESARIAL, julgado em 16/07/2020).

BIBLIOGRAFIA

ABRÃO, Carlos Henrique. *Cédula de crédito bancário.* 2ª ed., São Paulo: Atlas, 2011.

ABRIANI, Niccolò *et al. Diritto delle società.* Manuale breve. 3ª ed. Milano: Giuffrè, 2006.

ADAMEK, Marcelo Vieira Von. In: SOUZA JUNIOR, Francisco Satiro de; PITOMBO, Paulo Sérgio de Moraes (Coords.). *Comentários à lei de recuperação de empresas e falência*: Lei 11.101/2005. São Paulo: Ed. Revista dos Tribunais, 2005.

ADAMEK, Marcelo Vieira Von. *Temas de direito societário e empresarial contemporâneos.* São Paulo: Malheiros, 2010.

ALBUQUERQUE, Luciano Campos de. *Dissolução de sociedades.* 2ª ed., rev. e atual., São Paulo: Malheiros, 2015.

ALMEIDA, José Gabriel Assis de. A noção jurídica de empresa. *Revista de Informação Legislativa,* Brasília, ano 36, n. 143, jul./set. 1999.

ALMEIDA, Marcus Elidius Michelle de. Comentários aos artigos 85 ao 93. In: DE LUCCA, Newton; SIMÃO FILHO, Adalberto (coords.). Comentários à nova Lei de recuperação de empresas e de falências. São Paulo: Quartier Latin, 2005.

ALVES, Alexandre Ferreira de Assumpção. Atos Cambiais. In: COELHO, Fábio Ulhôa. *Tratado de Direito Comercial.* São Paulo: Saraiva, 2015. v. 8.

ALVES, Alexandre Ferreira de Assumpção e ROCHA, Raphael Vieira da Fonseca. Insolvência Transnacional e Direito Falimentar Brasileiro. *Revista EMERJ,* Rio de Janeiro, v. 19, n 74, 2016.

ALVES, José Carlos Moreira. *Da alienação fiduciária em garantia.* 3ª ed., rev., atual. e aum., Rio de Janeiro: Forense, 1987.

ALVIM, Pedro. *O contrato de seguro.* 3. ed., Rio de Janeiro: Forense, 1999.

AMARAL, José Romeu Garcia do. *Regime Jurídico das Debêntures.* São Paulo: Almedina, 2014.

ANTUNES, José A. *Os grupos de sociedades.* Coimbra: Almedina, 1993.

ASCARELLI, Tullio. Teoria geral dos títulos de crédito. Trad. Nicolau Nazo. São Paulo: Saraiva, 1943.

_______. Problemas das sociedades anônimas e direito comparado. São Paulo: Saraiva, 1945.

_______. *Iniciación al estudio del derecho mercantil.* Tradução de Evelio Verdera y Tuells. Barcelona: Bosch, 1964.

_______. *Teoría de la concurrencia y de los bienes inmateriales.* Barcelona: Bosch, 1970.

_______. O desenvolvimento histórico do direito comercial e o significado da unificação do direito privado. Tradução de Fábio Konder Comparato. *Revista de Direito Mercantil, Industrial, Econômico e Financeiro*, n. 114, abr./jun. 1999.

ASCENSÃO, José de Oliveira. *Direito civil*: teoria geral. 2ª ed., São Paulo: Saraiva, 2010. v. 3: Relações e situações jurídicas.

_______. *Concorrência desleal.* Coimbra: Almedina, 2002.

_______. O princípio da prestação: um novo fundamento para a concorrência desleal. Revista de Direito do Consumidor, nº 44, out-dez/2002, p. 20-48.

_______. *O Direito, introdução e teoria geral – uma perspectiva luso-brasileira.* 6ª ed., rev. Coimbra: Almedina, 1991.

AZEVEDO, Antonio Junqueira de. *Estudos e pareceres de direito privado.* São Paulo: Saraiva, 2004.

AZEVEDO, Luís André N. de Moura; CASTRO, Rodrigo R. Monteiro de (coords.). *Sociedade limitada contemporânea.* São Paulo: Quartier Latin, 2013.

BARBI FILHO, Celso. Protesto da duplicata simulada e procedimentos judiciais do sacado. *Revista de Direito Mercantil, Industrial, Econômico e Financeiro*, n. 110, nova séria, 1998.

_______. Execução judicial de duplicatas sem os originais dos títulos. Comentários de Celso Barbi Filho ao Recurso Especial n. 40.078 (93/0029857-7-RS). *Revista de Direito Mercantil, Industrial, Econômico e Financeiro,* nº 115, nova série, 1999.

_______. O cheque. In: COELHO, Fábio Ulhôa. *Tratado de Direito Comercial.* São Paulo: Saraiva, 2015. v. 8.

BARBOSA, Cláudio Roberto. Propriedade intelectual e contratos intelectuais. In: CARVALHOSA, Modesto (coord.). Tratado de direito empresarial. Vol. IV. São Paulo: Ed. Revista dos Tribunais, 2016.

BARBOSA, Denis Borges. Uma introdução à propriedade intelectual. 2ª ed., rev. e ampl., p. 10. Disponível em: <http://www.denisbarbosa.addr.com/arquivos/livros/umaintro2.pdf>. Acesso em 12/02/2018.

BARRETO FILHO, Oscar. O crédito no direito. *Revista da Faculdade de Direito da Universidade de São Paulo*, São Paulo, v. 57, p. 204-217, jan./dez. 1962.

_______. *Teoria do estabelecimento comercial*. São Paulo: Max Limonad, 1969.

BARROSO, Luís Roberto. Temas de direito constitucional. Rio de Janeiro: Renovar, 2006.

_______. A ordem econômica constitucional e os limites à atuação estatal no controle de preços. Revista Eletrônica de Direito Administrativo Econômico, nº 14, maio/jun/jul 2008, Salvador. Disponível em: <http://www.direitodoestado.com/revista/REDAE-14-MAIO-2008-LUIS%20ROBERTO%20BARROSO.pdf>. Acesso em: 15 set. 2014.

BECHO, Renato Lopes. *Tributação das cooperativas.* 2ª ed., rev. e ampl. São Paulo: Dialética, 1999.

BECKER, Anelise. *Teoria geral da lesão nos contratos*. São Paulo: Saraiva, 2000.

BENEMOND, Fernanda Henneberg. *Contratos built to suit.* São Paulo: Almedina, 2015.

BENJAMIN, Antonio Herman de Vasconcellos e. In: OLIVEIRA, Juarez de (Coord.). *Comentários ao código de proteção do consumidor.* São Paulo: Saraiva, 1991.

BENSOUSSAN, Fabio Guimarães. *A intervenção do Estado na empresa privatizada: análise das golden share.* Porto Alegre: Sergio Antonio Fabris Editor, 2007.

BENSOUSSAN, Fabio Guimarães; GOUVÊA, Marcus de Freitas. *Manual de Direito Econômico.* Salvador: Juspodivm, 2018.

BERLE, Adolf A.; MEANS, Gardiner C. *A moderna sociedade anônima e a propriedade privada.* Tradução de Dinah de Abreu Azevedo. São Paulo: Abril Cultural, 1984.

BERTOLDI, Marcelo M. *Curso Avançado de Direito Comercial*. São Paulo: Revista dos Tribunais, 2008.

BESSONE, Darcy. *Do contrato – teoria geral.* Rio de Janeiro: Forense, 1987.

BEVILAQUA, Clóvis. *Código Civil dos Estados Unidos do Brasil, comentado.* Rio de Janeiro: Ed. Rio, 1976 [ed. histórica].

BEZERRA FILHO, Manoel Justino, *Lei de Recuperação de Empresas e Falências Comentada,* São Paulo: Revista dos Tribunais, 2007.

BOAVENTURA, Daniel César. Not@Promissóri@, *Revista de Direito Mercantil, Industrial, Econômico e Financeiro.* nº 130, nova série.

BOITEUX, Fernando Netto. Contratos bilaterais na Recuperação Judicial e na Falência. In: SANTOS, Paulo Penalva (Coord.). *A nova lei de falências e de recuperação de empresas – Lei 11.101/05.* Rio de Janeiro: Forense, 2007.

_______. Direito à verdade na atividade empresarial: uma perspectiva constitucional. In: PINTO, Eduardo Vera-Cruz; SILVA, Marco Antônio Marques da; DE CICCO, Maria Cristina (coords.). Direito à verdade, à memória, ao esquecimento. Lisboa: AAFDL, 2017.

_______. Duplicata. In: COELHO, Fábio Ulhoa (coord.). *Tratado de direito comercial.* vol. 8: títulos de crédito, direito bancário, agronegócio e processo empresarial. São Paulo: Saraiva, 2015.

_______. Cooperativas habitacionais e direito do consumidor. In: FORGIONI, Paula A.; DEL NERO, Patrícia Aurélia; DEZEM, Renata Mota Maciel; MARQUES, Samantha Ribeiro Meyer-Pflug. *Direito empresarial, direito do espaço virtual e outros desafios do direito.* Homenagem ao Professor Newton de Lucca. São Paulo: Quartier Latin, 2018.

_______. Intervenção do Estado no domínio econômico na Constituição Federal de 1988. In: GRECO, Marco Aurélio (Coord.). *Contribuições de intervenção no domínio econômico e figuras afins.* São Paulo: Dialética, 2001.

_______. *Títulos de crédito (em conformidade com o Novo Código Civil).* Rio de Janeiro: Forense, 2006.

_______. Voto minoritário e 'quorum' na assembleia geral da sociedade anônima. *Revista de Direito Mercantil, Industrial, Econômico e Financeiro.* Nova série, jul/set 1989, v. 75.

BORBA, José Edwaldo Tavares. *Direito Societário.* Rio de Janeiro: Renovar, 2003.

BORGES, João Eunápio. *Curso de direito comercial terrestre.* 1ª ed., Rio de Janeiro: Forense, 1959.

_______. *Títulos de Crédito.* Rio de Janeiro: Forense, 1976.

BOUZON, Emanuel. *O Código de Hammurabi.* 10ª ed., Petrópolis: Vozes, 2003.

BRANCHER, Paulo Marcos Rodrigues. Verbete "contrato eletrônico". In: *Enciclopédia jurídica da PUCSP,* Tomo Direito Comercial, Edição 1, Julho de 2018.

BRANCO, Gerson Luiz Carlos. *O sistema contratual do cartão de crédito.* São Paulo: Saraiva, 1998.

BRITO, Maria Helena. *O contrato de concessão comercial.* Coimbra: Almedina, 1990.

BUGELLI, Sílvia. O direito societário brasileiro. In: SADDI, Jairo (org.). *Fusões e aquisições: aspectos jurídicos e econômicos.* São Paulo: IOB, 2002.

BULGARELLI, Waldírio. *Questões de direito societário.* São Paulo: Revista dos Tribunais, 1983.

_______. *Tratado de Direito Empresarial.* São Paulo: Atlas, 1995.

_______. *Sociedades comerciais*: empresa e estabelecimento. 5ª ed., São Paulo: Atlas, 1993.

_______. *Títulos de crédito.* São Paulo: Atlas, 2000.

_______. *O conselho fiscal nas companhias brasileiras.* São Paulo: Revista dos Tribunais, 1988.

BUONOCORE, Vincenzo; FANTOZZI, Augusto; ALDERIGHI, Massimo; FERRARINI, Guido. *El leasing*: aspectos privatísticos e tributários. Buenos Aires: Abeledo-Perrot, [reimp. 1995].

BURANELLO, Renato. Novos títulos para financiamento do agronegócio. Disponível em: <http://www.migalhas.com.br/dePeso/16,MI11820,21048-Novos+titulos+para+financiamento+do+Agronegocio>. Acesso em 02/09/2016.

BUZAID, Alfredo. Estudo sobre 'shopping center'. In: PINTO, Roberto W. R. et al (Coord.). *Shopping centers:* questões jurídicas: doutrina e jurisprudência. São Paulo: Saraiva, 1991.

CADIET, Loïc (coord.). *Le droit contemporain des contrats – bilan et perspectives.* Paris: Economica, 1987.

CALÇAS, Manoel de Queiroz Pereira. *Sociedade limitada no novo Código Civil.* São Paulo: Atlas, 2003.

_______. A novação recuperacional. In: COELHO, Fabio Ulhoa (Org.). *Tratado de Direito Comercial.* v. 7. São Paulo: Saraiva, 2015.

CAMPINHO, Sérgio. *O direito de empresa à luz do novo Código Civil.* Rio de Janeiro: Renovar, 2008.

_______. *Curso de direito comercial: falência e recuperação de empresa.* São Paulo: Saraiva, 2017.

CAMPINHO, Sérgio; PINTO, Mariana. O recesso na sociedade limitada. In: AZEVEDO, Luís André N. de Moura; CASTRO, Rodrigo R. Monteiro de (coords.). *Sociedade limitada contemporânea.* São Paulo: Quartier Latin, 2013.

CAMPOS, Diogo Leite de. *Locação Financeira (Leasing) e locação.* Disponível em: <http://www.oa.pt/Conteudos/Artigos/detalhe_artigo.aspx?idsc=16886&ida=16891>. Acesso em: 11 maio 2014.

CARDOSO, Wladimir Mucury. *Revisão contratual e lesão*: à luz do Código Civil e da Constituição da República. Rio de Janeiro: Renovar, 2008.

CARNELUTTI, Francesco. Verbete "Documento" *Nuovo Digesto Italiano.* Torino: UTET, v. 5, 1938.

CARVALHO FILHO, José dos Santos. *Manual de Direito Administrativo.* São Paulo: Atlas, 2020.

CARVALHO, Nuno Pires de. A estrutura dos sistemas de patentes e marcas: passado, presente e futuro. Rio de Janeiro: Lumen Juris, 2009.

CARVALHOSA, Modesto. *Comentários à Lei de Sociedades Anônimas.* São Paulo: Saraiva, 2013. v. 1.

_______. *Comentários ao Código Civil*: parte especial: do direito de empresa. (Coord. Antonio Junqueira de Azevedo). São Paulo: Saraiva, 2003. v. 13.

_______. Modesto *et al, Comentários à Lei de Sociedades Anônimas. São Paulo: Saraiva, 2013,* v. 3.

_______. O desaparecimento do controlador nas companhias com ações dispersas. In: VON ADAMEK, Marcelo Vieira. *Temas de direito societário e empresarial contemporâneos.* São Paulo: Malheiros, 2010.

_______ (Coord.). *Tratado de direito empresarial.* São Paulo: Ed. Revista dos Tribunais, 2016. v. 4.

CARVALHOSA, Modesto; EIZIRIK, Nelson. *A nova Lei das sociedades anônimas.* São Paulo: Saraiva, 2002.

CASQUET, Andréia Cristina Bezerra. A *actio pro socio.* In: FRANÇA, Erasmo Valladão Azevedo e Novaes (Coord.). *Direito Societário Contemporâneo II.* São Paulo: Malheiros, 2015.

CASTRO, Rodrigo R. Monteiro de; AZEVEDO, Luís André N. de Moura (coordenadores). *Poder de controle e outros temas de direito societário e mercado de capitais.* São Paulo: Quartier Latin, 2010.

CATAPANI, Márcio Ferro. *O mercado de títulos públicos:* desmaterialização e circulação. Tese de doutorado. São Paulo: Faculdade de Direito da Universidade de São Paulo, 2011.

CAVALLI, Cássio. Plano de Recuperação. In: COELHO, Fabio Ulhoa (Org.). *Tratado de Direito Comercial.* v. 7. São Paulo: Saraiva, 2015.

CENTRO DE ESTUDIOS COMERCIALES. *La validez de los contratos internacionales negociados por medios electrónicos.* Líder: Madrid, 1988.

CERQUEIRA, João da Gama. Tratado da propriedade industrial. Vol. 1, 2ª ed., rev. e atual. São Paulo: Revista dos Tribunais, 1982.

CHALHUB, Melhim Namem. *Negócio fiduciário.* Rio de Janeiro: Renovar, 2009.

CHAMPAUD, Claude. La concession commerciale. *Revue trimestrielle du droit commercial,* nº 3, jul./set 1963.

CHOMER, Héctor Osvaldo. *Ley de tarjeta de crédito comentada 25.065.* Buenos Aires: La ley, 2009.

COELHO, Fabio Ulhoa. *Curso de direito comercial.* São Paulo: Saraiva, 2015. v. 1.

_______. *Curso de direito comercial.* 17ª ed., rev. e atual., São Paulo: Saraiva, 2013. v. 2.

_______. *Curso de direito comercial.* 17ª ed., rev. e atual., São Paulo: Saraiva, 2016. v. 3.

_______. *Comentários à lei de falências e de recuperação de empresas.* São Paulo: Revista dos Tribunais, 2016.

_______. *A sociedade limitada no novo Código Civil.* São Paulo: Saraiva, 2003.

_______. O credor colaborativo na recuperação judicial. In: TOLEDO, Paulo Fernando Campos Salles de; SATIRO, Francisco (Coords.), *Direito das empresas em crise:* problemas e soluções. São Paulo: Quartier Latin-IBR, 2012.

_______. *O futuro do direito comercial.* São Paulo: Saraiva, 2011.

_______. Títulos do agronegócio. In: COELHO, Fábio Ulhoa. *Tratado de direito comercial:* títulos de crédito, direito bancário, agronegócio e processo empresarial. São Paulo: Saraiva, 2015. v. 8.

_______. Princípios constitucionais na interpretação das normas de direito comercial. In: SALOMÃO, Luis Felipe; CUEVA, Ricardo Villas Bôas; FRAZÃO, Ana (coords.). *Lei de liberdade econômica e seus impactos no direito brasileiro.* São Paulo: Thomson Reuters Brasil, 2020.

COHEN, Gabriel Luiz Schvartzman e PINHEIRO, Pedro Henrique Fernandes. A regulamentação do uso das duplicatas escriturais como garantia de operações de crédito. In: EROLES, Pedro (coord.). *Fintechs, bancos digitais e meios de pagamento:* aspectos regulatórios das novas tecnologias financeiras. Vol. 5. São Paulo: Quartier Latin, 2022.

COILLOT, Jacques. *Initiation au leasing ou crédit-bail.* 2ª ed. Paris: J. Delmas, 1969.

COLLART-DUTULLEUL, François. Les apports des contrats de l'informatique au droit des contrats. In: CADIET, Loïc (Coord.). *Le droit contemporain des contrats – bilan et perspectives.* Paris: Economica, 1987.

COMIRAN, Giovana Cunha, In: FRANÇA, Erasmo Valladão Azevedo e Novaes (Coord.). *Direito Societário Contemporâneo II.* São Paulo: Malheiros, 2015.

COMPARATO, Fábio Konder. *O seguro de crédito.* Rio de Janeiro: Forense, 1968.

_______. *Ensaios e pareceres de direito empresarial.* Rio de Janeiro: Forense, 1978.

_______. *Novos ensaios e pareceres de direito empresarial.* Rio de Janeiro: Forense, 1981.

_______. *Direito empresarial: estudos e pareceres.* São Paulo: Saraiva, 1990.

_______. As cláusulas de não-concorrência nos 'shopping centers'. *Revista de Direito Mercantil, Industrial, Econômico e Financeiro,* nova série, v. 97, janeiro-março/1995.

COMPARATO, Fábio Konder; SALOMÃO FILHO, Calixto. *O poder de controle na sociedade anônima.* Rio de Janeiro: Forense, 2005.

CORDEIRO, António Menezes. *Manual de direito comercial.* Coimbra: Almedina, 2001. v. 1.

_______. *Manual de direito bancário.* Coimbra: Almedina, 2001.

CORRÊA-LIMA, Osmar Brina. Sociedade Anônima. Belo Horizonte: Del Rey, 2003.

COSTA, Daniel Carnio, A divisão equilibrada de ônus na recuperação judicial. In: DE LUCCA, Newton, VASCONCELOS, Miguel Pestana de (coord.) *Falência, Insolvência e Recuperação de Empresas:* estudos luso-brasileiros. São Paulo: Quartier Latin, 2015.

COSTA, Daniel Carnio e e MELO, Alexandre Correa Nasser de. *Comentários à lei de recuperação de empresas e falências.* Curitiba: Juruá, 2021.

COSTA, Lígia Maura. O crédito documentário e as novas regras e usos uniformes da Câmara de Comércio Internacional. São Paulo: Saraiva, 1994.

COUTINHO, Daniele de Lucena Zanforlin. Os efeitos do deferimento da recuperação judicial. In: In: COUTINHO, Daniele de Lucena Zanforlin, GONÇALVES, Gabriel Augusto Luís Teixeira, LUCENA, Jimmy Lauder Mesquita e PEREIRA, Matheus Mello (coordenadores). *Fazenda Pública na Recuperação Judicial e Falência.* Rio de Janeiro: Forense, 2022, p. 9-30.

COVAS, Silvânio. O título de crédito eletrônico e a cédula de crédito bancário. In: WAISBERG, Ivo; FONTES, Marcos Rolim Fernandes (Coords.). *Contratos bancários.* São Paulo: Quartier Latin, 2006.

COVELLO, Sérgio Carlos. *Contratos bancários.* 2ª ed., São Paulo: Saraiva, 1991.

CUNHA FILHO, Silvio. Cédula de crédito bancário. *Revista de direito bancário, do mercado de capitais e da arbitragem.* São Paulo: Ed. Revista dos Tribunais, nº 8, abr./jun. 2000.

DELBONI, João Rafael Zanotti Guerra Frizzera e OBREGON, Marcelo Fernando Quiroga. A falência transnacional e o Projeto do Novo Código Comercial (PL 1.572/2011). *Revista Derecho y Cambio Social* nº 55, p. 400-420.

DELMANTO, Celso *et al. Código Penal comentado.* São Paulo: Saraiva, 2010.

_______. Crimes de concorrência desleal. São Paulo: J. Bushatsky, 1975.

DE LUCCA, Newton. *A faturização no direito brasileiro.* São Paulo: Revista dos Tribunais, 1986.

_______. Títulos e contratos eletrônicos: o advento da informática e seu impacto no mundo jurídico. In: DE LUCCA, Newton; SIMÃO FILHO, Adalberto. *Direito & Internet:* aspectos jurídicos relevantes. Bauru: EDIPRO, 2000.

_______. Dos atos unilaterais. Dos títulos de crédito. In: TEIXEIRA, Sálvio de Figueiredo (Org.). *Comentários ao Novo Código Civil.* Rio de Janeiro: Forense, 2003. v. 12.

_______. In: DE LUCCA, Newton; SIMÃO FILHO, Adalberto. *Comentários à nova lei de recuperação de empresas e de falências.* São Paulo: Quartier Latin, 2005.

DE LUCCA, Newton; DOMINGUES, Alessandra de Azevedo. Análise crítica da evolução do instituto do estabelecimento empresarial. In: FINKELSTEIN, Maria Eugênia Reis; PROENÇA, José Marcelo Martins. *Tipos societários.* 2ª ed. São Paulo: Saraiva, 2014.

DE LUCCA, Newton; SIMÃO FILHO, Adalberto. *Direito & Internet:* aspectos jurídicos relevantes. Bauru: EDIPRO, 2000.

DE LUCCA, Newton; SIMÃO FILHO, Adalberto; LIMA, Cíntia Rosa Pereira de. *Direito & Internet III* – Tomo II: Marco Civil da Internet (Lei nº 12.965/2014). São Paulo: Quartier Latin, 2015.

DE LUCCA, Newton; VASCONCELOS, Miguel Pestana de (coords.). *Falência, insolvência e recuperação de empresas* – estudos luso-brasileiros. São Paulo: Quartier Latin, 2015.

DE LUCCA, Newton; DOMINGUES, Alessandra de Azevedo; LEONARDI ANTONIO, Nilva M. (coords.). *Direito recuperacional II* – Aspectos teóricos e práticos. São Paulo: Quartier Latin, 2012.

DE LUCCA, Newton; DOMINGUES, Alessandra de Azevedo (coords.). *Direito recuperacional* – Aspectos teóricos e práticos. São Paulo: Quartier Latin, 2009.

DI BLASI, Gabriel et al. *A propriedade industrial.* Rio de Janeiro: Forense, 2002.

DOMINGUES, Alessandra de Azevedo. Pedido de restituição e embargos de terceiro: modificações introduzidas pela Lei nº 11.101/05 e hipóteses de cabimento na recuperação. In: DE LUCCA, Newton; DOMINGUES, Alessandra de Azevedo; LEONARDI ANTONIO, Nilva M. (coords.). Direito recuperacional II – Aspectos teóricos e práticos. São Paulo: Quartier Latin, 2012.

DOMINGUES, Paulo de Tarso. A "surpreendente" EIRELI (breves notas em torno da responsabilidade pessoal e empresarial). In: KUYVEN, Luiz Fernando Martins. *Temas essenciais de direito empresarial:* estudos em homenagem a Modesto Carvalhosa. São Paulo: Saraiva, 2012.

EIZIRIK, Nelson. *A Lei das S/A comentada.* 2ª ed., rev. e ampl., São Paulo: Quartier Latin, 2015. v. 1.

_______. Aquisição de controle minoritário. Inexigibilidade de oferta pública. In: CASTRO, Rodrigo R. Monteiro de; AZEVEDO, Luís André N. de Moura (Coord.). *Poder de controle e outros temas de direito societário e mercado de capitais.* São Paulo: Quartier Latin, 2010.

ESPÍNOLA, Eduardo. *Dos contratos nominados no direito civil brasileiro.* Rio de Janeiro: Gazeta Judiciária, 1953.

FACCHINI NETO, Eugênio. A constitucionalização do direito privado. Revista do Instituto do Direito Brasileiro. Lisboa: Universidade de Lisboa. Ano I (2012), nº 1.

FARIAS, Cristiano Chaves de e ROSENVALD, Nelson. *Curso de Direito Civil.* Volume 4. Salvador: Juspodivm, 2019.

FAZZIO JÚNIOR, Waldo. *Manual de Direito Comercial.* São Paulo: Atlas, 2004.

FÉRES, Marcelo Andrade. "Empresa e empresário: do código civil italiano ao novo código civil brasileiro". In: VIANA, Frederico Rodrigues (Coord.). Direito de empresa no novo código civil. Rio de Janeiro: Forense, 2004.

FERREIRA, Waldemar. *Tratado de direito comercial.* São Paulo: Saraiva, 1960. v. 1.

_______. *Tratado de direito comercial.* São Paulo: Saraiva, 1960. v. 2.

_______. *Tratado de direito comercial.* São Paulo: Saraiva, 1961. v. 3.

_______. *Tratado de direito comercial.* São Paulo: Saraiva, 1963. v. 10.

_______. *Tratado de direito comercial.* São Paulo: Saraiva, 1960. v. 11.

FERRIANI, Adriano. O contrato *built to suit* e a Lei 12.744/12. Disponível em: https://www.migalhas.com.br/coluna/civilizalhas/170851/o-contrato-built-to-suit-e-a-lei-12-744-12. Acesso em 13/04/2013.

FIGUEIREDO, Ivanildo. Princípios do Direito Cambiário. In: COELHO, Fábio Ulhôa. *Tratado de Direito Comercial.* São Paulo: Saraiva, 2015. v. 8.

FILARDI, Rosemarie Adalardo. Órgãos da recuperação judicial e da falência. In: COELHO, Fábio Ulhoa (Org.). *Tratado de Direito Comercial.* São Paulo: Saraiva, 2015. v. 7.

FINKELSTEIN, Maria Eugênia Reis.; PROENÇA, José Marcelo Martins. *Tipos societários.* 2ª ed. São Paulo: Saraiva, 2014.

FONSECA, João Bosco Leopoldino da. *Direito Econômico*. Rio de Janeiro: Forense, 2007.

FONSECA, Priscila M. P. Corrêa da. *Dissolução parcial, retirada e exclusão de sócio*. 2ª ed., São Paulo: Atlas, 2003.

FONSECA, Priscila M. P. Corrêa da; SZTAJN, Raquel. *Código Civil comentado.* Coord. Álvaro Villaça Azevedo. São Paulo: Atlas, 2008. v. 11: direito de empresa.

FORGIONI, Paula. *Contratos empresariais:* teoria geral e aplicação. 2ª ed., rev., atual. e ampl. São Paulo: Revista dos Tribunais, 2016.

_______. *Contrato de distribuição.* São Paulo: Revista dos Tribunais, 2005.

_______. Os fundamentos do antitruste. São Paulo: Revista dos Tribunais, 1998.

FOURNIER, Jacques. Engineering (Ingénierie). In: *Répertoire de droit commercial*. Paris: Dalloz, 1994.

FRADERA, Vera Maria Jacob de; ESTEVEZ, André Fernandes; RAMOS, Ricardo Ehrensperger (Coords.). *Contratos empresariais.* São Paulo: Saraiva, 2015.

FRANÇA, Erasmo Valladão Azevedo e Novaes. *A sociedade em comum.* São Paulo: Malheiros, 2013.

_______. (coord.). *Direito Societário Contemporâneo I.* São Paulo: Quartier Latin, 2009.

_______. (coord.). *Direito Societário Contemporâneo II.* São Paulo: Malheiros, 2015.

FRANCESCHINI, José Inácio Gonzaga. *Lei da concorrência interpretada pelo CADE.* São Paulo: Singular, 1998.

FRANCO, Vera Helena de Mello. *Lições de direito securitário:* seguros terrestres privados. São Paulo: Maltese, 1993.

_______. "Considerações sobre as ofertas públicas para aquisição de ações (OPAs) – estado atual da questão", *Revista de Direito Mercantil, Industrial, Econômico e Financeiro*, 144/16.

_______. *Teoria geral do contrato:* confronto com o direito europeu futuro. São Paulo: Revista dos Tribunais, 2011.

_______. *Direito empresarial I*: o empresário e seus auxiliares, o estabelecimento empresarial, as sociedades. 4ª ed., rev. atual. e ampl. São Paulo: Revista dos Tribunais, 2012.

_______. *Contratos:* direito civil e empresarial. 5ª ed., rev., atual. e ampl. São Paulo: Revista dos Tribunais, 2014.

_______. In: SOUZA JUNIOR, Francisco Satiro de; PITOMBO, Paulo Sérgio de Moraes (Coords.). *Comentários à lei de recuperação de empresas e falência*: Lei 11.101/2005. São Paulo: Revista dos Tribunais, 2005.

FRASÃO, Ana. O necessário encontro do direito contratual com o poder. In: *Jota*, 12/04/2023. Disponível em <https://www.jota.info/opiniao-e-analise/colunas/constituicao-empresa-e-mercado/o-necessario-encontro-do-direito-contratual-com-o-poder-12042023?utm_campaign=jota_info__ultimas_noticias__destaques__12042023&utm_medium=email&utm_source=RD+Station.>. Acesso em 13/04/2023.

FREITAS, Augusto Teixeira de. *Vocabulário jurídico.* São Paulo: Saraiva, 1983.

FRIEDMAN, Thomas L. *Obrigado pelo atraso:* um guia otimista para sobreviver em um mundo cada vez mais veloz. Tradução de Cláudio Figueiredo. Rio de Janeiro: Objetiva, 2017.

FRIGNANI, Aldo. *Factoring, leasing, franchising, venture capital, concorrenza,* 3ª ed., ampl. e atual., Torino: Giappichelli, 1987.

FROTA, Mário. Os contratos electrónicos na União Europeia e em Portugal. In: DE LUCCA, Newton; SIMÃO FILHO, Adalberto; LIMA, Cíntia Rosa Pereira de. *Direito & Internet III* – Tomo II: Marco Civil da Internet (Lei nº 12.965/2014). São Paulo: Quartier Latin, 2015.

GALGANO, Francesco. *Trattato di diritto commerciale e di diritto pubblico dell'economia.* Padova: Cedam, 1977. v. 1.

_______. *Historia del derecho mercantil.* Tradução de Joaquín Bisbal. 2ª ed., Barcelona: Laia, 1987.

_______. *Grupo de sociedades* (dirección y coordinación de sociedades). Buenos Aires: La Ley, 2007.

GARRIGUES, Joaquín. *Contrato de seguro terrestre.* Madrid: Aguirre, 1973.

GIANNANTONIO, Ettore. El valor jurídico del documento electrónico. In: *Informática y derecho – aportes de doctrina internacional.* Buenos Aires: Depalma, 1991. v. 1.

GODOY, Claudio Luiz Bueno de. *Função social do contrato:* os novos princípios contratuais. 4ª ed., São Paulo: Saraiva, 2012.

GOLDBERG, Ilan. Reflexões a respeito do contrato de seguro. In: CARVALHOSA, Modesto (coord.). *Tratado de direito empresarial.* Vol. IV. São Paulo: Revista dos Tribunais, 2016.

GOMES, Carlos Jacques Vieira. O princípio constitucional da livre concorrência: corolário da livre iniciativa ou princípio autônomo da ordem econômica? Disponível em: <http://www12.senado.gov.br/publicacoes/estudos-legislativos/tipos-de-estudos/outras-publicacoes/volume-iv-constituicao-de-1988-o-brasil-20-anos-depois.-estado-e-economia-em-vinte-anos-de-mudancas/principios-gerais-da-ordem-economica-o-principio-constitucional-da-livre-concorrencia-corolario-da-livre-iniciativa-ou-principio-autonomo-da-ordem-economica>. Acesso em: 21 set. 2014.

GOMES, Orlando. *Contratos.* 26ª ed., rev. atual. e aum. por Antonio Junqueira de Azevedo e Francisco Paulo de Crescenzo Marino. Rio de Janeiro: Forense, 2008.

_______. *Obrigações.* 8ª ed., Rio de Janeiro: Forense, 1990.

_______. *Alienação fiduciária em garantia.* 4ª ed., Rio de Janeiro: Forense, 1975.

GONÇALVES NETO, Alfredo de Assis. Administração da Falência, Realização do Ativo e Pagamento dos Credores. In: SANTOS, Paulo Penalva (Coord.). *A nova lei de falências e de recuperação de empresas – Lei 11.101/05.* Rio de Janeiro: Forense, 2007.

_______. *Direito de empresa:* Comentários aos artigos 966 a 1.195 do Código Civil. 6ª ed., rev., atual. e ampl. São Paulo: Revista dos Tribunais, 2016.

GONTIJO, Vinícius José Marques. A regulamentação das Sociedades Limitadas. In: RODRIGUES, Frederico Viana (Coord.). *Direito de Empresa no Novo Código Civil.* Rio de Janeiro: Forense, 2004.

GORGA, Érica; SICA, Lígia Paula Pires Pinto (Coords.). *Estudos avançados de direito empresarial*: títulos de crédito. Rio de Janeiro: Elsevier, 2013.

GOUVÊA, Marcus de Freitas, BENSOUSSAN, Fabio Guimarães. A Fazenda Pública nos processos de falência. In: Revista da Advocacia Pública Federal, vol. 2, 2018.

GOUVÊA, Marcus de Freitas e BENSOUSSAN, Fabio Guimarães. Alienação de Unidade Produtiva Isolada na Recuperação Judicial e a Sucessão de Obrigações Tributárias. In: COUTINHO, Daniele de Lucena Zanforlin, GONÇALVES, Gabriel Augusto Luís Teixeira, LUCENA, Jimmy Lauder Mesquita e PEREIRA, Matheus Mello (coordenadores). *Fazenda Pública na Recuperação Judicial e Falência.* Rio de Janeiro: Forense, 2022, p. 77-96.

GRAU, Eros Roberto. A ordem econômica na Constituição de 1988. São Paulo: Malheiros, 1998.

GRECO, Marco Aurélio. *Internet e direito,* São Paulo: Dialética, 2000.

______. (Coord.). *Contribuições de intervenção no domínio econômico e figuras afins.* São Paulo: Dialética, 2001.

GRINOVER, Ada Pellegrini *et al. Código brasileiro de defesa do consumidor:* comentado pelos autores do anteprojeto. 10ª ed., rev., atual. e reform. Rio de Janeiro: Forense, 2011.

GUERRA, Glauco Martins; CASTRO, Rodrigo R. Monteiro. Intervenção do Estado no domínio econômico e recuperação judicial. Uma análise pontual do inciso II do art. 50 da Lei Federal nº 11.101/2005 e do art. 54 da Lei Federal 8.884/1994. In: CASTRO, Rodrigo Monteiro de; ARAGÃO, Leandro Santos de (coord.) *Direito Societário e a nova Lei de Falências e Recuperação de Empresas.* São Paulo: Quartier Latin, 2006.

GUERREIRO, José Alexandre Tavares. Comentário a acórdão. *Revista de Direito Mercantil, Industrial, Econômico e Financeiro*, 54/126.

GUIDI, Paolo. *Teoria giuridica del documento.* Milano: Giuffrè, 1950.

GUIMARÃES, Maria Celeste Morais. Comentários à nova lei de falências e recuperação de empresas (arts. 50 a 52). In: CORRÊA-LIMA, Osmar Brina e CORRÊA-LIMA, Sérgio Mourão (Coord.). *Comentários à Nova Lei de Falências e Recuperação de Empresas.* Rio de Janeiro: Forense, 2009.

GUSMÃO, José Roberto. Desenhos Industriais. In: COELHO, Fabio Ulhoa (coordenador). Tratado de Direito Comercial. Vol. 6, São Paulo: Saraiva, 2015.

HALPERIN, Isaac. *Seguros.* 2ª ed., atual. por Juan Carlos Morandi, Buenos Aires: Depalma, 1986.

______. *Sociedades de responsabilidad limitada.* 8ª ed., atual. Buenos Aires: Depalma, 1980.

HENN, Harry G.; ALEXANDER, John R. *Laws of corporations.* 3ª ed., St. Paul: West, 1983.

HIRATA, Alessandro. *Relações contratuais fáticas (faktische Vertragsverhältnisse).* Tese para Concurso para Professor Titular. Faculdade de Direito da Universidade de São Paulo. 2011.

HOUAISS, Antonio. *Dicionário Houaiss da língua portuguesa.* Rio de Janeiro: Objetiva, 2000.

HUDSON, Michael. Empreendedores: da ascensão do Oriente Próximo à queda do Império Romano. In: LANDES, David; MOKYR, Joel; BAUMOL, William J. *A origem das corporações*: da ascensão do Oriente Médio à queda do império romano. Tradução de Donaldson Garschagen. Rio de Janeiro: Elsevier, 2010.

IDS – INSTITUTO DANNEMANN SIEMSEN DE ESTUDOS JURÍDICOS E TÉCNICOS. Comentários à Lei da Propriedade Industrial. 3ª ed. Rio de Janeiro: Renovar, 2013.

ILHA, Manuela Alegria Martins. Contrato de transporte multimodal. In: FRADERA, Vera Maria Jacob de; ESTEVEZ, André Fernandes; RAMOS, Ricardo Ehrensperger (coords.). *Contratos empresariais.* São Paulo: Saraiva, 2015.

KRASSER, Rudolf. France. In: ULMER, Eugen. La répression de la concurrence déloyale dans les Etats membres de la Communauté Economique Européenne – France. Tome IV, Paris: Dalloz, 1972.

KUYVEN, Luiz Fernando Martins. Agência ou representação comercial. In: CARVALHOSA, Modesto (Coord.). *Tratado de direito empresarial.* São Paulo: Revista dos Tribunais, 2016. v. 4.

______ (org.). *Temas essenciais de direito empresarial:* estudos em homenagem a Modesto Carvalhosa. São Paulo: Saraiva, 2012.

LACERDA, J. C. Sampaio de. Dos armazéns-gerais – seus títulos de crédito (conhecimento de depósito e warrant). Rio de Janeiro: Forense, s/data.

LAGO JÚNIOR, Antonio. Lei 13.151/15 estabelece novo regime paras as fundações (parte 1). Disponível em: <http://www.conjur.com.br/2015-nov-23/direito-civil-atual-lei-1315115-estabelece-regime--paras-fundacoes-parte>. Acesso em 24/11/2015.

LANDES, David; MOKYR, Joel; BAUMOL, William J. *A origem das corporações: da ascensão do Oriente Médio à queda do império romano*. Tradução de Donaldson Garschagen. Rio de Janeiro: Elsevier, 2010.

LARENZ, Karl. O estabelecimento de relações obrigacionais por meio de comportamento social típico (1956). Trad. Alessandro Hirata. Revista Direito GV, São Paulo, Vol. 2, N. 1, Jan-jun 2006.

LA ROSA, Antonio Pavone. *La letra de cambio*. Tradução de Oswaldo J. Maffía. Buenos Aires: Abeledo-Perrot, 1988.

LAZZARINI, Alexandre Alves. Reflexões sobre a recuperação judicial de empresas. In: DE LUCCA, Newton; DOMINGUES, Alessandra de Azevedo (coords.). *Direito recuperacional* – Aspectos teóricos e práticos. São Paulo: Quartier Latin, 2009.

LEÃES, Luiz Gastão Paes de Barros. O 'leasing' é uma operação financeira? *Revista de Direito Mercantil, Industrial, Econômico e Financeiro, nova série*, nº 35, jul-set/1979.

_______. *Estudos e pareceres sobre sociedades anônimas*. São Paulo: Revista dos Tribunais, 1989.

_______. A disciplina do direito de empresa no novo Código Civil brasileiro. *Revista de Direito Mercantil, Industrial, Econômico e Financeiro*. Nova série, nº 128/7, out./dez./2002.

_______. O contrato de conta corrente. *Revista dos Tribunais*, v. 738, abril de 1997.

LEAL, Antônio Luís da Câmara. *Da prescrição e da decadência*. 3ª ed., Rio de Janeiro: Forense, 1978.

LEAL, Sheila do Rocio Cercal Santos. *Contratos eletrônicos:* validade jurídica dos contratos via Internet. São Paulo: Atlas, 2009.

LISBOA, José da Silva (Visconde de Cayru). *Princípios de direito mercantil e leis de marinha*. 6ª ed., acrescentada por Candido Mendes de Almeida. Rio de Janeiro: Typographia Academica, 1874, vol. 2.

LOBO, Jorge. *Sociedade Limitada*. Rio de Janeiro: Forense, 2004.

_______. Contrato de factoring. *Revista de direito mercantil, industrial, econômico e financeiro*, nova série, v. 112.

_______. *Contrato de franchising*. Rio de Janeiro: Forense, 1994.

_______. Comentários aos artigos 35 a 69. In: TOLEDO, Paulo F. C. Salles de; ABRÃO, Carlos Henrique (org.). *Comentários à Lei de Recuperação de Empresas e Falências*. São Paulo: Saraiva, 2005.

LOPES, Miguel Maria de Serpa. *Curso de direito civil*. 4ª ed., Rio de Janeiro: Freitas Bastos, 1963. v. 3.

_______. *Curso de direito civil*. 3ª ed. Rio de Janeiro: Freitas Bastos, 1962. v. 4.

LOPES, Mauro Brandão. *S.A.: títulos e contratos novos*. São Paulo: Revista dos Tribunais, 1978.

_______. *A sociedade em conta de participação*. São Paulo: Saraiva, 1990.

LORENZETTI, Ricardo. *Comércio eletrônico*. Trad. Fabiano Menke. São Paulo: Revista dos Tribunais, 2004.

_______. *Tratado de los contratos*. Tomos I e II. 2ª ed., atual. Buenos Aires: Rubinzal-Culzoni, 2004.

MACPHERSON, C. B. *A teoria política do individualismo possessivo de Hobbes até Locke*. Rio de Janeiro: Paz e Terra, 1979.

MAFFIOLETTI, Emanuelle Urbano. *As sociedades cooperativas e o regime jurídico concursal.* São Paulo: Almedina, 2015.

MAMEDE, Gladston. *Direito Empresarial Brasileiro:* empresa e atuação empresarial. São Paulo: Atlas, 2015. v. 1.

_______. *Direito empresarial brasileiro:* falência e recuperação de empresas. São Paulo: Atlas, 2016.

MARCACINI, Augusto Tavares Rosa. *O documento eletrônico como meio de prova.* Disponível em: <http://augustomarcacini.net/index.php/DireitoInformatica/DocumentoEletronico>. Acesso em: 10 jul. 2014.

MARQUES, Cláudia Lima. *Contratos no Código de Defesa do Consumidor*: o novo regime das relações contratuais. 6ª ed., rev., atual. e ampl., 2011.

MARTINS, Eliseu (colaborador). In: FONSECA, Priscila M. P. Corrêa da; SZTAJN, Raquel. Código Civil comentado, vol. XI: direito de empresa. Coordenador Álvaro Villaça Azevedo. São Paulo: Atlas, 2008.

MARTINS, Fran. *Novos estudos de direito societário (sociedades anônimas e sociedades por quotas).* São Paulo: Saraiva, 1988.

_______. *Títulos de crédito.* 16ª ed., atual. Rio de Janeiro: Forense, 2013.

_______. *Contratos e obrigações comerciais.* 17ª ed., rev. e atual. por Gustavo Saad Diniz. Rio de Janeiro: Forense, 2017.

MEIRELLES, Hely Lopes. *Direito administrativo brasileiro.* 36ª ed., atual. por Eurico de Andrade Azevedo, Délcio Ballestero Aleixo e José Emmanuel Burle Filho, até a Emenda Constitucional nº 64, de 4.2.2010. São Paulo: Malheiros, 2010.

MELO, Claudineu de. *Contrato de distribuição.* São Paulo: Saraiva, 1987.

MENDONÇA, J. X. Carvalho de. *Tratado de direito comercial brasileiro.* 7ª ed., atual. por Roberto Carvalho de Mendonça. Rio de Janeiro: Freitas Bastos, 1963. v. 1.

_______. *Tratado de direito comercial brasileiro.* 6ª ed., atual. Rio de Janeiro: Freitas Bastos, 1963. v. 3.

MENEZES, Elisângela Dias. A marca de posição e a valorização do design no campo das marcas. In: *Migalhas nº 5.628*, 23/06/2023. Disponível em: <https://www.migalhas.com.br/depeso/388714/a-marca-de-posicao-e-a-valorizacao-do-design-no-campo-das-marcas>. Acesso em 23.06.2023.

MICKLETHWAIT, John e WOOLDRIDGE, Adrian. *Companhia*: Breve Histórico de uma Idéia Revolucionária. Rio de Janeiro: Objetiva, 2003.

MIGUEL, Paula Castello. Contratos de 'shopping center'. *Revista de Direito Mercantil, Industrial, Econômico e Financeiro*, nova série, v. 107, julho-setembro/1997.

MIRAGEM, Bruno. *Direito bancário.* São Paulo: Revista dos Tribunais, 2013.

MIRANDA, F. C. Pontes de. *Tratado de direito privado.* 4ª ed., São Paulo: Revista dos Tribunais, 1984. v. 3.

_______. *Tratado de direito privado.* 4ª ed., reimp. São Paulo: Revista dos Tribunais, 1983, v. 7.

_______. *Tratado de direito privado.* 4ª ed., reimp., São Paulo: Revista dos Tribunais, 1983, v. 17

_______. *Tratado de direito privado.* 3ª ed., São Paulo: Revista dos Tribunais, 1984. v. 23.

_______. *Tratado de direito privado.* 3ª ed., São Paulo: Revista dos Tribunais, 1984. v. 39

_______. *Tratado de direito privado.* 3ª ed., São Paulo: Revista dos Tribunais, 1984. v. 43.

_______. *Tratado de direito privado.* 3ª ed., São Paulo: Revista dos Tribunais, 1984. v. 44.

_______. *Tratado de direito privado.* 4ª ed., São Paulo: Revista dos Tribunais, 1984. v. 45.

_______. *Tratado de direito privado.* 3ª ed., São Paulo: Revista dos Tribunais, 1984. v. 49.

MOLLE, Giacomo. *Manuale di diritto bancario.* 3ª ed., atual. e ampl. por Luigi Desiderio. Milano: Giuffrè, 1987.

MONTEIRO, António Pinto. *Contrato de agência.* Coimbra: Almedina, 1987.

MORAES FILHO, Evaristo de. *Sucessão nas obrigações e teoria da empresa.* Vol. II. Rio de Janeiro: Forense, 1960.

MOREIRA, Alberto Camiña. Poderes da assembleia de credores, do juiz e a atividade do Ministério Público. In: PAIVA, Luiz Fernando Valente de (Coord.). *Direito falimentar e a Nova lei de falências e recuperação de empresas.* São Paulo: Quartier Latin, 2005.

MOREIRA, Egon Bockmann. Os princípios constitucionais da atividade econômica. Revista da Faculdade de Direito da UFPR, v. 4, 2006.

MOREIRA, José Carlos Barbosa. Apontamentos para um estudo sistemático da legitimação extraordinária. Revista dos Tribunais, v. 404.

MOREIRA NETO, Diogo de Figueiredo. Ordem econômica e desenvolvimento na Constituição de 1988. Rio de Janeiro: APEC, 1989.

MORO, Maitê Cecília Fabri. Propriedade Intelectual: introdução. In: COELHO, Fabio Ulhoa (coordenador). Tratado de Direito Comercial. Volume 6. São Paulo: Saraiva, 2015.

MOSCO, Luigi. *La concorrenza sleale.* Napoli: Eugenio Jovene, 1956.

MOTA, Carlos Guilherme (coord.). *Brasil em perspectiva.* 7ª ed., São Paulo: DIFEL, 1976.

MOZELLI, Laura Sarti. *Recuperação judicial de grupos de sociedades: a consolidação e sua aplicação no direito brasileiro.* Dissertação (Mestrado em Direito da Universidade Federal de Minas Gerais). Belo Horizonte: UFMG, 2017.

MUNHOZ, Eduardo Secchi. Comentários à lei de recuperação de empresas e falência. In: SOUZA JÚNIOR, Francisco Satiro de, PITOMBO, Antonio Sérgio A. de Moraes (coord.) São Paulo: RT, 2007.

NAKAMOTO, Satoshi. *Bitcoin:* A Peer-to-Peer Electronic Cash System. Disponível em: www.bitcoin.org. Acesso em 11/03/2023.

NEGRÃO, Ricardo. *Manual de direito comercial e de empresa.* São Paulo: Saraiva, 2012. v. 1.

_______. *Curso de Direito Comercial e de Empresa.* São Paulo: Saraiva, 2017. v. 2.

_______. *Curso de Direito Comercial e de Empresa.* São Paulo: Saraiva, 2017. v. 3.NERY, Rosa Maria de Andrade; NERY JÚNIOR, Nelson. *Instituições de direito civil.* São Paulo: Ed. Revista dos Tribunais, 2016. v. 3.

NERY JÚNIOR, Nelson; NERY, Rosa Maria de Andrade. *Código Civil comentado.* 8. ed., rev., ampl. e atual. São Paulo: Ed. Revista dos Tribunais, 2011.

NOGUEIRA, Antonio de Pádua Ferraz. Shopping center: características do contrato de direito de reserva da localização ('Res sperata'). *Revista de Direito Mercantil, Industrial, Econômico e Financeiro,* nova série, v. 77, jan-mar/1990, p. 82 e segs.

NUNES, A. J. Avelãs. *O direito de exclusão de sócios nas sociedades comerciais.* 1a ed. brasileira, São Paulo: Cultural Paulista, 2001.

OGASAVARA, Roberto Shoji. *Leasing no Brasil*: aspectos do arrendamento mercantil. Revista Brasileira de Economia. 35 (3): 277-312. Rio de Janeiro, jul./set. 1981.

OIOLI, Erik Frederico. *Tag along* na aquisição de controle diluído. In: VON ADAMEK, Marcelo Vieira. *Temas de direito societário e empresarial contemporâneos*. São Paulo: Malheiros, 2010.

OLIVEIRA, J. Lamartine Correa de. *A dupla crise da pessoa jurídica*. São Paulo: Saraiva, 1979.

OLIVEIRA, Juarez de (coord.). *Comentários ao código de proteção do consumidor*. São Paulo: Saraiva, 1991.

PAILLUSSEAU, Jean. Les contrats d'affaires. In: CADIET, Loïc (coord.). *Le droit contemporain des contrats – bilan et perspectives*. Paris: Economica, 1987.

PARENTE, Norma Jonssen. *Mercado de Capitais*. Coleção Tratado de Direito Empresarial v. 6 (coordenação de Modesto Carvalhosa). São Paulo: Thomson Reuters Brasil, 2022.

PARENTONI, Leonardo Netto; GUIMARÃES, Rafael Couto. Comentários aos arts. 94 a 97. In: CORRÊA-LIMA, Osmar Brina e LIMA, Sérgio Mourão Corrêa (Coord.) *Comentários à nova lei de falência e recuperação de empresas*. Rio de Janeiro: Forense, 2005.

_______. A duplicata virtual em perspectiva. *Revista de Direito Mercantil, Industrial, Econômico e Financeiro*, nº 163, nova série, set.-dez. 2012.

PEDÃO, Ana Cláudia; VALLE, João Carlos Mettlach Pinter Mateus Telles; CATALANO, Victoria Guidette. Embate entre duas lógicas diversas: o uso fraudulento da sociedade em conta de participação. *Revista de Direito Mercantil, Industrial, Econômico e Financeiro*. v. 161/162, jan./ago. 2012.

PEIXOTO, Carlos Fulgêncio da Cunha. *A sociedade por quotas de responsabilidade limitada*. 2ª ed., Rio de Janeiro: Forense, 1958.

_______. *Comentários à Lei de Duplicatas*. Rio de Janeiro: Forense, 1971.

PEIXOTO, Rodney de Castro. *O comércio eletrônico e os contratos*. Rio de Janeiro: Forense, 2001.

PENTEADO, Mauro Rodrigues. Títulos de crédito no Projeto de Código Civil. *Revista de Direito Mercantil, Industrial, Econômico e Financeiro*, 100.

_______. *Dissolução e liquidação de sociedades*. 2ª ed., São Paulo: Saraiva, 2000.

PEREIRA FILHO, Valdir Carlos. Cédula de crédito bancário. In: WAISBERG, Ivo; FONTES, Marcos Rolim Fernandes (Coord.). *Contratos bancários*. São Paulo: Quartier Latin, 2006.

PEREIRA, Caio Mário da Silva. *Instituições de direito civil*. 26ª ed. rev. e atual. por Guilherme Calmon Nogueira da Gama. Rio de Janeiro: Forense, 2014. v. 2.

_______. *Instituições de direito civil*. 18ª ed. rev. e atual. por Caitlin Mulholland. Rio de Janeiro: Forense, 2014. v. 3.

_______. *Instituições de direito civil*. 23ª ed., rev. e atual. por Carlos Edison do Rêgo Monteiro Filho. Rio de Janeiro: Forense, 2015. V. 4.

PEREIRA, Marco Antonio Marcondes. *Concorrência desleal por meio da publicidade*. São Paulo: Ed. Juarez de Oliveira, 2001.

PERLINGIERI, Pietro. *Manuale di diritto civile*. 7ª ed., rev. e ampl. Napoli: Scientifiche Italiane, 2014.

_______. *Perfis do direito civil*: introdução ao direito civil constitucional. Trad. Maria Cristina De Cicco. 3ª ed., rev. e ampl. Rio de Janeiro: Renovar, 2007.

PETITPIERRE-SAUVAIN, Anne. *Droit des sociétés et groupes de sociétés*. Genève: Librairie de L'Université Georg et Cie., 1972.

PIERANGELI, José Henrique. *Crimes contra a propriedade industrial e crimes de concorrência desleal*. São Paulo: Ed. Revista dos Tribunais, 2003.

PIMENTA, Eduardo Goulart. *Recuperação de empresas*: um estudo sistematizado da nova lei de falências. São Paulo: IOB Thomson, 2006.

_______. *Direito Societário.* Rio de Janeiro: Elsevier, 2010.

PINTO, Roberto W. R. *et al* (coordenadores), *Shopping centers:* questões jurídicas: doutrina e jurisprudência. São Paulo: Saraiva, 1991.

PINTO, Virgílio Noya. Balanço das Transformações Econômicas do Século XIX. In: MOTA, Carlos Guilherme (Coord.). *Brasil em perspectiva.* 7ª ed., São Paulo: DIFEL, 1976.

PIRENNE, Henri. *História econômica e social da Idade Média.* 4ª ed. Tradução de Lycurgo Gomes da Motta. São Paulo: Mestre Jou, 1968.

PIZA, Paulo Luiz de Toledo. Contrato de Resseguro. In: COELHO, Fabio Ulhoa. *Tratado e Direito Comercial.* V. 5. São Paulo: Saraiva, 2015.

POLIDO, Walter A. *Contrato de seguro*: novos paradigmas. São Paulo: Roncarati, 2010.

PONTES, Evandro Fernandes de. Conselho Fiscal e fiscalização societária: novos desafios, antigas preocupações. In: FRANÇA, Erasmo Valladão Azevedo e Novaes (Coord.). *Direito Societário Contemporâneo II.* São Paulo: Malheiros, 2015.

PRADO JÚNIOR, Caio. *História econômica do Brasil.* 18ª ed., São Paulo: Brasiliense, 1976.

PRATA, Ana. *A tutela constitucional da autonomia privada.* Coimbra: Almedina, 1982.

PURDUE, Elizabeth S. Creating contracts online. In: Thomas J. Smedinghoff, editor, *Online law: the SPA's legal guide to doing business on the Internet*, second printing, Addison-Wesley Publishing Company, 1996.

RAMIRES, Rogério. *A Sociedade em Conta de Participação no direito brasileiro.* São Paulo: Almedina, 2014.

RAMOS, André Luiz Santa Cruz. *Direito empresarial esquematizado.* Rio de Janeiro: Forense, 2015.
REALE, Miguel. *Estudos preliminares do Código Civil.* São Paulo: Revista dos Tribunais, 2003.

RASKIN, Max. The Law and Legality of Smart Contracts. *Georgetown Law Technology Review 304*, 2017. Disponível em: https://ssrn.com/abstract=2959166. Acesso em: 10 de outubro de 2021.

REALE, Miguel. *O Projeto de Código Civil no Senado Federal.* Vol. II, Brasília: Senado Federal, 1998.

REBOUÇAS, Rodrigo Fernandes. *Contratos eletrônicos*: formação e validade: aplicações práticas. São Paulo: Almedina, 2018. Edição eletrônica.

REIS, Edgar Vidigal de Andrade. *Startups:* análise de estruturas societárias e de investimentos no Brasil. São Paulo: Almedina, 2018.

RENTERÍA, Pablo. *A configuração do penhor no direito brasileiro.* In: GUEDES, Gisela Sampaio da Cruz; MORAES, Maria Celina Bodin de; MEIRELES, Rose Melo Venceslau (coords.). *Direito das garantias.* São Paulo: Saraiva, 2017.

REQUIÃO, Rubens. *Abuso de direito e fraude através da personalidade jurídica.* Revista dos Tribunais, São Paulo: RT, ano 58, v. 410, dezembro de 1969.

_______. *Aspectos modernos de direito comercial:* estudos e pareceres. São Paulo: Saraiva, 1986.

_______. *Curso de direito falimentar.* São Paulo: Saraiva, 1993. v. 3.

_______. *Do representante comercial.* 8ª ed. Rio de Janeiro: Forense, 2000.

_______. *Curso de direito comercial.* 29ª ed., rev. e atual. São Paulo: Saraiva, 2012. v. 2.

_______. *Curso de direito comercial.* 34ª ed., rev. e atual. por Rubens Edmundo Requião. São Paulo: Saraiva, 2015. v. 1.

RESTIFFE, Paulo Sérgio. Processo de Recuperação Judicial. In: COELHO, Fabio Ulhoa (Org.). *Tratado de Direito Comercial.* São Paulo: Saraiva, 2015. v. 7.

_______. *Recuperação de empresas.* Barueri: Manole, 2008.

REVOREDO, Tatiana. Como a evolução dos contratos inteligentes em blockchain tornou possível o surgimento das finanças descentralizadas? In: *MIT Technology Review.* Publicado por TEC. Disponível em: https://mittechreview.com.br/como-a-evolucao-dos-contratos-inteligentes-em-blockchain-tornou-possivel-o-surgimento-das-financas-descentralizadas/. Acesso em 09/03/2023.

RIPERT, Georges; ROBLOT, René. *Traité élémentaire de droit commercial.* 12ª ed., Paris: LGDJ, 1986.

RIZZARDO, Arnaldo. *Contratos.* 16ª ed., rev., atual. e ampl. Rio de Janeiro: Forense, 2017.

RODRIGUES JÚNIOR, Otávio Luiz. A compra e venda mercantil. In: CARVALHOSA, Modesto (Coord.). *Tratado de direito empresarial.* São Paulo: Ed. Revista dos Tribunais, 2016. v. 4.

RODRIGUES JUNIOR, Otavio Luiz; LEONARDO, Rodrigo Xavier. A MP da liberdade econômica: o que mudou no Código Civil? (parte 2). Conjur, 8 de maio de 2019.

RODRIGUES JÚNIOR, Otavio Luiz. Propriedade e função social: exame crítico de um caso de "constitucionalização do direito civil. In: OTERO, Paulo; QUADROS, Fausto de; SOUZA, Marcelo Rebelo de (coord.). *Estudos em homenagem ao Prof. Doutor Jorge Miranda.* Vol. 3, Coimbra: Coimbra Editora, 2012.

RODRIGUES, Frederico Viana (Coord.). *Direito de Empresa no Novo Código Civil.* Rio de Janeiro: Forense, 2004.

ROPPO, Enzo. *O contrato.* Trad. Ana Coimbra; M. Januário C. Gomes. Coimbra: Almedina, 1988.

ROSA JR., Luiz Emygdio F. da. *Títulos de Crédito.* Rio de Janeiro: Renovar, 2007.

ROTONDI, Mario. Diritto industriale. 5ª ed. Pádua: Cedam, 1965.

SACRAMONE, Marcelo Barbosa. *Comentários à Lei de Recuperação de Empresas e Falência.* São Paulo: Saraiva, 2021.

SADDI, Jairo (org.). *Fusões e aquisições: aspectos jurídicos e econômicos.* São Paulo: IOB, 2002.

SALOMÃO FILHO, Calixto. *Regulação da atividade econômica (princípios e fundamentos jurídicos).* São Paulo: Malheiros, 2001.

_______. *Direito concorrencial: as condutas.* São Paulo: Malheiros, 2003.

_______. *A sociedade unipessoal.* São Paulo: Malheiros, 1995.

SALOMÃO NETO, Eduardo. *Direito bancário.* São Paulo: Atlas, 2005.

SANTORO-PASSARELLI, Francesco. *Doctrinas generales del derecho civil.* Madrid: Editorial Revista de Derecho Privado, 1964.

SANTOS, J. A. Penalva. *Títulos de crédito e o Código Civil.* Rio de Janeiro: Forense, 2004.

SANTOS, Paulo Penalva. Efeitos da falência. In: COELHO, Fabio Ulhoa (Org.). *Tratado de Direito Comercial.* São Paulo: Saraiva, 2015. v. 7.

SANTOS, Victor Augusto Machado; GLITZ, Frederico Eduardo Zenedin. Sociedade em Conta de Participação e Atipicidade Contratual. *EALR*, V. 12, nº 3, p. 53-75, Set-Dez, 2021.

SCALZILLI, João Pedro; SPINELLI, Luis Felipe; TELLECHEA, Rodrigo. *Recuperação de empresas e falência:* teoria e prática na Lei 11.101/2005. 4ª ed., rev., atual. e ampl. São Paulo: Almedina, 2023.

SCALZILLI, João Pedro; SPINELLI, Luís Felipe. Do regime de responsabilidade dos sócios na sociedade em conta de participação. In: FRANÇA, Erasmo Valladão Azevedo e Novaes (coord.). *Direito societário contemporâneo II*. São Paulo: Malheiros, 2015.

SCHECHTMAN, David Casz. Introdução à implementação de *smart contracts. Revista de Direito e as Novas Tecnologias*. Vol. 5/2019. Out-Dez/2019.

SCHREIBER, Anderson. *Manual de direito civil contemporâneo.* 2ª ed., São Paulo: Saraiva, 2019.

SERICK, Rolf. *Apariencia y realidad en las sociedades mercantiles*: el abuso de derecho por medio de la persona jurídica. Tradução de: Jose Puig Brutau. Barcelona: Ariel, 1958.

SHIMURA, Sérgio. *Título executivo.* São Paulo: Método, 2005.

SICA, Lígia Paula Pires Pinto. Títulos de crédito eletrônicos e o princípio da cartularidade. In: GORGA, Érica; SICA, Lígia Paula Pires Pinto (Coords.). *Estudos avançados de direito empresarial*: títulos de crédito. Rio de Janeiro: Elsevier, 2013.

SICHERLE, Camillo Stefano Maria. A Subcapitalização. In: FRANÇA, Erasmo Valladão Azevedo e Novaes (Coord.). *Direito Societário Contemporâneo II.* São Paulo: Malheiros, 2015.

SILVA, Clóvis do Couto e. Contrato de *engineering*. In: TEPEDINO, Gustavo; FACHIN, Luiz Edson (orgs.). *Doutrinas essenciais*: obrigações e contratos. Vol. VI. São Paulo: Revista dos Tribunais, 2011.

SILVA, José Afonso da. *Curso de direito constitucional positivo*. São Paulo: Malheiros, 2001.

SILVEIRA, Newton. Know-how II. In: *Enciclopédia Saraiva do Direito.* São Paulo: Saraiva, 1977, v. 47.

_______. *Curso de propriedade industrial.* 2ª ed., São Paulo: Revista dos Tribunais, 1987.

_______. *Propriedade intelectual*. 5ª ed., rev. e ampl. Barueri, SP: Manole, 2014.

SIMÃO FILHO, Adalberto. *Franchising.* 4ª ed., rev. e atual. São Paulo: Atlas, 2000.

SIMIONATO, Frederico Augusto Monte. *Tratado de Direito Falimentar.* Rio de Janeiro: Forense, 2008.

SLOAN JR., Alfred P. *Meus anos com a General Motors.* São Paulo: Negócio Editora, 2001.

SMEDDINGHOFF, Thomas J. editor, *Online law: the SPA's legal guide to doing business on the Internet*, second printing, Addison-Wesley Publishing Company, 1996.

SOARES, José Carlos Tinoco. *Comentários à Lei de Patentes, marcas e direitos conexos*: Lei nº 9.279 – 14.05.1996. São Paulo: Revista dos Tribunais, 1997.

SOUSA, Marcos Andrey. In: DE LUCCA, Newton; SIMÃO FILHO, Adalberto. *Comentários à nova lei de recuperação de empresas e de falências.* São Paulo: Quartier Latin, 2005.

SOUZA, Gabriel Cardoso de. Extensão da alienação fiduciária de bens imóveis. In: CHEZZI, Bernardo; EL DEBS, Martha. *O novo marco das garantias:* aspectos práticos e teóricos da Lei 14.711/2023. São Paulo, Juspodivm, 2023.

SOUZA JUNIOR, Francisco Satiro de; PITOMBO, Paulo Sérgio de Moraes (coords.). *Comentários à lei de recuperação de empresas e falência*: Lei 11.101/2005. São Paulo: Ed. Revista dos Tribunais, 2005

SPINELLI, Luís Felipe. Os títulos de crédito eletrônicos e suas problemáticas nos planos teóricos e práticos. *Revista de Direito Mercantil, Industrial, Econômico e Financeiro.* nº 155/156, nova série, 2010.

SUNSTEIN, R. *Free Markets and social justice*. Oxford University Press, 1997.

SZABO, Nick. *Smart contracts.* 1994. Disponível em: https://www.fon.hum.uva.nl/rob/Courses/InformationInSpeech/CDROM/Literature/LOTwinterschool2006/szabo.best.vwh.net/smart.contracts.html.

_______. Formalizing and securing relationships on public network. *First Monday,* vol. 2, n. 9, set. 1997. Disponível em: https://firstmonday.org/ojs/index.php/fm/article/view/548/469.

SZTAJN, Raquel. *Contrato de sociedade e formas societárias.* São Paulo: Saraiva, 1989.

_______. *Teoria Jurídica da empresa.* São Paulo: Atlas, 2004.

_______. Externalidades e custos de transação: a redistribuição de direitos no Código Civil. *Revista de Direito Mercantil, Industrial, Econômico e Financeiro.* Vol. 133, Nova série, jan./mar./04, p. 7-31.

_______. In: SOUZA JUNIOR, Francisco Satiro de; PITOMBO, Paulo Sérgio de Moraes (Coords.). *Comentários à lei de recuperação de empresas e falência:* Lei 11.101/2005. São Paulo: Ed. Revista dos Tribunais, 2005.

TANJI, Marcia. Administradores de sociedades anônimas: dever de sigilo e de informar: repressão ao *insider trading.* In: FRANÇA, Erasmo Valladão Azevedo e Novaes (Coord.). *Direito Societário Contemporâneo II.* São Paulo: Malheiros, 2015.

TARREGA, Maria Cristina Vidotte Blanco. *Associações consorciais.* Barueri: Manole, 2004.

TAVARES, André Ramos. Direito constitucional econômico. São Paulo: Método, 2003.

TEIXEIRA, Egberto Lacerda. *Das sociedades por quotas de responsabilidade limitada.* São Paulo: Max Limonad, 1956.

_______. *Das sociedades por quotas de responsabilidade limitada:* atualizado de acordo com o Novo Código Civil. Atualizadores: Syllas Tozzini e Renato Berger. São Paulo: Quartier Latin, 2007.

_______. Os cartões de crédito bancários. *Revista de Direito Mercantil, Industrial, Econômico e Financeiro,* nova série, nº 8, 1972.

TEIXEIRA, Egberto Lacerda; GUERREIRO, José Alexandre Tavares. *Das sociedades anônimas no direito brasileiro.* Vol. 1, São Paulo: Bushatsky, 1979.

TEPEDINO, Gustavo. Atividade sem negócio jurídico fundante e a formação progressiva dos contratos. In: ADEODATO, João Maurício; BITTAR, Eduardo C. B. (orgs.). *Filosofia e teoria geral do direito:* estudos em homenagem a Tercio Sampaio Ferraz Junior por seu septuagésimo aniversário. São Paulo: Quartier Latin, 2011.

TEPEDINO, Gustavo; BARBOSA, Heloísa Helena; MORAES, Maria Celina Bodin de. *Código Civil Interpretado conforme a Constituição da República.* 3ª ed., Rio de Janeiro: Renovar, 2014. v. 1.

TEPEDINO, Gustavo; BARBOSA, Heloísa Helena; MORAES, Maria Celina Bodin de. *Código Civil interpretado conforme a Constituição da República.* Vol. 3, 2ª ed., rev. e atual. Rio de Janeiro: Renovar, 2014.

TEPEDINO, Gustavo; CAVALCANTI, Laís. Notas sobre as alterações promovidas pela Lei nº 13.974/2019 nos artigos 50, 113 e 421 do Código Civil. In: SALOMÃO, Luis Felipe; CUEVA, Ricardo Villas Bôas; FRAZÃO, Ana (coords.). *Lei de liberdade econômica e seus impactos no direito brasileiro.* São Paulo: Thomson Reuters Brasil, 2020.

THEODORO JUNIOR, Humberto. Cédula de crédito bancário. *Revista de direito bancário, do mercado de capitais e da arbitragem.* São Paulo: Ed. Revista dos Tribunais, nº 22, out./dez. 2003.

_______. *A cédula de crédito bancário como título executivo extrajudicial no direito brasileiro,* p. 12/26. Disponível em: <http://www.abdpc.org.br/abdpc/artigos/Humberto%20Theodoro%20Júnior(2)%20formatado.pdf>. Acesso em: 18 fev. 2014.

_______. *Comentários ao novo Código Civil.* Vol. III. Rio de Janeiro: Forense, 2008.

TOLEDO, Paulo F. C. Salles de. In: TOLEDO, Paulo F. C. Salles de; ABRÃO, Carlos Henrique. *Comentários à Lei de recuperação de empresas e falência.* São Paulo: Saraiva, 2005.

TOLEDO, Paulo Fernando Campos Salles de; PUGLIESI, Adriana V. Distinções fundamentais entre o Dec.-Lei 7.661/1945 e o direito concursal vigente. In: BEZERRA FILHO, Manoel Justino [et al.]. *Recuperação empresarial e falência.* Coord. Modesto Carvalhosa. São Paulo: Ed. Revista dos Tribunais, 2016.

TOMAZETTE, Marlon. *Curso de Direito Empresarial:* títulos de crédito. v. 2. São Paulo: Saraiva, 2009.

_______. *Curso de direito empresarial:* falência e recuperação de empresas. v. 3. São Paulo: Atlas, 2021.

TRIDENTE, Alessandra. Os títulos de crédito e o novo Código Civil. In: GORGA, Érica; SICA, Lígia Paula Pires Pinto (Coords.). *Estudos avançados de direito empresarial:* títulos de crédito. Rio de Janeiro: Elsevier, 2013.

TZIRULNIK, Ernesto. *Estudos de direito do seguro.* São Paulo: Max Limonad, 1999.

ULMER, Eugen. *La répression de la concurrence déloyale dans les Etats membres de la Communauté Economique Européenne. Tomo I – Droit comparé.* Paris: Dalloz, 1967.

VARELA, João de Matos Antunes. *Das obrigações em geral.* 5ª ed., rev. e atual. Coimbra: Almedina, 1986.

VASCONCELOS, L. Miguel Pestana de. *Direito das garantias.* Coimbra: Almedina, 2011.

_______. *O contrato de franquia (franchising).* Coimbra: Almedina, 2000.

VASCONCELOS, Pedro Pais de. *Contratos atípicos.* Coimbra: Almedina, 1995.

VENÂNCIO FILHO, Alberto. Sociedades de Economia Mista. In: LAMY FILHO, Alfredo e PEDREIRA, José Luiz Bulhões (coord.) *Direito das Companhias.* Rio de Janeiro: Forense, 2017.

VENOSA, Silvio de Salvo. *Direito Civil.* volume 5. São Paulo: Atlas, 2005.

VERÇOSA, Haroldo Malheiros Duclerc. *Direito comercial:* teoria geral. Vol. 1, 4ª ed., rev., atual. e ampl. São Paulo: Revista dos Tribunais, 2014

_______. *Direito comercial.* 3ª ed., rev., atual. e ampl. São Paulo: Revista dos Tribunais, 2014. v. 2.

_______. *Direito comercial*: teoria geral do contrato. 2ª ed., rev., atual. e ampl. São Paulo: Revista dos Tribunais, 2014 [Coleção Direito Comercial, v. 4].

_______. *Direito comercial: os contratos empresariais em espécie*: (segundo a sua função jurídico-econômica). São Paulo: Revista dos Tribunais, 2014. [Coleção Direito Comercial, v. 5].

VERRUCOLI, Piero. *Il superamento della personalità giuridica delle società di capitali (nella common law e nella civil law).* Milano: Giuffrè, 1964.

VIANA, Frederico Rodrigues (Coord.). Direito de empresa no novo Código Civil. Rio de Janeiro: Forense, 2004

VIVANTE, Cesare. Os comerciantes. Tradução de Haroldo Malheiros Duclerc Verçosa. *Revista de Direito Mercantil, Industrial, Econômico e Financeiro*. Nova série, nº 102, abr./jun. 1996.

WAISBERG, Ivo; FONTES, Marcos Rolim Fernandes (Coords.). *Contratos bancários*. São Paulo: Quartier Latin, 2006.

WALD, Arnoldo. *Direito civil*: contratos em espécie. 18ª ed., reform. São Paulo: Saraiva, 2009.

_______. *Comentários ao novo Código Civil,* v. XIV: livro II, do direito de empresa. Coord. Sálvio de Figueiredo Teixeira. 2ª ed., rev. e atual. Rio de Janeiro: Forense, 2010.

_______. *Estudos e pareceres de direito empresarial.* Vol. I. São Paulo: Revista dos Tribunais, 1972.

WALD, Arnoldo, MORAES, Luiza Rangel de; WALD, Alexandre de Mendonça. *Direito civil:* direito de empresa. São Paulo: Saraiva, 2015. v. 8.

WORMSER, Maurice. Piercing the veil of corporate entity. 12 *Columbia Law Review* 496 (1912).

WHITAKER, José Maria. *Letra de câmbio*. São Paulo: Revista dos Tribunais, 1963.

YARSHELL, Flávio Luiz; PEREIRA, Guilherme Setoguti J. (coords.). *Processo societário*. São Paulo: Quartier Latin, 2012.

______. O incidente de desconsideração da personalidade jurídica no novo CPC. *Revista da CAASP*, Abril 2015. Disponível em: <http://www.caasp.org.br/RevistaDigital/ed16/revista_caasp_16.html#/52/>. Acesso em 19/05/2019).

ZANINI, Carlos Klein. A doutrina dos 'fiduciary duties' no direito norte-americano e a tutela das sociedades e acionistas minoritários frente aos administradores das sociedades anônimas. *Revista de Direito Mercantil, Industrial, Econômico e Financeiro*, nº 109, jan./mar. 1998.

EDITORA JusPODIVM
www.editorajuspodivm.com.br

COLOR system

JUS3750